Michael Bitz

Die Strukturierung ökonomischer Entscheidungsmodelle

Dr. Michael Bitz
o. Professor für Betriebswirtschaftslehre an der Fernuniversität Hagen

Die Strukturierung ökonomischer Entscheidungsmodelle

Betriebswirtschaftlicher Verlag Dr. Th. Gabler · Wiesbaden

ISBN 3 409 33281 2

Vorwort

Vorworte zu wissenschaftlichen Monographien dienen gemeinhin zwei verschiedenen Zwecken. Zum einen werden Ausgangspunkt, Fragestellung und Gang der Untersuchung vorab in Grundzügen erläutert. Zum anderen werden die Beiträge all derjenigen gewürdigt, die das Zustandekommen der vorgelegten Arbeit auf diese oder jene Weise unterstützt und gefördert haben. Die erstgenannte Aufgabe wird in dieser Monographie durch den einführenden Teil des Textes selbst wahrgenommen. Mithin bleibt mir an dieser Stelle nur die angenehme Aufgabe, vielfältigen Dank abzustatten.

Die vorliegende Arbeit stellt eine überarbeitete und gekürzte Fassung wesentlicher Teile der Schrift dar, die von der Rechts- und Wirtschaftswissenschaftlichen Fakultät der Universität des Saarlandes als Habilitationsschrift angenommen wurde. Wichtige Impulse für die Konzipierung dieser Arbeit verdanke ich meinem verehrten akademischen Lehrer, Professor Wolfgang STÜTZEL, der die Erstellung meiner Habilitationsschrift außerdem dadurch maßgeblich unterstützt hat, daß er mir Sachmittel und Personalkapazitäten in großzügiger Weise zur Verfügung stellte. Weitere wertvolle Anregungen und Hinweise verdanke ich auch Herrn Professor Werner DINKELBACH.

Bei der technischen Erstellung habe ich vielfältige Unterstützung erhalten. Dabei gilt mein Dank vor allem Frau Dipl.Kfm. Dipl.Hdl. Anita WERNET, Fräulein stud. rer. oec. Ingrid WOLTERS, Herrn Dipl.Kfm. Georg GEMÜNDEN und Herrn Dipl.Kfm. Matthias SCHURIG, die bei der Literaturbeschaffung, dem Korrekturlesen und der Anfertigung der Register wertvolle Hilfe leisteten, sowie

Frau Evelyn HÖNIG, die das oftmals nur schwer entzifferbare Handmanuskript mit viel Geduld in den Schreibmaschinentext der Habilitationsschrift übertragen hat.
Frau Gudrun DORGERLOH hat mit großer Zuverlässigkeit die offsetfähige Vorlage der überarbeiteten Fassung gestaltet und auch die im Text befindlichen Zeichnungen angefertigt. Ihr sei an dieser Stelle besonders herzlich gedankt.
Der FERNUNIVERSITÄT Hagen danke ich für die großzügige finanzielle Unterstützung, mit der sie die Drucklegung dieser Arbeit gefördert hat.

Ganz besonderen Dank schulde ich schließlich meiner Frau. Sie hat es mit viel Verständnis und Geduld hingenommen, daß uns über viele Monate hinweg nur sehr wenig gemeinsame Freizeit zur Verfügung stand und hat darüber hinaus wesentlich dazu beigetragen, daß ich die bei der Erstellung einer solchen Arbeit gelegentlich auftretenden "moralischen Tiefs" stets schnell überwinden konnte.

Michael BITZ

Inhalt

Zur Einführung:

Problemstellung und Gang der Untersuchung

1. Einen bedeutenden Teilbereich im Rahmen der wirtschaftswissenschaftlichen Forschung stellen die Bemühungen dar, direkte Hinweise und Anhaltspunkte für die ökonomisch zweckmäßige Gestaltung betrieblicher und gesamtwirtschaftlicher Prozesse zu erarbeiten. Zu den wichtigsten Hilfsmitteln zählen dabei die sogenannten Entscheidungsmodelle, worunter wir hier vereinfachende, reduzierende und generalisierende Darstellungen gewisser Grundmerkmale typischer Entscheidungssituationen durch ein symbolisches System vor allem mathematischer Zeichen verstehen wollen, aus deren Analyse gewisse Hinweise auf die optimale Verhaltensweise in Situationen der betrachteten Art gewonnen werden sollen. Derartige Modelle sind seit langem in großer Zahl und immer neuen Varianten entwickelt worden, wobei sich in einer ersten Grobsortierung zwei Extremtypen unterscheiden lassen. Zum einen "Sachmodelle", die auf ganz spezifische Fragestellungen und Entscheidungssituationen ganz bestimmter Art zugeschnitten sind, wie etwa Ansätze zur optimalen Entscheidung über "Selbsterstellung oder Fremdbezug eines Vorproduktes bei gegebener Auftragsgröße" oder zur Bestimmung der "optimalen Lebensdauer einer einmal identisch zu ersetzenden Produktionslage". Kennzeichnend für solche Modelle ist, daß ein abgegrenztes und hinreichend genau konkretisiertes Entscheidungsproblem als vorgegeben vorausgesetzt wird. Was durch die einzelnen Modellelemente, also durch Aktions- und Ergebnisvariable, durch Zielfunktion und Restriktionen zum Ausdruck gebracht werden soll, steht weitgehend fest. Der Schwerpunkt der Arbeiten über derartige Modelle liegt bei der Behandlung der

Fragen, wie die einzelnen Variablen und Daten in besonders geschickter Weise verknüpft werden können, um das Modell in eine ganz bestimmte Formalstruktur zu bringen, welche Techniken zur Auswertung eines solchen Ansatzes herangezogen werden können und welche allgemeinen Aufschlüsse über die optimale Handlungsweise in Entscheidungssituationen der dargestellten Art aus der Modellanalyse abgeleitet werden können.

Den Gegenpol bilden die Formalmodelle der "reinen" Entscheidungstheorie, in denen von dem materiellen ökonomischen Gehalt bestimmter Entscheidungsprobleme weitgehend abstrahiert wird. Diese Modelle werden vielmehr auf die Darstellung des allen Entscheidungssituationen gemeinsamen Grundproblems der Auswahl zwischen mehreren einander ausschließenden Handlungsmöglichkeiten mit nicht sicher vorhersehbaren Konsequenzen reduziert. Art und Inhalt der betrachteten Alternativen werden dabei jedoch ebensowenig spezifiziert, wie das Zustandekommen der Vorstellungen über verschiedene mögliche Handlungsergebnisse erläutert wird. All das wird weitgehend als gegeben, als vorab geklärt vorausgesetzt. Im Mittelpunkt entscheidungstheoretischer Untersuchungen dieser Art steht vielmehr die Frage, welche allgemeinen Hinweise für ein als vernünftig anzusehendes Verhalten in solchen Situationen erarbeitet werden können, welche Arten von Entscheidungsregeln mit welchen Systemen bestimmter Verhaltensaxiome vereinbar sind.

2. Auf beiden Gebieten der Modelltheorie, die natürlich nicht isoliert nebeneinander stehen, da sie ja - wenn auch auf unterschiedlichem Abstraktionsniveau - letztlich die gleichen Sachverhalte zum Gegenstand haben, liegt ein äußerst umfangreiches Schrifttum vor. Sehr viel geringer ist demgegenüber die Zahl der Beiträge, in denen untersucht wird, nach welchen Regeln und Kriterien in einer konkreten Entscheidungssituation der Prozeß der

Modellkonstruktion selbst zweckmäßigerweise vorgenommen werden soll, um zu einer zielgerechten Entscheidung zu gelangen.

Die Abbildung eines bestimmten Entscheidungsproblems durch ein formalisiertes Gefüge mathematischer Symbole setzt zunächst einmal eine hinreichend konkrete Problemdefinition voraus sowie eine gedankliche Reduktion und Aggregation der Vielzahl denkbarer Aktivitäten, möglicher Konsequenzen, maßgeblicher Zielvorstellungen und des gesamten Interdependenzgefüges zwischen diesen Sachverhalten. Erst ein solcher Abstraktionsprozeß ermöglicht die Transformation der unübersehbaren Gesamtheit realer Gegebenheiten in die überschaubare Form eines in bestimmter Weise strukturierten mathematischen Entscheidungsmodells. Nun besteht aber stets eine Vielzahl von Möglichkeiten, diese Transformation vorzunehmen; ein und dieselbe konkrete Situation kann auf unterschiedliche Weise modellmäßig umschrieben werden. Mithin wird, wo immer Formalkalküle zur Bewältigung von Entscheidungsproblemen herangezogen werden, die Art und Weise der Modellformulierung selbst zum Entscheidungsproblem.

Diesem Aspekt ist die folgende Arbeit gewidmet. Dabei wird allerdings von vornherein davon Abstand genommen, etwa eine geschlossene "Theorie der optimalen Modellbildung" zu entwickeln. Das gesteckte Ziel ist weniger ambitiös: Versucht wird, jene Sachverhalte, die es bei der Formulierung von Entscheidungsmodellen überhaupt zu beachten gilt, in eine gewisse Systematik zu bringen, so einen Überblick über die bei der Modellkonstruktion im einzelnen zur Auswahl stehenden Varianten zu geben und damit zugleich die Ansätze zu einer Strukturlehre der Modellkonstruktion zu umreißen.

3. Die gestellte Aufgabe erfordert, die unterschiedlichen Gestaltungsformen, die in den gängigsten bekannten Modellen vorgefunden werden, durchgängig zu ordnen, und zwar nicht pauschal im Hinblick auf die Gesamtheit der Konstruktionselemente, sondern jeweils danach, wie verschiedene Modellansätze bezüglich einzelner Regelungssachverhalte und im Hinblick auf ihre Teilkomponenten ausgestaltet sind. Dementsprechend werden an verschiedenen Stellen immer wieder im Hinblick auf die Ausgestaltung einzelner Modellbausteine andere Typologien von Modellen entwickelt oder gängige Einteilungen übernommen, präzisiert und ausgebaut.

Neben dieser Zusammenstellung und Systematisierung der in verschiedenen Modellansätzen vorgefundenen Ausprägungen bestimmter Konstruktionsformen wird des weiteren versucht, Lücken in dieser Sammlung zu schließen und weitere denkbare Ausgestaltungsformen einzelner Modellelemente aufzuzeigen. Dabei werden im Zuge der systematischen Analyse möglicher Modellbildungsregeln an etlichen Stellen Unklarheiten und Widersprüche zu klären sein, die in der Literatur im Hinblick auf das hier zu erörternde Problem des Abbildungsvorganges selbst bestehen. Derartige Unklarheiten resultieren im wesentlichen daraus,

- daß gelegentlich Unterschiede in der Begriffsbildung unbemerkt bleiben, so daß sich die Beiträge zu dem scheinbar gleichen Problem doch auf unterschiedliche Sachverhalte beziehen oder
- daß in einzelnen Ansätzen von vornherein ein ganz spezieller Problemzuschnitt gewählt wird, ohne den dadurch implizierten Abgrenzungsvorgang einer näheren Diskussion zu unterziehen oder
- daß der Problemzuschnitt gerade entgegengesetzt so allgemein gewählt wird, daß eine nähere Erörterung der mit der Modellbildung verbundenen Abbildungsregeln ebenfalls weitgehend unterbleibt.

Schließlich wird neben der Darstellung verschiedener Varianten einzelner Abbildungsregeln jeweils die Frage erörtert, welche Kriterien für die Ausgestaltung des entsprechenden Regelkomplexes im konkreten Fall maßgeblich sind. Dabei wird sich allerdings zeigen, daß für das Problem der Modellformulierung keine Lösung im Sinne eines exakten Rezeptes zur optimalen Festlegung der einzelnen Abbildungsregeln gefunden werden kann. Die Ergebnisse der folgenden Untersuchungen können somit nur darin bestehen, zum einen gewisse allgemeine Anhaltspunkte für die zweckmäßige Ausgestaltung der verschiedenen Abbildungsregeln aufzuzeigen, und zum anderen deutlich zu machen, in welchem Ausmaß bei der Heranziehung von Formalkalkülen zur Bewältigung ökonomischer Entscheidungsprobleme stets ein Unbestimmtheitsbereich verbleibt, der zwangsläufig nach dem subjektiven Ermessen des Modellkonstrukteurs auszufüllen ist.

4. Um die Erörterungen der einzelnen Teilaspekte systematisch in ein durchgängiges Ordnungsschema einfügen zu können, wird den Ausführungen ein nach folgenden beiden Kriterien aufgegliedertes Rahmenraster zugrunde gelegt: Zum einen wird die Gesamtheit der für die Abbildung einer realen Entscheidungssituation durch ein Formalkalkül maßgeblichen Regeln unterteilt in

- *Auswahlregeln:* Welche realen Sachverhalte innerhalb welchen Bereichs sollen modellmäßig erfaßt werden?
- *Aggregationsregeln:* Inwieweit sind die zu erfassenden Realobjekte in der Abbildung zu einem nicht weiter differenzierten einheitlichen Gegenstand zusammenzufassen?[1)]

1) Um zu einer definitiven Formulierung eines konkreten Entscheidungsmodells zu gelangen, bedarf es über die Fixierung von Auswahl- und Aggregationsregeln hinaus noch der Festlegung einer dritten Art von Abbildungsregeln. Nämlich der Entscheidung darüber, wie den als Abbildungseinheit darzustellenden Objekten oder Objektaggregaten bestimmte numerische Werte zugeordnet werden sollen. Die Erörterung entsprechender *Bewertungsregeln* soll - da dies über die Frage der Modellstrukturierung hinausgeht - einer gesonderten Veröffentlichung vorbehalten bleiben.

Als zweiter übergeordneter Gliederungspunkt dient die geläufige Differenzierung der Modellkomponenten danach, ob sie sich auf die Darstellung

- der betrachteten Handlungsalternativen,
- der damit verbundenen (objektiv meßbaren) Ergebnismöglichkeiten

  oder
- der Ziel- und Präferenzvorstellungen von Entscheidungsträgern

beziehen. Dabei sind als Basis für die folgende Analyse allerdings einige - in der formal orientierten Entscheidungstheorie in der Regel nicht explizit erörterte - Sachverhalte teils durch Übernahme und Ausbau entsprechender Ansätze des Schrifttums, teils durch weitergehende Unterscheidungen näher zu präzisieren. So wird zunächst der für die numerische Beschreibung von Handlungsergebnissen grundlegende Begriff der Standardalternative (auch "Wertbasis") angesprochen und vor allem die Unterscheidung von realen und fiktiven Standardalternativen eingeführt. Weiterhin wird mit der Differenzierung zwischen Ergebnis- und Zielvariablen sowie darüber hinaus zwischen originären und subsidiären Zielvariablen ein verfeinertes begriffliches Instrumentarium bereitgestellt, das es erlaubt, die einzelnen Modellelemente detaillierter zu analysieren und zugleich dazu beiträgt, etliche in der Literatur kontroverse Sachverhalte zu klären. Schließlich wird der Begriff der Zielfunktion gegenüber gängigen Ansätzen etwas erweitert, was ebenso wie eine kurze Erörterung der für die Darstellung von Präferenzsystemen in erster Linie relevanten Meßskalen eine differenziertere Analyse etlicher für die Modellbildung relevanter Sachverhalte ermöglicht.

Die Ausfüllung des nach den genannten Gesichtspunkten differenzierten Rasters von Konstruktionselementen ökonomischer Entscheidungsmodelle bedingt zum einen die Einordnung der in verschiedenen Modellansätzen vorgefundenen Ausgestaltungsformen der einzelnen Abbildungsregeln. Darüber hinaus gilt es, weitere denkbare Varianten einzelner Modellvarianten aufzuzeigen. Dabei lösen sich einige der angesprochenen Probleme allein schon aus der systematischen Ausfüllung des zugrunde gelegten Gliederungsrasters heraus quasi von selbst, so daß ihre Behandlung in diesem Kontext auf den ersten Blick als entbehrlich erscheinen könnte. Ein Blick auf die Vielzahl verschiedener Modellansätze und die daraus abgeleiteten Folgerungen zeigt jedoch, daß etliche der aufgezeigten Sachverhalte, die sich hier aus dem Gesamtaufbau und der übergreifenden Gedankenführung heraus als fast selbstverständlich ergeben, im einschlägigen Schrifttum keineswegs immer in hinreichendem Ausmaß beachtet werden.

5. Die Frage nach der optimalen Ausgestaltung modellmäßiger Abbildungen gewisser realer Sachverhalte stellt sich natürlich auch in anderen wirtschaftswissenschaftlichen Teilbereichen außerhalb der Entscheidungstheorie. Insoweit steht die folgende Abhandlung also in dem weiteren Zusammenhang einer allgemeinen Theorie der Modellbildung. Dabei ist zu beachten, daß der Modellbegriff selbst unterschiedlich weit definiert wird; im weitesten Sinne stellt jede Aussage über bestimmte Sachverhalte, jede Zusammenfügung solcher Aussagen zu Theoremen oder Theorien ein Modell dar. Im engeren Sinne - und so wird der Begriff in der Wirtschaftswissenschaft überwiegend gebraucht - kann ein Modell als geordnetes System vorwiegend mathematischer Symbole definiert werden. Zu Recht wird in diesen Zusammenhang darauf hingewiesen, daß das System der Buchhaltung eines der ältesten ökonomischen Modelle dieser Art darstellt.

So lassen sich die in der Buchhaltung und bei der Bilanzierung vorzunehmenden Transformationen bestimmter Sachverhalte in ein entsprechendes Kontensystem und in ein ähnliches System verschiedener Abbildungsregeln untergliedern: Welche Fakten sind überhaupt zu erfassen; welche Sachverhalte sind bilanzierungspflichtig, welche sind nicht zu bilanzieren? Inwieweit sollen die zu erfassenden Gegenstände einzeln oder zu größeren Aggregaten zusammengefaßt ausgewiesen werden? In welcher Weise sind die als Einheit darzustellenden Objekte zu bewerten? Auch in bezug auf diese Fragen ist es hilfreich, die für die Erstellung der betreffenden Rechenwerke maßgeblichen Bilanzierungsregeln in entsprechender Weise als Kombinationsformen der verschiedenen Arten spezifischer partieller Abbildungsregeln zu betrachten.

Die Übereinstimmung der Abbildungsprobleme in formaler Hinsicht könnte nun auf den ersten Blick die Vorstellung nahelegen, die für die Ausgestaltung der bei der Konstruktion von Entscheidungsmodellen anzuwendenden Abbildungsregeln maßgeblichen Gesichtspunkte könnten in analoger Weise auch auf die Erstellung anderer Rechenwerke übertragen werden. Eine solche Vorstellung ist jedoch unzutreffend. Fragen nach der optimalen Modellkonstruktion können stets nur im Hinblick auf den jeweiligen Abbildungszweck konkret beantwortet werden. Dies gilt selbst dann, wenn es um die Abbildung ein und derselben realen Situation geht. Denn ein jedes Modell ist keine in allen Einzelheiten originalgetreue, keine isomorphe Darstellung der Realität, sondern nur ein ausschnitthaftes, vereinfachtes und vergröbertes Bild. Je nach dem mit der Modellformulierung angestrebten Zweck ist der somit unumgängliche Reduktions- und Abstraktionsvorgang jedoch in ganz unterschiedlicher Weise vorzunehmen.

6. Um diesen Aspekt etwas näher darzulegen und zugleich um die Koordinaten des in der folgenden Untersuchung erörterten Themenkomplexes innerhalb des weiteren Bereichs der ökonomischen Theorie anzudeuten, wird im einleitenden *Teil I* der Arbeit zunächst ein ordnender Überblick über die unterschiedlichen Zwecksetzungen verschiedener Rechen-

werke gegeben, die in der betrieblichen Praxis Verwendung finden. Nach dieser Abschichtung werden die weiteren Erörterungen dann auf ökonomische Entscheidungsmodelle im Sinne von Formalansätzen zur Erleichterung einer zielorientierten Bewältigung von Entscheidungsproblemen eingeschränkt. In diesem Zusammenhang erfolgt eine weitere Abschichtung verschiedener Modelltypen, insbesondere im Hinblick auf die Zusammenhänge zwischen deskriptiven und präskriptiven Ansätzen. Nachdem das Thema hier weiter auf die Behandlung präskriptiver Entscheidungsmodelle ohne explizite Bezugnahme auf den organisatorischen Rahmen des Entscheidungsprozesses eingeengt wird, werden schließlich in Erweiterung des bekannten Grundmodells der formalen Entscheidungstheorie als Basis für die weiteren Ausführungen die grundlegenden Modellkomponenten begrifflich festgelegt.

7. *Teil II* der Arbeit ist der Erörterung der mit der Modellformulierung verbundenen Auswahl- und Abgrenzungsprobleme gewidmet. Zunächst wird dabei die Frage untersucht, wie der in einem Entscheidungskalkül zu erfassende betriebliche Aktionsbereich in sachlicher Hinsicht abgegrenzt werden soll und nach welchen Konzepten die bei einer derartigen isolierten Planung einzelner Partialbereiche zunächst nicht erfaßten Interdependenzen dennoch bei der Ableitung eines Aktionsprogrammes berücksichtigt werden können. Dabei erweist es sich als notwendig, stärker als das in der Literatur gemeinhin der Fall ist, zwischen Kompatibilität und Optimalität der aus entsprechenden Partialansätzen abgeleiteten Teilpläne zu differenzieren. Weiterhin wird erörtert, nach welchen Kriterien die erwarteten Konsequenzen der betrachteten Aktionsmöglichkeiten in die Darstellung einbezogen werden sollen. In diesem Zusammenhang wird der in speziellen Zusammenhängen teilweise etwas unterschiedlich gebrauchte Begriff der Opportunitätskosten (oder auch -erträge) als in spezifischer Weise von der Abgrenzung des modellmäßig erfaßten Aktionsbereiches abhängige Größe präzisiert und in

allgemeiner Form definiert.

Anschließend wird das Problem der zeitlichen Eingrenzung des modellmäßig zu erfassenden Bereichs erörtert, wobei es sich zeigt, daß verschiedene Autoren den in diesem Zusammenhang grundlegenden Begriff des Planungshorizontes jeweils in unterschiedlicher Bedeutung verwenden, zumeist jedoch, ohne diesen Begriff überhaupt explizit exakt zu definieren, so daß die unterlegte Bedeutung häufig nur implizit aus dem sonstigen Kontext abgeleitet werden kann. Mithin werden auch ganz unterschiedliche Gesichtspunkte zur Festlegung dieser zeitlichen Begrenzungsgröße vorgetragen. Zur Vermeidung derartiger Begriffsverschlingungen erweist es sich als notwendig, zumindest zwei Horizontbegriffe, die sich jeweils auf unterschiedliche Sachverhalte beziehen, voneinander abzuschichten. Dabei zeigt sich auch, daß für die Festlegung dieser beiden Größen jeweils unterschiedliche Gesichtspunkte als maßgeblich anzusehen sind.

Weiterhin wird im *Teil II* die Frage erörtert, welche Elemente der Ziel- und Präferenzvorstellungen eines Entscheidungssubjektes in notwendigerweise quantifizierter Form in die modellmäßige Abbildung aufgenommen werden sollen. Zunächst gilt es, verschiedene Arten möglicher Beziehungen zwischen einzelnen Teilzielen zu untersuchen und ein für diesen Zweck besonders geeignetes Darstellunginstrumentarium zu entwickeln. Dabei wird insbesondere versucht, den Begriff des intrapersonellen Zielkonfliktes vom Begriff des Entscheidungskonfliktes abzuschichten, ihn formal zu präzisieren und seine Relativität im Hinblick auf das jeweilige Entscheidungsfeld herauszuarbeiten. Darüber hinaus wird aufgezeigt, daß das Instrumentarium der herkömmlichen formalen Entscheidungstheorie ohne weiteres auch bei anderen Zielfunktionstypen angewendet werden kann als bei solchen, die gerade nur die Extremierung einer einzigen Zielvariablen vorsehen. In diesem Zusammenhang wird zudem deutlich, daß das Prinzip der Satisfizierung häufig gar nicht als Gegensatz zum Prinzip der Extremierung angesehen werden muß, sondern gerade als Versuch interpretiert werden kann, eine umfassender, d. h. auch unter Einbeziehung des Planungsaufwandes, definierte Extremierungsbedingung auf heuristische Weise zu approximieren.

8. *Teil III* der Untersuchung ist den Aggregationsregeln gewidmet, also der Frage, inwieweit die in sachlicher und zeitlicher Hinsicht abbildungsrelevanten Realobjekte modellmäßig einzeln oder in aggregierter Form dargestellt werden sollen. In diesem Zusammenhang wird zunächst erörtert, welche grundsätzlichen Formen zur Darstellung von Handlungsalternativen überhaupt bestehen und welche Vor- und Nachteile einzelne Darstellungsarten aufweisen. Des weiteren wird untersucht, welche realen Sachverhalte konkret durch die modellmäßig als Entscheidungsalternativen zur Auswahl gestellten Parameterkonstellationen zum Ausdruck gebracht werden.

Das folgende Kapitel wird der Frage gewidmet, in welchem Ausmaß mit der Durchführung bestimmter Aktionen verbundene entscheidungsrelevante Ereignisse, die zu unterschiedlichen Zeitpunkten eintreten, in der modellmäßigen Darstellung zu einer einzigen, für den betreffenden Zeitraum repräsentativen Größe aggregiert werden sollen. Insbesondere stellt sich die Frage nach der zweckmäßigen Länge der Perioden, für die eine derartige Aggregation jeweils vorgenommen wird. Eine nähere Analyse der dabei im einzelnen zu beachtenden Gesichtspunkte führt zu dem Ergebnis, daß - analog zur Differenzierung des Begriffs des Planungshorizontes bezüglich der zeitlichen Abgrenzung - auch hinsichtlich des Periodisierungsproblems im einzelnen zumindest zwei Arten von Planungsperioden unterschieden werden können. Dabei wird deutlich, daß die bei der Erörterung einschlägiger Modellansätze im Schrifttum allenfalls angedeutete Möglichkeit, für diese beiden

Periodenarten innerhalb eines Modells jeweils eine unterschiedliche Länge festzulegen, eine Fülle weiterer Modellvarianten eröffnet und damit zugleich eine flexiblere Anpassung entsprechender Kalkülansätze an die jeweilige Entscheidungssituation ermöglicht.

Des weiteren wird untersucht, auf welche Weise die erkennbare Streubreite alternativ möglicher Handlungsergebnisse in der modellmäßigen Darstellung zu einer überschaubaren Informationsmenge zusammengefaßt werden kann. Dabei wird zunächst erörtert, welche realen Sachverhalte im einzelnen durch die gemeinhin als Umweltzustände bezeichneten Modellparameter zum Ausdruck gebracht werden. Daneben wird aufgezeigt, welche Gesichtspunkte vorrangig zu beachten sind, wenn alternative Ergebnismöglichkeiten zu Wahrscheinlichkeitsverteilungen und darüber hinaus zu bestimmten charakteristischen Kennzahlen zusammengefaßt werden sollen.

9. In gewisser Weise als Quintessenz der bis dahin vorgenommenen Untersuchung wird dann im abschließenden Kapitel das in der modelltheoretischen Diskussion der letzten Jahre verstärkt beachtete Problem des "optimalen" Komplexionsgrades erörtert. Dabei kann für dieses weithin offene Problem allerdings auch hier keine Lösung gefunden werden. Vielmehr werden die mit dem Versuch einer Bestimmung des optimalen Komplexionsgrades verbundenen grundlegenden Schwierigkeiten - sowohl was den gedanklichen Ansatz betrifft als auch bezüglich der relevanten Daten - dargelegt und darüber hinaus gezeigt, daß es grundsätzlich nicht möglich ist, zu einer exakten Bestimmung eines optimalen Komplexionsgrades zu gelangen.

Teil I:

Aufgaben und Elemente ökonomischer Entscheidungsmodelle

1. Kapitel:

Arten und Zwecke betrieblicher Rechenwerke

1. Problemstellung

Zu den Gegenständen der betriebswirtschaftlichen Forschung zählt eine Fülle von betrieblichen Rechenwerken, d. h. von mathematischen Modellen, in denen gewisse im Zusammenhang mit dem Betriebsprozeß bedeutsame Sachverhalte unter bestimmten Gesichtspunkten und hinsichtlich spezifischer Eigenschaften durch ein geordnetes Gefüge verschiedener Zeichen, insbesondere Zahlen und mathematischer Symbole, dargestellt werden: angefangen bei einfachen Anlagekarteien und Lagerstatistiken über das gesamte Kontensystem der Finanzbuchhaltung oder die unterschiedlichen Instrumente zur Darstellung und Verknüpfung von Kostenarten-, Kostenstellen- und Kostenträgerrechnung bis hin zu den, eine Vielzahl unterschiedliche Bestands- bzw. Stromgrößen bündelnden Bilanz- und Erfolgsrechnungen oder formalisierten Entscheidungskalkülen zur optimalen Ausgestaltung der betrieblichen Aktivitätsabläufe. All diesen Modellen ist gemeinsam, daß in ihnen angesichts der Komplexität realer ökonomischer Sachverhalte stets nur bestimmte Teilaspekte der Realität ausschnittsweise und in vereinfachender Form abgebildet werden. Bei der Erstellung solcher Rechenwerke bedarf es mithin stets der Festlegung bestimmter Vorschriften, über welche realen Gegebenheiten Informationen beschafft und gesammelt werden sollen, sowie in welcher Art und Weise die Menge der vorliegenden Informationen in ein mehr oder minder umfangreiches System von Zahlen und sonstigen Symbolen transformiert werden soll. Die Gesamtheit solcher Verfahrensvorschriften, also die hinreichend genaue Beschreibung des Mechanismus zur formalisierten Darstellung bestimmter betrieblicher Sachverhalte soll im folgenden mit dem Terminus "Abbildungsregeln" bezeichnet werden.

Was nun die Frage nach der optimalen Ausgestaltung derartiger Abbildungsregeln anbetrifft, so gibt es darauf keine dem "Wesen der Sache" nach richtige Antwort; es handelt sich dabei auch nicht um ein den unterschiedlichen Rechenwerken immanentes Problem. Vielmehr bedarf es zur Beantwortung dieser Frage der Reflexion über die Zwecke, die diese Abbildungen zu erfüllen haben. Erst im Hinblick auf eine hinreichend konkretisierte Aufgabenstellung können Urteile über das richtige Vorgehen bei der Erstellung entsprechender Modelle abgegeben werden.[1)] Es erscheint daher angezeigt, einer Arbeit, in deren Mittelpunkt das Problem der sachgerechten Ausgestaltung der Abbildungsregeln für eine ganz bestimmte Klasse von Modellen stehen soll, zumindest einen groben Überblick über die unterschiedlichen Zwecke voranzustellen, die den verschiedenen Arten betrieblicher Rechenwerke zugedacht sind.

Dementsprechend sollen die Modelle der hier betrachteten Art hinsichtlich der ihnen zugedachten Funktionen danach unterschieden werden, ob sie

- den verschiedenen betrieblichen Entscheidungsträgern als Dispositionshilfe dienen sollen,
- zur Information außenstehender Dritter gedacht sind oder
- unmittelbar zu einer Beschränkung oder Konkretisierung des rechtlich bedingten Rahmens von Dispositionsbefug-

1) So u. a. auch Engels (1962), S. 11-19; Stützel (1967), S. 318 f.; Gäfgen (1974), S. 82 f.

nissen bestimmter Personen führen sollen.

Gliedert man diesen Katalog der primären Zwecke betrieblicher Rechenwerke den jeweiligen Teilfunktionen nach weiter auf, so läßt sich nachstehendes Schema ableiten, das im folgenden näher zu erörtern sein wird.

Dispositionshilfe		
Entscheidung - originär - derivativ	Kontrolle - Soll - Ist - Vergleich	Vorhersage - Informationsverarbeitung - Prognose

Information Dritter	
Dokumentation	Publikation

Dispositionsbeschränkung	
intern	extern

Übersicht 1: Zwecke betrieblicher Rechenwerke

2. Rechenwerke zur Dispositionshilfe

Die erste Gruppe der hier zu betrachtenden Modelle umfaßt all jene Rechenwerke, die als Grundlage für die rationale Lenkung des gesamten Unternehmensprozesses dienen sollen. Nach den ihnen zugedachten Teilfunktionen kann die Menge dieser Modelle weiter unterteilt werden in Entscheidungs-, Kontroll- und Vorhersagerechnungen.

Unter *Entscheidungsrechnungen* sollen alle jenen Zahlenwerke verstanden werden, aus deren Betrachtung unmittelbare Handlungsanweisungen oder -empfehlungen abgeleitet werden. Hierzu zählt also die gesamte Vielfalt ökonomischer Entscheidungskalküle. Solche Rechenwerke können von einer Entscheidungssituation zur anderen immer wieder neu aufgestellt, die jeweiligen Handlungsempfehlungen also fallweise ermittelt werden. Es ist jedoch auch möglich, durch einen geeigneten Kalkül für eine Mehrzahl in gewisser Weise ähnlicher Entscheidungssituationen eine generelle Handlungsregel abzuleiten.[1] Durch eine solche Handlungsregel werden bestimmten häufig wiederkehrenden Konstellationen relevanter Daten jeweils gewisse Handlungsanweisungen zugeordnet. Es ist dann nicht mehr nötig, die für die Durchführung der entsprechenden Aktionen zuständigen Personen jeweils fallweise anzuweisen, vielmehr reicht es aus, sie zu beauftragen, immer dann, wenn die in der Handlungsregel umschriebenen Voraussetzungen erfüllt sind, eine ebenfalls in dieser Regel hinreichend genau fixierte Tätigkeit durchzuführen.

So kann etwa die Wiederauffüllung eines Lagerbestandes entweder durch eine Folge immer neu zu treffender Einzelentscheidungen vorgenommen werden oder aber, indem einem Lagerverwalter eine bestimmte Bestellregel vorgegeben wird, wonach er ohne weitere Anweisungen die entsprechenden Ergänzungen vorzunehmen hat. Zur Steuerung des Aktionsablaufes in einem solchen Fall genereller Organisation bedarf es offenbar zweier Rechenwerke: zum einen nämlich des Kalküls zur Bestimmung der optimalen Bestellregel[2]; zum zweiten einer laufenden Aufzeichnung

---

1) Zur grundlegenden Unterscheidung fallweiser und genereller Regelungen und der damit verbundenen Problematik vgl. z. B. Gutenberg (1963), S. 172-181 und (1962), S. 144-173; Hax (1965), S. 75-77.

2) Fragen der optimalen Ausgestaltung von Bestellregeln bei nicht sicher vorhersehbarer Lagerbeanspruchung sind in einer Fülle von Spezialliteratur erörtert worden. Mit dem Verweis auf Arrow, Harris, Marschak (1951); Dvoretzky, Kiefer, Wolfowitz (1952); Whitin (1957); Arrow, Karlin, Searf (1958); Fetter, Dallek (1961); Starr, Miller (1962); Hadley, Whitin (1963); Naddor (1966) seien hier nur einige der wichtigsten Veröffentlichungen auf diesem Gebiet aufgeführt.

des Lagerbestandes und der noch ausstehenden Ergänzungsaufträge, um so aus der allgemein formulierten Bestellregel die für die jeweilige Situation implizierte Handlungsanweisung abzuleiten.

Die auf die unmittelbare Ableitung bestimmter Handlungsempfehlungen oder -anweisungen gerichteten Rechenwerke lassen sich also weiter unterteilen in

- *originäre* Entscheidungsrechnungen, wozu die Kalküle zur Ermittlung von fallweisen Handlungsempfehlungen sowie zur Bestimmung von allgemeinen Handlungsregeln für den Fall genereller Organisation gezählt werden sollen,
- *derivative* Entscheidungsrechnungen, worunter jene Aufzeichnungen verstanden werden sollen, die - wie im angesprochenen Beispielsfall die Lager- und Bestellstatistik - dazu dienen, die allgemein vorgegebene Handlungsregel zu einer spezifizierten Handlungsanweisung zu konkretisieren.

Zur Steuerung des Unternehmensprozesses bedarf es jedoch nicht nur geeigneter Instrumente, um zu Entscheidungen zu gelangen und die vorgesehenen Aktionen auszulösen; vielmehr ist es darüber hinaus nötig, den Ablauf dieser Aktionen zu überwachen. Dieser Aufgabe dienen die als zweite Untergruppe rubrizierten *Kontrollrechnungen*. Nun setzt jede effiziente Kontrolle zum einen voraus, daß hinreichend genaue Informationen über den tatsächlichen Ablauf der betrachteten Aktionen vorliegen. Zahlenwerke, die diesem Zweck dienen, seien als Ist-Rechnungen bezeichnet.[1] Zum zweiten bedarf es ausreichender Angaben darüber, wie die zu überwachenden Aktionen dem ursprünglichen Plan

1) Als Musterbeispiel für derartige Rechenwerke seien die - zentral auf den Betriebsabrechnungsbogen ausgerichteten - Verfahren zur Ermittlung der Ist-Kosten angeführt, in denen sich in früheren Ansätzen die gesamte Kostenrechnung fast schon erschöpfte, die in moderneren Abrechnungssystemen jedoch nur eine Komponente eines umfassenden Planungs- und Kontrollprozesses bilden. Vgl. z. B. Kilger (1967), S. 27-124 oder Kilger (1976), S. 170-192.

nach ablaufen sollen oder abgelaufen sein sollten. Diese Informationen zusammenzufassen, ist die Aufgabe von Soll-Rechnungen, die sich - und darin besteht die erste Verknüpfung zwischen Entscheidungs- und Kontrollrechnungen - natürlich aus den Resultaten der entsprechenden Entscheidungskalküle ergeben. Die Gegenüberstellung von Soll- und Ist-Größen ist allerdings kein Selbstzweck; denn Aufgabe eines jeden Kontrollsystems ist es letztlich, Unterlagen für die weitere Planung zu liefern und insbesondere festzustellen, inwieweit Anlaß besteht, bisherige Planansätze zu korrigieren oder zu revidieren.[1] Dazu bedarf es einer eingehenden Analyse der festgestellten Divergenzen zwischen Ist- und Soll-Größen durch entsprechende Vergleichsrechnungen.[2] Diese stehen wiederum in enger Verbindung mit den Entscheidungskalkülen; denn die aus der Abweichungsanalyse gewonnenen Ergebnisse gehen in die weiteren Planungen ein oder können auch den Anstoß zur Vornahme ganz neuer Entscheidungsrechnungen bilden. Kontroll- und Entscheidungsprozeß sind also auf doppelte Weise wechselseitig miteinander verbunden.

Zur Vorbereitung und Steuerung unternehmerischer Dispositionen bedarf es schließlich weiterer Rechnungen, mit deren Hilfe die zukünftige Entwicklung relevanter Daten abgeschätzt werden soll. Nun setzt jede *Vorhersage* zunächst eine Analyse des bislang bekannten Geschehens und darauf aufbauend eine Abschätzung der weiteren Entwicklung voraus. Somit können weiter unterschieden werden[3]

---

1) Darüber hinaus kann ein Kontrollsystem insoweit noch weitere Funktionen haben als allein schon das Bewußtsein, daß die eigenen Tätigkeiten einer gewissen Kontrolle unterzogen werden, bei den mit der Durchführung bestimmter Aktionen beauftragten Personen zu einer Änderung der Verhaltensweise - und zwar im allgemeinen in Richtung auf die Einhaltung der Plangrößen - führt.

2) Wegen einer detaillierten Erörterung der Ausgestaltung derartiger Abweichungsrechnungen für verschiedene Kostenarten s. Kilger (1967), S. 167-224, 503-566.

3) Wegen der Lokalisierung dieser beiden Arten von Rechnungen in einem umfassenden Informationssystem vgl. z. B. Menges, Skala (1973), S. 34 f., S. 43-47.

- Verarbeitungsrechnungen, die dazu dienen, das vorliegende Ausgangsmaterial in geeigneter Weise zu bündeln, zu verdichten und aufzubereiten;
- Prognoserechnungen, mit deren Hilfe die aus der Aufbereitung gewonnenen Ergebnisse in Aussagen über die künftigen Entwicklungsmöglichkeiten der betrachteten Größen umgesetzt werden sollen.

Dabei kann das in die Verarbeitungsrechnungen eingehende Material primärstatistisch durch eigens für den in Rede stehenden Prognosezweck durchgeführte Erhebungen (Marktanalysen etc.) gewonnen werden oder auch aus bereits vorliegenden Datensammlungen - seien es allgemein verfügbare statistische Quellen oder im Zusammenhang mit Entscheidungs- und Kontrollrechnungen vorgenommene Zusammenstellungen - abgeleitet werden. Bei den Prognoserechnungen sind außerdem die aus der Abweichungsanalyse gewonnenen Resultate zu berücksichtigen, während die so abgeleiteten Vorhersagen ihrerseits die Grundlage für weitere Entscheidungsrechnungen bilden. Insgesamt kann zwischen den drei Arten von Rechenwerken zur Dispositionshilfe also eine Fülle von wechselseitigen Verbindungen festgestellt werden. Häufig ist es daher auch nicht möglich, ein bestimmtes Zahlenwerk genau einer der hier enumerierten Aufgabenstellungen zuzuordnen, vielmehr dienen viele Rechnungen gleichzeitig mehreren dieser Zwecke.

3. Rechenwerke zur Information Dritter

Rechenwerke, die grundsätzlich dem in unserem Katalog an zweiter Stelle aufgeführten Zweck dienen sollen, außerhalb des betrachteten Unternehmens stehenden Personen gewisse Informationen zu liefern, können im einzelnen danach unterschieden werden,
- ob sie dazu bestimmt sind, einem mehr oder weniger konkret umrissenen Personenkreis ohne weitere Vorausset-

zungen zugänglich gemacht zu werden, oder

- ob sie zunächst gar keinem Außenstehenden zugeleitet werden, sondern nur gewisse Informationen speichern, und erst beim Eintreten ganz bestimmter Umstände dem betreffenden Adressaten vorgelegt werden sollen, um so auch nachträglich noch den Ablauf einzelner Vorgänge oder Ereignisse zu belegen.

Aufzeichnungen der zuletzt genannten Art seien als *Dokumentation* bezeichnet; ihr Zweck läßt sich kurz als der einer potentiellen Rechenschaftslegung charakterisieren. Als ein solches Dokumentationswerk kann beispielsweise das gesamte System der Buchhaltung angesehen werden, dem unter anderem ja auch die Aufgabe zukommt, mögliche Urkundenbeweise zu erstellen und zu sammeln, mit deren Hilfe im Bedarfsfall gewisse Vorgänge und Ereignisse rekonstruiert werden können.[1)]

Einen solchen Bedarfsfall stellt etwa die steuerliche Betriebsprüfung dar: durch die Vorlage der entsprechenden Urkunden und Belege kann der Steuerpflichtige den Nachweis erbringen, daß seine Angaben über die Höhe der in Rede stehenden Steuerbemessungsgrundlage sowohl mit den tatsächlichen Gegebenheiten übereinstimmen als auch mit den entsprechenden Vorschriften zur Transformation derartiger Sachverhalte in steuerrechtlich relevante Tatbestände. Die gleiche Funktion erfüllen die Unterlagen der Buchhaltung auch in Konkursverfahren: der betroffene Kaufmann kann durch die Vorlage der entsprechenden Zahlenwerke und Belege etwa den Beweis erbringen, daß er sich keiner der in den §§ 239 ff. KO enumerierten strafbaren Handlungen schuldig gemacht hat. Insoweit dienen die Unterlagen der Buchhaltung also dazu, darüber Rechenschaft zu legen, daß die Geschäfte in einer Weise geführt worden sind, wie es von einem im Sinne der relevanten Rechtsnormen "ordentlichen" Kaufmann zu erwarten ist,

---

1) Zu der angesprochenen "Dokumentationsaufgabe" der Buchführung vgl. Stützel (1967), S. 322 f.; s. a. Leffson (1970), S. 49 f.

und daß das Fallissement nicht in leichtfertiger Weise herbeigeführt worden ist. Auch in diesem Fall ist es überhaupt nicht nötig, daß die entsprechenden Dokumentationswerke sofort nach ihrer Erstellung außenstehenden Personen zugeleitet werden - im Regelfall werden die entsprechenden Unterlagen ja auch nach Ablauf der Aufbewahrungsfrist[1)] insoweit ungelesen vernichtet; vielmehr reicht es aus, wenn diese Aufzeichnungen in dem angesprochenen Bedarfsfall dem zuständigen Gericht vorgelegt werden können.

Die Erstellung und Aufbewahrung derartiger Dokumentationen kann nun einmal in Erfüllung einschlägiger gesetzlicher Vorschriften und vertraglicher Vereinbarungen oder aber nach dem freien Ermessen der dafür zuständigen Personen erfolgen. Da diese Frage für die sachgemäße Ausgestaltung dieser Zahlenwerke von Bedeutung sein kann, erscheint es angebracht, die dem Zweck der Dokumentation gewidmeten Rechnungen weiter zu unterteilen in
- solche, die der Erfüllung bestimmter - vertraglich ausbedungener oder gesetzlich fixierter - Verpflichtungen dienen und
- solche, die ohne derartige Bindungen aus eigener Initiative erstellt werden.

Für alle Personen, die rechtlich zur Führung von Büchern verpflichtet sind - etwa nach den einschlägigen Bestimmungen des Handelsgesetzes, der Abgabenordnung, des Börsen- oder des Depotgesetzes[2)] - zählt ihre Buchhaltung zu der erstgenannten Klasse von Dokumentationswerken. Darüber hinausgehende Aufzeichnungen sowie entsprechende Rechnungen nicht buchführungspflichtiger Personen sind demgegenüber der zweiten Gruppe zuzuordnen. Unabhängig davon, ob sie in Erfüllung entsprechender Aufzeichnungspflichten

1) Vgl. § 44 HGB.
2) Vgl. §§ 38 ff. HGB; §§ 160 ff. AO; § 33 BörsG; § 14 DepotG.

oder aus eigenem Gutdünken heraus erstellt werden, ist diesen beiden Typen von Zahlenwerken jedoch gemeinsam, daß sie nicht zur aktuellen Information Dritter bestimmt sind, sondern nur im Bedarfsfall über die aufgezeichneten Vorgänge und Ereignisse Rechnung legen sollen.

Im Gegensatz dazu sind unter den als *Publikationen* bezeichneten Aufzeichnungen alle jene Rechenwerke zu verstehen, die dazu bestimmt sind, einem mehr oder minder großen, mehr oder minder genau umschriebenen Personenkreis außerhalb des Unternehmens unmittelbar zugeleitet zu werden. Dabei kann analog zur Einteilung der Dokumentationswerke weiter danach unterschieden werden, ob es in das Ermessen der zuständigen Person gestellt ist, eine derartige Publikation anzufertigen und zu veröffentlichen oder ob dazu eine rechtliche Verpflichtung besteht.

Zum Typ der Pflichtpublikationen zählen zunächst Rechenschaftsberichte aller Art, wie sie Verwalter fremder Vermögen zu erstellen und den jeweiligen Adressaten nicht erst auf Anforderung, sondern regelmäßig in gewissen periodischen Abständen oder unverzüglich nach dem Abschluß bestimmter Maßnahmen vorzulegen haben. Es handelt sich hier also um Aufzeichnungen, die im Gegensatz zu den Dokumentationswerken nicht zur potentiellen, sondern zur aktuellen Rechenschaftslegung bestimmt sind. Diesem Zweck dienen beispielsweise handelsrechtliche Jahresabschlüsse, die - etwa aufgrund des Publizitäts- oder des Aktiengesetzes - alljährlich zu veröffentlichen[1], d. h. einem nicht genau abgrenzbaren Empfängerkreis vorzulegen sind, genauso wie Abrechnungen, die Konkursverwalter den betroffenen Gläubigern[2], Testamentsvollstrecker den jeweiligen Erben[3] oder Kommissionäre ihren Kommittenten[4]

---

1) Vgl. §§ 177 Abs. 2, 338 Abs. 2 AktG; §§ 10, 15 Abs. 2 PublG.
2) Vgl. § 131 KO.
3) Vgl. § 2218 BGB.
4) Vgl. § 384 Abs. 2 HGB.

zu erstatten haben.

Zum Typ der Pflichtpublikation sollen ferner auch alle Zahlenwerke nach Art der Prospekte gezählt werden, die vor der Börsenzulassung von Wertpapieren den zuständigen Börsenorganen einzureichen sind.[1] Zwar unterliegen die Emittenten hinsichtlich dieser Aufzeichnungen keiner unbedingten Publikationspflicht: Es bleibt ihnen - im Gegensatz etwa zu der Verpflichtung einer Aktiengesellschaft, den Jahresabschluß zu veröffentlichen - unbenommen, auf die Erstellung derartiger Zahlenwerke zu verzichten; ihre jeweiligen Geschäftspartner - in unserem Beispielsfall also die zuständigen Börsenorgane - unterliegen jedoch der unbedingten Verpflichtung, als Voraussetzung für die angestrebte Rechtswirkung - hier also die Börsenzulassung der zu emittieren geplanten Wertpapiere - die Vorlage ganz bestimmter Rechenwerke zu verlangen. Plant das betrachtete Unternehmen nun, die Emission auf jeden Fall durchzuführen, so bleiben Anfertigung und Vorlage eines Zulassungsprospektes keineswegs mehr in das Ermessen des betreffenden Unternehmens gestellt, sondern stellen eine unumgängliche Notwendigkeit dar. Insoweit lassen sich die als Pflichtpublikationen rubrizierten Aufzeichnungen also weiter unterteilen in unbedingte Pflichtpublikationen, also solche, die wie etwa Bilanz und Erfolgsrechnung aufgrund einer unbedingten Verpflichtung zu erstellen sind und bedingte Pflichtpublikationen, d. h. solche, deren Erstellung so wie im Fall des Zulassungsprospektes nur bedingt notwendig ist. Werden unbedingte Pflichtpublikationen nicht erstellt, so stellt das einen Verstoß gegen bestehende vertragliche oder gesetzliche Pflichten dar. Werden demgegenüber Rechenwerke, die zur Klasse der bedingten Pflichtpublikationen zu zählen

---

1) Vgl. § 38 Abs. 2 BörsG sowie §§ 6 ff. der Bekanntmachung betr. die Zulassung von Wertpapieren zum Börsenhandel vom 4. Juli 1910 (RGBl. S. 917).

sind, nicht vorgelegt, so stellt das keinerlei Rechtsverletzung dar, vielmehr werden lediglich die rechtlichen Voraussetzungen für bestimmte weitere Dispositionsmöglichkeiten nicht erfüllt.

Den Pflichtpublikationen gegenüber stehen solche Zahlenwerke, die zu dem Zweck erstellt werden, sie Dritten zuzuleiten, ohne daß dazu eine bedingte oder unbedingte rechtliche Verpflichtung besteht. Zu diesem Typ von Rechenwerken waren beispielsweise früher sämtliche konsolidierten Bilanzen zu rechnen, wie sie von verschiedenen Unternehmen freiwillig veröffentlicht wurden. Inzwischen ist mit dem Aktiengesetz von 1965 und dem Publizitätsgesetz von 1969 für viele der infrage kommenden Unternehmen die Veröffentlichung dieser Abschlüsse jedoch obligatorisch geworden,[1] so daß konsolidierte Bilanzen nunmehr im allgemeinen zur Klasse der pflichtgemäß zu erstellenden Veröffentlichungen gezählt werden müssen. Die Klasse der freiwilligen Publikationen umfaßt jedoch immer noch einen breiten Katalog unterschiedlichster Aufzeichnungen, wie etwa Zwischenberichte, wie sie insbesondere von den großen Publikumsgesellschaften häufig herausgegeben werden, Kostenvoranschläge und Plankalkulationen, soweit sie möglichen Auftraggebern zugeleitet werden oder Aufstellungen von Vermögensgegenständen, wie sie bei Kreditverhandlungen dem potentiellen Gläubiger vorgelegt werden.

Nun mag die Abgrenzung zwischen dieser Art von Zahlenwerken und den als bedingte Pflichtpublikationen rubrizierten in einigen Fällen als problematisch erscheinen, insbesondere dann, wenn es zwar nicht rechtlich zwingend geboten, so doch faktisch unumgänglich ist, derartige Rechnungen zu erstellen und den jeweiligen Adressaten zuzuleiten. So erteilen Kunden oftmals zumindest größere Aufträge nur auf der Grundlage eines Kostenvoranschlages,

1) Vgl. §§ 338 ff. AktG; §§ 11 ff. PublG.

Banken räumen Kredite in der Regel erst nach hinreichender Offenlegung der wirtschaftlichen Verhältnisse des Kreditnehmers ein.[1)] Die demgemäß vorzulegenden Rechenwerke zeichnen sich jedoch dadurch aus, daß im Gegensatz zu der im Hinblick auf die bedingten Pflichtpublikationen bestehenden Verpflichtung, derartige Unterlagen einzuholen, der Adressat in diesen Fällen nicht rechtlich gebunden ist, derartige Informationen zu verlangen, sondern nach eigenem Gutdünken auch darauf verzichten könnte. Wenn es dennoch de facto unumgänglich ist, entsprechende Zahlenwerke vorzulegen, so resultiert das aus gewissen, mehr oder minder starren Verhaltensweisen des jeweiligen Geschäftspartners, nicht jedoch aus einer gesetzlich fixierten Notwendigkeit.
Zur Beurteilung der Frage, wie Zahlenwerke der hier behandelten Art zweckmäßigerweise ausgestaltet werden sollten, ist nicht nur zu berücksichtigen, ob sie freiwillig oder aufgrund bestimmter rechtlicher Verpflichtungen und damit im allgemeinen auch unter Beachtung gewisser Vorschriften über die Art und Weise ihrer Erstellung anzufertigen sind. Darüber hinaus muß beachtet werden, daß diese Zahlenwerke den jeweiligen Informationsempfängern als Grundlage für eigene Dispositionen dienen, für die Adressaten also zugleich Rechenwerke der in unserem Katalog an erster Stelle enumerierten Klasse darstellen. So dienen die im Zuge einer steuerlichen Betriebsprüfung vorzulegenden Unterlagen den zuständigen Finanzbehörden zur Entscheidung darüber, ob und wenn ja, in welcher

---

1) Gem. § 18 KWG sind Kreditinstitute - mit Ausnahme der in § 20 Abs. 1 und 2 KWG aufgezählten Fälle - verpflichtet, von Kreditnehmern, denen Kredite von insgesamt mehr als 50.000 DM gewährt werden, die Offenlegung ihrer wirtschaftlichen Verhältnisse zu verlangen, sofern ein solches Verlangen nicht "im Hinblick auf die gestellten Sicherheiten oder auf die Mitverpflichteten offensichtlich unbegründet wäre." Insoweit können die von dem Geldgeber einzureichenden Unterlagen - je nachdem, inwieweit die Voraussetzungen dieser Vorschrift erfüllt sind - in einigen Fällen den Charakter bedingter Pflichtpublikationen, in anderen Fällen den Charakter freiwilliger Publikationen haben.

Weise ein bereits erteilter Steuerbescheid (gem. §§ 222 ff. AO) zu berichtigen ist sowie inwieweit ein Steuerstrafverfahren (gem. §§ 432 ff. AO) eingeleitet werden soll. Die im Konkursverfahren bereitzustellenden Aufzeichnungen bilden die Grundlage für die Entscheidung des zuständigen Gerichts, ob der Schuldner wegen betrügerischen oder einfachen Bankrotts zu bestrafen ist. Handelsbilanzen und Erfolgsrechnungen, Börsenprospekte und Zwischenberichte sowie sonstige Angaben über die Ertrags- und Vermögenslage dienen aktuellen und potentiellen Gläubigern zur Beurteilung der Solvenz des betreffenden Unternehmens und damit zugleich zur Vorbereitung von Entscheidungen über die Fortführung oder Aufnahme von Kreditbeziehungen; sie dienen - im Falle von Aktiengesellschaften - aktuellen und potentiellen Aktionären als Grundlage zur Disposition über ihre Aktienbestände. Bilanzen und Erfolgsrechnungen sind schließlich - wie auch sonstige Rechenschaftsberichte von Verwaltern fremder Vermögen - dazu bestimmt, denjenigen Personen, denen die Bestellung dieser Verwalter obliegt, Anhaltspunkte für ihre Entscheidung über Entlastung oder Abberufung der Verwalter zu liefern.

Die Aufzählung einschlägiger Beispiele ließe sich beliebig fortsetzen. Doch dürfte auch ohne dies bereits deutlich geworden sein, daß Zahlenwerke der zweiten Gruppe unseres Katalogs den Adressaten in aller Regel nicht nur zur Erhöhung ihres allgemeinen noch nicht auf bestimmte Aktionen ausgerichteten Wissensstandes, sondern ihres zweckorientierten Wissens, also ihres Informationsstandes, dienen.[1)] Sie bilden also bei ihren Empfängern den Ausgangspunkt für Entscheidungen über ganz konkrete Maßnahmen und sind insoweit zugleich als Dispositionshilfen, und damit auch als Grundlagen für die Erstellung von Zahlenwerken der ersten Gruppe unseres Katalogs, einzustufen.

1) Zu der üblichen Definition von Information als zweckorientiertes Wissen vgl. Wittmann (1959), S. 14; ders. (1969), Sp. 699.

Daraus folgt, daß Erkenntnisse über die sachgerechte Anlage von Rechenwerken zur Dispositionshilfe, zugleich auch für die Frage, wie zur Drittinformation bestimmte Rechenwerke sachgerecht ausgestaltet werden sollten, von Bedeutung sind.

4. Rechenwerke zur Dispositionsbeschränkung

Als drittes schließlich können Rechenwerke zu dem Zweck erstellt werden, in rechtlich verbindlicher Weise für bestimmte Personen gewisse Rechte und Pflichten zu fixieren und somit den Dispositionsspielraum der Betroffenen zu beschränken sowie ihre Gestaltungsbefugnisse abzugrenzen und zu konkretisieren. Zahlenwerke dieses Typs dienen insoweit dazu, neue Rechtstatbestände zu schaffen, genauer: die zur Abbildung gebrachten realen Sachverhalte zugleich in Tatbestände bestimmter Rechtsfolgen zu transformieren.[1)] Dabei kann der dispositionsbeschränkende Effekt sowohl intern wirken, d. h. nur in bezug auf die an der Erstellung solcher Rechnungen beteiligten Personen eintreten, als auch extern, d. h. hinsichtlich anderer Rechtssubjekte, die am Zustandekommen des betreffenden Rechenwerkes völlig unbeteiligt waren. In etlichen Fällen tritt die vorgesehene Rechtswirkung allerdings nicht allein schon mit der Fertigstellung des entsprechenden Zahlenwerkes ein, vielmehr bedarf es dazu häufig noch eines besonderen Aktes, der allgemein als Feststellung oder Festsetzung bezeichnet wird.
So wird etwa durch die Aufstellung der handelsrechtlichen Bilanz[2)] und die damit verbundene Gewinnfeststellung für all jene Fälle, in denen zumindest einzelne der Teilhaber

1) So z. B. Stützel (1967), S. 324.
2) Zu den folgenden Ausführungen über verschiedene Rechtswirkungen handelsrechtlicher Jahresabschlüsse sind etliche Gedanken, insbesondere die gewählte Klassifikation, von Stützel (1967) übernommen; vgl. auch Maluck (1969), S. 53-132.

nicht unbegrenzt persönlich haften, die maximale Höhe der Beträge festgelegt, die zu Lasten der entsprechenden Kapitalkonten an die jeweiligen Anteilseigner ausgeschüttet werden können, ohne daß deren persönliche Haftung wieder auflebt oder - bei noch nicht voll erbrachten Einlagen - ein größeres Ausmaß annimmt.[1] Es ergibt sich so auf jeden Fall eine Einengung des Dispositionsspielraumes der Anteilseigner und zugleich auch eine Konkretisierung des Aktionsspielraumes der Gläubiger durch Fixierung des Ausmaßes, in dem diese sich im Notfall wegen der Erfüllung ihrer Forderungen gegenüber der Gesellschaft auch an deren Teilhaber halten können. Darüber hinaus wird für jene Gesellschaftsformen, bei denen über den Bilanzgewinn hinausgehende Ausschüttungen im Regelfall erst gar nicht zulässig sind - so etwa bei Aktiengesellschaften im Gegensatz zu Kommanditgesellschaften - mit der Bilanzfeststellung zugleich auch der Aktionsraum der Verwaltung eingeschränkt: mehr als der Bilanzgewinn darf auch auf Wunsch der Aktionäre nicht ausgeschüttet werden, es sei denn in dem an die Erfüllung weiterer Maßnahmen zum Gläubigerschutz geknüpften Verfahren einer ordentlichen Kapitalherabsetzung.[2] Nimmt die Verwaltung dennoch höhere Ausschüttungen vor, so lebt nicht nur die Haftung der Anteilseigner wieder auf, sondern es machen sich die Mitglieder der Verwaltung auch noch für den aus einer derartigen Maßnahme eventuell entstehenden Schaden haftbar.[3]

Mit der Gewinnfeststellung wird jedoch nicht nur auf die Rechtsverhältnisse zwischen Gläubigern auf der einen und Geschäftsführung und Aktionären auf der anderen Seite eingegriffen, sondern zugleich auch auf die interne Kompetenzverteilung zwischen den beiden letztgenannten Personengruppen. Stellen etwa bei einer Aktiengesellschaft

---

1) Vgl. §§ 58 Abs. 5; 62; 150 Abs. 3 AktG; §§ 30 f. GmbHG; § 172 HGB.
2) Vgl. § 225 AktG; § 58 GmbHG.
3) Vgl. §§ 93 Abs. 3, 116 AktG; § 43 GmbHG.

Vorstand und Aufsichtsrat die Bilanz fest, so wird durch das Ausmaß, in dem sie von dem Recht der Rücklagenbildung gem. § 58 Abs. 2 AktG Gebrauch machen, zugleich auch die Kompetenz der Hauptversammlung, über die Verwendung des im Laufe des Jahres erzielten Vermögenszuwachses (Jahresüberschuß) zu entscheiden, auf den entsprechend geringeren, als "Bilanzgewinn" deklarierten, Betrag reduziert. Als weitere Rechtsfolge ergibt sich also die Einengung der Möglichkeiten der Hauptversammlung, über Teile des Gesellschaftsvermögens zu verfügen - es sei denn auf dem Wege der Kapitalherabsetzung. Die so ihrem Umfang nach bestimmte Sachkompetenz steht jedoch nicht jedem einzelnen Aktionär im Hinblick auf den ihm zuzurechnenden Teil des Bilanzgewinnes individuell, sondern nur der Hauptversammlung als ganzes zu. Diese beschließt mit Mehrheit über die Höhe des als Dividende auszuschüttenden Gewinnanteils, und nur hinsichtlich des nach diesem Beschluß zu bestimmenden individuellen Dividendenbetrages kann jeder Aktionär über den ihm zuzurechnenden Gewinnanteil nach eigenem Ermessen verfügen.[1] Dabei ist allerdings die Möglichkeit, diesen Betrag - etwa zur Gutschrift auf einem persönlichen Kapitalkonto oder im direkten Tausch gegen neue Aktien - im Gesellschaftsvermögen zu belassen, im Gegensatz zu anderen Gesellschaftsformen[2] generell ausgeschlossen.

Diese Beispiele mögen genügen. Man erkennt: immer werden unmittelbar durch die Feststellung der jeweiligen Zahlen-

---

1) In besonderen Fällen steht dem einzelnen Aktionär zwar die Möglichkeit offen, einen Hauptversammlungsbeschluß über die Gewinnverwendung, auch wenn er gegen keine gesetzliche oder satzungsmäßige Vorschrift verstößt (anfechtbar nach § 243 AktG), gem. § 254 AktG anzufechten. Ein individuelles Wahlrecht des einzelnen Aktionärs über Einbehaltung oder Ausschüttung seines Gewinnanteils kann jedoch auch dadurch nicht entstehen. Vielmehr kann lediglich eine andere, jedoch für alle Aktionäre verbindliche Form der Gewinnverwendung herbeigeführt werden.

2) Vgl. z. B. §§ 120-122 HGB für die OHG.

werke ganz bestimmte rechtliche Tatbestände geschaffen, die sich direkt auf die zulässigen Dispositionsmöglichkeiten bestimmter Personen auswirken, sei es, daß ganz konkret die Verpflichtung entsteht, eine bestimmte Handlung vorzunehmen, sei es, daß zunächst nur eine Teilmenge der in Betracht zu ziehenden Handlungsmöglichkeiten verboten wird, den Betroffenen also immer noch ein Aktionsspielraum verbleibt. In allen Fällen werden jedoch zunächst abstrakt umschriebene, kraft hoheitlicher Vorschrift oder vertraglicher Übereinkunft bestehende Einschränkungen des Dispositionsspielraumes konkretisiert. Oder formal ausgedrückt: den Parametern der Restriktionen, die in den Entscheidungskalkülen der betroffenen Personen derartige Nebenbedingungen gesetzlicher oder vertraglicher Art zum Ausdruck bringen, werden durch die hier in Rede stehenden Rechenwerke konkrete Zahlenwerte zugeordnet.

Damit klärt sich auch schon die Frage, wie Zahlenwerke zur Dispositionsbeschränkung von solchen zur Dispositionshilfe abzugrenzen sind. Sicherlich dienen Entscheidungskalküle letzten Endes auch dazu, im Zuge der Realisierung der als Rechenergebnis abgeleiteten Handlungsempfehlung etwa durch entsprechende Vertragsabschlüsse bestimmte rechtliche Tatbestände herbeizuführen.
Sie können ebenfalls darauf hinauslaufen, den eigenen Dispositionsspielraum oder den anderer einzuschränken. Diese Wirkungen treten jedoch noch nicht mit der Aufstellung eines Rechenwerkes ein, sondern erst dann, wenn die aus seiner Analyse gewonnene Handlungsempfehlung auch realisiert wird, also entsprechende Verträge abgeschlossen, Aufträge erteilt werden usw. Die Entscheidung selbst hingegen entfaltet derlei Wirkungen noch nicht, während Rechenwerke der zuletzt erörterten Kategorie gerade dadurch gekennzeichnet sind, daß die angestrebten Rechtsfolgen unmittelbar mit der Feststellung der entsprechenden Rechnung eintreten, ohne daß es dazu noch weiteren

Handelns bedarf.

In ähnlicher Weise ist auch die Abgrenzung gegenüber den zur Drittinformation bestimmten Zahlenwerken vorzunehmen. Zwar müssen Rechenwerke, die den Dispositionsspielraum Dritter direkt eingrenzen sollen, diesen zumindest in ihrem Ergebnis bekannt werden; zwar dienen andererseits Angaben zur Information Dritter diesen ebenfalls wieder als Grundlage für eigene Dispositionen, beeinflussen insoweit also auch deren Aktionsspielraum. Jedoch ist im letzten Fall der jeweilige Empfänger in der Art und Weise, wie er auf diese Informationen reagiert, allenfalls durch sonstige Verpflichtungen, nicht jedoch durch die Information selbst oder damit zusammenhängende Umstände eingeschränkt. Demgegenüber ist bei Rechenwerken, die auf eine Dispositionsbeschränkung externer Dritter abzielen, zugleich auch die Art und Weise der Reaktion entweder ganz genau oder zumindest in gewissem Rahmen mit vorgeschrieben. So steht es beispielsweise jedem Sparer frei, ob er sich aufgrund von Informationen über Vermögens- und Ertragslage einer Gesellschaft sowie den Kurs ihrer Aktien zum Erwerb dieser Wertpapiere entschließt. Hingegen verpflichtet die Information über den amtlichen Börsenkurs eines Wertpapieres Kreditinstitute, Effektenaufträge, die im Wege des Selbsteintritts erfüllt werden, zu diesem (oder einem für den Kunden günstigeren) Kurs abzurechnen.

Zum Empfängerkreis derartiger Rechenwerke oder zumindest ihrer Ergebnisse zählen auf jeden Fall alle Personen, auf deren Aktionsspielraum sich die unmittelbar rechtsgestaltende Wirkung dieser Zahlenwerke erstreckt. Für den utopischen Idealfall, daß alle diese Personen absolut ehrlich sind, alle rechtlichen Verpflichtungen auf das genaueste einhalten und in ihrem Handeln keinerlei Irrtümern unterliegen, wäre damit der notwendige Adressatenkreis auch schon vollständig umrissen. Der Bankkunde könnte die Abrechnung seines Effektenauftrages getrost ungeprüft seiner Bank überlassen; Wertansätze in Bilanzen zu kontrollieren, wäre gerade so überflüssig wie Nachprüfungen darüber, inwieweit Gesellschafter von Kapitalgesellschaften auch mit ihrem privaten Vermögen für die Verbindlichkeiten der Gesellschaft in Anspruch genommen werden können. In allen Fällen reichte die Auskunft des Betroffenen selbst aus, um die Rechtssituation zweifelsfrei zu erkennen.

In der realen Welt kann jedoch auf eine solche Ehrlichkeit nicht gebaut werden. Es bedarf daher weiterer Vorkehrungen, um sicherzustellen, daß die von solchen Einschränkungen ihres Dispositionsspielraumes Betroffenen den vorgezeichneten Aktionsrahmen auch tatsächlich nicht überschreiten oder aber bei Verletzungen der ihnen auferlegten Restriktionen mit entsprechenden Sanktionen zu rechnen haben; es bedarf also weiterer Kontrollmechanismen. Somit muß für alle Personen, die entweder von Amts wegen mit derartigen Prüfungstätigkeiten betraut sind, wie z. B. Steuerprüfer oder Richter, oder die mit entsprechenden Kontrollrechten ausgestattet sind, die Möglichkeit bestehen, bei Bedarf Einblick in die entsprechenden Rechenwerke zu erhalten oder zumindest ihre relevanten Ergebnisse zu erfahren. Zur Sicherung des mit derartigen Rechnungen zur Dispositionsbeschränkung verfolgten rechtspolitischen Zweckes ist es mithin unumgänglich, dafür Sorge zu tragen, daß die Ergebnisse solcher Rechnungen in entsprechenden Dokumentationen oder Publikationen erfaßt und den zur Kontrolle verpflichteten Personen zugänglich gemacht werden.

5. Abbildungszwecke und Abbildungsregeln

Als Abschluß dieses Überblicks über die unterschiedlichen Aufgaben betriebswirtschaftlicher Rechenwerke sei noch kurz die Frage angeschnitten, nach welchen Maßstäben die

Sachgerechtigkeit der zur Konstruktion solcher Modelle anzuwendenden Abbildungsregeln zu beurteilen ist.

Im Hinblick auf Modelle zur Dispositionshilfe sind solche Regeln allein aus dem ganz konkreten betriebsinternen Zweck des jeweiligen Kalküls abzuleiten. Gesucht wird die optimale Bewegung innerhalb des eigenen Entscheidungsraumes; die Abbildungsregeln sind also so zu wählen, daß "der Kalkül zum geeigneten Kompaß für die zieloptimale Entscheidung wird."[1)] Dabei unterliegt der Entscheidungsträger im Hinblick auf die Art und Weise, wie er sein Entscheidungsmodell ansetzt und durchrechnet, keinerlei rechtlichen Einschränkungen. In bezug auf die tatsächlichen Aktionsmöglichkeiten bestehen natürlich Restriktionen verschiedener Art, die es in dem Kalkül in geeigneter Weise zu berücksichtigen gilt. An dieser Stelle sind jedoch nicht primär solche Beschränkungen von Dispositionsmöglichkeiten zu untersuchen, sondern die Art und Weise ihrer Erfassung und Darstellung in Entscheidungsmodellen. Diese Phase des Entscheidungsprozesses entfaltet noch keinerlei externe Wirkungen, so daß der Disponent darüber in der Tat frei von jeder rechtlichen Bindung entscheiden kann. Das Richtig oder Falsch, das Besser oder Schlechter der gewählten Abbildungsregeln bestimmt sich ausschließlich nach den mit der Wahl verbundenen Auswirkungen auf die der Gesamtheit betrieblicher Aktivitäten zugrunde liegenden Zielvorstellungen, ist also primär unter dem Gesichtspunkt der Kalkulationslogik sowie der mit alternativen Ausgestaltungsformen der Abbildungsregeln verbundenen Informations- und Operationskosten zu beurteilen.

Anders verhält es sich demgegenüber bei der Mehrzahl der Aufzeichnungen, die zur Information Außenstehender bestimmt sind oder an deren Feststellung gewisse Effekte zum Schutze Dritter geknüpft sind. Sofern solche Rechen-

---

1) Stützel (1967), S. 320.

werke aufgrund rechtlicher Bindungen zu erstellen sind, ist es stets möglich, daß dies den eigenen Zielen der zu ihrer Erstellung verpflichteten Personen entgegensteht. Um den angestrebten Zweck dennoch zu erreichen, bedarf es dann auch hinsichtlich der Ausgestaltung solcher Rechenwerke gewisser verbindlich festgelegter Verfahrensregeln. Als Beispiel für solche Normen sei auf die Fülle von Vorschriften über die Art und Weise, in der Jahresabschlüsse aufzustellen und zu publizieren sind, verwiesen. Jedoch auch bei Rechenwerken, die freiwillig erstellt werden, bedarf es zumindest immer dann, wenn diese Aufzeichnungen Dritten zugeleitet werden sollen, gewisser Verfahrensregeln, um etwa bewußt falsche oder verschleiernde Informationen soweit wie möglich auszuschließen. Als Beispiel sei auf die Vorschriften verwiesen, die das Aktiengesetz auch für freiwillige Veröffentlichungen des Jahresabschlusses vorsieht.[1)] Dabei kann, wie in dem genannten Beispiel, allgemein festgestellt werden, daß für die pflichtgemäße Erstellung der Rechenwerke genauere und umfassendere Vorschriften bestehen als für freiwillige Dokumentationen oder Publikationen.

Die Frage nach der Ausgestaltung von Abbildungsregeln reduziert sich für den konkreten Anwendungsfall, also in der Argumentation de lege lata, auf die Auslegung der vorgegebenen Normen, auf die Subsumtion der vorliegenden Sachverhalte unter die abstrakt umschriebenen Tatbestände.[2)]

---

1) Vgl. § 178 Abs. 2 AktG.

2) Das Bemühen, die Einhaltung zumindest eines Teils solcher Regeln, nämlich der zwingenden Bilanzierungsvorschriften, zu kontrollieren, hat sogar zu der Entwicklung eines eigenen Berufsstandes, dem der Wirtschaftsprüfer geführt. Inwieweit die Einrichtung dieser Kontrollinstanz allerdings de facto dazu geführt hat, daß die entsprechenden Regeln strikt eingehalten werden, mag dahingestellt bleiben. Im Gegensatz zu Stützel, der die Ansicht vertritt, dieses System habe sich zumindest im Hinblick auf die Einhaltung der Gläubigerschutzvorschriften bewährt und könne als Vorbild für eine Neuorganisation des Bankwesens genommen werden, kommt Saage in einer eingehenden Untersuchung über die Funktion der Wirtschaftsprüfer zu erheblich zurückhaltenderen Ergebnissen. (Vgl. Stützel (1964), S. 40 f.; Saage (1970), insbes. S. 30-132).

Allerdings sind die Vorschriften keineswegs so eng, als daß nicht noch ein relativ großes Maß an Ermessensspielräumen verbliebe. Als Beispiele seien die für Rückstellungen, einen derivativen Firmenwert oder ein Emissionsdisagio geltenden Wahlrechte hinsichtlich der Aktivierung oder Passivierung dieser Posten[1] oder die nach gem. §§ 154, 155 Abs. 3 und 4 AktG verbleibenden Bewertungsspielräume angeführt. Für die Art und Weise, wie solche Spielräume ausgenutzt werden, erlangen dann wieder genau jene Gesichtspunkte der betriebsinternen Zweckmäßigkeit Relevanz, die sich hinsichtlich der Modelle zur Dispositionshilfe als allein ausschlaggebende Kriterien erwiesen hatten. Insoweit stellen etwa Fragen wie die der bilanziellen Erfassung und Bewertung zugleich auch spezielle Entscheidungsprobleme dar.

Was schließlich die Ausgestaltung solcher Vorschriften selbst anbetrifft, also die Diskussion de lege ferenda, so sind es wiederum Zweckmäßigkeitsgesichtspunkte, die sich als die maßgeblichen Beurteilungskriterien erweisen, genauer gesagt: die Eignung bestimmter Regeln, in optimaler Weise zur Erfüllung der verfolgten ordnungspolitischen Zielvorstellungen beizutragen. Bei der Beurteilung entsprechender Gesetze oder Gesetzesvorhaben ist also zu unterscheiden zwischen Aussagen darüber, welchen Zielen die zur Diskussion stehenden Vorschriften dienen sollen und Aussagen über die Eignung bestimmter Gestaltungsformen, den konkret definierten Zweck möglichst gut zu erfüllen. Die häufig zu konstatierende Vermengung dieser beiden Argumentationsebenen belastet die meisten Auseinandersetzungen um wirtschaftliche Gesetzesvorhaben und führt häufig zu Lösungen, die eigentlich von niemandem beabsichtigt waren und denen wegen ihrer Inkonsistenz häufig eine Fülle von Ergänzungs- und Ausnahmevorschriften nachgeschickt werden muß.

---

1) Vgl. hierzu §§ 152 Abs. 7, 153 Abs. 5, 156 Abs. 3 AktG.

Für die Frage, auf welche Art und Weise bestimmte ökonomische Sachverhalte in betrieblichen Rechenwerken abgebildet werden sollen, spielen derartige Überlegungen bezüglich der weiteren Gesetzesgestaltung nur eine nachgelagerte Rolle. Vielmehr geht es hier primär um die Anwendung der bestehenden Normen auf den jeweiligen Einzelfall, um die Frage, inwieweit bei der Erstellung des jeweiligen Zahlenwerkes rechtliche Bindungen zu beachten sind, wobei für die Interpretation der einschlägigen Vorschriften - und damit ist ein weiteres Moment zweckbezogener Ableitung geeigneter Abbildungsregeln angesprochen - in teleologischer Weise auf den mit der Norm angestrebten Zweck abzustellen ist.[1] Erst in den danach verbleibenden Entscheidungsspielräumen werden Gesichtspunkte der betriebsindividuellen Zweckmäßigkeit zum relevanten Kriterium für die Ausgestaltung von Abbildungsregeln.

Dabei könnte zunächst der Leitsatz aufgestellt werden, daß jeder Abbildungszweck auch seinen eigenen Satz von Abbildungsregeln bedingt. Also etwa für Rechenwerke, die der Ausschüttungssperrfunktion dienen, andere Regeln als für solche zur Kompetenzverteilung zwischen einzelnen Gesellschaftsorganen oder zwischen den Gesellschaftern; unterschiedliche Regeln für Publikationen und Dokumentationen; andersartig formulierte Dispositionskalküle je nach der konkreten Entscheidungssituation. De facto sollen die meisten in Betracht zu ziehenden Zahlenwerke oder zumindest einzelne ihrer Komponenten jedoch mehrere Funktionen zugleich ausüben. Das kann sich einerseits als vorteilhafte Einsparung erweisen, andererseits die Ableitung zweckentsprechender Vorschriften zur Erstellung solcher Zahlenwerke jedoch erheblich erschweren, wenn nicht gar unmöglich machen.[2] Als Beispiel sei auf die Häufung von Funktionen, die dem Bilanzposten "Grundkapital" nach dem

---

1) Vgl. Capelle (1960), S. 46 f.

2) Wegen einer näheren Untersuchung dieses Problems vgl. Maluck (1969), insbes. S. 8-111, 153-157.

deutschen Aktienrecht zugedacht sind, verwiesen.[1] Zum einen gibt das Grundkapital die Summe der Nennwerte aller Anteile an und ist insoweit die Bezugsbasis für verschiedene Rechnungsschlüssel. Zum zweiten sind an die gleiche Bilanzposition gewisse Mechanismen zur Ausschüttungssperre im Interesse des Gläubigerschutzes geknüpft.[2] Schließlich wird durch das Grundkapital der Mindesteinlagebetrag der Gesamtheit aller Anteile festgelegt. Eine derartige Koppelung ganz unterschiedlicher Funktionen ist jedoch in keiner Weise zwingend, sondern verleitet im Gegenteil zu etlichen Mißverständnissen und erschwert eine funktionale Regelung der aktienrechtlich regelungsbedürftigen Tatbestände.[3] Auch der jahrzehntelange Streit um die "richtige" Ausgestaltung von Bilanzen dürfte im wesentlichen auf der Tatsache beruhen, daß die einzelnen Autoren innerhalb der Pluralität möglicher Bilanzzwecke jeweils unterschiedliche Gewichte setzten, ohne daß dies immer in hinreichender Weise explizit dargelegt wurde.[4]

---

1) Wegen einer eingehenden Darlegung der hier kurz angedeuteten Gesichtspunkte vgl. Jahr, Stützel (1963), S. 53-62.

2) S. z. B. Stützel (1967), S. 323 f.

3) In diesem Zusammenhang ist es interessant, daß das GmbH-Gesetz, das ansonsten dem Aktienrecht ähnliche Regelungen enthält, in einzelnen Fällen von einer derartig zwingenden Verknüpfung abweicht: Im Falle der Einziehung von Geschäftsanteilen gem. § 34 GmbHG geht der eingezogene Geschäftsanteil unter, ohne daß sich dadurch die Höhe des Stammkapitals ändert. Da jedoch die Nennwerte der Geschäftsanteile sich in ihrer Höhe nach dem Betrag der übernommenen Stammeinlagen richten (§ 14 GmbHG) und diese in ihrer Summe wiederum gleich dem Stammkapital sind (§ 5 Abs. 3 GmbHG), ergibt sich zwingend, daß nach der Einziehung eines Geschäftsanteils die Summe der Anteilsnennwerte niedriger ist als das Stammkapital. Demgegenüber sieht das Aktiengesetz in starrer Funktionskoppelung bei der Einziehung von Aktien zwingend eine entsprechende Herabsetzung des Grundkapitals vor. (Vgl. Baumbach, Hueck (1960), S. 18, 59, 121; Baumbach, Hueck (1968), S. 12 f., 710-715).

4) Zu der klassischen Debatte der deutschen Betriebswirtschaftslehre um verschiedene Bilanzauffassungen sei - keineswegs vollständig - hingewiesen auf: Le Coutre (1941), Kosiol (1956), Nicklisch (1938), Rieger (1959), Schmalenbach (1919), ders. (1956), Schmidt, F. (1929), Sommerfeld (1940), Walb (1948).

2. Kapitel:

Entscheidungsmodelle

1. Modelltypen

a. "Praktische" und "theoretische" Modelle

Die aufgezeigte Fülle verschiedener Aufgaben betrieblicher Rechenwerke und die Vielfalt der bei ihrer Erstellung zu beachtenden Gesichtspunkte zwingt den einzelnen Wissenschaftler dazu, sich bei der näheren Analyse unterschiedlicher Ausgestaltungsmöglichkeiten von Abbildungsregeln auf eine Teilgruppe aus der Palette verschiedener Modelltypen zu beschränken. Im folgenden werden daher nur noch mathematische Entscheidungsmodelle untersucht, also Systeme formalisierter und symbolisierter Aussagen über den in einer Entscheidungssituation gegebenen Komplex interdependenter Aktionsmöglichkeiten und der damit verbundenen Konsequenzen, deren Analyse zu einer originären Ableitung einer Handlungsempfehlung führen soll. Nach der Art der zugrunde liegenden Entscheidungssituationen seien nun innerhalb der Klasse dieser Kalkülmodelle zwei Typen unterschieden, die als "praktische" und "theoretische" Modelle bezeichnet werden sollen.

Unter einem *praktischen* Modell ist dabei ein mathematisches Modell zu verstehen, das zur Lösung eines unmittelbar anstehenden konkreten betrieblichen Entscheidungsproblems entwickelt wird, insoweit also auf eine einmalige historische Situation zugeschnitten ist. Bei der Formulierung eines solchen Modells geht es darum (vgl. Abb. 1), aus den vorliegenden Informationen über eine

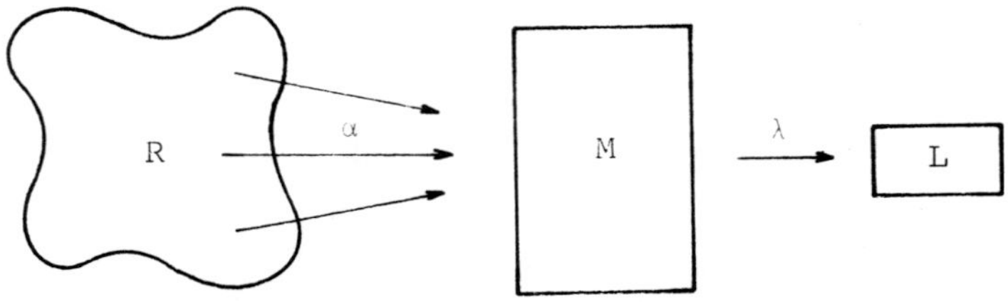

Abb. 1

Fülle realer Gegebenheiten (R) unter Beschränkung auf jene Aspekte, die als hinreichend entscheidungsrelevant anzusehen sind, durch ein System abstrahierender und aggregierender Abbildungsregeln (α) einen Formalkalkül (M) abzuleiten. Der Lösungsprozeß (λ) dieses Modells, d. h. die Abbildung der erfaßten Aktionsmöglichkeiten auf einer Präferenzskala führt dann zu einem bestimmten Ergebnis (L), woraus schließlich durch Rückübersetzung aus der Modellsymbolik eine Aussage über die Handlungsalternative abgeleitet werden kann, deren Durchführung aufgrund der Modellanalyse empfohlen wird.

Bezugsbasis eines praktischen Modells ist also eine bestimmte reale Entscheidungssituation, die im einzelnen eine Fülle unterschiedlicher Aktionsmöglichkeiten, Erwartungen und Zielvorstellungen beinhaltet. Dabei erscheint die Forderung[1)] nach strenger Isomorphie im Sinne

1) So z. B. Sabel (1965), S. 175 oder Griem (1968), S. 125. Allerdings bleibt bei beiden Verfassern unklar, was sie unter Isomorphie verstehen.

eines eineindeutigen Zuordnungsverhältnisses zwischen dieser realen Entscheidungssituation und dem Modell nicht nur utopisch, sondern auch widersinnig.[1] Der Wert von Modellen der hier zu untersuchenden Art besteht ja gerade darin, daß die Zusammenhänge vereinfacht dargestellt und die Vielzahl der für die anstehende Entscheidung bedeutsamen Gegebenheiten somit auf eine überschaubare Datenmenge reduziert wird. Erst dieser Verzicht auf die Isomorphie des Modells ermöglicht es, zu einem praktikablen Kalkül zu gelangen; erst die Abstraktion von etlichen realen Sachverhalten eröffnet Wege, die komplexe Realität in begrenzter Zeit und mit begrenztem Mitteleinsatz zu analysieren und entsprechende Entscheidungen abzuleiten.[2] Die Qualität des praktischen Modells hängt somit nicht davon ab, daß die komplexe Realität möglichst originalgetreu durch das symbolische System wiedergegeben wird, sondern davon, ob es gelingt, das Modell einerseits so einfach zu strukturieren, daß mit vertretbarem Planungsaufwand eine Lösung gefunden werden kann, andererseits jedoch die Grundzüge der realen Entscheidungssituation insoweit erhalten bleiben, daß sich die abgeleitete Lösung als brauchbar erweist. Entsprechend mißt sich auch die Qualität des urteilenden Ökonomen an seiner Fähigkeit, aus der Fülle mehr oder minder einflußreicher Faktoren gerade jene im Auge zu behalten, die von grundlegender Bedeutung für die zu treffende Entscheidung sind, und jene auszusondern, die wenn auch nicht einflußlos,

---

1) In ähnlichem Sinne auch Dinkelbach (1973), insbes. S. 160 f. Dabei zeigt sich der Verzicht auf Isomorphie nicht nur in der Einschränkung auf einen Teilbereich (vgl. dazu z. B. McKean (1958), S. 29-32; Hax (1967), S. 751), sondern auch, wie im folgenden noch ausgiebig zu erörtern sein wird, in der Notwendigkeit, ganze Gruppen von Realobjekten in aggregierter Form als Abbildungseinheit darzustellen. Die weitere Frage, ob es überhaupt denkbar ist, ein System realer Gegebenheiten isomorph durch ein symbolisches System abzubilden, mag dahinstehen.
Vgl. Kirsch (1971), S. 35.

2) So z. B. Kosiol (1961), S. 319 f.; Baumol (1966), S. 154-156; Hax (1967); Menges (1969), S. 76-82; Grochla (1969), insbes. S. 384 f.

so doch größenordnungsmäßig eher zu vernachlässigen sind.

Unter einem *theoretischen* Modell soll demgegenüber ein Formalkalkül verstanden werden, der ohne unmittelbaren Bezug zu einem historisch-konkreten Entscheidungsproblem entwickelt wird, und statt dessen im Hinblick auf eine nur gedachte, hypothetische Entscheidungssituation formuliert wird. An die Stelle einer äußerst komplexen Fülle realer Gegebenheiten als Bezugsbasis des praktischen Modells tritt beim theoretischen Modell ein üblicherweise durch einen Kranz explizit mitgeteilter oder auch nur implizit unterstellter Prämissen umschreibbares, mithin überschaubares System hypothetischer Gegebenheiten (vgl. P in Abb. 2). Dabei wird diese gedachte Entscheidungssituation im Vergleich zu realen Entscheidungssituationen als erheblich einfacher und weniger komplex unterstellt und im Gegensatz zu der total interdependenten Realität von vornherein auf einen überschaubaren (Teil-) Zusammenhangsbereich beschränkt. Als Bezugsbasis für die Modellformulierung wird also ein soweit abgeschlossenes und in sich einfach strukturiertes abstraktes Entscheidungsproblem gewählt, daß es möglich ist, dieses mittels geeigneter Abbildungsregeln (α'') originalgetreu durch das mathematische Symbolgefüge eines Modells M abzubilden.

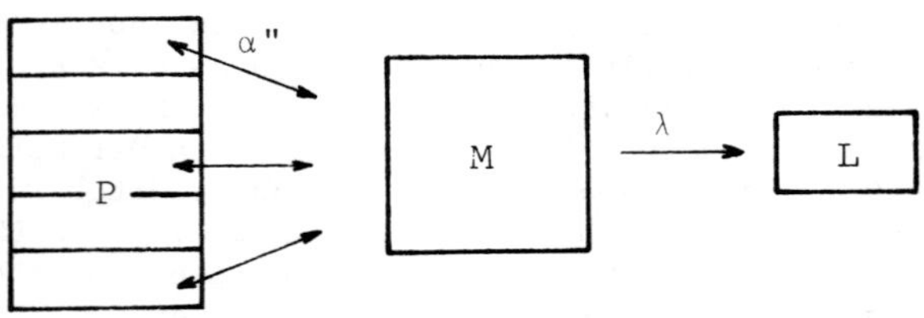

Abb. 2

Der Zusammenhang zwischen diesen beiden Typen formalisierter Entscheidungsmodelle kann nun darin gesehen werden, daß durch den Prämissenkranz der theoretischen Modelle gewisse reale Sachverhaltsstrukturen typisiert gekennzeichnet werden, bei deren Vorliegen die aus der Lösung und Analyse des theoretischen Modells abgeleiteten - bzw. nach Ausfüllung der in Modellprämissen und Modellaussagen abstrakt umrissenen Tatbestände durch die konkreten Größen der betrachteten Realsituation abzuleitenden - Aussagen zugleich Hinweise auf die optimale reale Handlungsweise bieten. Der gesamte Vorgang der vereinfachenden Abbildung einer realen Entscheidungssituation durch ein Formalmodell (vgl. α in Abb. 1) kann dementsprechend wie in Abb. 3 angedeutet gedanklich in zwei Schritte zerlegt werden:

1. Die gedankliche oder auch verbal artikulierte Reduktion und Aggregation (α') des realen Entscheidungsproblems (R) zu einer einfacheren, idealisierten, hypothetischen Entscheidungssituation, die dem Prämissenkranz (P) eines theoretischen Modells entspricht.

2. Die originalgetreue Abbildung (α'') dieser gedachten Situation in das Symbolsystem eines mathematischen Modells (M), aus dessen Analyse (λ) schließlich über das Rechenergebnis (L) eine Aussage über die Vorteilhaftigkeit der effektiv in Angriff zu nehmenden Aktionen abgeleitet wird.[1]

---

1) In ähnlichem Sinne äußert sich auch Dinkelbach (1973), insbes. S. 160 f., indem er darauf hinweist, daß Bezugspunkt einer isomorphen Modellabbildung niemals die Realität selbst sein kann, sondern immer nur ein "empirisches System", worunter er eine reduzierte und vereinfachte Beschreibung eines eingegrenzten Realitätsausschnittes versteht.

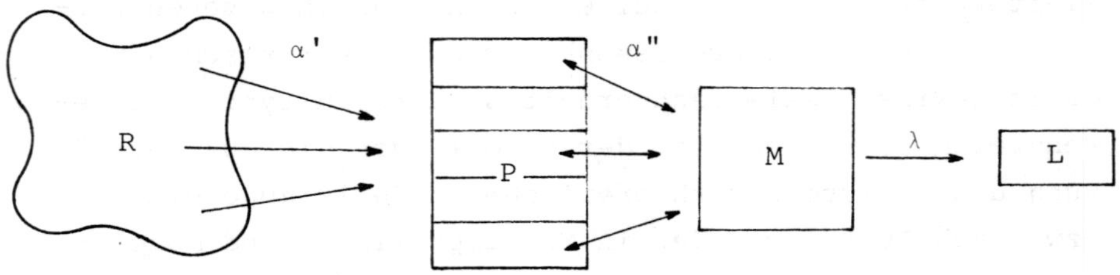

Abb. 3

Jedes theoretische betriebswirtschaftliche Entscheidungsmodell kann somit als vereinfachte Abbildung einer ganzen Klasse möglicher realer Entscheidungsprobleme interpretiert werden. Dabei hängt die Frage, inwieweit ein solches Modell als geeignete Grundlage für die Lösung eines vorgegebenen ökonomischen Entscheidungsproblems angesehen werden kann, entscheidend davon ab, in welchem Ausmaß der als Bezugspunkt für das mathematische Modell verwendete Prämissenkranz in angemessener Weise die grundlegenden Sachverhalte der realen Entscheidungssituation zum Ausdruck bringt. Allerdings bleibt zunächst offen, nach welchen Kriterien sich die Relevanz einzelner realer Sachverhalte bemißt. Denn für eine verbindliche Antwort auf diese Frage bedürfte es letztlich eines Vergleiches zwischen der aus dem vereinfachten Formalkalkül als Lösung abgeleiteten Handlungsempfehlung mit derjenigen, die sich als Ergebnis eines isomorphen Totalmodells ergeben würde. Dieser Vergleich scheitert jedoch schon allein daran, daß ein isomorphes Totalmodell grundsätzlich nicht formulierbar, geschweige denn lösbar ist. Somit gilt es zunächst zu konstatieren, daß die Frage, ob das einem mathematischen Modell zugrunde liegende Prämissensystem, bzw. die dadurch umschriebene hypothetische Entscheidungssituation ein adäquates Abbild der zu beurteilenden Realsituation darstellt, letztlich nicht mit dem Anspruch auf intersubjektive Gültigkeit beantwortet werden kann.[1)]

Auch die in diesem Zusammenhang in Anlehnung an KOSIOL wiederholt vorgetragene Forderung, das Modell müsse ein "adäquates Abbild" der Realität[2)] sein, es müsse "Strukturgleichheit der gedanklichen und realen Sphäre" herrschen[3)], stellt solange nicht viel mehr als eine Umformulierung der Fragestellung dar, wie nicht hinreichend präzisiert wird, was unter "Adäquanz" oder "Struktur" zu verstehen ist.[4)] Reale Gegebenheiten haben gar nicht *eine* Struktur; Struktur wird ihnen vielmehr immer erst durch eine unter ganz bestimmten Aspekten ordnende - insoweit also doch schon wieder abstrahierende - Betrachtung aufgeprägt. Stellen wir uns - um ein fast triviales Beispiel zu geben - einen Hof voller parkender Pkw vor. Worin besteht die "Struktur" dieses Stücks (gedachter) Realität? In der Zahl verschiedener Pkw-Typen; in der Verteilung der Pkw auf verschiedene Altersklassen oder Lackfarben? Bestimmt sich die Struktur nach der regionalen Herkunft der Fahrzeuge, nach dem Zustand ihrer Bereifung, nach den Beträgen, mit denen sie bei den Eigentümern zu Buche stehen, nach ihren Marktpreisen oder nach der Art und Weise ihrer räumlichen Anordnung auf der Parkfläche? Die Aufgabe, den betrachteten Realitätsausschnitt so abzubilden, daß "Strukturgleichheit zwischen der gedanklichen und realen Sphäre" herrscht, ließe offenbar beliebig viele unterschiedlich "strukturierte" Modelldarstellungen zu. Welche nun die relevanten Strukturen sind, hängt von dem *Zweck* der Abbildung ab. Damit sind wir aber wieder genau bei unserer Ausgangsfrage, nämlich der Frage danach, was denn im Hinblick auf einen

---

1) So z. B. auch Kirsch (1971), S. 36 f.
2) So z. B. Kosiol (1961), S. 321; Kern (1969), S. 10; Teichmann (1972), S. 519, 523.
3) So z. B. Kosiol (1961), S. 321 oder (1972), S. 220.
4) In ähnlichem Sinne Dinkelbach (1973), der zugleich an einem Beispiel Ansätze aufzeigt, den Strukturbegriff zu präzisieren.

konkreten Zweck als relevante und was als irrelevante Sachverhaltsstruktur anzusehen ist, welches die für eine "adäquate" Abbildung maßgeblichen Merkmale sind.

Aus der Tatsache, daß die Angemessenheit einer bestimmten modellmäßigen Darstellung nicht mit dem Anspruch auf intersubjektive Gültigkeit zu beantworten ist, kann allerdings nicht geschlossen werden, daß diese Frage von vornherein aus dem betriebswirtschaftlichen Forschungsbereich ausgeklammert werden müßte. Vielmehr stellt sich hier zunächst den deskriptiv orientierten Ansätzen der Betriebswirtschaftslehre die grundlegende Aufgabe, es dem Entscheidenden durch eine ordnende und klassifizierende Darstellung der realen Gegebenheiten zu erleichtern, sich ein zutreffendes Bild von der komplexen Realität zu machen, Bestand und Wirkungsweise institutionell vorgegebener Einflußfaktoren zu erkennen und Verhaltensweisen von Personen, deren Aktionen sich in irgendeiner Weise auf das effektive Ergebnis der zur Auswahl stehenden Handlungsmöglichkeiten auswirken, besser abzuschätzen. Darüber hinaus kann im Rahmen einer betriebswirtschaftlichen Entscheidungstheorie versucht werden, gewisse immanente Eigenschaften aufzuzeigen, die ein Prämissensystem sinnhafterweise erfüllen muß (z. B. Kompatibilität der einzelnen Annahmen) und einerseits durch Klassifizierung und Typisierung realer Entscheidungsprobleme sowie andererseits durch Analyse und Kritik von Modellprämissen einige grundsätzliche Anhaltspunkte dafür aufzuzeigen, zur Darstellung welcher Entscheidungssituationen bestimmte Arten von Kalkülmodellen mehr oder weniger geeignet sind.

Neben dem Ausmaß an Originaltreue ist als zweite Determinante für die Brauchbarkeit eines mathematischen Modells als Entscheidungsgrundlage auch die Höhe der zur Konstruktion und Lösung des Modells notwendigen Planungskosten zu berücksichtigen. Denn selbst, wenn es gelänge, für bestimmte Arten realer Entscheidungssituationen isomorphe Modelle zu entwickeln, wäre damit noch nichts gewonnen, wenn diese Modelle in praxi nicht mehr gelöst werden könnten oder die Kosten zur Beschaffung der für die Modellformulierung benötigten Daten ein als nicht mehr vertretbar erachtetes Maß überstiegen. Dabei dürften sich im allgemeinen auch bezüglich der kritischen Höhe der Informations- und Planungskosten allenfalls einige grundsätzliche Anhaltspunkte, jedoch keine exakten Aussagen ableiten lassen.

Die Aufgabe einer präskriptiven betriebswirtschaftlichen Theorie kann somit vorrangig darin gesehen werden, gewissermaßen auf Vorrat einen Katalog unterschiedlicher Kalkülmodelle zu entwickeln, deren Prämissen möglichst klar darzulegen sowie Hinweise über das zweckmäßigste Lösungsverfahren zu geben.[1)] Dem Praktiker wird es so ermöglicht, im konkreten Einzelfall das Modell auszuwählen, das ihm insgesamt unter Abwägung der aufgezeigten Gesichtspunkte (hinreichende Originaltreue der in den Modellprämissen ausgedrückten hypothetischen Entscheidungssituation; vertretbare Höhe von Informations- und Planungskosten) als beste Abbildung des realen Entscheidungsproblems erscheint. Dabei wird diese Auswahl um so leichter, je deutlicher dargelegt wird, auf welchen Prämissen das jeweilige Modell beruht, welche Daten zur konkreten numerischen Ausfüllung benötigt werden, welche Lösungsmöglichkeiten bestehen und welche Konsequenzen sich für die Formalstruktur und Lösbarkeit ergeben, wenn zur besseren Anpassung des zunächst betrachteten Modells an die vorliegende Entscheidungssituation einzelne Prämissen variiert werden.

1) Wegen Äußerungen in ähnlicher Richtung vgl. z. B. Gäfgen (1974), S. 83 f.; Hax, Laux (1972), S. 330 f.; Mellwig (1972), S. 42.

b. Problemorientierte und lösungsorientierte Modelle

Aus den beiden für die Brauchbarkeit theoretischer Modelle in erster Linie ausschlaggebenden Gesichtspunkten ergeben sich für die präskriptiv orientierte betriebswirtschaftliche Theorie im Hinblick auf die Entwicklung weiterer mathematischer Entscheidungsmodelle zwei grundlegende Impulse, nach denen zwischen problem- und lösungsorientiertem Vorgehen unterschieden werden kann. Bei der *problemorientierten* Konstruktion von Modellen wird von der Betrachtung verschiedener Entscheidungssituationen ausgegangen, die in der betrieblichen Praxis effektiv auftreten oder möglicherweise auftreten können. Dementsprechend wird versucht, derartige Probleme auf vereinfachende Prämissenkränze zu reduzieren, und sie durch entsprechende Formalisierung in einem geeigneten Modell abzubilden.[1)] Weiterhin ist problemorientiertes Vorgehen dadurch gekennzeichnet, daß permanent versucht wird, die den vorgefundenen theoretischen Modellen zugrunde liegenden stark abstrahierenden Prämissen durch weniger einschränkende Annahmen zu ersetzen und so allgemeinere Ansätze zu entwickeln, deren Formalstruktur in der Regel zwar komplexer ist, die jedoch für reale Entscheidungssituationen der untersuchten Klasse in größerem Umfang als hinlänglich

---

1) Als Beispiel für diese Ausweitung der in formalisierten Modellansätzen erfaßten Fragestellungen sei auf die in den letzten Jahren verstärkt zu rubrizierenden Versuche hingewiesen, die Entscheidung über Art und Umfang der als Planungsgrundlage einzuholenden Informationen selbst zum Gegenstand eines Formalkalküls zu machen. Vgl. neben Albach (1962b) und (1969) sowie den dort angegebenen Quellen an neueren Ansätzen der deutschen Literatur Teichmann (1971); Zur Nieden (1972); Niggemann (1973); Teichmann (1973); Bitz, Wenzel (1974); Bitz (1975); Mag (1977), insbes. S. 125-292.

genaue Abbildung angesehen werden können.[1)]

Demgegenüber liegt der Ansatzpunkt *lösungsorientierter* Versuche der Modellkonstruktion bei Betrachtung bestimmter Lösungsverfahren. Aus der Analyse dieser Algorithmen werden zunächst ganz bestimmte Anforderungen an die mathematische Formalstruktur des Modells abgeleitet. Von da aus rückwärts blickend werden dann solche hypothetischen Entscheidungssituationen konstruiert, die sich originalgetreu durch Modelle abbilden lassen, die den zuvor im Hinblick auf ein bestimmtes Lösungsverfahren abgeleiteten Anforderungen genügen. Dementsprechend schlägt sich der jeweilige Entwicklungsstand verschiedener Lösungstechniken deutlich in der *Art* der von der ökonomische Theorie behandelten Modelle nieder.

So lag beispielsweise der Schwerpunkt modelltheoretischer Betrachtungen über lange Zeiten hinweg, in denen die Differential- und Integralrechnung das wirkungsvollste Hilfsmittel zur Lösung mathematischer Modelle bildete, auf der Betrachtung solcher hypothetischen Entscheidungssituationen, die formal in der Weise dargestellt werden können, daß sich durch Anwendung der Differentialrechnung auf analytischem Wege eine allgemeine Lösung finden läßt. Dementsprechend wurden bezüglich des Zusammenhanges zwischen Aktions- und Zielvariablen solche Verläufe unterstellt, die durch stetige und differenzierbare, nicht lineare Funktionen dargestellt werden konnten; Restriktionen wurden möglichst in Form von Gleichungen for-

---

1) Als Beispiel für derartige Bemühungen, auf unterschiedlichen Gebieten zu weniger abstrahierenden, umfassenderen Entscheidungsmodellen zu gelangen, sei verwiesen auf die Ansätze zur simultanen Investitions- und Finanzplanung (Albach (1962 a), S. 305-322; Weingartner (1963); Hax (1964)), deren Verknüpfung mit der Produktions- und Absatzplanung (Albach (1960); Jacob (1964); Swoboda (1965)) oder zur Integrierung von Serien- und Bestellmengenproblemen in die Produktions- und Absatzplanung (Adam, D. (1963), insbes. S. 238-243; Dinkelbach (1964), S. 58-85; Adam, D. (1969), S. 63-80, 155-166).

muliert.[1] Mit der Entwicklung neuerer Methoden der Planungsrechnung, insbesondere der linearen Programmierung, vollzog sich dann eine deutliche Akzentverschiebung: in den Mittelpunkt des Interesses rückte die Erörterung solcher Probleme, die sich modellmäßig durch Systeme linearer Gleichungen und Ungleichungen darstellen lassen, also durch Formalstrukturen, bei deren Lösung das klassische Hilfsmittel der Differentialrechnung versagt.[2] In ähnlicher Weise sind etliche Ansätze der stochastischen Lagerhaltungs- und Warteschlangentheorie dadurch gekennzeichnet, daß bezüglich der Zufallsvariablen bestimmte Typen von Wahrscheinlichkeitsverteilungen - insbesondere Poisson- und Normalverteilungen - unterstellt werden, die es wiederum durch Anwendung der Differential- bzw. der Differenzenrechnung erlauben, auf analytischem Wege Aussagen über die in der zugrunde gelegten hypothetischen Entscheidungssituation optimale Handlungsalternative abzuleiten.[3] Seit der zunehmenden Entwicklung von Simulationsverfahren werden jedoch in verstärktem Maße Modelle diskutiert, die auf weniger speziellen Annahmen beruhen.[4]

Die Entwicklung theoretischer Kalkülmodelle vollzieht sich also stets in dem Spannungsfeld zwischen problemadäquater und lösungsgerechter Formulierung der Modelle. Für die praktische Anwendung können unmittelbar relevante Ergeb-

---

1) Es sei hier nur auf die klassischen Modelle zur Bestimmung des gewinnmaximalen Preises eines Angebotsmonopolisten (vgl. Cournot (1924), S. 47 f.), der optimalen Losgröße oder Bestellmenge (vgl. Harris (1915), Taft (1918)) und der Minimalkostenkombination bei substituierbaren Produktionsverfahren (vgl. Stackelberg (1951), S. 154 f.; Gutenberg (1963), S. 206-210) hingewiesen.

2) Aus der Fülle von Veröffentlichungen zu den Methoden und Anwendungsmöglichkeiten der linearen Programmierung sei beispielhaft verwiesen auf Vajda (1960) und (1961) sowie Dantzig (1966).

3) Vgl. z. B. Hadley, Whitin (1961); Morse (1962); Hadley, Whitin (1963), insbes. S. 140-143, 441-443; Naddor (1966).

4) Wegen einer näheren Erörterung der Simulationstechnik vgl. Koller, P. (1969) und die dort angegebene Literatur.

nisse aber offenbar nur unter gleichzeitiger Beachtung beider Aspekte erreicht werden. Denn eine im Hinblick auf die Anwendbarkeit bestimmter Algorithmen zurechtgestutzte Modellwelt, die mit den in der Realität auftretenden Situationen nur noch entfernte Ähnlichkeit hat, hilft dem Praktiker ebensowenig wie ein Kalkülansatz, der - auch im Hinblick auf Möglichkeiten und Kosten der Informationsbeschaffung - bestimmten realen Entscheidungsproblemen zwar durchaus angemessen ist, für den jedoch kein praktikables Lösungsverfahren zur Verfügung steht. Nun wäre es allerdings verfehlt, daraus den Schluß zu ziehen, der einzige Maßstab für die Sinnhaftigkeit betriebswirtschaftlich orientierter Entscheidungstheorie sei die unmittelbare Praxisrelevanz ihrer Ergebnisse. Vielmehr kann es im Zuge eines arbeitsteiligen Wissenschaftsprozesses, der zudem auch nicht ausschließlich auf die aktuelle praktische Anwendung, sondern als Grundlagenforschung eher auf die potentielle Verwendbarkeit der abgeleiteten Ansätze ausgerichtet ist, durchaus sinnvoll sein, wenn problem- und lösungsorientierte Entscheidungstheorie in einem gewissen Ausmaß nebeneinander und ohne permanente wechselseitige Rückkoppelung betrieben werden. Also: hier Analyse der in der betrieblichen Praxis auftretenden Probleme, Systematisierung der dabei beobachteten Phänomene, um so aus der typisierenden und formalisierenden Darstellung der untersuchten Entscheidungssituationen neue Fragestellungen zu artikulieren, ohne dabei zugleich auf Möglichkeiten zu deren Beantwortung zu reflektieren; dort Entwicklung neuer Algorithmen und Untersuchung, Probleme welcher formalen Struktur mit Hilfe dieser Techniken gelöst werden können, ohne dabei zugleich darauf zu schauen, ob sich reale Entscheidungssituationen finden lassen, die durch entsprechend strukturierte Modelle abgebildet werden können. Solange nicht ausgeschlossen werden kann, daß sich zu der aufgeworfenen Fragestellung irgendwann einmal ein geeignetes Lösungsverfahren finden läßt bzw. daß sich irgendwann einmal praktisch relevante Problemstellungen

finden lassen, die mit Hilfe eines Modelltyps, der im Hinblick auf einen bestimmten Algorithmus entwickelt worden ist, adäquat darstellen lassen, kommt sowohl ausschließlich problemorientierten als auch ausschließlich lösungsorientierten Modellansätzen eine über den Stellenwert einer reinen Theorie hinausgehende Bedeutung zu.
Die Möglichkeit, ja die oftmals sogar vorhandene Nötigung, Modelle problem- oder lösungsorientierter Art weitgehend isoliert und ohne den beiderseitigen Bezug zur Praktikabilität zu entwickeln sowie die zuvor bereits angesprochene Tatsache, daß die Tauglichkeit von Kalkülmodellen für die konkrete Anwendung ohnehin nicht allgemeingültig nachgewiesen werden kann, eröffnen dem Theoretiker natürlich einen großen Freiheitsspielraum bezüglich Art und Inhalt der von ihm zu entwickelnden und zu analysierenden Modelle. Diese Tatsache wird auch an dem derzeitigen Pluralismus verschiedener Forschungsansätze im Rahmen des primär präskriptiv ausgerichteten Teils einer entscheidungsorientierten Betriebswirtschaftslehre deutlich, der eine permanente Auseinandersetzung um Brauchbarkeit und Relevanz verschiedener Modelle provoziert.[1)] Da die dazu im einzelnen vorgebrachten Argumente aus den zuvor aufgezeigten Gründen nur in eingeschränktem Maße intersubjektiv überprüfbar sind, reflektieren sie insoweit primär die Vorurteile einzelner Autoren darüber, von welchen Forschungsansätzen eher fruchtbare Ergebnisse zu erwarten sind. Angesichts der Tatsache, daß sich die Richtigkeit dieser Erwartungen jedoch allenfalls im Zuge der weiteren Entwicklung herausstellen kann, ist es innerhalb eines insoweit nach dem Prinzip von "trial and error" verlaufenden Wissenschaftsprozesses[2)] in gewissem Rahmen unvermeidbar, den eigenen Forschungen ein nicht weiter überprüfbares persönliches Vorurteil zugrunde zu legen.

1) So löste beispielsweise auch Gutenbergs Ansatz der frühen fünfziger Jahre, der sich nach zwanzig Jahren rückblickend eindeutig als äußerst fruchtbar erwiesen hat, zu Beginn der fünfziger Jahre einen heftigen "Methodenstreit" aus. (Vgl. z. B. Mellerowicz (1952), (1953), (1953 a) und (1953 b); Gutenberg (1953), (1953 a); Löffelholz (1952); Schäfer (1952); Schwantag (1952); Waffenschmidt (1952), (1953).

2) Vgl. Popper (1965), S. VII-IX.

So liegt auch dieser Arbeit das Vorurteil zu Grunde, aus dem Versuch, gewisse Elemente der Formaldarstellung von Entscheidungssituationen in ein Kategoriensystem einzuordnen und an einzelnen Punkten in paradigmatischer Weise die Bedeutung bestimmter formaler Gestaltungsmöglichkeiten für den materiellen Gehalt des Modells und ihren Einfluß auf Planungs- und Informationskosten aufzuzeigen, könne für die rationale Gestaltung von Entscheidungsprozessen ein Gewinn gezogen werden.

2. Konstitutive Elemente von Entscheidungsmodellen

a. Das Grundmodell

Die grundsätzliche Subjektivität jedes Urteils über die Eignung eines bestimmten Kalkülmodells zur Darstellung einer vorgegebenen Entscheidungssituation läßt es nicht zu, unmittelbare Aussagen über die sachgerechte Ausgestaltung von Abbildungsregeln mit dem Anspruch auf allgemeine Gültigkeit abzuleiten. Andererseits nötigt die Praxis betrieblicher Entscheidungen, soweit sie sich auf entsprechende formale Hilfsmittel stützen, permanent dazu, über die Angemessenheit dieser Instrumente zu urteilen. Im folgenden soll daher versucht werden,

- durch eine ordnende und klassifizierende Darstellung der für die Formulierung von Entscheidungsmodellen grundsätzlich zu beachtenden Gesichtspunkte ein durchgängiges System unterschiedlicher Arten von Abbildungsregeln zu entwickeln,
- alternative Modellformulierungen anhand des so entwickelten Begriffsrasters zu interpretieren und
- daraus schließlich allgemeine Anhaltspunkte für die zweckmäßige Ausgestaltung der einzelnen Abbildungsregeln abzuleiten.

Auch wenn dabei einzelne Erwägungen immer wieder durch die paradigmatische Betrachtung spezieller Entscheidungssituationen oder bestimmter Modellansätze konkretisiert werden, ist es doch nötig, durch die abstrahierende Reduzierung der Vielfalt unterschiedlicher Entscheidungsprobleme auf ihre gemeinsamen Grundelemente einen geschlossenen Katalog der prinzipiell abzubildenden Objekttypen aufzustellen und so die gemeinsame Bezugsbasis für die unterschiedlichen Arten von Abbildungsregeln festzulegen. Zu diesem Zweck wird auf das bekannte, dem in der Wirtschaftswissenschaft geläufigen Denkansatz des homo oeconomicus folgenden Grundmodell der Entscheidungstheorie zurückgegriffen.[1)]

Ein Entscheidungssubjekt hat die Auswahl zwischen m einander ausschließenden Handlungsmöglichkeiten a_i $(i=1,2,...,m)$, deren Gesamtheit $A = \{a_i\}$ als *Aktionsfeld*[2)] bezeichnet werden soll. Die Handlungsergebnisse werden außer der Entscheidung für eine Alternative a_i durch die vom Entscheidenden nicht kontrollierbaren Konstellationen sonstiger Einflußfaktoren[3)] s_j $(j=1,2,...,n)$ bestimmt. Durch eine Ergebnisfunktion e werden allen Kombinationen der m Handlungsmöglichkeiten und der n "Umweltzustände" Ergebnisvektoren $e_{ij} = e(a_i;s_j)$ zugeordnet. Das gesamte Spektrum der mit einer Handlungsalternative verbundenen Ergebnismöglichkeiten wird so durch die im folgenden *Ergebnisraum* genannte geordnete Menge $e_i = (e_{i1}, e_{i2},...,e_{in})$ von n Ergebnisvektoren beschrieben. Das gesamte *Entscheidungfeld*[4)], d. h. der Inbegriff aller Aktions- und Ergeb-

1) Ansätze nach der Art des im folgenden skizzierten Grundmodells finden sich z. B. bei Savage (1954), S. 8-10; Münstermann (1966), S. 20 f.; Schneeweiß (1967), S. 8-10; Gäfgen (1974), S. 95-176; Menges (1969), S. 82-86 und (1969a), S. 63-68.

2) So z. B. Engels (1969), S. 94.

3) Dabei mag es dahingestellt bleiben, inwieweit diese Einflußfaktoren unmittelbar aus den Aktionen rational handelnder Personen abgeleitet werden können oder als Ergebnis sonstiger nicht näher aufhellbarer Wirkungszusammenhänge, insoweit also "zufällig" eintreten.

4) So Engels (1969), S. 94.

nismöglichkeiten kann dann in der bekannten Form einer Ergebnismatrix dargestellt werden.

	s_1	s_2	...	s_j	...	s_n
a_1	e_{11}	e_{12}	...	e_{1j}	...	e_{1n}
a_2	e_{21}	e_{22}	...	e_{2j}	...	e_{2n}
⋮	⋮	⋮		⋮		⋮
a_i	e_{i1}	e_{i2}	...	e_{ij}	...	e_{in}
⋮	⋮	⋮		⋮		⋮
a_m	e_{m1}	e_{m2}	...	e_{mj}	...	e_{mn}

Tab. 1

Je nachdem, ob den einzelnen Umweltzuständen Eintrittswahrscheinlichkeiten w_j zugeordnet werden oder nicht, unterscheidet man gemeinhin zwischen Entscheidungen unter Risiko und solchen unter Ungewißheit.[1]

Weiterhin wird davon ausgegangen, daß die subjektiven Zielvorstellungen des Entscheidenden durch die Angabe einer *Präferenzfunktion* Φ und eines *Optimierungskriteriums* in quantifizierbarer Form zum Ausdruck gebracht werden können. Die Präferenzfunktion ordnet jedem Ergebnisraum e_i und damit natürlich auch der entsprechenden Handlungsalternative a_i einen bestimmten Wert der *Zielvariablen* $\psi(a_i) = \Phi(e_i)$ zu. Das Optimierungskriterium enthält eine Vorschrift darüber, welche Anforderungen, ausgedrückt durch einen bestimmten Wert oder sonstige Qualitäten der Zielvariablen ψ, an diejenige Aktionsmöglichkeit zu stellen sind, deren Realisierung als Lösung des Entscheidungsmodells empfohlen wird.[2] Präferenzfunktion und Optimierungskriterium gemeinsam seien im folgenden als *Zielfunktion*, das darin zum Ausdruck kommende Auswahlprinzip als *Entscheidungsregel*[3] bezeichnet.

1) Vgl. Knight (1921), S. 233.
2) Dabei sei hier schon - um einen gelegentlich auftretenden Mißverständis vorzubeugen - kurz darauf hingewiesen, daß Optimierung nicht gleichbedeutend sein muß mit der Suche nach Extremwerten. (So z. B. auch Grochla (1969), S. 389.)
3) Vgl. Schneeweiß (1967), S. 17-19, s. a. Pfohl (1972), S. 310-312.

Dabei wird zumeist unterstellt, daß die einzelnen Handlungsmöglichkeiten durch die Zielfunktion in der Weise auf einer Präferenzskala abgebildet werden, daß aus dem Vergleich der ψ-Werte für jedes beliebige Aktionspaar a_i, a_k angegeben werden kann, ob a_i im Hinblick auf die Zielvorstellungen des Entscheidenden im Vergleich zu a_k als besser, schlechter oder gleichwertig anzusehen ist.

Einige im Zusammenhang mit der Analyse entsprechender Abbildungsregeln besonders wichtige Aspekte der aufgeführten Komponenten dieses Grundmodells sollen nun etwas näher erläutert und bezüglich der an die Verwendung dieser Begriffe geknüpften gedanklichen Voraussetzungen präzisiert werden.

b. Das Aktionsfeld

Die bei der Darstellung des Aktionsfeldes nur noch durch ein Kurzsymbol zum Ausdruck gebrachten Handlungsmöglichkeiten lassen sich im Hinblick auf die damit konkret gemeinten Sachverhalte zunächst einmal "als solche" beschreiben, d. h. durch eine möglichst genaue und detaillierte Aufzählung der mit ihrer Durchführung verbundenen Teilaktivitäten, ohne sich dabei auf den organisatorischen Rahmen ihrer Realisation oder die daraus folgenden Konsequenzen zu beziehen.

Wie detailliert dabei im einzelnen derartige Teilaktivitäten auch beschrieben werden, so setzt doch jedes Reden von Handlungsmöglichkeiten insoweit schon einen gedanklichen Aggregationsprozeß voraus, als damit zwingend in irgendeiner Weise die Zusammenfassung einer Menge von Einzeltätigkeiten zu einer begrifflichen Einheit vollzogen wird. Nun gibt es bezüglich des Aggregationsgrades einer solchen Zusammenfassung eine weite Skala unterschiedlicher Möglichkeiten: von der selbständigen Betrachtung kleinster Elemente des Bewegungsablaufes in Bewegungs- und Zeitstudien bis hin zu der Bündelung der Fülle aller betrieblichen Einzeltätigkeiten über die gesamte Totalperiode zu der einen Aktivität des "Unternehmens" schlechthin. Die damit angesprochene Frage, für welche Fragestellungen ein enger oder weiter gefaßter Aktivitätsbegriff als sachgerecht angesehen werden kann, wird später im Zuge der Analyse der Aggregationsregeln noch näher zu erörtern sein.

Neben dem Problem der begrifflichen Zusammenfassung bestimmter Einzeltätigkeiten ist weiterhin zu berücksichtigen, daß sich deren Realisation stets in einem bestimmten organisatorischen Rahmen vollzieht, also in einem Gefüge vorgezeichneter Informationsverläufe und Zuordnungen gewisser Weisungs- und Entscheidungsbefugnisse zu bestimmten Personen sowie faktischer Machtbeziehungen und Kommunikationswege. Um mit der Beschreibung des Entscheidungsfeldes die Grundlage für die Ableitung eines konkreten Aktionsplanes zu schaffen, bedarf es mithin neben der abstrakten Umschreibung der zu einem Projekt zählenden Einzeltätigkeiten des weiteren gewisser Angaben darüber, welche Personen auf wessen Weisungen und unter welchen Bedingungen einzelne dieser Teilaktivitäten durchführen sollen. Auch dieses Problem soll an dieser Stelle jedoch nicht vertieft werden.

Um für eine Betrachtung des interdependenten Systems verschiedener Abbildungsregeln zunächst überhaupt eine Ausgangsbasis zu gewinnen, wird vielmehr ohne weitere Begründung davon ausgegangen, daß gewisse Teilmengen sachlich oder zeitlich besonders eng miteinander verknüpfter Einzeltätigkeiten von vornherein zu einer Aktivitätseinheit - etwa einem Investitionsprojekt, einem Produktionsauftrag, einer Finanzierungsmaßnahme - zusammengefaßt und im Hinblick auf den organisatorischen Rahmen ihrer Durchführung in einer für den Planungszweck hinreichenden Weise beschrieben sind. Diese für die modellmäßige Darstellung kleinsten Handlungseinheiten seien im folgenden als "Aktivitäten" oder gelegentlich auch als "Projekte", das quantitative Ausmaß ihrer Durchführung als "Aktivitätsniveau" bezeichnet. Im Fall einer in der formalen Entscheidungstheorie üblicherweise unterstellten "vollkommenen Alternativenstellung"[1] beschreibt jede im Symbolsystem des Formalmodells durch ein Zeichen a_i erfaßte Handlungsalternative jeweils genau eine zulässige Kombination der Aktivitätsniveaus dieser Aktivitäten. Das Attribut "vollkommen" soll dabei die Eigenschaft des Alternativenkataloges kennzeichnen, daß der Entscheidende innerhalb des betrachteten Aktionsbereiches nur genau eine Alternative wählen *kann* und daß er andererseits auch genau eine wählen *muß*. Die Möglichkeit, sich (scheinbar) vor einer Entscheidung zu drücken und gar nichts zu tun, wird also selbst zu einer in das Aktionsfeld einzubeziehenden Alternative.

In anderen Fällen kann es sich jedoch als zweckmäßig erweisen, die einzelnen Aktivitäten selbst durch Zuordnung entsprechender Aktionsvariablen x_h $(h=1,2,\ldots,\bar{h})$ als Abbildungseinheit zu wählen und das Aktionsfeld durch ein Restriktionensystem dieser Aktionsvariablen implizit zu umschreiben.[2] Bei dieser Darstellungsform werden die alternativen Aktionsprogramme also nicht je einzeln, sondern pauschal durch eine kompakte Umschreibung des gesamten Aktionsfeldes abgebildet. Dabei entspricht jede mögliche Lösung des Restriktionensystems, also jeder Vektor $x = (x_1, x_2,\ldots,x_{\bar{h}})$ zulässiger x_h-Werte, genau einer der in einander ausschließender Weise formulierten Alternativen. Zwischen der Menge der zulässigen Lösungen der Nebenbedingungen und der der alternativen Aktionspro-

1) Schneider, E. (1951), S. 33 f.
2) Vgl. hierzu auch die Ausführungen im 8. Kapitel, Abschnitt 1a.

gramme besteht also ein eindeutiges Zuordnungsverhältnis.[1]

Bei der folgenden Erörterung des Grundmodells wird daher vorwiegend der Fall vollkommener Alternativenstellung angenommen. Die im einzelnen aufgezeigten Gesichtspunkte lassen sich jedoch weitgehend auch auf den Fall eines kompakt umschriebenen Aktionsfeldes übertragen.

c. Ergebnisräume

Die jeder a_i-s_j-Kombination zugeordneten Ergebnisvektoren[2] e_{ij} können im allgemeinen Fall als geordnete Menge von $\bar{b}$ *Ergebnisvariablen* e_{ijb} $(b=1,2,...,\bar{b})$ aufgefaßt werden, die verschiedene beim Eintritt des Zustands s_j aus der Aktion a_i resultierende Sachverhalte durch die Wertangabe entsprechender Maßgrößen M_b $(b=1,2,...,\bar{b})$ beschreiben. Da es sich bei der Angabe dieser Variablen um eine zukunftsbezogene und insoweit niemals völlig sichere Aussage handelt, ist die Wertbestimmung der Maßgrößen nicht als Messung im engeren Sinne, sondern als Schätzung anzusehen.[3] Es sei jedoch für das folgende unterstellt, daß sich die gewählten Maßgrößen prinzipiell aufgrund allgemeiner Konventionen durch Opera-

---

1) Insoweit bedarf die von Engels (1962), S. 83 aufgestellte Behauptung, ein Entscheidungsproblem sei "nur dann richtig gestellt, wenn jede Alternative alle anderen ausschließt" der Präzisierung. Ist mit diesem Satz gemeint, es sei nötig, in einem Entscheidungsmodell alle einander ausschließenden Handlungsalternativen explizit zu formulieren, so trifft er offenbar nicht zu. Richtigerweise kann also nur gemeint sein, daß ein Modell so formuliert sein muß, daß alle Interdependenzen zwischen den betrachteten Teilobjekten in der Art berücksichtigt werden müssen, daß die Lösungsmenge des wie auch immer formulierten Restriktionensystems ein isomorphes Abbild der Menge der einander ausschließenden Handlungsmöglichkeiten darstellt.

2) Wird das Aktionsfeld unter Verwendung von Aktionsvariablen x_h umschrieben, so sind diese x_h zugleich Argument der Ergebnisfunktion, die jeder möglichen Kombination aller x_h-Werte, also jedem Vektor $x = (x_1, x_2, ..., x_{\bar{h}})$, n verschiedene, nach den alternativ möglichen Umweltkonstellationen differenzierte Ergebnisvektoren $e_j(x)$ zuordnet.

3) So z. B. Carnap (1959), S. 194 f.; Szyperski (1962), S. 56 f.

tionen wie Zählen, Wiegen, Rechnen u. ä. messen lassen, die in diesen Maßgrößen ausgedrückten effektiv eintretenden Handlungsergebnisse also im nachhinein objektiv meßbar sind. Diese Maßgrößen können unterschiedlichster Art sein, wobei für die Betrachtung ökonomischer Entscheidungsmodelle jedoch vor allem Güter- und Zahlungsmittelströme oder -bestände sowie daraus abgeleitete Verhältniszahlen von Bedeutung sind. Dabei sollen mehrere Angaben über dem sachlichen Begriffsinhalt nach gleiche Strom- und Bestandsgrößen, sofern sie sich auf unterschiedliche Zeiträume bzw. -punkte beziehen, jeweils durch eine gesonderte Maßgröße M_b zum Ausdruck gebracht werden. So könnten die Konsequenzen verschiedener zur Auswahl stehender Absatzstrategien etwa durch - jeweils nach n alternativen Umweltkonstellationen differenzierte - Angaben über die Absatzmengen der einzelnen Produktarten in einer gewissen Anzahl künftiger Perioden, die dabei erzielten Gesamtumsätze, die jeweiligen Deckungsbeiträge sowie die in den einzelnen Perioden erreichten Marktanteile beschrieben werden.

Nun steht zur Beschreibung von Handlungskonsequenzen auch bei einer Beschränkung auf objektiv meßbare Sachverhalte immer noch eine solche Fülle unterschiedlicher Maßgrößen zur Auswahl, daß jede überschaubare Darstellung erwarteter Handlungsergebnisse eine weitere Einschränkung auf bestimmte Merkmale erfordert. Welches diese Merkmale sind, kann allgemein nicht mit dem Anspruch auf intersubjektive Gültigkeit bestimmt werden, sondern hängt von den individuellen Zielvorstellungen des Entscheidenden ab. Allenfalls wenn diese Zielvorstellungen hinreichend klar artikuliert sind, wird es in gewissem Ausmaß möglich, ein objektives Urteil darüber abzugeben, inwieweit bestimmte Maßgrößen geeignet sind, die Handlungskonsequenzen unter dem speziellen Zielaspekt adäquat zu beschreiben. Grundsätzlich stellt die Auswahl der zur Ergebnisbeschreibung heranzuziehenden Maßgrößen jedoch einen Vorgang subjektiver Wertung dar.[1] Wenn also in dem skizzierten Grundmodell alternative Zustands-Aktions-Kombinationen durch Vektoren bestimmter Ergebnisvariablen gekennzeichnet werden, so setzt das stets eine entsprechende subjektiv begründete Auswahl voraus.

Für die Beschreibung des Entscheidungsfeldes ist es nun weiterhin von Bedeutung, ob die Ergebnisräume einzelner Handlungsmöglichkeiten jeweils nur einen Ergebnisvektor oder, differenziert nach verschiedenen Umweltzuständen, einen Satz mehrerer alternativ möglicher Ergebnisvektoren umfassen. Diese Unterscheidung führt bekanntlich zu der grundlegenden Aufteilung betriebswirtschaftlicher Entscheidungstatbestände in Entscheidungen unter Sicherheit und solchen unter Unsicherheit.

d. Die Standardalternative

Die Ergebnisvariablen sollen, wie gezeigt, die bei einer bestimmten Handlungsmöglichkeit eintretenden Ausprägungen relevanter Maßgrößen beschreiben. Dazu bedarf es neben der Bestimmung dieser Maßgrößen der Festlegung der Nulllinie für die entsprechenden Messungen bzw. Schätzungen. Zu diesem Zweck sei als *Standardalternative* eine denkbare Aktionsmöglichkeit definiert, die dadurch gekennzeichnet ist, daß alle für die Beschreibung der Handlungskonsequenzen heranzuziehenden Ergebnisvariablen für sie den Wert Null annehmen.[2] Das Ausmaß, in dem die Konsequenzen anderer Handlungsmöglichkeiten von den Resultaten dieser ausgewählten Alternative abweichen, bestimmt dann den Wert der entsprechenden Ergebnisvariablen.

---

1) Vgl. auch Gäfgen (1974), S. 110-114, der die Ergebnisvariablen als "wertgetönte Kriterien" bezeichnet.
2) Zu einem entsprechenden Vorgehen vgl. Engels (1962), S. 87-89, der die Standardalternative als Wertbasis bezeichnet.

Hierzu ein Beispiel: Ein mißtrauischer Sparer wolle 1.000 DM genau so anlegen, daß sein Guthaben nach zwei Jahren maximal wird. In Betracht ziehe er:

a_1: Anlage des Geldes (einschl. zwischenzeitlicher Zinsgutschriften) auf einer Bank zu 6 % p.a. Dabei rechne er mit nicht vernachlässigbar geringer Wahrscheinlichkeit damit, daß die Bank derart in Konkurs gerät, daß er seine gesamte Einlage verliert.

a_2: Vergabe eines "zinslosen" Darlehens an einen Freund, der nach zwei Jahren die Rückzahlung von 1.200 DM verspricht. Dabei rechne er ebenfalls mit nicht vernachlässigbarer Wahrscheinlichkeit damit, daß sein Freund wegen seiner sehr hohen sonstigen Schulden auf Nimmerwiedersehen und ohne Rückzahlung seines Darlehens verschwindet.

a_3: Aufbewahrung des Geldes im heimischen Tresor. Dies erscheint ihm als einzig sichere Anlageform.

Hinsichtlich der unsicheren Umweltentwicklung können also folgende vier verschiedenen Zustände s_j unterschieden werden.

s_1: Die Bank bleibt solvent; der Freund zahlt.

s_2: Die Bank gerät in Konkurs; der Freund zahlt.

s_3: Die Bank bleibt solvent; der Freund verschwindet.

s_4: Die Bank gerät in Konkurs; der Freund verschwindet.

Das Entscheidungsproblem kann dann durch folgende Matrix der alternativ erlangbaren Endguthaben beschrieben werden:

	s_1	s_2	s_2	s_4
a_1	1123,6	0	1123,6	0
a_2	1200	1200	0	0
a_3	1000	1000	1000	1000

Tab. 2

In dieser Darstellungform sind die Handlungsergebnisse offenbar im Hinblick auf eine Standardalternative der Art

$\bar{a}$: Verbrennen des Geldes

definiert. Wie man sofort sieht,enthielten die Ergebnisvektoren dieser Handlungsmöglichkeit nach dem in der vorstehenden Matrix implizierten Referenzsystem lauter Nullen. Nun wäre es aber ebensogut möglich, die Handlungsergebnisse durch die Differenz zwischen End- und Anfangsguthaben zu messen, also a_3 als Standardalternative zu wählen. Als Ergebnismatrix ergäbe sich dann:

	s_1	s_2	s_3	s_4
a_1	+123,6	-1000	+123,6	-1000
a_2	+200	+ 200	-1000	-1000
a_3	0	0	0	0

Tab. 3

Für die vorherige Standardalternative $\bar{a}$ ergäbe sich entsprechend bei allen s_j für die Ergebnisvariable ein Wert von -1.000. In analoger Weise könnte auch jede andere Handlungsmöglichkeit als Standardalternative gewählt werden, was allerdings unter Umständen Umformulierungen der Zielfunktion bedingen würde, so daß es zweckmäßig erscheint, auf jeden Fall eine (evtl. hypothetische) Aktionsmöglichkeit mit sicher vorhersehbaren Ergebnissen als Standardalternative zu verwenden. Dies ist jedoch - wie überhaupt die Wahl der Standardalternative - in erster Linie eine Frage der Bewertung von Handlungsergebnissen und somit in diesem Zusammenhang noch nicht zu erörtern.

Auf einen anderen - für etliche der im folgenden zu untersuchenden Sachverhalte wichtigen - Aspekt sei jedoch noch kurz eingegangen: ENGELS scheint davon auszugehen, daß die "Wertbasis" - unsere "Standardalternative" - stets eine dem betrachteten Aktionsfeld angehörige Handlungsmöglichkeit darstellt.[1] Eine solche Annahme ist jedoch nicht zwingend; vielmehr können zur Fixierung der Ergebnisnullpunkte auch Aktivitäten herangezogen werden, die dem Entscheidenden überhaupt nicht zur Auswahl stehen, also rein gedachte, hypothetische Handlungsmöglichkeiten. Um diesen Sachverhalt jeweils klarzulegen, wollen wir im folgenden zwischen *fiktiven* und *realen* Standardalternativen unterscheiden. Eine gewählte Standardalternative $\bar{a}$ sei dann als fiktiv bezeichnet, wenn diese Aktionsmöglichkeit von vornherein gar nicht als Lösung des Kalküls infrage kommt,

- sei es, weil sie in der vorgegebenen Situation überhaupt nicht realisiert werden kann, so wie in vorstehendem Beispiel etwa die (denkbare, aber nicht realisierbare) Möglichkeit, das Geld sicher zu einem positiven Zinssatz anzulegen,
- sei es, weil sie von vornherein als nicht lohnend aus der weiteren Betrachtung ausgeschlossen werden kann, so wie in vorstehendem Beispiel die zuerst verwendete Standardalternative, das Geld zu vernichten.

Im Gegensatz dazu gehören als real bezeichnete Standardalternativen zu der Menge von Aktionen, die realisierbar sind, und prinzipiell auch als Lösung des Kalküls infrage kommen. Das ist in unserem Beispiel etwa bei der Wahl von a_3 als Standardalternative der Fall.
Da die Ergebnisvektoren der Standardalternative von vornherein ohne weitere Bewertungsfragen bekannt sind, kann dieser Handlungsmöglichkeit - zumindest bei Modellen unter Sicherheit und auch bei der Mehrzahl von Unsicherheitsmodellen - auch sofort ein bestimmter Betrag der Zielvariablen, in den meisten Fällen ebenfalls der Wert Null, zugeordnet werden. Auch eine reale Standardalternative braucht daher bei der modellmäßigen Abbildung des Aktionsfeldes gar nicht mehr explizit erfaßt zu werden.

---

1) Vgl. Engels (1962), S. 87.

Vielmehr reicht es aus, wenn der für die beste der explizit in das Modell einbezogenen Handlungsalternativen ermittelte Wert der Zielvariablen anschließend mit dem für die Standardalternative vorab bekannten Wert verglichen wird und die endgültige Handlungsempfehlung aus diesem abschließenden Wertvergleich abgeleitet wird. So wird etwa in Modellen zur Auswahl zwischen mehreren Investitionsprojekten a_i $(i=1,2,...,m)$ auf der Basis der Kapitalwerte die Möglichkeit $\bar{a}$, keines der dargestellten Projekte zu realisieren und vorhandene eigene Mittel zum Kalkulationszinsfuß anzulegen, zunächst gar nicht explizit in den Kalkül mit einbezogen. Erst wenn die Investitionsalternative a_i^* mit dem maximalen Kapitalwert gefunden ist, wird festgestellt, ob dieser Maximalwert positiv oder negativ ist, und danach die Realisierung von a_i^* oder der Standardalternative $\bar{a}$ empfohlen. Reale Standardalternativen können also bei der endgültigen Ableitung einer Handlungsempfehlung berücksichtigt werden, ohne explizit in die Darstellung des Aktionsfeldes mit einbezogen zu werden.

e. Die Zielfunktion

Bei der Skizze des Grundmodells wurde angenommen, daß den Ergebnisräumen der zur Auswahl stehenden Handlungsmöglichkeiten jeweils ein Wert der Zielvariablen zugeordnet wird, der die Rangstellung der betrachteten Alternative auf der Präferenzskala zum Ausdruck bringt. Dieser Bewertungsvorgang kann nun in mehrere Teilschritte zerlegt werden. Dabei sei zunächst unterstellt, daß die Ergebnisse der verschiedenen Handlungsmöglichkeiten mit Sicherheit erwartet werden. Der einfachste Fall besteht dann darin, daß dem Ergebnisvektor jeder Alternative unmittelbar der Wert einer Ziel- oder Präferenzvariablen zugeordnet wird. Diese Variable beinhaltet eine quantifizierende Beschreibung der bei Realisierung der betrachteten Alternative zu erwartenden Erfüllung der Zielvorstellungen des Entscheidenden, also des Bündels jener Sachverhalte, an dem dieser Erfolg oder Mißerfolg seines Handelns abliest.[1)]

Es ist jedoch möglich, daß der Entscheidende mehrere voneinander abweichende Zielvorstellungen Z_p $(p=1,2,...,\bar{p})$ gleichzeitig verfolgt. Um diese Zielstruktur modellmäßig zu erfassen, müssen den einzelnen Ergebnisvektoren jeweils mehrere Zielvariablen z_p $(p=1,2,...,\bar{p})$ zugeordnet werden, deren Werte den mit der betrachteten Handlungsalternative verbundenen Realisierungsgrad des jeweiligen Teilziels anzeigen. Die Gesamtheit der so bestimmten partiellen Präferenzgrößen ist dann Ausdruck für die subjektive Wertung verschiedener Aspekte der aus der Durchführung einer bestimmten Aktionsmöglichkeit resultierenden Situation durch den Entscheidenden. Diese partiellen Zielvariablen, die zugehörigen Teilzielfunktionen sowie die darin quantifizierten Zielvorstellungen sollen im folgenden als *originär* bezeichnet werden. Um zu einer eindeutigen Ranglozierung der Handlungsalternativen zu gelangen, ist es dann im allgemeinen nötig, die verschiedenen originären Teilzielvariablen durch eine übergeordnete Präferenzfunktion zu einem letztlich entscheidungsrelevanten Präferenzwert zu "amalgamieren."[2)]

Im Fall unsicherer Handlungsergebnisse ist eine auf die Optimierung eines solchen (originären) Amalgamationswertes ausgerichtete Zielfunktion im allgemeinen jedoch noch immer nicht operabel, d. h. sie erlaubt nicht, eine eindeutige Handlungsempfehlung abzuleiten. In derartigen Fällen bedarf es somit weiterer Angaben darüber, in wel-

---

1) In der Kostentheorie wird eine entsprechende Zerlegung der Bewertung von Handlungskonsequenzen recht plastisch durch die Unterscheidung von Mengengerüst (entspr. den Werten der Ergebnisvariablen) und Wertgerüst (entspr. dem Wert der Zielvariablen) zum Ausdruck gebracht. Vgl. z. B. Kilger (1958), S. 8 f. und (1967), S. 388 f.

2) Goodman (1954); Gäfgen (1974), S. 187 f.

cher Weise die erkennbare Schwankungsbreite der Ergebnisvariablen und damit auch der ihnen zugeordneten originären Zielvariablen bei der Bewertung der zur Auswahl stehenden Handlungsmöglichkeiten berücksichtigt werden soll.

Zu diesem Zweck sind die Verteilungen alternativ möglicher originärer Zielvariablenwerte - eventuell unter Einbeziehung der Zustandswahrscheinlichkeiten - durch bestimmte Kennzahlen auszudrücken. Derartige Kennzahlen (wie z. B. Mittelwert, Streuung, schlechtestmögliches Ergebnis o. ä.) seien im folgenden als *subsidiäre* Zielvariablen y_π $(\pi=1,2,...,\bar{\pi})$ bezeichnet. So wie die originären Zielvariablen Ausdruck der subjektiven Vorstellungen des Entscheidenden von dem sein sollen, was er letztlich mit seinem Handeln anstrebt, woran er im nachhinein den Erfolg bestimmter Aktionen zu messen gedenkt, sollen die subsidiären Zielvariablen Niederschlag seiner weitgehend nur subjektiv begründbaren Einstellung gegenüber dem Phänomen der Unsicherheit sein. Subsidiäre Zielvariablen sollen jene Qualitäten eines Vektors alternativ möglicher Werte der originären Zielvariablen wiederspiegeln, die den Entscheidenden besonders beeindrucken, diejenigen Momente der Unsicherheitssituation, die ihm als vorrangig beachtenswert erscheinen. Von daher erscheint es auch gerechtfertigt, diese Vorstellungen mit zu den "Zielen" zu zählen, die zugehörigen Kennzahlen mit unter die Bezeichnung Zielvariablen zu subsumieren.

Für die modellmäßige Darstellung des Zielsystems ist es weiterhin von Bedeutung, in welchem Ausmaß Zielvorstellungen bezüglich der angestrebten numerischen Ausprägung der zugehörigen originären oder subsidiären Zielvariablen spezifiziert sind, was seinen formalen Ausdruck in dem für die isolierte Betrachtung des jeweiligen Teilziels relevanten Optimierungskriterium findet. Dementsprechend kann zwischen Fixierung, Begrenzung und Extremierung als möglichen Optimierungsformen unterschieden werden.[1)] Als *Extremierung* wird ein Optimierungskriterium bezeichnet, demzufolge die betrachtete Zielvariable einen extremen, also möglichst kleinen oder möglichst großen Wert annehmen soll. Das angestrebte Zielausmaß wird in diesem Fall also nur richtungsmäßig bestimmt. Da sich eine Minimierungsforderung durch eine geeignete Umformulierung der Zielfunktion stets auch als Maximierungsvorschrift ausdrücken lassen kann, wird im folgenden bei der formalen Darstellung eines auf Extremierung ausgelegten Optimierungskriterium grundsätzlich nur der Maximierungsfall erörtert. Diese Einschränkung erfolgt allein aus Gründen der einfacheren Darstellungsform; die abgeleiteten Ergebnisse können jedoch ohne weiteres auf alle Extremierungsarten übertragen werden.

Den Gegenpol zur Extremierung stellt die *Fixierung* dar. Darunter soll ein Optimierungskriterium verstanden werden, das für die betrachtete Zielvariable genau das Erreichen eines vorgegebenen Wertes verlangt, die angestrebte Zielausprägung also punktuell exakt festlegt. Als (ein- und zweiseitige) *Begrenzung* schließlich wird die Forderung bezeichnet, der Wert der Zielvariablen solle ober- oder unterhalb eines vorgegebenen Betrages bzw. einem festgelegten Wertintervall liegen; die angestrebte Zielausprägung ist also nur bereichsmäßig spezifiziert. Da sich sowohl Fixierungs- als auch ein- und zweiseitige Begrenzungskriterien formal stets als bestimmte Formen der Festlegung einer Untergrenze (*Anspruchsniveau*) darstellen lassen, wird im folgenden neben der Maximierung nur noch

---

1) So z. B. Chmielewicz (1970), S. 242 f. Im Falle mehrerer subsidiärer und/oder originärer Zielvariablen sind natürlich ohne weiteres Zielfunktionen denkbar, die verschiedene Formen dieser Optimierungsbedingungen nebeneinander beinhalten. Die These Baumols (1959), S. 43-52 etwa, zumindest oligopolitische Anbieter würden sich von dem Streben nach maximalen Umsatz bei Wahrung eines Mindestgewinnes leiten lassen, entspräche einer solchen gemischten Zielfunktion. S. a. Gümbel (1963).

dieser als *Satisfizierung* bezeichnete Spezialfall erörtert.[1] In Anbetracht der Umformulierungsmöglichkeiten gelten jedoch auch die für diesen Fall abgeleiteten Ergebnisse für alle Formen von Fixierungs- und Begrenzungskriterien.

f. Meßskalen

In den bisherigen Ausführungen ist stets ohne weitere Erörterung davon ausgegangen worden, daß die entscheidungsrelevanten Zielvorstellungen bei der Formulierung des Entscheidungsmodells durch entsprechende Zielvariablen, d. h. numerische Größen, ausgedrückt werden können. Es wurde also vorausgesetzt, daß eindeutige Regeln zur Verfügung stehen, nach denen bestimmte Aspekte einer als Resultat der betrachteten Handlungsmöglichkeit erwarteten Situation im Hinblick auf die Zielvorstellungen des Entscheidenden durch die Angabe reeller Zahlen beschrieben werden können. Zur Beurteilung des Aussagegehalts, der den numerischen Relationen zwischen verschiedenen Zielvariablenwerten in bezug auf alternative Grade der Zielerfüllung zukommt, kann nun auf das von der allgemeinen Meßtheorie entwickelte Konzept unterschiedlicher Arten von Meßskalen zurückgegriffen werden.[2]

---

1) Der Begriff der Satisfizierung wird z. T. als Oberbegriff für Fixierungs- und Begrenzungskriterien benutzt; vgl. z. B. Chmielewicz (1970), S. 242. Angesichts der Möglichkeiten der formalen Transformation braucht diesem Umstand jedoch keine weitere Bedeutung beigelegt zu werden. Zum Problem von Satisfizierungsbedingungen allgemein vgl. u. a. Simon (1957), S. 196-199, 241-252, 270-273 und (1959), S. 262-273; March, Simon (1958), S. 140; Katona (1960), S. 241-245; Sauermann, Selten (1962); Gutenberg (1964), S. 18-20; Menges (1969), S. 237-239; Kirsch (1970), S. 88-92.

2) Wegen der grundlegenden Eröterungen verschiedener Arten von Meßskalen vgl. u. a. Adam, A. (1959), S. 20-23; Menges, Skala (1973), S. 38-40; Pfanzagl (1959) und (1968); Seil (1967), S. 40-51; Stevens (1946) und (1959), S. 24-36; Szyperski (1962), S. 63-67; Tietz (1969), S. 169-225.

Danach ist das Ausmaß, in dem die betrachteten realen Sachverhalte durch Abbildungen auf den einzelnen Skalentypen geordnet werden, um so geringer, je größer die Zahl möglicher numerischer Transformationen ist, denen die Skalenwerte unterzogen werden können, ohne in ihrer Aussagekraft bezüglich der abgebildeten Objekte beeinträchtigt zu werden.

Das in diesem Sinne aussagegeschwächte Instrument einer in numerischer Weise ordnenden Darstellung realer Sachverhalte stellt die *Nominalskala* dar:[1] Verschiedene Ausprägungsmöglichkeiten der zur Beschreibung der betrachteten Objekte herangezogenen Merkmale werden in beliebiger Weise durch unterschiedliche Zahlen "benannt".[2] Die den zwei Sachverhalten A und B zugeordneten Skalenwerte a und b geben lediglich an, ob A und B der gleichen (a = b) oder jeweils einer anderen ($a \neq b$) Merkmalsklasse angehören. Der Aussagegehalt der numerischen Relation zweier Skalenwerte beschränkt sich also auf die Angabe von Identität oder Diversität bezüglich der gemessenen Merkmale. Alle sonstigen Eigenschaften der zahlenmäßigen Beziehung (z. B. Größersein; Abstand; Größenverhältnis) erlauben keine sinnvolle Interpretation, da zwischen den abzubildenden Sachverhalten eine korrespondierende Beziehung gar nicht definiert ist.[3]

---

1) Vgl. insbes. Pfanzagl (1968), S. 74; Seil (1967), S. 35-38. Nominalskalen werden z. T. auch als Diversitäts-, Klassifikations- oder Unterschiedsskalen bezeichnet. Vgl. z. B. Adam, A. (1959), S. 20; Szyperski (1962), S. 64.

2) Als Musterbeispiele werden häufig der Nummernschlüssel des Kontenrahmens oder die Numerierung verschiedener Material- oder Produktarten aufgeführt. Einen wichtigen Spezialfall stellt die nur in zwei Werten (i.d.R. 0 und 1) definierte Nominalskala dar, durch die die betrachteten Realobjekte in zwei dichotome Klassen (z. B. männlich-weiblich; inländisch-ausländisch) eingeteilt werden können.

3) So läßt etwa die Angabe, das am Punkt X bei einem Verstoß gegen die Straßenverkehrsordnung beobachtete Kraftfahrzeug habe die Kennzeichennummer 153, das am Punkt Y beobachtete Fahrzeug die Nummer 459, bezüglich der durch diese Skalenwerte abgebildeten realen Sachverhalte lediglich den Schluß zu, daß es sich bei den beiden Beobachtungen um verschiedene Fahrzeuge gehandelt hat. Die Tatsachen, daß die Differenz beider Werte 306 beträgt und daß der Y-Wert gerade das Dreifache des X-Wertes ausmacht, enthalten hingegen keinerlei weitere Information über die zugrunde liegenden Beobachtungen.

Die Ordnung der auf Nominalskalen abgebildeten Maßausdrücke ist also invariant gegenüber allen eineindeutigen Transformationen.[1] Jede Nominalskala S mit den Skalenwerten a,b,... kann somit ohne weiteres durch eine Skala S' mit a',b',... ersetzt werden, wenn aus a = b auch a' = b' folgt und umgekehrt bzw. aus $a \neq b$ auch $a' \neq b'$ folgt und umgekehrt.

Bei einer *Ordinalskala*[2] kennzeichnen die Skalenwerte außer Identität oder Diversität der betrachteten Sachverhalte zusätzlich deren Rangfolge in bezug auf die gemessenen Merkmalsausprägungen.

Die Relation $a > b$ hat also über die implizite Aussage $a \neq b$ hinaus den weitergehenden Gehalt, daß bei Sachverhalt A das betrachtete Merkmal stärker ausgeprägt ist als bei Sachverhalt B.[3] Für die sonstigen Eigenschaften der Zahlenbeziehung (Abstand; Größenverhältnis) finden sich bei den dargestellten Sachverhalten jedoch keine korrespondierenden Beziehungen.[4]

---

1) So z. B. Adam, A. (1959), S. 21 f.; Pfanzagl (1968), S. 74.

2) Ordinalskalen werden z. T. auch Rangskalen oder topologische Skalen genannt; teilweise wird jedoch auch der gemeinsame Oberbegriff von Nominal- und Ordinalskalen als topologische Skala bezeichnet. Vgl. Pfanzagl (1959), S. 15; Adam, A. (1959), S. 20; Seil (1967), S. 39.

3) Typische Beispiele ordinaler Skalen finden sich etwa bei dem Rangfolgeverfahren der Arbeitsbewertung (vgl. Bramesfeld (1956)und Böhrs (1969) sowie die dort zitierte Literatur) oder bei der Messung der Windstärke. Auf dem Gebiet der ökonomischen Theorie werden Ordinalskalen vor allem bei der Darstellung von Nutzen(index)-funktionen verwendet. Vgl. z. B. Hicks (1956), insbes. S. 8-15, 36-46; Gäfgen (1974), S. 152-158, 245-250 und die dort angegebene Literatur sowie Menges, Skala (1973), S. 48 f.

4) Werden beispielsweise bei der summarischen Arbeitsbewertung nach dem Rangfolgeverfahren eine Arbeitsverrichtung A durch die Rangziffer 4, eine andere Verrichtung B durch die Ziffer 12 gekennzeichnet, so besagt dies (1), daß es sich bei A und B um - in bezug auf den Schwierigkeitsgrad - unterschiedliche Verrichtungen handelt und (2), daß A einen höheren Schwierigkeitsgrad als B aufweist. Ob der Schwierigkeitsunterschied zwischen A und B größer oder kleiner ist als der zwischen B und einer mit Rangziffer 20 gekennzeichneten Verrichtung C oder ob B um mehr oder weniger als das dreifache leichter ist als A, bleibt hingegen trotz der Ziffernrelationen $12-4 = 20-12$ oder $4 \cdot 3 = 12$ völlig offen.

Auf Ordinalskalen abgebildete Ordnungen sind mithin nicht mehr gegenüber beliebigen eineindeutigen Transformationen, sondern nur noch gegenüber (streng) monotonen Transformationen invariant.[1] Jede Ordinalskala S mit Skalenwerten a,b,... ist also durch eine Skala S' substituierbar, wenn aus a > b bzw. a = b stets a' > b' bzw. a' = b' folgt und umgekehrt.

Intervallskalen hingegen bilden die Ausprägungen der betrachteten Merkmale in der Weise ab, daß die Differenz a - b zweier Skalenwerte Auskunft darüber gibt, um wieviel Maßeinheiten das betrachtete Merkmal bei Sachverhalt A stärker ausgeprägt ist als bei B, also eine gehaltvolle Aussage nicht nur über die Rangfolge, sondern auch über den Abstand der dargestellten Sachverhalte beinhaltet.[2] Lediglich der Skalennullpunkt bleibt beliebig wählbar, so daß das Größenverhältnis zweier Skalenwerte keiner sinnhaften Interpretation zugänglich ist.[3] Die Ordnung auf Intervallskalen definierter Maßgrößen ist somit nur gegenüber linear monotonen Transformationen invariant.[4]
Die Skalenwerte a können also beliebig durch Werte $a' = \alpha \cdot a + \beta$ $(\alpha > 0)$ ersetzt werden. Beliebige eineindeutige oder auch beliebige monotone Skalentransformationen ver-

---

1) So z. B. Stevens (1959), S. 25; Adam, A. (1959), S. 21; Seil (1967), S. 39.

2) Beispiele für die Verwendung von Intervallskalen stellen etwa die Temperaturmessung in Celsius- oder Fahrenheitgraden oder die kalendarische Zeitmessung dar. Für die Entscheidungstheorie von grundlegender Bedeutung sind die Ansätze zur Definition eines kardinalen Nutzenmaßes; wegen eines Überblicks zu diesem Thema vgl. Schneeweiß (1963), insbes. S. 203-212 und die dort zitierte Literatur.

3) Die Angabe, an einem Tag hätten sich die drei weltpolitischen Ereignisse in Argentinien (A), Belgien (B) und Ceylon (C) jeweils um 7.00 Uhr, um 14.00 Uhr und 21.00 Uhr MEZ zugetragen, erlaubt folgende Interpretation der Skalenwerte: (1) A, B und C ereigneten sich zu unterschiedlichen Zeitpunkten; (2) A ereignete sich früher als B, wie sich B früher als C ereignete. Die Aussagen der Art, C sei dreimal so spät eingetreten wie A hingegen, sind trotz der numerischen Relation $7 \cdot 3 = 21$ ohne empirischen Gehalt.

4) So z. B. Stevens (1959), S. 25; Adam, A. (1959), S. 22 f.; Seil (1967), S. 43 f.

ändern demgegenüber den ursprünglichen Aussagegehalt.

Existiert schließlich für das zu messende Merkmal ein "natürlicher Nullpunkt", so erlaubt der Vergleich der Skalenwerte a und b auch den Schluß, um das Wievielfache das betrachtete Merkmal bei Sachverhalt A stärker ausgeprägt ist als bei B. Das entsprechende Darstellungsinstrument wird als *Verhältnisskala* bezeichnet.[1] Die Ordnung der Maßausdrücke ist mithin nur noch gegenüber linear-homogenen Transformationen des Typs $a' = \alpha \cdot a$ $(\alpha > 0)$ invariant. Intervall- und Verhältnisskalen werden häufig ohne Beachtung der zuletzt vorgenommenen Differenzierung zum Begriff der *Kardinalskala* zusammengefaßt.[2]
Zur Beschreibung von Handlungsergebnissen sind grundsätzlich natürlich alle Typen unterschiedlicher Meßskalen verwendbar. Zielfunktionen von Entscheidungsmodellen sollen jedoch nicht nur beliebige beschreibende Aussagen über verschiedene Handlungsfolgen enthalten, sondern die Auswahl einer Alternative ermöglichen, die anderen Handlungsmöglichkeiten gegenüber als vorziehungswürdig erscheint. Der durch die Zielfunktion umschriebene Meßvorgang muß also vorwiegend zu einer Ranglozierung der betrachteten Handlungsalternativen führen. Das aber bedeutet, daß in dem angegebenen Sinn definierte Nominalskalen, auch wenn sie in der Literatur gelegentlich im Zusammenhang mit der Analyse verschiedener Zielfunktionstypen erörtert werden,[3] zur Darstellung von Zielvariablen in dem hier definiertem Sinne nicht infrage kommen. Das gilt auch für den häufig als Musterbeispiel einer vermeintlich nominalen Messung aufgeführten Fall, daß die Gesamtheit aller Alter-

---

1) Als Beispiele können Angaben über Länge, Gewicht, Lebensalter etc. angegeben werden.
2) So z. B. Gäfgen (1974), S. 156-163; Szyperski (1962), S. 66. Die Ausdrücke Abstandsskala bzw. Kardinalskala werden allerdings teilweise auch als Synonyma für Intervallskala bzw. Verhältnisskala benutzt (so z. B. Adam, A. (1959); Szyperski (1962), S. 66 und Tietz (1969), S. 171).
3) So z. B. Gäfgen (1974), S. 144 f., 207 f.; Chmielewicz (1970), S. 240 f.; Heinen (1971), S. 113f.

nativen durch die jeweilige Zuordnung von Skalenwerten $\alpha, \beta, \ldots$ in Klassen "guter", "befriedigender", "schlechter" usw. oder im Extrem nur in die zwei Klassen "annehmbarer" und "nicht annehmbarer" Ergebnisse eingeteilt wird. Wenn etwa HEINEN die Einteilung der Handlungsergebnisse in zwei Klassen der "Erreichung oder Nicht-Erreichung des vorgegebenen Ausmaßes" als Fall der nominalen Messung rubriziert[1], so setzt das eine andere als die hier angegebene und auch allgemein übliche Definition des Begriffs der Nominalskala voraus. Die Zuordnung einzelner Alternativen zu den so definierten Klassen prägt den betrachteten Handlungsmöglichkeiten ja doch eine Rangordnung auf.[2] Unter Beachtung der hier getroffenen Konvention, alle Zielvariablen so zu definieren, daß ein höherer Wert auch einen höheren Grad an Zielerfüllung anzeigt, hat auch im Fall nur zweier alternativ möglicher Zielausprägungen die numerische Relation $\psi(a_i) > \psi(a_k)$ der zwei Alternativen a_i, a_k zugeordneten Zielvariablenwerte den über die Aussagekraft rein nomineller Messung hinausgehenden Gehalt, daß bei a_i eine verlangte Zieleigenschaft der Tatsache nach erfüllt ist, bei a_k hingegen nicht, daß a_i also gegenüber a_k als vorziehenswürdig anzusehen ist.

---

1) Heinen (1971), S. 117; in ähnlichem Sinne auch Gäfgen (1974), S. 144 f.; Hauschildt (1973), S. 714,721.

2) So z. B. auch Tietz (1969), S. 107 f.; s. a. Strebel (1972), S. 100 f.

Die auch bei einer solch rein "klassifikatorischen" Ergebnismessung entstehende Skala kann somit als spezielle, nur in einzelnen Skalenwerten definierte Form einer ordinalen Nutzenskala angesehen werden.[1)]

Im folgenden soll nun grundsätzlich davon ausgegangen werden, daß Ergebnisvariable durch Werte kardinaler Maßgrößen dargestellt werden. Dabei mag zunächst offenbleiben, inwieweit es angesichts der durch die beliebige Wählbarkeit der Standardalternative bedingten Relativität des Ergebnisnullpunktes überhaupt möglich ist, Verhältnisskalen zu Ergebnisbeschreibungen heranzuziehen. Für die überwiegende Mehrzahl der zu behandelnden Rechenvorschriften, nach denen Ergebnisvariablen Zielvariablenwerte zugeordnet werden, reicht es aus, wenn die Ergebnisvariablen bis auf beliebige lineare Transformationen genau definiert sind.

---

1) Für die entsprechende Rangordnung kann in der Regel natürlich keine objektive Gültigkeit beansprucht werden, da ihr direkter Bezugspunkt nicht weiter überprüfbare Zielvorstellungen des Entscheidenden sind. Teilt ein Anleger etwa verschiedene Alternativen der Geldanlage danach ein, ob die Anlagevaluta auf heimische oder auf ausländische Währung lautet, so erscheint diese Einteilung der Aktionsmöglichkeiten zunächst als eine rein nominale "Messung". Ohne weitere Aussagen über die Beurteilung der einen oder der anderen Klasse von Anlagemöglichkeiten ist diese nominale Skalierung jedoch für den entscheidungsorientierten Bewertungsvorgang irrelevant. Erfolgt hingegen eine Angabe etwa derart, daß eine Auslandsanlage nicht in Betracht kommt, so gewinnt die vorgenommene Aufteilung Entscheidungsrelevanz; genau mit der Artikulation einer solchen Präferenzvorstellung wird die ursprüngliche Nominalskala bezüglich der angestrebten Entscheidung jedoch zur Ordinalskala. In Zielfunktionen eingehende Maßgrößen sind also stets mindestens ordinal skaliert, auch wenn sie einem außenstehenden Beobachter, der die subjektive Präferenzvorstellung des Entscheidenden nicht kennt, nur als Nominalgrößen erscheinen.

Im Bereich der originären Ziele kann nun weiter zwischen quantitativen und qualitativen Zielvorstellungen unterschieden werden.[1] Als *quantitativ* sollen Ziele bezeichnet werden, die sich direkt auf Größen beziehen, die kardinal gemessen werden können. Der Wert solcher Maßgrößen bringt dann unmittelbar den jeweiligen Zielerreichungsgrad zum Ausdruck. Als Bezugsbasis derartiger Maßgrößen kommen dabei grundsätzlich die gleichen Sachverhalte in Betracht, die auch zur Bestimmung der Ergebnisvariablen herangezogen werden können; für eine Vielzahl ökonomischer Entscheidungssituationen dürften jedoch vor allem auf Geldeinheiten dimensionierte Maßgrößen wie Zahlungen, Kosten, Umsatz, Gewinn, Vermögen und ähnliche von besonderer Bedeutung sein.

Qualitative Zielvorstellungen beziehen sich demgegenüber auf Sachverhalte, die sich nicht unmittelbar durch Zahlenangaben ausdrücken lassen. Als Beispiele wären etwa das Streben nach Macht, Ansehen und Unabhängigkeit oder das Vermeiden von Kritik und ähnliche Vorstellungen zu nennen. Alle diese Zielangaben haben zunächst leerformelhaften Charakter und bedürfen, um in die Zielfunktion eines mathematischen Entscheidungsmodells eingehen zu können, einer gesonderten Transformation. Dabei bestehen grundsätzlich zwei Möglichkeiten: Zum einen kann versucht werden, die zunächst qualitative Zielvorstellung durch die Angabe kardinal meßbarer Indikatoren künstlich in quantifizierte Form zu bringen.[2] So könnten etwa qualitative Zielvorstellungen wie "Marktstellung" oder "Ansehen" eines Unternehmens durch Maßgrößen wie Umsatz, Marktanteil oder der Zahl von Stellenbewerbungen quantifiziert werden.

Daneben besteht die Möglichkeit, den alternativen Wert-

---

1) So z. B. auch Heinen (1971) , S. 113-115; Tietz (1969), S. 573.
2) Vgl. z. B. Gäfgen (1974), S. 113.

konstellationen von Ergebnisvariablen mittels einer ("Nutzen"-)Funktion bestimmte Präferenzwerte zuzuordnen, die sich nicht mehr auf objektiv überprüfbare Maßgrößen beziehen, sondern auf Sachverhalte, über die durch Messungen im Sinne physischer Operationen keine Aussagen mehr abgeleitet werden können. Dabei mag offenbleiben, inwieweit es zweckmäßig ist, derartige Abbildungen von Handlungsergebnissen auf Präferenzskalen dennoch als "Messung" zu klassifizieren.[1] Auf jeden Fall wird im folgenden unterstellt, daß sich auch für derartige Zielvorstellungen von den Ergebniswerten funktional abhängige Maßgrößen definieren lassen, die zumindest auf ordinalen Skalen dargestellt werden können. Daneben wird jedoch auch für diese qualitativen Ziele die Möglichkeit kardinaler Skalierung der entsprechenden Zielvariablen nicht ausgeschlossen.

Subsidiäre Zielvariable beziehen sich definitionsgemäß stets auf Verteilungen alternativ möglicher Werte der originären Zielvariablen, aus denen sie durch bestimmte Rechenoperationen abgeleitet werden. Dabei ist es zunächst gleichgültig, ob die originären Zielvariablen ein quantitatives oder ein qualitatives Ziel ausdrücken. Zur Beantwortung der Frage, welche Arten subsidiärer Zielvariablen überhaupt als angemessene Beschreibung einer Zielvariablenverteilung angesehen werden können, ist es jedoch von entscheidender Bedeutung, welcher Ordnungsgehalt den betrachteten originären Maßgrößen zukommt, also auf welcher Skalenart sie definiert sind. Aus der allgemeinen Meßtheorie ist bekannt, daß zur abkürzenden Beschreibung einer Verteilung bestimmter Maßgrößen nur solche Kennzahlen als sinnhaft angesehen werden können, deren Ordnung gegenüber allen zulässigen Transformationen invariant ist.[2] So wäre es beispielsweise nicht

---

1) So bezeichnet etwa Adam, A. (1959), S. 14, derartige Abbildungen nicht als Meßvorgänge, sondern als davon zu unterscheidende "Bewertungen".

2) Vgl. Pfanzagl (1959), S. 11 f.; Stevens (1959), S. 25-28; Adam, A. (1959), S. 23 f.; Seil (1967), S. 39-51.

sinnvoll, verschiedene Verteilungen rein ordinal skalierter Maßgrößen anhand ihrer Durchschnittswerte zu vergleichen, da die Ordnung der Durchschnittswerte gegenüber monotonen Transformationen der Ausgangsgrößen nicht invariant ist.[1)] Bei der Auswahl der subsidiären Zielvariablen muß somit stets darauf geachtet werden, in welcher Weise die originären Zielvariablen skaliert sind.[2)] Dabei wird durch die Tatsache, daß ganz allgemein die Zahl verschiedener Rechenoperationen, durch die bestimmten Maßgrößenverteilungen sinnhafte Kennzahlen zugeordnet werden können, um so geringer ist, je schwächer die Ordnungsfunktion der ursprünglichen Maßskala ist, insbesondere im Fall nur ordinal skalierter originärer Zielvariablen die Menge geeigneter subsidiärer Zielvariablen und damit generell die Menge der anwendbaren Entscheidungsregeln in erheblichem Maße eingeschränkt.

---

1) Gegeben seien zwei Verteilungen V_1, V_2 ordinal skalierter Maßgrößen $V_1 = (0;5;2;2)$ und $V_2 = (3;2;3;3)$. Für die einfachen Durchschnittswerte D_1 und D_2 gilt dann $D_1 = 9/4$ und $D_2 = 10/4$, also $D_2 > D_1$. Werden nun die originären Maßgrößen a durch die monoton transformierten Werte $a' = a^2$ ersetzt, so ändert sich der Aussagegehalt der so entstehenden Verteilungen $V_1' = (0;25;4;4)$ und $V_2' = (9;4;9;9)$ gegenüber der ursprünglichen Darstellung nicht. Für die Durchschnittswerte gilt nun aber $D_1' = 33/4$ und $D_2' = 31/4$, also $D_1' > D_2'$. Eine rangerhaltende, also zulässige Transformation der Ausgangsgrößen führt somit zu einer Rangänderung der Kennzahlen. Mithin kann der Durchschnittswert nicht als sinnvolles Kennzeichen von Verteilungen ordinaler Maßgrößen angesehen werden.

2) Die hier für die Zuordnung von subsidiären Zielvariablen zu Verteilungen originärer Zielgrößen aufgezeigten Gesichtspunkte sind in analoger Weise natürlich auch bei der Amalgamierung mehrerer originärer Teilzielvariablen zu einem übergeordneten originären Präferenzwert maßgeblich. Vgl. hierzu Strebel (1972), insbes. S. 106-128.

Teil II:

Auswahl und Abgrenzung der Abbildungsgegenstände

3. Kapitel:

Abgrenzung des Aktionsfeldes in sachlicher Hinsicht

1. Problemstellung

Das gesamte unternehmerische Entscheidungsfeld umfaßt eine Fülle in unterschiedlicher Weise miteinander verschlungener Projektmöglichkeiten, deren Einzelaktivitäten und ergebnismäßige Auswirkungen sich über einen zumeist in seinen Grenzen gar nicht absehbaren zukünftigen Zeitraum erstrecken. Die Vorstellung eines Modells, das dieses Entscheidungsfeld in seiner gesamten sachlichen Breite und zeitlichen Tiefe erfaßt, sei als *Totalmodell* bezeichnet. Als theoretisches Modell sind derartige Totaldarstellungen nur im Hinblick auf jeweils durch entsprechend einschneidende Prämissen zurechtgestutzte hypothetische Entscheidungsfelder denkbar, während der Versuch, ein solches Modell im Hinblick auf reale betriebliche Gegebenheiten zu konstruieren, gänzlich zum Scheitern verurteilt ist. Entscheidungsmodelle, denen nicht von vornherein jegliche praktische Relevanz abgesprochen werden soll, können sich immer nur auf bestimmte Teile des gesamten Entscheidungsfeldes beziehen[1], können insoweit also stets nur *Partialmodelle* sein. Bei der dementsprechend vorzunehmenden *Abgrenzung* partieller Bereiche des

---

1) Auf diese Begrenztheit jeden Modellansatzes weisen u. a. hin: McKean (1958), S. 29-32; Engels (1962), S. 98-101; Hax (1967), S. 751, 759 f.

gesamten Entscheidungsfeldes können nun drei grundlegende Aspekte unterschieden werden.

Zum einen ist das Entscheidungsfeld in *zeitlicher* Hinsicht abzugrenzen; d. h. die Darstellung der im Prinzip unbegrenzten zeitlichen Folge unterschiedlicher Projektmöglichkeiten und damit verbundener Konsequenzen muß im allgemeinen auf einen endlichen Zeitraum beschränkt werden. Dies ist allein schon deshalb nötig, weil mit zunehmender Ausdehnung des Betrachtungszeitraumes Handlungs- und Ergebnismöglichkeiten der Zahl nach sehr stark überproportional zunehmen, ihre Vorhersehbarkeit zugleich aber sehr stark abnimmt. Auf diese, im Schrifttum als Problem des "ökonomischen Horizontes" erörterte Abgrenzungsfrage wird im 5. Kapitel noch ausführlicher einzugehen sein.

Neben der zeitlichen Abgrenzung besteht als weiteres die Notwendigkeit, Entscheidungsfelder in *sachlicher* Hinsicht zu zerlegen, d. h. nur solche Aktivitäten, die in besonders engen funktionalen oder technologischen Zusammenhängen stehen, jeweils in einem Partialmodell zusammenzufassen. Den grundlegenden Bezugspunkt einer entsprechenden Bereichsabgrenzung liefert die von der betriebswirtschaftlichen Theorie seit langem herausgearbeitete Aufgliederung des gesamten Betriebsprozesses in verschiedene Teilfunktionen, wie sie sich auch in den Bezeichnungen entsprechender theoretischer Modelle (z. B. Lagerhaltungs-, Produktions-, Absatz-, Investitionsmodelle) oder in der Ordnung und Präsentation des Lehrstoffes einschlägiger Lehrbücher und Vorlesungsprogramme niederschlagen. Darüber hinaus hat sich die betriebswirtschaftliche Theorie seit langem mit Erfolg um eine weitere Typisierung betrieblicher Entscheidungstatbestände im Hinblick auf die jeweils betrachteten Teilaktivitäten bemüht.[1)]

1) So wird je nach dem betrachteten Aktionsbereich bei investitionstheoretischen Partialmodellen zwischen Gründungs-, Ersatz-, Erweiterungs- und Rationalisierungsinvestitionen unterschieden; Modelle der Produktionsplanung werden danach differenziert, ob sie sich auf Entscheidungen im Rahmen fest vorgegebener oder variabler Kapazitäten beziehen.

In enger Verbindung mit der Zerlegung von Entscheidungsfeldern in sachlicher Hinsicht steht das Problem der *interpersonellen* Abgrenzung einzelner Entscheidungsbereiche. Auf eine Darstellung verschiedener Thesen und Ansätze zu diesem Kernproblem der Organisationstheorie sei hier jedoch - auch der Wissenschaftsprozeß vollzieht sich arbeitsteilig - verzichtet. Im Mittelpunkt der folgenden Ausführungen stehen somit nur noch die formalen Aspekte sachlicher und zeitlicher Aufspaltung von Entscheidungsfeldern, soweit sie sich grundsätzlich stellen, d. h. auch wenn von der interpersonellen Aufteilung von Kompetenzbereichen abstrahiert und von der Fiktion einer geschlossenen Entscheidungsinstanz ausgegangen wird.

2. Bildung von Partialmodellen

a. Das Interdependenzproblem

Die grundsätzliche Problematik bei der Bildung von Partialmodellen besteht darin, daß mit der Zerlegung der das gesamte Entscheidungsfeld ausmachenden Projektmenge in mehrere disjunkte Teilmengen und der isolierten Lösung der jeweiligen Einzelkalküle etliche Informationen verlorengehen. Unberücksichtigt bleiben nämlich alle Interdependenzen zwischen den einzeln erfaßten Teilbereichen, die daraus resultieren, daß Realisations- und Ergebnismöglichkeiten der in einem Partialmodell erfaßten Projekte durch die Durchführung der als Lösung anderer Partialmodelle ermittelten Aktionspläne maßgeblich beeinflußt werden können und umgekehrt.[1)]

1) Die Wechselbeziehungen zwischen aufgespaltenen Teilentscheidungsfeldern weisen eine starke Analogie zu dem in der Wohlfahrtsökonomik erörterten Problem der externen Effekte auf. Dementsprechend ähneln auch die zur Überwindung der mit dem Auftreten solcher Effekte verbundenen Insuffizienzen vorgetragenen Lösungsansätze den im folgenden noch näher zu erörternden Versuchen zur Lösung des Interdependenzproblems. Vgl. McKean (1958), S. 38-40.

Mit GÄFGEN können dabei zwei Arten derartiger Wechselwirkungen zwischen einzelnen Teilbereichen unterschieden werden, die je einzeln oder auch kumulativ auftreten können.[1] Zum einen ist es möglich, daß einzelne Teilbereiche etwa derart miteinander verbunden sind, daß in beiden Partialbereichen die gleichen nur begrenzt verfügbaren Faktoren benötigt werden oder daß die Realisierung bestimmter Aktivitäten eines Bereiches die Voraussetzung für die Inangriffnahme gewisser Projekte eines anderen Bereiches bildet. Derartige Wechselwirkungen, die dazu führen, daß die Menge der in einem Teilbereich überhaupt realisierbaren Handlungsmöglichkeiten von den Aktionsplänen anderer Teilbereiche abhängt, seien als *technologische* Beziehungen bezeichnet.

Von *wertmäßigen* Interdependenzen soll demgegenüber immer dann gesprochen werden, wenn - ohne daß diese durch Einflüsse technologischer Art bedingt ist - die Bewertung der aus den Aktionen eines Teilbereiches resultierenden Konsequenzen und damit unter Umständen auch die Rangordnung der betrachteten Teilaktionen davon abhängig ist, welche Entscheidungen in anderen Partialbereichen getroffen werden. Derartige wertmäßige Interdependenzen können einmal daraus resultieren, daß sich die Werte der Ergebnisvariablen eines Bereiches in Abhängigkeit von den in einem anderen Bereich gewählten Aktionen verändern. Solche ergebnismäßigen Interdependenzen können etwa bei der isolierten Absatzplanung verschiedener Produkte auftreten, zwischen denen gewisse Substitutions- oder Komplementaritätsbeziehungen bestehen. Daneben können wertmäßige Interdependenzen auch daraus resultieren, daß sich die Präferenzwerte für die Aktionen eines Teilbereiches selbst bei unveränderten Ergebnisvariablen in Abhängigkeit von den Aktionsentscheidungen anderer Teilbereiche ändern. Sollen etwa in mehreren Zweigwerken eines Unternehmens neue Lieferwagen beschafft werden und wünscht

1) Gäfgen (1974), S. 201-212.
2) So ebenfalls Gäfgen (1974), S. 200 f.

der Inhaber, daß in allen Zweigwerken möglichst Kraftfahrzeuge der gleichen Marke eingesetzt werden, so kann die Rangfolge der für jedes einzelne Werk zur Auswahl stehenden Beschaffungsalternativen selbst bei unveränderten Ergebnisvariablen (Preis; technische Leistung etc.)[1] von den in den anderen Zweigwerken getroffenen Entscheidungen abhängen.

Das primär mit Bewertungsfragen verbundene Problem wertmäßiger Interdependenzen soll an dieser Stelle jedoch zunächst ausgeklammert werden. Es wird daher angenommen, daß sich die für die Ranglozierung der insgesamt zur Auswahl stehenden Aktionsmöglichkeiten ausschlaggebende Präferenzfunktion Φ rein additiv aus den den Teilaktivitäten der einzelnen Partialbereiche β ($\beta = 1, 2, \ldots, B$) zuzuordnenden partiellen Präferenzfunktionen Φ_β zusammensetzt. Geht man davon aus, daß die in den einzelnen Bereichen β erfaßten Teilaktivitäten jeweils durch einen Vektor zugehöriger Aktionsvariablen $x^\beta = (x_1^\beta, x_2^\beta, \ldots, x_{\bar{h}(\beta)}^\beta)$ dargestellt werden, so soll für die gesamte Präferenzfunktion also gelten:

(1) $$\psi = \Phi(x^1, x^2, \ldots, x^B) = \sum_{\beta=1}^{B} \Phi_\beta(x^\beta)$$ [2]

In dem jetzt nur noch zu erörternden Fall ausschließlich technologischer Interdependenzen ist insbesondere die Tatsache zu beachten, daß das durch die Gesamtheit der Partialmodelle umschriebene Aktionsfeld aufgrund des mit der Zerlegung verbundenen Informationsverlustes in der Regel nicht mehr mit dem ursprünglich gegebenen, tatsächlichen Aktionsfeld übereinstimmt.

---

1) Kann durch den einheitlichen Einkauf mehrerer Wagen der gleichen Marke ein besonderer Preisnachlaß erzielt werden, so liegt außerdem noch ein Fall der zuvor gekennzeichneten ergebnismäßigen Verbundenheit vor.

2) Diese Bedingung ist insbesondere für den Fall einer in allen Aktionsvariablen x_h ($h=1,2,\ldots,\bar{h}$) rein additiven Präferenzfunktion

$$\psi = \Phi(x_1, x_2, \ldots, x_{\bar{h}}) = \sum_{h=1}^{\bar{h}} \Phi_h(x_h)$$

erfüllt.

Zur Erläuterung dieses Problems sei als Beispiel eines Totalansatzes folgendes Ungleichungssystem in vier Aktionsvariablen betrachtet:

$$
\begin{array}{lll}
(R_1) & x_1 + 2x_2 + x_3 + x_4 & \leq 3 \\
(R_2) & (x_1 + 2) \cdot x_4 + (x_3 + 2)(x_2 + 1) & \leq 3 \\
(R_3) & 2x_1 + x_2 & \leq 2 \\
(R_4) & 2x_3 + x_4 & \leq 3 \\
(R_5) & x_h & \geq 0;\ \text{ganzzahlig} \\
 & & (h=1,2,3,4)
\end{array}
$$

Jede zulässige, d. h. das Restriktionensystem nicht verletzende Kombination der Aktionsvariablen kennzeichnet einen möglichen Gesamtaktionsplan, also eine de facto zur Auswahl stehende Handlungsalternative. Das gesamte Aktionsfeld umfaßt also die acht in Tab. 4 durch alternative Wertekonstellationen der Aktionsvariablen umschriebenen Aktionsprogramme.

	a_1	a_2	a_3	a_4	a_5	a_6	a_7	a_8
x_1	-	-	-	-	-	1	1	1
x_2	-	-	-	-	1	-	-	-
x_3	-	-	1	1	-	-	-	1
x_4	-	1	-	1	-	-	1	-

Tab. 4

Nun sei angenommen, daß die durch die Variablen x_1 und x_2 sowie x_3 und x_4 gekennzeichneten Aktivitäten jeweils in isolierten Partialmodellen erfaßt werden sollen. Dazu werde die erste Restriktion "zerschnitten", wobei dem ersten Teilbereich (x_1,x_2) eine, dem zweiten Teilbereich (x_3,x_4) zwei Einheiten des begrenzenden Faktors zugeteilt werden. Die zweite Restriktion werde demgegenüber nur unvollständig durch die Übernahme der für die Variablen x_2, x_3 und x_4 implizit enthaltenen Höchstwertvorschriften berücksichtigt. Dann ergeben sich nachstehende Partialansätze:

Bereich 1	Bereich 2
(aus R_1) $x_1 + 2x_2 \leq 1$	(aus R_1) $x_3 + x_4 \leq 2$
(aus R_2) $x_2 \leq 1$	(aus R_2) $x_3 \leq 3$
	(aus R_2) $x_4 \leq 1$
(aus R_3) $2x_1 + x_2 \leq 2$	
	(aus R_4) $2x_3 + x_4 \leq 3$
(aus R_5) $x_1, x_2 \geq 0$, ganzzahlig	(aus R_5) $x_3, x_4 \geq 0$, ganzzahlig

Die durch die Teilansätze dargestellten partiellen Aktionsfelder werden nun wiederum jeweils durch die Gesamtheit der den einzelnen Teilbereichsrestriktionen entsprechenden Wertkonstellationen der zugehörigen Aktionsvariablen zum Ausdruck gebracht. Diese partiellen Aktionsfelder sind in Tab. 5a und 5b dargestellt, wobei die Teilalternativen der beiden Bereiche jeweils durch die Symbole a_k^1 und a_k^2 gekennzeichnet werden.

	a_1^1	a_2^1
x_1	-	1
x_2	-	-

Tab. 5a

	a_1^2	a_2^2	a_3^2	a_4^2
x_3	-	-	1	1
x_4	-	1	-	1

Tab. 5b

Das durch die einzelnen Partialmodelle insgesamt zum Ausdruck gebrachte Aktionsfeld umfaßt dann die Gesamtheit aller Kombinationen von Teilalternativen der beiden Bereiche. Es enthält im Fall unseres Beispiels also die acht in Tab. 6 dargestellten Gesamtalternativen.

	a_1^1				a_2^1			
	a_1^2	a_2^2	a_3^2	a_4^2	a_1^2	a_2^2	a_3^2	a_4^2
x_1	-	-	-	-	1	1	1	1
x_2	-	-	-	-	-	-	-	-
x_3	-	-	1	1	-	-	1	1
x_4	-	1	-	1	-	1	-	1
	a_1'	a_2'	a_3'	a_4'	a_6'	a_7'	a_8'	a_9'

Tab. 6

Ein Vergleich zwischen Tab. 4 und Tab. 6 zeigt sofort, daß das durch die Gesamtheit der Partialmodelle zum Ausdruck kommende *scheinbare* Aktionsfeld A' mit dem in dem Totalansatz umschriebenen *effektiven* Aktionsfeld A nicht übereinstimmt. Zum einen fehlt nämlich in A' die in A enthaltene Alternative a_5; andererseits weist A' jedoch mit der als a_9' bezeichneten Kombination der Teilpläne a_2^1 und a_4^2 eine Gesamtalternative aus, die de facto gar nicht realisierbar ist.

Durch den bei der Zerlegung eines Totalmodells in mehrere Partialansätze eintretenden Informationsverlust wird die Darstellung des Aktionsfeldes im allgemeinen also, wie Abb. 4 veranschaulicht, in zweifacher Weise verzerrt:

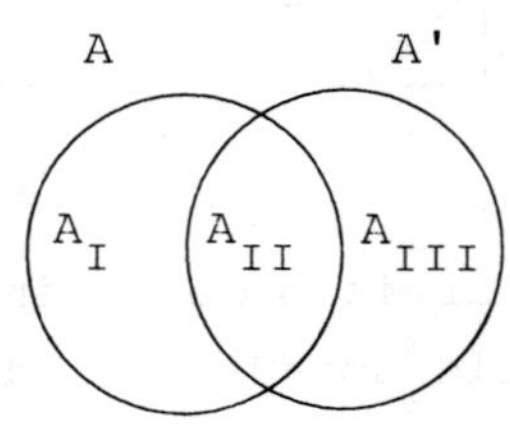

Abb. 4

Das scheinbare Aktionsfeld A' enthält nur einen Teil (A_{II}) der effektiv vorhandenen Aktionsmöglichkeiten, während der andere Teil (A) unberücksichtigt bleibt. Statt dessen weist A' jedoch eine Menge weiterer Aktionsmöglichkeiten aus (A_{III}), die in Wirklichkeit gar nicht zur Auswahl stehen.

Gelingt es nun nicht, den bei der Bildung von Partialmodellen zunächst vernachlässigten Wechselbeziehungen zwischen den Teilbereichen auf sonstige Weise Rechnung zu tragen, so besteht grundsätzlich die Gefahr, daß ein suboptimales Planungsergebnis erreicht wird, wobei den vorstehenden Überlegungen folgend zwei für diese Insuffizienz isoliert abgeleiteter Teilpläne maßgebliche Komponenten unterschieden werden können:

(1) Es ist nicht ausgeschlossen, daß der aus den isolierten Lösungen der Partialmodelle resultierende Aktionsplan a'_o de facto gar nicht realisierbar ist. Dies schlägt sich darin nieder, daß einzelne Teilpläne nicht miteinander kompatibel sind, so daß bei ihrer im weiteren Ablauf erzwungenen faktischen Anpassung starke Friktionsverluste auftreten können.

(2) Selbst wenn die isoliert ermittelten Teilpläne kompatibel sind, ist es immer noch möglich, daß gewisse technologische Substitutions- oder Komplementaritätsbeziehungen zwischen einzelnen Aktivitäten der verschiedenen Teilbereiche nicht hinreichend zum Ausdruck gebracht worden sind, so daß etliche de facto realisierbare Handlungsalternativen von vornherein außer Betracht bleiben. Trotz "richtiger" Ausrechnung jedes Einzelansatzes kann es dann dazu kommen, daß in der Gesamtschau vorteilhafte Aktionen unterbleiben und statt dessen suboptimale Handlungsabläufe realisiert werden.

b. Die Zerlegung von Aktionsfeldern

Die Gefahr, daß die aus Einzelansätzen abgeleiteten Teilpläne inkompatibel oder trotz Kompatibilität in ihrer Gesamtheit dennoch nicht optimal sind, ist lediglich insoweit ausgeschlossen, wie es gelingt, Teilmengen von Projekten jeweils so abzugrenzen, daß sie von den Aktionen in anderen Teilbereichen völlig unabhängig sind, diese also weder technologisch noch wertmäßig beeinflußt werden.[1] In solchen Fällen völlig unabhängiger Teilbereiche sind effektives und scheinbares Aktionsfeld offenbar identisch und die Summe der isoliert abgeleiteten partiellen Aktionspläne stellt zugleich auch den optimalen Gesamtplan dar.

Genau in dieser Weise wird auch in den meisten theoretischen Modellen das Interdependenzproblem "gelöst" bzw. umgangen: Durch entsprechende Prämissen wird die dem Modell zugrunde liegende hypothetische Entscheidungssituation so zurechtgestutzt, daß zwischen dem betrachteten Teilbereich und dem restlichen Entscheidungsfeld weder technologische noch wertmäßige Wechselwirkungen bestehen. Dem dient zum einen die Annahme, daß sich die für das gesamte Entscheidungsfeld maßgebliche Zielfunktion rein additiv aus den partiellen Präferenzfunktionen der einzelnen Teilbereiche zusammensetzt. Außerdem werden auch ergebnismäßige Wechselbeziehungen zwischen den Aktivitäten unterschiedlicher Bereiche wie zum Beispiel absatzmäßige Substitutions- oder Komplementaritätsbeziehungen grundsätzlich ausgeschlossen. Die Existenz technologischer Interdependenzen schließlich wird häufig durch Annahmen über die Existenz "vollkommener" Märkte ausgeschlossen, auf denen durch Aktivitäten mehrerer getrennter Teilbereiche zugleich beanspruchte oder produzierte Güter in beliebiger Menge und zu fest vorgegebenen Preisen beschafft bzw. veräußert werden können. Die entsprechenden Markttransaktionen werden dann häufig in die einzelnen Partialmodelle gar nicht explizit mit einbezogen. Vielmehr werden die einzelnen Teilpläne unter der Fiktion

1) So auch Hax (1965a), S. 104 f.; Gäfgen (1974), S. 209.

abgeleitet, daß bei ihrer Realisierung möglicherweise auftretende Inkompatibilitäten zwischen den explizit erfaßten Teilaktivitäten ohne weiteres durch entsprechende Markttransaktionen überbrückt werden können. Ein Musterbeispiel für die Fiktion derartig unbegrenzter Ausgleichsmöglichkeiten bildet die in traditionellen Investitionsmodellen gebräuchliche Prämisse eines "vollkommenen Kapitalmarktes", an dem beliebige Geldbeträge zu einem fest vorgegebenen Zinssatz aufgenommen und angelegt werden können. Unter dieser Prämisse ist es dann möglich, die Investitionsplanung von der Finanzplanung völlig zu trennen und darüber hinaus in gewissem Ausmaß auch für die Entscheidung über verschiedene Investitionsprojekte getrennte Partialmodelle zu formulieren.

Allgemein ermöglichen es derartige Annahmen, das gesamte Entscheidungsfeld in Parzellen voneinander unabhängiger, in sich geschlossener Teilbereiche zu zerlegen, bei denen jeweils die Gesamtheit der mit den Aktivitäten des einzelnen Teilbereichs verbundenen Konsequenzen vollständig durch die zugehörigen Ergebnis- und Zielvariablen erfaßt wird.[1)] Aus solchen Modellen isoliert abgeleitete - natürlich auf die zugrunde gelegte hypothetische Situation bezogene - Teilpläne sind dann ohne weiteres kompatibel und stimmen in ihrer Gesamtheit mit dem nur aus einem (hypothetischen) Totalmodell ermittelbaren optimalen Gesamtplan überein. Eine auf die Zerlegung des gesamten Entscheidungsfeldes in völlig unabhängige Teilbereiche ausgerichtete Auswahlregel müßte also unter der Prämisse wertmäßiger Unabhängigkeit auf die Identität von

---

1) In Analogie dazu wird auch bei vielen volkswirtschaftlichen Modellen explizit oder implizit davon ausgegangen, daß mit den betrachteten Aktionen keine externen Effekte verbunden sind. Unter bestimmten weiteren Prämissen führt die Summe der aus isolierten Einzelkalkülen abgeleiteten Entscheidungen dann zugleich zu einem in gewissem Sinne optimal anzusehenden Gesamtergebnis.

effektivem und scheinbarem Aktionsfeld abzielen[1], also vorsehen, aus den in Betracht zu ziehenden Teilaktivitäten in der Weise partielle Aktionsfelder zu bilden,

- daß zwei beliebige Aktivitätsarten des gleichen Partialmodells einander entweder in ihren Realisations- und Ergebnismöglichkeiten direkt beeinflussen oder über eine fortlaufende Kette unmittelbar interdependenter weiterer Teilaktivitäten in indirekter Abhängigkeit zueinander stehen und
- daß zwischen zwei beliebigen Teilaktivitäten, die in unterschiedlichen Partialmodellen erfaßt werden, weder direkte noch indirekte Interdependenzen bestehen.

Bei der modellmäßigen Darstellung realer betrieblicher Entscheidungskomplexe dürften solche vollständigen Unabhängigkeiten verschiedener Teilbereiche jedoch einen seltenen Grenzfall darstellen.[2] Ein in überschaubaren Grenzen gehaltenes Modell muß deshalb in aller Regel unvollständig bleiben, so daß in praktischen Ansätzen stets ein mehr oder minder großer Teil eigentlich vorhandener Interdependenzen nicht voll zum Ausdruck gebracht wird. Bezieht man die mit der Modellformulierung und -lösung verbundenen Kosten mit in die Betrachtung ein, so ist ein solcher Verzicht auf die Ermittlung des eigentlich optimalen Gesamtplanes im Sinne einer umfassenden Zielvorstellung keineswegs suboptimal, solange nämlich die aus der bereichsweisen Partialoptimierung resultierende Minderung des Planungsergebnisses durch die damit verbundene Einsparung von Plangungskosten überkompensiert wird. Formal kann nun ein einfaches Kriterium für die insgesamt optimale Zerlegungsalternative formuliert werden.

---

1) Bestehen wertmäßige Interdependenzen, so ist es allerdings selbst bei einer Zerlegung des Aktionsfeldes in technologisch völlig unabhängige Teilbereiche, also der Identität von A und A', immer noch möglich, daß die Gesamtheit der isoliert abgeleiteten Teilpläne des Gesamtoptimum verfehlt.

2) So z. B. Hax (1965a), S. 105 f.

Dazu seien alternative Zerlegungsmöglichkeiten des Gesamtkomplexes mit einem Index λ ($\lambda=1,2,...,L$) gekennzeichnet sowie das einer bestimmten Zerlegungsalternative entsprechende scheinbare Aktionsfeld mit A'_λ, die mit den Partianlansätzen verschiedener Bereiche $\beta(\lambda)$ ($\beta(\lambda)=1,2,...,B(\lambda)$) verbundenen Planungskosten mit $K^{\beta(\lambda)}$, die aus der isolierten Lösung der Partialmodelle resultierenden Teilpläne[1] mit $a_o^{\beta(\lambda)}$ und der aus der Gesamtheit der jeweils als optimal ausgewiesenen Teilpläne zusammengesetzte Gesamtplan mit a_o^λ bezeichnet. Für den Fall einer aus den Teilbereichspräferenzwerten additiv zusammengesetzten Extremierungszielfunktion können dann die Anforderungen, denen die optimale Zerlegungsalternative genügen muß, formal durch die Bedingungen

$$(2) \qquad \sum_{\beta(\lambda)=1}^{B(\lambda)} \Phi_{\beta(\lambda)}(a_o^{\beta(\lambda)}) \rightarrow \max_{\lambda}!$$

$$a_o^\lambda \in A \cap A'_\lambda \qquad \lambda=1,2,...,L$$

umschrieben werden.[2]

Der Versuch, von dieser Formalbedingung ausgehend für ein praktisches Problem den optimalen Zerlegungsgrad bestimmen zu wollen, ist allerdings von vornherein zum Scheitern verurteilt. Die Anwendung dieser Bedingung setzt ja schon voraus, daß für alle in Betracht zu ziehenden Zerlegungsalternativen und damit auch für den umfassenden Totalansatz, die jeweiligen Teilbereichslösungen bekannt sind. Diese Informationen liegen jedoch gerade vor der Modellaufstellung noch gar nicht vor. Lägen sie jedoch - woher

---

1) Dabei ist es möglich, daß auch die Auswahl des optimalen Teilplans eines Bereiches von der Höhe der aufzuwendenden Planungskosten beeinflußt wird.

2) Die zweite Bedingung läßt nur solche Zerlegungen zu, bei denen der aus der Gesamtheit der als optimal abgeleiteten Teilpläne resultierende Gesamtplan konsistent ist. Die Extremierungsbedingung schreibt dann vor, aus dieser Menge möglicher Zerlegungsalternativen diejenige auszuwählen, bei der sich für den aus den Partialmodellen resultierenden Gesamtplan unter Einbeziehung der Planungskosten der höchste Präferenzwert ergibt.

auch immer stammend - vor, so wäre ja auch der optimale Gesamtplan schon bekannt, so daß gar kein Anlaß zur Formulierung irgendeines Entscheidungsmodelles mehr bestünde.

Bei der unumgänglichen Aufspaltung der Darstellung eines Entscheidungskomplexes in mehrere Partialmodelle kann somit zunächst nur versucht werden, zumindest der durch die zweite Bedingung umschriebenen Kompatibilitätsforderung zu genügen und die Einzelansätze dementsprechend so abzugrenzen, daß zumindest die Interdependenzen von besonders großem Gewicht einigermaßen vollständig erfaßt werden. Ohne die gleichzeitige Angabe eines operablen Konzeptes zur Bestimmung der Gewichtigkeit bestimmter Interdependenzverhältnisse ist der Aussagewert dieser "Regel" allerdings nicht sonderlich hoch. Immerhin liefert die betriebswirtschaftliche Theorie gewisse Anhaltspunkte dafür, welchen Arten von Interdependenzen bei verschiedenen Konstellationen relevanter Rahmendaten eine mehr oder weniger große Bedeutung zukommt. Ebenso dürfte es auch in praktischen Situationen häufig möglich sein, die bei alternativ möglichen Aufteilungen eines Entscheidungskomplexes jeweils nicht mehr erfaßten Wechselbeziehungen zwischen den einzelnen Teilbereichen ihrer Bedeutung nach zumindest in eine ordinale Ordnung zu bringen.

c. Mechanismen zur Abstimmung von Teilplänen

Wie auch immer die Zerlegung eines Entscheidungsfeldes in mehrere Partialbereiche im einzelnen vorgenommen wird, kann grundsätzlich nicht davon ausgegangen werden, daß der aus dem Zusammenspiel der isoliert ermittelten Teilpläne resultierende Gesamtplan optimal ist, sei es, weil die partiellen Aktionspläne gar nicht miteinander kompatibel sind und sich bei ihrer im faktischen Ablauf zwangsläufig eintretenden Abstimmung starke Reibungsverluste ergeben, sei es, weil sonstige Möglichkeiten zu einer effizienteren Allokation knapper Ressourcen ungenutzt bleiben. Wenn nun schon auf die Bewältigung anstehender Entscheidungsprobleme durch einen umfassenden Modellansatz verzichtet wird, so kann neben dem Bemühen, die Bildung von Teilbereichen so vorzunehmen, daß erkennbar schwerwiegende Interdependenzen möglichst erhalten bleiben, als weiteres versucht werden, gewisse Mechanismen zur wechselseitigen Abstimmung der aus den einzelnen Partialmodellen abgeleiteten Teilpläne zu entwickeln. Derartige Abstimmungsverfahren sind in unterschiedlichen Formen denkbar; sie lassen sich jedoch stets auf eine der im folgenden skizzierten Grundtypen oder eine Kombination daraus zurückführen.

(1) Bei *hierarchischen* Koordinationsverfahren[1)] werden zunächst durch einen Globalplan einige grundsätzliche Rahmendaten festgelegt, die den verbleibenden Aktionsspielraum in gewisser Weise einengen. Innerhalb dieses verengten Aktionsbereiches werden dann weitere Partialmodelle formuliert, die den Handlungsspielraum weiter einengen und damit die Restriktionen für noch weiter differenzierte sekundäre Partialmodelle bestimmen usw.[2)]

(2) Bei *sequentieller* Abstimmung der Teilpläne[3)] werden demgegenüber für ein Partialproblem die Variablenwerte festgelegt und daraus die entsprechenden Restriktionen für ein zweites Partialmodell abgeleitet. Die Lösung dieses Ansatzes bestimmt den für einen dritten Kalkül verbleibenden Aktionsspielraum usw.

---

1) Vgl. Gäfgen (1974), S. 212-214; Hax (1965a), S. 106-114.
2) Dem Prinzip der hierarchischen Koordination entspricht bei der Behandlung des wohlfahrtsökonomischen Problems der externen Effekte der Ansatz, durch Gebote und/oder Verbote einer übergeordneten Stelle (des Staates z. B.) die individuellen Entscheidungsfelder so einzuschränken, daß gewisse aus der Existenz externer Effekte resultierende Unzuträglichkeiten der isoliert ermittelten Individualentscheidungen vermieden werden.
3) Vgl. Gäfgen (1974), S. 214-217.

Im Gegensatz zum hierarchischen Verfahren setzt die sequentielle Abstimmung in reiner Form also keinerlei Hierarchie von Planungsebenen voraus, sondern eine Hierarchie in gleichem Ausmaß detaillierter Teilpläne.[1] Die Lösung eines Partialmodells legt jeweils das Aktionsfeld für den nachfolgenden Teilansatz fest. Diese Form der Planabstimmung ist vor allem für die zeitliche Zerlegung von Aktionsfeldern von grundlegender Bedeutung;[2] denn die zu Beginn einer Periode eingeleiteten (und unterlassenen) Aktionen bestimmen das für den Beginn der folgenden Periode relevante Aktionsfeld usw.

(3) Das Prinzip der *pretialen* Koordination beruht auf dem bereits von SCHMALENBACH untersuchten Grundgedanken, bei der Bewertung der jeweiligen Handlungsergebnisse der in einem Partialmodell erfaßten Teilaktivitäten, also bei ihrer Erfassung in der Zielfunktion, auch deren Auswirkungen auf Durchführbarkeit und Ergebnisse von Teilaktivitäten anderer Partialmodelle zu berücksichtigen.[3] Dies geschieht durch den Ansatz von Opportunitätskosten, die mit Hilfe sogenannter Lenkungspreise ("Knappheitspreise", "optimalen Geltungszahlen")[4] errechnet werden. Die dadurch gegenüber den isolierten Partialmodellen bewirkten Veränderungen der Zielfunktion sollen dann dazu führen, daß bei der Lösung der so modifizierten einzelnen Ansätze genau jene Handlungsempfehlungen abgeleitet werden, die sich auch in einem umfassenden Totalmodell als opti-

---

1) Hierarchische und sequentielle Koordinationsmechanismen können natürlich auch kombiniert werden.
2) Vgl. hierzu im einzelnen Gäfgen (1974), S. 215 f., S. 303-311.
3) Schmalenbach (1947) und (1948); s. a. Hax (1965 a), S. 127-195; Jaensch (1966), S. 201-203; Adam, D. (1970), S. 173-178.
4) Vgl. u. a. Schmalenbach (1947) und (1948), S. 141-144.

mal erwiesen hätten.[1)]

Die grundlegende Schwierigkeit, um auf diesem Wege zu einer Koordination der Teilpläne zu gelangen, besteht in der Ermittlung der richtigen Lenkungspreise.[2)] Zwar läßt sich für bestimmte Klassen von Modellen nachweisen, daß Sätze von Knappheitspreisen existieren, auf deren Basis sich das optimale Niveau aller Teilaktivitäten direkt ermitteln läßt.[3)] Ein Ansatz zur Bestimmung dieser Werte kann jedoch seinerseits im allgemeinen auch nur unter Einbeziehung aller Interdependenzen formuliert werden, erfordert also ebenfalls ein Totalmodell und führt dabei zugleich auch zu einer kompakten Lösung des ursprünglichen Entscheidungskomplexes, so daß ein weiterer Bedarf an Mechanismen zur Koordination der Teilpläne gar nicht mehr besteht.[4)] Auf die Möglichkeiten, auf diesem Wege in Kombination mit anderen Koordinationsinstrumenten dennoch zu einer Lösung zu gelangen, wird im folgenden noch näher eingegangen.

(4) *Rekursive* Koordinationsmechanismen schließlich sind dadurch gekennzeichnet, daß auf der Basis isolierter Partialmodelle zunächst vorläufige Teilpläne ermittelt und dann einander gegenübergestellt werden. Bei diesem Vergleich festgestellte Unzulänglichkeiten des vorläufigen Gesamtplanes werden dann zum Anlaß genommen, die Rahmendaten der einzelnen Partialmodelle in gewisser Weise zu variieren und auf dieser modifizier-

---

1) In der Wohlfahrtsökonomik entspricht der pretialen Koordination die "Internalisierung" externer Effekte, d. h. der Versuch, den Träger einer bestimmten Aktivität auch deren (positive oder negative) externe Konsequenzen voll übernehmen zu lassen.

2) Zur näheren Erörterung dieses Problemes vgl. Drumm (1972) und die dort angegebene Literatur; s. a. Adam, D. (1970), S. 180-195.

3) Vgl. Hax (1965a), S. 132-170; Jaensch (1966), S. 203-206; s. a. Opfermann, Reinermann (1965); Buehr (1967) und (1967a); Dantzig (1966), S. 155-157, 292-299.

4) So auch Hax (1965), S. 304, 210; ders. (1965a), insbes. S. 161-164; Münstermann (1966), S. 28-31; Jaensch (1966), S. 206 f.; Kilger (1967), S. 709-713; Adam, D. (1970), S. 177 f.

ten Basis erneut einen Satz von Teilplänen zu erstellen.[1] Diese werden einander wiederum gegenübergestellt und bezüglich ihrer Rahmendaten erneut verändert. Dieser Prozeß wird so lange fortgesetzt, bis sich ein als zufriedenstellend anzusehender Gesamtplan ergibt.

Die Anwendung rekursiver Abstimmungsverfahren setzt also stets Regeln darüber voraus, nach welchem Modus bei dem Vergleich der isoliert ermittelten Teilpläne festgestellte Inkompatibilitäten und sonstige Unzulänglichkeiten ausgeräumt werden sollen. Dabei kommen, wie schon gezeigt, jeweils Elemente hierarchischer, sequentieller und pretialer Abstimmungsmechanismen entweder je einzeln oder auch in beliebigen Kombinationsformen in Betracht.

Der Idealvorstellung nach sind alle Formen von Koordinationsmechanismen auf die Erreichung der Optimalität ausgerichtet, d. h. auf die Identität des aus einer Mehrzahl in gewisser Weise koordiniert ermittelter Teilpläne zusammengesetzten gesamten Aktionsplanes mit dem aus der Lösung eines umfassenden Totalmodells ableitbaren (hypothetischen) Gesamtplan. Bezieht man allerdings die Kosten der Planung mit in die Betrachtung ein, so braucht diese Identität gar nicht unbedingt das Gesamtoptimum darzustellen. Außerdem erscheint es fraglich, ob sich für praktische Probleme überhaupt ein Koordinationsverfahren finden läßt, das einer derartig strengen Optimalitätsanforderung standhielte. Ein wichtiges Zwischenziel auf dem Weg zu einem leidlich vorteilhaften Gesamtplan besteht jedoch darin, zumindest die *Kompatibilität* der Teilpläne zu erreichen. Zum einen stellt dies, wie oben gezeigt wurde, eine notwendige Voraussetzung für die Realisierung des Optimums dar; außerdem führen Friktionen zwischen nicht miteinander vereinbaren Teilplänen aufgrund der er-

1) Vgl. Churchman, Ackoff, Arnoff (1966), S. 17; Kilger (1973), S. 17 f.

zwungenen Dispositionsänderungen in aller Regel zu besonders schwerwiegenden Beeinträchtigungen des effektiv eintretenden Handlungsergebnisses. Die Kompatibilität der einzelnen unternehmerischen Teilpläne kann mithin als grundlegendes Postulat angesehen werden, dem jedes Planungs- und Entscheidungssystem entsprechen soll.[1)]

Grundsätzlich geeignet, diese Mindestanforderungen zu erfüllen, sind hierarchische, sequentielle und in Kombination damit auch rekursive Koordinationsmechanismen. Diese Abstimmungsversuche zielen stets auf eine unmittelbare Einschränkung der partiellen Aktionsfelder hin, so daß es möglich ist, im Zusammenhang mit anderen Teilplänen nicht zulässige Aktivitäten zu erkennen und sofort aus der Betrachtung auszuschließen. Pretiale Koordinationsmechanismen in reiner Form setzen demgegenüber nicht bei der Abstimmung der partiellen Aktionsfelder an, sondern versuchen über entsprechende Eingriffe in die Zielfunktionen die Auswahl der in den einzelnen Teilbereichen als optimal anzusehenden Aktionen zu beeinflussen. Gelingt es, die partiellen Zielfunktionen in geeigneter Weise aufzustellen, so wird unmittelbar die optimale Gesamtentscheidung erreicht, für die ja die Kompatibilität der Teilpläne eine Voraussetzung darstellt. Werden die Knappheitspreise hingegen nicht richtig festgelegt, so wird nicht nur das Gesamtoptimum verfehlt, vielmehr besteht darüber hinaus die Gefahr, daß aus den Lösungen der Partialmodelle ein insgesamt nicht konsistenter Gesamtplan resultiert. Diese Beeinträchtigung kann natürlich vermieden werden, indem man einen Ansatz pretialer Steuerung mit anderen Koordinationsmechanismen kombiniert und etwa durch ein hierarchisches System von Planungsebenen die grundsätzliche Kompatibilität der Teilpläne garantiert, innerhalb des so abgesteckten Rahmens jedoch mit Hilfe rekursiver Pretialsteuerung das Optimum zu bestimmen versucht. Einen besonders wichtigen Spezialfall einer derar-

1) So z. B. Kilger (1965), S. 55-58 und (1973), S. 17 f.

tigen Kombination zwischen pretialen und anderen Koordinationsmechanismen beinhaltet das Dekompositionsprinzip der linearen Programmierung, auf das später noch etwas näher eingegangen werden soll.

d. Zur Theorie hierarchischer und sequentieller Optimierung

Zunächst sollen jedoch die Voraussetzungen erörtert werden, unter denen hierarchische und sequentielle Koordinierungsmechanismen über die Verhinderung friktionsbedingter Insuffizienzen hinaus zumindest theoretisch, d. h. bei Vernachlässigung von Planungskosten geeignet sind, den optimalen Gesamtplan zu ermitteln. Um dieses Ziel zu erreichen, ist es nötig, bei der Bewertung der Alternativen eines jeden Partialmodelles M_t, dem zumindest noch eine (Hierarchie- oder Sequenz-) Stufe M_{t+1} nachgelagert ist, auch die Präferenzwerte der Teilpläne der Stufe M_{t+1} mit einzubeziehen, die im Rahmen der durch die Entscheidung in M_t festgelegten Handlungsspielräume als optimal anzusehen sind. Diese allgemein als *Optimalitätsprinzip*[1] bezeichnete Voraussetzung verlangt also, in allen Teilbereichen einer nachgelagerten Stufe M_{t+1} einen Satz im Hinblick auf alle alternativ möglichen Aktionsfelder jeweils optimale Teilpläne zu erstellen, und die zugehörigen Präferenzwerte in die Entscheidungen der vorgelagerten Stufe M_t bzw. die ebenfalls nach alternativ möglichen Entscheidungsergebnissen der wiederum vorgelagerten Stufe M_{t-1} differenzierten Eventualentscheidungen der Stufe M_{t+1} einzubringen.[2]

---

1) Vgl. Bellmann (1957), S. 83; Gäfgen (1974), S. 213-216; Menges (1969), S. 153 f.

2) Die theoretisch bedeutsamste Anwendung hat das Optimalitätsprinzip in dem von Bellmann entwickelten Verfahren der dynamischen Programmierung gefunden, das insbesondere bei der sequentiellen Lösung mehrperiodischer stochastischer Modelle verwendet wird.

Zur Verdeutlichung des Prinzips sei ein einfaches Beispiel betrachtet. Das gesamte Aktionsfeld sei durch folgende Restriktionen der Aktionsparameter $x_1, x_2, \ldots, x_5$ beschrieben

$$x_1 + 2x_2 + 2x_3 + 4x_4 + x_5 \leq 6$$
$$x_h = x_h^2 \qquad h=1,2,\ldots,5$$ [1]

und die Zielfunktion laute:

$$8x_1 + 21x_2 + 20x_3 + 30x_4 + x_5 \longrightarrow \max!$$

Die Festlegung der Lösungswerte der Aktionsvariablen x_1, x_2 sowie x_3, x_4, x_5 soll nun jeweils in getrennten Partialansätzen erfolgen. Um deren Kompatibilität zu gewährleisten, wird dabei die Aufteilung der insgesamt sechs Einheiten des Engpaßfaktors auf diese beiden Teilbereiche durch eine vorgelagerte Rahmenentscheidung festgelegt. Außerdem soll die Bestimmung der Variablen x_3 sowie x_4, x_5 noch einmal voneinander getrennt werden, was eine weitere Rahmenentscheidung über die Aufteilung der diesem Bereich insgesamt zugeteilten Kapazitätseinheiten auf die beiden Unterbereiche voraussetzt. Bringt man alternativ mögliche Mengen der im Zuge einer Rahmenentscheidung auf eine Gesamtheit von Aktionsvariablen $(x_h, x_k, \ldots)$ aufzuteilenden Kapazität durch den Wert einer Variablen $K_{h,k\ldots}$ zum Ausdruck, so kann die vorgegebene Planhierarchie durch folgendes Schema verdeutlicht werden:[2]

---

1) Diese Relation gewährleistet, daß die Aktionsvariablen nur die Werte 0 oder 1 annehmen können. Die durch diese Variablen zum Ausdruck gebrachten Aktivitäten können also als unteilbare Projekte angesehen werden, die entweder genau einmal oder gar nicht durchgeführt werden können.

2) A.P. bezeichnet die Aktionsparameter des jeweiligen Partialansatzes, R. die Restriktionen, die bei der Festlegung der Parameterwerte zu beachten sind. Die 1-0-Bedingung für die x_h-Werte ist der übersichtlicheren Schreibweise wegen nicht explizit mit aufgeführt worden.

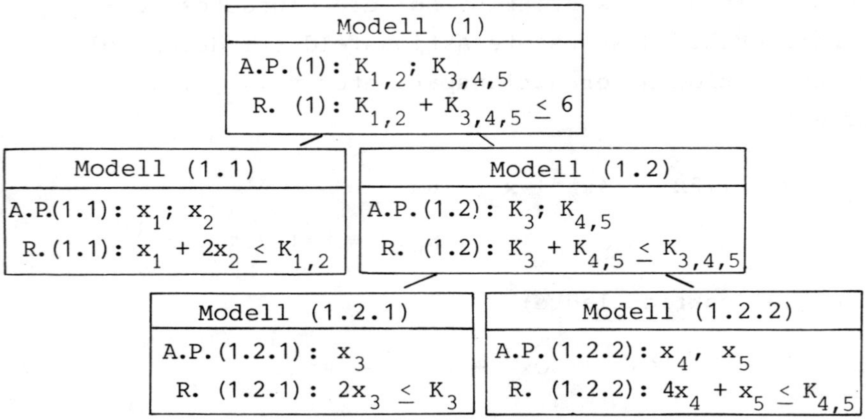

Abb. 5

Man erkennt, daß die Aktionsparameter eines Obermodells jeweils als restriktiv wirkendes Datum in die unmittelbar nachgelagerten Ansätze eingehen. Somit ist zunächst gewährleistet, daß sich bei beliebigen Wertansätzen für die verschiedenen K-Variablen, sofern sie nur die Bedingungen R(1) und R(1.2) nicht verletzen, jeweils Sätze kompatibler Teilpläne ableiten lassen.

Soll nun nicht nur ein konsistenter, sondern der optimale Gesamtplan abgeleitet werden, so muß die Festlegung der Parameter $K_{1,2}$ und $K_{3,4,5}$ in dem Modell der obersten Stufe so erfolgen, daß die Summe der den jeweiligen Optimallösungen der Modelle (1.1) und (1.2) entsprechenden Präferenzwerte ein Maximum ergibt. Dazu muß im Bereich (1.1) für jede denkbare Kapazitätsaufteilung der optimale Teilplan, ausgedrückt in Werten der eigentlichen Aktionsvariablen x_1, x_2, und der zugehörige Präferenzwert ermittelt werden. Im Bereich (1.2) muß demgegenüber für jeden möglichen Wert von $K_{3,4,5}$ die optimale weitere Kapazitätsaufteilung auf die Bereiche (1.2.1) und (1.2.2) festgestellt werden, wozu in diesen beiden Unterbereichen in Abhängigkeit von den jeweiligen Zuteilungen wiederum Sätze optimaler Alternativpläne zu erstellen sind. Die Summe der Präferenzwerte der beiden bedingten Optimalpläne ergibt dann den Präferenzwert, der dem entsprechenden

$K_{3,4,5}$ zuzurechnen ist.

Unter Berücksichtigung der für die drei untersten Bereiche (1.1), (1.2.1) und (1.2.2) geltenden partiellen Zielfunktionen

$$(1.1) \quad \psi(x_1,x_2) = 8x_1 + 21x_2 \longrightarrow \max!$$

$$(1.2.1) \quad \psi(x_3) = 20x_3 \longrightarrow \max!$$

$$(1.2.2) \quad \psi(x_4,x_5) = 30x_4 + x_5 \longrightarrow \max!$$

ergeben sich dann in Abhängigkeit von den auf der jeweils vorgelagerten Stufe festzulegenden Parameterwerten die in Tab. 7 zusammengestellten optimalen Eventualpläne (Zeilen 4; 7; 11) für die Teilbereiche der jeweils untersten Stufe.

Bereich (1.2.2)	1	$K_{4,5}$	0	1	2	3	4	5 und 6	
	2	$x_4^*(K_{4,5})$	0	0	0	0	1	1	
	3	$x_5^*(K_{4,5})$	0	1	1	1	0	1	
	4	$\psi(x_4^*,x_5^*/K_{4,5})$	0	1	1	1	30	31	
Bereich (1.2.1)	5	K_3	0	1	2 und mehr				
	6	$x_3^*(K_3)$	0	0	1				
	7	$\psi(x_3^*/K_3)$	0	0	20				
Bereich (1.1)	8	$K_{1,2}$	0	1	2	3 und mehr			
	9	$x_1^*(K_{1,2})$	0	1	0	1			
	10	$x_2^*(K_{1,2})$	0	0	1	1			
	11	$\psi(x_1^*,x_2^*/K_{1,2})$	0	8	21	29			
Bereich (1.2)	12	$K_{3,4,5}$	0	1	2	3	4	5	6
	13	$K_3^*(K_{3,4,5})$	0	0	2	2	0	0	2
	14	$K_{4,5}^*(K_{3,4,5})$	0	1	0	1	4	5	4
	15	$\psi(K_3^*,K_{4,5}^*/K_{3,4,5})$	0	1	20	21	30	31	50

Tab. 7

Aus den für die Bereiche (1.2.2) und (1.2.1) ermittelten Eventualplänen und Präferenzwerten lassen sich dann weiter für alternative Werte des Parameters $K_{3,4,5}$ jeweils die in Tab. 7 dargestellten optimalen Teilpläne für den Bereich (1.2), also die günstigsten K_3-$K_{4,5}$-Kombinationen und die zugehörigen Präferenzwerte

$$\psi(K_3^*,K_{4,5}^*/K_{3,4,5}) = \max\{\psi(x_3^*/K_3) + (x_4^*,x_5^*/K_{4,5})/K_3 + K_{4,5} \leq K_{3,4,5}\}$$

ermitteln (Zeilen 13 bis 15).

Aus den für die Bereiche (1.1) und (1.2) abgeleiteten Eventualplänen kann nun jeder möglichen Aufteilung der Gesamtkapazität, also jeder $K_{1,2}$-$K_{3,4,5}$-Kombination, ein Präferenzwert $\psi(K_{1,2};K_{3,4,5}) = \psi(x_1^*;x_2^*/K_{1,2}) + \psi(K_3^*;K_{4,5}^*/K_{3,4,5})$ zugeordnet werden. Bei der entsprechenden Darstellung in Tab. 8 sind dabei alle $K_{1,2}$-$K_{3,4,5}$-Kombinationen, die nicht zu einer vollen Ausschöpfung der Gesamtkapazität von sechs Einheiten führen, von vornherein als ineffizient außer acht gelassen worden.

$K_{1,2}$	0	1	2	3	4	5	6
$K_{3,4,5}$	6	5	4	3	2	1	0
ψ	50	39	51	50	49	30	29

Tab. 8

Die unter der Annahme, daß in allen nachgelagerten Bereichen der in dem durch die Entscheidung der vorgelagerten Stufe festgesetzten Aktionsrahmen optimale Teilplan verwirklicht wird, optimale Rahmenentscheidung sieht also die Kapazitätsaufteilung $K_{1,2} = 2$ und $K_{3,4,5} = 4$ vor. Dem entsprechen gem. Tab. 7 die Folgeentscheidungen $x_1^*(K_{1,2} = 2) = 0$ und $x_2^*(K_{1,2} = 2) = 1$ sowie $K_3^*(K_{3,4,5} = 4) = 0$ und $K_{4,5}^*(K_{3,4,5} = 4) = 4$, woraus ebenfalls gem. Tab. 7 weiter $x_3^*(K_3 = 0) = 0$, $x_4^*(K_{4,5} = 4) = 1$ und $x_5^*(K_{4,5} = 4) = 0$ folgt. Als Lösung wird also die Durchführung der Projekte 2 und 4 empfohlen.

Der Vollständigkeit halber sei die Lösung des gleichen Problems nach dem Prinzip der sequentiellen Koordinierung auch noch kurz skizziert. Dazu sei angenommen, daß die bisherigen drei Aktionsbereiche (1.1), (1.2.1) und (1.2.2) in der Reihenfolge der Variablennumerierung eine Planungssequenz bilden. Führt man in die Kapazitätsrestriktionen eines Teilbereiches, der die Variablen $x_h, x_k, \ldots$ umfaßt, eine Schlupfvariable $y_{h,k}$ ein, deren Wert das jeweils nicht ausgenutzte Kapazitätskontingent angibt, so kann die Planungsfolge durch folgende Schemata verdeutlicht werden:[1)]

Modell I
A.P. I : x_1; x_2; $y_{1,2}$ R. I : $x_1 + 2x_2 + y_{1,2} = 6$

↓

Modell II
A.P. II : x_3; y_3 R. II : $2x_3 + y_3 = y_{1,2}$

↓

Modell III
A.P. III: x_4; x_5 R. III: $4x_4 + x_5 \leq y_3$

Abb. 6

Die Kompatibilität wird wiederum dadurch gewahrt, daß sich die restriktiv wirkenden Daten der Untermodelle aus den in den jeweiligen Obermodellen festgelegten Aktionsparametern ergeben. Im Gegensatz zu dem hierarchischen Planungsverfahren werden auf jeder Stufe jedoch auch schon für einige der für die Umschreibung des Aktionsprogrammes letztlich maßgeblichen Aktionsparameter, also der x_h, die zugehörigen Werte festgelegt.

Um nun den optimalen Gesamtplan abzuleiten, muß auf jeder Stufe neben den aus den eigentlichen Aktionsvariablen x_h, $x_k, \ldots$ des betrachteten Bereiches resultierenden Präfe-

1) Die 0-1-Bedingungen für die Aktionsvariablen und die Nicht-Negativitätsbedingungen sind wiederum nicht explizit angegeben worden.

renzwerten auch der Beitrag zur Zielfunktion berücksichtigt werden, der aus der Verwendung der nicht genutzten Kapazitätseinheiten $y_{h,k,...}$ auf der nachgelagerten Stufe erzielt werden kann. Um diese Einflußgrößen voll berücksichtigen zu können, wird wiederum zunächst auf der untersten Stufe III, also für x_4 und x_5, in Abhängigkeit von alternativen y_3-Werten der jeweils optimale Teilplan und der zugehörige Präferenzwert $\psi(x_4^*;x_5^*/y_3)$ ermittelt (vgl. Tab. 9 Zeilen 1 bis 4), und zwar auf der Basis der einfachen Partialzielfunktion

$$30x_4 + x_5 \longrightarrow \max!$$

Stufe III	1	y_3	0	1	2	3	4	5	6
	2	$x_4^*(y_3)$	0	0	0	0	1	1	1
	3	$x_5^*(y_3)$	0	1	1	1	0	1	1
	4	$\psi(x_4^*;x_5^*/y_3)$	0	1	1	1	30	31	31
Stufe II	5	$y_{1,2}$	0	1	2	3	4	5	6
	6	$x_3^*(y_{1,2})$	0	0	1	1	0	0	1
	7	$y_3^*(y_{1,2})$	0	1	0	1	4	5	4
	8	$\psi(x_3^*;y_3^*/y_{1,2})$	0	1	20	21	30	31	50
Stufe I	9	$x_1^*(y_{1,2})$	1	1	1	1	0	1	0
	10	$x_2^*(y_{1,2})$	1	1	1	1	1	0	0
	11	$\psi(x_1^*;x_2^*/y_{1,2})$	29	29	29	29	21	8	0
	12	$\psi(x_1^*;x_2^*;y_{1,2})$	29	30	49	50	51	39	50

Tab. 9

Auf der nächst höheren Stufe II sind dann für alternative Werte $y_{1,2}$ die jeweils optimalen x_3-y_3-Kombinationen festzulegen (Tab. 9 Zeilen 5 bis 7), wobei neben dem der Variable x_3 zuzurechnenden Zielfunktionsbeitrag $\psi(x_3)$ auch die zuvor im Bereich III für unterschiedliche y_3-Werte ermittelten Präferenzgrößen (Tab. 9 Zeile 4) in die partielle Zielfunktion einzubeziehen sind, so daß diese lautet (Tab. 9 Zeile 8):

$$\psi(x_3;y_3) = \psi(x_3) + \psi(x_4^*;x_5^*/y_3) = 20x_3 + \psi(x_4^*;x_5^*/y_3) \longrightarrow \max$$

Zugleich können für alternative $y_{1,2}$-Werte die jeweils optimalen x_1- und x_2-Werte ermittelt werden (Tab. 9 Zeilen 9,10) sowie die zugehörigen Zielfunktionsbeiträge, die allein auf diese beiden Variablen zurückzuführen sind (Tab. 9 Zeile 11); die entsprechende partielle Zielfunktion lautet dann

$$\psi(x_1;x_2) = 8x_1 + 21x_2 \longrightarrow \max!$$

Die insgesamt optimale Entscheidung für die erste Stufe wird dann unter Einbeziehung der zuvor ermittelten Präferenzwerte (Tab. 9 Zeile 8), die der Schlupfvariablen $y_{1,2}$ zuzurechnen sind, also auf der Basis der Funktion

$$\psi(x_1;x_2;y_{1,2}) = \psi(x_1;x_2) + \psi(x_3^*;y_3^*/y_{1,2}) \longrightarrow \max!$$

abgeleitet (Tab. 9 Zeile 12).

Die Optimalentscheidung im Bereich I sieht also die Lösung $x_1 = 0$, $x_2 = 1$ und $y_{1,2} = 4$ vor, woraus den Eventualplänen der beiden nachgelagerten Stufen entsprechend mit $x_3^*(y_{1,2} = 4) = 0$ sowie $y_3^*(y_{1,2} = 4) = 4$ und daraus weiter folgend $x_4^*(y_{1,2} = 4) = 1$ und $x_5^*(y_3 = 4) = 0$ sofort das gleiche Resultat wie im Falle der Planungshierarchie abgeleitet werden kann.
Schon dieses einfache Beispiel läßt die Aufwendigkeit eines streng nach dem Optimalitätsprinzip aufgebauten Planungssystems erkennen. Sind nun im Gegensatz zu unserem Beispiel mehrere Restriktionen gleichzeitig zu beachten, wächst die Zahl der in den nachgelagerten Stufen bei der Erstellung der Eventualpläne zu beachtenden potentiellen Aktionsfelder und damit auch der Planungsaufwand stark überproportional.[1)]

---

1) Würde in unserem Beispiel etwa eine weitere Restriktion, die sich auf einen ebenfalls nur mit maximal 6 Einheiten verfügbaren Engpaßfaktor bezieht, zu beachten sein, so wären in den einzelnen Planungsstufen nicht mehr nur grundsätzlich 7 alternativ mögliche Aktionsfelder (vgl. Tab. 7 und 9) zu berücksichtigen, sondern gemäß der Anzahl möglicher Aufteilungskombinationen der beiden Engpaßfaktoren bereits 49. Bei drei derartigen Restriktionen betrüge die Zahl der in einer Stufe zu erstellenden Eventualpläne bereits 343.

Zwar bestehen gewisse Möglichkeiten, die Zahl der zu erstellenden Teilpläne durch zwischengeschaltete Dominanzüberlegungen etwas zu reduzieren; jedoch verbleibt auch dann in aller Regel noch ein erheblicher Rechenaufwand. Zusätzliche Probleme ergeben sich außerdem, wenn Teilaktivitäten zu beachten sind, die knappe Kapazitäten zum Teil belasten, zum Teil aber auch entlasten, indem sie für andere Projekte benötigte Engpaßfaktoren bereitstellen. Derartige Interdependenzen erschweren die Planung insbesondere dann, wenn sie in zirkularer Form auftreten, wenn also etwa drei Produkte A, B, C zum einen die gleiche Produktionsanlage belasten, außerdem aber A zur B-Produktion und B zur C-Produktion benötigt wird, bei der Erstellung von C jedoch das zur A-Produktion verwendbare Kuppelprodukt C' entsteht. Um derartige Wechselbeziehungen in hierarchischen oder sequentiellen Modellsystemen zu berücksichtigen, ist es nötig, bei Aufstellung der Eventualpläne der einzelnen Teilbereiche weitere Modifikationen vorzunehmen, durch die die Zahl der aufzustellenden Alternativpläne nochmals stark erhöht wird.

e. <u>Pretiale Optimierung</u>

Das Grundproblem der pretialen Optimierung isolierter Partialmodelle besteht, wie oben bereits angedeutet wurde, darin, die Lenkungspreise richtig festzulegen, die partiellen Zielfunktionen der einzelnen Teilbereiche also so zu modifizieren, daß alle dem (hypothetischen) optimalen Gesamtplan nach nicht lohnenden Einzelaktivitäten auch in den isoliert ermittelten Teilplänen nicht vorgesehen werden, während alle insgesamt vorteilhaften Aktionen auch in den Partialansätzen als solche ausgewiesen werden. Auch der Versuch, die geeigneten Lenkungspreise in einem entsprechenden Totalansatz zu ermitteln, stellt keinen echten Ausweg dar, da in der Regel mit Lösung eines solchen Ansatzes auch das eigentliche Entscheidungsproblem schon gelöst ist, so daß zu einer Zerlegung dieses Problems gar kein Bedarf mehr besteht, die Lenkungspreise also die ihnen eigentlich zugedachte Funktion gar nicht mehr auszuüben brauchen.

Als Ausweg aus diesem Dilemma könnte versucht werden, die geeigneten Lenkungspreise im Zuge eines rekursiven Prozesses etwa folgender Art zu ermitteln[1]: Für die verschiedenen knappen Kapazitäten werden zunächst beliebige Preise angesetzt und die für die einzelnen Partialmodelle auf dieser Basis optimalen Teilpläne ermittelt. Für die Gesamtheit der so bestimmten Teilpläne wird die vorgesehene Belastung der verschiedenen Engpässe ermittelt.
Die Lenkungspreise insgesamt überbeanspruchter Kapazitäten werden dann erhöht, diejenigen nicht ausgelasteter Kapazitäten vermindert. Auf der Basis dieser modifizierten Lenkungspreise werden die Partialmodelle erneut gelöst, die entsprechenden Teilpläne verglichen und die Lenkungspreise nach dem Ergebnis dieses Vergleichs erneut modifiziert. Dieses Verfahren wird so lange fortgesetzt, bis ein Satz kompatibler und ihrer Gesamtheit nach optimaler Teilpläne ermittelt ist. Ein solcher Prozeß rekursiver Pretialsteuerung führt allerdings nur dann zu dem erwünschten Ziel des Gesamtoptimums, wenn es gelingt, eine Methode zu entwickeln, nach der die Lenkungspreise jeweils so variiert werden, daß die in den einzelnen Teilschritten ermittelten Zwischenlösungen zu der Optimallösung hin konvergieren.[2]

---

1) Vgl. zum folgenden z. B. Hax (1965a), S. 145-148.

2) Bei dem von D. Adam (1970), S. 185-194 beschriebenen Beispiel zur Bestimmung der Lenkungspreise für die knappen Maschinenkapazitäten in einem Produktionsproblem mit linearen Restriktionen und quadratischer Zielfunktion wird dies wie folgt gewährleistet: Für die einzelnen Partialmodelle werden jeweils die Kapazitätsmengen ermittelt, die nach den bei Lenkungspreisen von Null optimalen Teilplänen in Anspruch genommen würden. Außerdem wird für jedes Partialmodell eine Funktion angegeben, "die die optimale Anpassung der Faktorverbrauchsmengen eines jeden Faktors an erwarteten Kostensteigerungen beschreibt." Diese Anpassungsfunk-

Fortsetzung Fußnote 2) s. S. 120

Eine allgemeine Methode, die diese Konvergenzbedingung grundsätzlich für beliebig strukturierte Probleme gewährleistet, steht jedoch nicht zur Verfügung.[1)]

Inwieweit das Verfahren einer sukzessiven Annäherung an die richtigen Lenkungspreise angewendet werden kann, läßt sich somit immer nur angesichts der konkreten Formalstruktur eines vorgegebenen Entscheidungsmodells beantworten. Lediglich für Entscheidungsprobleme, die sich modellmäßig in der Form linearer Programme darstellen lassen, sind mit den allgemein als Dekompositionsverfahren[2)] bezeichneten Ansätzen verschiedene Methoden entwickelt worden, die Elemente rekursiver Pretialsteuerung enthalten.
Die Anwendbarkeit des grundlegenden Ansatzes von DANTZIG und WOLFE[3)] ist allerdings auf solche Probleme beschränkt, bei denen sich die betrachteten Aktionsvariablen so zu bestimmten Klassen zusammenfassen lassen, daß das Restriktionensystem dem Blockschema[4)] der Abb. 7 entspricht:
Eine Gruppe von Restriktionen (R_o) bezieht sich auf alle Aktionsvariablen, bringt also die zwischen der Gesamtheit

---

Fortsetzung Fußnote 2) von S. 119

tionen stellen praktisch einen Satz nach alternativ möglichen Wertansätzen für die Lenkungspreise differenzierter Eventualpläne dar. Auf der Grundlage dieser Anpassungsfunktionen wird dann der Satz von Lenkungspreisen bestimmt, bei dem zum einen keine Kapazitätslücken mehr auftreten (Sicherung der Kompatibilität), zum anderen gegenüber dem zunächst ermittelten (unzulässigen) Gesamtplan eintretende Minderung des Präferenzwertes am geringsten ist (Sicherung der Optimalität).

1) Zur Begründung vgl. Hax (1965a), S. 148, S. 163 f.
2) Wegen eines grundlegenden Überblicks über das Dekompositionsprinzip der linearen Programmierung vgl. Künzi, Tan (1966) sowie die dort angegebene Literatur.
3) Dantzig, Wolfe (1960) und (1961); Dantzig (1966), S. 507-513. Zur folgenden Skizze dieses Ansatzes vgl. Hax (1965a), S. 171-184; Jaensch (1966), S. 211-219.
4) Mit X^H (H=1,2,...,N) seien jeweils Vektoren mehrerer Aktionsvariablen bezeichnet; mit R_H (H=O,1,2,...,N) jeweils bestimmte Gruppen von Restriktionen. Leere Felder des Blockschemas sollen dann die Bereiche der Restriktionen kennzeichnen, in denen die Variablen der betreffenden Gruppe jeweils den Koeffizienten Null haben.

aller Teilaktivitäten unmittelbar vorhandenen Wechselbeziehungen zum Ausdruck.

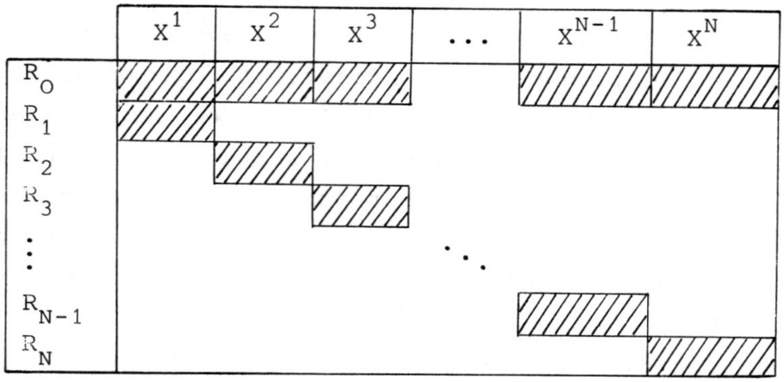

Abb. 7

Daneben gibt es für jede Variablengruppe X^H eine Anzahl von Restriktionen R_H, in denen keine anderen Variablen erfaßt werden, die also die speziellen Interdependenzen bestimmter Teilmengen von Aktivitäten abbilden.

Ein solcher Gesamtansatz wird dann in N Partialmodelle zerlegt, in denen jeweils nur die ausschließlich für die erfaßten Variablen X^H relevante Restriktionsgruppe R_H erfaßt wird, während die über die Grenzen der so gebildeten Teilbereiche übergreifenden Restriktionen R_O zunächst außer acht bleiben. Für die einzelnen Partialansätze werden dann zunächst auf der Basis der aus der ursprünglichen Gesamtzielfunktion unverändert übernommenen Präferenzkoeffizienten die jeweils optimalen Teilpläne ermittelt. Genügen diese Einzellösungen in ihrer Gesamtheit auch den Restriktionen der Gruppe R_O, so ist das Gesamtoptimum unmittelbar erreicht. Die allgemeinen Interdependenzen kommen angesichts der sonstigen, speziellen Einengungen des Aktionsfeldes gar nicht zum Tragen, die entsprechenden Restriktionen sind also irrelevant; der Gesamtkomplex besteht de facto aus N völlig unabhängigen Teilbereichen.

Werden hingegen nicht alle Restriktionen aus R_O erfüllt, so bedarf es einer Modifikation der zunächst ermittelten Teilpläne. Dazu wird auf der Basis dieser bei der Bildung der Partialmodelle zunächst vernachlässigten Restriktionen ein Koordinationsprogramm aufgestellt, in dem unter Berücksichtigung der isoliert ermittelten Lösungswerte der einzelnen Variablen für die knappen Kapazitäten Lenkungspreise bestimmt werden. Auf der Basis der entsprechend modifizierten Zielfunktionen werden die Partialansätze erneut gelöst und von den so ermittelten Variablenwerten ausgehend in dem Koordinierungsprogramm wieder neue Lenkungspreise bestimmt etc. Dieser Abstimmungsprozeß wird so lange fortgesetzt, bis die auf der Basis der zuletzt bestimmten Lenkungspreise ermittelten Teilbereichslösungen einem - hier nicht weiter zu erörternden - Zulässigkeitskriterium[1)] genügen, wobei sichergestellt ist, daß dieser Zustand nach einer endlichen Zahl von Iterationen erreicht wird.[2)] Die Optimalwerte der in den einzelnen Teilbereichen erfaßten Aktionsvariablen ergeben sich dann jeweils aus dem - mit bestimmten, durch das Koordinierungsprogramm ermittelten Gewichtungsfaktoren - gewogenen Durchschnitt der Werte, die in den einzelnen Zyklen des Koordinationsprozesses für diese Variablen ermittelt worden waren. Die optimalen Teilpläne werden insoweit also nicht unmittelbar aus den einzelnen Partialansätzen, sondern aus dem Koordinierungsprogramm abgeleitet, allerdings auf der Basis verschiedener für alternative Sätze von Lenkungspreisen jeweils optimaler Eventualpläne für die Einzelbereiche.

Dieses Koordinierungsverfahren enthält also neben pretialen auch hierarchische und rekursive Elemente. Die Beeinflussung der einzelnen Teilbereiche durch den vorgelagerten Entscheidungsbereich bezieht sich jedoch - im Gegensatz zur oben erörterten hierarchischen oder sequen-

---

1) Vgl. z. B. Hax (1965a), S. 171-175.
2) Vgl. Dantzig, Wolfe (1961), S. 772.

tiellen Optimierung - nicht auf die jeweiligen partiellen Aktionsfelder, sondern auf die Ergebnis- und Zielvariablen der partiellen Zielfunktionen. Insoweit stellt das beschriebene Verfahren also in erster Linie ein Problem der Festlegung von Bewertungsregeln dar.

Bei dem von D. ADAM beschriebenen Verfahren werden demgegenüber von der Gesamtheit der Partialmodelle sämtliche Restriktionen des Totalansatzes erfaßt.[1] Dazu werden die auf mehrere Variablengruppen übergreifenden Restriktionen in mehrere Teilrestriktionen zerschnitten, deren Summe jedoch genau die ursprüngliche Restriktion ergeben muß.[2] Den einzelnen Teilbereichen werden also wie bei der hierarchischen Koordination jeweils gewisse Kapazitätsmengen zugeteilt. Die partiellen Aktionsfelder werden von vornherein so eingeengt, daß - im Gegensatz zum DANTZIG-WOLFE-Ansatz - stets gewährleistet ist, daß die isoliert abgeleiteten Teilpläne auf jeden Fall kompatibel sind. Um jedoch auch die Optimalität der Teilpläne zu erreichen, wird ebenfalls ein Koordinationsprogramm aufgestellt, das jetzt jedoch nicht nur zur Berechnung jeweils neuer Lenkungspreise, sondern zugleich auch einer fortgesetzten Variation der den einzelnen Teilbereichen zugeordneten Kapazitätskontingente dient.[3] Im Zuge des Koordinationsprozesses werden bei diesem Verfahren also sowohl die partiellen Zielfunktionen als auch die partiellen Aktionsfelder ständigen Änderungen unterzogen.

---

1) Vgl. Adam, D., Röhrs (1967); Adam, D. (1970), S. 201-226.

2) Im Gegensatz zu dem Dantzig-Wolfe-Ansatz und verschiedenen anderen Dekompositionsverfahren ist dieser Ansatz auf beliebige lineare Optimierungsprobleme anwendbar. Wegen eines anderen allgemein anwendbaren Dekompositionsverfahrens vgl. Heinemann (1970) und (1971).

3) Zum Beweis der Konvergenz dieses Verfahrens vgl. Adam, D. (1970), S. 221-226.

3. Ausschluß von Handlungsalternativen

a. Vorauswahl bei voller Kenntnis des Aktionsfeldes

Wenn der für die Abbildung in einem Formalmodell relevante Teilbereich des gesamten Aktionsfeldes festgelegt ist, ist als weiteres zu entscheiden, ob die Gesamtheit der innerhalb dieses eingeschränkten Rahmens noch verbleibenden Aktionsmöglichkeiten vollständig erfaßt werden soll, oder ob einige Handlungsalternativen von vornherein aus der Betrachtung ausgeschlossen werden können. Im folgenden sollen daher kurz einige Gesichtspunkte erörtert werden, die für eine derartige weitere Reduktion des modellmäßig zu erfassenden Aktionsfeldes von Bedeutung sein können, wobei zunächst davon ausgegangen werden soll, daß der Entscheidende die Gesamtheit der innerhalb des nur noch zu betrachtenden Teilbereichs zur Auswahl stehenden Teilaktivitäten genau kennt.

Zunächst ist zu beachten, daß jede Entscheidungsinstanz gewissen sozialen Spielregeln unterworfen ist, die zumindest den rechtlich zulässigen Handlungsspielraum weiter einengen.[1] Das können Regeln innerhalb einer betriebswirtschaftlichen Organisation sein, die als Ergebnis einer Zerlegung des Entscheidungs-Planungsprozesses die Kompetenzbereiche der einzelnen Mitglieder beschränken. Das können aber auch darüber hinausgehende Regeln sein, wie sie sich in jeder sozialen Gemeinschaft entwickeln[2] und ihren Niederschlag schließlich in einem Gefüge entsprechender Rechtsnormen finden. Nun mag der gewollte Verstoß gegen einzelne derartiger Regeln unter Umständen in der Abwägung der aus einer Übertretung er-

---

1) Vgl. hierzu im einzelnen Stützel (1966), S. 781-784.
2) So z. B. Menges (1965), S. 30.

langbaren Vorteile gegen die damit verbundenen Sanktionen ebenfalls zum Gegenstand eines entsprechenden Entscheidungskalküls werden. Einem gewissen Mindestmaß an Spielregeln dürfte sich jedoch wohl jedes Entscheidungssubjekt auf jeden Fall unterwerfen.
Für die Modellformulierung bedeutet dies, daß eine weitere Teilmenge denkbarer und auch faktisch durchführbarer Aktionsmöglichkeiten von vornherein als quasi-unmöglich auszuschließen ist. So wäre etwa ein Portefeuille-Modell zur Ermittlung der optimalen Anlagepolitik eines Lebensversicherungsunternehmens weitgehend auf solche Objekte zu beschränken, die nach den Vorschriften des Versicherungsaufsichtsgesetzes und den Richtlinien des Bundesaufsichtsamtes für das Versicherungs- und Bausparwesen als deckungsstockfähig anzusehen sind.[1] Entsprechend sind auch bei der Anlageplanung eines Investmentfonds oder bei Kreditentscheidungen von Kreditinstituten die gesetzlich fixierten Restriktionen zu beachten.[2] In allen Fällen scheidet also ein ganzer Katalog von Anlagemöglichkeiten von vornherein aus der Betrachtung aus. Ähnliches gilt in mehr oder weniger engem Rahmen für jedes andere Entscheidungsproblem auch. Dabei mag es dahingestellt bleiben, ob eine solche Festlegung des Handlungsspielraumes als Reduktion des vorgegebenen partiellen Aktionsfeldes oder erst als dessen Definition anzusehen ist.

Auf jeden Fall verbleiben im allgemeinen auch innerhalb dieses exogen bestimmten Spielraumes immer noch so viele Aktionsmöglichkeiten, daß es eines weiteren Auswahlverfahrens bedarf. Dazu kann weiterhin die Teilmenge jener Handlungsalternativen von vornherein ausgeschlossen werden, die auch ohne nähere Prüfung als nicht lohnend angesehen werden. Als Extremfall einer solchen Einschränkung des Aktionsfeldes wäre es denkbar, daß von vornherein nur noch eine einzige Aktionsmöglichkeit in Be-

---

1) Vgl. § 68 VAG; Arps (1967), insbes. S. 1743-1745.
2) Vgl. § 8 KAGG; §§ 11 ff. KWG und die dazu ergangenen Grundsätze.

tracht gezogen wird, die auf die Modellformulierung bezogene Auswahlregel also unmittelbar die Lösung des eigentlichen Entscheidungsproblems beinhaltet. Die Entscheidung würde in einem solchen Fall also gar nicht mehr aus der objektiv überprüfbaren Modellanalyse abgeleitet, sondern fiele bereits im Zuge des vorgelagerten weitgehend subjektiv determinierten Prozesses der gedanklichen Abklärung der überhaupt in ein Modell einzubeziehenden Gegenstände. Unabhängig, ob eine solche Vorauswahl bereits zur Entscheidung führt, eine Entscheidungsrechnung also überflüssig macht, oder ob doch noch mehrere Handlungsalternativen verbleiben, über die dann aufgrund eines Modelles entschieden werden soll - der Auswahlprozeß selbst entzieht sich in der Regel zum großen Teil einer objektiv überprüfbaren Darstellung, kann mithin auch nicht selbst zum Gegenstand einer exakten modellmäßigen Analyse gemacht werden. Da andererseits die Aufstellung eines praktikablen Modelles eine solche Reduktion des betrachteten Aktionsfeldes generell voraussetzt, soll hier nur versucht werden, kurz und ohne einen Exkurs in die Verhaltenspsychologie zu unternehmen, einige mögliche Prinzipien, nach denen eine solche Begrenzung des modellmäßig zu erfassenden Aktionsspielraumes vorgenommen werden kann, darzustellen und gewisse Anhaltspunkte dafür aufzuzeigen, inwieweit eine solche Einengung des Blickfeldes zu einer Beeinträchtigung des Planungsergebnisses führen kann.

Ein Motiv für die Vernachlässigung etlicher Handlungsalternativen mag in der Verarbeitung von Erfahrungen des Entscheidungssubjektes selbst begründet sein: Aktionsmöglichkeiten, die sich in früheren Entscheidungssituationen auch bei expliziter Betrachtung als suboptimal erwiesen haben oder diesen ähnlich sind, werden erst gar nicht weiter geprüft, sondern von vornherein ausgeschieden.[1)]

1) So z. B. auch Gäfgen (1974), S. 205 f.; Kirsch (1970), S. 66.

Eine solche routinemäßige Vorauswahl oder im Extremfall auch unmittelbare Entscheidung ist offenbar um so besser geeignet, auch auf der Basis einer reduzierten Aktionsmenge zu einer zielgerechten Entscheidung zu gelangen, je größer das Ausmaß ist, in dem sich sowohl die jetzt und die zuvor verworfenen Handlungsmöglichkeiten als auch die sonstigen Rahmenumstände beider Entscheidungssituationen gleichen.

Derartige auf die unmittelbare Reduktion des überhaupt zu betrachtenden Aktionsfeldes gerichtete Auswahlregeln können aber auch in der Adaptation an gewisse vorgefundene Verhaltensweisen begründet sein - seien es aktuell beobachtete Aktivitäten Dritter oder allgemein tradierte Verfahrensmuster. Das eigene Dispositionskalkül wird in diesen Fällen praktisch ganz oder teilweise anderen Personen überlassen.

Ein Beispiel hierfür bildet das häufig zu beobachtende Verhalten von Unternehmen, ganz bewußt auf die Überprüfung des ganzen Spektrums verschiedener absatzpolitischer Handlungsmöglichkeiten zu verzichten und sich in ihrer Preisstellung weitgehend nach den Entscheidungen anderer Unternehmen, sog. Preisführern, zu richten. Das zum Gegenstand eines expliziten Entscheidungskalküls gemachte Aktionsfeld wird so von vornherein auf solche Strategien eingeschränkt, die innerhalb eines relativ kurzen Zeitraumes eine Preisänderung nur innerhalb der vorgegebenen Größenordnung vorsehen. Es erfolgt also eine Anpassung an die aktuelle Politik anderer Personen, sei es aus der Annahme heraus, das Ergebnis deren Preiskalkül sei auch für die eigene Marktlage repräsentativ, sei es, weil ein abweichendes Verhalten wegen der damit verbundenen Gefahr von Preiskämpfen von vornherein für nicht lohnend angesehen wird.[1)]

---

1) Vgl. Stigler (1947), insbes. S. 444-447; Lampert (1960).

Ein Beispiel für die andere Form der Beschränkung des eigenen Aktionsfeldes im Wege der Substitution eines selbständigen Dispositionskalküls durch die Anpassung an alt hergebrachte Verhaltensweisen stellt etwa die vor allem im Einzelhandel häufig anzutreffende Politik dar, die Absatzpreise unter Verwendung "branchenüblicher" Handelsspannen und Zuschlagsätze nach dem Ergebnis schematisch übernommener Kalkulationsverfahren zu ermitteln.[1] Ähnlich verhält es sich auch im Bereich von Finanzierungsentscheidungen, wenn Handlungsmöglichkeiten, die ein zu starkes Abweichen von gewissen "goldenen" - oder mit sonstigen positiv getönten Attributen versehenen - Bilanz- und Finanzierungsregeln[2] zur Folge hätten, von vornherein außer Betracht bleiben. Ein solches Verhalten mag in dem schlichten Glauben der Unternehmensleitung an die Richtigkeit vermeintlich alt erprobter Faustregeln begründet sein oder auch in der Erwartung, ein abweichendes Verhalten würde von Geschäftspartnern, etwa Kreditgebern, als Indikator für eine schlechte Geschäftspolitik angesehen und bei diesen Maßnahmen auslösen, die dem eigenen Unternehmen zum Nachteil gereichen, so daß entsprechende Aktionen von vornherein als nicht lohnend außer Betracht bleiben. Umgekehrt ist natürlich das Verhalten von Kreditinstituten, auf der Einhaltung derartiger Regeln als einer möglichen Voraussetzung für die Darlehensvergabe zu bestehen, ebenfalls Ausfluß derartig traditioneller Verhaltensformen.[3]

Allen aufgezählten Fällen ist gemeinsam, daß das in einem Dispositionskalkül explizit zu erfassende Aktionsfeld durch die Anpassung an bestimmte Verhaltensformen von vornherein bewußt eingeschränkt wird. Dabei ist dieses

1) Vgl. Gutenberg (1964), S. 356-358.
2) Wegen einer Zusammenstellung der wichtigsten derartigen Regeln vgl. Härle (1960), S. 23-52 und Gutenberg (1969), S. 277-296 sowie die dort angegebene Literatur; s. a. Bogen (1964), S. 8.31-8.39.
3) So auch Stützel (1964a), S. 566; Hauschildt (1972), S. 172-177.

Prinzip um so eher als Richtschnur auf dem Weg zu einer bestmöglichen Disposition geeignet, je stärker die Umstände und Voraussetzungen, unter denen die verfolgte Verhaltensregel als optimal abgeleitet wurde, mit den Rahmendaten der jeweiligen Entscheidungssituation übereinstimmen.[1)] Der betriebswirtschaftlichen Forschung erwächst daraus die Aufgabe - ähnlich wie bei der Erhellung der Voraussetzungen theoretischer Modellergebnisse - herauszuarbeiten, welche impliziten Prämissen Faustformeln der verschiedensten Art zugrunde liegen, um so deutlich zu machen, unter welchen Rahmenumständen die Übernahme dementsprechender Handlungsrezepte sinnvoll sein kann und wann ihre Befolgung zu Fehlentscheidungen führt.[2)]

Daneben ist jedoch zu beachten, daß vor allem bei Personen, die nicht nur über ihre eigenen, sondern - sei es als Geschäftsführer, Schuldner, Treuhänder - zugleich auch über fremde Vermögenswerte disponieren, unabhängig von ihrer theoretischen Fundierung ein gewisser Bedarf an derartigen allgemeinen Handlungsmaximen besteht. Führen die Entscheidungen dieser Personen dazu, daß auch fremde Vermögenswerte vernichtet werden, so erleichtert ihnen der Nachweis, daß sie sich an solche allgemein üblichen Ver-

---

1) In all den Fällen, in denen die für die Ranglozierung der betrachteten Alternativen maßgeblichen Präferenzwerte nicht ausschließlich aus der Betrachtung der zugehörigen Ergebnisräume, sondern - wie z. B. bei dem sog. Savage-Niehans-Kriterium - aus Differenzwerten zu anderen Ergebnisräumen hergeleitet werden, kann mit dem Ausschluß selbst auf den ersten Blick als nicht lohnend ausscheidbarer Aktionsmöglichkeiten insofern eine weitere Beeinträchtigung des aus der Modellanalyse abgeleiteten Planungsergebnisses eintreten, als sich je nachdem, ob eine solche Handlungsmöglichkeit doch in die Darstellung mit einbezogen wird oder nicht, für die auf jeden Fall zu untersuchenden Alternativen eine andere Reihenfolge ergeben kann. Wegen der Unvereinbarkeit des Savage-Niehans-Kriteriums mit dem Axiom der "Hinzufügung neuer Zeilen" vgl. Milnor (1954).

2) Als Musterbeispiel derartiger Bemühungen sei auf die Untersuchungen verschiedener überkommener Verhaltensregeln zur Sicherung der Solvenz von Kreditinstituten verwiesen; vgl. vor allem Stützel (1959a); Hoffmann (1967) und die dort zitierte Literatur.

fahrensregeln gehalten haben, sich von dem Vorwurf, das Vermögen Dritter leichtfertig aufs Spiel gesetzt zu haben, zu exkulpieren. Der eingetretene Verlust wird dadurch in den Bereich des unausweichlich Schicksalhaften verlagert; die Verantwortung des Individuums für ihm anvertrautes fremdes Vermögen wird substituiert durch die des allgemeinen unabwendbaren Laufs der Dinge.

b. Vorauswahl bei eingeschränkter Kenntnis des Aktionsfeldes

Bislang ist stets unterstellt worden, daß dem Entscheidungssubjekt hinreichende Informationen über Durchführungs- und Ergebnismöglichkeiten der grundsätzlich zur Auswahl stehenden Handlungsalternativen vorliegen. Die skizzierten Ansätze einer vorgeschalteten Einschränkung des Aktionsfeldes dienten insoweit nur dazu, den mit der expliziten Formulierung und der anschließenden Lösung des Modells verbundenen Prozeß der Informationsverarbeitung zu reduzieren. Die Annahme, daß der Entscheidende grundsätzlich alle realisierbaren Alternativen kennt, bildet einen der zentralen Kritikpunkte, die von verschiedener Seite gegen derartige "geschlossene" Entscheidungsmodelle vorgebracht worden sind. Diese Kritik richtet sich allerdings durchgängig gegen die *deskriptive* Brauchbarkeit solcher Modellansätze. In dieser Arbeit stehen demgegenüber die Möglichkeiten *präskriptiver* Modellformulierungen im Vordergrund, so daß auf eine Darstellung der Einwände gegen die Prämissen unseres Grundmodells und verschiedener Alternativkonzepte verzichtet werden kann.[1] Vielmehr soll kurz skizziert werden, welche weiteren Gesichtspunkte dafür maßgeblich werden können, die modellmäßige

---

1) Aus der großen Fülle von Literaturbeiträgen sei beispielhaft nur auf Simon (1957), S. 196 f. und (1957a), S. 81 f.; Lindblom (1959) sowie im deutschen Sprachraum auf Kirsch (1970), insbes. S. 61-96 verwiesen.

Analyse von vornherein nur auf eine Teilmenge der grundsätzlich zur Auswahl stehenden Aktionsmöglichkeiten zu beschränken, wenn von der Prämisse eines fest vorgegebenen Wissensstandes abgegangen und die Möglichkeit zur Beschaffung zusätzlicher Informationen über Realisations- und Ergebnismöglichkeiten weiterer Handlungsalternativen mit in die Betrachtung einbezogen wird.[1)]

Ein weiterer für die Reduktion der modellmäßig zu erfassenden Handlungsalternativen relevanter Gesichtspunkt besteht dann darin, daß der Entscheidende zwar vermutet, daß außerhalb des üblichen Aktionsrahmens noch gewisse Aktionsmöglichkeiten bestehen, es ihm jedoch zu kostspielig erscheint, nähere Informationen über deren Durchführungsmöglichkeiten einzuholen. In ähnlicher Weise könnten auch solche Alternativen prima facie ausgeschlossen werden, die der Entscheidende bezüglich der Realisierbarkeit der mit ihnen verbundenen Teilaktivitäten zwar hinlänglich überschaut, deren Ergebnisse ihm aber als so unsicher und schwer prognostizierbar erscheinen, daß er es als nicht lohnend erachtet, sich um weitere Informationen über die möglichen Konsequenzen zu bemühen. In beiden Fällen wird also aus dem für die anschließende Modellbetrachtung verbleibenden Entscheidungsfeld ein mehr oder weniger großer Teilbereich von vornherein eliminiert, ohne daß Realisations- und Ergebnismöglichkeiten der ausgeschlossenen Handlungsalternativen überhaupt bekannt sind.

Neben dieser Methode, etliche gar nicht genau zu übersehende Alternativen aus Informationsgründen endgültig aus der weiteren Betrachtung auszuschließen, besteht als weiteres die Möglichkeit, den Dispositionskalkül zunächst nur auf einige Handlungsmöglichkeiten zu beschränken, die

---

1) Auf die verschiedenen Ansätze, das Problem der Informationsbeschaffung selbst zum Gegenstand eines Entscheidungskalküls zu machen, soll hier nicht näher eingegangen werden. (Vgl. auch Fußnote 1) auf Seite 60.

sich von vornherein oder mit nur geringen Informationskosten hinlänglich klar erkennen lassen, je nach der aus einem solchen Modell abgeleiteten Lösung den Informationsprozeß jedoch eventuell wieder aufzunehmen, das explizit zu erfassende Aktionsfeld also auszudehnen und nach einer neuen Lösung zu suchen. In einem solchen Fall bedarf es offenbar einer Regel, nach der entschieden wird, ob eine einmal erreichte Modellösung zur Basis einer entsprechenden Handlungsempfehlung werden soll oder ob eine Erweiterung des zunächst betrachteten Aktionsfeldes vorzunehmen ist.

Einen Ansatzpunkt hierzu liefert die zunächst im Bereich der Psychologie entwickelte Theorie des *Anspruchsniveaus*.[1] Danach wären Informations-, Modellformulierungs- und Lösungsprozeß wie folgt zu verschachteln[2]: Innerhalb des zunächst betrachteten engen Entscheidungsfeldes wird die optimale Handlungsalternative bestimmt und festgestellt, ob diese dem Anspruchsniveau des Entscheidenden genügt, d. h. ob die dieser Alternative zugeordneten Werte (originärer oder subsidiärer) Zielvariablen jeweils die verlangten Midestwerte erreichen. Ist diese Bedingung erfüllt, wird die ermittelte Alternative zur Durchführung empfohlen; andernfalls wird nach weiteren bislang noch nicht erfaßten Handlungsmöglichkeiten Ausschau gehalten und das in einem erneuten Modellansatz zu untersuchende Aktionsfeld in entsprechender Weise ausgedehnt. Dieser Prozeß wird so lange fortgesetzt, bis eine im Hinblick auf alle für die betrachtete Entscheidungssituation rele-

---

1) Vgl. Hoppe (1930); Dembo (1931), insbes. S. 40-45, 51-56; Lewin, Dembo, Festinger, Sears (1944); Simon (1957), S. 241-260, (1957a), S. 240-250, (1959), S. 262-265; Katona (1960), S. 231-256; Cyert, March (1963), S. 85; Sauermann, Selten (1962); Gäfgen (1974), S. 240-243; Kirsch (1970), S. 88-92.

2) Eine solche Anwendung einer Extremierungszielfunktion auf den engen Bereich ohne weitere Informationsbeschaffung bekannter Alternativen wird in der Literatur gelegentlich als gesondertes Optimierungskriterium ("komparative Veränderung") neben Satisfizierung und strenge Extremierung gestellt. (Vgl. z. B. Chmielewicz (1970), S. 242 f.)

vanten Zielaspekte befriedigende Aktionsmöglichkeit gefunden worden ist.[1] Dabei ist es möglich, das verlangte Anspruchsniveau in Abhängigkeit von der Prozeßdauer nach und nach zu senken, so daß der gesamte Such- und Lösungsvorgang eventuell nach einer bestimmten Länge abgebrochen und auf eine zuvor als bedingt optimal ermittelte, jedoch zunächst als nicht befriedigend angesehene Alternative zurückgegriffen wird. Im Extrem liefe dieses Konzept darauf hinaus, in den einzelnen Schritten jeweils ein auf eine einzige Alternative reduziertes Aktionsfeld zu betrachten und für diese eine Aktionsmöglichkeit festzustellen, ob das Anspruchsniveau erfüllt ist oder nicht. Das relevante Aktionsfeld würde auf diese Weise Schritt für Schritt so lange immer weiter ausgedehnt, bis die erste befriedigende Alternative gefunden ist.[2]

Bezüglich der Reihenfolge, in der verschiedene Handlungsmöglichkeiten, sei es je einzeln oder in kleineren Gruppen, in einen Kalkül einbezogen werden, erscheint es sinnvoll, sich an der erwarteten Höhe der mit ihrer näheren Erkundung anfallenden Informationskosten zu orientieren. Es wäre also naheliegend, solche Aktionsmöglichkeiten als erste zu prüfen, die dem Entscheidenden weitgehend ver-

---

1) Der Prozeß der Lösung eines auf der Basis aller nicht aus sonstigen Gründen von vornherein ausgeschiedener Alternativen formulierten Modells kann im Fall einer entsprechenden Satisfizierungszielfunktion in ähnlicher Weise verkürzt werden: Die zur Auswahl stehenden Aktionsmöglichkeiten werden - in beliebiger Reihenfolge - sukzessive daraufhin untersucht, ob sie den geforderten Ansprüchen genügen. Die erste Alternative, für die dies zutrifft, wird zur Durchführung empfohlen. Ein solches Vorgehen beinhaltet jedoch nicht eine Reduktion des zu erfassenden Aktionsfeldes, sondern den Versuch, den mit der Informationsverarbeitung verbundenen Aufwand zu verringern, ist also primär eine Frage der Lösungs- und nicht der Formulierungstechnik.

2) Einer solchen "Strategie der kleinen Schritte" und damit verbundenen Aspekten ist in etlichen Arbeiten zur Untersuchung des Entscheidungsverhaltens von Einzelpersonen und ganzen Organisationssystemen als Modell zur Erklärung tatsächlicher Abläufe erhöhte Bedeutung eingeräumt worden. Vgl. z. B. Lindblom (1959); Cyert, March (1963), S. 114-127; Kirsch (1970), S. 88-94; s. a. Frese (1971), S. 289-293.

traut erscheinen, deren Ablauf er am besten kennt und deren Ergebnisse er am ehesten zu überblicken glaubt. Das dürften in der Regel Handlungsalternativen der Art sein, wie sie der bisherigen Geschäftspolitik entsprechen und sich bei früheren Entscheidungen als lohnend erwiesen haben.[1] Erst wenn bei dieser ersten Durchsicht kein befriedigendes Ergebnis erzielt wird, wird das betrachtete Aktionsfeld auch auf Handlungsmöglichkeiten ausgedehnt, die dem Entscheidenden weniger vertraut sind und in größerem Ausmaß von der bisherigen Geschäftstätigkeit abweichen.

Ein solches Konzept liefe - genau wie die zuvor erörterten Ansätze zur Reduktion der Alternativmenge bei gegebenem Informationsstand - darauf hinaus, die Einengung des Aktionsfeldes letztlich aus einer, wenn auch in unterschiedlicher Weise ausgeprägten Orientierung am Gewohnten, an überkommenen Abläufen und Datenkonstellationen heraus vorzunehmen. Die Vereinfachung des Planungsprozesses würde so durch eine gewisse Starrheit erkauft, was stets die Gefahr in sich birgt, bei Veränderungen der Rahmenumstände systematisch suboptimale Entscheidungen zu treffen. Andererseits erscheinen permanente Änderungen sämtlicher Generalregeln, ein fortwährendes gründliches Durchdenken auch relativ unbedeutender Handlungsalternativen und ständige Revisionen einmal getroffener Grundsatzentscheidungen angesichts der damit verbundenen Umstellungskosten und des Planungsaufwandes ebenfalls nicht als sinnvolles Prinzip. Damit stellt sich erneut die Frage nach der optimalen Zwischenlösung, auf die eine exakte Antwort wiederum nur gefunden werden könnte, wenn auf der Basis alternativer Aktionsfelder verschiedene Modellansätze formuliert würden und die Qualität der jeweiligen Lösungen mit den jeweiligen Kosten der Informationsbeschaffung und -verarbeitung verglichen würde. Der Versuch, auf diese Weise den optimalen Zuschnitt des zu erkunden-

1) So z. B. Cyert, March (1963), S. 122.

den und in den Formalkalkül einzubeziehenden Aktionsfeldes zu bestimmen, setzte jedoch wiederum schon Kenntnisse dessen voraus, was erst durch die Modellanalyse ermittelt werden soll.

Als Ansatz für eine praktikable Lösung kann somit lediglich versucht werden, nach gewissen Plausibilitätsgesichtspunkten einige allgemeine Regeln dafür zu entwickeln, wie weit je nach den Rahmenumständen der konkreten Entscheidungssituation der Informationsprozeß und das in einen anschließenden Formalkalkül einzubeziehende Aktionsfeld ausgedehnt werden sollen. Eine solche heuristische Strategie steht jedoch vor der grundlegenden Schwierigkeit, geeignete Instrumente zu entwickeln, um solche Änderungen entscheidungsrelevanter Daten, die eine Ausdehnung des Betrachtungsfeldes über den gewohnten Aktionsrahmen hinaus notwendig werden lassen, auch rechtzeitig zu erkennen, zumal sich die Erkenntnis derartiger Konstellationsverschiebungen in der Regel nicht von allein

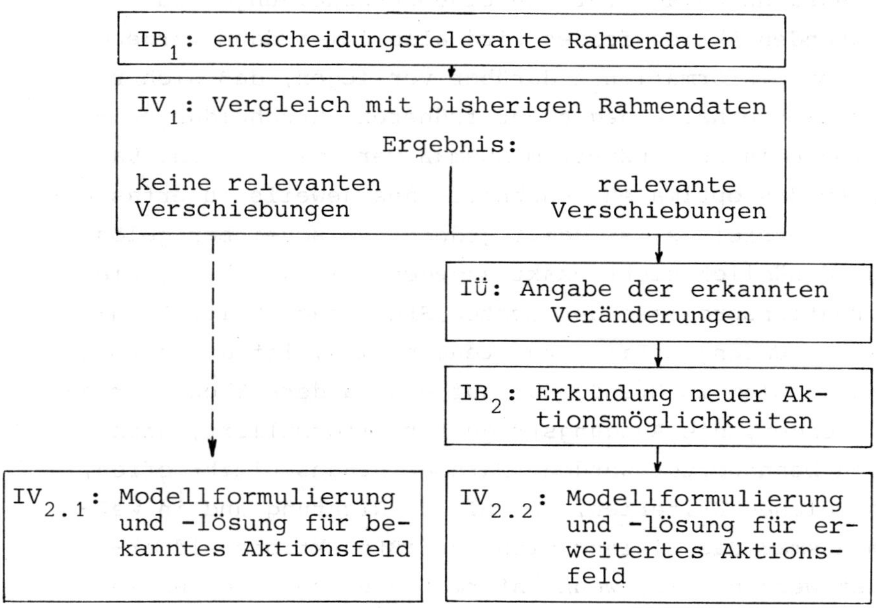

Abb. 8

einstellt, sondern ihrerseits Resultat eines Informationsbeschaffungs- und Informationsverarbeitungsprozesses ist.[1] Abb. 8 verdeutlicht schematisch ein solches Konzept, wobei Prozesse der Informationsbeschaffung mit IB, der -verarbeitung mit IV und der -übermittlung mit IÜ gekennzeichnet sind: Die entscheidungsrelevanten Rahmendaten werden untersucht (IB_1) und mit den bisherigen Vorstellungen verglichen (IV_1). Werden dabei schwerwiegende Veränderungen erkannt, so wird diese Information ($IÜ_1$) bei der Ableitung von Einzelentscheidungen berücksichtigt, indem vor der Kalkülaufstellung auch über den bislang gewohnten Aktionsrahmen hinausgehende Handlungsmöglichkeiten erkundet (IB_2) und in das betrachtete Entscheidungsfeld mit einbezogen werden ($IV_{2.2}$). Liegen hingegen keine Informationen über beachtenswerte Konstellationsänderungen vor, wird die Entscheidung im Rahmen eines durch die Orientierung an gewohnten Handlungsabläufen stark eingeschränkten Aktionsfeldes getroffen ($IV_{2.1}$).

Eine Ausdehnung des für einzelne Entscheidungen zu betrachtenden Aktionsfeldes wird also immer dann vorgenommen, wenn Informationen darüber vorliegen, daß sich relevante Sachverhalte gegenüber früheren Entscheidungssituationen in nennenswertem Ausmaß verändert haben. Das Problem des optimalen Zuschnitts des jeweils zu erfassenden Aktionsfeldes ist damit jedoch nur scheinbar gelöst. Solange nämlich nicht exakt angegeben werden kann, wie Informationsprozesse der ersten Stufe nach Zeit, Richtung und Umfang optimal zu steuern sind, ist das ursprüngliche Problem im Grunde nur auf eine andere Ebene verlagert worden, die Ausgangsfrage nur umformuliert, nicht jedoch beantwortet worden. Darüber hinaus bleibt offen, nach welchen Kriterien, in welcher Richtung und in welchem Ausmaß das bislang nicht erfaßte Aktionsfeld erkundet werden soll, wenn Informationen über nennenswerte

---

1) Vgl. Ansoff (1969), S. 18 f.; (1969a). S. 110-120; Frese (1971), S. 300-304.

Verschiebungen gewisser Rahmenumstände vorliegen.[1)]

Zumindest im Zusammenhang mit der ersten Frage, wann Informationsprozesse der ersten Stufe überhaupt eingeleitet werden sollen, kommt den Einrichtungen des betrieblichen Rechnungswesens eine besondere Bedeutung zu, denen ja unter anderem die Aufgabe zugedacht ist, regelmäßig Unterlagen zur Kontrolle und Planung der betrieblichen Aktionsabläufe bereitzustellen. Im Rechnungswesen herkömmlicher Prägung richtet sich die Abgrenzung der in einen näheren Informationsprozeß einzubeziehenden Gegenstände zumeist danach,

- welche Vorgänge so regelmäßig anfallen, daß es lohnt, sie routinemäßig in ein umfassendes Kontroll- und Überwachungssystem einzubeziehen sowie
- welche Entscheidungssituationen so regelmäßig auftreten, daß es vorteilhaft ist, geeignete Planungsunterlagen routinemäßig bereitzustellen.

Relevantes Abgrenzungskriterium für die zu verarbeitenden Vorgänge ist also deren Regelmäßigkeit und Wiederholbarkeit. Damit werden aber vor allem Informationen bereitgestellt, die sich auf den gewohnten, engeren Aktionsrahmen beziehen, während über die bislang unerkundeten Gebiete des Entscheidungsfeldes wenig Angaben geliefert werden.

Darüber hinaus dienen verschiedene Einrichtungen des Rechnungswesens jedoch auch dazu, die tatsächlichen Ergebnisse abgewickelter Aktivitäten mit den entsprechenden Planvorgaben zu vergleichen. Werden bei diesem Vergleich größere Abweichungen festgestellt, so kann darin ein Indikator dafür gesehen werden, daß sich etliche entscheidungsrelevante Rahmenumstände geändert haben, was den Anstoß zu einer systematischen Erkundung der veränderten Situation,

---

1) Wegen einer näheren Erörterung möglicher Kriterien vgl. z. B. Ansoff (1969), S. 22 f.; Frese (1971), S. 304 f.

also zu einem Informationsprozeß der Stufe 1 geben kann. Insoweit stellt das Rechnungswesen also eine Art Alarminstrument dar, das anzeigt, wann bestimmte über den üblichen Rahmen hinausgehende Informationsaktivitäten eingeleitet werden sollen, und liefert insoweit indirekte Anhaltspunkte dafür, wie weit das in Einzelkalkülen zu erfassende Aktionsfeld jeweils über den engen Rahmen des Gewohnten hinaus ausgedehnt werden soll.

Problematisch bleibt dabei jedoch vor allem die Tatsache, daß auf eingetretene Datenveränderungen immer nur mit einer gewissen zeitlichen Verzögerung reagiert werden kann, so daß die Gefahr besteht, daß im Entscheidungszeitpunkt grundsätzlich bereits erkennbare weitere Konstellationsverschiebungen nicht beachtet werden und die Anpassung des jeweils entscheidungsrelevanten Aktionsfeldes dem tatsächlichen Entwicklungsstand nie gerecht wird. Gedankliche Ansätze zur Überwindung dieser Schwierigkeiten liegen mit dem Konzept zur Erweiterung des Rechnungswesens von einem System "standardisierter" zu einem Komplex "novativer" Informations- und Entscheidungsrechnungen vor.[1] Insgesamt handelt es sich hier jedoch um ein noch weitgehend offenes Gebiet betriebswirtschaftlicher Forschung, bei dessen näherer Behandlung auf jeden Fall auch organisatorische Aspekte der - hier nicht näher zu erörternden - interpersonellen Aufgliederung der Informations- und Entscheidungsprozesse zu berücksichtigen sind. Für die im Rahmen dieser Untersuchung relevanten Fragestellungen mag daher dieser kurze Problemaufriß genügen.

Die vorstehenden Ausführungen dürften jedoch zugleich deutlich gemacht haben, daß die Anwendbarkeit des eingangs erörterten entscheidungstheoretischen Grundmodells als Rahmenraster für die Formulierung eines konkreten Entscheidungskalküls keineswegs voraussetzt - wie es bei

1) Zur Unterscheidung zwischen standardisiertem und novativem Rechnungswesen vgl. Coenenberg (1969), Sp. 1416 f.; s. a. Frese (1971), S. 302-304; Ansoff (1969a), S. 110.

Kritikern dieses Konzeptes gelegentlich anklingt[1) -] daß der Entscheidende vollständig über alle zur Auswahl stehenden Handlungsalternativen informiert ist. Als präskriptives Konzept enthält das Grundmodell lediglich die Anweisung, eine bestimmte Menge von Alternativen soweit zu erforschen und zu formulieren, um den Bezugspunkt für eine modellmäßige Bewertung zu erhalten. Dabei ist es, wie zuvor aufgezeigt wurde, durchaus möglich, einen bestimmten Lösungsansatz in einem mehrstufigen Verfahren wiederholt auf der Grundlage jeweils modifizierter - aber stets unvollständiger - Alternativenmengen anzuwenden. Die angesprochene Kritik wird allerdings insoweit verständlich, als bei der Präsentation von theoretischen Entscheidungsmodellen verschiedenster Art die Tatsache, daß die modellmäßig erfaßten Alternativen allenfalls den Aktionsspielraum der zugrunde gelegten, vereinfacht gedachten, hypothetischen Entscheidungssituation vollständig repräsentieren, im Hinblick auf ihre praktische Anwendung jedoch stets nur als ausgewählte Alternativenmenge zu verstehen sind, den jeweiligen Verfassern wohl bewußt sein mag, in der Regel jedoch nicht explizit erwähnt wird.

---

1) So z. B. Simon (1957a), S. 47: "Es ist unmöglich, daß ein einzelner Mensch alle seine Alternativen ... kennt ..." oder Kirsch (1971), S. 27.

4. Kapitel:

Abgrenzung von Ergebnisräumen in sachlicher Hinsicht

1. Abgrenzung von Ergebnisräumen bei Sicherheit

a. Problemstellung

Ist das für ein konkretes Entscheidungsmodell relevante Aktionsfeld abgesteckt, stellt sich als nächstes die Frage, welche Maßgrößen zur Beschreibung der Konsequenzen der verschiedenen Handlungsmöglichkeiten herangezogen werden sollen.
Wie bei der Skizze des Grundmodells schon angedeutet, ist diese Frage letztlich nur von der Zielfunktion her zu beantworten: Es muß festgestellt werden, zu welchen für die Ergebnisbeschreibung grundsätzlich infrage kommenden Maßgrößen die Zielgrößen in einem funktionalen Bezug stehen.

Weiterhin wurde oben bereits gezeigt, daß der Wert der Ergebnisvariablen im Hinblick auf die Standardalternative definiert ist. Und zwar ist für die Ergebnisvariablen einer bestimmten Handlungsmöglichkeit grundsätzlich nur insoweit ein von Null verschiedener Wert anzusetzen, wie die Konsequenzen der betrachteten Handlungsmöglichkeit von denen der Standardalternative abweichen. Das aber bedeutet, daß die mit der Durchführung einer bestimmten Aktionsmöglichkeit verbundenen Vorgänge - ausgedrückt durch die Werte entsprechender Maßgrößen - bei der Ergebnisbeschreibung nur in dem Ausmaß zu berücksichtigen sind, wie sie sich von den bei der Realisierung der Standardalternative auftretenden Vorgängen unterscheiden.

Die Antwort auf die Frage nach den zur Ergebnisbeschreibung in ein Modell einzubeziehenden Maßgrößen hängt also sowohl von der Auswahl der Zielvariablen als auch von der Festlegung der Standardalternative ab. Dabei stellt die Auswahl der Zielvariablen ein materielles Problem dar, bei dem es sich darum handelt, die realen Gegebenheiten - hier eben die Zielvorstellungen des Entscheidenden - mehr oder weniger originalgetreu im Modell zum Ausdruck zu bringen. Auf die Auswahl der in einen Entscheidungskalkül einzubeziehenden Zielvariablen wird an anderer Stelle noch näher einzugehen sein. In den noch folgenden Ausführungen dieses Abschnittes, der ja der Auswahl der Ergebnisvariablen gewidmet ist, soll jedoch davon ausgegangen werden, daß die Zielvariablen und damit auch die für die Ergebnisdarstellung grundsätzlich in Betracht zu ziehenden Maßgrößen fest vorgegeben und bekannt sind.

Die Wahl der Standardalternative hingegen stellt in erster Linie ein formales Problem dar, da der Aussagegehalt eines Modells - zumindest im Hinblick auf den mit der Modellformulierung verfolgten Zweck - durch einen Wechsel der Standardalternative grundsätzlich nicht beeinflußt wird. Die Frage nach der Auswahl von Ergebnisvariablen soll daher zunächst nur insoweit erörtert werden, wie es von der Festlegung der Standardalternative abhängt.

Um die damit verbundenen Probleme näher untersuchen zu können, empfiehlt es sich, den Untersuchungsrahmen von vornherein auf eine spezielle Klasse von Entscheidungssituationen einzuschränken. Dazu werden im folgenden nur noch Produktionsentscheidungen betrachtet und als allein relevante Zielgröße der Periodengewinn angesehen. Die abgeleiteten Ergebnisse gelten in analoger Weise jedoch auch für Modelle, die sich auf anders geartete Entscheidungssituationen beziehen.

b. Relevante Kosten und redundante Informationen

Die mit der Festlegung der Standardalternative und der Auswahl der in die Modellformulierung einzubeziehenden Ergebnisgrößen verbundenen Probleme sind insbesondere in der betriebswirtschaftlichen Produktions- und Kostentheorie unter den Schlagworten der "relevanten Kosten" Gegenstand eingehender Untersuchungen geworden.[1)]
Dabei ist der Grundsatz aufgestellt worden, bei Produktionsentscheidungen möglichst nur solche Kostengrößen in den Kalkül einzubeziehen, die auch von den zur Auswahl stehenden Dispositionsmöglichkeiten beeinflußt werden[2)] - oder allgemeiner ausgedrückt: alle Ergebnismaßgrößen bei der Modellformulierung außer acht zu lassen, die sich auf Vorgänge beziehen, die zwar grundsätzlich die Zielvariable beeinflussen, jedoch bei allen zu betrachtenden Aktionsmöglichkeiten in genau der gleichen Weise auftreten. In formaler Hinsicht kann dieser Grundsatz dahingehend interpretiert werden, die Standardalternative so festzulegen, daß alle Ergebnisvariablen, die sich auf Maßgrößen beziehen, bezüglich derer die Handlungsalternativen keine Unterschiede aufweisen, durchweg mit dem Wert Null anzusetzen sind, also von vornherein außer Ansatz bleiben können.
Die angesprochenen Zusammenhänge seien an folgendem Beispiel kurz erläutert: Ein Unternehmen habe einen Auftrag zur Herstellung von 1.000 Stück eines bestimmten Produktes zum Preis von 50 DM je Stück, zahlbar drei Monate nach Lieferung, fest angenommen; zur Durchführung des Auftrages stehen drei Produktionsverfahren unterschiedlichen Mechanisierungsgrades zur Auswahl. Allein rele-

1) Vgl. z. B. Kilger (1967), S. 159-162 und die dort zitierte Literatur.
2) So z. B. Clark, J. M. (1923), S. 49-51; Shillinglaw (1961), S. 95; Horngren (1962), S. 406-426; Matz (1964), S. 253-256; Kilger (1967), S. 161.

vante Zielgröße sei der Gewinn des betrachteten Monats. Dieser vorgegebenen Zielvariablen entsprechend wären also zunächst alle vermögenswirksamen Vorgänge, die im Zusammenhang mit den betrachteten Handlungsmöglichkeiten stehen, durch entsprechende Maßgrößen zur Ergebnisbeschreibung heranzuziehen. Dementsprechend könnte etwa die in Tab. 10 enthaltene Liste gewinnbeeinflussender Ergebniskomponenten aufgestellt werden.

	Produktionsverfahren		
	V_1	V_2	V_3
Preis	50 DM	50 DM	50 DM
Einsatzmaterial	1 kg	1 kg	1 kg
Arbeitseinsatz	0,2 Std.	0,7 Std.	0,7 Std.
Maschinenstunden:			
Aggregat I	0,3 Std.	0,1 Std.	0,1 Std.
Aggregat II	0,1 Std.	0,3 Std.	0,5 Std.
Aggregat III	0,1 Std.	0,4 Std.	0,2 Std.

Tab. 10

Auf den ersten Blick könnte es naheliegend erscheinen, die in Tab. 10 noch in unbewerteter Form, also dem Mengengerüst nach angegebenen Aufwands- und Ertragsgrößen zugleich auch als Ergebnisvariable bei der Aufstellung eines Entscheidungsmodelles zu verwenden. Eine solche Darstellung implizierte als Standardalternative, keinerlei Produktionsaktivitäten durchzuführen, den Auftrag also entgegen der vertraglichen Zusage zu stornieren, ohne daß dadurch eine Vertragsstrafe fällig wird. Ob diese Alternative überhaupt besteht, mag dahingestellt bleiben; auf jeden Fall sei angenommen, daß das Unternehmen entschlossen sei, den Auftrag durchzuführen, so daß die drei in

Tab. 10 auf der Basis der somit offensichtlich fiktiven Standardalternative beschriebenen Produktionsalternativen V_1, V_2, V_3 das nach dieser Grundsatzentscheidung verbleibende Entscheidungsfeld vollständig darstellen.

Nun dürfte der dem oben umschriebenen Grundsatz der relevanten Kosten entsprechende Vorschlag, die Angaben über den Materialverbrauch und auch über den Stückpreis bei der Modellformulierung von vornherein aus der Betrachtung auszuschalten, unmittelbar plausibel sein; denn diese Ergebniskomponenten sind bei allen drei Aktionsmöglichkeiten genau identisch, können somit für die anstehende Entscheidung für eines der drei Verfahren auch nicht von Bedeutung sein. Formal bedeutete eine solche Verkürzung der Ergebnisvektoren auf die in den letzten vier Zeilen der Tab. 10 angegebenen Maßgrößen einen Wechsel der Standardalternative. Diese wäre so zu definieren, daß sich bei allen drei Verfahrensmöglichkeiten für die Preis- und Materialkomponente ein Wert von Null ergibt. Auf der Basis der zunächst als Standardalternative unterstellten Unterlassensmöglichkeit müßten der neu zu definierenden Standardalternative also zwei von Null verschiedene Ergebnisvariablen, nämlich als Preiskomponente 50 DM und als Materialkomponente 1 kg zugeordnet werden.

Unser Beispiel zeigt nun weiter, daß ein solcher Wechsel der Standardalternative den Prozeß der Modellformulierung unter Umständen erheblich vereinfachen kann. So würden etwa die Fragen, wie der erst drei Monate nach der Auslieferung zahlbare Verkaufspreis sowie der Einsatz des Materials im Hinblick auf die vorgegebene Zielgröße des Periodengewinns zu bewerten sind, von vornherein gegenstandslos. Dabei dürfte das Ausmaß, in dem sich nach diesem Prinzip eine Vereinfachung des Entscheidungsmodells erreichen läßt, in der Regel um so größer sein, je stärker das modellmäßig zu erfassende Aktionsfeld eingeschränkt ist. Stünden etwa nur die Verfahren V_2 und V_3 zur Auswahl, so könnten auch die Angaben über den Arbeitseinsatz und die Belastung des Aggregates I bei der Darstellung der Ergebnisvektoren als entscheidungsirrelevant außer Betracht bleiben. Stünde andererseits neben den drei Alternativen der Eigenerstellung als viertes auch die Möglichkeit offen, den Auftrag ganz durch Fremdfertigung zu erstellen, so müßten neben den mit der Fremdvergabe verbundenen Ausgaben auch die Angaben über den Materialeinsatz in die Betrachtung einbezogen werden; lediglich die Erlöskomponente könnte nach wie vor als entscheidungsirrelevant vernachlässigt werden.

An diesen Beispielen wird zugleich auch die grundsätzliche Relativität des Begriffs der relevanten Kosten (und Erträge) und damit ganz allgemein des Begriffs der relevanten Ergebnismaßgrößen deutlich: In welchem Ausmaß diese im Hinblick auf die überhaupt in Betracht zu ziehenden Maßgrößen bei der modellmäßigen Darstellung bestimmter Aktionsmöglichkeiten erfaßt werden müssen, um auf der Basis dieser Ergebnisvektoren zu einer zielentsprechenden Entscheidung zu gelangen, hängt nicht von Eigenschaften ab, die den betrachteten Alternativen immanent sind; welche Maßgrößen als entscheidungsrelevant anzusehen sind, hängt vielmehr von der jeweiligen Entscheidungssituation, insbesondere der Weite des betrachteten Aktionsfeldes ab.[1)]

---

1) So ist auch die in der Produktions- und Kostentheorie häufig im Sinne einer Unterscheidung zwischen entscheidungsrelevanten und -irrelevanten Komponenten vorgenommene Differenzierung zwischen "variablen" und "fixen" Kosten nur im Hinblick auf spezielle Entscheidungssituationen mit eingeschränkten Dispositionsmöglichkeiten zutreffend, nämlich bei Entscheidungen über die Variation von Produktionsmengen im Rahmen fest vorgegebener Kapazitäten. Ist der Aktionsspielraum - so wie im Textbeispiel - stärker eingeschränkt, so kann auch ein Teil der "variablen" (i.S.v. ausbringungsabhängigen) Kosten "fixen" (i.S.v. entscheidungsirrelevanten) Charakter haben. Umgekehrt können bei Entscheidungen in einem weiter ausgedehnten Aktionsfeld, das beispielsweise auch die Erweiterung oder Stillegung von Teilkapazitäten enthält, "fixe" (i.S.v. ausbringungsunabhängige) Kosten in gewissem Umfang "variabel" (i.S.v. entscheidungsrelevant) sein. Hinweise auf diesen Sachverhalt finden sich u. a. bei Shillinglaw (1961), S. 98; Horngren (1962), S. 410 f.; Matz (1964), S. 258; Kilger (1967), S. 164-166.

Somit kann es durchaus möglich und sinnvoll, ja notwendig sein, ein und dieselbe Handlungsmöglichkeit je nach der anstehenden Dispositionsaufgabe durch ganz unterschiedliche Ergebnisvektoren zu kennzeichnen.

Dem Grundsatz der relevanten Kosten würde allgemein das Postulat entsprechen, allein schon im Interesse einer Verminderung der Planungskosten redundante Informationen, wie sie Angaben über in dem beschriebenen Sinne nicht entscheidungsrelevante Handlungskonsequenzen darstellen, bei der Modellkonstruktion soweit wie möglich außer acht zu lassen. Andererseits können je nach den realen Gegebenheiten allerdings auch Gesichtspunkte dafür sprechen, auch irrelevante Ergebniskomponenten modellmäßig zu erfassen. Zum einen ist es denkbar, daß in den vorliegenden Informationen über die Konsequenzen verschiedener Handlungsmöglichkeiten etliche Faktoren bereits in einer Maßgröße zusammengezogen sind, so daß ein weiteres "Aussieben" irrelevanter Ergebniskomponenten mit zusätzlichen Informationskosten verbunden wäre. Im Falle unvollständiger Kenntnis des infrage kommenden Aktionsfeldes ist außerdem zu beachten, daß bei einer etwaigen Ausdehnung des Aktionsfeldes neue Handlungsmöglichkeiten in die Betrachtung einzubeziehen sind, deren Konsequenzen sich unter Umständen so sehr von denen der im ersten Lösungsversuch erfaßten Alternativen unterscheiden, daß ein Teil zunächst irrelevanter Ergebniskomponenten nun doch Relevanz erlangt. In beiden Fällen ist es möglich, daß insgesamt Planungskosten eingespart werden können, wenn etliche nicht - oder zumindest zunächst nicht - entscheidungsrelevante Ergebniskomponenten doch in den Modellansatz mit aufgenommen werden.

Damit stellt sich aber die Frage, ob das Ausmaß, in dem im Hinblick auf das konkret betrachtete Aktionsfeld irrelevante Angaben dennoch in das Modell mit einbezogen werden sollen, allein unter dem Gesichtspunkt der Planungskosten bestimmt werden kann oder ob die Einbeziehung dieser Komponenten nicht vielmehr die Gefahr mit sich bringt, bei der Lösung des so formulierten Modells eine suboptimale Handlungsmöglichkeit fälschlicherweise als die bestmögliche abzuleiten. Dieses Problem ist insbesondere im Hinblick auf die Frage diskutiert worden, inwieweit es zu Fehlentscheidungen kommt, wenn bei "kurzfristigen", d. h. im Rahmen unveränderter Kapazitäten realisierbaren Entscheidungen, in die Ergebnis- und Zielfunktionskoeffizienten der innerhalb gewisser Grenzen kontinuierlich variierbaren Aktionsparameter, die sich auf alternativ mögliche Ausbringungs- und Absatzmengen der betrachteten Produkte beziehen, auch "fixe", d. h. mit der Bereitstellung gewisser Potentialfaktoren verbundene Kosten einbezogen werden.[1)]

Zur grundsätzlichen Klärung der hier zunächst nur zu erörternden Abgrenzungsprobleme ist es jedoch ausreichend, ein einfacheres Beispiel zu betrachten, bei dem es nur um Annahme oder Ablehnung eines Auftrages vorgegebener Größe geht:

Ein betriebsbereites Unternehmen, das einen maximalen Monatsgewinn anstrebt, steht vor der Wahl, ob es einen Produktionsauftrag über 1.000 Stück eines Produktes I zum Preis von 10 DM je Stück durchführen soll oder statt dessen die vollautomatische Produktionsanlage ungenutzt liegen lassen soll. Für diesen Automaten muß aufgrund eines kurzfristig nicht kündbaren Vertrages eine Miete von 3.000 DM pro Monat gezahlt werden. Außerdem ist die Herstellung eines jeden Stücks des Produktes I mit einem konstanten Verbrauch an Material und Energie verbunden. Der Einfachheit halber sei nun angenommen, daß auch dieser Produktionsaufwand im gleichen Monat voll zahlungswirksam wird, und zwar so, daß pro Stück Auszahlungen für Material und Energie von insgesamt 8 DM anfallen.

---

1) Vgl. z. B. Riebel (1964) und (1964a); Henzel (1967) und (1967a); Hecker (1967); Männel (1967); Kilger (1967), S. 570-580; Adam, D. (1970), S. 92-99.

Bei Annahme des Auftrages würden die Ergebniskomponenten, als deren Summe sich die Zielgröße Monatsgewinn ergibt, also folgende Werte annehmen:

Erlös	+ 10.000 DM
Material und Energie	- 8.000 DM
Miete	- 3.000 DM

Auf der Basis dieses Ergebnisvektors könnte nun versucht werden, nach dem früher bereits beschriebenen Konzept des impliziten Vergleichs mit der Standardalternative[1)] vorzugehen und den Wert der Zielvariablen daraufhin zu prüfen, ob er positiv oder negativ ist, um nach diesem Vergleich eine endgültige Entscheidung für die Auftragsannahme a_1 oder gegen a_1 und damit für die Standardalternative $\bar{a}$ zu treffen.

Da sich aus der Addition der drei Ergebnisvariablen mit -1.000 DM ein negativer Wert für die Zielgröße ergibt, würde der Auftrag also abgelehnt. Offenbar wäre diese Entscheidung jedoch falsch; denn de facto würde im Fall der Ablehnung ja eine Aktion a_2 mit den Ergebniskomponenten (in obiger Reihenfolge) $\pm$ 0 DM; $\pm$ 0 DM; -3.000 DM, also einem Zielvariablenwert von -3.000 DM realisiert.

Wie ist dieses triviale Beispiel einer durch die "Vollkostenrechnung" bedingten Fehlsteuerung mit den hier eingeführten Begriffen zu erklären? Der Grund liegt in der Verwechslung zwischen fiktiver und realer Standardalternative. Aus der Herleitung der zur Beschreibung der Konsequenzen von a_1 herangezogenen Ergebnisvariablen ist ersichtlich, daß die Standardalternative definiert ist als

$\bar{a}$: Keinerlei Produktion und keine Mietzahlung.

Den Rahmenumständen unseres Beispiels nach handelt es sich dabei jedoch um eine *fiktive* Standardalternative,

---

1) Vgl. S. 75 f.

denn de facto ist die Miete ja auf jeden Fall zu zahlen. Die demgegenüber effektiv zur Auswahl stehende Unterlassensalternative ist also mit der gewählten Standardalternative gar nicht identisch und demnach in unserer ersten Modellformulierung gar nicht erfaßt. Um zu einem korrekten Ansatz zu kommen, gibt es demnach zwei Wege:

1. Alle nach sonstigen Vorauswahlen noch verbleibenden Alternativen a_i werden vollständig erfaßt und ihre Ergebnisse auf der Basis der fiktiven Standardalternative $\bar{a}$ definiert; zur Realisierung empfohlen wird die Aktion mit dem - unabhängig von Vorzeichen - höchsten Zielvariablenwert, also:

a_1	+ 10.000 DM	- 8.000 DM	- 3.000 DM	= - 1.000 DM
a_2	± 0 DM	± 0 DM	- 3.000 DM	= - 3.000 DM

   a_1 wird als optimale Handlungsalternative ermittelt.

2. Die effektiv durchführbare Unterlassensalternative a_2 wird zur neuen Standardalternative und als solche nicht mehr explizit in das Modell aufgenommen. Die beste der verbleibenden Alternativen - hier also nur a_1 - wird dann zur Durchführung empfohlen, wenn die auf der Basis der im Hinblick auf die veränderte Standardalternative modifizierten Ergebnismaßgrößen ermittelte Zielvariable einen positiven Wert hat.[1)]
   In diesem Fall ergeben sich für die Ergebniskomponenten von a_1 die Beträge + 10.000 DM; - 8.000 DM; ± 0 DM, also ein Zielvariablenwert von + 2.000 DM. a_1 wird al-

1) Zwei auf der Basis unterschiedlicher Standardalternativen ermittelte Zielvariablenwerte können natürlich nicht unmittelbar miteinander verglichen werden. Diese - allein für die Ableitung der optimalen Entscheidung relevanten - Größen geben ja nicht den absoluten Zielerreichungsgrad an, sondern kennzeichnen den Unterschied zwischen den Zielerreichungsgraden der betrachteten Handlungsalternative und der Standardalternative. Die Ziel-, in unserem Beispiel also die "Gewinn"-Skala, ist somit stets nur bis auf eine beliebige lineare Transformation festgelegt.

so auch auf diesem Wege als optimale Handlungsalternative ermittelt.

Bestünde nun - entgegen den bisherigen Annahmen - die Möglichkeit, den Mietvertrag des Automaten mit sofortiger Wirkung zu kündigen (und bei späterem Bedarf auch jederzeit wieder zu erneuern), so wäre $\bar{a}$ ebenfalls realisierbar. Der zuerst skizzierte Lösungsansatz führte dann mit der Ablehnung von a_1 zu der richtigen Entscheidung. Die ebenfalls noch zur Auswahl stehende Aktionsmöglichkeit a_2 könnte dann von vornherein als offensichtlich nicht lohnend ausgesondert werden.

Dieses Beispiel macht deutlich, daß die Verwendung redundanter Informationen - abgesehen von der gewollten Redundanz zur Vermeidung von Übertragungsfehlern - zwar lästig sein mag, jedoch noch nicht zwingend dazu führen muß, daß eine Abbildung falsch wird. Diese kann ja durchaus - wie der erste Verbesserungsweg bei unserem Beispiel zeigt - neben den überflüssigen Angaben immer noch genügend Informationen enthalten, um zur Ermittlung der optimalen Entscheidung zu gelangen. Wenn dann aus der Lösung des Modells dennoch eine unvorteilhafte Entscheidung abgeleitet wird, so liegt das insoweit nicht an der Einbeziehung der redundanten Information - in unserem Beispiel also der Fixkosten - sondern daran, daß diese Informationen im Prozeß der Modellformulierung und -lösung falsch verarbeitet worden sind.

War also in unserem Beispiel eine Darstellung der Entscheidungssituation nach Art der ersten korrekten Modellformulierungen intendiert, so resultiert die ursprüngliche Fehlentscheidung aus der stillschweigenden Identifikation der (realisierbaren) Unterlassensalternative a_2 mit der (nicht realisierbaren) Standardalternative $\bar{a}$. Oder anders ausgedrückt: es handelt sich um einen Verstoß gegen das Prinzip, daß von den realisierbaren Aktionen nur die Standardalternative und offensichtlich suboptimale Handlungsmöglichkeiten von vornherein aus der Betrachtung ausgeschlossen werden können, ohne daß dadurch möglicherweise Fehlentscheidungen hervorgerufen werden. War demgegenüber von vornherein der einfachere Modellansatz auf der Basis einer realen Standardalternative angestrebt, so liegt der Fehler in der Tat darin, daß bei der Darstellung der explizit in das Modell aufzunehmenden Aktionsmöglichkeiten entscheidungsirrelevante Sachverhalte erfaßt worden sind, formal gesehen also in der falschen Fixierung der der gewählten Standardalternative entsprechenden Nullpunkte für die einzelnen Ergebnisvariablen.

c. Opportunitätskomponenten

Im Hinblick auf die Abgrenzung von Ergebnisvektoren stellt sich bei der Modellformulierung als weiteres die Frage, inwieweit Auswirkungen der betrachteten Aktivitäten auf andere Teilbereiche durch zusätzliche Ergebnisvariablen berücksichtigt werden sollen und können.[1] Zur näheren Analyse dieses Problems ist noch einmal auf den oben bereits erörterten Zusammenhang zwischen Ergebnis- und Zielvariablen zurückzugreifen. Betrachten wir zunächst ein partielles Entscheidungsfeld, ohne etwaige Auswirkungen der erfaßten Aktionsmöglichkeiten auf andere Aktionsbereiche zu berücksichtigen. Im Falle sicherer Erwartungen lassen sich die Konsequenzen einer Handlungsmöglichkeit a_i dann durch einen Vektor der im Hinblick auf die vorgegebene Zielgröße überhaupt in Betracht zu ziehenden Ergebnismaßgrößen $e_i = (e_{i1}, e_{i2}, \dots, e_{i\bar{b}})$ darstellen. Mittels einer Präferenzfunktion Φ wird diesen Vektoren dann ein bestimmter Zielvariablenwert zugeordnet; für den entscheidungsrelevanten Präferenzwert $\psi(a_i)$ einer Aktionsmöglichkeit a_i gilt also:

(3) $$\psi(a_i) = \Phi(e_{i1}, e_{i2}, \dots, e_{i\bar{b}})$$

---

1) Vgl. hierzu die Ausführungen auf S. 106-123.

Dabei kennzeichnen Ziel- und Ergebnisvariable die Änderung der jeweiligen (Ziel- bzw. Ergebnis-) Maßgrößen, die aus dem gedanklichen Übergang von der Standardalternative $\bar{a}$ zu der betrachteten Aktionsmöglichkeit a_i resultieren, soweit sie sich innerhalb des betrachteten Teilbereichs niederschlagen.

Ergeben sich nun aus der Realisierung bestimmter Handlungsmöglichkeiten des betrachteten Aktionsfeldes A auch Fernwirkungen auf Durchführungs- und Ergebnismöglichkeiten von Alternativen des nicht erfaßten Komplementärbereiches $\hat{A}$, so kann versucht werden, diese "externen Effekte" bei der Ermittlung der den in A erfaßten Projekten zuzurechnenden Präferenzwerte durch die Einbeziehung zusätzlicher Komponenten in Ergebnis- und Zielfunktionen zu berücksichtigen. Diese zusätzlichen Komponenten sollen jene Änderunrungen der jeweiligen Maßgrößen kennzeichnen, die daraus resultieren, daß sich mit dem gedanklichen Übergang von $\bar{a}$ zu a_i auch das Aktionsprogramm des Komplementärbereiches und damit auch der Wert der zugehörigen Ergebnis- und Zielvariablen ändert.

Um im Fall interdependenter Teilbereiche aus der Betrachtung isolierter Partialmodelle zu einer optimalen Gesamtlösung zu gelangen, bedarf es offenbar der Erfassung sowohl der internen als auch der externen Effekte. Dennoch ist es - wie die folgenden Untersuchungen noch zeigen werden - zweckmäßig, die beiden aufgezeigten Komponenten begrifflich voneinander zu trennen. Die Gesamtheit der einer Aktionsmöglichkeit allein aufgrund der isolierten Betrachtung des partiellen Entscheidungsfeldes zuzuordnenden Ergebnis- und Zielvariablen sei im folgenden als *objektive* Ergebnis- bzw. Zielkomponente bezeichnet. Die zur Erfassung der externen Wirkungen zusätzlich in die Ergebnis- und Präferenzfunktionen aufzunehmenden Elemente seien demgegenüber als *Opportunitäts*komponente bezeichnet. Damit wird auch eine entscheidungstheoretisch exakte Definition des in der Literatur häufig erörterten Begriffs der Opportunitätskosten, als eine spezielle Ausprägungsform einer Opportunitätskomponente, ermöglicht[1]: Die Opportunitätskosten sollen jene Auswirkungen einer Handlungsalternative auf die Zielgröße zum Ausdruck bringen, die daraus resultieren, daß wegen der Realisierung der betrachteten Handlungsalternative Aktionsmöglichkeiten außerhalb des erfaßten Partialbereiches in ihren Durchführungs- und Ergebnismöglichkeiten beeinträchtigt werden. Insoweit sollen die Opportunitätskosten also den im Bereich der modellmäßig nicht erfaßten Aktionsmöglichkeiten entgehenden Gewinn berücksichtigen.[2]

Aus der vorgenommenen Abgrenzung ist nun sofort ersichtlich, daß weder Opportunitäts- noch objektive Komponenten absolute Größen darstellen. Ihre Werte sind nicht ein der betrachteten Aktionsmöglichkeit immanentes Wesensmerkmal, sondern stets nur in Relation zu anderen - eventuell fiktiven - Handlungsalternativen und im Hinblick auf eine ganz bestimmte Aufteilung des gesamten Aktionsfeldes definiert.[3] Wird das Aktionsfeld im Extremfall auf die Auswahl zwischen Durchführung oder Unterlassen eines bestimmten Projektes reduziert, so umfaßt die Opportunitätskomponente den überwiegenden Teil von Ergebnis- und Präferenzwerten. Wird umgekehrt das gesamte Aktions-

---

1) Vgl. zum Begriff der Opportunitätskosten u. a. Green (1894); Davenport (1923), insbes. S. 62-70; Shillinglaw (1961), S. 100; Horngren (1962), S. 415 f.; Münstermann (1966), S. 21-25; Kilger (1967), S. 162-164; Hax (1967), insbes. S. 752-755; Adam, D. (1970), S. 35 f.

2) Gelegentlich wird der Begriff der Opportunitätskosten allerdings in einem weiteren Sinn gebraucht als der wegen der Realisierung der Optimalalternative entgehende Ertrag der nächstbesten Alternative. So z. B. Engels (1962), S. 88. Dabei wird in aller Regel und zumeist stillschweigend von der Fiktion eines Totalmodells oder eines ohne jeglichen Informationsverlust isolierbaren Partialmodells ausgegangen, so daß das Problem der Fernwirkungen entfällt. Zudem ist dieses Opportunitätskostenkonzept in dem hier untersuchten Zusammenhang untauglich: die entsprechenden Wertziffern ergeben sich ja erst als Ergebnis der modellmäßigen Berechnung. In unserer Untersuchung geht es jedoch darum, die in den Modellansatz einzugebenden Ergebnisvariablen nach bestimmten Eigenschaften zu unterscheiden.

3) In ähnlichem Sinne auch Hax (1967), insbes. S. 754 f.

feld in einem umfassenden Totalmodell erfaßt, verschwindet die Opportunitätskomponente völlig; alle Konsequenzen der betrachteten Alternativen werden explizit und vollständig durch die objektiven Ergebnis- und Zielvariablen erfaßt. Ein und derselben Aktionsmöglichkeit können also in ein und derselben Entscheidungssituation unterschiedlich hohe Werte von Opportunitäts- und objektiven Ergebnis- und Zielkomponenten zuzurechnen sein, je nachdem, in welchem Ausmaß das betrachtete Aktionsfeld eingeengt ist.

Wie oben bereits erörtert wurde, ergibt sich die Notwendigkeit zur Einbeziehung der Opportunitätskomponente stets genau dann, wenn

- die insgesamt relevante Aktionsmenge in mehrere partielle Aktionsfelder zerlegt ist, so daß in einem einzelnen Entscheidungsmodell nur ein Teilbereich der insgesamt zur Auswahl stehenden Handlungsmöglichkeiten erfaßt wird *und*
- durch Aktionen innerhalb des betrachteten Teilbereiches die Handlungsmöglichkeiten oder -ergebnisse anderer Teilbereiche beeinflußt werden.

Weder die Tatsache, daß das gesamte Aktionsfeld überhaupt zerlegt wird, noch die Tatsache, daß überhaupt Interdependenzen zwischen einzelnen Aktionsmöglichkeiten bestehen, sind also hinreichender Anlaß, Opportunitätskosten und -erträge anzusetzen.[1)] Dazu nötigt erst die Tatsache, daß

1) Insofern ist die Aussage Kilgers "Ein typisches Beispiel für ein Entscheidungsproblem dieser Art ist die Frage, welche Aufträge ein Betrieb, in dem Kapazitätsengpässe vorhanden sind (also produktionstechnische Interdependenzen bestehen, d. Vf.), annehmen soll. Für derartige Entscheidungsprobleme reichen die objektiven Kosten der Kostenrechnung allein nicht mehr aus," (Kilger (1967), S. 163) etwas mißverständlich. Sofern nur die genannten Interdependenzen bestehen, ist es bei geeigneten weiteren Umständen möglich, das entsprechende Sortimentsproblem allein auf der Basis der objektiven Kosten zu lösen - etwa durch einen entsprechenden linearen Programmansatz. (Die Lösung eines solchen Modells, etwa nach der Simplexmethode kann allerdings als weitere Zerlegung des

Fortsetzung Fußnote 1) s. S. 156

bei der Zerlegung des Aktionsfeldes gewisse Interdependenzen nicht mehr voll zum Ausdruck kommen. Immer dann jedoch kann eine im Hinblick auf den gesamten Handlungsspielraum optimale Lösung der Partialmodelle nur abgeleitet werden, wenn bei der Beschreibung der Handlungsergebnisse auch die Opportunitätskomponenten mit einbezogen werden.

Nun bestehen grundsätzlich zwei Möglichkeiten, um Auswirkungen auf andere Partialbereiche bei der Ermittlung der den modellmäßig erfaßten Aktionsmöglichkeiten zuzurechnenden Präferenzwerte durch entsprechende Opportunitätskomponenten zu erfassen. Zum einen ist es möglich, daß die aus den ausschließlich auf der Basis objektiver Größen angegebenen Ergebnisvektoren e_i abzuleitenden Präferenzwerte vermittels einer zusätzlichen Ergebnisbewertungsfunktion Φ^O in entsprechender Weise verändert werden. Für die unter Einbeziehung der "externen Effekte" ermittelten Präferenzwerte $\psi'(a_i)$ würde also gelten:

(4) $$\psi'(a_i) = \Phi(e_{i1}, e_{i2}, \ldots, e_{i\bar{b}}) + \Phi^O(e_{i1}, e_{i2}, \ldots, e_{i\bar{b}})$$

Die Auswirkungen auf die nicht erfaßten Aktionsbereiche würden bei diesem Ansatz allein dadurch zu erfassen gesucht, daß die nach Art und Wert unverändert übernommenen Ergebnisvariablen anders bewertet werden. Dies entspricht

---

Fortsetzung Fußnote 1) von S. 155

Aktionsfeldes in den Bereich der jeweils durch Basisvariablen und in den Bereich der durch Nebenbasisvariablen ausgedrückten Aktivitätsmöglichkeiten interpretiert werden, wobei die Zielfunktionskoeffizienten der jeweiligen Nebenbasisvariablen neben objektiven auch Opportunitätskomponenten enthalten, und zwar im Hinblick auf die im Bereich der durch Basisvariablen erfaßten Aktivitäten entgehenden Gewinne. Vgl. hierzu Kilger (1973), S. 117-126.) Sollen hingegen die Entscheidungen über die einzelnen Produktmengen isoliert - also unter Vernachlässigung der Interdependenzen - gefällt werden, so reichen in der Tat die objektiven Kosten nicht aus, sondern sind durch die Opportunitätswerte zu ergänzen. Dies ist etwa bei der gesonderten Bestimmung von Preisuntergrenzen für Zusatzaufträge der Fall (vgl. dazu Kilger (1967), S. 679-683).

der üblichen, wie oben bereits angedeutet, auf SCHMALENBACHS Konzept der "optimalen Geltungszahl" zurückgehende Form der Einbeziehung von Opportunitätskosten. So wird etwa in einfachen Modellen zur Entscheidung über die Annahme eines Zusatzauftrages der dazu benötigte Maschineneinsatz (als objektive Ergebniskomponente) nicht nur mit den damit verbundenen Aufwendungen für Energieverbrauch etc. bewertet (als objektive Kostenkomponente), sondern zusätzlich noch mit einem Opportunitätskostensatz, der den durch den Fortfall anderer Verwendungsmöglichkeiten entgehenden Gewinn zum Ausdruck bringen soll.[1)] Das Grundproblem bei diesem Versuch, die externen Effekte durch eine rein wertmäßige Opportunitätskomponente zu erfassen, liegt bekanntlich in der Ermittlung der geeigneten Opportunitätssätze, also auf der Ebene der Bewertungsfragen, worauf hier nicht näher einzugehen ist.

Es könnte jedoch auch versucht werden, die Auswirkungen auf andere Bereiche dadurch zu erfassen, daß zu den objektiven Werten der im Hinblick auf die vorgegebene Zielvorstellung grundsätzlich in Betracht zu ziehenden Ergebnisvariablen e_{ib} $(b=1,2,...,\bar{b})$ als Ausdruck für die externen Effekte gewisse (negative oder positive) Korrekturwerte e^o_{ib} $(b=1,2,...,\bar{b})$ addiert werden. Der Präferenzwert einer Aktionsmöglichkeit a_i ergibt sich dann auf der Basis beider Komponenten als:

(5) $$\psi'(a_i) = \Phi(e_{i1} + e^o_{i1} \quad e_{i2} + e^o_{i2}, ..., e_{i\bar{b}} + e^o_{i\bar{b}})$$ [2)]

In diesem Fall bleibt die Ergebnisbewertungsfunktion ihrem Bildungsgesetz nach unverändert, ihre Argumente werden jedoch durch die Einbeziehung von ergebnismäßigen Opportunitätskomponenten modifiziert, was natürlich auch zu einer Veränderung des Präferenzwertes führt. Es dürfte unmittel-

1) Vgl. z. B. Kilger (1967), S. 643 f., 649 f.; Hax (1967), insbes. S. 752-755; Adam, D. (1970), S. 34-53.

2) Dabei wird vorausgesetzt, daß für alle Partialbereiche die gleiche Zielfunktion gilt.

bar einleuchten, daß dieser Ansatz zur Berücksichtigung *wertmäßiger* Interdependenzen auf keinen Fall geeignet ist, so daß im folgenden nur noch *technologische* Wechselwirkungen betrachtet werden sollen. Bezüglich der für die Darstellung der Ergebnisvektoren relevanten, d. h. von Null verschiedenen Maßgrößen, gelten dann grundsätzlich die im vorigen Abschnitt dargelegten Überlegungen, allerdings jeweils in bezug auf die Summe aus Opportunitäts- und objektiver Komponente. Es ist also durchaus möglich, daß sich für etliche der überhaupt in Betracht zu ziehenden Maßgrößen, die auf der Basis der objektiven Ergebnisvariablen als entscheidungsirrelevant von vornherein aus der weiteren Betrachtung ausgeschlossen werden konnten, unter Einbeziehung der Opportunitätskomponente bei den zur Auswahl stehenden Handlungsmöglichkeiten in unterschiedlicher Weise von Null verschiedene Werte ergeben.

Es stellt sich nun wieder die Frage, welche Möglichkeiten bestehen, diese ergebnismäßigen Opportunitätskomponenten bei der Modellformulierung zu ermitteln. Zur Erörterung dieses Problems sei das im letzten Abschnitt verwendete Beispiel erweitert.

Bei Ablehnung des 1.000-Stück-Auftrages (a_1) bleibe der Automat nicht ungenutzt, vielmehr werden dann mit Material- und Energieausgaben von 7 DM/Stück 2.000 Stück eines anderen Produktes IV hergestellt und eingelagert. Bei Realisierung von a_1 hingegen würde diese Aktivität ($\hat{a}$) entfallen.

Eine Möglichkeit, dieses Entscheidungsproblem zu lösen, bestünde in der Erweiterung des Aktionsfeldes um $\hat{a}$, s. d. sich - auf der Basis von a_2 als Standardalternative - folgende Ergebniskomponenten ergäben:

	(e_{i1}) Produkt I	(e_{i2}) Produkt IV	(e_{i3}) Material, Energie
a_1	+ 1.000 Stück	± 0	- 8.000 DM
$\hat{a}$	± 0	+ 2.000 Stück	- 14.000 DM

Damit würde das angesprochene Problem der Ermittlung der Opportunitätskomponente jedoch gerade umgangen. Das Partialmodell würde durch die Erweiterung des Aktionsfeldes zu einem Totalmodell, das alle möglichen Interdependenzen erfaßt. Externe Wirkungen auf nicht modellmäßig erfaßte Aktionsmöglichkeiten existieren nicht; alle Opportunitätskomponenten wären ex definitione gleich Null. Reduzieren wir daher das explizit betrachtete Aktionsfeld wieder auf a_1. Als Ergebniskomponenten wären dann zunächst jene Veränderungen von Produktions- und Faktoreneinsatzmengen zu betrachten, die sich gegenüber der Stillstandsalternative a_2 ergeben, sowie darüber hinaus die wegen der Durchführung von a_1 entfallenden Bestandsveränderungen, die sich aus der Realisierung von $\hat{a}$ ergeben hätten. Für den Ergebnisvektor e_1 würden sich dann folgende Komponenten ergeben:

	(b=1) Produkt I	(b=2) Produkt IV	(b=3) Material, Energie
e_{1b}	+1.000 Stück	± 0	- 8.000 DM
e^o_{1b}	± 0	-2.000 Stück	+14.000 DM

Ergibt sich aus Bewertung und Aggregation dieser Komponenten ein positiver Wert der Zielvariablen, so wird die Durchführung von a_1 empfohlen, was zugleich den Verzicht auf $\hat{a}$ impliziert. Ein negativer Wert hingegen bedeutete die Ablehnung von a_1, statt dessen jedoch nicht wie bisher Realisierung von a_2, sondern Durchführung von $\hat{a}$.

Diese Darstellung könnte es nahelegen, doch die für den Bereich A maßgebliche Standardalternative von vornherein anders zu definieren, nämlich als Realisierung von $\hat{a}$. Im Grunde wäre jedoch auch damit wiederum ein Totalmodell formuliert; lediglich a_2 wäre aus der Betrachtung ausgeschlossen, was jedoch aus der Vorüberlegung resultiert, daß $\hat{a}$ bei freier Kapazität auf jeden Fall realisiert wird, also auf jeden Fall besser als a_2 ist.

Dies wiederum könnte den Eindruck erwecken, die gesamte Trennung zwischen Opportunitäts- und objektiven Komponenten sei überflüssig; man müsse nur stets die beste der nicht mehr explizit im Modell erfaßten Handlungsmöglichkeiten als Standardalternative definieren.

Ein solches Vorgehen erscheint jedoch allein schon deshalb problematisch, weil es auf der Voraussetzung basiert, daß die beste der nicht erfaßten Handlungsmöglichkeiten bereits genau bekannt ist. Das aber setzte die in unserem Beispiel bislang als bekannt unterstellte Lösung des zu dem betrachteten Partialmodell A komplementären Partialansatzes $\hat{A}$ voraus. Wegen der Interdependenzen zwischen beiden Teilproblemen kann die optimale Lösung von $\hat{A}$ jedoch nur dann ermittelt werden, wenn die Opportunitätskosten der hier erfaßten Aktionsmöglichkeiten $\hat{a}$ bekannt sind. Das wiederum setzte die Lösung von A voraus, womit der Kreis geschlossen ist.

Nun könnte man versuchen, die optimale Lösung für den Aktionsbereich $\hat{A}$ zunächst ohne Einbeziehung der Opportunitätskomponenten zu ermitteln, also unter der Annahme, daß im Bereich A auf jeden Fall die Stillstandsalternative realisiert wird und somit keine externen Effekte auftreten können. Die unter dieser Prämisse abgeleitete Optimallösung $\hat{a}_{i*}$ des Bereiches $\hat{A}$ könnte dann als Standardalternative bei der Ermittlung der Ergebnisvariablen des Bereiches A zugrunde gelegt werden. Dabei taucht jedoch eine weitere Schwierigkeit auf. In unserem Beispiel bedeutete die Entscheidung für eine Aktion a_i aus dem betrachteten Bereich A stets die Realisierung der Stillstandsalternative in $\hat{A}$ und umgekehrt. Dies ist jedoch ein Spezialfall, der aus der sehr einfachen Struktur unseres Beispiels resultiert. Im allgemeinen wird es hingegen so sein, daß bei Durchführung einer bestimmten Aktion aus A im Bereich $\hat{A}$ eine andere, jedoch nicht gerade die Stillstandsalternative durchgeführt wird. Oder anders ausgedrückt: Der Übergang von der Stillstandsalternative im betrachteten Partialbereich A zu einer anderen Aktionsmöglichkeit a_i hat zur Folge, daß im Komplementärbereich $\hat{A}$ von der bislang optimalen Aktion $\hat{a}$ zu einer anderen unter den veränderten Restriktionen optimalen Aktion $\hat{a}_{j*(i)}$[1] übergegangen wird, wobei $\hat{a}_{j*(i)}$ keineswegs die Stillstandsalternative darstellen muß.

Die Ermittlung der Opportunitätskomponenten des Ergebnisvektors einer im Bereich A zur Auswahl stehenden Aktionsmöglichkeit a_i setzte also die Kenntnis darüber voraus,

- welches die optimale Alternative $\hat{a}_{j*}$ des Komplementärbereichs $\hat{A}$ ist, wenn in A die Stillstandsalternative realisiert wird und

- welches die optimale Alternative $\hat{a}_{j*(i)}$ in $\hat{A}$ ist, wenn in A die Handlungsmöglichkeit a_i realisiert wird.

Aus der Differenz der Ergebnisvariablen dieser beiden bedingt optimalen Alternativen in $\hat{A}$ würden sich dann die Opportunitätskomponenten des Ergebnisvektors von a_i ergeben, also:

(6) $$e_{ib}^{o} = \hat{e}_{j*(i)b} - \hat{e}_{j*b}$$

Um auf diese Weise die bei der Formulierung eines Partialmodells anzusetzenden Werte der Ergebnisvariablen zu ermitteln, müßte also - entsprechend dem oben bereits beschriebenen Prinzip der sequentiellen Optimierung[2] - für den gesamten Komplementärbereich des Entscheidungsfeldes ein Satz im Hinblick auf alternativ mögliche Entscheidungen des betrachteten Bereiches bedingt optimaler Eventualpläne erstellt werden. Das setzte aber neben der Bestimmung der objektiven Ergebniskomponenten $\hat{e}_{jb}$ $(b=1,2,...,\bar{b})$ der Handlungsmöglichkeiten des Komplementärbereiches zugleich auch deren Bewertung, also die Ermittlung der zuge-

1) Als $\hat{a}_{j*(i)}$ soll die im Bereich $\hat{A}$ unter der Bedingung, daß in A die Aktion a_i realisiert wird, optimale Handlungsmöglichkeit bezeichnet werden.

2) Vgl. S. 114-118.

hörigen Präferenzwerte $\psi(\hat{a}_i) = \Phi(\hat{e}_{j1},\hat{e}_{j2},\ldots,\hat{e}_{j\bar{b}})$ voraus. Sind diese Größen jedoch einmal bekannt, so kann der externe Effekt, der aus dem Übergang von der Stillstandsalternative $\bar{a}$ im Bereich A zu einer anderen Alternative a_i resultiert, auch unmittelbar wertmäßig durch die Differenz $\psi(\hat{a}_{j*(i)}) - \psi(\hat{a}_{j*})$ erfaßt werden. Die Einbeziehung der Opportunitätskomponente in die Ergebnisvektoren der a_i erübrigte sich also: denn der auch die Auswirkungen auf den Komplementärbereich erfassende Zielvariablenwert $\psi'(a_i)$ könnte direkt auf der Basis der objektiven Ergebniskomponenten und der angegebenen Präferenzwertdifferenz als

(7) $$\psi'(a_i) = \Phi(e_{i1},e_{i2},\ldots,e_{i\bar{b}}) + [\psi(\hat{a}_{j*(i)}) - \psi(\hat{a}_{j*})]$$

abgeleitet werden.

Als Methode zur Ermittlung der ergebnismäßigen Opportunitätskomponenten ist das beschriebene Verfahren in zweifacher Hinsicht nicht geeignet. Zum einen dürfte der zur Ermittlung der bedingten Optimalpläne des Komplementärbereichs benötigte Aufwand das vertretbare Maß übersteigen. Würde aber dennoch der entsprechende Satz von Eventualplänen erstellt, so bestünde gar kein Bedarf mehr, in die Ergebnisvektoren die Opportunitätskomponenten einzubeziehen, da sich die letztlich entscheidenden Auswirkungen der externen Effekte unmittelbar auch ohne den Zwischenschritt über die Bewertung der entsprechenden Ergebnisvariablen feststellen lassen.

Wie dieses Beispiel zeigt, scheitert der Versuch, Interdependenzen zwischen zum Zwecke der modellmäßigen Darstellung gedanklich voneinander getrennten Aktionsbereichen durch die Einbeziehung von wert- oder ergebnismäßigen Opportunitätskomponenten exakt zum Ausdruck zu bringen, somit in aller Regel daran, daß kein praktikabler Weg besteht, diese Opportunitätskomponenten vor der Modellformulierung zu ermitteln. Dennoch kommt dem Opportunitätskonzept erhebliche Bedeutung zu. Zum einen sind nämlich durchaus Spezialfälle denkbar, in denen die Opportunitätskomponenten bekannt oder leicht ermittelbar sind. Dies trifft zunächst auf viele theoretische Modellansätze zu, in deren Prämissenkranz das Interdependenzproblem durch die Annahme gelöst wird, daß bestimmte knappe Ressourcen, die durch die Aktivitäten mehrerer Teilbereiche in Anspruch genommen werden, zu fest vorgegebenen Marktpreisen beschafft werden können. Diese Transaktionen werden in die Aktionsfelder der einzelnen Partialmodelle jedoch nicht mit einbezogen, sondern bilden einen eigenen Teilbereich. Die Auswirkungen auf diesen speziellen Teilbereich werden jedoch durch Opportunitätskomponenten berücksichtigt, die aus den als vorgegeben angesehenen Marktpreisen der besonderen Markttransaktionen abgeleitet werden.

Weiterhin sind die Opportunitätskomponenten häufig bekannt, wenn Entscheidungen über marginale Änderungen eines bereits aufgestellten Aktionsprogrammes zu treffen sind.[1)] Ist etwa in einem Betrieb auf der Basis eines linearen Ansatzes ein vorläufig optimaler Produktionsplan aufgestellt worden und steht die Annahme eines Zusatzauftrages zur Disposition, so können die Opportunitätskostensätze der für eine Produkteinheit des Zusatzauftrages benötigten Kapazitätsmengen aus der Lösung des ursprünglichen Modells ohne weiteres ermittelt werden. Deckt der Stückpreis des Zusatzauftrages nicht die Summe der objektiven, d. h. aus dem unmittelbaren Vergleich mit der Unterlassensalternative abzuleitenden Kosten und der Opportunitätskosten, so ist eine Änderung des bisherigen Produktionsplanes nicht lohnend; die Entscheidung über die Ablehnung des Zusatzauftrages kann also im Rahmen eines seinem Aktionsrahmen

1) Zur Analyse derartiger Entscheidungssituationen vgl. Hax (1965), insbes. S. 209 f. und (1967), S. 755; Kilger (1967), S. 703-709; Opfermann, Reinermann (1965); s. a. Adam, D. (1970), S. 185-195.

nach stark eingeschränkten Partialmodells erfolgen.[1)]

Schließlich kann in etlichen Entscheidungssituationen, in denen die Opportunitätskomponenten zwar nicht bekannt sind, doch versucht werden, deren Größenordnung in etwa abzuschätzen.[2)] Hier liefern die aus theoretischen Modellen im Hinblick auf vereinfachte Entscheidungssituationen abgeleiteten Erkenntnisse über Art und Weise, in der Opportunitätskomponenten in Dispositionskalküle einbezogen werden können, den Bezugspunkt für die Feststellung, welche Größen es überhaupt abzuschätzen gilt. Dabei liegt das Schwergewicht der Erörterungen auf den Versuchen, Anhaltspunkte für die Ermittlung wertmäßiger Opportunitätskomponenten zu gewinnen, also etwa Knappheitspreise für beschränkt verfügbare Einsatzfaktoren oder geeignete Kapitalkostensätze abzuschätzen. Daneben gibt es jedoch auch Fälle, in denen zunächst die Ermittlung ergebnismäßiger Opportunitätskomponenten im Mittelpunkt steht.

Ein Beispiel stellt etwa der Ansatz von sog. Fehlmengenkosten in stochastischen Lagerhaltungsmodellen dar.[3)] Das in solchen Modellen erfaßte Aktionsfeld bezieht sich auf alternative Strategien der Lagerergänzung. Durch die objektiven Ergebniskomponenten werden etwa die Zahl der Bestellvorgänge, die durchschnittliche Lagerbeanspruchung,

---

1) Einer solchen Ableitung einer endgültigen Entscheidung auf der Basis bekannter Opportunitätskosten sind allerdings enge Grenzen gesetzt. Liegen etwa zwei Zusatzaufträge vor, die isoliert betrachtet nach dem angegebenen Kriterium jeweils abzulehnen wären, so ist es dennoch möglich, daß die gleichzeitige Annahme *beider* Aufträge doch lohnt (vgl. Kilger (1967), S. 703-709). Außerdem ist es selbst im Fall nur eines Zusatzauftrages zu berücksichtigen, daß auch dann, wenn nach dem genannten Kriterium nicht sofort die Ablehnung empfohlen wird, noch keine Aussagen darüber gemacht werden können, wie denn das Produktionsprogramm im Fall der Auftragsannahme umzugestalten wäre, so daß es bei einem Zusatzauftrag mit fest vorgegebener Menge eventuell trotzdem am besten sein kann, ihn abzulehnen.

2) Vgl. hierzu Münstermann (1966).

3) Vgl. z. B. Hadley, Whitin (1963), S. 18-22; s. a. Hax (1967), S. 751 f.

der mit der Lagerkontrolle verbundene Aufwand etc. dargestellt. Kann nun die Möglichkeit, daß es zu vorübergehenden Fehlbeständen kommt, nicht ausgeschlossen werden, so hat die gewählte Lager- und Bestellpolitik auch Auswirkungen auf den Produktions- und Verkaufsbereich. Fehlen etwa Rohstoffe oder Ersatzteile, besteht die Gefahr vorübergehender Produktionsausfälle oder es werden kostspielige Sonderbeschaffungen nötig; Kunden, die nicht sofort beliefert werden können, werden verärgert und wandern zur Konkurrenz ab oder können nur durch entsprechende Rabatte zum Kauf bewogen werden. All diese Wirkungen der zur Auswahl stehenden Lagerstrategien auf andere Aktionsbereiche sollen durch den Ansatz von Fehlmengenkosten zum Ausdruck gebracht werden.

Das kann einmal durch den direkten Ansatz einer wertmäßigen Opportunitätskomponente geschehen, indem etwa jede nicht sofort lieferbare Einheit mit einem bestimmten Fehlmengenkostensatz bewertet wird. Dessen Ermittlung dürfte im allgemeinen zwar ein schwieriges Problem darstellen, in Sonderfällen aber durchaus möglich sein, etwa wenn die vorübergehend fehlenden Mengen bei Bedarf sofort zusätzlich beschafft werden, allerdings außerhalb des geplanten Bestellrhythmus und zu entsprechend höheren Kosten. Als Fehlmengenkostensatz wäre dann genau die Differenz zwischen dem erhöhten Preis im Fall der Sonderbeschaffung und dem Normalpreis anzusetzen.[1] Häufig dürfte es jedoch zweckmäßiger sein, die Fehlmengenkosten nicht unmittelbar wertmäßig zu erfassen, sondern zunächst deren Mengengerüst abzuschätzen, die Opportunitätskomponente also schon auf der Ebene der Ergebnisvariablen einzubeziehen. Hierzu müßte also etwa Art und Umfang der Anschlußaufträge geschätzt werden, die im Falle der Nicht-

1) Ein solcher Ansatz würde übrigens gerade wieder auf ein Modell des bereits mehrfach angesprochenen Typs hinauslaufen, bei dem das Interdependenzproblem durch die Annahme in beliebigem Umfang durchführbarer marktmäßiger Ausgleichstransaktionen überwunden wird.

belieferung eines Kunden entgehen; oder es müßte ermittelt werden, in welchem Ausmaß sich ein im Fehlen von Ersatzteilen oder Rohstoffen begründeter Stillstand auf die Produktions- und Einsatzmengen der verschiedenen Erzeugnisse und Produktionsfaktoren auswirkt. Erst in einem weiteren Schritt wären diese Ergebnismaßgrößen dann zu bewerten, also in Einheiten der jeweiligen Zielgrößen, z. B. des Periodengewinnes, umzurechnen.

Allerdings dürfte es in den meisten Fällen, in denen es zweckmäßig ist, Opportunitätskomponenten auf bestimmte Ergebnismaßgrößen zurückzuführen und diese dann in einem weiteren Schritt hinsichtlich ihres Einflusses auf die Zielvariablen zu bewerten, möglich sein, die letztlich entscheidungsrelevante wertmäßige Opportunitätsgröße in einer gesonderten Rechnung vorab zu bestimmen. Unmittelbare Aufnahme in den eigentlichen Modellansatz finden dann doch nur noch die obejktiven Ergebniskomponenten. Dem hier erörterten Konzept, die Auswirkungen der in einem Partialmodell erfaßten Handlungsmöglichkeiten auf andere Aktionsbereiche schon bei der Formulierung der Ergebnisvektoren Rechnung zu tragen, kommt somit nur insoweit theoretische Bedeutung zu, als dadurch deutlich wird, daß sich genau wie bei dem Versuch der unmittelbaren wertmäßigen Erfassung von Opportunitätskomponenten auch auf diese modifizierte Art und Weise eine durchweg befriedigende Lösung des Interdependenzproblems nicht erreichen läßt. Somit kann als vorläufiges Fazit nur festgehalten werden, daß es einerseits gar nicht nötig ist, alle erkennbaren Konsequenzen einer Handlungsmöglichkeit bei der Modellformulierung explizit durch entsprechende Ergebnisvariablen zu erfassen, daß es aber andererseits, von zumeist theoretisch konstruierten Ausnahmefällen abgesehen, nicht möglich ist, alle grundsätzlich entscheidungsrelevanten Auswirkungen vollständig, sei es durch Komponenten von Ergebnisvektoren oder Zielvariablen, darzustellen.

2. Abgrenzung von Ergebnisräumen bei Unsicherheit

a. Ausschluß wenig wahrscheinlicher Ergebnismöglichkeiten

Bislang ist erörtert worden, welche Handlungsmöglichkeiten in einem Modell erfaßt werden und Maßgrößen welcher Art überhaupt zur Beschreibung der Handlungsergebnisse heranzuziehen sind. Ein weiteres Abgrenzungsproblem taucht immer dann auf, wenn eine Aktion je nach der unsicheren Entwicklung sonstiger Einflußfaktoren zu unterschiedlichen Ergebnissen führen kann. In diesem Fall sind die Konsequenzen einer Handlungsmöglichkeit durch eine Fülle alternativ möglicher Ergebnisvektoren darzustellen. Damit stellt sich als nächstes die Frage, ob denn wirklich alle denkbaren Ergebnisvektoren modellmäßig erfaßt werden sollen. Es dürfte ohne weiteres einleuchten, daß es eine derartig große Menge möglicher Umweltzustände gibt, daß es auf jeden Fall einer gewissen Auswahl bedarf. Bei der folgenden Untersuchung dieses Problems sei der Einfachheit halber unterstellt, daß die Ergebnisvektoren jeweils nur eine Ergebnisvariable enthalten, die mit der originären Zielvariablen übereinstimmt.

Als erstes können alle jene Ergebnisvektoren ausgeschlossen werden, deren Eintritt der Entscheidende für unmöglich oder - um es von vornherein schwächer zu fassen - für "völlig unwahrscheinlich" hält.[1] Dabei kann im Extrem der gesamte Ergebnisraum auf nur einen einzigen Ergebnisvektor reduziert werden. Zur Beschreibung der Handlungsergebnisse wird in einem solchen Fall überhaupt nur eine einzige Konstellation sonstiger Einflußgrößen herangezogen; es wird also ein ganz planmäßiger Ablauf aller

1) So auch Gäfgen (1974), S. 352-354.

Aktivitäten unterstellt, alle andersartigen möglichen Ausgänge bleiben von vornherein außer Betracht. Streng genommen resultiert ein jedes deterministische Entscheidungsmodell aus einer solchen extremen Reduktion der Ergebnisräume. Denn absolut sichere Wirkungszusammenhänge zwischen bestimmten Aktionen und ihren Konsequenzen gibt es praktisch überhaupt nicht. Selbst naturwissenschaftliche Gesetzmäßigkeiten können im Grunde nur als Aussagen mit sehr hoher, nicht jedoch mit 100-%iger Eintrittswahrscheinlichkeit angesehen werden. Im Sprachgebrauch werden im allgemeinen jedoch auch derartige hochwahrscheinliche Zusammenhänge als sicher bezeichnet, entsprechend äußerst unwahrscheinliche Ereignisse als unmöglich.

Neben dieses erste Abgrenzungskriterium, das allein schon durch die Begrenztheit der menschlichen Fähigkeiten begründet ist, sich an der Grenze zur absoluten Sicherheit oder zur absoluten Unmöglichkeit, in Angaben über Wahrscheinlichkeitsgrade zu artikulieren, tritt als zweites Auswahlverfahren die Möglichkeit, solche Handlungsergebnisse von vornherein aus der Betrachtung auszuschließen, die der Entscheidende für möglich hält und für deren Eintritt er auch zumindest subjektive Wahrscheinlichkeitswerte angeben kann, deren Eintrittswahrscheinlichkeit ihm jedoch vernachlässigbar gering erscheint.[1)]
Bezeichnet man die Menge aller nicht von vornherein für unmöglich erachteten Ergebnisvektoren e_{ij} mit E_i, so kann dem genannten Auswahlkriterium entsprechend als Definition des effektiv in die modellmäßige Darstellung einzubeziehenden Ergebnisraumes e_i eine Aktionsmöglichkeit a_i angegeben werden

(8) $$e_i := \{e_{ij} \in E_i \;/\; w_j > w_{min}\},$$

---

1) Zu einer Kritik an diesem Auswahlprinzip s. Arrow (1951), insbes. S. 414 f. Wie Gäfgen bei der Erörterung der Einwände Arrows zu Recht bemerkt, dürfte "diese Art der Vernachlässigung möglicher Ereignisse unentbehrlich sein, da ein Bereich des praktisch Möglichen innerhalb des Bereichs des logisch Möglichen auf jeden Fall abgesteckt werden muß; ..." Vgl. Gäfgen (1974), S. 354.

wobei w_j die dem Zustand j und damit für den Fall der Realisierung von a_i auch dem Ergebnisvektor e_{ij} zuzuordnende Eintrittswahrscheinlichkeit angibt und w_{min} die für die modellmäßige Erfassung verlangte Mindestwahrscheinlichkeit darstellt.

Als Modifikation dieses rein wahrscheinlichkeitsorientierten Auswahlprinzips kann zusätzlich auch der Wert der Ergebnisvariablen herangezogen werden, indem etwa absolut sehr hohe Werte auch bei geringen Eintrittswahrscheinlichkeiten berücksichtigt werden, vergleichsweise kleine Werte demgegenüber außer Betracht bleiben.[1] Ebensogut ist es möglich, sehr geringe Gewinnchancen unberücksichtigt zu lassen, während Ergebnismöglichkeiten, denen der Charakter des Katastrophalen zukommt (z. B. weil sie zum Konkurs des betrachteten Unternehmens führen), auch bei geringeren Eintrittswahrscheinlichkeiten noch modellmäßig erfaßt werden. Formal könnte eine solche Abgrenzung des Ergebnisraumes etwa durch die Festlegung

(9) $$e_i : = \{e_{ij} \in E_i \, / \, |e_{ij} \cdot w_j| > \bar{e}_{min}\}$$

zum Ausdruck gebracht werden; nur solche Ergebnisvektoren werden in die modellmäßige Darstellung aufgenommen, deren Ergebniserwartung (d. h. Produkt aus Ergebniswert und Eintrittswahrscheinlichkeit) dem absoluten Betrage nach oberhalb eines gewissen Mindestwertes $\bar{e}_{min}$ liegt.

Mit der Festlegung derartiger kritischer Werte werden natürlich wieder - genau wie bei der Vorauswahl der überhaupt zu betrachtenden Handlungsmöglichkeiten - in erster Linie subjektive Elemente für die Abgrenzung des Entscheidungskomplexes relevant, über die keine weiteren Aussagen mit dem Anspruch auf interpersonelle Gültigkeit abgeleitet werden können. Allenfalls ließen sich wiederum aus der

1) Arnold spricht in ähnlichem Zusammenhang recht plastisch von einem "Horizont der vernachlässigbaren Verlustwahrscheinlichkeiten." Vgl. Arnold (1964), S. 221.

Gegenüberstellung der mit einer Verfeinerung des Modells verbundenen Zunahme des Planungsaufwandes und der entsprechenden Verbesserung des Planungsergebnisses gewisse Anhaltspunkte für die optimale Ausweitung der zu erfassenden Ergebnisräume gewinnen. Angesichts der wegen der Unsicherheit über diese Größen unumgänglichen Notwendigkeit, die mit alternativen Abgrenzungen verbundenen Vor- und Nachteile abzuschätzen, wird das Problem auf diese Weise jedoch nicht gelöst, sondern nur auf eine andere Ebene subjektiven Ermessens verlagert.

Es darf allerdings nicht verkannt werden, daß Personen, die ausschließlich Vermögen Dritter verwalten oder zumindest Vermögensteile von Dritten geliehen haben, in ihrem subjektiven Ermessen eingeschränkt sind.[1)] In solchen Fällen gewinnt die Verantwortlichkeit des Entscheidenden für das fremde Vermögen, also das Interesse der entsprechenden Gläubiger, Gesellschafter, Treugeber, Erben, Mündel als zusätzliches Kriterium an Bedeutung. Verwalter fremden Vermögens sind - unabhängig von ihrer Bereitschaft, bei Dispositionen über eigenes Vermögen selbst hohe Verlustrisiken zu vernachlässigen - gehalten, ihre Entscheidungen so zu treffen, wie es zur Erfüllung der ihnen obliegenden Pflichten als geboten angesehen werden kann; und dazu gehört es eben auch, die nicht generell als vernachlässigbar anzusehenden Risiken sorgsam mit abzuwägen. Was als noch vernachlässigbar betrachtet werden kann und was nicht, ist eine Frage, die allenfalls im konkreten Einzelfall und auch hier in Grenzlagen nicht ohne gewisse Willkür beantwortet werden kann, die im Konfliktfall durch die zuständigen Justizorgane jedoch in irgendeiner Form beantwortet werden muß und wird. Für die mit Entscheidungen über fremdes Vermögen betrauten Personen ergibt sich auf jeden Fall die Notwendigkeit, bei ihren Dispositionen und damit auch bei der Aufstellung

1) So z. B. auch Arnold (1964), S. 221-223; Stützel (1966), S. 782-784.

entsprechender Kalküle bestimmte, in mehr oder minder konkretisierbarer und quantifizierbarer Weise gesetzlich geregelte oder vertraglich ausbedungene Normvorstellungen Dritter mit zu beachten. Auch dann besteht jedoch - wenn auch eventuell in eingeschränktem Maße - die Möglichkeit, wenn nicht gar die Nötigung, aus der Fülle möglicher Umweltzustände mehrere Ergebnisvektoren zu einem einzigen zusammenzuziehen - dazu später bei der Erörterung von Aggregationsregeln - oder von vornherein aus der Betrachtung auszuschließen.

Nun wird eingewendet, der schlichte Ausschluß hinreichend unwahrscheinlicher Ergebnismöglichkeiten sei unzulässig, da sich dann die Eintrittswahrscheinlichkeiten der verbleibenden Ergebnismöglichkeiten nicht mehr zu eins addierten.[1)] Dieses Argument verkennt jedoch zum einen, daß jede Beschreibung des Aktionsraumes den Ausschluß gewisser Marginalergebnisse voraussetzt, so daß insoweit die im Hinblick auf wirklich alle nur möglichen Ergebnisse definierten Eintrittswahrscheinlichkeiten der explizit erfaßten Ergebnisvektoren sich niemals exakt zu eins aufaddieren. Jede Zuordnung von Wahrscheinlichkeiten zu bestimmten Handlungsergebnissen vollzieht sich somit zwangsläufig in einem durch den stillschweigenden Ausschluß etlicher unwahrscheinlicher Ergebnismöglichkeiten geschaffenen Bedingungsrahmen. Verlangt man von den Zahlen, die den verbleibenden Ergebnisvektoren als Eintrittswahrscheinlichkeiten zugeordnet werden, daß sie sich zu eins addieren sollen, so impliziert das von vornherein die Annahme, daß nur Ergebnisse aus einem eingeschränkten Bereich des denkbaren Ergebnisraumes eintreten. Die ermittelten Zahlen sind streng genommen stets nur bedingte Wahrscheinlichkeiten für den Eintritt einer bestimmten Ergebniskonstellation unter der Voraussetzung, daß keine der von vornherein außer Betracht gebliebenen Ergebnismöglichkei-

---

1) So Teichmann (1972), S. 529.

ten eingetreten ist.

Auch der Versuch, für die möglichen Resultate eines Zufallsprozesses sog. objektive Wahrscheinlichkeiten auszugeben, beruht auf dem oftmals stillschweigenden Ausschluß etlicher entlegener Ergebnismöglichkeiten. Diese Werte sind - ähnlich wie bei der in den Naturwissenschaften gebräuchlichen abstrahierenden Vorstellung des "abgeschlossenen Systems" - ebenfalls stets im Hinblick auf eine abgeschlossene Teilmenge möglicher Resultate definiert und stellen im Grunde auch keine absoluten, sondern bedingte Wahrscheinlichkeitsaussagen dar. Insoweit setzt jede Zuordnung von Wahrscheinlichkeitswerten zu bestimmten Ergebnismöglichkeiten also zwingend eine gewisse Einschränkung des betrachteten Ergebnisraumes voraus.

Angesichts dieser Unausweichlichkeit ist der genannte Einwand gegen den Versuch, den Ergebnisraum weiter zu reduzieren, als *materielles* Argument nicht stichhaltig. Natürlich involviert der aus einem solchen Vorgehen resultierende Informationsverlust die Gefahr, zu einer - im hypothetischen Vergleich mit der Lösung des Problemes auf der Basis eines allumfassenden Modells - suboptimalen Lösung zu gelangen. Das ist jedoch ein mit jeder Form der Vereinfachung verbundenes (notwendiges) Übel.

Ebensowenig vermag dieser Einwand als *formales* Argument zu überzeugen; denn der offenbar verlangten Bedingung, daß sich die Eintrittswahrscheinlichkeiten der betrachteten Ergebnisvektoren zu eins addieren, kann durch eine Umrechnung auf die entsprechenden bedingten Wahrscheinlichkeitswerte ohne größere Schwierigkeiten Rechnung getragen werden.

Die letzte Behauptung und die zuvor angesprochenen Zusammenhänge seien an einem einfachen Beispiel noch einmal veranschaulicht: Eine Bergwerksgesellschaft steht vor der

Frage, ob sie die Ausbeutung einer Silbermine in Angriff nehmen oder Gelände und Schürfrechte zu einem festen Preis verkaufen soll. Als Grundlage für diese Entscheidung werden die Daten über den Verlauf zwanzig ähnlicher Abbauprojekte herangezogen. Aus diesen Angaben wird unter Berücksichtigung der vorliegenden geologischen Daten sowie von Bodenproben und sonstigen Informationen über Abbaubedingungen, Verkehrslage etc. versucht, auf den äquivalenten Verlauf des zur Disposition stehenden Vorhabens zu schließen, um so die möglichen Werte der Ergebnisvariablen - also Angaben über Fördermengen, Erschließungs- und Abbaukosten, notwendigen Material- und Arbeitseinsatz etc. - zu bestimmen. Die in diesem Verfahren abgeleiteten Ergebniswerte betrachte das Unternehmen als das gesamte mögliche Ergebnisspektrum. Dieses Vorgehen impliziert schon eine erste Reduktion des Ergebnisraumes, indem beispielsweise die Möglichkeiten, daß die Gesellschaft infolge eines grundlegenden Wandels der politischen Verhältnisse enteignet oder der Abbau verboten wird, von vornherein außer Betracht bleiben. Der Gesamtheit der innerhalb des so eingeschränkten Rahmens abgeleiteten Ergebnismöglichkeiten ordne das Unternehmen dennoch die Wahrscheinlichkeitssumme von eins zu.

Eine erste Analyse der zwanzig Vergleichsprojekte zeige nun, daß insgesamt drei typische Entwicklungsformen s_1, s_2, s_3 zu verzeichnen sind, wobei s_1 in acht und s_2 sowie s_3 in jeweils fünf Fällen zu beobachten waren. Aus diesen drei Entwicklungsarten werden nun unter Zusammenfassung kleiner Abweichungen bei den jeweiligen Einzelfällen - insoweit liegt also ein Aggregationsproblem vor - drei mögliche Ergebnisvektoren abgeleitet. Auf eine weitere Analyse der beiden restlichen Vergleichsprojekte, die keinem der drei typischen Ablaufmuster entsprechen, verzichte das Unternehmen demgegenüber. Die in diesen beiden Fällen zu verzeichnenden Sonderentwicklungen s_4 und s_5 bleiben also außer Betracht; die Entscheidung wird somit nur noch auf die Analyse der s_1, s_2, s_3 zuzuordnenden Ergebnismöglichkeiten gestützt.

Für den weiteren Verlauf des Auswahlprozesses sind nun zwei Möglichkeiten zu unterscheiden.

1. Ungeachtet der Tatsache, daß die Gesamtheit der zum Vergleich herangezogenen Projekte als repräsentativer Indikator für die Gesamtheit der möglichen Ergebnisse anzusehen ist, herrsche große Unsicherheit darüber, inwieweit die zwanzig Fälle auch je einzeln für das zu beurteilende Projekt eine repräsentative Vergleichsbasis bilden. Daher werde darauf verzichtet, den drei in Betracht gezogenen Verlaufsmöglichkeiten s_1, s_2, s_3 Wahrscheinlichkeitswerte zuzuordnen und die Entscheidung nach einer der bekannten Regeln[1)] für Entscheidungen in Ungewißheitssituationen getroffen. Die Tatsache, daß die Summe der Eintrittswahrscheinlichkeiten der in der Betrachtung verbliebenen Ergebnismöglichkeiten - wenn auch nicht weiter quantifiziert, so doch auf jeden Fall insgesamt - kleiner als eins ist, ist dabei ohne weitere Bedeutung.[2)]

2. Alle der in den zwanzig Vergleichsfällen beobachtbaren einzelnen Verläufe werden als gleich wahrscheinlich angesehen: die relativen Häufigkeiten bestimmter typischer Verlaufsmuster werden als Wahrscheinlichkeitsziffern für die möglichen Ergebnisse des zu beurteilenden Projektes verwendet. Im Fall der vollständigen Erfassung aller zwanzig Vergleichsfälle ergäbe sich demnach für die Wahrscheinlichkeiten:

---

1) Vgl. Niehans (1948), insbes. S. 446 f.; Wald (1950), S. 18; Savage (1951); Milnor (1954); Schneeweiß (1967), S. 21-24; Borch (1968), S. 77-87.

2) Die als Lösung des Modells abgeleitete Handlungsempfehlung kann allerdings eine andere sein, als sie sich bei umfassenderer Darstellung der möglichen Handlungsergebnisse ergeben hätte.

$$w(s_1) = 8/20 = 0,4$$

$$w(s_2) = w(s_3) = 5/20 = 0,25$$

$$w(s_4) = w(s_5) = 1/20 = 0,05$$

Die Summe der Wahrscheinlichkeiten beliefe sich auf eins.
Werden nun, wie vorgesehen, s_4 und s_5 außer acht gelassen, so kann auf zwei Arten weiter verfahren werden. Eine Möglichkeit besteht darin, mit den angegebenen Werten weiterzurechnen und die zur Ableitung einer eindeutigen Handlungsempfehlung heranzuziehenden Kennziffern auf der Basis dieser - sich nicht zu eins addierenden - Gewichtungsfaktoren zu bilden.

Verlangt man demgegenüber aus formalen Gründen, daß die Summe der Eintrittswahrscheinlichkeiten der im Modell verbliebenen Ergebnismöglichkeiten eins ergeben soll, so sind die ursprünglichen Werte $w(s_j)$ zu ersetzen durch die bedingten Wahrscheinlichkeiten $w'(s_j)$, die definiert sind als:

$$(10) \qquad w'(s_j) = \frac{w(s_j)}{\sum\limits_{j \in J_1} w(s_j)} \qquad \text{für alle } j \in J_1$$

Dabei soll J_1 die Indexmenge aller im Modell erfaßten Umweltkonstellationen darstellen.

Konkret in unserem Beispiel würden sich abgerundet folgende modifizierte Wahrscheinlichkeitswerte ergeben:

$$w'(s_1) = 0,40/0,9 = 0,44$$

$$w'(s_2) = 0,25/0,9 = 0,28$$

$$w'(s_3) = 0,25/0,9 = 0,28$$

b. Ausschluß aktionsindifferenter Ergebnismöglichkeiten

Als weitere Möglichkeit, die Ergebnisräume zu reduzieren, wäre daran zu denken, alle jene Umweltzustände, bei denen sich für alle zur Auswahl stehenden Handlungsalternativen das gleiche Ergebnis einstellt, aus der weiteren Betrachtung auszuschließen[1)], und zwar auch dann, wenn der Entscheidende ihnen eine Eintrittswahrscheinlichkeit von nicht mehr vernachlässigbarer Größe beimißt. Abgrenzungskriterium wäre hier also nicht die zumindest subjektiv geringe Glaubwürdigkeit, sondern die Gleichartigkeit der bei Eintritt dieses Zustandes zu erwartenden Ergebnisse. Dieses Auswahlprinzip könnte in weniger strenger Form natürlich auch dahingehend modifiziert werden, daß Datenkonstellationen nicht nur ausgeschlossen werden, wenn sie zu identischen Ergebnissen führen, sondern auch dann, wenn die Unterschiede zwischen den einzelnen Ergebnissen als hinlänglich gering erachtet werden.

Diese Vorschläge mögen auf den ersten Blick sehr plausibel erscheinen, werfen aber zwei Probleme auf, die an folgendem Beispiel erörtert werden sollen. Ein Unternehmen stehe vor der Frage, ob es eines der drei einander ausschließenden Investitionsprojekte a_1, a_2 und a_3 durchführen solle. Jedes dieser drei Projekte bedinge eine Anfangsauszahlung von 20 Geldeinheiten (GE), die aus eigenen Mitteln geleistet werden solle. Die Laufzeit aller Projekte sei genau ein Jahr. Je nachdem, welcher der drei möglichen Umweltzustände s_1, s_2, s_3 eintritt, ergeben sich aufgrund der mit den Investitionen verbundenen Zahlungsströme die in der folgenden Matrix angegebenen Vermögensänderungen, ermittelt als Differenz zwischen dem Zahlungsmittelbestand am Ende der Periode und dem Anfangsbestand von 20 GE.

---

1) So z. B. Stützel (1970), S. 9.

	s_1	s_2	s_3
a_1	+ 4	+ 4	-20
a_2	+13	- 3	-20
a_3	- 5	+16	-20

Tab. 11

s_3 könnte etwa die Möglichkeit der entschädigungslosen Enteignung symbolisieren, bei der der gesamte Investitionsbetrag verloren ginge, die Vermögensveränderung also -20 GE betrüge.

Das erste Problem taucht nun im Hinblick auf die Standardalternative $\bar{a}$ auf. Da $\bar{a}$ generell den Ergebniswert Null hat, impliziert die obige Darstellung als Standardalternative etwa die Möglichkeit, die vorhandenen 20 GE ein Jahr lang zinslos so zu halten, daß dieser Betrag von einer etwaigen Enteignung nicht erfaßt wird. Zur weiteren Erörterung ist nun zu unterscheiden, ob es sich bei $\bar{a}$ um eine reale oder eine fiktive Alternative handelt.

1. $\bar{a}$ ist eine realiter zur Auswahl stehende Handlungsmöglichkeit - sei es, daß das Geld so hinterlegt werden kann, daß es im Fall der Enteignung dem staatlichen Zugriff entzogen bleibt, sei es, daß sich die mögliche Enteignung nur auf bestimmte Formen des Sachvermögens bezieht. Das bedeutet zunächst, daß der relevante Aktionsbereich durch obige Matrix nur unvollständig dargestellt ist. Für die Mehrzahl der bekannten Entscheidungskriterien ist dies jedoch unschädlich, sofern die Zielvariablen der besten explizit erfaßten Handlungsmöglichkeiten in der bekannten Weise noch mit dem entsprechenden Wert der Standardalternative verglichen werden.[1)]

1) Bei Verwendung des Erwartungswertkriteriums z. B. würde das Investitionsprojekt mit dem höchsten erwarteten Vermögenszuwachs nur dann zur Durchführung empfohlen, sofern dieser positiv ist. Andernfalls würde als Handlungsempfehlung die Realisierung der Standardalternative abgeleitet, der ja definitionsgemäß ein Erwartungswert von Null entspricht.

Die Eliminierung von s_3 bedeutete dann jedoch, daß ein möglicher Zustand außer Betracht bliebe, bei dem gar nicht alle der überhaupt zur Disposition stehenden Handlungsmöglichkeiten zu dem gleichen Ergebnis führen. Es könnte sich dann allenfalls um eine Reduktion des Ergebnisraumes nach dem im vorherigen Abschnitt erörterten Verfahren handeln, Zustände mit hinreichend geringen Eintrittswahrscheinlichkeiten auszuschließen. Das hier zur Diskussion stehende Abgrenzungskriterium "Gleichartigkeit der Ergebnisse" könnte jedoch gar nicht zur Anwendung kommen.

Eine Darstellungsform ohne explizite Abbildung der realen Standardalternative birgt somit die Gefahr in sich, daß ein Umweltzustand, auch wenn seine Eintrittswahrscheinlichkeit keineswegs als vernachlässigbar gering eingeschätzt wird, wegen der nur scheinbaren Gleichartigkeit der Ergebnisse ausgeschlossen wird, obwohl auch diese Voraussetzung de facto nicht erfüllt ist. Betrachtet man nun, daß sämtliche Ergebnisvariablen der Standardalternative ex definitione den Wert Null haben, so folgt daraus, daß die Voraussetzung gleicher oder hinreichend ähnlicher Ergebnisse im Fall einer realen Standardalternative nur dann erfüllt ist, wenn für den auszuschließenden Zustand die Werte sämtlicher Ergebnisvariablen der explizit erfaßten Handlungsmöglichkeiten Null betragen bzw. in nur vernachlässigbar geringem Maße von Null abweichen. In unserem Beispiel wäre diese Bedingung etwa erfüllt, wenn entgegen der bisherigen Annahme, im Falle der Enteignung gerade eine Entschädigung in Höhe des eingesetzten Betrages von 20 GE gezahlt würde. Für diese modifizierte Umweltkonstellation s_3 würde sich dann durchweg eine mit dem Ergebniswert der Standardalternative übereinstimmende Vermögensveränderung von Null ergeben.

2. $\bar{a}$ ist eine fiktive Standardalternative. Es gibt also keine Möglichkeit, das Geld enteignungssicher anzulegen; bei Eintritt von s_3 würde das gesamte Vermögen auf jeden Fall konfisziert. Das bedeutet zunächst wieder, daß die obige Matrix den relevanten Aktionsbereich nur unvollständig abbildet; denn die realiter bestehende Anlagemöglichkeit a_4 (zinsloses Horten) mit dem Ergebnisraum $\pm$ 0; $\pm$ 0; -20 wird nicht erfaßt. Dies ist jedoch ebenfalls unschädlich, da a_4 offensichtlich auf keinen Fall zu besseren Ergebnissen führen kann als das erste der drei explizit erfaßten Investitionsprojekte. a_4 könnte also nach den oben erörterten Prinzipien als offensichtlich nicht lohnende Handlungsmöglichkeit von vornherein außer acht gelassen werden. Das aber bedeutet, daß in obiger Ergebnismatrix alle relevanten Aktionsmöglichkeiten explizit erfaßt sind, so daß der Zustand s_3 dem Erfordernis gleicher Ergebnisse gerecht wird.

Umweltkonstellationen, die bei allen Alternativen zu gleichen (oder zumindest in nur vernachlässigbar geringem Ausmaß voneinander abweichenden), jedoch deutlich von Null verschiedenen Ergebnissen führen, können also allenfalls dann von vornherein aus der Betrachtung eliminiert werden, wenn das Modell auf der Basis einer fiktiven Standardalternative formuliert ist.

Als weiteres ist nun zu fragen - und damit ist das zweite Problem im Zusammenhang mit dem in Rede stehenden Auswahlkriterium angesprochen - inwieweit eine solche Reduktion der Ergebnisräume dazu führt, daß sich als Lösung des Entscheidungsmodells eine andere Handlungsempfehlung ergibt, als sie sich im Fall einer umfassenderen Darstellung des Ergebnisraumes ergeben hätte. Auf den ersten Blick könnte es den Anschein haben, als handle es sich hier um ein ähnliches Problem wie bei der Einbeziehung fixer Kosten: alle Aktionsmöglichkeiten sind im Hinblick auf diese Ergebniskomponente als völlig gleichartig anzusehen. Das wiederum könnte den weiteren Schluß nahelegen, ob diese Komponente explizit erfaßt oder eliminiert werde, könne keinesfalls Einfluß auf die Modellösung haben. Diese Folgerung ist jedoch voreilig; denn je nachdem, welches Entscheidungskriterium verwendet wird, besteht die Möglichkeit, daß das Ergebnis des Kalküls durch eine derartige Reduktion des Ergebnisraumes beeinflußt wird.

Zum Beleg dieser Behauptung seien einige der bekanntesten Entscheidungskriterien für Ungewißheits- und Risikosituationen daraufhin untersucht, inwieweit sich die Rangfolge zweier Alternativen a_1 und a_2 ändert, wenn von den zunächst betrachteten n Spalten der Ergebnismatrix eine Spalte j' mit dem für alle Alternativen gleichen Ergebniswert $e_{ij'} = \eta$ $(i=1,2,...,m)$ gestrichen wird. Dabei sei angenommen, daß auf der Basis der n Zustände umfassenden Ergebnisräume eindeutig die Relation $\psi(a_1) > \psi(a_2)$ gilt. Die Indexmenge der zunächst erfaßten n Umweltzustände sei mit J, die der nach einer entsprechenden Streichung verbleibenden n-1 Zustände mit J' bezeichnet. Bei Verwendung des LAPLACE-Kriteriums[1)] gilt nun allgemein:

$$\psi(a_i) = \sum_{j \in J} e_{ij}$$

Für die Präferenzwerte im Fall der Streichung von $e_{ij'}$ gilt entsprechend

$$\psi'(a_i) = \sum_{j \in J'} e_{ij} = \psi(a_i) - \eta$$

Somit folgt aus $\psi(a_1) > \psi(a_2)$ auch sofort $\psi'(a_1) > \psi'(a_2)$.

Beim MINIMAX-Prinzip[2)] gilt:

$$\psi(a_i) = \min_{j \in J}(e_{ij}) \text{ und } \psi'(a_i) = \min_{j \in J'}(e_{ij})$$

---

1) Vgl. z. B. Chernoff (1954), insbes. S. 439-441.
2) Vgl. Wald (1950), S. 18.

Zur Ermittlung des Einflusses einer Spaltenreduzierung sind nun drei Fälle zu unterscheiden:

(1) $\psi(a_1) < \eta$; $\psi(a_2) < \eta$

Dann gilt offenbar für i=1,2 die Relation $\psi(a_i) = \psi'(a_i)$, so daß sich die Rangfolge nicht ändert.

(2) $\psi(a_1) = \eta$; $\psi(a_2) < \eta$

Dann gilt offenbar $\psi'(a_1) \geq \eta$ und $\psi'(a_2) = \psi(a_2) < \eta$, so daß sich die Rangfolge ebenfalls nicht ändert.

(3) $\min\limits_{j \in J}(e_{1j}) = \min\limits_{j \in J}(e_{2j}) = \eta$

In diesem Fall würden beide Alternativen also zunächst als äquivalent erscheinen, was im Widerspruch zu der Annahme $\psi(a_1) > \psi(a_2)$ stünde. Nun sei das MINIMAX-Prinzip jedoch dahingehend erweitert, daß im Falle gleicher Minimalwerte zweier Alternativen des weiteren die nach Streichung der beiden schlechtesten Ergebnisvariablen nächstniedrigen Ergebniswerte herangezogen werden, bei deren Äquivalenz die nächstniedrigen etc. Gilt dann für die eventuell erst nach mehreren Schritten ermittelten Präferenzwerte $\psi(a_1) > \psi(a_2)$, so gilt auch zwingend $\psi'(a_1) > \psi'(a_2)$, wobei zur Ableitung der letztgenannten Relation genau ein Schritt weniger benötigt wird.

Unter Beachtung der zuletzt genannten Erweiterung erfüllt also auch das MINIMAX-Prinzip die Bedingung, daß aus $\psi(a_1) > \psi(a_2)$ stets $\psi'(a_1) > \psi'(a_2)$ folgt.

Beim HURWICZ-Prinzip[1)] gilt:

$\psi(a_i) = \lambda \cdot \max\limits_{j \in J}(e_{ij}) + (1-\lambda) \cdot \min\limits_{j \in J}(e_{ij})$ und entsprechend

---

1) Vgl. Hurwicz (1951).

$$\psi'(a_i) = \lambda \cdot \max_{j \in J'}(e_{ij}) + (1-\lambda) \cdot \min_{j \in J'}(e_{ij})$$

Gilt nun generell $\min_{j \in J}(e_{ij}) < \eta < \max_{j \in J}(e_{ij})$, so bewirkt die Streichung einer Spalte keine Änderung der Präferenzwerte. Ist diese Bedingung hingegen für eine oder beide Alternativen nicht erfüllt, so ist es nicht auszuschließen, daß trotz $\psi(a_1) > \psi(a_2)$ nach Streichung der η-Spalte die Relation $\psi'(a_1) < \psi'(a_2)$ gilt.[1)]

Beim SAVAGE-NIEHANS-Kriterium[2)] gilt:

$$\psi(a_i) = \max_{j \in J}(\max_k e_{kj} - e_{ij}) \qquad \text{und}$$

$$\psi(a_i) = \max_{j \in J'}(\max_k e_{kj} - e_{ij})$$

Da sich für die "Regret"-Werte der neuen Spalte generell der Wert Null ergibt, kann sich durch die Streichung dieser Spalte keine Änderung der Rangfolge ergeben.

---

1) Für die nachstehende Ausgangsmatrix beispielsweise ergeben

	s_1	s_2	s_3	s_4
a_1	9	12	6	2
a_2	9	8	10	2

sich bei λ = 0,4 die Präferenzwerte $\psi(a_1)$ = 6 und $\psi(a_2)$ = 5,2. Würde nun die erste Ergebnisspalte mit η = 9 gestrichen, so blieben die Präferenzwerte unverändert. Würde hingegen die vierte Ergebnisspalte mit η = 2 gestrichen, so ergeben sich die Präferenzwerte $\psi'(a_1)$ = 8,4 und $\psi'(a_2)$ = 8,8; die Rangfolge wechselt also.

2) Vgl. Niehans (1948), insbes. 446-450; Savage (1951).

Als Zwischenergebnis kann also festgehalten werden, daß von den vier bekanntesten Entscheidungskriterien unter Ungewißheit lediglich bei der HURWICZ-Regel die Gefahr besteht, daß die Vernachlässigung eines Umweltzustandes, der bei allen Alternativen zu den gleichen Ergebnissen führt, eine Veränderung der Ranglozierung der Alternativen mit sich bringt. Die anderen Entscheidungskriterien hingegen haben sich als invariant gegenüber dem Ausschluß aktionsindifferenter Ergebnismöglichkeiten erwiesen.

Als nächstes sei nun der Fall gegebener Wahrscheinlichkeiten für die alternativen Umweltzustände betrachtet. Verlangt man, daß sich die Wahrscheinlichkeiten der modellmäßig erfaßten Zustände jeweils zu eins addieren, so muß gem. (10) für die (bedingten) Wahrscheinlichkeitswerte der in der Betrachtung verbleibenden Zustände w'_j die Relation

$$w'_j = \frac{w_j}{\sum\limits_{j \in J'} w_j} \qquad \text{für alle } j \in J'$$

gelten, wobei mit w'_j die auf der Basis der noch nicht reduzierten Zustandsmenge geltenden Wahrscheinlichkeiten bezeichnet werden.

Werden die *Erwartungswerte* als Präferenzwerte verwendet, so gilt offenbar:

$$\psi(a_i) = \sum_{j \in J} e_{ij} \cdot w_j$$

$$\psi'(a_i) = \sum_{j \in J'} e_{ij} \cdot w'_j$$

$$= \sum_{j \in J} e_{ij} \cdot w_j \cdot \frac{1}{\sum\limits_{j \in J'} w_j} - \eta \cdot w'_{j'}$$

$$= \psi(a_i) \cdot \frac{1}{\sum\limits_{j \in J'} w(s_j)} - \eta \cdot w'_{j'}$$

Die modifizierten Präferenzwerte nach Streichung einer

Ergebnisspalte $\psi'(a_i)$ stellen also eine Lineartransformation der ursprünglichen $\psi(a_i)$-Werte dar, so daß sich keine Änderung der Rangfolge ergeben kann.
Auf die gleiche Weise kann gezeigt werden, daß grundsätzlich alle Entscheidungskriterien, soweit sie mit dem BERNOULLI-Prinzip[1)] zu vereinbaren sind, sich ebenfalls invariant gegen den Ausschluß aktionsindifferenter Ergebnismöglichkeiten verhalten. Um diese Behauptung zu belegen, sind in obige Ableitung statt der Werte der Ergebnisvariablen e_{ij} jeweils die entsprechenden Nutzenwerte $u(e_{ij})$ einzusetzen. Werden hingegen andere Entscheidungskriterien verwendet, so kann nicht ohne weiteres ausgeschlossen werden, daß sich durch die Reduktion des Ergebnisraumes Änderungen in der Rangfolge der Alternativen ergeben. So ist es beispielsweise möglich, daß die Vernachlässigung einer Ergebnismöglichkeit hinsichtlich der Varianzen der Ergebnisverteilungen zu einer Umkehr der Größenverhältnisse dieser Kennzahlen führt, so daß etwa das μ-σ-Prinzip[2)] nicht in allen Fällen als invariant gegen den Ausschluß aktionsindifferenter Ergebnismöglichkeiten angesehen werden kann.

Die Möglichkeit, alle die Konstellationen ergebnisbeeinflussender Umweltdaten bei der Modellformulierung von vornherein außer Betracht zu lassen, bei deren Eintritt sich unabhängig von der gewählten Alternative das gleiche Ergebnis einstellt, kann also nur dann unbesorgt ausgenutzt werden, wenn davon ausgegangen werden kann, daß das anzuwendende Entscheidungskriterium sich gegenüber dieser Reduktion des Ergebnisraumes in dem Sinne invariant verhält, daß die Rangfolge der Alternativen unverändert bleibt. Ist diese Voraussetzung hingegen nicht erfüllt, so erscheint der Ausschluß aktionsindifferenter Ergebnismöglichkeiten nur insoweit sinnvoll, wie erwartet wird,

---

1) Zum Bernoulli-Prinzip vgl. z. B. Schneeweiß (1967), insbes. S. 61-77.
2) Vgl. Schneeweiß (1967), insbes. S. 52-56.

daß die damit verbundene Minderung des Planungsaufwandes eine eventuelle Beeinträchtigung des Planungsergebnisses überkompensiert.

5. Kapitel:

Regeln zur zeitlichen Abgrenzung von Entscheidungsmodellen

1. Die zeitliche Struktur von Entscheidungsmodellen

Neben dem Problem der Einengung des Entscheidungsfeldes auf einen bestimmten, in sachlicher Hinsicht abgegrenzten Teilbereich, stellt sich des weiteren die Frage, inwieweit auch die zukünftige Entwicklung von Abbildungsobjekten der relevanten Art modellmäßig erfaßt werden soll. Zur Konstruktion eines Entscheidungsmodells bedarf es also des weiteren der Auswahlregeln in zeitlicher Hinsicht. In der Literatur[1] wird diese Frage gemeinhin etwas pauschal als Problem der Fixierung des "ökonomischen Horizontes" oder des "Planungshorizontes" erörtert, d. h. des zukünftigen Zeitpunktes, bis zu dem ein "Subjekt bei seinen Dispositionen ... rechnet"[2], "bis zu dem die betreffende Wirtschaftsperson Berechnungen anstellen kann"[3], der die "zeitliche Begrenzung der unternehmerischen Voraussicht" angibt[4], für den "ins einzelne gehende Unternehmenspläne aufgestellt, Einzelmaßnahmen erwogen werden".[5] Bei näherer Analyse verschiedener Modellansätze stellt man jedoch fest, daß mit dem Ausdruck "Planungshorizont" zum Teil unterschiedliche Begriffe bezeichnet werden. Die differenzierte Betrachtung dieses Problemkreises läßt es dann

1) Vgl. z. B. Tinbergen (1932), S. 170-172, der hier noch von "Gesichtsfeld" spricht; ders. (1933); Wittmann (1959), S. 138-147; Schneider, D. (1974), S. 36-41.
2) Tinbergen (1932), S. 171.
3) Krelle (1959), S. 221
4) Wittmann (1959), S. 142.
5) Schneider, D. (1974), S. 44

auch zweckmäßig erscheinen, mehrere Arten von Planungshorizonten voneinander abzuheben.[1)]

Zur Erläuterung dieser These seien zunächst die eingangs gegebenen Definitionen der konstituierenden Elemente eines Entscheidungsmodelles[2)] präzisiert und erweitert. Sobald ein nicht infinitesimaler Zeitraum betrachtet wird, existieren im Prinzip unendlich viele zukünftige Entscheidungszeitpunkte. Es sei jedoch davon ausgegangen, daß Entscheidungen über Aktivitäten des betrachteten Teilbereichs nur in bestimmten periodischen Abständen vorgesehen seien. Während der Perioden zwischen zwei Entscheidungszeitpunkten werde demgegenüber von einem bestimmten - aus dem jeweils zu Periodenbeginn vorgenommenen Entscheidungskalkül abgeleiteten - Aktionsplan ausgegangen[3)], der für den betreffenden Zeitraum als nicht revidierbar angesehen wird. Nun darf nicht verkannt werden, daß im realen Ablauf natürlich jederzeit die Möglichkeit besteht, zwischen zwei derartigen Entscheidungszeitpunkten weitere Entscheidungen zu treffen, und daß es auch durchaus sinnvoll sein kann, das zu tun (wenngleich ein permanentes Revidieren kurz zuvor getroffener Entscheidungen letztlich jede planvolle Aktivität unmöglich machen würde). Bei der hier angesprochenen Periodisierung geht es jedoch darum, für die modellmäßige Darstellung der Entscheidungssituation, wie sie sich gegenwärtig darbietet, die heute ins Auge gefaßten künftigen Entscheidungszeitpunkte festzulegen. Die Möglichkeit, daß es de facto auch zwischen-

---

1) Die im folgenden näher zu erläuternde Unterscheidung bezieht sich auf verschiedene Arten für ein und dasselbe Modell relevanter Planungshorizonte und darf nicht mit der in der Literatur hinlänglich erörterten Tatsache verwechselt werden, daß es sinnvoll sein kann, in Modellen zur Analyse unterschiedlicher Entscheidungsprobleme auch unterschiedliche Planungshorizonte anzusetzen. (Vgl. dazu Tinbergen (1932), S. 171; Wittmann (1959), S. 140-142; Schneider, D. (1974), S. 46.)

2) S. oben S. 65 ff.

3) Vgl. Schneider, D. (1974). S. 50 f., der die "Mindestzeitspanne ... 'fixierter relevanter Pläne'" als Abrechnungsperiode bezeichnet.

zeitlich zu weiteren Entscheidungen kommt, resultiert aus dem nie ausschaltbaren Phänomen, daß modellanalytisch abgeleiteter Plan und tatsächlicher Ablauf divergieren, ist insoweit also ein Tatbestand der außerhalb des Konnexes zwischen Realität und Modell steht.

Die zweckmäßige Länge der so festzulegenden Planungsperioden hängt vornehmlich davon ab, welcher Art die - zuvor nach sachlichen Auswahlregeln fixierten - betrachteten Aktivitäten sind.[1] Soll etwa die Entscheidungssituation des Gelddisponenten einer Bank modellmäßig erfaßt werden, so wird es tunlich sein, die Abstände zwischen den einzelnen Entscheidungszeitpunkten auf Bruchteile von Stunden zu beschränken. Bei einem Modell zur Vorbereitung einer Entscheidung zwischen verschiedenen Alternativen zum Ausbau eines Hüttenwerkes dürfte es den abzuleitenden Ergebnissen nicht allzuviel Abbruch tun, wenn auf der Basis halb- oder ganzjähriger Perioden gerechnet wird.

Im folgenden soll zur Kennzeichnung von Perioden der Index t und zur Kennzeichnung von Zeitpunkten der Index T verwendet werden. Ordnet man dem Planungszeitpunkt den Indexwert T = O zu und werden Zeitpunkte und Perioden von der Gegenwart ab fortlaufend gezählt, so entspricht eine Periode t jeweils dem Zeitraum zwischen den Zeitpunkten T = t-1 und T' = t. Als mehrperiodiges Projekt α_h sei die über mehrere Perioden reichende Folge von Aktivitätsbündeln

$$(11) \qquad \alpha_h = (\alpha(t_h^B),\ \alpha(t_h^B+1), \ldots,\ \alpha(t_h^E))$$

definiert, wobei $\alpha(t_h)$ mit $t_h = t_h^B, t_h^B+1, \ldots, t_h^E$ die Menge von Einzelaktivitäten bezeichnet, die bei Realisierung von α_h in Periode t durchzuführen sind.[2] t_h^B markiert den Pro-

1) Vgl. hierzu auch die Ausführungen im 2. Abschnitt des 9. Kapitels.

2) Die Art und Weise, in der gewisse - in zeitlicher und sachlicher Hinsicht näher spezifizierte - Mengen von Teilaktivitäten einer

Fortsetzung Fußnote 2) s. S. 190

jektbeginn, d. h. die Periode, in der erstmals eine zu α_h notwendige Einzelaktivität begonnen werden muß, während t_h^E das Projektende bezeichnet, also die Periode, in der es zum letztenmal zu einer Teilaktivität von α_h kommt. Bei der Darstellung einer Anleiheemission beispielsweise würde durch t_h^B die Ausgabeperiode bezeichnet und durch t_h^E die Periode, in der die letzte Tilgungszahlung erfolgt; im Fall des Kaufs eines LKW würde t_h^B entsprechend die Periode des Erwerbs, t_h^E die des Verkaufs bezeichnen.

Stehen nun mehrere Projekte zur Auswahl, so ist es natürlich möglich, daß diese zu unterschiedlichen Zeitpunkten enden, die t_h^E-Werte also nicht übereinstimmen. Dabei ist für die folgenden Ausführungen insbesondere die Periode τ^E von Bedeutung, in der auch das Projekt mit dem spätesten Endtermin abgeschlossen ist, für die also gilt

$$(12) \qquad \tau^E := \max_h (t_h^E)$$

Diese Periode sei im folgenden als *Wirkungshorizont* bezeichnet. Um die weiteren Ausführungen zu vereinfachen, sei nun angenommen, daß zur Beschreibung der aus einer bestimmten Handlungsalternative a_i - also einer möglichen Projektkombination - resultierenden Ergebnisse als einzige Maßgrößen die periodischen Veränderungen der Zahlungsmittelbestände heranzuziehen sind. Weiterhin sei angenommen, daß sich die mit einer bestimmten Alternative verbundenen Zahlungsströme rein additiv aus den Ein- und Auszahlungen der Projekte α_h ergeben, als deren Kombination die entsprechende Alternative definiert ist. Bezeichnet man den aus einem Projekt α_h einer Periode t resultierenden Zahlungsüberschuß mit $e(t_h)$, so kann jedes Projekt ergeb-

---

Fortsetzung Fußnote 2) von S. 189
Periode jeweils zu solchen Aktivitätsbündeln und die Aktivitätsbündel mehrerer Perioden darüber hinaus zu mehrperiodigen Projekten zusammengefaßt werden, sei zunächst als exogen vorgegeben betrachtet. Auf diese Frage wird später bei der Erörterung der Aggregationsregeln noch näher einzugehen sein. (Vgl. hierzu das 8. Kapitel.)

nismäßig durch einen Zahlungsstrom

(13) $e(\alpha_h) = (e(t_h^B), e(t_h^B+1), \ldots, e(t_h^B))$

dargestellt werden.

Die als Lösung eines auf dieser Basis formulierten Modells abzuleitende Handlungsempfehlung stellt dann einen Aktionsplan für einen bestimmten Zeitraum dar. Damit ist jedoch noch keineswegs gesagt, daß dieser Plan auch tatsächlich realisiert wird, vielmehr wird im nächsten Entscheidungszeitpunkt wiederum ein neuer Kalkül durchgeführt und ein neues Aktionsprogramm aufgestellt, das mit dem alten nicht übereinzustimmen braucht. Definitiv entschieden wird somit immer nur über den ersten Schritt eines Aktionsplanes, d. h. über die in der ersten Periode vorzunehmenden Einzeltätigkeiten derjenigen Projekte α_h, die sofort in Angriff zu nehmen sind. Diese Projekte, für die also $t_h^B = 1$ gilt, seien im folgenden als *Ausgangsprojekte* bezeichnet.

Die Werte der Zielvariablen hängen nun im allgemeinen nicht nur von den Ausgangsprojekten ab, sondern ebenso von Projekten α_h mit $t_h^B > 1$, die erst in späteren Perioden begonnen werden. Da die Realisierungsmöglichkeiten dieser späteren Projekte jedoch von den in der ersten Periode in Angriff genommenen Aktivitäten beeinflußt werden, sind auch die Entscheidungsmöglichkeiten in zukünftigen Zeitpunkten bei der gegenwärtigen Entscheidung mit in den Kalkül einzubeziehen.[1]
Die explizite Erfassung aller zukünftigen Projektmöglichkeiten würde - einmal ganz abgesehen von der mit wachsendem Betrachtungszeitraum stark zunehmenden Informationssicherheit - selbst den Rahmen eines in sachlicher Hinsicht auf einen engen Teilbereich eingeengten Modells

1) Vgl. z. B. Jacob (1964), S. 504 f., 552 f., der den hier angesprochenen Sachverhalt als "zeitlich vertikale Interdependenz" bezeichnet.

sprengen. Ebenso dürfte es auch bei etlichen sofort in Angriff zu nehmenden Projekten kaum möglich sein, die Gesamtheit aller damit verbundenen zukünftigen Teilaktivitäten sowie die dadurch bedingte Entwicklung der Zahlungsströme und somit ihren Einfluß auf die Zielvariablen explizit zu erfassen. Bei der Formulierung eines Entscheidungsmodells sind somit bezüglich der zeitlichen Abgrenzung der darzustellenden Gegenstände zumindest zwei "Horizonte" festzulegen.[1)2)]

Zum einen ist zu bestimmen, bis zu welcher Periode die Möglichkeit zur Inangriffnahme neuer Projekte überhaupt explizit erfaßt werden soll. Diese, die Menge der modellmäßig zu erfassenden späteren Projektmöglichkeiten begrenzende, kritische Periode sei mit t^B bezeichnet.[3)] Durch die Festlegung eines solchen Wertes t^B wird offenbar eine Obergrenze für die den verschiedenen Projektmöglichkeiten zugeordneten t_h^B fixiert. Die Menge der nach Berücksichtigung der sachlichen Abgrenzungskriterien überhaupt noch relevanten Projekte $A = \{\alpha_h\}$ wird so auf die Teilmenge

(14) $$A^O = \{\alpha_h \in A \,/\, t_h^B \leq t^B\}$$

reduziert. Die Gesamtheit der somit aus der Betrachtung ausgeschlossenen Projekte, also die bezüglich der über-

---

1) Dem Ansatz nach läuft die Abgrenzung Griems von "Wirkungs"- und "Realisationsperiode" auf eine ähnliche Unterscheidung hinaus. (Griem (1968), S. 87-91). Mit dem Postulat, in die Wirkungsperiode sollten "auch die letzten Auswirkungen der ergriffenen (gemeint ist wohl: der zur Auswahl stehenden, M. B.) Maßnahmen noch einbezogen werden." (S. 89), wird das hier erörterte Abgrenzungsproblem allerdings von vornherein in einseitiger Weise ausgeklammert.

2) Modigliani und Hohn deuten in einer Fußnote ebenfalls die Möglichkeit an, zwischen "planning horizon" und "expectation horizon" zu unterscheiden. Modigliani, Hohn (1955), S. 65; vgl. auch Blumentrath (1969), S. 220.

3) Da die Inangriffnahme neuer Projekte üblicherweise zu Periodenbeginn erfolgt, wird mit der Bestimmung der kritischen Periode t^B zugleich der letzte explizit in Betracht gezogene Entscheidungszeitpunkt auf $T^B = t^B - 1$ fixiert.

haupt relevanten Aktionsmenge A zu A^O komplementäre Teilmenge sei mit CA^O bezeichnet, also:

(15) $$CA^O = \{\alpha_h \in A \ / \ t_h^B > t^B\}$$

Im folgenden soll nun ausschließlich diese für die Unterscheidung der beiden soeben definierten komplementären Aktionsmengen maßgebliche Grenzperiode als *Planungshorizont* bezeichnet werden.

Als weiteres ist festzulegen, bis zu welcher zukünftigen Periode t^E die Ergebniswerte $e(t_h)$ der überhaupt noch darzustellenden Projekte $\alpha_h \in A^O$ explizit erfaßt und bezüglich ihrer Auswirkung auf die Zielfunktion dargestellt werden sollen. Die Gesamtheit der für das Modell überhaupt relevanten Zahlungsströme wird also auf die Teilmenge

(16) $$E^O = \{e(t_h) \ / \ t_h \leq t^E, \ \alpha_h \in A^O\}$$

eingeschränkt. Für die Darstellung von Projekten, deren individuelle Laufzeit innerhalb des so fixierten Zeitraumes beendet ist (also $t_h^E \leq t^E$), ergibt sich aus dieser zeitlichen Eingrenzung keinerlei Beeinträchtigung; die Gesamtheit der aus ihrer Realisierung folgenden Konsequenzen wird vollständig erfaßt. Demgegenüber werden alle Projekte mit längerer Laufzeit, für die also $t_h^E > t^E$ gilt, "abgeschnitten", d. h. die mit ihrer Durchführung zu erwartende zeitliche Folge von Ein- und Auszahlungen wird nur noch zu einem Teil explizit in dem Entscheidungsmodell abgebildet. Die durch die Festlegung von t^E bestimmte Grenzperiode sei im folgenden als *Ergebnishorizont* bezeichnet.

Von diesen beiden erst während der Ableitung der Abbildungsregeln für das zu erstellende Modell festzulegenden Zeiträumen ist als exogen vorgegebene Größe der gesamte *Aktionszeitraum* zu unterscheiden.[1)]

1) Vgl. Schneider, D. (1974), S. 44-46, der den gleichen Begriff als Handlungszeitraum bezeichnet.

Darunter sei die Zeitspanne bis zu Ende der Periode τ^B verstanden, in der auf dem - gemäß den sachlichen Abgrenzungsregeln fixierten - Teilbereich zum letzten Mal überhaupt irgendwelche Aktivitäten vorgesehen sind. Je nach der Weite des betrachteten Aktionsbereiches kann τ^B sowohl als Liquidationstermin der Gesamtunternehmung als auch als Zeitpunkt der Stillegung bestimmter betrieblicher Teilbereiche aufgefaßt werden. Dabei ist es möglich, daß dieser Termin im Zeitpunkt der Modellformulierung noch gar nicht abzusehen ist, da zunächst mit einer Fortführung von Aktivitäten der betrachteten Art auf unbestimmte Dauer gerechnet wird. Bei der Formulierung von Entscheidungsmodellen ist dann mangels präziserer Angaben davon auszugehen, daß der Aktionszeitraum auf jeden Fall erst jenseits der - wie auch immer festgelegten - Perioden t^E und t^B endet.

Andererseits ist es aber auch möglich, daß ein Endtermin τ^B schon genau ins Auge gefaßt ist. Dabei mag es sich etwa um die objektiv kaum auf ihre Sinnhaftigkeit hin überprüfbare Entscheidung eines Einzelunternehmers handeln, sein Unternehmen nur bis zum Erreichen einer gewissen Altersgrenze fortzuführen. Ebensogut ist es aber auch möglich, daß τ^B durch einen weitgehend nachprüfbaren Kalkül etwa über den optimalen Stillegungszeitpunkt eines bestimmten Zweigwerkes oder Betriebsbereiches ermittelt wird, insoweit also selbst Ergebnis eines modellmäßig faßbaren Entscheidungsproblemes darstellt, bei der Planung weiterer Einzelaktivitäten jedoch als Datum angesehen wird. Bei der Konstruktion von Modellen zur Ableitung derartig nachgelagerter Entscheidungen ist es dann denkbar, sowohl Ergebnis- als auch Planungshorizont bis zum Ende der gesamten Aktionsperiode auszudehnen, also zu einem in zeitlicher Hinsicht vollständig formulierten Modell zu gelangen.

Bei der Diskussion um die Eingrenzung des Planungszeitraumes können also zumindest vier verschiedene kritische Perioden voneinander abgehoben werden, die sich – wie die Zusammenstellung in Tab. 12 noch einmal zeigt – jeweils auf unterschiedliche Teilprobleme der zeitlichen Einschränkung des Betrachtungshorizontes beziehen.

Symbol	Bezeichnung	Angegebener Sachverhalt
π^B	Aktionshorizont	Bis zu welcher Periode sollen überhaupt Aktionen der betrachteten Art vorgenommen werden?
π^E	Wirkungshorizont	Bis zu welcher Periode ist auch das Projekt mit dem spätesten Endtermin abgeschlossen?
t^B	Planungshorizont	Bis zu welcher Periode wird die Inangriffnahme neuer Projekte in das Modell mit einbezogen?
t^E	Ergebnishorizont	Bis zu welcher Periode werden die den überhaupt erfaßten Projekten unmittelbar zuzurechnenden Ein- und Auszahlungen explizit in das Modell mit einbezogen?

Tab. 12

Diese Differenzierung erlaubt es zugleich, verschiedene Modelle je nach ihrer "Horizontstruktur", d. h. nach der Konstellation der unterschiedlichen Termine zueinander zu klassifizieren. Allerdings können etliche Größenrelationen von vornherein aus der Betrachtung ausgeschlossen werden.

1. Jenseits des Aktionshorizontes π^B kann es in dem betrachteten Teilbereich ex definitione keine weiteren Aktivitäten mehr geben, s. d. $\pi^B \geq \pi^E$ und $\pi^B \geq t^B$ gelten muß.

2. Es erscheint nicht sinnvoll, jenseits der Periode t^E, von der ab auf die Erfassung der mit den Projekten verbundenen Zahlungsströme verzichtet wird, die Inangriffnahme neuer Projekte explizit in den Kalkül mit einzu-

beziehen; also muß auf jeden Fall $t^E \geq t^B$ gelten.

3. Ebensowenig ist es zweckmäßig, den Betrachtungszeitraum über den Zeitpunkt hinaus auszudehnen, in dem das letzte der explizit erfaßten Projekte endet; also muß $\tau^E \geq t^E$ gelten.

In den folgenden Betrachtungen werden daher nur noch solche Horizontstrukturen betrachtet, die der Bedingung

$$\tau^B \geq \tau^E \geq t^E \geq t^B$$

genügen.

Die Länge der verschiedenen Zeiträume bzw. deren Größenrelationen können nun als Anknüpfungspunkt für die Klassifikation von Modelltypen nach verschiedenen Aspekten ihrer zeitlichen Struktur verwendet werden. Betrachten wir zunächst nur die beiden im Zuge der Modellformulierung endogen zu bestimmenden Horizontperioden t^E und t^B. Entscheidungskalküle, bei denen auch zukünftig in Angriff zu nehmende Projekte explizit dargestellt werden (also $t^B > 1$), seien als *dynamisch* bezeichnet, im Gegensatz zu den *statisch* genannten Modellen, deren Planungshorizont durch die erste Periode fixiert ist ($t^B = 1$).[1)]
Weiterhin sei ein Modell immer dann als *kurzfristig* bezeichnet, wenn auch der Ergebnishorizont nur eine Periode umfaßt ($t^E = 1$). Kalküle, in denen die mit den zur Auswahl stehenden Aktionsmöglichkeiten verbundenen Ergebniswerte hingegen für mehrere Perioden explizit erfaßt wer-

---

1) In der volkswirtschaftlichen Literatur haben sich die Ausdrücke statisch und dynamisch seit langem eingebürgert, wenngleich ihre Begriffsinhalte zum Teil unterschiedlich und im allgemeinen im Hinblick auf etwas anderes als die hier vorliegende Fragestellung (Klassifikation von Entscheidungsmodellen) festgelegt werden. Vgl. Hicks (1939), S. 115-127 und (1965), S. 5 f.; Schneider, E. (1959) und (1969), S. 262-269. Eine ähnliche Abgrenzung verschiedener Planungsmodelle bezüglich ihrer zeitlichen Struktur, wie sie hier vorgenommen wird, findet sich beispielsweise bei Albach (1962a), S. 227 f. oder Dinkelbach (1973a), Sp. 486.

den ($t^E > 1$), seien - je nach den sonstigen Gegebenheiten - als mittel- oder *langfristig*, auf jeden Fall nicht als kurzfristig bezeichnet.[1)] Berücksichtigt man nun, daß stets $t^E \geq t^B$ gelten soll, so können insgesamt drei Modelltypen unterschieden werden, nämlich:

- kurzfristig-statische Modelle (im folgenden kurz: einperiodige Modelle), bei denen Ergebnis- und Planungshorizont nur eine Periode umfassen ($t^E = t^B = 1$),

- langfristig-statische Modelle mit einperiodigem Planungshorizont, aber mehrperiodigem Ergebnishorizont ($t^E > 1$; $t^B = 1$),

- langfristig-dynamische Modelle (im folgenden kurz: dynamische Modelle), bei denen sowohl Ergebnis- als auch Planungshorizont mehr als eine Periode umfassen ($t^E > 1$; $t^B > 1$).

Ein weiterer Ansatz zur Einteilung von Entscheidungsmodellen nach der Art ihrer Horizontstruktur besteht darin, diese danach zu ordnen, ob zwischen zwei in der Reihenfolge der zulässigen Größenbeziehungen benachbarten τ- bzw. t-Werten die Relation > oder = besteht.

---

1) Diese Einteilung entspricht weitgehend der Interpretation der Begriffe kurz- und langfristige Entscheidungen wie sie in Anlehnung an Marshall inzwischen vor allem in der betriebswirtschaftlichen Literatur üblich geworden ist (vgl. Marshall (1895), S. 437-449). So bezeichnet etwa Kilger in bezug auf die Produktionsplanung Entscheidungen auf der Basis unveränderter Kapazitäten als kurzfristig; Entscheidungen, bei denen betriebliche Teilkapazitäten verändert werden, hingegen als langfristig. (Vgl. Kilger (1967), S. 164 f.; s. a. Gutenberg (1963), S. 306 f.) Nun können die Konsequenzen von Aktionsmöglichkeiten, die im Rahmen vorgegebener Kapazitäten realisierbar sind, im allgemeinen durch einen auf eine Periode beschränkten Ergebnisvektor hinreichend beschrieben werden, während Änderungen der betrieblichen Kapazitäten in aller Regel die Ergebnisvektoren mehrerer Perioden unmittelbar beeinflussen. Die von Kilger vorgenommene Einteilung kann mithin als eine Spezifizierung der hier vorgenommenen Abgrenzung für den Bereich von Produktionsentscheidungen angesehen werden.

Unter diesem Gesichtspunkt sind insgesamt acht verschiedene Modelltypen denkbar.[1)] Um die folgenden Ausführungen jedoch nicht zu unübersichtlich werden zu lassen, sei zunächst auf die Erfassung der Größenrelationen von π^E zu π^B und t^E verzichtet, so daß dann noch vier mögliche Horizontstrukturen verbleiben:

(1) $$\pi^B = t^E = t^B$$

Diese Struktur beschreibt den oben bereits erwähnten Idealfall des zumindest in zeitlicher Hinsicht umfassend formulierten Modells, bei dem die Möglichkeiten zur Inangriffnahme neuer Projekte und auch die mit diesen verbundenen Zahlungsströme explizit bis zum Ende der überhaupt vorgesehenen Aktionsperiode erfaßt werden, was natürlich voraussetzt, daß für die Gesamtheit von Aktivitäten der in dem Kalkül darzustellenden Art ein derartiger absoluter Endzeitpunkt überhaupt schon bestimmt werden kann. Ist diese Voraussetzung jedoch gegeben, so bieten derartige Modelle den großen Vorteil, daß etliche der an anderer Stelle näher zu erörternden Bewertungsprobleme entfallen. Aus diesem Grund dürften sich Ansätze dieses Typs bei der Formulierung theoretischer Modelle zur simultanen Investitions- und Finanzplanung auch besonderer Beliebtheit erfreuen.[2)]

(2) $$\pi^B \gg t^E = t^B$$

Inangriffnahme und Konsequenzen alternativer Projekte werden bis zu einem einheitlichen Zeitpunkt vor Ablauf der gesamten Aktionsperiode erfaßt; Projekte mit Startzeitpunkten jenseits dieses einheitlichen Ergebnis- und Planungshorizontes bleiben - zumindest was ihre

1) Einschließlich der Extremfälle "≫" und "=" gibt es offenbar $\binom{3}{0}+\binom{3}{1}+\binom{3}{2}+\binom{3}{3}=2^3 = 8$ mögliche Dreierkombinationen der betrachteten Relationen ≫ und =.

2) So z. B. bei Hax (1964), S. 436; Franke, Laux (1968), S. 742; Hax, Laux (1969), S. 230 f.; Laux (1969), S. 113; Schneider, D. (1974), S. 366-380.

explizite Darstellung anbetrifft - ebenso unberücksichtigt, wie die späteren Ergebnisvektoren der vorher begonnenen Projekte. In der Literatur wird die Bezeichnung ökonomischer Planungshorizont zum Teil in diesem einschränkenden, also durch den Zusammenfall von zwei nicht zwingend identischen Zeiträumen gekennzeichneten Sinn gebraucht.[1)]

Unter den Entscheidungskalkülen mit dieser Horizontstruktur kommt den einperiodigen Modellen (also mit $t^E = t^B = 1$) besondere Bedeutung zu, wie sie sowohl im traditionellen als auch im modernen Ansätzen zur Produktions- und Absatzplanung sehr häufig verwendet werden. Dabei wird das Anwendungsgebiet dieser Modelle durch einschränkende Prämissen auf solche Entscheidungssituationen vornehmlich des Produktions- und Absatzbereiches beschränkt, in denen Auswirkungen der explizit erfaßten Handlungsmöglichkeiten in späteren Perioden überhaupt nicht oder nur in vernachlässigbar kleinem Ausmaß auftreten.[2)]

(3) $\quad \tau^B \gg t^E \gg t^B$

Die Inangriffnahme neuer Projekte oder Projektbündel wird nur bis zum Ende der Periode t^B erfaßt; die Zahlungsströme werden jedoch bis zum Ende der späteren Periode t^E explizit dargestellt; Planungs- und Ergebnishorizont liegen jedoch zeitlich vor dem Aktionshorizont. Dynamische Modelle dieses Typs

---

1) So z. B. von Jacob (1964), S. 552 f. ("Planungszeitraum"); Adam, D. (1970), S. 62 ("ökonomischer Horizont"); Mag (1971), S. 816-820 ("Planungshorizont").

2) So werden Modelle der kurzfristigen Produktions- und Sortimentsplanung im allgemeinen für den Fall fest vorgegebener Produktionskapazitäten formuliert (vgl. z. B. Kilger (1966), insbes. S. 163), oder es wird unterstellt, daß die Preispolitik der betrachteten Periode keinen Einfluß auf die Marktstellung in der Zukunft hat. Daneben gibt es aber auch Ansätze, in denen Entscheidungen, deren Konsequenzen über mehrere Perioden reichen, im Rahmen eines einperiodigen Modells zu lösen sind. (Vgl. z. B. Albach (1960), S. 529-532; Swoboda (1965), S. 154 f.)

(also mit $t^B > 1$) werden in der Mehrzahl der modernen Ansätze zur simultanen Investitions- und Finanzplanung verwendet, wobei der Ausdruck "Planungshorizont" oder eine ähnliche Bezeichnung in Übereinstimmung mit der hier gewählten Ausdrucksweise allgemein als Bezeichnung für die Periode t^B verwendet wird.[1] In ihrer statischen Variante (also mit $t^B = 1$) entsprechen die Modelle dieses Typs demgegenüber genau den - häufig unter der Prämisse des "vollkommenen Kapitalmarktes" abgeleiteten[2] - Ansätzen der klassischen Investitionstheorie. In diesen Modellen werden bekanntlich nur Investitionsprojekte - oder allenfalls genau spezifizierte zeitliche Folgen solcher Projekte, sog. Investitionsketten - betrachtet, die sofort in Angriff zu nehmen sind; Geldanlage- und -aufnahmemöglichkeiten späterer Perioden werden nicht explizit erfaßt. Die unmittelbar mit den dargestellten Projekten verbundenen Zahlungsströme werden demgegenüber über mehrere Perioden hinweg - häufig sogar bis zum Ende der jeweiligen projektindividuellen Lebensdauer, also bis zur Periode t_h^E - explizit in den Kalkül einbezogen. Dabei werden in diesem Zusammenhang die Ausdrücke Planungshorizont oder ökonomischer Horizont häufig als Bezeichnung für den Ergebnishorizont, also den durch das Ende von t^E bestimmten Zeitpunkt verwendet.[3]

---

1) So bei Albach (1962a), S. 226 f. ("Planungshorizont"), 316-322; Weingartner (1963), S. 141, 153 ("Horizont"), S. 158-178; Hax (1964), S. 437 ("Planungszeitraum"); Laux, Franke (1969), S. 44, 51 ("Planungszeitraum"; "ökonomischer Horizont"); Hax (1970), S. 70-72 ("Planungszeitraum"); Laux, Franke (1970), S. 39 ("Planungszeitraum").

2) Vgl. Schneider, E. (1951), insbes. S. 33-38.

3) So z. B. Schneider, E. (1951), S. 90 ("ökonomischer Horizont" als zeitliche Grenze, bis zu der die Entwicklung der Zahlungsströme explizit erfaßt werden kann; darüber hinaus mögliche Zahlungen sollen unter der Annahme der Konstanz aller Rahmendaten etwa als Barwert einer ewigen Rente pauschal in die Zielfunktion aufgenommen werden); Krelle (1959), S. 221; Swoboda (1971), S. 43-45 ("Planungshorizont", "Planungsperiode").

(4) $\tau^B = t^E > t^B$

Diese Modellvariante weist unter den für die im folgenden noch zu behandelnden Fragen relevanten Aspekten kaum Unterschiede gegenüber dem Fall (3) auf und wird, soweit ersichtlich, in der Literatur auch nicht explizit erwähnt. In den meisten Arbeiten wird allerdings gar nichts über die Relation von Aktions- und Ergebnishorizont ausgesagt. Insoweit könnten einige der unter (3) zitierten Ansätze bei entsprechender Interpretation auch dem hier angesprochenen vierten Typ zugerechnet werden. Eine zweifelsfreie Zurechnung zum Typ (3) ist lediglich für solche Modelle möglich, bei denen ausdrücklich davon ausgegangen wird, daß die mit den zur Auswahl stehenden Aktionsmöglichkeiten verbundenen Zahlungsströme nicht in ihrer vollen zeitlichen Ausdehnung darzustellen sind, für die also $\tau^E > t^E$ und somit auch zwingend $\tau^B > t^E$ gilt.

2. Anhaltspunkte für die Festlegung von Planungs- und Ergebnishorizonten

a. Informationskosten und -vorteile

Es ist nun die Frage zu untersuchen, inwieweit sich Anhaltspunkte für die geeignete Festlegung von Planungs- und Ergebnishorizont gewinnen lassen. Im Idealfall des - zumindest hinsichtlich der zeitlichen Einengung - totalen Modells fallen diese beiden Zeitpunkte mit dem Ende des überhaupt vorgesehenen Aktionszeitraumes zusammen; weitere Abgrenzungsprobleme entfallen. Zum einen kann der Aktionshorizont jedoch häufig noch gar nicht abgesehen werden; darüber hinaus ist zu berücksichtigen, daß mit zunehmender Komplexität des Modells auch die mit seiner Aufstellung und Lösung verbundenen Planungskosten zunehmen; und schließlich dürfte es selbst unter Aufwendung beliebig hoher Kosten kaum möglich sein, für beliebig lange Zeiträume über Handlungsmöglichkeiten und deren Konsequenzen Informationen zu gewinnen, auf deren Basis sich ein sinnvoller Planansatz formulieren läßt.

Nun besteht zwar theoretisch genau wie im Fall der durch sachliche Eingrenzungen bedingten Vernachlässigung von Interdependenzbeziehungen die Möglichkeit, die Auswirkungen der betrachteten Handlungsalternativen in den modellmäßig nicht mehr erfaßten Zeiträumen durch den Ansatz entsprechender Opportunitätskomponenten zum Ausdruck zu bringen.[1] Bestünde die praktikable Möglichkeit, auf diesem Wege die Auswirkungen auf die nicht explizit erfaßten Zeiträume stets exakt[2] zum Ausdruck zu bringen, so wäre die Festlegung von Planungs- und Ergebnishorizont beliebig, das damit verbundene Auswahlproblem trivial. Genau wie bei dem Versuch, Interdependenzen zwischen sachlich getrennten Aktionsfeldern opportunitätsmäßig zu erfassen, besteht diese Möglichkeit jedoch im allgemeinen nicht, so daß die Aussagekraft eines Entscheidungsmodells nicht unwesentlich durch die Wahl von Planungs- und Ergebnishorizont beeinflußt wird.

Zur näheren Untersuchung dieses Problems sei nun zunächst unterstellt, daß die den betrachteten Aktionsmöglichkeiten unmittelbar zuzurechnenden Zahlungsströme vollständig erfaßt werden (also $\tau^E = t^E$), so daß nur die Festlegung des Planungshorizontes zu erörtern ist. Bezüglich der Determinanten für die optimale Lösung dieses Problems können zwei bedeutsame Einflußfaktoren unterschieden werden, nämlich

- die mit der Ausdehnung des Entscheidungsfeldes verbunde-

1) Vgl. auch Hax (1967), S. 756-760; Gäfgen (1974), S. 206-209.
2) *Exakt* ist in diesem Zusammenhang so zu verstehen, daß aus der Analyse des um Opportunitätskomponenten erweiterten Partialmodells die gleiche Handlungsempfehlung abgeleitet wird, wie sie sich auch als Lösung eines Totalmodells ergeben hätte.

me Zunahme der Planungskosten und

- die mit wachsender Entfernung vom Planungszeitpunkt zunehmende Informationsunsicherheit.

Um diese beiden Einflußfaktoren voneinander abzuschichten, sei zunächst angenommen, daß die benötigten Informationen prinzipiell beschaffbar sind[1], ihre Gewinnung und Auswertung jedoch mit Kosten verbunden ist. Unter der Prämisse, daß die Planungskosten[2] bei einer Ausdehnung des Planungshorizontes überproportional wachsen, während die aus der zunehmenden Planungsgenauigkeit resultierenden Vorteile unterproportional steigen, könnte die Formalbedingung für die Festlegung von t^B dann dahingehend formuliert werden, den Planungshorizont so weit auszudehnen, bis die Grenzplanungskosten den aus der Zunahme der Planungsgenauigkeit erlangbaren Vorteil ("Grenzvorteil") gerade kompensieren.[3] Dabei liegt der aus einer Ausdehnung des Planungshorizontes erlangbare Vorteil in der Chance, Fehlentscheidungen zu vermeiden, müßte also aus dem Vergleich einer auf der Basis eines Planungshorizontes t^B ermittelten Lösung mit einer auf der Basis eines Planungshorizontes $t^B + 1$ ermittelten Lösung ge-

---

1) Diese Annahme impliziert nicht, daß alle zukünftigen Entwicklungen bei hinreichender Informationsbeschaffung mit Sicherheit vorhergesehen werden könnten, sondern nur, daß für beliebige zukünftige Zeitpunkte die dem verwendeten Entscheidungskriterium entsprechend benötigten Informationen über Unsicherheitsstruktur der relevanten Einflußgrößen (also etwa Mittelwert und Streuung oder das schlechteste der überhaupt möglichen Ergebnisse) ermittelt werden können.

2) Dabei sind zu den Kosten auch jene Nachteile zu zählen, die daraus entstehen, daß die Ausdehnung des Entscheidungskalküls auf einen größeren Betrachtungszeitraum ebenfalls Zeit erfordert und somit die Gefahr besteht, daß der günstigste Zeitpunkt für die Aufnahme bestimmter Aktivitäten ungenutzt verstreicht.

3) Diese formale Übertragung der aus den klassischen nationalökonomischen Ansätzen seit langem bekannten Marginalbedingung auf das Problem der optimalen Modellbildung wird in der Literatur häufig vorgenommen, wobei - mangels expliziter Angaben - offenbar stillschweigend ein geeigneter Verlauf von Grenzkosten und -vorteilen unterstellt wird. Vgl. z. B. Kern (1962), S. 178; Sabel (1965), S. 166; Jaensch (1967), S. 54; Grien (1968), S. 126; Schneider, D. (1974), S. 48; Mag (1971), S. 820 f.

wonnen werden.

Bei der Lösung unseres Problems, *vor* der Aufstellung eines Modells einen Planungshorizont festzulegen, kann dieser Ansatz jedoch keine Hilfe bieten; die Lösung mehrerer alternativer Entscheidungskalküle wird ja schon vorausgesetzt, so daß nach der Ermittlung der in Abhängigkeit von dem jeweils zugrunde gelegten Planungshorizont optimalen Aktionspläne gar keine Notwendigkeit zur Formulierung eines weiteren Modells besteht. Somit gibt es, soweit ersichtlich, kein allgemeines Konzept, von der skizzierten Marginalbedingung ausgehend einen operablen Kalkül zur Bestimmung des optimalen Planungshorizontes aufzustellen.[1)] Mithin bleibt nicht viel anderes übrig, als sich bei der Formulierung eines Entscheidungsmodells auf das Fingerspitzengefühl zu verlassen und zu versuchen, die mit einer

---

1) Auf den Versuch von Teichmann (1972), einen allgemeinen Ansatz zur Bestimmung des "optimalen Komplexionsgrades", mithin auch des optimalen Planungshorizontes, zu entwickeln, wird an späterer Stelle noch näher einzugehen sein.

Auch das von Blumentrath (1969), S. 238-244 beschriebene Verfahren zur Ermittlung eines optimalen Planungshorizontes bringt keine Lösung des hier angesprochenen Problems, Anhaltspunkte zur Abschätzung des marginalen Ausgleiches zwischen den mit einer Ausweitung des Planungshorizontes verbundenen Kosten und Vorteilen zu finden. Nach Blumentraths Vorschlag sollen für das gleiche Entscheidungsproblem nacheinander mehrere Modelle mit jeweils unterschiedlichen Planungshorizonten formuliert und daraus die jeweils optimalen Aktionsprogramme ermittelt werden. Dieser Prozeß soll so lange fortgesetzt werden, bis sich die abgeleiteten Aktionspläne bei der weiteren Ausdehnung des Planungshorizontes bezüglich der Ausgangsprojekte nicht mehr ändern. Wie Blumentrath auch selbst feststellt, ist mit der Ermittlung des optimalen t^B-Wertes auch das Aktionsprogramm schon ermittelt, so daß es fraglich ist, welche Bedeutung dem Planungshorizont danach noch zukommen soll. Außerdem werden Kosten der Informationsbeschaffung und Auswertung nicht berücksichtigt. Darüber hinaus bleibt offen, was geschieht, wenn sich bei Ausdehnung des Planungshorizontes immer wieder Änderungen der optimalen Ausgangsaktionen ergeben, so daß das Verfahren überhaupt nicht zum Ende kommt. Schließlich bleibt das - im folgenden noch kurz zu erörternde - Problem der mit einer weiteren Ausdehnung des Planungshorizontes ständig zunehmenden Informationsunsicherheit hinsichtlich der zukünftigen Aktionsmöglichkeiten und der Ergebniswerte ganz außer acht.

Verfeinerung des Planansatzes verbundenen Vor- und Nachteile zumindest grob abzuschätzen. Allgemeine Anhaltspunkte dazu können zum einen aus allgemeinen Vorkenntnissen über die Ergebnisstruktur von Projekten der darzustellenden Art oder aus Erfahrungen mit früheren Kalkülen zu Darstellung ähnlicher Entscheidungssituationen gewonnen werden. Zum anderen ist die betriebswirtschaftliche Forschung bemüht, für bestimmte typische Arten von Entscheidungskomplexen adäquate Modellstrukturen zu entwickeln.

So wurde etwa das Problem der quantitativen Anpassung an Beschäftigungsschwankungen im Zuge der Entwicklung einer analytischen Kostentheorie zunächst gleichgeordnet neben zeitlicher und intensitätsmäßiger Anpassung mit dem Instrumentarium der Produktions- und Kostentheorie im Rahmen einperiodiger Betrachtungen erörtert.[1] Inzwischen hat sich jedoch die Erkenntnis durchgesetzt, daß dieses Problem in etlichen Fällen wegen der im Vergleich zu anderen Anpassungsformen grundsätzlich unterschiedlichen zeitlichen Struktur der mit den einzelnen Handlungsmöglichkeiten verbundenen Zahlungsströme mit investitionstheoretischen Methoden auf der Basis mehrperiodiger Modelle gelöst werden sollte.[2] Überhaupt kann die Trennung der Investitionstheorie von der Produktions- und Kostentheorie und die in den letzten Jahren verstärkt betriebene Verklammerung mit der Finanzierungstheorie als wissenschaftsgeschichtlicher Prozeß einer fortschreitenden Systematisierung verschiedener betrieblicher Entscheidungstatbestände im Hinblick auf das angesprochene Problem der unterschiedlichen Erfassung der Zeit in den entsprechenden Modellen angesehen werden.

---

1) Vgl. z. B. Gutenberg (1963), S. 267-274; Kilger (1958), S. 95-98.
2) Vgl. z. B. Kilger (1967), S. 487 f.; ders. (1973), S. 43.

b. Die Festlegung des Planungshorizontes

Als ein Anhaltspunkt für die Bestimmung des Planungshorizontes wird die "Bedeutung des Entscheidungsproblems"[1] angeführt, wobei jedoch zunächst offenbleibt, wie diese Eigenschaft konkret zu messen ist. Eine Möglichkeit bestünde darin, die Bedeutung eines Entscheidungsproblemes an der Höhe der mit den verschiedenen zur Auswahl stehenden Ausgangsprojekten[2] verbundenen Ein- und Auszahlungen abzulesen. Dementsprechend wäre der Planungshorizont bei Entscheidungen über Aktionsmöglichkeiten, die den gesamten Zahlungsstrom des Unternehmens in erheblichem Maße beeinflussen ("Großprojekte"), zeitlich später festzulegen als bei einem Aktionsfeld, das von vornherein nur auf Handlungsmöglichkeiten mit vergleichsweise niedrigen Zahlungen ("Kleinprojekte") begrenzt ist. Nun dürfte es in der Tat häufig so sein, daß beim Vergleich mehrerer Großprojekte die Werte der relevanten Zielvariablen in größerem Umfang voneinander abweichen und sich somit auch die aus der Ausdehnung des Planungszeitraumes resultierende Revision der Entscheidung in stärkerem Ausmaß auf die Zielfunktionswerte auswirkt, als das bei der Auswahl zwischen verschiedenen Kleinprojekten der Fall wäre. Der "Grenzvorteil" einer Ausdehnung des Planungshorizontes dürfte also häufig um so größer sein, je größer die mit den betrachteten Projekten verbundenen Zahlungsströme sind. Mithin würde sich bei dem unterstellten Verlauf von Grenzkosten und -vorteilen für den optimalen Planungshorizont ein um so höherer Wert ergeben, je größer die – in der skizzierten Weise zu messende – Bedeutung des Entscheidungsproblems ist.

---

1) Schneider, D. (1974), S. 46.

2) Als Ausgangsprojekte waren alle Projekte a_h bezeichnet worden, deren Inangriffnahme sofort in der ersten Periode beginnen muß, für die also $t_h^B = 1$ gilt.

Daß die Größenordnung der mit den betrachteten Ausgangsprojekten verbundenen Zahlungsströme allerdings nur einen sehr groben Anhaltspunkt für die Festlegung des Planungshorizontes bieten kann, mag der Vergleich der folgenden beiden Entscheidungssituationen zeigen:

<u>Situation I:</u> Ein Einzelhändler will 200.000 DM, die ihm aus einer Erbschaft zugeflossen sind, möglichst sicher anlegen. Er hat sich entschlossen, festverzinsliche Wertpapiere mit Restlaufzeiten zwischen drei und fünf Jahren zu erwerben und steht nun vor der Frage, wie er den Anlagebetrag auf verschiedene Arten von Staatsanleihen, Pfandbriefen und ähnlichen Schuldtiteln aufteilen soll.

<u>Situation II:</u> Der gleiche Einzelhändler steht vor der Frage, ob er einen Betrag von 40.000 DM zur Erweiterung und Renovierung seiner Geschäftsräume, zur Erhöhung seiner Lagerbestände oder als Liquiditätsreserve zur Anlage als dreimonatiges Festgeld verwenden soll.

In diesem Fall erscheint es trotz der eindeutigen Größenunterschiede wenig sinnvoll, für die Entscheidung in Situation I einen weiteren Planungshorizont[11] festzulegen als in Situation II. Vielmehr wäre man eher geneigt, gerade umgekehrt in Situation II auch die zukünftigen Aktionsmöglichkeiten stärker in die Betrachtung mit einzubeziehen und sich bei der Anlage der 200.000 DM kaum den Kopf über die Verwendung der Zinseinkünfte zu zerbrechen, sondern sich schlicht an der mehr oder weniger exakt berechneten Tagesrendite der verschiedenen Wertpapiere zu orientieren. Die für die Höhe des "Grenzvorteils" maßgeblichen Ergebnisunterschiede der auf der Basis unterschiedlich langer Planungszeiträume ermittelten optimalen Handlungsmöglichkeiten dürften nämlich bei dem fast

---

11) Um Mißverständnissen vorzubeugen, sei noch einmal an die Annahme erinnert, daß der Ergebnishorizont so weit in der Zukunft liegen soll, daß alle mit der Durchführung der zu den genannten Projekten zusammengefaßten Teilaktivitäten verbundenen Ein- und Auszahlungen vollständig erfaßt werden.

gleichartigen Anlageformen der Situation I erheblich geringer sein als in der zweiten Entscheidungssituation. Angesichts der starken Unterschiede in der zeitlichen Struktur der Zahlungsströme ist es im Fall II durchaus möglich, daß sich etwa für die Geschäftserweiterung wegen der damit verbundenen Chancen, den Kundenstamm im Laufe der nächsten fünf Jahre annähernd zu verdoppeln, aus der Analyse eines statischen Modells der höchste Zielfunktionswert ergibt, bei der Ausdehnung des Planungshorizontes jedoch deutlich wird, daß diese Aktionsmöglichkeit wegen der damit verbundenen Liquiditätsschwierigkeiten in der Folgezeit erheblich schlechter einzuschätzen ist als die kurzfristige Bankanlage. Je stärker die Ergebnisvektoren der verschiedenen Projekte also voneinander divergieren, um so größer dürfte der aus der Ausdehnung des Planungszeitraumes erlangbare Vorteil sein. Bei der im Zuge der Modellformulierung notwendig werdenden Festlegung des Planungshorizontes wäre also weniger die *absolute Größenordnung* der mit den zur Auswahl stehenden Projekten verbundenen Zahlungsströme zu beachten; das Hauptaugenmerk ist vielmehr auf die *Größenordnung der Divergenzen* zwischen diesen Zahlungsströmen zu richten. Das angeführte Beispiel führt jedoch noch zu einem weiteren, für die Fixierung von t^B wesentlichen Gesichtspunkt. Die "Bedeutung" eines Entscheidungsproblems kann nämlich außer an der Größenordnung der Ergebniswerte oder deren Divergenzen auch durch das Ausmaß an zeitlich vertikalen Interdependenzen zwischen den Ausgangsprojekten und den später in Angriff zu nehmenden Projekten gemessen werden, d. h. durch die Nachhaltigkeit, mit der Realisierbarkeit und Konsequenzen zukünftiger Handlungsalternativen durch die gegenwärtige Entscheidung beeinflußt werden. Diese zeitlich vertikalen Interdependenzen lassen sich in zwei Komponenten zerlegen.

Zum einen ist es möglich, daß die Durchführung eines Pro-

jektes nur die Menge der in zukünftigen Entscheidungssituationen zur Auswahl stehenden Aktionsmöglichkeiten beeinflußt, nicht jedoch deren Ergebnismöglichkeiten.
Die Gesamtheit dieser Einengungen künftiger Handlungsmöglichkeiten sei als der *aktionsbegrenzende Effekt* eines Projektes bezeichnet. In der Literatur wird nun häufig davon ausgegangen, daß dieser Effekt mit zunehmendem Zeitabstand immer kleiner wird und sich schließlich ganz verliert.[1)] Diese Folgerung ist jedoch nicht zwingend, denn die gegenwärtige Entscheidung beeinflußt das Aktionsfeld einer zukünftigen Periode t nicht nur direkt, sondern über ihre Auswirkungen auf die Entscheidungen in allen weiteren Perioden auch mittelbar. Ein solches Gefüge mittelbarer und unmittelbarer intertemporaler Interdependenzen ist nun ohne weiteres über einen beliebig langen Zeitraum vorstellbar, so daß aus einer zeitlich unbegrenzten Kette derartig induzierter Folgewirkungen ein bis zum Aktionshorizont durchschlagender aktionsbegrenzender Effekt resultieren kann.

Als zweite Komponente der zeitlich vertikalen Interdependenzen ist die Möglichkeit zu nennen, daß die jetzige Entscheidung die künftigen Aktionsmengen zwar unverändert läßt, die Ergebnismöglichkeiten später in Angriff zu nehmender Projekte jedoch beeinflußt. Dabei sind in diesem Zusammenhang insbesondere die Effekte von Interesse, die daraus resultieren, daß mit dem zeitlichen Wechsel zwischen verschiedenen Aktivitätsarten Kosten in unterschiedlicher Höhe verbunden sein können. Allgemein sei der Inbe-

---

1) So z. B. Modigliani, Hohn (1955), Albach (1962a), S. 226 f.; Blumentrath (1969), S. 234, 243 f. Als weiteres Beispiel sei auf die bei der Erörterung bestimmter Typen von stochastischen Modellen häufig gesetzte Annahme verwiesen, daß sich für den betrachteten Aktionsbereich - etwa ein Bestell- und Lagersystem - ein stationärer, von der Ausgangssituation - beispielsweise der anfänglich gelagerten Menge - unabhängiger Zustand eingestellt hat. Vgl. z. B. Feller (1957), S. 356; Howard (1960), S. 5-12; Hadley, Whitin (1963), S. 129; Ferschl (1964), S. 13-15.

griff derartiger Effekte der zur definitiven Entscheidung anstehenden Projekte auf die Ergebnisse zukünftiger Aktionen als *Kosten der Umdisposition* bezeichnet.

Die mit einem Projekt verbundenen aktionsbegrenzenden Effekte und die Höhe der Umdispositionskosten gemeinsam bestimmen das Ausmaß, in dem zukünftige Entscheidungsfelder durch die gegenwärtige Inangriffnahme bestimmter Aktionen beeinflußt werden. Als Bezeichnung für die Eigenschaft von Projekten, Realisierbarkeit und Konsequenzen künftiger Handlungsalternativen nur in geringem Umfang zu beeinträchtigen, sei im folgenden der Ausdruck *Elastizität* verwendet.[1)] Exakte Möglichkeiten, die in diesem Sinne zu verstehende Elastizität von Projekten zu bestimmen, stehen jedoch nicht zur Verfügung. Allerdings dürfte es häufig möglich sein, auch ohne eine exakte Kalkulation aller Folgeeffekte zu gewissen Aussagen über die Elastizität verschiedener Projekte zu gelangen. Nun lassen sich Handlungsmöglichkeiten, die Gegenstand ökonomischer Entscheidungsmodelle sind, im einzelnen durch eine Fülle mit ihrer Durchführung verbundener Bestandsveränderungen kennzeichnen, so etwa dadurch, daß bestimmte Sachgüter beschafft (produziert, gekauft, gemietet), Ansprüche und sonstige Rechte begründet oder Verpflichtungen eingegangen werden. Es liegt daher nahe, die Elastizität bestimmter Projekte anhand gewisser Qualitätsmerkmale der Objekte, deren Bestände sich durch die Inangriffnahme eines solchen Projektes ändern, abzuschätzen.

Unter der Gesamtheit von Vermögensgegenständen sind es im allgemeinen Bestände an Zahlungsmitteln, mit denen die

---

1) In der Literatur wird zur Kennzeichnung des gleichen Sachverhaltes häufig auch die Bezeichnung "Flexibilität" verwendet. (Vgl. z. B. Marschak, Nelson (1962); Meffert (1969); Schneider, D. (1971), insbes. S. 840 f.) Der Ausdruck "Flexibilität" soll hier jedoch in Anlehnung an Hax und Laux zur Charakterisierung bestimmter Planungstechniken und nicht der Planungsobjekte verwendet werden. (Vgl. Hax, Laux (1972), S. 322-324.)

größte Handlungsfreiheit verbunden ist, die es am besten erlauben, sich unvorhergesehenen Umweltentwicklungen anzupassen und die am leichtesten in Vermögensobjekte anderer Art umgewandelt werden können. Als ein für die Beurteilung der Elastizität von Handlungsprojekten relevantes Qualitätsmerkmal kann somit der Liquiditätsgrad[1)] von Vermögensobjekten angesehen werden, also ihre Eigenschaft, mehr oder weniger leicht in Zahlungsmittel umwandelbar oder zumindest beleihbar zu sein.[2)]

Bei Projekten, die mit Erhöhungen der Bestände relativ liquider Güter verbunden sind, könnte insoweit eine hohe Elastizität unterstellt werden; Aktionsmöglichkeiten, die dazu führen, daß sich Bestände geringen Liquiditätsgrades bilden, wären demgegenüber als wenig elastisch einzuordnen.

Demnach könnte in unseren oben angeführten Beispielsituationen I und II (s. S. 207) die Termineinlage als die elastischste Handlungsalternative angesehen werden, gefolgt von den verschiedenen Formen des Wertpapierkaufs. In der Tat sind diese Entscheidungen kurzfristig revidierbar, die Kosten der Umdisposition (z. B. Kursverluste) halten sich in engen Grenzen, der Spielraum für weitere Dispositionen wird kaum eingeengt. Für die Einschätzung der Möglichkeit, das Lager aufzustocken, wäre abzuschätzen, innerhalb welcher Zeit die Bestände normalerweise abgesetzt werden können, wie groß die Schwankungen der Nachfrage sein können, welche Chancen bestehen, die gelagerten Güter im Bedarfsfall beleihen oder schnell liquidieren zu können, wie hoch die damit verbundenen

---

1) Zur näheren Definition des Liquiditätsgrades von Vermögensgegenständen sowie den Determinanten dieser Eigenschaft (Selbstliquididationsperiode, Abtretbarkeit, Beleihbarkeit) s. Stützel (1959), S. 622-624; Stützel (1975).

2) Gäfgen (1974), S. 208 wählt den Ausdruck "Grad der Liquidität" sogar unmittelbar zur Kennzeichnung des Ausmaßes, in dem durch bestimmte Aktionen "spätere Entscheidungen ... festgelegt" werden.

Transaktionskosten und ein eventuell in Kauf zu nehmender Preisnachlaß wären. Beim Ausbau der Geschäftsräume schließlich würden Bestände relativ niedrigen Liquiditätsgrades beschafft, diese Maßnahme wäre insoweit als wenig elastisch einzustufen.

Außer dem Liquiditätsgrad können natürlich noch weitere Eigenschaften von Vermögensgegenständen als Anhaltspunkte für die Elastizität bestimmter Aktionsmöglichkeiten angesehen werden.[1] Der Spezialisierungsgrad von Produktionsanlagen etwa ist ein ebenso bedeutsamer Faktor für die Anpassungsfähigkeit eines Betriebes an Änderungen der Absatzlage[2] wie etwa das Ausbildungsniveau der Belegschaft oder der Grad an allgemeiner Verwendbarkeit der Vorprodukte. So ist etwa die Beschaffung einer bei Bedarf für mehrere Arbeitsgänge einsetzbaren Maschine im Vergleich zur Installation eines Einzweckaggregates die elastischere Maßnahme. Das gleiche gilt für die Einstellung eines Lieferwagenfahrers, der bei Bedarf auch Lastwagen fahren kann, verglichen mit der Einstellung eines Fahrers, der den Führerschein der Klasse 2 nicht besitzt. Für die Beurteilung der Elastizität von Projekten, die zu einem Bestand an Verpflichtungen führen, sind die Dauer der vereinbarten Bindung und die Kündigungsfristen von Bedeutung, darüber hinaus sonstige damit verbundenen Einschränkungen der eigenen Handlungsmöglichkeiten. So ist etwa der Abschluß eines dreijährigen, seitens des Lieferanten jedoch nach einem Jahr jederzeit kündbaren Dauerliefervertrages für diesen ein elastischeres Projekt als das Eingehen eines unkündbaren Vertrages für zwei Jahre. Die Aufnahme eines ungesicherten Darlehens beläßt dem Geldnehmer einen größeren Aktionsspielraum als die Verschuldung gegen Leistung von

---

1) Wegen einer eingehenden Untersuchung verschiedener Aspekte dieses Problems sei verwiesen auf Riebel (1954), insbes. S. 142-165; Wittmann (1959), S. 190-201.

2) Gutenberg spricht in diesem Zusammenhang von "fertigungstechnischer Elastizität" (Gutenberg (1963), S. 330-333).

Sicherheiten oder unter Vereinbarung einer Negativklausel.

Die Kette der Beispiele ließe sich beliebig fortsetzen; jedoch dürfte auch ohne dies klar sein, daß sich im allgemeinen auch ohne die exakte Durchkalkulation künftiger Entscheidungssituationen etliche Anhaltspunkte finden lassen, die es erlauben, sich ein Urteil über die Elastizität der verschiedenen zur Auswahl stehenden Projekte zu bilden. Damit aber besteht die Möglichkeit, sich bei der Festlegung des Planungshorizontes an dieser Schätzgröße zu orientieren. Für den Fall, daß nur über Annahme oder Ablehnung eines Projektes zu entscheiden ist - die Aktionsmenge enthält also neben der Nullalternative nur ein Ausgangsprojekt - könnte dann als Regel formuliert werden: Der Planungshorizont ist um so weiter zu wählen, je geringer die Elastizität des zur Disposition anstehenden Ausgangsprojektes ist. Je geringer nämlich die Elastizität ist, desto gravierender wird durch die Inangriffnahme des Projektes in zukünftige Entscheidungsspielräume eingegriffen, desto größer sind die Gefahren einer zu kurzfristig ausgerichteten Planung, desto größer sind mithin die aus der Ausdehnung des Planungshorizontes erlangbaren Vorteile. Im allgemeinen steht jedoch eine größere Anzahl von Ausgangsprojekten unterschiedlicher Elastizität zur Auswahl. Da der Planungshorizont jedoch sinnvollerweise für die Gesamtheit der im Modell darzustellenden Projekte einheitlich festzulegen ist, erhebt sich die Frage, in welcher Weise die unterschiedlichen Elastizitäten der Ausgangssituationen bei der Festlegung von t^B berücksichtigt werden sollen.

Zunächst könnte es als naheliegend erscheinen, davon auszugehen, daß - gewissermaßen in Anwendung des Engpaßprinzips - das Ausgangsprojekt mit der geringsten Elastizität für die Ausdehnung des Planungshorizontes den Ausschlag geben sollte. Der Wert von t^B wäre dann tendenziell um so größer festzusetzen, je geringer die Elastizität des am wenigsten elastischen Ausgangsprojektes ist. Gegen dieses Prinzip sind allerdings erhebliche Bedenken zu erheben, wie folgendes Beispiel verdeutlichen mag.

Ein Einproduktunternehmen hat eine Produktionskapazität von 2.500 Stück/Monat. Es hat sich vertraglich verpflichtet, zwei Jahre lang monatlich 2.000 Stück an einen bestimmten Abnehmer zu liefern; lediglich im August hat keine Lieferung zu erfolgen, da der Abnehmer in diesem Monat die Betriebsferien angesetzt hat. Die Herstellung der 2.000 Stück hat nach einem genau festgelegten Verfahren zu erfolgen; für die Produktion darüber hinausgehender Aufträge stehen demgegenüber zwei fertigungstechnische Varianten A und B offen, die zu leichten Unterschieden bei den Produkten führen und deren Vorteilhaftigkeit von den im Zeitablauf schwankenden Preisen der einzusetzenden Roh- und Betriebsstoffe abhängt. Anfang Mai hat die Unternehmensleitung den Produktionsplan für den kommenden Monat aufzustellen; dabei seien alternativ die folgenden vier Entscheidungsfelder betrachtet:

(I) Es ist darüber zu entscheiden, ob ein bis Mitte Juni auszuliefernder Auftrag über 750 nach Wahl des Unternehmens einheitlich gem. Verfahren A oder B herzustellende Stück angenommen werden soll oder ob der Betrieb im Mai nur die zugesagten 2.000 Stück herstellen soll.

(II) Die Durchführung des 750-Stück-Auftrages ist bereits fest zugesagt, zu entscheiden ist nur noch, ob die Produktion nach Verfahren A oder B erfolgen soll.

(III) Der Abnehmer des bereits zugesagten 750er Auftrages möchte einen Zusatzauftrag über weitere produktionsgleiche 500 Stück, lieferbar bis

Mitte Juli, geben. Er erwartet Anfang Mai jedoch schon eine definitive Zusage.

(IV) Die Durchführung des Zusatzauftrages ist ebenfalls schon zugesagt; zu entscheiden ist, ob die Gesamtmenge von 1.250 Stück nach Verfahren A oder B hergestellt werden soll.

Die Planungsperiode des Unternehmens beträgt jeweils einen Monat. Für die Monate Juni und Juli werden nur noch Aufträge in der Größenordnung von 200 bis 500 Stück, jeweils bis zum Monatsende lieferbar, erwartet. Im August bleibt der Betrieb genau wie bei dem Dauerabnehmer wegen Ferien geschlossen. Lagermöglichkeiten für das Endprodukt bestehen nicht.

Da nur die über den Dauerauftrag hinaus zu produzierenden Mengen zur Disposition stehen, können die - einander jeweils ausschließenden - Ausgangsprojekte der vier angegebenen Entscheidungsfelder wie folgt charakterisiert werden:

(I)	0 oder 750 A oder 750 B
(II)	750 A oder 750 B
(III)	750 A oder 750 B oder 1.250 A oder 1.250 B
(IV)	1.250 A oder 1.250 B

Als Bezugsbasis für die Beurteilung der Elastizität der verschiedenen Ausgangsprojekte sei die - außer in Entscheidungssituation (I) - fiktive Möglichkeit betrachtet, im Mai außer dem Dauerauftrag überhaupt keinen weiteren Produktionsauftrag mehr durchzuführen. Durch die Realisierung dieser Alternative würde der nach Erfüllung des Dauerliefervertrages verbleibende Aktionsspielraum für die kommenden Monate offenbar gar nicht eingeschränkt.
Bei Durchführung des 750er Auftrages hingegen würden die Dispositionsmöglichkeiten im Juni beeinträchtigt; Aufträge von mehr als 250 Stück müßten abgelehnt werden.

Die Durchführung des 1.250er Auftrages würde sogar im Juni jeden Handlungsspielraum nehmen und darüber hinaus auch die Aktionsmöglichkeiten im Juli schwerwiegend beeinträchtigen. Kennzeichnet man nun der Einfachheit halber die Elastizität der Ausgangsprojekte durch einen reziproken Wert der Anzahl von Monaten, in denen die Auswirkungen der betrachteten Ausgangsaktionen unmittelbar spürbar werden, so ergibt sich für

- den 750er Auftrag eine Elastizitätsziffer von 1/2
- den 1.250er Auftrag eine Elastizitätsziffer von 1/3.

Nach der oben angegebenen Regel, die Länge des Planungszeitraumes entsprechend der Minimalelastizität der Ausgangsprojekte festzulegen, wäre zur Darstellung der Entscheidungssituationen III und IV jeweils ein einheitlicher, vergleichsweise großer Wert für t^B festzusetzen. Für die modellmäßige Erfassung der in I und II zu beurteilenden Ausgangsprojekte wäre t^B demgegenüber niedriger anzusetzen. So könnte bezüglich der Festlegung der Planungshorizonte etwa folgende Regelung getroffen werden:

Entscheidungssituation:	I	II	III	IV
t^B :	2	2	3	3

Offenbar wäre eine solche Modellstruktur jedoch nicht in allen Fällen sinnvoll. In den Situationen II und IV nämlich ist das Aktionsfeld in sachlicher Hinsicht bereits soweit eingegrenzt, daß alle noch zur Auswahl stehenden Ausgangsprojekte den zukünftigen Entscheidungsspielraum zwar in - verglichen mit der Standardalternative - erheblichem, jedoch genau dem gleichen Maße einschränken. Der Umfang, in dem die Handlungsfreiheit in dem kommenden Monat durch die betrachteten Ausgangsprojekte beeinflußt wird, hängt also gar nicht mehr von der noch zu treffenden Entscheidung ab; die Elastizität des zu ergreifenden Aktionsprogrammes ist schon weitgehend festgelegt. Mithin wäre es völlig ausreichend, über die in II und IV zur Auswahl stehenden Projekte im Rahmen eines statischen Modells zu entscheiden. In den Situationen I und III demgegenüber beeinflussen die Ausgangssituationen die zukünftigen Entscheidungsspielräume in unterschiedlicher Weise, so daß es in diesen Fällen angebracht erscheint, auch die in den kommenden Monaten bestehenden Aktionsmöglichkeiten explizit in den Kalkül mit einzubeziehen, den Planungszeitraum also auf zwei oder drei Monate auszuweiten. Man würde also etwa folgende Modellstrukturen wählen

Entscheidungssituation:	I	II	III	IV
t^B :	2	1	3	1 ,

die mit dem genannten Minimumprinzip offensichtlich nicht in Einklang stehen.

Damit aber wird deutlich, daß im allgemeinen nicht die *Minimal*elastizitäten einen geeigneten Anhaltspunkt für die Fixierung von t^B bieten können, sondern die Elastizitäts*unterschiede* zwischen den zur Disposition anstehenden Ausgangsprojekten. Je stärker die Ausgangsaktivitäten in der Art und Weise divergieren, in der sie Realisierbarkeit und Ergebnismöglichkeiten zukünftiger Handlungsalternativen beeinflussen, desto größer sind die Vorteile, die aus einer Ausdehnung des Betrachtungszeitraumes zu erwarten sind, desto weiter sollte mithin der Planungshorizont festgelegt werden.

Nun sind die Elastizitätsunterschiede innerhalb einer Menge zur Entscheidung anstehender Projekte im allgemeinen um so größer, je breiter der entsprechend den sachlichen Abgrenzungskriterien überhaupt noch zu betrachtende Aktionsbereich ist. Umfaßt dieser Aktionsbereich etwa nur Entscheidungen darüber, ob und wenn ja, wie eine einzelne Maschine ersetzt werden soll, so ist der Einfluß dieser Entscheidung auf die weitere Entwicklung wesentlich geringer als wenn die Stillegung eines ganzen Betriebsteiles zur Disposition steht. Allgemein ist das Ausmaß, in dem das aus der Analyse eines entsprechenden Modells abzuleitende Entscheidungsergebnis die künftigen Aktionsspielräume einengt und die gesamte Entwicklung prägt, um so größer, je weiter der modellmäßig zu erfassende Handlungsbereich ist. So knüpft in aller Regel auch die Zuordnung von Entscheidungskompetenzen zu unterschiedlichen Stufen der betrieblichen Organisationsstruktur an diesem Merkmal an; und genau diese Eigenschaft, also die Weite des in Betracht zu ziehenden Dispositionsbereiches, dürfte letztlich auch gemeint sein, wenn von der "Bedeutung" eines Entscheidungsproblems gesprochen wird.[1)]

Vor dem Hintergrund dieser Erwägungen kann dann die Regel formuliert werden: Bei der Aufstellung eines Entscheidungsmodells ist der Planungshorizont tendenziell um so weiter in die Zukunft zu verlagern, je bedeutsamer das darzustellende Dispositionsproblem ist, d. h. je stärker es von dem Ausgang der Modellösung abhängt, in welchem Umfang Realisierbarkeit und Ergebnismöglichkeiten zukünftiger Handlungsalternativen beeinflußt werden, je größer also die Elastizitätsunterschiede zwischen den betrachteten Ausgangsaktionen sind. Als erste und grobe Anhaltspunkte dafür können natürlich die anfangs erörterten Kennzeichen, die Größenordnung der mit den zur Auswahl stehenden Projekten verbundenen Zahlungsströme bzw. die Größenunterschiede zwischen diesen Zahlungsströmen herangezogen werden.

Neben der Elastizität der betrachteten Ausgangsprojekte als Indikator für den in Kauf zu nehmenden Planungsaufwand ist als weiterer Gesichtspunkt bei der Festlegung des Planungshorizontes zu beachten, daß die künftigen

---

1) So z. B. Gutenberg (1962), S. 60 f.; Schneider, D. (1974), S. 46; Grün (1973), Sp. 483.

Aktionsmöglichkeiten mit zunehmender Ausdehnung des Betrachtungszeitraumes ständig weniger vorhergesehen werden können und die Informationsunsicherheit darüber selbst bei Aufwendung noch so hoher Erforschungskosten von einem gewissen Zeitpunkt ab ein solches Ausmaß erreicht, daß einer rationalen Planung der Boden entzogen wird.[1] Zwar könnte ein sich hellseherisch begabt fühlender Investor die Voraussage machen, in zehn Jahren werde sich im Mai der Zins für 9-monatige Bankeinlagen auf 8 3/4 % belaufen, während der Zins für 3-monatige Einlagen im November des gleichen Jahres nur noch 8 1/4 % betragen werde, und unter Berücksichtigung dieser Anschlußprojekte heute die Entscheidung zwischen dem Erwerb einer Anleihe mit 10-jähriger und einer mit 10 1/2-jähriger Restlaufzeit treffen. Allgemein wird man einer solchen Kalkulation jedoch wohl kaum die Qualität vernünftiger Planung zusprechen können. Mithin wird es immer einen zukünftigen Zeitpunkt geben, von dem ab die zur Auswahl stehenden Handlungsalternativen und die damit verbundenen Ergebnismöglichkeiten bis zur Unkenntlichkeit verschwimmen. Dieser Zeitpunkt mag je nach dem betrachteten Aktionsbereich unterschiedlich sein[2]: die Möglichkeit, überhaupt Geld verzinslich bei einer Bank anlegen, Transporte über die Bahn abwickeln oder Strom von einem Elektrizitätswerk beziehen zu können, wird man gemeinhin über einen recht langen Zeitraum hinweg als gegeben ansehen; Prognosen über die Absatzchancen hochmodischer Erzeugnisse hingegen werden allenfalls für wenige Jahre eine gewisse Verläßlichkeit aufweisen. Für jedes konkrete Entscheidungsproblem wird sich aber auf jeden Fall aus den skizzierten Überlegungen heraus eine absolute Obergrenze für den Planungshorizont finden lassen, die zu überschreiten auch ohne Berücksichtigung des zuvor näher erörterten

1) In diesem Sinne äußern sich u. a. Krelle (1959), S. 221; Wittmann (1959), S. 140-147, 172-175; Schneider, D. (1974), insbes. S. 48; Mag (1971), S. 816-820.

2) Wegen einer ausführlicheren Erörterung dieses Punktes vgl. Wittmann (1959), S. 142-147.

Aspektes der Planungskosten nicht sinnvoll ist.

Darüber hinaus ist zu bedenken, daß viele Entscheidungen allein schon aus Zeitgründen auf der Basis eines vorgegebenen Informationsstandes getroffen werden müssen. Bei der Formulierung eines entsprechenden Modells sind dann hinsichtlich der Fixierung des Planungshorizontes zwei Möglichkeiten zu unterscheiden:

(1) Aus der Abwägung der mit der zeitlichen Ausdehnung des Modells verbundenen Zunahme von Lösungsaufwand und Lösungsqualität wird ein innerhalb des aufgrund der vorliegenden Informationen hinlänglich überschaubaren Zeitraumes liegender Planungshorizont fixiert.

(2) Die Abschätzung von Grenzvorteilen und -kosten einer Verlängerung des Betrachtungszeitraumes führt zu dem Ergebnis, daß es vorteilhaft wäre, den Planungshorizont über den Zeitpunkt hinaus auszuweiten, bis zu dem hinlänglich verläßliche Informationen vorliegen.

Besteht im Fall (2) die Möglichkeit, die Entscheidung noch aufzuschieben, so können weitere Informationen beschafft werden und der Planungshorizont bei dem erneuten Versuch der Modellformulierung dann gemäß (1) festgelegt werden. Ist die Entscheidung hingegen unaufschiebbar, so bestimmt der aufgrund des gegebenen Informationsstandes überschaubare Zeitraum den Planungshorizont.

c. <u>Die Festlegung des Ergebnishorizontes</u>

Bislang ist unterstellt worden, daß die den explizit erfaßten Projekten unmittelbar zurechenbaren Zahlungsströme in ihrer zeitlichen Ausdehnung voll erfaßt werden (also $\tau^E = t^E$). In diesem Fall stellt die Fixierung des Ergebnishorizontes kein eigenständiges Problem dar; vielmehr ergibt sich dieser Zeitpunkt zwangsläufig aus der Festlegung des Planungshorizontes. Planungskosten und Informationsunsicherheit können es jedoch ratsam oder notwendig werden lassen, für t^E einen kleineren Wert anzusetzen. Bei der Informationsbeschaffung ist also wiederum abzuschätzen, für welchen Zeitraum es überhaupt lohnt, sich nähere Kenntnisse über die unmittelbaren Konsequenzen eines Projektes zu verschaffen; bei der Modellformulierung wird entsprechend zu überlegen sein, inwieweit die von der Einbeziehung auch zeitlich weiter entfernter Zahlungsströme zu erwartende Verbesserung der Entscheidungsgrundlage die damit verbundene Erhöhung des Rechen- und Lösungsaufwandes überhaupt rechtfertigt. Einen Anhaltspunkt wird hier die erkennbare *Größenordnung* der Ein- und Auszahlungen bieten. Ist etwa bei der Entscheidung eines Wohnungsbauunternehmens über ein großes Bauvorhaben mit einem Investitionsvolumen von einigen Millionen Mark, das in vier Jahren abgewickelt werden soll, ersichtlich, daß auch einige Jahre nach der Abwicklung des eigentlichen Projektes noch Ein- und Auszahlungen in der Größenordnung von einigen tausend Mark zu erwarten sind, so könnte es durchaus sinnvoll sein, den Ergebnishorizont nicht über das vierte Jahr hinaus auszuweiten. Die Kosten für die Beschaffung näherer Informationen über genaue Höhe und zeitliche Verteilung der Restzahlungen und die Steigerung des Rechenaufwandes bei der Modellösung würden vermutlich schwerer wiegen als der durch die Zunahme der Planungsgenauigkeit erreichbare Vorteil.

Neben der absoluten Größe der Ergebniswerte können jedoch auch wieder *Größenunterschiede* für die Bestimmung des Ergebnishorizontes bedeutsam sein. Hat ein Bergbauunternehmen etwa darüber zu entscheiden, ob es ein Braunkohlenfeld abbauen soll, so sind auch die nach Beendigung des Abbaus anfallenden Ausgaben für die Rekultivierung der Abbaufläche in den Kalkül einzubeziehen. Ist hingegen nur noch darüber zu entscheiden, nach welchen technischen Verfahren der Abbau erfolgen soll und ist allen zur Auswahl stehenden Projekten gemein, daß der Abbau in drei Jahren beendet sein soll, so können die jeweiligen Zahlungsströme ohne weiteres nach drei Jahren "abgeschnitten", der Ergebnishorizont also entsprechend festgelegt werden.[1] Die jenseits von t^E anfallenden Auszahlungen sind ja bei allen zur Auswahl stehenden Projekten gleich, beeinflussen mithin auch die anstehende Entscheidung nicht. Ein Modell mit einem weiter gezogenen Planungshorizont wäre also nur unnötig kompliziert.

Außer durch die Planungskosten werden einer Ausdehnung des Ergebnishorizontes aber auch durch die *Unsicherheit* über künftige Entwicklungen Grenzen gesetzt. Je weiter man die Konsequenzen einer bestimmten Aktion in die Zukunft hinein zu erkennen versucht, um so ungewisser werden die Prognosemöglichkeiten, um so größer wird die Streubreite der möglichen Ergebnisse, so daß die Unterschiede zwischen den zur Auswahl stehenden Alternativen mehr und mehr verschwimmen und sich schließlich "Voraussicht in Ratlosigkeit verwandeln dürfte".[2] Der Ergebnishorizont kann also höchstens so weit gespannt werden, wie die vorliegenden Informationen es erlauben, die zur Auswahl stehenden Handlungsalternativen in ihren Ergebnismöglichkeiten hinlänglich zu erkennen. Von welchem Zeitpunkt ab die Informationsunsicherheit ein solches Ausmaß erreicht, daß es nicht sinnvoll erscheint, später eintretende Ergebnisse noch zu berücksichtigen, wird wieder je nach dem betrachteten Entscheidungsproblem un-

---

1) Der gleiche Vereinfachungseffekt könnte natürlich auch erreicht werden, indem man die Projekte von vornherein enger definiert (also nur die unmittelbar auf den Abbau bezogenen Einzelaktivitäten zusammenfaßt) oder die Standardalternative in entsprechender Weise definiert, so daß sich den Projekten jenseits des Dreijahreszeitraumes ohnehin keine Zahlungen mehr zuordnen lassen. Dies macht zugleich erneut deutlich, daß die einzelnen hier unterschiedenen Arten von Abbildungsregeln ein interdependentes Ganzes bilden und die Grenzen zwischen ihnen teilweise verschwimmen.

2) Wittmann (1959), S. 173.

terschiedlich sein und außerdem auch von der subjektiven Einstellung des Entscheidenden abhängen: was dem einen noch als hinlänglich verläßliche Planungsgrundlage erscheint, mag für einen anderen schon reine Spekulation sein. Insofern dürfte es auch kaum möglich sein, eindeutige Kriterien für die Festlegung des Ergebnishorizontes zu ermitteln.

Auch der von MAG[1)] eingebrachte Vorschlag, den Betrachtungszeitraum abzubrechen, sobald sich die Intervalle möglicher Ergebnisse der zur Auswahl stehenden Alternativen überschneiden, erscheint als allgemeines Kriterium zur Festlegung des Ergebnishorizontes wenig geeignet.[2)] Einen besseren Anknüpfungspunkt könnte vielleicht die absolute Schwankungsbreite der für möglich gehaltenen Periodenergebnisse bieten oder das Ausmaß, in dem der Entscheidende noch in der Lage ist, zumindest subjektive Wahrscheinlichkeitsvorstellungen für verschiedene Ergebnismöglichkeiten zu artikulieren. Auf jeden Fall lassen sich höchstens sehr grobe Faustformeln aufstellen, die kaum den Anspruch auf intersubjektive Gültigkeit erheben können.

Allgemein zeigt sich also, daß die betriebswirtschaftliche Forschung bezüglich der Frage, wie Entscheidungsmodelle in zeitlicher Hinsicht abgegrenzt werden sollen, allenfalls einige allgemeine Hinweise, auf der Suche nach ganz konkreten Verfahrensrezepten für die optimale Ausgestaltung dieser Regeln jedoch nur die Erkenntnis des "ignoramus, ignorabimus" liefern kann.[3)]

---

1) Vgl. Mag (1971), S. 817-819. Der von Mag verwendete Ausdruck "Planungshorizont" entspricht dem, was hier als "Ergebnishorizont" bezeichnet wird.

2) Zur Kritik dieses Ansatzes vgl. im einzelnen Bitz (1975a).

3) Auch der Versuch Teichmanns (1975), die Subjektivität der Fixierung des Ergebnishorizontes durch einen formalisierten Vor-Kalkül aufzuheben, scheitert letztlich. Vgl. hierzu im einzelnen Bitz (1975a).

Für die Versuche, sich zur Vorbereitung von Entscheidungen überhaupt gewisser Formalkalküle zu bedienen, ergeben sich daraus zwei mögliche Konsequenzen: Entweder zu resignieren, auf jede zukunftsorientierte Planung zu verzichten und etwa allmonatlich den Arbeitsplan für die nächsten vier Wochen auszuwürfeln - oder doch zu versuchen, in irgendeiner Weise zu einem formalisierten Modellansatz zu gelangen. Dann aber wird zwangsläufig über die Fixierung von Planungs- und Ergebnishorizonten entschieden; dann findet zwangsläufig eine Festlegung der relevanten Zeiträume statt, ob sich der Planer dessen nun bewußt ist oder nicht. Damit aber stellt sich einer Theorie, die sich mit Regeln zur Ausgestaltung von Entscheidungsmodellen befaßt, die hier betriebene Aufgabe, zumindest die wichtigsten Gesichtspunkte, die bei dieser Festlegung zu beachten sind, in differenzierter Weise aufzuzeichnen.

6. Kapitel:

Auswahlprobleme bei der Formulierung von Zielfunktionen unter Sicherheit

1. Problemstellung

a. Zur Kritik am Prinzip der Gewinnmaximierung

Die traditionellen Ansätze betriebswirtschaftlicher Entscheidungsmodelle basieren zumeist auf dem Prinzip der Maximierung des Gewinnes oder einer entsprechenden Vermögensgröße, wobei die entsprechende Zielvariable häufig gar nicht weiter diskutiert wird, sondern mehr oder weniger stillschweigend als Datum vorausgesetzt wird.[1] Insbesondere in jüngster Zeit sind gegen die Verwendung derartiger Zielfunktionen verschiedene, teils auf empirische Untersuchungen[2], teils auf - insbesondere organisations- und unsicherheits- - theoretische Erwägungen[3] gestützte Einwände vorgetragen worden.[4]

---

1) Vgl. u. a. Rieger (1959), S. 44-71; Moxter (1957), S. 37 f., S. 60-78; Wöhe (1959), S. 187-205; Engels (1962), S. 53-61; Strasser (1966), S. 18-20; Schmidt-Sudhoff (1967), S. 41-43; Heinen (1971), S. 28.

2) So z. B. Clark, P. G. (1950); Kaplan, Dirham, Lanzilotti (1958); Raia (1965); Heinen (1971), insbes. S. 37-44; Hauschildt (1973).

3) So z. B. Scitovsky (1943); Simon (1959); Katona (1960), S. 231-256; Heinen (1962); Sauermann, Selten (1962); Dinkelbach (1962); Gümbel (1963); Koller, H. (1971), insbes. S. 81-84.

4) Wegen eines Überblicks über verschiedene Kritikpunkte vgl. Bidlingmaier (1964), insbes. S. 54-127 und (1968), insbes. S. 23-41; Schmidt-Sudhoff (1967), S. 43-62; Hauschildt (1970); Koller, H. (1971); Heinen (1971), insbes. S. 28-48; s. a. Wöhe (1959), insbes. S. 185-221; Engels (1962), S. 53-80; Kirsch (1970), S. 62-75; Schneider, D. (1974), S. 62-69.

Auf eine nähere Darstellung der verschiedenen Standpunkte soll angesichts der Komplexität und der Fülle der vorliegenden Beiträge zu diesem Thema im Rahmen dieser Arbeit von vornherein verzichtet werden. Dies erscheint insofern gerechtfertigt, als es in dieser Untersuchung nicht um Ansätze zur Erkärung des unternehmerischen Verhaltens geht, sondern primär um die Analyse der bei der Formulierung präskriptiver Entscheidungsmodelle auftretenden Probleme.

Um aus der Betrachtung eines Modells gewisse Handlungsrezepte ableiten zu können, muß natürlich stets von irgendeiner Normvorstellung ausgegangen werden, da sonst jedes Kriterium zur Beurteilung der dargestellten Alternative fehlt. Für die Modellkonstruktion besteht somit grundsätzlich das formale Problem, eine Zielfunktion aufzustellen. Dabei kann eine in sich schlüssige, *reine Theorie* grundsätzlich auf der Basis jeder beliebigen Zielfunktion entwickelt werden.[1] Entsprechende Modelle liefern Aussagen über Verfahrensweisen zur Ermittlung der Vorteilhaftigkeit von Handlungsmöglichkeiten im Hinblick auf bestimmte durch die Modellprämissen festgelegte Konstellationen von Aktionsmöglichkeiten und sonstige Einflußfaktoren sowie im Hinblick auf die unterstellte Zielfunktion. Aus der Modellanalyse gewonnene Erkenntnisse haben also stets nur den Charakter bedingter und nicht den absoluter Handlungsempfehlungen, für die nur insoweit Gültigkeit auch für reale Entscheidungssituationen beansprucht wird, wie der Entscheidende das modellmäßige Entscheidungsfeld als hinreichend genaue Darstellung der Realsituation identifiziert und die zugrunde liegende Zielfunktion akzeptiert. Insoweit steht dem Theoretiker die Wahl der bei der Modellkonstruktion verwendeten Zielfunktion also frei.

---

1) In gleichem Sinne z. B. Engels (1962), S. 55; Hax (1965a) S. 29 f. und (1967), S. 749 f.

Soll den Modellergebnissen jedoch über ihren rein theoretischen Wert hinaus eine gewisse praktische Relevanz zukommen, so ist es von ganz entscheidender Bedeutung, daß die Zielfunktion nicht nach freiem Belieben, sondern möglichst so gewählt wird, daß sie als hinlänglich repräsentativ für die konkreten Handlungsmotive und -bestrebungen der realen Akteure angesehen werden kann.[1)] Insoweit ist die empirische Zielforschung also auch für die präskriptive Theorie von grundlegender Bedeutung. Andererseits darf nicht verkannt werden, daß es bei der Formulierung von Entscheidungsmodellen nicht um die isomorphe Abbildung der Realität geht, sondern um eine vereinfachende, auswählende, aggregierende Darstellung nur der für die Entscheidung vorrangig bedeutsamen Sachverhalte. Somit kann auch die verwendete Zielfunktion immer nur einen Ausschnitt aus der komplexen Fülle menschlicher Zielvorstellungen in vereinfachter Form abbilden.[2)] Daraus folgt aber weiter, daß keineswegs alle Zielvorstellungen, die aufgrund der Ergebnisse empirischer Zielforschungen zur Erklärung effektiv beobachteter Verhaltensweisen heranzuziehen sind, zugleich auch für die Formulierung präskriptiver Entscheidungsmodelle relevant sein müssen. Insoweit kann es also durchaus gerechtfertigt sein, wenn in der Mehrzahl betriebswirtschaftlicher Entscheidungsmodelle dem Streben nach Gewinn sowie daraus abgeleiteten oder damit verwandten Größen vorrangige Bedeutung eingeräumt wird[3)], auch wenn Arbeiten der empirischen Zielforschung Zweifel daran rechtfertigen, daß in Entscheidungssituationen der untersuchten Art diese Zielgröße als allein maßgeblich betrachtet wird.
Andererseits ist es von Interesse zu untersuchen, in welcher Weise die formale Struktur von Entscheidungsmodellen

---

1) Vgl. Engels (1962), S. 55; Hax (1965a), S. 29 f. und (1967), S. 749 f.; Hauschildt (1973), S. 709.
2) Vgl. Hax (1967), S. 749.
3) So auch bei Wöhe (1959), S. 187-205; Engels (1962), S. 54-61; Hax (1965a), S. 29 f. und (1967), S. 749 f.; Adam, D. (1970), S. 59-65; Kilger (1973), S. 15 f.; Wöhe (1973), S. 30-36.

zu modifizieren wäre, wenn verschiedene gegen das Gewinnmaximierungsprinzip vorgebrachte Argumente berücksichtigt werden sollen. Unter diesem Aspekt erscheint es zweckmäßig, folgende drei Gruppen von Einwänden zu unterscheiden.

(1) Zum einen wird darauf hingewiesen, die Beobachtung des tatsächlichen unternehmerischen Verhaltens zeige, daß der Gewinn niemals die *alleinige Zielgröße* darstellt.[1] Dieser Befund könnte bei der Modellkonstruktion etwa in der Weise berücksichtigt werden, daß grundsätzlich eine Vielzahl verschiedener Zielgrößen in Betracht gezogen und die Zielfunktion dementsprechend auf der Basis mehrerer originärer Teilzielvariablen formuliert wird. Dazu bedarf es aber angesichts der unübersehbaren Fülle denkbarer Zielvorstellungen einer Auswahlregel, durch die festgelegt wird, welche der überhaupt in Betracht zu ziehenden Ziele für die anstehende Entscheidung so bedeutsam sind, daß sie modellmäßig erfaßt werden sollen.

Die Tatsache, daß die Untersuchung eines bestimmten Entscheidungsprozesses zunächst andere Zielgrößen als den Gewinn erkennen läßt, braucht jedoch noch gar nicht gegen das Gewinnmaximierungsprinzip zu sprechen. Vielmehr ist es auch denkbar, daß die festgestellten Zielgrößen nichts anderes darstellen als eine durch die besonderen Rahmenumstände des betrachteten Entscheidungsproblemes ermöglichte vereinfachende Konkretisierung gerade dieses Prinzips. Für die Modellkonstruktion ergibt sich daraus schon im Interesse einer möglichst einfachen Darstellung des Entscheidungskomplexes die Notwendigkeit, komplexe Zielgrössen, wie etwa den Periodengewinn, soweit wie möglich durch einfachere Variablen zu substituieren, zu denen sie in bestimmter funktioneller oder definitorischer Relation stehen.

---

1) Zur Diskussion dieses Argumentes vgl. Schmitt-Rink (1966), S. 419 f.

(2) Als weiteres Argument wird vorgebracht, in der Realität werde gar nicht ein möglichst hoher Wert des Gewinnes oder sonstiger Zielgrößen angestrebt, sondern nur ein *befriedigendes* Niveau.[1] Dabei mag hier offen bleiben, inwieweit ein solches Verhalten psychologisch erklärt werden kann; auf jeden Fall erscheint es - aber das mag in der Tat ein nicht weiter begründetes Vorurteil des Verfassers sein - nicht sehr plausibel, daß ein Unternehmer von mehreren ihm genau bekannten, im Hinblick auf alle sonstigen Kriterien gleichwertigen Alternativen, nicht diejenige wählen sollte, die ihm den höchsten Gewinn verspricht und sich statt dessen mit einem "befriedigenden" Gewinn begnügt.

Ein anderes Gewicht erhält das Konzept des Anspruchsniveaus allerdings, wenn auch die Planungs- und Informationskosten in die Betrachtung einbezogen werden. Dann ist es - wie oben bereits mehrfach dargelegt - in der Regel vorteilhafter, auf die Ermittlung des theoretischen Totaloptimums zu verzichten und sich mit einer "zweitbesten", dafür aber auch mit geringerem Aufwand erreichbaren Lösung zufriedenzugeben. Unter diesem Aspekt allerdings kann das Setzen eines Anspruchsniveaus durchaus als der heuristische Versuch interpretiert werden, aus dem gesamten Entscheidungsprozeß, also unter Abschätzung aller Informations- und Planungskosten, letztlich doch noch ein bestmögliches Ergebnis abzuleiten.[2]

Unabhängig von seiner Begründung könnte diesem gegen die Maximierungshypothese vorgetragenen Argument bei der Modellformulierung dadurch Rechnung getragen wer-

---

1) Vgl. z. B. Simon (1957), S. 241-260, (1959), S. 262-265; Katona (1960), S. 231-256; Sauermann, Selten (1962).

2) Der Hinweis, daß Simon's "satisficer" in diesem Sinne doch als "maximizer" angesehen werden kann, findet sich u. a. bei Lintner (1962), S. 25; Moxter (1964), S. 27 f.; Teichmann (1971), S. 753 f. und (1972), S. 521.

den, daß als Optimierungskriterium für die Zielfunktion nicht die Extremierung, sondern die Satisfizierung der relevanten Zielgrößen vorgesehen wird.

(3) Als dritter Einwand wird schließlich vorgebracht, der Mangel an *vollständiger Information* über die zur Auswahl stehenden Handlungsalternativen und deren Ergebnismöglichkeiten mache es unmöglich, das Aktionsprogramm mit dem maximalen Gewinn zu realisieren.[1] Soweit damit die Tatsache gemeint ist, daß Entscheidungen in der Regel ohne vollständige Kenntnis des gesamten Aktionsfeldes getroffen werden, bezieht sich dieses Argument gar nicht auf die Formulierung der modellmäßigen Zielfunktion, sondern auf das bereits ausführlich erörterte Problem der Abgrenzung des darzustellenden Entscheidungsfeldes. Diese unumgängliche Einschränkung des modellmäßig zu erfassenden Aktionsrahmens läßt jedoch ohne weiteres die Möglichkeit offen, die Lösung des entsprechenden Modells auf der Basis einer Extremierungszielfunktion abzuleiten.

Was nun als zweites die Unsicherheit über die mit den betrachteten Alternativen verbundenen Konsequenzen anbetrifft, so kann daraus weder ein Argument gegen die Verwendung der Zielgröße Gewinn noch gegen die Extremierung als Optimierungskriterium hergeleitet werden. Vielmehr scheint hier lediglich der in dieser Arbeit durch die begriffliche Trennung von originären und subsidiären Zielgrößen zum Ausdruck gebrachte Unterschied nicht hinreichend beachtet zu werden. Natürlich ist im Fall mehrwertiger Ergebnismöglichkeiten eine rein auf die Gewinnmaximierung ausgerichtete Zielfunktion gar nicht mehr operabel. Zur Bestimmung einer optimalen Handlungsalternative bedarf es vermittels der Definition subsidiärer

---

1) Vgl. z. B. Simon (1957a), S. 81; s. a. Schmidt-Sudhoff (1967), S. 45; Kirsch (1970), S. 64 f.

Zielvariablen einer zusätzlichen Angabe darüber, wie verschiedene Verteilungen alternativ möglicher Werte der originären Zielvariablen zu bewerten sind. Nichts außer dem unter (2) genannten Argument spricht jedoch dagegen, als *originäre* Zielgröße den Gewinn zu wählen und die entsprechende subsidiäre Zielvariable bzw. den aus mehreren subsidiären Zielvariablen abgeleiteten Präferenzwert zu maximieren.

Bei der Aufstellung eines Entscheidungsmodells stellen sich somit insgesamt drei auf die Zielfunktion bezogene Abgrenzungsprobleme[1)]: Zum einen gilt es, aus der Fülle denkbarer Zielvorstellungen diejenigen auszuwählen, die durch die Angabe entsprechender originärer Zielvariablen modellmäßig dargestellt werden sollen. Zum zweiten ist das jeweils zugehörige Optimierungskriterium festzulegen. Diese beiden Fragen werden in diesem Kapitel näher erörtert. In dem im folgenden Kapitel zu untersuchenden Fall unsicherer Erwartungen schließlich gilt es als drittes, auch die Risikoeinstellung des Entscheidenden durch die Auswahl geeigneter subsidiärer Zielvariablen und der entsprechenden Optimierungskriterien hinreichend darzustellen. Die folgenden Ausführungen dieser drei Fragenkreise sollen allerdings von vornherein auf die *formale* Analyse alternativer Arten von Zielfunktionen beschränkt bleiben, nicht jedoch das materielle Problem behandeln, durch welche konkreten Zielvorstellungen das tatsächliche unternehmerische Verhalten am besten charakterisiert werden kann.

---

1) Die in diesem Zusammenhang von Teichmann (1972), S. 531 vertretene These, die durch die Zielfunktion ausgedrückte Entscheidungsregel dürfe im Zuge der Modellformulierung nicht vereinfacht werden (im Vergleich zu einer absolut originalgetreuen Darstellung der Präferenzvorstellungen!?), halten wir hingegen für abwegig. Vgl. hierzu später 11. Kapitel, Abschnitt 2c.

b. Die Formalstruktur einer multivariablen Zielfunktion

In dem zunächst zu untersuchenden Fall *sicherer* Erwartungen kann die Formulierung der für die Ranglozierung der zur Auswahl stehenden Alternativen a_i in Vereinfachung des bei der Skizze des Grundmodells beschriebenen Konzeptes, in drei Phasen zerlegt werden.

(1) Jedem a_i wird durch die Ergebnisfunktion e ein Ergebnisvektor e_i zugeordnet.

(2) Jedem Ergebnisvektor e_i werden durch $\overline{p}$ partielle Präferenzfunktionen Φ_p $(p=1,2,...,\overline{p})$ die Werte von $\overline{p}$ verschiedenen originären Teilzielvariablen z_p $(p=1,2,...,\overline{p})$ zugeordnet. Die Werte dieser Teilzielvariablen geben Auskunft über den Realisierungsgrad des betrachteten Teilziels.

(3) Auf der Basis dieser Teilzielvariablen $z_p(a_i)$ wird dann die letztlich entscheidungsrelevante Präferenzfunktion $\Phi(z_1,z_2,...,z_{\overline{p}})$ formuliert, aus der zu entnehmen ist, welche Anforderungen eine als optimal anzusehende Alternative $a_i{*}$ zu erfüllen hat.

Um die folgenden Ausführungen zu vereinfachen, wird dabei generell davon ausgegangen, daß die einzelnen Teilzielvariablen mit zunehmendem Wert stets einen höheren Grad an Erfüllung des Teilziels anzeigen. Die nachstehenden Aussagen gelten somit zunächst nur für den Fall, daß die entsprechenden Teilzielvariablen entweder maximiert werden oder oberhalb eines bestimmten Mindestwertes liegen sollen. Partielle Zielfunktionen mit entgegengesetzten Optimierungskriterien können jedoch durch Umkehr der Vorzeichen stets auch auf diese Form gebracht werden, so daß die vorgenommene Vereinfachung die Allgemeinheit der folgenden Aussagen nicht einschränkt.

Bei der Formulierung der Präferenzfunktion Φ ist nun zu berücksichtigen, daß die Anforderungen an eine optimale Lösung grundsätzlich auf zwei Arten zum Ausdruck gebracht werden können[1]:

(1) Die einzelnen Teilzielvariablen werden zu einer übergeordneten Extremierungsfunktion Φ zusammengefaßt, so daß für die optimale Alternative a_{i*} gelten muß

$$\Phi[z_1(a_{i*}),z_2(a_{i*}),\ldots,z_{\bar{p}}(a_{i*})] \geq \Phi[z_1(a_i),z_2(a_i),\ldots,z_{\bar{p}}(a_i)] \qquad i = 1,2,\ldots,m$$

(2) Für die einzelnen Teilzielvariablen werden Mindestwerte z_p^{min} fixiert, die nicht unterschritten werden dürfen. Die Optimalitätsbedingung für a_{i*} lautet dann:

$$z_p(a_{i*}) \geq z_p^{min} \qquad p = 1,2,\ldots,\bar{p}$$

Kombiniert man beide Möglichkeiten miteinander, so kann die Zielfunktion eines Entscheidungsmodells in allgemeiner Form durch die Relationen

$$\text{(17)} \quad \begin{aligned} &\psi = \Phi(z_p(a_i)/p\in P_{EX}) \longrightarrow \max_i! \\ &z_p(a_i) \geq z_p^{min} \qquad p\in P_{SAT} \end{aligned}$$

beschrieben werden.[2] Dabei soll P_{EX} die Indexmenge der-

---

1) Vgl. wegen einer ähnlichen Differenzierung Chmielewicz (1970), S. 257-259; Schneider, D. (1974), S. 66-69; Heinen (1971), S. 52-55.

2) Häufig wird - abweichend von dem hier festgelegten Sprachgebrauch - der Terminus "Zielfunktion" nur für die Extremierungsfunktion verwendet, während die Mindestwertrestriktionen als Nebenbedingungen bezeichnet werden. (Vgl. z. B. Heinen (1971), S. 54 f., 11.) Die Möglichkeit, eine Hierarchie von Extremierungsbedingungen derart aufzustellen, daß aus den überhaupt zur Auswahl stehenden Aktionsmöglichkeiten diejenigen ausgesucht werden, bei denen eine Teilzielvariable maximal wird, aus den so bestimmten Aktionsmöglichkeiten dann diejenigen, bei denen eine zweite Teilzielvariable ihr (relatives) Maximum erreicht usw., wird hier zunächst nicht näher erörtert. (Vgl. Gäfgen (1974), S. 154 f. "lexikographische Ordnung"). Bei geeigneter Gewichtung der einzelnen Teilzielvariablen kann eine solche Hierarchie stets in eine einzige umfassende Zielfunktion umformuliert werden.

jenigen Teilzielvariablen angeben, die in die Extremierungsvorschrift eingehen, während P_{SAT} die Indexmenge derjenigen Teilzielvariablen beschreibt, von denen verlangt wird, daß sie nicht unterhalb eines bestimmten Mindestniveaus liegen. Stellt P_{SAT} eine leere Menge dar, so handelt es sich um ein reines Extremierungsmodell. Ist P_{EX} hingegen elementleer, so liegt ein reines Satisfizierungsmodell vor - allerdings im Hinblick auf mehrere Anspruchsniveaus unterschiedlicher Zielvorstellungen. Neben diesen Extremen sind jedoch auch beliebige Mischfälle denkbar, in denen weder P_{EX} noch P_{SAT} leer sind. Der Präferenzwert ψ ist dann unter der Voraussetzung zu maximieren, daß alle z_p $(p \in P_{SAT})$ nicht unterhalb des jeweiligen Mindestwertes liegen. Derartige Modelle seien im folgenden als beschränkte Maximierungsansätze bezeichnet. Dabei ist es möglich, daß sich P_{EX} und P_{SAT} teilweise oder auch vollständig decken, für gewisse Teilziele, die in der Maximierungsvorschrift Berücksichtigung finden, also außerdem noch die Erfüllung eines bestimmten Anspruchsniveaus verlangt wird.

Rein formal kann eine gemischte Extremierungs- und Satisfizierungszielfunktion allerdings durch eine geeignete gebrochene Formulierung auch in der Form einer reinen Extremierungsbedingung geschrieben werden[1], etwa der Art:

$$(17.1) \quad \psi = \Phi(z_p / p \in P_{EX}) + \begin{Bmatrix} 0, \text{ wenn } P(a_i) = P_{SAT} \\ -\infty, \text{ wenn } P(a_i) \neq P_{SAT} \end{Bmatrix} \longrightarrow \max!$$

Dabei soll $P(a_i)$ die Indexmenge derjenigen Teilzielvariablen sein, deren Satisfizierungsbedingungen bei Realisierung einer Alternative a_i erfüllt sind. Zur Analyse etlicher der im folgenden zu behandelnden Probleme erweist es sich jedoch als zweckmäßig, die Unterscheidung von Extremierungs- und Satisfizierungbedingungen explizit beizubehalten und von der durch (17) angegebenen Formu-

1) Vgl. z. B. Hax (1965a), S. 28; s. a. Fandel (1972), S. 35 f.

lierung der Zielfunktion auszugehen.
Eine derartige Zielfunktion, die im allgemeinen Fall also aus einer Maximierungsvorschrift und mehreren Mindestwertbedingungen besteht, ist als Anweisung zu verstehen, zunächst diejenigen Aktionsmöglichkeiten auszusondern, deren Zielvariablenwerte nicht sämtlichen Satisfizierungsbedingungen genügen, und aus der dann noch verbleibenden Aktionsmenge diejenigen Handlungsmöglichkeiten herauszusuchen, für die die Variable ψ den maximalen Wert annimmt. Den Satisfizierungsvorschriften wird also für den Lösungsprozeß ein gewisser Vorrang eingeräumt; die Maximierungsregel hingegen ist nur noch auf eine in entsprechender Weise eingeschränkte Aktionsmenge beschränkt, impliziert also insoweit relativiertes Auswahlkriterium. Allerdings erscheint es verfehlt - wie es beispielsweise HEINEN oder STRASSER versuchen - aus der Art der formalen Erfassung einer Zielvariablen auf das Gewicht des entsprechenden Zieles innerhalb der Gesamtheit der Zielvorstellungen des Entscheidenden zielen zu wollen.[1)]
Wie ein bestimmtes Ziel bei der Modellformulierung zum Ausdruck gebracht wird, ist eine Frage der Zweckmäßigkeit der Modellkonstruktion und insoweit unabhängig von der sachlichen Bedeutung dieses Ziels. Sowohl vorrangige als auch weniger bedeutende Ziele können jeweils sowohl durch Extremierungs- als auch durch Satisfizierungsvorschriften adäquat zum Ausdruck gebracht werden.[2)]

Die Abgrenzung der in der Zielfunktion eines Entscheidungsmodells zu erfassenden Teilziele setzt die Klärung oder zumindest die Abschätzung zweier Sachverhalte voraus,

---

1) So sieht etwa Heinen in den durch Satisfizierungsbedingungen erfaßten Teilzielen die Haupt-, in den ausschließlich in der Extremierungsbedingung erfaßten, die Nebenziele, während Strasser gerade umgekehrt die These aufstellt, bei mehreren Teilzielen solle die "dringlichste Teilzielvariable" maximiert werden und für die weniger wichtigen "Nebenzielvariablen" Satisfizierungsbedingungen aufgestellt werden. (Vgl. Strasser (1966), S. 15 f.; Heinen (1971), S. 111.)

2) Vgl. z. B. Chmielewicz (1970), S. 259-261.

nämlich

- inwieweit einzelne Teilziele durch die zur Auswahl stehenden Aktionsmöglichkeiten überhaupt beeinflußt werden und
- in welcher Beziehung einzelne Teilziele zueinander stehen, d. h. inwieweit die von den zur Auswahl stehenden Aktionsmöglichkeiten in unterschiedlicher Weise beeinflußt werden.

Die Verträglichkeitsrelationen zwischen *zwei* Teilzielen werden in der Literatur häufig durch sog. "Zielbeziehungsfunktionen" veranschaulicht.[1)] Diese werden ermittelt, indem in einem Koordinatensystem, auf dessen Achsen die Werte der Teilzielvariablen z_1 und z_2 abgetragen sind, jede Handlungsmöglichkeit a_i durch einen der zugehörigen $z_1(a_i)$-$z_2(a_i)$-Kombination entsprechenden Punkt dargestellt wird. Die Gesamtheit all dieser Punkte kennzeichnet dann die in der betrachteten Entscheidungssituation insgesamt zur Auswahl stehenden Kombinationen von Ziel-

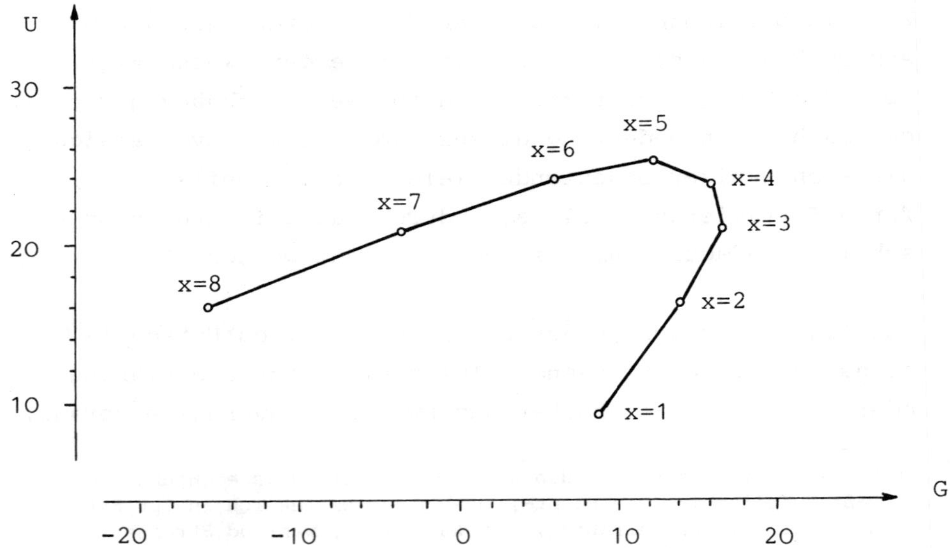

Abb. 9

1) Vgl. z. B. Bidlingmaier (1968), S. 46-52; Gäfgen (1974), S. 119-122; Heinen (1971), S. 97-102.

variablenwerten.[1)]

Gelten etwa für die Teilzielvariablen Umsatz (U) und Gewinn (G) in Abhängigkeit von der produzierten Menge x die Gleichungen $U = 10x - x^2$ und $G = 10x - 1{,}5x^2$, und kommen nur ganzzahlige Produktionsmengen zwischen x = 1 und x = 8 in Betracht, so könnten die Beziehungen zwischen U und G durch die in Abb. 9 dargestellte Punktfolge verdeutlicht werden.[2)] Der Nachteil dieser Darstellungsform besteht jedoch darin, daß sie nur im Fall von zwei Teilzielvariablen angewendet werden kann. Da im folgenden jedoch auch Zielfunktionen mit mehr als zwei Teilzielvariablen auf ihre Formalstruktur zu untersuchen sind, soll noch ein anderes Darstellungskonzept verwendet werden. Dazu wird die Gesamtheit der zur Auswahl stehenden Aktionsmöglichkeiten a_i nach der Höhe des jeweils zugehörigen Wertes einer bestimmten Teilzielvariablen $z_{p'}$ geordnet, im Hinblick auf dieses Ziel also in eine genaue Rangfolge der Vorziehungswürdigkeit gebracht. Denkt man sich die einzelnen a_i[3)] nun in dieser Ordnung durch Punkte auf einer Abszissenachse abgetragen und auf der Ordinate die jeweiligen $z_{p'}$-Werte abgebildet, so kann die partielle Zielfunktion

---

1) Geläufige Beispiele für derartige Zielbeziehungsfunktionen bieten etwa
- die in der Portefeuille-Theorie übliche Darstellung einer "efficiency-line" in einem μ-σ-Diagramm (hier allerdings auf zwei subsidiäre Teilzielvariablen bezogen) oder
- die in der Haushaltstheorie bekannten Budgetlinien in einem Zwei-Güter-Diagramm (sofern man die Verbrauchsmengen jedes der beiden Güter jeweils als eigenständige Teilzielvariable interpretiert).

2) In dieser Abbildung sind nur die Knotenpunkte definiert; die Verbindungslinien dienen nur dazu, den Verlauf der Punktfolge zu verdeutlichen. Für den Fall, daß x kontinuierlich zwischen 0 und 8 variiert werden könnte, würde sich allerdings für die Zielbeziehungsfunktion eine dem dargestellten Streckenzug sehr ähnliche durchgängige Kurve ergeben. Zur Ermittlung des zugehörigen Funktionsgesetzes wären Umsatz- und Gewinnfunktion jeweils nach x aufzulösen und einander gleichzusetzen.

3) Im Fall unendlich vieler Handlungsalternativen sind an Stelle der Markierung einzelner Alternativen durch *Punkte* jeweils partielle - durch bestimmte Wertintervalle der zugehörigen Aktionsparameter bestimmte - Alternativenmengen durch *Strecken* auf der Abszisse zu kennzeichnen.

$z_{p'}(a_i)$ in einem $z_{p'}$-a_i-Diagramm durch eine steigende Punktfolge dargestellt werden. So ergibt sich in unserem Beispielsfall für die Teilzielgröße G etwa der in Abb. 11 dargestellte Verlauf.

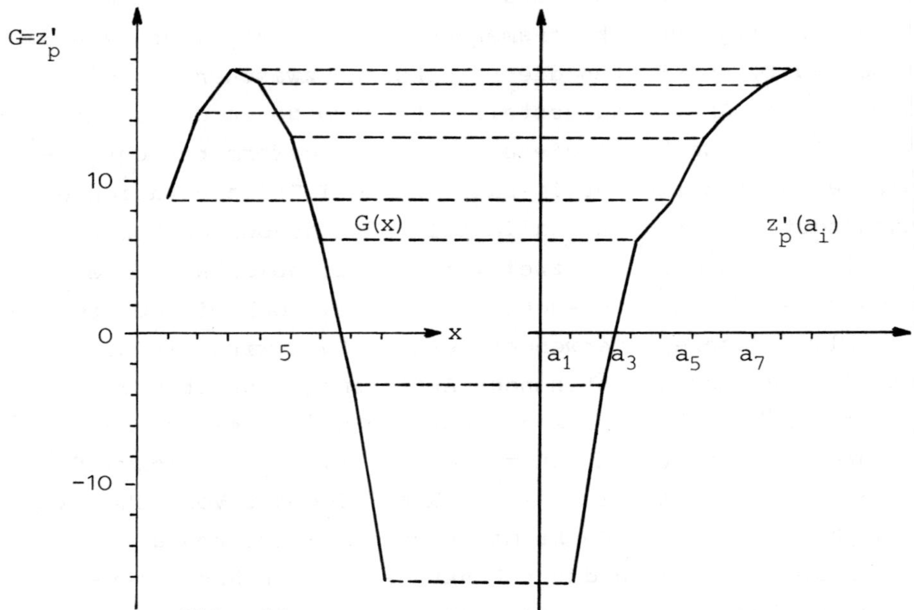

Abb. 10 Abb. 11

Dabei sind die Handlungsalternativen entgegen ihrer Rangfolge in bezug auf den Gewinn numeriert.

Wenn die Gesamtheit der zur Auswahl stehenden Aktionsmöglichkeiten so wie im vorliegenden Fall durch ein Wertintervall eines einzigen Aktionsparameters x abgebildet werden kann, so wird allerdings üblicherweise eine andere Darstellungsform für die entsprechende Teilzielfunktion $z_{p'}(x)$ gewählt: Die Aktionsmöglichkeiten werden nicht nach der Höhe der Zielwerte, sondern nach der Höhe der Werte des Aktionsparameters geordnet und die zugehörigen $z_{p'}$-Beträge in dieser Reihenfolge abgetragen. Diese Art der Darstellung führte in unserem Beispiel zu dem gewohnten Bild G = G(x) einer Gewinnkurve, wie es in Abb. 10 links gezeigt ist. Aus diesem üblichen Kurvenzug kann

die hier präferierte Darstellungsform jedoch ohne weiteres abgeleitet werden, wie Abb. 11 erkennen läßt:
Für jeden Ordinatenwert (z. B. G = 14) wird im G-x-Diagramm ermittelt, bei welchen x-Werten sich dieser Betrag ergibt. (Für G = 14 ist das also bei x = 2 der Fall.) Diesen x-Werten entsprechen bestimmte a_i, die nun in dem z_p,-a_i-Diagramm dem angenommenen Gewinn durch Markierungen auf der Abszissenachse zugeordnet werden. Die hier gewählte Darstellungsform ($z_p(a_i)$-Kurven) mag im Vergleich zu der üblichen ($z_p(x)$-Kurven) umständlich erscheinen, hat jedoch den Vorzug, daß sie es auch für solche Fälle, in denen die Aktionsmenge nicht durch das Wertintervall eines Aktionsparameters beschrieben werden kann - etwa bei der Auswahl aus einer Anzahl verschiedener Investitionsprojekte - erlaubt, die Abhängigkeit einzelner Teilziele von der Wahl bestimmter Handlungsmöglichkeiten graphisch zu verdeutlichen und damit zugleich auch die Beziehungen zwischen zwei oder mehr gleichzeitig verfolgten Teilzielen zu veranschaulichen.[1)]
Wären in unserem Beispiel etwa neben dem Gewinn auch der Umsatz und die Umsatzergiebigkeit, also der Quotient q = U/G, als selbständige Teilzielvariable heranzuziehen, so könnten die Beziehungen dieser drei Variablen zueinander sowie ihre Abhängigkeit von der Wahl der Handlungsmöglichkeiten durch die in Abb. 12 gezeigten Kurvenzüge verdeutlicht werden.

---

1) Als alternative Formen der graphischen Veranschaulichung der Beziehungen mehrerer Ziele zueinander könnten auch noch Polarkoordinaten (vgl. Gäfgen (1974), S. 117 f.; Heinen (1971), S. 143 f.) oder Polaritätsprofile (vgl. u. a. Hofstätter (1957), S. 30 f.; Osgood, Suci, Tannenbaum (1967), S. 81-83, 90) verwendet werden. (S. a. Chmielewicz (1970), S. 249 f.) Da bei diesen Darstellungsformen jedoch jede Alternative - und nicht wie bei dem hier gewählten Verfahren jedes Teilziel - durch einen Linienzug abgebildet wird, wird die entsprechende Abbildung schon ab einer Zahl von ca. fünf Alternativen recht unübersichtlich.

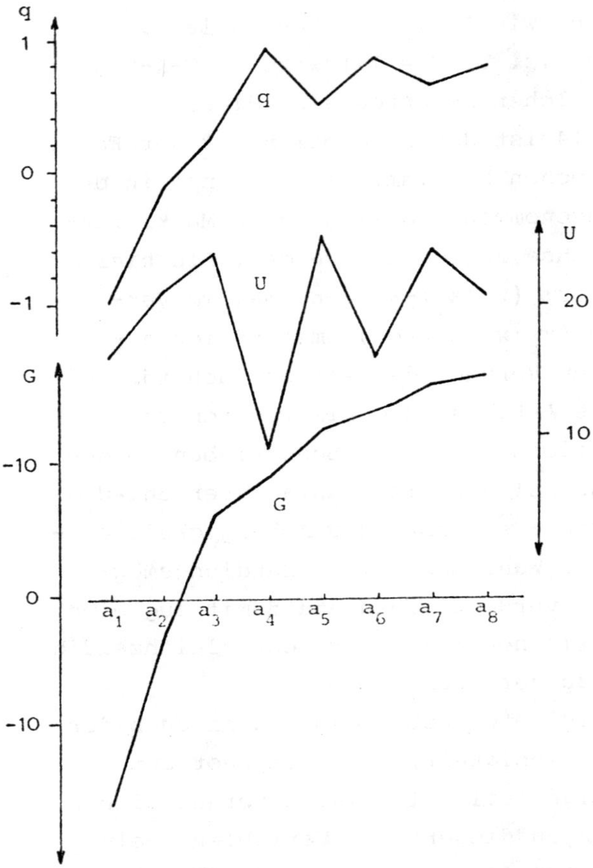

Abb. 12

c. Komplementarität und Konkurrenz von Teilzielen

Vor der Untersuchung der formalen Kriterien für die Auswahl der in die Zielfunktion eines Entscheidungsmodells aufzunehmenden Teilziele ist zunächst noch die Frage zu erörtern, in welchen Beziehungen einzelne Teilziele zueinander stehen können. In der Literatur finden sich unterschiedliche Ansätze, zu einer Klassifikation verschiedener Verträglichkeitsrelationen zwischen einzelnen Teilzielen zu gelangen.[1] Diese Versuche sollen hier jedoch nicht weiter verfolgt werden, zumal dabei die Beziehungen zwischen einzelnen Zielen teilweise ohne konkreten Bezug zu den zur Auswahl stehenden Aktionsmöglichkeiten untersucht werden, die vorgenommene Klassifikation im konkreten Fall insoweit einer weiteren Präzisierung bedarf. Zum anderen gehen diese Ansätze über das hier Notwendige insofern hinaus, als eine Klassifikation von Zielrelationen nicht nur auf intrapersoneller, sondern vorwiegend sogar auf interpersoneller Basis angestrebt wird. Der anfänglichen Einschränkung folgend sollen die aus dem organisierten Zusammenwirken mehrerer Personen in einem Entscheidungsprozeß resultierenden Probleme hier jedoch allenfalls am Rande erörtert werden. Den Schwerpunkt bilden demgegenüber die Probleme, die bei der Formulierung von Entscheidungsmodellen, die zunächst auf eine Entscheidungsperson hin ausgerichtet sind, entstehen. Dazu reicht es, nur zwischen komplementären und konkurrierenden Teilzielen zu unterscheiden.[2]

Zwei Teilziele seien als *streng komplementär* bezeichnet, wenn die zugehörigen Teilzielvariablen z_1 und z_2 für jedes beliebige Aktionenpaar a_i, a_k des modellmäßig erfaßten Aktionsfeldes A der Bedingung gehorchen, daß aus

$z_1(a_i) > z_1(a_k)$ stets auch $z_2(a_i) > z_2(a_k)$ folgt und umgekehrt, daß also gilt

$$(18) \quad z_1(a_i) > z_1(a_k) \Longleftrightarrow z_2(a_i) > z_2(a_k) \qquad a_i, a_i \in A \, .$$

Diese Bedingung kann in der Sprache der Statistik auch dahingehend formuliert werden, daß der SPEARMANSCHE Rangkorrelationskoeffizient[3] für die Werte der betrachteten

1) Vgl. u. a. Jöhr, Singer (1964), S. 152-154; Bidlingmaier (1968), S. 43-62; 94-120; Gäfgen (1974), S. 119-126; Chmielewicz (1970), S. 250-254, Heinen (1971), S. 94-113.

2) Vgl. Heinen (1971), S. 94-102.

3) Vgl. Sachs (1969), S. 531 f.

Teilzielvariablen den Wert Eins haben muß. Bei der Darstellung der zugehörigen $z_p(a_i)$-Kurven bedeutet dies, daß beide Kurven jeweils genau in den gleichen Bereichen ansteigend bzw. konstant verlaufen.[1] Ein solcher Fall wäre in unserem Beispielsfall für die drei Zielgrößen G, U und q etwa dann gegeben, wenn - aus welchen Gründen auch immer - das Aktionsfeld nur aus den Alternativen a_1, a_2, a_3 und a_5 bestünde; wie aus Abbildung 12 sofort deutlich wird, würde sich in bezug auf diese Alternativenmenge bei allen drei Teilzielvariablen eine ständig steigende Punktfolge ergeben.

Als *streng konkurrierend* seien zwei Teilziele in dem entgegengesetzten Fall bezeichnet, wenn gilt

$$(19) \quad z_1(a_i) > z_1(a_k) \Leftrightarrow z_2(a_i) < z_2(a_k) \qquad a_i, a_k \in A \, .$$

Der Übergang von einer Aktion a_i zu einer anderen a_k, der im Hinblick auf ein Teilziel als Verbesserung angesehen werden kann, bedeutet dann für das andere Teilziel zwangsweise eine Verschlechterung.[2]

Neben diesen strengen Beziehungen kann weiterhin *schwache Komplementarität* zwischen zwei Teilzielen bestehen. Diese Eigenschaft liegt dann vor, wenn keine strenge Komplementarität gegeben ist, aber aus

$z_1(a_i) \geq z_1(a_k)$ stets folgt $z_2(a_i) \geq z_2(a_k)$ und umgekehrt.[3]

Der Übergang von einer Aktion a_i zu einer anderen a_k, der

1) Bei der Verdeutlichung der Zielrelationen mit Hilfe von Zielbeziehungsfunktionen schlägt sich strenge Komplementarität darin nieder, daß die entsprechenden Kurven einen streng monoton steigenden Verlauf haben.

2) Die Zielbeziehungsfunktion zweier konkurrierender Ziele verläuft also stets streng monoton fallend. Eine solche Relation wäre etwa in unserem Beispiel bezüglich Umsatz und Gewinn gegeben, wenn das Aktionsfeld nur die Alternativen a_5, a_7 und a_8 umfaßte; die Umsatzpunktfolge verläuft im Gegensatz zu der Gewinn-Kurve ständig fallend.

3) Stünden in unserem Beispiel etwa nur die Alternativen a_1, a_6 und a_8 zur Auswahl, so wären U und G schwach komplementär (vgl. Abb. 12).

Fortsetzung Fußnote 3) s. S. 243

im Hinblick auf ein Ziel zu einer Verbesserung führt, bedeutet dann für das andere Ziel nicht zwingend auch eine Verbesserung, jedoch auf keinen Fall eine Verschlechterung. Allgemein sind zwei Teilziele also genau dann (streng oder schwach) komplementär, wenn gilt:

(20) $z_1(a_i) \geq z_1(a_k) \leftrightarrow z_2(a_i) \geq z_2(a_k) \qquad a_i, a_k \in A$

In entsprechender Weise soll von *schwacher Konkurrenz* die Rede sein, wenn strenge Konkurrenz nicht vorliegt, aber aus $z_1(a_i) \geq z_1(a_k)$ stets $z_2(a_i) \leq z_2(a_k)$ folgt und umgekehrt. Als allgemeine Bedingung für das Vorliegen (strenger oder schwacher) Konkurrenz gilt somit:

(21) $z_1(a_i) \geq z_1(a_k) \leftrightarrow z_2(a_i) \leq z_2(a_k) \qquad a_i, a_k \in A$

Wie aus den herangezogenen Beispielen unmittelbar klar wird, sind Komplementarität und Konkurrenz von Teilzielgrößen sowohl in strenger als auch in schwacher Form zunächst immer nur im Hinblick auf ein hinreichend genau abgegrenztes Aktionsfeld definiert.

Stünden in unserem Beipsiel etwa wie ursprünglich angenommen, Produktionsmengen zwischen eins und acht, also die Aktionen a_1 bis a_8 zur Auswahl, so erkennt man aus Abb. 12 sofort, daß im Hinblick auf gewisse Teilmengen der Aktionsmöglichkeiten zwischen allen drei Teilzielen jeweils reine Komplementaritäts- oder reine Konkurrenzbeziehungen bestehen. Zur Verdeutlichung sind einige solcher partiellen Aktionsmengen einschließlich der zugehörigen Beziehungen zwischen einzelnen der drei Teilziele in der Tabelle 15 aufgeführt.

Fortsetzung Fußnote 3) von S. 242

Für die Zielbeziehungsfunktion ergibt sich in einem solchen Fall ein teils steigender, teils waagerechter Verlauf. (In Abb. 9 ergäbe sich der Streckenzug von x=8 über x=2 zu x=3.)

	Teilziele	
Aktionsmenge	konkurrierend	komplementär
a_1, a_2, a_3, a_4	-	(G,q)
a_1, a_2, a_3, a_5	-	(G,U);(G,q);(U,q)
a_2, a_3, a_4, a_5	-	-
a_4, a_6, a_7	(G,q);(U,q)	(G,U)
a_5, a_7, a_8	(G, U); (U,q)	(G,q)
$a_3, a_4, a_5, a_6, a_7, a_8$	(U,q)	-

Tab. 13

Dabei wird deutlich, daß bezüglich einzelner Teilbereiche zwischen allen drei Teilzielen zugleich zwar strenge Komplementarität, nie jedoch strenge Konkurrenz bestehen kann; denn zwei Teilziele, die jeweils mit einem dritten streng konkurrieren, können den angegebenen Definitionen nach niemals untereinander ebenfalls in Konkurrenz stehen.

Im Hinblick auf den gesamten betrachteten Aktionsraum bestehen in unserem Beispiel zwischen allen drei Zielen weder reine Konkurrenz- noch reine Komplementaritätsbeziehungen. Vielmehr lassen sich für je zwei Zielvariablen stets drei Aktionsmöglichkeiten a_i, a_j, a_k finden, für die die Relationen

$$z_1(a_i) > z_1(a_j) > z_1(a_k) \quad \text{und} \qquad (22)$$
$$z_2(a_i) > z_2(a_j) < z_2(a_k)$$

beide zugleich erfüllt sind. Dieser Fall soll im folgenden kurz als *partielle Konkurrenz* bezeichnet werden.[1)]
Ist es hingegen nicht möglich, alle drei Aktionsmöglichkeiten mit den in (22) bezeichneten Eigenschaften zu finden, so stehen die betrachteten Teilziele ausschließlich im Verhältnis (strenger oder schwacher) Konkurrenz bzw. Komplementarität.

1) Die Zielbeziehungsfunktion zwischen z_1 und z_2 hat dann teils fallenden, teils steigenden Verlauf.

2. Konfliktlose Auswahl von Teilzielen

a. Ausschluß aktionsunabhängiger Teilziele

Im Extremfall kann sich für ein Teilziel ein absolut waagerechter Verlauf der zugehörigen $z_p(a_i)$-Kurve ergeben. Die Realisierung dieses Zieles wird dann durch die in dem betrachteten Modell zur Disposition gestellten Handlungsmöglichkeiten gar nicht beeinflußt; wie auch immer entschieden wird, ergibt sich der gleiche Wert der zugehörigen Teilzielvariablen. Ein solches Teilziel sei als aktionsunabhängig bezeichnet. Dabei handelt es sich um eine Eigenschaft, die einer bestimmten Zielvorstellung nicht ihrem Wesen nach zukommt, sondern immer nur im Hinblick auf eine konkrete, im Hinblick auf etliche Kriterien bereits eingeschränkte Entscheidungssituation definiert ist.

Aktionsunabhängige Teilziele können nun ohne jegliche Beeinträchtigung des Planungsergebnisses von vornherein außer Betracht bleiben. Dieses Abgrenzungskriterium ist natürlich trivial; zu beachten ist lediglich, daß es je nach dem Einschränkungsgrad des betrachteten Aktionsfeldes zu unterschiedlichen Ergebnissen führt. Was für einen Modelltyp aktionsunabhängiges Teilziel ist, kann in bezug auf eine andersartige Entscheidungssituation durchaus zu einer relevanten Zielgröße werden. Insoweit kann dieser Ausschluß einzelner Teilziele also nur im Hinblick auf einen fest umrissenen Aktionsraum vorgenommen werden, ist also von der Ausgestaltung anderer Abbildungsregeln abhängig.

Neben diesem strengen Prinzip kann eine weitere Ausschlußregel dahin formuliert werden, alle Teilziele, deren Realisierungsgrad von dem Ausgang der anstehenden

Entscheidung nur unwesentlich beeinflußt wird, ebenfalls von vornherein außer acht zu lassen. Derartige Teilziele seien als *quasi-aktionsunabhängig* bezeichnet. Die Anwendung dieser Regel setzt voraus, daß der Entscheidende gewisse kardinale Vorstellungen über die möglichen Grade der Zielerfüllung hat, so daß es ihm überhaupt möglich ist, zumindest in groben Zügen anzugeben, bis zu welchem Ausmaß er Unterschiede in den Zielvariablenwerten als vernachlässigbar gering betrachtet. Dabei spielen natürlich subjektive Elemente eine Rolle, und zwar in zweifacher Hinsicht. Zum einen ist nämlich die Frage, welche Wertunterschiede noch als unwesentlich angesehen werden können, nie ohne eine gewisse Willkür zu beantworten. Zum anderen sind bei der Aufstellung des Modells die beschriebenen Teilzielfunktionen im allgemeinen ja noch gar nicht bekannt, sie können allenfalls grob abgeschätzt werden. Hierbei kann einmal auf die Ergebnisse betriebswirtschaftlicher Forschung zurückgegriffen werden, in denen in allgemeiner Form die Sensitivität bestimmter (potentieller) Teilzielgrößen auf Änderungen gewisser Aktionsparameter untersucht wird.[1] So kann etwa - um ein ganz einfaches Beispiel zu geben - davon ausgegangen werden, daß in Situationen, bei denen die Voraussetzungen zur Anwendung der klassischen Losgrößenformel[2] oder daraus abgeleiteter Modifikationen[3] gegeben sind, ein Überschreiten der optimalen Losgröße zunächst nur zu einer vergleichsweise geringen Steigerung der Lager- und Bestellkosten führt.[4] Werden also in einer Entscheidungsituation nur Aktionsmöglichkeiten in Betracht gezogen, die von einem festen Gesamtbedarf für die betrachtete Periode ausgehen und Losgrößen in relativer Nähe des bei isolierter Betrach-

1) Eine derartige Untersuchung liegt beispielsweise von Maffei (1958) vor.
2) Vgl. Harris (1915), S. 48-52; Taft (1918).
3) Wegen einer Zusammenstellung verschiedener Variationen der einfachen Wurzelformel vgl. Winkler (1964), S. 27-50.
4) Wegen theoretischer und empirischer Untersuchungen zu dieser Frage vgl. Eilon (1962), S. 247-248; Müller-Merbach (1962); Vecernik (1964).

tung optimalen Wertes vorsehen, so kann das Teilziel "Minimierung der Lager- und Bestellkosten" bei der Aufstellung der Zielfunktion außer Betracht bleiben, ohne daß sich dadurch wesentliche Beeinträchtigungen ergeben. Daneben können jedoch auch immer subjektive Vorstellungen über die Sensitivität eines bestimmten Teilzieles auf die zur Auswahl stehenden Aktionsmöglichkeiten eine Rolle spielen.

Bei allen Teilzielen, von denen bei isolierter Betrachtung als Optimalitätskriterium nicht die Maximierung, sondern nur das Erreichen eines gewissen Anspruchsniveaus verlangt wird, ergibt sich eine dritte - mit den beiden ersten eng verwandte - Auswahlregel. Geht der Entscheidende nämlich davon aus, daß der Wert der betrachteten Teilzielvariablen bei allen zur Auswahl stehenden Aktionsmöglichkeiten auf jeden Fall nicht unterhalb dieses Mindestwertes liegt, so kann auch dieses Teilziel von vornherein außer Betracht bleiben. Das gilt auch dann, wenn die betrachtete Teilzielvariable in Abhängigkeit von den jeweiligen Handlungsmöglichkeiten starken Wertschwankungen unterliegt. Solange diese Schwankungen alle oberhalb des geforderten Mindestwertes bleiben, ist der Ausschluß dieses Teilzieles unschädlich. Nun kann die Fixierung eines Anspruchsniveaus als eine mögliche Form angesehen werden, die Vorstellungen des Entscheidenden darüber zu konkretisieren, inwieweit er Unterschiede in den Zielvariablenwerten als vernachlässigbar betrachtet. Insoweit läßt sich dieses dritte Auswahlprinzip als Unterfall des Ausschlusses quasi-aktionsunabhängiger Teilziele deuten.

Als Resultat eines solchen, teils durch objektive Erkenntnisse untermauerten, teils auf subjektiven Einschätzungen basierenden Auswahlprozesses, ergibt sich auf jeden Fall eine erste Einschränkung der relevanten Teilziele. Dabei gilt die Faustregel, daß sich auf den beschriebenen Wegen eine um so größere Verminderung der Anzahl verbleibender Teilziele ergibt, je stärker der betrachtete Aktionsbereich eingeschränkt ist.

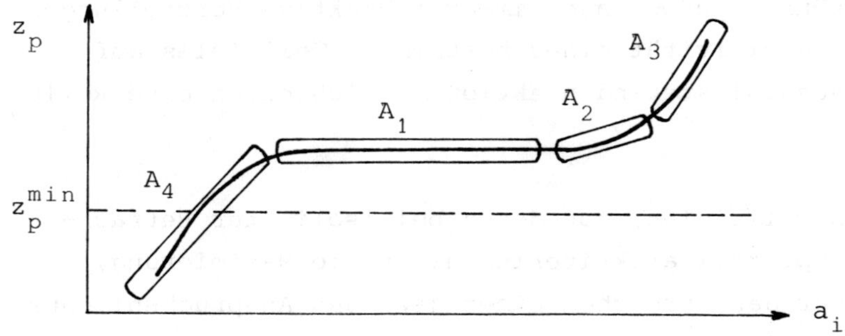

Abb. 13

So könnte das in Abb. 13 durch die entsprechende $z_p(a_i)$-Kurve abgebildete Teilziel

- bei einem nur auf die Aktionsmenge A_1 ausgerichteten Partialmodell nach dem strengen Prinzip als aktionsunabhängig ausgeschlossen werden;
- bei einem auf die weitere Aktionsmenge $A_1 \cup A_2$ ausgedehnten Partialmodell - je nach subjektiver Empfindlichkeit - immer noch nach dem weniger strengen zweiten Prinzip als quasi-aktionsunabhängig ausgeschlossen werden;
- bei der Fixierung eines Anspruchniveaus auf den Wert z_p^{min} auch noch bei einer Ausdehnung der Aktionsmenge auf $A_1 \cup A_2 \cup A_3$ ausgeschlossen werden.

b. Auswahl bei komplementären Teilzielen

Für die Beurteilung der als nächstes zu erörternden Frage, inwieweit auch die nach dem Ausschluß aktionsunabhängiger Teilziele noch verbleibenden Zielvorstellungen bei der Formulierung einer operablen Zielfunktion außer acht gelassen werden können, sind neben den Komplementaritäts- und Konkurrenzbeziehungen auch die für den hypothetischen Fall der isolierten Optimierung im Hinblick auf ein einzelnes Teilziel geltenden Optimierungskriterien zu beachten. Dazu sei die Menge der Zielvariablen solcher Teilziele, die nach der ersten Auswahl überhaupt noch in Betracht zu ziehen sind, unterteilt in die beiden Teilmengen

- $\{z_i/p \in P_{IE}\}$ der bei isolierter Betrachtung zu extremierenden Variablen und
- $\{z_p/p \in P_{IS}\}$ derjenigen Teilzielvariablen, die bei isolierter Betrachtung einer Satisfizierungsvorschrift unterliegen.

P_{IE} und P_{IS} seien dabei die Indexmengen der jeweiligen Teilziele, wobei davon ausgegangen wird, daß diese beiden Teilmengen disjunkt sind. Das bedeutet, daß bezüglich einer Teilzielvariablen bei isolierter Betrachtung entweder die Maximierung oder das Erreichen eines Mindestwertes, nie jedoch beides zugleich verlangt wird.[1)]

In diesem Abschnitt soll nun untersucht werden, welche Möglichkeiten zum Ausschluß einzelner Teilziele bestehen, wenn diese sämtlich zumindest schwach komplementär zueinander sind und es jeweils mindestens eine Aktionsmöglichkeit a_i gibt, bei der alle Satisfizierungsbedingungen er-

---

1) Diese ohne weiteres plausible Annahme schließt die oben bereits erwähnte Möglichkeit - vgl. S. 234 -, daß einzelne Teilzielvariable in der umfassenden Zielfunktion sowohl in die Maximierungs- als auch in die Satisfizierungsvorschriften aufgenommen werden, keineswegs aus. Die hier vorgenommene Unterteilung der Teilziele - ausgedrückt durch die Definition von P_{IE} und P_{IS} darf also nicht verwechselt werden mit der zuvor aufgeführten Unterscheidung der Indexmengen P_{EX} und P_{SAT}; P_{IE} und P_{IS} beziehen sich auf die bei isolierter Betrachtung geltenden Optimierungskriterien aller nach dem Ausschluß aktionsunabhängiger Teilziele noch verbleibenden Teilzielvariablen; durch P_{EX} und P_{SAT} wird demgegenüber die - im allgemeinen kleinere - Menge der nach Abschluß des gesamten Auswahlprozesses verbleibenden Teilzielvariablen danach gegliedert, wie sie in der für die Modellösung letztlich relevanten Zielfunktion erfaßt werden.

füllt sind. Je nach der Strenge der Komplementarität und der Art der isoliert geltenden Optimierungskriterien können verschiedene Möglichkeiten zum Ausschluß einzelner Teilziele unterschieden werden.

<u>Fall 1:</u> $P_{IS} = \phi$

Alle Teilzielvariablen unterliegen isoliert betrachtet also einer Extremierungsvorschrift. Hier sind nun zwei Unterfälle zu unterscheiden.

(1.1) Alle Teilziele sind zueinander streng komplementär. In diesem Fall reicht es, wenn nur ein einziges beliebiges dieser Teilziele in die Zielfunktion aufgenommen wird. $\psi = \Phi(z_1,z_2,...) \longrightarrow$ max kann also ohne Schaden etwa durch $z_1 \longrightarrow$ max ersetzt werden. Als Lösung ergibt sich stets das gleiche, auch im Hinblick auf jedes einzelne Teilziel optimale a_{i*}.

(1.2) Alle Teilziele unterliegen Maximierungsvorschriften, sind jedoch nur schwach komplementär. (Vgl. Abb. 14)

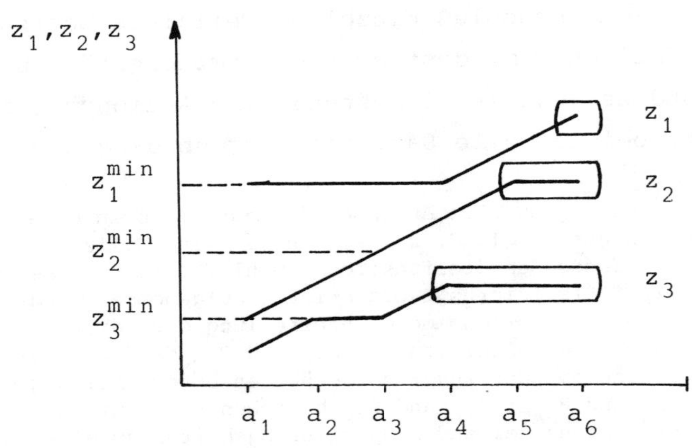

Abb. 14

Würde bei dem in Abb. 14 dargestellten Zielsystem etwa $\psi = \Phi(z_1,z_2,z_3) \longrightarrow$ max ersetzt durch $z_3 \longrightarrow$ max, so bestünde die Gefahr, daß mangels Differenziertheit im Hinblick auf dieses Teilziel statt der Optimalaktion a_6 eine der Handlungsmöglichkeiten a_4 oder a_5 ausgewählt werde. Derartige Beeinträchtigungen werden vermieden, wenn die Zielfunktion auf diejenige Teilzielvariable z_E reduziert wird, für die die Menge der als Optimalalternativen anzusehenden Aktionsmöglichkeiten am geringsten ist. Für den gezeigten Beispielsfall wäre das z_1. Sind die jeweiligen Mengen von Optimalalternativen im Hinblick auf alle Teilziele gleich, so kann wiederum jedes beliebige Teilziel allein zur Formulierung der Zielfunktion herangezogen werden.

Fall 2: $P_{IE} = \phi$

Von allen Teilzielen wird als isoliertes Optimalitätskriterium also nur das Erreichen eines bestimmten Anspruchsniveaus verlangt. In diesem Fall reicht es aus, bei der Aufstellung der Zielfunktion lediglich die Teilzielvariable z_S zu beachten, bei der das Satisfizierungskriterium die Menge der als befriedigend anzusehenden Aktionsmöglichkeiten am stärksten einschränkt. Die (aus mehreren Ungleichungen bestehende) Zielfunktion

$$z_p \geq z_p^{min} \qquad p = 1,2,\ldots,\bar{p}$$

könnte also ersetzt werden durch:

$$z_S \geq z_S^{min}$$

Bei dem in Abb. 14 dargestellten Zielsystem wäre das offenbar für z_2 der Fall.

Fall 3: $P_{IE} \neq \phi$; $P_{IS} \neq \phi$

Eine Teilmenge der Variablen unterliegt also isoliert betrachtet Maximierungs-, die Komplementärmenge Satisfizierungsvorschriften.

In diesem Fall reicht es unbedingt aus, nach dem in (1.2) skizzierten Verfahren aus $\{z_p/p \in P_{IE}\}$ eine zu maximierende

Teilzielvariable z_E zu bestimmen und aus $\{z_p/p \in P_{IS}\}$ entsprechend (2) ebenfalls eine Teilzielvariable z_S auszuwählen. Die insoweit vereinfachte Zielfunktion besteht dann aus einer Extremierungs- und einer Satisfizierungsvorschrift, lautet also

$$z_E \longrightarrow \max \quad ; \quad z_S \geq z_S^{min} \ .$$

Die weitere Untersuchung zeigt jedoch, daß eine dieser beiden Teilfunktionen stets überflüssig ist. Dazu sind folgende zwei Unterfälle zu unterscheiden:

(3.1) Die Handlungsmöglichkeiten, die der Satisfizierungsvorschrift bezüglich z_S nicht genügen, führen auch hinsichtlich des anderen Teilzieles zu nicht maximalen Werten der Zielvariablen z_E. In diesem Fall erfüllen die im Hinblick auf z_E optimalen Handlungsmöglichkeiten auf jeden Fall das für z_S festgesetzte Anspruchsniveau. Auf die Berücksichtigung der Satisfizierungsbedingung kann also verzichtet werden und die Zielfunktion nur als Maximierung von z_E formuliert werden. Bei dem in Abb. 15 dargestellten Verlauf der Teilzielfunktionen wäre diese Konstellation so lange gegeben, wie der verlangte Mindestwert der Teilzielvariablen z_S nicht oberhalb von z_S' liegt.

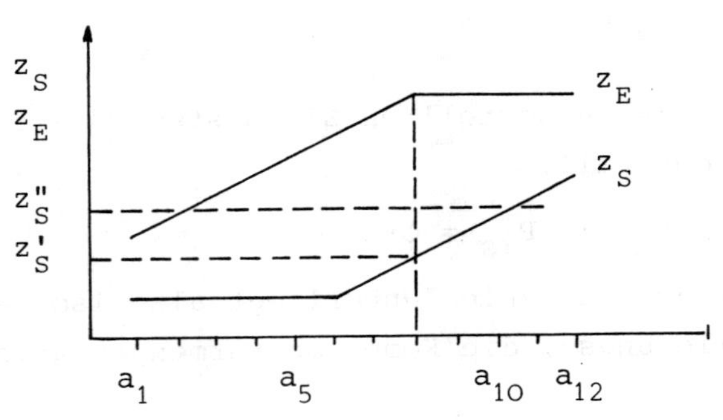

Abb. 15

Allgemein ist die genannte Bedingung insbesondere dann erfüllt,

- wenn die beiden betrachteten Teilzielfunktionen streng komplementär sind oder
- (als weniger strenge Bedingung) die Teilzielfunktion der zu maximierenden Variablen im z_p-a_i-Diagramm zumindest im rechten Bereich durch eine streng ansteigende Punktfolge dargestellt wird.

(3.2) Die in (3.1) genannte Bedingung ist nicht erfüllt. Unter den a_i, die der Maximumbedingung hinsichtlich z_E genügen, gibt es einige, bei denen der Wert von z_S unterhalb des geforderten Mindestniveaus liegt. Dieser Fall ist bei den in Abb. 15 dargestellten Teilzielkurven gegeben, wenn etwa $z_{S''}$ den Mindestwert für z_S darstellt. Die Aktionsmöglichkeiten a_8, a_9, a_{10} erfüllen zwar die Maximalbedingung für z_E, nicht jedoch die Satisfizierungsbedingung für z_S. Bei einer solchen Konstellation kann jedoch die zu maximierende Teilzielvariable außer Betracht bleiben; es reicht aus, die Zielfunktion als Satisfizierungsbedingung allein auf der Basis von z_E zu formulieren.

Als generelles Fazit der Auswahlmöglichkeiten bei ausschließlich komplementären Teilzielen kann also das Prinzip formuliert werden, die Zielfunktion auf die Teilzielvariable zu beschränken, bei der die Menge der als Lösung infrage kommenden Alternativen am geringsten ist. Sowohl die Feststellung, ob die Komplementaritätseigenschaft erfüllt ist, als auch die Anwendung dieses Auswahlkriteriums setzen jedoch voraus, daß der Entscheidende gewisse Kenntnisse über den Verlauf der entsprechenden Teilzielfunktionen hat. Der Extremfall wäre, alle Teilzielkurven exakt zu ermitteln, so wie das etwa in den zur Erläuterung herangezogenen Beispielen der Fall war. Liegen derartig genaue Informationen erst einmal vor, so erübrigt es sich, einzelne Teilziele auszuschließen und eine reduzierte Zielfunktion aufzustellen: Die Optimallösung kann dann unmittelbar aus den vorliegenden Angaben abgelesen werden. Der eigentlich angestrebte Vereinfachungseffekt, nämlich die zur Auswahl stehenden Aktionsmöglichkeiten nicht erst im Hinblick auf alle Teilziele bewerten zu müssen, würde gerade nicht erreicht. Insoweit ergibt sich hier wiederum das bekannte Dilemma wie es bislang bei allen Versuchen, eine optimale Auswahlregel zu ermitteln, aufgetreten ist. Dennoch bieten sich Möglichkeiten, auf den skizzierten Wegen zu einer Vereinfachung von Zielfunktionen zu gelangen. Zum einen hat sich die betriebswirtschaftliche Forschung seit langem um eine Systematisierung von Entscheidungstatbeständen und eine Analyse der Relationen zwischen verschiedenen möglichen Ergebnis- und Zielvariablen bemüht und ist dabei zu allgemeinen Aussagen darüber gekommen, welche Zusammenhänge zwischen möglichen Zielgrössen in Abhängigkeit von der jeweils betrachteten Entscheidungssituation bestehen.[1] So sind etwa bei Produktionsentscheidungen auf der Basis gegebener Kapazitäten Gewinn und Deckungsbeitrag streng komplementäre Größen[2]; bei der isolierten Entscheidung über die Durchführung eines Investitionsprojektes führen Kapitalwert und interner Zinsfuß, sofern die zu beurteilende Zahlungsreihe bestimmte Eigenschaften hat, zu dem gleichen Ergebnis.[3] In anderen Fällen wiederum können Gewinn- und Umsatzmaximierung oder Umsatz- und Absatzmaximierung oder Gewinnmaximierung und Stückkostenminimierung komplementäre Zielvorstellungen darstellen. So können für etliche typische Entscheidungssituationen schon aufgrund allgemein abgeleiteter Erkenntnisse gewisse Aussagen über die Beziehungen einzelner Teilziele abgeleitet werden, auch ohne den Verlauf der entsprechenden Zielfunktionen für den konkreten Fall exakt ermitteln zu müssen. Vielmehr reicht es, wenn überprüft wird, inwieweit die in das Modell einbezogenen Aktionsmöglichkeiten den abstrakt umschriebenen Bedingungen für

1) Vgl. z. B. Engels (1962), S. 46-52; Heinen (1971) , S. 133-140.
2) Vgl. z. B. Kilger (1967), S. 691.
3) Vgl. z. B. Swoboda (1971), S. 69; Hax (1970), S. 23 f.

die Gültigkeit bestimmter Zielrelationen genügen. Dabei gilt auch hier wieder die Faustformel, daß auf dem beschriebenen Weg ein Ausschluß von Teilzielen um so eher möglich ist, je stärker die für das konkrete Entscheidungsmodell relevante Aktionsmenge eingeschränkt ist.

Eine weitere Möglichkeit, über den Ausschluß komplementärer Teilziele zu einer Vereinfachung des Entscheidungsproblems zu gelangen, bietet sich im Prozeß der Modellösung. Auf den ersten Blick mag dies als ein Problem erscheinen, das sich gar nicht auf das hier zu behandelnde Thema der Abbildungsregeln bezieht. Etliche Verfahren zur Lösung von Entscheidungsproblemen können jedoch als ein systematischer Prozeß in bestimmter Richtung gesteuerter Umformulierungen des ursprünglichen Modells angesehen werden, stellen also in gewisser Weise Regeln zu einer fortgesetzten Änderung der primären Abbildungsregeln dar. Im Zuge dieses Prozesses können sich dann eventuell zwei Wege eröffnen, um die Zahl der im Zuge des weiteren Lösungsverfahrens noch zu betrachtenden Teilziele zu reduzieren:

(1) Bei der ersten Modellformulierung können die Beziehungen zwischen den einzelnen Teilzielen noch nicht überblickt werden. Während des schrittweisen Lösungsprozesses werden diese Beziehungen jedoch deutlich, so daß einzelne Teilziele nach den oben erörterten Kriterien ausgeschlossen werden können.

(2) Im Zuge des Lösungsverfahrens wird die Aktionsmenge schrittweise reduziert, wobei die verbleibenden Aktionsmöglichkeiten die Voraussetzungen erfüllen, aus denen das Vorliegen von Komplementaritätsbeziehungen abgeleitet werden kann.

Als drittes Ausschlußprinzip besteht schließlich die Möglichkeit, einzelne Teilziele auch dann bei der definitiven Formulierung der Zielfunktion außer acht zu lassen, wenn die Erfüllung der oben formulierten Ausschlußkriterien zwar nicht sicher abgesehen, jedoch mit hinreichend großer Sicherheit prima facie vermutet wird. Dieses Verfahren unterscheidet sich grundsätzlich von den beiden zuvor beschriebenen Auswahlregeln, für die, sofern die überhaupt zu beachtenden Teilziele einschließlich der zugehörigen Teilzielfunktionen einmal festliegen, der Anspruch auf objektive Gültigkeit erhoben werden kann und die zu keiner Beeinträchtigung des Planungsergebnisses führen. Das letztgenannte Prinzip enthält demgegenüber ein weiteres subjektives Element und kann eventuell dazu führen, daß eine andere Aktionsmöglichkeit empfohlen wird, als es bei einer umfassenderen Formulierung der Zielfunktion der Fall gewesen wäre.

Gemeinsam ist allen drei Auswahlkriterien jedoch, daß die Gesamtheit verschiedener Teilziele einschließlich unterschiedlicher Optimierungskriterien in dem Modell nur durch eine einzige der vorgefundenen Teilzielfunktionen abgebildet wird. Die Erfüllung der in dieser Funktion angegebenen Bedingung soll zumindest der Idee nach zur Bestimmung der Handlungsmöglichkeit führen, die zugleich im Hinblick auf jedes einzelne Teilziel als optimal angesehen werden kann. Die Frage des Gegeneinanderabwägens verschiedener Teilziele und damit weitere Bewertungs- oder Aggregationsprobleme tauchen zumindest hinsichtlich der Zielfunktion nicht auf. Die Zielauswahl stellt insoweit primär ein technisches Problem dar, das - gemäß den oben skizzierten Bedingungen - für die Zielgesamtheit repräsentative Teilziel aufzufinden.

c. Auswahl bei partiell konkurrierenden Teilzielen ohne Zielkonflikte

Im Fall zumindest partiell konkurrierender Teilziele kann es demgegenüber zu Zielkonflikten kommen, also zu der Notwendigkeit, wegen der angestrebten Verbesserung des Realisierungsgrades eines Teilzieles im Hinblick auf ein anderes Teilziel eine Verschlechterung in Kauf nehmen zu müssen. In diesem Abschnitt soll jedoch zunächst der Spezialfall behandelt werden, daß es trotz partiell konkurrierender Teilzielvariablen doch möglich ist, noch eine konfliktfreie Lösung zu finden.[1)]

Zur Klärung dieser Zusammenhänge sei A_p^o definiert als die Teilmenge aus der Gesamtheit A der insgesamt noch relevanten Aktionsmöglichkeiten, die im Hinblick auf ein Teilziel p optimal sind, also das für die isolierte Betrachtung dieses Teilzieles geltende Optimalitätskriterium zu erfüllen. Also gilt[2)]:

$$A_p^o = \begin{cases} = \{a_i \in A / z_p(a_i) = \max\limits_{a_k \in A}(z_p(a_k))\} & \text{falls } p \in P_{IE} \\ = \{a_i \in A / z_p(a_i) \geq z_p^{min}\} & \text{falls } p \in P_{IS} \end{cases}$$

Die Menge derjenigen Aktionsmöglichkeiten, die die Optimalitätsanforderungen hinsichtlich aller Teilziele zugleich erfüllen, sei als A^o bezeichnet; für sie gilt:

$$A^o = \cap A_p^o$$

Betrachtet man nun die Gesamtheit der im Hinblick auf die einzelnen Teilziele jeweils optimalen Aktionsmengen, so können drei Fälle unterschiedlichen Konfliktgrades unterschieden werden:

(1) Es gibt ein Teilziel p*, dessen optimale Aktionsmenge A_{p*}^o mit dem Durchschnitt aller A^o identisch ist, also:

---

1) Um etwaigen Mißverständnissen vorzubeugen, sei noch einmal betont, daß hier nur formale Probleme bei der Formulierung von Zielfunktionen erörtert werden sollen, die aus der Existenz *intra*personeller Zielkonflikte entstehen können. Auf die Erörterung *inter*personeller Zieldivergenzen und der sich daraus ergebenden organisatorischen Probleme hingegen soll allein schon aus Gründen des Umfangs dieser Untersuchung verzichtet werden. Zum Problem intraindividueller Zielkonflikte vgl. u. a. Bidlingmaier (1968), insbes. S. 63-114; 127-170; Gäfgen (1974), S. 176-198; Heinen (1971), S. 187-250.

2) Zur Definition der Indexmengen P_{IE} und P_{IS} vgl. S. 249.

(23) $\quad A^{o}_{p*} = A^{o}$

Jede Aktionsmöglichkeit, die zu A_{p*} gehört, erfüllt dann zugleich für alle anderen Teilziele die jeweiligen Optimalitätskriterien. Mithin ist es ausreichend, je nachdem, ob für das mit dem Index p* gekennzeichnete Teilziel isoliert betrachtet eine Maximierungs- oder eine Satisfizierungsvorschrift gilt, die gesamte Zielfunktion auf

$$z_{p*} \longrightarrow \max! \quad \text{oder} \quad z_{p*} \geq z_{p*}^{\min}$$

zu reduzieren.

Die angegebene Bedingung (23) ist im Fall komplementärer Teilziele stets erfüllt. Die für diese Zielkonstellation im vorigen Abschnitt ermittelten Auswahlkriterien sind nichts anderes als Relationen zur Bestimmung des geeigneten p*. Es ist jedoch auch möglich, daß die Relation (23) im Fall partiell konkurrierender Teilziele erfüllt ist, wie aus der Betrachtung der in Abb. 16 dargestellten Teilzielkurven deutlich wird.

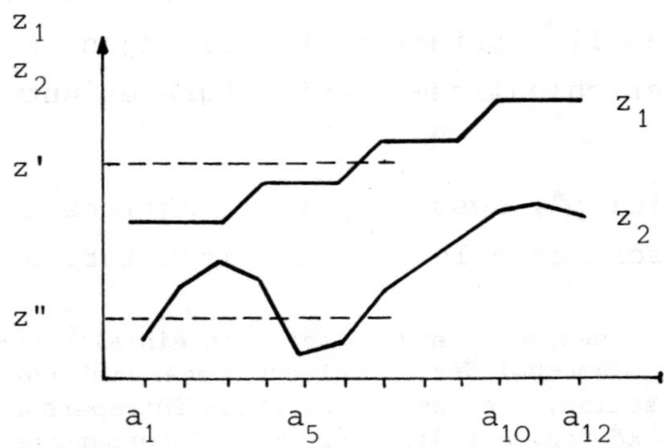

Abb. 16

Zwischen den beiden Teilzielen bestehen offenbar partielle Konkurrenzbeziehungen. Dennoch ist es bei geeigneten Optimierungskriterien möglich, jeweils ohne Beeinträchtigung des Planungsergebnisses auf ein Teilziel zu verzichten.

Hierzu seien vier mögliche Konstellationen von isoliert geltenden Optimierungskriterien betrachtet:

(a) $z_1 \longrightarrow \max;\ z_2 \longrightarrow \max$

Dann gilt $A_1^o = \{a_{10}, a_{11}, a_{12}\}$ und $A_2^o = \{a_{11}\}$. Als für alle Teilziele repräsentative Zielfunktion ergibt sich $z_2 \longrightarrow \max!$

(b) $z_1 \longrightarrow \max;\ z_2 \geq z''$

Also: $A_1^o = \{a_{10}, a_{11}, a_{12}\};\ A_2^o = \{a_2, a_3, a_4; a_7,\ldots,a_{12}\}$

Repräsentative Zielfunktion: $z_1 \longrightarrow \max!$

(c) $z_1 \geq z';\ z_2 \longrightarrow \max$

Also: $A_1^o = \{a_7,\ldots,a_{12}\};\ A_2^o = \{a_{11}\}$

Repräsentative Zielfunktion: $z_2 \longrightarrow \max!$

(d) $z_1 \geq z';\ z_2 \geq z''$

Also: $A_1^o = \{a_7,\ldots,a_{12}\};\ A_2^o = \{a_2, a_3, a_4; a_7,\ldots,a_{12}\}$

Repräsentative Zielfunktion: $z_1 \geq z'$

Trotz der partiellen Konkurrenzbeziehungen kann in diesem Fall die Zielfunktion auf eine einzige Teilzielvariable reduziert werden, ohne daß es zu einem Konflikt kommt.

Dabei werden hinsichtlich der Bestimmung der repräsentativen Zielfunktion die gleichen Gesichtspunkte relevant wie im Fall der vollständigen Komplementarität der betrachteten Ziele. Immer wenn der Entscheidende weiß, oder es für hinreichend wahrscheinlich hält, daß zwischen den Teilzielvariablen die Bedingung (23) erfüllt ist, und es möglich erscheint, das repräsentative Teilziel p* von vornherein zu bestimmen, löst sich der zunächst erscheinende Zielkonflikt von allein auf. Es handelt sich insoweit also um einen Scheinkonflikt.

(2) Der Durchschnitt aller optimalen Aktionsmengen ist nicht leer, stimmt jedoch mit keiner der Mengen A_p^o überein. Es gilt also:

$$\phi \subset A^o \subset A_p^o \qquad \text{für alle p}$$

In diesem Fall gibt es zumindest eine Aktionsmöglichkeit, die alle isolierten Optimalitätskriterien erfüllt. Sofern ein derartiges $a_i \in A^o$ gefunden wird, entfällt ebenfalls jeder Zielkonflikt. Bei der Reduzierung der Zielfunktion auf ein einziges Teilziel ist das Auffinden dieser Optimalalternative jedoch nicht mehr gesichert.

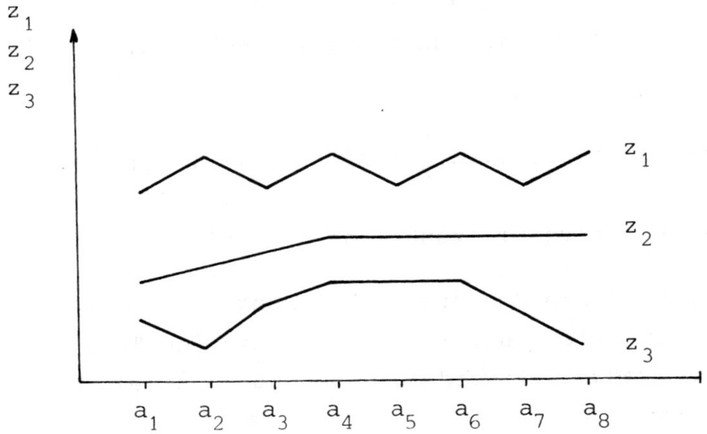

Abb. 17

Unterliegen etwa die drei in Abb. 17 dargestellten Teilzielvariablen Maximierungsbedingungen, so gilt

$A_1^o = \{a_2, a_4, a_6, a_8\}$; $A_2^o = \{a_4, a_5, a_6, a_7, a_8\}$; $A_3^o = \{a_4, a_5, a_6\}$

und für den Durschnitt

$$A^o = \{a_4, a_6\} .$$

Die Maximierung einer einzelnen Teilzielvariablen würde also nicht sicherstellen, daß eine der Optimalalternativen a_4 oder a_6 ausgewählt wird.

Vereinfachungsmöglichkeiten können sich jedoch auch in diesem Fall bieten. Dazu ist die Teilmenge P* von Zielgrößen zu bestimmen, die dadurch ausgezeichnet sind, daß der Durchschnitt ihrer individuellen optimalen Alternativenmengen mit dem Gesamtdurchschnitt A^o im Hinblick auf alle Teilzielvariablen identisch ist, für die also gilt:

(24) $$A^o = \bigcap_{p \in P^*} A_p^o$$

Gelingt es, eine Aktionsmöglichkeit aufzufinden, die im Hinblick auf alle durch P* umschriebenen Teilziele als optimal anzusehen ist, so sind auch die Optimalitätskriterien der übrigen Teilziele erfüllt. Es reicht somit auf jeden Fall aus, die Zielfunktion auf die Variablen $\{z_p / p \in P^*\}$ zu beschränken. In unserem Beispiel könnte demnach auf jeden Fall auf die Berücksichtigung von z_2 verzichtet werden; alle Aktionsmöglichkeiten, die zugleich im Hinblick auf das erste wie das dritte Teilziel optimal sind, erfüllen auch die Optimalitätsbedingung für das zweite Teilziel. Es dürfte unmittelbar einleuchten, daß es bei einer größeren Anzahl von Teilzielen mehrere Kombinationen von Teilzielen geben kann, bei denen die Bedingung (24) erfüllt ist. Ebensogut ist es möglich, daß (24) nur für die Gesamtheit aller Teilziele erfüllbar ist, jedoch keine echte Teilmenge von Zielen gefunden werden kann, für die (24) gilt.

Ein anderes Problem ist es natürlich, bei der modellmäßigen Darstellung eines konkreten Entscheidungsproblems die Einhaltung der oben abgeleiteten Bedingungen zu überprüfen, um eine entsprechend repräsentative Zielfunktion abzuleiten. Hier dürfte im allgemeinen keine andere Möglichkeit bleiben, als abzuschätzen, inwieweit die angegebenen

Voraussetzungen als erfüllt angesehen werden können. Der praktische Nutzen der vorgenommenen theoretischen Überlegungen dürfte somit in erster Linie darin bestehen, daß festgestellt wird, über die Gültigkeit welcher Bedingungen im konkreten Fall Mutmaßungen vorgenommen werden müssen, um möglichst ohne gravierende Beeinträchtigungen des Planungsergebnisses zu einer vereinfachenden Darstellung der Entscheidungssituation zu gelangen.

3. Zielauswahl in Konfliktfällen

a. Zur psychologischen Konflikttheorie

In den zuletzt erörterten Fällen konnten trotz partieller Konkurrenzbeziehungen zwischen einzelnen Teilzielen doch noch konfliktfreie Lösungen gefunden werden, d. h. es gab zumindest eine Alternative a_{i^*}, bei der die Optimalitätskriterien für alle betrachteten Teilziele erfüllt waren; die partiellen Konkurrenzbeziehungen führten nur zu einem Scheinkonflikt. Ein echter Zielkonflikt liegt demgegenüber immer dann vor, wenn es keine Aktionsmöglichkeit gibt, die im Hinblick auf sämtliche Teilziele zugleich als optimal angesehen werden kann.[1] Formal läßt sich eine solche Situation durch die Relation

(25) $$A^{o} = \phi$$

charakterisieren: der Durchschnitt aller hinsichtlich der isolierten Optimierungsvorschriften optimalen Aktionsmengen ist leer. Um in einer solchen Situation dennoch zur Ableitung einer Handlungsempfehlung zu gelangen, ist es nötig, die einzelnen divergierenden Teilzielvorstellungen in irgendeiner Weise gegeneinander abzuwägen.

Zur näheren Analyse verschiedener Arten von Zielkonflik-

1) Ähnliche Definitionen finden sich u. a. bei Bidlingmaier (1968), S. 55; Kirsch (1970), S. 98.

ten wird nun gelegentlich versucht, Begriffe und Kategorien der psychologischen Konflikttheorie[1] auf ökonomische Entscheidungsmodelle der hier zu untersuchenden Art zu übertragen[2]. Wie im folgenden gezeigt wird, ist eine solche Übertragung allerdings insofern problematisch, als der Konfliktbegriff der psychologischen Konflikttheorie sich allgemein auf die Unentschlossenheit eines Entscheidungssubjektes angesichts der nicht hinreichenden Differenzierbarkeit verschiedener Handlungsmöglichkeiten bezieht, also weitergreift als der Zielkonflikt im oben definierten Sinne. Im einzelnen werden drei Grundtypen von Konflikten unterschieden[3], die im folgenden soweit wie möglich in den in dieser Arbeit verwendeten Ausdrücken und Begriffskategorien dargestellt werden sollen.

Beim *Appetenz-Appetenz-Konflikt* erscheinen dem Entscheidenden - im einfachsten Fall - zwei Alternativen a_1 und a_2, die beide für sich betrachtet jeweils als "vorteilhaft" angesehen werden, d. h. die der realen Standardalternative $\bar{a}$ (z. B. Unterlassensalternative) vorgezogen werden, untereinander als gleichwertig. Aus der Schwierigkeit, sich trotzdem für eine der beiden Alternativen entscheiden zu müssen, resultiert die Gefahr des unentschlossenen Verharrens, was eventuell dazu führt, daß de facto die eigentlich von vornherein als schlechter ausgesonderte Unterlassensalternative $\bar{a}$ realisiert wird. Der Entscheidende wählt also $\bar{a}$ nicht bewußt aus, führt diese Alternative angesichts der Verzögerung einer Entscheidung für a_1 oder a_2 jedoch faktisch durch.

Beim *Aversions-Aversions-Konflikt* steht der Entscheidende demgegenüber vor der Wahl zwischen zwei Alternativen a_1

---

1) Vgl. z. B. Hofstätter (1957), S. 181-185; Lewin (1963), insbes. S. 293-299.
2) So z. B. Boulding (1962), insbes. S. 80-93; Bidlingmaier (1968), S. 56-63; Kirsch (1970), S. 98-106.
3) Vgl. zum folgenden Hofstätter (1957), S. 182 f.; Boulding (1962), S. 80-93; Kirsch (1970), S. 98-106.

und a_2, die ihm beide als schlecht erscheinen. Eine solche Situation beinhaltet offenbar nur dann einen Entscheidungskonflikt, wenn die Standardalternative $\bar{a}$, auf deren Basis Qualitäten wie "lohnend" oder "schlecht" ja erst definiert werden können, nicht realisiert werden kann, also fiktiv ist. Andernfalls würde $\bar{a}$ ja als eindeutig dominant bevorzugt und der Konflikt wäre aufgelöst. Ein unentschlossenes Verharren, ein Hinauszögern der Entscheidung zwischen a_1 und a_2 kann also in diesem Fall nicht zur (ungewollten) Realisierung der Standardalternative führen; vielmehr wird zwingend eine der beiden Alternativen a_1, a_2 oder allenfalls eine noch schlechtere Alternative a_3 realisiert.

Nun ist bei der Darstellung ökonomischer Entscheidungssituationen die Vergleichsbasis $\bar{a}$ als reale oder fiktive Standardalternative frei wählbar, so daß je nach ihrer Fixierung das gleiche Aktionenpaar einmal den gleichen positiven oder den gleichen negativen Wert annehmen kann.[1)]

Folgendes Beispiel mag dies erläutern:
Bei der Produktionsplanung für einen bestimmten Zeitraum, in dem 10.000 DM fixe, d. h. ausbringungsunabhängige Kosten anfallen, stehen zwei einander ausschließende Produktionsaufträge a_1, a_2 zur Auswahl, die 20.000 DM (bzw. 25.000 DM) Umsatz erbringen und variable Produktionskosten von 16.000 DM (bzw. 21.000 DM) verursachen. Auf der Basis der Unterlassensalternative als (reale) Standardalternative ergibt sich für a_1 und a_2 jeweils ein positiver Präferenzwert, nämlich ein Deckungsbeitrag von + 4.000 DM; die Entscheidung für einen der beiden Aufträge setz-

1) Bei - zur experimentellen Beobachtung des Konfliktverhaltens verwendeten - Ratten, die auf einem Laufsteg auf eine Futterstelle zustreben oder von einer Stromquelle fortstreben, mögen die Begriffe Appetenz und Aversion zweifelsfrei definiert sein. Angesichts der Relativität der entscheidungsorientierten Bewertung von Handlungsalternativen werden jedoch auch die Begriffe des Hinstrebens oder Fortstrebens selbst relativ.

te demnach die Lösung eines Appetenz-Appetenz-Konfliktes voraus. Wird die gesamte Entscheidungssituation demgegenüber von der Gewinn- und Vermögensebene her beurteilt, so erscheinen beide Handlungsmöglichkeiten als gleich schlecht; verglichen mit der (fiktiven) Standardalternative, das Vermögen konstant zu halten, ergibt sich nämlich für a_1 und a_2 jeweils ein negativer Präferenzwert in Form eines Verlustes von 6.000 DM. Die Entscheidung für eines der beiden "Übel" setzte mithin die Lösung eines Aversions-Aversions-Konfliktes voraus.

Zu ähnlichen Ergebnissen gelangt man, wenn man davon ausgeht, daß das betrachtete Aktionsfeld zunächst auf einen sehr engen Teilbereich eingeengt ist, jedoch für den Fall, daß die aus dem entsprechenden Modellansatz als Lösung abgeleitete Handlungsalternative dem Anspruchsniveau des Entscheidenden nicht entspricht, die Ausweitung des betrachteten Aktionsfeldes vorgesehen ist.[1] Zu einem Appetenz-Appetenz-Konflikt käme es dann, wenn - sei es als Ergebnis des ersten oder auch eines erweiterten Ansatzes - gleichzeitig zwei befriedigende Alternativen zur Auswahl stehen. Zur Konfliktlösung bedarf es dann eines irgendwie gearteten zusätzlichen Entscheidungskriteriums. Ein Aversions-Aversions-Konflikt hingegen wäre dadurch gekennzeichnet, daß in einem gewissen Stadium des Suchprozesses nur zwei (oder mehr) in gleicher Weise unbefriedigende Handlungsmöglichkeiten erblickt werden. In diesem Fall würde jedoch zunächst die Suche auf weitere Bereiche des Aktionsfeldes ausgedehnt. Wird dabei eine befriedigende Alternative entdeckt, so ist der Konflikt überwunden; gelingt dies hingegen nicht, so bleibt der Zwang, eine dem Anspruchsniveau nicht entsprechende Handlungsmöglichkeit ergreifen zu müssen. Dazu aber bedarf es dann - genau wie im Fall des Appetenz-Appetenz-Konfliktes - eines irgendwie gearteten zusätzlichen Entscheidungskri-

---

1) Vgl. S. 132 f.

teriums, um zwischen den gleich (un)wertigen Alternativen doch eine Auswahl treffen zu können.

Allerdings darf nicht verkannt werden, daß den menschlichen Verhaltensweisen - wie sie die Psychologie analysiert - in einem vorgegebenen historisch-sozialen Rahmen eine von vielen Menschen geteilte Vorstellung von einer "Normallage" zugrunde liegt, der gegenüber dann die Wahl zwischen äquivalenten Handlungsalternativen jeweils eindeutig als Appetenz-Appetenz- oder Aversions-Aversions-Konflikt identifiziert werden kann. Dabei mag dann auch das Vorzeichen der Äquivalenzbeziehung für die Konfliktlösung und die damit verbundenen psychischen Prozesse von Bedeutung sein. Für die Formulierung eines auf die Ableitung einer Handlungsempfehlung ausgerichteten Entscheidungsmodells (oder einer Folge solcher Modelle) können beide Konfliktarten jedoch als äquivalent angesehen werden. Beide resultieren daraus, daß die angewandte Entscheidungsregel nicht zur Empfehlung genau einer Handlungsmöglichkeit führt; in beiden Fällen besteht also Bedarf an einer zusätzlichen Spezifizierung der Zielfunktion. Damit wird zugleich auch deutlich, daß sich beide Konfliktarten gar nicht zwingend auf einen *Ziel*konflikt in dem hier definierten Sinne beziehen müssen.

In dem häufig als Paradigma für einen Appetenz-Appetenz-Konflikt angeführten Beispiel des BURIDANISCHEN[1)] Esels etwa, der in der Mitte zwischen zwei gleich beschaffenen Heuhaufen unentschlossen verharrend schließlich verhungert, sind die beiden Handlungsalternativen, rechts oder links zu fressen, durch die gleiche - gegenüber der Standardalternative, in der Mitte stehenzubleiben, positive - Ausprägung der identischen, einzig entscheidungsrelevanten Zielvariablen (erreichbarer Sättigungsgrad) gekennzeichnet.

---

1) Nach Hofstätter (1957), S. 181 soll dieses Bild allerdings entgegen dem landläufigen Sprachgebrauch nicht auf Johannes Buridanus, sondern auf Aristoteles und später Dante zurückgehen.

Die Einordnung der beiden Alternativen in ein Präferenzsystem scheitert nicht daran, daß gleichzeitig wirkende divergierende Zielvorstellungen jeweils in unterschiedlichem Ausmaß erfüllt werden, sondern gerade daran, daß wegen der Identität des Realisierungsgrades der alleinigen Zielgröße jedes Differenzierungskriterium fehlt. Der *Entscheidungs*konflikt des BURIDANISCHEN Esels resultiert also gar nicht aus einem *Ziel*konflikt, d. h. der gleichzeitigen Beachtung mehrerer konkurrierender Zielgrößen, sondern im Gegenteil aus einer Zielidentität, also daraus, daß die Entscheidungsregel nur auf einen einzigen Zielmaßstab ausgerichtet ist und er infolgedessen bei Äquivalenz bezüglich dieses primären Kriteriums eine weitere Unterscheidung aufgrund irgendeines sekundären Zielmerkmales nicht zu leisten vermag. Allerdings ist es - im Gegensatz zum Fall des BURIDANISCHEN Esels - auch möglich, daß die Ursache des Entscheidungskonfliktes wirklich in einem Zielkonflikt in dem hier definierten Sinne liegt. Das träfe etwa dann zu, wenn sich zwei Handlungsmöglichkeiten (z. B. zwei alternative Produktionspläne) zwar in ihren Konsequenzen unterscheiden, diese aber jeweils durch mehrere Zielvariablen (z. B. Gewinn und Umsatz) beschrieben werden, und zwar derart, daß die unterschiedlichen (positiven oder negativen) Ausprägungen so ausfallen, daß bezüglich jedes einzelnen Teilziels eine eindeutige Rangfolge für die Handlungsalternativen artikuliert werden kann, nicht jedoch bezüglich der aus den einzelnen Teilzielen resultierenden Gesamtvalenz der beiden Alternativen.[1] In diesem Fall resultiert der Entscheidungskonflikt also in der Tat aus einem Zielkonflikt, d. h. aus der Unentschlossenheit des Entscheidungssubjektes, die Variablenwerte der divergierenden Einzelziele zu einem übergeordneten Präferenzwert zu amalgamieren.

---

1) Bidlingmaier (1968), S. 57 behandelt diese Art des Appetenz-Appetenz-Konfliktes in vergröbernder Weise gemeinsam mit der des Buridanischen Esels als identischen Typus eines Zielkonfliktes.

Als dritter Konflikttyp wird schließlich der *Appetenz-Aversions-Konflikt* angeführt, bei dem ein Entscheidungssubjekt über die Realisierung einer Handlungsmöglichkeit zu entscheiden hat, die zugleich unter einem Aspekt als lohnend und unter einem anderen als nachteilig erscheint. Dieser Fall kann in der hier benutzten Terminologie so dargestellt werden, daß eine Handlungsmöglichkeit a_i betrachtet wird, bei der sich für eine (originäre oder auch subsidiäre) Teilzielvariable z_1 ein positiver, für eine andere Teilzielvariable z_2 jedoch ein negativer Wert ergibt. Für die Realisierung dieser Handlungsmöglichkeit a_i - d. h. den Übergang von der Unterlassensalternative $\bar{a}$, für die sich ex definitione Zielvariablenwerte von null ergeben, zu a_i - spricht die Erhöhung des Wertes von z_1 (Appetenz), während die Verringerung von z_2 dagegen spricht (Aversion). Diese Form des Entscheidungskonfliktes resultiert also auf jeden Fall aus einem Zielkonflikt. Typische Beispiele für einen derartigen Konfliktfall stellen etwa alle Entscheidungssituationen dar, in denen durch den Übergang zu einer Alternative a_i die Gewinnaussichten zwar gesteigert, die Sicherheit jedoch verringert wird.

Zusammenfassend können die drei genannten Arten von Entscheidungskonflikten schematisch durch nachstehende Entscheidungsmatrizen verdeutlicht werden, wobei eine reale Standardalternative mit $\bar{a}$, eine fiktive mit $\hat{a}$ bezeichnet werden soll.

(1) Durch Zielidentität bedingte Entscheidungskonflikte

	z
a_1	+1
a_2	+1
$\bar{a}$	0

(a)

	z
a_1	-1
a_2	-1
$\hat{a}$	0

(b)

	z
a_1	-1
a_2	-1
$\hat{a}$	0
a_3	-2

(c)

(a) Appetenz-Appetenz-Konflikt: Unentschiedenes Verharren bedeutet - ungewollte - Realisierung von $\bar{a}$.

(b) Aversions-Aversions-Konflikt: Unentschiedenes Verharren führt zwangsweise zur Realisierung von a_1 oder a_2.

(c) Appetenz-Aversions-Konflikt: Unentschiedenes Verharren führt zur - ungewollten - Realisierung einer dritten, auf jeden Fall suboptimalen Alternative a_3.

Offenbar können die Matrizen (a) und (c) als lediglich formal unterschiedliche Darstellung der gleichen Entscheidungssituation aufgefaßt werden. Dies wird unmittelbar deutlich, wenn (c) statt auf der Basis der fiktiven Standardalternative â auf der Grundlage der realen Alternative a_3 formuliert wird.

(2) <u>Durch Zielkonflikte bedingte Entscheidungskonflikte</u>

	z_1	z_2
a_1	+1	0
a_2	0	+1
$\bar{a}$	0	0

(a)

	z_1	z_2
a_1	-1	0
a_2	0	-1
$\hat{a}$	0	0

(b)

	z_1	z_2
a_1	0	-1
a_2	-1	0
$\hat{a}$	0	0
a_3	-1	-1

(c)

	z_1	z_2
a_1	+1	-1
$\bar{a}$	0	0

(d)

Die in den Matrizen (a) bis (c) dargestellten Konfliktfälle sind jeweils analog zum Fall (1) zu interpretieren. Im Unterschied zu (1) resultiert der Entscheidungskonflikt jetzt jedoch aus dem Zielkonflikt. Matrix (d) schließlich verdeutlicht den Aversions-Appetenz-Konflikt. Ein unentschlossenes Verharren führt hier auch zur Realisierung von $\bar{a}$, was im Gegensatz zum Appetenz-Appetenz-Konflikt jedoch nicht zwingend die Realisierung einer suboptimalen Lösung bedeuten muß.

Diese schematische Darstellung verschiedener Typen weist im übrigen darauf hin, daß noch weitere Konfliktsituationen unterschieden werden können, wie etwa durch folgende Matrix (e) verdeutlicht wird.

	z_1	z_2
a_1	+1	-1
a_2	-1	+1
$\bar{a}$	O	O

(e)

Eine Unentschlossenheit zwischen $\bar{a}$ und a_1 oder a_2 könnte als Aversions-Appetenz-Konflikt, Unentschiedenheit zwischen a_1 und a_2 als Appetenz-Appetenz- oder Aversions-Aversions-Konflikt interpretiert werden.

b. Zieldominanz, -schisma und -kompromiß

In Anlehnung an SMITH[1] werden in der Literatur im allgemeinen drei Möglichkeiten zur Lösung von Zielkonflikten erörtert, die als Zieldominanz, Zielschisma und Zielkompromiß bezeichnet werden sollen.[2]

Bei der Konfliktlösung nach dem Verfahren der *Zieldominanz* wird - um zunächst bei dem Fall zweier konkurrierender Teilziele zu bleiben - die letztlich entscheidungsrelevante

1) Smith (1956), S. 134-141.
2) So z. B. bei Engels (1962), S. 47-50; Heinen (1971) , S. 140-147; Chmielewicz (1970), S. 254-256.

Präferenzfunktion allein auf ein Teilziel ausgerichtet, während das andere Teilziel unberücksichtigt bleibt. Die Anwendung dieses Prinzips hat zur Folge, daß die hinsichtlich des dominanten Teilziels ($\hat{p}$) optimale Aktionsmenge mit der als Lösung des Modells infrage kommenden Menge von Handlungmöglichkeiten A* identisch ist, also gilt[1]:

$$A^* = A^o_{\hat{p}}$$

HEINEN weist zu Recht darauf hin, daß diese Art der Konfliktlösung immer dann die einzig mögliche ist, wenn die Erfüllungsgrade der konkurrierenden Teilziele lediglich mit Hilfe von Ordinalskalen gemessen werden können.[2] Jeder Versuch, ein Mehr hinsichtlich eines Ziels gegen ein Weniger bei dem anderen Ziel abzuwägen, scheitert in diesem Falle wegen des Mangels an Vergleichbarkeit. Konfliktlösung durch Zieldominanz setzt also auf jeden Fall voraus, daß sich der Entscheidende auf ein Teilziel festlegt, das ihm letztlich als das gewichtigere erscheint.

Dabei ist es allerdings möglich, daß diese Auswahl je nach Art des betrachteten Dispositionskalküls unterschiedlich ausfällt. Dieses Vorgehen, für unterschiedliche Entscheidungssituationen jeweils anderen Teilzielen den Vorrang einzuräumen, kennzeichnet die zweite, als *Zielschisma* bezeichnete Möglichkeit der Konfliktlösung. Diesem Lösungsversuch kommt allerdings in erster Linie bezüglich interpersoneller Zielkonflikte Bedeutung zu.

---

1) A^* darf nicht mit der zuvor definierten Aktionsmenge A^o verwechselt werden. A^o umfaßt die Menge aller Aktionen, die für alle nach einer ersten Vorauswahl überhaupt noch relevanten Teilziele die isoliert geltenden Optimalitätskriterien erfüllen. Diese Menge ist in den jetzt zu untersuchenden Fällen voraussetzungsgemäß leer. Mit A^* soll demgegenüber die Menge der Alternativen bezeichnet werden, die den Optimalitätsanforderungen genügen, die durch die zur Konfliktlösung zu formulierenden entscheidungsrelevanten Präferenzfunktionen festgelegt werden.

2) Heinen (1971) , S. 141; s. a. Bidlingmaier (1968), S. 124.

So weist SMITH bei der Erklärung dieses Begriffes darauf hin, daß jede Definition von Eigentumsrechten eine dem Prinzip des Zielschismas folgende Normierung sozialer Spielregeln ist, durch die festgelegt wird, im Hinblick auf welche Entscheidungstatbestände die individuellen Zielvorstellungen einzelner Personen zu dem ausschlaggebenden Faktor werden[1]:
Im Rahmen der so definierten Verfügungsgewalt über bestimmte Gegenstände ist allein das Zielsystem des Eigentümers relevant; im Hinblick auf Entscheidungen, bei denen die wie auch immer fixierten Grenzen der Eigentumsrechte überschritten werden, erlangen hingegen andere Zielvorstellungen Bedeutung - seien es die individuellen Ziele anderer Personen, seien es mehr oder weniger konkretisierte Ziele der nicht näher spezifizierten Allgemeinheit. Rechtsprechung und staatliche Exekutivorgane können dementsprechend als Institutionen zur Durchsetzung der einmal festgelegten schismatischen Lösung des gesellschaftlichen Zielkonfliktes angesehen werden. Die gesamte herkömmliche - in jüngster Zeit häufiger mit dem Attribut "bürgerlich" versehene - Nationalökonomie war lange Zeit so sehr von der Vorstellung einer auf privater Zielkonkurrenz und interpersonellem Zielschisma beruhenden Wirtschaftsordnung geprägt, daß der Möglichkeit, daß zwischen den individuellen Zielvorstellungen verschiedener Personen gerade kein Konflikt, sondern Komplementarität besteht, lange Zeit vergleichsweise geringe Beachtung geschenkt wurde. Erst in den letzten Jahren ist auch den Problemen, die im Fall interpersoneller Zielkomplementarität aus einer schismatischen Regelung resultieren, mit der Diskussion um die sogenannten "public goods" größere Aufmerksamkeit geschenkt worden.[2]

---

1) Smith (1956), S. 136.
2) Vgl. den grundlegenden Aufsatz von Samuelson (1954). Wegen eines Überblickes über den neuesten Stand dieser Diskussion vgl. Bödecker (1971).

Für die folgenden Erörterungen ist die Möglichkeit des Zielschismas jedoch nur als Lösung intrapersoneller Zielkonflikte interessant. In diesem Fall schlägt sich die schismatische Regelung darin nieder, daß der Entscheidende die - nach zeitlichen und sachlichen Abgrenzungsregeln gebildeten - Partialmodelle jeweils auf der Basis verschiedener Zielvorstellungen formuliert.[1] Danach könnte etwa ein Konflikt zwischen Umsatz- und Gewinnstreben dahingehend gelöst werden, daß Entscheidungen im Produktionsbereich oder über Kapazitätserweiterungen nur an der Zielsetzung 'Gewinnmaximierung' ausgerichtet werden, während die Absatzpolitik ausschließlich am Ziel der Umsatzmaximierung orientiert wird. Eine schismatische Regelung der hinsichtlich des gesamten Entscheidungskomplexes bestehenden Zielkonflikte bedeutet also, daß festgelegt wird, welche Teilziele für die verschiedenen Partialmodelle jeweils ausschließlich relevant sein sollen. In bezug auf das einzelne Modell ist damit ein möglicher Zielkonflikt von vornherein nach dem Prinzip der Zieldominanz gelöst. Insoweit beinhaltet eine schismatische Konfliktlösung also eine von vornherein im Hinblick auf verschiedene Entscheidungssituationen differenzierte Anwendung der Zieldominanzregel.

Das Verfahren des *Zielkompromisses* schließlich sieht vor, die gegenläufigen Realisierungsgrade der konkurrierenden Teilziele gegeneinander abzuwägen, um auf der Basis derartiger "Gewichte" für die einzelnen Teilziele schließlich doch zu eindeutigen Aussagen über die Vorziehenswürdigkeit der zur Auswahl stehenden Aktionsmöglichkeiten zu gelangen. Die verschiedenen Zielmaßstäbe werden also zu einem einzigen Maßstab *amalgamiert*, die divergierenden Teilziele auf letztlich eine übergeordnete Zielgröße zurückgeführt. Die Anwendung des Zielkompromisses in dieser strengen Form setzt voraus, daß die einzelnen Teil-

1) Zur These des entscheidungssituationsbedingten Wechsels der Zielvariablen s. a. Cooper (1949), insbes. S. 1207 ff.; Strasser (1966), S. 43-45.

ziele in gewisser Weise vergleichbar sind, eine übergeordnete Zielgröße definiert werden kann und der Beitrag einzelner Teilziele zur Erreichung dieser Zielgröße gemessen werden kann. Insoweit beinhaltet die Konfliktlösung auf dem Wege des Zielkompromisses in erster Linie Bewertungsprobleme.

Bislang ist allerdings nur der in der Literatur vorwiegend, teilweise sogar als einzige Form des Zielkompromisses erörterte Fall[1)] behandelt worden, daß beide Teilzielvariablen isoliert betrachtet maximiert werden sollen und auch die Gesamtzielfunktion eine reine Maximierungsregel angibt. Bezieht man jedoch auch die Möglichkeit von *Satisfizierungsvorschriften* in die Betrachtung ein, so bedarf es unter Umständen doch noch weiterer Auswahlregeln.

c. Kompromißzielfunktionen

In dem zunächst nur zu behandelnden Fall von zwei konkurrierenden Teilzielen können bezüglich der isoliert geltenden Optimierungskriterien insgesamt drei verschiedene Konstellationen unterschieden werden:

(1) Beide Teilzielvariablen z_1 und z_2 sind isoliert betrachtet zu maximieren. In diesem Fall gibt es, je nachdem, welche Teilzielvariablen in die Maximierungsvorschrift und welche in die Satisfizierungsvorschriften eingehen, insgesamt sieben verschiedene Grundformen für die Formulierung einer Zielfunktion, die als Kompromiß beide Teilzielvariablen erfaßt. Dabei ist die Möglichkeit, für eine Teilzielvariable, die als einzige in die Maximierungsvorschrift aufgenommen wird, zusätzlich noch eine Satisfizierungsbedingung aufzustellen, von vornherein

1) So z. B. Gäfgen (1974), S. 137-140; Chmielewicz (1970), S. 255; Bidlingmaier (1968), S. 124-126.

ausgeschlossen worden. Bei einem solchen Verfahren wäre die Satisfizierungsvorschrift entweder wirkungslos, da die Maximierungsvorschrift die Menge optimaler Alternativen stärker einschränkt, oder die Satisfizierungsvorschrift würde mit der des anderen Teilzieles kollidieren, so daß es überhaupt keine Handlungsmöglichkeit gäbe, die beiden Ansprüchen genügt.[1)] In letzterem Fall wäre somit noch gar kein Zielkompromiß erreicht. Ebenso werden alle Möglichkeiten, die Zielfunktion nur auf der Basis einer Teilzielvariablen zu formulieren, von vornherein außer acht gelassen. Ein solches Vorgehen führte ja gerade nicht mehr zu einem Kompromiß, sondern zu einer Konfliktlösung nach der Methode der Zieldominanz. Zur Verdeutlichung der nach diesen Vorüberlegungen verbleibenden Möglichkeiten sind in Tabelle 14 jeweils die zu P_{EX} und P_{SAT} gehörenden Indices der entsprechenden Teilziele angegeben.

	P_{EX}	P_{SAT}
I	-	1,2
II	1	2
III	2	1
IV	1,2	-
V	1,2	1
VI	1,2	2
VII	1,2	1,2

Tab. 14

Man erkennt, daß neben dem durch Konstellation IV ge-

1) Diese Einschränkung muß allerdings für solche Modelle aufgehoben werden, in denen gar nicht von einem endgültig vorgegebenen Aktionsfeld ausgegangen wird. In solchen Fällen kann es sinnvoll sein, für die allein zu maximierende Variable auch noch eine Satisfizierungsbedingung aufzustellen. Genügt der unter Beachtung sonstiger Bedingungen gefundene Extremwert dann nicht dem verlangten Mindestniveau, so wäre das betrachtete Aktionsfeld zu erweitern und nach anderen, insgesamt befriedigenden Alternativen zu suchen.

kennzeichneten Fall des reinen Maximierungsmodells noch etliche Mischformen des Zielkompromisses denkbar sind, bis hin zu der entgegengesetzten Extremmöglichkeit, für beide ursprünglich zu maximierenden Teilzielvariablen jeweils nur das Erreichen eines Mindestwertes zu verlangen (Konstellation I). Auch im Falle des Zielkompromisses bedarf es also einer Auswahlregel, die bestimmt, wie die Mengen P_{EX} und P_{SAT} abgegrenzt werden. Dabei ist - in dem bislang immer noch erörterten Fall von nur zwei Teilzielvariablen - genau eine der sieben angegebenen Formen von Zielfunktionen zu bestimmen. Wie im einzelnen die Mindestwerte festgesetzt und/oder die einzelnen Teilzielvariablen gewichtet werden, ist dann eine Frage der Bewertungsregeln.

(2) Eine Teilzielvariable z_1 soll isoliert betrachtet maximiert werden, die andere z_2 unterliegt einer Satisfizierungsbedingung. Auch in diesem Fall wären zunächst alle sieben Formen des Zielkompromisses denkbar. Jedoch dürften die Gründe, die es sinnvoll erscheinen lassen, bei einer Teilzielvariablen schon bei isolierter Betrachtung auf die Maximierung zu verzichten und nur das Erreichen eines Mindestwertes zu verlangen, auch bei der Formulierung einer Kompromiß-Zielfunktion Gültigkeit behalten. Formal bedeutet diese Annahme, daß für die Indexmengen der bei isolierter Betrachtung sowie in der Kompromißzielfunktion durch Maximierungs- oder Satisfizierungsvorschriften erfaßten Teilzielvariablen gelten soll:

$$(26) \qquad P_{IS} \cap P_{EX} = \phi \ ; \quad P_{IS} \subseteq P_{SAT} \ ; \quad P_{EX} \subseteq P_{IE} \ .$$

Akzeptiert man diese Annahmen, so verblieben für den vorliegenden Fall nur noch zwei mögliche Formen von Kompromißzielfunktionen, nämlich die in Tabelle 14 als I und II angeführten Konstellationen.[1)]

1) Ist z_2 zu maximieren und unterliegt z_1 einer Satisfizierungsbedingung, bleiben entsprechend Zielfunktionen der Typen I und III relevant.

Hierbei können sich unter Umständen Konstellationen ergeben, die Grenzfälle eines Zielkompromisses darstellen.

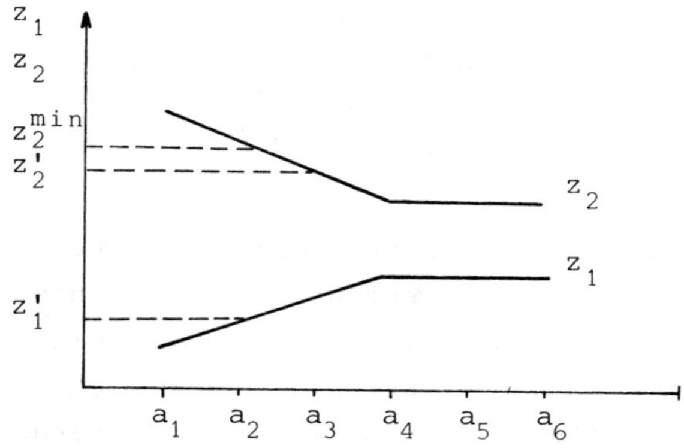

Abb. 18

Bei dem in Abb. 18 dargestellten Kurvenverlauf zweier konkurrierender Teilziele gilt für die Teilmengen der bei isolierter Betrachtung optimalen Aktionsmöglichkeiten (bei $z_1 \longrightarrow \max$; $z_2 \geq z_2^{min}$)

$$A_1^o = \{a_4, a_5, a_6\} \quad ; \quad A_2^o = \{a_1, a_2\} \; .$$

A_1^o und A_2^o sind disjunkt; es besteht also ein echter Zielkonflikt.

Bei der Lösung dieses Konfliktes durch eine Zielfunktion vom Typ II besteht nun die - auf den ersten Blick vielleicht als am nächsten liegend erscheinende - Möglichkeit, die beiden isoliert geltenden Optimierungskriterien unverändert zu der Zielfunktion

$$z_1 \longrightarrow \max$$
$$z_2 \geq z_2^{min}$$

zusammenzufassen. In diesem Fall würden jedoch offenbar an der in z_2 zum Ausdruck kommenden Zielvorstellung überhaupt keine Abstriche vorgenommen. Es würde gegenüber einer nach dem Prinzip der Zieldominanz auf

z_2 allein basierenden Zielfunktion lediglich erreicht, daß innerhalb der Aktionsmenge A_2^o die hinsichtlich des ersten Teilzieles optimalen Aktionen ausgewählt werden. Von vornherein steht jedoch fest, daß die Menge A* der hinsichtlich der Kompromißzielfunktion als optimal anzusehenden Aktionsmöglichkeiten auf jeden Fall eine Teilmenge von A_2^o ist und andererseits kein $a_i \in A_1^o$ enthält.

Einen echten Kompromiß in dem Sinne, daß Abstriche an beiden Teilzielen vorgenommen werden, kann man hingegen erreichen, indem die isoliert geltenden Optimierungskriterien der Form nach zwar beide übernommen werden, der für z_2 verlangte Mindestwert jedoch herabgesetzt wird, die Zielfunktion also etwa lautete (vgl. Abb. 18):

$$z_1 \longrightarrow \max$$
$$z_2 \geq z_2'$$

Ähnliches gilt auch für die Aufstellung einer Kompromißzielfunktion des Typs I. Wird z_2^{min} unverändert übernommen, so ist eine Einschränkung in bezug auf dieses Ziel von vornherein ausgeschlossen. Allerdings ist es beim Zielfunktionstyp I auch dann, wenn das isoliert festgelegte Anspruchsniveau herabgesetzt wird, möglich, daß als Optimalalternative eine Handlungsmöglichkeit gewählt wird, die zu A_2^o zählt. Bei dem in Abb. 18 dargestellten Kurvenverlauf wäre das etwa der Fall, wenn als Zielkompromiß die Funktion

$$z_1 \geq z_1' \quad ; \quad z_2 \geq z_2'$$

aufgestellt und aus der Menge der danach optimalen Aktionen $A^* = \{a_2, a_3\}$ die Handlungsmöglichkeit a_2 ausgewählt würde. Im Gegensatz zur Beibehaltung von z_2^{min} ist es in diesem Fall angesichts der partiellen Indeterminiertheit der Zielfunktion jedoch ebensogut möglich, daß mit a_3 eine Aktion zur Durchführung empfohlen wird, die nicht zu A_2^o gehört.

Diese Überlegungen legen es nahe, zwischen zwei Formen des Zielkompromisses zu unterscheiden. Ein Kompromiß soll immer dann als *schwach* bezeichnet werden, wenn von vornherein feststeht, daß als Optimallösung a_{i^*} nur eine Handlungsmöglichkeit infrage kommt, die zu der hinsichtlich eines Teilzieles optimalen Aktionsmenge zählt. Im Fall des schwachen Kompromisses gibt es also stets ein Teilziel (Index $\hat{p}$), für das gilt:

(27.1) $$A^* \subseteq A_{\hat{p}}^o$$

Von einem *starken* Kompromiß sei demgegenüber immer dann die Rede, wenn es kein Teilziel gibt, für das von vornherein sichergestellt ist, daß a_{i^*} Element der zugehörigen Optimalmenge A_p^o ist. In diesem Fall ist in A^* jeweils mindestens eine Aktionsmöglichkeit enthalten, die nicht zu der betrachteten A_p^o-Menge gehört. Formal bedeutet diese Eigenschaft, daß gilt:

(27.2) $$A^* - A_p^o = \phi \qquad p \in P_{IE} \cup P_{IS}$$

(3) Beide Teilzielvariablen unterliegen isoliert betrachtet Satisfizierungsvorschriften. In diesem Fall kommt unter Berücksichtigung der für P_{EX}, P_{SAT}, P_{IE}, P_{IS} aufgestellten Bedingungen (26) nur noch eine Zielfunktion des Typs I in Betracht. Dabei kann wiederum je nachdem, ob die ursprünglich verlangten Mindestwerte für beide Teilziele herabgesetzt werden oder ein Anspruchsniveau unverändert übernommen wird, also je nach Ausgestaltung der Bewertungsregeln zwischen starkem und schwachem Kompromiß als Prinzip der Konfliktlösung unterschieden werden. Auswahlprobleme tauchen hingegen nicht auf.

Die bisherigen Ausführungen haben gezeigt, daß der Unterschied zwischen Zieldominanz und schwachem Zielkompromiß -

zumindest bei streng konkurrierenden Zielen - unter Umständen äußerst gering ist, was auch durch einen Vergleich der zur Definition dieser beiden Konfliktlösungsmöglichkeiten aufgestellten Bedingungen ($A^* = A^o_{\hat{p}}$ bzw. $A^* \subseteq A^o_{\hat{p}}$) augenfällig wird. Zugleich verdeutlicht dies die häufig angesprochene Tatsache[1], daß das Prinzip der Zieldominanz grundsätzlich zumindest formal als Grenzfall des Zielkompromisses angesehen werden kann, in dem eine Teilzielvariable mit null gewichtet wird oder der verlangte Mindestwert so weit reduziert wird, daß auch der Verzicht auf die entsprechende Satisfizierungsvorschrift die Menge der hinsichtlich der Kompromißzielfunktion optimalen Aktionen in keiner Weise beeinflussen würde. Dennoch erscheint es sinnvoll, Zieldominanz und Zielkompromiß begrifflich zu trennen; denn der Übergang zu der Gewichtung einer Teilzielvariablen mit null hat grundlegend andere Konsequenzen als sie sich bei Variationen der Gewichte im Bereich der positiven Zahlen ergeben. Im ersten Fall wird nämlich ein für die Ableitung der Handlungsergebnisse relevanter Aspekt völlig aufgehoben, die Zahl der relevanten Ziel- und Ergebnisvariablen kann eventuell von vornherein reduziert werden; hinsichtlich der Bewertung der Handlungsergebnisse entfällt ein Akt. Insoweit entspricht der Übergang vom Zielkompromiß zur Zieldominanz dem, was mit dem bekannten Schlagwort vom Umschlag von der Quantität in die Qualität zum Ausdruck gebracht werden soll.

Liegt - über die bislang untersuchten Fälle hinaus - ein Konflikt zwischen drei oder mehr Zielvariablen vor, so gewinnt, vor allem im Fall partieller Zielkonkurrenz, neben den Konkurrenz- und Komplementaritätsbeziehungen im oben definierten Sinne auch der Grad der Konkurrenz bzw. Komplementarität für den Auswahlprozeß an Bedeutung. Die statistische Methodenlehre hält etliche Maßzahlen wie

1) So z. B. von Heinen (1971), S. 142; Chmielewicz (1970), S. 255.

z. B. den BRAVAIS-PEARSON'schen-Korrelationskoeffizienten oder den SPEARMAN'schen Rang-Korrelationskoeffizienten bereit[1)], mit deren Hilfe prinzipiell auch der Korrelationsgrad zwischen zwei Zielvariablen ermittelt werden kann. Dabei bietet die Verwendung von Rang-Korrelationskoeffizienten neben der größeren rechnerischen Einfachheit den Vorteil, daß dies auch dann möglich ist, wenn sich für einzelne oder alle Teilziele keine kardinalen Maßwerte angeben lassen. Auf jeden Fall kann aus einem hohen positiven Wert eines Korrelationskoeffizienten geschlossen werden, daß bei den beiden betrachteten Zielvariablen die Komplementärsbeziehungen überwiegen. Ein (absolut) hoher negativer Wert weist demgegenüber darauf hin, daß die beiden Teilziele weitgehend in Konkurrenz stehen und die komplementären Beziehungen schwach ausgeprägt sind.

Für den Auswahlprozeß folgt daraus: Je eher davon ausgegangen werden kann - sei es aufgrund früherer Erfahrungen, sei es aufgrund stichprobenartiger Berechnungen -, daß die Werte einer Gruppe von Teilzielvariablen trotz der partiellen Konkurrenzbeziehungen insgesamt doch relativ eng korreliert sind, desto geringer ist die Gefahr, daß bei der Reduktion einer Gruppe von Zielen auf eine kleinere Teilmenge solche Aktionsmöglichkeiten als optimal erscheinen, die hinsichtlich der unterdrückten Ziele gerade als extrem schlecht zu beurteilen sind. Das bedeutet aber zugleich, daß die Methode der *Zieldominanz* um so eher eine akzeptable Konfliktlösung darstellt, je größer das vermutete Ausmaß an Korrelation zwischen den in die definitive Zielfunktion einbezogenen und den ausgesonderten Teilzielvariablen ist.

Bei der Konfliktlösung nach der Methode des *Zielkompromisses* ist das für den Fall von zwei Teilzielvariablen beschriebene Auswahlverfahren in entsprechender Weise

---

1) Vgl. z. B. Autorenkollektiv (1965), S. 375-389; Sachs (1969), S. 374-413; Reichhardt (1969), S. 87-92.

anzuwenden: Es bedarf der Festlegung, welche der nach einer Vorauswahl gemäß dem Kriterium der Zieldominanz noch verbleibenden Teilzielvariablen in die Extremierungsbedingung aufgenommen werden und für welche Satisfizierungsvorschriften formuliert werden sollen.

7. Kapitel:

Auswahlprobleme bei der Formulierung von Zielfunktionen unter Unsicherheit

1. Entscheidungskriterien bei Unsicherheit

a. Subsidiäre Zielvariablen

Im Fall unsicherer Handlungsergebnisse werden die mit der Aufstellung der definitiven Zielfunktion verbundenen Probleme um eine weitere Dimension ausgedehnt. Wie wir schon bei der Erörterung der konstitutiven Elemente eines jeden Entscheidungsmodells gesehen haben, ist eine allein auf die Optimierung der originären Teilzielvariablen ausgerichtete Zielfunktion in diesem Fall nicht mehr operabel. Vielmehr

- müssen für das einer jeden Handlungsalternative a_i zugeordnete Spektrum verschiedener möglicher Werte der originären (Teil-) Zielvariablen die zugehörigen Werte einer oder mehrerer eigens zu diesem Zweck festzulegender subsidiärer (Teil-) Zielvariablen $y_{\pi}(a_i)$ bestimmt werden,
- muß auf der Basis dieser subsidiären (Teil-) Zielvariablen eine definitive Zielfunktion festgelegt werden, um so zu einer gewissen Ranglozierung der zur Auswahl stehenden Aktionen und der Ableitung einer Handlungsempfehlung zu gelangen.

So wie diese Zielvariable Ausdruck der subjektiven Vorstellungen des Entscheidenden von dem sein soll, was er letztlich mit seinem Handeln anstrebt, woran er im nachhinein den Erfolg bestimmter Aktionen zu messen gedenkt, sollen die subsidiären Zielvariablen Niederschlag seiner ebenfalls weitgehend nur subjektiv begründbaren Einstellung gegenüber dem Phänomen der Unsicherheit sein. Subsidiäre Zielvariable sollen jene Qualitäten eines Vektors alternativ möglicher Werte der originären Zielvariablen widerspiegeln, die den Entscheidenden besonders beeindrucken, diejenigen Momente der Unsicherheitssituation, die ihm als vorrangig beachtenswert erscheinen. Dabei lassen sich, je nachdem im Hinblick auf welche Größen die subsidiären Teilzielvariablen definiert sind, zumindest drei Grundtypen derartiger Variablen unterscheiden:

Typ I : Der Wert der subsidiären Zielvariablen kann allein aus dem Vektor der einer Aktion zugeordneten Werte der originären Zielvariablen abgeleitet werden. Dabei wird im Extrem nur ein besonders ausgezeichneter Wert der möglichen Werte der originären Zielvariablen ausgewählt; ebenso ist es jedoch möglich, $y_{\pi}(a_i)$ im Hinblick auf mehrere oder alle Werte der originären Zielvariablen zu definieren.

Typ II : Der Wert der subsidiären Zielvariablen kann nicht allein aus den Zielvariablenwerten der betrachteten Aktionsmöglichkeit abgeleitet werden, vielmehr werden außerdem auch die originären Zielwerte anderer Aktionsmöglichkeiten berücksichtigt.

Typ III: Der Wert der subsidiären Zielvariablen $y_{\pi}(a_i)$ wird aus dem Vektor der verschiedenen originären Zielvariablenwerte sowie deren Eintrittswahrscheinlichkeiten w_j abgeleitet. Die Verwendung subsidiärer Zielvariablen dieses Typs ist - im Gegensatz zu Variablen der beiden ersten Gruppen - natürlich nur möglich, wenn für die in der Betrachtung verbliebenen Umweltzustände zumindest subjektive Wahrscheinlichkeitswerte explizit formuliert sind. Allerdings lassen sich, auch wenn keine Wahrscheinlichkeiten gegeben sind, zu etlichen Variablen des Typs III analoge Kennzahlen des Typs I definieren, wenn statt der Eintrittswahrscheinlichkeit für einen bestimmten Zielvariablenwert die Zahl der Umweltzustände herangezogen wird, in denen sich ein bestimmter Zielvariablenwert ergibt.

In der Literatur findet sich eine Fülle von Beispielen für derartige subsidiäre Zielvariable.[1] Als die wichtigsten Größen des Typs I seien genannt:

(1) der schlechtest mögliche Wert der originären Zielvariablen[2],

(2) der bestmögliche Zielvariablenwert[3],

(3) die Variationsbreite, d. h. die Differenz zwischen maximalem und minimalem Zielvariablenwert[4],

(4) die Summe aller Zielvariablenwerte[5].

An Variablen des Typs II sind insbesondere zu nennen:

(5) der maximale relative Nachteil im Vergleich zu dem bei den jeweiligen Umweltzuständen bestmöglichen Zielvariablenwerten (= maximales Bedauern)[6]

(6) der maximale relative Vorteil im Vergleich zu dem bei den jeweiligen Umweltzuständen schlechtest möglichen

---

1) Wegen eines Überblicks über die meisten der im folgenden genannten subsidiären Teilzielvariablen und darauf basierender subsidiärer Zielfunktionen vgl. Schneeweiß (1967), S. 20-25, S. 46-61; s. a. Gäfgen (1974), S. 363-408.

2) Vgl. z. B. Wald (1950), S. 18.

3) Vgl. Arnold (1964), S. 134-136; Hax (1965a), S. 38 f.; Kirsch (1970), S. 41.

4) Vgl. Lange (1944), S. 29-31; Barges (1963), S. 16.

5) Vgl. Chernoff (1954), insbes. S. 439-441.

6) Vgl. Niehans (1948), insbes. S. 446-450; Savage (1951); Blackwell, Girshik (1954), S. 114-116.

Zielvariablenwerten (= maximales Frohlocken)[1]; daneben werden noch

(7) "minimales Bedauern" und

(8) "minimales Frohlocken" als mögliche Kennzahlen erwähnt.[2]

Zu den geläufigsten subsidiären Zielvariablen des Typs III schließlich zählen:

(9) der wahrscheinlichste originäre Zielvariablenwert[3],

(10) der Fraktilswert, d. h. der größte der Zielvariablenwerte, für den die Wahrscheinlichkeit, daß er mindestens erreicht wird, nicht unterhalb einer gewissen Mindestwahrscheinlichkeit w_F liegt[4],

(11) der Erwartungswert der originären Zielvariablen[5],

---

1) Jöhr (1952), S. 407 f.; s. a. Gäfgen (1974), S. 386.

2) Vgl. Gäfgen (1974), S. 385 f.

3) Vgl. z. B. Lange (1944), S. 29-31; Arnold (1964), S. 118; Bross (1964), S. 104. Diese Größe kann eventuell auch als Mischform der Typen I und III angesehen werden, da es unter Umständen auch dann, wenn keine expliziten Werte für die Wahrscheinlichkeitsverteilung der alternativen $z(e_{ij})$-Werte angegeben werden können, dennoch möglich sein kann, eine Ergebnismöglichkeit als die wahrscheinlichste zu bestimmen. (Vgl. Gäfgen (1974), S. 392 f.) Ähnliche Ansätze finden sich auch in anderen ökonomischen Bereichen. So wird etwa bei der Ablaufplanung nach dem sog. PERT-Verfahren untersucht, den Erwartungswert der zeitlichen Dauer einer Aktivität aus einem gewichteten Durchschnittswert von maximal möglicher, minimal möglicher und wahrscheinlichster Dauer abzuleiten. Dazu muß also der wahrscheinlichste Wert ohne explizite Angabe der Wahrscheinlichkeitsverteilung geschätzt werden. (Vgl. z. B. Miller (1963), S. 50-52, s. a. Weber (1971) und die dort zitierte Literatur.) Außerdem besteht im Fall ungewisser Erwartungen die Möglichkeit, statt des wahrscheinlichsten den $z(e_{ij})$-Wert als Kennzahl zu verwenden, mit dem bei den insgesamt in Betracht gezogenen Umweltzuständen am häufigsten zu rechnen ist.

4) Vgl. z. B. Kataoka (1963); Haegert (1970); Dinkelbach (1973), S. 45 f. Der Median kann als Spezialfall des Fraktilswertes für w_F = 0,5 angesehen werden. Ebenso kann der schlechtest mögliche Zielvariablenwert als Extremfall des Fraktilswertes für $w_F = 1$ angesehen werden.

5) Die hierzu analoge Variable des Typs I bildet die unter (4) aufgeführte Summe aller Zielvariablenwerte. Weiterhin wird gelegentlich auch der Erwartungswert der unter (5) bis (8) angesprochenen Bedauerns- (oder auch der Frohlockens-) Werte als subsidiäre Ziel-

Fortsetzung Fußnote 5) s. S. 287

(12) der Erwartungswert aller unterhalb eines Mindestwertes gelegenen originären Zielvariablen (z. B. Verlusterwartung)[1],

(13) das zweite zentrale Moment, also die Varianz der Zielvariablenwerte, oder auch deren Standardabweichung[2],

(14) das quadratische Mittel der Zielvariablenwerte, also die Summe von Varianz und dem Quadrat des Erwartungswertes[3],

(15) der Variationskoeffizient, also der Quotient aus Standardabweichung und Erwartungswert der Zielvariablenwerte[4],

(16) die Wahrscheinlichkeit dafür, daß der originäre Zielvariablenwert einen kritischen Wert unterschreitet (z. B. Verlust- oder Ruinwahrscheinlichkeit).[5]

Ein anderes Einteilungskriterium der verschiedenen Arten subsidiärer Zielvariablen besteht darin, diese danach zu ordnen, auf welche Qualitätsmerkmale des betrachteten Vektors alternativer $z(e_{ij})$-Werte sie in erster Linie ausgerichtet sind. Hier könnten etwa - in Anlehnung an die in der mathematischen Statistik übliche Einteilung verschiedener statistischer Maßzahlen zur Charakterisierung von Häufigkeitsverteilungen[6] - unterschieden werden:

Fortsetzung Fußnote 5) von S. 286

variable erörtert. (Vgl. z. B. Niggemann (1973), S. 53.) Derartige Kennzahlen stellen also eine Mischung der hier unterschiedenen Typen II und III dar.

1) Vgl. z. B. Domar, Musgrave (1944); Markowitz (1967), S. 291 f.

2) Vgl. z. B. Markowitz (1951); Roy (1952), S. 433 f.; Tobin (1958); Freund (1956), S. 260 f.

3) Vgl. z. B. Kreyszig (1965), S. 92 f.; Markowitz (1967), S. 288 f.; Sharpe (1970), S. 196-201.

4) Vgl. z. B. Barges (1963), S. 17; Hax (1964b), S. 188. Diese Größe kann natürlich auch als aus den unter (11) und (13) genannten Variablen zusammengesetzt angesehen werden.

5) Vgl. z. B. Roy (1952), S. 433; Telser (1955), S. 1 f.; Markowitz (1967), S. 293.

6) Vgl. z. B. Wagenführ (1963), insbes. S. 84.

- *Zentralmaße*, d. h. Kennzahlen, die in erster Linie auf einen mittleren, für die Gesamtheit möglicher $z(e_{ij})$-Werte "repräsentativen" Wert abstellen.[1] Zu dieser Gruppe sind vor allem die unter (4), (9) (für bestimmte Formen von Wahrscheinlichkeitsverteilungen), (10) (sofern der kritische Wahrscheinlichkeitswert dicht bei 0,5 liegt)[2] und (11) genannten Kennzahlen zu rechnen.

- *Extremmaße*, d. h. Kennzahlen, die primär an gewissen extremen (besonders guten oder besonders schlechten) Ergebnismöglichkeiten orientiert sind. Hierzu zählen die unter (1), (2), (5) bis (8), (10) (wenn die Mindestwahrscheinlichkeit w_F nahe bei 0 oder 1 liegt), (12) und (16) dargestellten Größen.

- *Streuungsmaße*, d. h. Kennzahlen, die in erster Linie Ausdruck für das Ausmaß der Schwankungsbreite der möglichen Zielvariablenwerte sein sollen. Hierzu zählen die unter (3), (13), (14) und (15) genannten Größen.[3]

Streuungsmaße und auf den unteren Ast der Verteilung möglicher $z(e_{ij})$-Werte bezogene Extremwerte gemeinsam werden allgemein als Maße für das mit einer bestimmten Aktionsmöglichkeit verbundene "Risiko" verwendet.[4] Diese Größen seien im folgenden unter der Bezeichnung *Unsicherheitsmaße* zusammengefaßt.

Die - keineswegs erschöpfende - Liste mag genügen, um einen Eindruck von der Fülle möglicher subsidiärer Teilzielvariablen zu vermitteln. Es dürfte unmittelbar einleuchten, daß es ohne weiteres möglich ist, sei es durch verschiedenartige Kombinationen der aufgezählten Größen,

---

1) Vgl. Menges, Skala (1973), S. 343.
2) So verwendet beispielsweise Moxter (1962), S. 616-620 den Median als Kennzahl einer Ergebnisverteilung.
3) Darüber hinaus werden gelegentlich noch Quartilsabstand, "practical range", Semivarianz sowie die mittlere absolute oder untere Abweichung vorgeschlagen. (Vgl. z. B. Lange (1944), S. 30; Markowitz (1967), S. 188-191; Schneeweiß (1967), S. 55 f.)
4) Vgl. Schneeweiß (1967), S. 52-61; Markowitz (1967), S. 287.

sei es durch Definition anderer Maßzahlen, in beliebiger Menge weitere Kennziffern zu definieren, die als subsidiäre Zielvariable Verwendung finden können. Bei der Formulierung eines stochastischen Entscheidungsmodells ergibt sich auf jeden Fall die Notwendigkeit, festzulegen, auf der Basis welcher subsidiären Zielvariablen die Ranglozierung vorgenommen werden soll. Insoweit ist ENGELS mit seiner Feststellung, die "Zielfunktion ist dem Entscheidungskalkül vorgegeben"[1] zuzustimmen. Seiner Einstufung der Bemühungen, verschiedene Arten von Entscheidungsregeln für Unsicherheitssituationen zu entwickeln und ihre Implikationen bezüglich des so zum Ausdruck gebrachten Präferenzsystems als "im Ansatz verfehlte" "Fehlentwicklungen"[2] kann demgegenüber nicht zugestimmt werden. Die Tatsache, daß für jedes konkrete Entscheidungsmodell eine Zielfunktion vorgegeben werden muß, enthebt den mit der Analyse rationalen Entscheidungsverhaltens befaßten Ökonomen keineswegs der Notwendigkeit, sich Gedanken über alternative Möglichkeiten zur Formulierung solcher Funktionen zu machen - im Gegenteil, sie nötigt gerade dazu. Denn erst "scharfsinnige Erläuterungen, die dem Problem der Unsicherheitskriterien gewidmet"[3] werden, ermöglichen Rückschlüsse auf die durch Entscheidungsregeln der unterschiedlichsten Art abgebildeten Präferenzstrukturen und erleichtern es somit, in der konkreten Entscheidungssituation denjenigen Typus von Zielfunktion auszuwählen, der den vorgetragenen oder auf sonstige Weise erkennbaren Nutzen- und Sicherheitsvorstellungen des Entscheidenden am ehesten entspricht.

Bei der Auswahl der in die Zielfunktion einzubeziehenden subsidiären Zielvariablen sind nun im einzelnen drei Gesichtspunkte zu beachten. Zum einen ist die Wahl dieser

1) Engels (1962), S. 53.
2) Ebenda.
3) Ebenda.

Variablen von der individuellen Risikoeinstellung des Entscheidenden abhängig, insoweit also ein Problem, auf das keine Antwort mit dem Anspruch auf intersubjektive Gültigkeit gefunden werden kann. Allerdings dürfte es im Hinblick auf das üblicherweise zu beobachtende Verhalten für die Mehrzahl ökonomischer Entscheidungssituationen sinnvoll sein, in der Zielfunktion eine gewisse Risikoaversion zum Ausdruck zu bringen. Neben diesem weitgehend subjektiv geprägten Gesichtspunkt sind jedoch auch - ganz analog zum Auswahlproblem bei mehreren originären Zielvariablen - die eventuell je nach der Art der jeweiligen Entscheidungssituation wechselnden Beziehungen verschiedener Arten von subsidiären Teilzielvariablen zueinander bei deren Auswahl zu beachten. Außerdem lassen sich insbesondere unter Berücksichtigung allgemeiner meßtheoretischer Theoreme aus der Skalierungsart der originären Zielvariablen und dem zugehörigen Optimierungskriterium ebenfalls gewisse Anhaltspunkte dafür gewinnen, auf der Basis welcher subsidiärer Zielvariablen und welcher Optimierungskriterien die letztlich entscheidungsrelevante Präferenzfunktion formuliert werden soll.

b. <u>Entscheidungskriterien bei einer originären Zielvariablen</u>

Zunächst sei nun unterstellt, daß die Präferenzvorstellungen des Entscheidenden durch eine isoliert betrachtet zu maximierende kardinal meßbare originäre Zielvariable z hinreichend abgebildet werden können und die zur Darstellung der Unsicherheitsstruktur der möglichen z-Werte überhaupt in Betracht zu ziehenden subsidiären Teilzielvariablen $y_1, y_2, \ldots, y_{\bar{\pi}}$ ebenfalls festgelegt sind. Bezüglich der weiteren Eingrenzung der in die Zielfunktion einzubeziehenden Variablen y_π ist dann ganz analog dem für den Fall eines deterministischen Modells mit mehreren originären Teilzielvariablen erörterten Verfahren

vorzugehen.
Als erstes gilt es wiederum, aktionsunabhängige subsidiäre Teilzielvariable aus der weiteren Betrachtung auszuschließen.[1)] Des weiteren ist festzustellen oder zumindest abzuschätzen, inwieweit zwischen den noch verbleibenden subsidiären Zielvariablen Komplementaritäts- und Konkurrenzbeziehungen bestehen und ob es zu echten Zielkonflikten kommt. Dabei lassen sich allein schon aus der Definition der verschiedenen Kennzahlen gewisse grundsätzliche oder zumindest für speziell strukturierte Entscheidungsfelder geltende Aussagen über ihre Verträglichkeitsrelationen ableiten.

So kann beispielsweise gezeigt werden, daß die unter (5) und (6) aufgezählten Kennzahlen des "maximalen Bedauerns" und des "maximalen Frohlockens" im Fall von nur zwei zur Auswahl stehenden Alternativen stets zur gleichen Rangfolge dieser Alternativen führen.[2)]

---

1) Vgl. S. 245 ff.

2) Berücksichtigt man, daß alle subsidiären Zielvariablen so definiert werden, daß der Erfüllungsgrad des durch sie zum Ausdruck gebrachten Teilziels um so höher ist, je größer ihr Wert ist, so lassen sich die Kennzahlen des "maximalen Bedauerns" y_5 und des "maximalen Frohlockens" y_6 durch die Relationen

$$y_5(a_i) = \min_j [z(e_{ij}) - \max_i z(e_{ij})]$$

$$y_6(a_i) = \max_j [z(e_{ij}) - \min_i z(e_{ij})]$$

ausdrücken. Im Fall von nur zwei Alternativen a_1 und a_2 kann dafür vereinfacht geschrieben werden:

$$y_5(a_i) = \min_j [z(e_{ij}) - z(e_{i'j})] \quad i,i' = 1,2$$

$$y_6(a_i) = \max_j [z(e_{ij}) - z(e_{i'j})] \quad i,i' = 1,2$$

Gilt nun $y_5(a_1) > y_5(a_2)$, so folgt daraus:

$$\min_j [z(e_{1j}) - z(e_{2j})] > \min_j [z(e_{2j}) - z(e_{1j})]$$

Daraus folgt aber durch Multiplikation der Klammerausdrücke beider Seiten mit -1:

$$\max_j [z(e_{2j}) - z(e_{1j})] < \max_j [z(e_{1j}) - z(e_{2j})],$$

was mit $y_6(a_2) < y_6(a_1)$ identisch ist.

Insoweit erscheint es etwas voreilig, wenn GÄFGEN grundsätzlich die Ansicht vertritt, die Maximierung des "maximalen Frohlockens" führe sich selbst ad absurdum, während er die Minimierung des "maximalen Bedauerns" als vernünftige Entscheidungsregel ansieht.[1] Im Fall eines auf zwei Alternativen reduzierten Aktionsfeldes sind beide Entscheidungsregeln in genau dem gleichen Maße als sinnvoll oder sinnlos anzusehen.

Ebenso läßt sich leicht nachweisen, daß der Erwartungswert der originären Zielvariablenwerte und der Erwartungswert der entsprechenden Bedauerns- (oder Frohlockens-) Werte auch bei beliebiger Alternativenzahl streng komplementäre Zielvariablen darstellen.[2]
Stehen verschiedene Alternativen zur Auswahl, bei denen sich für die Streuung der zugehörigen Verteilungen alternativ möglicher Zielvariablenwerte der gleiche Wert ergibt, so führen Variationskoeffizient und Erwartungswert und damit auch der Erwartungswert der Bedauerns- oder Frohlockenswerte jeweils zur gleichen Ranglozierung der

---

1) Gäfgen (1974), S. 386.

2) Für die Erwartungswerte der Zielvariablenwerte y_{11} sowie der Bedauerns- und Frohlockenswerte $y_{5'}$, $y_{6'}$ gelten die Relationen:

$$y_{11}(a_i) = \sum_{j=1}^{n} z(e_{ij}) \cdot w(s_j)$$

$$y_{5'}(a_i) = \sum_{j=1}^{n} [z(e_{ij}) - \max_i z(e_{ij})] \cdot w(s_j)$$

$$= \sum_{j=1}^{n} z(e_{ij}) \cdot w(s_j) - \sum_{j=1}^{n} \max_i z(e_{ij}) \cdot w(s_j)$$

$$y_{6'}(a_i) = \sum_{j=1}^{n} [z(e_{ij}) - \min_i z(e_{ij})] \cdot w(s_j)$$

$$= \sum_{j=1}^{n} z(e_{ij}) \cdot w(s_j) - \sum_{j=1}^{n} \min_i z(e_{ij}) \cdot w(s_j)$$

Da die bei Auflösung von $y_{5'}$ und $y_{6'}$ an zweiter Stelle stehenden Summen für alle Aktionen den gleichen Wert haben, unterscheiden sich $y_{5'}$ und $y_{6'}$ von y_{11} nur um diese Konstante; alle drei subsidiären Teilzielvariablen sind mithin komplementär. (Vgl. auch Niggemann (1973), S. 53 f.)

betrachteten Handlungsmöglichkeiten.[1]

Neben derartigen grundsätzlich bestehenden Komplementaritätsbeziehungen ist es natürlich je nach den näheren Umständen der betrachteten Entscheidungssituation ohne weiteres möglich, daß sich beliebige andere subsidiäre Zielvariablen komplementär zueinander verhalten, so daß die Zahl der in die Zielfunktion einzubeziehenden Variablen entsprechend reduziert werden kann. Darüber hinaus ist auch im Fall partieller Zielkonkurrenz abzuschätzen, inwieweit es doch möglich ist, zu konfliktfreien Lösungen zu gelangen, und die Zielfunktion nach den gleichen Kriterien zu bilden, wie sie zuvor für den Fall mehrerer originärer Teilzielvariablen und sicherer Erwartungen erörtert worden sind.[2] Bestehen hingegen zwischen den subsidiären Zielvariablen derartige Konkurrenzbeziehungen, daß eine konfliktfreie Lösung nicht gefunden werden kann, so kann die definitive Zielfunktion wiederum nach den Prinzipien der Zieldominanz oder des Zielkompromisses

---

1) Da der Variationskoeffizient y_{15} als Quotient aus Streuung σ und Erwartungswert μ als zu maximierende subsidiäre Teilzielvariable im Fall ausschließlich positiver μ-Werte negativ definiert wird, folgt aus

$y_{15}(a_1) > y_{15}(a_2)$, d. h. $-\sigma(a_1):\mu(a_1) > -\sigma(a_2):\mu(a_2)$

für $\sigma(a_1) = \sigma(a_2) = \sigma$ und $\mu(a_1) \geq 0$, $\mu(a_2) \geq 0$ sofort

$$\sigma:\mu(a_1) < \sigma:\mu(a_2) ,$$

also $$\mu(a_1) > \mu(a_2) .$$

Entsprechendes gilt auch für den Fall, daß alle μ-Werte kleiner als null sind. Lediglich wenn Alternativen mit negativen und solche mit positiven μ-Werten gleichzeitig zur Auswahl stehen, ist die Komplementarität von $y_{15}(a_i)$ und $\mu(a_i)$ nicht mehr gewahrt. Für derartige Fälle ist der Variationskoeffizient allerdings ohnehin kein taugliches Risikomaß, da bei gegebener Streuung innerhalb der Klasse von Verteilungen mit negativem μ der Wert des - in üblicher Weise, also nicht negativ definierten - Variationskoeffizienten mit wachsendem μ *abnimmt*. Beim Übergang von einer Verteilung mit negativem μ zu einer mit positivem μ erhöht sich der Variationskoeffizient jedoch auf jeden Fall, *nimmt* in diesem Fall also mit wachsendem μ *zu*.

2) Vgl. S. 248-261.

oder nach einer Kombination dieser beiden Verfahren abgeleitet werden. An Auswahlregeln ist also zunächst festzulegen, welche der überhaupt noch relevanten subsidiären Teilzielvariablen in die definitive Zielfunktion - sei es als Glieder der Maximierungsvorschrift, sei es in Satisfizierungsbedingungen - aufgenommen werden sollen. Eine solche Auswahlregel, die Art und Anzahl der subsidiären Teilzielvariablen festlegt, die Art und Weise ihrer Berücksichtigung jedoch noch offen läßt, sei im folgenden als *Entscheidungsprinzip* bezeichnet.[1] Dabei kann je nach der Anzahl der herangezogenen Maßgrößen y_{π} zwischen ein- und mehrdimensionalen Entscheidungsprinzipien unterschieden werden.[2]

Die meisten in der einschlägigen Literatur erörterten Entscheidungsprinzipien beschränken sich nun darauf, nur eine oder zwei subsidiäre Zielvariablen anzusetzen. So werden etwa die in der obigen Aufzählung verschiedener subsidiärer Zielvariablen unter (1), (2) und (4) bis (12) aufgezählten Kennzahlen als Variable einer eindimensionalen Zielfunktion diskutiert, wobei sich im Fall bekannter Zustandswahrscheinlichkeiten insbesondere der Erwartungswert (sog. μ-Prinzip), im Fall unbekannter Zustandswahrscheinlichkeiten der schlechtest mögliche Wert der originären Zielvariablen (sog. MINI-MAX-Prinzip) der größten Beliebtheit erfreuen.[3] Zweidimensionale Entscheidungsprinzipien basieren demgegenüber fast durchweg auf einem Zentralwert und einem Unsicherheitsmaß, wobei insbesondere die Kombination von mathematischem Erwartungswert und Standardabweichung (sog. μ-σ-Prinzip) die größte Verbreitung gefunden haben.[4] Daneben werden gelegentlich Zielfunktionen auf der Basis des Erwartungs-

---

1) So Schneeweiß (1967), S. 17-19.
2) So Heinen (1971) , S. 166.
3) Vgl. Schneeweiß (1967), S. 24, 48-52.
4) So schon bei Makower, Marschak (1938), S. 271; s. a. Markowitz (1951), Schneeweiß (1967), S. 52-55; Schneider, D. (1974), S. 149 f.; Heinen (1971) , S. 169-172.

wertes und des schlechtest möglichen Zielvariablenwertes[1], der Semivarianz[2] oder der Verlustwahrscheinlichkeit[3] verwendet. Zweidimensionale Entscheidungsregeln für den Fall unbekannter Zustandswahrscheinlichkeiten sehen demgegenüber fast durchweg die Verwendung des schlechtest und des bestmöglichen Wertes der originären Zielvariablen vor.[4]

Wird ein Entscheidungsprinzip nun über die Festlegung der überhaupt einzubeziehenden Variablen zu einem bestimmten Zielfunktionstyp konkretisiert, so soll von einer *Entscheidungsregel* gesprochen werden.[5] Dabei kann je nach dem Spezifizierungsgrad noch einmal zwischen zwei Arten von Entscheidungsregeln unterschieden werden, nämlich

- solchen, durch die der Typ der Zielfunktion genau festgelegt ist, ohne daß auch alle Parameter schon numerisch fixiert sind (numerisch unspezifizierte Entscheidungsregeln) und
- solchen, welche die Zielfunktion auch numerisch exakt festlegen (numerisch spezifizierte Entscheidungsregeln).

Die Mehrzahl entscheidungstheoretischer Beiträge erörtert nur den Fall, daß als Entscheidungsregel eine einzige, sämtliche nach der Festlegung des Entscheidungsprinzips noch relevanten subsidiären Teilzielvariablen umfassende Extremierungsbedingung aufgestellt wird. In diesem Fall beinhaltet der letzte Schritt zur Aufstellung einer defi-

---

1) Dies entspricht der sog. Hodges-Lehmann-Regel. Vgl. Hodges-Lehmann (1952).
2) So z. B. Markowitz (1967), S. 188-201.
3) So z. B. Förstner (1958), S. 166.
4) Die Gewichtung dieser beiden Größen mit (subjektiven) Optimismus- und Pessimismus-Parametern und die Amalgamation dieser Beträge in einer Kompromißzielfunktion entspricht der sog. Hurwicz-Regel. (Vgl. Hurwicz (1951).) Eine andere Variante eines zweidimensionalen Entscheidungsprinzips auf der Basis dieser beiden Kennzahlen erörtert Koch (1960), (1970), insbes. S. 155-164; s. a. Hax (1965a), S. 40 f.
5) Zur begrifflichen Unterscheidung zwischen Entscheidungsprinzip und -regel sowie zu der hier gewählten Terminologie vgl. Adams (1960), S. 229 f.; Schneeweiß (1967), S. 17-19.

nitiven Zielfunktion nur Probleme, die in erster Linie mit der Festlegung von Bewertungsregeln verbunden sind. Daneben besteht jedoch auch, so wie es sich auch schon im Fall mehrerer originärer Teilzielvariablen gezeigt hatte, die Möglichkeit, einige oder alle der subsidiären Teilziele durch Satisfizierungsvorschriften zu erfassen - sei es ausschließlich, sei es zusätzlich zu der Berücksichtigung in der Extremierungsbedingung. Hinsichtlich der zur Festlegung einer solchen Zielfunktion benötigten Auswahlregeln ergeben sich formal die gleichen Probleme wie sie für den Fall mehrerer originärer Teilzielvariablen bereits ausführlich erörtert wurden. In dem am häufigsten erörterten Fall von Entscheidungsprinzipien auf der Basis zweier Maßzahlen, die für sich allein betrachtet extremiert werden sollen, wäre also wieder zwischen den sieben in Tabelle 18 charakterisierten Zielfunktionstypen zu wählen.[1)]

---

1) In der entscheidungstheoretischen Literatur findet man gelegentlich den Vorschlag, den mathematischen Erwartungswert unter der Nebenbedingung zu maximieren, daß die Wahrscheinlichkeit dafür, daß der Wert der originären Zielvariablen einen bestimmten kritischen Betrag unterschreitet, nicht oberhalb einer gewissen Toleranzgrenze liegt. (So z. B. Telser (1955), S. 1 f.; Förstner (1958), S. 166; Arnold (1964), S. 209-223; Gäfgen (1974), S. 374 f.; s. a. Schneider, D. (1974), S. 145 f.) Als weitere Spielart einer gemischten Zielfunktion wird für die Anwendung des μ-σ-Kriteriums vorgeschlagen, den Erwartungswert zu maximieren unter der Voraussetzung, daß die Streuung der originären Zielvariablen einen vorgegebenen Maximalwert nicht überschreitet. (So z. B. Albach (1959), S. 104; Tintner (1957).) Für den Fall unbekannter Wahrscheinlichkeiten hat Koch vorgeschlagen, den bestmöglichen Zielvariablenwert unter der Voraussetzung zu maximieren, daß der schlechtest mögliche Wert der originären Zielvariablen einen kritischen Mindestwert nicht unterschreitet. (So Koch (1960) und (1973), S. 790.)

c. Entscheidungskriterien bei mehreren originären Zielvariablen

Sind in Modelle zur Darstellung von Entscheidungssituationen unter Unsicherheit mehrere originäre Zielvariable einzubeziehen, so tauchen die bislang erörterten Auswahlprobleme in kumulierter Form auf. Bei der Ableitung der Zielfunktion sind die originären Teilziele zunächst auf ihre Konkurrenz- und Komplementaritätsbeziehungen hin zu untersuchen, wobei die zu betrachtenden Werte der Zielvariablen nicht mehr allein nach den einzelnen Aktionsmöglichkeiten, sondern darüber hinaus auch nach den alternativen Umweltzuständen differenziert sind. Aus der Gesamtheit der überhaupt in Rede stehenden originären Zielvariablen ist dann eine Teilmenge der für die folgenden Betrachtungen noch relevant bleibenden originären Teilzielvariablen auszuwählen. Dabei sind zwei Arten des weiteren Vorgehens denkbar:

Einmal ist es möglich, die Tatsache der Unsicherheit zunächst zu vernachlässigen und festzulegen, welche originären Teilzielvariablen in die Extremierungsfunktion aufgenommen werden sollen und für welche Satisfizierungsbedingungen aufzustellen sind.

Im nächsten Schritt sind dann die subsidiären Zielvariablen auszuwählen, durch welche die Streubreite der möglichen Werte beider Kategorien originärer Zielvariablen beschrieben werden soll. Aus der Gesamtheit der so festgelegten subsidiären Teilzielvariablen sind dann erneut die Variablen auszuwählen,
- die ausschließlich in die Extremierungsfunktion eingehen sollen,
- für die ausschließlich eine Satisfizierungsbedingung aufgestellt werden soll und
- die in beiden Arten von Teilzielfunktionen vorkommen

sollen.

Bei dem zweiten möglichen Weg zur Ableitung der definitiven Zielfunktion werden demgegenüber für jede der nach der ersten Vorauswahl noch relevanten originären Teilzielvariablen unmittelbar eine oder mehrere subsidiäre Teilzielvariable ausgewählt, für die dann wiederum festzulegen ist, ob sie in die Extremierungsbedingung, in die Satisfizierungsbedingung oder in beide einzubeziehen ist.

Zur Verdeutlichung dieser beiden Vorgehensarten sei ein kurzes Beispiel angeführt. Ein Unternehmer lasse sich bei seinen Entscheidungen von den drei Zielvorstellungen leiten,
- einen möglichst hohen Gewinn (G) zu erzielen,
- einen möglichst großen Marktanteil (M) zu erreichen und
- die Liquiditätsentwicklung so zu steuern, daß keinerlei Neuverschuldung nötig wird.

Im Gegensatz zu den ersten beiden Zielen ist die Realisierung des Liquiditätszieles in der genannten Form kardinal nicht meßbar; entweder gelingt es, die Liquidität in der beschriebenen Art zu wahren oder es gelingt nicht. Die Realisierungsgrade dieses Teilzieles lassen sich also nur auf einer in den beiden Werten 1 ("Ziel erreicht") und 0 ("Ziel nicht erreicht") definierten Ordinalskala messen. Bezeichnet man die auf dieser Skala definierte Teilzielvariable mit L, so kann das gesamte Zielsystem des Unternehmers dann durch die drei Relationen

$$G \longrightarrow \max; \quad M \longrightarrow \max; \quad L = 1$$

umschrieben werden.

Soll daraus nun auf dem erstgenannten Weg für den Fall von Entscheidungen unter Unsicherheit eine definitive Zielfunktion abgeleitet werden, so wäre zunächst die für den (hypothetischen) Fall sicherer Erwartungen relevante Entscheidungsmaxime abzuleiten, die etwa folgende Kombination von Extremierungs-, Satisfizierungs- und Fixierungskriterium enthalten könnte:

$$z = \Phi(G,M) \longrightarrow \max$$
$$G \geq G^{min}$$
$$L = 1$$

Auf die weitere Spezifizierung der Funktion Φ und die Festlegung des verlangten Mindestgewinns braucht hier nicht weiter eingegangen zu werden, da es sich dabei um Fragen handelt, die erst im Zusammenhang mit der Erörterung von Bewertungsregeln zu behandeln sind. Im nächsten Schritt sind den Variablen z, G und L nun subsidiäre Teilzielvariable zuzuordnen, wobei die Streubreite der möglichen Werte von

- z durch Mittelwert μ_z und Streuung σ_z,
- G durch den bei einer bestimmten Handlungsmöglichkeit zu erwartenden Mindestgewinn $g = \min_j G(e_{ij})$ und
- L durch die Wahrscheinlichkeit w(L=1) dafür, daß keine Neuverschuldung notwendig wird,

zum Ausdruck gebracht werden soll. Für die so ausgewählten subsidiären Zielvariablen μ_z, σ_z, g und w(L=1) ist dann wieder festzulegen, ob sie in die Extremierungs-, in eine Satisfizierungsbedingung oder in beide Arten von Teilzielfunktionen aufgenommen werden sollen. Das Ergebnis dieser Auswahl könnte dann etwa durch die Relationen

$$\psi = \Phi(\mu_z,\sigma_z) \longrightarrow \max$$
$$g \geq G^{min}$$
$$w(L=1) \geq w^{min}$$

beschrieben werden.

Nach dem zweiten Verfahren würden demgegenüber den originären Teilzielvariablen G, M und L direkt bestimmte subsidiäre Teilzielvariable zugeordnet, etwa: μ_G; $g = \min_j G(e_{ij})$; μ_M; σ_m; w(L=1). Unmittelbar auf der Basis dieser Variablen wäre dann das definitive Entscheidungskriterium etwa durch eine Zielfunktion der Form

$$\psi = \Phi(\mu_G; \mu_M; \sigma_M) \longrightarrow \text{max!}$$
$$g \geq G^{min}$$
$$w(L=1) \geq w^{min}$$

zu formulieren.

In der entscheidungstheoretischen Literatur wird das erste der beiden beschriebenen Verfahren häufig in der Form angewendet, daß die bei den alternativ möglichen Aktions-Umwelt-Kombinationen eintretenden Werte der verschiedenen originären Zielvariablen durch eine Kompromißzielfunktion von vornherein zu jeweils einem kardinalen Nutzenwert "amalgamiert" werden, so daß bei der Ableitung der Entscheidungsregel nur noch von dieser einen übergeordneten originären Zielvariablen auszugehen ist.[1] Darüber hinaus wird dann in der Regel noch unterstellt, daß die Streubreite dieser Nutzenwerte allein durch den mathematischen Erwartungswert zum Ausdruck gebracht werden kann; die Maximierung des so definierten erwarteten Nutzens stellt dann die dem sog. BERNOULLI-Prinzip entsprechende eindimensionale Entscheidungsregel dar. Entscheidungsregeln, in denen mehrere originäre Zielvariable durch entsprechende Unsicherheitsmaße berücksichtigt werden, findet man demgegenüber vergleichsweise selten. Am häufigsten dürfte noch die in Modellen zur Investitions- und Finanzplanung unter Unsicherheit benutzte Methode sein, den Erwartungswert einer Erfolgsgröße (Gewinn, Kapitalwert o. ä.) unter der Voraussetzung zu maximieren, daß die Wahrscheinlichkeit dafür, daß ein gewisser Liquiditätsstatus nicht erreicht wird, eine bestimmte Maximalwahrscheinlichkeit nicht überschreitet.[2] HEINEN weist darüber hinaus auf die Mög-

---

1) So z. B. Schneeweiß (1967), insbes. ab S. 61; Heinen (1971), S. 147-159, 173-175. Schneider, D. (1974), S. 126-142.

2) So z. B. Albach (1962), S. 681-683; ders. (1967), insbes. S. 505-507. Dieses Verfahren wird vor allem in der als "chance-constrained-programming" bekannten Methode der stochastischen

Fortsetzung Fußnote 2) s. S. 301

lichkeit hin, als Entscheidungsregel eine Kompromißzielfunktion zu verwenden, durch die der Erwartungswert des Kapitalwertes und die Wahrscheinlichkeit für das Erreichen einer bestimmten Liquiditätslage zu einem einzigen Zielwert amalgamiert werden.[1] Einen weiteren Ansatz der hier interessierenden Art findet man in einigen Modellen der stochastischen Lagerhaltungstheorie. Hier sieht die Zielfunktion vor, den Erwartungswert einer Gewinngröße unter der Bedingung zu maximieren, daß die Wahrscheinlichkeit dafür, daß Fehlmengen auftreten, einen Maximalwert nicht überschreitet[2] oder daß die während der Planungsperiode zu erwartenden Fehlmengen unterhalb eines kritischen Betrages liegen.[3]

Fortsetzung Fußnote 2) von S. 300

Programmierung angewendet. (Vgl. z. B. Charnes und Cooper (1960); Kall (1968); Schneider, D. (1974), S. 432-442.) Derartige Wahrscheinlichkeitsrestriktionen können allerdings verschiedenartige Anforderungen an die zu findende Lösung zum Ausdruck bringen:
(1) Die Begrenzung der Wahrscheinlichkeit dafür, daß die Lösung einen Aktionsplan vorsieht, der zwar realisierbar ist, jedoch gewisse Zielvorstellungen verletzt. (So in unserem Beispiel das Verlangen, möglichst keine Neuverschuldung einzugehen.)
(2) Die Begrenzung der Wahrscheinlichkeit dafür, daß sich der als Lösung abgeleitete Aktionsplan im Zuge seiner Verwirklichung aufgrund der ungewissen Entwicklung ergebnisrelevanter Faktoren als nicht realisierbar erweist und Planrevisionen unvermeidbar werden. Als Teil der Zielfunktion in dem hier definierten Sinne sind nur Wahrscheinlichkeitsrestriktionen des Typs (1) aufzufassen. Solche des Typs (2) hingegen dienen primär der Umschreibung des zur Auswahl stehenden Aktionsfeldes. In der Fixierung der Maximalwahrscheinlichkeit dafür, daß als Lösung abgeleitete Aktionspläne später doch zu revidieren sind, kommen allerdings ebenfalls gewisse Zielvorstellungen des Entscheidenden zum Ausdruck.

1) Heinen (1971), S. 175 f.
2) So z. B. bei Kaufmann (1959), S. 416 f.
3) So z. B. bei Hadley, Whitin (1963), S. 217 f.

2. Anhaltspunkte zur Festlegung von Entscheidungsprinzipien

a. Zur Auswahl subsidiärer Zielvariablen

Hinsichtlich des Problems, welche subsidiären Zielvariablen überhaupt in die Zielfunktion einbezogen werden sollen, lassen sich insgesamt wenige allgemein gültige Aussagen ableiten. Zwar gibt es etliche Untersuchungen über die Eigenschaften bestimmter Maßzahlen und daraus abgeleiteter Entscheidungsregeln sowie deren Verträglichkeit mit gewissen Axiomensystemen.[1] Auch lassen sich Aussagen darüber ableiten, durch welche Maßzahlen eine zunächst rein verbal artikulierte Aussage über die individuelle Risikoeinstellung besser oder schlechter formalisiert zum Ausdruck gebracht werden kann. Schließlich kann untersucht werden, welche Entscheidungsprinzipien geeignet sind, zur Erklärung empirisch beobachtbarer Verhaltensweisen beizutragen.[2]

Darüber hinausgehende generelle Feststellungen über die Art des anzuwendenden Entscheidungsprinzips können jedoch nur noch bei einer Einschränkung auf bestimmte Klassen originärer Zielvariablen getroffen werden, wobei sich insbesondere aus der *Skalierungsart* der originären Zielvariablen sowie den zugehörigen Optimierungskriterien einige weitere Anhaltspunkte ableiten lassen.

Die Unsicherheitsstruktur einer *kardinal* meßbaren originären Zielvariablen z_p, für die ein möglichst großer Wert angestrebt wird, kann grundsätzlich je nach der individuellen Risikoeinstellung durch beliebige Kombinationen

---

1) Vgl. z. B. Milnor (1954); Chernoff (1954); Schneeweiß (1967).
2) Vgl. Arnold (1964), insbes. S. 198-224.

subsidiärer Zielvariablen $y_{\pi}(z_p)$ der oben (s. S. 283 ff.) definierten Typen I und II sowie im Falle gegebener Eintrittswahrscheinlichkeiten vor allem des Typs III zum Ausdruck gebracht werden. Jedoch dürfte die ausschließliche Verwendung von Streuungsmaßen von vornherein als wenig sinnvoll anzusehen sein. Angaben über die Schwankungsbreite bestimmter Ergebniswerte gewinnen erst dann Aussagekraft, wenn durch ein Zentral- oder auch ein Extremmaß gewisse Anhaltspunkte dafür vorliegen, auf welchem Niveau die Ergebnisse streuen.

Ähnlich verhält es sich auch, wenn eine kardinal meßbare originäre Zielvariable isoliert betrachtet gar nicht maximiert werden soll, sondern von vornherein das Einhalten eines Mindestniveaus verlangt wird. Hier liefert ein Streuungsmaß allein erst recht keine Aussagen über die bei alternativ möglichen Umweltzuständen zu erwartenden Zielrealisierungsgrade. Ebenso sind die auf den Vergleich mit anderen Ergebnisvektoren ausgerichteten Kennzahlen des Typs II wenig geeignet; und auch allein verwendete Zentralmaße sind in diesem Fall allgemein noch weniger aussagekräftig als bei einer zu maximierenden originären Teilzielvariablen. Kombinationen von Streuungs- und Zentralmaßen erscheinen demgegenüber als besser geeignet. Als besonders prägnante Kennzahlen dürften jedoch Extremmaße der Typen I und III anzusehen sein, sofern sie sich auf den unteren Ast der Verteilung möglicher $z_p(e_{ij})$-Werte beziehen. Dabei ist insbesondere an

- den schlechtest möglichen $z_p(e_{ij})$-Wert
- die Wahrscheinlichkeit dafür, daß das fixierte Anspruchsniveau erreicht wird oder
- sofern die Maximalwahrscheinlichkeit relativ niedrig angesetzt wird, den größten $z_p(e_{ij})$-Wert, der mit einer bestimmten Wahrscheinlichkeit nicht unterschritten wird (Fraktilswert)

als subsidiäre Zielvariablen zu denken.

Im Fall von Entscheidungen unter Ungewißheit entfallen offenbar die beiden letztgenannten Maßzahlen, so daß zunächst nur der schlechtest mögliche Wert der originären Zielvariablen als subsidiäre Zielvariable verbliebe. Es wäre jedoch daran zu denken - gewissermaßen als Surrogat für die Wahrscheinlichkeit, daß das Anspruchsniveau erreicht wird - die Anzahl der Umweltzustände s_j, bei denen die betrachtete Aktionsmöglichkeit zur Erfüllung des vorgegebenen Anspruchsniveaus führt, als Kennzahl heranzuziehen. Bezogen auf die Gesamtzahl möglicher Umweltzustände kann diese subsidiäre Zielvariable als eine unter der aus dem "Prinzip des unzureichenden Grundes" abgeleitete Fiktion einer Gleichverteilung aller s_j gewonnene Wahrscheinlichkeitsgröße angesehen werden.[1] Entsprechend könnte auch der Fraktilswert hilfsweise durch den maximalen z_p-Wert, der in einer festgelegten Anzahl von Umweltzuständen nicht unterschritten wird, zum Ausdruck gebracht werden.

Bei originären Zielvariablen, deren mögliche Realisierungsgrade sich nur *ordinal* messen lassen, kann die Mehrzahl der oben aufgezählten statistischen Maßzahlen als subsidiäre Zielvariable von vornherein ausgeschieden werden. Da die den einzelnen Aktionen zugeordneten partiellen Präferenzwerte nur bis auf eine beliebige monotone Transformation genau festgelegt sind, haben alle aus einer über das Feststellen des Größer- oder Kleinerseins hinausgehende Verknüpfungen derartiger Zahlenwerte abgeleitete Kennzahlen im allgemeinen keine Aussagekraft.[2] Mithin verbleiben in diesen Fällen nur noch solche subsidiären Teilzielvariablen, die sich ausschließlich auf eine besonders gekennzeichnete Ergebnismöglichkeit be-

1) Unter der gleichen Fiktion kann bekannterweise auch die bei der sog. Laplace-Regel verwendete Maßzahl der durch die Zahl aller möglichen Umweltzustände dividierten Summe aller Ergebniswerte als Erwartungswert interpretiert werden. Vgl. Schneeweiß (1967), S. 24; Gäfgen (1974), S. 390 f.; Heinen (1971), S. 177 f.; s. a. Krelle (1968), S. 178 f.

2) Vgl. z. B. Stevens (1959), S. 25; Adam, A. (1959), S. 21; Menges-Skala (1973), S. 311 f. S. a. die Ausführungen S. 81-86.

ziehen, wie z. B. die oben als Nr. (1), (2), (9), (10) und (16) aufgezählten Kennzahlen.

Bei Ordinalskalen, die in mehr als nur zwei Werten definiert sind, kommen dabei insbesondere der schlechteste und der wahrscheinlichste Wert der originären Zielvariablen in Betracht sowie die Wahrscheinlichkeit dafür, daß originäre Zielwerte eintreten, die oberhalb oder unterhalb eines gewissen Anspruchsniveaus liegen. Ist die Ordinalskala der originären Zielvariablen demgegenüber von vornherein nur in zwei Werten 0 und 1 definiert, so verbleibt die Wahrscheinlichkeit für das Eintreten des Wertes 1 praktisch als die einzige aussagefähige Kennzahl. Sind für die verschiedenen Umweltzustände s_j keine Eintrittswahrscheinlichkeiten bekannt, so kann die Wahrscheinlichkeit für eine bestimmte Ergebnisklasse nicht mehr allgemein bestimmt werden. Hilfsweise könnte jedoch wiederum die Anzahl der s_j, bei denen die betrachtete Aktionsmöglichkeit zu einem Wert der originären Zielvariablen, bei der das Anspruchsniveau erfüllt ist, als subsidiäre Zielvariable definiert werden.[1)]

b. Zur Festlegung des Entscheidungskriteriums

Wenden wir uns nun abschließend der Frage zu, inwieweit sich allgemeine Anhaltspunkte für die Ausgestaltung der Auswahlregeln hinsichtlich der zu extremierenden und zu satisfizierenden subsidiären Zielvariablen finden lassen, durch die ein - wie auch immer festgelegtes - Entscheidungsprinzip zu einem Entscheidungskriterium konkretisiert wird. Für den Fall einer kardinal meßbaren originären Zielvariablen, für die ein möglichst großer Wert angestrebt wird, wird im allgemeinen unterstellt, daß die subsidiären Teilzielvariablen, in welcher Kombination auch immer sie gegeben sind, in einer Extremierungsfunktion zu-

1) So Gäfgen (1974), S. 390.

sammengefaßt und so zu einem einzigen entscheidungsrelevanten Präferenzwert amalgamiert werden. Daneben besteht die ebenfalls unmittelbar als plausibel anzusehende Möglichkeit, für einzelne subsidiäre Teilzielvariable zusätzlich eine Satisfizierungsbedingung anzusetzen. Diesen Variablen wird dadurch in dem Bereich jener Handlungsergebnisse, die dem vorgegebenen Anspruchsniveau nicht entsprechen, ein ganz besonderes Gewicht verliehen, während sie für die Bewertung von Handlungsmöglichkeiten, bei denen das Anspruchsniveau erfüllt ist, immer noch als Element der Extremierungsfunktion von Einfluß sind.

Fraglich erscheint es jedoch, inwieweit Entscheidungskriterien, wonach einige oder auch alle der subsidiären Teilzielvariablen ausschließlich in Satisfizierungsbedingungen erfaßt werden sollen, Zielvorstellungen und Risikobereitschaft des Entscheidenden in adäquater Weise zum Ausdruck bringen.[1] So wäre es beispielsweise mit dem grundlegenden Imperativ, mit einem möglichst geringen Risiko einen möglichst hohen Gewinn zu erzielen, wohl kaum vereinbar, wenn etwa mehrere Handlungsmöglichkeiten mit gleichen Risikowerten, jedoch unterschiedlichen Zentralwerten für den Gewinn modellmäßig als äquivalent ausgewiesen werden, nur weil sämtliche Zentralwerte oberhalb eines wie auch immer festgelegten Mindestwertes liegen. Vielmehr erscheint es unmittelbar plausibel, die Zielfunktion so zu formulieren, daß die Handlungsmöglichkeit mit dem höchsten Zentralwert den übrigen vorgezogen wird. Ein als vernünftig anzusehendes Entscheidungsprinzip müßte also auf jeden Fall die Erfassung der Zentralwerte in der Extremierungsfunktion vorsehen. Umgekehrt ist genau so wenig einzusehen, warum zwei

1) Die folgenden Ausführungen gelten analog auch für die an früherer Stelle zurückgestellte Frage, inwieweit es im Falle sicherer Erwartungen sinnvoll ist, isoliert betrachtet zu maximierende originäre Teilzielvariable bei der Formulierung der Kompromißzielfunktion ausschließlich durch Satisfizierungsbedingungen zu erfassen.

Handlungsmöglichkeiten mit gleichen Zentralwerten und unterschiedlichen Unsicherheitswerten, die jedoch beide die entsprechende Satisfizierungsbedingung erfüllen, als gleichwertig betrachtet werden sollen. Vielmehr würde es der vorgegebenen Präferenzstruktur entsprechen, die Handlungsmöglichkeit mit dem größeren Sicherheitsniveau vorzuziehen, also auch das Unsicherheitsmaß mit in die Extremierungsfunktion aufzunehmen. Insoweit erscheint es - zumindest in dem bislang unterstellten Fall von originären Teilzielvariablen, die isoliert betrachtet maximiert werden sollen - nicht sinnvoll, einzelne der subsidiären Teilzielvariablen ausschließlich durch Satisfizierungsrestriktionen zu erfassen.

Diese Aussage ist jedoch nur solange gültig, wie davon ausgegangen werden kann, daß die Menge der zur Auswahl stehenden Alternativen fest vorgegeben ist und die zugehörigen Vektoren der subsidiären Zielvariablen bekannt sind.[1)] Ist dies jedoch nicht der Fall, so kann der Verzicht auf die Extremierung immer dann sinnvoll werden, wenn die y_{π}-Werte noch gar nicht in ihrer Gesamtheit bekannt sind und mit der weiteren Ermittlung Kosten[2)] verbunden sind, sei es, weil weitere Handlungsmöglichkeiten überhaupt erst aufgespürt werden müssen, sei es, weil die alternativ möglichen Werte der originären Zielvariablen in ihrem Aktionsablauf bekannter Handlungsmöglichkeiten erst noch bestimmt werden müssen. Das in diesem Fall notwendige Abwägen zwischen den mit einer derartigen weiteren Erkundung des Entscheidungsfeldes verbundenen Kosten und der durch das Auffinden besserer Alternativen zu erwartenden Steigerung des erzielbaren Gewinnes kann dann - natürlich nur als vergröberte Faust-

1) Vgl. auch die Kritik D. Schneiders an verschiedenen Einwänden gegen die Gewinnmaximierungsthese; Schneider, D. (1974), S. 62-66. S. a. die Ausführungen S. 135 ff. in dieser Arbeit.

2) Der Begriff 'Kosten' braucht sich in diesem Zusammenhang nicht unbedingt nur auf monetäre Größen zu beschränken, sondern kann auch sonstige mit der Fortführung des Kalküls verbundene Mühen und Lästigkeiten erfassen.

regel - seinen Niederschlag in einer Zielfunktion finden, in der etliche, im Extrem sogar alle der relevanten subsidiären Teilzielvariablen ausschließlich in Satisfizierungsbedingungen erfaßt werden.[1)]

Die Festlegung eines solchen Entscheidungskriteriums kann allerdings dahingehend interpretiert werden, daß der Entscheidende vermutet, daß im Zuge der Ausdehnung des bekannten Entscheidungsfeldes von einem bestimmten Punkt an die marginalen Erkundungskosten den - wie auch immer zu bestimmenden - Wert der dadurch erzielten Verbesserung des Aktionsplanes übersteigen und dieser kritische Punkt durch die Fixierung von Mindest- bzw. Maximalwerten für die einzelnen subsidiären Teilzielvariablen zumindest annähernd abgeschätzt werden kann.[2)]

Die so abgeleiteten Satisfizierungsbedingungen stellen dann nichts anderes dar als den Versuch, eine zunächst nicht operable Extremierungsfunktion mit expliziter Berücksichtigung der Planungskosten in eine operationale Form zu bringen. Das primäre Entscheidungs*kriterium* sähe also doch vor, alle subsidiären Teilzielvariablen in der Extremierungsfunktion zu erfassen und würde erst angesichts der Schwierigkeit, auf der so vorgegebenen Basis eine Entscheidungs*regel* zu formulieren, in der genannten Weise revidiert.[3)] Die erwartete Reduzierung der Planungskosten - verglichen mit dem Fall der Extremierung - tritt allerdings nur dann ein, wenn vor der endgültigen Erkundung des gesamten Entscheidungsfeldes eine befriedigende Alternative gefunden werden kann. Ist dies hingegen nicht der Fall, so erscheint es unmittelbar plausibel, aus der Menge der nun voll durchkalkulierten

---

1) Vgl. Simon (1959), insbes. S. 277; Simon (1957), S. 270-273.
2) Vgl. Heinen (1971) , S. 83; Teichmann (1972), S. 520 f.
3) S. a. Lintner (1962), S. 25; Moxter (1964), S. 27 f.

Aktionsmöglichkeiten diejenige mit dem maximalen Präferenzwert auszuwählen, also doch zu einer Auswahl nach dem Maximierungskriterium zurückzukehren.[1]

1) Um diese Gefahr zu vermindern, wäre an eine erweiterte Entscheidungsregel derart zu denken, daß das verlangte Anspruchsniveau in Abhängigkeit von der bislang erfolglos aufgewendeten Erkundungszeit sukzessive gesenkt wird oder auch bei einem sehr schnellen Auffinden einer befriedigenden Handlungsmöglichkeit noch erhöht wird. Zu der - allerdings vorwiegend auf den gesamten, ein Kontinuum von Einzelentscheidungen umfassenden Entscheidungsprozeß bezogenen - Theorie der Anspruchsanpassung vgl. z. B. Sauermann, Selten (1962); Kirsch (1970), S. 107-118; Heinen (1971), S. 239-249.

Teil III:

Aggregation bei der Formulierung von Entscheidungsmodellen

8. Kapitel:

Aggregation des Aktionsfeldes

1. Methoden zur Darstellung der Entscheidungsalternativen

a. Vollkommene Alternativenstellung und kompakte Umschreibung des Aktionsfeldes

Ist der relevante Aktionsbereich in sachlicher Breite und zeitlicher Tiefe abgegrenzt, so sind bei der modellmäßigen Darstellung des Aktionsfeldes zwei weitere Fragen zu beantworten. Zum einen ist festzulegen, welche realen Sachverhalte jeweils zu einer "Alternative" zusammengefaßt werden sollen. Zum anderen ist festzulegen, in welcher Art und Weise, durch welche Darstellungstechnik die Gesamtheit der hinlänglich exakt definierten Entscheidungsalternativen modellmäßig zum Ausdruck gebracht werden soll.

Zur näheren Erörterung des zuletzt angesprochenen Problems sei nun unterstellt, daß eine Liste exakt definierter Aktivitäten oder Projekte $\alpha_h (h=1,2,...,\bar{h})$ gegeben sei und jede realisierbare Kombination verschiedener Aktivitätsniveaus der α_h als gesonderte Entscheidungsalternative zum Ausdruck gebracht werden soll.

Dem Umfang, in dem die einzelnen Aktivitäten realiter

durchgeführt werden können, werden nun durch Faktoren außerhalb des betrachteten Aktionsbereiches sowie durch die verschiedenen Wirkungszusammenhänge zwischen den einzelnen Aktionen bestimmte Grenzen gesetzt. Die sachgerechte Beschreibung des untersuchten Aktionsbereiches verlangt somit, diese Begrenzungen und Interdependenzen in geeigneter Weise darzustellen. Wie bereits bei der anfänglichen Skizze des entscheidungstheoretischen Grundmodells stehen zu diesem Zweck zwei grundsätzliche Möglichkeiten offen.

Bei der *vollkommenen Alternativenstellung* werden die verschiedenen Aktivitäten den jeweiligen Restriktionen und Wechselbeziehungen nach in der Weise zu ganzen Aktionsbündeln zusammengefaßt, daß sich ein vollständiger Katalog einander ausschließender Handlungsmöglichkeiten $a_i (i=1,2,...,m)$ ergibt.[1] Im Fall der *kompakten Umschreibung* des Aktionsfeldes werden den einzelnen Aktivitäten α_h demgegenüber jeweils Aktionsvariable x_h zugeordnet; durch entsprechende Restriktionen für diese Variablen werden die bestehenden Interdependenzen und Begrenzungen derart zum Ausdruck gebracht, daß jede mögliche Lösung des Restriktionensystems, also jeder Vektor $x = (x_1, x_2, ..., x_{\bar{h}})$ zulässiger x_h-Werte genau einer Alternative a_i entspricht.

Bevor diese beiden Darstellungsmethoden näher untersucht werden, sei die jeweilige Abbildungstechnik kurz an einem einfachen Beispiel erläutert:
Ein Unternehmen produziere zwei Produkte X und Y in zwei nacheinander zu durchlaufenden Fertigungsstufen I und II. In Abteilung I können in einem Monat 3 X oder 3 Y oder eine (ganzzahlige) Mengenkombination bearbeitet werden, in Abteilung II 4 X oder 2 Y. Fertig- und Zwischenläger bestehen nicht. Dem Unternehmen liegen für den Planungs-

1) Vgl. S. 61 f.; ähnlich z. B. auch Schneider, E. (1951), S. 33 f.; Engels (1962), S. 82 f.

monat ein Auftrag über 2 X und ein Auftrag über 2 Y vor; außerdem können beliebige Mengen X und Y am Markt verkauft werden. Es ist über Annahme bzw. Ablehnung der Aufträge sowie über das Produktionsprogramm für den kommenden Monat zu entscheiden:

In diesem Fall können vier einzelne Aktivitäten unterschieden werden, nämlich:
1: Durchführung des Produktionauftrages über 2 X,
2: X-Produktion für den Markt,
3: Durchführung des Auftrages über 2 Y,
4: Y-Produktion für den Markt,
wobei für die Aktivitäten 2 und 4 je nachdem, wie oft diese durchgeführt werden (d. h. wieviel Stück produziert und am Markt verkauft werden sollen), jeweils unterschiedliche quantitative Varianten bestehen, also verschiedene Aktivitätsniveaus zulässig sind.

Interdependenzen und Restriktionen ergeben sich nun daraus, daß Produktionskapazitäten nur begrenzt verfügbar sind und alle Aktivitäten diese knappen Kapazitäten in Anspruch nehmen. Unter Berücksichtigung dieser Tatsache umfaßt der vollständige Alternativenkatalog genau die zwölf in Tab. 15 dargestellten einander ausschließenden Aktionsprogramme[1] $a_1, a_2, \ldots, a_{12}$.

	a_1	a_2	a_3	a_4	a_5	a_6	a_7	a_8	a_9	a_{10}	a_{11}	a_{12}
Projekt 1	1	1	1	-	-	-	-	-	-	-	-	-
Projekt 2	1	-	-	-	3	2	2	1	1	-	-	-
Projekt 3	-	-	-	1	-	-	-	-	-	-	-	-
Projekt 4	-	1	-	-	-	1	-	1	-	1	2	-

Tab. 15

Werden den einzelnen Aktivitäten demgegenüber Aktionsvariable x_h (h=1,2,3,4) zugeordnet, deren Wert ihr jewei-

1) Die im Innern der Tabelle enthaltenen Zahlen geben jeweils an, wie oft die Aktivitäten bei Realisierung des entsprechenden Aktionsprogrammes durchgeführt werden sollen, also das vorgesehene Aktivitätsniveau.

liges Aktivitätsniveau angibt, so ließe sich das Aktionsfeld auch durch folgendes System linearer Ungleichungen umschreiben:

$$2x_1 + x_2 + 2x_3 + x_4 \leq 3$$

$$2x_1 + x_2 + 4x_3 + 2x_4 \leq 4$$

$$x_h \leq 1 \qquad h=1,3$$

$$x_h \geq 0, \text{ ganzzahlig } h=1,2,3,4$$

Wie man sich leicht überzeugt, gibt es für dieses Restriktionensystem genau zwölf verschiedene Lösungen, die jeweils genau einer der in Tab. 15 aufgezeigten Alternativen entsprechen. Zwischen der Menge der zulässigen Lösungen der Ungleichungen und der der alternativen Aktionsprogramme besteht also ein eineindeutiges Zuordnungsverhältnis. Beide Darstellungsformen können insoweit also als äquivalent angesehen werden. Die zur eindeutigen Umschreibung des Aktionsfeldes notwendigen Nebenbedingungen sind - trotz der formalen Ähnlichkeit - von den zuvor schon näher erörterten Satisfizierungsbedingungen zu unterscheiden.[1] Restriktionen des zweiten Typs bringen die Anforderungen an ein als optimal anzusehendes Aktionsprogramm zum Ausdruck; sie sind also ein Teil des Zielsystems. Sie können mithin auch im Fall eines explizit als vollständiger Katalog einander ausschließender Alternativen formulierten Aktionsfeldes bestehen. Restriktionen des ersten Typs hingegen liefern Aussagen darüber, welche Eigenschaften ein Aktionsprogramm haben muß, damit es überhaupt realisiert werden kann. Dabei dürften diese Restriktionen allerdings nur in seltenen Fällen durch die Grenze des physisch oder psychisch überhaupt Möglichen bestimmt werden, sondern primär die Konsequenz der - im Zuge einer Aufspaltung des gesamten Planungsprozesses in partielle Entscheidungskom-

---

1) So unterscheidet z. B. auch Heinen (1971) , S. 54 f. zwischen Nebenbedingungen vom Typ A (Restriktionen zur Beschreibung des Aktionsfeldes) und vom Typ B (Restriktionen zur Angabe von Satisfizierungsbedingungen).

plexe abgeleiteten - Ergebnisse vorgelagerter Entscheidungen sein, von denen innerhalb des eingeschränkten Aktionsraumes als Datum auszugehen ist. Insoweit sind auch diese Restriktionen in gewisser Weise von den Zielvorstellungen abhängig. Für das aufzustellende Modell stellen sie jedoch exogen bestimmte Daten dar, die unabhängig von der in dem anzustellenden Kalkül geltenden Zielfunktion und auch unabhängig von dem Aggregationsgrad, in dem die als unmittelbare Abbildungsobjekte dienenden Aktivitätsbündel formuliert werden, bei der Beschreibung des Aktionsraumes auf jeden Fall zu beachten sind.

b. Modelltypen

Die verschiedenen Arten zur Beschreibung des Aktionsfeldes können zugleich zum Ausgangspunkt für eine mögliche Klassifikation von Entscheidungsmodellen verwendet werden, zumal damit im allgemeinen auch ganz bestimmte Lösungstechniken zur Ermittlung des optimalen Aktionsprogrammes verbunden sind. In einer ersten Vorsortierung können vier Modellklassen unterschieden werden.

1. Das Aktionsfeld kann durch ein Wertintervall für eine einzige Aktionsvariable x beschrieben werden, also

$$A = \{x/x^u \leq x \leq x^o\} \quad ,$$

wobei x^u und x^o die Unter- und Obergrenze für x bezeichnen. In diesem Fall steht also nur eine Aktivität zur Disposition, die in verschiedenen, durch das für x angegebene Wertintervall beschriebenen Häufigkeiten, durchgeführt werden kann. Die Lösung eines solchen Modells beinhaltet lediglich die Angabe eines Wertes x^*, für den - eine Maximierungsregel unterstellt - gelten muß:

$$\psi(x^*) \geq \psi(x) \qquad x^*, x \in A$$

Kann x das angegebene Wertintervall kontinuierlich

durchlaufen und ist $\psi(x)$ eine stetige Funktion, so kann x^* häufig mit Hilfe der Differentialrechnung eindeutig ermittelt werden. Als bekannteste Beispiele für derartige Modelle sei auf zwei der ältesten Ansätze ökonomischer Entscheidungskalküle verwiesen: das COURNOT-Modell zur Bestimmung des gewinnmaximalen Preises eines Angebotsmonopolisten[1] und die klassische Formel zur Ermittlung der optimalen Losgröße.[2] Ist die Aktionsvariable demgegenüber nur für diskrete Werte definiert, so kann die Differenzrechnung in entsprechender Weise verwendet werden.[3]

2. Jedes als Lösung des Modells anzusehende Aktionsprogramm wird durch einen Vektor $x=(x_1, x_2, \ldots, x_{\bar{h}})$ von $\bar{h}$ verschiedenen Aktionsvariablen beschrieben, von denen jede innerhalb eines bestimmten Wertintervalls variieren kann. Gemeinsame Restriktionen für mehrere x_h bestehen nicht. Für das Aktionsfeld gilt dann:

$$A = \{x / x_h^u \leq x_h \leq x_h^o \text{ für alle } x_h \in x\}$$

Es stehen also $\bar{h}$ verschiedene, jeweils in unterschiedlichen Häufigkeiten durchführbare Aktivitäten zur Disposition, die unabhängig voneinander realisiert werden können. Die Lösung eines solchen Modells wird durch den Vektor $x^*=(x_1^*, x_2^*, \ldots, x_{\bar{h}}^*)$ dargestellt, für den wiederum gilt:

$$\psi(x^*) \geq \psi(x) \qquad x^*, x \in A$$

Gilt für die Zielfunktion der Spezialfall

$$\psi(x) = \sum_{h=1}^{\bar{h}} z_h(x_h) \ ,$$

so kann jeder optimale x_h^*-Wert isoliert entsprechend 1. ermittelt werden, da sämtliche x_h auch in bezug auf

1) Cournot (1924), S. 47 f.
2) Harris (1915), Taft (1918).
3) Zur Ableitung der entsprechenden Optimalbedingungen vgl. Sasieni, Yaspan, Friedman (1967), S. 302-310.

die Zielvariable voneinander unabhängig sind. Ist die Zielfunktion hingegen nicht in dieser Weise separabel, so kann x^* häufig ebenfalls mittels der Regeln über die partielle Differentiation ermittelt werden. Die in der Mikrotheorie seit langem bekannten Ansätze zur Bestimmung der optimalen Teilpreise eines Preisdifferenzierung betreibenden Anbieters seien als Beispiel angeführt.[1]

3. Außer den unter 2. genannten Beschränkungen bestehen für die x_h insgesamt k gemeinsame Restriktionen des Typs $R_\kappa(x) = R_\kappa(x_1, x_2, \ldots, x_{\bar{h}}) = 0$ $(\kappa=1,2,\ldots,k)$. Für das Aktionsfeld gilt dann[2]:

   $$A=\{x/x_h^u \leq x_h \leq x_h^o \text{ und } R_\kappa(x)=0; \text{ für alle } x_h \in x,\ \kappa=1,2,\ldots,k\}$$

   Dabei können zumindest zwei Unterfälle unterschieden werden:

   - Der für die modernen Ansätze zur modellmäßigen Erfassung betrieblicher Entscheidungsprobleme bedeutsamste Spezialfall einer solchen Modellstruktur besteht darin, daß sowohl Zielfunktion als auch Restriktionen lineare Gleichungen darstellen. Derartige Modelle, für die mit den verschiedenen Verfahren der linearen Programmierung[3] sehr leistungsfähige Lösungsmethoden zur Verfügung stehen, können auf eine sehr große Anzahl verschiedener praktisch relevanter Probleme angewendet werden.[4]

---

1) Zur näheren Erörterung solcher Ansätze vgl. z. B. Schneider, E. (1969), S. 142-152; Henderson, Quandt (1958), S. 170-172.

2) Da alle Restriktionen in Form von Gleichungen angegeben sind, können die x_i neben den primären Aktionsvariablen nun auch sog. Schlupfvariable darstellen, die aber ohne weiteres auch als Aktionsvariable im weitesten Sinne interpretiert werden können.

3) Aus der großen Fülle von Veröffentlichungen zu den Methoden der linearen Programmierung sei beispielhaft verwiesen auf Dantzig (1966) oder Vajda (1961).

4) Wegen eines Überblicks über eine Vielzahl mit Hilfe der linearen Programmierung lösbarer Probleme vgl. Vajda (1960) oder Kilger (1973), insbes. S. 95-163.

Erhebliche Erschwernisse bei der Lösung entsprechender Modelle ergeben sich - von einzelnen Ausnahmen abgesehen - allerdings dann, wenn alle oder einzelne der Aktionsvariablen nur diskrete Werte annehmen dürfen[1], was beispielsweise immer dann der Fall ist, wenn lineare Planungsansätze zur Vorbereitung von Entscheidungen über Investitionsprogramme herangezogen werden sollen.[2]

- Eine weitere Klasse von Modellen ist dadurch gekennzeichnet, daß Zielfunktion oder Restriktionen nicht linear sind. In einfachen Fällen können hier Lösungen mit Hilfe der Differentialrechnung unter Berücksichtigung der LAGRANGE-Multiplikatoren erreicht werden. Als Beispiele seien die klassischen Ansätze zur Ermittlung der Minimalkostenkombination[3] bei beliebig substituierbaren Produktionsfaktoren und zur Bestimmung des nutzenoptimalen Konsumgüterbündels[4] angeführt. Ansonsten sind zur Lösung derartig nicht-linearer Probleme kompliziertere Lösungstechniken anzuwenden , die allerdings zum Teil als Fortentwicklung der Theorie der LAGRANGE-Multiplikatoren angesehen werden können.[5]

4. Es ist ein vollständiger Katalog einander ausschliessender Aktionsmöglichkeiten a_i gegeben; für die Aktionsmenge gilt also einfach $A = \{a_i\}$. Die Lösung besteht in der Angabe des a_{i*}, für das - nach wie vor eine Maximierungszielfunktion unterstellt - gilt:

$$\psi(a_{i*}) \geq \psi(a_i) \qquad i=1,2,...m$$

---

1) Zu den verschiedenen Ansätzen zur Lösung ganzzahliger Programme vgl. Balinski (1965) und Lüder (1969) sowie die dort angegebene Literatur.

2) So z. B. Hax (1970), S. 72-75.

3) So z. B. v. Stackelberg (1951), S. 154 f.; Gutenberg (1963), S. 206-210; Schneider, E. (1969), S. 185-195; Henderson, Quandt (1958), S. 51-54.

4) So schon Gossen (1889), S. 12-23; Henderson, Quandt (1958), S. 16 f.

5) So z. B. Hadley (1964); Künzi, Krelle (1962).

Diese Form der Darstellung des Aktionsfeldes wird insbesondere in den herkömmlichen Modellen der Investitionstheorie[1)] verwendet sowie in der Mehrzahl entscheidungs- und spieltheoretischer Formalansätze, in denen das Entscheidungsfeld in bekannter Weise als Entscheidungs- oder Ergebnismatrix abgebildet wird.[2)]

Allerdings kann die Aktionsmenge auch im Fall explizit formulierter einander ausschließender Alternativen noch auf eine formal andere Weise dargestellt werden. Dazu wird jedem a_i eine Aktionsvariable x_i zugeordnet. Die Lösung des Modells kann dann wieder durch einen Vektor $x=(x_1,x_2,\ldots,x_m)$ dargestellt werden, wobei für die x_i gelten muß:

$$x_i = x_i^2 \qquad i=1,2,\ldots,m \quad ^{3)}$$

$$\sum_{i=1}^{n} x_i = 1$$

Vektoren, die zulässige Lösungen abbilden, sind somit dadurch gekennzeichnet, daß für eine Komponente der Wert 1, für alle anderen Komponenten der Wert 0 angegeben wird. Für die Zielfunktion gilt entsprechend

$$\psi(x) = \sum_{i=1}^{m} z_i \cdot x_i \quad ,$$

wobei die z_i konstante Größen sind.

---

1) So z. B. Schneider, E. (1951), insbes. S. 53 f.; Hax (1970), S. 25 f. Darüber hinaus unterscheidet man häufig noch einmal zwischen
- "projektindividuellen" Entscheidungen, d. h. Entscheidungssituationen, in denen neben der (realen) Standardalternative nur eine einzige Investitionsalternative zur Auswahl steht und
- der Auswahl aus einer größeren Zahl von Investitionsalternativen.

Diese Entscheidung ist insbesondere für die Frage bedeutsam, inwieweit verschiedene investitionstheoretische Kennziffern (z. B. Kapitalwert und interner Zinsfuß) als äquivalente Zielvariablen angesehen werden können.

2) So z. B. Schneeweiß (1967), S. 7-14; Menges (1969), S. 82-91.

3) Durch diese Bedingungen wird gesichert, daß jedes x_i nur die Werte 0 oder 1 annehmen kann.

Modelle, in denen das Aktionsfeld durch einen vollständigen Katalog einander ausschließender Aktionsmöglichkeiten angegeben wird, können also - wie die zuletzt vorgenommene Ableitung zeigt - formal als Spezialfall des unter 3. allgemein charakterisierten Modelltyps linear ganzzahliger Probleme aufgefaßt werden. Bezüglich der anzuwendenden Lösungstechnik besteht in diesem Fall - abgesehen von einer ersten Vorauswahl mit Hilfe von Dominanzprinzipien - allerdings keine andere Möglichkeit, als für alle in der Betrachtung verbleibenden Handlungsalternativen nacheinander den zugehörigen Wert der definitiven Zielvariablen zu ermitteln, um so das als optimal anzusehende a_{i*} zu ermitteln. Insoweit erscheint es trotz der formalen Übereinstimmung mit den Problemen der Klasse drei doch gerechtfertigt, Modelle, in denen das Aktionsfeld durch einen vollständigen Katalog einander ausschließender Alternativen beschrieben wird, als eigene Klasse zu betrachten.

Umgekehrt können Modelle der drei erstgenannten Klassen immer dann, wenn für alle Aktionsvariablen Ganzzahligkeitsbedingungen gelten, so wie das für unser obiges Beispiel gezeigt worden ist, in einem Ansatz der zuletzt erörterten Art umformuliert werden. Da sich im allgemeinen auch bei relativ übersichtlichen Entscheidungsproblemen schon eine beträchtliche Anzahl einander ausschließender Alternativen ergibt [1], ist diese Darstellung des Aktionsfeldes durch ein Restriktionensystem viel weniger umfangreich und allein deshalb schon zweckmäßiger als die vollständige Enumeration aller alternativen Aktionsprogramme.

---

1) Vgl. hierzu im einzelnen Müller-Merbach (1970), S. 310 f.; Kilger (1973), S. 110-112.

c. Modellformulierung und -lösung

Nun ist es zur Ableitung einer Handlungsempfehlung aus der Modellanalyse natürlich unumgänglich, in irgendeiner Weise letztlich doch auf die Zielfunktionswerte alternativer Aktionsprogramme abzustellen, also die einander ausschließenden Aktivitätskombinationen miteinander zu vergleichen. In der Tat erfolgt auch bei der kompakten Darstellung des Aktionsfeldes eine schrittweise Explizierung der Alternativkombinationen, jedoch wird dies aus dem Vorgang der Modellformulierung in den Prozeß der Modelllösung verlagert.

Das bietet zweierlei Vorteile. Zum einen stellt die Lösung derartiger Modellansätze häufig einen so standardisierten Vorgang dar, der ohne weiteres delegiert und - gewöhnlich im Gegensatz zur Modellformulierung - dem schematischen Programmablauf entsprechender Datenverarbeitungsanlagen überlassen werden kann. Zum anderen stehen für Modelle, deren Struktur gewisse Voraussetzungen erfüllt (z. B. lineare Restriktionen; konvexe Zielfunktionen u. ä.) Lösungsalgorithmen zur Verfügung, die in einem Iterationsverfahren nacheinander verschiedene Lösungen (d. h. explizit formulierte Aktivitätsalternativen) ermitteln, bei jedem Schritt jedoch zugleich eine große Anzahl ebenfalls möglicher anderer Alternativen als suboptimal ausschliessen, ohne daß diese explizit formuliert worden sind.
Bei der Lösung linearer Programme nach dem Simplexverfahren etwa, wird der betrachtete Aktionsraum von vornherein auf solche Aktivitätskombinationen beschränkt, die als sog. Basislösungen des Restriktionensystems dargestellt werden können.[1)]

---

1) Zum Simplexverfahren vgl. im einzelnen z. B. Dantzig (1966), S. 110-117; Hax (1960), S. 591-593.

Darüber hinaus werden mit jedem Lösungsschritt alle Aktionsprogramme, die zu schlechteren Zielfunktionswerten führen als das der jeweils erreichten Basislösung entsprechende, automatisch aus der weiteren Betrachtung ausgeschlossen. Die optimale Aktivitätskombination kann so gefunden werden, obwohl nur ein sehr kleiner Teil der insgesamt zur Auswahl stehenden Alternativen explizit formuliert worden ist. Es ist also keineswegs notwendig, das Entscheidungsproblem durch eine - der expliziten Angabe aller einander ausschließenden Handlungsmöglichkeiten gleichkommenden - Vollenumeration aller möglichen Basislösungen zu lösen.[1)]

Zwischen den beiden Extremen,

- entweder jede einzelne Teilaktivität als unmittelbare Abbildungseinheit zu wählen, und die zu beachtenden Interdependenzen durch entsprechende Nebenbedingungen zum Ausdruck zu bringen
- oder unter Beachtung der Interdependenzen von vornherein einen Katalog einander ausschließender Alternativen zu formulieren,

besteht im allgemeinen ein breiter Fächer unterschiedlicher Zwischenlösungen.
Dabei gilt allgemein folgender Grundsatz:
Je größer der bei der Formulierung der als unmittelbare Abbildungseinheit verwendeten Aktivitätsbündel angewendete Aggregationsgrad ist, desto größer wird die Zahl der Aktionsvariablen, während der Umfang des zusätzlich anzugebenden Restriktionensystems um so kleiner wird. Welcher Aggregationsgrad als optimal anzusehen ist, läßt sich allerdings allgemeingültig nicht sagen.
Aus den zuvor erörterten Gründen dürfte es aber in vielen Fällen günstiger sein, die Explizierung der alternativen

1) Vgl. auch Kilger (1973), S. 112-128.

Aktionsprogramme von dem Prozeß der Modellformulierung in den der Modellösung zu verlagern, also möglichst Aktivitätsbündel geringen Aggregationsgrades als Abbildungseinheiten zu verwenden.[1)]

2. Zur Definition von Entscheidungsalternativen

a. Der Alternativenbegriff in Ansätzen zur Grob- und Feinplanung

Grundlage für die Formulierung der modellmäßig ausgewiesenen Entscheidungsalternativen bilden unabhängig von der angewendeten Darstellungstechnik auf jeden Fall einzelne Aktivitäten oder Projekte,

- sei es, daß sie im Zuge der Modellformulierung zu einander ausschließenden Kombinationen zusammengefaßt werden,
- sei es, daß sie, ausgedrückt durch eine entsprechende Aktionsvariable, unmittelbar in dem Modell abgebildet werden,
- sei es, daß sie in eingeschränktem Umfang zu verschiedenen Aktivitätskombinationen zusammengefaßt werden, die dann die Bezugsbasis für verschiedene Aktionsvariable bilden.

Welche realen Sachverhalte durch die in einem Modell in dieser oder jener Darstellungsweise umschriebenen Entscheidungsalternativen zum Ausdruck gebracht werden, hängt somit stets davon ab, was im einzelnen jeweils mit dem als Aktivität oder Projekt bezeichneten Begriffen gemeint ist.

Wie eingangs schon erwähnt wurde, setzt jede Verwendung eines solchen Begriffes einen Prozeß der Aggregation einer Fülle von Einzeltätigkeiten zu einer gedanklichen

---

1) So z. B. auch Kilger (1973), S. 181 f.

Einheit voraus. Jede als einheitliches, nicht weiter aufgegliedertes Modellobjekt erfaßte Aktivität, jedes Projekt ist insoweit also Abbild eines ganzen Bündels verschiedener, in besonderer Weise miteinander verknüpfter Detailaktivitäten. Darüber hinaus ist es im allgemeinen unumgänglich, nicht nur jeweils *ein* Bündel von Einzeltätigkeiten, sondern stets eine größere Anzahl alternativ möglicher Kombinationen solcher Aktivitätsbündel zu einem einheitlichen Abbildungsobjekt zusammenzufassen. Liegen einem Maschinenbauunternehmen etwa mehrere Aufträge vor, von denen aus Kapazitäts- und Termingründen nicht alle angenommen werden können, so werden die mit den einzelnen Anfragen (z. B. "Bau einer Papiermaschine vom Typ X") verbundenen Arbeitsabläufe in einer Entscheidungsrechnung zur Auftragsselektion wohl kaum bis ins letzte fertigungstechnische Detail spezifiziert werden können. Vielmehr wird die Vorentscheidung über Annahme oder Ablehnung der verschiedenen Aufträge nur auf der Basis eines Ansatzes der Grobplanung[1] vorgenommen werden können, bei dem die Vielzahl der zur Durchführung der einzelnen Aufträge notwendigen Tätigkeiten global in mehrere größere Werkstattaufträge (z. B. Gießereiarbeiten, Dreh- und Fräsarbeiten, Montage, Lackierung) zerlegt wird, ohne jedoch alle fertigungstechnischen Varianten im einzelnen modellmäßig zu erfassen. So wäre es denkbar, daß bezüglich der mit einem Auftrag verbundenen Dreh- und Fräsarbeiten, je nachdem ob diese Arbeiten auf einem Mehrzweckaggregat oder jeweils auf Spezialmaschinen durchgeführt werden, im einzelnen mehrere alternativ mögliche Verfahren zur Auswahl stehen, in dem Modellansatz zur ersten Grobplanung jedoch die Gesamtheit der Dreh- und Fräsarbeiten als ein nicht weiter aufgegliedertes Abbildungsobjekt erfaßt wird. Der durch eine solche modellmäßig als nicht weiter zerlegte Einheit erfaßte Aktivität abgebildete reale Sach-

1) Zu der hier angesprochenen Abschichtung zwischen Grob- und Feinplanung vgl. z. B. Wittmann (1959), insbes. 206-208; Koch (1972), insbes. S. 222-240.

verhalt umfaßt also ein ganzes Bündel alternativ möglicher, zwar ähnlicher, im Detail aber durchaus unterschiedlicher Handlungsabläufe. Die aus einem solchen Modell der Grob- oder Umrißplanung abgeleitete Handlungsempfehlung beinhaltet dementsprechend nur einen in seinen wesentlichen Grundzügen fixierten, bezüglich der konkreten Ausgestaltung verschiedener Details jedoch noch unbestimmten Aktionsplan. Um zu einer genaueren Festlegung des weiteren Ablaufs zu gelangen, wäre der zunächst noch offen gebliebene Handlungsspielraum dann, etwa in einem - eventuell mehrstufigen - Verfahren hierarchischer Planabstimmung[1], zunehmend einzuengen und der genaue Aktionsplan zu konkretisieren.[2]

Dabei darf jedoch nicht übersehen werden, daß es auch in derartigen nachgelagerten Ansätzen der Feinplanung im allgemeinen kaum möglich sein wird, jede kleinste verfahrenstechnische Variante im einzelnen durch eine entsprechende Aktionsvariable zu berücksichtigen. Zwar wird der Aggregationsgrad bei der Definition der modellmäßig zu einem einheitlichen Objekt zusammenzufassenden Aktivitätsbündel geringer sein als im Zuge der Grobplanung - Betrachtungseinheit ist nicht mehr ein Molekül, sondern ein Atom; grundsätzlich ist jedoch davon auszugehen, daß sich auch hinter solchen differenzierter und im Detail genauer definierten Aktivitäten in der Realität eine Mehrzahl verschiedener Aktionsbündel verbirgt - Atome sind eben entgegen ihrer Bezeichnung doch weiter zerlegbar. Selbst wenn man die Betrachtungsschärfe soweit erhöht, daß unser gewohntes sprachliches und begriffliches Instrumentarium die

---

1) Vgl. dazu die Ausführungen auf S. 104 ff.
2) Insoweit kann der Aussage von Teichmann (1972), S. 527, Fußnote 12, "Welche der im Aggregat aufgegangenen Alternativen realisiert wird ... bestimmt der Zufall" nicht gefolgt werden. Richtig ist, daß mit der Entscheidung für ein Projekt noch nicht alle damit verbundenen Einzeltätigkeiten fixiert sind; daß diese deshalb jedoch per Zufall ausgewählt werden müssen, ist in keiner Weise zwingend und dürfte auch kaum den tatsächlichen Gegebenheiten entsprechen.

Grenzen seiner Fähigkeiten erreicht, wahrgenommene Details exakt voneinander zu differenzieren - stets werden sich doch geringe Nuancen und Varianten bezüglich der Durchführungsmöglichkeiten einer ins Auge gefaßten Einzelaktivität feststellen lassen.

Als Zwischenergebnis können wir somit auf jeden Fall festhalten, daß sich das, was durch die modellmäßige Umschreibung des Aktionsfeldes als die zur Auswahl und zur Beurteilung anstehenden Alternativen ausgewiesen wird, auch wenn diese in der notwendigerweise abstrahierenden Darstellung durch ein Modell jeweils als eindeutig fixierte Aktivitätsfolgen erscheinen, bei genauer Betrachtung in aller Regel als vereinfachtes Abbild eines ganzen Bündels in etlichen Einzelheiten unterschiedlicher Aktivitätsmöglichkeiten, also als ein ganzes Alternativenaggregat erweist.

b. Der Alternativenbegriff der flexiblen Planung

Für die Mehrzahl herkömmlicher ökonomischer Entscheidungsmodelle ist es kennzeichnend, daß eine Entscheidungsalternative der Idee nach als eine eindeutige Kombination verschiedener Einzeltätigkeiten verstanden wird. Daß bei genauer Betrachtung der zugrunde liegenden Realsituation hinter jeder Modellalternative ein ganzes Alternativenaggregat sichtbar wird, wird als eine wegen der notwendigen Vereinfachung des Kalküls unvermeidbare Beeinträchtigung der Originaltreue des Modells angesehen, bei der Formulierung und Analyse des Modells jedoch nicht weiter berücksichtigt.

Ein weiter gefaßter Alternativenbegriff liegt demgegenüber Entscheidungskalkülen nach Art der insbesondere in jüngster Zeit verstärkt diskutierten Ansätze der *flexiblen Planung* zugrunde, in denen versucht wird, unterschiedliche

Anpassungsmöglichkeiten an verschiedene, im Planungszeitpunkt noch nicht mit Sicherheit vorhersehbare Umweltentwicklungen, explizit in das Modell mit einzubeziehen.[1) Als modellmäßige Entscheidungsalternativen werden in diesen Ansätzen jeweils ganze Bündel alternativ möglicher Aktionsfolgen zur Auswahl gestellt, wobei - und darin liegt der wesentliche Unterschied zu den zuvor erörterten Modelltypen - die Eigenschaft der zu bewertenden Alternativen, ein ganzes Aggregat unterschiedlicher Handlungsabläufe zu umfassen, auch in der abstrahierenden Modellformulierung explizit zum Ausdruck gebracht wird. Die Art und Weise, in der dies im einzelnen geschieht, sei im folgenden kurz dargestellt.

Zur näheren Beschreibung des relevanten Aktionsfeldes wird der Zeitraum bis zu dem als vorgegeben betrachteten Planungshorizont[2) in mehrere Perioden[3) $t=1,2,...,t^B$ unterteilt. Weiterhin wird davon ausgegangen, daß die in den einzelnen Perioden durchzuführenden Teilaktivitäten jeweils erst in den Entscheidungszeitpunkten T ($T=0,1,...,T_B=t^B-1$) zu Beginn der einzelnen Periode definitiv festgelegt werden. In dem modellmäßig erfaßten Entscheidungszeitpunkt $T=0$ sind also nur die in der Periode $t=1$ unmittelbar in Angriff zu nehmenden Ausgangsaktivitäten zu fixieren, nicht jedoch die in den nachfolgenden Perioden durchzuführenden Tätigkeiten.

Die in den künftigen Entscheidungszeitpunkten $T=1,2,...$ gegebenen Entscheidungsfelder werden nun aber unter anderem durch die in allen voraufgegangenen Zeitpunkten $T-1,T-2,...$ getroffenen Entscheidungen mit beeinflußt.

1) Wegen eingehenderer Erörterungen der im folgenden nur kurz skizzierten Grundgedanken der flexiblen Planung vgl. Hart (1940), insbes. S. 55 f.; Wittmann (1959), S. 175 ff.; Gäfgen (1974), S. 203-205, 303-311; Menges (1969), S. 148-149; Laux (1969a); Hax (1970), S. 131-152; Laux (1971); Hax, Laux (1972).

2) Zum Begriff des Planungshorizontes und den für seine Festlegung relevanten Gesichtspunkten vgl. die Ausführungen im 5. Kapitel.

3) Zum Problem der Periodisierung vgl. das 9. Kapitel.

Mithin gilt es, bei der Bestimmung des optimalen Aktionsplanes für die unmittelbar bevorstehende Periode t=1 auch diese "zeitlich vertikalen Interdependenzen"[1], also die Fernwirkungen der heute einzuleitenden Aktionen auf Durchführungs- und Ergebnismöglichkeiten später in Angriff zu nehmender Projekte, in den Kalkül mit einzubeziehen. Weiterhin ist zu bedenken, daß die zukünftigen Entscheidungsfelder nicht nur durch die vorangegangenen Aktivitäten des Entscheidungsträgers beeinflußt werden, sondern ebenso durch eine Reihe exogener Faktoren, deren Entwicklung nicht mit Sicherheit vorhergesehen werden kann. Um diese Tatsache modellmäßig zu erfassen, wird in den Ansätzen der flexiblen Planung nun unterstellt, daß der Entscheidende hinreichend präzise Vorstellungen über die Gesamtheit alternativ möglicher Umweltentwicklungen und ihre Auswirkungen auf künftige Entscheidungsfelder hat.

Unter dieser Prämisse erscheint es nicht mehr sinnvoll, bei der Beurteilung der Vorteilhaftigkeit eines bestimmten Aktionsprogrammes der ersten Periode für die nachfolgenden Perioden jeweils einen jetzt schon eindeutig fixierten Aktionsablauf zu unterstellen; welches Programm in der zweiten Periode folgt, ist ja erst im Entscheidungszeitpunkt T=1 endgültig festzulegen, wenn bekannt ist, welche der in T=0 als alternativ möglich angesehenen Umweltentwicklungen im Verlauf der ersten Periode de facto eingetreten ist. Die Ansätze der flexiblen Planung sehen daher vor, die Gesamtheit der unterschiedlichen Fortführungsmöglichkeiten einer jeden Ausgangsaktivität in Abhängigkeit von den alternativ möglichen Umweltentwicklungen zu erfassen.

Ein "flexibler" oder auch "bedingter" Aktionsplan[2] be-

---

1) Jacob (1964), S. 504 f.; s. a. die Ausführungen auf S. 107 f.

2) Derartige Aktionspläne werden gelegentlich, vor allem in der Spieltheorie, auch als "Strategien" oder einschränkender, als "bedingte Strategien" bezeichnet. Vgl. z. B. Neumann, Morgenstern (1953), insbes. S. 79 f.; Luce, Raiffa (1957), insbes. S. 51; Krelle (1968), S. 117 f.; Menges (1969), S. 92-93.

steht somit darin, daß eine Ausgangsaktivität angegeben wird sowie

- für jede daraus im Zeitpunkt T=1 folgende Entscheidungssituation die zu wählende Folgeaktion und
- für jede daraus für den Zeitpunkt T=2 folgende Entscheidungssituation wiederum die zu wählende Folgeaktivität usw.

festgelegt werden. Jeder flexible Aktionsplan beinhaltet also nur bezüglich der im Planungszeitpunkt T=O einzuleitenden Ausgangsaktivitäten eine definitive Festlegung. Hinsichtlich der in zukünftigen Entscheidungssituationen zu wählenden Fortführungsmöglichkeiten wird hingegen noch keine endgültige Entscheidung getroffen; vielmehr wird ein ganzer Satz im Hinblick auf die alternativ möglichen zukünftigen Konstellationen entscheidungsrelevanter Daten bedingter Fortführungsentscheidungen erstellt.[1)]

Der Begriff einer Entscheidungsalternative, die es im Zuge der Modellanalyse hinsichtlich ihrer Vorteilhaftigkeit zu bewerten gilt, umfaßt in Modellen der flexiblen Planung

---

1) Insoweit geht die Kritik, die Koch (1973), insbes. S. 785, an dem Ansatz von Hart übt, am Prinzip der flexiblen Planung - zumindest in seinem derzeitigen Stand - vorbei. Koch schreibt: "Der über die Vorselektion unter jenen Sekundärhandlungen, welche bei gegebener primärer Ausgangshandlung unter einer bestimmten Sekundärsituation realisierbar sind, gebildete Allgemeinsatz (Maximierung des Erwartungswertes der Sekundärhandlungen) ist nicht begründet. Diese Teilaussage ließe sich auch nur aus dem Gesamt-Theorem der Maximierung des Nutzen-Erwartungswertes der primären Ausgangshandlungen rechtfertigen. Dieses Gesamt-Theorem aber ist bei der Analyse der Vorselektion noch gar nicht bekannt. Es soll ja erst abgeleitet werden. Hier liegt also ein Zirkelschluß vor." Wie aus obiger Skizze jedoch deutlich wird, ist gar keine isolierte Vorabentscheidung über die Sekundärhandlungen (= Folgeaktionen in den Zeitpunkten T=1,2,...) zu treffen. Objekt der modellmäßigen Bewertung sind vielmehr stets ganze Bündel von Ausgangs- *und* Folgeaktivitäten. Auch in den Ausführungen von D. Schneider (1974), S. 150-160, zum Problem der Informationsbeschaffung vor der Einleitung der eigentlichen Sachaktivitäten wird die ausschlaggebende Eigenart flexibler Aktionsprogramme, für die Gesamtheit möglicher Zukunftsentwicklungen alternative Reaktionsweisen vorzusehen, verkannt, so daß die vorgetragenen Entscheidungsregeln als nicht zutreffend angesehen werden müssen. (Zur näheren Kritik an diesen Thesen Schneiders vgl. Bitz (1975).)

also stets ein ganzes Bündel alternativ möglicher Aktivitätsfolgen. Im Unterschied zu den im vorigen Abschnitt skizzierten "starren" Ansätzen herkömmlicher Art wird dies jedoch in der Modellformulierung explizit zum Ausdruck gebracht. Stellte die Tatsache, daß mit der Entscheidung für eine Planalternative der Aktivitätsablauf für den betrachteten Teilbereich in Wirklichkeit noch gar nicht in allen Einzelheiten festgelegt ist, sondern immer noch ein Handlungsspielraum verbleibt, bei den zuvor erörterten Modellen starrer Planung eine um der Vereinfachung des Entscheidungsprozesses willen in Kauf genommene Unschärfe des Kalküls dar, die in der Modellformulierung gar nicht erkennbar wird, so sind die Ansätze der flexiblen Planung gerade bewußt auf ein in der dargestellten Weise noch nicht eindeutig fixiertes Aktivitätsaggregat als Objekt der modellmäßigen Darstellung und Bewertung ausgerichtet.

Differieren Ansätze der flexiblen und der starren Planung in dieser Weise hinsichtlich der Definition der modellmäßig zum Ausdruck gebrachten Entscheidungsalternativen, so besteht bezüglich der zur Umschreibung dieser Alternativen heranzuziehenden Einzelelemente jedoch kein grundsätzlicher Unterschied. In beiden Fällen ist es, um zu einem überschaubaren Kalkülansatz zu gelangen, unumgänglich, bei der modellmäßigen Abbildung des Aktionsfeldes jeweils ganze Bündel realiter im Detail unterschiedlicher Aktivitätsfolgen gedanklich zusammenzufassen und als nicht weiter differenziertes einheitliches Abbildungsobjekt darzustellen. Insoweit umfaßt jeder einzelne flexible Aktionsplan eine erheblich größere Anzahl alternativ möglicher Handlungsabläufe als es explizit durch die im Hinblick auf alle relevanten Entscheidungssituationen formulierten Teilpläne zum Ausdruck gebracht wird.

Nun bieten die Verfahren der linearen und der dynamischen Programmierung Ansätze, mit deren Hilfe auch bei mehrstu-

figen Unsicherheitsproblemen der hier untersuchten Art der optimale flexible Plan ermittelt werden kann, ohne daß es zuvor der *expliziten* Formulierung und Bewertung aller zur Auswahl stehenden Entscheidungsalternativen bedarf.[1] Jedoch auch wenn man diese Möglichkeiten, die Gesamtheit der Alternativen in kompakter Weise abzubilden und die explizite Formulierung einzelner flexibler Projektpläne in den Prozeß der Modellösung zu verlagern, berücksichtigt, dürfte es in aller Regel unumgänglich sein, die betrachtete Entscheidungssituation in vereinfachter Form abzubilden, um zu einem überschaubaren Modell zu gelangen.[2] Derartige Vereinfachungen können zum einen erreicht werden, indem bestimmte Umweltzustände und/oder gewisse Teilaktivitäten vernachlässigt werden. Ebensogut kann versucht werden, jeweils mehrere alternativ mögliche Umweltzustände zu einzelnen "repräsentativen Zukunftslagen"[3] zu aggregieren oder jeweils mehrere verfahrenstechnische Varianten modellmäßig als eine einzige Aktionsmöglichkeit zu erfassen. Bei den Ansätzen der flexiblen Planung entfällt also keineswegs die zuvor für Modelle der starren Planung näher erörterte Notwendigkeit, um der Praktikabilität willen gewisse Unschärfen des modellmäßigen Abbilds der Realität in Kauf zu nehmen, wodurch eine Mehrzahl im Detail unterschiedlicher realer Sachverhalte als einheitlicher, nicht weiter differenzierter Gegenstand erscheint.
Der grundlegende Unterschied zwischen flexiblen und starren Ansätzen liegt vielmehr in der Definition der stets aus bestimmten Kombinationen dieser notwendigerweise vergröbernd dargestellten Aktivitäten resultierenden Entscheidungsalternativen. Hier besteht die Besonderheit der flexiblen Planung in dem Versuch, alternati-

---

1) Wegen einer näheren Darstellung dieser Verfahren vgl. Laux (1971), S. 34-36; 51-60; Hax (1970), S. 141-152; zum Prinzip der dynamischen Programmierung allgemein s. Bellmann (1957).
2) Wegen der Erörterung verschiedener Formen der Modellvereinfachung vgl. Laux (1969), S. 78-81; Hax, Laux (1972), S. 330 f.
3) Schneider, D. (1974), S. 90.

ve Anpassungsformen an verschiedene noch nicht sicher vorhersehbare Umweltentwicklungen sowie die Tatsache, daß Entscheidungen über etliche Aktionen erst in einem zukünftigen Zeitpunkt auf der Basis eines heute noch unbekannten Informationsstandes zu treffen sind, explizit in das Modell mit einzubeziehen. Die einzelnen Aktionselemente der diesem Konzept nach abgeleiteten flexiblen Pläne bilden jedoch genau wie bei starren Ansätzen im einzelnen jeweils ein ganzes Aggregat verschiedener Aktivitätsfolgen ab. Dabei dürfte die immense Aufblähung der Zahl der Entscheidungsalternativen tendenziell sogar dazu führen, daß in flexiblen Planansätzen bei der Definition der einzelnen Aktivitäten ein höherer Aggregationsgrad angewendet wird, als es bei der Darstellung der gleichen Entscheidungssituation durch ein Modell der starren Planung notwendig wäre.

c. Bestimmungsfaktoren des Aggregationsgrades

Mit jeder Vergröberung eines Modellansatzes steigt natürlich die Gefahr, daß die aus der Modellanalyse ermittelte Optimalalternative - sei es als starrer, sei es als flexibler Aktionsplan - nicht mit dem Handlungsprogramm übereinstimmt, das aufgrund eines komplexeren weniger abstrahierenden Ansatzes als optimal abgeleitet worden wäre. In einer Welt, in der Informationen in beliebigem Ausmaß ohne Kosten beschafft und verarbeitet werden könnten, wäre das Ideal also ein auf die kleinsten nur denkbaren Handlungselemente reduzierter Aktivitätsbegriff, der eine bis ins letzte Detail originalgetreue Abbildung des relevanten Aktionsfeldes ermöglichte. Realiter bringt jede Erhöhung der Abbildungsgenauigkeit und -schärfe einen Zuwachs an Planungs- und Informationskosten mit sich, und zwar in einem solchen Ausmaß, daß eine in allen Einzelheiten exakte Wiedergabe des Aktionsfeldes für die überwiegende Mehrzahl von Entscheidungssituationen einen auf keinen Fall vertretbaren Aufwand bedingen würde. Mithin ist es im konkreten Fall stets unumgänglich, in einem gewissen Ausmaß ähnliche, im Detail aber doch unterschiedliche Kombinationen bestimmter Einzeltätigkeiten jeweils zu einheitlichen, nicht weiter aufgegliederten Abbildungsobjekten zusammenzufassen. Es gilt also stets, einen akzeptablen Zwischenweg zu finden zwischen dem einen Extrem eines einfachen, auf wenige Alternativen reduzierten, dafür jedoch äußerst vergröberten und unscharfen Modells und dem entgegengesetzten Extrem eines bis ins Detail originalgetreuen, insgesamt aber nicht überschaubaren und kaum operablen Ansatzes.

Bei der Festlegung des bei der Definition des Aktivitätsbegriffes in einem Modell anzuwendenden Aggregationsgrades handelt es sich wieder um das bekannte Problem, das sich auch bei der Erörterung der Auswahlregeln immer wieder stellte, jeweils die mit einer Modellvergröberung verbundene Beeinträchtigung des Planungsergebnisses gegen die dadurch erreichbare Senkung der Planungskosten abzuwägen. Auch hier entzieht sich die Lösung dieses Problems einem exakten quantitativen Zugriff und muß weitgehend der Intuition und dem Fingerspitzengefühl des Modellkonstrukteurs überlassen bleiben. Allerdings lassen sich einige wenige allgemeine Anhaltspunkte für die Bestimmung des geeigneten Aggregationsgrades finden.

Einen derartigen Anhaltspunkt stellt die *Weite des modellmäßig zu erfassenden Realitätsausschnittes* dar. Je enger das relevante Aktionsfeld in zeitlicher und sachlicher Hinsicht eingegrenzt ist, um so eher wird es möglich sein, auch ohne allzu hohe Kosten einen feiner differenzierenden Aktivitätsbegriff zu verwenden. Je bereiter und zeitlich tiefer hingegen der betrachtete Aktionsbereich ist, desto stärker wird die Notwendigkeit, ähnliche, im Detail aber durchaus unterschiedliche Aktivitätsabläufe als einheitliches, nicht weiter differenziertes Aggregat abzubilden. Steht ein Unternehmen etwa vor der Frage, ob es einen in Einzelfertigung auszuführenden Großauftrag annehmen soll oder nicht, so wird es kaum möglich, auf keinen Fall jedoch wirtschaftlich vertretbar sein, schon für die anstehende Entscheidung alle technischen Varianten der Auftragserledigung im einzelnen zu ermitteln und durchzurechnen. Zur Beurteilung der Vorteilhaftigkeit wird man dieses Projekt vielmehr den wichtigsten Produktionsphasen nach in eine Folge einiger großer Teilaufträge zerlegen, die jedoch in sich jeweils noch gar nicht einen eindeutig fixierten Fertigungsplan darstellen, sondern ein ganzes Bündel alternativer Verfahrensvarianten umfassen. Steht demgegenüber die Annahme des Auftrages gar nicht mehr zur Disposition, sondern ist das modellmäßig zu erfassende Aktionsfeld auf die zur Erfüllung dieses Auftrages notwendigen Arbeiten in den einzelnen Werkstätten und Abteilungen eingeengt, etwa auf die Verfahrensvarianten in der Lackiererei, so werden in einer entsprechenden Entscheidungsrechnung nur sehr viel kleinere Bündel von alternativen Teilaktivitäten zu einheitlichen Abbildungsobjekten aggregiert, also etwa zu Aktionen der Art "Lackierverfahren X bei Verwendung von Lacksorte Y".

Welcher Aggregationsgrad bei der Zusammenfassung alternativer Einzeltätigkeiten zu den als Aktivitäten bezeichneten Grundeinheiten der modellmäßigen Umschreibung des Aktionsfeldes zweckmäßigerweise anzuwenden ist, wird also wesentlich durch die Weite und Tiefe des betrachteten Entscheidungsbereiches bestimmt. Oder umgekehrt: je schärfer, detaillierter und differenzierter die zur Entscheidung anstehenden Alternativen dargestellt werden sollen, um so stärker muß das modellmäßig zu erfassende Aktionsfeld auf einen engen Teilbereich eingegrenzt werden, um überhaupt die Ableitung eines überschaubaren und praktikablen Modellansatzes zu ermöglichen. Auswahl- und Aggregationsregeln stehen hier also in einem engen Wechselverhältnis. Ein weiterer maßgeblicher Faktor für die Festlegung des Aggregationsgrades ist außer der Weite des betrachteten Aktionsfeldes natürlich die *Anzahl der im einzelnen überhaupt infrage kommenden Einzelvarianten*. Je größer die Vielfalt alternativer Gestaltungsformen ist, um so höher muß zwangsläufig der bei ihrer Abbildung anzuwendende Aggregationsgrad sein, um die Handlungsalternativen eines bestimmten Aktionsbereiches durch ein Modell fest vorgegebenen Umfangs darzustellen. Die Anzahl der im einzelnen zu beachtenden Verfahrensvarianten hängt nun zum einen einfach davon ab, wie viele solcher Varianten es überhaupt gibt, wird insoweit also weitgehend durch die technologischen und institutionellen Rahmendaten der jeweiligen Entscheidungssituation determiniert. Daneben sind jedoch auch Situationen denkbar, in denen zwar grundsätzlich eine große Anzahl im Detail verschiedener Aktivitätsabläufe zur Auswahl steht, ein großer Teil dieser Detailvarianten aufgrund früherer Erfahrungen und Berechnungen jedoch von vornherein als unvorteilhaft aus der Betrachtung ausgeschlossen werden kann. Allgemein gilt also: je stärker die zu betrachtenden Handlungsabläufe auch im Detail standardisiert, also etwa Vertragsinhalte normiert, Produktionsverfahren ausgereift sind, und je besser der Entscheidende mit einer bestimmten Entscheidungssituation vertraut ist, desto geringer ist die Zahl der bezüglich der detaillierten Ausgestaltung der betrachteten Handlungsmöglichkeiten relevanten Varianten, desto geringer kann mithin auch der bei der modellmäßigen Formulierung des Aktionsfeldes anzuwendende Aggregationsgrad angesetzt werden, ohne deshalb Planungskosten in nicht mehr vertretbarer Höhe in Kauf nehmen zu müssen.

Neben der Höhe der Planungskosten ist als zweiter für die Festlegung des Aggregationsgrades maßgeblicher Faktor die Tatsache zu beachten, daß jede Vergröberung der modellmäßigen Darstellung die Qualität des Modellergebnisses tendenziell vermindert. Dabei kann davon ausgegangen werden, daß die Planungsqualität durch die Zusammenfassung mehrerer Verfahrensvarianten zu einer undifferenzierten Abbildungseinheit um so weniger beeinträchtigt wird, je geringer der *ergebnismäßige* Unterschied zwischen den einzelnen Varianten ist. Die durch eine vergröberte Modelldarstellung bedingte Beeinträchtigung der Planungsqualität resultiert ja daraus, daß ein Aggregat unterschiedlicher Detailvarianten einheitlich, z. B. mit einem "durchschnittlichen" Kostensatz bewertet wird. Je stärker nun die Kostensätze der einzelnen Varianten divergieren, desto eher ist damit zu rechnen, daß sich - je nach der im Falle der Durchführung der betreffenden Aktivität tatsächlich realisierten Variante - modellmäßig veranschlagte und effektiv anfallende Kosten spürbar unterscheiden, um so größer wird auch die Gefahr, daß sich modellmäßig als optimal abgeleitete Aktionspläne im Zuge ihrer Realisierung doch als unvorteilhaft erweisen. Führen die einzelnen - eventuell technisch durchaus deutlich unterscheidbaren - Varianten demgegenüber zu ähnlichen oder sogar zu genau gleichen Ergebnissen, so können sie zu einer Aktivität zusammengefaßt werden, ohne daß deshalb eine wesentliche Beeinträchtigung des Planungsergebnisses zu befürchten ist. Denn welche der im einzelnen zur Auswahl stehenden Varianten de facto auch realisiert wird, der effektiv eintretende Ergebniswert wird nur wenig oder im Extrem überhaupt nicht von dem für das Variantenaggregat modellmäßig veranschlagten Wertansatz abweichen. Für die Beurteilung der Frage, in welcher Weise und in welchem Umfang im Detail unterschiedliche Aktionsalternativen modellmäßig als undifferenzierte Einheit erfaßt werden können, kommt es also nicht so sehr darauf an, inwieweit sich die zu aggregierenden Handlungsvarianten in technologischer Hinsicht oder in bezug auf sonstige verfahrensmäßige Kennzeichen ähneln; in erster Linie ausschlaggebendes Kriterium ist vielmehr die ergebnismäßige

Ähnlichkeit.[1]

Diese für die Festlegung des bei der modellmäßigen Umschreibung des relevanten Aktionsfeldes maßgeblichen Gesichtspunkte entziehen sich natürlich einem exakten quantitativen Zugriff. Sie stellen lediglich gewisse Orientierungshilfen dar, wenn es gilt, die Auswirkungen verschiedener Modellvarianten auf Planungsqualität und -kosten abzuschätzen. Welcher Aggregationsgrad bei der Formulierung eines Entscheidungskalküls nun im konkreten Einzelfall zweckmäßigerweise anzuwenden ist, muß somit weitgehend dem subjektiven Ermessen des Modellkonstrukteurs, seiner Erfahrung und seinem Fingerspitzengefühl überlassen bleiben.[2] Auf jeden Fall gilt es aber ins Bewußtsein zu rufen, daß jede durch das Symbolsystem eines Entscheidungsmodells - sei es durch einen expliziten Katalog, sei es durch kompakte Umschreibung - als Gegenstand der Bewertung und Entscheidung dargestellte Alternative im Grunde ein ganzes Bündel zumindest in Details verschiedener Handlungsmöglichkeiten abbildet. Was als Alternative im Sinne eines der konstitutiven Elemente eines Entscheidungsmodells anzusehen und im Zuge der Modellanalyse dann hinsichtlich seiner Eignung zur Erfüllung vorgegebener Zielvorstellungen zu beurteilen ist, kann insoweit also auch in einer ganz exakt umrissenen Entscheidungssituation immer noch nicht mit dem Anspruch auf intersubjektive Gültigkeit festgelegt werden, sondern ist stets - genau wie die sonstigen Modellkomponenten auch - das Ergebnis eines mit der Modellformulierung einhergehenden, weitgehend subjektiv determinierten Vorganges der Abstraktion und Aggregation.

---

1) Allerdings kann in der Regel davon ausgegangen werden, daß sich zwei Verfahrensvarianten auch ergebnismäßig um so mehr gleichen, je geringer sie sich in ihren sonstigen Tätigkeitsmerkmalen unterscheiden.

2) So z. B. auch Hax, Laux (1972), S. 330 f.

9. Kapitel:

Intertemporale Aggregation von Handlungsergebnissen

1. Problemstellung

Bei der Darstellung der Handlungsergebnisse tauchen Aggregationsprobleme in dreifacher Hinsicht auf, und zwar bezüglich

- aller auf einen Zeitpunkt bezogenen Ergebnismaßgrößen, durch die mit einer Aktivität verbundene Konsequenzen modellmäßig dargestellt werden,
- der zeitlichen Verteilung derartiger Aggregate unterschiedlicher, aber jeweils gleich terminierter Ergebnismaßgrößen,
- der durch die Erwartungsunsicherheit bedingten Streubreite alternativ möglicher Ergebnisvariablen.

Im theoretisch einfachsten Fall können die mit einer Handlungsmöglichkeit verbundenen Konsequenzen unmittelbar als einmalige Beeinflussung einer einzigen Maßgröße dargestellt werden; dann bedarf es offenbar keiner Aggregation. In ökonomischen Modellen zu einer Abbildungseinheit zusammengefaßte Aktivitätsbündel wirken sich in aller Regel auf verschiedenartige, für die Ergebnisbeschreibung relevante Maßgrößen zugleich aus. Um das *erste* der drei genannten Aggregationsprobleme kurz isoliert betrachten zu können, sei zunächst von der Fiktion ausgegangen, daß die Auswirkungen der betrachteten Handlungsmöglichkeiten jeweils nur in einer einmaligen, gleichzeitigen und mit Sicherheit vorhersehbaren Beeinflussung der verschiedenen Ergebnismaßgrößen bestehen. Jede Handlungsalternative kann dann durch einen Vektor mehrerer Ergebnisvariablen beschrieben werden, die zwar in unterschiedlichen Maßgrößen dimensioniert, jedoch alle auf den gleichen Zeitpunkt bezogen sind.

Um die so beschriebenen Alternativen dem Grade der Zielerfüllung nach zu lozieren, ist es nun weiterhin nötig, die Gesamtheit der mit ihnen verbundenen Konsequenzen durch einen Präferenzwert auszudrücken, sie also an einem einheitlichen Wertmaßstab zu messen. Dazu müssen die verschiedenen Ergebnisvariablen jeweils in Einheiten eines Maßgutes ausgedrückt und die so auf einen einheitlichen Maßstab umdimensionierten, d. h. "bewerteten" Variablen zu einem originären Zielvariablenwert aggregiert werden. Nun handelt es sich sowohl bei der Wahl des Maßgutes als auch bei der Frage, nach welchen Zuordnungsverfahren die verschiedenen Ergebnismaßgrößen in Einheiten des Maßgutes ausgedrückt werden sollen, in erster Linie um Probleme der Festlegung von Auswahlregeln - ist insoweit also oben schon erörtert worden - und der Fixierung von Bewertungsregeln, deren Erörterung einer gesonderten Untersuchung vorbehalten bleiben soll. Sieht man diese beiden Arten von Konstruktionsregeln jedoch zunächst einmal als vorgegeben an, d. h. geht man vorerst davon aus, daß das Maßgut bestimmt und die Bewertungsfunktion festgelegt ist, so reduziert sich das Aggregationsproblem auf die kaum bedeutsame Frage, inwieweit die jeweils in Einheiten des Maßgutes ausgedrückten Ergebnisvariablen bei der modellmäßigen Abbildung der Handlungsfolgen in einzelne Komponenten - etwa Umsätze und Kosten oder Ein- und Auszahlungen - aufgeschlüsselt oder sofort zu einer einzigen Größe - z. B. Gewinn, Deckungsbeitrag, Einzahlungsüberschuß - zusammengefaßt dargestellt werden sollen.

Für die weiteren Erörterungen dieses Abschnitts soll nun davon ausgegangen werden, daß alle auf den gleichen Zeitpunkt bezogenen Ergebnisvariablen jeweils zu einer einzigen Maßgröße zusammengefaßt sind. Aggregationsprobleme der *zweiten* Art tauchen nun immer dann auf, wenn die Fiktion aufgehoben wird, alle relevanten Ergebnisvariablen seien auf den gleichen Zeitpunkt bezogen. Die mit den betrachteten Handlungsmöglichkeiten verbundenen Konsequenzen können dann bei genauer Darstellung nur noch durch eine zeitliche Folge der für die Einzelzeitpunkte ermittelten Aggregate bewerteter Ergebnismaßgrößen abgebildet werden. In einzelnen Fällen mag es möglich sein, sämtliche Glieder einer solchen Folge einzeln darzustellen oder - bei im Zeitablauf kontinuierlichen Auswirkungen - durch Angaben über die jeweiligen Stromstärken zu umschreiben. Im allgemeinen dürfte der Versuch einer derart detaillierten Darstellung zu einem viel zu umständlichen Ansatz führen. Um zu einem einfacheren Modell zu gelangen, ist es dann unumgänglich, gewisse Angaben darüber zu machen, in welchem Ausmaß und nach welchen Kriterien die zur Beschreibung der Konsequenzen einer Handlungsalternative heranzuziehenden Maßgrößen unabhängig von ihrer zeitlichen Verteilung als gleichartig anzusehen und bei der Modellformulierung zu einem einzigen, als nicht weiter untergliederte Einheit dargestellten Maßgrößenaggregat zusammenzufassen sind. Auf dieses Problem der intertemporalen Aggregation wird in den folgenden Ausführungen dieses Abschnitts näher einzugehen sein.

Aggregationsprobleme der *dritten* Art schließlich ergeben sich immer dann, wenn der Tatsache, daß der Ausgang der betrachteten Aktionsmöglichkeiten - ausgedrückt durch eine oder mehrere Maßgrößen - nicht sicher vorhersehbar ist, bei der Modellformulierung explizit Rechnung getragen werden soll. Nur selten wird es möglich sein, die ganze erkennbare Streubreite potentieller Ergebnisse jeweils en detail darzustellen. Vielmehr dürfte es in der Regel unumgänglich sein, jeweils ganze Bündel ähnlicher, bei genauer Betrachtung aber doch unterschiedlicher Ergebnismöglichkeiten gedanklich zusammenzufassen und modellmäßig als Einheit darzustellen. Der Behandlung etlicher Fragen, die im Zusammenhang mit diesem Aggregationsproblem auftauchen, ist das 10. Kapitel gewidmet.

2. Periodisierung von Handlungsergebnissen

a. Die Grundstruktur eines mehrperiodischen Budgetierungsmodells

Um die folgenden Ausführungen weniger abstrakt zu gestalten, sei grundsätzlich unterstellt, daß als Maßgröße, in deren Einheiten die Handlungsfolgen angegeben werden, die Höhe des Einzahlungsüberschusses gewählt wird. Bei originalgetreuer Abbildung wäre jede Aktivität dann durch eine Folge sämtlicher zu unterschiedlichen Zeitpunkten anfallenden Einzahlungsüberschüsse darzustellen. Da ein solches Verfahren in der Regel zu einem viel zu umständlichen Ansatz führen würde, werden in den meisten Modellen jeweils alle Einzahlungsüberschüsse, die während einer bestimmten Zeitspanne eintreten, als auf einen oder zwei Zeitpunkte innerhalb dieses Zeitraumes - zumeist Periodenanfang und/oder -ende - verdichtet dargestellt.

Die einfachste Modellform besteht dann offenbar darin - so wie es insbesondere in den Ansätzen der "kurzfristigen" Produktions- und Absatzplanung üblich ist[1] - daß alle mit den betrachteten Aktivitäten verbundenen Einzahlungen unabhängig von ihrer zeitlichen Verteilung als gleichartig angesehen und bei der modellmäßigen Umschreibung des Ergebnisraumes jeweils zu einer einzigen Ergebnisgröße aggregiert werden. In Ansätzen der Investitions- und Finanzplanung wird demgegenüber in der Regel eine differenziertere Darstellungsform gewählt. Die unmittel-

---

1) Vgl. hierzu die Ausführungen auf S. 198 f.

bar mit der Inangriffnahme einer Aktivität verbundenen Ein- und Auszahlungen (z. B. Auszahlungen für Kauf und Installation einer Maschine; Einzahlung der effektiven Kreditsumme bei Aufnahme eines Darlehens) werden zumeist auf den Beginn der ersten Periode bezogen, während sonstige Zahlungen (z. B. Löhne, Materialausgaben, Verkaufserlöse im Zusammenhang mit der laufenden Nutzung einer Produktionsanlage; Zins- und Tilgungszahlungen) jeweils auf das Ende der einzelnen Perioden aggregiert werden. Das Ausmaß der so vorzunehmenden intraperiodischen Aggregation hängt - bei sonst unveränderten Rahmenumständen - offenbar von der Länge der Perioden ab. Je länger die Zeitspanne ist, die eine Periode umfaßt, desto größer ist die Anzahl der zu aggregierenden Zahlungsvorgänge; je kürzer die Perioden gewählt werden, desto stärker aufgegliedert wird die zeitliche Folge von Ergebniswerten abgebildet. Die Frage nach dem optimalen Aggregationsgrad in bezug auf die zeitliche Zusammenfassung der Handlungsergebnisse läuft also auf die Frage nach der optimalen Periodenlänge hinaus.

Bei der Festlegung der Periodenlänge sind nun vor allem zwei Aspekte zu beachten. Zum einen ist davon auszugehen, daß nur solche Aktionsprogramme realisierbar sind, bei denen die Auszahlungsanforderungen durch entsprechende Einzahlungen oder aus Beständen an liquiden Mitteln erfüllt werden können. Werden aber die Ein- und Auszahlungen einer Periode aggregiert, so ist bei dem als Lösung des Modells abgeleiteten Aktionsprogramm nur noch gewährleistet, daß innerhalb einer Periode insgesamt nicht mehr Auszahlungen anfallen als geleistet werden können. Die Wahrung der Zahlungsfähigkeit ist jedoch eine Bedingung, die nicht nur für eine Periode insgesamt, sondern für jeden einzelnen Zeitpunkt erfüllt sein muß.
Hierzu ein Beispiel: Ein Unternehmer, dem keine Kreditmöglichkeiten offenstehen, hat 10.000 DM an liquiden Eigenmitteln zur Verfügung. Zur Auswahl stehen zwei ein-

ander aus produktionstechnischen und absatzpolitischen Gründen ausschließende Investitionsprojekte I und II, die beide nach zwei Jahren voll abgewickelt sind. Bei Realisierung von Projekt I (II) wird sofort ein Investitionsbetrag von 10.000 (8.000) DM fällig; dafür wird während des ersten Jahres mit laufenden Einzahlungen von 10.000 (7.000) DM und laufenden Auszahlungen von 5.000 (2.000) DM gerechnet; im zweiten Jahr entsprechend mit 10.000 (7.500) DM Einzahlungen und 2.000 (2.000) DM Auszahlungen. Daneben besteht die Möglichkeit, beliebige Beträge jeweils für ein Jahr zu 8 % p. a. anzulegen. Zielsetzung des Unternehmens sei es, den Einzahlungsüberschuß am Ende des zweiten Jahres zu maximieren; Einlagen oder Entnahmen sind bis dahin nicht vorgesehen.

Nimmt man nun an, daß alle unmittelbar mit der Inangriffnahme eines Projektes verbundenen Zahlungen auf den Periodenanfang, alle sonstigen Zahlungen auf das Ende der jeweiligen Periode zusammengezogen werden, so kann das Aktionsfeld durch die vier in Tab. 16a durch ihre auf die Zeitpunkte 0, 1 und 2 aggregierten Einzahlungsüberschüsse e_{hT} (h=I,II,III,IV; T=0,1,2) dargestellten Projekte[1] um-

1) Bislang waren die Ergebniskoeffizienten jeweils mit dem Periodenindex t versehen worden. Dieses Verfahren empfiehlt sich, solange keine Annahmen über die intraperiodische Aggregation der Ergebniswerte aufgestellt werden. Im Fall der Aggregation aller Zahlungsströme auf Periodenanfang und -ende empfiehlt es sich demgegenüber, zu einer zeitpunktbezogenen Betrachtungs- und Darstellungsweise überzugehen. Da eine Periode t als der Zeitraum zwischen den Zeitpunkten T=t-1 und T=t definiert ist, werden die einem Projekt h in der t-ten Periode zuzurechnenden Zahlungsbeträge dargestellt durch
- $e_{h,T-1}$, soweit es sich um unmittelbar mit der Inangriffnahme dieses Projektes verbundene Ein- und Auszahlungen handelt,
- e_{hT} , soweit es sich um sonstige mit der Durchführung des Projektes verbundene Zahlungen handelt.

Für die Beschreibung des - als vorgegeben anzusehenden - Ergebnishorizontes folgt aus dieser Aggregationsmethode, daß als letzter Zeitpunkt, für den Ergebniswerte explizit erfaßt werden, das Ende der Periode t^E anzusehen ist, mithin die Relation $T^E = t^E$ gilt.

schrieben werden, wobei Projekte III und IV in beliebiger Anzahl, Projekte I und II hingegen nur jeweils einmal durchgeführt werden können.

	T = 0	T = 1	T = 2
I	-10.000	+ 5.000	+ 8.000
II	- 8.000	+ 5.000	+ 5.500
III	- 1	+ 1,08	-
IV	-	- 1	+ 1,08

Tab. 16 a

An Restriktionen ist zu beachten, daß für alle drei Zeitpunkte liquide Mittel und Einzahlungen nicht kleiner als die Auszahlungen sein dürfen. Ordnet man nun jedem der vier Projekte eine Aktionsvariable x_h (h=I,II,III,IV) zu und bezeichnet man den Anfangsbestand an liquiden Mitteln mit c_{-1}, so muß im Zeitpunkt 0 offenbar gelten:

$$\sum e_{ho} \cdot x_h + c_{-1} \geq 0$$

oder wenn man eine Schlupfvariable c_o einführt:

$$\sum e_{ho} \cdot x_h + c_{-1} - c_o = 0 \quad \text{mit} \quad c_o \geq 0$$

Die Schlupfvariable kann als der nach Inangriffnahme aller im Zeitpunkt 0 vorgesehenen Projekte verbleibende Kassenbestand interpretiert werden.

Für jeden der folgenden Zeitpunkte T muß ebenfalls gewährleistet sein, daß die auf diesen Zeitpunkt bezogenen Einzahlungen zur Deckung der Auszahlungen ausreichen, wobei ein im vorangehenden Zeitpunkt eventuell verbliebener Kassenüberschuß (c_{T-1}) natürlich zu den Einzahlungen zu zählen ist. Dann gilt allgemein für die zu beachtenden Liquiditätsrestriktionen:

$$(28) \quad \begin{array}{ll} \text{(a)} & \sum e_{hT} \cdot x_h + c_{T-1} - c_T = 0 \\ \text{(b)} & c_T \geq 0 \end{array} \qquad T=0,1,\dots,T^E$$

Daneben sind natürlich sonstige Interdependenzen zwischen den einzelnen Projekten durch weitere im Hinblick auf die jeweiligen x_h formulierten Restriktionen zu beachten. Zur Lösung des Entscheidungsproblems unseres Beispielsfalles kann dann folgendes Budgetierungsmodell aufgestellt werden, wie es seit den grundlegenden Arbeiten von ALBACH und WEINGARTNER inzwischen zum festen Bestandteil der Investitions- und Finanzierungstheorie geworden ist.[1)]

$$c_2 \longrightarrow \max$$

$$\sum_h e_{hT} \cdot x_h + c_{T-1} = c_T \qquad T = 0,1,2$$

(29) $$x_I + x_{II} \leq 1$$

$$x_h,\ c_T \geq 0$$

$$x_I,\ x_{II} \text{ ganzzahlig} \quad h = I,II,III,IV;\ T = 0,1,2$$

Da es sich um ein lineares Programm handelt, kommen als Handlungsempfehlungen von vornherein nur die durch Basislösungen abbildbaren Aktionsprogramme a_i in Betracht.

Alle zulässigen Basislösungen unseres Beispiels sind in Tab. 16b zusammengestellt.

	x_1	x_{II}	x_{III}	x_{IV}	c_o	c_1	c_2
a_1	1	-	-	5.000	-	-	13.400
a_2	-	1	2.000	7.160	-	-	13.233
a_3	-	-	10.000	10.800	-	-	11.664
a_4	1	-	-	-	-	5.000	13.000
a_5	-	1	2.000	-	-	7.160	12.660
a_6	-	1	-	7.000	2.000	-	13.060
a_7	-	1	-	-	2.000	1.000	12.500
a_8	-	-	10.000	-	-	10.800	10.800
a_9	-	-	-	10.000	10.000	-	10.800
a_{10}	-	-	-	-	10.000	10.000	10.000

Tab. 16 b

1) Albach (1962a), insbes. S. 316-322; Weingartner (1963); s. a. Hax (1964a) und (1970), S. 65-75.

Wie man sich leicht überzeugt, sind bei allen 10 Aktionsprogrammen sämtliche in (29) angegebenen Restriktionen eingehalten. Nun kann von vornherein davon ausgegangen werden, daß es sich auf keinen Fall lohnt, in den Zeitpunkten 0 und 1 Geld zinslos zu halten, so daß alle Lösungen, in denen nicht $c_o=c_1=0$ gilt, als Optimallösungen nicht in Betracht kommen.[1] Mithin kommen nur noch die Programme a_1, a_2 und a_3 als Optimalalternativen infrage. Von diesem würde Aktionsprogramm 1 empfohlen, also die Durchführung von Investitionsprojekt I und die verzinsliche Anlage der dabei nach einem Jahr frei werdenden Beträge.

b. Liquiditäts- und Zinsaspekt als Determinanten der Periodenlänge

Es ist nun zu untersuchen, welche Konsequenzen sich daraus ergeben können, daß bei der modellmäßigen Darstellung des Ergebnisraumes die zeitliche Struktur der Ein- und Auszahlungen nur sehr vergröbert erfaßt worden ist. Hierzu sei zunächst angenommen, daß die mit dem Projekt I verbundenen Auszahlungen de facto jeweils bis zur Jahresmitte fällig sind, die Einzahlungen hingegen erst am Jahresende anfallen, während bei Projekt II jeweils 1.000 DM Auszahlungen bis zur Jahresmitte fällig sind, und die restlichen Aus- und Einzahlungen am Jahresende erfolgen. Gelten die angegebenen Prämissen in strenger Form, so würde dies das Scheitern des geplanten Aktionsprogrammes bedeuten; denn zur Abdeckung der bei Projekt I nach einem halben Jahr fälligen Auszahlungen steht weder ein Bestand an liquiden Mitteln zur Verfügung noch ist bis zum Fälligkeitsdatum mit dem Eingang entsprechend hoher Einzahlungen zu rechnen. Das Investitionsprojekt müßte also sofort abgebrochen werden, um den Liquiditätsengpaß durch sofortige

1) So dominiert a_1 gegenüber a_4; a_2 gegenüber a_5, a_6, a_7; a_3 gegenüber a_8, a_9, a_{10}.

Notverkäufe und ähnliche Maßnahmen zu überwinden; im schlimmsten Fall wäre die Zahlungsunfähigkeit samt den daran geknüpften Rechtsfolgen nicht zu vermeiden. Der durch die Aggregation aller Zahlungen eines Jahres auf zwei Zeitpunkte bedingte Informationsverlust, die Vernachlässigung des "Grundsatzes der Zeitpunktgenauigkeit",[1] kann also unter Umständen zu katastrophalen Konsequenzen führen.

Die genannten Prämissen sind allerdings sehr streng. Im allgemeinen bestehen - zumindest in einem gewissen Ausmaß - doch Möglichkeiten, anderweitig nicht abdeckbare Zahlungsverpflichtungen durch Auflösung kurzfristig gebundener Guthaben oder durch Aufnahme von Krediten zu erfüllen. Das aber führt zu dem zweiten bei der Periodisierung zu beachtenden Aspekt, nämlich den Zinszahlungen, die aus den intraperiodischen zeitlichen Divergenzen zwischen den Einzahlungen resultieren. Diese sekundären Ergebniskomponenten können je nach der Größenordnung der betrachteten Zahlungsströme und der Höhe der Finanzierungskosten zu durchaus entscheidungsrelevanten Sachverhalten werden.

Nimmt man etwa an, daß in unserem Beispiel als *Variante I*
- Kreditbeträge für beliebige Laufzeiten zu einem Zins von 20 % p. a. aufgenommen werden können und
- bei der vorzeitigen Auflösung eines Teilbetrages der einjährig angelegten Gelder nach einem halben Jahr nach Abzug des Strafzinses auf das ganze Jahr bezogen ein Zinsertrag von 1 % des abgezogenen Teilbetrages verbleibt,

so ergeben sich unter exakter Berücksichtigung aller Zwischenfinanzierungsmöglichkeiten und der damit verbundenen Zinszahlungen für die in entsprechender Weise modifizierten Aktionsprogramme folgende Lösungsvektoren

---

1) Krümmel (1964), S. 228.

für die in diesem Modell bisher explizit erfaßten (Aktions- und Schlupf-) Variablen.

Var. I	x_I	x_{II}	x_{III}	x_{IV}	c_o	c_1	c_2
a_1	1	-		4.500	-	-	12.720
a_2	-	1	2.000	7.090	-	-	13.087
a_3	-	-	10.000	10.800	-	-	11.664

Tab. 17

Aktionsprogramm 1 ist in diesem Fall also gegenüber Aktionsprogramm 2 klar unterlegen. Der mit der Aggregation aller Ein- und Auszahlungen auf ein Jahr zu einem einzigen Ergebniswert verbundene Informationsverlust führte also auch in diesem Fall zu einer erheblichen Beeinträchtigung des Planungsergebnisses.

Die Perioden sollten mithin so kurz gewählt werden, daß davon ausgegangen werden kann,
- daß die intraperiodischen zeitlichen Ein- und Auszahlungsdivergenzen nicht das Ausmaß überschreiten, das durch Hinauszögern von Zahlungen, Auflösung kurzfristiger Guthaben oder Aufnahme von Krediten überbrückt werden kann, ohne den vorgesehenen Ablauf der geplanten Aktionsprogramme grundsätzlich zu gefährden (*Liquiditätsaspekt*) und
- die so aus den genannten Zahlungsdivergenzen vorwiegend in Form von Zinszahlungen resultierenden sekundären Ergebniskomponenten im Vergleich zu der Größenordnung der explizit erfaßten Zahlungsströme noch als vernachlässigbar klein angesehen werden können (*Zinsaspekt*).

Ob bei alternativen Aktionsprogrammen die jederzeitige Zahlungsfähigkeit gewahrt werden kann und welches Volumen die damit verbundenen Zinszahlungen haben, ist nun vor Aufstellung und Lösung eines entsprechenden Modells noch nicht bekannt. Wollte man diese Frage aus Anlaß des bei der Modellformulierung auftretenden Periodisierungsproblems exakt klären, so setzte das eine Vorwegplanung auf der Basis absolut disaggregierter Ein- und Auszahlungen voraus. Wäre diese Arbeit jedoch einmal geleistet, dann könnte auch bei der Formulierung des gesamten Modells auf die intertemporale Aggregation von Ergebniswerten verzichtet werden. Die wesentliche Vereinfachung der zeitlichen Zusammenfassung der Ein- und Auszahlungen besteht ja gerade darin, daß bei der Planung überhaupt keine Annahmen über die intraperiodische Verteilung der Zahlungen getroffen werden müssen. Jeder Ergebnisvektor kann insoweit auch als Aggregat mehrerer alternativ möglicher Zahlungsströme mit unterschiedlichen Intertemporalstrukturen aufgefaßt werden, für die sich jedoch gerade die gleichen Abfolgen der über die einzelnen Perioden aggregierten Salden ergeben. Der eigentlich angestrebte Effekt, durch eine von vornherein aggregierte Darstellung des Entscheidungsfeldes zu einer überschaubaren Modellformulierung zu gelangen, würde also bei einer derartigen Vorplanung gerade nicht erreicht. Mithin bleibt auch hier wiederum keine andere Wahl, als sich a priori gewisse Vorstellungen über die Größenordnung der relevanten Faktoren zu bilden und je nachdem, wie hoch die Bedeutung von Liquiditäts- und Zinsaspekt eingeschätzt wird, eine mehr oder weniger grobe Periodeneinteilung wählen.

Ist insbesondere dem Liquiditätsaspekt besondere Beachtung zu schenken, so besteht eine Möglichkeit zur Vermeidung einer für die Praktikabilität des Kalküls zu feinen Periodenbildung darin, die bislang erörterte Aggregationsmethode dahingehend zu modifizieren, daß sämtliche, also auch die nicht unmittelbar mit der Inangriffnahme des Projektes verbundenen Auszahlungen jeweils auf den Anfang, die laufenden Einzahlungen hingegen auf das Ende der einzelnen Perioden bezogen werden.[1)]

1) So z. B. Schneider, D. (1974), S. 54 f.

Bei Anwendung eines solchen Aggregationsverfahrens als *Variante II* unseres Beispiels würden sich die in Tab. 18 angegebenen Ergebniskoeffizienten ergeben.

Var. II	T = 0	T = 1	T = 2
I	-15.000	+ 8.000	+10.000
II	-10.000	+ 5.000	+ 7.500
III	- 1	+ 1,08	-
IV	-	-1	+ 1,08

Tab. 18

Das in Gleichungssystem (29) angegebene lineare Programm wäre dann auf der Basis der in Tab. 18 enthaltenen Ergebniskoeffizienten zu lösen. Für die drei ersten der in Tab. 18 umschriebenen Aktionsprogramme würden sich danach die in Tab. 19 aufgeführten Lösungsvektoren ergeben.

Var. II	x_I	x_{II}	x_{III}	x_{IV}	c_o	c_1	c_2
a_1	1	-	-	3.000	-5.000	-	13.240
a_2	-	1	-	5.000	-	-	12.900
a_3	-	-	10.000	10.800	-	-	11.664

Tab. 19

Aktionsprogramm 1 würde jetzt wegen der Verletzung der Finanzrestriktion im Zeitpunkt O von vornherein als nicht mehr realisierbar ausgeschieden. Bei Programm 2 würden sich jeweils niedrigere Werte für die in den Projekten III und IV anlegbaren Beträge ergeben.

Die Modifikation der Aggregationsregel führte im vorliegenden Fall also in der Tat dazu, daß die als Lösung eines entsprechenden Modells abgeleitete Handlungsempfehlung mit a_2 das de facto optimale Aktionsprogramm bezeichnet. Andererseits sind jedoch gerade so gut Datenkonstellationen denkbar, bei denen die unterschiedliche zeitliche Zurechnung von Ein- und Auszahlungen dazu führt, daß eigentlich realisierbare und vorteilhafte Projektkombinationen als undurchführbar oder zumindest nicht lohnend erscheinen. Das wäre etwa der Fall, wenn sich die mit Projekt I verbundenen Ein- und Auszahlungen entgegen den bisherigen Annahmen gleichmäßig über die jeweiligen Perioden verteilten, so daß das finanzielle Gleichgewicht jederzeit gewahrt bliebe und permanent ein Bestand an liquiden Mitteln aufgebaut würde. Ebenso bleiben die Möglichkeiten, Divergenzen der Zahlungsströme durch kurzfristige Kreditaufnahme oder ähnliches auszugleichen, außer Betracht. Das hier skizzierte Verfahren kann daher nur in solchen Situationen als sinnvolle Aggregationsmethode angesehen werden, in denen von vornherein so starke intraperiodische Ein- und Auszahlungsdivergenzen erwartet werden und die Überbrückungsmöglichkeiten schon so weit ausgeschöpft sind, daß die jederzeitige Wahrung der Zahlungsfähigkeit zu dem relevanten Engpaß wird.

3. Zur Unterscheidung von Entscheidungs- und Ergebnisperioden

a. Berücksichtigung des Liquiditätsaspektes durch Verkürzung der Ergebnisperioden

Bislang ist - so wie das bei der Ableitung dynamischer Modelle fast durchweg der Fall ist - stets unterstellt worden, daß

- die *Entscheidungs*perioden, d. h. die Zeiträume zwischen zwei Entscheidungszeitpunkten, während deren die jeweils zu Periodenbeginn aufgestellten Aktionspläne zunächst als nicht revidierbar angesehen werden, und
- die *Ergebnis*perioden, d. h. die Zeiträume, über die hinweg die zeitliche Folge von Ein- und Auszahlungen zu einem Ergebniswert aggregiert wird,

die gleiche Länge haben. Diese Identität ist jedoch keineswegs zwingend. Vielmehr ist es ohne weiteres denkbar, in einem dynamischen Modell die Länge der Entscheidungsperioden (L^a) und der Ergebnisperioden (L^e) unterschiedlich festzulegen. Je nach den Größenrelationen dieser beiden Periodenarten können dabei insgesamt drei Fälle unterschieden werden:

(1) $L^a = L^e$

Diese Konstellation kennzeichnet gerade den bislang unterstellten Spezialfall, ist also hier nicht weiter zu untersuchen.

(2) $L^a < L^e$

Bei dieser Konstellation wären die Abstände zwischen zwei Entscheidungszeitpunkten kürzer als die Zeiträume, für die die Ein- und Auszahlungen zu einem Betrag aggregiert werden. Das bedeutete, daß für zukünftige Zeitpunkte zu planen wäre, ohne die jeweilige Liquiditätssituation zu beachten. Eine solche Differenzierung der Periodenlängen soll daher im folgenden nicht weiter erörtert werden.

(3) $L^a > L^e$

Bei dieser Konstellation würde beispielsweise die Inangriffnahme neuer Projekte jeweils in einjährigen Abständen in den Kalkül einbezogen, die damit verbundenen Zahlungsströme aber etwa jeweils vierteljahresweise zusammengefaßt. Ein solches Vorgehen kann insbesondere immer dann als sinnvoll angesehen werden, wenn L^a ein ganzzahliges Vielfaches von L^e ist, so daß auch für die Entscheidungszeitpunkte jeweils entsprechend aggregierte Ergebniswerte angegeben werden können.

Der (ganzzahlige) Quotient $L^a:L^e$ sei mit λ bezeichnet. Dieser Wert gibt offenbar an, in wie viele Ergebnisperioden eine Entscheidungsperiode unterteilt ist. Zur formalen Unterscheidung dieser beiden Periodenarten sowie der durch sie definierten Zeitpunkte seien die Entscheidungsperioden durch den Index t, die Ergebnisperioden durch den Index $\tilde{t}$, die entsprechenden Zeitpunkte jeweils durch die Indices T und $\tilde{T}$ gekennzeichnet. Dementsprechend bezeichnen t^B, t^E bzw. T^B, T^E die in Einheiten der Entscheidungsperioden ausgedrückten Planungs- und Ergebnishorizonte sowie die dadurch bestimmten Zeitpunkte, $\tilde{t}^B$, $\tilde{t}^E$, $\tilde{T}^B$, $\tilde{T}^E$ die genannten Größen, gemessen auf der Basis der Ergebnisperioden. Bezüglich der Transformation der in unterschiedlichen Einheiten gemessenen zeitlichen Größen gelten dann die Relationen:

$$\begin{aligned} \tilde{t}^B &= (t^B-1) \cdot \lambda + 1 \\ \tilde{t}^E &= \lambda \cdot t^E \\ \tilde{T}^B &= \lambda \cdot T^B \\ \tilde{T}^E &= \lambda \cdot T^E \end{aligned} \tag{30}$$

Bei einem derartig strukturierten Modellansatz werden Möglichkeiten zur Inangriffnahme neuer Projekte offensichtlich nur in den (Ergebnis-) Zeitpunkten $\tilde{T}=0,\lambda,2\lambda,\ldots,\lambda\cdot T^B$, also zu Beginn der Ergebnisperioden $\tilde{t}=1,\ \lambda+1,2\lambda+1,\ldots,(t^B-1)\cdot\lambda+1$ explizit in den Kalkül einbezogen. Die ergebnismäßigen Konsequenzen der Projekte werden demgegenüber in den (Ergebnis-) Zeitpunkten $\tilde{T}=0,1,\ldots\tilde{T}^B,\tilde{T}^B+1,\ldots,\tilde{T}^E$ erfaßt.

Bezieht man nun die Möglichkeiten, die Periodenlängen in der unter (3) skizzierten Weise zu differenzieren, in die bisherigen Betrachtungen ein, so eröffnet sich ein ganzer Fächer weiterer Ansätze zwischen den entgegengesetzten Tendenzen, zur exakten Beachtung von Liquiditäts- und Zinsaspekt möglichst fein zu periodisieren und andererseits im Interesse eines praktikablen überschaubaren Modells eine stärker aggregierte Darstellungsform zu wählen, zu einem Ausgleich zu kommen.

Zur Erläuterung sei folgende *Variante III* unseres zweiperiodigen Modellbeispiels betrachtet:
Die Aktionsvariablen und damit auch die explizit erfaßten Handlungsmöglichkeiten werden gegenüber den bisherigen Ansätzen nicht verändert. Die mit den einzelnen Projekten verbundenen Ein- und Auszahlungen werden jedoch nur über kürzere Perioden aggregiert, so daß zwischen zwei Entscheidungszeitpunkten noch jeweils $(\lambda-1)$ Ergebniszeitpunkte modellmäßig erfaßt werden. Diesen Ergebniszeitpunkten werden keinerlei neu in Angriff zu nehmende Projekte zugeordnet, jedoch werden für sie gerade so wie in den Entscheidungszeitpunkten entsprechende Liquiditätsrestriktionen aufgestellt, also:

$$(31)\quad \begin{array}{ll} \text{(a)} & \sum\limits_h e_{h\tilde{T}} \cdot x_h + c_{\tilde{T}-1} - c_{\tilde{T}} = 0 \\ \text{(b)} & c_{\tilde{T}} \geq 0 \;, \end{array} \qquad \tilde{T}=0,1,\ldots,\tilde{T}^E$$

wobei die Schlupfvariablen $c_{\tilde{T}}$ jeweils wieder als der in einem (Ergebnis- oder Entscheidungs-) Zeitpunkt verbleibende Zahlungsmittelüberschuß interpretiert werden können.

Für unser Beispiel sei nun angenommen, daß die Entscheidungsperioden nach wie vor ein Jahr umfassen, die Ergebnisperioden hingegen nur ein halbes Jahr. Es gilt also $\lambda=2$; da bislang $T^B=1$, $T^E=2$, ergibt sich nun $\tilde{T}^B=2$; $\tilde{T}^E=4$. Den bisherigen Entscheidungszeitpunkten T=0,1,2 entsprechen nun die Zeitpunkte $\tilde{T}=0,2,4$, während die Ergebniszeitpunkte $\tilde{T}=1,3$ neu in die Betrachtung aufgenommen werden. Für die Ergebniskoeffizienten $e_{h\tilde{T}}$ gelten dann die in Tab. 20 angegebenen Werte.

Var. III	$\tilde{T}$ = 0	$\tilde{T}$ = 1	$\tilde{T}$ = 2	$\tilde{T}$ = 3	$\tilde{T}$ = 4
I	-10.000	- 5.000	+10.000	- 2.000	+ 10.000
II	- 8.000	- 1.000	+ 6.000	- 1.000	+ 6.500
III	- 1	-	+ 1,08	-	-
IV	-	-	- 1	-	1,08

Tab. 20

Das Entscheidungsmodell kann dann formuliert werden:

$$c_4 \rightarrow \max$$

$$\text{(32)} \qquad \begin{aligned} &\sum_h e_{h\tilde{T}} \cdot x_h + c_{\tilde{T}-1} = c_{\tilde{T}} && \tilde{T} = 0,1,\ldots,4 \\ &x_I + x_{II} \leq 1 && \\ &x_h,\ c_{\tilde{T}} \geq 0 && h = I,II,III,IV \\ & && \tilde{T} = 0,1,\ldots,4 \\ &x_I,\ x_{II} \ \text{ganzzahlig} && \end{aligned}$$

Für die drei relevanten Aktionsprogramme bzw. deren Modifikationen ergeben sich die in Tab. 21 beschriebenen Lösungsvektoren:

Var. III	x_I	x_{II}	x_{III}	x_{IV}	c_o	c_1	c_2	c_3	c_4
$a_{1.1}$	1	-	-	5.000	-	-5.000	-	-2.000	13.400
$a_{1.2}$	1	-	-	3.000	-	-5.000	-	-	13.240
a_2	-	1	1.000	6.080	1.000	-	1.000	-	13.066
a_3	-	-	10.000	10.800	-	-	-	-	11.664

Tab. 21

Die Durchführung von Projekt I würde also auf jeden Fall wegen der Verletzung der Liquiditätsrestriktionen als nicht zulässig ausgeschieden. Als Optimallösung würde vorgesehen, im Zeitpunkt O Projekt II in Angriff zu nehmen, 1.000 DM für ein Jahr anzulegen und weitere 1.000 DM zur Begleichung der bis T=1 anfallenden Anzahlungen in bar zu halten; in T=2 sollen aus dem gleichen Grund nur 6.080 DM der insgesamt in liquider Form verfügbaren 7.080 DM für ein weiteres Jahr angelegt werden.

Dem Liquiditätsaspekt kann bei dieser Darstellungsform in elastischerer Weise Rechnung getragen werden als bei dem zuvor als Variante II erörterten Verfahren, alle Auszahlungen jeweils auf den Beginn der (Entscheidungs-) Perioden zu beziehen. Da die *Entscheidungs*perioden aber nach wie vor ein Jahr betragen, bleiben auch hier alle Möglichkeiten der zwischenzeitlichen Geldaufnahme und -anlage außer Betracht.

Ein Ansatz, diese Überbrückungsmöglichkeiten in gewisser Weise zu berücksichtigen, bestünde darin, die Möglichkeiten, innerhalb der Entscheidungsperioden auftretende Liquiditätsengpässe durch Aufnahme kurzfristiger Kredite oder auf sonstige Art und Weise zu überbrücken, dadurch zum Ausdruck zu bringen, daß die Nicht-Negativitätsbedingungen für die auf Ergebniszeitpunkte (außer für $\tilde{T}=\tilde{T}^E$) bezogenen $c_{\tilde{T}}$-Werte aufgehoben werden und statt dessen zugelassen wird, daß diese Variablen bis zu einem bestimmten Maximalbetrag $\overline{k}_{\tilde{T}}$ negativ werden dürfen. Bislang waren die $c_{\tilde{T}}$-Werte als in den jeweiligen Zeitpunkten verbleibende Kassenbestände interpretiert worden. Nun können Kassenbestände offenbar ex definitione nie negativ sein, mithin bedarf es einer erweiterten Deutung der Schlupfvariablen $c_{\tilde{T}}$; und zwar können sie für den Fall $c_{\tilde{T}} < 0$ als die Beträge interpretiert werden, die im Zeitpunkt $\tilde{T}$ außerhalb der durch entsprechende Aktionsvariable x_h erfaßten Projekte zusätzlich an liquiden Mitteln z. B. durch kurzfristige Kreditaufnahme oder sonstige nicht explizit erfaßten Handlungsmöglichkeiten beschafft werden. Die Parameter $\overline{k}_{\tilde{T}}$ können dementsprechend als die im Zeitpunkt $\tilde{T}$ bestehende Obergrenze derartiger Liquiditätsreserven gedeutet werden.

Modifiziert man unser Beispiel in dieser Weise, so hätte als *Variante IV* das System der Liquiditätsrestriktionen dann die Form

$$(33)\quad \begin{array}{lll} (a) & \sum e_{h\tilde{T}}\cdot x_h + c_{\tilde{T}-1} - c_{\tilde{T}} = 0 & \tilde{T} = 0,1,\ldots,\tilde{T}^E \\ (b_1) & c_{\tilde{T}} \geq 0 & \tilde{T}=\lambda\cdot T;\ T = 0,1,\ldots,T^E \\ (b_2) & c_{\tilde{T}} \geq -\bar{k}_{\tilde{T}} & \tilde{T} = 0,1,\ldots,\tilde{T}^E \\ & & \tilde{T}\neq\lambda\cdot T;\ T = 0,1,\ldots,T^E \end{array}$$

Durch dieses Restriktionssystem wird also für jeden Ergebniszeitpunkt vor dem Ergebnishorizont bezüglich der explizit erfaßten Ein- und Auszahlungen ein Defizit bis zu einem Betrag von $\bar{k}_T$ zugelassen. Für die Entscheidungszeitpunkte wird demgegenüber verlangt, daß die Summe der mit den explizit erfaßten Projekten verbundenen Einzahlungen bezüglich eventuell vorhandener Kassenbestände (falls $c_{\tilde{T}-1} > 0$) sämtliche Auszahlungen einschließlich der fälligen Rückzahlung der kurzfristig aufgenommenen Gelder (falls $c_{\tilde{T}-1} < 0$)[1] nicht unterschreitet. Dies schließt allgemein auch für diese Zeitpunkte die Möglichkeit der Kreditaufnahme keineswegs aus; nur werden diese Finanzierungsmaßnahmen durch eigene Aktionsvariable und einen zugehörigen Vektor von Ergebniskoeffizienten explizit erfaßt, so daß für diese Zeitpunkte die Bedingung $c_{\tilde{T}} \geq 0$ aufzustellen ist.

In unserem Beispielsfall wäre die Modellformulierung (32) also dahingehend zu ändern, daß gilt:

$$(34)\quad \begin{array}{ll} c_{\tilde{T}} \geq 0 & \tilde{T} = 0,2,4 \\ c_{\tilde{T}} \geq -\bar{k}_{\tilde{T}} & \tilde{T} = 1,3 \end{array}$$

Inwieweit die verschiedenen Projektkombinationen überhaupt zulässig sind und welche Zielfunktionswerte sich

---

1) Erfolgt die Zwischenfinanzierung nicht durch Kreditaufnahme, sondern wie etwa bei Variante II erörtert, durch vorzeitige Auflösung zu Beginn der Entscheidungsperiode angelegter Beträge, so kann die Variable $c_{\tilde{T}-1}$ in der für $\tilde{T}$ geltenden Liquiditätsrestriktion als Korrekturfaktor zu den $e_{h\tilde{T}}$-Werten aufgefaßt werden.

für sie ergeben, hängt nun offenbar zusätzlich noch von den für $\overline{k}_{\tilde{T}}$ angesetzten Werten ab. In unserem Beispiel ergeben sich für unterschiedliche $\overline{k}_1$- und $\overline{k}_3$-Werte jeweils die in Tabelle 22 beschriebenen Lösungsvektoren.

Variante IV	x_I	x_{II}	x_{III}	x_{IV}	c_o	c_1	c_2	c_3	c_4
a_1									
$\overline{k}_1 \geq 5.000; \overline{k}_3 \geq 2.000$	1	-	-	5.000	-	-5.000	-	-3.000	13.400
$\overline{k}_1 \geq 5.000; 0 \leq \overline{k}_3 < 2.000$	1	-	-	$3.000+\overline{k}_3$	-	-5.000	-	$-\overline{k}_3$	$13.240+0,08\overline{k}_3$
$0 \leq \overline{k}_1 < 5.000$			unzulässig						
a_2									
$\overline{k}_1 \geq 1.000; \overline{k}_3 \geq 1.000$	-	1	2.000	7.160		-1.000	-	-1.000	13.233
$0 \leq \overline{k}_1, \overline{k}_3 < 1.000$	-	1	$1.000+k_1$	$6.080 +0,08\overline{k}_1 + \overline{k}_3$	-	$-\overline{k}_1$	-	$-\overline{k}_3$	$13.066 +0,0864\overline{k}_1 +0,08\overline{k}_3$
a_3									
$\overline{k}_1, \overline{k}_3 \geq 0$	-	-	10.000	10.800	-	-	-	-	11.664

Tab. 22

Solange $\overline{k}_1 \geq 5.000$ gilt, wäre also Aktionsprogramm 1 in geeigneter Modifikation durchführbar und würde sich auch als optimal erweisen, wie der Vergleich der c_4-Werte von a_1 und a_2 sofort zeigt. Bei $\overline{k}_1 < 5.000$ hingegen würde die Durchführung von Projekt I wiederum wegen der Verletzung der Liquiditätsrestriktion als unzulässig ausgeschieden. In diesem Fall würde jeweils die entsprechende Modifikation von Aktionsprogramm 2 als optimale Lösung abgeleitet.

Diese Art der Modellformulierung bietet gegenüber den Varianten II und III den Vorteil, daß auch die innerhalb der Entscheidungsperioden bestehenden Möglichkeiten der vorübergehenden Kapitalbeschaffung wenigstens implizit berücksichtigt werden. Dadurch wird einerseits dem Liquiditätsaspekt Rechnung getragen, zum anderen wird jedoch vermieden, daß - bei Berücksichtigung der kurzfristigen Zwischenfinanzierungsmöglichkeiten - durchaus realisierbare Projekte als scheinbar undurchführbar zurückgewiesen werden. Unberücksichtigt bleiben jedoch die mit den Maßnahmen zur vorübergehenden Kapitalbeschaffung verbundenen Finanzierungskosten, also der Zinsaspekt. Modellvariante IV ist somit nur solange empfehlenswert, wie die aus einer Einbeziehung der Zinszahlungen zu erwartende Verbesserung des Planungsergebnisses als so gering angesehen werden kann, daß sie die mit einer solchen Verfeinerung des Modells verbundene Erhöhung des Planungsaufwandes nicht rechtfertigt. Unterstellt man in unserem Beispiel etwa die bei Variante I genannten Prämissen bezüglich der Zwischenfinanzierung, so würde die auf der Grundlage eines Modelles der Variante IV getroffene (Fehl-) Entscheidung für Aktionsprogramm 1 verglichen mit dem bei exakter Planung ermittelten Ergebnis (Realisierung von Projekt II) zu einem Verlust von ca. 370 DM führen. (Vgl. Tab. 17.)

b. <u>Ansätze zur Einbeziehung des Zinsaspektes</u>

Eine Möglichkeit, den Zinsaspekt wenigstens ansatzweise zu berücksichtigen, bestünde darin, die Schlupfvariablen $c_{\tilde{T}-1}$, für die die Nichtnegativitätsbedingung aufgehoben ist, in der Liquiditätsrestriktion für den Zeitpunkt $\tilde{T}$ mit einem Faktor $q_{\tilde{T}-1}$ ($q_{\tilde{T}-1} > 1$) zu gewichten. Die Parameter $q_{\tilde{T}-1}$ können als Aufzinsungsfaktoren interpretiert werden, d. h. als die Beträge, die in den Zeipunkten $\tilde{T}$ für eine in $\tilde{T}$-1 kurzfristig aufgenommene Geldeinheit zurückzuzahlen sind. Da derartige Geldbeschaffungsmaßnahmen, die bei der Darstellung des Aktionsraumes nicht explizit durch entsprechende Aktionsvariable abgebildet werden, nur für die Ergebniszeitpunkte implizit erfaßt werden, werden die - ex definitione nicht negativen - Schlupfvariablen der auf Entscheidungszeitpunkte bezogenen Liquiditätsrestriktionen in der Nebenbedingung für den unmittelbar folgenden Zeitpunkt nicht gewichtet.

Ein Nachteil dieses Vorgehens bestünde allerdings darin, daß die nicht auf einen Entscheidungszeitpunkt bezogenen Schlupfvariablen $c_{\tilde{T}-1}$ auch dann mit $q_{\tilde{T}}$ aufgezinst werden, wenn ihnen ein positiver Wert zugeordnet wird, also für den Zeitpunkt $\tilde{T}$-1 gar nicht die Aufnahme eines Überbrükkungskredites, sondern im Gegenteil die Bildung eines Kassenüberschusses vorgesehen würde. Dies impliziert die Prämisse, daß der Zinssatz für kurzfristig angelegte Gelder mit dem für kurzfristig aufgenommene Kredite übereinstimmt. Da diese Prämisse de facto jedoch nicht zwingend gegeben ist, birgt auch diese Modellvariante noch Fehlerquellen in sich.

Eine Möglichkeit, den Zinsaspekt in differenzierter Weise zu berücksichtigen, bestünde darin, daß für positive und negative Zahlungssalden unterschiedliche Aufzinsungsfaktoren eingeführt werden. Dazu ist es nötig, in die Liquiditätsrestriktionen der Zeitpunkte, für die $c_{\tilde{T}} \geq \bar{k}_{\tilde{T}}$ gilt, die bisherige Schlupfvariable $c_{\tilde{T}}$ (mit $c_{\tilde{T}} \geq -\bar{k}_{\tilde{T}}$) durch die Differenz $c_{\tilde{T}} - k_{\tilde{T}}$ zweier nicht-negativer Schlupfvariablen zu ersetzen, wobei $c_{\tilde{T}}$ den Betrag einer etwaigen Zwischenanlage bezeichnet und $k_{\tilde{T}}$ (mit $k_{\tilde{T}} \leq k_{\tilde{T}}$) entsprechend den Betrag eines etwaigen Zwischenkredites. Diese Variablen wären dann jeweils mit unterschiedlich hohen Aufzinsungsfaktoren $q_{\tilde{T}}$ bzw. $p_{\tilde{T}}$ zu gewichten. Dabei kann $q_{\tilde{T}}$ als (unterjähriger) Aufzinsungsfaktor für kurzfristig angelegte, $p_{\tilde{T}}$ entsprechend als Aufzinsungsfaktor für kurzfristig aufgenommene Gelder angesehen werden.

Als nächste Erweiterungsmöglichkeit liegt es nun nahe, auch in den Entscheidungszeitpunkten negative Zahlungssalden zuzulassen und die entsprechenden Schlupfvariablen $c_{\tilde{T}}$ oder $k_{\tilde{T}}$ in den Liquiditätsrestriktionen für $\tilde{T}$+1 jeweils mit einem Aufzinsungsfaktor zu gewichten.

Bei einer derartigen Modellformulierung würden dann neben den explizit dargestellten, nur in den jeweiligen Entscheidungszeitpunkten zur Disposition anstehenden Projekten, außerdem für alle Zeitpunkte die vorhandenen Möglichkeiten der kurzfristigen Geldaufnahme und -anlage durch die Differenzierung und Gewichtung der Schlupfvariablen implizit mit in den Kalkül einbezogen. Sowohl dem Liquiditäts- als auch dem Zinsaspekt würde somit Rechnung getragen. Praktisch ist im Zuge der zuletzt erörterten Modellvarianten allerdings schon der Übergang zu einem neuen Modelltyp vollzogen. Die aus den ursprünglichen Schlupfvariablen entwickelten Variablen $c_{\tilde{T}}$ und $k_{\tilde{T}}$ haben inzwischen nämlich einen solchen Differenziertheitsgrad erlangt, daß kaum noch davon gesprochen werden kann, die durch sie zum Ausdruck gebrachten Handlungsmöglichkeiten würden nur implizit erfaßt. Vielmehr können die $c_{\tilde{T}}$ und $k_{\tilde{T}}$ gerade so gut als eine weitere Art von Aktionsvariablen aufgefaßt werden, durch die alle bislang im Modell nur implizit enthaltenen Möglichkeiten zu kurzfristigen Finanzdispositionen nunmehr explizit zum Ausdruck gebracht werden.

Dabei könnte dann als nächster Schritt der Verfeinerung zusätzlich berücksichtigt werden, daß in den einzelnen Zeitpunkten unter Umständen verschiedenartige kurzfristige Dispositionsmöglichkeiten zur Auswahl stehen. Dazu seien die Aktionsvariable, die einem in Zeitpunkt $\tilde{T}$ zur Auswahl stehenden Projekt, Geld für eine Ergebnisperiode anzulegen, zugeordnet wird, mit $c_{i\tilde{T}}$ und die den kurzfristigen Kreditaufnahmemöglichkeiten zugeordneten Aktionsvariablen entsprechend mit $k_{j\tilde{T}}$ bezeichnet. Weiterhin sei angenommen, daß alle kurzfristigen Projekte nur in begrenztem Umfang durchgeführt werden können, was durch Obergrenzen $\bar{c}_{i\tilde{T}}$ und $\bar{k}_{j\tilde{T}}$ für die entsprechenden Variablen zum Ausdruck gebracht wird. Schließlich werden in die einzelnen Liquiditätsrestriktionen neue Schlupfvariablen $y_{\tilde{T}}$ eingeführt, die wiederum als Betrag der für eine Periode zinslos zu haltenden Kassenbestände interpretiert werden können.[1] Die Restriktionen des entsprechenden Modells lauten dann:

$$
(35)\quad
\begin{aligned}
&\sum_h e_{h\tilde{T}} \cdot x_h \\
&+ \sum_i q_{i,\tilde{T}-1} \cdot c_{i,\tilde{T}-1} - \sum_j p_{j,\tilde{T}-1} \cdot k_{j,\tilde{T}-1} \\
&- \sum_i c_{i,\tilde{T}} \qquad + \sum_j k_{j,\tilde{T}} \\
&+ y_{\tilde{T}-1} - y_{\tilde{T}} = 0 \qquad \tilde{T} = 0,1,\ldots,\tilde{T}^E \\
&\bar{c}_{i,\tilde{T}} \geq c_{i,\tilde{T}} \geq 0 \\
&\bar{k}_{j,\tilde{T}} \geq k_{j,\tilde{T}} \geq 0 \\
&\qquad x_h, y_{\tilde{T}} \geq 0 \quad ,
\end{aligned}
$$

wobei gelten muß $\bar{c}_{i,-1}=\bar{k}_{j,-1}=\bar{k}_{j,\tilde{T}^E} = 0$, und y_{-1} den im Zeitpunkt 0 verfügbaren Anfangsbestand an liquiden Mitteln angibt.

Die in diesem Modell durch entsprechende Aktionsvariable explizit erfaßten Aktionsmöglichkeiten können somit in zwei Gruppen unterteilt werden[2]:

- *Langfristige* Projekte (Aktionsvariable x_h), mit denen ein über mehrere Ergebnisperioden hinwegreichender Zahlungsstrom verbunden ist und über deren Inangriffnahme, Fortführung oder Beendigung Entscheidungen nur jeweils in den Zeitpunkten 0, λ, 2λ, ...,$\lambda \cdot T^B$ vorge-

---

1) Unterstellt man bislang als Zielsetzung die Maximierung des im Ergebnishorizont ($\tilde{T}^E$) verfügbaren Bestandes an liquiden Mitteln, so kommen von vornherein nur Lösungen als optimal in Betracht, für die $y_{\tilde{T}}=0$ $(\tilde{T}=0,1,\ldots,\tilde{T}^E-1)$ gilt, da es angesichts der explizit erfaßten kurzfristigen Anlagemöglichkeiten niemals vorteilhaft sein kann, Zahlungsmittelbestände zinslos in der Kasse zu halten. Insoweit könnte hier also auf die Schlupfvariable verzichtet werden.

2) Wegen der Beschreibung eines Modells mit in ähnlicher Weise differenzierten Entscheidungsperioden für verschiedenartige Projekte vgl. Schweim (1969), S. 84-87.

sehen sind. Die für diese Projekte festgelegten Entscheidungsperioden umfassen also jeweils λ Ergebnisperioden.

- *Kurzfristige* Projekte (Aktionsvariable $c_{i,\tilde{T}}$ und $k_{j,\tilde{T}}$), die jeweils innerhalb einer Ergebnisperiode vollständig abgewickelt und dementsprechend in allen Zeitpunkten $0,1,...,\lambda \cdot T^B, \lambda \cdot T^B+1,...,\tilde{T}^E-1$ zur Disposition gestellt werden. Entscheidungsperioden und Ergebnisperioden stimmen hier also überein.

Gegenüber dem in (28) bezüglich seiner Liquiditätsrestriktionen beschriebenen Ausgangsmodell kann (35) als ein Ansatz zur Integration kurz- und langfristiger Investitions- und Finanzplanung angesehen werden. Bei dem Restriktionensystem (28) werden die in dem Zeitintervall zwischen zwei Zeitpunkten $\tilde{T}=\lambda \cdot T$ und $\tilde{T}=\lambda \cdot (T+1)$ aus den betrachteten langfristigen Projekten resultierenden Ein- und Auszahlungsdivergenzen genau so wenig erfaßt wie die Möglichkeiten, diese durch vorübergehende Geldaufnahme oder -anlage auszugleichen. Die damit verbundenen Zins- und Liquiditätsgesichtspunkte bleiben also unberücksichtigt; die Planung kurz- und langfristiger Projekte erfolgt in modellmäßig voneinander getrennten Aktionsbereichen. Das setzt die - in den meisten Modellen der simultanen Investitions- und Finanzplanung zumindest implizit enthaltene[1)] - Prämisse voraus, daß stets ein hinreichend breites Spektrum kurzfristiger Finanzdispositionen zur Auswahl steht und die aus den langfristigen Projekten resultierenden Ein- und Auszahlungsdivergenzen ausgeglichen werden können, ohne daß die damit verbundenen Zinseffekte zu einer nennenswerten Beeinträchtigung der relevanten Ziele führen. Bei dem aus (28) schrittweise weiter entwickelten Ansatz (35) werden demgegenüber die mit den langfristigen Projekten verbundenen Ein- und Auszahlungen jeweils nur über einen

1) So auch Schneider, D. (1974), S. 50-53.

kürzeren Zeitraum hinweg aggregiert und die Möglichkeiten, dabei auftretende Divergenzen kurzfristig zu überbrücken, explizit in das Modell mit einbezogen. Entscheidungen über die langfristigen Projekte sind allerdings nach wie vor nur in größeren Zeitabständen, z. B. einmal pro Jahr vorgesehen, während die kurzfristigen Projekte jeweils etwa vierteljährlich oder monatlich zur Disposition gestellt werden.

Eine weitere Möglichkeit zur Verfeinerung der bislang erörterten Modellansätze bestünde somit darin, die Entscheidungsperioden für die langfristigen Projekte zu verkürzen, das Modell also so zu formulieren, daß Entscheidungen über die Inangriffnahme neuer Investitionsprojekte oder die Aufnahme langfristiger Kredite nicht nur in jährlichen, sondern ebenfalls in vierteljährlichen oder monatlichen Abständen vorgesehen werden. Man erhielte so wieder ein Modell des durch (28) beschriebenen Ausgangstyps, bei dem sämtliche Entscheidungsperioden untereinander gleich sind und zudem noch mit den Ergebnisperioden übereinstimmen; nur wäre nun der Aggregationsgrad bezüglich der zeitlichen Zusammenfassung von Handlungsergebnissen der grundsätzlich feineren Periodisierung entsprechend geringer.

Andererseits kann der Kalkül auch durch eine noch stärkere Differenzierung der verschiedenen Projektarten zugeordneten Entscheidungsperioden verfeinert werden.
So könnte man beispielsweise Entscheidungsmöglichkeiten über Projekte mit einer Laufzeit von mehr als zwei Jahren in jährlichen, über solche mit sechs- bis vierundzwanzigmonatiger Laufzeit in halbjährlichen und über Projekte mit kürzerer Laufzeit in monatlichen Abständen vorsehen. Zudem könnten die Ergebnisperioden noch kürzer gewählt werden. Es bietet sich also ein äußerst breites Spektrum unterschiedlicher Formen, Modelle bezüglich der Aggregation von Aktions- und Ergebnisvariablen in zeitlicher

Hinsicht zu strukturieren. Dabei gilt es, bei der Ausgestaltung der bei der Konstruktion eines Modells zur Anwendung kommenden Aggregationsregeln wiederum die gegenläufigen Tendenzen der mit einer Modellverfeinerung zunehmenden Planungsgenauigkeit und Planungskosten gegeneinander abzuwägen.

10. K a p i t e l :

Aggregation von Ergebnisräumen bei Unsicherheit

1. Zur Formulierung von Umweltzuständen

a. Umweltzustände und Umweltstrategien

Weitere Aggregationsprobleme tauchen immer dann auf, wenn der Tatsache, daß der Ausgang der in Betracht zu ziehenden Aktivitäten nicht sicher vorhersehbar ist, bei der Modellformulierung explizit Rechnung getragen werden soll. Um dieses Problem isoliert untersuchen zu können, wird im folgenden durchgängig unterstellt, daß die Konsequenzen einer jeden Handlungsalternative durch genau eine kardinal meßbare Ergebnisvariable ausgedrückt werden, die zugleich auch die originäre Zielvariable darstellt. Ergebnis- und Entscheidungsmatrix sind dann offenbar identisch.

Zur Darstellung von Entscheidungssituationen unter Unsicherheit haben wir - so wie es in einer Entscheidungsmatrix ja augenfällig wird - bislang stets zwei Arten von ergebnisbestimmenden Komponenten voneinander getrennt: Zum einen das Aktionsfeld des Entscheidenden als Inbegriff der von ihm in einer konkreten Situation in Betracht gezogenen Handlungsmöglichkeiten; zum anderen die Zustände der Umwelt als Inbegriff aller möglichen Entwicklungen sonstiger ergebnisbeeinflussender Faktoren. Dabei war grundsätzlich unterstellt worden, daß die tatsächlich eintretende Entwicklung der so durch die verschiedenen Umweltzustände dargestellten Einflußfaktoren völlig unabhängig von den Dispositionen des Entscheidenden ist. Nur so war es möglich, in der üblichen Weise Aktionsfeld und Umweltzustände als zwei völlig getrennte Komponenten des Entscheidungsfeldes darzustellen.

Nun sind aber auch Situationen denkbar, in denen diese Trennung nicht von vornherein gegeben ist, also die Möglichkeit, daß eine bestimmte Konstellation ergebnisbeeinflussender Umweltfaktoren eintritt, von den Entscheidungen innerhalb des betrachteten Aktionsfeldes mit beeinflußt wird. Um auch in solchen Fällen die übliche Darstellungsweise beibehalten zu können, bedarf es bezüglich der Definition der im Modell jeweils als selbständige Abbildungseinheiten darzustellenden "Umweltzustände" einiger Modifikationen und Präzisierungen, was an einem einfachen Beispiel erläutert werden soll.

Auf einem Markt konkurrieren nur die Unternehmen A und B mit ähnlichen Produkten. Zu Beginn einer Periode müssen beide Anbieter jeweils ihren Absatzpreis für die Dauer der gesamten Periode verbindlich festlegen. Anbieter A, der einen möglichst hohen Umsatz anstrebt, überlegt, ob er seinen Absatzpreis p_A bei 10 DM belassen oder für die kommende Periode auf 9 DM senken soll. Der Erfolg einer solchen Maßnahme hänge bei gegebener und bekannter Reaktion der Nachfrager davon ab, ob B seinen Absatzpreis p_B bei 9 DM hält oder - dies sei als einzige alternative Verhaltensweise des B unterstellt - auf 8 DM senkt. Umterstellt man, daß die Umsatzfunktion für A im relevanten Bereich durch die Relation

$$U_A = 180\ p_A - \frac{72}{p_B} \cdot p_A^2$$

wiedergegeben werden kann, so ergeben sich für die vier möglichen Preiskombinationen p_A/p_B die in Tab. 23 angeführten Umsatzbeträge:

	$p_B = 9$	$p_B = 8$
$p_A = 10$	1.000	900
$p_A = 9$	972	891

Tab. 23

Legen die beiden Konkurrenzunternehmen nun unabhängig voneinander, und jeweils ohne Kenntnis der Entscheidung des anderen, ihre Preise für die folgende Periode fest, so könnte A die in Tab. 23 zusammengestellten Angaben als die für ihn relevante Entscheidungsmatrix ansehen, in der den beiden für möglich erachteten Preisstellungen des Konkurrenten entsprechend zwei verschiedene Umweltzustände zu berücksichtigen sind. Gegenüber den bisherigen Überlegungen bedarf es keiner Modifikationen.

Nun sei jedoch angenommen, daß Anbieter B seinen Preis erst festzusetzen braucht, wenn er den von A gewählten Preis kennt. Bei genau vorhersehbaren Nachfragereaktionen reduziert sich für B die Festlegung von p_B dann auf ein Entscheidungsproblem unter Sicherheit. Das gleiche würde auch für A gelten, wenn ihm die Reaktionsweise des B im voraus bekannt wäre. Die - genau vorhersehbare - Reaktion des B würde in diesem Fall Bestandteil der Ergebnisfunktion des Anbieters A, also der Beschreibung der funktionalen Beziehung zwischen den A zur Auswahl stehenden Aktionsmöglichkeiten und den ihnen zuzuordnenden Ergebnismöglichkeiten.

Wenn A die Reaktionsweise seines Konkurrenten jedoch nicht im voraus kennt, sondern nur gewisse Wahrscheinlichkeitsurteile über das zu erwartende Verhalten von B hat, so würde die Darstellung dieser Entscheidungssituation in einer Matrix der in Tab. 23 wiedergegebenen Art mit nur zwei "Umweltzuständen" zu einem verzerrten Abbild führen; die bislang geforderte strenge Trennung zwischen dem Aktionsbereich als dem Inbegriff der von dem Entscheidenden kontrollierbaren und den Umweltzuständen als der Gesamtheit der möglichen Konstellationen derjenigen ergebnisbeeinflussenden Faktoren, die der Kontrollmöglichkeit des Entscheidenden entzogen sind, wäre durchbrochen, da der Eintritt der beiden betrachteten Umweltereignisse $p_B = 8$ und $p_B = 9$ von der eigenen Aktionsentscheidung nicht mehr unabhängig ist. Die damit verbundene Problematik wird unmittelbar deutlich, wenn man versucht, für die beiden Umweltzustände Eintrittswahrscheinlichkeiten anzugeben. Das bisherige Verfahren, jedem s_j eindeutig einen solchen Wert w_j zuzuordnen, wäre jetzt gar nicht mehr durchführbar; denn je nach der gewählten eigenen Aktionsmöglichkeit a_i wären für die Wahrscheinlichkeiten unterschiedliche Werte anzusetzen. Jedem s_j wäre so ein ganzer Vektor nach den alternativen a_i differenzierter bedingter Wahrscheinlichkeiten $w(s_j/a_i)$ zuzuordnen.

Um dennoch auch in diesem Fall zu einem Ansatz der bislang stets betrachteten Art mit aktionsunabhängigen Datenkonstellationen zu gelangen, bietet sich folgender Ausweg. Als Umweltzustände werden gar nicht die dem Konkurrenten zur Auswahl stehenden Aktionsmöglichkeiten - ausgedrückt etwa durch die alternativ möglichen Preisstellungen - definiert, sondern die alternativ möglichen Strategien des Konkurrenten, wobei unter einer Strategie hier die Angabe darüber verstanden werden soll, welche eigene Aktionsmöglichkeit der Konkurrent in Kenntnis der Entscheidung des betrachteten Unternehmens auswählt, in unserem Beispiel also, wie B bei bekanntem p_A seinen Preis p_B festlegt. Bezeichnet man allgemein die dem betrachteten Unternehmen zur Auswahl stehenden Aktionen mit a_i^A und die Handlungsalternativen des Konkurrenzunternehmens mit $a_{i'}^B$, so kann eine Strategie von B als eine Funktion

$$a_{i'}^B = \omega(a_i^A) \qquad i = 1,2,...,m$$

aufgefaßt werden, durch die jedem a_i^A ein bestimmtes $a_{i'}^B$, zugeordnet wird.[1] Bei der Darstellung einer solchen Entscheidungssituation in Form einer Matrix ist dann jede mögliche Strategie von B als ein "Umweltzustand" aufzufassen.

In unserem Beispiel wären somit grundsätzlich die den vier in Tab. 24.1 angeführten Strategien entsprechenden Zustände zu berücksichtigen.

ω	1	2	3	4	
$p_B =$	8	8	9	9	wenn $p_A = 10$
	8	9	8	9	wenn $p_A = 9$

Tab. 24.1

Nimmt man nun weiter an, A habe im einzelnen keine hinreichend präzisen Vorstellungen über die Eintrittswahrscheinlichkeiten der verschiedenen Strategien, halte jedoch die 3. Strategie (also ein reines "Nachziehen" seines Konkurrenten) für so wenig wahrscheinlich, daß der entsprechende Umweltzustand von vornherein aus der weiteren Betrachtung ausgeschlossen werden könne, so ergibt sich als relevante Entscheidungsmatrix:

	s_1 ($\omega = 1$)	s_2 ($\omega = 2$)	s_3 ($\omega = 4$)
$p_A = 10$	900	900	1.000
$p_A = 9$	891	972	972

Tab. 24.2

Auf die so in unsere gewohnte Form gebrachte Entscheidungsmatrix wäre dann eine den Präferenzen des Ent-

1) Wegen einer näheren Erörterung des Strategiebegriffes vgl. z. B. v. Neumann, Morgenstern (1953) S. 79 f.; Luce, Raiffa (1957), S. 51; Menges (1969), S. 92-96.

scheidenden entsprechende Entscheidungsregel anzuwenden. Im Fall aktionsabhängiger Umwelteinflüsse ist es also wichtig, bei der Darstellung der Ergebnisräume nicht die alternativ möglichen Konstellationen ergebnisbeeinflussender Ergebnisse selbst - etwa ausgedrückt durch Werte von Aktionsparametern, durch die das Aktionsfeld von Konkurrenten beschrieben wird - sondern die im Hinblick auf die eigenen Aktionsmöglichkeiten formulierten Umweltstrategien als Abbildungseinheiten zu wählen.

b. Aggregation nach dem Prinzip der Ergebnisinvarianz

Um bei den folgenden Ausführungen eine Kumulation verschiedener Probleme zu vermeiden, sei zunächst unterstellt, daß die einzelnen Ergebnisvektoren jeweils als auf einen einzigen Zeitpunkt aggregiert abgebildet werden können, nur eine originäre Zielvariable existiert, die mit der so definierten Ergebnisvariablen übereinstimmt, und daß das Aktionsfeld explizit als vollständiger Katalog einander ausschließender Handlungsalternativen formuliert ist.[1)] Zur formalen Darstellung der zu erörternden Aggregationsregeln seien die möglichen Umweltkonstellationen - also Umweltstrategien, alternativ mögliche Ausprägungen ergebnisbeeinflussender Zufallsvariablen oder Kombinationen aus beidem - allgemein mit ω, die zugehörigen Ergebniswerte mit $e_i(\omega)$ bezeichnet.

---

1) Ist das Aktionsfeld durch die Angabe von Aktionsvariablen x_h und entsprechenden Restriktionen kompakt umschrieben, so kann jeder der alternativ möglichen Datenkonstellationen eine entsprechende Ergebnisfunktion e(x) zugeordnet werden. Die folgenden Ausführungen gelten insoweit analog auch für diesen Fall der Darstellung des Aktionsfeldes. Für den Spezialfall, daß e(x) eine linear separable Funktion der Aktionsvariablen ist, also $e(x)=e_1 \cdot x_1 + e_2 \cdot x_2 + \ldots + e_{\bar{h}} \cdot x_{\bar{h}}$, können die folgenden Ausführungen sogar unmittelbar auf die Ergebniskoeffizienten e_h übertragen werden.

Da es für die Auswahl des optimalen Aktionsprogrammes nur auf die erzielbaren Ergebnisse und nicht auf sonstige damit verbundene Rahmenumstände, wie z. B. die tatsächlich eintretende Umweltsituation ankommt, liegt es nahe, alle Konstellationen, bei denen jede der betrachteten Aktionsmöglichkeiten zu dem gleichen Ergebnis führt, zusammenzufassen. Dieses Aggregationsprinzip sei im folgenden als *Ergebnisinvarianz* bezeichnet. Bei Anwendung dieses Prinzips kann ein Umweltzustand s_j dann definiert werden als die Menge von Umweltkonstellationen, deren $e_i(\omega)$-Werte für jede Handlungsalternative mit dem diesem Zustand zuzuordnenden Ergebniswert e_{ij} übereinstimmen[1], also

(36) $$s_j = \{\omega / e_i(\omega) - e_{ij} = 0;\ i = 1,2,\ldots,m\}.$$

Können den einzelnen Konstellationen ω Eintrittswahrscheinlichkeiten $w(\omega)$ zugeordnet werden, so ergibt sich die Zustandswahrscheinlichkeit w_j als Summe dieser Eintrittswahrscheinlichkeiten, also:

(37) $$w_j = \sum_{\omega \in s_j} w(\omega) .$$

Dabei kann als allgemeine Faustregel festgehalten werden, daß die Gesamtheit alternativer Umweltentwicklungen nach dem Prinzip der Ergebnisvarianz im allgemeinen um so stärker zu einer überschaubaren Zahl explizit darzustellender Zustände aggregiert werden kann, je enger der Betrachtete Aktionsraum eingegrenzt ist.

---

1) Dieses *Aggregationsprinzip* darf nicht mit der früher erörterten *Auswahlregel* des Ausschlusses aktionsunabhängiger Ergebnismöglichkeiten verwechselt werden (vgl. S. 176 ff.). Diese letzte Regel bezieht sich auf den Ausschluß derjenigen Menge von Datenkonstellationen ω, für die gilt

$$D = \{\omega / e_i(\omega) = e_h(\omega);\ i,h = 1,2,\ldots,m\} ,$$

während als Voraussetzung für die Aggregation nur verlangt wird, daß die betrachteten Datenkonstellationen für jede *einzelne* Aktionsmöglichkeit zu dem gleichen Ergebnis führen, was nicht ausschließt, daß diese Ergebniswerte zwischen den einzelnen Handlungsalternativen unterschiedlich sind.

In vielen Entscheidungssituationen dürfte allerdings auch nach Anwendung dieses Aggregationsprinzips noch eine unübersehbare Fülle alternativer Konstellationen verbleiben. Dies gilt insbesondere dann, wenn die ergebnisbeeinflussenden Umweltereignisse nicht durch die endliche Menge diskreter Ausprägungen einer Zufallsvariablen dargestellt werden können, sondern diese Zufallsgrößen oder auch die zur Beschreibung der Handlungsmöglichkeiten der Umweltakteure heranzuziehenden Aktionsvariablen bestimmte Wertintervalle kontinuierlich durchlaufen können. Streng genommen kann es dann immer unendlich viele nicht ergebnisinvariante Umweltkonstellationen geben, so daß es einer weiteren Aggregation bedarf, um zu einem überschaubar formulierten Modell zu gelangen.

c. Aggregation nach dem Prinzip der Ergebnisähnlichkeit

Hier liegt es nun nahe, jeweils mehrere *ähnliche* Konstellationen von ergebnisbeeinflussenden Faktoren in der modellmäßigen Umschreibung des Ergebnisraumes zu einem als nicht weiter differenzierte Abbildungseinheit dargestellten Umweltzustand zusammenzufassen, zu einer "repräsentativen Zukunftslage zu verdichten".[1)]

Dabei stellt sich natürlich die Frage, was in diesem Zusammenhang unter Ähnlichkeit zu verstehen ist. Nun geht es bei Erstellung und Lösung von Entscheidungsmodellen ausschließlich darum, die Vorteilhaftigkeit der zur Auswahl stehenden Aktionsmöglichkeiten abzuschätzen; diese hängt aber nur von den jeweiligen Ergebnisvektoren ab und nicht von sonstigen Qualitäten der Umweltkonstellationen, bei denen sie erzielt werden. Als relevantes Aggregationskriterium kann somit nur die Ähnlichkeit der bei den betrachteten Konstellationen

1) Schneider, D. (1974), S. 90; ähnlich auch Teichmann (1972), S. 529; Lassak (1973), S. 151.

erzielbaren Handlungsergebnisse und nicht sonstiger Qualitätsmerkmale betrachtet werden. Dieses Aggregationsprinzip soll daher als *Ergebnisähnlichkeit* bezeichnet werden.

Allerdings dürfte häufig gar keine andere Möglichkeit bestehen, als auf die explizite Ermittlung der mit den alternativen Umweltkonstellationen verbundenen Ergebnisse zu verzichten und diese doch aufgrund sonstiger bekannter Eigenschaften, wie z. B. der Größenordnung der entsprechenden Zufalls- oder Aktionsvariablen, zu einer überschaubaren Menge repräsentativer Umweltzustände zu aggregieren. Dabei kann jedoch versucht werden, zumindest in grober Schätzung die Ergebnisdivergenzen zwischen den zu aggregierenden Konstellationen zu beachten. Die folgenden Ausführungen sind daher auch weniger als konkretes Rezept zur Ermittlung des bei der Darstellung der Umweltzustände anzulegenden Aggregationsgrades zu verstehen, sondern eher als Skizze der Sachverhalte, die es dabei im einzelnen abzuschätzen gilt.

Nehmen wir an, die mit den nach einer ersten Vorsortierung verbleibenden Umweltkonstellationen verbundenen Ergebniswerte seien bekannt. Dann könnte dem Aggregationsprinzip der Ergebnisähnlichkeit nach etwa die Regel aufgestellt werden, möglichst alle Umweltkonstellationen, für die die Unterschiede der zugehörigen $e_i(\omega)$-Werte ein gewisses Ausmaß nicht überschreiten, zu einem einzigen Umweltzustand zusammenzufassen. Als Ergebniswert e_{ij} für dieses Konstellationsaggregat wäre dann der einfache oder der mit den jeweiligen Konstellationswahrscheinlichkeiten gewichtete Durchschitt der einzelnen $e(\omega)$-Beträge anzusetzen, also

(38.1) $e_{ij} = \frac{1}{k(j)} \cdot \sum_{\omega \in s_j} e_i(\omega)$ oder

$$(38.2) \quad e_{ij} = \frac{1}{\sum_{\omega \in s_j} w(\omega)} \cdot \sum_{\omega \in s_j} e_i(\omega) \cdot w(\omega) \; ,$$

wobei k(j) die Anzahl der jeweils zu einem Zustand s_j zusammenzufassenden Umweltkonstellationen bezeichnet. Analog zu der für das Prinzip der Ergebnisvarianz aufgestellten Relation (36) kann ein Umweltzustand s_j jetzt formuliert werden als

$$(39) \quad s_j = \{\omega / |e_i(\omega) - e_{ij}| \leq \eta ; \; i = 1,2,\ldots,m\},$$ [1]

wobei η einen subjektiven Ähnlichkeitsparameter darstellt, der angibt, bis zu welcher Höhe die Ergebniswerte der zu aggregierenden Umweltkonstellationen maximal von dem gem. (38.1/2) zu bestimmenden Einheitswert abweichen dürfen.[2] Weiterhin ist von dem Ergebnis des Aggregationsvorganges zu verlangen, daß es nicht mehr möglich sein darf, durch die weitere Aggregation der Umweltkonstellationen zweier Zustände zu einem weiteren Konstellationsaggregat zu gelangen, das die in (38.1/2) und (39) angegebenen Bedingungen ebenfalls erfüllt. Formal bedeutet diese Anforderung, daß sich für jedes beliebige Paar von Zuständen s_1 und s_2 jeweils zumindest eine Konstellation ω' ($\omega' \in s_1 \cup s_2$) finden lassen muß, bei der für zumindest eine Aktion a_i gilt:

$$(40) \quad |e_i(\omega) - e_{ij}| > \eta \; ,$$

wobei e_{ij} (j = 1 oder 2) den gem. (38.1/2) ermittelten Durchschnittswert der mit den Konstellationen $\omega \in s_1 \cup s_2$ bei einer Aktion a_i verbundenen Ergebnisse angibt.

---

1) Man erkennt sofort, daß Bedingung (39) für η=0 in (36) übergeht. Das Prinzip der Ergebnisinvarianz kann insoweit als Grenzfall des Prinzips der Ergebnisähnlichkeit aufgefaßt werden.

2) Ebensogut wäre es möglich, nicht den absoluten, sondern den relativen Abstand zwischen den $e_i(\omega)$ und den e_{ij}-Werten zum relevanten Kriterium zu erheben.

Bei der Anwendung des Aggregationsprinzips der Ergebnisähnlichkeit können sich allerdings insofern Probleme ergeben, als es unter Umständen verschiedene Möglichkeiten geben kann, unter Beachtung der Relationen (38.1/2) bis (40) Gruppen von Datenkonstellationen zu jeweils einem Umweltzustand zusammenzufassen.
Diese Bedingungen (38.1/2) bis (40) bestimmen also im allgemeinen nicht genau eine Konfiguration von Umweltzuständen, sondern eine größere Anzahl alternativ möglicher Aggregationsformen. Da es jedoch darum geht, das Modell im Rahmen der durch den Ähnlichkeitsparameter ausgedrückten Toleranzgrenzen möglichst stark zu vereinfachen, verdient stets die Art und Weise der Aggregation den Vorzug, bei der die Zahl der für den weiteren Prozeß der Modellformulierung und -lösung verbleibenden Umweltzustände möglichst klein ist. Neben den Bedingungen (38.1/2) bis (40) kann als weitere Aggregationsvorschrift die Forderung

(41) $$n \longrightarrow \min!$$

aufgestellt werden.

Für den weiteren Fall, daß auch unter Beachtung von (40) immer noch mehrere zulässige Aggregationsformen verbleiben, könnte als weiteres verlangt werden, die Aggregationsform zu wählen, bei der das Ausmaß, in dem die ursprünglichen $e_i(\omega)$ insgesamt von den Einheitswerten e_{ij} abweichen, am geringsten ist, wobei zur Messung eines der bekannten statistischen Streuungsmaße herangezogen werden kann.

Das Ausmaß, in dem in einer vorgegebenen Entscheidungssituation die Gesamtheit der alternativen Datenkonstellationen zu wenigen Konstellationsaggregaten verdichtet werden kann, hängt offenbar von der Größe des Ähnlichkeitsparameters η ab. Da mit zunehmendem Aggregationsgrad sowohl die Qualität der Planungsergebnisse als auch die mit der weiteren Modellauswertung verbundenen Kosten abnehmen, kann der Ansatz eines bestimmten Wertes für η wiederum als der Versuch interpretiert werden, von vornherein in etwa abzuschätzen, wo sich die mit einer Zunahme des Aggregationsgrades verbundenen marginalen Vor- und Nachteile gerade kompensieren. Dies könnte es auch nahelegen, die Ermittlung des für η anzusetzenden Betrages selbst zum Gegenstand eines entsprechend formalisierten Kalküls zu machen. Ein solcher Ansatz geht jedoch genauso ins Leere, wie das etwa für Ansätze zur exakten Ermittlung der Opportunitätskosten oder des optimalen Planungshorizontes gilt. Zur Ermittlung des optimalen η-Wertes müßten nämlich für verschiedene η-Intervalle jeweils die entsprechenden Entscheidungsmatrizen entwickelt und daraus die jeweils als optimal ausgewiesenen Handlungsmöglichkeiten ermittelt werden. Aus dem Gegeneinanderabwägen der - nach welchen Kriterien auch immer gemessenen - Qualität der verschiedenen Modellösungen und des zu ihrer Erlangung notwendigen Planungsaufwandes könnte dann ein optimaler Wert für η bestimmt werden. Gleichzeitig mit der Ermittlung dieses Optimalwertes wäre jedoch auch schon die als Lösung des eigentlichen Entscheidungsproblems abzuleitende Handlungsempfehlung bekannt, so daß ein Bedarf zur Formulierung eines weiteren Modells gar nicht mehr bestünde.

2. Verdichtung von Ergebnisräumen zu Wahrscheinlichkeitsverteilungen und Verteilungsparametern

a. Aktionsindividuelle Zusammenfassung von Ergebnisräumen

Bei den bislang erörterten Aggregationsverfahren wurde stets nach dem Grundsatz verfahren, die Umweltkonstellationen für alle betrachteten Aktionsmöglichkeiten in derselben Weise zu Konstellationsaggregaten mit gleichen oder ähnlichen Ergebniswerten zusammenzufassen. Löst man sich von diesem Prinzip, so bestehen weitere Formen der Aggregation darin, die Ergebnisvektoren jeder Aktionsmöglichkeit individuell zusammenzufassen.

Dabei sei zunächst unterstellt, daß den verschiedenen Umweltkonstellationen zumindest subjektive Wahrscheinlichkeiten beigelegt werden können. Analog zu der durch (36), (37) ausgedrückten Regel kann dann nach einem, *aktionsindividuelle Ergebnisinvarianz* benennbaren Prinzip, so verfahren werden, daß für jedes a_i jeweils alle Datenkonstellationen, die zu demselben Ergebnis $e_{ij(i)}$ ($j(i) = 1,2,\ldots,n(i)$) führen, als gleichartig angesehen und zu einem Konstellationsaggregat zusammengefaßt werden.[1] Die Eintrittswahrscheinlichkeit eines solchen Ergebniswertes bestimmt sich entsprechend (37) als Summe der den einzelnen Datenkonstellationen zugeordneten Eintrittswahrscheinlichkeiten. Die Gesamtheit der Datenkonstellationen kann so für jede Aktionsmöglichkeit auf eine andere Art aggregiert werden. Somit besteht auch kein Bedarf mehr, bei der Darstellung der Ergebnismenge die Zugehörigkeit bestimmter Ergebnisse zu bestimmten Datenkonstellationen durch eine entsprechende Anordnung zum Ausdruck zu bringen. Vielmehr erscheint es jetzt übersichtlicher, die mit den einzelnen Handlungsalternativen verbundenen Ergebniswerte der Größe nach zu ordnen. Im folgenden wird daher stets unterstellt, daß die Numerierung der aggregierten Ergebnismöglichkeiten so erfolgt, daß

$$e_{ij(i)} < e_{ij(i)+1} \qquad \begin{array}{r} j(i) = 1,2,\ldots,n(i)-1 \\ i = 1,2,\ldots,m \end{array}$$

gilt. Werden diesen so geordneten Ergebniswerten nun die zugehörigen Eintrittswahrscheinlichkeiten zugeordnet, so können die Aktionsmöglichkeiten in der bekannten Weise

1) $n(i)$ bezeichnet dabei die nach einer solchen Aggregation pro Aktion a_i noch verbleibende Anzahl unterschiedlicher Ergebnismöglichkeiten.

jeweils durch eine individuelle Wahrscheinlichkeitsverteilung der bei ihrer Durchführung möglichen Ergebniswerte dargestellt werden.

Weiterhin ist es möglich, die zu aktionsindividuellen Wahrscheinlichkeitsverteilungen aggregierten Ergebnisräume analog zu den in (38.1/2) bis (40) enthaltenen Bedingungen nach dem Prinzip der *aktionsindividuellen Ergebnisähnlichkeit* noch stärker zusammenzufassen. Bezeichnet man die Gesamtheit der ursprünglichen Umweltkonstellationen ω, für die die zugehörigen $e_i(\omega)$ einer Alternative a_i jeweils zu einem Ergebnisaggregat $e_{j(i)}$ ($j(i) = 1,2,...,n(i)$) zusammengefaßt werden sollen, mit $\Omega_{j(i)}$, so läßt sich dieses Aggregationsprinzip durch die Relationen

$$(38') \quad e_{ij(i)} = \frac{1}{\sum\limits_{\omega \in \Omega_{j(i)}} w(\omega)} \cdot \sum_{\omega \in \Omega_{j(i)}} e_i(\omega) \cdot w(\omega)$$

$$j(i) = 1,2,...,n(i)$$
$$i = 1,2,...,m$$

$$(39') \quad \Omega_{j(i)} = \{\omega / |e_i(\omega) - e_{ij(i)}| \leq \eta'\}$$

umschreiben, wobei η' wiederum einen subjektiv festzusetzenden Ähnlichkeitsparameter bezeichnet. Außerdem wird nach wie vor unterstellt, daß die so definierten Ergebniswerte $e_{ij(i)}$ der Größe nach geordnet sind. Die Eintrittswahrscheinlichkeit $w_{ij(i)}$ ergibt sich analog zu (37) ebenfalls aus der Summe der den Einzelergebnissen zugeordneten Wahrscheinlichkeiten.

Die Darstellung der Ergebnisräume durch aktionsindividuelle Wahrscheinlichkeitsverteilungen bietet nicht nur den Vorteil, die mit einer bestimmten Aktionsmenge verbundenen Konsequenzen platzsparender darstellen zu können. Vielmehr ist es darüber hinaus häufig möglich, unmittelbar für jede einzelne Handlungsalternative die Wahrscheinlichkeitsverteilung der möglichen Ergebnisse abzuschätzen, ohne überhaupt auf die für alle Aktionsmöglichkeiten in gleicher Weise formulierten Umweltkonstellationen Bezug nehmen zu müssen. Diese Vereinfachung bedingt natürlich den Verzicht auf die bislang in strenger Form aufgestellte Bedingung, daß die Eintrittswahrscheinlichkeit für ein bestimmtes Ergebnis $e_{ij(i)}$ gleich der Summe der Wahrscheinlichkeiten der Umweltkonstellationen ist, die zu diesem Ergebniswert führen. Das Abweichen von dieser Bedingung ermöglicht es jedoch zugleich, die Darstellung der Entscheidungssituation weiter zu vereinfachen, indem man versucht, die Ergebnisräume der einzelnen Handlungsmöglichkeiten jeweils durch theoretische Wahrscheinlichkeitsverteilungen zu approximieren, deren Funktionsgesetze in besonders einfacher Weise angegeben werden können und deren Auswertung im Zuge des weiteren Prozesses von Modellbildung und -lösung wegen ihrer allgemein festgestellten Eigenschaften besonders einfach ist. Damit wird es außerdem ermöglicht, auch Ergebnisräume, die ein Kontinuum unendlich vieler Ergebnismöglichkeiten umfassen, durch die Angabe einer entsprechenden Dichte- oder Verteilungsfunktion in sehr kompakter Weise zu umschreiben.

b. Reduktion von Ergebnisräumen auf Verteilungsparameter

Da theoretische Wahrscheinlichkeitsverteilungen ohnehin bei Angabe des Verteilungstyps durch einen oder mehrere Verteilungsparameter in ihrer Gesamtheit eindeutig beschrieben werden können, liegt es nahe, als nächsten Aggregationsschritt die Reduzierung der durch eine Wahrscheinlichkeitsverteilung angegebenen Informationsmenge auf bestimmte charakteristische Maßzahlen zu erörtern. Die in der Entscheidungstheorie am häufigsten auftauchenden Typen solcher Maßzahlen sind bereits aus Anlaß der Erörterung verschiedener subsidiärer Zielvariablen enumeriert worden, so daß auf eine erneute Aufzählung verzichtet werden kan.[1] Allgemein seien derartige Parameter mit v_1, v_2,..., $v_{\bar{\tau}}$ bezeichnet. Als eine Parameterklasse von Wahrscheinlichkeitsverteilungen kann dann die Gesamtheit aller Wahrscheinlichkeitsverteilungen bezeichnet werden, für die gilt, daß zwei beliebige Verteilungen, die in den Werten aller Parameter v_1, v_2,..., $v_{\bar{\tau}}$ übereinstimmen, genau identisch sind.[2] Bezüglich des mit der Reduktion von Wahrscheinlichkeitsverteilungen auf bestimmte Verteilungsparameter verbundenen Informationsverlustes können dann mehrere Fälle unterschieden werden.

1. Sämtliche Ergebnisräume der zur Auswahl stehenden Handlungsmöglichkeiten können unmittelbar durch theoretische Wahrscheinlichkeitsverteilungen der gleichen Parameterklasse ausgedrückt werden. Werden zur Beschreibung der Ergebnismöglichkeiten nun genau die für diesen Verteilungstyp charakteristischen Parameter v_1, v_2,..., $v_{\bar{\tau}}$ benutzt, so bedeutet dies keinen Informationsverlust, da aus der Angabe der Parameter die ursprüngliche Wahrscheinlichkeitsverteilung genau rekonstruiert werden kann. Die Reduktion der Ergebnisräume auf spezielle Parameterwerte stellt dann nichts anderes dar als eine andere, inhaltlich aber voll äquivalente Beschreibung des gleichen Sachverhaltes.

   Werden die Ergebnismöglichkeiten demgegenüber nur durch eine Teilmenge der charakteristischen Parameter v_1, v_2,..., $v_{\bar{\tau}}$ beschrieben, so ist mit dieser Reduktion ein Informationsverlust verbunden. Handlungsalternativen mit unterschiedlichen Wahrscheinlichkeitsverteilungen können jetzt als identisch erscheinen.

---

1) Vgl. S. 285 ff. Von den dort aufgeführten Kennzahlen sind lediglich die als "Bedauerns"- und "Frohlockens"-Werte bezeichneten Parameter für Wahrscheinlichkeitsverteilungen nicht mehr definiert, da zu ihrer Ermittlung auf Ergebnisräume Bezug genommen werden muß, die explizit nach alternativen Umweltzuständen differenziert sind.

2) So z. B. auch Schneeweiß (1967), S. 46 f., 118-120.

2. Die Ergebnisräume können zwar nicht unmittelbar durch eine theoretische Wahrscheinlichkeitsverteilung ausgedrückt, jedoch hinlänglich genau durch theoretische Verteilungen der gleichen Klasse approximiert werden. In diesem Fall ist mit der Approximation ein erster Informationsverlust verbunden. Für die darüber hinaus erfolgende Reduktion auf bestimmte Verteilungsparameter jedoch sind die gleichen Gesichtspunkte wie im Fall 1. relevant.

3. Die Ergebnisräume werden durch Wahrscheinlichkeitsverteilungen beschrieben, die keiner theoretischen allgemein formulierbaren Gesetzmäßigkeit unterliegen. In diesem Fall bedeutet die Aggregation dieser Verteilungen auf bestimmte Verteilungsparameter ebenfalls einen Informationsverlust. Es ist wiederum möglich, daß verschiedene Handlungsmöglichkeiten trotz unterschiedlicher Wahrscheinlichkeitsverteilungen durch die gleichen Parameterwerte abgebildet werden und somit als identisch erscheinen.

In den unter 3. aufgeführten Fällen ist weiterhin zu beachten, daß die Aussagekraft der Verteilungsparameter auch davon abhängig ist, wie sehr die Wahrscheinlichkeitsverteilungen, auf deren Basis sie ermittelt werden, bereits nach den zuvor erörterten Verfahren aggregiert worden sind. Bezüglich des Einflusses des Aggregationsgrades der zu Grunde gelegten Ausgangsverteilung auf den Wert dieser Parameter lassen sich für die verschiedenen Typen von Verteilungsparametern folgende Aussagen ableiten.[1)]

---

1) Die im folgenden mitgeteilten Ergebnisse gelten in der dargestellten Allgemeinheit zunächst nur für den - hier annahmegemäß immer unterstellten - Fall einer *kardinal* meßbaren originären Zielvariablen. Im Falle einer nur *ordinal* definierten Zielvariablen ist eine Reduktion der Wahrscheinlichkeitsverteilungen nur auf solche Parameter sinnvoll, die auch für Verteilungen ordinaler Variablen definiert sind (vgl. S. 304).

- Für *Streuungsmaße*[1] ergibt sich tendenziell ein um so kleinerer Wert, je höher der Aggregationsgrad der Ausgangsverteilung ist.
- *Zentralmaße* reagieren in unterschiedlicher Weise auf eine Zunahme der Aggregation der Ausgangsverteilung. Wahrscheinlichster Wert und Median können sich in völlig unregelmäßiger Weise ändern, während sich der Wert des mathematischen Erwartungswertes überhaupt nicht verändert, sofern bei der Aggregation der Ausgangsverteilung die in (38') und (39') ausgedrückten Bedingungen beachtet werden. Dabei ist der mathematische Erwartungswert der einzige Verteilungsparameter, der in dieser Weise absolut aggregationsinvariant ist.
- *Extremmaße* - wie z. B. schlechtest oder bestmögliches Ergebnis -, deren Werte unabhängig von den Eintrittswahrscheinlichkeiten sind, nähern sich mit zunehmendem Aggregationsgrad immer mehr dem mathematischen Erwartungswert. Wird zur Kennzeichnung gewisser extremer Eigenschaften demgegenüber auf Parameter abgestellt, bei deren Ermittlung die Eintrittswahrscheinlichkeiten explizit zu berücksichtigen sind (z. B. Ruinwahrscheinlichkeit, Verlusterwartung, Fraktilswert), so lassen sich keine allgemeingültigen Aussagen über deren Reaktion auf Änderungen des Aggregationsgrades der Ausgangsverteilung ableiten.

Das Verfahren, Ergebnisräume auf bestimmte charakteristische Maßzahlen zu reduzieren, kann im übrigen auch bei der Darstellung von Ungewißheitssituationen angewendet werden. Natürlich kommen in diesem Fall nur solche Maßzahlen in Betracht, die auch für die Fälle definiert sind, in denen den Umweltzuständen keine Eintrittswahrscheinlichkeiten zugeordnet werden können (z. B. best- oder schlechtest möglicher Ergebniswert; HURWICZ- oder LAPLACE-Werte u. ä.). Dabei hängt die Aussagekraft der so ermittelten

---

1) Vgl. zur Unterscheidung verschiedener Arten statistischer Maßzahlen S. 287 f.

Kennzahlen in entsprechender Weise davon ab, wie sehr die Umweltzustände, nach denen die bei der Ermittlung der Maßzahlen zugrunde liegenden Ergebnisräume differenziert sind, nach den zuvor erörterten Prinzipien bereits aggregiert worden sind.

Der grundlegende Vorteil des Verfahrens, die Gesamtheit alternativ möglicher Ergebnisse einer Handlungsalternative durch einige Kennzahlen zu beschreiben, besteht darin, daß es häufig möglich ist, diese Parameter zu ermitteln oder zumindest abzuschätzen, ohne explizit auf die gesamte Wahrscheinlichkeitsverteilung Bezug nehmen zu müssen. Dies erweist sich insbesondere immer dann als wesentliche Vereinfachung, wenn das Aktionsfeld nicht mehr als vollständiger Alternativenkatalog formuliert ist, sondern durch ein Restriktionensystem der Aktionsvariablen. Würde man - in dem noch einfachen Fall einer linear separablen Ergebnisfunktion - die alternativ möglichen Werte der Ergebniskoeffizienten einer jeden Aktionsvariablen x_h durch eine Wahrscheinlichkeitsverteilung $w(e_h)$ darstellen, so müßte für jeden Lösungsvektor $x = (x_1, x_2, \ldots, x_{\bar{h}})$ aus der Ineinanderschachtelung der $\bar{h}$ Verteilungen $W(e_h)$ die zu x gehörige Wahrscheinlichkeitsverteilung des Gesamtergebnisses abgeleitet werden, was allgemein mit großen Schwierigkeiten verbunden ist. Werden die Ergebnismöglichkeiten der durch die Aktionsvariablen abgebildeten Einzelprojekte demgegenüber durch einige charakteristische Parameter zum Ausdruck gebracht, so ist es häufig recht einfach, daraus auch sofort die entsprechenden Maßzahlen für eine beliebige Projektkombination zu berechnen.

Diese Vorteile werden beispielsweise in verschiedenen Ansätzen der Portfolio-Selection-Theorie genutzt. So können bekanntlich Erwartungswert μ und Varianz σ^2 der Erträge eines aus verschiedenen Wertpapieren $(h=1,2,\ldots,\bar{h})$ zusammengesetzten Portefeuilles unmittelbar aus den entsprechenden Parametern μ_h, σ_h^2 der einzelnen Wertpapiere sowie den für jedes Wertpapierpaar h,k ($h,k=1,2,...,\bar{h}$; $h \neq k$) zu ermittelnden Kovarianzen σ_{hk} ermittelt werden, ohne daß es einer expliziten Betrachtung der jeweiligen Wahrscheinlichkeitsverteilungen bedarf.[1] Dieser Ansatz stellt gegenüber den bisherigen Erörterungen allerdings insofern einen Sonderfall dar, als außer der Reduktion der einzelnen Wahrscheinlichkeitsverteilungen auf die jeweiligen μ_h- und σ_h^2-Werte mit der Bestimmung der Kovarianzen σ_{hk} ein anders gearteter Aggregationsschritt vorzunehmen ist. Diese Maßzahlen bringen nämlich einen Teil jener Informationen zum Ausdruck, die bei dem Übergang von der nach Umweltzuständen differenzierten Darstellung der Ergebnisräume zur Abbildung durch aktionsindividuelle Wahrscheinlichkeitsverteilungen verlorengehen. Im Fall eines durch einen Katalog einander ausschließender Alternativen formulierten Aktionsfeldes besteht kein besonderer Bedarf, derartige Informationen über zustandsbezogene Ähnlichkeiten oder Unterschiede zu bewahren, da ja nur genau eine Handlungsmöglichkeit realisiert werden kann. Sind hingegen verschiedene Kombinationen der als Abbildungseinheiten gewählten Teilaktivitäten möglich, so erlangen derartige Zusammenhänge zwischen den Ergebnisräumen der einzelnen Aktivitäten Bedeutung; denn je nachdem, inwieweit die zufälligen Ergebnisschwankungen bei einzelnen Aktivitäten gleichläufig, entgegengesetzt oder unabhängig voneinander eintreten, ergibt sich für die Wahrscheinlichkeitsverteilung einer Aktivitätskombination ein ganz unterschiedliches Aussehen.

Im Fall eines nicht als vollständiger Alternativenkatalog dargestellten Aktionsfeldes können somit allgemein zwei Arten von Parametern zur Charakterisierung von Ergebnisräumen unterschieden werden, nämlich

---

1) Vgl. zum Grundansatz der Portefeuilletheorie Markowitz (1967), S. 310.

- Parameter, die ausschließlich Informationen über die jeder Aktionsvariablen zuzuordnende Wahrscheinlichkeitsverteilung enthalten (also als Ergebnis des Aggregationsschrittes Wahrscheinlichkeitsverteilung - Verteilungsparameter angesehen werden können) und
- Parameter, die Informationen über die Zusammenhänge zwischen den Ergebnismöglichkeiten der durch die Aktionsvariablen abgebildeten Einzelprojekte enthalten (also als Nebenprodukt des Aggregationsschrittes von zustandsabhängigen Ergebnisräumen zu projektindividuellen Wahrscheinlichkeitsverteilungen angesehen werden können).

Allerdings ist das Nebeneinander dieser beiden Arten von Parametern nicht unbedingt notwendig. Bei den Vereinfachungen des zuvor angesprochenen Grundsatzes der Portfolio-Selection durch die sog. Indexmodelle[1)] etwa wird durch einen Kunstgriff erreicht, daß die gewünschten Parameterwerte für ein Gesamtportefeuille ausschließlich aus bestimmten projektindividuellen Kennzahlen abgeleitet werden können, so daß weder auf die individuellen Wahrscheinlichkeitsverteilungen noch auf die Zusammenhänge zwischen den einzelnen Ergebnisräumen explizit Bezug zu nehmen ist.[2)]

---

1) Vgl. hierzu im einzelnen Sharpe (1970), S. 118-140.
2) Die für die einzelnen Wertpapiere zu ermittelnden Parameter beziehen sich zwar nicht direkt auf die Wahrscheinlichkeitsverteilung der individuellen Erträge, sondern auf die Abweichungen dieser Erträge von bestimmten Indexwerten, können insoweit also als Ausdruck für den Zusammenhang zwischen der Entwicklung zweier Zufallsvariablen (Wertpapiererträge und Indexwert) angesehen werden. Modellintern haben diese Parameter jedoch den Charakter wertpapierindividueller Maßzahlen.

3. Aggregationsvorschriften und Entscheidungsregeln

a. Aggregation und Amalgamation

Um zur Lösung[1] eines Modells zu gelangen, ist es - abgesehen von den Fällen, in denen allein schon durch die Anwendung von Dominanzprinzipien eine einzige Handlungsmöglichkeit eindeutig als optimal bestimmt werden kann - auf jeden Fall nötig, die verschiedenen Ergebnismöglichkeiten oder die statistischen Maßzahlen, durch die sie repräsentiert werden, letztlich zu einem Präferenzwert zu "amalgamieren".[2] Diese Amalgamation stellt nun ebenfalls einen Vorgang zur Aggregation von Handlungsergebnissen dar. Trotzdem wollen wir - was auch schon in der Verwendung unterschiedlicher Termini zum Ausdruck kommt - den Begriff der Amalgamation deutlich von dem der bislang erörterten Ergebnisaggregation trennen.

---

1) Unter Lösung wird hier wie bislang im gesamten Kontext stets die Ableitung einer eindeutigen Handlungsempfehlung verstanden. Abweichend von diesem Sprachgebrauch wird in der Theorie der Entscheidungsfindung bei konkurrierenden Teilzielen der Begriff der Lösung teilweise auch weiter definiert als die Menge aller "effizienten" oder "dominanten" Handlungsmöglichkeiten, d. h. als Menge der Handlungsmöglichkeiten, innerhalb derer die Verbesserung einer Zielkomponente (durch Übergang zu einer anderen Handlungsmöglichkeit) bezüglich zumindest einer anderen Zielkomponente zwingend eine Verschlechterung bedeutet. Wegen einer solchen Definition des im Hinblick auf seine Formalstruktur häufig als "Vektormaximumproblem" bezeichneten Problems vgl. z. B. Geoffrion (1968), S. 618; Dinkelbach (1971), S. 1 f.; Dinkelbach, Isermann (1972), S. 1 f.; Dinkelbach, Dürr (1972), S. 69 f.

2) Diese Aussage kann auch für den Fall einer aus Maximierungs- und Satisfizierungsbedingungen gemischten Zielfunktion aufrecht erhalten werden, wenn man die bereits angedeutete Möglichkeit beachtet, eine solche Mischfunktion durch eine in geeigneter Weise gebrochen formulierte umfassende Maximierungsfunktion auszudrücken, die jeder Konstellation von Werten der einzelnen Teilzielvariablen einen Präferenzwert zuordnet.

Aggregationsvorschriften zählen zu den Abbildungsregeln; durch sie wird festgelegt, in welcher Weise und in welchem Ausmaß jeweils eine Mehrzahl von Realobjekten, in denen sich die Konsequenzen der zur Auswahl stehenden Handlungsmöglichkeiten niederschlagen, bei der modellmäßigen Darstellung zu einem einzigen Abbildungsobjekt zusammengefaßt werden sollen. Diese Regeln beziehen sich also auf den Prozeß der Transformation einer Fülle realer Gegebenheiten in eine Konfiguration von Zahlen und mathematischen Symbolen. Sie beziehen sich auf den Konnex zwischen Realität und Modell. Das Modell selbst ist das aus der Anwendung solcher Regeln resultierende Ergebnis.

Unter *Amalgamation* wollen wir demgegenüber die Zusammenfassung mehrerer Zielkomponenten zu einem einzigen Präferenzwert verstehen. Die in der Zielfunktion enthaltene Amalgamationsvorschrift legt so in Verbindung mit dem Optimierungskriterium fest, wie bei der Auswertung und Lösung des Modells die bezüglich ihrer Ergebnisse zunächst in mehr oder weniger stark aggregierter Form dargestellten Handlungsmöglichkeiten ihrer Vorteilhaftigkeit zu lozieren sind. Eine solche Vorschrift regelt also nicht die Art und Weise der Modellkonstruktion; sie ist vielmehr ihrerseits das Ergebnis von Abbildungsregeln, also selbst Bestandteil des Modells. Sie bezieht sich auf den weiteren Prozeß der Lösung des einmal aufgestellten Modells. Geregelt wird zunächst nur ein der Modellanalyse immanenter Vorgang. Sofern die daraus abgeleiteten Handlungsempfehlungen realisiert werden, gewinnen die Amalgamationsregeln allerdings zugleich auch Bedeutung für den Reflex des Modells auf die Realität.

Trotz dieser begrifflichen Trennung bestehen zwischen der sinnvollen Ausgestaltung von Aggregations- und Amalgamationsregeln natürlich sehr enge Wechselbeziehungen. Um diese frei von Überlagerungen durch andere Probleme analysieren zu können, untersuchen wir hier nach wie vor nur den Fall einer originären Zielvariablen, die kardinal meßbar ist und mit der Ergebnisvariablen übereinstimmt. Die im folgenden abgeleiteten Ergebnisse gelten jedoch in analoger Weise auch für originäre Zielfunktionen mit komplizierterer Struktur.

Die erste Wechselbeziehung zwischen Aggregations- und Amalgamationsregel besteht darin, daß es kaum sinnvoll ist, die Ergebnisräume bei der Modellkonstruktion in stärkerem Maße zu bestimmten Kennziffern zu aggregieren, als es den in der Amalgamationsvorschrift vorgesehenen Argumenten entspricht. So wäre es im allgemeinen inkompatibel - um bei der im letzten Abschnitt erörterten Klasse der Portefeuillemodelle zu bleiben - einerseits die Entscheidungsregel im Hinblick auf Erwartungswert, Streuung und ein Schiefemaß der mit den einzelnen Handlungsmöglichkeiten verbundenen Ergebnismöglichkeiten zu definieren, andererseits jedoch die Ergebnisräume von vornherein auf Mittelwert und Streuung zu aggregieren. Andererseits dürfte es zumeist überflüssig sein, zur Beschreibung der Ergebnisräume solche Kennzahlen heranzuziehen, auf die in der Zielfunktion überhaupt nicht Bezug genommen wird, also etwa bei einer dem μ-σ-Prinzip entsprechenden Entscheidungsregel die den einzelnen Handlungsmöglichkeiten zugeordneten Wahrscheinlichkeitsverteilungen zusätzlich durch weitere Verteilungsparameter zu beschreiben.

Diese Wechselbeziehung zwischen den bei der Modellkonstruktion zu vollziehenden Aggregationsvorschriften und der in der Zielfunktion enthaltenen Amalgamationsregel könnte es nun auf den ersten Blick als naheliegend erscheinen lassen, die Ergebnisräume in Art und Umfang genau so zu aggregieren, wie das durch die vorgesehene Entscheidungsregel, d. h. genauer durch die in die Zielfunktion eingehenden Argumente vorgezeichnet wird. Bei einer μ-σ-Entscheidungsregel wären demnach die Ergebnisräume von vornherein auf Erwartungswert und Streuung aggregiert darzustellen und nicht etwa durch eine Angabe der gesamten Wahrscheinlichkeitsverteilung. Eine solche strenge Koppelung des bei der Darstellung unsicherer Ergebnismöglichkeiten anzuwendenden Aggregationsgrades an die in der Zielfunktion vorgesehene Amalgamationsregel würde im übrigen auch den im vorigen Abschnitt erörterten Vorteilen einer von vornherein stark aggregierten Ergebnisdarstellung gerecht.

Es lassen sich jedoch auch Gesichtspunkte finden, die dagegen sprechen, die Ergebnisräume von vornherein auf die in der Entscheidungsregel enthaltenen Parameter zu aggregieren und es unter Umständen geraten erscheinen zu lassen, die Ergebnismöglichkeiten in ausführlicherer Weise zu beschreiben, wobei natürlich sinnvollerweise gewährleistet sein muß, daß aus diesen Angaben die für die Zielfunktion benötigten Parameter eindeutig oder zumindest hinreichend genau abgeleitet werden können. Gesichtspunkte dieser Art gewinnen insbesondere dann Gewicht, wenn die Werte dieser Parameter für die einzelnen Handlungsmöglichkeiten nicht unmittelbar geschätzt werden können oder schon als Resultat anderer Untersuchungen bekannt sind, sondern eigens aus den entsprechenden Ergebnisverteilungen errechnet werden müssen. Würde man beispielsweise bei der Konstruktion eines Modells mit einer dem μ-σ-Prinzip entsprechenden Zielfunktion die Handlungsergebnisse in weniger aggregierter Form - etwa durch eine Wahrscheinlichkeitsverteilung - darstellen, so bedeutete dies lediglich eine Verlagerung eines Teils der notwendigen Rechenarbeiten aus dem Prozeß der Modellformulierung in den der Modellanalyse und -lösung. Es fragt sich also, welche Gründe für eine solche Verlagerung sprechen könnten.

Zum einen geht es im einfachsten Fall um die intrapersonelle Aufteilung des gesamten Prozesses von der Datenbeschaffung über Modellformulierung und -lösung bis zur Entscheidung in einzelne Phasen. Dabei kann es sich als rationell erweisen, die Reduktion der einzelnen Wahrscheinlichkeitsverteilungen über die relevanten Verteilungsparameter auf letztlich einen Präferenzwert in einem Schritt vorzunehmen, anstatt erst die gewünschten Parameterwerte zu berechnen, diese den jeweiligen Handlungsmöglichkeiten zugeordnet darzustellen und danach in einem gesonderten weiteren Schritt die Präferenzwerte zu bestimmen. Ein Grund dafür kann darin bestehen, daß die Verlagerung der Ergebnisaggregation in den Lösungsvorgang aufgrund besonderer definitorischer Beziehungen zwischen einzelnen Komponenten der Zielfunktion eine Reduzierung der notwendigen Rechenschritte ermöglicht. Aber auch wenn Entscheidungsregeln verwendet werden, deren formale Struktur eine derartige Verminderung der Anzahl von Rechenoperationen nicht erlaubt, kann es vorteilhaft sein, diese Rechenschritte möglichst alle in einem Zuge durchzuführen, weil sich dadurch Rüstkosten einsparen oder sonstige Vereinfachungseffekte erzielen lassen. Dies gilt insbesondere dann, wenn die Trennung von Modellformulierung und -lösung zum Anknüpfungspunkt für eine interpersonelle Aufteilung des Entscheidungsprozesses genommen wird. Etliche der mit der Ergebnisaggregation und -amalgamation verbundenen Operationen können wegen ihres weitgehend mechanischen Charakters ohne weiteres delegiert werden und unterscheiden sich somit grundlegend von den anderen Schritten zur Formulierung des Modells, die mit der Abschätzung von Glaubwürdigkeiten, Aussonderung hinreichend unwahrscheinlicher Ergebnismöglichkeiten, Zusammenfassung ähnlicher Ergebnisse usw. eine stark subjektive Prägung haben und nur schwer einem weitgehend formalisierten Rechenablauf überlassen werden können.

b. Arten von Dominanzprinzipien

Ein weiterer Gesichtspunkt, der unter Umständen dafür sprechen kann, die Ergebnisräume bei der Modellformulierung in möglichst disaggregierter Weise darzustellen, kann sich aus der zur Ermittlung der optimalen Handlungsmöglichkeit anzuwendenden Lösungstechnik ergeben. Häufig kann nämlich schon vor der durch die eigentliche Entscheidungsregel vorgesehenen Amalgamation die Anzahl der überhaupt nach dieser Regel zu bewertenden Aktionen mit Hilfe gewisser "schwacher" Entscheidungsprinzipien, sog. Dominanz- oder Effizienzkriterien in bestimmten Umfang reduziert werden. Die geläufigsten dieser Kriterien seien kurz dargestellt,[1] wobei zunächst davon ausgegangen wird, daß die verschiedenen Ergebnismöglichkeiten der zur Auswahl stehenden Alternativen in einheitlicher Weise nach unterschiedlichen Umweltzuständen differenziert sind. Außerdem wird unterstellt, daß die zu betrachtende Aktionsmenge nur noch aus Handlungsmöglichkeiten mit nicht völlig identischen Ergebnisvektoren besteht, d. h. für je zwei beliebige Alternativen a_i, a_k läßt sich zumindest ein Zustand $s_{j'}$ finden, für den $e_{ij'} \neq e_{kj'}$ gilt. Als erstes unmittelbar einsichtiges Dominanzprinzip ("absolute Dominanz") kann definiert werden[2]:

> *Eine Aktionsmöglichkeit a_1 ist einer anderen Handlungsmöglichkeit a_2 auf jeden Fall dann vorzuziehen, wenn das schlechtest mögliche Ergebnis von a_1 nicht schlechter ist als das bestmögliche Ergebnis von a_2, wenn also gilt:*
>
> (42) $\min_j(e_{1j}) \geq \max_j(e_{2j})$

1) Wegen einiger spezieller, von den hier erörterten Kriterien abweichender Dominanzprinzipien vgl. Schneeweiß (1968); Hadar, Russel (1969); Whitmore (1970).

2) So z. B. Menges (1969), S. 89 f.

Dieses Auswahlprinzip ist so trivial, daß es häufig erst gar nicht ausdrücklich erwähnt wird. Außerdem dürfte eine solche eindeutige Überlegenheit einzelner Handlungsmöglichkeiten nur selten gegeben sein, bzw. schon im Zuge der Modellformulierung erkennbar werden, so daß die in diesem Sinne dominierten Handlungsalternativen sofort als nicht lohnend ausgeschlossen werden können[1] und gar nicht mehr in die Darstellung des Entscheidungsfeldes einzubeziehen sind.

Als weiteres Dominanzprinzip ("Zustands-Dominanz") kann definiert werden[2]:

> *Eine Handlungsmöglichkeit a_1 ist einer anderen Aktionsmöglichkeit a_2 auf jeden Fall dann vorzuziehen, wenn a_1 bei keinem Umweltzustand zu einem schlechteren, bei mindest einem Zustand jedoch zu einem besseren Ergebnis führt als die Alternative a_2, wenn also gilt:*

$$\begin{aligned} & e_{1j} \geq e_{2j} \quad \text{für alle } j \\ (43) \quad & \\ & e_{1j} > e_{2j} \quad \text{für mindestens ein } j \end{aligned}$$

Es dürfte unmittelbar einsichtig sein, daß aus dem Vorliegen absoluter Dominanz stets auch die Existenz der Zustands-Dominanz folgt, während umgekehrt Relation (43) erfüllt sein kann, ohne daß auch (42) zutrifft. Das Prinzip der Zustands-Dominanz beinhaltet also eine stärkere Auswahlregel, d. h. durch seine Anwendung kann die Menge der überhaupt noch in Betracht zu ziehenden Aktionsmöglichkeiten in allgemein größerem Umfang eingeschränkt werden als nach dem der absoluten Dominanz.

Werden die einzelnen Ergebnisräume nun zu Wahrscheinlichkeitsverteilungen der einzelnen - der Größe nach geord-

---

1) Vgl. hierzu die Ausführungen auf S. 124 ff.
2) So z. B. auch Massé (1964), S. 299; Schneeweiß (1967), S. 25 f.; Krelle (1968), S. 127 f. (der hier von "Nutzendominanz" spricht); Menges (1969), S. 90.

neten - Ergebnismöglichkeiten $e_{j(i)}$ aggregiert, so kann als weiteres Dominanzprinzip ("Verteilungs-Dominanz") definiert werden[1]:

> *Eine Aktionsmöglichkeit a_1 ist einer anderen Handlungsmöglichkeit a_2 auf jeden Fall dann vorzuziehen, wenn für keine reelle Zahl e' die Wahrscheinlichkeit, zu einem Ergebniswert, der besser als e' ist, zu gelangen, bei Alternative a_1 kleiner, für mindestens eine reelle Zahl e^* jedoch größer ist als bei Alternative a_2.*

Bezeichnet man die Menge der reellen Zahlen mit R und mit $W_i(e)$ die Wahrscheinlichkeit, daß die Ergebnisse einer Alternative a_i größer als eine reelle Zahl e sind, so liegt Verteilungs-Dominanz also vor, wenn:

$$(44) \quad \begin{array}{ll} W_1(e') \geq W_2(e') & \text{für alle } e' \in R \\ W_1(e^*) > W_2(e^*) & \text{für mindestens ein } e^* \in R \end{array}$$

Auch hier dürfte es ohne weiteren Beweis einsichtig sein, daß aus Dominanz im Sinne von (42) oder (43) stets auch Dominanz im Sinne von (44) folgt.[2] Andererseits ist es jedoch möglich, daß Verteilungs-Dominanz auch dann vorliegt, wenn weder absolute noch Zustands-Dominanz zu verzeichnen sind.[3] Das Prinzip der Verteilungs-Dominanz beinhaltet also eine noch stärkere Auswahlregel. Die drei genannten Dominanzprinzipien stehen also insgesamt in einer bestimmten hierarchischen Ordnung derart, daß die Menge der durch ein in der präsentierten Reihenfolge voranstehendes Dominanzprinzip ausgeschlossenen Handlungsalternativen stets eine Teilmenge der entsprechend nachfolgenden Kriterien ausgeschlossenen Alternativenmengen darstellt.

---

1) So z. B. auch Savage (1954), S. 21 f.; Schneeweiß (1967), S. 37 f.; Krelle (1968), S. 128 f., der hier von "Wahrscheinlichkeitsdominanz" spricht.

2) Vgl. Massé (1964), S. 206.

3) Ebenda.

Als weitere Form der Ergebnisaggregation besteht die Möglichkeit, die einzelnen Wahrscheinlichkeitsverteilungen auf bestimmte charakteristische Parameter $v_{i\tau}$ ($\tau=1,2,\ldots,\bar{\tau}$) zu reduzieren. Der einfachen Schreibweise wegen sei unterstellt, daß diese Parameter jeweils so definiert sind, daß der Wert der aus ihrer Amalgamation schließlich zu bildenden Präferenzgröße mit Zunahme des Wertes eines beliebigen Parameters und Konstanz der übrigen stets ansteigt. Als weiteres Dominanzkriterium ("Parameter-Effizienz") kann dann formuliert werden:

Eine Handlungsmöglichkeit a_1 ist einer anderen Aktionsmöglichkeit a_2 auf jeden Fall dann vorzuziehen, wenn a_1 bezüglich keines Verteilungsparameters einen schlechteren, für mindestens einen Parameter jedoch einen besseren Wert aufweist als die Alternative a_2, wenn also gilt[1]*:*

$$v_{1\tau} \geq v_{2\tau} \quad \text{für alle } \tau = 1,2,\ldots,\bar{\tau}$$

(45)

$$v_{1\tau} > v_{2\tau} \quad \text{für mindestens ein } \tau$$

Dieses Dominanzprinzip nimmt gegenüber den drei zuvor erörterten Prinzipien insofern eine Sonderstellung ein, als es - je nach der Auswahl der Parameter $v_{i\tau}$ - nicht mehr zwingend ist, daß aus dem Vorliegen von Dominanzbeziehungen im Sinne der Relationen (42), (43) oder (44) zwingend auch schon auf das Vorliegen von Parameter-Effizienz geschlossen werden kann. So ist es etwa in dem geläufigsten Fall einer zweiparametrigen Entscheidungsregel, dem μ-σ-Prinzip, durchaus möglich, daß eine selbst nach dem Kriterium der absoluten Dominanz im Hinblick auf eine andere Alternative a_2 dominante Handlungsmöglichkeit a_1 dennoch im Sinne der μ-σ-Effizienz a_2 nicht dominiert. Das Prinzip der Parameter-Effizienz paßt sich also nicht ohne weiteres in die zwischen den anderen drei Dominanz-

1) Dies entspricht etwa dem in der Portefeuilletheorie gängigen Begriff der (μ-σ) Effizienz; vgl. z. B. Tobin (1958), S. 23 f.; Markowitz (1967), S. 21.

prinzipien bestehenden Hierarchiefolge ein. Auf die daraus resultierenden Probleme wird im folgenden noch näher einzugehen sein.

Zunächst gilt es jedoch festzuhalten, daß durch die Anwendung von einem oder mehreren der genannten Dominanzkriterien im Zuge des Lösungsprozesses eine Einschränkung der relevanten Aktionsmenge erreicht werden kann, ohne daß es einer Berechnung der zugehörigen Präferenzwerte bedarf. Im Extremfall ist es sogar möglich, daß sich die Anzahl der nicht-dominierten Handlungsmöglichkeiten auf eine einzige reduzieren läßt, so daß einige oder alle Aggregations- und Amalgamationsschritte ganz entfallen. Jedoch auch wenn üblicherweise ein derartig totaler Reduktionseffekt nicht erreicht wird, kann durch einen solchen mehrstufigen Lösungsvorgang etliches an Rechenarbeit eingespart werden.

Dieser Vorteile begibt man sich jedoch in um so größerem Maße, je stärker man die einzelnen Ergebnisräume schon im Zuge der Modellformulierung aggregiert. Kennzeichnet man also die den einzelnen Handlungsalternativen zuzurechnenden Ergebnismöglichkeiten von vornherein durch die in der Präferenzfunktion als subsidiäre Teilzielvariablen festgelegten Verteilungsparameter, so verbleibt als vorgeschaltetes Auswahlkriterium lediglich eine Einschränkung der Aktionsmenge nach dem Prinzip der Parameter-Effizienz. Dabei ist jedoch nicht einmal gesichert, daß Aktionsmöglichkeiten, die nach einem der drei erstgenannten Dominanzprinzipien ohne weiteres hätten ausgesondert werden können, auch jetzt noch vorab ausgeschaltet werden. Vielmehr ist es durchaus möglich, daß auch die diese Alternativen kennzeichnenden Verteilungsparameter in den abschließenden Amalgamationsprozeß zur Ermittlung der definitiven Präferenzwerte einbezogen werden müssen.

Solange gesichert ist, daß der Inhalt der als Modellösung abgeleiteten Handlungsempfehlung unabhängig von der angewendeten Lösungstechnik der gleiche ist, die Zielfunktion also so formuliert ist, daß sich für Handlungsmöglichkeiten, die - nach welchem der genannten Prinzipien auch immer - dominiert werden, auf jeden Fall ein niedrigerer Präferenzwert ergibt als für die korrespondierende dominante Alternative, ist die Frage, in welchem Ausmaß die Ergebnisräume schon bei der Modellformulierung aggregiert werden sollen, primär ein Problem der rationellsten Lösungstechnik.

11. K a p i t e l :

Der optimale Komplexionsgrad

1. Isomorphie, Abstraktion und Komplexion

In den bisherigen Ausführungen sind bezüglich der Möglichkeiten, die in einer Entscheidungssituation zur Auswahl stehenden Aktionsmöglichkeiten und die damit verbundenen Konsequenzen in einem mathematischen Modell darzustellen, verschiedene Arten von Abbildungsregeln untersucht worden, die jeweils gewisse Vorschriften darüber enthalten, wie die gesamte komplexe Fülle realer Sachverhalte in vereinfachender, idealisierender Weise durch das Symbolsystem eines mathematischen Modells, also durch eine Konfiguration von Zahlen und sonstigen mathematischen Zeichen dargestellt werden kann. Die Befolgung derartiger Abbildungsregeln bedeutet den notwendigen Verzicht auf eine isomorphe Abbildung der Realität. Eine isomorphe Abbildung würde ja bedingen, daß zwischen allen realen Sachverhalten und dem Symbolsystem des Modells ein eineindeutiges Zuordnungsverhätnis existiert.[1)]

---

1) Zur formalen Explikation des Isomorphie-Begriffs vgl. z. B. Pfanzagl (1968), S. 23 f.; Kirsch (1971), S. 34 f.; Dinkelbach (1973b), S. 157-160. Der Ausdruck "Isomorphie" wird zum Teil allerdings in anderer, unklarer Bedeutung verwendet. So bemerkt etwa Griem (1968) "Eine Übereinstimmung von Modell und Wirklichkeit ist ex definitione ausgeschlossen" (S. 119), verlangt kurz darauf jedoch "die isomorphe Abbildung der Wirklichkeit im Modell" (S. 125). Was er dabei unter "isomorph" versteht, bleibt offen. Ähnlich auch Sabel (1965), der ebenfalls darlegt, daß bei der Modellkonstruktion Vereinfachungen und Vergröberungen unvermeidbar sind (so z. B. S. 171-173), anschließend jedoch äußert: "Die Isomorphie des Rechenansatzes und des Sachproblems muß immer verlangt werden ..." (S. 175).

Anlaß zur Formulierung von Entscheidungsmodellen ist jedoch gerade die Tatsache, daß sich die Realität in ihrer Komplexität dem unmittelbaren beurteilenden und wertenden Zugriff eines Entscheidenden entzieht. Erst eine vergröbernde und einschränkende Darstellung einiger besonderer Merkmale der betrachteten Realsituation ermöglicht es dem Entscheidenden, sich von der unendlichen Vielfalt unterschiedlicher Sachverhalte, die in seinem Blickfeld liegen, auch wirklich "ein Bild zu machen". Das so entstehende Modell kann und soll somit allenfalls ein isomorphes Abbild dieser kennzeichnenden Strukturmerkmale, also nicht der Realität als solcher, sondern einer in sich schon abstrahierenden Vorstellung von der Realität sein.[1)] Bei der Formulierung eines Entscheidungsmodells wird also gar nicht eine isomorphe, vielmehr eine zweckentsprechende, adäquate Darstellung der betrachteten Entscheidungssituation angestrebt. So wird in der einschlägigen Literatur auch regelmäßig darauf hingewiesen, daß es irgendwo im Spannungsfeld zwischen der Fiktion eines monströsen Isomorphismus und dem entgegengesetzten Extrem eines sehr stark eingeengten und radikal vereinfachten Pauschalansatzes einen optimalen Mittelweg zu finden gilt.[2)]

Im einzelnen geht es bei dieser Frage also darum, wie die Gesamtheit der bei der Modellformulierung anzuwendenden Abbildungsregeln konkret auszugestalten ist, damit sich ein adäquater, d. h. im Hinblick auf die für die anstehende Entscheidung maßgeblichen Ziele optimaler Kalkül ergibt. Dabei wird das gesamte Ausmaß der durch solche Regeln bedingten Reduktionen und Vergröberungen oftmals unter der Bezeichnung *Abstraktionsgrad* zu einem einheitlichen Begriff zusammengefaßt. Aus den vorhergehenden

---

1) Zur näheren Erörterung dieses Sachverhaltes vgl. Dinkelbach (1973b).
2) So z. B. Ackoff (1962), insbes. S. 117 f.; Kern (1962); Morgenstern (1963), S. 31; Henn (1964), S. 77; Moxter (1965), S. 9 f.; Hax (1965a), S. 11 und (1967); Menges (1969), S. 80 f.; Hax, Laux (1972), S. 328 f.

Ausführungen dieser Arbeit wird allerdings unmittelbar einsichtig, daß es sich dabei keineswegs um eine Größe handelt, die - wie es die Bezeichnung nahelegt - auf einer eindimensionalen Skala gemessen werden könnte. Vielmehr läßt sich der Abstraktionsgrad eines Modells exakt nur durch Angaben über die jeweiligen Ausprägungen einer Fülle von Merkmalen beschreiben. Wenn im folgenden, so wie es in der Literatur ebenfalls üblich ist, dennoch pauschal nur von dem Abstraktionsgrad gesprochen wird, als handle es sich dabei um eine eindimensional skalierte Größe, so stellt auch das seinerseits schon wieder einen Akt der Abstraktion dar, der jedoch notwendig ist, um das zu erörternde Problem überhaupt erst einmal begrifflich zu fassen, der jedoch - und das darf bei der Übertragung der im Hinblick auf einen solchen komplexen Begriff gewonnenen Ergebnisse auf Sachverhalte der Realität nicht außer acht bleiben - zugleich auch eine radikale Vereinfachung der zugrunde liegenden Sachverhalte beinhaltet.

In der Literatur wird das Problem der Festlegung des Abstraktionsgrades eines Entscheidungsmodells in den letzten Jahren interessanterweise verstärkt unter dem Schlagwort des optimalen *Komplexionsgrades* erörtert.[1)] Offenbar setzt diese Ausdrucksweise gegenüber der Verwendung des Terminus "Abstraktionsgrad" einen etwas anderen Akzent. Dem üblichen Denkschema entspricht es, bei Angaben über graduelle Ausprägungen bestimmter Größen in der Regel in Richtung auf eine Zunahme des durch die Wortwahl assoziierten Sachverhaltes zu denken. In diesem Sinne legt es der Ausdruck "Abstraktion" nahe, von der Betrachtung eines äußerst detaillierten und originalgetreuen Modells ausgehend, den Blick auf eine Zunahme der Vergröberung und Eingrenzung der modellmäßigen Darstellung zu richten. Die Bezeichnung "Komplexion" lenkt den Blick

---

1) So z. B. Kern (1962), S. 168; Sabel (1965), S. 173; Griem (1968), S. 126 f.; Laux (1971), S. 78-82; Hax, Laux (1972), S. 328-333; Teichmann (1972); Lassak (1973), S. 149-152.

demgegenüber von Modellansätzen sehr hoher Abstraktion in Richtung auf einen Zuwachs an Detailgenauigkeit und eine Ausweitung des modellmäßig zu erfassenden Realitätsausschnittes. Die bevorzugte Verwendung des Ausdrucks "Komplexion" kann insoweit als Symptom für das die Entwicklung der betriebswirtschaftlichen Forschung der letzten Jahre kennzeichnende Bemühen angesehen werden, den Rahmen traditioneller Modelle zu sprengen und immer umfassendere und komplexere Planungs- und Entscheidungsmodelle zu formulieren.

Die Frage nach dem optimalen Komplexionsgrad ist im Laufe der bisherigen Ausführungen schon verschiedentlich im Hinblick auf die konkrete Ausgestaltung spezieller Abbildungsregeln angeschnitten worden, jedoch durchgängig unbeantwortet geblieben. In gleicher Weise ist diese Frage auch in der Literatur ohne eine Antwort geblieben, die über die Angabe einiger allgemeiner Gesichtspunkte hinausginge, und wird es auch in dieser Untersuchung - so viel sei hier schon vorweggenommen - bleiben. Mit den folgenden Ausführungen wird somit gar nicht der Zweck verfolgt, das Problem des optimalen Komplexionsgrades im Sinne der Beschreibung eines exakten Rezeptes zu seiner Ermittlung zu lösen. Vielmehr sollen die wichtigsten Elemente dieses der eigentlichen Aktionsentscheidung vorgelagerten Wahlproblems in ihrer Grundstruktur verdeutlicht und die fundamentalen Schwierigkeiten aufgezeigt werden, die seiner exakten Lösung entgegenstehen. Dabei wird zugleich dargelegt, inwieweit trotz dieser Schwierigkeiten dennoch gewisse grobe Anhaltspunkte zur Ermittlung eines geeigneten Komplexionsgrades zu finden sind und in welchem Maße verschiedene in der Literatur vorgetragene Ansätze zur vermeintlich optimalen Festlegung des Komplexionsgrades der gestellten Aufgabe gerecht zu werden vermögen. Allerdings stellt sich die Frage nach dem optimalen Komplexionsgrad eines Kalküls unmittelbar nur im Hinblick auf *praktische* Modelle. *Theoretische* Modelle bilden ja ex definitione die durch ihre Prämissen ausgedrückte künstliche Quasi-Realität originalgetreu, also in höchster Komplexion ab.[1] Im folgenden Abschnitt werden wir das Problem des Komplexionsgrades daher zunächst nur für praktische Modelle untersuchen.

2. Zur Bestimmung des Komplexionsgrades praktischer Modelle

a. Schrittweise Erhöhung des Komplexionsgrades

Weitgehende Einigkeit herrscht in der Literatur über die bei der Festlegung des Komplexionsgrades zu beachtenden Grundkomponenten: Zum einen wird die als Ergebnis der Modellanalyse abgeleitete Handlungsempfehlung um so eher dem unter den realiter gegebenen Verhältnissen im Hinblick auf die Zielvorstellungen des Entscheidenden optimalen Aktionsprogramm entsprechen, je umfassender und genauer die Fülle der grundsätzlich entscheidungsrelevanten Sachverhalte in dem Entscheidungskalkül erfaßt werden. Andererseits werden die mit der Modellformulierung und -lösung verbundenen Kosten der Informationsbeschaffung und -verarbeitung um so größer, je komplexer das Modell wird. Da für die Qualitätsbeurteilung betrieblicher Entscheidungen der hier untersuchten Art sicherlich nicht allein die Ergebnisse maßgeblich sind, zu denen die mit Hilfe eines Formalkalküls bestimmten Aktionspläne führen, sondern die Kosten des gesamten Planungsverfahrens ebenfalls eine relevante Größe darstellen, gilt es, jenen Komplexionsgrad zu finden, bei dem für den gesamten Entscheidungsprozeß, also unter Berücksichtigung auch aller mit der Modellerstellung und -lösung verbundenen Kosten, ein im Hinblick auf die Zielvorstellungen des Entscheidenden optimales Ergebnis zu erwarten ist.

---

1) Zur begrifflichen Unterscheidung zwischen "praktischen" und "theoretischen" Modellen vgl. S. 51 ff.

Aktionsvariable dieses vorgelagerten Entscheidungsproblems ist also die Art und Weise der Modellformulierung, Ergebnisvariable sind der aus dem modellmäßig zu ermittelnden Aktionsplan resultierende Erfolg und die Planungskosten. Bedenkt man die Vielzahl unterschiedlicher Ausgestaltungsformen, die für die verschiedenartigen Abbildungsregeln zur Auswahl stehen, so wird unmittelbar deutlich, welche immens große Zahl aus der Zusammenfügung der einzelnen Regelelemente resultierender Kombinationen als alternative Modellkonstruktionen zur Auswahl stehen. Noch problematischer gestaltet sich die Ermittlung der Ergebniskomponenten: Wie sollen die schon vor der Modellformulierung und -lösung mit Ansätzen unterschiedlicher Komplexität verbundenen Informationsbeschaffungs- und -verarbeitungskosten ermittelt werden? Wie das als optimal abgeleitete Aktionsprogramm? Wie die daraus effektiv resultierenden Erfolge? Die Möglichkeit, vor Beginn der Konstruktion des Kalküls im Geiste die Reihe aller denkbaren Modelltypen durchzugehen, jeweils die daraus resultierenden Kosten- und Erfolgskomponenten gegeneinander abzuwägen und als Ergebnis eines solchen Totalvergleichs den optimalen Modelltyp zu bestimmen, kann offenbar von vornherein als illusorisch beiseite geschoben werden.

In der Literatur wird dementsprechend auch statt einer solchen Totallösung zumeist nur der Ansatz einer marginalanalytischen Lösung skizziert[1]: Von einem Modellansatz relativ niedriger Komplexion (also hoher Abstraktion) ausgehend, soll schrittweise geprüft werden, ob es vorteilhaft ist, den vorliegenden Ansatz noch zu verfeinern und zu erweitern oder ob es eher lohnend erscheint, auf der Grundlage des gröberen Ansatzes eine Entscheidung zu treffen. Dazu sollen jeweils die mit der

1) So z. B. Ackoff (1962), S. 117 f.; Kern (1962), insbes. S. 178; Sabel (1965), S. 173; Jaensch (1967), S. 54 f.; Griem (1968), S. 124-128; Teichmann (1972); Lassak (1973), S. 149 f.; s. a. Schoeffler (1954).

Zunahme der Modellkomplexion resultierenden Vorteile ("Grenzvorteil") gegen die damit verbundenen zusätzlichen Planungskosten ("Grenznachteil") abgewogen werden. Dabei wird zumeist - teils explizit[1], teils implizit - unterstellt, daß die Planungskosten mit zunehmendem Komplexionsgrad progressiv steigen, die erlangbaren Vorteile - wie auch immer sie gemessen werden - demgegenüber nur degressiv zunehmen. Der optimale Komplexionsgrad wäre demnach offenbar dann erreicht, wenn der Grenznachteil einer weiteren Komplexion den Grenzvorteil überkompensieren würde.

Grundsätzlich ist zu diesem Ansatz zunächst zu bemerken, daß jede - zumeist wie die Variation einer eindimensional definierten Variablen betrachtete - Erhöhung des Komplexionsgrades in Wirklichkeit natürlich ein ganzes Bündel alternativer Möglichkeiten beinhaltet, zu einem weniger abstrakten Modell zu gelangen. Bei jedem Schritt auf der Suche nach dem optimalen Komplexionsgrad wären also derartige Marginalvergleiche im Hinblick auf mehrere unterschiedliche Veränderungsformen vorzunehmen. Außerdem setzt die Betrachtung derartiger Grenzgrößen voraus, daß die marginalen "kleinen Einheiten" der jeweils zu variierenden Abbildungsmodalitäten definiert sind, also die jeweilige Schrittweite des Überganges zu einem Modell höherer Komplexion fixiert ist.

Um den skizzierten Marginalansatz trotz dieser - in der Literatur soweit ersichtlich nicht explizit erörterten - Schwierigkeit näher zu analysieren, sei nun unterstellt, daß es hinlänglich exakt festgelegt sei, was jeweils unter einer marginalen Erhöhung des Komplexionsgrades zu verstehen ist. Um die auch dann noch verbleibenden Probleme im einzelnen analysieren zu können, soll außerdem das Problem, wie die marginalen Vor- und Nachteile

---

1) So z. B. Böhm (1961), S. 122; Sabel (1965), S. 173; Griem (1968), S. 126.

eines Überganges zu einem verfeinerten Modell überhaupt ermittelt werden können, zunächst ausgeklammert bleiben und unterstellt werden, daß diese Größen grundsätzlich feststellbar seien.[1] Im einzelnen können bei dem skizzierten Marginalansatz dann zwei Varianten unterschieden werden, die untereinander wieder in beliebiger Form kombiniert werden können.

Zum einen wäre folgendes Verfahren denkbar: Als erster Anhaltspunkt wird zunächst ein grobes Ausgangsmodell formuliert, jedoch noch nicht gelöst. Nachdem so die

---

1) Teichmanns weiterer Einwand gegen einen marginalanalytischen Lösungsansatz, dieser sei "nicht operational", da die "Konfrontation mit der in der Marginalanalyse verwendeten Differential-Rechnung nicht möglich (sei), weil ... beide Funktionen (der marginalen Vor- und Nachteile einer Kalkülerweiterung; d. Vf.) nicht einwertig und nicht stetig sind" (Teichmann (1972), S. 523) erscheint demgegenüber als unzutreffend. Die Anwendung des Grundgedankens der Marginalanalyse, nämlich die mit einer relativ geringfügigen Variation eines Aktionsparameters verbundenen Veränderungen verschiedener Ergebnismaßgrößen jeweils schrittweise gegeneinander abzuwägen, setzt sicherlich nicht voraus, daß die Abhängigkeit der Ergebnismaßgrößen von dem betrachteten Aktionsparameter durch eine einwertige und stetige Funktion ausgedrückt werden kann. In theoretischen Ansätzen wird der besseren Handhabung willen zwar häufig von einer derartigen Annahme ausgegangen; für die praktische Anwendung marginalanalytischer Verfahren dürfte hingegen in aller Regel das Herantasten an ein (relatives) Optimum in kleinen, aber keineswegs infinitesimalen Schritten bedeutsam sein, wozu es auch gar nicht zwingend der expliziten Formulierung einer stetigen Funktion bedarf.

Im übrigen verwundert Teichmanns Einwand um so mehr, als er im Anschluß daran selbst ein Verfahren skizziert, wonach der optimale Komplexionsgrad eines Entscheidungsmodells durch den sukzessiven Vergleich der mit einer Modellverfeinerung verbundenen (marginalen) Vor- und Nachteile ermittelt werden soll. Offenbleiben mag, inwieweit Teichmann in seiner Ansicht zuzustimmen ist, daß derartige Ansätze deshalb nicht operational sind, da "nicht geklärt ist, was der Vorteil, was der Nachteil der Kalkülerweiterung ist" (S. 523); was begrifflich unter Vor- und Nachteil zu verstehen ist, wird in den einzelnen Beiträgen im Grunde hinreichend umrissen. Was vielmehr die Operationalität eines solchen Versuches grundsätzlich infrage stellt, ist die Tatsache, daß keine Möglichkeiten ersichtlich sind, diese Größen hinlänglich exakt zu quantifizieren. Dieser Einwand trifft allerdings auch auf den von Teichmann skizzierten Ansatz zu, für den er offenbar in Anspruch nimmt, in operabler Weise "eine Anweisung zur optimalen Komplexion des Kalküls" (S. 532) zu liefern.

wichtigsten Konturen der betrachteten Entscheidungssituation erfaßt sind, wird sofort damit begonnen, diesen Ansatz schrittweise - jeweils unter mehr oder minder intuitiver Abschätzung der damit verbundenen Vor- und Nachteile - zu erweitern und zu verfeinern. Ein Vorgehen nach dieser Methode sei im folgenden als "Nicht-Lösungs-" oder einfach als *N-L-Variante* bezeichnet.

Als zweite Variante ist es demgegenüber auch möglich, die im Zuge der schrittweisen Verfeinerung erreichten Modelle jeweils zu lösen, und auf der Basis dieser Lösung dann die mit einer weiteren Komplexionserhöhung verbundenen marginalen Vor- und Nachteile abzuschätzen ("Lösungs-" oder einfach *L-Variante*). Dies kann zum einen geschehen, indem im Zuge einer Sensitivitätsanalyse die Empfindlichkeit des Planungsergebnisses auf Variationen verschiedener Modellparameter untersucht wird und so gewisse Anhaltspunkte dafür gewonnen werden, in welchem Ausmaß sich aus einer Modellverfeinerung möglicherweise Ergebnisverbesserungen erzielen ließen. Daneben bietet sich hier die Möglichkeit, die Theorie des Anspruchsniveaus auch bei der Formulierung präskriptiver Modellansätze zu berücksichtigen, indem die Entscheidung über eine weitere Verfeinerung des Modells davon abhängig gemacht wird, ob die der abgeleiteten Modellösung entsprechenden Werte der relevanten Zielvariablen einem vorgegebenen Anspruchsniveau genügen. Eine derartige - eventuell in Abhängigkeit von der Zahl der bereits vorgenommenen Lösungsschritte variierende - Fixierung gewisser Mindestwerte für die betrachteten Zielvariablen kann, wie bereits an anderer Stelle erörtert[1)], als heuristischer Versuch interpretiert werden, implizit jenen Komplexionsgrad abzuschätzen, von dem ab die Vorteile einer weiteren Modellverfeinerung geringer zu veranschlagen sind als die damit verbundenen Nachteile.

---

1) Vgl. S. 131 f.; 229 f.

Dabei kann die Festlegung der kritischen Werte aus einer vorherigen Abschätzung ihrer Definition nach quantifizierbarer, meßbarer Größen (z. B. zur Beschaffung und Verarbeitung weiterer Informationen benötigte Zeit und sonstige Kosten) heraus erfolgen oder aber weitgehend psychologisch motiviert sein, etwa derart, daß unterstellt wird, der Entscheidende gebe sich, sobald mit hinlänglicher Sicherheit die Aussicht auf das Erreichen eines bestimmten Erfolgsniveaus besteht, mit dem entsprechenden Aktionsprogramm zufrieden und sei nicht bereit, um einer ja nicht mit Sicherheit erreichbaren Verbesserung des Planungsergebnisses willen, weitere Mühen auf sich zu nehmen. Wie auch immer die Fixierung des Anspruchsniveaus begründet wird - bei der Formulierung präskriptiver Entscheidungsmodelle ergibt sich stets das Problem, daß über die Höhe der kritischen Werte kaum allgemeingültige Aussagen abgeleitet werden können und es dem Entscheidenden weitgehend allein überlassen bleiben muß, die Festlegung der entsprechenden Größen nach seinem subjektiven Ermessen vorzunehmen.

Inwieweit dieser Sachverhalt als "theoretisch unbefriedigend"[1] empfunden wird, hängt weitgehend davon ab, welche Ansprüche an eine präskriptiv orientierte Entscheidungstheorie gestellt werden. Im Hinblick auf die praktischen Gegebenheiten erscheint es jedoch realistisch, wenn man von vornherein davon ausgeht, daß auch eine noch so verfeinerte Entscheidungstheorie niemals den gesamten Bereich unternehmerischer Entscheidungen so weit durchdringen kann, daß für jede Situation der Weg zu einer zweifelsfrei optimalen Entscheidung aufgezeigt wird.
Die Entscheidungstheorie kann immer nur gewisse Lösungshinweise geben; darüber hinaus bleibt jedoch stets ein Entscheidungsbereich offen, der nur nach weitgehend subjektivem Ermessen ausgefüllt werden kann. Akzeptiert man

1) Krelle (1968), S. 105.

diese Ansicht, so erscheint es immerhin nützlich, wenn an den verschiedenen Stellen immer wieder aufgezeigt wird, von wo ab die Theorie den Entscheidenden sich selbst überläßt.

Gegen den Versuch, den optimalen Komplexionsgrad eines Entscheidungskalküls in der skizzierten Weise mittels im voraus fixierter Anspruchsniveauwerte zumindest annähernd zu erreichen, erhebt sich jedoch noch ein anderer Einwand. Die aus einem bestimmten Modellansatz abgeleiteten Zielvariablenwerte beschreiben ja die mit der Realisierung des als optimal abgeleiteten Aktionsprogrammes tatsächlich verbundenen Konsequenzen nur insoweit, wie die entsprechenden realen Sachverhalte bei der Formulierung des Modells auch exakt berücksichtigt worden sind. Ergibt sich etwa bei der Planung des Produktionsprogrammes für den kommenden Monat bereits bei einem der ersten groben Ansätze für das abgeleitete Programm ein Deckungsbeitrag von zufriedenstellender Größe, so mag das wirklich darin begründet sein, daß mit dieser einfachen Rechnung tatsächlich schon ein "guter" Produktionsplan ermittelt worden ist. Ebensogut ist es jedoch möglich, daß die Realisierung des so bestimmten Produktionsplanes in Wirklichkeit ausgesprochen schlechte Ergebnisse bringen würde, was jedoch durch die zugrunde liegende Planungsrechnung wegen ihres noch hohen Abstraktionsgrades - etwa wegen der Vernachlässigung etlicher Restriktionen und Interdependenzen - nicht zum Ausdruck gebracht wird. Der Grund für den Abbruch des iterativen Modellformulierungs- und -lösungsprozesses würde in einem solchen Fall also gar nicht darin liegen, daß schon ein hinlänglich lukratives Handlungsprogramm ermittelt worden ist, sondern darin, daß die negativen Konsequenzen des betrachteten Aktionsplanes bislang nur unvollständig erkundet und erfaßt worden sind. Der Entscheidende würde sich bei einem solchen Vorgehen zwar stets "reich rechnen", de facto jedoch ständig ärmer werden.

b. Schrittweise Verringerung des Komplexionsgrades

Neben dem bislang skizzierten Verfahren, von einem Kalkül hohen Abstraktionsgrades sukzessive zu immer komplexeren Ansätzen überzugehen, wird gelegentlich auch der entgegengesetzte Weg vorgeschlagen, von einem "theoretisch als richtig erkannten"[1] komplizierten Modell auszugehen und dieses schrittweise so lange zu vereinfachen, bis die aus einer weiteren Vergröberung des Modells erzielbaren Vorteile die damit verbundenen Nachteile nicht mehr überwiegen.[2] Bei dem Ansatz der schrittweisen Modellverfeinerung konnten wir im einzelnen zwei Varianten unterscheiden, je nachdem ob für den einmal erreichten Kalkül vor der Berechnung der mit einer weiteren Verfeinerung verbundenen Vor- und Nachteile jeweils eine Lösung abgeleitet wird oder nicht. Bei dem Ansatz der sukzessiven Modellvergröberung entfällt demgegenüber die "Lösungs"-Variante von vornherein. Denn aus welchem Grund sollten weitere Kosten aufgewendet werden, um ein vergröbertes Modell zu formulieren und zu lösen, wenn die Ergebnisse eines genaueren Kalküls bereits vorliegen? Somit ist für den Ansatz, den optimalen Komplexionsgrad im Zuge einer schrittweisen Vergröberung des Modells zu erreichen, von vornherein nur die *N-L-Variante* zu untersuchen.

Auf den ersten Blick scheinen nun der Ansatz der sukzessiven Modellvergröberung und die N-L-Variante der schrittweisen Modellverfeinerung auf das gleiche hinauszulaufen.[3] Bei genauerer Analyse zeigt sich allerdings,

---

1) Hax, Laux (1972), S. 328.
2) So z. B. Ackoff (1962), S. 118; s. a. Hax, Laux (1972), S. 328 f.
3) So z. B. Ackoff (1962), S. 118, über diese beiden Ansätze: "Ideally, the net result should be the same."

daß diese Annahme nur unter bestimmten Bedingungen, keineswegs jedoch allgemein zutrifft. Das Verfahren der schrittweisen Verringerung des Komplexionsgrades setzt voraus, daß die zur Formulierung des komplizierten, umfassenden und feinen Ausgangsmodells benötigten Informationen bereits beschafft sind. Für den Übergang zu einem vergröberten Modell kann dann offenbar nur noch die Erwartung maßgeblich sein, daß die Verringerung der Planungsgenauigkeit überkompensiert wird durch die Einsparungen, die daraus resultieren, daß statt des komplexeren Modells ein einfacheres und weniger umfangreicheres Problem zu lösen und zu analysieren ist. Der Grenzvorteil einer Modellvereinfachung kann also nur aus der Einsparung von Kosten für die Modellauswertung, nicht jedoch aus der Einsparung von Kosten für die Informationsbeschaffung resultieren. Der dem Grenzvorteil einer sukzessiven Modellvergröberung im entgegengesetzten Ansatz einer schrittweisen Modellverfeinerung entsprechende Grenznachteil umfaßt demgegenüber sowohl Informations- als auch Lösungskosten.

Welche Konsequenzen sich daraus für den jeweils als optimal abzuleitenden Komplexionsgrad ergeben, sei durch den in Abb. 20 verdeutlichten Beispielsfall veranschaulicht, für den unterstellt wird, daß alle im folgenden genannten Größen in geeigneter Weise meßbar seien:

- Der Komplexionsgrad k der zur Lösung eines Entscheidungsproblems heranzuziehenden Modelle könne innerhalb der Grenzen k_u und k_o beliebig variiert werden.
- Der - ohne Berücksichtigung aller Planungskosten ermittelte - Wert W einer aus einem bestimmten Modell abgeleiteten Handlungsempfehlung sei um so größer, je höher der Komplexionsgrad des Modells ist. Der mit einer schrittweisen Erhöhung von k verbundene marginale Wertzuwachs W' allerdings nehme ständig ab.
- Von einem Modell mit dem niedrigsten Komplexionsgrad k_u ausgehend, steigen mit zunehmender Modellverfeinerung sowohl die mit der Beschaffung von Informationen (IK) als auch die zur Modellösung (LK) aufzuwendenden Kosten und damit auch die gesamten Planungskosten (PK_1), und

Abb. 19

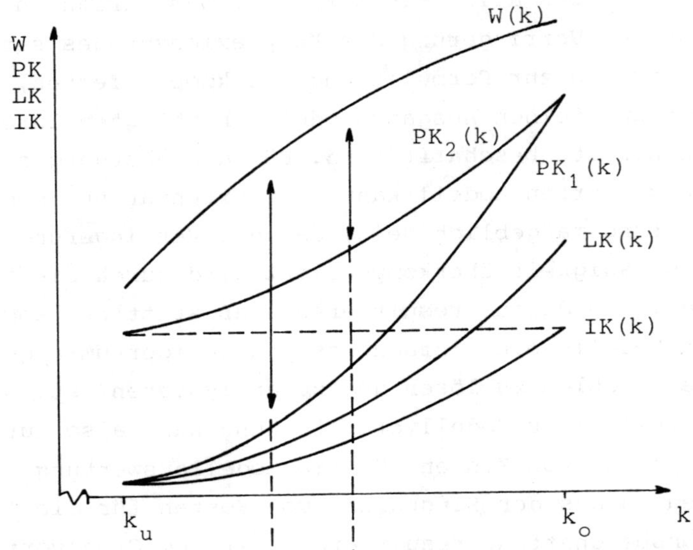
W
PK
LK
IK
W(k)
PK$_2$(k)
PK$_1$(k)
LK(k)
IK(k)
k$_u$
k$_o$
k

Abb. 20

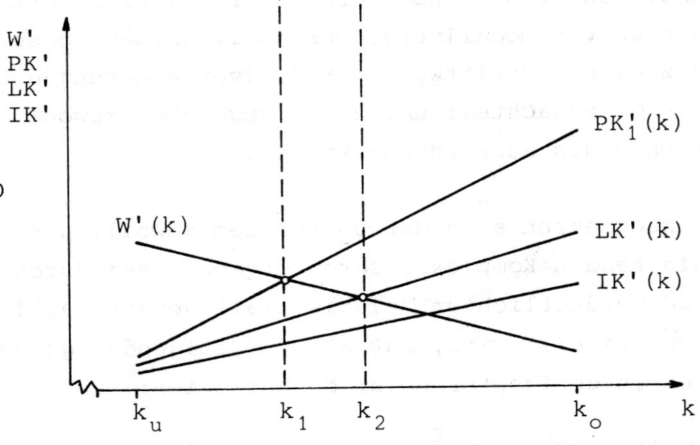
W'
PK'
LK'
IK'
PK$_1$'(k)
W'(k)
LK'(k)
IK'(k)
k$_u$
k$_1$
k$_2$
k$_o$
k

zwar jeweils progressiv, so daß die mit einer schrittweisen Erhöhung des Komplexionsgrades verbundenen marginalen Kosten (IK', LK' und PK'_1) ebenfalls steigen.[1)]

Nach der *N-L-Variante* einer sukzessiven Erhöhung des Komplexionsgrades würde zunächst aufgrund der bereits vorliegenden Informationen ein grobes Ausgangsmodell mit dem Komplexionsgrad k_u formuliert, jedoch noch nicht gelöst. Als nächstes würden jeweils die aus einer Modellverfeinerung resultierenden Vorteile W' den damit verbundenen zusätzlichen Planungskosten PK' gegenübergestellt, wobei sich PK'_1 aus den Kosten der zusätzlichen Informationsbeschaffung IK' und dem Betrag LK', um den sich die Lösungskosten erhöhen würden, zusammensetzt. Diese schrittweisen Verfeinerungen des Modellansatzes würden so lange fortgesetzt, bis mit k_1^* (mit $W'(k_1^*) = PK_1'(k_1^*)$) der optimale Komplexionsgrad erreicht ist (vgl. Abb. 20).

Den Ausgangspunkt für den Ansatz der sukzessiven Modellvergröberung bildet demgegenüber ein Modell höchster Komplexion, mit dessen Erstellung Informationskosten in Höhe von $LK(k_o)$ verbunden sind. Der Übergang zu einem Modell mit einem niedrigeren Komplexionsgrad k ermöglichte es, für die Modellösung Kosten nur in Höhe von LK(k) statt von $LK(k_o)$ aufzuwenden. Weitere Informationskosten fielen nicht an; jedoch könnten die für die Beschaffung der in dem vergröberten Modell gar nicht mehr erfaßten Informationen erbrachten Aufwendungen nicht nachträglich wieder rückgängig gemacht werden. Der Grenzvorteil einer Modellvergröberung beliefe sich also nur auf $LK(k_o) - LK(k)$ oder, wenn wir zu einer kontinuierlichen Betrachtung übergehen, auf LK'. Dieser Grenzvorteil wäre nun wieder schrittweise dem Grenznachteil einer Modellvergröberung gegenüberzustellen, der sich in der Wertminderung W' des aus dem jeweiligen Modellansatz resul-

1) Um die nachfolgende Darstellung nicht zu sehr zu überlasten, sei unterstellt, daß die reinen Formulierungskosten für die einzelnen Modellansätze vernachlässigbar niedrig sind.

tierenden Aktionsprogrammes niederschlägt. Als optimaler Komplexionsgrad würde auf diese Weise k_2^* abgeleitet, für den $W'(k_2^*) = LK'(k_2^*)$ gilt.

Es wird also deutlich - und diese Aussagen haben bei den unterstellten progressiven und degressiven Kurvenverläufen generelle Gültigkeit -, daß bei dem Verfahren der schrittweisen Modellvergröberung stets ein höherer Komplexionsgrad als optimal ermittelt wird, als das bei dem entgegengesetzten Ansatz einer sukzessiven Modellverfeinerung der Fall ist. Der Grund für diese Divergenz resultiert aus dem Unterschied in der Informationsbeschaffung. Der Ansatz, den Komplexionsgrad schrittweise zu senken, setzt als Ausgangspunkt ein Maximum an Informationsbeschaffung voraus; mithin ist - im Gegensatz zu dem Verfahren der zunehmenden Modellverfeinerung - die Höhe der Informationskosten eine fixe, also nicht mehr entscheidungsrelevante Größe. Für die gesamten Planungskosten PK_2 gilt also in Abhängigkeit von k die Relation $PK_2(k) = IK(k_o) + LK(k)$. Die Kurve der Gesamtkosten verläuft also - um den Betrag der maximalen Informationskosten $IK(k_o)$ nach oben verschoben - parallel zur LK-Kurve und damit flacher, aber auf höherem Niveau als die PK_1-Kurve für den Ansatz der schrittweisen Modellverfeinerung (vgl. Abb. 20). Damit wird zugleich auch deutlich, daß der letztlich relevante Wert $\hat{W}$ des gesamten Entscheidungsverfahrens, also die Differenz zwischen dem Bruttowert des abgeleiteten Aktionsprogrammes (W) und den Planungskosten (PK), bei dem Verfahren der zunehmenden Modellverfeinerung auf jeden Fall höher ist (vgl. die Länge der Pfeile $\hat{W}_1$ und $\hat{W}_2$ in Abb. 20). Zu dem gleichen Ergebnis führen beide Ansätze lediglich dann, wenn die Kosten der Informationsbeschaffung so gering sind, daß sie vernachlässigt werden können. Ist dies jedoch nicht der Fall - und das dürfte in realen Entscheidungssituationen die Regel sein - so wäre das Verfahren der schrittweisen Modellverfeinerung als das günstigere anzusehen, sofern - und darauf wird noch näher einzugehen sein - überhaupt operable Möglichkeiten bestehen, die für diese Vorentscheidung relevanten Größen (W, PK) zu ermitteln.[1]

Die Anweisung, "daß man in der Regel an der theoretisch als richtig erkannten Modellstruktur Vereinfachungen vornehmen muß"[2], läßt allerdings noch eine andere Interpretation zu, als wir sie bei der Beschreibung des Ansatzes der schrittweisen Erhöhung des Komplexionsgrades unterstellt haben. Denkbar wäre etwa folgendes Verfahren: Angesichts einer bestimmten realen Entscheidungssituation wird aus dem breiten Sortiment überhaupt zur Darstellung dieses Problems geeigneter Modelle eines mit sehr komplizierter Formalstruktur ausgewählt, das - sofern die Werte aller in diesem Ansatz vorgesehenen Parameter bekannt wären - als "theoretisch richtige" oder zumindest doch als eine recht genaue Abbildung der zugrunde liegenden Realsituation angesehen werden kann. Die zur numerischen Konkretisierung dieses zunächst rein formalen Modellansatzes notwendigen Informationen werden jedoch - im Gegensatz zum Vorgehen bei der Formulierung des Ausgangsmodells unseres Ansatzes einer schrittweisen Komplexionsverringerung - nicht auf jeden Fall sofort eingeholt. Vielmehr wird festgestellt oder abgeschätzt, welche Informationen bereits vorliegen, welche verhältnismäßig leicht eingeholt, welche nur mit großem Aufwand

---

1) Eine abweichende Beurteilung könnte sich lediglich dann ergeben, wenn das Problem um eine weitere Dimension ausgedehnt wird, indem auch die mit dem Vorentscheidungsverfahren selbst, also mit der fortgesetzten Ermittlung und Gegenüberstellung von Grenzvor- und -nachteilen verbundenen Operationskosten ebenfalls in die Betrachtung einbezogen werden. Dann wäre es insbesondere dann, wenn die optimalen Werte von k_1^* und k_2^* tendenziell näher bei k_o als bei k_u liegen, denkbar, daß das Verfahren der schrittweisen Modellvergröberung sich letztlich doch als das günstigere erweist, weil die Zahl der Iterationen und somit auch die damit verbundenen Kosten, gegenüber dem Ansatz der sukzessiven Modellvergröberung um so viel niedriger sind, daß dadurch das Zurückbleiben des W-Betrages überkompensiert wird.

2) Hax, Laux (1972), S. 328.

oder überhaupt nicht beschafft werden können. Aufgrund dieses Vergleichs des gegebenen Informationsstandes und der vorhandenen Informationsmöglichkeiten mit den zur Formulierung eines Modells der zunächst betrachteten komplizierten Struktur benötigten Informationen werden dann einerseits an dem Modellentwurf Abstriche und Vergröberungen vorgenommen, andererseits weitere Informationen zusammengetragen. Diese wechselseitige Annäherung von Informationsbedarf und verfügbaren Informationen wird so lange fortgesetzt, bis das Modellkonzept so weit vereinfacht und die Informationsbeschaffung so weit ausgedehnt worden ist, daß ein erster in allen abzubildenden Einzelheiten ausgefüllter, numerisch konkretisierter Entscheidungskalkül formuliert werden kann.

Ist dieser, der erstmaligen Formulierung eines Modells vorgelagerte Schritt abgeschlossen, so bestehen grundsätzlich zwei Möglichkeiten des weiteren Procedere:

1. Das so formulierte Modell wird gelöst, also ein bestimmter Aktionsplan abgeleitet. Dieser Plan wird dann zur Durchführung empfohlen; oder es wird nach dem oben beschriebenen Verfahren der *L-Variante* der schrittweisen Komplexionserhöhung überprüft, inwieweit es vorteilhaft ist, doch noch weitere Informationen einzuholen und die Entscheidung erst auf der Basis eines verfeinerten Modells zu fällen.

2. Das so formulierte Modell wird nicht gelöst. Viemehr werden - entsprechend dem Verfahren der schrittweisen Komplexionsverringerung oder der *N-L-Variante* der schrittweisen Komplexionserhöhung - die mit einer Modellverfeinerung oder -vergröberung verbundenen Vor- und Nachteile abgeschätzt und von da aus schrittweise der optimale Komplexionsgrad ermittelt.

Ein derartiges, der ersten numerisch konkretisierten Formulierung eines Kalkülansatzes vorgeschaltetes Verfahren zur Vereinfachung der Modellstruktur kann somit nur im Grenzfall als Ansatz zur Ermittlung des optimalen Komplexionsgrades angesehen werden. Es ist vielmehr allgemein als ein Ansatz zur Ermittlung des ersten Ausgangsmodells zu interpretieren, das dann den Ausgangspunkt für die Suche nach dem Modell mit dem optimalen Komplexionsgrad liefert.

c. Zur Quantifizierung der marginalen Planungskosten

So interessant eine weitere Vertiefung der skizzierten Ansätze zur Bewältigung des Komplexionsproblems unter theoretischen Aspekten auch sein mag, im Hinblick auf das Ziel, gewisse Anhaltspunkte für die optimale Ausgestaltung von Modellansätzen für effektiv auftauchende Entscheidungssituationen zu gewinnen, ist eine solche Vertiefung weitgehend als fruchtlos anzusehen, wenn nicht zugleich auch Wege aufgezeigt werden können, wie die mit den zu beurteilenden Modellverfeinerungen verbundenen marginalen Vor- und Nachteile in operabler Weise ermittelt und so quantifiziert werden können, daß sich beide Größen unmittelbar vergleichen lassen. In diesem Punkt ist jedoch der von der überwiegenden Mehrzahl der Autoren, die sich zu diesem Problem äußern, vertretenen Meinung beizupflichten, daß theoretisch befriedigende und zugleich praktisch anwendbare Methoden zur Ermittlung dieser Größen dem augenblicklichen Entwicklungsstand der Forschung nach nicht verfügbar sind und wohl auch in absehbarer Zeit nicht sein werden, so daß die Auswahl des zur Bewältigung eines praktischen Entscheidungsproblems heranzuziehenden Modellansatzes im wesentlichen der Intuition und dem Fingerspitzengefühl des Entscheidenden überlassen bleiben muß.[1)]
Auch der Versuch, die Notwendigkeit zur Quantifizierung der marginalen Vor- und Nachteile durch die Fixierung eines Anspruchsniveaus zu umgehen, hilft - wie oben gezeigt - einer präskriptiven Theorie nur wenig weiter.

1) In ähnlichem Sinne außern sich u. a. Sabel (1965), S. 173; Jaensch (1967), S. 57; Sasieni, Yaspan, Friedman (1967), S. 3; Laux (1971), S. 81 f.; Schneider, D. (1971), S. 581 und (1972), S. 474; Hax, Laux (1972), S. 329 f.; Lassak (1973), S. 149.

Das Quantifizierungsproblem würde dadurch letztlich nur auf eine andere Ebene verschoben und durch die Frage nach einer zweckgerechten Festlegung des Anspruchsniveaus ersetzt.

Betrachten wir zur Erläuterung der hier vertretenen pessimistischen Ansicht die zur Beurteilung einer möglichen Modellverfeinerung heranzuziehenden Vor- und Nachteile etwas näher. Gelegentlich wird die Ansicht geäußert, die vor allem aus zusätzlichen Informations- und Lösungskosten bestehenden marginalen Nachteile einer Modellverfeinerung ließen sich eventuell noch einigermaßen exakt vorausschätzen.[1] Was zunächst die Abschätzung der Informationskosten anbetrifft, so kommt es wieder darauf an, welche Art Komplexionserhöhung zur Disposition steht. Dabei können, je nachdem ob sich die zu beurteilende Modellverfeinerung auf die Darstellung der Handlungsmöglichkeiten (durch Aktionsvariable und Restriktionen), der Handlungsfolgen (durch Ergebnisvariable) oder der Präferenzvorstellungen (durch die Zielfunktion)[2] bezieht, drei Fälle unterschieden werden.

---

1) Äußerungen, die in dieser Richtung interpretiert werden können, liegen z. B. von Jaensch (1967), S. 54 oder Sabel (1965), S. 171 vor.

2) Teichmann (1972), S. 531 f. scheint demgegenüber die These zu vertreten, das verwendete Entscheidungskriterium dürfe im Zuge sukzessiver Modellverfeinerungen oder auch -vergröberungen keinen Variationen unterzogen werden, vielmehr sei die dem "Komplex" (womit offenbar eine originalgetreue Darstellung der betrachteten Entscheidungssituation gemeint ist!) entsprechende Zielfunktion auch in allen vereinfachten Modellen zu verwenden. Die Lösung eines Kalküls auf der Grundlage einer vereinfachten Zielfunktion gebe dem Disponenten "die Antwort auf eine Frage, die er nicht gestellt hat" (S. 532).

Diese These erscheint in zweifacher Hinsicht als fragwürdig. Zum einen dürfte es wohl kaum möglich sein, die Gesamtheit der - im Zeitablauf und im Hinblick auf die soziale Rahmensituation eventuell permanenten Änderungen unterworfenen - Nutzenvorstellungen eines Entscheidungssubjektes - oder gar einer Mehrzahl von Subjekten! - überhaupt zu erkennen und exakt darzustellen. Jede mathematische Formulierung einer Präferenzfunktion kann

Fortsetzung Fußnote 2) s. S. 419

1. Es ist zu beurteilen, ob das Modell durch die Einbeziehung weiterer *Aktionsmöglichkeiten* erweitert werden soll. Hier gilt es also, die mit der Suche nach weiteren, bislang noch nicht erfaßten Handlungsalternativen verbundenen Kosten abzuschätzen. In Einzelfällen mag das recht leicht abzuschätzen sein (z. B. Kosten des Telefongespräches, um von einem bislang nicht in Betracht gezogenen Vorproduzenten ein Angebot einzuholen). Häufig dürften die mit der Erkundung bislang unbekannter Aktionsmöglichkeiten verbundenen Kosten jedoch so ungewiß sein, daß sich kaum allgemeine Anhaltspunkte zur Lösung dieses Schätzproblems finden lassen.

2. Es ist zu beurteilen, ob weitere Informationen über die zu erwartenden *Handlungsergebnisse* eingeholt werden sollen. Hier dürfte es öfter möglich sein, im vorhinein einigermaßen verläßliche Angaben über die damit verbundenen Kosten zu erhalten. Als Beispiele derartiger Informationsaktivitäten seien genannt: Vor dem Abschluß eines Darlehensvertrages werden über den potentiellen Schuldner bei Banken oder Auskunfteien weitere Informationen eingeholt; es wird Einsichtnahme in weitere Geschäftsunterlagen verlangt.

Fortsetzung Fußnote 2) von S. 418

somit stets nur eine grobe Darstellung einiger vorrangiger Zielvorstellungen sein, also der Realität niemals genau entsprechen. Zum zweiten ist - ganz abgesehen von diesem ersten Einwand - nicht ersichtlich, warum Vereinfachungen und Vergröberungen bei der Darstellung der zu bewertenden Handlungsalternativen bzw. deren Ergebnisse als zulässig anzusehen sein sollen (so Teichmann, S. 526-531), warum aber das zur Bewertung dieser so vergröbert dargestellten Handlungsergebnisse heranzuziehende Meßinstrument nach wie vor einen Feinheitsgrad aufweisen soll, durch den ja nur eine Präzision vorgetäuscht wird, die angesichts der Ungenauigkeit in der Darstellung der zu messenden Objekte gar nicht vorhanden ist. Somit erscheint es sinnvoll, im folgenden davon auszugehen, daß auch die für Ableitung einer Handlungsempfehlung aus dem Entscheidungsmodell maßgebliche Zielfunktion im Zuge der Konstruktion des zu benutzenden Modells Veränderungen unterzogen werden kann.

Vor der Entscheidung über Annahme oder Ablehnung eines Großauftrages wird eine erste Grobkalkulation durch präzisere Angaben über einige wichtige Auftragselemente ergänzt. Vor der Einführung eines neuen Produktes wird ein Marktforschungsinstitut mit einer Marktanalyse beauftragt. Vor der Entscheidung über die Inangriffnahme eines Bergbau- oder Ölförderungsprojektes werden Aufschlußbohrungen durchgeführt, Bodenproben analysiert und sonstige seismischen Untersuchungen vorgenommen. In all diesen Fällen dürfte es möglich sein, die Informationskosten - also etwa die Gebühr für die Auskunftei, die Vergütung des Marktforschungsinstitutes, die Kosten einer Aufschlußbohrung - einigermaßen verläßlich im voraus abzuschätzen.

3. Es ist zu beurteilen, ob die modellmäßige Zielfunktion den *Präferenzvorstellungen* des oder der Entscheidenden oder der Personen, in deren Auftrag die anstehende Entscheidung durchgeführt wird, genauer angepaßt werden soll. Ein - etwas theoretisches - Beispiel bestünde etwa darin, daß das Modell - in Anlehnung an das in der Theorie stark in den Vordergrund gerückte BERNOULLI-Prinzip - in der Weise verfeinert werden soll, daß als Zielfunktion statt der Maximierung des Erwartungswertes der je nach Umweltentwicklung eintretenden Ergebnisse nun der Erwartungswert des Nutzens maximiert werden soll, den das Entscheidungssubjekt diesen Ergebnissen jeweils beimißt.[1)] Auch etwas handfestere Beispiele sind denkbar. So könnte etwa zu ermitteln sein, in welcher Weise auch die Risikoeinstellung des Entscheidenden in der bislang nur auf durchschnittlich erwarteten Ergebnissen aufgebauten Zielfunktion - etwa

---

1) Die Maximierung des Ergebniserwartungswertes ist bekanntlich auch mit dem Bernoulli-Prinzip vereinbar, soweit ein linearer Verlauf der Nutzenfunktion unterstellt wird. Der genannte Schritt könnte mithin auch als Versuch verstanden werden, die modellmäßig verwendete Nutzenfunktion zu einer - gegenüber einer rein linearen Darstellung - etwas genaueren Darstellung der Präferenzen des Entscheidenden umzuformulieren.

durch einen Risikoabschlag - erfaßt werden soll. Oder es ist zu erkunden, um welche andere Maßgröße und in welcher Form eine zunächst rein auf die Gewinnmaximierung abgestellte Zielfunktion erweitert werden soll. Hier wären also jeweils die Kosten abzuschätzen, die aufzuwenden sind, um die Nutzenvorstellungen des Entscheidenden zumindest in ihren Grundelementen so weit zu erkunden, daß es möglich wird, sie annähernd durch eine entsprechende Funktion zum Ausdruck zu bringen; die Kosten, die anfallen, um festzustellen, durch welches Extrem- oder Streuungsmaß seine Risikoeinstellung am besten dargestellt werden kann und mit welchem Gewicht der entsprechende Parameter in die Zielfunktion eingehen soll; oder die Kosten, die nötig werden, um zu ermitteln, welches in den Augen des Entscheidenden die nach dem Gewinn wichtigste Maßgröße ist und ob die entsprechende Variable in eine multivariable Extremierungs- oder in eine Satisfizierungsbedingung aufzunehmen ist. Man erkennt, daß hier allein schon die Definition dessen, was zum Zweck einer Verfeinerung der modellmäßigen Darstellung überhaupt näher zu erkunden ist, erhebliche Probleme aufwirft: Was sind denn genau "die Präferenzen" eines Entscheidungssubjektes; inwieweit können derartige Vorteilhaftigkeitsvorstellungen hinreichend klar artikuliert werden; was erst sind "die Präferenzen" einer Mehrzahl von Personen? - Ohne dieses Problem hier noch einmal näher aufzugreifen, kann wohl auf jeden Fall unterstellt werden, daß es im allgemeinen relativ schwierig sein wird, verläßliche Vorausschätzungen über die Höhe der Kosten abzugeben, die aufzuwenden sind, um etwas zu erkunden, von dem man noch nicht einmal genau weiß, was es ist.

Insgesamt kann also davon ausgegangen werden, daß sich die für den Übergang zu einem verfeinerten Modell aufzuwendenden marginalen Informationskosten allenfalls in relativ einfachen Ausnahmefällen mit hinlänglicher Sicherheit abschätzen lassen, im allgemeinen jedoch kein operabler Ansatz erkennbar ist, diese im voraus zu ermitteln.

Ähnliches gilt auch für die Vorausschätzung der aus einer Kalkülverfeinerung resultierenden Erhöhung der für die Modellösung aufzuwendenden Kosten bzw. im Fall der sukzessiven Komplexionsverringerung der erreichbaren Kosteneinsparungen. Bei der *L-Variante* der schrittweisen Modellverfeinerung lassen sich in Verbindung mit Erfahrungen aus früheren Rechnungen aus den für Lösung und Analyse der im Zuge des laufenden Verfahrens bereits aufgestellten und durchgerechneten (gröberen) Ansätze benötigten Kosten vielleicht noch einigermaßen verläßliche Schätzwerte für den mit der Lösung eines verfeinerten Kalküls verbundenen Aufwand ermitteln. Auch bei der *N-L-Variante* der sukzessiven Komplexionserhöhung und deren Gegenstück, der schrittweisen Komplexionsverringerung, mag es gelegentlich möglich sein, die mit einer entsprechenden Modellvariation einhergehenden Kostenerhöhungen bzw. -einsparungen ziemlich exakt zu prognostizieren. Das dürfte vor allem dann der Fall sein, wenn sowohl das gröbere als auch das feinere Modell insoweit die gleiche Formalstruktur aufweisen, daß sie mit Hilfe des gleichen Algorithmus gelöst werden können. Insbesondere, wenn zur Lösung standardisierte, häufig benutzte Programmansätze herangezogen werden können, dürfte es mitunter möglich sein, abzuschätzen, wie sich Veränderungen in der Zahl der Variablen und/oder Restriktionen auf die Lösungskosten auswirken. Stehen hingegen solche Modellveränderungen zur Beurteilung an, die den Übergang zu einem grundsätzlich anderen Modelltyp (z. B. Ersetzung eines linearen Ansatzes durch einen quadratischen oder umgekehrt) und somit auch zu einem ganz anderen Lösungsverfahren bedeuten, so werden sich die entsprechenden Kostengrößen allenfalls in besonderen Ausnahmefällen im voraus ermitteln lassen. Noch geringer sind die Prognosechancen schließlich zu beurteilen, wenn für die Berechnung der betrachteten Kalkülansätze gar kein standardisierter Algorithmus zur Verfügung steht, sondern eigens für das letztlich als Entscheidungsgrundlage festgelegte Modell ein spezielles, eventuell approximatives Lösungsverfahren entwickelt werden muß.

d. Zur Ermittlung und Bewertung marginaler Veränderungen des Planungsergebnisses

Ergaben sich schon bei dem Versuch, die Konsequenzen einer geplanten Modellvariation im Hinblick auf die Planungskosten im vorhinein zu quantifizieren, kaum überwindbare Schwierigkeiten, so erscheint ein solches Vorhaben bezüglich der Auswirkungen auf die Planungsqualität erst recht illusorisch. Um exakt festzustellen, wie sich der Übergang von einem in bestimmter Weise abstrahierenden Modell I zu einem verfeinerten (oder auch vergröberten) Modell II auf das Planungsergebnis auswirkt, müßten ja die Lösungen beider Ansätze bekannt sein; erst dann könnte festgestellt werden, in welchem Ausmaß sich die beiden Handlungsempfehlungen unterscheiden. Die Beurteilung der Frage, ob auch das Modell II formuliert und gelöst werden sollte, setzte also gerade die Formulierung und Lösung dieses Ansatzes voraus, so daß auf die Weise der eigentliche Zweck, im *vorhinein* einen Anhaltspunkt für die Vorteilhaftigkeit einer solchen Maßnahme zu finden, gerade nicht erreicht würde.

Und selbst wenn wir einmal unterstellen, der Entscheidende sei hellseherisch begabt und könne den Inhalt der aus dem noch nicht formulierten und gelösten Modell abzuleitenden Handlungsempfehlung vorausahnen, ergibt sich eine weitere Schwierigkeit. Zwar wären die in den beiden Ansätzen I und II als optimal ausgewiesenen Aktionspläne a_I^* und a_{II}^* sowie die zugehörigen Präferenzwerte $\psi_I(a_I^*)$ und $\psi_{II}(a_{II}^*)$ bekannt, jedoch bliebe noch offen, wie diese Veränderung des vorgesehenen Handlungsprogrammes zu bewerten ist. Geht man davon aus, daß der Übergang zu Modell II eine Verfeinerung von Modell I bedeutet, so wäre zunächst folgender Bewertungsansatz denkbar: $\psi_I(a_I^*)$ und $\psi_{II}(a_{II}^*)$ werden einander gegenübergestellt, der Grenzvorteil der Modellvariation an der Differenz $\psi_{II}(a_{II}^*) - \psi_I(a_I^*)$ gemessen. Dieses Verfahren führte offenbar in die Irre[1], wie folgende Beispiele unmittelbar verdeutlichen:

- a_I^* und a_{II}^* sind identisch; aufgrund einer genaueren Erfassung der Handlungsfolgen wird für $\psi_{II}(a_{II}^*)$ jedoch ein höherer Wert errechnet als $\psi_I(a_I^*)$. Es würde also ein Grenzvorteil errechnet, obwohl die Modellvariation überhaupt keine Auswirkungen auf den abgeleiteten Aktionsplan hat. Einen effektiven Vorteil kann die Modellvariation jedoch nur dann bringen, wenn dadurch auch der Aktionsplan verändert, d. h. verbessert wird.

- a_I^* und a_{II}^* sind nicht identisch: es gilt $\psi_I(a_I^*) > \psi_{II}(a_{II}^*)$. Aus dem verfeinerten Modell würde also ein anderer Aktionsplan abgeleitet, gleichzeitig jedoch eine Senkung des Zielfunktionswertes des jeweils als optimal ausgewiesenen Planes erreicht, was - dem untersuchten Ansatz nach - als negativer Grenzvorteil aufzufassen wäre, so daß die Modellverfeinerung selbst dann als nicht lohnend abzulehnen wäre, wenn keinerlei Planungskosten anfielen. Nun bedeutet die Tatsache, daß a_{II}^* den nach Ansatz II optimalen Plan darstellt, daß offenbar $\psi_{II}(a_{II}^*) > \psi_{II}(a_I^*)$ gilt. Bei Realisierung von a_I^* würde sich - auf der Basis des verfeinerten Modells II errechnet - also ein noch schlechterer Präferenzwert ergeben als bei der Durchführung von a_{II}^*, also wäre die Modellvariation eventuell doch lohnend.

Es erscheint somit eher sinnvoll, die beiden Aktionspläne a_I^* und a_{II}^* auf der Basis der Präferenzwerte zu vergleichen,

1) Darauf weist Teichmann (1972), S. 533 f. ebenfalls hin.

die ihnen in dem verfeinerten Modell II zugeordnet werden, den Grenzvorteil also an der Differenz $\psi_{II}(a^*_{II}) - \psi_{II}(a^*_I)$ zu messen.[1] Diesem Ansatz folgend würde offenbar immer dann ein positiver Grenzvorteil errechnet, wenn die Modellvariation zu einer Änderung der Handlungsempfehlung führt. Bleibt diese unverändert, wird der Grenzvorteil demgegenüber mit null angesetzt; ein negativer Wert kann sich nicht ergeben.

Den Weg zu einer exakten Bestimmung des marginalen Vorteils einer Modellverfeinerung öffnet jedoch auch dieser Ansatz nicht. Denn auch der verfeinerte Ansatz II, der dieser Bewertung zugrunde gelegt wird, ist ja nur ein unvollständiges, vergröbertes Abbild der Realität. Somit ist es ohne weiteres möglich, daß sich - die Fiktion eines in allen Details originalgetreuen Ansatzes höchster Komplexion unterstellt - bei genauerer Betrachtung der zu beurteilenden Aktionsprogramme a^*_I und a^*_{II} ganz andere Wertunterschiede ergeben als die auf der Basis des Modellansatzes II ermittelte Differenz $\psi_{II}(a^*_{II}) - \psi_{II}(a^*_I)$. Eine exakte Ermittlung des marginalen Vorteils einer Komplexionserhöhung setzte also nicht nur die Lösung der beiden Ansätze I und II voraus, sondern darüber hinaus auch noch die Lösung eines erheblich komplexeren - im Extrem des isomorphen - Kalküls. Nach Kenntnis einer solchen Lösung bestünde jedoch gar kein Bedarf mehr zur Formulierung eines Entscheidungsmodells, also erst recht nicht zur Ermittlung des optimalen Komplexionsgrades eines solchen Modells. All das, was aus der Modellanalyse erst abgeleitet werden sollte, wäre ja schon aus Anlaß der Ermittlung der optimalen Modellgestaltung vorweg bestimmt worden.

Alle Versuche, die Grenzvorteile einer Modellverfeinerung in der angedeuteten Weise aus einem Lösungsvergleich ableiten zu wollen, können somit als nicht realisierbar

1) So Teichmann (1972), S. 533 f.

betrachtet werden. Nun ist vorgeschlagen worden, diese Marginalgrößen zumindest annähernd aufgrund einer vereinfachenden und vergröbernden Darstellung der mit der Auswahl zwischen mehreren Modellen unterschiedlichen Komplexionsgrades vorliegenden Entscheidungssituation zu ermitteln.[1] Der Sachentscheidung wäre also ein Hilfskalkül, ein "Metamodell"[2] zur Ermittlung des optimalen Komplexionsgrades des eigentlichen Modells voranzustellen. Bei der Beurteilung eines solchen Ansatzes ist allerdings zunächst zu fragen, wie ein solcher "Kalkül der Entscheidung über eine bestimmte Komplexion des Kalküls"[3] im konkreten Anwendungsfall mit numerischen Angaben ausgefüllt werden kann, woher die zur Ableitung einer "Komplexionsempfehlung" notwendigen Zahlenangaben gewonnen werden sollen. TEICHMANNS Aussage "weil seine (des Entscheidenden; Anm. d. Verf.) Information unvollständig ist, ist seine Erwartung über das Aussehen des komplexeren Kalküls ... unsicher"[4] ist sicherlich zuzustimmen. Seine weitere Unterstellung, daß der Entscheidende

- die Menge aller aus der zu beurteilenden Modellverfeinerung möglicherweise resultierenden Kalküle kennt und auch die jeweils optimale Alternative zu ermitteln. vermag sowie
- jedem dieser alternativ für möglich erachteten Kalküle und somit auch der zugehörigen Optimalalternative sogar eine Eintrittswahrscheinlichkeit zuordnen kann[5],

ist jedoch illusionär. Solange kein gangbarer Weg aufgezeigt wird, derartige Vorstellungen über das mögliche Aussehen eines verfeinerten Kalküls und der jeweiligen Handlungsempfehlung im vorhinein zu ermitteln, bleiben Ansätze der von TEICHMANN präsentierten Art nichts

---

1) Einen solchen Ansatz beschreibt Teichmann (1972), insbes. S. 537-539.
2) Hax, Laux (1972), S. 329.
3) Teichmann (1972), S. 537.
4) Teichmann (1972), S. 537.
5) So Teichmann (1972), S. 537 f.

weiter als leere Formalismen, die dem Anspruch, die Bestimmung des optimalen Komplexionsgrades zu ermöglichen, in keiner Weise zu genügen vermögen.[1)]

Ganz abgesehen von diesem Einwand ergeben sich jedoch noch weitere Probleme. Zum einen wäre im konkreten Fall stets die Frage zu beantworten, ob es überhaupt lohnt, einen solchen - ja ebenfalls mit Planungskosten verbundenen - Hilfskalkül überhaupt vorzunehmen oder ob es nicht besser wäre, darauf zu verzichten und sich von vornherein mit dem einmal gewählten Modellansatz zu begnügen oder ohne weitere Vorprüfung zu einem komplexeren Ansatz überzugehen. Die systematische Klärung dieser Frage bedingte einen sekundären Hilfskalkül, durch dessen Konstruktion und Analyse ebenfalls Kosten verursacht würden, so daß als nächstes zu fragen wäre, ob es sich denn überhaupt lohnt, dieses Sekundärmodell überhaupt noch aufzustellen. Auf diese Weise ließe sich offenbar eine endlose Kette weiterer Hilfskalküle aufstellen, ohne daß eine Lösung erreicht würde. Der Beginn einer jeden systematischen Planung setzt insoweit also stets an irgendeiner Stelle eine Vorentscheidung voraus, die nicht mehr aus der Analyse eines Formalmodells abgeleitet werden kann.

Selbst wenn nun eine solche Vorentscheidung dahingehend getroffen worden ist, der Konstruktion des eigentlichen Entscheidungsmodells einen Hilfskalkül zur Bestimmung des optimalen Komplexionsgrades voranzustellen, bleibt offen, von welchem Komplexionsgrad dieses - das Komplexionsproblem ja ebenfalls nur unvollständig und vergröbernd darstellende - Metamodell sein soll. Zur Entscheidung dieses Problems müßte jedoch wiederum ein sekundärer Hilfskalkül aufgestellt werden, dessen optimaler Komplexions-

---

1) Dies gilt um so mehr, als Teichmann auch bezüglich der marginalen Planungskosten keinen Ansatz zu ihrer Ermittlung aufzeigt; vielmehr werden die Kosten einer Modellverfeinerung - bei Teichmann durch die Minderung des entnehmbaren Betrages ausgedrückt - von vornherein als bekannt unterstellt.

grad dann mit Hilfe eines dritten Hilfskalküls zu bestimmen wäre usw.[1] Auch hier könnte eine unendliche Kette aneinandergereihter Metamodelle konstruiert werden, ohne jedoch jemals zu einer Problemlösung zu gelangen.

Als weiteren Ansatz, Aufschlüsse über die bestmögliche Art der Modellkonstruktion zu erhalten, führt ACKOFF die Möglichkeit an, den Vorgang der Bestimmung des optimalen Komplexionsgrades anhand eines theoretischen Modells zu simulieren.[2] An die Stelle eines komplexen und in seinen Einzelheiten gar nicht überschaubaren Realproblems tritt bei einem solchen Vorgehen also eine durch einen bestimmten Prämissenkranz umschriebene fiktive Entscheidungssituation, die zwar eine relativ komplizierte Struktur aufweist, aber immer noch isomorph abgebildet und auch gelöst werden kann. Diese gedachte Realität wird dann jeweils in mehreren Modellen unterschiedlichen Komplexionsgrades zum Ausdruck gebracht. Aus dem Vergleich der mit der Formulierung und Lösung dieser in Umfang und Abbildungsgenauigkeit divergierenden Ansätze jeweils verbundenen Kosten und der Gegenüberstellung der jeweiligen Lösungen mit dem hier ja bekannten Ergebnis des isomorphen Kalküls, sollen dann grundsätzliche "Prinzipien der Modellkonstruktion"[3] abgeleitet werden. Es erscheint jedoch fraglich, ob sich auf diese Weise exakte Hinweise für die Auswahl des Modelltyps finden lassen, der zur Darstellung eines konkreten Entscheidungsproblems am besten geeignet ist. Vielmehr dürfte dieser Ansatz eher dazu dienen - und das ist wohl auch von ACKOFF in erster Linie intendiert - die Dimensionen dieses (Vor-) Entscheidungsproblems überhaupt einmal deutlich zu machen.

Zusammenfassend läßt sich somit feststellen, daß es

1) So auch Hax, Laux (1972), S. 329.
2) Vgl. Ackoff (1962), S. 139. Ein ähnlicher Vorschlag wird von Jaensch (1967), S. 56 f. kurz erwähnt.
3) Ackoff (1962), S. 139.

- zumindest nach dem derzeitigen Erkenntnisstand - kein systematisches Verfahren gibt, das es erlaubt, für praktische Entscheidungsmodelle den optimalen Komplexionsgrad auch nur annähernd exakt zu ermitteln, und zwar aus folgenden, kumulativ geltenden Gründen:

1. Es ist keineswegs geklärt, was genau unter "dem Komplexionsgrad" zu verstehen ist. Vielmehr steht jeweils im Hinblick auf alle Modellkomponenten eine große Anzahl verschiedener Darstellungsformen unterschiedlicher Genauigkeit oder Vergröberung zur Auswahl. Es ist somit nicht möglich, die - der Menge aller möglichen Kombinationen der einzelnen Abbildungsregeln entsprechende - Gesamtheit verschiedener Modelltypen nach dem jeweiligen Ausmaß originalgetreuer Wiedergabe eindimensional zu ordnen.

2. Es bestehen keine Möglichkeiten, die mit einer bestimmten Modellvariation verbundenen Auswirkungen auf die Planungskosten und die Qualität der entsprechenden Handlungsempfehlung im voraus hinreichend exakt zu ermitteln.

3. Auch alle Ansätze, das Komplexionsproblem selbst zum Gegenstand eines vereinfachenden und vergröbernden Modells zu machen, um auf diese Weise den optimalen Kalkültyp wenigstens annähernd zu bestimmen, verschieben das Problem nur auf die nächste Stufe, lösen es jedoch nicht. Selbst wenn man einmal unterstellt, die zur Formulierung eines solchen Metamodells benötigten Daten seien bestimmbar, hängt das Ergebnis einer solchen Vorentscheidung offenbar davon ab, wie sehr die real gegebene Situation in der Umschreibung durch diesen Hilfskalkül vereinfacht und vergröbert worden ist. Ein solcher Ansatz setzt also die Vorklärung des optimalen Komplexionsgrades des Metamodells voraus, was zu dem oben geschilderten "unend-

lichen Regreß"[1] führt.

Die Auswahl des zur Lösung eines bestimmten konkreten Entscheidungsproblems heranzuziehenden Modelltyps muß somit letztlich dem subjektiven Ermessen des Entscheidenden, Erfahrungen und Fingerspitzengefühl, persönlichem Geschmack und Intuition überlassen bleiben.[2] In theoretischen Untersuchungen kann somit nur versucht werden, überhaupt einmal einen Überblick über das mit der Fixierung des geeignet erscheinenden Modelltyps anstehende Entscheidungsproblem zu geben und dabei nicht pauschal von "dem Komplexionsgrad" als begrifflichem Aggregat einer Vielzahl divergierender Einzelsachverhalte auszugehen, sondern die im Hinblick auf verschiedene Einzelkomponenten zur Auswahl stehenden Formulierungsvarianten darzustellen und zumindest grobe Anhaltspunkte für und wider bestimmte Ausgestaltungsformen aufzuzeigen. So sind auch die im Zuge dieser Arbeit an verschiedenen Stellen präsentierten Formalansätze zur Darstellung verschiedener im Prozeß der Modellformulierung vorzunehmender Auswahl- und Aggregationsvorgänge nicht als konkrete Verfahrenshinweise zur unmittelbaren optimalen Ausgestaltung der einzelnen Abbildungsregeln zu verstehen. Vielmehr ist in erster Linie ein Problemaufriß beabsichtigt, eine ordnende Darstellung derjenigen Sachverhalte, die es bei der Konstruktion eines Entscheidungskalküls, ohne sie exakt quantifizieren zu können, abzuschätzen gilt; also eine Skizze gerade jenes Unbestimmtheitsbereiches, der stets in irgendeiner Weise mit subjektiven Ermessensurteilen auszufüllen ist und der, wo immer Formalkalküle zur Bewältigung von Entscheidungsproblemen herangezogen werden, ob sich der Entscheidende dessen bewußt ist oder nicht, stets genau in dieser Weise ausgefüllt wird.

---

1) Hax, Laux (1972), S. 329.
2) Zu dem gleichen Ergebnis kommen z. B. auch Jaensch (1967), S. 54-57; Schneider, D. (1971), S. 851; Hax, Laux (1972), S. 329 f.; Lassak (1973), S. 149-152.

3. Der Komplexionsgrad theoretischer Modelle

Wie eingangs erwähnt, ist die Bestimmung des optimalen Komplexionsgrades ein Problem, das unmittelbar nur bei der Formulierung praktischer Modelle auftaucht. Theoretische Modelle stellen ja ex definitione ein isomorphes Abbild einer bewußt vereinfacht unterstellten fiktiven Entscheidungssituation dar, so daß sich die Frage nach einem optimalen Komplexionsgrad insoweit gar nicht stellt. Bedenkt man jedoch, daß praktische Modelle aus dem speziellen Zuschnitt allgemeiner theoretischer Ansätze auf ein bestimmtes reales Entscheidungsproblem abgeleitet werden können, so gilt es, jeweils aus dem Sortiment unterschiedlicher theoretischer Modelle gerade dasjenige herauszusuchen, das die optimale Mischung aus Detailgenauigkeit und Vollständigkeit einerseits, sowie Vereinfachung und Vergröberung andererseits ermöglicht. Es gilt also, das theoretische Modell aufzufinden, dessen Prämissenkranz als die - im Sinne des optimalen Komplexionsgrades - beste Umschreibung der Sachverhalte der zugrunde liegenden Realsituation angesehen werden kann.

In diesem Sinne läuft die Frage nach dem optimalen Komplexionsgrad eines theoretischen Modellansatzes im Grunde auf nichts anderes hinaus als auf eine Umformulierung der Frage nach dem optimalen Komplexionsgrad des in einer bestimmten Entscheidungssituation aufzustellenden praktischen Kalküls, kann also auch nur im Hinblick auf ein hinreichend konkretisiertes Realproblem erörtert werden. Solange nicht deutlich gemacht wird, auf welche realen Entscheidungssituationen die über die Angemessenheit des Komplexionsgrades bestimmter Arten von theoretischen Modellen vorgetragenen Ausführungen gemünzt sind, bleiben diese Ausführungen ohne konkreten Bezugspunkt und entziehen sich damit im Grunde jeder materiellen Stellungnahme. Eine Diskussion über Vor- und Nachteile verschiedener Modelltypen gleicht dann dem Streit jener Weisen, die darüber zu urteilen hatten, welcher Künstler die sagenhafte Wunderblume am treffendsten dargestellt hatte, ohne daß auch nur einer der Gelehrten wußte, wie das aussah, dessen Darstellung er beurteilen sollte.

In der Literatur wird jedoch auch darüber hinaus in einem allgemeineren und von konkreten Entscheidungsproblemen abstrahierenden Rahmen die Frage diskutiert, wie komplex theoretische Modellansätze sinnvollerweise ausgestaltet werden sollten.[1)] Bei derartigen Erörterungen handelt es sich im Grunde um eine Diskussion verschiedener Forschungsstrategien, insbesondere der Frage, inwieweit von einer weiteren Fortsetzung der Bemühungen, immer umfassendere und kompliziertere theoretische Modelle zu entwickeln, fruchtbare Ergebnisse zu erwarten sind. Jede Stellungnahme zu diesem Thema setzt insoweit zunächst eine Reflexion darüber voraus, was überhaupt Ziel und Zweck wissenschaftlicher Erörterungen auf dem Gebiet der ökonomischen Entscheidungstheorie sein soll. Dabei kommt unter dem in dieser Arbeit vorrangig betrachteten präskriptiven Aspekt vor allem der Aufgabe, Hilfen und Anleitungen für die rationale Planung und Gestaltung ökonomischer Aktivitäten zu liefern, besondere Bedeutung zu.

Jeder Einwand gegen die Brauchbarkeit bestimmter komplexer Modelle impliziert insoweit das Vorurteil, für die überwiegende Mehrzahl realer Entscheidungsprobleme seien derartige Ansätze von zu hoher Komplexion, um als Schablone für die Konstruktion eines praktikablen Kalküls Verwendung zu finden. Jeder derartige Einwand enthält also ein indirektes Plädoyer dafür, zur Lösung von Entscheidungspro-

---

1) So z. B. Moxter (1965); Jaensch (1967); Menges (1969), S. 80-82 oder auch Schneider, D. (1971), (1972) und Hax, Laux (1972) in ihrer Auseinandersetzung um die Sinnhaftigkeit von Modellansätzen der "flexiblen Planung".

blemen der betrachteten Art Modelle mit einem niedrigeren Komplexionsgrad zu verwenden, als es den entsprechenden theoretischen Ansätzen entspricht. Umgekehrt impliziert die Befürwortung verfeinernder modelltheoretischer Arbeiten auf einem bestimmten Gebiet das Voruteil, es gebe doch praktische Entscheidungsprobleme, deren Bewältigung durch Entwicklung und Analyse komplizierter theoretischer Modelle direkt oder indirekt erleichtert werden kann.

Was ist nun der Maßstab, anhand dessen die in dem skizzierten Sinne zu verstehende Frage nach dem optimalen Komplexionsgrad theoretischer Entscheidungsmodelle beantwortet werden kann? Gelegentlich wird vorgetragen, viele von Theoretikern erarbeitete Modellansätze seien wertlos, da sie wegen ihrer Komplexität in der Praxis doch nicht angewendet würden. Es stellt sich damit die Frage, ob es - wohlgemerkt nach wie vor nur im Hinblick auf die Aufgaben einer normativ präskriptiven Theorie - sinnvoll ist, theoretische Modelle nur insoweit zu entwickeln, wie damit zu rechnen ist, daß sie angesichts der gegebenen Verfahrenstechniken und des beobachtbaren Entscheidungsverhaltens auch tatsächlich praktische Anwendung finden werden. In diesem Zusammenhang ist nun zum einen zu bedenken, daß bei dem derzeitigen Entwicklungsstand für die Zukunft wohl mit weiteren Verbesserungen der Instrumente der Informationsbeschaffung und -aufbereitung ebenso gerechnet werden kann wie mit der Entwicklung leistungsfähigerer Lösungsalgorithmen. Außerdem darf nicht verkannt werden, daß die in der Praxis angewendeten Entscheidungsverfahren, wenn auch mit einer bestimmten Verzögerung, durch die Entwicklungen auf dem Gebiet theoretischer Modelle mit beeinflußt werden. Somit ist es ohne weiteres denkbar, daß etliche theoretische Ansätze, die zur Zeit noch als zu kompliziert abgelehnt werden, in Verbindung mit der Entwicklung besserer Prognose- und Rechentechniken zukünftig doch Eingang in die unternehmerische Praxis finden - genau wie verschiedene inzwischen schon etablierte Planungsansätze, insbesondere des Operations Research, im Zeitpunkt ihrer ersten Konzipierung vor zwanzig bis dreißig Jahren ebenfalls zunächst als nicht operabel angesehen wurden. Darüber hinaus kann die Entwicklung zunehmend komplexerer Modellansätze - auch ohne den Wert einer reinen Theorie einem Glasperlenspiel ähnlich, allein in ihrem Sebstzweck zu sehen - insoweit befürwortet werden, als die Analyse solcher Ansätze dazu beitragen kann, Einblicke in die logische Struktur bestimmter Entscheidungsprobleme zu erleichtern und zu verbessern.

Auf welchem Gebiet nun der Grenznutzen weiterer wissenschaftlicher Bemühungen größer ist - bei der Entwicklung noch komplexerer und umfassenderer Modelle oder bei der Erarbeitung heuristischer Faustformeln - dürfte kaum allgemeingültig zu klären sein. Andererseits ist jeder, der sich mit den Problemen einer präskriptiv orientierten Entscheidungstheorie befaßt, gezwungen, zumindest für seine eigene Forschungstätigkeit in irgendeiner Weise ein Urteil zu fällen. Faßt man die Entwicklung der Wissenschaft jedoch selbst als Zufallsprozeß auf, bei dem die Ergebnisse einzelner Aktivitäten nicht mit Sicherheit vorhergesehen werden können, so stellen solche Festlegungen stets auf subjektiven Wahrscheinlichkeitsvorstellungen beruhende Entscheidungen unter Unsicherheit dar, für die niemals der Anspruch auf Richtigkeit oder Gültigkeit in einem objektiven Sinne erhoben werden kann.

Abkürzungsverzeichnis

AER	American Economic Review
AktG	Aktiengesetz vom 6. 9. 1965
AktG 1937	Aktiengesetz vom 30. 1. 1937
AO	Reichsabgabenordnung i. d. F. vom 22. 5. 1931
BewG	Bewertungsgesetz i. f. F. vom 10. 12. 1965
BGB	Bürgerliches Gesetzbuch vom 18. 8. 1896
BGBl.	Bundesgesetzblatt
BörsG	Börsengesetz i. d. F. vom 27. 5. 1908
DepG	Depotgesetz vom 4. 2. 1937
AGAktG	Einführungsgesetz zum Aktiengesetz vom 6. 9. 1965
EStG	Einkommensteuergesetz i. d. F. vom 10. 12. 1965
GenG	Genossenschaftsgesetz vom 1. 5. 1889
GmbHG	GmbH-Gesetz vom 20. 5. 1898
HdB	Handwörterbuch der Betriebswirtschaftslehre
HdO	Handwörterbuch der Organisation
HdSW	Handwörterbuch der Sozialwissenschaften
HGB	Handelsgesetzbuch vom 10. 5. 1897
KAGG	Gesetz über Kapitalanlagegesellschaften vom 16. 4. 1957
KO	Konkursordnung i. d. F. vom 20. 5. 1898
KWG	Kreditwesengesetz vom 10. 7. 1961
MS	Management Science
PublG	Publizitätsgesetz vom 15. 8. 1969
QJE	Quarterly Journal of Economics
ZfB	Zeitschrift für Betriebswirtschaft
ZfbF	Zeitschrift für betriebswirtschaftliche Forschung
ZfhF	Zeitschrift für handelswissenschaftliche Forschung

Literaturverzeichnis

Ackoff (1962)

Ackoff, R.: Scientific Method; New York-London 1962.

Adam, A. (1959)

Adam, A.: Messen und Regeln in der Betriebswirtschaft; Würzburg 1959.

Adam, D. (1963)

Adam, D.: Simultane Ablauf- und Programmplanung bei Sortenfertigung mit ganzzahliger linearer Programmierung; in: ZfB (33) 1963, S. 233-245.

Adam, D. (1969)

Adam, D.: Produktionsplanung bei Sortenfertigung; Wiesbaden 1969.

Adam, D. (1970)

Adam, D.: Entscheidungsorientierte Kostenbewertung; Wiesbaden 1970.

Adam, D., Röhrs (1967)

Adam, D., Röhrs, W.: Ein Algorithmus zur Dekomposition linearer Planungsprobleme; in: ZfB (37) 1967, S. 395-417.

Adams (1960)

Adams, E. W.: Survey of Bernoullian Utility Theory; in: Mathematical Thinking in the Measurement of Behavior; Hrsg. H. Solomon, Glencoe 1960, S. 151-268.

Albach (1959)

Albach, H.: Wirtschaftlichkeitsrechnungen bei unsicheren Erwartungen; Köln-Opladen 1959.

Albach (1960)

Albach, H.: Lineare Programmierung als Hilfsmittel betrieblicher Investitionsplanung; in: ZfhF (12) N. F. 1960, S. 526-549.

Albach (1962)

Albach, H.: Zur Finanzierung von Kapitalgesellschaften durch ihre Gesellschafter; in: Zeitschrift für die gesamte Staatswissenschaft (118) 1962, S. 653-687.

Albach (1962 a)

Albach, H.: Investition und Liquidität; Wiesbaden 1962.

Albach (1962 b)

Albach, H.: Die Prognose im Rahmen unternehmerischer Entscheidungen; in: Schriften des Vereins für Socialpolitik, N. F. Bd. 25, Berlin 1962, S. 201-214.

Albach (1967)

Albach, H.: Das optimale Investitionsbudget bei Unsicherheit; in: ZfB (37) 1967, S. 503-518.

Albach (1969)

Albach, H.: Informationswert; in: HdO, Hrsg. E. Grochla, Stuttgart 1969, Sp. 720-727.

Ansoff (1969)

Ansoff, H. I.: Toward a Strategic Theory of the Firm; in: Business Strategy, Selected Readings, Hrsg. H. I. Ansoff, Hamondsworth, England 1969, S. 11-40.

Ansoff (1969 a)

Ansoff, H. I.: Managerial Problem Solving; in: Management Science in Planning and Control, Hrsg. J. F. Blood, New York 1969, S. 107-136.

Arnold (1964)

Arnold, H.: Risikentransformation; Diss., Saarbrücken 1964.

Arrow (1951)

Arrow, K. J.: Alternative, Approaches to the Theory of Choice in Risk-Taking Situations; in: Econometrica (19) 1951, S. 404-437.

Arrow, Harris, Marschak (1951)

Arrow, K. J., Harris, T., Marschak, J.: Optimal Inventory Policy; in: Econometrica (19) 1951, S. 250-272.

Arrow, Karlin, Scarf (1958)

Arrow, K. J., Karlin, S., Scarf, H.: Studies in the Mathematical Theory of Inventory and Production; Stanford 1958.

Autorenkollektiv (1965)

Autorenkollektiv: Allgemeine Statistik; Bd. 2, Berlin 1965.

Balinski (1965)

Balinski, M. L.: Integer Programming-Methods, Uses, Computation; in: Management Science (12) 1966, S. 253-313.

Barges (1963)

Barges, A.: The Effect of Capital Structure on the Cost of Capital, A Test and Evaluation of Modigliani and Miller Propositions; Englewood Cliffs, N. J., 1963.

Baumbach, Hueck (1960)

Baumbach/Hueck: Gesetz betr. die Gesellschaften mit beschränkter Haftung; Beck'sche Kurzkommentare Bd. 20, 9. Aufl., München-Berlin 1960.

Baumbach, Hueck (1968)

Baumbach/Hueck: Aktiengesetz; Beck'sche Kurzkommentare Bd. 23, 13. Aufl., München 1968.

Baumol (1959)

Baumol, W. J.: Business Behavior, Value and Growth; New York-Chicago-San Francisco-Atlanta 1959.

Baumol (1966)

Baumol, W. J.: Ökonomische Modelle und die Mathematik; in: Theorie und Realität, Ausgewählte Aufsätze zur Wissenschaftslehre der Sozialwissenschaften, Hrsg. H. Albert, 2. Aufl., 1971, S. 153-168. (Dt. Übers. durch H. Kenth aus: Shermen Roy Krupp (ed.): The Structure of Economic Science, Essays on Methodology, Prentice-Hall, Inc. Englewood Cliffs 1966, S. 88-101).

Bellmann (1957)

Bellmann, R. E.: Dynamic Programming; Princeton 1957.

Bidlingmaier (1964)

Bidlingmaier, J.: Unternehmensziele und Unternehmerstrategien; Wiesbaden 1964.

Bidlingmaier (1968)

Bidlingmaier, J.: Zielkonflikte und Zielkompromisse im unternehmerischen Entscheidungsprozeß; Wiesbaden 1968.

Bitz (1975)

Bitz, M.: Modelle zur Informationsbewertung; in: ZfB (9) 1975, S. 521-546.

Bitz (1975 a)

Bitz, M.: Zur zeitlichen Abgrenzung von Modellansätzen zur Investitions- und Finanzplanung; Diskussionsbeitrag A 7509 des Fachbereichs Wirtschaftswissenschaft, Universität des Saarlandes, Saarbrücken 1975. (Erscheint demnächst in: ZfB.)

Bitz, Wenzel (1974)

Bitz, M., Wenzel, F.: Zur Preisbildung bei Informationen; in: ZfbF (26) 1974, S. 451-472.

Blackwell, Girshik (1954)

Blackwell, D., Girshik, M. A.: Theory of Games and Statistical Decisions; New York-London 1954.

Blumentrath (1969)

Blumentrath, U.: Investitions- und Finanzplanung mit dem Ziel der Endwertmaximierung; Wiesbaden 1969.

Bödecker (1971)

Bödecker, W.: Allokations- und Distributionsprobleme bei Kollektivgütern; Diss., Saarbrücken 1971.

Bogen (1964)

Bogen, J. I. (Hrsg.): Financial Handbook; 4. Aufl., New York 1964.

Böhm (1961)

Böhm, H. H.: Operationenforschung; Berlin-Baden-Baden 1961.

Böhrs (1969)

Böhrs, H.: Arbeitsbewertung; in: HdO, Hrsg. E. Grochla, Stuttgart 1969, Sp. 97-105.

Borch (1968)

Borch, K. H.: The Economics of Uncertainty; Princeton 1968.

Boulding (1962)

Boulding, K. E.: Conflict and Defense, A General Theory; New York 1962.

Bramesfeld (1956)

Bramesfeld, E.: Bewegungs- und Zeitstudien; in: HdB, Hrsg. H. Seischab, K. Schwantag, Bd. 1, 3. Aufl., Stuttgart 1956, Sp. 1055-1059.

Bross (1964)

Bross, I. D. J.: Design for Decision; 8. Aufl., New York 1964.

Buehr (1967)

Buehr, W.: Dualvariable als Kriterium unternehmerischer Planung; Meisenheim 1967.

Buehr (1967 a)

Buehr, W.: Dualvariable, Opportunitätskosten und optimale Geltungszahl; in: ZfB (37) 1967, S. 687-708.

Capelle (1960)

Capelle, K. H.: Zum Verhältnis von Gesetz und Rechtswirklichkeit in der Wirtschaft; in: Hamburger Jahrbuch für Wirtschafts- und Gesellschaftspolitik (5), Hrsg. H. D. Ortlieb, Tübingen 1960, S. 44-57.

Carnap (1959)

Carnap, R.: Induktive Logik und Wahrscheinlichkeit; Wien 1959.

Charnes, Cooper (1960)

Charnes, A., Cooper, W.: Chance-Constrained-Programming; in: Management Science (6) 1960, S. 73-79.

Chernoff (1954)

Chernoff, H.: Rational Selection of Decision Functions; in: Econometrica (22) 1954, S. 422-443.

Chmielewicz (1970)

Chmielewicz, K.: Die Formalstruktur der Entscheidung; in: ZfB (40) 1970, S. 239-268.

Churchman, Ackoff, Arnoff (1966)

Churchman, C. W., Ackoff, R. L., Arnoff, E. L.: Operations Research, Eine Einführung in die Unternehmensforschung; dt. Übers., 3. Aufl., Wien-München 1966.

Clark, J. M. (1923)

Clark, J. M.: Studies in the Economics of Overhead Costs; Chicago 1923.

Clark, P. G. (1950)

Clark, P. G.: An Empirical Study of Investment; Harvard 1950.

Coenenberg (1969)

Coenenberg, A. G.: Rechnungswesen, Organisation des; in: HdO, Stuttgart 1969, Sp. 1413-1424.

Cooper (1949)

Cooper, W. W.: Theory of the Firm: Some Suggestions for Revision; in: AER (39) 1949, S. 1204-1222.

Cournot (1924)

Cournot, A.: Untersuchungen über die mathematischen Grundlagen der Theorie des Reichtums; dt. Übers., Sammlung sozialwissenschaftlicher Meister, Hrsg. v. H. Waentig, Jena 1924.

Le Coutre (1941)

Le Coutre, W.: Totale Bilanzlehre; in: Lexikon des kaufmännischen Rechnungswesens, Hrsg. K. Bott, Bd. 2, Stuttgart 1941, Sp. 2559-2607.

Cyert, March (1963)

Cyert, R. M., March, J. G.: A Behavioral Theory of the Firm; Englewood Cliffs, N. J., 1963.

Dantzig (1966)

Dantzig, G. B.: Lineare Programmierung und Erweiterungen; dt. Übers., Berlin-Heidelberg-New York 1966.

Dantzig, Wolfe (1960)

Dantzig, G. B., Wolfe, Ph.: Decomposition Principle for Linear Programs; in: Journal of the Operations Research Society of America (8) 1960, S. 101-111.

Dantzig, Wolfe (1961)

Dantzig, G. B., Wolfe, Ph.: The Decomposition Algorithm for Linear Programs; in: Econometrica (29) 1961, S. 767-778.

Davenport (1923)

Davenport, H. J.: The Economics of Enterprise; New York 1923.

Dembo (1931)

Dembo, T.: Ärger als dynamisches Problem; in: Psychologische Forschung (15), Berlin 1931, S. 1-144.

Dinkelbach (1962)

Dinkelbach, W.: Unternehmerische Entscheidungen bei mehrfacher Zielsetzung; in: ZfB (32) 1962, S. 739-747.

Dinkelbach (1964)

Dinkelbach, W.: Zum Problem der Produktionsplanung in Ein- und Mehrproduktunternehmen; Würzburg-Wien 1964.

Dinkelbach (1971)

Dinkelbach, W.: Über einen Lösungsansatz zum Vektormaximumproblem; in: Unternehmensforschung heute, Hrsg. M. Beckmann, Berlin-Heidelberg-New York 1971, S. 1-13.

Dinkelbach (1973)

Dinkelbach, W.: Zur Frage unternehmerischer Zielsetzungen bei Entscheidungen unter Risiko; in: Zur Theorie des Absatzes, Festschrift zum 75. Geburtstag von E. Gutenberg, Hrsg. H. Koch, Wiesbaden 1973, S. 37-59.

Dinkelbach (1973 a)

Dinkelbach, W.: Entscheidungsmodelle; in: HdO, Hrsg. E. Grochla, ungek. Studienausgabe, Stuttgart 1973, Sp. 485-496.

Dinkelbach (1973 b)

Dinkelbach, W.: Modell - ein isomorphes Abbild der Wirklichkeit? in: E. Grochla und N. Szyperski, Hrsg. modell- und computergestützte Unternehmensplanung, Wiesbaden 1973, S. 152-162.

Dinkelbach, Dürr (1972)

Dinkelbach, W., Dürr, W.: Über Effizienzaussagen bei Ersatzprogrammen zum Vektormaximumproblem; in: Hrsg. R. Henn, Operations Research Verfahren, Bd. 12, Meisenheim: Hain 1972, S. 69-77.

Dinkelbach, Isermann (1972)

Dinkelbach, W., Isermann, H.: On Decision Making under multiple Criteria and under incomplete Information; Regensburger Diskussionsbeiträge zur Wirtschaftswissenschaft, Serie B (6), Regensburg 1972.

Domar, Musgrave (1944)

Domar, E., Musgrave, R. A.: Proportional Income Taxation and Risk Taking; in: QJE (58) 1944, S. 388-422.

Drumm (1972)

Drumm, H. J.: Theorie und Praxis der Lenkung durch Preise; in: ZfbF (24) 1972, S. 253-267.

Dvoretzky, Kiefer, Wolfowitz (1952)

Dvoretzky, A., Kiefer, J., Wolfowitz, J.: The Inventory Problem; in: Econometrica (20) 1952, S. 187-222.

Eilon (1962)

Eilon, S.: Elements of Production Planning and Control; New York 1962.

Engels (1962)

Engels, W.: Betriebswirtschaftliche Bewertungslehre im Licht der Entscheidungstheorie; Beiträge zur betriebswirtschaftlichen Forschung, Hrsg. v. E. Gutenberg, W. Hasenack, K. Hax, E. Schäfer (18), Köln-Opladen 1962.

Engels (1969)

Engels, W.: Rentabilität, Risiko und Reichtum; Tübingen 1969.

Fandel (1972)

Fandel, G.: Optimale Entscheidung bei mehrfacher Zielsetzung; Lecture Notes in Operations Research (76), Berlin-Heidelberg-New York 1972.

Feller (1957)

Feller, W.: An Introduction to Probability Theory and It's Applications; 2. Aufl., New York-London 1957.

Ferschl (1964)

Ferschl, F.: Zufallsabhängige Wirtschaftsprozesse - Grundlagen und Anwendungen der Theorie der Wartesysteme; Wien-Würzburg 1964.

Fetter, Dallek (1961)

Fetter, R., Dallek, W.: Decision Models for Inventory Management; Homewood 1961.

Förstner (1958)

Förstner, W.: Wahrscheinlichkeitsbetrachtungen in der Theorie der Unternehmung; in: Festschrift zum 70. Geburtstag von Walter Waffenschmidt, Hrsg. Karl Brandt, Meisenheim am Glan 1958, S. 150-177.

Franke, Laux (1968)

Franke, G., Laux, H.: Die Ermittlung der Kalkulationszinsfüße für investitionstheoretische Partialmodelle; in: ZfbF (20) 1968, S. 740-759.

Franke, Laux (1970)

Franke, G., Laux, H.: Die Bemessung von Abschreibungen für Entscheidungsrechnungen; in: ZfB (40) 1970, S. 399-420.

Frese (1971)

Frese, E.: Heuristische Entscheidungsstrategien der Unternehmensführung; in: ZfbF (23) 1971, S. 283-307.

Freund (1956)

Freund, R. J.: The Introduction of Risk into a Programming Model; in: Econometrica (24) 1956, S. 253-264.

Gäfgen (1974)

Gäfgen, G.: Theorie der wirtschaftlichen Entscheidung; 3. Aufl., Tübingen 1974.

Geoffrion (1968)

Geoffrion, A.: Proper Efficiency and the Theory of Vector Maximization; in: Journal of Mathematical Analysis and Application (22) 1968, S. 618-630.

Goodman (1954)

Goodman, L. A.: On Methods of Amalgamation; in: Decision Processes, Hrsg. R. M. Thrall, C. H. Coombs, R. L. Davis, New York-London 1954, S. 39-48.

Gossen (1889)

Gossen, H. H.: Entwicklung der Gesetze des menschlichen Verkehrs und der daraus fließenden Regeln für menschliches Handeln; Berlin 1889.

Green (1894)

Green, D. J.: Pain Cost and Opportunity Cost; in: QJE (8) 1894.

Griem (1968)

Griem, H.: Der Prozeß der Unternehmensentscheidung bei unvollkommener Information; Berlin 1968.

Grochla (1969)

Grochla, E.: Modelle als Instrumente der Unternehmensführung; in: ZfbF (21) 1969, S. 382-397.

Grün (1973)

Grün, O.: Entscheidung; in: HdO, Hrsg. E. Grochla, ungek. Studienausgabe, Stuttgart 1973, Sp. 474-484.

Gümbel (1963)

Gümbel, R.: Nebenbedingungen und Varianten der Gewinnmaximierung; in: ZfhF (15) N. F. 1963, S. 12-21.

Gutenberg (1953)

Gutenberg, E.: Über den Verlauf von Kostenkurven und seine Begründung; in: ZfhF (5) N. F. 1953, S. 1-35.

Gutenberg (1953a)

Gutenberg, E.: Zum "Methodenstreit"; in: ZfhF (5) N. F. 1953, S. 327-355.

Gutenberg (1962)

Gutenberg, E.: Unternehmensführung - Organisation und Entscheidungen; Wiesbaden 1962.

Gutenberg (1963)

Gutenberg, E.: Grundlagen der Betriebswirtschaftslehre Bd. 1, Die Produktion, 8./9. Aufl., Berlin-Göttingen-Heidelberg 1963,

Gutenberg (1964)

Gutenberg, E.: Grundlagen der Betriebswirtschaftslehre Bd. 2, Der Absatz, 7. Aufl., Berlin-Göttingen-Heidelberg 1964.

Gutenberg (1969)

Gutenberg, E.: Grundlagen der Betriebswirtschaftslehre Bd. 3, Die Finanzen, Berlin-Göttingen-Heidelberg 1969.

Hadar, Russel (1969)

Hadar, J., Russel, W.: Rules for Ordering Uncertain Prospects; in: AER (59) 1969, S. 25-34.

Hadley (1964)

Hadley, G.: Nonlinear and Dynamic Programming, Reading; Palo Alto, London 1964.

Hadley, Whitin (1961)

Hadley, G., Whitin, T.: Useful Properties of the Poisson Distribution, Letters to the Editor; in: Operations Research (9) 1961, S. 408-410.

Hadley, Whitin (1963)

Hadley, G., Whitin, T.: Analysis of Inventory Systems; Englewood Cliffs 1963.

Haegert (1970)

Haegert, L.: Die Aussagefähigkeit der Dualvariablen und die wirtschaftliche Deutung der Optimalitätsbedingungen beim Chance-Constrained-Programming; in: Entscheidung bei unsicheren Erwartungen, H. Hax Hrsg., Köln 1970, S. 101-128.

Härle (1960)

Härle, D.: Finanzierungsregeln und ihre Gültigkeit; Diss., Frankfurt 1960.

Harris (1915)

Harris, F.: Operations and Cost; Chicago 1915.

Hart (1940)

Hart, A. G.: Anticipations, Uncertainty, and Dynamic Planning; New York 1940.

Hauschildt (1970)

Hauschildt, J.: Zur Artikulation von Unternehmenszielen; in: ZfbF (22) 1970, S. 545-559.

Hauschildt (1972)

Hauschildt, J.: "Kreditwürdigkeit" - Bezugsgrößen von Verhaltenserwartungen in Kreditbeziehungen; in: Hamburger Jahrbuch für Wirtschafts- und Gesellschaftspolitik (17) 1972, S. 167-183.

Hauschildt (1973)

Hauschildt, J.: Die Struktur von Zielen in Entscheidungsprozessen; in: ZfbF (25) 1973, S. 709-738.

Hax (1960)

Hax, H.: Lineare Planungsrechnung und Simplex-Methode als Instrumente betriebswirtschaftlicher Planung; in: ZfhF (12) N. F. 1960, S. 578-605.

Hax (1964)

Hax, H.: Investitions- und Finanzplanung mit Hilfe der linearen Programmierung; in: ZfbF (16) 1964, S. 430-446.

Hax (1964 a)

Hax, H.: Der Bilanzgewinn als Erfolgsmaßstab; in: ZfB (34) 1964, S. 642-651.

Hax (1964 b)

Hax, H.: Der Kalkulationszinsfuß in der Investitionsrechnung bei unsicheren Erwartungen; in: ZfbF (16) 1964, S. 187-194.

Hax (1965)

Hax, H.: Kostenbewertung mit Hilfe der mathematischen Programmierung; in: ZfB (35) 1965, S. 197-210.

Hax (1965 a)

Hax, H.: Die Koordination von Entscheidungen; Köln-Berlin-Bonn-München 1965.

Hax (1967)

Hax, H.: Bewertungsprobleme bei der Formulierung von Zielfunktionen für Entscheidungsmodelle; in: ZfbF (19) 1967, S. 749-761.

Hax (1970)

Hax, H.: Investitionstheorie; Würzburg-Wien 1970.

Hax, Laux (1969)

Hax, H., Laux, H.: Investitionstheorie; in: Beiträge zur Unternehmensforschung, Hrsg. G. Menges, Würzburg-Wien 1969, S. 227-284.

Hax, Laux (1972)

Hax, H., Laux, H.: Flexible Planung - Verfahrensregeln und Entscheidungsmodelle für die Planung bei Ungewißheit; in: ZfbF (24) 1972, S. 318-340.

Hecker (1967)

Hecker, B.: Vollkostenrechnung mit gesonderten Fixkostenbeiträgen; in: ZfB (37) 1967, S. 783-788.

Heinemann (1970)

Heinemann, H.: Ein allgemeines Dekompositionsverfahren für lineare Optimierungsprobleme; in: ZfbF (22) 1970, S. 302-317.

Heinemann (1971)

Heinemann, H.: Ein allgemeines Dekompositionsverfahren für lineare Optimierungsprobleme, Diss., Saarbrücken 1971.

Heinen (1962)

Heinen, E.: Die Zielfunktion der Unternehmung; in: Zur Theorie der Unternehmung, Festschrift zum 65. Geburtstag von Erich Gutenberg, Hrsg. H. Koch, Wiesbaden 1962, S. 9-71.

Heinen (1971)

Heinen, E.: Das Zielsystem der Unternehmung - Grundlagen betriebswirtschaftlicher Entscheidungen; 2. Aufl., Wiesbaden 1971.

Henderson, Quandt (1958)

Henderson, J. M., Quandt, R. E.: Microeconomic Theory - A Mathematical Approach; New York-Toronto-London-Tokyo 1958.

Henn (1964)

Henn, R.: Möglichkeiten, Ziele und Grenzen der Anwendung formaler Methoden in den Wirtschaftswissenschaften; in: Die Unternehmung, Schweizerische Zeitschrift für Betriebswirtschaft (18) 1964, S. 76-81.

Henzel (1967)

Henzel, F.: Vollkostenrechnung mit gesonderten Fixkostenbeiträgen; in: ZfB (37) 1967, S. 485-502.

Henzel (1967 a)

Henzel, F.: Erwiderung zu der Kritik Vollkostenrechnung mit gesonderten Fixkostenbeiträgen; in: ZfB (37) 1967, S. 788-792.

Hicks (1939)

Hicks, J. R.: Value and Capital; (Erstausgabe 1939), 2. Aufl., Oxford 1965.

Hicks (1956)

Hicks, J. R.: A Revision of Demand Theory; Oxford 1956.

Hicks (1965)

Hicks, J. R.: Capital and Growth; Oxford 1965.

Hodges, Lehmann (1952)

Hodges, J. L. jr., Lehmann, E. L.: The Use of Previous Experience in Reaching Statistical Decisions; in: The Annals of Mathematical Statistics (23) 1952, S. 396-407.

Hoffmann (1967)

Hoffmann, H.: Dispositionsregeln zur Solvenzsicherung von Depositenbanken; Diss., Saarbrücken 1967.

Hofstätter (1957)

Hofstätter, P.: Psychologie, Das Fischer Lexikon, Frankfurt 1957.

Hoppe (1930)

Hoppe, F.: Erfolg und Mißerfolg; in: Psychologische Forschung (14) 1930, S. 1-62.

Horngren (1962)

Horngren, C. T.: Cost Accounting; 2. Aufl., Englewood Cliffs, N. J. 1962.

Howard (1960)

Howard, R.: Dynamic Programming and Markov Processes; New York 1960.

Hurwicz (1951)

Hurwicz, L.: Optimality Criteria for Decision Making under Ignorance; in: Cowles Commission Discussion Paper, Statistics No. 370 (hektographiert) 1951.

Jacob (1964)

Jacob, H.: Neuere Entwicklungen in der Investitionsrechnung; in: ZfB (34) 1964, S. 487-507, 551-594.

Jahr, Stützel (1963)

Jahr, G., Stützel, W.: Aktien ohne Nennbetrag; Frankfurt 1963.

Jaensch (1966)

Jaensch, G.: Optimale Produktionssteuerung; in: Produktionstheorie und Produktionsplanung, Hrsg. A. Moxter, D. Schneider, W. Wittmann, Köln-Opladen 1966, S. 199-229.

Jaensch (1967)

Jaensch, G.: Betriebswirtschaftliche Entscheidungsmodelle und praktische Investitionsrechnung; in: ZfbF (19) 1967, S. 48-57.

Jöhr (1952)

Jöhr, W. A.: Die Konjunkturschwankungen; Tübingen 1952.

Jöhr, Singer (1964)

Jöhr, W. A., Singer, H. W.: Die Nationalökonomie im Dienste der Wirtschaftspolitik; dt. Übers., 2. Aufl., Göttingen 1964.

Kall (1968)

Kall, P. Der gegenwärtige Stand der stochastischen Programmierung; in: Unternehmensforschung (12) 1968, S. 81-95.

Kaplan, Dirham, Lanzillotti (1958)

Kaplan, A. D., Dirham, J. B., Lanzillotti, R. F.: Pricing in Big Business - A Case Approach; Washington 1958.

Kataoka (1963)

Kataoka, S.: A stochastic programming model; in: Econometrica (31) 1963, S. 181-196.

Katona (1960)

Katona, G.: Das Verhalten der Verbraucher und Unternehmer; dt. Übers., Tübingen 1960.

Kaufmann (1959)

Kaufmann, A.: Méthodes et Modèles de la Recherche Opérationelle; Paris 1959.

Kern (1962)

Kern, W.: Gestaltungsmöglichkeit und Anwendungsbereich betriebswirtschaftlicher Planungsmodelle; in: ZfhF (14) N. F. 1962, S. 167-179.

Kern (1969)

Kern, W.: Operations Research, Eine Einführung in die Optimierungsrechnung; 3. Aufl., Stuttgart 1969.

Kilger (1958)

Kilger, W.: Produktions- und Kostentheorie; Wiesbaden 1958.

Kilger (1965)

Kilger, W.: Planungsrechnung und Entscheidungsmodelle des Operations Research; in: Unternehmensplanung als Instrument der Unternehmensführung, Wiesbaden 1965, S. 55-75.

Kilger (1966)

Kilger, W.: Optimale Verfahrenswahl bei gegebenen Kapazitäten; in: Produktionstheorie und Produktionsplanung, Festschrift für Karl Hax zum 65. Geburtstag, Köln-Opladen 1966, S. 159-190.

Kilger (1967)

Kilger, W.: Flexible Plankostenrechnung; 3. Aufl., Köln-Opladen 1967.

Kilger (1973)

Kilger, W.: Optimale Produktions- und Absatzplanung; Opladen 1973.

Kilger (1976)

Kilger, W.: Einführung in die Kostenrechnung; Opladen 1976.

Kirsch (1970)

Kirsch, W.: Entscheidungsprozesse, Bd. 1, Verhaltenswissenschaftliche Ansätze der Entscheidungstheorie, Wiesbaden 1970.

Kirsch (1971)

Kirsch, W.: Entscheidungsprozesse, Bd. 2, Informationsverarbeitungstheorie des Entscheidungsverhaltens, Wiesbaden 1971.

Knight (1921)

Knight, F. H.: Risk, Uncertainty, and Profit; Boston-New York 1921.

Koch (1960)

Koch, H.: Zur Diskussion in der Ungewißheitstheorie; in: ZfhF (12) N. F. 1960, S. 49-75.

Koch (1970)

Koch, H.: Grundlagen der Wirtschaftlichkeitsrechnung; Wiesbaden 1970.

Koch (1972)

Koch, H.: Die zentrale Grobplanung als Kernstück der integrierten Unternehmensplanung; in: ZfbF (24) 1972, S. 222-252.

Koch (1973)

Koch, H.: Zur Diskussion über die Theorie der Sekundäranpassung - Die Problematik der Risikonutzentheorie; in: ZfbF (25) 1973, S. 773-791.

Koller, H. (1971)

Koller, H.: Zur Kritik der Gewinnmaximierung als Unternehmungsziel in der betriebswirtschaftlichen Theorie; in: Probleme der Unternehmensführung, Hrsg. H. Koller u. H. P. Kicherer, München 1971, S. 77-91.

Koller, P. (1969)

Koller, P.: Simulation; in HdO, Hrsg. E. Grochla, Stuttgart 1969, Sp. 1486-1498.

Kosiol (1956)

Kosiol, E.: Pagatorische Bilanz; in: Lexikon des Kaufmännischen Rechnungswesens, Hrsg. K. Bott, Bd. 3, 2. Aufl., Stuttgart 1956, Sp. 2085-2120.

Kosiol (1961)

Kosiol, E.: Modellanalyse als Grundlage unternehmerischer Entscheidungen; in: ZfhF (13) N. F. 1961, S. 318-334.

Kosiol (1972)

Kosiol, E.: Die Unternehmung als wirtschaftliches Aktionszentrum; (erweiterte Neuauflage), Reinbek 1972.

Krelle (1959)

Krelle, W.: Theorie wirtschaftlicher Verhaltensweisen; 2. Aufl., Meisenheim 1959.

Krelle (1968)

Krelle, W.: Präferenz- und Entscheidungstheorie; unter Mitarbeit von D. Coenen, Tübingen 1968.

Kreyszig (1965)

Kreyszig, E.: Statistische Methoden und ihre Anwendung; Göttingen 1965.

Krümmel (1964)

Krümmel, H. J.: Grundsätze der Finanzplanung; in: ZfB (34) 1964, S. 225-240.

Künzi, Krelle (1962)

Künzi, H. P., Krelle, W.: Nichtlineare Programmierung; Berlin-Göttingen-Heidelberg 1962.

Künzi, Tan (1966)

Künzi, H. P., Tan, S. T.: Lineare Optimierung großer Systeme; Berlin-Heidelberg-New York 1966.

Lampert (1960)

Lampert, H.: Die Preisführerschaft; in: Jahrbücher für Nationalökonomie und Statistik (172) 1960, S. 203-239.

Lange (1944)

Lange, O.: Price Flexibility and Employment; Bloomington 1944.

Lassak (1973)

Lassak, H. P.: Kapitalbudget, Unsicherheit und Finanzierungsentscheidung; Meisenheim am Glan 1973.

Laux (1969)

Laux, H.: Kapitalkosten und Ertragssteuern; Köln-Berlin-Bonn-München 1969.

Laux (1969 a)

Laux, H.: Flexible Planung des Kapitalbudgets mit Hilfe der linearen Programmierung; in: ZfbF (21) 1969, S. 728-742.

Laux (1971)

Laux, H.: Flexible Investitionsplanung; Opladen 1971.

Laux, Franke (1969)

Laux, H., Franke, G.: Investitions- und Finanzplanung mit Hilfe von Kapitalwerten; in: ZfbF (21) 1969, S. 43-56.

Laux, Franke (1970)

Laux, H., Franke, G.: Der Erfolg im betriebswirtschaftlichen Entscheidungsmodell; in: ZfB (40) 1970, S. 31-52.

Leffson (1970)

Leffson, U.: Die Grundsätze ordnungsgemäßer Buchführung; 2. Aufl., Düsseldorf 1970.

Lewin (1963)

Lewin, K.: Verhalten und Entwicklung als eine Funktion der Gesamtsituation; in: Feldtheorie in den Sozialwissenschaften, Hrsg. D. Cartwright, Bern-Stuttgart 1963, S. 271-329.

Lewin, Dembo, Festinger, Sears (1944)

Lewin, K., Dembo, R., Festinger, L., Sears, P. S.: Level of Aspiration; in: Personality and the Behavior Disorders, Hrsg. J. Hunt, New York 1944, S. 333-378.

Lindblom (1959)

Lindblom, Ch.: The Science of "Muddling Through"; in: Public Administration Review (19) 1959, S. 78-88.

Lintner (1962)

Lintner, J.: Diskussionsbeitrag zu H. A. Simon, New Developments in the Theory of the Firm; in: AER 1962, Papers and Proceedings, S. 1-15, ebd. S. 23-27.

Löffelholz (1952)

Löffelholz, J.: Betriebswirtschaft am Scheidewege; in: ZfB (22) 1952, S. 387-400.

Luce, Raiffa (1957)

Luce, R. D., Raiffa, H.: Games and Decisions Introduction and Critical Survey, New York 1957.

Lüder (1969)

Lüder, K.: Zur Anwendung neuer Algorithmen der ganzzahligen linearen Programmierung; in: ZfB (39) 1969, S. 405-434.

Männel (1967)

Männel, W.: Kann die Vollkostenrechnung durch den Ausweis "gesonderter Fixkostenbeträge" gerettet werden? in: ZfB (37) 1967, S. 759-782.

Maffei (1958)

Maffei, R. B.: Simulation, Sensitivity, and Management Decision Rules; in: The Journal of Business (31) 1958, S. 177-186.

Mag (1971)

Mag, W.: Planungsstufen und Informationsteilprozesse; in: ZfbF (23) 1971, S. 803-830.

Mag (1977)

Mag, W.: Entscheidung und Information; München 1977.

Makower, Marschak (1938)

Makower, H., Marschak, J.: Assets, Prices and Monetary Theory; in: Economica, N. S. (5) 1938, S. 261-288.

Maluck (1969)

Maluck, M.: Funktionen der Eigenkapitalpositionen im handelsrechtlichen Jahresabschluß; Diss. Saarbrücken 1969.

March, Simon (1958)

March, J. G., Simon, H. A.: Organizations; New York 1958.

Markowitz (1951)

Markowitz, H. M.: Theories of Uncertainty and Financial Behavior; in: Econometrica (19) 1951, S. 325-327.

Markowitz (1967)

Markowitz, H. M.: Portfolio Selection; 3. Aufl., New York-London-Sidney 1967.

Marschak, Nelson (1962)

Marschak, T., Nelson, R.: Flexibility, Uncertainty, and Economic Theory; in: Metroeconomica (14) 1962, S. 42-58.

Marshall (1895)

Marshall, A.: Principles of Economics; 3. Aufl., London-New York 1895.

Massé (1964)

Massé, P.: Le Choix des Investissements, Critères et Méthodes; 2. Aufl., Paris 1964.

Matz (1964)

Matz, A.: Planung und Kontrolle von Kosten und Gewinn; AGPLAN (7), Wiesbaden 1964.

McKean (1958)

McKean, R.: Efficiency in Government through Systems Analysis; New York 1958.

Meffert (1969)

Meffert, H.: Zum Problem der betriebswirtschaftlichen Flexibilität; in: ZfB (39) 1969, S. 779-800.

Mellerowicz (1952)

Mellerowicz, K.: Eine neue Richtung in der Betriebswirtschaftslehre? in: ZfB (22) 1952, S. 145-161.

Mellerowicz (1953)

Mellerowicz, K.: Betriebswirtschaftslehre am Scheideweg? in: ZfB (23) 1953, S. 265-276.

Mellerowicz (1953 a)

Mellerowicz, K.: Kostenkurven und Ertragsgesetz. Zu Gutenbergs These über den Verlauf von Kostenkurven; in: ZfB (23) 1953, S. 329-346.

Mellerowicz (1953 b)

Mellerowicz, K.: Idealtypische und realtypische Betrachtungsweise in der Betriebswirtschaftslehre; in: ZfB (23) 1953, S. 553-567.

Mellwig (1972)

Mellwig, W.: Flexibilität als Aspekt unternehmerischen Handelns; in: ZfbF (24) 1972, S. 724-744.

Menges (1965)

Menges, G.: Vorentscheidungen in Operations Research, Bd. 2, Hrsg. R. Henn, Meisenheim am Glan 1965, S. 24-40.

Menges (1969)

Menges, G.: Grundmodelle wirtschaftlicher Entscheidungen; Köln-Opladen 1969.

Menges (1969 a)

Menges, G.: Statistische Entscheidungstheorie; in: Beiträge zur Unternehmensforschung, Hrsg. G. Menges, Würzburg-Wien 1969, S. 61-101.

Menges, Skala (1973)

Menges, G., Skala, H.: Grundriß der Statistik; Teil 2: Daten, Opladen 1973.

Miller (1963)

Miller, R. W.: Zeitplanung und Kostenkontrolle durch PERT; Hamburg-Berlin 1965. Originaltitel: Schedule, Cost and Profit Control with PERT, 1963.

Milnor (1954)

Milnor, J.: Games against Nature; in: Decision Processes, Hrsg. R. M. Thrall, C. H. Coombs, R. L. Davis, New York-London 1954, S. 49-59.

Modigliani, Hohn (1955)

Modigliani, F., Hohn, F. E.: Production Planning over Time and the Nature of the Expectation and Planning Horizon; in: Econometrica (23) 1955, S. 46-66.

Morgenstern (1963)

Morgenstern, O.: Spieltheorie und Wirtschaftswissenschaft; Wien 1963.

Morse (1962)

Morse, P. M.: Queues, Inventories and Maintenance; 3. Aufl., New York-London 1962.

Moxter (1957)

Moxter, A.: Methodische Grundfragen der Betriebswirtschaftslehre; Köln-Opladen 1957.

Moxter (1962)

Moxter, A.: Bilanzierung und unsichere Erwartungen; in: ZfhF (14) N. F. 1962, S. 607-632.

Moxter (1964)

Moxter, A.: Präferenzstruktur und Aktivitätsfunktion des Unternehmers; in: ZfbF (16) 1964, S. 6-35.

Moxter (1965)

Moxter, A.: Offene Probleme der Investitions- und Finanzierungstheorie; in: ZfbF (17) 1965, S. 1-10.

Müller-Merbach (1962)

Müller-Merbach, H.: Die Sensibilitätsanalyse der Losgrößenbestimmung; in: Unternehmensforschung (6) 1962, S. 79-88.

Müller-Merbach (1970)

Müller-Merbach, H.: Methoden und Modelle der Optimalplanung; Operations Research, Berlin-Frankfurt 1970.

Münstermann (1966)

Münstermann, H.: Bedeutung der Opportunitätskosten für unternehmerische Entscheidungen; in: ZfB (36) 1966, EI S. 18-36.

Naddor (1966)

Naddor, E.: Inventory Systems; New York-London-Sydney 1966.

Neumann, Morgenstern (1953)

Neumann v., J., Morgenstern, O.: Theory of Games and Economic Behavior; 3. Aufl., Princeton 1953. (1. Aufl. 1944)

Nicklisch (1938)

Nicklisch, H.: Bilanz (allgemein); in: HdB, Hrsg. H. Seischab, K. Schwantag, Bd. 1, 2. Aufl., Stuttgart 1938, Sp. 1003-1006.

Niehans (1948)

Niehans, J.: Zur Preisbildung bei ungewissen Erwartungen; in: Schweizerische Zeitschrift für Volkswirtschaft und Statistik (84) 1948, S. 433-456.

Niggemann (1973)

Niggemann, W.: Optimale Informationsprozesse in betriebswirtschaftlichen Entscheidungssituationen; Wiesbaden 1973.

Opfermann, Reinermann (1965)

Opfermann, K., Reinermann, H.: Opportunitätskosten, Schattenpreise und optimale Geltungszahl; in: ZfB (35) 1965, S. 211-236.

Osgood, Suci, Tannenbaum (1967)

Osgood, C. E., Suci, G. J., Tannenbaum, P. H.: The Measurement of Meaning; Urbana-Chicago-London 1967.

Pfanzagl (1959)

Pfanzagl, J.: Die axiomatischen Grundlagen einer allgemeinen Theorie des Messens; Würzburg 1959.

Pfanzagl (1968)

Pfanzagl, J.: Theory of Measurement; Würzburg-Wien 1968.

Pfohl (1972)

Pfohl, H. C.: Zur Problematik von Entscheidungsregeln; in: ZfB (42) 1972, S. 305-336.

Popper (1965)

Popper, K. R.: Conjectures and Refutations: The Growth of Scientific Knowledge; 2. Aufl., New York 1965.

Raia (1965)

Raia, A. P.: Goal-Setting and Self-Control; in: The Journal of Management Studies, 1965, S. 34-53.

Reichhardt (1969)

Reichhardt, H.: Statistische Methodenlehre für Wirtschaftswissenschaftler; Bielefeld 1969.

Riebel (1954)

Riebel, P.: Die Elastizität des Betriebes; Köln-Opladen 1954.

Riebel (1964)

Riebel, P.: Die Preiskalkulation auf Grundlage von "Selbstkosten" oder von relativen Einzelkosten und Deckungsbeiträgen; in: ZfbF (16) 1964, S. 549-612.

Riebel (1964 a)

Riebel, P.: Die Deckungsbeitragsrechnung als Instrument der Absatzanalyse; in: Absatzwirtschaft, Hrsg. B. Hersenmüller u. G. Schnaufer, Baden-Baden 1964, S. 595-627.

Rieger (1959)

Rieger, W.: Einführung in die Privatwirtschaftslehre; 2. Aufl., Erlangen 1959.

Roy (1952)

Roy, A. D.: Safety First and the Holding of Assets; in: Econometrica (20) 1952, S. 431-449.

Saage (1970)

Saage, J.: Die Funktion des Wirtschaftsprüfers in Selbstzeugnissen des Berufsstandes; Diss., Saarbrücken 1970.

Sabel (1965)

Sabel, H.: Die Grundlagen der Wirtschaftlichkeitsrechnungen; Berlin 1965.

Sachs (1969)

Sachs, L.: Statistische Auswertungsmethoden; 2. Aufl., Berlin-Heidelberg-New York 1969.

Samuelson (1954)

Samuelson, P. A.: The Pure Theory of Public Expenditure; in: The Review of Economics and Statistics (36) 1954, S. 387-389.

Sasieni, Yaspan, Friedman (1967)

Sasieni, M., Yaspan, A., Friedman, L.: Methoden und Probleme der Unternehmensforschung, dt. Übers., Hrsg. H. P. Künzi, Würzburg 1967.

Sauermann, Selten (1962)

Sauermann, H., Selten, R.: Anspruchsanpassungstheorie der Unternehmung; in: Zeitschrift für die gesamte Staatswissenschaft (118) 1962, S. 577-597.

Savage (1951)

Savage, L. J.: The Theory of Statistical Decisions; in: Journal of the America Statistical Association (46) 1951, S. 55-67.

Savage (1954)

Savage, L. J.: The Foundations of Statistics; New York-London 1954.

Schäfer (1952)

Schäfer, E.: Selbstliquidation der Betriebswirtschaftslehre 2; in: ZfB (22) 1952, S. 605-615.

Schmalenbach (1919)

Schmalenbach, E.: Grundlagen dynamischer Bilanzlehre; in: ZfhF (19) 1919, S. 1-101.

Schmalenbach (1947)

Schmalenbach, E.: Pretiale Wirtschaftslenkung; Bd. 1, Die optimale Geltungszahl, Bremen 1947.

Schmalenbach (1948)

Schmalenbach, E.: Pretiale Wirtschaftslenkung; Bd. 2, Pretiale Lenkung des Betriebes, Bremen 1948.

Schmalenbach (1956)

Schmalenbach, E.: Dynamische Bilanz; 12. Aufl., Köln-Opladen 1956.

Schmidt (1929)

Schmidt, F.: Die organische Tageswertbilanz; unveränderter Neudruck der 3. Aufl. von 1929, Wiesbaden 1951.

Schmidt-Sudhoff (1967)

Schmidt-Sudhoff, U.: Unternehmensziele und unternehmerisches Zielsystem; Wiesbaden 1967.

Schmitt-Rinck (1966)

Schmitt-Rink, G.: Bemerkungen zur neuen Kritik an der Gewinnmaximierungs-Hypothese; in: Jahrbuch für Nationalökonomie und Statistik (179) 1966, S. 418-428.

Schneeweiß (1963)

Schneeweiß, H.: Nutzenaxiomatik und Theorie des Messens; in: Statistische Hefte (4) 1963, S. 178-220.

Schneeweiß (1967)

Schneeweiß, H.: Entscheidungskriterien bei Risiko; Ökonometrie und Unternehmensforschung VI, Hrsg.: M. Beckmann, R. Henn, A. Jaeger, W. Krelle, H. P. Künzi, K. Wenke , Ph. Wolfe, Berlin-Heidelberg-New York 1967.

Schneeweiß (1968)

Schneeweiß, H.: Note on Two Dominance Principles in Decision Theory; in: Unternehmensforschung (12) 1968, S. 213-216.

Schneider, D. (1971)

Schneider, D.: Flexible Planung als Lösung der Entscheidungsprobleme unter Ungewißheit? in: ZfbF (23) 1971, S. 831-851.

Schneider, D. (1972)

Schneider, D.: "Flexible Planung als Lösung der Entscheidungsprobleme unter Ungewißheit?" in der Diskussion; in: ZfbF (24) 1972, S. 456-476.

Schneider, D. (1974)

Schneider, D.: Investition und Finanzierung; 3. Aufl., Opladen 1974.

Schneider, E. (1951)

Schneider, E.: Wirtschaftlichkeitsrechnung; Bern-Tübingen 1951.

Schneider, E. (1959)

Schneider, E.: Statik und Dynamik; in: HdSW, Bd. 10, Stuttgart-Tübingen-Göttingen 1959, Sp. 23-29.

Schneider, E. (1969)

Schneider, E.: Einführung in die Wirtschaftstheorie; Bd. 2, 12. Aufl., Tübingen 1969.

Schoeffler (1954)

Schoeffler, S.: Toward a General Definition of Rational Action; in: Kyklos (7) 1954, S. 242-273.

Schwantag (1952)

Schwantag, K.: Grundlagen der Betriebswirtschaftslehre - In Erich Gutenbergs Buch; in: ZfB (22) 1952, S. 11-18.

Schweim (1969)

Schweim, J.: Integrierte Unternehmungsplanung; Bielefeld 1969.

Scitovsky (1943)

Scitovsky, T.: A Note on Profit Maximization and its Implications; in: Review of Economic Studies (11) 1943, S. 57-60.

Seil (1967)

Seil, H. J.: Die Quantifizierung betriebswirtschaftlicher Sachverhalte; Diss., Berlin 1967.

Sharpe (1970)

Sharpe, W. F.: Portfolio Theory and Capital Markets; New York 1970.

Shillinglaw (1961)

Shillinglaw, G.: Cost Accounting, Analysis and Control; Homewood 1961.

Simon (1957)

Simon, H. A.: Models of Man. Social and Rational; New York-London 1957.

Simon (1957 a)

Simon, H. A.: Administrative Behavior; 2. Aufl., New York 1957.

Simon (1959)

Simon, H. A.: Theories of Decision - Making in Economics and Behavorial Science; in: AER (49) 1959, S. 253-283.

Smith (1956)

Smith, N. M.: A Calculus for Ethics: Theory of the Structure of Value; in: Behavioral Science (1) 1956, S. 111-142.

Sommerfeld (1940)

Sommerfeld, H.: Eudynamische Bilanz; in: Lexikon des kaufmännischen Rechnungswesens, Hrsg. K. Bott, Bd. 1, Stuttgart 1940, Sp. 850-856.

Stackelberg (1951)

Stackelberg v., H.: Grundlagen der theoretischen Volkswirtschaftslehre; 2. Aufl., Bern-Tübingen 1951.

Starr, Miller (1962)

Starr, M., Miller, D.: Inventory Control, Theory and Practice; Englewood Cliffs 1962.

Stevens (1946)

Stevens, S. S.: On the Theory of Scales of Measurement; in: Science (103) 1946, S. 677-680.

Stevens (1959)

Stevens, S. S.: Measurement, Psychophysis, and Utility; in: C. W. Churman, Ph. Ratoosh, Measurement, Definitions and Theories, New York-London 1959, S. 18-63.

Stigler (1947)

Stigler, G. J.: The Kinky Oligopoly Demand Curve and Rigid Prices; in: Journal of Political Economy (55) 1947, S. 432-449.

Strasser (1966)

Strasser, H.: Zielbildung und Steuerung der Unternehmung; Wiesbaden 1966.

Strebel (1972)

Strebel, H.: Zur Gewichtung von Urteilskriterien bei mehrdimensionalen Zielsystemen; in: ZfB (42) 1972, S. 89-128.

Stützel (1959)

Stützel, W.: Liquidität; in: HdSW, Bd. 6, Stuttgart-Tübingen-Göttingen 1959, S. 622-629.

Stützel (1959 a)

Stützel, W.: Ist die Goldene Bankregel eine geeignete Richtschnur für die Geschäftspolitik der Kreditinstitute? in: Vorträge für Sparkassenprüfer, Kiel 1959, S. 34-51.

Stützel (1964)

Stützel, W.: Bankpolitik - heute und morgen; 2. Aufl., Frankfurt 1964.

Stützel (1964 a)

Stützel, W.: Banken, Kapital und Kredit in der zweiten Hälfte des zwanzigsten Jahrhunderts; in: Strukturwandlungen einer wachsenden Wirtschaft - Verhandlungen auf der Tagung des Vereins für Socialpolitik in Luzern 1962 (Schriften des Vereins für Socialpolitik, N. F., Band 30/II, Berlin 1964, S. 527-575).

Stützel (1966)

Stützel, W.: Entscheidungstheoretische Elementarkategorien als Grundlage einer Begegnung von Wirtschaftswissenschaft und Rechtswissenschaft; in: ZfB (36) 1966, S. 769-789.

Stützel (1967)

Stützel, W.: Bemerkungen zur Bilanztheorie; in: ZfB (37) 1967, S. 314-340.

Stützel (1970)

Stützel, W.: Die Relativität der Risikobeurteilung von Vermögensbeständen; in: Entscheidungen bei unsicheren Erwartungen, Beiträge zur Theorie der Unternehmung, Hrsg. H. Hax, Köln-Opladen 1970, S. 9-26.

Stützel (1975)

Stützel, W.: Liquidität, betriebliche; in: HdB, Bd. 2, Stuttgart 1975, Sp. 2515-2524.

Swoboda (1965)

Swoboda, P.: Die simultane Planung von Rationalisierungs- und Erweiterungsinvestitionen und von Produktionsprogrammen; in: ZfB (35) 1965, S. 148-163.

Swoboda (1971)

Swoboda, P.: Investition und Finanzierung; Göttingen 1971.

Szyperski (1962)

Szyperski, N.: Zur Problematik der quantitativen Terminologie in der Betriebswirtschaftslehre; Berlin 1962.

Taft (1918)

Taft, E. W.: The Most Economical Production Lot; in: The Iron Age, CJ 1918, S. 1410-1412.

Teichmann (1971)

Teichmann, H.: Die Bestimmung der optimalen Information; in: ZfbF (23) 1971, S. 745-774.

Teichmann (1972)

Teichmann, H.: Die optimale Komplexion des Entscheidungskalküls; in: ZfbF (24) N. F. 1972, S. 519-539.

Teichmann (1973)

Teichmann, H.: Zum Wert und Preis von Informationen; in: ZfB (43) 1973, S. 373-390.

Teichmann (1975)

Teichmann, H.: Der optimale Planungshorizont; in: ZfB (45) 1975, S. 295-312.

Telser (1955)

Telser, L. G.: Safety First and Hedging; in: The Review of Economic Studies (22) 1955/56, S. 1-16.

Tietz (1969)

Tietz, B.: Grundlagen der Handelsforschung, Marketing-Theorie; Bd. 1, Methoden, Rüschlikon-Zürich 1969.

Tinbergen (1932)

Tinbergen, J.: Ein Problem der Dynamik; Zeitschrift für Nationalökonomie (3) 1932, S. 169-184.

Tinbergen (1933)

Tinbergen, J.: The Notions of Horizon and Expectancy in Dynamic Economics; in: Econometrica (1) 1933, S. 247-264.

Tintner (1957)

Tintner, G.: Les Programmes Linéaires Stochastiques; in: Revue d'Economie Politique, (67) 1957, S. 208-215.

Tobin (1958)

Tobin, J.: Liquidity Preference as Behavior Towards Risk; in: The Review of Economic Studies (25) 1957/58, S. 65-86.

Vajda (1960)

Vajda, S.: Lineare Programmierung - Beispiele; dt. Übers., Zürich 1960.

Vajda (1961)

Vajda, S.: Mathematical Programming; London 1961.

Vecernik (1964)

Vecernik, P.: Die Losgrößenvariation in der dynamischen Fertigung; in: Industrielle Organisation (33) 1964, S. 419-442.

Waffenschmidt (1952)

Waffenschmidt, W.: Betriebswirtschaftslehre am Scheideweg; in: ZfB (22) 1952, S. 317-324.

Waffenschmidt (1953)

Waffenschmidt, W.: Zu Gutenbergs Untersuchung: Über den Verlauf von Kostenkurven und seine Begründung; in: ZfhF (5) N. F. 1953, S. 271-285.

Wagenführ (1963)

Wagenführ, R.: Statistik leicht gemacht; 4. Aufl., Köln 1963.

Walb (1948)

Walb, E.: Die finanzwirtschaftliche Bilanz; 2. Aufl., Duisburg 1948.

Wald (1950)

Wald, A.: Statistical Decision Functions; New York 1950.

Weber (1971)

Weber, H. H.: Zur Berechnung von μ und σ bei PERT; in: ZfB (41) 1971, S. 623-626.

Weingartner (1963)

Weingartner, M. H.: Mathematical Programming and the Analysis of Capital Budgeting Problems; Englewood Cliffs 1963.

Whitin (1957)

Whitin, T.: The Theory of Inventory Management; 2. Aufl., Princeton 1957.

Whitmore (1970)

Whitmore, A.: Third-Degree Stochastic Dominance; in: AER (60) 1970, S. 457-459.

Winkler (1964)

Winkler, D.: Die kurzfristige Abstimmung zwischen Produktion und Lagerung unter besonderer Berücksichtigung des Lagerbereichs. - Probleme und Lösungsverfahren - ; Diss. Saarbrücken 1964.

Wittmann (1959)

Wittmann, W.: Unternehmung und unvollkommene Information; Köln-Opladen 1959.

Wittmann (1969)

Wittmann, W.: Information; in: HdO, Hrsg. E. Grochla, Stuttgart 1969, Sp. 699-707.

Wöhe (1959)

Wöhe, G.: Methodologische Grundprobleme der betriebswirtschaftlichen Theorien; Wiesbaden 1959.

Wöhe (1973)

Wöhe, G.: Einführung in die allgemeine Betriebswirtschaftslehre; 11. Aufl., München 1973.

Zur Nieden (1972)

Zur Nieden, M.: Zur Anwendbarkeit von Informationswertrechnungen; in: ZfB (42) 1972, S. 493-512.

Autorenregister

Sachregister

Politische Vierteljahresschrift Sonderheft 14/1983

Deutsche Vereinigung für Politische Wissenschaft

Politische Stabilität und Konflikt

Neue Ergebnisse der makroquantitativen Politikforschung

Herausgegeben von Wolf-Dieter Eberwein

Westdeutscher Verlag

CIP-Kurztitelaufnahme der Deutschen Bibliothek

Politische Stabilität und Konflikt: neue Ergebnisse d. makroquantitativen Politikforschung/ [Dt. Vereinigung für Polit. Wiss.]. Hrsg. von Wolf-Dieter Eberwein. – Opladen: Westdeutscher Verlag, 1983.
(Politische Vierteljahresschrift: Sonderh.; 14)
ISBN 3-531-11652-5

NE: Eberwein, Wolf-Dieter [Hrsg.]; Deutsche Vereinigung für Politische Wissenschaft; Politische Vierteljahresschrift/Sonderheft

Druck und buchbinderische Verarbeitung: Lengericher Handelsdruckerei, Lengerich

Printed in Germany

ISBN 3-531-11652-5

Inhaltsverzeichnis

1. Einleitung

Wolf-Dieter Eberwein

1. Makroquantitative Forschung: Außenseiter der Politikwissenschaft[1]

Dem Volksmund zufolge ist der Weg zur Hölle mit den besten Vorsätzen gepflastert. Setzt man „Hölle" mit „Erkenntnis" gleich, dann dürfte vermutlich für einen Großteil der Politikwissenschaftler im deutschsprachigen Raum der Vorsatz der systematischen, empirisch-quantitativen Forschung direkt in des Teufels Küche führen. Ist nun – um im Bild zu bleiben – dieser Forschungsansatz eine Sünde wider den Geist „echter" politikwissenschaftlicher Forschung?

Die Tatsache, daß ein ganzes Sonderheft der Politischen Vierteljahresschrift diesem Forschungsansatz gewidmet ist, scheint diese drastischen Formulierungen zu widerlegen. Doch dies darf und kann nicht darüber hinwegtäuschen, daß makro-quantitative Forschung bis heute ein Außenseiterdasein in der deutschen Politikwissenschaft fristet. Im Gegensatz zu den USA ist makroquantitative Politikforschung im deutschsprachigen Raum bis heute weder in der Lehre noch in der Forschung institutionell fest verankert. Ausnahmen wie Mannheim bestätigen dabei nur die Regel.

Warum das der Fall ist, wäre sicherlich eine wissenschafts-soziologisch höchst reizvolle Fragestellung die sich aufzugreifen lohnte. Bis heute hat das niemand getan. Möglicherweise hängt die fehlende Institutionalisierung der makroquantitativen Forschung mit der vorschnell politisierten erkenntnis- und wissenschaftstheoretischen Diskussion zusammen. Sie überrollte nach dem Auftakt mit der Adorno/Popper Kontroverse[2] die deutsche Politikwissenschaft. Ihre eigentliche Sprengkraft entwickelte sie aber erst im Zusammenhang mit der Studentenbewegung ab Mitte der sechziger Jahre.

Nun können wir diese wissenschaftssoziologische und wissenschaftspolitisch interessante Frage weder in dieser Einleitung noch in dem Sammelband insgesamt beantworten. Was dieser Band aber beweisen soll ist die Leistungsfähigkeit der makroquantitativen Politikforscher im deutschsprachigen Raum.

In dieser Einleitung, die sich nicht an die Spezialisten, sondern an die „interessierten Laien" richtet, soll zunächst eine knappe Antwort darauf gegeben werden, was makroquantitative Forschung von anderen Forschungsansätzen auszeichnet. Im Anschluß daran wird kurz der Inhalt dieses Sammelbandes charakterisiert. Der Band enthält durchweg neue Forschungsarbeiten der Mitglieder der Arbeitsgruppe makroquantitative Forschung der Deutschen Vereinigung für Politische Wissenschaft. Die Entstehungsgeschichte dieser Arbeitsgruppe, die letztlich diesen Band als ein Ergebnis ihrer bisherigen Arbeit vorlegt, wird abschließend kurz dargestellt. Diese Arbeitsgruppe ist ein erster Versuch, eine institutionelle Basis für die makroquantitative Forschung im Rahmen der Deutschen Vereinigung für Politische Wissenschaft zu schaffen.

2. *Der makroquantitative Forschungsansatz*

Makroquantitative Politikforschung stellt den Versuch dar, innerstaatliche, zwischenstaatliche und internationale gesellschaftliche und politische Phänomene mit Hilfe von „Zahlen" zu beschreiben und die zwischen Phänomenen bestehenden Wirkungszusammenhänge mit Hilfe statistischer und/oder mathematischer Modelle zu erklären. Im Gegensatz zur Meinungsforschung etwa sind nicht Phänomene wie *individuelle* Einstellungen oder Verhaltensweisen Gegenstand der Analyse, sondern *kollektive* Verhaltensweisen oder Struktureigenschaften beispielsweise von Nationen[3].
Die Analyse setzt somit nicht auf der Mikroebene, sondern auf der Makroebene an. Logischerweise verwendet dieser Forschungsansatz Aggregatdaten. Beispiele für Aggregatdaten zur Beschreibung kollektiven Verhaltens sind etwa die Häufigkeit von Protesten, Demonstrationen oder politisch motivierten Coups im innerstaatlichen Bereich, militärische Konflikte oder Kriege im internationalen Bereich. Beispiele für Aggregatdaten zur Beschreibung kollektiver Struktureigenschaften[4] sind wirtschaftlicher Entwicklungsstand oder Regimetyp (innerstaatlicher Bereich) einerseits, Allianzmitgliedschaften oder Handelsabhängigkeit (internationaler Bereich) andererseits.
Diesem Forschungsansatz liegen drei grundsätzliche Prämissen zugrunde, die ihn zugleich von anderen politikwissenschaftlichen Ansätzen abheben:

1. Die Prämisse, daß *theoretisch* die Erklärung kollektiver Phänomene sinnvoll ist und daß zwischen diesen Phänomenen generalisierbare Wirkungszusammenhänge bestehen.
2. Die *methodologische* Prämisse, daß nämlich statistische und/oder mathematische Modelle geeignet sind, derartige generalisierbaren Wirkungszusammenhänge, d. h. Hypothesen, auf ihren Wahrheitsgehalt zu überprüfen, und
3. die Prämisse, daß gesellschaftliche und politische Phänomene *meßbar* sind. Sie ist die Voraussetzung dafür, daß die beiden unter (1) und (2) formulierten Prämissen auch forschungspraktisch umsetzbar sind.

Zu 1: Die Prämisse, daß gesellschaftliche und politische kollektive Phänomene einen eigenständigen Theoriebereich darstellen, ist kein spezifisches Charakteristikum makroquantitativer Forschung. Karl Marx oder Max Weber lassen sich als zwei typische Vertreter eines kollektiven Ansatzes, sprich gesamtgesellschaftlicher Theoriebildung verstehen. Derartige Theorieansätze gehen von der a-priori Annahme aus, daß kollektive Verhaltensphänomene einen eigenständigen Objektbereich darstellen, der nicht durch Reduktion auf individuelles Verhalten erklärbar ist. Eine weitere a-priori Annahme ist, daß kollektives Verhalten bestimmten generalisierbaren Gesetzmäßigkeiten folgt. Wenn wir hier von „a-priori" reden, dann heißt das, daß diese zwei Prämissen (Erfaßung kollektiver Phänomene und Generalisierbarkeit der ihnen zugrunde liegenden Wirkungszusammenhänge) logisch nicht widerlegt werden können. Es handelt sich um grundlegende normative Setzungen. Das heißt, ebenso wenig wie die normative Setzung widerlegt werden kann, daß eben gesellschaftliche oder politische Phänomene letztlich keinerlei Generalisierbarkeit zuließen, weil sie durch historisch spezifische Bedingungen charakterisiert seien und folglich nur „individuelle Erklärungen" zuläßig seien, ist es die normative Setzung der Generalisierbarkeit.

Bedeutet das, daß der makroquantitative Forschungsansatz in dieser Hinsicht ein dogmatisches Ausschließlichkeitsprinzip aufstellt, daß also nur dieser Ansatz der einzige „wissenschaftliche" sei? Die Antwort ist natürlich nein. Was er postuliert ist lediglich, daß zum einen der Versuch der Generalisierbarkeit kollektiven Verhaltens und der entsprechenden Handlungsbedingungen, d. h. die theoretisch definierten Wirkungszusammenhänge zwischen diesen kollektiven Phänomenen, sinnvoll und legitim ist. Er postuliert zum anderen – und dieses Postulat ist erheblich weitreichender – daß die kritische Entscheidungsinstanz über die Haltbarkeit derartiger Wirkungszusammenhänge die empirische Basis ist, anders formuliert, die in Daten erfaßte historische Erfahrung.
Damit wird also das Falsifikationsprinzip[5] zur Leitlinie dafür, ob bestimmte theoretisch postulierten Wirkungszusammenhänge letztlich der Realität gegenüber standhalten. Ohne hier auf die wissenschaftstheoretischen Implikationen dieses Prinzips eingehen zu können oder wollen, bedeutet das, daß der empirische Test zeigt, ob unsere theoretischen Vermutungen mit der Realität konform sind oder nicht. Das heißt aber nicht, daß letztlich empirisch entscheidbar ist, ob die Generalisierungsannahme zutrifft oder nicht. Logisch ist es immer wahr, daß Generalisierungen identifizierbar sind, selbst wenn bislang sämtliche theoretischen Aussagen als „falsifiziert" gelten müssen.

Zu 2: Die methodologische Prämisse hängt mit den unter (1) genannten Aspekten eng zusammen. Wenn Generalisierbarkeit von Wirkungszusammenhängen das Ziel ist, dann müssen folglich viele Fälle für die Analyse herangezogen werden und nicht der Einzelfall. Wenn also beispielsweise die theoretische Annahme formuliert wird, daß Militärbündnisse Kriege verhindern, dann kann zwar immer der einzelne Fall zur Illustration der These herangezogen werden, als *Evidenz* kann er nicht gelten. Es könnte nämlich sein, daß es sich genau um den atypischen Einzelfall handelt. Folglich setzt die Hypothesenüberprüfung, um die es letztlich geht, viele Fälle voraus. Viele Fälle wiederum lassen sich kaum verbal qualitativ analysieren, sondern nur noch mit Hilfe statistischer oder mathematischer Verfahren.
Man könnte natürlich auch umgekehrt argumentieren: die in der makroquantitativen Forschung eingesetzten statistischen oder mathematischen Instrumente können nur dann verwendet werden, wenn viele Fälle (= Beobachtungen, d. h. also auch Daten) vorliegen. Nachweislich – was auch letztlich in der Konsequenz irrelevant wäre – ist nicht das Instrumentarium, sondern der auf Generalisierung verpflichtete empirische Ansatz Ausgangspunkt dieser Forschungsausrichtung. Um aber das statistische bzw. mathematische Instrument einsetzen zu können, bedarf es zweier Voraussetzungen: erstens müssen die entsprechenden Daten vorhanden sein (worauf weiter unten eingegangen wird) und zweitens müssen theoretische Überlegungen so konkret formuliert sein, daß klar ist, genau welche Wirkungszusammenhänge überprüft werden sollen. Technisch ausgedrückt: welche unabhängigen Variablen (die „Ursachen") hängen mit welchen abhängigen Variablen (den „Wirkungen") in welcher Form zusammen? Die theoretischen Überlegungen müssen explizit aussagen, *daß* ein Wirkungszusammenhang besteht, wenn möglich auch bezüglich der *Richtung*. Die empirische Überprüfung wird dann zeigen, ob unsere theoretischen Vermutungen bzw. Überlegungen der Realität standhalten oder nicht.

Die Verwendung statistischer/mathematischer Instrumente bietet zugleich die Möglichkeit der Bestimmung der Kriterien, mit denen eine Hypothese als vorläufig bewährt – oder auch nicht – angesehen werden kann, beispielsweise durch Festlegung des Anteils erklärter Varianz oder des Signifikanzniveaus. Das bedeutet zugleich, daß die mit den verwendeten Instrumenten zusammenhängenden Bewertungskriterien der Forschungspraxis eher adäquat sind, als das normativ-abstrakte Falsifikationsprinzip. In der Regel wird es kaum einen Fall in der empirischen Forschung geben, wo sich eine aufgestellte Hypothese auf Anhieb eindeutig bewährt. Falsifikation in der genannten forschungspraktischen Form heißt, daß die empirischen Ergebnisse dazu führen, die bisherigen theoretischen Aussagen zu revidieren, indem die ursprünglichen Zusammenhänge möglicherweise ergänzt oder spezifiziert werden. In jedem Fall kann aber der empirische Test dazu führen, daß die theoretischen Annahmen relativiert werden, wenn nicht sogar verworfen werden müssen. Das heißt aber darüber hinaus, daß der einzelne Forscher sämtliche Schritte, von der theoretischen Formulierung, über die Operationalisierung bis hin zur Auswahl des Instruments (den Methoden) offen legen muß, so daß sie kritisiert werden können. Das ist eine der Konsequenzen dieses Forschungsansatzes, der letztlich Immunisierungsstrategien, wie sie bei verbal-qualitativen Ansätzen möglich sind, verbaut.

Zu 3: Aus dem bisher Gesagten folgt implizit, daß es letztlich keine „atheoretische Fliegenbeinzählerei“[6] geben kann. Die theoretischen Annahmen sind der Selektionsfilter, mit dem relevante Phänomene identifiziert werden, explizit oder implizit. Sind aus der unendlichen Fülle direkt oder indirekt beobachtbarer Phänomene diejenigen herausgefiltert, die für eine bestimmte Fragestellung theoretisch relevant sind, können die Meßvorschriften festgelegt werden, mit denen die theoretischen Konstrukte dem beobachtbaren Phänomenen zugeordnet werden. Man kann dies auch als die Regeln für die systematische Beobachtung bezeichnen.

Folglich stellt sich die Frage, ob gesellschaftliche oder politische Phänomene überhaupt meßbar sind. Diese Frage ist vergleichsweise einfach zu beantworten. Messen ist ein derartig universeller Vorgang, daß er eigentlich keiner weiteren Begründung bedarf. Wenn ein Politiker, was fast täglich passiert, bestimmte Staaten als aggressiv (= Gegner), andere dagegen als freundlich (= Verbündete) einstuft, hat er bestimmte Eigenschaften dieser Staaten gemessen. Nichts anderes tut der Wissenschaftler, wenn er beispielsweise versucht, Konflikt und Kooperation als Verhaltensweisen von Nationen zu erfassen. Allerdings unterscheiden sich beide Meßvorgänge in einem entscheidenden Punkt. Während der Politiker die Kriterien, die er für seine „Einstufung“ der Staaten verwendet, nicht offen legt oder höchstens an Hand von Einzelereignissen illustriert, bestimmt der Wissenschaftler zunächst genau die Regeln, nach denen er die entsprechenden Verhaltensweisen von Staaten erfassen will.

Dieses Verfahren führt dazu, daß idealtypisch gesprochen, sämtliche Verhaltensweisen von Nationen, auf die die Meßregeln zutreffen, erfaßt werden. Damit wird der Beobachtungs- oder Meßvorgang zwangsläufig objektiviert. Allerdings ergeben sich forschungspraktische Begrenzungen. Diese sind durch die Datenbasis oder verfügbaren Quellen vorgegeben. Die Verhaltensweisen oder Strukturmerkmale von Staaten z. B., die in der Vergangenheit nicht in irgendeiner Form kodifiziert worden sind, sind nicht meßbar.

Doch das ist kein besonderes Spezifikum makroquantitativer Forschung, sondern jeglicher Forschung. Entsprechend der Quellenlage sind bestimmte Phänomene analysierbar oder auch nicht. Die Entwicklung der makroquantitativen Datenbasen, die nicht zuletzt Karl Deutsch maßgeblich mit dem Yale Political Data Program, aus dem später das World Handbook II und neuerdings das World Handbook III[7] hervorgegangen ist, beeinflußt hat, hat inzwischen erhebliche Fortschritte gemacht. In der Zwischenzeit sind eine Fülle makroquantitativer Datensätze zu den unterschiedlichsten Phänomenen erstellt worden. Dazu gehören neben dem Welthandbuch III über politische, soziale und wirtschaftliche Indikatoren, beispielsweise die Daten über internationale Kriege, militärische Konfrontationen etc. das Correlates of War Project von J. David Singer[8] oder die Cross-Polity Time Series von Banks und Textor.[9] Alleine das Inter-University Consortium of Political and Social Research in Ann Arbor hat inzwischen umfangreiche Datensätze verfügbar gemacht. Hinzu kommen amtliche Statistiken und dergleichen. Einfach gesagt, es gibt eine Fülle von Daten zu den unterschiedlichsten Phänomenen.

Da natürlich Datensammlungen aufwendig sind, personell, finanziell und zeitlich, wird in der Forschung häufig auf verfügbare Datensätze zurückgegriffen. Deswegen sind wir auf der Datenebene immer wieder auf Kompromißlösungen angewiesen, weil einfach der Zustand der Unbegrenzbarkeit der personellen, finanziellen und zeitlichen Ressourcen nie gegeben ist. Doch dieses forschungspraktische Element läßt keineswegs die gelegentlich immer wieder geäußerte Kritik zu, daß genau die Phänomene, die gemessen werden, die unwichtigen seien, die ungemessenen dagegen die einzig wichtigen. Der springende Punkt ist, daß *im Prinzip* alles meßbar ist, haben wir erst einmal das Meßinstrument definiert. Und wie wir ja gezeigt haben, besteht ein Teil unserer Aussagen, nicht nur in der Wissenschaft sondern auch im Alltag aus Messungen. Diese Frage reduziert sich folglich letztlich darauf, ob die Meßregeln explizit formuliert werden oder nicht.

Aus den bisherigen Darlegungen wollen wir jetzt versuchen, zusammenfassende Schlußfolgerungen zu ziehen, was dieser Forschungsansatz leistet und was nicht. Im Gegensatz zur Geschichtswissenschaft oder eines Teiles der Politikwissenschaft beschäftigt sich makroquantitative Forschung nicht mit den Besonderheiten singulärer Ereignisse, sondern vielmehr mit den einer ganzen Klasse von Ereignissen zugeordneten allgemeinen Eigenschaften. Es geht also nicht darum, beispielsweise den Ausbruch des Ersten Weltkrieges zu „erklären", sondern vielmehr den Ausbruch von Kriegen überhaupt. Beide Erklärungsansätze sind legitim und letztlich komplementär. Entsprechend kann der Ansatz zur Beschreibung singulärer Ereignisse nur ex post „erklären", warum beispielsweise die USA 1961 militärisch in der Schweinebucht von Kuba eingefallen sind. Er kann nichts darüber aussagen, wie hoch die Neigung der USA ist, an irgendeiner anderen Stelle erneut militärisch zu intervenieren. Sofern dieser Ansatz „Prognosen" formuliert, kann er nur eine „Einzelfallgeneralisierung" vornehmen, was logisch unmöglich ist. Der singuläre Ereignisse erklärende Ansatz kann also schon aus logischen Gründen keine Prognosen im eigentlichen Sinn machen.

Anders der generalisierende Ansatz. Er ist zweifelsohne nicht in der Lage, Aussagen darüber zu machen, warum speziell die USA 1961 in Kuba militärisch eingefallen sind. Was er dagegen kann, ist Aussagen der Art zu machen, daß die Wahrscheinlichkeit der

USA militärisch in Drittstaaten zu intervenieren, so oder so hoch ist, wenn ein Ergebnis der empirischen Hypothesenüberprüfung ist, daß Machtstatus eine entsprechende relative Häufigkeit der militärischen Intervention pro Jahr systematisch nach sich zieht. Ist der Machtstatus der USA bekannt, ist es auch die Interventionsneigung.[10] Das bedeutet darüber hinaus, daß mit Hilfe empirisch systematisch getesteter Hypothesen Aussagen über die Zukunft gemacht werden können unter der Annahme, die historisch beobachteten generalisierbaren Wirkungszusammenhänge gelten auch in der Zukunft. Ob das der Fall ist, weiß natürlich niemand. Der makroquantitative Ansatz hat im Gegensatz zu anderen Forschungsansätzen prognostische Fähigkeiten.

Schließen wir diesen Abschnitt mit der Diskussion des Vorwurfs ab, der makroquantitativer Forschung immer wieder gemacht wird, der Vorwurf der Trivialität. Dieser Vorwurf ist keineswegs so eindeutig, wie er zunächst erscheint. Er kann nämlich erhoben werden, wenn die makroquantitative Forschung zu Ergebnissen führt, die dem gesunden Menschenverstand bereits „bekannt" waren. Er kann (und wird auch) erhoben, wenn kontraintuitive, d. h. dem gesunden Menschenverstand widersprechende Ergebnisse erzielt werden.

Auf beiden Arten von Vorwürfen wollen wir kurz eingehen. Bestätigt die empirische Forschung bestimmte mit dem gesunden Menschenverstand vereinbare Zusammenhänge, etwa den des Zusammenhangs zwischen Machtstatus und der Neigung militärischer Gewaltanwendung, dann ist dieses Ergebnis keineswegs trivial. Denn, die empirische Forschung hat eine Meinung oder Vermutung erstmalig empirisch systematisch erhärtet. Dieser Beweis wäre dann trivial, wenn die Hypothese generell gelten würde, daß sich der gesunde Menschenverstand *nie* irrte. Das ist aber nicht der Fall. Damit sind wir beim Vorwurf der Trivialität, wenn die produzierten Ergebnisse kontrainutuitiv sind. In diesem Fall widerspricht die empirisch systematisch gewonnene Erfahrung dem gesunden Menschenverstand. In diesem Falle ist das Ergebnis ebenfalls nicht trivial, denn wir müssen annehmen, daß sich der gesunde Menschenverstand tatsächlich geirrt hat.

Wenn man so will setzt makroquantitative Forschung auf die unkontrollierbare theoretische Phantasie des menschlichen Gehirns. Sie mißtraut aber dessen selektiver Wahrnehmung. Dafür greift sie auf die kontrollierte Beobachtung einerseits, den systematischen Hypothesentest andererseits zurück. Das wiederum ist nur der systematische Versuch, aus der historisch akkumulierten Erfahrung zu lernen. Damit wird der Ausweg der Immunisierung gegenüber der Erfahrung verbaut. Daraus folgt letztlich auch die potentielle Praxisrelevanz dieses Ansatzes. Wenn er bestimmte politisch akzeptierte „Erfahrungen' widerlegt, dann kann er unter Umständen[11] dazu beitragen, daß in der Praxis bestimmte „Fehler" in Zukunft vermieden werden. So wie empirisch quantitative Forschung dazu beitragen kann, falsche Theorien, die man ja auch als Ideologien bezeichnen kann, von vorläufig richtigen zu unterscheiden, kann er in der Praxis dazu verhelfen, falsche politische Grundannahmen von historisch bestätigten zu unterscheiden.

Diese Ausführungen sind, was deutlich geworden sein dürfte, programmatischer Art. Selbstverständlich ist – wie die Praxis zeigt – die empirisch-quantitative Forschung nicht besser als der Stand der Theorieentwicklung oder die verfügbare Datenbasis. Makroquantitative Forschung ist auch nicht besser als der einzelne Forscher, der sie betreibt. Diesen Ansatz folglich an der idealtypischen Elle zu messen, wäre irreführend. Der Forschungsansatz ist aber so angelegt, daß er dem Wissenschaftler die Immunisierung vor der Wirklichkeit erheblich erschwert, wenn nicht gar unmöglich macht. Die eingebaute Offenheit für Kritik sorgt dafür.

3. *Zum Inhalt des Sonderheftes*

Dieser Sammelband ist nicht in der Absicht zusammengestellt worden, eine umfaßende Anthologie makroquantitativer Politikforschung zu erstellen. Er soll vielmehr darüber informieren, zu welchen Problemkomplexen im deutschsprachigen Raum (Bundesrepublik Deutschland, Schweiz und Österreich) makroquantitative Forschung getrieben wird. Sämtliche Autoren sind aktive oder passive Mitglieder der Arbeitsgruppe Makroquantitative Forschung der Deutschen Vereinigung für Politische Wissenschaft. Alle Beiträge sind speziell für diesen Band geschrieben worden. Sie bieten somit alle neue, bisher unveröffentlichte Forschungsergebnisse.

Der überwiegende Teil der Arbeiten knüpft, was nicht weiter verwunderlich ist, an traditionellen makroquantitativen Forschungsschwerpunkten an. Dazu gehört zum einen der Bereich innerstaatlichen Konflikts, dessen Erklärung sich Peltzer/Widmaier einerseits, Jagodzinski andererseits widmen. Dazu gehört zum anderen der Bereich internationalen Konflikts. Frei/Ruloff bzw. Ruloff verwenden dabei die Konflikt- und Kooperationsdaten von Azar, d. h. Daten über die routinisierten Formen internationaler Interaktion, Cusack/Bremer und Eberwein/Reuss dagegen verwenden die erst seit kurzem überhaupt verfügbaren Daten über militärische Konfrontationen des Correlates of War Projects.

Weede knüpft an der ebenfalls schon lange verfolgten Frage nach den Bedingungen wirtschaftlicher Entwicklung an, während Cusack das bis heute weitgehend ungeklärte Problem angeht, welche Konsequenzen die staatliche Ressourcenallokation für militärische Zwecke eigentlich hat oder: wer die Lasten für die Verteidigung tragen muß.

Drei weitere Beiträge gehen jeder auf seine Art neue Wege. Rattinger stellt sich die Frage, wie man die traditionelle Frage nach dem Wählerverhalten speziell unter dem Gesichtspunkt der Arbeitslosigkeit als einer Determinanten angehen kann, unter Verwendung der ökologischen Regression. Pollins und Widmaier dagegen stellen die Teilmodelle für das Weltmodell GLOBUS, das zur Zeit am Internationalen Institut für Vergleichende Gesellschaftsforschung erstellt wird, vor, Pollins sein Teilmodell über internationalen Handel, Widmaier sein Teilmodell über innerstaatlichen Konflikt und Stabilität. Etwas aus dem Rahmen fällt die Arbeit von Zimmermann. Sie stellt den Versuch dar, ein Forschungsprogramm für die Analyse von Staatskrisen zu entwickeln. Sie belegt zugleich, wie dornenreich der Weg zur quantitativen Analyse sein kann.

So vielfältig wie die Einzelthemen sind auch die von den einzelnen Autoren verwendeten Methoden. So finden wir bei Frei/Ruloff den einfachen bivariaten Korrelationsansatz und bei Pelzer/Widmaier die Kreuztabellenanalyse. Regressionsanalytische Ansätze finden wir bei Cusack, Eberwein/Reuss, Jagodzinski, Rattinger und Weede, wobei zum Teil Querschnittsanalysen, zum Teil Längsschnitt- oder Zeitreihenanalysen durchgeführt werden. Weitgehend unbekannt in der deutschen Politikwissenschaft ist die Anwendung von Wahrscheinlichkeitsmodellen, die Bremer/Cusack verwenden. Ebenfalls weitgehend neu ist Rattingers Koppelung von Individual- mit Aggregatdaten. Völlig neu in der Politikwissenschaft in Deutschland ist der Simulationsansatz in der Form, wie er von Pollins und Widmaier vorgestellt wird. Ihre Modelle sind weitgehend endogenisiert und mit Hilfe von Differentialgleichungen formuliert. Schließlich ist noch Ruloffs Arbeit zu erwähnen, der für die Identifikation von Konflikt- und Kooperationszyklen die Spektralanalyse verwendet.

Insgesamt bietet somit dieser Band einen Einblick in die theoretische wie methodologische Vielfalt makroquantitativer Politikforschung. Ein weiterer Aspekt ist bemerkenswert. Ohne dem Leser eine vorgefertigte Meinung präsentieren zu wollen widerlegen die Beiträge die Vermutung, daß sich makroquantitative Politikforschung durch ein homogenes und eingeengtes normatives oder politischer Erkenntnisinteresse auszeichne. Die Interpretationen der Ergebnisse durch die Autoren widerlegen darüber hinaus die Behauptung, derartige Forschung sei auf Herrschaftsstabilisierung ausgerichtet oder technokratisch orientiert. Je nach Naturell und Grundhaltung wagen die verschiedenen Autoren auf unterschiedliche Weise, die praktisch-politischen Implikationen ihrer Ergebnisse explizit auszuformulieren.

So gesehen bietet dieser Band einen guten Überblick darüber, womit sich die wenigen makroquantitativen Politikforscher im deutschsprachigen Raum beschäftigen. Der Band ist aber, und dies sei nochmals betont, kein Ersatz für die systematische Auseinandersetzung mit den thematischen Forschungstraditionen dieses Ansatzes. Erste Anhaltspunkte darüber geben die Literaturhinweise der einzelnen Aufsätze.

4. Zur Entstehungsgeschichte dieses Bandes

Wie bereits erwähnt, ist dieses Sonderheft eine Dokumentation der Forschungstätigkeit der Mitglieder der Arbeitsgruppe Makroquantitative Forschung der Deutschen Vereinigung für Politische Wissenschaft. Daß zwei der Mitglieder dieser Gruppe, Ulrich Widmaier und der Verfasser, Wissenschaftliche Mitarbeiter des Internationalen Instituts für Vergleichende Gesellschaftsforschung, Wissenschaftszentrum Berlin, die Initiative zur Gründung dieser Gruppe ergriffen haben, ist sicherlich kein Zufall. Sie gehören dem Institutsteil Globale Entwicklung an, den Karl Deutsch, einer der Vorkämpfer makroquantitativer Politikforschung, leitet. Dieses Institut ist die einzige makroquantitative Forschungsinstitution dieser Art in Europa. Es bot sich folglich als idealer Kristallisationspunkt für das Bemühen an, den wenigen Politikwissenschaftler in der Bundesrepublik Deutschland, der Schweiz und Österreich einen institutionellen Rückhalt zu verschaffen.

Erstmalig zum Kongreß der Deutschen Vereinigung für Politische Wissenschaft 1979 in Augsburg konstituierte sich die Ad Hoc Gruppe makroquantitative Konfliktforschung. Sie wurde wenig später in die reguläre Arbeitsgruppe der Deutschen Vereinigung für Politische Wissenschaft für makroquantitative Forschung umgewandelt, die der Verfasser seit dieser Zeit leitet. Es ist auch kein Zufall, daß ein Teil der Autoren dieses Bandes

Wissenschaftliche Mitarbeiter des Internationalen Instituts für Vergleichende Gesellschaftsforschung sind, das sich innerhalb wenigen Jahren im internationalen Rahmen einen guten Namen in den entsprechenden Fachkreisen geschaffen hat.
Die ursprüngliche Hoffnung, daß die Arbeitsgruppe über die wenigen makroquantitativ arbeitenden Mitglieder zusätzliche Interessenten anziehen würde, hat sich bis heute nicht erfüllt. Es mag zum Teil an der mangelnden „Werbeaktivität" der Gruppe insgesamt oder ihres Sprechers gelegen haben. Es mag aber auch zum Teil daran liegen, daß makroquantitative Forschung bis heute an den Fachbereichen für Politikwissenschaft der deutschen Universitäten nicht oder nur am Rande vertreten ist. Folglich fehlt auch der Anreiz, sich mit einem Forschungsansatz auseinanderzusetzen, der umfangmäßig „quantié négligeable" ist.
Mit diesem Band hat die Arbeitsgruppe das sich selbst gesetzte Ziel verwirklicht: die Erstellung dieses Sammelbandes. Ein weiteres Ziel war und ist bislang umstritten, nämlich in welchem Umfang Bemühungen sinnvoll sind, den Kontakt zur politischen Praxis zu suchen. Ein erster Versuch wurde im Mai 1981 gemacht, als die Arbeitsgruppe mehrere Vertreter aus der Praxis zur ersten informellen Kontaktaufnahme eingeladen hatte. Daß er keinesfalls so erfolgreich war, wie es sich einige erhofft hatten, muß leider selbstkritisch vermerkt werden. Sicherlich wird diese Frage wieder diskutiert werden. Geplant ist auch, einen neuen Versuch zu starten, um die Mitgliederbasis der Arbeitsgruppe zu erweitern.

5. *Schlußbemerkungen*

Der Band ist so organisiert, daß die verschiedenen Beiträge unter nach unterschiedlichen Kriterien zusammengefaßt worden sind. Auf die ursprüngliche Absicht, einen kurzen Einleitungstext jeweils voranzustellen haben wir verzichtet, zumal die einzelnen Beiträge deutlich machen, wo sie zu verorten sind. Die zwei Beiträge über wirtschaftliche Stabilität und innerstaatlichen Konflikt – Teil 1 – erläutern sowohl den theoretischen Hintergrund, dem sie zuzuordnen sind als auch die Probleme, die sich aus der Methodenwahl wie der Datenlage ergeben. Im Teil 2 werden zwei Analysen vorgestellt, die sich mit den staatlichen Strategien zum wirtschaftlichen Wachstum einerseits, zur staatlichen Ressourcenallokation, speziell für Verteidigung, anderseits beschäftigen. Der einzige nicht eivergleichende Beitrag ist der von Rattinger im Teil 3. Abgesehen von der unüblichen Verwendung von Meinungsbefragungs- und Aggregatdaten geht die Fragestellung weit darüber hinaus. Das deutet sich auch in den Schlußfolgerungen an, wo die Konsequenzen längerfristig hoher Arbeitslosigkeit angesprochen werden. Teil 4 ist den Konflikt- und Kooperationsbeziehungen zwischen Staaten gewidmet. Dabei geht es im einen Fall konkret um Entspannungspolitik und ihre Korrelate, im anderen Fall um die zyklischen Schwankungen im Ost-West-Verhältnis. Teil 5 ist der Frage der Erklärung militärischer Konfrontationen gewidmet. Darüber hinaus wird die Frage aufgeworfen, welche Wahrscheinlichkeit besteht, daß derartige Konflikte zum Krieg eskalieren. Der Vorwurf, daß Wahrscheinlichkeitsmodelle nicht das „Warum" erklären, trifft nicht, weil sie – im Falle der Übereinstimmung mit den beobachteten Daten –

angeben, wie groß die Chance ist, daß es zum Krieg kommt. Der Teil 6 ist zwei Arbeiten gewidmet, die Bestandteil eines derzeit entstehenden Weltmodells sind. Es handelt sich dabei um den ersten Versuch überhaupt, *politische* Phänomene für die Simulation längerfristiger globaler Entwicklungen zu modellieren. Ein wesentliches Charakteristikum ist dabei, daß die Modelle weitgehend endogenisiert sind, das heißt, daß die verschiedenen Faktoren in ihrer dynamischen gegenseitigen Abhängigkeit verkoppelt sind. Pollins Text enthält keine empirischen Ergebnisse. Er ist aber so weit gediehen, daß er jetzt mit der empirischen Schätzung beginnen kann. Insgesamt hoffen wir, daß die Texte so verständlich sind, daß auch Leser ohne große Vorkenntnisse in Statistik und Mathematik in der Lage sind, neben der theoretischen Ausgangsposition die einzelnen Analyseschritte und die Ergebnisse nachzuvollziehen.

Teil 7 schließlich ist der ,,Forschungsskizze" von Zimmermann gewidmet. Sie ist die einzige Arbeit, aus der deutlich wird, wie weit der Weg bis zur empirischen Analyse im engeren Sinne ist. Der Autor ist offen genug, zuzugestehen, daß der quantitative Ansatz für sein spezielles Problem möglicherweise nur von begrenztem Nutzen ist.

Abschließend sei das Internationale Institut für Vergleichende Gesellschaftsforschung dankend erwähnt. Ohne dessen großzügige Unterstützung wäre es aller Wahrscheinlichkeit nie gelungen, diese Arbeitsgruppe zu gründen und zu stabilisieren. Wir hoffen, daß dieser Band den Beweis erbringt, daß sich diese Unterstützung ausgezahlt hat.

Anmerkungen

1 Diese Einleitung darf nicht etwa als die ,,offizielle" Meinung der Mitglieder der Arbeitsgruppe makroquantitative Konfliktforschung interpretiert werden. Sie stellt vielmehr die persönliche Ansicht des Verfassers dar. Meinem Kollegen Uli Widmaier bin ich für seine kritischen Anmerkungen zum ersten Entwurf dankbar.

2 Diese Kontroverse war der Auftakt zum sogenannten Positivismusstreit in den deutschen Sozialwissenschaften. Diese Kontroverse hatte auch sehr nachhaltige Folgen im Rahmen der Studentenbewegung, vgl. auch Adorno et al. (1969).

3 Die hier verwendete Terminologie ist aus Gründen der Einfachheit sehr verkürzt. Wir verzichten aber auf eine ausführliche Diskussion der verschiedenen Typen kollektiver Eigenschaften. Statt dessen sei auf die nach wie vor ausgezeichnete Typologie individueller und kollektiver Eigenschaften von Larzarsfeld und Menzel (1969) verwiesen.

4 Hier gilt das gleiche, was bereits in Fußnote 3 gesagt wurde.

5 Das Falsifikationsprinzip ist von Popper (1971) entwickelt worden und wissenschaftstheoretisch keineswegs unumstritten. Wir verwenden dieses Konzept, wie aus den Ausführungen auch deutlich wird, eher als forschungspragmatische Leitlinie.

6 Dieser Begriff stammt u. W. von Hennis. Es gibt zwar Autoren, die der Ansicht sind, Daten können auch ohne theoretische Vorentscheidung erhoben werden (vgl. etwa Singer, 1972), wir meinen aber, daß das nicht geht. Möglich ist allerdings, daß die theoretischen Selektionskriterien entweder demjenigen, der sie verwendet, nicht klar sind, oder aber sie werden nicht explizit formuliert, bzw. vorenthalten.

7 Das World Handbook III (Taylor, 1982) ist die Fortführung der früheren Handbücher von Taylor und Hudson (1972) bzw. des ersten World Handbook von Russett et al. (1964). Das World Handbook III wurde am Internationalen Institut für Vergleichende Gesellschaftsforschung erstellt.

8 Vergleiche hierzu Bremer (1982) sowie Small und Singer (1982), wo wichtige Bestandteile des vom Correlates of War gesammelten Datensatzes dargestellt werden.

9 Ebenso wie Banks (1971) hat Singer mit seinen Mitarbeitern Daten für einen langen Zeitraum gesammelt, Banks inzwischen von 1815–1973, Singer z. T. von 1816–1980.

10 Ein Beispiel für einen solchen prognostischen Versuch ist die Arbeit von Eberwein (1981a).
11 Die Einschränkung bezieht sich auf die Tatsache, daß nicht alle Hypothesen in einer Weise formuliert sind, daß die verwendeten Variablen auch politisch manipulierbar wären. Das Argument im einzelnen ist ausführlich entwickelt bei Eberwein (1981b), S. 132–137.

Literatur

Adorno, Th. W., H. Albert, R. Dahrendorf, J. Habermas, H. Pilot, K. R. Popper (1969): Der Positivismusstreit in der deutschen Soziologie. Luchterhand: Neuwied.

Banks, A. S. (1971): Cross-Polity Time Series. MIT Press: Cambridge Mass.

Bremer, S. A. (ed) (1982): Special Issue: Studies of Serious Disputes. International Interactions 9.

Eberwein, W.-D. (1981a): Militärische Konfrontationen und die Eskalation zum Krieg: 1900–2000. Internationales Institut für Vergleichende Gesellschaftsvorschung, Wissenschaftszentrum Berlin. IIVG/dp 80/112, März.

Eberwein, W.-D. (1981b): Macroquantitative Indicators of Détente: A Research Note. In: D. Frei (ed): Definitions and Measruements of Détente – East and West Perspectives. Oelschlager, Gunn & Hain: Cambridge Mass. 121–138.

Lazarsfeld, P. F. and *H. Menzel* (1969): On the Relation between Individual and Collective Properties. In: A Etzioni (ed): A Sociological Reader on Complex Organizations, 2nd. ed. Free Press: New York. S. 499–516.

Popper, K. R. (1971): Logik der Forschung, 4. Aufl. Siebeck und Mohr: Tübingen.

Russett, B. M., H. R. Alker jr., K. W. Deutsch and *H. D. Lasswell* (1964): World Handbook of Political and Social Indicators. Yale University Press: New Haven.

Singer, J. D. (1972): The Correlates of War Project. Interim Report and Rationale. In: World Politics, 24. 243–270.

Small, M. and *J. D. Singer* (1982): Resort to Arms – International and Civil Wars, 1816–1980. Sage: Beverly Hills.

Taylor, Ch. L. (1982): World Handbook of Political and Social Indicators III. Sage: Beverly Hills (Im erscheinen).

Taylor, Ch. L. and *M.-C. Hudson* (1972): World Handbook of Political and Social Indicators: Second Edition. Yale University Press: New Haven.

Teil 1:
Innerstaatlicher Konflikt, politische Stabilität und wirtschaftliches Wachstum

2. Ökonomische Entwicklung und politisches Protestverhalten 1920–1973. Eine kombinierte Quer- und Längsschnittanalyse

Wolfgang Jagodzinski

1. Einleitung

Nur wenige Makrovariablen sind so häufig mit politischer Instabilität[1], kollektivem Protest[2] und politischer Gewalt[3] in Verbindung gebracht worden wie ökonomische Entwicklung und Wirtschaftswachstum. Dabei ging es weniger um die ökonomischen Konsequenzen interner politischer Konflikte[4], als vielmehr umgekehrt um die Auswirkungen der ökonomischen Entwicklung auf kollektiven Protest und politische Gewalt[5].

Eindeutige Ergebnisse haben die bislang vorliegenden empirischen Untersuchungen nicht erbracht. Was das ökonomische Entwicklungsniveau anbelangt, so registrieren Autoren wie von der Mehden (1973) oder Tilly et al. (1975)[6] keine systematischen Beziehungen, während Flanigan und Fogelman (1970), Parvin (1973) und Tanter (1966) eine Abnahme politischer Gewalt auf höherem Entwicklungsniveau konstatieren. Andere finden einen kurvilinearen Zusammenhang: interne politische Konflikte sollen bis zu einem gewissen Entwicklungsniveau zunehmen, um dann wieder seltener zu werden (Feierabend et al. 1966; Hibbs 1973; Huntington 1968; Alker und Russett 1964). Nach Huntington und Dominguez (1975) ist diese kurvilineare Hypothese empirisch am besten gestützt, doch neuere Forschungsergebnisse widersprechen dieser Auffassung: so ermitteln beispielsweise Hardy (1979) und Weede (1981) eine *lineare* negative Beziehung zwischen dem Bruttosozialprodukt per capita und einigen Indikatoren für interne politische Konflikte.

Nicht weniger verworren stellt sich die Situation beim Wirtschaftswachstum dar. Unter Verweis auf Alker und Russett (1964), Bwy (1971) und Flanigan und Fogelman (1970) meinen Huntington und Dominguez (1975), daß hohe Wachstumsraten zur Stabilität beitragen und wirtschaftlicher Niedergang die Gefahr politischer Spannungen erhöht (ähnlich Parvin 1973; Sigelman und Simpson 1977). Nach Hibbs gilt das allerdings nur für kollektiven Protest, nicht aber für politische Gewalt (internal war). Während nach diesen Studien das Wirtschaftswachstum also einen negativen Effekt auf bestimmte Formen politischen Protests hat, besteht nach Hardy (1979) überhaupt kein Zusammenhang. Wieder andere schreiben raschem Wirtschaftswachstum (Tanter und Midlarsky 1967) bzw. raschem sozialem Wandel (Feierabend et al. 1966) eine destabilisierende Wirkung – mithin einen positiven Effekt auf interne Konflikte – zu.

Für dieses widersprüchliche Bild können verschiedene Gründe verantwortlich sein[7]. Erstens können Aggregatanalysen nur Hinweise darauf liefern, daß sich in gewissen Makrokonstellationen die *Auftrittswahrscheinlichkeit von politischen Konflikten* ändert. Mit einer derartigen *probabilistischen* Kausalbeziehung (Suppes 1975) ist durchaus zu vereinbaren, daß in einem einzelnen Land selbst über einen längeren Zeitraum hinweg kein Zusammenhang zwischen den relevanten Variablen gefunden wird. Die von Tilly et al. (1975) für Frankreich mitgeteilten Ergebnisse wären dann gewissermaßen die Ausnahme von der Regel. Darüber hinaus haben Assoziationen, die auf nur wenigen Fällen basieren (vgl. etwa von der Mehden 1973) nur begrenzte Aussagekraft, dies um so mehr, als die verwendeten Datensätze keine Zufallsauswahlen darstellen.

So lassen sich vielleicht einige Divergenzen erklären, doch gewiß nicht alle. Unterschiedliche Aggregationsprozeduren[8] und die geringe Reliabilitäten der Konfliktindikatoren mögen weitere Gründe sein, weshalb die Ergebnisse verschiedener Studien so wenig übereinstimmen. Vor allem aber dürfte die unterschiedliche Operationalisierung der abhängigen Variablen „interne politische Konflikte" bzw. „politische Instabilität" zur Vielfalt und Widersprüchlichkeit der Resultate beigetragen haben.

Untersuchungen von Eberwein et al. (1978) und von Hibbs (1973) haben gezeigt, daß – von Staatsstreichen abgesehen – zwei Arten interner Konflikte aus theoretischen wie aus empirischen Gründen unterschieden werden sollten, Massenproteste bzw. *kollektive Proteste* und *politische Gewalt*. Im Lichte dieser Ergebnisse erscheint es in hohem Maße fragwürdig, die Indikatoren beider Konzepte zu einem Index zusammenzufassen, wie das in zahlreichen empirischen Studien geschehen ist. Angesichts der geringen Reliabilität einzelner Konfliktmaße ist es andererseits nicht zweckmäßig, die beiden Konfliktarten über Einzelindikatoren zu erfassen. In der folgenden empirischen Analyse werden daher für politische Gewalt und kollektiven Protest Indices konstruiert, die jenen von Hibbs (1973) vergleichbar sind. Es soll geklärt werden, ob und gegebenenfalls in welcher Weise diese beiden Formen interner Konflikte vom ökonomischen Entwicklungsniveau und vom Wirtschaftswachstum beeinflußt sind. Als Datenbasis dient die „Cross-National Time Series: 1815–1973" von Arthur Banks (1976), wo für über 40 Nationen jährliche Konflikt- und Energieverbrauchsdaten seit dem ersten Weltkrieg berichtet werden. Design und Daten erlauben nicht nur, einige der Analysen von Hibbs (1973) zu replizieren, sie geben auch einen gewissen Aufschluß, ob die Beziehungen zwischen den Variablen im Quer- und im Längsschnitt gelten und ob sie in größeren Teilperioden stabil sind, wie gewöhnlich unterstellt wird.

Da Veränderungen im ökonomischen Entwicklungsniveau sich nur mittel- und langfristig auf das politische Konfliktverhalten auswirken werden, ist es notwendig, die Konfliktdaten zeitlich zu aggregieren. Zeitreihenanalysen scheiden damit aus, schon deshalb, weil mit der Bildung längerer Perioden die Fallzahlen pro Land beträchtlich schrumpfen. Aus diesem Grunde wird nachfolgend eine *kombinierte Quer- und Längs-*

schnittanalyse durchgeführt. Ehe aber die Ergebnisse dieser Untersuchung berichtet werden, soll kurz erörtert werden, welche Beziehungen zwischen den ökonomischen Variablen und internen politischen Konflikten nach politisch-ökonomischen Theorien sowie nach Deprivationstheorien – den beiden prominentesten Forschungsprogrammen in der empirisch orientierten Konfliktforschung – zu erwarten sind.

2. *Theoretische Überlegungen*

2.1 Ökonomisches Entwicklungsniveau und politischer Protest

Nach weitverbreiteter Auffassung, die u. a. Karl Marx zugeschrieben wird[9], ist *absolute Deprivation* der eigentliche Beweggrund für politischen Protest. Nicht nur seien sozial Deklassierte besonders unzufrieden, sie ließen sich auch durch staatliche Sanktionen nicht abschrecken, da sie nichts zu verlieren hätten als „ihre Ketten". Sofern also das ökonomische Entwicklungsniveau leidlich zuverlässig das Ausmaß der Verelendung in einer Gesellschaft erfaßt, müßte es nach dieser Ansicht mit politischen Konflikten negativ korrelieren.

Diese Sicht ergibt sich jedoch weder aus Deprivationstheorien noch aus politisch-ökonomischen Theorien zwingend. Nach letzteren ist von entscheidender Bedeutung, ob der Handelnde glaubt, gerade durch seinen Beitrag die Erfolgsaussichten von Protestaktionen zu erhöhen. Ist das nicht der Fall, können ihn nur negative und positive selektive Anreize zur Beteiligung an solchen Aktionen motivieren (Opp 1978; Tullock 1974). Sozial Deklassierte werden im allgemeinen aber nicht annehmen, durch politischen Protest viel an ihrer Lage ändern zu können, sondern eher zur Apathie neigen, wie dies von Jahoda et a. (1960) in der klassischen Studie über Marienthal beschrieben wird. Etwas anderes mag vielleicht für Nahrungsmittelaufstände und Plünderungen gelten, die ohne großen organisatorischen Aufwand von wenigen Teilnehmern durchgeführt werden können; *politischen* Protest jedoch werden absolut Deprivierte kaum initiieren, ob sie sich ohne die Gewährung selektiver Anreize zur Mitwirkung an Massendemonstrationen oder gar Revolutionen bewegen lassen, ist angesichts des von Olson (1968) analysierten „Trittbrettfahrerverhaltens" zumindest zweifelhaft (vgl. a. Silver 1974; Tullock 1974)[10].

Wenn nach politisch-ökonomischen Theorien Unzufriedenheit überhaupt einen Einfluß auf politische Instabilität hat, so ist es die Unzufriedenheit jener, die um Herrschaftspositionen konkurrieren. Denn dieser Personenkreis traut sich noch am ehesten zu, politischen Protest erfolgreich zu organisieren und durchzuführen.[11] Gründe, weshalb auf niedrigem Entwicklungsniveau die Unzufriedenheit unter den Privilegierten weit verbreitet ist, sind nicht schwer zu finden. Zum einen sind einige dieser Personen von der schlechten Wirtschaftslage betroffen. Zum anderen sind in Entwicklungsländern relativ wenige attraktive Positionen in Wirtschaft und Politik zu vergeben, so daß, wo der Kreis der Bewerber nicht durch religiöse oder soziale Normen beschränkt ist, viele Personen um wenige Stellen konkurrieren. Sofern nur genügend hohe Belohnungen winken, können selbst größere Anfangsinvestitionen und geringe Erfolgsaussichten den rational Kalkulierenden nicht von einer Teilnahme am Wettbewerb abhalten, wie Boudon (1979) in einem anderen Zusammenhang gezeigt hat. Relative Deprivation mag entstehen, weil sich die Verlierer mit den Gewinnern vergleichen, die ja ursprünglich in einer ähnlichen Lage waren wie sie selbst. Machen die Unzufriedenen für die mißliche Lage das politische System verantwortlich – was politisch ökonomische Theorien gewöhnlich unterstellen (vgl. Frey 1978; Schneider 1978; Widmaier 1982) –, so steigt die Gefahr politischer Konflikte. Zunehmen werden in erster Linie Staatsstreiche und hochorganisierte Formen politischer Gewalt, weil diese Protestarten vergleichsweise günstige Erfolgsaussichten haben. Dagegen sind Massenproteste für die Eliten nur in Ausnahmefällen ein taugliches Mittel der Interessenverfolgung.

Sofern das Verhältnis von attraktiven Positionen zu Bewerbern mit der ökonomischen Entwicklung kontinuierlich günstiger wird, ist also eine negative Beziehung zwischen ökonomischem Entwicklungsniveau und politischer Gewalt zu erwarten. Möglicherweise ist jedoch die Zahl der Verlierer in der Anfangsphase der Industrialisierung bei Abbau der Mobilitätsbarrieren und bei Erweiterung des Bildungssystems besonders groß. Dann müßte zwischen ökonomischem Entwicklungsniveau und politischer Gewalt eine kurvilineare Beziehung bestehen.

Für die Abnahme *politischer Gewalt* auf hohem Entwicklungsniveau sprechen auch noch zwei weitere, in ökonomische Theorien integrierbare Argumente. Nach Autoren wie Cutright (1963), Lipset (1960) oder de Schweinitz (1964) schafft erst ein hohes ökonomisches Entwicklungsniveau die Voraussetzung für eine stabile Demokratie. Da in demokratischen Staaten zahlreiche Institutionen der *friedlichen* Konfiktregulierung bestehen, könnte Gewalt als Mittel der Politik an Bedeutung verlieren. Hinter solchen Überlegungen steht das allgemeine Prinzip, daß von mehreren Handlungen immer die mit dem höchsten Erwartungswert ausgeführt wird. Bei vergleichbaren Erfolgsaussichten ist friedlicher Protest fast immer das günstigere Mittel, weil politische Gewalt von allen Regimen als strafbare Handlung verfolgt wird und deshalb mit erheblichen Kosten verbunden ist. Ähnlich wie nach Hirschman – jedenfalls in der ursprünglichen Konzeption (Hirschmann 1970) – Unzufriedenheit mit den Leistungen einer Organisation dominant durch Abwanderung und nur vereinzelt durch Widerspruch kundgetan wird, ähnlich könnte in Demokratien friedlicher Protest das Mittel der Gewalt weitgehend verdrängen (vgl. Eckstein 1980)[12].

Politische Gewaltaktivitäten werden nach utilitaristischen Theorien umso unwahrscheinlicher, je größer das Risiko einer Bestrafung und je strenger die Strafe. In der empirischen Literatur ist ausgiebig der Zusammenhang zwischen Härte der Sanktion und politischer Gewalt untersucht worden (vgl. d. Nachw. b. Zimmermann 1977). Freilich wurde übersehen, daß hohe Aufklärungs- und Verurteilungsquoten mehr zur Abschreckung beitragen können als die Höhe der angedrohten Strafe (vgl. Ehrlich 1975). Oft genug haben politische Systeme versucht, die geringen Erfolge bei der Verbrechensbekämpfung durch drakonische Strafen zu kompensieren. Hebt man auf die Aufklärungsquoten bei politischen Gewalttaten ab, so dürften im Durchschnitt die Industriegesellschaften mit ihren modern ausgerüsteten, geschulten Polizei- und Behördenapparaten den Ländern der Dritten Welt überlegen sein[13]. Politische Gewalt könnte auf hohem Entwicklungsniveau also auch deshalb zurückgehen, weil sie mit wirksameren Mitteln bekämpft werden kann und weil die Risiken einer Entdeckung und Bestrafung zunehmen.

Anders als nach politisch-ökonomischen Ansätzen erhöht nach *Deprivationstheorien* politische Unzufriedenheit in *allen* Bevölkerungssegmenten die Gefahr interner Konflikte. Allerdings pflegen Anhänger solcher Theorien zu betonen, daß Unzufriedenheit von der Diskrepanz zwischen erwartetem (want) und erreichtem (get) Zustand abhängig ist (vgl. Davies 1962; Gurr 1970; Feierabend et al. 1969). Privilegierte können, sofern nur ihr Aspirationsniveau hoch genug ist, unzufriedener sein als sozial Benachteiligte. Ausgehend von solchen Überlegungen wird aus Deprivationstheorien häufig abgeleitet, daß die Unzufriedenheit auf einem mittleren ökonomischen Entwicklungsniveau, das beim Übergang von der traditionalen zur modernen Gesellschaft erreicht wird, besonders verbreitet sei. Verwiesen wird einmal auf die „Revolution der steigenden Erwartungen" (Lerner 1958; Feierabend et al. 1969): dank Massenmedien und besserer Bildung würden in Übergangsgesellschaften größere Bevölkerungskreise mit den Lebensgewohnheiten der hochindustrialisierten Länder vertraut. Deshalb wüchsen die Ansprüche an das politische System rascher als dessen Befriedigungskapazität, was zwangsläufig zur politischen Instabilität führe.

Andere sehen – im Anschluß an Durkheim – die Hauptursache für die politische Instabilität von transitionalen Gesellschaften im Verfall der anspruchsbegrenzenden, traditionalen Normensysteme. Dementsprechend identifiziert man als Träger des Protests das entwurzelte Proletariat der Städte (vgl. Kornhauser 1959) – eine These, die den Grundannahmen utilitaristischer Theorien widerspricht und die empirisch auch kaum haltbar ist (vgl. Oberschall 1978; Tilly et al. 1975; Zimmermann 1981 m. w. Nachw.)[14].

In Deprivationstheorien werden in der Regel *sämtliche Formen* politischen Protests als *anomische Reaktionsweisen* von Unzufriedenen gedeutet. Infolgedessen müßten kollektiver Protest und politische Gewalt in gleicher Weise vom ökonomischen Entwicklungsniveau abhängig sein. Nichts anderes sollte gelten, wenn man mit Gurr (1970, S. 345 ff.) zwischen Protesthandlungen der Elite und solchen breiter Bevölkerungskreise differenziert; denn da auf niedrigem Entwicklungsniveau ökonomische Unzufriedenheit in allen Teilen der Bevölkerung verbreitet ist, müßten sämtliche Formen des Protests zunehmen. Demgegenüber legen ökonomische Theorien eine Differenzierung zwischen kollektivem Protest und politischer Gewalt nahe. Die Organisatoren von Massenprotesten sehen sich immer mit der „Trittbrettfahrermentalität" konfrontiert, die rationale Individuen von einer Teilnahme an solchen Protesten abhält. Eine Überwindung dieses Hindernisses mag dann noch verhältnismäßig einfach sein, wenn – wie etwa bei friedlichen Demonstrationen – die Kosten der Beteiligung sehr gering sind (vgl. Olson 1982, S. 28). Daher sind kollektive Proteste geringer Gewaltintensität sehr viel wahrscheinlicher als etwa Revolutionen. Da aber die Organisationschancen friedlicher kollektiver Proteste dank intakter Massenorganisationen wie Parteien und Gewerkschaften in den Industrieländern sicher nicht schlechter sind als in den Ländern der Dritten Welt, ist keine klare Beziehung zwischen dieser Form des Protests und dem ökonomischen Entwicklungsniveau zu erwarten. Hingegen sollte sich eine negative oder kurvilineare Beziehung zwischen politischer Gewalt und dem ökonomischen Entwicklungsniveau herauskristallisieren, weil in Entwicklungsländern institutionalisierte Formen der friedlichen Konfliktregulierung häufig fehlen und weil die erwarteten Kosten für politische Gewalttäter wesentlich geringer sind. Soweit also überhaupt ein Zusammenhang zwischen ökonomischem Entwicklungsniveau und politischen Konflikten gesehen wird, kommen politisch-ökonomische Theorien und Deprivationstheorien zu einander widersprechenden Vorhersagen; nach ersteren besteht ein negativer oder kurvilinearer Zusammenhang nur zwischen ökonomischem Entwicklungsniveau und politischer Gewalt, nach letzteren ist jede Form des politischen Protests kurvilinear von der ökonomischen Entwicklung abhängig.

2.2 Wirtschaftswachstum und politischer Protest

Nach den Regeln des gesunden Menschenverstandes nimmt Unzufriedenheit in Zeiten des Wirtschaftswachstums ab und in der Rezession zu. Im Einklang damit ist festgestellt worden, daß Rebellionen in Argentinien überwiegend in der Anfangsphase des konjunktionellen Abschwungs stattgefunden haben (Merkx 1973) und daß Staatsstreiche in Lateinamerika mehr oder minder synchron mit den Außenhandelszyklen variieren. Dean (1970) erklärt letzteres mit der Unzufriedenheit von Militärs und Bürokraten, die bei Verringerung der Staatseinnahmen aus Import- und Exportzöllen empfindliche Kürzungen ihrer Mittel hinnehmen müßten.

Gemäß diesen Überlegungen bestünde zwischen Wirtschaftswachstum und politischem Protest ein negativer Zusammenhang. Spätestens seit Tocqueville jedoch weiß man, daß Revolutionen und andere Konflikte häufig dann ausbrechen, wenn sich die allgemeine wirtschaftliche Lage verbessert. Im Anschluß an Coleman (1978) lassen sich vier deprivationstheoretische Erklärungen dieses überraschenden Phänomens unterscheiden. Die dynamisierte Version der *Revolution der steigenden Erwartungen* behauptet, daß eine Verbesserung der objektiven Lage Erwartungen nach weiteren Verbesserungen weckt, so hohe Erwartungen freilich, daß die tatsächliche Entwicklung damit nicht Schritt halten kann. Da die Ansprüche rascher wachsen als das Leistungsvermögen des politischen Systems, wird die Unzufriedenheit immer größer.

Nach der bekannten *J-Kurven-Hypothese* von J. A. Davies (1962, 1979) erhöht kontinuierliches Wachstum für sich allein noch nicht die Unzufriedenheit. Erst der Abschwung nach einem Aufschwung, die ökonomische Krise nach einer längeren Wachstumsphase erzeugt „progressive Deprivation" (Gurr 1970, S. 52), die zur politischen Instabilität führt.

Die *bezugsgruppentheoretische* Erklärung geht davon aus, daß – ähnlich wie beim Wettbewerb um attraktive Positionen – Personen in zunächst vergleichbarer Lage in Phasen des Wirtschaftswachstums ihre relative Position zueinander verändern: einige Individuen gewinnen mehr hinzu als andere. Relative Deprivation entsteht bei den Verlierern, die sich mit den glücklichen Gewinnern vergleichen (Huntington 1968; Olson 1963).

Nach Olson (1963) kann in Phasen des Wirtschaftswachstums *Statusinkonsistenz* auftreten. Der Neureiche erwirbt Besitz und Geld, ohne gleichzeitig politischen Einfluß

zu erlangen. Diese Inkonsistenz kann Antrieb zu Veränderung der politischen Verhältnisse sein.
Vertreter politisch-ökonomischer Ansätze könnten einen destabilisierenden Effekt ähnlich begründen, sie müßten nur betonen, daß Unzufriedenheit in der politischen Elite entsteht. Sie könnten ferner darauf verweisen, daß unter Umständen eine der Konfliktparteien während des wirtschaftlichen Wachstums neue materielle und personelle Ressourcen erlangt (Coleman 1978; Oberschall 1973). Doch ähnlich klar wie bei Streiks, wo sich die Position der Gewerkschaften im Aufschwung nachhaltig verbessert (Rees 1952; vgl. a. Kaelble und Volkmann 1972), ist die Lage bei politischen Protesten keineswegs. Die Organisatoren illegalen politischen Protests sind vor andere Probleme gestellt als die Gewerkschaften, und allein aus diesem Grunde ist keine enge Korrespondenz zwischen kurzwelligen Konjunkturbewegungen und politischen Konflikten zu erwarten.[15] Wie Tilly et al. (1975, S. 268) betonen, wirkt industrielles Wachstum nicht gleichsinnig auf Organisation, Macht, Repression und Gelegenheit – auf jene Variablen also, die nach utilitaristischen Theorien Einfluß auf politische Konflikte haben.
Theoretisch läßt sich in jedem Forschungsprogramm jede Hypothese begründen, ein negativer Effekt ebenso wie ein positiver Effekt wie auch das Fehlen irgendeines Einflusses. Überwiegend gehen jedoch Deprivationstheoretiker von einer destabilisierenden Wirkung des Wirtschaftswachstums aus, während Anhänger politisch-ökonomischer Theorien häufiger einen negativen Effekt auf politische Gewalt behaupten. Im folgenden Abschnitt wird u. a. diese Frage empirisch zu untersuchen sein.

3. *Empirische Analyse*

3.1 Daten und Operationalisierungen

Sämtliche Variablen sind der „Cross-National Time Series: 1815-73" (ICPSR 7412) von Arthur Banks entnommen. Für die 43 in Tabelle 5 aufgeführten – vorwiegend amerikanischen und europäischen – Länder werden *jährlich* Werte für Energieverbrauch und diverse Formen politischer Konflikte seit 1919 bzw. 1920 berichtet. Die Auswahl ist nicht nur regional verzerrt, unterrepräsentiert sind auch ärmere Länder der Dritten Welt.

a) Der Datensatz enthält nur eine sehr kleine Zahl von *Indikatoren* für ökonomische Entwicklung und *politische Konflikte.* Was die letzteren anbelangt, so berichtet Banks die jährlichen Häufigkeiten von politischen Morden (ASSASSINATIONS), politischen Streiks (GENERAL STRIKES), bewaffneten Angriffen und Sabotageakten (GUERRILLA WARFARE), gewaltsamen Protesten und Aufruhr (RIOTS), friedlichen Protestdemonstrationen (ANTIGOVERNMENT DEMONSTRATIONS) und politischen Umstürzen (REVOLUTIONS).[16] Unter REVOLUTIONS werden Staatsstreiche und andere illegale Umstürze subsumiert, es handelt sich also sicher nicht um Revolutionen im üblichen Wortsinn.

In den folgenden Analysen wurden nur diese Konfliktvariablen[17] berücksichtigt. Sie alle haben Mängel, zunächst einmal insofern, als sie die hier interessierenden theoretischen Größen nur sehr indirekt und unzuverlässig messen. Das gilt insbesondere für die zentrale Variable „politische Gewalt“. Ein brauchbares Maß hierfür wäre die in neueren Datensätzen berichtete Anzahl der Toten infolge politischer Gewaltanwendung. Für die Zwischenkriegszeit sind jedoch entsprechende Zahlen – von wenigen Ausnahmen abgesehen – nicht zu bekommen. Der Indikator politische Morde, den Banks verwendet, ist ganz sicher kein vollwertiger Ersatz, da hier nur Morde an *führenden* Politikern und Regierungsbeamten gezählt werden[18]. In Anbetracht der Datenlage wird man jedoch in international vergleichenden Analysen vorläufig mit derartigen, wenig reliablen Maßen vorlieb nehmen müssen.

Nicht nur erfassen die beobachteten Variablen die theoretischen Größen unzuverlässig, es ist außerdem zu befürchten, daß die *Konfliktaktivitäten* selbst bei Zugrundelegung der engen „operationalen“ Definitionen von Banks *unvollständig erhoben* sind. Das gilt in erster Linie für *friedliche Protestdemonstrationen,* wo größere Verzerrungen infolge selektiver Berichterstattung zu erwarten sind (vgl. Snyder und Kelly 1977). Skepsis ist aber auch gegenüber einer Variablen wie *Aufruhr* geboten. Um nur zwei irritierende Beispiele zu nennen: 1929 kam es in Finnland zu *gewalttätigen* Auseinandersetzungen zwischen Kommunisten und den Bauern von Lapua – im Datensatz ist aber nur eine friedliche Protestdemonstration verzeichnet. Und während Botz (1976, S. 229 ff.) für das Jahr 1920 in Österreich (politisch motivierte) Arbeiterunruhen und Bauernaufstände dokumentiert, herrscht nach Banks in diesem Jahr in Österreich tiefer innerer Frieden: er berichtet nicht einen einzigen internen Konflikt.

Fehler dieser Art fallen weniger stark ins Gewicht, wenn man die Konflikthäufigkeiten mehrerer aufeinanderfolgender Jahre aufaddiert. Diese zeitliche *Aggregation* ist auch sachlich gerechtfertigt, weil nachfolgend die längerfristigen Auswirkungen ökonomischer Entwicklung untersucht werden sollen. Daher wurden, mit den Jahren 1920 und 1946 beginnend, die Werte von *fünf* aufeinanderfolgenden *Jahren* aggregiert[19]. So entstanden vier Zwischenkriegsperioden (1920–39) und sechs Nachkriegsperioden (1946–73)[20]. Insgesamt ergab sich damit ein N von 430 (= 43 (Länder) x 10 (Perioden))[21].

Durch Aggregation wurde die schiefe Verteilung der Konfliktindikatoren zwar etwas geglättet, doch sie löste das Problem nicht zufriedenstellend. Zusätzlich mußten die Variablen transformiert werden. Mit Ausnahme der Variablen „politische Morde“, die dichotomisiert wurde[22], wurden alle anderen Indikatoren *ln(X+1)-transformiert.* Wie die letzten beiden Spalten von Tabelle 1 zeigen, beseitigt diese in der Literatur gebräuchliche Transformation das Problem der Schiefe genau so gut wie die von Banks (1972) bevorzugte geometrische Progression. In der Tabelle sind außerdem die wichtigsten statistischen Kennzahlen der Variablen (vor der Transformation) aufgeführt.

Additive Indices sind, ebenso wie die Aggregation, ein Mittel, um die Folgen von Erhebungsfehlern etwas abzumildern. Um zu überprüfen, ob die Berechnung solcher Indices gerechtfertigt ist, wurden sämtliche *Protest*indikatoren einer (Hauptkomponenten-) Faktorenanalyse unterzogen. Die Anzahl der Faktoren wurde mit zwei fest vorgegeben, da in der Literatur relativ häufig zwei Konfliktdimensionen gefunden worden sind (vgl.

Tabelle 1: Mittelwert, Varianz und Schiefe der Konfliktindikatoren

Variable	Abkürzung	Mittel-wert	Varianz	untrans-formiert	Schiefe ln-Transf.	geom. Progression
Politische Morde	ASSASSINATIONS	0.76	2.41	3.44*		
Politische Streiks	GENERAL STRIKES	0.87	4.91	5.52	1.70	1.82
Bewaffnete Angriffe, Sabotage	GUERILLA WARFARE	1.33	7.90	3.58	1.35	1.45
Gewaltsamer Protest, Aufruhr	RIOTS	4.17	89.94	7.29	0.73	0.66
(Versuchter oder vollendeter) illeg. Sturz der Regierungselite	REVOLUTIONS	0.85	3.04	2.78	1.47	1.57
Friedl. Protestdemonstrationen wegen innenpol. Probleme	ANTIGOV. DEMON.	2.44	72.44	10.94	1.33	1.18

* Nach Dichotomisierung ergibt sich eine Schiefe von 0.65

Eberwein et al. 1978 m. w. Nachw.). Wie Tab. 2 zeigt, entspricht das Ergebnis weitgehend den theoretischen Erwartungen. Auf dem ersten Faktor laden solche Protestformen hoch, an denen typischerweise relativ viele Personen beteiligt sind und bei denen dem durchschnittlichen Teilnehmer keine selektiven Anreize in Aussicht gestellt werden. Auf der anderen Dimension laden Protestaktivitäten, die häufig von kleinen Gruppen ausgeführt werden, bei denen für die einzelnen Gruppenmitglieder selektive Anreize bestehen und bei denen häufig Gewalt angewendet oder angedroht wird. Der erste Faktor soll daher als (friedlicher) kollektiver Protest, der zweite als politische Gewalt bezeichnet werden[23].

Die Ergebnisse legen die Bildung zweier additiver Indices nahe. Einer Empfehlung von Hibbs (1973, S. 11) folgend habe ich zu diesem Zweck nicht Faktorenwerte berechnet, sondern die Leitvariablen eines jeden Faktors ungewichtet addiert und dann (nach Erhöhung um eins) logarithmisch transformiert:

$$\text{(KOLL.) PROTEST}_t = \ln(\text{GEN.STRIKES}_t + \text{ANTIG.DEMON.}_t + \text{RIOTS}_t + 1)$$

$$\text{(POL.) GEWALT}_t = \ln(\text{ASSASSIN.}_t + \text{REVOL.}_t + \text{GUER.WARF.}_t + 1)$$

Diese Indices sind im Vergleich zu Faktorenwerten sehr viel einfacher zu interpretieren.

Wie Tab. 2 zu entnehmen, erfassen die beiden Indikatoren „politische Morde“ und „Guerillakriege“ die latente Variable „politische Gewalt“ nicht sonderlich gut, denn beider Kommunalität ist gering. Darüber hinaus lädt der letztgenannte Indikator auf dem ersten Faktor beinahe so hoch wie auf dem zweiten, so daß auch der Index nicht

Tabelle 2: Hauptkomponentenanalyse der Indikatoren für interne Konflikte (N ~430); schiefwinklig-rotierte Lösung ($\delta = 0$)

Indikator	Kollektiver Protest	Politische Gewalt	h^2
GENERAL STRIKES	0.641	0.176	0.525
RIOTS	0.876	0.070	0.817
ANTIGOV. DEMON.	0.929	– 0.157	0.781
ASSASSINATIONS	0.188	0.625	0.513
REVOLUTIONS	– 0.186	0.928	0.770
GUERILLA WARFARE	0.342	0.537	0.540

Insgesamt erklärte Varianz: 65.8 %; $\lambda_1 = 2.88$, $\lambda_2 = 1.06$, $\lambda_3 = 0.71$;
Die Korrelation zwischen den beiden Faktoren kollektiver Protest und politische Gewalt beträgt nach dieser Lösung 0.367.

besonders zuverlässig ist. Um uns vor Fehlschlüssen zu schützen, wird nachfolgend daher zusätzlich der beste Einzelindikator

(POL.) $UMSTURZ_t = \ln(REVOLUTIONS_t + 1)$

als abhängige Variable benutzt. Nur wenn wir kräftige Effekte sowohl bei dieser repräsentativen Variablen als auch bei dem Index finden, soll dem jeweiligen Prädiktor ein Einfluß auf politische Gewalt zugeschrieben werden.

Mit der Indexkonstruktion wird keineswegs für die Gleichsetzung so verschiedenartiger Ereignisse wie etwa politischer Morde und Guerillaaktivitäten plädiert. Es wird nur die (im Prinzip empirisch prüfbare) Behauptung aufgestellt, daß beispielsweise der Index $GEWALT_t$ im Regelfall – aber gewiß nicht immer – umso höhere Werte annehmen wird, je größer das Ausmaß politischer Gewalt in einer Periode. Die Qualität solcher Indices läßt sich am einfachsten dadurch überprüfen, daß man sie mit besseren Indikatoren vergleicht, wo solche verfügbar sind. Botz (1976) hat den Versuch unternommen, die Toten infolge politischer Gewalt in Österreich zwischen 1919 und 1934 zu ermitteln. Korreliert man seine jährlichen Daten mit den drei Gewaltindikatoren von Banks, so zeigt sich überhaupt keine Assoziation. Der Index korreliert immerhin schon mit 0.3. Er ist auch dann den Einzelindikatoren überlegen, wenn man die Werte mehrerer Jahre aggregiert. Bei Dreijahresperioden klettert die Korrelation auf über 0.4, bei Fünfjahresperioden auf über 0.9[24]. Das ist zumindest ein schwaches Indiz für die größere Zuverlässigkeit des Index im Vergleich zu den drei Einzelindikatoren.

b) Die Konfliktvariablen wurden zunächst auf vier Prädiktoren regrediert, den durchschnittlichen *Energieverbrauch pro Kopf der Bevölkerung* während einer Fünfjahresperiode ($ENPC_t$), die (prozentuale) *Veränderung des durchschnittlichen Energieverbrauchs* zwischen zwei Perioden ($\Delta ENPC_t$), die *durchschnittliche Bevölkerungszahl* während einer Periode (POP_t) und die *zeitverzögerte endogene Variable* (Y_{t-1}).

$ENPC_t$ ist der einzige Indikator für das *ökonomische Entwicklungsniveau,* für den Banks Werte seit dem ersten Weltkrieg berichtet. Auch hier müssen die jährlichen Angaben als eine sehr *grobe Approximation* betrachtet werden: da für die Zwischenkriegszeit nur lückenhafte Informationen vorhanden sind, wurden die Jahresdaten zu einem Großteil per Interpolation geschätzt. Die Korrelation mit anderen möglichen Indikatoren für ökonomische Entwicklung wie Industrieproduktion oder Bruttosozialprodukt, die in Form nationaler Zeitreihen vorliegen (vgl. etwa Maddison 1969), wächst mit der Variation dieser Meßreihen. Tiefgreifende Veränderungen reflektiert $ENPC_t$ leidlich korrekt, geringfügige Fluktuationen nur sehr schlecht.[25] Auch dieser Sachverhalt sprach für eine Aggregation der Daten. Als Werte für $ENPC_t$ wurden daher die Perioden*durchschnitte* genommen. Da die Variable schief verteilt ist, wurde sie vor den Analysen logarithmisch transformiert.

Sind schon die Angaben zum ökonomischen Entwicklungsniveau nur Näherungswerte, so sind die zum *Wirtschaftswachstum,* das über Veränderungen im Energieverbrauch gemessen werden muß, noch viel unzuverlässiger. In Anbetracht der vielen interpolierten $ENPC_t$-Werte erscheint es unangebracht, mathematisch anspruchsvollere Wachstumsindices (vgl. Jackman 1980) zu berechnen. Der Ausdruck $(ENPC_t - ENPC_{t-1})/ENPC_{t-1}$ dient als Maß für die Wachstumsrate von einer Periode zur nächsten. Wird diese Zahl mit 100 multipliziert und durch die Zahl der Jahre von Periodenmitte zur Periodenmitte dividiert, so ergibt sich $\Delta ENPC_t$, der Indikator für das durchschnittliche jährliche Wirtschaftswachstum, der in die Regressionsgleichungen eingeht.

Da in bisherigen empirischen Untersuchungen sehr häufig signifikante Effekte von *Bevölkerung* (POP_t) auf interne politische Konflikte gefunden worden sind[26], wurde diese Variable – gleichfalls logarithmisch transformiert – als Prädiktor in die Regressionsgleichungen aufgenommen.

Die *zeitverzögerte endogene Variable* Y_{t-1} soll all jene Kräfte repräsentieren, die für die *Kontinuität* politischer Konflikte in Gesellschaften verantwortlich sind. Die Korrelation von Y_t und Y_{t-1} (Konflikthäufigkeit in der unmittelbar vorangegangenen Periode) beträgt ungefähr 0.5; das Konfliktniveau eines Landes bleibt also binnen zweier Perioden relativ stabil. Dafür mag es verschiedene Gründe geben. Erstens können bestimmte Formen politischen Protests in Subkulturen über lange Zeiträume hinweg tradiert werden. Zweitens mag (insbesondere) politische Gewalt fortwährend politische Gewalt zeugen, weil die eine Seite der anderen mit gleicher Münze heimzahlt. Drittens kann erfolgreiche Gewaltanwendung zur Nachahmung anregen. Viertens können die tieferliegenden Ursachen politischer Konflikte, z.B. ethnische, religiöse und soziale Cleavages, sehr dauerhaft sein. Umgekehrt kann es dauerhafte Kräfte geben, die der Ausbreitung illegalen politischen Protests entgegenstehen, nicht etwa nur starker Polizeiapparat, sondern auch Normen und Institutionen, die die friedliche Beilegung von Interessenskonflikten begünstigen.

Auf den ersten Blick erscheint es sachgerechter, diese Einflüsse wenigstens teilweise über *Residualkorrelationen* zu erfassen, da ja die hohe Korrelation zwischen Y_t und Y_{t-1} durch stabile implizite Variablen hervorgerufen wird. Konsequenterweise müßten dann auch bei den ökonomischen Variablen zwischen direkten und durch nicht gemessene Drittvariablen vermittelten Effekten unterschieden werden. Da eine solche Zerlegung undurchführbar ist, wird versucht, alle eben beschriebenen Einflüsse als direkte Effekte der zeitverzögerten endogenen Variablen zu schätzen. Erst wenn sich die

Annahme unkorrelierter Residuen als unhaltbar erweist, wird zu prüfen sein, durch welche Maßnahmen der Spezifikationsfehler behoben werden kann, wobei die Freigabe der Residualkorrelationen nur eine von vielen Möglichkeiten ist.[27]
Die ersten Regressionsgleichungen hatten also die folgende Form:

$$(1) \quad \begin{cases} Y_t = b_0 + b_1 \ln(ENPC_t) + b_2 \Delta ENPC_t + b_3 \ln(POP_t) + b_4 Y_{t-1} + e_t \\ \text{wobei} \\ \qquad Y_t = \begin{cases} GEWALT_t \\ UMSTURZ_t \\ PROTEST_t \end{cases} \end{cases}$$

3.2. Der Zusammenhang zwischen ökonomischer Entwicklung und internen Konflikten

a) Die drei Gleichungen nach (1) wurden mittels OLS[28] geschätzt. Da Wirtschaftswachstum keinen nennenswerten Effekt auf $GEWALT_t$ hatte, da $UMSTURZ_t$ nicht von der Bevölkerungsgröße und $PROTEST_t$ nicht vom Engergieverbrauch abhängig waren, wurden die jeweiligen Gleichungen nach Elimination dieser Prädiktoren erneut geschätzt. Die Ergebnisse sind *in erster Spalte von Tabelle 3* aufgeführt.
In der ersten Zeile einer jeden Regression ist neben dem korrigierten Bestimmtheitsmaß (R_a^2) der Wert für Durbins h berichtet[29]. Zwar sind mangels Zufallsauswahl die Anwendungsvoraussetzungen für den statistischen Test nicht erfüllt, dennoch mögen h-Werte über 1.645 als Indiz für Residualkorrelationen dienen. Nach diesem Kriterium sind alle Gleichungen *fehlspezifiziert,* weil bei der OLS-Schätzung unkorrelierte Residuen unterstellt wurden. Regressionskoeffizienten und Standardfehler können also nur erste Hinweise auf die Stärke und vor allem das Vorzeichen der Effekte geben.
Abgesehen vom Wirtschaftswachstum haben alle Koeffizienten das erwartete Vorzeichen. Wie in anderen Studien zeigt sich auch in dieser ein positiver Effekt von *Bevölkerungsgröße* auf kollektiven Protest. Für politische Gewalt hingegen ergibt sich ein widersprüchliches Bild. Das eine Mal ($UMSTURZ_t$) registrieren wir keinen Effekt, das andere Mal ($GEWALT_t$) einen positiven. Da der Prädiktor die Einzelindikatoren unterschiedlich zu beeinflussen scheint, muß ein Effekt auf politische Gewalt als ungesichert gelten.
Im Ergebnis ähnlich stellt sich die Situation beim *Wirtschaftswachstum* dar. $\Delta ENPC_t$ wirkt auf $UMSTURZ_t$ negativ, auf $GEWALT_t$ überhaupt nicht. Wiederum kristallisiert sich also im Falle politischer Gewalt kein klares Muster heraus, aber auch im Falle kollektiven Protests ist ein standardisierter Regressionskoeffizient von $p = -0.12$ kein eindeutiger Beleg für eine negative Beziehung, da angesichts des hohen h-Wertes der Verdacht der Fehlspezifikation besteht. Somit ist zweifelhaft, ob $\Delta ENPC_t$ auf interne Konflikte keinen oder einen negativen Effekt hat. Da aber weder in diesen noch in allen anderen Regressionen ein positives Vorzeichen für $\Delta ENPC_t$ geschätzt wurde, läßt

Tabelle 3: OLS-Regression der Konfliktvariablen auf Energieverbrauch p.c., Veränderung des Energieverbrauchs, Bevölkerung und auf die zeitverzögerte endogene Variable

	Gesamter Zeitraum 1920–73		Zwischenkriegszeit 1920–39		Nachkriegszeit 1946–73	
Pol. Gewalt	$R_a^2 = 0.34; h = 2.02$		$R_a^2 = 0.346; h = 1.84$		$R_a^2 = 0.376; h = 3.82$	
Energieverbrauch	– 0.13 0.03	(– 0.23)	– 0.08 0.04	(– 0.15)	– 0.13 0.04	(– 0.20)
Δ Energieverbrauch	–		–		–	
Bevölkerung	0.11 0.04	(0.15)	0.06 0.06	(0.08)	0.13 0.05	(0.16)
Zeitverzögerte endogene Variable	0.45 0.04	(0.46)	0.48 0.07	(0.54)	0.49 0.06	(0.49)
Pol. Umsturz	$R_a^2 = 0.314; h = 2.61$		$R_a^2 = 0.229; h = 0.54$		$R_a^2 = 0.376; h = 4.35$	
Energieverbrauch	– 0.12 0.02	(– 0.32)	– 0.09 0.03	(– 0.24)	– 0.11 0.03	(– 0.29)
Δ Energieverbrauch	– 0.01 0.002	(– 0.13)	– 0.01 0.005	(– 0.1)	– 0.01 0.003	(– 0.15)
Bevölkerung	–		–		–	
Zeitverzögerte endogene Variable	0.36 0.04	(0.37)	0.36 0.08	(0.38)	0.40 0.06	(0.44)
Pol. Protest	$R_a^2 = 0.397; h = 5.07$		$R_a^2 = 0.393; n \cdot s_b > 1$		$R_a^2 = 0.435; h = 0.69$	
Energieverbrauch	–		–		–	
Δ Energieverbrauch	– 0.01 0.004	(– 0.12)	– 0.02 0.008	(– 0.18)	– 0.01 0.005	(– 0.09)
Bevölkerung	0.26 0.05	(0.26)	0.33 0.09	(0.35)	0.26 0.06	(0.25)
Zeitverzögerte endogene Variable	0.43 0.05	(0.43)	0.33 0.09	(0.33)	0.49 0.06	(0.49)

In jeder Zelle der Tabelle sind unstandardisierter Regressionskoeffizient (oben), Standardfehler (unten) und standardisierter Regressionskoeffizient (rechts in Klammern) wiedergegeben.

sich festhalten, daß *in den Daten jeder Anhaltspunkt für eine destabilisierende Wirkung des Wirtschaftswachstums fehlt.*

Hinsichtlich der beiden verbleibenden Prädiktoren sind die Ergebnisse eindeutiger. Die *zeitverzögerte endogene Variable* ist konsistent der beste Prädiktor, wobei – wie schon erwähnt – vielfältige Faktoren für den starken Effekt verantwortlich sein können. Das *ökonomische Entwicklungsniveau* hat auf kollektiven Protest keinen Einfluß, auf politische Gewalt einen negativen. Auf höherem Entwicklungsniveau nehmen gewaltsame politische Konflikte also ab. Die relativ hohen standardisierten Pfadkoeffizienten (–0.23 bzw. –0.32) lassen erwarten, daß dieser Zusammenhang auch bei Änderung der Modellannahmen erhalten bleibt[30].

b) Nach Ansicht vieler Autoren stellt der *zweite Weltkrieg* eine tiefe *Zäsur* in der gesellschaftlichen Entwicklung dar. Nicht nur habe der Niedergang der alten Kolonialmächte und die Entstehung zweier Supermächte eine neue internationale Lage geschaffen, neue Technologien und neue Produktionsformen hätten auch einen profunden innergesellschaftlichen Wandel eingeleitet. Um zu überprüfen, ob sich infolge dieser Prozesse auch der Zusammenhang von ökonomischer Entwicklung und internen Konflikten verändert hat, wurden die drei Regressionsgleichungen separat für Zwischen- und Nachkriegszeit geschätzt. Zwecks Vergleichbarkeit wurden Prädiktoren auch dann in den Gleichungen belassen, wenn die Effekte nahe bei Null lagen.
Die Ergebnisse sind in der zweiten und dritten Spalte von Tabelle 3 enthalten. Insgesamt zeigen die unstandardisierten Koeffizienten ein erstaunliches Maß an Übereinstimmung. Das gilt insbesondere für die ökonomischen Variablen, wo die größte Differenz bei 0.05 liegt. Derart geringe Abweichungen können zufallsbedingt sein[31]. Wir können annehmen, daß die Beziehungen zwischen den ökonomischen Variablen und internen Konflikten vor und nach dem zweiten Weltkrieg einigermaßen stabil geblieben sind. Wir werden daher keine gesonderten Analysen für Zwischen- und Nachkriegszeit durchführen.

c) Ausweislich der hohen h-Werte sind die meisten Gleichungen fehlspezifiziert, da die Residuen wahrscheinlich miteinander korrelieren. Es gibt verschiedene Strategien, um diesen Defekt zu beheben[32]. Die wohl einfachste ist die Aufnahme *zusätzlicher Prädiktoren* in die Regressionsgleichung. Bei einer Analyse der Residuen zeigte sich, daß zu wenig politische Gewalt in der Weltwirtschaftskrise (Periode 1930–34) und in der Nachkriegszeit (Periode 1946–50) vorausgesagt wurde. Nun entstand in der Weltwirtschaftskrise in den meisten der hier untersuchten Länder eine Konstellation, in der nach Davies ein Ausbruch von Revolutionen droht[33]. Auf eine Phase wirtschaftlichen Wachstums folgte eine weltweite Rezession. Es steht also mit den Überlegungen von Davies ganz im Einklang, wenn wir Anfang der dreißiger Jahre eine Zunahme politischer Gewalt beobachten.
Desgleichen gibt es Gründe, weshalb nach Kriegen mit einem Anstieg interner Konflikte zu rechnen ist. Nach dem Sieg über den äußeren Feind bröckelt die innere Kohäsion ab. Die bei der Demobilisierung der Volksarmeen und bei der Umstellung von der Kriegs- auf die Friedenswirtschaft entstehenden sozialen und ökonomischen Probleme mögen die Unzufriedenheit schüren. Schließlich ist der Staatsapparat und damit auch die Position der alten politischen Eliten in den vormals besetzten Ländern häufig geschwächt, so daß neue Gruppierungen eine Chance zur Erweiterung ihrer politischen Macht sehen.

Um diesen Überlegungen Rechnung zu tragen, werden die Prädiktoren um *zwei Dummyvariablen* ergänzt, die in der fraglichen Periode den Wert Eins und sonst immer den Wert Null annehmen.[34] Wie Tab. 4 zeigt, steigt mit diesen Prädiktoren der erklärte Varianzanteil in den Gleichungen für $UMSTURZ_t$ und $GEWALT_t$ geringfügig, vor allem aber sinkt Durbin's h auf tolerierbare Werte. Der Einfluß des ökonomischen Entwicklungsniveaus wird zwar schwächer, ist aber immer noch deutlich ausgeprägt ($p = -0.19$ bzw. $p = -0.27$). Der Effekt von $\Delta ENPC_t$ auf $UMSTURZ_t$ hingegen nähert sich bedenklich dem Wert Null, so daß politische Gewalt und Wirtschaftswachstum als voneinander unabhängig erscheinen. Die in der Tabelle mitgeteilten Signifikanzniveaus und Standardfehler sollen eine Unterscheidung von stärkeren und schwächeren Effekten ermöglichen, sie können aber nicht zu statistischen Tests herangezogen werden.

Tabelle 4: Endgültige Modelle für politische Gewalt und politischen Umsturz

Pol. Gewalt		$R_a^2 = .365$; h = 0.38	
Energieverbrauch	– 0.11***	0.0	(– 0.19)
Δ Energieverbrauch	–	–	–
Bevölkerung	0.11***	0.0	(0.15)
Zeitverzögerte endogene Variable	0.47***	0.04	(0.48)
Nachkriegszeit	0.42***	0.12	(0.14)
Weltwirtschaftskrise	0.31**	0.12	(0.11)
Pol. Umsturz		$R_a^2 = .347$; h = 1.01	
Energieverbrauch	– 0.10***	0.02	(– 0.27)
Δ Energieverbrauch	– 0.005^z	0.002	(0.09)
Bevölkerung	–	–	–
Zeitverzögerte endogene Variable	0.39***	0.04	(0.40)
Nachkriegszeit	0.35***	0.09	(0.18)
Weltwirtschaftskrise	0.23**	0.08	(0.12)
***: $p \leq 0.001$	**: $p \leq 0.01$	*: $p \leq 0.05$	z: $p < 0.1$

In der ersten, zweiten und dritten Spalte werden der unstandardisierte Regressionskoeffizient, der Standardfehler und – in Klammern – der standardisierte Regressionsfehler berichtet.

Bei *kollektivem Protest* ließ sich das Problem der Fehlspezifikation nicht auf derart einfache Weise beheben. Es wurden deshalb verschiedene andere Möglichkeiten ausprobiert, bei denen sich der Effekt von Wirtschaftswachstum als äußerst instabil erwies. Weil somit die *ökonomischen Variablen auf kollektiven Protest keinen bedeutsamen Effekt* zu haben scheinen, wird auf eine Präsentation dieser Ergebnisse verzichtet.

d) Um zu testen, ob zwischen ökonomischem Entwicklungsniveau und politischer Gewalt eine *kurvilineare Beziehung* besteht, wurde in die in Tab. 4 wiedergegebenen Regressionsgleichungen zusätzlich der quadratische Term $(\ln(ENPC_t))^2$ aufgenommen (vgl. zum Verfahren Jagodzinski und Weede 1981). Mit diesem Prädiktor stieg die erklärte Varianz um etwa 2.5 % (bei $GEWALT_t$) bzw. 1.5 % (bei $UMSTURZ_t$), was bei Anwendbarkeit des üblichen F-Tests auf eine „signifikante Verbesserung" schließen ließe. Da für $\ln(ENPC_t)$ ein positives und für den quadratischen Term ein negatives Vorzeichen geschätzt wird, hat die Regressionslinie bei Konstanthalten aller übrigen Prädiktoren die Form einer nach unten geöffneten Parabel: auf *sehr niedrigem Niveau* nehmen mit der ökonomischen Entwicklung gewaltsame politische Konflikte geringfügig zu, jenseits davon nehmen sie wieder ab.[35] Die meisten lateinamerikanischen Staaten liegen nach diesen Schätzungen bereits oberhalb der kritischen Schwelle der ökonomischen Entwicklung.

e) Die bislang berichteten Ergebnisse stimmen im großen und ganzen mit jenen von Hibbs (1973) überein. Nun gilt aber die Regel, daß vom Querschnitt nicht auf den Längsschnitt geschlossen werden darf, cum grano salis auch für kombinierte Quer- und Längsschnittanalysen. Im konkreten Fall könnten die Effekte des ökonomischen Entwicklungsniveaus einfach dadurch zustandekommen, daß die während des gesamten Untersuchungszeitraums ökonomisch führenden Länder vergleichsweise wenig politische Gewalt verzeichnen, während umgekehrt in den wirtschaftlich rückständigeren Gesellschaften gewaltsame politische Konflikte häufig ausbrechen. Die Hypothese würde im Aggregat zwar gelten, als Entwicklungsbehauptung aber wäre sie falsch.

Schlüssig ließe sich die damit aufgeworfene Frage, wie sich in jedem einzelnen der 43 Länder die ökonomische Entwicklung auf politische Gewalt ausgewirkt hat, nur mittels Zeitreihenanalysen beantworten, die hier mangels ausreichender Fallzahlen nicht möglich sind. Einen Fingerzeig geben jedoch auch die in Tabelle 5 wiedergegebenen Korrelationen zwischen ökonomischem Entwicklungsniveau und politischer Gewalt pro Land. Da die Korrelationen auf maximal zehn Fälle (= Anzahl der Perioden) basieren, da außerdem die Variable politische Gewalt wenig reliabel und in einigen Ländern extrem schief verteilt ist und da schließlich für Drittvariablen nicht kontrolliert wird, sollte man die Aussagekraft dieser Tabelle nicht überbewerten. Immerhin zeigt sich, daß die Korrelation in der Mehrzahl der Länder negativ ist: in 24 Fällen ist das Vorzeichen negativ, in 17 Fällen positiv und in zwei Fällen (Neuseeland und Schweden) läßt sich keine Korrelation berechnen. Außerdem ist die rechte Spalte ($r < -0.25$) mit Abstand am stärksten besetzt.

Andererseits läßt Tabelle 5 erwarten, daß sich in Zeitreihenanalysen in einer großen Zahl von Ländern keine signifikanten negativen Beziehungen herauskristallisieren werden. Große regionale Unterschiede werden sichtbar. Während in allen osteuropäischen Staaten die politische Gewalt deutlich abgenommen hat, haben acht der elf lateinamerikanischen Staaten positive Korrelationskoeffizienten.

Die lateinamerikanischen Staaten zählen während des gesamten Untersuchungszeitraums zu den ökonomisch rückständigen Ländern. Aber nicht nur diese Nachzügler widersprechen der Ausgangshypothese. Auch in der Spitzengruppe, die zwischen 1920 und 1973 in ihrer Zusammensetzung ähnlich konstant bleibt wie die Gruppe der Nachzügler, finden wir mehr Ausnahmen als bestätigende Fälle: dreimal liegt der Korrela-

Tabelle 5: Korrelation zwischen ökonomischem Entwicklungsniveau und politischer Gewalt in 43 Ländern[1] [2]

r > 0.25	0 ⩽ r < 0.25	− 0.25 ⩽ r < 0	r < − 0.25
Kanada (0.48)	Griechenland (0.06)	Australien (− 0.05)	Belgien (− 0.28)
USA (0.27)	Großbritannien (0.24)		Dänemark (− 0.59)
	Portugal (0.05)	Frankreich (− 0.03)	Deutschland (− 0.61)
Argentinien (0.81)	Schweiz (0.24)	Niederlande (− 0.06)	Finnland (− 0.27)
Bolivien (0.87)		Norwegen (− 0.19)	Irland (− 0.45)
Kolumbien (0.70)	Brasilien (0.22)	Italien (− 0.25)	Österreich (− 0.77)
Uruguay (0.48)	Chile (0.17)		Spanien (− 0.27)
	Costa Rica (0.02)		
Südafrika (0.39)	Ecuador (0.23)		Bulgarien (− 0.93)
Thailand (0.64)			CSSR (− 0.45)
Jemen (0.78)			Jugoslawien (− 0.56)
			Polen (− 0.44)
			Rumänien (− 0.79)
			Türkei (− 0.34)
			Ungarn (− 0.75)
			UdSSR (− 0.94)
			Cuba (− 0.34)
			Mexiko (− 0.62)
			Peru (− 0.26)
			Japan (− 0.65)

1 Der Korrelationskoeffizient steht jeweils in Klammern.
2 Keine Akte politischer Gewalt werden für Neuseeland und Schweden berichtet.

tionskoeffizient nahe bei Null (Australien, Frankreich, Niederlande), dreimal ist er positiv (Kanada, Großbritannien, USA) und nur viermal nimmt er einen von Null deutlich abweichenden negativen Wert an (Norwegen, Belgien, Dänemark, Deutschland). Der oben geäußerte Verdacht erhärtet sich zumindest insofern, als weder im unteren noch im oberen Wertebereich der unabhängigen Variablen „ökonomisches Entwicklungsniveau" ein Effekt auf politische Gewalt zu bestehen scheint. Werden die Regressionen nach Tabelle 4 getrennt für Untersuchungseinheiten mit unterdurchschnittlichen bzw. überdurchschnittlichen Energieverbrauchswerten gerechnet, so werden diese Überlegungen nochmals bestätigt: zwar wird auch dann beide Male ein negativer Effekt für ökonomisches Entwicklungsniveau geschätzt, aber die Koeffizienten bleiben weit unterhalb der 5 %-Signifikanzschwelle. (Diese Ergebnisse werden hier nicht im einzelnen berichtet.)

Die relativ klaren Ergebnisse im Gesamtdatensatz sind teilweise durch den Gegensatz zwischen permanent reichen, aber konfliktarmen Staaten auf der einen Seite und permanent armen, aber konfliktreichen Ländern auf der anderen Seite bedingt. Verstärkt wird der Zusammenhang aber vermutlich noch durch eine Reihe von *aufwärtsmobilen Staaten,* die zwischen 1920 und 1973 aus der Gruppe der armen Länder in die Spitzengruppe aufgestiegen sind und die zugleich an politischer Stabilität gewonnen haben. Um den Zusammenhang zwischen dieser Form der Aufwärtsmobilität und politischer Gewalt zu untersuchen, wurden jene Länder ausgewählt, die – gemessen am Energieverbrauch – ihre Rangposition zwischen erster und letzter Periode entscheidend verbessert haben, wobei Veränderungen im oberen und unteren Drittel der Skala unberücksichtigt blieben. So kamen Finnland, Italien, Japan, Polen, Rumänien, Schweden, Ungarn und die UdSSR in die Auswahl. Hinzugenommen wurde die Schweiz, deren Entwicklungserfolge der Indikator ENPC ebenso unterbewertet, wie er umgekehrt die Erfolge der osteuropäischen Staaten beschönigt. Stünde ein Maß wie das Bruttosozialprodukt per capita zur Verfügung, so fiele der ökonomische Wandel in Polen, Rumänien oder Ungarn im Vergleich zu jenem in Japan oder auch in der Schweiz sicher recht bescheiden aus, doch würde der Kreis der Aufwärtsmobilen im wesentlichen gleich abgegrenzt.

Insgesamt verblieben 89 Untersuchungseinheiten in der Analyse[36]. Nach Ausscheiden der empirisch nicht relevanten Prädiktoren[37] schätzt man die in der ersten Spalte von Tabelle 6 berichteten Koeffizienten mit der Methode der kleinsten Quadrate. Weil politische Konflikte und ln ($ENPC_t$) gegenläufigen Zeittrends unterliegen, wird der Einfluß des ökonomischen Entwicklungsniveaus überschätzt, sofern diese Trends gleiche Ursachen haben. Nach Trendbereinigung (vgl. etwa Quenouille 1952) ermittelt man die in der zweiten Spalte von Tabelle 6 wiedergegebenen Werte. Gemäß den Durbin-Watson-Koeffizienten können wir in allen Gleichungen Autokorrelationen erster Ordnung unter den Residuen ausschließen.

Tabelle 6: Prädiktoren von politischer Gewalt und politischem Umsturz bei aufwärtsmobilen Ländern

	Vor Trendbereinigung			Nach Trendbereinigung		
Pol. Gewalt	$R_a^2 = 0.465$		DW = 1.75	$R_a^2 = 0.55$		DW = 1.85
Energieverbrauch	– 0.47***	0.07	(– 0.56)	– 0.54***	0.12	(– 0.41)
Bevölkerung	0.25***	0.05	(0.40)	0.24***	0.05	(0.40)
Zeitverzögerter endogene Variable	–	–	–	–	–	–
Nachkriegszeit	0.40^z	0.20	(0.16)	0.4^z	0.21	(0.17)
Pol. Umsturz	$R_a^2 = 0.345$		DW = 2.01	$R_a^2 = 0.283$		DW = 2.0
Energieverbrauch	– 0.15***	0.03	(– 0.37)	– 0.17**	0.06	(– 0.27)
Bevölkerung	–	–	–	–	–	–
Zeitverzögerte endogene Variable	–	–	–	–	–	–
Nachkriegszeit	0.5***	0.11	(0.41)	0.49***	0.11	(0.42)

Vgl. die Anmerkungen zu Tabelle 4.

Nach allen Gleichungen nimmt mit steigendem Energieverbrauch die politische Gewalt ab. Da die Energieverbrauchswerte aller Länder in der ersten Periode relativ dicht beieinanderliegen und da der maximale Energieverbrauch eines jeden Landes weit über dem Mittelwert liegt, wird der starke Effekt nicht allein mit dem ökonomischen Gefälle zwischen den Ländern hervorgerufen.
In Anbetracht der vielen osteuropäischen Staaten unter den Aufwärtsmobilen liegt der Einwand nahe, die Abnahme politischer Gewalt sei nicht der ökonomischen Entwicklung als vielmehr der Repressivität kommunistischer Regime zuzuschreiben. Bezieht man jedoch zusätzlich einen mit Null und Eins kodierten Prädiktor in die Regressionen ein, der den Wert 1 immer dann annimmt, wenn während der Periode eine kommunistische Partei herrscht, so verschwindet der Effekt des ökonomischen Entwicklungsniveaus nicht, während diese Dummyvariable in den meisten Fällen nicht einmal signifikant wird. Natürlich könnten sich ganz andere Ergebnisse einstellen, wenn ein besseres Maß für die Repressivität eines Regimes und ein besserer Indikator für die ökonomische Entwicklung verfügbar wären. Vorläufig aber läßt sich die Hypothese nicht zurückweisen, daß ökonomische Entwicklung dann zum Rückgang gewaltsamer politischer Konflikte beiträgt, wenn das Land in die Gruppe der hochentwickelten Industrienationen aufsteigt. Unglücklicherweise, so ist nach den letzten Analysen zu befürchten, werden sich im Längsschnitt nur bei diesen Aufwärtsmobilen systematische Beziehungen zwischen ökonomischer Entwicklung und politischer Gewalt nachweisen lassen.

4. Schlußbemerkungen

Ziel dieser Studie war zum einen die Replikation von Untersuchungen zum Einfluß der ökonomischen Entwicklung auf kollektiven Protest und politische Gewalt. Trotz anderer Daten und teilweise anderer Operationalisierungen sind wir insoweit zu ähnlichen Ergebnissen gelangt wie etwa Hibbs (1973). Wirtschaftswachstum, so hat sich gezeigt, erhöht nicht die Gefahr interner politischer Konflikte. Es hatte im Gegenteil auf kollektiven Protest einen schwachen negativen Effekt, der sich allerdings als wenig robust erwies. Was den ökonomischen Wandel betrifft, so konnte nur eine leicht modifizierte Version der Hypothese von Davies bestätigt werden: nach dem wirtschaftlichen Aufschwung in der zweiten Hälfte der zwanziger Jahre hat in der Weltwirtschaftskrise die politische Gewalt weltweit zugenommen.
Während *ökonomisches Entwicklungsniveau* und kollektiver Protest voneinander unabhängig sind, besteht zwischen ersterem und politischer Gewalt eine kurvilinieare Beziehung: politische Gewalt wächst bis zu einer kritischen Schwelle der ökonomischen Entwicklung und ebbt danach wieder ab. Allerdings war der kurvilineare Zusammenhang nicht sehr stark ausgeprägt. Da außerdem die Konfliktdaten für die ganz armen Länder wenig zuverlässig sind, ist durchaus möglich, daß sich in einer weiteren Replikation mit besseren Daten selbst für die gleiche Länderauswahl eine lineare negative Beziehung ergibt.
Die Studie sollte zum andern wenigstens ansatzweise klären, ob der weitverbreitete „Schluß" vom Querschnitt auf den Längsschnitt empirisch haltbar ist. Betrachtet man

ausschließlich die (negative) Beziehung jenseits der kritischen Schwelle der ökonomischen Entwicklung, so bestätigen die hier durchgeführten kombinierten Quer- und Längsschnittanalysen genauso wie viele reine Querschnittanalysen das optimistische Entwicklungsmodell: wachsender Wohlstand bewirkt eine Verminderung politischer Gewalt und erhöht damit die politische Stabilität. Dem widerspricht zunächst, daß in zahlreichen Ländern auf mittlerem Entwicklungsniveau trotz fortschreitender Industrialisierung während der letzten Dekaden die Zahl der gewaltsamen politischen Konflikte nicht zurückgegangen, sondern eher noch gestiegen ist. Beide Befunde sind miteinander verträglich, wenn man berücksichtigt, daß die negative Beziehung im Gesamtdatensatz vor allem der Diskrepanz zwischen hochindustrialisierten Gesellschaften und den Ländern der Dritten Welt zuzuschreiben ist. Die einen sind durch hohen Energieverbrauch und wenig politische Gewalt, die anderen durch niedrigen Energieverbrauch und viel politische Gewalt charakterisiert. Das erklärt letztlich den negativen Effekt. Solange aber ein Land seine Rangposition innerhalb der Weltwirtschaft nur unwesentlich verbessert, hat die ökonomische Entwicklung kaum einen Einfluß auf politische Gewalt. Eine systematische Beziehung scheint im Längsschnitt nur dort zu bestehen, wo Länder während der letzten 60 Jahre einen großen Entwicklungsrückstand aufgeholt haben und Anschluß an die führenden Industrienationen gefunden haben. Doch Entwicklungserfolge wie die von Finnland, Japan oder der Sowjetunion sind selten, und unter welchen Bedingungen sie möglich werden, wissen wir nicht. Jedenfalls stützen die hier durchgeführten empirischen Analysen nicht die Annahme, durch die ökonomische Entwicklung würde generell eine Stabilisierung des politischen Systems erreicht.[38]

Es mag daher naheliegen, das Auftreten politischer Gewalt dependenztheoretisch zu erklären. In der Tat ist in den neueren Arbeiten von Gurr und seinen Mitarbeitern die ökonomische Abhängigkeit eines Landes ein Faktor, der zur politischen Unzufriedenheit beiträgt. Politisch-ökonomische Ansätze würden dieser Variablen allenfalls einen sehr indirekten Einfluß zugestehen. Hier wird man nach anderen Gründen suchen, um das obige Ergebnis zu erklären. Viel spricht z.B. für die Vermutung, daß das Abschreckungspotential des Staates und die Institutionen der (friedlichen) Interessenartikulation und -durchsetzung nicht kontinuierlich mit der ökonomischen Entwicklung wachsen, wie das oben implizit unterstellt wurde.

Da nach Deprivationstheorien wie auch nach politisch-ökonomischen Theorien die ökonomische Entwicklung nur indirekten Einfluß auf politischen Protest hat und da die intervenierenden Variablen nicht in die Analyse einbezogen werden konnten, lassen sich die Konsequenzen der empirischen Untersuchungen für beide Theoriegruppen schwer abschätzen. Insgesamt stützen die Ergebnisse m.E. aber mehr das politisch-ökonomische Forschungsprogramm, nicht nur, weil Wirtschaftswachstum nicht die von vielen Deprivationstheorien behauptete destabilisierende Wirkung hatte, sondern vor allem, weil die empirisch festgestellten Unterschiede zwischen kollektivem Protest und politischer Gewalt in politisch-ökonomischen Theorien überzeugender begründet werden können.

Es bleibt der obligate Hinweis auf Fehlerquellen, welche die Aussagekraft dieser Untersuchung einschränken: so stand weder eine Totalerhebung noch eine Zufallsauswahl zur Verfügung; so war mit dem Energieverbrauch nur *ein* Indikator für das ökonomische Entwicklungsniveau vorhanden – ein Indikator, der die Entwicklungserfolge der osteuropäischen Staaten in einem sehr rosigen Licht erscheinen läßt; so blieb, weil Banks nur die Häufigkeit gewisser Konfliktereignisse berichtet, deren Umfang und Intensität unberücksichtigt; so basieren die Energieverbrauchsdaten zum Teil auf groben Schätzungen; und so bestanden vor allem erhebliche Zweifel an der Zuverlässigkeit und Gültigkeit der Konfliktindikatoren. Aus all diesen Gründen konnten die theoretische Annahmen sicher keinem sehr strengen Test unterzogen werden. Doch da andere Studien mit anderen Datensätzen und anderen Methoden zu ähnlichen Ergebnissen gekommen sind, ist zumindest der Zusammenhang zwischen ökonomischem Entwicklungsniveau und politischer Gewalt leidlich gesichert. Wir kennen damit zwar eine indirekte Ursache von gewaltsamen Konflikten, von einer zufriedenstellenden Antwort auf die Frage, was letztlich zur Abnahme politischer Gewalt auf hohem Entwicklungsniveau führt, sind wir aber noch weit entfernt.

Anmerkungen

1 Der Begriff der politischen Instabilität wie auch einige weitere theoretische Begriffe (vgl. die folgenden Fußnoten) werden abweichend vom allgemeinen Sprachgebrauch verwendet. Ein Land gilt als umso instabiler, je mehr Demonstrationen, politische Streiks, Guerillakriege und andere gewaltsame politische Konflikte während eines bestimmten Zeitraums stattfinden. Im Vergleich zum allgemeinen Sprachgebrauch ist der Begriff einerseits zu eng, weil z.B. Instabilitäten auf der politisch-institutionellen Ebene unberücksichtigt bleiben, er ist andererseits zu weit, weil häufige Protestdemonstrationen nicht unbedingt ein Anzeichen politischer Instabilität sind.

2 Kollektiver Protest ist hier eine Abkürzung für friedlichen kollektiven politischen Protest. Darunter fallen Aktivitäten wie politische Demonstrationen, politische Streiks und Aufruhr, die typischerweise – aber sicher nicht ausnahmslos – durch folgende Merkmale charakterisiert sind: (1) An der Aktivität sind relativ viele Personen gemeinschaftlich beteiligt; (2) die Teilnehmer verfolgen politische Ziele; (3) der Grad der Gewaltsamkeit ist gering; (4) für den Durchschnittsteilnehmer bestehen keine selektiven Anreize. Um mittels derartiger Aktivitäten politische Ziele effektiv durchsetzen zu können, ist ein erheblicher organisatorischer Aufwand erforderlich.

3 Unter *politischer* Gewalt werden nachfolgend Ereignisse wie politischer Mord, politischer Umsturz, Rebellion und Guerillakrieg zusammengefaßt. Zwar mag insbesondere politischer Mord die Tat eines einzelnen sein, in den weitaus meisten Fällen jedoch handelt es sich um hochorganisierte Formen des politischen Protests. Typischerweise ist Träger des Protests eine kleine Gruppe von Personen, die im Erfolgsfalle mit erheblichen Sondervorteilen rechnen können.

4 Die Begriffe „interne politische Konflikte", „politische Konflikte", „interne Konflikte" und „politische Instabilität" werden nachfolgend synonym verwendet.

5 Vgl. Gurr (1980) zu den Schwierigkeiten, die Auswirkungen gewaltsamer politischer Konflikte zu ermitteln. Vgl. auch den Versuch von Marsh (1979), die Effekte (u.a.) von politischen Konflikten auf ökonomische Entwicklung und Wirtschaftswachstum zu schätzen.

6 Tilly et al. (1975) verwenden als abhängige Variable allerdings kollektive Gewalt und nicht politische Gewalt.

7 Umfrageforscher bezweifeln häufig aus empirischen (Kaase 1976; Spilerman 1970) und/oder aus theoretischen Gründen (Barnes et al. 1979), ob zwischen objektiven Indikatoren der Deprivation (wie z.B. dem ökonomischen Entwicklungsniveau) und politischem Protest irgendwelche systematischen Beziehungen bestehen. Bisweilen scheint man allerdings das Ziel von Aggregatanalysen zu verkennen, die nur klären sollen, ob sich in bestimmten Makrokonstellationen *die Wahrscheinlichkeit* von politischem Protest erhöht. Das kann der Fall sein, selbst wenn kollektive Deprivation in der entsprechenden Konstellation relativ selten auftritt und nur in einem komplizierten Interaktionsprozeß zustandekommt.

8 Das gilt insbesondere auch für die zeitliche Aggregation; so ändern sich beispielsweise die Korrelationen unter den Konfliktindikatoren beträchtlich, je nachdem, ob man 1-, 2-, oder 5-Jahresperioden bildet (vgl. Sanders 1978).

9 So wird Marx häufig interpretiert (vgl. etwa Coleman 1978, Davies 1962), doch widersprechen dieser etwas einfachen Deutung nicht nur Marxisten (vgl. Aya 1979, S. 54 m. FN. 54).

10 Inwieweit Individuen sich de facto als Trittbrettfahrer verhalten, ist allerdings umstritten. Außerdem kann selbst bei der Produktion kollektiver Güter ein kooperatives Verhalten rational sein (Taylor 1976).

11 Auf diese Weise wird das zentrale Konzept der Deprivationstheorien in die politisch-ökonomischen Ansätze integriert. Ob damit viel gewonnen ist, kann man allerdings bezweifeln, denn bislang ist es noch nicht gelungen, auf der Individualebene einen entscheidenden Einfluß von Unzufriedenheit oder von (verschiedenen Formen von) relativer Deprivation auf politischen Protest nachzuweisen (vgl. Muller 1979, 1980). Das spricht dafür, dem Problem der Ressourcenmobilisierung und der Organisation von Protest in Aggregatanalysen weit mehr Bedeutung beizumessen als dem Problem der relativen Deprivation (vgl. a. Oberschall 1978).

12 Dabei ist allerdings zu berücksichtigen, daß auch in Demokratien die Chancen der legalen politischen Einflußnahme ungleich verteilt sein können. Sofern für einzelne Gruppen die institutionalisierten Kanäle blockiert sind, mögen sie zum Mittel der politischen Gewalt greifen (vgl. a. Eckstein 1980).

13 Erstaunlicherweise wird das Problem der Abschreckung nicht einmal von Interessentheoretikern wie Tilly (1978) diskutiert, obwohl deren Position ansonsten mit den Annahmen politisch-ökonomischer Ansätze weitgehend übereinstimmt.

14 Es gibt noch eine Vielzahl anderer Begründungsversuche für die politische Instabilität transitionaler Gesellschaften. Manche meinen, das rasche Wirtschaftswachstum in der Übergangsphase verschärfe die Ungleichheit, die ihrerseits relative Deprivation hervorrufe. Ob allgemein ein Zusammenhang zwischen sozialer Ungleichheit und politischer Gewalt besteht, ist zweifelhaft (vgl. Weede 1981). Weshalb Ungleichheit nur auf niedrigerem Entwicklungsniveau destabilisiert (so Huntington 1968), ist nicht recht einzusehen. Andere Autoren schreiben der vorzeitigen Demokratisierung einen destabilisierenden Effekt zu, weil sie das Wirtschaftswachstum behindere (Huntington und Nelson 1976; weitere Nachw. b. Marsh 1979).

15 Die Situation ist hier anders als beim ökonomischen Entwicklungsniveau, das sich nur langfristig und allmählich ändert.

16 Vgl. zur Definition der Variablen Banks (1976, S. 6 f.).

17 Banks (1972) verwendet als weiteren Indikator die Anzahl der Regierungskrisen in einem Land. Nun mag man darüber streiten, ob Regierungskrisen bereits politische Instabilität indizieren, um Formen politischen Protests im oben umschriebenen Sinne handelt es sich sicher nicht.

18 So spiegelt die von Gumbel (1922) angegebene Zahl von weit über 300 Morden das Ausmaß der politischen Gewalt in den ersten Jahren (1919–22) der Weimarer Republik sicherlich zutreffender wider als die 10 politischen Morde an führenden Politikern, die nach Banks während dieser Zeit geschehen sind. Doch zeigt die Schrift von Gumbel auch, wie schwierig es ist, verläßliche Angaben über politisch motivierte Morde zu erlangen.

19 Der Datensatz legt die Bildung von 7-Jahresperioden nahe. Ich habe mich dennoch für die in der Literatur gebräuchlichere Aggregation von 5 Jahren zu einer Periode entschlossen. Erfahrungsgemäß ändern sich jenseits der Schwelle von 5 Jahren die Interkorrelationen nicht mehr so dramatisch wie unterhalb dieser Schwelle.

20 Die letzte Periode umfaßt nur drei Jahre. Auch in einigen anderen Fällen sind die Perioden tatsächlich kürzer, da Angaben für einzelne Jahre fehlen. Um die durch unterschiedliche Periodenlänge bedingte Verzerrungen auszuschalten, wurden – von politischen Morden abgesehen – die Werte der Konfliktvariablen für die kürzeren Perioden vor der ln-Transformation höher gewichtet.

21 In den meisten der nachfolgenden Regressionen entfällt die Periode 1920–24, weil die zeitverzögerte endogene Variable als Prädiktor verwendet wird. Außerdem fehlen Daten in der Periode 1946–50 für Deutschland, Japan und Österreich, sowie in der Periode 1951–55 für Österreich.

22 Bei mindestens einem politischen Mord während der Periode wurde der Wert 1 zugewiesen.

23 Man kann geteilter Auffassung sein, ob politische Gewalt in der hier gewählten Operationalisierung mit dem entsprechenden Konzept bei Eberwein et al. (1978) oder mit internal war bei Hibbs (1973) identisch ist. Denn in den erwähnten Studien findet sich kein Indikator, der mit REVOLUTIONS vergleichbar wäre. REVOLUTIONS erfaßt als illegale Veränderungen in der

politischen Elite u.a. auch Staatsstreiche, die nach den Ergebnissen jener Studien von Gewalt weitgehend unabhängig sind. Nach politisch-ökonomischen Ansätzen sollte das ökonomische Entwicklungsniveau auf politische Gewalt und Staatsstreiche aber vergleichbare Effekte haben, so daß es nicht allzu tragisch ist, wenn REVOLUTIONS tatsächlich zwei voneinander unabhängige Konfliktdimensionen erfassen sollte.

24 Allerdings lassen sich nur drei Perioden bilden. Für die Nachkriegszeit fehlen Untersuchungen über politische Gewaltopfer in Österreich. Mit Sicherheit aber sind Akte politischer Gewalt äußerst selten gewesen (vgl. Botz 1979). Da auch Banks (1976) keine Ereignisse politischer Gewalt berichtet, kann man annehmen, daß die Korrelation auch bei Einbeziehung aller Perioden nicht unter 0.9 sinken würde.

25 Zu den Energieverbrauchsdaten für die Zwischenkriegszeit vgl. Darmstadter et al. (1971). Wie schwierig es ist, die Energieverbrauchswerte zu ermitteln, belegt folgendes Zitat: „It goes without saying that a substantial portion of our tabulated data represents estimates which we ourselves constructed; these estimates include the filling in of „nonavailable" cells as well as data adjustments necessary for linking and consistency purposes . . ." (a.a.O., S. 819).

26 Das gilt in erster Linie für kollektiven Protest.

27 In der Periode 1946–50 wurden für Y_{t-1} die Werte der Vorkriegsperiode 1935–39 eingesetzt, weil Daten für die Kriegsjahre fehlten. Im übrigen dürften die Rahmenbedingungen für politische Konflikte in Friedenszeiten eher miteinander vergleichbar sein als die Rahmenbedingungen in Kriegszeiten einerseits und in Friedenszeiten andererseits.

28 Solange die Residuen unkorreliert sind, scheint OLS immer noch die beste Schätzmethode zu sein, obwohl eine Annahme des klassischen Regressionsmodells verletzt ist, da der Prädiktor Y_t von den Residuen e_{t-i} ($i \geq 1$) nicht unabhängig ist. Der Bias wird jedoch mit wachsendem N immer geringer (vgl. Johnston 1972, S. 304 ff.).

29 Der Durbin-Watson Test auf autokorrelierte Residuen ist bei Modellen mit zeitverzögerter abhängiger Variablen nicht anwendbar. Stattdessen sollte man bei großen Stichproben die von Durbin vorgeschlagene, standardnormalverteilte Testgröße h heranziehen (vgl. Johnston 1972, S. 313 f.).

30 Da der Energieverbrauch eine sehr stabile Variable ist, war es weder möglich noch sinnvoll, zeitgleiche und zeitverzögerte Effekte gemeinsam zu schätzen.

31 Natürlich überlappen sich die Konfidenzintervalle der zusammengehörigen Regressionskoeffizienten sehr stark. Wegen Verletzung der Modellannahmen werden aber auch Standardfehler und Vertrauensintervalle verzerrt geschätzt.

32 Häufig wird in der Literatur ein mehrstufiges Verfahren empfohlen, wobei zunächst Y_{t-1} auf die übrigen (zeitgleichen und zeitverzögerten) Prädiktoren regrediert wird. Sodann ersetzt man Y_{t-1} durch diese Linearkombination der Prädiktoren, um eine konsistente Schätzung für den Effekt von Y_{t-1} zu erhalten. Mit Hilfe der so geschätzten Regressionskoeffizienten kann man dann die Vorhersagewerte $\hat{Y}_t$ und anschließend die Residuen berechnen. Hibbs (1974) empfiehlt, diese Residuen einer Korrelogrammanalyse zu unterziehen, um den zugrundeliegenden ARIMA-Prozeß zu identifizieren. Ist das geschehen, so kann man die Regressionskoeffizienten mittels Pseudo-GLS schätzen. Da aber die Prädiktoren (ohne Y_{t-1}) kaum Varianz in der abhängigen Variablen erklären, demzufolge die Residuen und damit auch die Residualkorrelationen sehr unpräzise geschätzt werden, schien der mit der mehrstufigen Prozedur verbundene Aufwand nicht gerechtfertigt.

33 Vgl. Davies (1979), der einräumt, daß die Entwicklung in den USA in den 30er Jahren nicht ohne weiteres mit seiner Aufschwung-Abschwung-Hypothese zu vereinbaren ist.

34 Eine alternative Operationalisierung erbrachte ähnliche Ergebnisse; danach galt eine Aufschwung-Abschwung-Konstellation dann als realisiert, wenn der ENPC-Wert einer Periode unter dem der Vorperiode lag. In solchen Fällen ist es beinahe sicher, daß auf eine Phase steigenden Energieverbrauchs ein Abschwung folgte, denn, von wenigen Einbrüchen abgesehen, nimmt der Energieverbrauch in fast allen Ländern stetig zu.

35 Ohne die zeitverzögerte endogene Variable würde der nichtmonotone Zusammenhang deutlicher hervortreten.

36 In der Periode 1946–50 fehlen Daten für Japan. Aus Gründen der Vergleichbarkeit und aus technischen Gründen wurde die Periode 1920–24 in allen folgenden Analysen ausgeschlossen. So verblieben $10 * 10 - 10 - 1 = 89$ Untersuchungseinheiten.

37 Y_{t-1} hatte keinen signifikanten Effekt auf die abhängige Variable. Ebensowenig ließ sich ein Einfluß der Weltwirtschaftskrise nachweisen, was zum Teil daran liegen mag, daß Länder wie

Japan und Rußland diese Krise erstaunlich gut überdauert haben. Japan beispielsweise steigert zwischen 1929 und 1937 das Exportvolumen um ca. 70 % (Maddison 1969, S. 37).

38 Daher kann man auch nicht ohne weiteres die in (alle Länder umfassenden) Querschnittsdatensätzen geschätzten Regressionskoeffizienten zu Prognosezwecken verwenden.

Literatur

Alker, H.R. und *B.M. Russett* (1964): The Analysis of Trends and Patterns. In B.M. Russett (ed.): World Handbook of Political and Social Indicators. Yale University Press: New Haven. S. 306–310.

Aya, R. (1979): Theories of Revolution Reconsidered: Contrasting Models of Collective Violence. In: Theory and Society 8. S. 39–99.

Banks, A. (1972): Patterns of Domestic Conflict: 1919–39 and 1946–66. In: The Journal of Conflict Resolution 16. S. 41–50.

Banks, A. (1976): Cross-National Time Series: 1815–1973. Inter-University Consortium for Political and Social Research (ICPSR 7412). Ann Arbor, Michigan.

Barnes, S.H., B.G. Farah und *F. Heunks* (1979): Personal Dissatisfaction. In S. H. Barnes and M. Kaase (eds.): Political Action. Mass Participation in Five Western Democracies. Sage: Bevery Hills. S. 81–407.

Botz, G. (1976): Gewalt in der Politik. Attentate, Zusammenstöße, Putschversuche und Unruhen in Österreich 1918 bis 1934. Fink: München.

Botz, G. (1979): Politische Gewalt und industrielle Arbeitskämpfe in Wirtschaftskrisen. S. 260–306 in B. Marin (ed.): Wachstumskrisen in Österreich. Bd. 2: Szenarios. Braumüller: Wien.

Boudon, R. (1979): Widersprüche sozialen Handelns. Luchterhand: Darmstadt.

Bwy, D.P. (1971): Political Instability in Latin America: The Cross-Cultural Test of a Causal Model. In: J.V. Gillespie und B.A. Nesvold (eds.) Macro-Quantitative Analysis. Conflict Development and Democratization, Sage: Bevery Hills. S. 113–139.

Coleman, J. (1978): A Theory of Revolt Within Authority Structure. In: Peace Science Society Papers 28. S. 15–25.

Cutright, P. (1963): National Political Development: Measurement and Analysis. In: American Sociological Review 28. S. 253–264.

Darmstadter, J., P.D. Teitelbaum und *J.G. Polach* (1971): Energy in the World Economy. A Statistical Review of Trends in Output, Trade, and Consumption Since 1925. The John Hopkins Press: Baltimore.

Davies, J.C. (1962): Toward a Theory of Revolution. In: American Sociological Review 27. S. 5–19.

Davies, J.C. (1979): The J-Curve of Rising and Declining Satisfactions as a Cause of Revolution and Rebellion. In: H.D. Graham und T.R. Gurr (eds.), Violence in America. 2. rev. Aufl., Sage: Bevery Hills. S. 415–436.

Dean, W. (1970): Latin American Golpes and Economic Fluctuations, 1823–1966. In: Social Science Quarterly 51. S. 70–80.

Eberwein, W.D., G. Hübner-Dick, W. Jagodzinski, H. Rattinger und *E. Weede* (1978): Internes und externes Konfliktverhalten von Nationen. In: Zeitschrift für Soziologie 7. S. 21–38.

Eckstein, H. (1980): Theoretical Approaches to Explaining Collective Political Violence. In T.R. Gurr (ed.): Handbook of Political Conflict. Macmillan: New York S. 135–166.

Ehrlich, I. (1975): The Deterrent Effect of Capital Punishment: A Question of Life and Death. In: American Economic Review 65. S. 397–417.

Feierabend, I.K. und *R.L. Feierabend* (1966): Aggressive Behaviors Within Polities, 1948–1962: A Cross-National Study. In: Journal of Conflict Resolution 10. S. 249–271.

Feierabend, I.K., R.L. Feierabend und *B.A. Nesvold* (1969): Social Change and Political Violence: Cross National Patterns. In: H.D. Graham and T.R. Gurr (eds.): Violence in America: Historical and Comparative Perspectives. 1. Aufl., Frederick A. Praeger: New York. S. 632–687.

Flanigan, W.H. und *E. Fogelman* (1970): Patterns of Political Violence in Comparative Historical Perspective. In: Comparative Politics 3. S. 1–20.

Frey, B.S. (1978): Modern Political Economy. Martin Robertson: Oxford.

Gumbel, E.J. (1922): Vier Jahre politischer Mord. Berlin.

Gurr, T.R. (1980): On the Outcomes of Violent Conflict. In: T.R. Gurr (ed.), S. 238–294 (s. Eckstein 1980).

Gurr, T.R. (1970): Why Men Rebel. Princeton University Press: Princeton.

Hardy, M.A. (1979): Ecnonomic Growth, Distributional Inequality, and Political Conflict in Industrial Societies. Journal of Political and Military Sociology 7. S. 209–227.

Hibbs, D.A., Jr. (1973): Mass Political Violence: A Cross-National Causal Analysis. Wiley: New York.

Hibbs, D.A., Jr. (1974): Problems of Statistical Estimation and Causal Inference in Time-Series Regression Models. In: H.L. Costner (ed.) Sociological Methodology 1973–1974. Jossey-Bass: San Francisco. S. 252–308.

Hirschman, A.O. (1970): Exit, Voice, and Loyality. Harvard University Press: Cambridge, Mass.

Huntington, S.P. (1968): Political Order in Changing Societies. Yale University Press: New Haven.

Huntington, S.P. und *J.M. Nelson* (1976): No easy choice. Political Participation in Developing Contries. Harvard University Press: Cambridge Mass.

Huntington, S.P. und *J.I. Dominguez* (1975): Political Development. In: F.I. Greenstein und N.W. Polsby (eds.): Macropolitical Theory, Bd. 3, Addison-Wesley: Reading, Mass. S. 1–114.

Jagodzinski, W. und *E. Weede* (1981): Testing Curvilinear Propositions by Polynomial Regression with Particular Reference to the Interpretation of the Standardized Solution. In: Quality and Quantity 15. S. 447–463.

Jahoda, M., P.F. Lazarsfeld und *H. Zeisel* (1960): Die Arbeitslosen von Marienthal. 2. Aufl., Allensbach.

Jackman, R.W. (1980): A Note on Measurement of Growth Rates in Cross-National Research. In: American Journal of Sociology 86. S. 604–617.

Johnston, J. (1972): Econometric Methods. 2. rev. Aufl., McGraw-Hill: Tokio.

Kaase, M. (1976): Bedingungen unkonventionellen politischen Verhaltens in der Bundesrepublik Deutschland. In: P. Graf v. Kielmansegg (ed.): Legitimationsprobleme politischer Systeme. Sonderheft 7 der PVS. S. 179–216.

Kaelble, H. und *H. Volkmann* (1972): Konjunktur und Streiks während des Übergangs zum organisierten Kapitalismus in Deutschland, In: Zeitschrift für Wirtschaft und Sozialwissenschaften 92. S. 513–544.

Kornhauser, W. (1959): The Politics of Mass Society. Free Press: New York.

Lerner, D. (1958): The Passing ofjTraditional Society. Modernizing the Middle East. The Free Press: Glencoe 1958.

Lipset, S.M. (1960): Political Man. The Social Bases of Politics. Doubleday: Garden City, N.Y.

Maddison, A. (1969): Economic Growth in Japan and the USSR. Ullen & Unwin: London.

Marsh, R.M. (1979): Does Democracy Hinder Economic Development in the Latecomer Developing Nations? In: Comparative Social Research 2. S. 215–248.

Mehden, F.R. v.d. (1973): Comparative Political Violence. Prentice Hall: Englewood Cliffs, N.J.

Merkx, G.W. (1973): Recessions and Rebellions in Argentina, 1870–1970. In: Hispanic American Historical Review 53. S. 285–295.

Muller, E.N. (1979): Aggressive Political Participation. Princeton University Press: Princeton.

Muller, E.N. (1980): The Psychology of Political Protest and Violence. In: T.R. Gurr (ed.), S. 69–99 (s. Eckstein).

Oberschall, A. (1973): Social Conflict and Social Movements. Prentice-Hall: Englewood Cliffs, N.J.

Oberschall, A. (1978): Theories of Social Conflict. In: Annual Review of Sociology 4. S. 291–315.

Olson, M., Jr. (1963): Rapid Growth as a Destabilizing Force. In: Journal of Economic History 23. S. 529–552.

Olson, M., Jr. (1968): Die Logik kollektiven Handelns. Mohr: Tübingen.

Olson, M., Jr. (1982): The Rise and Decline of Nations. Yale University Press: New Haven.

Opp, K.-D. (1978): Theorie sozialer Krisen. Hoffmann und Campe: Hamburg.

Parvin, M. (1973): Economic Determinants of Political Unrest. An Economic Approach. In: Journal of Conflict Resolution 17. S. 271–296.

Quenouille, M.H. (1952): Associated Measurement. Academic Press: New York.

Rees, A. (1952): Industrial Conflict and Business Fluctuations. In: Journal of Political Economy 60. S. 371–382.

Rummel, R.J. (1963): Dimensions of Conflict Behavior Within and Between Nations. In: General Systems Yearbook 8. S. 1–50.

Sanders, D. (1978): Away from a General Model of Mass Political Violence: Evaluating Hibbs. In: Quality and Quantity 12. S. 103–129.

Schneider, F. (1978): Politisch-ökonomische Modelle. Ein theoretischer und empirischer Ansatz. Anton Hain: Königstein.
Schweinitz, Karl., de Jr. (1964): Industrialization and Democracy. The Free Press: Glencoe.
Sigelman, L. und *M. Simpson* (1977): A Cross-National Test of the Linkage Between Economic Inequality and Political Violence. In: Journal of Conflict Resolution 21. S. 105–128.
Silver, M. (1974): Political Revolution and Repression: An Economic Approach. In: Public Choice 17. S. 63–71.
Snyder, D. und *W.R. Kelly* (1977): Conflict Intensity, Media Sensitivity and the Validity of Newspaper Data. In: American Sociological Review 42. S. 105–123.
Spilerman, S. (1970): The Causes of Racial Disturbances: A Comparison of Alternative Explanations. In: American Sociological Review 35. S. 627–649.
Suppes, P. (1970): A Probabilistic Theory of Causality. North Holland Publ. Company: Amsterdam.
Tanter, R. (1966): Dimensions of Conflict Behavior Within Nations, 1955–1960: Turmoil and Internal War. In: Peace Research Society Papers 3. S. 159–183.
Tanter, R. and *M. Midlarsky* (1967): A Theory of Revolution. Journal of Conflict Resolution 11. S. 264–280.
Taylor, M. (1976): Anarchy and Cooperation. Wiley: London.
Tilly, C., L. Tilly and *R. Tilly* (1975): The Rebellious Century, 1830–1930. Harvard University Press: Cambridge. Mass.
Tilly, C. (1978): From Mobilization to Revolution. Addison-Wesley: Reading. Mass.
Tullock, G. (1974): The Social Dilemma. The Economics of War and Revolution. University Publication: Blacksburg, Virg.
Weede, E. (1981): Income Inequality, Average Income, and Domestic Violence. In: Journal of Conflict Resolution 25. S. 639–654.
Widmaier, U. (1982): Political Performance, Political Support and Political Stability: The GLOBUS Framework. Unveröffentlichtes Manuskript. Berlin 1982.
Zimmermann, E. (1977): Soziologie der politischen Gewalt. Enke: Stuttgart.
Zimmermann, E. (1981): Krisen, Staatsstreiche und Revolutionen. Theorien, Daten und neuere Forschungsansätze. Westdeutscher Verlag: Opladen.

3. Innerstaatliche Konflikts- und Gewaltereignisse: Daten und Hypothesen. Eine explorative Studie mit Indikatoren des World Handbook of Political and Social Indicators III.

Michael Peltzer und *Ulrich Widmaier*

„Messen heißt Objekten oder Ereignissen Zahlen zuordnen". Anonymer Einführungstext in die Methoden der empirischen Sozialforschung.

1. Erklärung und Messung von Konfliktsereignissen

Politischer Protest, insbesondere in seiner gewaltsamen Form, bedroht die politische Stabilität und damit die Herrschenden. Konsequenterweise versuchen die politischen Herrscher, die Protestpotentiale zu messen. Das Dokument, in dem diese Meßvorgänge zusammengetragen werden, nennt man Polizeistatistik. Bedauerlich für die Wissenschaftler, die über die Ursachen solcher Proteste nachdenken, ist der Umstand, daß diese Statistiken selten und wenn, dann nur in „überarbeiteter" Form veröffentlicht werden. Deswegen ist die Wissenschaft gezwungen, sich ihre Informationen sozusagen aus zweiter Hand zu holen, d. h. aus journalistischen Quellen.

Die in dieser Arbeit analysierten Daten über Protestpotentiale stammen überwiegend aus solchen Quellen. Es sind die politischen Ereignisdaten des World Handbook of Political and Social Indicators III[1], welche einer Reihe von Zeitungen[2] für die Jahre 1948–1977 für 136 Nationalstaaten entnommen sind. Nicht alle Indikatoren erfassen Ereignisse, die als gewaltloser oder gewaltsamer Protest gegen das politische System zu interpretieren sind. Es werden darüber hinaus Handlungen der Regierungen selbst sowie allgemeine konstitutionelle Vorgänge bzw. deren Gegenteil mit erfaßt. Unter ersteren sind z. B. Sanktionen gegen Protestgruppen, unter der zweiten Kategorie Ereignisse wie Wahlen bzw. Staatsstreiche zu verstehen. Insgesamt handelt es sich um 17 Indikatoren (siehe dazu Jodice/Taylor, 1981).

Datensammlungen auf der Basis journalistischer Quellen über größere Zeit- und geographische Räume sind relativ teuer. Folglich gibt es nicht sehr viele davon, was wiederum deren Popularität erhöht. Diese zu erwartende Popularität veranlaßte uns im folgenden, die Daten zu beschreiben und auf einige Probleme im Umgang mit ihnen hinzuweisen.

Diese Absicht verbinden wir mit der Überprüfung einer nicht minder populären Hypothese auf dem Gebiet der empirischen innerstaatlichen Konfliktforschung. Diese Hypothese lautet: Wirtschaftliches Wachstum und dadurch ausgelöste Wirkungen auf die Erwartungen über materielle Wohlfahrt und die Möglichkeiten der Bedürfnisbefriedigung der Bürger eines Nationalstaates stehen in einer kurvilinearen Beziehung mit Konflikt. Mit anderen Worten: Nationalstaaten mit niedrigem Pro-Kopf-Einkommen und geringen

Zuwachsraten weisen geringe innerstaatliche Konfliktraten auf, da solche Gesellschaften entweder noch traditionellen Charakter mit intakten Mechanismen sozialer Kontrolle haben oder aber Protest nicht artikuliert werden kann, weil die materiellen Voraussetzungen für dessen Organisation fehlen (Olson, 1968; Widmaier, 1978).

In einem mittleren Bereich des Pro-Kopf-Einkommens dagegen, so die These, ist die Gesellschaft in einer Übergangsphase. Die sekundären Effekte des raschen Wirtschaftswachstums, wie soziale Mobilisierung, Säkularisierung, Migration und Entstehung von Disparitäten sind wirksam und stehen einer geringen Institutionalisierung von Konfliktpotentialen und Herrschaftsbeziehungen entgegen (Huntington, 1968). Auf einer hohen Einkommensebene ist die Gesellschaft, so unterstellt die Hypothese, zwar in hohem Maße mobilisiert, aber gleichzeitig auch organisiert und diese intermediären Organisationen sind wiederum in einem institutionellen Geflecht miteinander verbunden, dessen funktionaler Zweck die schiedlich-friedliche Lösung von gesellschaftlichen Konflikten darstellt.

Diese allgemeine Hypothese, die sich aus gesellschaftlichen Evolutionstheorien à la Durkheim herleiten läßt, ist natürlich theoretisch wie empirisch nicht unumstritten. Auf der theoretischen Ebene wird geltend gemacht, daß wirtschaftliche Entwicklung und dadurch definierte Lebenschancen für Bevölkerungen von Nationalstaaten nicht die entscheidende Ursache von Protest sein kann. Jeder ökonomische Entwicklungsgrad versetzt Bevölkerungsgruppen in relativ benachteiligte Positionen. Mit anderen Worten: Frustrationen und relative Deprivationen aufgrund ökonomischer Unterprivilegierung sind universale gesellschaftliche Tatbestände, die nur im Ausmaß von System zu System variieren. Weede (1975) spricht in diesem Zusammenhang von einer theoretischen Neuorientierung der Forschung, die darin besteht, daß in viel stärkerem Maße die organisatorischen Voraussetzungen von Protesthandlungen anstelle von Frustrationen in den Vordergrund der Theorieformulierung gelangen. Diese Voraussetzungen sind Fähigkeit zum Konflikt und zur Organisation (Offe, 1969) oder allgemein ausgedrückt Chancen zum kollektiven Handeln (Olson, 1968). Obwohl gerade die Häufigkeit und vor allem die Intensität sogenannter primordialer Konflikte (Konflikte, die auf ethnischen, religiösen oder kulturellen Spaltungen beruhen) diese These zu unterstützen scheinen, steht sie unserer Ansicht nach nicht in Widerspruch zu ersterer. Ökonomische Entwicklung, gemessen als nationaler aggregierter Durchschnittswert und nicht als Verteilungsindikator spielt hier nur die Rolle des Hilfsindikators für komplexe gesellschaftliche Wandlungsprozesse. In einer Längsschnittanalyse ist dieser Indikator deshalb auch weitgehend ungeeignet für die Erklärung von Protest (Widmaier, 1981). Ausschließlich in einer Querschnittsperspektive und der dadurch repräsentierten großen Varianz von Gesellschaftssystemen und Entwicklungsstufen erhält die Überprüfung der These mit einem derartigen einfachen Indikator Sinn. Das Auftreten von Konflikten größeren Stils in ökonomisch entwickelten Nationalstaaten indiziert zunächst ja auch, daß die ökonomische Dimension ein nicht perfekter Indikator für soziale und/oder politische Entwicklung darstellt. Mit anderen Worten: um die positive Korrelation zwischen ökonomischem Entwicklungsstand (als nationaler Durchschnitt) und Konflikthäufigkeit zu überprüfen, muß zunächst einmal unterstellt werden, daß ökonomisches Wachstum eine positive Beziehung mit sozio-politischer Entwicklung (z. B. Institutionalisierung) aufweist. Die empirischen Analysen im Rahmen der makro-quantitativen Konfliktforschung scheinen dies zu beweisen (siehe Zimmermann, 1977; Weede, 1982). Allerdings wird dabei von einer linearen Hypothese ausgegangen. Wir behaupten dagegen, daß auf einem niedrigen Niveau ökonomischer und damit zusammenhängender sozio-politischer Entwicklung Konflikt und Protest in geringerem Umfang auftreten. Empirisch ist dagegen vor allem einzuwenden, daß dieser Teil der Hypothese kaum mehr zu beweisen ist. Der Grund liegt in dem Umstand, daß in den letzten 30 Jahren die Zugehörigkeit zu der Gruppe der Länder mit niedrigem ökonomischen Niveau kaum gleichzusetzen war mit dem Modell einer befriedeten Primitivgesellschaft. Möglicherweise befinden sich in dieser Gruppe gerade Nationalstaaten, deren Bevölkerung sich in langen und intensiven inneren Konflikten ergangen und dabei die Vermehrung ihres nationalen Wohlstands vergessen hat. Oder es gelang ihnen, dadurch ein früher erreichtes Niveau signifikant zu drücken (Beispiele: Libanon, Argentinien).

In der Tat ist dieser Zusammenhang zwischen nationalem Wohlstand und Konflikthäufigkeit nicht auszuschließen und damit auch nicht die partielle Zirkularität unserer Argumentation. Andererseits setzt jedoch die gründliche Zerstörung einer Volkswirtschaft lang anhaltende Konflikte z. B. in Form von Bürgerkriegen voraus. Ob dieser Konflikttyp in der Realität sehr häufig vorkommt, ist eine empirische Frage, die im folgenden beantwortet werden kann. Trotzdem kann behauptet werden, daß der Typus von Nationalstaaten, der auf geringem Niveau des nationalen Einkommens ein stabiles soziopolitisches System besitzt, im Schwinden begriffen ist. Dies ergibt sich schon aus der Tatsache, daß die meisten dieser Staaten ehemalige Kolonien sind, deren Nationalstaatlichkeit von vorneherein auf wackligen Füßen steht. Praktisch heißt dies, daß wir bei der Überprüfung unserer allgemeinen These Schwierigkeiten erwarten, deutliche Unterschiede in den Konflikthäufigkeiten zwischen der unteren und der mittleren Einkommenskategorie zu finden.

Ein weiteres Problem bei der Überprüfung einer so allgemeinen These auf globaler Ebene ergibt sich dadurch, daß sich solche Aussagen primär auf die Entstehungswahrscheinlichkeit von Konflikten beziehen und nicht auf ihren weiteren Verlauf. Eskalations- und Deeskalationsprozesse sind eher durch situative Faktoren bestimmt (Smelser, 1962), die nicht systematisch in die Hypothese einbezogen sind. Im allgemeinen wird implizit angenommen, daß Ausmaß und Verlauf von Konflikten von denselben Variablen „erklärt" werden kann, wie ihre Entstehung (Konfliktsmilieu). In den folgenden Analysen wird deutlich werden, daß Verteilungen von Konflikten über die Kategorien des Nationaleinkommens in starkem Maße durch die Intensität des Verlaufs von Konfliktepisoden bestimmt werden. Mit anderen Worten: wenige intensive Konflikte schlagen stärker zu Buche als viele kleine. Dies ist die Folge eines systematischen Meßfehlers, der aufgrund der journalistischen Quellen zustande kommt (Sichtbarkeit großer Konflikte). Aber es ist auch eine Eigenschaft von Konflikten, daß, wenn sie einmal über eine bestimmte Schwelle eskaliert sind, dann nur noch schwierig zu kontrollieren sind. Als Extrembeispiel sind hier internationalisierte Bürgerkriege zu nennen. Diese Überlagerung der Verteilung durch das sogenannte Ausreißerproblem erwarten wir vor allem in den Ländern, die im unteren und mittleren Bereich der Einkommensskala liegen.

Aufgrund dieser hier nur kurz diskutierten Einwände sollten wir unseren zu Beginn unterstellten Zusammenhang zwischen ökonomischem Entwicklungsniveau und Konflikthäufigkeit insofern modifizieren, als daß wir nach wie vor geringere und weniger intensive Konflikte in „reichen" Ländern erwarten, daß aber die Verteilung über „mittel arme" bzw. „mittel reiche" und „arme" Nationalstaaten durch andere Faktoren überlagert bzw. verschüttet werden kann. Welche dies sind, darüber wollen wir anhand des Zahlenmaterials spekulieren.
Bevor wir nun die World Handbook-III-Daten vorstellen, noch eine weitere Vorbemerkung. Wir haben in diesem Einleitungsabschnitt pauschal von Konfliktereignissen geredet. Im folgenden werden wir Ergebnisse differenziert nach ausgewählten Indikatoren des World Handbook vorstellen. Diese Darstellungsweise wird das Bild weiter differenzieren und damit noch deutlicher machen, was diese allgemeinen Vorbemerkungen andeuten versuchten: daß allgemeinen Thesen bei der Erklärung von innerstaatlichen Konflikts- und Protestrealitäten so wie sie in der Ereignisdatensammlung des WHB zum Ausdruck kommen, erhebliche empirische Widerstände entgegenstehen. Multivariate statistische Analysen in der Form, wie sie in der Subdisziplin im Schwange sind, stehen dabei häufig im Verdacht, Artefakte der zeitlichen und räumlichen Selektion von Fällen und Variablen zu sein. Als Beispiele, die im folgenden näher ausgeführt werden sollen, müssen hier die Behandlung von Ausreißern und die Indexbildung bei den Konfliktindikatoren selbst genügen.

2. *Analyse der World Handbook III – Daten*

2.1. Auswahl der Variablen

Zusätzlich zum methodischen Problem der Behandlung von Ausreißern und der Indexbildung wollen wir den Zusammenhang zwischen Pro-Kopf-Einkommen und Protest im Sinne der eingangs erwähnten Hypothese untersuchen. In diesem Kontext sind auch die staatlichen Reaktionen in Form von Sanktionen von Interesse. Als Datenmaterial beziehen wir uns auf das World Handbook III und die übliche Einkommensklassifikation der Weltbank.[3] Der betrachtete Zeitraum reicht von 1961 bis 1975.
Mit der Unterteilung der Protestformen folgen wir Hibbs (1973). Mit kollektivem Protest („Collective Protest") wird die Summe der Protestdemonstrationen, der Aufstände und der politischen Streiks bezeichnet, deren Definition im World Handbook lautet:

1) *Protest Demonstrations*
A protest demonstration is a non-violent gathering of people organized for the announced purpose of protesting against a regime, government, or one or more of its leaders; or against its ideology policy, intended policy, or lack of policy; or against its previous action or intended action . . . includes demonstrations for or against a foreign government, its leaders, or its visiting representatives . . . when (it) is reported to indicate opposition to the demonstrators' own government . . .

2) *Riots*
A riot is a *violent* demonstration or disturbance involving a large number of people. ,,Violence" implies the use of physical force and is usually evinced by the destruction of property, the wounding or killing of people by authorities, the use of riot control equipment . . . and by the rioters' use of various weapons.
3) *Political Strike*
is a work stoppage by a body of industrial or service workers or a stoppage of normal academic life by students to protest against a regime, a government, government leaders, a government policy or action. Strikes of an economic nature are *not* included unless they are judged to have assumed a primary political significance.

Mit der Variablen Bürgerkrieg (,,Civil War") wird die Summe aus bewaffneten Angriffen, Attentaten und Todesopfern interner Konflikte bezeichnet, deren Definition laut World Handbook folgende ist:

1) *Armed Attack*
is an act of violent political conflict carried out by (or on behalf of) an organized group with the object of weakening or destroying the power exercised by another group. It is characterized by bloodshed, physical struggle, or the destruction of property.
2) *Assassination*
is the *political motivated* murder or attempted murder of a high governmental official or politician . . . Nationally prominent politicians who are not necessarily holding office are also included, as are newspaper editors.
3) *Deaths from Domestic Group Violence*
The number of deaths from political violence is not an event variable, but a *body count.* The deaths reported occur mainly in conjunction with armed attacks, but also with riots and to a lesser extent with demonstrations . . . not including assassination victims and foreigners.

Die staatlichen Reaktionen wollen wir unter den drei Variablen Verhängung politischer Sanktionen, Aufhebung politischer Sanktionen und politische Exekutionen diskutieren, die das World Handbook so bestimmt:

1) *Imposition of Political Sanctions*
is an action taken by the authorities to neutralize, suppress, or eliminate a perceived threat to the security of the government, the regime or the state itself . . . includes three types of action: *censorship* . . . *restrictions* on political participation . . . and *espionage* (arrest and detention of perpetrators thereof).
2) *Relaxation of Political Sanctions*
is an event in which a government modifies or eliminates actions described in previous definitions . . .
3) *Political Execution*
is an event in which a person or group of persons is put to death under orders of the national authorities while in the custody of those authorities . . . ordinary criminal executions are not included . . .

2.2. Zur Behandlung von ,,Ausreißern"

Bevor wir mit der Untersuchung des ,,Kollektiven Protests" beginnen, scheint es angebracht, auf ein grundsätzliches Problem des Datenmaterials hinzuweisen.

Nahezu jedes Ergebnis wird durch Ausreißerwerte bestimmt.[4] So ist die statistische Auswertung rein methodisch schwierig. Für unser Problem der Dokumentation des Zusammenhangs zwischen Einkommen und Protest haben wir uns entschieden, keinerlei Extremwerte bis auf die durch den Vietnam-Krieg bedingten, der unseres Erachtens fälschlicherweise als „innerer Konflikt" geführt wird, auszugliedern. Es ist unseres Erachtens gerade der besondere Charakter der beobachteten Phänome, in dieser Form aufzutreten, so daß eine methodische Glättung – also keine Betrachtung der Ausreißer – zwar zu besserer statistischer Behandlung führen würde, jedoch auch den Gegenstand der Analyse teilweise aus den Augen verlieren würde.
Umgekehrt hat man mit der Ausreißerproblematik schon ein seinem Inhalt nach allerdings negatives Resultat der Untersuchung ausgesprochen. Aussagen, die einen Zusammenhang zwischen Pro-Kopf-Einkommen oder Bruttosozialproduktwachstum und Protesthäufigkeiten pro Land aufstellen – also etwa „niedriges Einkommen führt zu hohem gewaltätigem Protest" –, sind sämtlich in dieser Form nicht haltbar. Es handelt sich eher um eine Situation, die durch Wahrscheinlichkeiten gekennzeichnet ist, etwa gewissen Bereichen der Physik vergleichbar. Man kann von keinem Atom der Stahloberfläche sagen, ob es bei Erhitzung sich aus dem Metallgitter löst, aber daß es eine gewisse Anzahl und Größe unter bestimmten Bedingungen gibt, läßt sich angeben. Bleibt für politische Untersuchungen die exakte Größenangabe auch Ideal, so kann man allerdings zu Aussagen der Form kommen, „In dem Teil der Nationen, in denen das Pro-Kopf-Einkommen niedrig ist, existiert eine stärkere Tendenz zu gewalttätigen Formen von Protest als in dem Teil der Nationen mit hohem Einkommen". Die Behauptung ist also nicht, daß niedriges Einkommen eine notwendige und hinreichende Bedingung für Gewalt in jedem einzelnen Land ist, sondern daß in diesen Ländern als Gesamtheit betrachtet mehr Gewalt in der Artikulation des Protestes auftritt. Das Ausreißerproblem hat unseres Erachtens diese theoretische Komponente und ist nicht bloß als Problem des statistischen Procedere, des Umgangs mit den Daten also, zu behandeln.

2.3. „Kollektive Proteste"

Wir wollen das Phänomen „kollektiven Protests" zunächst als zusammengefaßten Index und daraufhin dessen Bestandteile – Protestdemonstrationen, Aufruhr und politische Streiks – untersuchen. Ein allgemeines Ergebnis ist, daß „kollektiver Protest" in der Gruppe der Nationen mit hohem Pro-Kopf-Einkommen weit häufiger auftritt als in dem Teil mit niedrigem und mittlerem Pro-Kopf-Einkommen.

Durchschnittlich ist das Auftreten von „kollektivem Protest" in Ländern mit hohem Einkommen ca. fünfmal häufiger als in den anderen. Die Anzahl der kollektiven Protestereignisse in den beiden unteren Einkommensbereichen, die 1921 Nationenjahre umfassen, liegt für den gesamten Untersuchungszeitraum um nur 1380 Fälle niedriger als in der oberen Einkommensregion mit 374 Nationenjahren. Es gibt allerdings eine starke zeitliche Verschiebung. So fanden in der ersten Periode etwa doppelt so viele Ereignisse dieser Art im Durchschnitt in Ländern mit hohem Einkommen als in den ande-

Tabelle 1: Kollektiver Protest (Ereignisse)

Pro-Kopf-Einkommen	1961–75	1961–65	1966–70	1971–75
niedrig	3356 (4)	1871 (7)	772 (3)	566 (2)
mittel	5217 (5)	1980 (6)	1402 (5)	1369 (4)
hoch	7193 (19)	1590 (15)	2567 (22)	2428 (22)
Summe	15766 (7)	5441 (8)	4641 (7)	4363 (6)

* In Klammern sind die Durchschnittswerte pro Nation und Jahr angegeben (gerundet). Die Quelle ist für alle Tabellen das WHB III. Die Einkommensunterscheidung ist von der Weltbank übernommen, d.h. niedrig = 0–300 $ (1977); mittel = 301–3000 $ (1977); hoch = über 3000 $ (1977).

ren statt, und in den letzten beiden nahezu sechsmal so viele. Dazu korrespondierend liegt auch die absolute Anzahl solcher Protestaktionen in der ersten Periode in beiden unteren Abteilungen höher als im Bereich der reichen Staaten. Umgekehrt ist diese in den beiden späteren Berichtszeiträumen größer bei letzteren als die Summe des kollektiven Protests bei ersteren.

Der Zusammenhang mit der Einkommensentwicklung, nicht bloß mit dem Niveau, läßt sich Tabelle 2 entnehmen.[5]

Fast sieben- bzw. neumal so hoch ist der durchschnittliche kollektive Protest in Ländern hohen Pro-Kopf-Einkommens mit mittlerer oder hoher Wachstumsrate als in solchen mit niedriger. In Ländern mittleren Einkommens mit großer Wachstumsrate nimmt das Protestverhalten ebenfalls zu, wohingegen die Wachstumsrate auf der Basis von niedrigem Pro-Kopf-Einkommen nicht diesen Effekt zu haben scheint.

Einerseits ist dieses Ergebnis durch systematische Meßfehler verzerrt. Ein Blick auf die Quellen des World Handbook legt die These der Überberichtung für die reichen Nationen nahe, die auch objektiv durch höher entwickelte Kommunikationsmittel bedingt ist.[6] Andererseits ist nicht anzunehmen, daß das Resultat sich insgesamt hieraus ergibt. Es ist nämlich plausibel, daß die mit der kollektiven Protest-Variablen gemessenen

Tabelle 2: Kollektiver Protest
Pro-Kopf-Einkommen und Wachstumsrate des Bruttosozialprodukts (1960–77)

	niedrig und gering	niedrig und durchschnittlich	niedrig und groß	mittel und gering	mittel und durchschnittlich	mittel und groß	hoch und gering	hoch und durchschnittlich	hoch und groß	Summe
Kollektiver Protest	2425 (4)	921 (5)	10 (1)	871 (3)	2896 (5)	1450 (8)	121 (4)	6187 (20)	885 (26)	15766 (7)

* Für die Wachstumsrate gilt: gering = weniger als 2 %
durchschnittlich = 2 bis 5 %
groß = über 5 %

Sachverhalte, also relativ gewaltfreie Formen des Protests, in reichen Nationen sehr viel häufiger auftreten, weil mit der Zunahme des Reichtums der Grad der politischen Mobilisierung und die Mittel der Organisierung wachsen. Der demokratische Charakter der meisten Länder mit hohem Pro-Kopf-Einkommen und die materiellen Bedingungen seines Funktionierens – zum Beispiel hochentwickelte Kommunikation – bringen Bürgerprotest gerade hervor. Umgekehrt reflektiert die relative Gewaltlosigkeit des Protestes die prinzipielle Anerkennung der gesellschaftlichen Institutionen durch die meisten sozialen Gruppen.

Wir wollen nun noch auf die die kollektive Protest-Variable konstituierenden Einzelvariablen eingehen. Zunächst die Protest-Demonstrationen. Für sie gilt das allgemein über kollektiven Protest Gesagte mit der Besonderheit, daß hier das Übergewicht der Staaten mit hohem Pro-Kopf-Einkommen noch stärker hervortritt und auch die Zeit von 1961 bis 1965 keine Ausnahme bildet.

Dies gilt auch für die Wachstumsrate des Bruttosozialprodukts (Tabelle 4).

Tabelle 3: Protest-Demonstrationen

Pro-Kopf-Einkommen	1961–75	1961–65	1966–70	1971–75
niedrig	964 (1)	355 (1)	276 (1)	263 (1)
mittel	1964 (2)	703 (2)	434 (1)	659 (2)
hoch	4612 (12)	1080 (10)	1429 (13)	1665 (15)
Summe	7530 (3)	2138 (3)	2139 (3)	2587 (4)

Tabelle 4: Protestdemonstrationen
Pro-Kopf-Einkommen und Wachstumsrate des Bruttosozialprodukts (1960–77)

	niedrig und gering	niedrig und durchschnittlich	niedrig und groß	mittel und gering	mittel und durchschnittlich	mittel und groß	hoch und gering	hoch und durchschnittlich	hoch und groß	Summe
Protest-Demonstrationen	599 (1)	363 (2)	2 –	239 (1)	1004 (2)	711 (4)	74 (2)	4118 (13)	420 (12)	7530 (3)

Ein näherer Blick auf das Datenmaterial zeigt, daß diese Verteilung durch wenige Länder bedingt ist.

Wie man sieht, ist der gesamte Trend durch die Rassenunruhen und die Anti-Vietnam-Kriegsbewegung in den USA sowie die Demokratisierungsbewegung gegen den spanischen Faschismus bedingt. Der Ausreißer für 1975 kommt durch den antifaschistischen Staatsstreich in Portugal und dessen Folgen zustande. Ansonsten sind Demonstrationen in Zusammenhang mit der Neuorientierung in der CSSR (1968) und deren Niederschlagung ausschlaggebend.

Tabelle 5

Land	Jahr	Prot. Demos.
USA	1961	165
USA	1963	202
USA	1964	134
USA	1965	211
USA	1966	124
USA	1967	115
USA	1968	110
USA	1969	133
USA	1970	111
USA	1971	157
USA	1972	248
UK	1972	133
UK	1974	169
SPAIN	1975	120
PORTUGAL	1975	135
CSSR	1968	116
CSSR	1969	112

Der 15jährige Berichtszeitraum zeigt durchschnittlich mehr Aufruhr (riots) in reichen Ländern, in denen etwa ein Drittel aller dieser Ereignisse stattfindet (siehe Tabelle 6). Liegen in der ersten Periode die durchschnittlichen Werte noch relativ nahe beieinander, so differenzieren sie sich in der zweiten sehr stark, um sich in der dritten auf einem mittleren Niveau der Differenz zu finden. Letzteres ist allerdings partiell durch eine Änderung der Erhebungsmethoden im World Handbook III gegenüber dem World Handbook II bedingt.[7]

Wir wollen an dieser Stelle noch darauf hinweisen, daß insgesamt in vier Jahren in drei Nationen mehr als einhundert gewalttätige Protestaktionen stattgefunden haben. Es sind dies die USA (1966, 1967), Portugal (1965) und Indien (1966), also je ein Extremwert pro Ländergruppe. Daß die Dominanz der reichen Staaten bei dieser Variablen

Tabelle 6: Aufruhr (Ereignisse)

Pro-Kopf-Einkommen	1961–75	1961–65	1966–70	1971–75
niedrig	1460 (2)	717 (3)	442 (2)	239 (1)
mittel	2543 (2)	1032 (3)	780 (3)	500 (2)
hoch	1912 (5)	554 (4)	788 (7)	468 (4)
Summe	5915 (3)	2203 (3)	2010 (3)	1207 (2)

nicht so ausgeprägt ist wie bei den Protestdemonstrationen, unterstützt unsere These. Gewalttätige Protestdemonstrationen sind in bestimmter Weise eine Übergangsvariable zu den gewalttätigen Formen von Protest, die durch Armut und deren sozio-politische Korrelate bedingt sind.
Bei den politischen Streiks ergibt sich zwar ein Übergewicht der reichen Nationen im Durchschnitt, jedoch ist die Anzahl über den gesamten Berichtszeitraum betrachtet in den Ländern mit dem niedrigen Pro-Kopf-Einkommen am höchsten.
Die Betrachtung des zeitlichen Verlaufs zeigt für die erste Periode eine Konzentration bei den armen Nationen und für die beiden folgenden bei den reichen. Diese Verteilung ist bei den armen Nationen durch ein einziges Land bestimmt. Die politischen Streiks konzentrieren sich von 1961 bis 1965 nahezu sämtlich in Indien. Es ist allerdings an dieser Stelle nach der Aussagekraft der Variablendefinition zu fragen, da es unseres Erachtens unbefriedigend ist, die indischen Ereignisse z. B. mit denen in den USA zu vergleichen – schon allein wegen des unterschiedlichen Charakters der Akteure und ihren Handlungsbedingungen. Darunter verstehen wir einerseits die unterschiedlichen organisatorischen Strukturen von Gewerkschaften und andererseits ihre Konfliktfähigkeit gegenüber dem politischen und ökonomischen System. Tabellen 7 und 8 zeigen die Resultate für diese Variable.

In Ländern mit hohem Einkommen und hoher Wachstumsrate sind politische Streiks am häufigsten. Indien liegt am anderen Extrem. Außerdem ist darauf hinzuweisen, daß die naheliegende Identifikation von politischen Streiks mit Aktivitäten der Arbeiterklasse und/oder der Gewerkschaften nicht richtig ist. Es handelt sich zum größten Teil um Studentenstreiks.

Tabelle 7: Politische Streiks

Pro-Kopf-Einkommen	1961–75	1961–65	1966–70	1971–75
niedrig	932 (1.0)	799 (3.1)	54 (0.2)	64 (0.3)
mittel	720 (0.6)	245 (0.8)	188 (0.6)	210 (0.7)
hoch	669 (1.8)	56 (0.5)	250 (2.2)	295 (2.7)
Summe	2321 (1.0)	1100 (1.6)	492 (0.7)	569 (0.8)

Tabelle 8: Politische Streiks
Pro-Kopf-Einkommen und Wachstumsrate des Bruttosozialprodukts (1960–77)

	niedrig und gering	niedrig und durchschnittlich	niedrig und groß	mittel und gering	mittel und durchschnittlich	mittel und groß	hoch und gering	hoch und durchschnittlich	hoch und groß	Summe
Politische Streiks	860 (1.3)	72 (0.4)	– –	194 (0.7)	423 (0.7)	103 (0.6)	23 (0.7)	487 (1.6)	159 (4.7)	2321 (1.0)

2.4. „Bürgerkrieg"

Die Bürgerkriegsvariable nach Hibbs (1973) enthält ein erhebliches Problem. Es scheint uns wenig sinnvoll, die Summe aus bewaffneten Angriffen, Attentaten und Opfern innerer Konflikte zu bilden. Einerseits werden auf der einen Seite Ereignisse und auf der anderen das Resultat, Tote, addiert, was theoretisch unbefriedigend ist. Andererseits ist wegen der bloßen Größenverhältnisse der Variablen klar, daß Bürgerkrieg sozusagen nicht mehr als ein anderer Ausdruck für Opfer innerer Konflikte ist. Der Index mißt in der Tat nicht, was er zu messen vorgibt. Wir untersuchen deshalb sofort seine Elemente und gehen zusätzlich noch auf die Anzahl der Staatsstreiche ein, die wir als besondere Form von Gewalt im inneren Konflikt einordnen.
Zunächst zu den bewaffneten Angriffen. Allgemein gibt es auch hier im Durchschnitt ein Übergewicht der reichen Nationen, wiewohl die Summe der bewaffneten Angriffe im mittleren und niedrigen Bereich höher ist.

Tabelle 9: Bewaffnete Angriffe[8]

Prof-Kopf-Einkommen	1961–75	1961–65	1966–70	1971–75
niedrig	6938 (8)	2155 (8)	2124 (8)	2403 (9)
mittel	10475 (10)	4547 (15)	2761 (9)	2105 (7)
hoch	6299 (17)	951 (9)	628 (4)	3700 (34)
Summe	23712 (10)	7653 (11)	5513 (8)	8208 (12)

Der relativ hohe Anteil der reichen Nationen ist wesentlich durch den Nord-Irland-Konflikt bestimmt. Dort fanden von 1971 bis 1975 pro Jahr im Durchschnitt mehr als 290 bewaffnete Angriffe – 1972 sogar 1442 (!) – statt. Da dieser Konflikt nicht als typischer innerer Konflikt gelten kann, da er zumindest von der einen Seite eher als Kampf katholischer Iren gegen protestantische englische Vorherrschaft aufgefaßt wird, d. h. eine nationalistische Komponente gegen England hat, sollte die Dominanz der reichen Staaten an dieser Stelle nicht überbewertet werden.
Ansonsten konzentrieren sich bewaffnete Angriffe eher bei den Nationen mit mittlerem und niedrigem Pro-Kopf-Einkommen. Herausragend sind im mittleren Bereich Algerien und der Libanon mit jeweils mehr als 1000 bewaffneten Angriffen im Jahre 1965 bzw. 1975 und im unteren Bereich Indien mit mehr als 1100 bewaffneten Angriffen im Jahre 1967. Dies entspricht unserer Hypothese, daß gewalttätige Formen des Protests eher in ökonomisch weniger entwickelten Nationen auftreten.
Bei den Attentaten ergibt sich der absoluten Anzahl nach eine Häufung im mittleren und niedrigen Einkommensbereich.

Tabelle 10: Attentate

Pro-Kopf-Einkommen	1961–75	1961–65	1966–70	1971–75
niedrig	117 (0.1)	28 (0.1)	19 (0.1)	58 (0.2)
mittel	266 (0.3)	58 (0.2)	62 (0.2)	101 (0.3)
hoch	77 (0.2)	2 (–)	3 (–)	59 (0.5)
Summe	460 (0.2)	88 (0.1)	84 (0.1)	218 (0.3)

Der relativ hohe Wert für die reichen Nationen ergibt sich wieder aus dem Nord-Irland-Konflikt. Allein 1973 fanden in Nordirland 40 Attentate statt. Dies erklärt auch die extremen Unterschiede zwischen den verschiedenen Perioden. So stützt auch diese Variable unseres Erachtens die These höherer Gewalttätigkeit in Ländern niedrigen bzw. mittleren Pro-Kopf-Einkommens.
Die Opfer innerer Konflikte zeigen dasselbe Bild in extremerer Form.

Tabelle 11: Tote aufgrund interner Auseinandersetzungen

Pro-Kopf-Einkommen	1961–75	1961–65	1966–70	1971–75
niedrig	1211542 (1397)	117087 (459)	565891 (2219)	498076 (1953)
mittel	2131331 (2022)	45413 (146)	2011139 (6488)	13772 (44)
hoch	2873 (8)	568 (5)	322 (3)	1538 (14)
Summe	3345746 (1458)	163068 (241)	2577352 (3818)	513336 (760)

Dem starken Übergewicht der armen Staaten in den ersten Perioden steht eines der mittleren in der zweiten Periode gegenüber, wobei eine ungeheuere Zunahme der Anzahl der Toten festzuhalten ist. Diese ergibt sich aus dem Bürgerkrieg in Nigeria, der nahezu 2 Millionen Menschenleben forderte und dem in Indonesien, der allein 1966 525.000 Opfer forderte. Die Dominanz der armen Länder in der dritten Periode ist hauptsächlich durch die Separation Bangladeshs bedingt, die 1971 über 300.000 Menschen das Leben kostete. Wenn man bedenkt, daß Nigeria in dieser Zeit ganz am unteren Ende der Skala der Länder mittleren Einkommens rangiert (420 $), so kann man festhalten, daß die Gewalttätigkeit der Konflikte, will man sie an ihren Opfern messen, in Ländern niedrigen Pro-Kopf-Einkommens bei weitem am höchsten ist. Selbst im Falle von Ausnahmesituationen in einem „reichen“ Land mit einer hohen Gewaltrate, wie etwa im Vereinigten Königreich, ist die Zahl der Opfer in der Bevölkerung geringer.

Allgemein finden gewaltsame Konflikte mit hohen Verlusten an Menschenleben in Ländern mit niedrigem Pro-Kopf-Einkommen statt. Dies widerspricht, wie auch unser Ergebnis für gewaltlose Protestformen der These von Konzentration des Protests im mittleren Einkommensbereich. Es verweist unseres Erachtens auf die Unplausibilität einer der Begründungen für niedrige Protestraten bei niedrigem Pro-Kopf-Einkommen. Es scheint eben nicht den Tatsachen zu entsprechen, daß die Ressourcenknappheit dort so immens ist, daß sie Gewalt verhindert. Unseres Erachtens ist das niedrige Pro-Kopf-Einkommen in Ländern mit außerordentlich hoher Gewaltrate eher ein Korrelat niedriger Entwicklung der Nationalstaatlichkeit.

Ein sehr niedriger Grad von politischer Institutionalisierung geht einher mit der praktischen Nichtanerkennung der Interessen großer Teile der Bevölkerung. Auf der anderen Seite beläßt dies die Bürger in vornationalstaatlichen Banden wie Stamm- oder Religionszugehörigkeit, die aufgrund der knappen Lebensressourcen leicht fanatisiert und für Gewalt mobilisiert werden können. Das Interesse daran, diese niedrige Integration bezüglich des bestehenden Staats auszunutzen, ist unseres Erachtens dadurch bedingt, daß die Staatsmacht in solchen Ländern eine hervorragende Quelle privater Revenuen ist. Dies schafft Begehrlichkeit nichtherrschender Gegeneliten. Daß vor allem Stammes- und Religionssolidaritäten mobilisiert werden, die als solche nicht dem Mangel an politischer Integration zuzurechnende Ursache für die besondere Gewaltsamkeit in diesen Ländern darstellen, wird unseres Erachtens auch nicht durch das Beispiel Indonesien widerlegt, wo vor allem „Kommunisten“ getötet wurden. Dies ist auf der Basis sowohl des politischen Massenbewußtseins dort als auch der ökonomischen Bedingungen eher ein bloßes Epiphänomen. Andererseits widersprechen wir nicht der These, daß derlei Konflikte ökonomisch verstärkt sein können. Dies ist augenscheinlich in Nigeria der Fall gewesen, wo die Separation von Biafra, die Ausgliederung der Erdölprovinz, dem Entzug einer relevanten ökonomischen Ressource des Staates gleich gekommen wäre.

Wir wollen abschließend noch auf die versuchten Staatsstreiche eingehen. Versuchte Staatsstreiche sind dabei sowohl „erfolgreiche“ als auch fehlgeschlagene Unternehmungen. Wir fassen zwei Variablen des WHB III zusammen, die es wie folgt definiert:

1) *Unsuccessful Irregular Executive Transfer*
is a reported attempt by an organized group to remove and replace the incumbent national executive *outside the conventional procedures for transferring formal power* . . . „Irregular“ events, the opposite of „regular“ as defined above, are characterized by actual or directly threatened violence and by nonconformity to the prevailing conventional procedures of the political system.
2) *Irregular Executive Transfers*
Successful version of immediately preceding variable accomplished outside the conventional legal or custromary, procedures for transferring power in effect at the time of the event. Such events are accomplished by actual physical violence or with the threat of violence.

Tabelle 12: Staatsstreiche (erfolgreiche und mißglückte)

Pro-Kopf-Einkommen	1961–75	1961–65	1966–70	1971–75
niedrig	125 (1.4)	26 (0.1)	35 (0.1)	51 (0.2)
mittel	187 (1.8)	76 (0.2)	51 (0.2)	47 (0.2)
hoch	1 (–)	1 (–)	– (–)	– (–)
Summe	313 (0.1)	103 (0.2)	86 (0.1)	98 (0.1)

Das Schwergewicht der Staatsstreichversuche liegt im mittleren und unteren Einkommensbereich. 312 von 313 fanden dort statt. Die Betrachtung der drei Perioden zeigt eine Verschiebung des Schwergewichts von den Nationen mittleren Pro-Kopf-Einkommens zu denen niedrigen Pro-Kopf-Einkommens. Dies ist wesentlich durch die in den 70iger Jahren zurückgehende Anzahl von Militärputschen in Lateinamerika und deren Zunahme in Afrika bedingt. So fanden im letzten Drittel des Berichtszeitraums allein in Uganda und Äthiopien sieben geglückte Staatsstreiche statt.

Wir wollen noch auf den unseres Erachtens besonderen Charakter von Staatsstreichen als Ausdruck von Gewalt im inneren Konflikt eingehen. Eine allgemeine Charakteristik verbietet sich wegen der absoluten Heterogenität. So fallen substantiell unterschiedliche Ereignisse wie der Putsch der Obristen in Griechenland 1967, wo die institutionelle Struktur des Staates grundlegend gewandelt wurde, genauso darunter wie der Putsch in Guatemala 1963. Staatsstreiche wie letzterer machen allerdings einen großen Anteil aus. Hier sollen die mehr oder weniger entwickelten Formen der Staatlichkeit nicht strukturell verändert oder gar abgeschafft und neu konzipiert werden, sondern in die Hände anderer Subjekte gelangen. Derlei Staatsstreichversuche haben den Inhalt, das Personal der gegebenen und von den Putschisten selbst akzeptierten funktionellen Positionen zu wechseln. Es sind dies Konflikte, die von vornherein große Teile der Bevölkerung nicht tangieren. Es handelt sich um Ausnahmen, wo sich aus dem Versuch des Staatsstreichs wegen relativer Gleichverteilung der Macht erst der Bürgerkrieg entwikkelt, wie z. B. vor einigen Jahren im Tschad. Deshalb fallen sie auch in bezug auf die Opfer an Menschenleben im allgemeinen nicht besonders ins Gewicht.

Die Tatsache, daß in reichen Nationen keine Staatsstreiche passieren, ergibt sich unseres Erachtens aus der entwickelten Form des Institutionengeflechts und den damit gegebenen relativ festen Verfahren des Machtwechsels. Umgekehrt gibt deren mangelnde Ausbildung und die damit einhergehende niedrige politische Mobilisierung der Bevölkerung dem Militär eine weit bedeutendere Rolle als hauptsächliche Stütze der politischen Macht. Die politische Definitionsmacht eines Militärs, also des bewaffneten Apparates, resultiert an dieser Stelle aus seiner mangelnden Eingebundenheit in ein System politischer Institutionen.

2.5. Staatliche Sanktionen

Betrachten wir nun staatliche repressive Maßnahmen. Wir differenzieren hier zwischen relativ gewaltfreien, wenn auch selbstverständlich durch Staatsgewalt verhängten Sanktionen einerseits und andererseits unmittelbarer Gewalt gegen Personen, d. h. politischen Exekutionen. Die Tabelle zeigt fast viermal mehr Repressionsmaßnahmen der ersten Art in reichen als in armen und doppelt so viele in reichen Ländern als in denen mittleren Einkommens.

Tabelle 13: Verhängung politischer Sanktionen

Pro-Kopf-Einkommen	1961–75	1961–65	1966–70	1971–75
niedrig	3509	1383	1203	731
	(4)	(5)	(5)	(3)
mittel	7844	3202	2549	1646
	(7)	(10)	(8)	(5)
hoch	5723	1578	1471	2014
	(15)	(14)	(13)	(18)
Summe	17076	6163	5223	4391
	(7)	(9)	(8)	(7)

Die zeitliche Entwicklung unterstreicht dieses Ergebnis insofern, als eine starke kontinuierliche relative Zunahme der Verhängung politischer Sanktionen in reichen Ländern zu erkennen ist. Bei der Zurücknahme von Sanktionen ergibt sich ebenfalls eine Dominanz der reichen Nationen, allerdings ist hier keine zeitliche Veränderung in oben genannter Form aufzufinden.

Tabelle 14: Aufhebung politischer Sanktionen

Pro-Kopf-Einkommen	1961–75	1961–65	1966–70	1971–75
niedrig	645	206	229	147
	(1)	(1)	(1)	(1)
mittel	1660	615	542	377
	(2)	(2)	(2)	(1)
hoch	971	296	273	277
	(3)	(3)	(2)	(3)
Summe	3276	1117	1044	801
	(1)	(2)	(2)	(1)

Erschreckend ist allerdings, daß im gesamten Berichtszeitraum 17.076 Sanktionen nur 3.276 Rücknahmen gegenüberstehen. Falls an dieser Stelle die Daten nicht gänzlich verzerrt sind, vermitteln sie das eindeutige Bild von Gesellschaften zunehmender Repression und dies vor allem in den reichen Ländern.
Abgesehen davon scheint die Form von Repressionen, die im allgemeinen nicht unmittelbare Gewalt gegen Personen darstellt, den relativ gewaltfreien Formen von Protest, die in diesen Nationen vorherrschen, zu entsprechen.
Politische Exekutionen finden sowohl der absoluten Anzahl nach als auch durchschnittlich betrachtet nahezu ausschließlich in Ländern des mittleren und unteren Einkommensbereichs statt. Die reichen Nationen haben nur einen Anteil von etwas über 1 %.

Tabelle 15: Politische Exekutionen

Pro-Kopf-Einkommen	1961–75	1961–65	1966–70	1971–75
niedrig	2670	433	278	873
	(3)	(2)	(1)	(3)
mittel	5008	2003	1448	1334
	(5)	(6)	(5)	(4)
hoch	100	63	30	7
	(–)	(1)	(–)	(–)
Summe	7778	2499	1756	2214
	(3)	(4)	(3)	(3)

Extreme Werte existieren für Kuba, Chile, China, Kampuchea, Zaire und Uganda (sämtlich über 450 Exekutionen im Berichtszeitraum). Sie sind also sämtliche auf den Umsturz des bestehenden Staatswesens und dessen Folgen bzw. dessen Vorbereitung zurückzuführen. Der Gewalttätigkeit des Protests stehen hier Staatsmaßnahmen, die letzte Gewalt gegen Personen sind, gegenüber.
Fassen wir zusammen. Der relativ gewaltfreie Protest, dessen Domäne die reichen Nationen sind, bedeutet unseres Erachtens auch prinzipielle Anerkennung der sozialen Struktur, also der gesellschaftlichen Institutionen durch große Mehrheiten, nicht durch Minderheiten. Entsprechend hierzu tritt Repression genau durch diese Institutionen vermittelt auf. So wird durch die „Rechtsförmigkeit" an dieser Stelle der prinzipiellen Anerkennung der Bürgerinteressen Rechnung getragen. Umgekehrt ist dies bei den gewalttätigen Formen von Widerstand, wie wir sie vor allem in armen Nationen finden. Dort paßt sich die Repression den Protestformen an. Ein Umstand, der aufgrund der bekannten gegenseitigen Bedingtheit von Protest und Sanktion ja auch zu erwarten ist.

3. Schlußbemerkungen

Neben der inhaltlichen Frage ob tatsächlich in Ländern mit mittlerem Bruttosozialprodukt pro Kopf die Konfliktshäufigkeiten am höchsten sind, wollten wir in dieser explorativen Studie einige Bedenken gegen die in der Subdisziplin verbreitete methodische Behandlung dieser Ereignisdaten artikulieren. Dabei standen zwei Problembereiche im Vordergrund: zum einen die Schwierigkeiten von Indexbildungen z. B. à la Hibbs (1973), aber auch die Interpretation von Variablen und zum anderen die Behandlung von Ausreißern mit Hilfe technischer Mittel (logarithmische Transformation) oder durch Annahmen (Weglassen). Um die Problemlage nicht technisch-methodisch zu verfremden, haben wir auch bewußt auf regressionsanalytische Verfahren verzichtet, da R^2 und Regressionskoeffizienten hier häufig mehr Sachverhalte verschütten als erhellen. Die statistischen „Primitivmittel" der Tabellierung von Häufigkeiten und die graphische Darstellung von Verteilungen schien uns für unsere Zwecke der Illustration am ehesten geeignet.

Wir gehen davon aus, daß die konzeptionellen und empirischen Schwierigkeiten bei der Bildung von Indizes im vorhergehenden Abschnitt hinreichend illustriert wurden. Ferner nehmen wir an, daß aufgrund der unterschiedlichen Verteilungen der einzelnen Indikatoren über unsere Einkommenskategorien ebenfalls deutlich wurde, welche Schwierigkeiten bei der Überprüfung universaler Hypothesen auftreten. An dieser Stelle konzentrieren wir uns deshalb auf einige abschließende Bemerkungen zur Ausreißerproblematik, ihrer Behandlung und der dadurch erzielbaren Resultate.

Wie wir gesehen haben, hat jeder der 17 Indikatoren mindestens einen Ausreißer. Häufig sind es mehrere. Einige zählen sozusagen zur Kategorie der Ausreißer 1. Ordnung. Darunter fallen Nigeria, Indonesien, Vietnam, China, USA, England, Pakistan-Bangladesh. Ihre Konfliktereignisse und/oder Tote sind zu bestimmten Zeitpunkten größer als die Summe des Rests der Welt. Eliminiert man diese spektakulären „Nationenjahre", so lassen sich ohne Schwierigkeiten Ausreißer der 2. Kategorie feststellen. Dazu gehören Indien, Kongo, Kuba, Algerien, Spanien etc. Dieses Verfahren ließe sich fortsetzen bis am Ende nur noch Nationen übrig blieben, deren Häufigkeiten entweder gleich oder beinahe gleich null sind. (Eine Illustration für diese These bieten die graphischen Darstellungen (Schaubilder 1–3) im Anhang, wobei aus oben diskutierten theoretischen Gründen Vietnam weggelassen wurde.)

Wir ziehen daraus den Schluß, daß die Ausreißer geradezu ein konstitutives Charakteristikum des Datensatzes darstellen. Diese Aussage gilt nicht nur für die Querschnittsperspektive sondern auch für die zeitliche Verteilung der Indikatoren innerhalb der einzelnen Nationalstaaten. Rechnet man diese Eigenschaft nicht nur dem Meßfehlerbereich zu (Quellenproblematik), sondern untermauert sie mit theoretischen Argumenten über die Dynamik sozio-politischer Konflikte, dann problematisiert dies zumindest die Strategie der Elimination von Ausreißern aus statistischen Stichproben bzw. Grundgesamtheiten. Logarithmische Transformationen sind deshalb fragwürdig, weil sie neben einer methodischen Rationalität nur die inhaltliche Unterstellung reklamieren, daß die Meßfehlerproblematik homogener Natur in dem Sinne ist, daß große Konflikte über- und kleine Konflikte proportional unterberichtet werden. Ereignisse und deren journalistische Berichtung ergeben nun einmal ihrer Natur nach keine stetige und kontinuierliche Zeitreihe. Wir wollen hier nicht die Frage aufwerfen, ob es sich bei derartigen Indikatoren überhaupt um Messungen auf Intervallskalen handelt, jedoch eindeutig und nachdrücklich dafür plädieren, daß eine „datengerechte" Analyse die Verwendung anderer methodisch-statistischer Verfahren erfordert, als dies zur Zeit üblich ist. Tabellenanalysen, wie sie in diesem Beitrag durchgeführt wurden, scheinen dafür ein geeigneter Startpunkt, dynamische Modelle eine vielversprechende Fortführung. Querschnittsorientierte regressionsanalytische Bemühungen werden nach Elimination der Ausreißer bzw. ihrer Reduzierung meist die Nord-Süd-Dualität reproduzieren und damit die populärste Hypothese der empirischen innerstaatlichen Konfliktforschung erneut bestätigen, daß politische Stabilität (gemessen als Abwesenheit manifester gewaltsamer Konflikte) etwas mit ökonomischem Entwicklungsniveau zu tun hat. Wir meinen, daß die vielen Ausreißer in unseren Daten zumindest den Verdacht nahelegen, daß soziale und politische Sonderprobleme einzelner Nationalstaaten sowie die Verteilung nationaler und internationaler Ressourcen in viel höherem Maße den Verlauf von Konfliktsepisoden bestimmen. Die große Zahl von Protesten in Ländern mit hohem ökonomischen Entwicklungsniveau zeigt ja nicht unbedingt, daß die Menschen dort zufrieden sind. Sie indizieren eher, daß die nicht-ökonomischen Bedingungen für eine dramatische Eskalation von Konfliktslagen nicht oder nur eingeschränkt gegeben sind.

Anmerkungen

1 Das World Handbook of Political and Social Indicators III-Projekt ist eine am Internationalen Institut für Vergleichende Gesellschaftsforschung des Wissenschaftszentrums Berlin durchgeführte Datensammlung. Neben sogenannten Aggregatdaten wurden auch politische Ereignisdaten erhoben (siehe Jodice/Taylor, 1981). Es handelt sich um eine Fortführung der im World Handbook of Political and Social Indicators II (Taylor/Hudson, Yale University Press, New Haven, 1972) vorhandenen Zeitreihen für 136 Nationalstaaten von 1948 bis 1967 um weitere 10 Jahre.

2 Diese sind: L'Année Politique, Africa Diary, Facts on File, Middle East Journal, Asian Recorder, Associated Press, New York Times, Archiv der Gegenwart, Keesings, Current Digest.

3 Siehe dazu World Development Report, 1979, der Weltbank, Washington D.C., herausgegeben von der Oxford University Press, New York 1979.

4 Allgemein gültige Ausführungen zum Ausreißerproblem finden sich in E. Weede, Weltpolitik und Kriegsursachen im 20. Jahrhundert, Oldenbourg, München 1975.

5 Die Wachstumsrate ist ebenfalls dem Weltbankbericht von 1979 entnommen.

6 Das Ereignis wird bei der Datenerhebung zunächst über die New York Times identifiziert. Genauere Kontext-Informationen werden anschließend durch regionale Quellen erhoben.

7 Die Einzelheiten dazu finden sich in Jodice/Taylor, 1981, auf Seite 6.

8 Die Variable ist insofern problematisch als nicht sämtliche bewaffneten Angriffe solche der Protestierenden sind, sondern Aktionen der Staatsmacht ebenfalls dazu gerechnet werden. Auf alle Fälle ist sie jedoch ein Index für Gewalttätigkeit der inneren Konflikte.

Literatur

Hibs, D.A., Jr. (1973), Mass Political Violence: A Cross-National Causal Analysis. Wiley: New York.

Huntington, S.P. (1968): Political Order in Changing Societies, Yale University Press: New Haven.

Jodice, D.A. and *C.L. Taylor* (1981): Codebook Political Protest and Government Change, 1948–77. The Third World Handbook of Political and Social Indicators, IIVG/p 81–124, Wissenschaftszentrum Berlin.

Offe, C. (1969): Politische Herrschaft und Klassenstrukturen, in: Kress, G. u.a. (Hrsg.) Politikwissenschaft. Suhrkamp: Frankfurt.

Olson, M. (1981): Die Logik des kollektiven Handelns, Mohr: Tübingen.

Smelser, N.J. (1982): Theory of Collective Behavior. Free Press: New York.

Weede, E. (1975): Unzufriedenheit, Protest und Gewalt: Kritik an einem makropolitischen Forschungsprogramm, PVS, 16, No. 3, S. 409–428.

Weede, E. (1982): Internationaler Konflikt, Militärdienst, Humankapital: Eine international vergleichende Studie, Arbeitspapier, Köln.

Widmaier, U. (1978): Politische Gewaltanwendung als Problem der Organisation von Interessen, Hain: Meisenheim.

Widmaier, U. (1981): Economic Development, Government Resource Allocation and Political Conflict, IIVG/dp 81–119, Wissenschaftszentrum Berlin.

Zimmermann, E. (1977): Soziologie der politischen Gewalt. Enke: Stuttgart.

Anhang

Schaubild 1:

Kollektiver Protest 1961 bis 1977

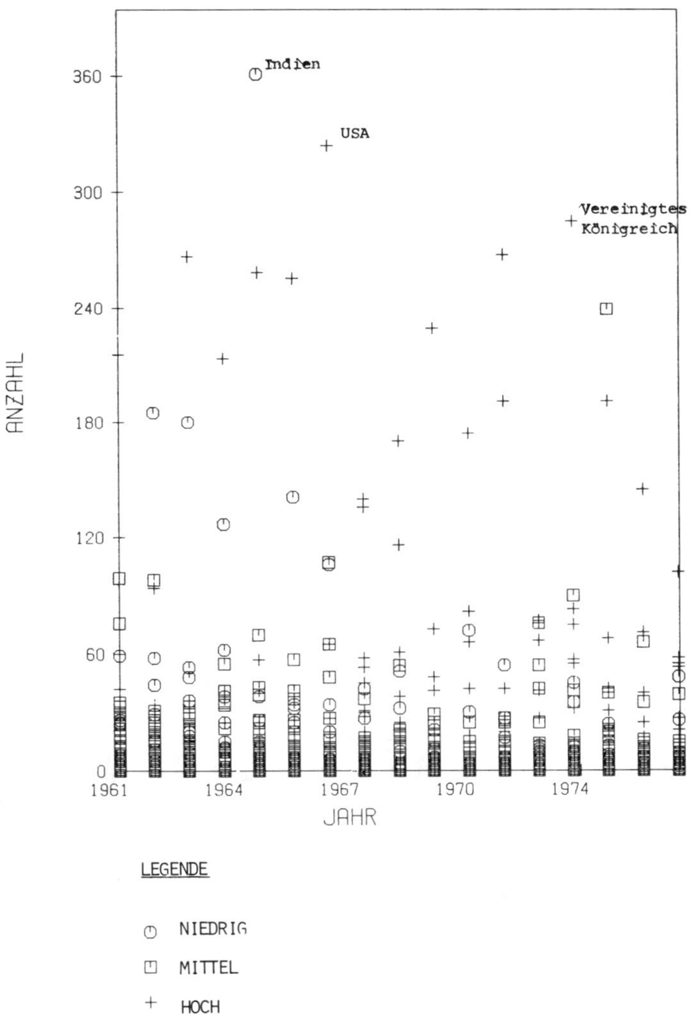

Schaubild 2:

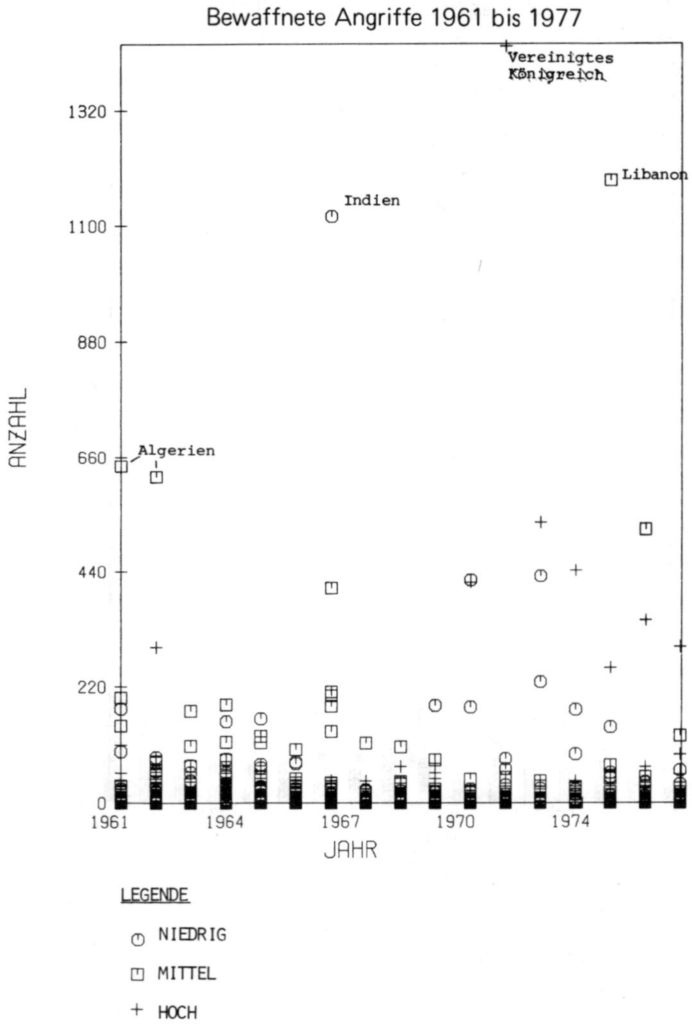
Bewaffnete Angriffe 1961 bis 1977
Vereinigtes Königreich
Libanon
Indien
Algerien
1320
1100
880
660
440
220
0
ANZAHL
1961
1964
1967
1970
1974
JAHR
LEGENDE
NIEDRIG
MITTEL
HOCH

Schaubild 3:

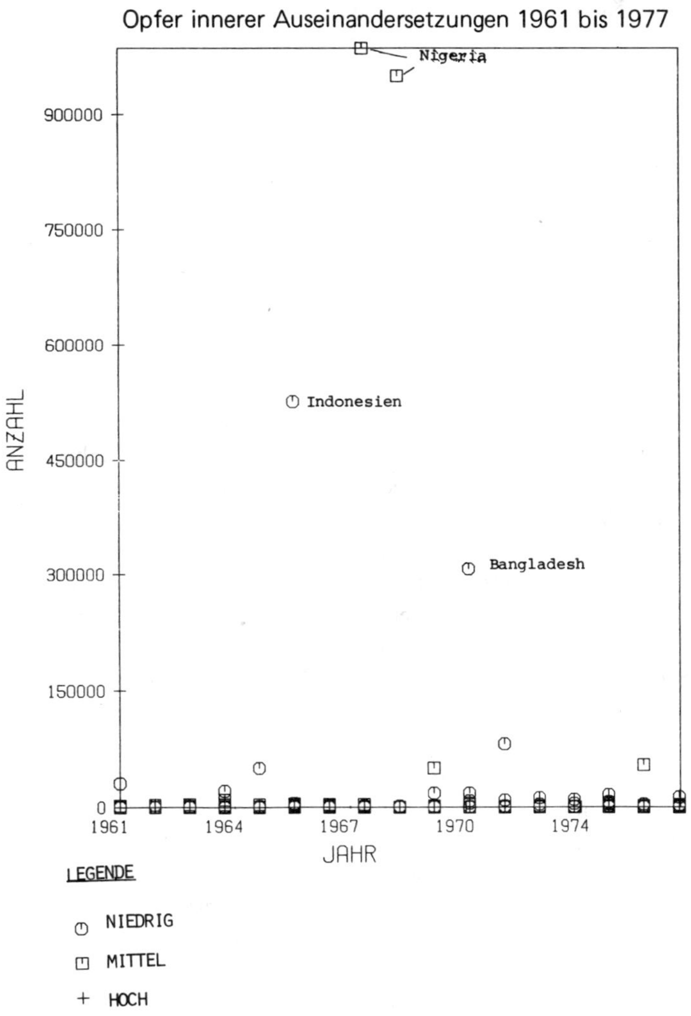
Opfer innerer Auseinandersetzungen 1961 bis 1977
Nigeria
900000
750000
600000
Indonesien
ANZAHL
450000
300000
Bangladesh
150000
0
1961
1964
1967
1970
1974
JAHR
LEGENDE
NIEDRIG
MITTEL
HOCH

Teil 2: Staatliche Strategien zur wirtschaftlichen Entwicklung und äußeren Sicherheit

4. Internationaler Konflikt, Militärdienst, Humankapital und Wirtschaftswachstum: Eine international vergleichende Studie[1]

Erich Weede

1. Theoretische Perpektive

Manche Gesellschaften wachsen schnell, während andere unter stagnierenden Volkswirtschaften leiden. Der vorliegende Aufsatz ist ein Versuch, den Bestimmungsgründen unterschiedlichen Wirtschaftswachstums in den 60er und 70er Jahren nachzugehen. Grundsätzlich kann man Unterschiede im Wirtschaftswachstum zwischen den Nationen primär durch gesellschaftsinterne oder externe Faktoren zu erklären versuchen. Mein Beitrag verweist mit der Humankapitalausstattung auf einen internen, mit der Verwicklung in internationale Konflikte und dadurch bedingten Wehrdienst auf einen externen Faktor, behauptet darüber hinaus einen systematischen positiven Zusammenhang zwischen der Verwicklung in internationale Konflikte, Militärdienst und der Humankapitalausstattung von Gesellschaften. Diese Hypothese ist sicher beunruhigend, aber nicht deswegen schon falsch.

Zunächst zum weniger kontroversen Teil meines Erklärungsansatzes, den ich dem dritten Weltentwicklungsbericht der World Bank (1980, S. 96, 97) entnommen habe, wo es heißt: „there is strong evidence to support the common-sense proposition that human development can make a valuable contribution to growth. Studies at the firm, farm and project level have shown that better education, health and nutrition can raise incomes and average productivity, and that *the economic rate of return to investment in schooling is high, frequently well above that of physical investment*. For primary schooling, the rates of return in a large group of countries average more than 20 percent. At the aggregate level, cross-country comparisons show that *developing nations with higher literacy rates grow faster*, even when allowances are made for other influences on growth and for reverse causation – the effect of growth on literacy. This finding is reinforced by case studies and historical evidence (Hervorhebungen von mir)."

Aus der umfangreichen und teilweise kontroversen Debatte über die Einkommens- und Wachstumseffekte unterschiedlicher Humankapitalausstattungen (z. B. Mincer 1980, Rosen 1980; eher skeptisch gerade in Bezug auf Entwicklungsländer: Harbinson 1977, S. 150–152, Lipton 1977, S. 259) werde ich nur die Hypothese übernehmen, daß mehr Schulbildung die Humankapitalausstattung von Gesellschaften verbessert und damit zum Wirtschaftswachstum beiträgt. Aber der übliche Begriff der Humankapitalbildung ist m. E. zu eng, weil er nur auf Leistungsfähigkeit, nicht aber auf Leistungswillen abzielt. Sicher ist die Hypothese plausibel, daß Kenntnisse die Leistungsfähigkeit und schließlich das Wirtschaftswachstum erhöhen. Ebenso plausibel ist aber auch die komplementäre Hypothese, daß Leistungsbereitschaft zur wirtschaftlichen Entwicklung beiträgt – eine Auffassung, die u. a. auch Max Weber (1920) oder McClelland (1966) vertreten haben. Humankapitalbildung sollte m. E. beides umfassen: Leistungsfähigkeit und Leistungsbereitschaft. Letztere könnte mit der Verwicklung in internationale Konflikte zusammenhängen.

In seinem Buch über die Funktionen sozialer Konflikte hat Coser (1956) darauf hingewiesen, daß Konflikte zwischen Gruppen die Kohäsion innerhalb von Gruppen fördern können. Der empirische Hintergrund von Cosers Buch besteht allerdings vorwiegend aus den Ergebnissen der Kleingruppenforschung. Für meine Zwecke direkter relevant sind die verwandten Gedanken des polnisch-britischen Militärsoziologen Andreski (1968b, S. 75), der internationalen Konflikt, Militärdienst und Wirtschaftswachstum so miteinander verknüpft: „The sentiments of national solidarity, the habits of cooperation in a large mass and the concern for efficiency have undoubtedly been stimulated, if not created, by the wars which the European nations have waged during several centuries. And it may not be due to solely material advantages that the nations renowned for efficient military organization, like the Germans and the Japanese, have also been successful in catching up in the industrial race."

Dieselbe hypothetische Verknüpfung von Verwicklung in internationale Konflikte einerseits und wirtschaftlicher Entwicklung andererseits findet man auch bei Kahn (1979, S. 334 und 457), der die Wirtschaftswunder von Südkorea und Taiwan durch „very unforgiving external political environments" erklärt und die Stagnation vieler anderer Entwicklungsländer durch das Fehlen von ernsthaften Gefahren für die nationale Sicherheit, wörtlich so: „One of the real difficulties that many developing nations labor under today is that they have no clear and present danger of face up to."

Falls der postulierte positive Zusammenhang zwischen internationaler Konfliktverwicklung und Wirtschaftswachstum tatsächlich bestehen sollte, könnte er entweder von Eliten- oder von Masseneinstellungen vermittelt sein oder auch von beiden. Wo Nationen sich bedroht fühlen, entsteht ein sicherheitspolitisches Interesse zunächst der Eliten an Wirtschaftswachstum, an einer ökonomischen Basis für moderne Streitkräfte. Das galt für Japan nach der Meji-Restauration (vgl. Levy 1953, Lockwood 1956), für das kaiserliche Deutschland (vgl. Calleo 1981, Dahrendorf 1965), auch für das kommunistische Rußland (vgl. Maddison 1969). Das sicherheitspolitische Interesse an Wirtschaftswachstum dürfte zur Kohäsion und Disziplinierung der Eliten beitragen. Sobald Streitkräfte Wehrpflichtige einziehen, werden auch die Massen und deren Einstellungen berührt. Streitkräfte sind überall auf der Welt hierarchisch organisiert und kennen vor allem zwei allgemeine Erziehungsziele: Patriotismus und Disziplin, wo Disziplin als Bereitschaft, Befehlen und Anordnungen Folge zu leisten, verstanden wird. Man muß kein Bewunderer militärischer Disziplin sein, um folgender Äußerung Dahrendorfs (1965, S. 68) zustimmen zu können: „Zur Vorbereitung des Industrialis-

mus ist militärische Ausbildung nach preußischem Muster jedenfalls weit nützlicher als calvinistische Glaubenssätze es noch im günsigsten Fall sein können." Weil die meisten Menschen im Produktionsprozeß – ob kapitalistisch oder sozialistisch organisiert – vor allem Anordnungen folgen müssen, kann militärische Disziplin eine nützliche Vorbereitung für industrielle Disziplin sein. Leistungsbereitschaft kann im Alltag für die überwältigende Mehrheit aller Beschäftigten nahtlos in Folgebereitschaft übergehen.
Wehrpflicht und Massenstreitkräfte verändern natürlich auch das Machtgleichgewicht zwischen Massen und Eliten. Denn wehrlose Arbeitskräfte lassen sich leichter ausbeuten als bewaffnete Männer, die gegen äußere Feinde gebraucht werden. Deshalb hat Andreski (1968a) einen positiven Zusammenhang zwischen der Militärquote, dem Soldatenanteil an der erwachsenen (männlichen) Bevölkerung, und der Gleichheit der Einkommensverteilung behauptet. Die international vergleichende Forschung bestätigt diese Hypothese im allgemeinen (Garnier and Hazelrigg 1977, Jagodzinski und Weede 1980, Kriesberg 1979, S. 379, Weede and Jagodzinski 1981, Weede and Tiefenbach 1981a, 1981b). Es ist wohl auch kein Zufall, daß gerade der Außen- und Sicherheitspolitiker Bismarck mit der Sozialversicherung als erster die wohlfahrtsstaatlichen Konsequenzen aus einer durch sicherheitspolitische Gefährdung, allgemeine Wehrpflicht und Massenstreitkräfte charakterisierten Konstellation gezogen hat. Die sicherheitspolitisch bedingten materiellen Zugeständnisse der herrschenden Eliten an breite Bevölkerungskreise verstärken wiederum die nationale Kohäsion.
Falls die oben ausgeführten Überlegungen richtig sind, dann sollte die internationale Konfliktverwicklung die Militärquote erhöhen, jedenfalls solange die waffentechnologische Entwicklung Massenstreitkräfte nicht überholt. Der Zusammenhang zwischen internationaler Konfliktverwicklung und Militärquote ist nicht Thema dieses Aufsatzes, aber an anderer Stelle von mir (Weede 1975, Weede and Jagodzinski 1981) behandelt und bestätigt. Bei einer hohen Militärquote lernen viele junge Männer Disziplin und die Bereitschaft sich unterzuordnen, was das Wirtschaftswachstum fördern sollte. Daneben vermittelt das Militär vor allem in Entwicklungsländern sicher auch andere, „modernisierende" Kenntnisse (Pye 1962).
Schulbildung verbessert die Humankapitalausstattung von Gesellschaften, weil Kenntnisse und Fertigkeiten gelehrt und erworben werden. Militärdienst verbessert die Humankapitalausstattung von Gesellschaften, weil Disziplin als eine Form der Leistungsbereitschaft vermittelt und erworben wird. Beides, Kenntnisse und Disziplin, Leistungsfähigkeit und Leistungsbereitschaft, trägt zum Wirtschaftswachstum bei. Jedenfalls setzt sich der vorliegende Aufsatz mit diesen Hypothesen auseinander.

2. *Untersuchungsplan und Datenanalyse*

Die abhängige Variable dieser Studie ist das Wirtschaftswachstum, wie es von der World Bank (1981, S. 134–137) berichtet wird[2]. Dabei werden zwei alternative Indikatoren des Wirtschaftswachstums 1960–1979 verwendet: die Zuwachsraten des Bruttosozialprodukts per capita (des BSPC, wie künftig abgekürzt wird) und des Bruttoinlandsprodukts (BIP). Beim internationalen Vergleich ist der definitorische Unterschied zwischen Bruttosozialprodukt und Bruttoinlandsprodukt ziemlich belanglos, nicht aber der zwischen pro-Kopf-Zuwachsraten und anderen Zuwachsraten. Die Zuwachsraten des BSPC erfassen die Veränderung der Durchschnittseinkommen, die des BIP die Veränderung der inländischen Wirtschaftskraft. Zunehmende Wirtschaftskraft führt nur dann auch zu steigenden Durchschnittseinkommen, wenn die Bevölkerung langsamer als die Wirtschaft wächst. Ob internationaler Konflikt, Militärdienst und Humankapitalausstattung der Gesellschaft eher die Zuwachsraten des BSPC oder des BIP beeinflussen, kann m. E. theoretisch nicht entschieden werden. Soweit beide Indikatoren des Wirtschaftswachstums zumindest annähernd ähnlich von Militärquote und anderen Humankapitalvariablen beeinflußt werden, spricht das für eine gewisse Robustheit der Ergebnisse.

Im Mittelpunkt dieser Studie stehen die unabhängigen Variablen, die die Humankapitalausstattung von Gesellschaften erfassen sollen. Der herkömmlichen fähigkeitsorientierten Interpretation von Humankapitalbildung entspricht die Verwendung von Schülerquoten für die Primar- und Sekundarstufe (nach World Bank 1979, S. 170—171). Erwartungsgemäß sollten Volkswirtschaften umso schneller wachsen, je höher beide Schülerquoten (relativ zur Altersgruppe) sind. Aus der hier vorgeschlagenen Erweiterung des Humankapitalbegriffs resultiert die Ergänzung der Schülerquoten um die Militärquote (nach Taylor and Hudson 1972, S. 38—41), die Disziplin und Folgebereitschaft als Aspekte der Leistungsbereitschaft indizieren soll. Erwartungsgemäß sollten Volkswirtschaften umso schneller wachsen, je höher die Militärquote ist.

Das Ergebnis der Überprüfung der Hypothesen über die Auswirkungen von Schüler- und Militärquoten hängt nicht nur von der Richtigkeit oder Falschheit der genannten Hypothesen ab, sondern auch davon, ob andere Bestimmungsgründe des Wirtschaftswachstums angemessen berücksichtigt sind. Das ist eine grundsätzliche Schwierigkeit bei allen nichtexperimentellen quantitativen Studien, die so gut wie nie voll befriedigend und abschließend gelöst werden kann. Eigentlich müßte man alle anderen Bestimmungsgründe des Wirtschaftswachstums berücksichtigen, was aber keine Studie kann. Offensichtlich sind aber Studien, die zumindest einige der wichtigsten anderen Bestimmungsgründe als Kontrollvariablen berücksichtigen, solchen vorzuziehen, die das nicht tun. Probleme können allerdings nicht nur durch zu kurze, sondern auch zu lange Listen von Kontrollvariablen entstehen. Denn die Anzahl der Fälle (hier: Nationen) sollte wesentlich größer als die Anzahl der unabhängigen Variablen sein[3]. Ich habe mich hier für die Verwendung von nur zwei Kontrollvariablen entschieden: der Bruttoinvestitionsquote (nach Ballmer-Cao and Scheidegger 1979, S. 43—45) und des über das BSPC (nach Taylor and Hudson 1972, S. 314—320) erfaßten wirtschaftlichen Ausgangsniveaus.

Daß Investitionen zum Wirtschaftswachstum beitragen, wird von vielen behauptet (z.B. Kuznets 1976, Maddison 1969, Robinson 1971, World Bank 1981), obwohl es auch einzelne Autoren, wie Bauer (1981), gibt, die davor warnen, die Bedeutung von Investitionen für die Entwicklung gerade der dritten Welt zu überschätzen. Als Arbeitshypothese geht in diese Studie die Erwartung ein, daß Volkswirtschaften umso schneller wachsen, je höher der Anteil der Bruttoinvestitionen am Bruttoinlandsprodukt (BIP) ist.

Der Zusammenhang zwischen dem wirtschaftlichen Ausgangsniveau und dem Wirtschaftswachstum ist komplizierter. Ein Blick auf die Daten der World Bank (1981, S. 134–137) spricht für einen kurvilinearen Zusammenhang von Ausgangsniveau und Wachstum. Nicht die rückständigsten oder die höchst entwickelten Volkswirtschaften wachsen am schnellsten, sondern solche auf mittlerem Einkommensniveau. Daß Länder mit mittlerem Einkommensniveau schneller als hoch industrialisierte Länder wachsen, könnte mit den sog. „opportunities of backwardness" (Maddison 1969, S. XXIII) zusammenhängen. Nachzügler beim Industrialisierungsprozeß können Technologie und Know-how importieren, die die Pioniergesellschaften selbständig und zeitraubend entwickeln mußten. Maddison (1969) zeigt mit Längsschnittdaten, daß die (frühen) Nachzügler Rußland und Japan etwas schneller als die westeuropäischen Pioniergesellschaften gewachsen sind, Kahn (1979) verweist auf das noch schnellere Wachstum von späteren Nachzüglern wie Südkorea, Taiwan, Hongkong oder Singapur.

Die „opportunities of backwardness" könnten also einen Teil der kurvilinearen Beziehung zwischen Ausgangsniveau und Wachstum erklären, das schnellere Wachstum der sog. neuen Industrieländer als der alten Industrieländer. Unklar bleibt dabei allerdings, warum die ärmsten und rückständigsten Entwicklungsländer nicht in den Genuß von „opportunities of backwardness" kommen, worauf schon Maddison (1969) hingewiesen hat. Zumindest dann, wenn man mit den Schülerquoten oder der Alphabetisierung herkömmliche Humankapitalausstattungsunterschiede berücksichtigt, können „opportunities of backwardness" *allein* den kurvilinearen Zusammenhang von Ausgangsniveau und Wachstum nicht begründen. Dazu müssen auch die sektoralen Umschichtungsprozesse beim Wirtschaftswachstum und die unterschiedlichen Wachstumschancen verschiedener Sektoren herangezogen werden (vgl. Horvat 1974, Kuznets 1976).

Der kurvilineare Zusammenhang zwischen Ausgangsniveau und Wachstum sollte am besten als Resultat vielfältiger, z. T. wohl auch unbekannter Faktoren angesehen werden. Außerdem scheint der Zusammenhang nicht in allen Perioden beobachtbar zu sein. In den 50er Jahren sind die Industrieländer nämlich am schnellsten gewachsen (World Bank 1981, S. 6). Jedenfalls ist die theoretische Komplexität des kurvilinearen Zusammenhangs zwischen Ausgangsniveau und Wachstumsraten kein Grund, diesen für 1960–1979 feststellbaren Zusammenhang einfach zu übersehen.

Soweit die Liste der abhängigen und unabhängigen Variablen. Die Wachstumsraten beziehen sich auf die 60er und 70er Jahre, die Schülerquoten auf das Jahr 1960, die Militärquote und das Ausgangsniveau (BSPC) auf 1965, die Brutto-Investitionsquote auf den Mittelwert von 1960, 1965, 1970 und 1973. Die Abweichungen der Meßzeitpunkte für die abhängigen und unabhängigen Variablen hängen natürlich mit der Zugänglichkeit und Vollständigkeit der Daten zusammen. Sie sehen zwar auf den ersten Blick verwirrend und problematisch aus, sind es aber m. E. nicht. Grundsätzlich sollen die Messungen der unabhängigen Variablen den Mittelwert der Wachstumsperiode approximieren. In Anbetracht der Stabilität von Militärquoten und BSPC über hier interessierende Zeiträume reichen bei diesen beiden Variablen die 1965er Werte dafür aus. Bei den Bruttoinvestitionsquoten gilt das nicht im gleichen Maße, werden deshalb die Messungen von 4 Zeitpunkten aus dem Beobachtungszeitraum gemittelt[4]. Bei den

Schülerquoten – und nur hier – beziehen sich die Messungen auf das erste Jahr des untersuchten Wachstumszeitraums. Weil zwischen Einschulung und Eintritt ins Arbeitsleben einige Jahre liegen, ist das eher ein Glücksfall der Datenlage. Wenn hohe Schülerquoten zur Verbesserung der Humankapitalausstattung von Gesellschaften beitragen, dann wird sich das eher zeigen, wenn man Schülerquoten am Anfang der Wachstumsperiode erfaßt als mittlere Schülerquoten aus der 20jährigen Wachstumsperiode.

Die Datenquelle für die abhängige Variable (World Bank 1981) berichtet Wachstumsraten für 124 Länder. Ich habe etliche Spezialfälle ausgeschlossen: Kolonien oder abhängige Territorien, ölexportierende Länder mit Kapitalüberfluß (nach Definition der World Bank 1979, S. 127), Zentralverwaltungswirtschaften und natürlich auch einige Länder, wo die Datenangaben allzu lückenhaft sind. Das letztgenannte Kriterium impliziert die Eliminierung auch solcher Länder, die entweder unter größeren Kriegen oder Bürgerkriegen im Beobachtungszeitraum zu leiden hatten, wie etwa Vietnam, Laos, Kambodscha oder Libanon. Danach verbleiben je nach Wachstumsindikator 91 oder 95 Nationen für die Analyse.

Um gleichzeitig die Hypothesen über die mutmaßlichen Effekte der Humankapitalvariablen (Schülerquoten, Militärquote) und der Kontrollvariablen (Ausgangsniveau bzw. BSPC und Investitionsquote) zu überprüfen, werden die Daten einer multiplen Regression unterzogen. Der kurvilineare Zusammenhang zwischen Ausgangsniveau und Wachstumsraten macht es erforderlich, neben dem einfachen auch einen quadratischen BSPC-Term zu berücksichtigen. Um die Verteilungsschiefe und das Gewicht von Ausreißerwerten zu reduzieren, sind das BSPC und die Militärquote logarithmisch transformiert worden. Die Ergebnisse der Regressionen sind in Tabelle 1 berichtet.

Bei der Interpretation der Regressionen kann ich mich kurz fassen, weil der am Detail interessierte Leser sich ja an die Tabellen halten kann. Zunächst fällt auf, daß dieselbe Liste unabhängiger Variablen die Wachstumsraten des BSPC und damit des Durchschnittseinkommens wesentlich besser als die des BIP und damit der Wirtschaftskraft erklären kann. Deshalb ist die Gefahr, daß zusätzliche Kontrollvariablen die in Tabelle 1 berichteten Koeffizienten wesentlich verändern, bei der BIP-Wachstumsgleichung größer als bei der BSPC-Wachstumsgleichung. Die Kontrollvariablen haben die erwarteten Effekte. Unabhängig von der Wahl des Wachstumsindikators tragen Investitionen zum Wirtschaftswachstum bei, wachsen weder besonders rückständige noch besonders hoch entwickelte Volkswirtschaften so schnell wie solche auf mittlerem Entwicklungsniveau. Auch die Humankapitalvariablen haben im allgemeinen die erwarteten Effekte. Die Grundschülerquote und die Militärquote tragen ungefähr gleich stark zur Beschleunigung des Wirtschaftswachstums bei. Nur der Effekt der Sekundarschülerquote hängt von der Operationalisierung des Wachstums ab. Hohe Sekundarschülerquoten tragen in starkem Maße zum Wachstum des Durchschnittseinkommens (bzw. des BSPC) bei, aber nicht nennenswert zum Wachstum der nationalen Wirtschaftskraft. *Möglicherweise* ist diese Diskrepanz der Ergebnisse ein Hinweis darauf, daß Sekundarschulbildung weniger über den Beitrag zur Humankapitalbildung zum Wachstum der Wirtschaft beiträgt als vielmehr über die Verringerung des Bevölkerungswachstums dafür sorgt, daß die Durchschnittseinkommen zunehmen. Während

Tabelle 1: Regressionen des Wirtschaftswachstums 1960–1979 auf das Ausgangsniveau, die Bruttoinvestitionsquote und einige Humankapitalvariablen

	BSPC-Wachstum	BIP-Wachstum
LNBSPC	3,17 0,03	4,22 0,01
$(LNBSPC)^2$	– 0,39 0,00	– 0,46 0,00
Beta zu b_1 (LNBSPC) + b_2 $(LNBSPC)^2$	0,86	0,84
Bruttoinvestitionsquote	0,11 0,00 0,35	0,083 0,02 0,29
Grundschülerquote	0,018 0,02 0,32	0,018 0,05 0,34
Sekundarschülerquote	0,05 0,00 0,55	0,016 0,34 0,19
ln (Militärquote + 1)	0,67 0,00 0,37	0,59 0,00 0,35
Konstante	– 8,19	– 8,35
N	95	91
bereinigter erklärter Varianzanteil	52,3	32,4

Wo (von der dritten und den letzten drei Zeilen abgesehen) die erste Eintragung in jeder Zelle den unstandardisierten Regressionskoeffizienten angibt, die zweite Eintragung das dazugehörige Signifikanzniveau, die dritte Eintragung den standardisierten Regressionskoeffizienten. Der standardisierte Regressionskoeffizient in der dritten Zeile erfaßt den kurvilinearen Zusammenhang zwischen dem Ausgangsniveau und dem Wachstum der ökonomischen Entwicklung. Zur Berechnung und Interpretation dieses Koeffizienten vgl. Jagodzinski und Weede (1981).

der Beitrag von Sekundarschuldildung zur Humankapitalbildung in Tabelle 1 offen und fragwürdig bleibt, gibt Tabelle 1 keinen Anlaß zu Zweifeln an den wirtschaftsfördernden Auswirkungen von Grundschulbildung und Militärdienst.

Gegen Tabelle 1 und meine Interpretation der Ergebnisse lassen sich Einwände vorbringen. Es ist ja immer möglich, daß zusätzliche Kontrollvariablen die Koeffizienten sogar im Vorzeichen verändern. Marxistisch inspirierte Kritiker könnten so argumentieren: Der Militärdienst trägt nicht über Disziplin, Folgebereitschaft und Leistungsbereitschaft zur Humankapitalbildung und zum Wachstum der Wirtschaft bei, sondern die mit der Militärquote hoch korrelierenden finanziellen Verteidigungslasten tragen im Spätkapitalismus zum Wirtschaftswachstum bei, weil sie zusätzliche Nachfrage schaffen (Vilmar 1965). Ob eher diese alternative Auffassung oder meine Humankapitalinterpretation des Effekts der Militärquote angemessen ist, läßt sich mit Hilfe von Tabelle 2 abschätzen.

Bei den Kontrollvariablen und den Einschulungsquoten ist das Bild in Tabelle 2 ähnlich wie bei Tabelle 1. Sofern man das Wirtschaftswachstum über das BSPC operationalisiert, sind die Ergebnisse eindeutig: Nur die Militärquote, nicht aber die finanziel-

Tabelle 2: Regressionen des Wirtschaftswachstums 1960–79 auf das Ausgangsniveau, die Bruttoinvestitionsquote, einige Humankapitalvariablen und die Verteidigungsbelastung

	BSPC-Wachstum	BIP-Wachstum
LNBSPC	3,27 0,03	4,53 0,01
$(LNBSPC)^2$	– 0,39 0,00	– 0,48 0,00
Beta zu b_1 (LNBSPC) + b_2 $(LNBSPC)^2$	0,83	0,79
Bruttoinvestitionsquote	0,11 0,00 0,36	0,087 0,02 0,30
Grundschülerquote	0,018 0,02 0,32	0,018 0,04 0,34
Sekundarschülerquote	0,049 0,00 0,54	0,014 0,41 0,16
ln (Militärquote + 1)	0,57 0,01 0,31	0,36 0,16 0,21
Verteidigungsausgaben/BSP	0,053 0,49 0,07	0,13 0,16 0,17
Konstante	– 8,57	– 9,50
N	95	91
bereinigter erklärter Varianzanteil	52,1	33,3

Erläuterungen wie bei Tabelle 1.

len Verteidigungslasten[5] tragen zum Wachstum der Durchschnittseinkommen bei. Das spricht eher für meine Humankapitalinterpretation der Ergebnisse und gegen die marxistische Alternativinterpretation. Bei der Gleichung für das BIP-Wachstum sieht die Frage unentscheidbar aus. Wegen des geringeren erklärten Varianzanteils in dieser Gleichung wäre bei der Interpretation dieser Gleichung ohnehin besondere Vorsicht angebracht. In einer Zwischenbilanz kann man festhalten, daß die Tabellen 1 und 2 zwar die hier vertretene Humankapitalinterpretation der Effekte der Militärquote stärker stützen als die marxistische Alternativerklärung, daß aber nicht auszuschließen ist, daß auch Militärausgaben über die Schaffung von Nachfrage zum Wirtschaftswachstum beitragen. Rein logisch sind beide Effekte ja mit einander kompatibel.

Die Hinzuziehung anderer empirischer Studien trägt nicht zur Klärung bei. Meines Wissens hat nur Benoit (1973, 1978) international vergleichende Studien zu diesem Problem vorgelegt. Auch er bestätigt einen positiven Zusammenhang von Verteidigungsanstrengungen und Wirtschaftswachstum, neigt aber dazu, ihn partiell durch Humankapitalbildung, partiell durch den Nachfrageschub zu erklären. Weil Benoit (1973, 1978) auch nur die Verteidigungslasten (als Anteil am BSP), nicht aber die Militärquote in seine quantitativen Analysen einbezieht, können auch seine empirischen Befunde nichts zur Klärung des Problems beitragen.

Bisher sieht es so aus, als ob Grundschulbildung und Militärdienst annähernd im gleichen Ausmaß zur Humankapitalbildung und zum Wirtschaftswachstum beitragen. Das muß aber nicht unter allen Umständen so sein. Je mehr die Marktwirtschaft mit dem automatischen Disziplinierungsinstrument Wettbewerb zurückgedrängt wird, desto bedeutsamer könnte das Element Disziplin für die Humankapitalausstattung von Gesellschaften werden, desto belangloser bloße Kenntnisse, die anzuwenden bei zunehmendem öffentlichen Sektor der Anreiz fehlt. Um dieser Fragestellung nachzugehen, berichtet Tabelle 3 die Regressionen des Wirtschaftswachstums auf dieselben unabhängigen Variablen wie bisher, aber nur unter Berücksichtigung der Länder, wo die Staatseinnahmen mindestens 20 % des BIP ausmachen[6], das Disziplinierungsinstrument des Wettbewerbs durch die Ausweitung der Staatstätigkeit wohl schon beeinträchtigt ist.

Die BIP-Wachstumsgleichung in Tabelle 3 ist kaum brauchbar, wie aus dem geringen erklärten Varianzanteil, den vielen nicht signifikanten Koeffizienten, der Belanglosigkeit der Investitionsquote und den unplausiblen Effekten der Schülerquoten ablesbar ist. Der positive Wachstumseffekt der Militärquote ist allerdings in dieser ebenso wie in der brauchbareren BSPC-Wachstumsgleichung aufzeigbar. Während positive Wachs-

Tabelle 3: Regressionen des Wirtschaftswachstums 1960–79 auf das Ausgangsniveau, die Bruttoinvestitionsquote und einige Humankapitalvariablen, aber nur unter Berücksichtigung der Länder, wo der Anteil der Staatseinnahmen am BIP über 20 % liegt.

	BSPC-Wachstum	BIP-Wachstum
LNBSPC	6,31 0,01	8,83 0,01
$(\text{LNBSPC})^2$	− 0,57 0,01	− 0,70 0,01
Beta zu b_1 (LNBSPC) + b_2 $(\text{LNBSPC})^2$	0,74	0,46
Bruttoinvestitionsquote	0,086 0,06 0,32	0,0007 0,99 0,00
Grundschülerquote	0,013 0,33 0,21	− 0,018 0,30 − 0,26
Sekundarschülerquote	0,023 0,20 0,34	− 0,011 0,66 − 0,14
ln (Militärquote + 1)	0,64 0,01 0,43	0,61 0,08 0,36
Konstante	− 18,87	− 22,1
N	36	35
bereinigter erklärter Varianzanteil	42,1	16,6

Erläuterungen wie bei Tabelle 1

tumseffekte der Schülerquoten auf das BSPC bei ausgeweiteter Staatstätigkeit nicht mehr nachweisbar sind, der positive Effekt des Militärdienstes bleibt.
Tabelle 3 oben spricht dafür, daß mit zunehmender Staatstätigkeit der Militärdienst einen bedeutsameren Beitrag zur Humankapitalbildung als die Schule leistet. Möglicherweise unterscheidet sich die relative Bedeutung von Schule und Militär auch in Entwicklungs- und Industrieländern. Denkbar wäre, daß Kenntnisse und Innovation in den Industrieländern, Disziplin aber vor allem in den Entwicklungsländern zum Wirtschaftswachstum beiträgt (vgl. Levy 1962 zu „individualism by default" in Nachzüglergesellschaften). In Anbetracht der kleinen Anzahl (alter) Industrieländer ist es nicht sinnvoll, für diese separate Analysen zu berechnen. Tabelle 4 enthält aber die Ergebnisse der Regressionen nur über die Entwicklungsländer[7].

Tabelle 4: Regressionen des Wirtschaftswachstums 1960–1979 auf das Ausgangsniveau, die Bruttoinvestitionsquote und einige Humankapitalvariablen, aber nur unter Berücksichtigung der Entwicklungsländer

	BSPC-Wachstum		BIP-Wachstum
LNBSPC	–	2,03	5,61
		0,49	0,11
$(LNBSPC)^2$	–	– 0,27	– 0,60
		0,34	0,07
Beta zu b_1 (LNBSPC) + b_2 $(LNBSPC)^2$	–	0,32	0,32
	0,080	0,11	0,10
Bruttoinvestitionsquote	0,02	0,00	0,02
	0,22	0,30	0,28
	0,012	0,020	0,023
Grundschülerquote	0,07	0,02	0,03
	0,19	0,32	0,37
		0,018	– 0,017
Sekundarschülerquote	–	0,48	0,57
		0,10	– 0,10
	0,99	0,96	0,78
ln (Militärquote + 1)	0,00	0,00	0,00
	0,49	0,48	0,38
Konstante	– 1,37	– 5,62	– 12,26
N	76	76	72
bereinigter erklärter Varianzanteil	48,6	50,6	34,4

Erläuterungen wie bei Tabelle 1.

Unter Entwicklungsländern allein ist das Wachstum des Durchschnittseinkommens (bzw. des BSPC) vom Ausgangsniveau unabhängig, ist auch der kurvilineare Zusammenhang zwischen Ausgangsniveau und BIP-Wachstum nicht mehr eindeutig aufzeigbar. Investitionsquote, Grundschulbildung und Militärdienst haben nach wie vor positive Effekte. Unter Entwicklungsländern lassen sich positive Auswirkungen von Sekundarschulausbildung allerdings unabhängig von der Wachstumsoperationalisierung nicht mehr aufzeigen. Außerdem ist der Beitrag der Militärquote zum Wachstum des Durch-

schnittseinkommens eindeutig stärker als der sogar von Grundschulbildung. Das paßt zu der Vermutung, daß Disziplin in Entwicklungsländern ein besonders wichtiger Beitrag zur Humankapitalausstattung von Gesellschaften ist.
Die bisher berichteten Ergebnisse werden sicher einige Leser dazu anregen, darüber nachzudenken, wie man meine Ergebnisse und/oder deren Interpretation infragestellen könnte. Eine grundsätzlich legitime Strategie ist die Einführung zusätzlicher unabhängiger oder Kontrollvariablen. Eine lange Liste dependenztheoretischer Kontrollvariablen (verikaler Handel, Güter- und Partnerkonzentration beim Expoort, Außenhandelsabhängigkeit, Staatsstärke nach Innen, Penetration durch multinationale Konzerne bzw. Investitionsdependenz) habe ich an anderer Stelle (Weede 1981, Weede and Tiefenbach 1981c) den hier verwendeten Humankapitalvariablen gegenübergestellt. Dabei hat sich gezeigt, daß die Berücksichtigung von Dependenzindikatoren nicht die Effekte von Grundschülerquoten oder Militärquoten beseitigen kann, daß aber Dependenzeffekte nach Kontrolle von Humankapitalvariablen verschwinden. Ob von mir bisher nicht berücksichtigte Kontrollvariablen oder sonstige Verbesserungen der Untersuchungspläne zur Revision meiner Thesen zwingen, muß der zukünftigen Forschung und meinen Kritikern überlassen werden.

3. *Abschließende Überlegungen*

Wie andere Investitionen auch kann Humankapitalbildung zum Wirtschaftswachstum beitragen. Die herkömmliche Auffassung versteht unter Humankapitalbildung vor allem den Erwerb von Kenntnissen und Fähigkeiten, wie sie etwa in der Schule erworben werden können. Auch die hier vorgelegten international vergleichenden Regressionsanalysen stützen die Hypothese, daß mehr Schulbildung zu mehr Wirtschaftswachstum beiträgt. Der wachstumsfördernde Effekt von Grundschülerquoten ist allerdings robuster und unproblematischer als der von Sekundarschülerquoten. Unabhängig davon, ob man die Wachstumsraten auf das BSPC oder das BIP bezieht, ob man einen weltweiten Datensatz oder nur Daten über Entwicklungsländer analysiert, immer läßt sich aufzeigen, daß Länder mit höheren Grundschülerquoten schneller wachsen. Ein wachstumsfördernder Effekt von Sekundarschülerquoten läßt sich nur beim BSPC-Zuwachs, nicht beim BIP-Zuwachs feststellen, nur in der weltweiten Analyse, nicht bei Beschränkung auf Entwicklungsländer. Sekundarschulbildung scheint also nicht immer und überall das Wirtschaftswachstum zu fördern.
In dieser Studie habe ich vorgeschlagen, den herkömmlichen Begriff des Humankapitals auszuweiten, so daß er nicht mehr nur auf Leistungsfähigkeit, sondern auch auf Leistungsbereitschaft im Sinne von Folgebereitschaft und Disziplin verweist. Für die überwältigende Mehrheit aller Beschäftigten in Entwicklungs- und Industrieländern, in mehr oder weniger marktwirtschaftlich orientierten Gesellschaften dürfte Leistungsbereitschaft wenig mit Innovation, Führungsqualitäten und Selbstverwirklichungschancen zu tun haben, aber nicht ohne die Bereitschaft zu fremdbestimmter Arbeit denkbar sein. Die geeignete Schule zu lernen, sich ein- und unterzuordnen, könnten tatsächlich die hierarchisch strukturierten Streitkräfte sein. Je höher der

Soldatenanteil an der Bevölkerung ist, ein desto größerer Anteil der Bevölkerung macht diese „Schule" mit und bringt entsprechende Disziplin in den Produktionsprozeß mit ein. Das ist jedenfalls die theoretische Perspektive dieser Studie – und ähnliche Auffassungen lassen sich u. a. auch bei Andreski (1968a), Dahrendorf (1965) oder Kahn (1979) finden[8]. Falls man diesem Gedanken folgt, ist zu erwarten, daß Gesellschaften mit höherer Militärquote auch schneller wirtschaftlich wachsen als Länder mit niedrigerer Militärquote. Die vorgelegten Regressionsanalysen bestätigen diese theoretisch begründete Erwartung und zwar unabhängig von der Operationalisierung der Wachstumsrate und unabhängig von der Analyse weltweiter oder auf Drittweltländer beschränkter Datensätze. Sofern man sich auf die Analyse von Daten solcher Länder beschränkt, wo der Staatsanteil an der Wirtschaftstätigkeit mit über 20 % schon beachtlich ist, gilt sogar, daß sich wachstumsfördernde Auswirkungen von hohen Schülerquoten nicht mehr, von hohen Militärquoten aber sehr wohl noch aufzeigen lassen. Das deutet die beunruhigende Perspektive an, daß Volkswirtschaften umso mehr auf militärische Disziplinierung angewiesen sind, je mehr sie die automatische Disziplinierung des Wettbewerbs auf dem Markt abbauen. Weil der Abbau der Marktdisziplin hier nur sehr, sehr grob „gemessen" worden ist, können meine Analysen diesen Verdacht nicht beweisen oder auch nur gut begründen, aber zumindest das Problem aufwerfen können sie.

Wenn (beim Militär vermittelte) Disziplin zum Wirtschaftswachstum beiträgt, wenn gleichzeitig Kriegsvorbereitung – und das ist Militärdienst u.a. immer auch – im Atomzeitalter immer weniger mit den mittel- und langfristigen Überlebensinteressen der Menschheit kompatibel ist[9], dann sollte man über funktionale Äquivalente zur militärischen Disziplinierung nachdenken. Ein denkbares funktionales Äquivalent ist die religiöse Disziplinierung. Schon Max Weber (1920, S. 28) hat auf einige protestantische Sekten hingewiesen, die puritanisch im Lebensstil, ehrlich, diszipliniert und wirtschaftlich erfolgreich waren, gleichzeitig aber den Wehrdienst verweigerten. Ich kann mich allerdings des Eindrucks nicht erwehren, daß religiöse Disziplinierung im zeitgenössischen Europa keine größeren Bevölkerungskreise mehr erreicht. Nach Kahn (1979, S. 121–122) ist das im sog. neo-konfuzianischen Kulturkreis anders, werden Hierarchie, Disziplin und Produktivität dort weltanschaulich gestützt. Dieses funktionale Äquivalent kann uns Europäern allerdings nicht helfen. Bleibt die schon mehrfach erwähnte kapitalistische Wettbewerbswirtschaft als funktionales Äquivalent, das wir Europäer durch den Ausbau der Staatstätigkeit in der Wirtschaft, durch Oligopole und Monopole allerdings auch langsam demontieren. Vielleicht bleibt denen, die weder militärische Disziplinierung noch Wettbewerb ertragen wollen, die nach dem faktischen Verlust des Glaubens auch keinen Anlaß zur Selbstdisziplinierung mehr sehen, nur noch Stagnation und Niedergang[10].

Soeben bin ich bewußt spekulativ weit über die berichteten Datenanalysen hinausgegangen. Auch wenn ich die aufgeworfenen Fragen keiner exakt begründeten Klärung zuführen kann, sollte der größere Problemzusammenhang zumindest sichtbar werden. Vermutlich hat sich dabei das Unbehagen der meisten Leser an dieser Studie nur noch vergrößert – sofern das noch nötig und möglich war. Das hier erzeugte Unbehagen könnte und sollte Widerspruch herausfordern und damit wissenschaftlich fruchtbar werden. Wie für jeden anderen beobachtbaren Tatbestand sind auch für die Korrelation zwischen Militärquote und Wirtschaftswachstum eine Vielzahl von Erklärungen denkbar[11]. Falls jemand eine andere und bessere Erklärung vorschlägt, falls ein kritischer Test zwischen meiner und der noch vorzuschlagenden alternativen Erklärung gelingt, lassen sich meine recht ärgerlichen Erklärungen vielleicht beseitigen. Das wäre eine elegante Lösung. Falls das nicht gelingt, bleibt zu hoffen, daß die sozialwissenschaftliche Phantasie anderer Autoren zumindest noch solche funktionalen Äquivalente zur militärischen Disziplinierung aufzeigt, die wir gerade aufbauen, statt sie wie religiöse Selbstdisziplinierung oder Wettbewerbsdisziplin abzubauen.

Anmerkungen

1 Für ihre Hilfe bei den zugrundeliegenden Berechnungen danke ich meinen Mitarbeitern Horst Tiefenbach und Bernd Scheuvens. – Eine frühere und wesentlich kürzere Fassung dieser Studie ist unter dem Titel „International Conflict, Human Capital, and Economic Growth" im August 1981 auf dem Kyoto Symposium on Conflict Management vorgetragen worden.

2 Taiwan ist im World Development Report 1981 nicht mehr enthalten, aber noch in dem von 1980. Die Wachstumsraten für Taiwan entstammen also dem älteren Bericht der World Bank (1980, S. 111 und 113). Dieser älteren Quelle entstammen auch die BSPC-Wachstumsraten des Iran.

3 Eine brauchbare Faustregel besteht darin, für jede (lineare) unabhängige Variable mindestens 10 Beobachtungen zu verlangen.

4 Weil die 1965er Investitionsquote schon 0,89 mit dem hier verwendeten konsolidierten Wert korreliert, ist die Verwendung zusätzlicher, über die Jahre 1960, 1965, 1970 und 1973 hinausgehender Informationen über die Investitionsquote überflüssig.

5 Damit sind die Verteidigungsausgaben als Prozentsatz des BSP gemeint. Datenquelle: Taylor und Hudson 1972, S. 34–36.

6 Datenquelle für den Anteil der Staatseinnahmen am BIP 1965 ist Ballmer-Cao and Scheidegger 1979, S. 28–30.

7 Die „low" and „middle income countries" in der Klassifikation der World Bank (1979, S. 126) definieren die Entwicklungsländer. Nur Israel habe ich im Gegensatz zur Weltbank, aber in Anbetracht seines BSPC in den 60er Jahren (nach Taylor and Hudson 1972, S. 314) den Industrieländern zugeschlagen.

8 Weede and Jagodzinski (1981) haben die Literatur dazu zusammengefaßt.

9 Kurzfristig beurteile ich die Abschreckung durchaus positiv. Vgl. Weede 1975.

10 Manche Leser werden sich an meiner „unkritischen" Einstellung zum Wirtschaftswachstum stören. Obwohl ich etlichen Punkten der Wachstumskritik zustimme, vermisse ich bei Wachstumskritikern im allgemeinen eine hinreichende Berücksichtigung des internationalen Wettbewerbs. Wer sich diese Wettbewerbsfähigkeit nicht erhält, der wird m. E. darunter zu leiden haben.

11 Man könnte einwenden, daß nicht etwa hohe Militärquoten zum Wirtschaftswachstum beitragen, sondern vielleicht letzteres zu hohen Militärquoten. Aber selbst wenn Wirtschaftswachstum eine erhöhte Ressourcenallokation für militärische Zwecke zuläßt, bedeutet das nicht, daß es dazu kommt, wie etwa Japan illustriert. Wenn hoch entwickelte Gesellschaften ihre Verteidigungskraft stärken wollen, bevorzugen sie im Gegensatz zu weniger entwickelten Gesellschaften eher kapital- als personalintensive Maßnahmen, wie etwa der Vergleich der amerikanischen mit den chinesischen Streitkräften zeigt. Deshalb ist eher eine Verringerung als eine Erhöhung der Militärquote als Folge des Wachstums zu erwarten. Deshalb kann auch der positive Zusammenhang von Militärquote und Wachstum nicht durch die tendentiell negativen Rückwirkungen des Wachstums auf die Militärquote erklärt werden. Nach Benoit (1973) ist es noch nicht einmal plausibel, den Zusammenhang von Verteidigungslasten (relativ zum BSP) und Wachstum durch die Rückwirkungen des Wachstums auf die Verteidigungslasten zu erklären.

Literatur

Andreski, S. (1968a): Military Organization and Society. Stanford University Press, Stanford, Calif. (2nd ed.).

Andreski, S. (1968b): The African Predicament. Atherton Press, New York.

Ballmer-Cao, T.-H. and *J. Schneidegger* (1979): Compendium of Data for World System Analysis. Soziologisches Institut der Universität, Zürich.

Bauer, P. T. (1981): Equality, the Third World and Economic Delusion. Weidenfeld and Nicolson. London.

Benoit, E. (1973): Defense and Economic Growth in Developing Countries. D. C. Heath and Co. Lexington, Mass.

Benoit, E. (1978): Growth and Defense in Developing Countries. In: Economic Development and Cultural Change 26, S. 271–280.

Calleo, D. P. (1981): Legende und Wirklichkeit der deutschen Gefahr. Keil, Bonn 1981.

Coser, L. (1956): The Functions of Social Conflict. Free Press, Clencoe, Ill.

Dahrendorf, R. (1965): Gesellschaft und Demokratie in Deutschland. Piper: München.

Garnier, M. A. and *L. E. Hazelrigg* (1973): Military Organization and Distributional Inequality. In: Journal of Political and Military Sociology 5, S. 17–33.

Harbinson, F. H. (1977): „The Education-Income Connection", S. 127–158 in: C. R. Frank and R. C. Webb (eds.): Income Distribution and Growth in the Less Developed Countries. Brookings; Washington.

Horvat, B. (1974): The Relation between Rate of Growth and Level of Development. In: Journal of Development Studies 10, S. 382–394.

Jagodzinski, W. und *E. Weede* (1980): Weltpolitische und ökonomische Determinanten einer ungleichen Einkommensverteilung. Zeitschrift für Soziologie 9, S. 132–148.

– (1981): Testing Curvilinear Propositions by Polynomial Regression with Particular Reference to the Interpretation of Standardized Solutions. In: Quality and Quantity 15, S. 447–463.

Kahn, H. (1979): World Economic Development. Croom and Helm: London.

Kriesberg, L. (1979): Social Inequality. Prentice-Hall, Englewood Cliffs: New Jersey.

Kuznets, S. (1976): Modern Economic Growth. Yale University Press: New Haven, Conn. (7th ed.).

Levy, M. (1953): Contrasting Factors in the Modernization of China and Japan. In: Economic Development and Cultural Change 2, S. 161–197.

– *(1962)*: Some Aspects of „Individualism" and the Problem of Modernization in China and Japan. In: Economic Development and Cultural Change 10, S. 225–240.

Lipton, M. (1977): Why Poor People Stay Poor. Urban Bias in World Development. Temple Smith: London.

Lockwood, W. W. (1956): Japan's Response to the West: The Contrast with China. In: World Politics 9. S. 37–54.

Maddison, A. (1969): Economic Growth in Japan and the USSR. George Allen and Unwin: London 1969.

McClelland, D. C. (1966): Die Leistungsgesellschaft: Psychologische Analyse der Voraussetzungen wirtschaftlicher Entwicklung. Kohlhammer: Stuttgart.

Mincer, J. (1980): „Human Capital and Earnings". In: A. B. Atkinson (ed.): Wealth, Income, and Inequality. Oxford University Press: London. S. 103–128.

Pye, L. W. (1962): Armies in the Process of Political Modernization. In: J. J. Johnson (ed.): The Role of the Military in Underdeveloped Countries. Princeton University Press: Princeton. S. 69–89.

Robinson, S. (1971): Sources of Growth in Less Developed Countries. In: Quarterly Journal of Economics 85. S. 391–408.

Rosen, S. (1980): Human Capital: A survey of Empirical Research. In: A. B. Atkinson (ed.): Wealth, Income, and Inequality. Oxford University Press: London. S. 129–150.

Taylor, C. L. und *M. C. Hudson* (1972): World Handbook of Political and Social Indicators. 2nd ed. Yale University Press: New Haven, Conn.

Vilmar, F. (1965): Rüstung und Abrüstung im Spätkapitalismus. Europäische Verlagsanstalt: Frankfurt 1965.

Weber, M. (1920): Gesammelte Aufsätze zur Religionssoziologie. Band 1. Mohr: Tübringen.

Weede, E. (1975): Weltpolitik und Kriegsursachen im 20. Jahrhundert. Oldenbourg: München.

Weede, E. (1981): Dependenztheorie und Wirtschaftswachstum. In: Kölner Zeitschrift für Soziologie und Sozialpsychologie 33. S. 690–707.

Weede, E. and *W. Jagodzinski* (1981): National Security, Income Inequality, and Economic Growth. Social Science and Policy Research (Seoul, South Korea) III (3). S. 91–107.

Weede E. and *H. Tiefenbach* (1981a): Some Recent Explanations of Income Inequality. In: International Studies Quarterly 25. S. 255–282 und S. 289–293.

– (1981b): Correlates of the Size Distribution of Income. In: Journal of Politics 43. S. 1029–1041.

– (1981c): Three Dependency Explanations of Economic Growth. In: European Journal of Political Research 9. S. 391–406.

World Bank: World Development Reports 1979, 1980 und 1981. Oxford University Press: London 1979, 1980, 1981.

5. Die Lasten der Verteidigung – Eine vergleichende Untersuchung

Thomas R. Cusack

1. Einleitung

Weltweit hat sich die Tendenz durchgesetzt, für militärische Zwecke immer mehr Mittel aufzuwenden. Im entwickelten Teil der Welt bewegen sich die Ost-West-Beziehungen wieder zum Gleichgewicht zwischen hohen Spannungen und gemäßigter Konfrontation hin. Dementsprechend haben sich fast alle mächtigeren Staaten in diesem Teil der Welt auf höhere Militärausgaben festgelegt. In der Dritten Welt zeigt sich eine ähnliche Tendenz in dem Muster der staatlichen Ressourcenverteilung. Erhöhte Militärausgaben der Länder der Dritten Welt werden durch drei oder mehr Faktoren begünstigt. In der kleinen privilegierten Gruppe der Öl exportierenden Länder (OPEC) hat die durch die Ölexporte bewirkte Reichtumsschwemme beschleunigte und umfangreiche Rüstungsprogramme ermöglicht und sie – angesichts der Konstellation innerer und internationaler Kräfte – auch gefördert.

Ein zweiter Faktor, der eher vorhersehbar war als der erstgenannte, liegt darin, daß sich viele Länder der Dritten Welt über die Belange der inneren Sicherheit ihres jeweiligen Regimes hinaus nunmehr den Problemen äußerer Sicherheit annehmen. Nachdem sie eine gewisse „Ordnung" im eigenen Land geschaffen haben, zeigen sich nunmehr viele um die „Ordnung" anderer Länder besorgt. Eine derartige Verlagerung der Akzente der Politik hat oft zu einer Änderung der Muster der Ressourcenverteilung geführt.

Ein dritter Faktor, der diese Tendenz in den Ländern der Dritten Welt verstärkt hat, ist die zunehmende Bereitschaft der Industrienationen, Waffen zu exportieren, um damit ihre schwächer werdende Position in der Weltwirtschaft zu stützen. Dies hat zu einem verstärkten Wettbewerb zwischen den Verkäufern beigetragen und die Wahrscheinlichkeit erhöht, daß es zu Verkäufen kommt und daß die Rüstungsausgaben der Dritten Welt entsprechend ansteigen.

Der gesunde Menschenverstand und die Ergebnisse sozialwissenschaftlicher Untersuchungen stimmen darin überein, daß solche Entwicklungstendenzen nichts Gutes für die Wahrung des internationalen Friedens und der internationalen Stabilität erwarten lassen (s. z.B. Wallace, 1979, 1980).

Das sind jedoch nicht die einzigen Konsequenzen, die sich aus der kurz skizzierten Entwicklung ergeben. Sie hat auch wirtschaftliche Aspekte. Es ist offensichtlich, daß die Zuweisung von Mitteln für militärische Zwecke die Verfolgung anderer Ziele innerhalb der Gesellschaft beeinträchtigt. Was immer die Nebeneffekte der Verteidigungsausgaben auch sein mögen – fest steht, daß sie auf Kosten anderer Bereiche der

Wirtschaft gehen. Und: es gibt bis heute keinen schlüssigen Beweis dafür, daß Rüstungsausgaben das Wirtschaftswachstum fördern – ein heutzutage entscheidendes Problem. In dieser Studie wollen wir der in diesem Kontext wichtigen Frage nachgehen, die gelegentlich in anderen Untersuchungen angeschnitten, bisher jedoch noch nicht zufriedenstellend beantwortet wurde: gibt es nämlich systematische und konsistente Substitutionsmuster zwischen Verteidigungsausgaben und anderen Ausgabenbereichen innerhalb der Gesellschaft? Da die Verteidigung finanziert werden muß, neigen Gesellschaften etwa dazu, zugunsten der Rüstung einen oder mehrere andere Sektoren systematisch kurz zu halten? Oder: gibt es Anhaltspunkte dafür, daß alle Teile der Gesellschaft die Lasten der Verteidigung zu gleichen Teilen tragen müssen?
Im Folgenden richten wir unser Augenmerk darauf, welche Sektoren der Wirtschaft die Verteidigungslasten übernommen haben. Wir wollen dabei sowohl eine Bestandsaufnahme als auch eine Vorhersage machen. Zuerst wollen wir das Ausmaß, in dem eindeutige Muster der Substitution (trade-offs) zwischen dem Verteidigungs- und den anderen Sektoren in der jüngsten Vergangenheit zu erkennen waren, bestimmen. Dann wollen wir auf der Basis der so gewonnenen Information einige der wirtschaftlichen Folgen des gegenwärtigen weltweiten Wettrüstens erhellen. Diesem Versuch wird eine kurze Übersicht über die wichtigsten Forschungsergebnisse auf diesem Gebiet vorangestellt.

2. *Bisherige Forschungsergebnisse*

Daß Verteidigung ihren Preis hat, ist logisch und durch bisherige Untersuchungen auch bestätigt worden. Die Frage jedoch, wer für die Verteidigung zahlt, und somit nach den innenpolitischen und wirtschaftlichen Auswirkungen der Verteidigungsprogramme, konnte noch nicht eindeutig beantwortet werden. Drei Hauptkategorien der ökonomischen Aktivität standen im Mittelpunkt umfangreicher Untersuchungen zur Problematik des trade-offs, der des „Abtausches". Es handelt sich dabei um Investitionen, Konsum und die nicht-militärischen Staatsausgaben. Die Ergebnisse zum trade-off zwischen dem Verteidigungssektor und anderen Sektoren sind in jedem Fall widersprüchlich. Einige Wissenschaftler haben behauptet, daß es gewisse Sektoren in der Wirtschaft gebe, die als Ziel dieses trade-off-Musters auszumachen seien. Andere sind der Ansicht, ihre Forschungsergebnisse würden kein eindeutiges Muster erkennen lassen.
Smith (1977, 1979) hat in seinen neueren Studien den Schluß gezogen, daß ein trade-off zwischen Verteidigung und Investition (oder Kapitalbildung) durchgängig in den westlichen Industrienationen besteht. Die Substitutionsmöglichkeit, die er zwischen diesen beiden Sektoren fand, erscheint beinahe vollkommen zu sein. Jedes Prozent des Sozialprodukts, das für die Verteidigung ausgegeben wird, fehlt bei den Investitionen. Nimmt der Anteil für Verteidigung ab, wächst der Anteil der Investitionen entsprechend an. Smith weist darauf hin, daß dieser Effekt in diesen Gesellschaften zu erwarten sei, weil die Eliten durch starken politischen Druck davon abgehalten würden, die Gesellschaft zu zwingen, kurzfristig auf den Anteil des Wertes, der öffentlich und pri-

vat konsumiert werde, zu verzichten. Daher könne die Führungsschicht nicht frei bestimmen, wie der Rüstungssektor finanziert werde. Am ehesten biete sich der Investitionssektor an, weil dessen Bedeutung für die Wirtschaft und für die Befriedigung allgemeiner Bedürfnisse zukunfts- und nicht gegenwartsbezogen sei.

Russett's anregende Studie „*What Price Vigilance*“ (1970) untersuchte die jüngsten Erfahrungen in vier Ländern, den USA, Großbritannien, Frankreich und Kanada. Seine Schlußfolgerungen unterscheiden sich von Smith in folgenden Punkten: 1) bei der Untersuchung anderer Kategorien des Sozialprodukts konnte er Fälle aufzeigen, in denen Sektoren, die nicht dem Investitionsbereich angehören, Gegenstand des trade-offs sind. 2) konnte er die Hypothese nicht bestätigen, daß Investitionen durchgängig das Ziel von trade-offs seien. In den Vereinigten Staaten (1938–1969) waren alle drei End-Verbrauch Hauptkategorien – Investition, privater Konsum und ziviler Staatskonsum – vom trade-off mit dem Verteidigungssektor betroffen. Im Falle Kanadas (1947–1964) stellte sich nur für den privaten Konsum die Substitutionsmöglichkeit mit dem Verteidigungssektor heraus. In Großbritannien (1947–1965) war das einzige trade-off Ziel der zivile Regierungs-Konsum, in Frankreich (1950–1965) dagegen waren es Investitionen und ziviler Staatskonsum.

Pryor's (1968) Untersuchungsergebnisse, die sich auf eine größere Anzahl von Ländern beziehen, sind die widersprüchlichsten. Er bemerkt, daß es in Marktwirtschaften keinen „Standard“ der Substitution zwischen dem Verteidigungssektor und anderen Sektoren zu geben scheine. In den Marktwirtschaften, in denen die Verteidigungslast gering sei, könne man keine Belege für durchgängige trade-offs finden. Die Länder mit hohen Verteidigungsausgaben dagegen, neigten tatsächlich zu trade-offs zwischen dem Verteidigungsbereich und umfangreichen zivielen Staatsausgaben, aber der Grenznutzen der Substitution sei sehr gering. Es gebe Anzeichen, daß trade-offs stattfänden. Sie seien aber von Land zu Land unterschiedlich. Darüber hinaus wies Pryor darauf hin, daß sich die trade-offs in den einzelnen Ländern im Zeitablauf ändern könnten.

Diese Zusammenfassung der Ergebnisse über die trade-offs zwischen dem Verteidigungssektor mit anderen Sektoren zeigt deutlich, daß die Frage bis heute weitgehend ungeklärt ist. Worauf ist das zurückzuführen? Dafür gibt es mindestens drei Gründe.

Erstens: Die Wissenschaftler beachten im allgemeinen nicht den wichtigen Unterschied zwischen lang- und kurzfristigen trade-offs. Diese wesentliche Unterscheidung kann, wird sie in der Analyse nicht berücksichtigt, zu verzerrten und irreführenden Resultaten führen. Kurzfristige trade-offs ergeben sich jedes Jahr, wenn die zuständigen Stellen ihre Haushaltsentscheidungen treffen. Langfristige trade-offs ergeben sich zum einen aus einer Reihe jährlicher Entscheidungen über einen langen Zeitraum, zum anderen spiegeln sie andere gleichzeitig stattfindende Prozesse wider, die zugleich eine Reaktion auf diese kurzfristigen Entscheidungen sind. Kurzfristige trade-offs *können* in einem Jahr mit einem Bereich erfolgen, im nächsten dagegen mit einem anderen. Folglich dürfte die Struktur von langfristigen trade-offs von kurzfristigen Substitutionen völlig verschieden sein. Wenn Wissenschaftler auf die Frage, wer die Verteidigungslast trägt, unterschiedliche Antworten geben, so kann das daran liegen, daß sie die trade-off-Fragen aus der Perspektive unterschiedlicher Entscheidungszeiträume ins Visier nehmen.

Eine zweite, verwandte Komponente, auf die die widersprüchlichen Aussagen zurückzuführen sind, liegt bis zu einem gewissen Grad an der Methode. Die Wissenschaftler untersuchen in der Regel das Thema der trade-offs unter Verwendung eines impliziten Entscheidungsprozess-Modells, das eine Reihe recht restriktiven Prämissen über diesen Prozeß selbst impliziert. Zwei Hauptprämissen sind zu kritisieren. Beide stammen aus der Verwendung eines Modells zur Identifizierung von trade-offs, das folgende Form hat:

$$\log \frac{\text{Sektor } X_A}{\text{Ressourcen Basis}_A} = a + b \cdot \log \frac{\text{Verteidigung}_A}{\text{Ressourcen Basis}_A}$$

Diesem Modell liegt die Prämisse zugrunde, daß trade-offs vor allem kurzfristiger Art, symmetrisch und konsistent sind.

Aus der *Symmetrie-Annahme* ergibt sich, daß nicht nur Sektor X abnimmt, wenn der Verteidigungssektor zunimmt, sondern auch umgekehrt, daß Sektor X zunimmt, wenn der Verteidigungssektor abnimmt. Dem liegt offensichtlich eine einfache Gleichgewichtsvorstellung zugrunde, die Gleichwertigkeit der Sektoren als gegeben hinnimmt. Aber wäre es nicht genau so vernünftig anzunehmen, daß eben dieses Gleichgewicht und diese Gleichwertigkeit nicht gegeben sind? Ein Beispiel hierfür wäre, daß ein bestimmter Sektor abnimmt, wenn der Verteidigungssektor zunimmt, der erste Sektor jedoch nie oder nur selten zunimmt, wenn letzterer zurückgeht.

Die *Konistenz-Annahme* beinhaltet noch schwerwiegendere Einschränkungen des Modells. Erstens setzt sie Symmetrie als gegeben voraus, was – wie bereits erwähnt – keineswegs der Fall sein muß. Zweitens beinhaltet Konsistenz die Vorstellung, daß die Grenzrate der Substitution zwischen dem Verteidigungssektor und anderen Sektoren im Zeitablauf konstant ist. Ist es nicht ebenso wahrscheinlich, daß der Schaden, der einem Sektor in dem Bemühen, die Verteidigung zu finanzieren, zugefügt wird, je nach der Wirtschaftslage schwankt?

Ein dritter Faktor, der die Ergebnisse verschiedener Untersuchungen zum trade-off in Frage stellt, ist der unzureichende Umgang mit einer besonderen Tücke von Zeitreihenanalysen: mit der Autokorrelation der Residuen. Dieses Problem wird in den Untersuchungen nur allzu häufig übersehen, weswegen die vorgelegten Ergebnisse häufig irreführend sein können. Zwei Folgen, die sich aus der Autokorrelation der Residuen ergeben, scheinen für einige der Studien besonders typisch zu sein. Erstens wird nämlich die Varianz der trade-off-Parameters unterschätzt. Darauf folgt, daß der statistische Signifikanz-Test eines derartigen Parameters unzureichend ist und daß er als „signifikant" erscheint, obwohl er es letztlich nicht ist. Zweitens wird oft die Varianz der Residuen unterschätzt. Daraus folgt, daß die Ergebnisse der geschätzten Gleichung besser aussehen, als sie es tatsächlich sind.

Diese Probleme zeigen, daß weitere Untersuchungen zur Frage der trade-offs notwendig sind. In der folgenden Analyse wird der Versuch unternommen, das Ausmaß zu bestimmen, in dem sowohl kurzfristige als auch langfristige trade-offs zwischen Verteidigung auf der einen Seite und privatem Konsum, Investitionen und nicht-militärischem Staatskonsum auf der anderen bestehen. Um das zu bewerkstelligen, werden wir das bereits erwähnte traditionelle Modell verwenden, um die kurzfristigen trade-off-

Effekte einerseits, die langfristigen trade-off-Zusammenhänge andererseits zu analysieren. Ist unsere substantielle Kritik berechtigt, dann müßte sich das Modell nicht besonders gut bewähren. Nicht zuletzt aus diesem Grund haben wir insgesamt 32 Nationen ausgewählt, hochindustrialisierte Marktwirtschaften einerseits, Entwicklungsländer mit Marktwirtschaften andererseits.

Der Ländervergleich wird zeigen, ob in der Tat kurz- und langfristige trade-offs vorhanden sind und ob bestimmte generalisierbare Muster identifiziert werden können. Für jedes Land wird eine getrennte Analyse für 18 Jahre (1960–1977) durchgeführt. Die Daten für die Rüstungsausgaben wurden dem SIPRI-Jahrbuch 1978 entnommen, die Daten für die restlichen Indikatoren dem United Nations Handbook of World Development Statistics 1979.

3. *Kurzfristige trade-offs*

Zur Analyse der kurzfristigen trade-off-Effekte haben wir, wie bereits erwähnt, das traditionelle Modell (vgl. weiter oben) verwendet und eine Zeitreihenanalyse der Rüstungsausgaben (als abhängige Variablen) mit den drei anderen Hauptkategorien ökonomischer Aktivitäten (als den abhängigen Variablen) bei zivilen Staatsausgaben, privatem Konsum und Investitionen getrennt durchgeführt. Die Ergebnisse sind in Tabelle 1 enthalten. Zu bemerken ist, daß wir uns bemüht haben, wo immer notwendig, eine Korrektur aufgrund der Autokorrelation der Residuen vorzunehmen. Dies geschah mit dem Cochrane-Orcutt Iterationsschätzverfahren. Am stärksten fällt bei den in Tabelle 1 aufgeführten Ergebnissen die geringe Anzahl identifizierbarer kurzfristiger trade-offs auf, die statistisch signifikant sind. Von den 96 Fällen, in denen kurzfristige trade-offs sowohl symmetrisch als auch konsistent auftreten könnten, trifft das nur in 15 zu. In keinem einzigen Land besteht die Neigung, trade-offs zwischen dem Verteidigungssektor einerseits und mehr als einem anderen Sektor andererseits vorzunehmen. So gibt es in 17 der 32 untersuchten Länder keinen trade-off zwischen Verteidigung und Konsum in der restriktiven Weise, wie ihn das traditionelle Modell postuliert. In 15 Fällen sind deutliche kurzfristige trade-offs erkennbar, sechs mit zivilem Staatskonsum, sechs mit Investitionen und drei mit privatem Konsum.

Mehrere Interpretationen dieser Ergebnisse sind möglich, zwei davon sind wesentlich. Erstens: nimmt man an, daß kurzfristige trade-offs symmetrisch und konsistent erfolgen, dann gibt es kaum Anhaltspunkte dafür, daß sie häufig auftreten. Kommt es dazu, dann gibt es kein klar definierbares Muster. Zweitens: die Vermutung, daß das traditionelle Modell zu restriktiv ist, wird im allgemeinen durch die Ergebnisse gestützt. Daraus ergibt sich, daß ein so restriktives Modell wie das üblicherweise verwendete für die Analyse von trade-offs ungeeignet ist, sollen die Sektoren identifiziert werden, zu deren Lasten die Verteidigungsausgaben tatsächlich gehen.

Wegen der Komplexität, die ein Modell zur Identifizierung solcher kurzfristigen Substitutionsmöglichkeiten haben müßte, müssen wir im Rahmen dieser Untersuchung auf die weitere Behandlung dieses Themas verzichten. Da es uns vor allem um die zukünftigen Auswirkungen der Veränderung der Verteidigungslasten geht, erscheint es

Tabelle 1: Kurzfristige trade-offs zwischen Verteidigung, zivilen Regierungsausgaben, privatem Konsum und Investitionen

Land Sektor	Regressions-koeffizient b	Standard-fehler von b se_b	erklärte Varianz R^2	Schätz-verf.(x)	(rho)
Argentinien:					
ziv. Reg.	.0.26	.085	.91	GLS	.95
Kons.	.032	.052	.02	OLS	–
Inv.	– .441*	.116	.69	GLS	.60
Australien:					
ziv. Reg.	.167	.178	.76	GLS	.98
Kons.	– .115*	.044	.69	GLS	.45
Inv.	.321	.142	.24	OLS	–
Belgien:					
ziv. Reg.	.082	.352	.29	GLS	.57
Kons.	.108	.095	.66	GLS	.56
Inv.	– .284	.338	.19	GLS	.48
Brasilien:					
Ziv. Reg.	– .144*	.032	.56	OLS	–
Kons.	– .05	.059	.71	GLS	.71
Inv.	– .069	.090	.18	GLS	.43
Chile:					
Ziv. Reg.	– .384	.520	.77	OLS	–
Kons.	.010	.022	.28	GLS	.46
Inv.	– .423*	.083	.62	OLS	–
Dänemark:					
ziv. Reg.	.142	.083	.93	GLS	.95
Kons.	.065	.071	.63	GLS	.89
Inv.	– .402*	.201	.19	OLS	–
Ägypten:					
ziv. Reg.	–1.054*	.304	.80	GLS	.76
Kons.	– .015	.023	.26	GLS	.44
Inv.	.011	.177	.50	GLS	.63
Frankreich:					
ziv. Reg.	.388	.043	.84	OLS	–
Kons.	.196	.066	.70	GLS	.92
Inv.	– .345*	.172	.69	GLS	.63
Deutschland (BRD)					
ziv. Reg.	.236	.073	.69	GLS	.92
Kons.	.047	.050	.46	GLS	.79
Inv.	– .389*	.158	.66	GLS	.93
Griechenland:					
ziv. Reg.	– .101	.094	.56	GLS	.68
Kons.	.041	.029	.64	GLS	.84
Inv.	– .134	.157	.49	GLS	.65

Fortsetzung Tabelle 1

Land Sektor	Regressions-koeffizient b	Standard-fehler von b se_b	erklärte Varianz R^2	Schätz-verf.(x)	(rho)
Indien:					
ziv. Reg.	– .120	.690	.26	GLS	.50
Kons.	– .075	.089	.54	GLS	.67
Inv.	.081	.125	.41	GLS	.59
Indonesien:					
ziv. Reg.	.001	.104	.00	OLS	–
Kons.	.032	.035	.60	GLS	.84
Inv.	.025	.136	.86	GLS	.92
Iran					
ziv. Reg.	.438	.055	.80	GLS	.80
Kons.	.084	.062	.48	GLS	.48
Inv.	.385	.102	.82	GLS	.82
Irak:					
ziv. Reg.	–2.650*	.440	.57	GLS	.82
Kons.	.079	.071	.07	OLS	–
Inv.	.418	.121	.84	GLS	.97
Israel:					
ziv. Reg.	.323	.202	.14	OLS	–
Kons.	– .050	.024	.81	GLS	.54
Inv.	– .039	.094	.37	GLS	.57
Italien:					
ziv. Reg.	.232	.126	.61	GLS	.60
Kons.	.172	.072	.72	GLS	.83
Inv.	– .521	.422	.22	GLS	.69
Japan:					
ziv. Reg.	.751	.199	.97	GLS	.94
Kons.	.558	.094	.86	GLS	.80
Inv.	–1.722*	.310	.84	GLS	.91
Kenia:					
ziv. Reg.	.141	.023	.70	OLS	–
Kons.	– .051*	.015	.73	GLS	.51
Inv.	– .008	.041	.00	OLS	–
Korea (ROK)					
ziv. Reg.	– .068	.095	.94	GLS	.94
Kons.	.032	.066	.84	GLS	.95
Inv.	.053	.400	.76	GLS	.78
Marokko:					
ziv. Reg.	.122	.248	.70	GLS	.92
Kons.	– .143	.081	.65	GLS	.69
Inv.	– .227	.354	.67	GLS	.95
Niederlande:					
ziv. Reg.	.990	.136	.77	OLS	–
Kons.	.022	.073	.60	GLS	.70
Inv.	– .060	.321	.43	GLS	.68

Fortsetzung Tabelle 1

Land Sektor	Regressions-koeffizient b	Standard-fehler von b se_b	erklärte Varianz R^2	Schätz-verf.(x)	(rho)
Philippinen:					
ziv. Reg.	.137	.054	.75	GLS	.56
Kons.	– .089	.048	.61	GLS	.58
Inv.	.273	.070	.82	GLS	.53
Portugal:					
ziv. Reg.	– .746*	.104	.77	OLS	–
Kons.	.002	.067	.31	GLS	.54
Inv.	.140	.142	.22	GLS	.35
Südafrika:					
ziv. Reg.	– .001	.033	.00	OLS	–
Kons.	.002	.030	.00	OLS	–
Inv.	– .118	.157	.38	GLS	.66
Spanien:					
ziv. Reg.	– .177	.175	.58	GLS	.58
Kons.	.102	.060	.39	GLS	.45
Inv.	– .041	.278	.61	GLS	.51
Schweden:					
ziv. Reg.	.220	.266	.89	GLS	.96
Kons.	.178	.135	.80	GLS	.77
Inv.	.208	.250	.04	OLS	–
Türkei:					
ziv. Reg.	– .179	.110	.22	GLS	.22
Kons.	.052	.036	.54	GLS	.54
Inv.	– .045	.156	.74	GLS	.74
Großbritannien:					
ziv. Reg.	.361	.158	.57	GLS	.94
Kons.	.212	.076	.57	GLS	.54
Inv.	– .621	.386	.48	GLS	.70
Vereinigte Staaten:					
ziv. Reg.	.057	.043	.30	GLS	.49
Kons.	– .052	.034	.91	GLS	.95
Inv.	.164	.120	.41	GLS	.42
Venezuela:					
ziv. Reg.	.130	.120	.89	GLS	.98
Kons.	.190	.080	.84	GLS	.97
Inv.	.116	.180	.83	GLS	.96

Bemerkung: Koeffizienten, die mit Sternchen * markiert sind, sind statistisch signifikant (auf dem Niveau .05) und deuten somit auf einen trade-off hin.

(x) OLS = Methode der kleinsten Quadrate
GLS = Korrektur für autokorrelierte Residuen, wobei rho das Ausmaß angibt, mit Hilfe des Cochrane-Orcutt Iterationsverfahrens

Quellennachweis: Die Daten der Militärausgaben stammen aus dem *1978 SIPRI Yearbook*. Die Daten über Regierungsausgaben, privaten Konsum und Investitionen stammen aus dem UNO *Handbook of World Development Statistics, 1979*.

berechtigt, unser Hauptaugenmerk auf die Frage langfristiger trade-offs zu richten, um die Sektoren der Wirtschaft zu identifizieren, zu deren Lasten die Verteidigung geht.

4. *Langfristige trade-offs*

Die Tabelle 2 enthält eine aufschlußreiche Aufstellung von Mustern über die Trends bei den Verteidigungslasten der 32 Länder. Im großen und ganzen wenden die reichen

Tabelle 2: Trends der Verteidigungslasten über die Jahre 1960–1977. Die Werte in der Tabelle geben die Anteile der Verteidigungsausgaben in Prozent des Bruttoinlandproduktes für ausgewählte Jahre wieder. Die letzte Spalte enthält den Korrelationskoeffizienten für die Korrelation zwischen Verteidigungsanteile und Zeit.

	1960	1965	1970	1975	1977	(r_{bt})*
Argentinien	2.24	1.78	1.64	1.87	1.77	(–.49)
Australien	2.25	2.82	2.88	2.51	2.39	(.16)
Belgien	3.08	2.78	2.61	2.72	2.78	(–.74)
Brasilien	1.61	1.94	1.65	1.02	1.16	(–.18)
Birma	11.62	8.74	7.30	3.69	3.76	(–.94)
Kanada	3.94	2.75	2.22	1.87	1.95	(–.94)
Chile	3.37	2.61	4.62	11.39	11.44	(.84)
Dänemark	2.31	2.47	2.04	2.22	2.03	(–.75)
Ägypten	5.90	7.46	14.23	32.94	26.62	(.47)
Frankreich	5.78	4.81	3.81	3.51	3.58	(–.96)
Deutschland (BRD)	3.57	4.01	3.22	3.58	3.25	(–.62)
Griechenland	4.14	3.20	4.57	6.02	6.50	(.77)
Indien	1.87	3.89	3.07	3.13	3.30	(.29)
Indonesien	3.34	1.16	2.09	2.03	2.13	(–.21)
Iran	2.54	2.80	3.47	12.56	9.34	(.86)
Irak	4.20	5.24	6.33	13.89	8.82	(.66)
Israel	5.64	6.97	25.65	28.10	24.32	(.86)
Italien	2.82	2.98	2.52	2.61	2.59	(–.51)
Japan	1.10	0.95	0.79	0.86	0.81	(–.86)
Kenia	0.28	0.91	1.01	1.55	4.32	(.82)
Korea (ROK)	3.68	2.64	3.09	4.43	5.95	(.56)
Marokko	2.44	1.87	2.02	2.33	4.36	(.56)
Niederlande	3.30	3.44	3.03	3.13	3.22	(–.79)
Philippinen	1.08	0.77	1.07	2.79	2.28	(.79)
Portugal	4.93	7.24	7.23	4.58	3.04	(–.05)
Südafrika	0.74	1.70	2.03	3.38	5.25	(.82)
Spanien	1.70	1.38	1.44	1.53	1.44	(–.50)
Schweden	3.48	3.72	3.27	3.22	3.25	(–.88)
Türkei	4.00	4.12	3.28	5.23	4.74	(.28)
Großbritannien	5.85	5.32	4.42	4.64	4.33	(–.93)
Vereinigte Staaten	8.73	7.47	7.90	5.91	5.30	(–.84)
Venezuela	1.28	1.09	0.98	1.95	1.46	(.59)

* r_{bt}: Die Produkt-Moment-Korrelation zwischen Verteidigungslast und Zeit

Industrienationen einen geringer werdenden Anteil ihres Nationalprodukts für die Verteidigung auf. Im allgemeinen zeigt sich genau das entgegengesetzte Muster bei den weniger entwickelten Ländern, die signifikante Aufwärtstendenzen erkennen lassen. Eine ganze Anzahl von Ländern hat jedoch keinen eindeutigen langfristigen Trend im Verteidigungssektor. Zumindest ein reiches Land, nämlich Südafrika, erhöhte seine Verteidigungslasten, während einige arme Länder, wie z. B. Birma, diese Last signifikant verringerten.

Tabelle 3: Langfristige trade-offs zwischen Verteidigungsausgaben und zivilen Regierungsausgaben, Privatkonsum und Investitionen. Die Werte in der Tabelle sind die bivariaten Korrelationskoeffizienten, die auf Grund der jeweiligen Anteile der Rüstungsausgaben einerseits, den drei anderen Kategorien andererseits, am Bruttoinlandsprodukt berechnet worden sind.

	zivile Regierungsausgaben	Konsum	Investitionen
Argentinien	.46	.15	.63
Australien	−.08	−.76	.50
Belgien	−.44	.72	−.26
Brasilien	−.43	.58	−.58
Birma	−.98	.81	.45
Kanada	−.83	.17	−.17
Chile	−.99	.23	−.81
Dänemark	−.71	.78	−.45
Ägypten	−.94	−.34	−.10
Frankreich	.84	−.20	−.78
Deutschland (BRD)	−.15	−.41	.23
Griechenland	−.64	−.41	.06
Indien	−.26	−.47	.28
Indonesien	−.02	−.13	.07
Iran	.69	.20	.87
Irak	−.88	.37	.75
Israel	−.84	−.89	−.08
Italien	.39	−.08	.16
Japan	.94	.91	−.86
Kenia	.70	−.74	−.17
Korea (ROK)	−.69	−.60	.37
Marokko	.77	−.73	.83
Niederlande	.86	−.55	−.04
Philippinen	.59	−.67	.86
Portugal	−.91	−.20	.29
Südafrika	−.55	.04	.19
Spanien	.43	.58	−.61
Schweden	−.86	.69	.20
Türkei	−.55	.04	.19
Großbritannien	−.41	.73	−.46
Vereinigte Staaten	−.70	−.89	.48
Venezuela	.66	.73	.66

Entsprechen diese langfristigen Trends im Verteidigungssektor denen bei den Anteilen anderer Wirtschaftssektoren? Mit anderen Worten, gibt es Hinweise auf langfristige trade-offs zwischen der Verteidigung auf der einen und dem Anteil der Aufwendungen für Investitionen, Konsum und zivlen Regierungsprogrammen auf der anderen Seite? Die Tabelle 3 enthält die Korrelationskoeffizienten zwischen dem Verteidigungsanteil am Bruttoinlandsprodukt und den Anteilen dieses Produkts, die während der 18 Jahre (1960–1977), auf die sich unsere 32 Länder-Studie bezieht, auf diese anderen drei Sektoren entfielen. Im Falle der systematischen langfristigen Substitutionsmöglichkeit müßten wir ziemlich hohe negative Korrelation erwarten. Auf den ersten Blick sind die sich abzeichnenden Muster weder sehr ausgeprägt noch einfach. Eine ziemlich große Anzahl von Koeffizienten ist hoch, aber in etwa gleichem Anteil positiv und negativ. In allen Ländern war nie eine einzige Kategorie oder ein einziger Sektor durchgängig Gegenstand des trade-offs mit dem Verteidigungssektor. Wenn man aber einen Korrelationskoeffizienten von mindestens – 0,40 als Kriterium für den Nachweis eines langfristigen trade-offs verwendet, dann wird deutlich, daß zivile Regierungsausgaben als trade-off-Sektor dominieren. In über der Hälfte aller Fälle scheint ein „signifikantes" Substitutionsverhältnis zu den Verteidigungsausgaben zu bestehen; in knapp einem Drittel der Fälle besteht ein derartiges Substitutionsverhältnis mit dem Konsumsektor. In weniger als einem Viertel der Fälle ist eine langfristige Substitutionsmöglichkeit zu dem Investitionssektor gegeben.

Eine sehr interessante Erkenntnis aus den hier angeführten statistischen Ergebnissen, beruht auf den langfristigen Bewegungen in den Verteidigungslasten einer Nation. Man kann die 32 Staaten in drei Kategorien einteilen: diejenigen mit langfristiger Aufwärtstendenz, diejenigen mit langfristiger Abwärtstendenz und schließlich diejenigen, für die kein langfristiger Trend erkennbar ist. Man kann aufgrund aller dieser Daten aus den einzelnen Ländern den generellen Schluß ziehen, daß offenbar die Ausweitung des Anteils des Verteidigungssektors am Nationalprodukt mit den Mitteln des Sektors der zivilen Regierungsausgaben und des privaten Konsums erfolgt. Eine Verkleinerung des Verteidigungssektors scheint dem nicht-militärischen Sektor der Regierungsausgaben und den Investitionen zugute zu kommen. Anders ausgedrückt, es gibt sowohl Hinweise auf ein symmetrisches als auch auf ein asymmetrisches Muster langfristiger trade-offs zwischen dem Verteidigungssektor und anderen Sektoren der Wirtschaft. Während der nicht-militärische Sektor der Regierungsausgaben sowohl belohnt als auch bestraft wird – ersteres, wenn die Verteidigungsausgaben sinken und letzteres, wenn sie zunehmen – so sind die beiden hauptsächlichen Sektoren des Endverbrauchs des Nationalprodukts, die nicht der Regierungsgewalt unterstehen, jeweils unterschiedlich betroffen. Wächst die Verteidigungslast, wird der private Konsum tendenziell beeinträchtigt. Darüber hinaus ist beim Sinken der Verteidigungslast ein Ausgleich nicht sehr wahrscheinlich. In diesem Fall kommt der trade-off eher dem Investitionssektor zugute, der durch zunehmende Verteidigungslasten kaum beeinträchtigt wird.

5. *Folgerungen aus den Untersuchungsergebnissen*

Welche Folgerungen können aus den Untersuchungsergebnissen gezogen werden? Kurzfristig jedenfalls, d. h. in den nächsten 5 bis 10 Jahren, verheißen sie nichts Gutes für die wirtschaftliche und politische Stabilität vieler Länder, hält die beobachtete Entwicklung an. Da der Verteidigung hohe Priorität eingeräumt wird, werden immer mehr Ressourcen in diesen Bereich gepumpt werden. Wären für diesen Zeitraum schnelle wirtschaftliche Expansion und schnelles Wirtschaftswachstum zu erwarten, wären die Gefahren einer solchen Reallokation gering. Ein solches Wachstum ist aber kaum zu erwarten. Tatsächlich müssen die meisten Staaten bestenfalls mit der Abwendung des Niedergangs der wirtschaftlichen Produktivät und Produktion rechnen. Unter derartigen wirtschaftlichen Zwängen ist der Einbruch im Konsumniveau der Bevölkerung und eine Verringerung der staatlichen Dienstleistungen eher wahrscheinlich. Das heißt, die Lebensqualität vieler Menschen wird abnehmen. In hochentwickelten Industrienationen wird das die Bevölkerung insgesamt nicht dramatisch treffen, aber diejenigen auf der untersten Stufe des sozialen Gefüges werden die Auswirkungen dieser Reallokation vermutlich spürbar zu fühlen bekommen.

Für viele Entwicklungsländer werden die relativen Auswirkungen härter sein. Der Grenzbereich des Wohlstands ist offensichtlich erheblich kleiner als in den industrialisierten Staaten. Die Folge einer Reallokation ist in diesen Fällen nicht etwa auf den Nenner „Butter oder Kanonen" zu bringen, sondern hier geht es um „trockenes Brot". Wir können dann für viele Menschen mit einem Absinken des Lebensstandards rechnen, die sich kaum irgendeine Verschlechterung leisten können. Darüber hinaus ist zu erwarten, daß die Verschlechterung der Wirtschaftslage auch politische Auswirkungen haben wird.

Ein Zustand von absolutem und relativem Mangel in vielen weniger entwickelten Ländern wird die Unzufriedenheit der Massen weiter anschwellen lassen. Es ist nicht ganz klar, wie das ihr Los irgendwie verbessern sollte. Bereits jetzt liegt in diesen Ländern ein Großteil der tatsächlichen Macht in den Händen des Militärs. Wenn führende Militärs sich offener Opposition gegen die politischen und wirtschaftlichen Strukturen, die diese Verschlechterung der wirtschaftlichen Lage hervorgebracht haben, gegenüber sehen, oder erwarten, ist die Wahrscheinlichkeit hoch, daß Schritte zur Unterdrückung der Äußerungen dieser Unzufriedenheit erfolgen. Da die relative Macht der politischen Führung dieser Länder groß ist, und sie folglich über einen vergleichsweise großen Handlungsspielraum verfügt, können wir annehmen, daß noch mehr Ressourcen in den Militärsektor gehen werden und damit noch größere Kreise der Bevölkerungen weiter verarmen werden.

6. *Schlußfolgerung*

Wir haben den Versuch unternommen, die Frage zu beantworten: Wer zahlt für die Verteidigung? Dabei haben wir gezeigt (1), daß die Frage nicht einfach zu beantworten ist und (2) daß die Antworten, die gefunden werden, für die nahe Zukunft zu schwerwiegenden Problemen führen kann, wenn man die als wahrscheinlich anzunehmenden Tendenzen im Bereich der Militärausgaben und der Wirtschaftsaktivitäten bedenkt. Wissenschaftler, die bisher den Versuch unternehmen diese Frage zu beantworten, irrten sich oft in der Begriffsbestimmung des Problems und in den methodischen Abläufen zu seiner Bewältigung. Man kann zumindest sagen, daß sie keine übereinstimmenden Antworten gaben. Es hat sich deutlich herausgestellt, daß noch ein weiter Weg vor uns liegt, ehe wir eine vollständige und genaue Beschreibung des Prozesses der trade-off-Muster und somit ein brauchbares Modell für Voraussagen über die Konsequenzen, die sich daraus ergeben, vorlegen können.

Es gibt jedoch einige klar erkennbare Muster der langfristigen Folgen der Ausgaben für Rüstungszwecke. Steigen die Ausgaben, wird sowohl der öffentliche als auch der private Konsum beeinträchtigt. Bei der gegenwärtigen Konstellation, d. h. einer Orientierung auf höhere Verteidigungsetats und einer Stagnation der Wirtschaft, – und beides gilt für die Industrie- wie für die Entwicklungsländer – können wir damit rechnen, daß den Bevölkerungen dieser Länder Opfer auferlegt werden. Diese Opfer sind für den Großteil der Bevölkerung in den Industrieländern nicht allzu hoch, in den Entwicklungsländern dagegen werden die Lasten voraussichtlich spürbare Auswirkungen haben. Als Antwort hierauf oder in Vorwegnahme hiervon könnten die sozialen Unruhen zunehmen und eine Ausweitung der Macht des Militärs erwarten, das in vielen dieser Länder herrscht.

Literatur

Pryor, F. L. (1968): *Public Expenditures in Communist and Capitalist Nations.* Homewood: Irwin.

Russett, B. M. (1970): *What Price Vigilance? The Burdens of National Defense.* New Haven: Yale.

SIPRI (1978): *World Armaments and Disarmament, SIPRI Yearbook, 1978*: London: Taylor & Francis.

Smith, R. P. (1977): „Military Expenditures and Capitalism", *Cambridge Journal of Economics*, 1, S. 61–76.

Smith, R. P. (1979): „The Resource Cost of Military Expenditure", in M. Kaldor, et al., *Democratic Socialism and the Cost of Defense.* London: Croom Helm.

United Nations (1979): *Handbook of World Development Statistics, 1979.* New York: United Nations.

Wallace, M. D. (1979): „Arms Races and Escalations: Some New Evidence", *Journal of Conflict Resolution*, 23, S. 3–16.

Wallace, M. D. (1980): „Some Persisting Findings", *Journal of Conflict Resolution*, 1980, 24, S. 289–292.

Teil 3: Arbeitslosigkeit und politische Stabilität

6. Das Wahlverhalten der Arbeitslosen bei der Bundestagswahl 1980. Zur Anwendung der ökologischen Regressionsanalyse*

Hans Rattinger

1. *Fragestellung*

Einer ganz einfachen Frage gilt dieser Beitrag: Wie wählten die Arbeitslosen bei der Bundestagswahl 1980? Diese Frage ist einfach gestellt, nicht einfach beantwortet und auch nicht einfach überflüssig. Das deskriptive Vorfeld der empirischen Wahlsoziologie ist voll solcher Fragen vom Typ „wer wählt wen?". Gruppenspezifisches Wahlverhalten muß erst beschrieben sein, soll es später erklärt werden. Je weniger man über eine Gruppe weiß, desto notwendiger ist diese Beschreibung. Über das politische Verhalten der Gruppe der Arbeitslosen wissen wir noch nicht sehr viel. Sehr wohl wissen wir, daß dieser Personenkreis inzwischen ziemlich zahlreich geworden ist, daß er es wohl auf absehbare Zeit bleiben wird und daß ihm ein beträchtlicher Teil der Arbeitnehmerschaft bereits vorübergehend angehört hat oder noch angehören wird.

Solange Arbeitslosigkeit in der Bundesrepublik fast nur als „friktionelles" Problem – als kurzfristige Übergangsphase zwischen Beschäftigungsverhältnissen – auftrat, brauchte man die Eingangsfrage nicht zu stellen. Dauerarbeitslosigkeit auf individueller und gesamtwirtschaftlicher Ebene aber fordert dazu heraus, nicht nur ihre sozialen und psychischen, sondern auch ihre politischen Konsequenzen zu untersuchen. Damit ist die Problemstellung dieses Beitrages eingebettet in die viel umfassendere Frage nach den politischen Auswirkungen von ökonomischen Strukturen, Konjunkturen und Krisenerscheinungen, die selbst wiederum nur auf einen Ausschnitt aus dem gesamten politisch-ökonomischen Regelkreis abzielt: Das ökonomische System unterliegt einerseits politischen Eingriffen und Steuerungsimpulsen und produziert andererseits die durch einige zentrale Kenngrößen beschriebene gesamtwirtschaftliche Lage. Diese wiederum beeinflußt aufgrund der eindeutigen Zuordnung von wirtschaftspolitischer Verantwortung an den Staat Einstellungen und Verhaltensweisen der Bürger gegenüber dem politischen System, welche es zum Einsatz seiner wirtschaftspolitischen Instrumente herausfordern

---

* Diese Arbeit entstand im Rahmen des von der Stiftung Volkswagenwerk geförderten Forschungsprojektes „Auswirkungen von sozialem Wandel, Wertwandel und ökonomischen Krisenfaktoren auf das politische System der Bundesrepublik Deutschland" des Arnold-Bergsträsser-Instituts in Freiburg im Breisgau.

– aber auch seine Handlungsspielräume und letztlich seine Überlebensfähigkeit eingrenzen (z. B. Frey und Schneider 1975).
Aus diesen Gesamtzusammenhängen wird durch die Thematisierung der Arbeitslosigkeit nur ein bescheidener Ausschnitt herausgegriffen. Die möglichen politischen Folgen hoher Arbeitslosigkeit sind vielfältiger Natur. Sie kann etwa auf der Systemebene die objektiven oder perzipierten wirtschaftspolitischen Handlungserfordernisse und -möglichkeiten beeinflussen (z. B. Schilling 1978), sie kann sich in Form und Inhalt der Interessenartikulation durch gesellschaftliche Gruppen und Verbände niederschlagen (z. B. Abromeit 1977), sie kann schließlich auf der individuellen Ebene Einstellungs- und Verhaltensänderungen bewirken, die alle Bürger erfassen, sehr wohl aber auch auf die persönlich von Arbeitslosigkeit Betroffenen beschränkt sein können. Den letzteren Teilaspekt für die Zwecke dieses Beitrages noch weiter einzugrenzen nur auf das Wahlverhalten der Arbeitslosen, befördert ein Mosaiksteinchen des in Umrissen skizzierten Gesamtbildnisses zur handhabbaren Forschungsfrage.
Wie kann unsere Frage „wie wählten die Arbeitslosen bei der Bundestagswahl 1980?" beantwortet werden? Vergleichbare Fragen nach der Deskription des Wahlverhaltens z. B. von Frauen, bestimmten Alters-, Berufs-, Ausbildungs- oder Konfessionsgruppen klärt man zumeist unter Verwendung von repräsentativem Umfragematerial. Dieser Weg ist hier nicht ohne weiteres gangbar. Zum einen sind die Fallzahlen der Arbeitslosen in allgemeinen Repräsentativbefragungen sehr niedrig. Im September 1980, im Monat vor der letzten Bundestagswahl, lag die Arbeitslosenquote bundesweit bei rund 3,7 Prozent. Bei einem Anteil der Erwerbspersonen an der Bevölkerung über 18 Jahren von knapp 50 Prozent hätte mithin eine Zufallsstichprobe von 2000 volljährigen Befragten zu diesem Zeitpunkt nur rund 36 Arbeitslose enthalten sollen. Die Auszählung der Wahlabsichten so kleiner Teilstichproben unterliegt gewaltigen Zufallsschwankungen. Zum zweiten kann man normalerweise nicht davon ausgehen, daß der korrekte Anteil von Interviews mit Arbeitslosen auch realisiert wird, weil die Interviewer Arbeitslose systematisch schlechter erreichen, weil Arbeitslose eher die gesamte Befragung verweigern, weil sich schließlich manche Arbeitslose – aus welchen Gründen auch immer – auf entsprechende Fragen nicht als solche zu erkennen geben.
Auf Arbeitslose beschränkte Umfragen helfen zur Beantwortung unserer Frage auch nicht unbedingt weiter. Im unmittelbaren zeitlichen Umfeld der Bundestagswahl 1980 wurden solche Erhebungen gar nicht durchgeführt, und aus älteren Umfragen auf das Wahlverhalten im Oktober 1980 zu schließen, wäre reichlich gewagt. Überdies erfassen die vorliegenden Befragungen nur in Ausnahmefällen die Gesamtheit der Arbeitslosen, in der Regel aber etwa nach Region (Hentschel, Möller und Pintar 1977), Alter (Heinemann 1978) oder Geschlecht (Heinemann, Röhrig und Stadié 1980) ausgewählte Teilgruppen. Zum Teil enthalten auch Umfragen nur bei Arbeitslosen sehr niedrige Interviewzahlen (z. B. Bahnmüller 1978), zum Teil bleibt in ihnen der Aspekt politischer Einstellungen völlig ausgeblendet[1]. Insgesamt kann man sagen, daß die bis heute publizierten Berichte über Arbeitslosenbefragungen auf Feldarbeit beruhen, die zu einer Zeit durchgeführt wurde, als der Dauercharakter der gegenwärtigen Arbeitsmarktlage noch nicht so deutlich war und die Zahl der Erwerbslosen noch unter einer Million lag, und daß ihr Hauptaugenmerk der sozialstrukturellen Differenzierung und den psychoso-

zialen Folgelasten der Arbeitslosigkeit, nicht ihren Auswirkungen auf individuelle politische Einstellungs- und Verhaltensmuster gilt.

Arbeitslosenbefragungen sind auch unter methodologischem Aspekt recht problematisch. Aus Datenschutzgründen hat die sozialwissenschaftliche Forschung keinen Zugang zu den Karteien der Arbeitsverwaltung, was die Stichprobenauswahl erheblich erschwert. Quotenvorgaben müssen auf die Strukturanalysen der Arbeitsverwaltung zurückgreifen, die aber nur registrierte Arbeitslose erfassen können. Der zu befragende Personenkreis ist rascher Fluktuation unterworfen, aufgrund verdeckter und scheinbarer Erwerbslosigkeit existieren offenkundige Abgrenzungsprobleme, systematische Verzerrungen können durch unterschiedliche Erreichbarkeit und Antwortbereitschaft verschiedener Gruppen von Arbeitslosen entstehen. Angesichts ihrer inhaltlichen und methodologischen Begrenzungen müssen wir also davon ausgehen, daß wir verfügbaren Umfragen unter Arbeitslosen sehr wenig über das Wahlverhalten dieses Personenkreises bei der Bundestagswahl 1980 entnehmen können und daß sich bei künftigen Wahlen an diesem Umstand nicht viel ändern dürfte.

Diese Situation ist aus der historischen Sozialforschung, und besonders der historischen Wahlforschung, wohlbekannt. Wo geeignete Umfragedaten fehlen – nachliefern lassen sie sich leider nicht – kann man eine Fragestellung nach individuellem Verhalten aufgeben, sich mit Vermutungen begnügen oder ihr schließlich mittels Aggregatdaten nachgehen. Die Sympathie der meisten Forscher konzentriert sich auf die dritte Variante, die sie aber mit einem zentralen Problem der Aggregatdatenanalyse konfrontiert, nämlich mit der Frage nach der Möglichkeit zuverlässiger und gültiger Schlüsse von Aggregat- auf Individualzusammenhänge. Auch dieser Beitrag kommt an dieser Frage nicht vorbei. Damit gesellt sich eine methodologische Fragestellung zur inhaltlichen: Läßt sich das Wahlverhalten der Arbeitslosen bei der Bundestagswahl 1980 aus Aggregatdaten über die regionale Verteilung der Arbeitslosigkeit und der Wahlresultate schätzen?

Diesen beiden Fragen, der methodologischen und der inhaltlich-deskriptiven, soll anschließend in diesen Schritten nachgegangen werden: Einigen knappen Ausführungen zum verwandten Verfahren – einer Weiterentwicklung der sogenannten ökologischen Regression – und zur Datenbasis folgen Schätzungen zunächst der Wahlbeteiligung der Arbeitslosen bei der Bundestagswahl 1980 und danach der Stimmabgabe derjenigen Arbeitslosen, die zur Wahl gingen. Zum Abschluß dieser Einleitung ist es vorab jedoch noch angebracht, ganz kurz die wenigen deskriptiven Aussagen zu den parteipolitischen Präferenzen der deutschen Arbeitslosen in den vorhandenen Umfragestudien zusammenzufassen, um einen Erfahrungs- und Erwartungshintergrund für die eigenen Analysen zu haben.

Diese Aussagen lassen sich fast ausnahmslos auf einen einfachen gemeinsamen Nenner bringen. Bahnmüller (1978), Hentschel (1978), Pintar (1978) und Heinemann (1980) konstatierten übereinstimmend, daß die Wahlabsichten der von ihnen befragten Arbeitslosen sich von denjenigen erwerbstätiger Vergleichsgruppen nicht dramatisch aber nach einem charakteristischen Muster unterschieden. Sie nannten etwas seltener CDU/CSU oder FDP als Parteien ihrer Wahl und etwas häufiger die SPD. Andere als die etablierten Parteien bevorzugten sie nicht wesentlich häufiger als die nicht arbeitslosen Befragten, dagegen gab es unter den Arbeitslosen einen deutlich größeren Anteil von Personen ohne Parteipräferenz oder Wahlabsicht. Desinteresse, Desorientierung und Apathie kennzeichneten nach diesen Autoren die politischen Einstellungen der Arbeitslosen; Radikalisierungstendenzen beobachteten sie praktisch nicht. Roths (1977) aus einer allgemeinen Repräsentativumfrage abgeleitete Erkenntnis, bei der Bundestagswahl 1976 habe individuelle Betroffenheit von Arbeitslosigkeit die Wahrscheinlichkeit einer Stimmabgabe für die Unionsparteien verstärkt, widerspricht den in den anderen Arbeiten wiedergegebenen Häufigkeitsverteilungen der Wahlabsichten nicht, da Roth zusätzlich die Parteibindung der Befragten konstant hielt.

2. Methode

Wir wollen wissen, wie die arbeitslosen Wahlberechtigten bei der Bundestagswahl 1980 gewählt haben, und wir wollen dieses Wissen aus Aggregatdaten ableiten. Solche Versuche, aus Aggregatzusammenhängen etwas über Individualzusammenhänge zu erfahren, stehen seit Robinsons (1950) klassischem Aufsatz unter dem Verdacht des „ökologischen Fehlschlusses", zeigt er doch analytisch wie empirisch auf, daß die Stärke beider Zusammenhänge bei ein- und denselben Merkmalen sehr unterschiedlich sein kann, ja daß sie sogar entgegengesetzte Richtungen haben können. Eines seiner Beispiele lautet etwa, daß unter Einwanderern in die USA der Anteil der Analphabeten höher lag als bei im Land geborenen Amerikanern, gleichzeitig aber auf der Ebene der Einzelstaaten und Regionen Analphabeten- und Einwandereranteile negativ korrelierten, die Staaten mit besonders hohen Einwandereranteilen also besonders niedrige Analphabetenanteile hatten und umgekehrt.

Es ist hier nicht der Ort, die formale Darstellung der möglichen Ursachen dieser Diskrepanzen zu rekapitulieren oder die erkenntnistheoretische Diskussion darüber zusammenzufassen und zu bewerten, um Aussagen über welche Analyseeinheiten – Individuen oder Aggregate – es mit bestimmten Datentypen arbeitenden Untersuchungen gehen könne, dürfe oder müsse. Dies ist von Pappi (1977) längst geleistet worden. Hier interessiert allein, ob und welche Verfahren zur Verfügung stehen, um ökologische Fehlschlüsse zu umgehen und individuelles Verhalten zuverlässig mit Hilfe von Aggregatdaten zu schätzen.

Die Suche nach solchen Verfahren ließ nach dem Erscheinen von Robinsons Arbeit nicht lange auf sich warten. Duncan und Davis (1953) schlugen eine ohne jegliche Annahme auskommendes Verfahren für Dichotomien auf der Individualebene vor. Hat man für beliebige regionale Einheiten die Randverteilungen zweier dichotomer Merkmale, dann kann man für jede Zelle der aus der Kreuzung beider Dichotomien entstehenden Vierfeldertafel für jede regionale Einheit ein Minimum und ein Maximum errechnen. Über alle Einheiten hinweg führt dies zu der Bestimmung einer Bandbreite, innerhalb derer die wahre Individualkorrelation beider Merkmale liegen muß. Je mehr und je kleinere regionale Einheiten man verwenden kann, desto schmaler wird diese Bandbreite. Tabelle 1 illustriert diese Logik mit eimem fiktiven Beispiel, in dem uns die Wahlbeteiligung der Katholiken interessiert. Bei den bekannten Randverteilungen muß die Wahlbeteiligung der Katholiken bei einer gesamten Wahlbeteiligung von 90 Prozent zwischen 80 und 100 Prozent gelegen haben.

Tabelle 1: Illustration des Verfahrens von Duncan und Davis (1953): Wahlbeteiligung von Katholiken

	Minimale Wahlbeteiligung der Katholiken			Maximale Wahlbeteiligung der Katholiken		
	Katholiken	sonstige Konfessionen	Wahlbe-rechtigte	Katholiken	sonstige Konfessionen	Wahlbe-rechtigte
Wähler	400	500	900	500	400	900
Nichtwähler	100	0	100	0	100	100
Wahlberechtigte	500	500	1000	500	500	1000

Tabelle 2: Illustration des Verfahrens von Duncan und Davis (1953): Wahlbeteiligung von Arbeitslosen

	Minimale Wahlbeteiligung der Arbeitslosen			Maximale Wahlbeteiligung der Arbeitslosen		
	Arbeitslose	Sonstige	Wahlbe-rechtigte	Arbeitslose	Sonstige	Wahlbe-rechtigte
Wähler	0	900	900	30	870	900
Nichtwähler	30	70	100	0	100	100
Wahlberechtigte	30	970	1000	30	970	1000

Tabelle 2 illustriert jedoch, daß diese Methode nicht weiterhilft, wenn eines der beiden Merkmale eine relativ seltene Eigenschaft betrifft, also etwa Arbeitslosigkeit. Bei einer gesamten Wahlbeteiligung von 90 Prozent erstreckt sich die Bandbreite der logisch möglichen Wahlbeteiligung der Arbeitslosen von 0 bis 100 Prozent. Bei solchen Verteilungen der Merkmale hilft die Verkleinerung der regionalen Aggregateinheiten überhaupt nicht weiter (Pappi 1977).

Die von Duncan und Davis entworfene Methode stellt übrigens gewissermaßen die Verallgemeinerung eines Verfahrens dar, das Schauff (1975) bereits 1928 zur Schätzung des Wahlverhaltens der deutschen Katholiken seit 1871 einsetzte. Schauff konzentrierte sich auf Reichsteile mit sehr hohen katholischen Bevölkerungsanteilen. Deren Wahlergebnisse spiegeln natürlich fast rein das „Wahlverhalten der deutschen Katholiken“ wider, vorausgesetzt, das Wahlverhalten der Katholiken sei von der konfessionellen Zusammensetzung der Region unabhängig, Kontexteffekte seien also vernachlässigbar.

Ebenfalls 1953 trat Goodman mit einem Schätzverfahren auf den Plan, das als „ökologische Regression“ bekannt wurde und das es erlauben sollte, den Individualzusammenhang zweier Merkmale aus ihren Randverteilungen über eine Reihe von Aggregateinheiten hinweg direkt zu ermitteln. Seine Logik läßt sich mit Hilfe der Tabelle 3 veranschaulichen. In einer bestimmten regionalen Einheit i gebe es T_i Wahlberechtigte, davon

Tabelle 3: Illustration des Verfahrens von Goodman (1953): Wahlbeteiligung von Arbeitslosen

	Arbeitslose	Sonstige	Wahlberechtigte
Wähler	p_iB_i	$q_i(T_i - B_i)$	A_i
Nichtwähler	$(1 - p_i) B_i$	$(1 - q_i)(T_i - B_i)$	$T_i - A_i$
Wahlberechtigte	B_i	$T_i - B_i$	T_i

B_i Arbeitslose und A_i Wähler. Die Wahlbeteiligung der Arbeitslosen betrage p_i, diejenige der übrigen Wahlberechtigten q_i. Die Zahl der von Arbeitslosen abgegebenen Stimmen ist mithin p_iB_i, die Zahl der von den sonstigen Wahlberechtigten abgegebenen Stimmen $q_i(T_i - B_i)$. Damit gilt die folgende Definitionsgleichung für die Gesamtzahl der Wähler:

$$A_i = p_iB_i + q_i(T_i - B_i) = (p_i - q_i) B_i + q_iT_i \qquad (1)$$

Division durch T_i ergibt:

$$A_i/T_i = (P_i - q_i) B_i/T_i + q_i \qquad (2)$$

Gleichung (2) besagt nichts anderes, als daß die gesamte Wahlbeteiligung in der Einheit i ein durch den Anteil der arbeitslosen Wahlberechtigten gewichtetes Mittel aus den Wahlbeteiligungen der Arbeitslosen und der übrigen Wahlberechtigten ist. Führt man in diese Gleichung (2) ein Fehlerterm ein, dann sind p_i und q_i durch bivariate Regression der Wahlbeteiligung (A_i/T_i) auf den Arbeitslosenanteil (B_i/T_i) über alle Einheiten hinweg schätzbar – allerdings nur unter der zentralen Annahme, daß die Wahlbeteiligungen beider Gruppen in allen Einheiten gleich den Populationswerten sind.

In einer weiteren Arbeit hat Goodman (1959) diese Bedingungen insofern abgeschwächt, als er zeigte, daß auch Zufallsschwankungen von p_i und q_i in den einzelnen regionalen Einheiten um die Populationswerte mit dem Schätzverfahren vereinbar sind. Ferner stellte er klar, daß für seine Anwendung die üblichen Annahmen des allgemeinen linearen Regressionsmodells erfüllt sein müssen, und schließlich verallgemeinerte er es von zwei dichotomischen Merkmalen – wie in unserem Beispiel – für Nominalskalen und für quantitative Variablen.

Die von Goodman entwickelte Logik ist bestechend. Bei empirischen Anwendungen seiner Methode ergaben sich jedoch häufig Probleme, welche auf die – oft gar nicht nachprüfbare – Verletzung der ihr zugrunde liegenden Annahmen zurückzuführen sind. Die häufigste Schwierigkeit war das Auftreten von Schätzwerten für p_i und q_i über eins und kleiner als null (z. B. Stokes 1969), obwohl diese Werte logischerweise nur zwischen null und eins liegen können. Shively (1969) diskutierte die möglichen Ursachen für solche unsinnigen Schätzungen, ohne daß er allerdings eine verläßliche Vorgehensweise zur Abhilfe entwickeln konnte. Ebenso wie Calot und Bohley (1970) regte schon Goodman (1953) an, die Bedingung, daß die Parameterschätzungen zwischen null und eins liegen müssen, in das zur Schätzung herangezogene Regressionsprogramm einzubauen. Pappi (1977) ist allerdings zuzustimmen, wenn er sagt, daß die Beherzigung dieses Ratschlages zu „Schönheitsoperationen" führt, welche es unmöglich machen, an unbrauchbaren Schätzergebnissen Verletzungen der Annahmen der Methode zu erkennen.

In diesem Beitrag wird deshalb das Wahlverhalten der Arbeitslosen bei der Bundestagswahl 1980 nicht mit ökologischer Regression unter Randbedingungen geschätzt, sondern mit einer etwas andersartigen Erweiterung des Goodmanschen Verfahrens, die auf einer sehr einfachen Idee beruht und am obigen Beispiel skizziert werden kann. Die Spezifikation von (2) als Regressionsmodell unterstellt, wie gesagt, daß p_i und q_i in allen Aggregateinheiten gleich oder zumindest um die wahren Populationsmittelwerte zufallsverteilt sind. Ist diese Annahme verletzt, braucht man sich über logisch unzulässige Schätzergebnisse nicht zu wundern. In unserem Beispiel ist diese Annahme sicher verletzt, denn die gesamte Wahlbeteiligung ist nicht überall im Bundesgebiet gleich hoch. Da die überwiegende Mehrheit der Wahlberechtigten nicht arbeitslos ist, muß zumindest ihre Wahlbeteiligung (q_i) in verschiedenen Regionen verschieden hoch sein. Die Wahlbeteiligung in der Bundesrepublik ist besonders hoch in den mittleren Gemeindegrößenklassen und besonders niedrig in Großstädten. Deshalb bietet es sich an, die zu schätzenden „Regressionskonstanten" p_i und q_i selbst als Variablen aufzufassen, etwa als nichtlineare Funktionen der Bevölkerungsdichte der jeweiligen regionalen Einheiten. Im übernächsten Abschnitt soll geklärt werden, ob eine solche einfache Ergänzung der ökologischen Regressionsanalyse, die bislang in der Literatur meines Wissens nur an einer einzigen Stelle angeregt und durchgeführt worden ist[2], zu schätzbaren Modellen und akzeptablen Resultaten über die Wahlbeteiligung der Arbeitslosen bei der Bundestagswahl 1980 führen kann. Anschließend wird dann untersucht, ob man nach der gleichen Logik auch die Stimmenverteilung dieses Personenkreises in den Griff bekommen kann. Zuvor aber einige Worte zu den verwandten Daten.

3. Daten

Für die Zwecke dieser Untersuchung stand ein Wahl- und Sozialstrukturdatensatz auf der Ebene der 248 Wahlkreise bei der Bundestagswahl 1980 zur Verfügung[3]. Die erforderliche Zahl der wahlberechtigten Arbeitslosen je Wahlkreis wurde wie folgt geschätzt: Zunächst wurde die Arbeitslosenquote vom September 1980 unter Verwendung eines auf die regionale Verteilung der Erwerbspersonen gestützten Näherungsverfahrens von den entsprechenden Arbeitsamts- und Arbeitsamtsnebenstellenbezirken auf die einzelnen Wahlkreise umgerechnet und in den Datensatz eingelesen[4]. Aus diesen Arbeitslosenquoten, den wahlkreisspezifischen Zahlen der von Deutschen besetzten Arbeitsplätze, ihren Anteilen von abhängig Beschäftigten und ihren Ausländeranteilen läßt sich die Zahl der wahlberechtigten Arbeitslosen im Wahlkreis annähern, sofern man annimmt, daß die Relation zwischen Ausländerarbeitslosigkeit und Gesamtarbeitslosigkeit bundesweit einheitlich und der Anteil der deutschen Arbeitslosen unter 18 Jahren an der Gesamtzahl der deutschen Arbeitslosen in allen Wahlkreisen der gleiche ist. Die derart berechneten Zahlen der wahlberechtigten Arbeitslosen in den Wahlkreisen bilden die Grundlage der nachfolgenden Auswertungen, bei denen als Wahlergebnisse grundsätzlich Zweitstimmenzahlen und -anteile herangezogen werden.

4. Wahlbeteiligung

Kommen wir nun endlich zum Versuch der empirischen Bestimmung des Wahlverhaltens der Arbeitslosen bei der Bundestagswahl 1980. Die ersten analytischen Schritte zur Ermittlung ihrer Wahlbeteiligung wurden bereits oben bei der Vorstellung der ökologischen Regression nach Goodman vollzogen. Bei Einbeziehung eines Fehlerterms kann Gleichung (2) durch bivariate Regression geschätzt werden. Das Ergebnis dieser Schätzung lautet $\hat{p} = 0{,}186$ und $\hat{q} = 0{,}902$. Ihm ist jedoch zu mißtrauen, weil einerseits die für die Arbeitslosen geschätzte Wahlbeteiligung ($\hat{p}$) extrem niedrig ist und weil andererseits das mit dem Anteil der Arbeitslosen an den Wahlberechtigten gewichtete Mittel aus $\hat{p}$ und $\hat{q}$ deutlich über der tatsächlichen mittleren Wahlbeteiligung von 88,6 Prozent liegt. Dieses unbrauchbare Resultat verwundert kaum, haben wir doch bereits die Annahme als unzutreffend erkannt, daß p und q über alle Wahlkreise hinweg gleich seien.

Die Wahlbeteiligung in der Bundesrepublik ist bei mittlerer Bevölkerungsdichte am höchsten, bei höchster Bevölkerungsdichte am niedrigsten und sie liegt auf dem Land im Mittelbereich (Lavies 1973, Wernicke 1976). Dies kann man berücksichtigen, wenn man p und q nicht mehr als Konstanten, sondern selbst als Variablen auffaßt mit der Bevölkerungsdichte (D, gemessen in 1000 Einwohnern je Quadratkilometer) und ihrem Quadrat – um die Nichtlinearität der Beziehung zu erfassen – als wichtigsten Prädiktoren. Um zu berücksichtigen, daß die Arbeitslosigkeit im Wahlkreis auch einen Kontexteffekt auf die Wahlbeteiligung ausüben kann, sollen p und q überdies als Funktionen der Arbeitslosigkeit spezifiziert werden. Schreiben wir Y für die gesamte Wahlbeteiligung im Wahlkreis (A/T in Gleichung (2)) und X für den Anteil der wahlberechtigten Arbeitslosen an den Wahlberechtigten des Wahlkreises (B/T in Gleichung (2)), verzichten wir überdies der Bequemlichkeit halber auf den Index i für die einzelnen Wahlkreise, dann gilt mithin:

$$p = k_1 + k_2 X + k_3 D + k_4 D^2 \tag{3}$$

$$q = k_5 + k_6 X + k_7 D + k_8 D^2 \tag{4}$$

$$\begin{aligned} Y &= (p - q)\,X + q = \\ &(k_1 - k_5 + k_6)\,X + (k_2 - k_6)\,X^2 + (k_3 - k_7)\,DX + \\ &(k_4 - k_8)\,D^2 X + k_7 D + k_8 D^2 + k_5 \end{aligned} \tag{5}$$

Im Gegensatz zu Gleichung (2) ist dieses Modell jedoch unteridentifiziert, wenn (5) als multiple Regressionsgleichung aufgefaßt wird; den acht Unbekannten k_1 bis k_8 stehen in (5) nur sieben Koeffizientenschätzungen gegenüber. Dieses Problem läßt sich rein formal nicht lösen, sondern nur inhaltlich durch Zusatzannahmen. Die plausibelste Annahme, welche die übrigen Modellparameter sofort schätzbar macht, lautet $k_6 = 0$, daß also der Kontexteffekt der Arbeitslosigkeit im Wahlkreis auf die Wahlbeteiligung nur bei den Arbeitslosen selbst anfällt, nicht aber bei den sonstigen Wahlberechtigten. Diese Annahme ist nicht nur plausibel, sondern vor allem auch prinzipiell mit Hilfe von Umfragedaten überprüfbar (Rattinger 1982). Sie führt zu den folgenden Schätzergebnissen:

$$p' = 0{,}507 - 10{,}17\,X + 0{,}303\,D - 0{,}072\,D^2 \quad (6)$$
$$q' = 0{,}898 + 0{,}0015\,D - 0{,}017\,D^2 \quad (7)$$

Dabei bezeichnen p' und q' die bei gegebener Bevölkerungsdichte (D) und bei gegebenem Arbeitslosenanteil an den Wahlberechtigten (X) erwarteten Wahlbeteiligungen für Arbeitslose und sonstige Wahlberechtigte in einem bestimmten Wahlkreis. Den Vorteil der realitätsnäheren Schätzung der Wahlbeteiligung durch Öffnung des Modells für weitere unabhängige Variablen muß man dadurch erkaufen, daß man nun nicht mehr (wie aus (2)) sofort bundesweite Schätzungen der beiden Wahlbeteiligungsraten hat, sondern wahlkreisspezifische Prognosen, die sich aus den jeweiligen Bevölkerungsdichten und Arbeitslosenanteilen ergeben und die bundesweit oder für bestimmte Gruppen von Wahlkreisen gemittelt werden können. In der Tabelle 4 sind solche gewichteten Mittelwerte von p' und q' für alle 248 Wahlkreise und für sechs nach ihrer Bevölkerungsdichte klassifizierte Gruppen von Wahlkreisen wiedergegeben.

Tabelle 4: Wahlbeteiligung bei der Bundestagswahl 1980 laut ökologischer Regression

Bevölkerungsdichte (Einwohner/km^2)	Zahl der Wahlkreise	Wahlbeteiligung (%) arbeitslose Wahlberechtigte (p')	sonstige Wahlberechtigte (q')	Amtliches Wahlergebnis im Mittel der Wahlkreise
bis 100	25	34,7	89,5	88,5
100– 200	70	38,4	89,9	89,0
200– 400	55	42,2	89,8	89,0
400–1000	25	49,7	90,4	89,6
1000–2000	30	57,9	88,5	87,8
über 2000	43	55,4	88,2	87,5
Mittel aller Wahlkreise	248	45,3	89,4	88,6

Diese Schätzungen der Wahlbeteiligungsraten wiederholen den mit (2) erhaltenen Befund, daß die Arbeitslosen bei der Bundestagswahl 1980 eine wesentlich geringere Wahlbeteiligung hatten als die übrigen Wahlberechtigten, wenn auch der Abstand hier weniger drastisch ausfällt. Sie zeigen bei den nicht arbeitslosen Wahlberechtigten das vertraute Bild, daß ihre Wahlbeteiligung in den Großstädten am niedrigsten und bei mittlerer Bevölkerungsdichte am höchsten liegt. Sie zeigen ferner, daß die Wahlbeteiligung der Arbeitslosen sehr stark vom Urbanisierungsgrad und vom Niveau der Arbeitslosigkeit abhängt. Zwar wird die Wahlbeteiligung der Arbeitslosen auch in Großstädten noch um über 30 Prozentpunkte niedriger als diejenige der übrigen Wahlberechtigten geschätzt, auf dem flachen Land beträgt dieser Abstand aber über 50 Prozentpunkte. Die ohnehin geringe Neigung der Arbeitslosen, zur Wahl zu gehen, nimmt mit steigendem Niveau der Arbeitslosigkeit nochmals deutlich ab. Liegen in zwei Wahlkreisen mit gleicher Bevölkerungsdichte die Anteile der Arbeitslosen an den Wahlberechtigten um einen Prozentpunkt auseinander, dann ist im Wahlkreis mit der höheren Arbeitslosigkeit eine um 10,2 Prozentpunkte niedrigere Wahlbeteiligung der Arbeitslosen zu erwarten. Der aufgrund dieses Kontexteffektes prognostizierte Abstand in der Wahlbeteiligung der Arbeitslosen zwischen dem Wahlkreis mit dem geringsten Arbeitslosenanteil (0,6 Prozent der Wahlberechtigten) und dem Wahlkreis mit dem höchsten Arbeitslosenanteil (3,9 Prozent der Wahlberechtigten) beträgt – bei Vernachlässigung der Bevölkerungsdichte – immerhin 33,7 Prozent.

5. *Wahlverhalten*

Gehen wir nun über zur Verteilung der abgegebenen Stimmen auf die einzelnen politischen Parteien. Unter der Annahme, daß die Anteile der ungültigen Stimmen bei arbeitslosen und sonstigen Wählern gleich sind, gilt in jedem Wahlkreis für die CDU/CSU die folgende definitorische Gleichung (und analoge Gleichungen natürlich für die anderen Parteien):

$$\text{CDU/CSU-Stimmen} = p \cdot s \cdot \frac{\text{gültige Stimmen}}{\text{abgegebene Stimmen}} \cdot \text{wahlberechtigte Arbeitslose} + \\ + q \cdot s \cdot \frac{\text{gültige Stimmen}}{\text{abgegebene Stimmen}} \cdot \text{sonstige Wahlberechtigte} \qquad (8)$$

Die Wahlbeteiligung der jeweiligen Gruppe wird durch p bzw. q gemessen, der jeweilige CDU/CSU-Anteil an den von dieser Gruppe abgegebenen gültigen Stimmen durch r und s. Für p und q liegen aus (6) und (7) für jeden Wahlkreis als p' und q' bezeichnete Schätzungen vor. Setzt man

$$p' \cdot \text{wahlberechtigte Arbeitslose} = \text{von Arbeitslosen abgegebene Stimmen}$$

und

$$q' \cdot \text{sonstige Wahlberechtigte} = \text{von sonstigen Wahlberechtigten abgegebene Stimmen}$$

dann läßt sich (8) schreiben als:

$$\frac{\text{CDU/CSU-Stimmen} \cdot \text{abgegebene Stimmen}}{\text{gültige Stimmen}} = \\ = r \cdot \text{von Arbeitslosen abgegebene Stimmen} + \\ + s \cdot \text{von sonstigen Wahlberechtigten abgegebene Stimmen}$$

Division durch die Zahl der von den sonstigen Wahlberechtigten abgegebenen Stimmen ergibt:

$$\frac{\text{CDU/CSU-Stimmen} \cdot \text{abgegebene Stimmen}}{\text{gültige Stimmen} \cdot \text{von sonstigen Wahlberechtigten abgegebene Stimmen}} = \\ = r \cdot \frac{\text{von Arbeitslosen abgegebene Stimmen}}{\text{von sonstigen Wahlberechtigten abgegebenen Stimmen}} + s \qquad (9)$$

Schreibt man für den Quotienten auf der linken Seite der Gleichung (9) Z und für den Quotienten aus von Arbeitslosen und von sonstigen Wahlberechtigten abgegebenen Stimmen U, dann wird aus (9):

$$Z = rU + s \qquad (10)$$

Mit Hilfe der Schätzungen für p' und q' sind die Werte von Z und U für jeden Wahlkreis berechenbar. Man könnte dann natürlich (10) durch Einführung eines Fehlerterms als bivariate Regressionsgleichung über alle Wahlkreise hinweg schätzen. Diese Idee wäre offenkundig abwegig, würde dabei doch vorausgesetzt, daß r und s, die jeweiligen Stimmenanteile der CDU/CSU, in allen Wahlkreisen annähernd gleich seien. Der CDU/CSU-Zweitstimmenanteil in den Wahlkreisen bewegt sich aber zwischen 25,3 und 70,4 Prozent. Da die große Mehrheit der Wahlberechtigten nicht arbeitslos ist, muß s etwa den gleichen Wertebereich haben. Von im Querschnitt halbwegs gleichen Stimmenanteilen kann mithin mitnichten die Rede sein.

Ein Versuch, dieses Problem zu lösen, könnte in der Gruppierung der Wahlkreise nach ihren CDU/CSU-Zweitstimmenanteilen bestehen, so daß ökologische Regressionen getrennt für verschiedene Gruppen von nach diesem Kriterium halbwegs homogenen Wahlkreisen berechnet würden (Shively 1969). Nach den in den voranstehenden Abschnitten vorgetragenen Überlegungen erscheint es aber sinnvoller, r und s, wie schon p und q, als Variablen anstatt als Konstanten aufzufassen. Damit stellt sich die Frage, als Funktion welcher Variablen r und s zu spezifizieren sind. Die Antwort auf diese Frage läßt sich aus wohlbekannten Erfahrungen über die ökologischen Korrelate von Stimmenverteilungen in der Bundesrepublik ableiten. Schichtung, Konfession und formales Bildungsniveau gehören zu denjenigen sozialstrukturellen Merkmalen, die auf der Aggregatebene am engsten mit dem Abschneiden der verschiedenen politischen Parteien zusammenhängen. Gestützt auf eine Aggregatdatenanalyse der Bundestagswahl 1980 (Rattinger 1982) wurden die folgenden Indikatoren als besonders wirkungsmächtig ausgewählt: die Anteile der Selbständigen und der Arbeiter an den Erwerbspersonen und die Anteile der Katholiken und der Abiturienten an der Wohnbevölkerung. Um die ebenfalls wohlbekannte Tatsache zu berücksichtigen, daß Sozialstruktur und Wahlergebnisse nicht über die gesamte Bundesrepublik hinweg gleichförmig miteinander zusammenhängen, wurden diese vier Merkmale in jeweils drei Variablen für die Regionen Nord (Schleswig-Holstein, Hamburg, Niedersachsen, Bremen), Mitte (Nordrhein-Westfalen, Hessen) und Süd (Rheinland-Pfalz, Baden-Württemberg, Bayern, Saarland) aufgespalten.

Zusätzlich zu diesen Indikatoren wurden in die Reihe der Erklärungsvariablen für die CDU/CSU-Stimmenanteile wiederum der Urbanisierungsgrad der Wahlkreise[5] (einfache und quadrierte Bevölkerungsdichte) und schließlich die Arbeitslosenquote vom September 1980 aufgenommen, um Kontextwirkungen der Arbeitsmarktlage auf die Stimmabgabe von Arbeitslosen und sonstigen Wahlberechtigten zu erfassen. Auf die Einbeziehung der Indikatoren für Schichtung, Konfessionsverteilung und Bildungsniveau in die Gleichung für den CDU/CSU-Stimmenanteil bei Arbeitslosen wurde zunächst unter der Annahme verzichtet, daß der politische Effekt der individuellen Arbeitslosigkeit die Auswirkungen der sozialstrukturellen Zusammensetzung des Wahlkreises überlagert, das Wahlverhalten der Arbeitslosen also nur von der Arbeitslosigkeit als Individual- und als Kontextgröße und vom Verstädterungsgrad abhängt. Damit schreiben wir also für r und s:

$$r = k_9 + k_{10}\,\text{Arbeitslosenquote}_{\text{September 1980}} + k_{11}D + k_{12}D^2 \quad (11)$$

$$s = k_{13} + k_{14}\,\text{Arbeitslosenquote}_{\text{September 1980}} + k_{15}D + k_{16}D^2 + \\ + k_{17}\,\text{Arbeiteranteil}_{\text{Nord}} + k_{18}\,\text{Arbeiteranteil}_{\text{Mitte}} + k_{19}\,\text{Arbeiteranteil}_{\text{Süd}} + \\ + k_{20}\,\text{Selbständigenanteil}_{\text{Nord}} + k_{21}\,\text{Selbständigenanteil}_{\text{Mitte}} + k_{22}\,\text{Selbständigenanteil}_{\text{Süd}} + \\ + k_{23}\,\text{Katholikenanteil}_{\text{Nord}} + k_{24}\,\text{Katholikenanteil}_{\text{Mitte}} + k_{25}\,\text{Katholikenanteil}_{\text{Süd}} + \\ + k_{26}\,\text{Abiturientenanteil}_{\text{Nord}} + k_{27}\,\text{Abiturientenanteil}_{\text{Mitte}} + k_{28}\,\text{Abiturientenanteil}_{\text{Süd}} \quad (12)$$

Durch Einsetzen von (11) und (12) wird aus (10):

$$Z = k_9U + k_{10}U \cdot \text{Arbeitslosenquote}_{\text{September 1980}} + k_{11}UD + k_{12}UD^2 + \\ + k_{13} + k_{14}\,\text{Arbeitslosenquote}_{\text{September 1980}} + k_{15}D + k_{16}D^2 + \\ + k_{17}\,\text{Arbeiteranteil}_{\text{Nord}} + k_{18}\,\text{Arbeiteranteil}_{\text{Mitte}} + k_{19}\,\text{Arbeiteranteil}_{\text{Süd}} + \\ + k_{20}\,\text{Selbständigenanteil}_{\text{Nord}} + k_{21}\,\text{Selbständigenanteil}_{\text{Mitte}} + k_{22}\,\text{Selbständigenanteil}_{\text{Süd}} + \\ + k_{23}\,\text{Katholikenanteil}_{\text{Nord}} + k_{24}\,\text{Katholikenanteil}_{\text{Mitte}} + k_{25}\,\text{Katholikenanteil}_{\text{Süd}} + \\ + k_{26}\,\text{Abiturientenanteil}_{\text{Nord}} + k_{27}\,\text{Abiturientenanteil}_{\text{Mitte}} + k_{28}\,\text{Abiturientenanteil}_{\text{Süd}} \quad (13)$$

Die Koeffizienten dieser Gleichung (13) können mittels multipler Regression für CDU/CSU, SPD, FDP und sonstige Parteien geschätzt werden, wobei jeweils nur Z für jede Partei neu definiert zu werden braucht. k_9, k_{11} bis k_{13} und k_{15} bis k_{28} interessieren uns hier inhaltlich nicht. Größenordnung und Vorzeichen dieser Parameter reflektieren die bekannten Beziehungen zwischen Sozialstruktur und Stimmenverteilungen auf Wahlkreisebene. Deshalb werden sie hier nicht tabellarisch wiedergegeben. Andererseits messen k_{10} und k_{14} den Kontexteffekt der Arbeitslosigkeit bei arbeitslosen und nicht arbeitslosen Wahlberechtigten und sind deshalb in Tabelle 5 wiedergegeben. Im Gegensatz zum Kontexteffekt kann die politische Auswirkung individueller Arbeitslosigkeit nicht einfach in einigen Koeffizienten sichtbar gemacht werden. Vielmehr ist es notwendig, wie schon bei p' und q', (11) und (12) unter Verwendung der Schätzergebnisse von (13) als Prognosegleichungen für r' und s' umzuschreiben, daraus die prognostizierten Stimmenverteilungen der einzelnen Wahlkreise abzuleiten und sie insgesamt oder für einzelne Gruppen von Wahlkreisen zu mitteln.

Den in Tabelle 6 wiedergegebenen Stimmenverteilungen unter arbeitslosen Wählern liegt jedoch eine etwas andere Berechnungsweise zugrunde. Wegen (10) muß für jeden Wahlkreis $r' = (Z - q')/U$ gelten. Den Schätzungen der Koeffizienten von (12) kann man wegen der expliziten und ausführlichen Berücksichtigung der Sozialstruktur und wegen der geringen Fallzahlen der wahlberechtigten Arbeitslosen wahrscheinlich eher trauen als denjenigen der Koeffizienten von (11). Das geschätzte Wahlverhalten der Arbeitslosen (r') wurde also Wahlkreis für Wahlkreis aus der bekannten tatsächlichen Stimmenverteilung und dem geschätzten Wahlverhalten der nicht arbeitslosen Wahlberechtigten (s') errechnet, um in Tabelle 6 das Wahlverhalten beider Gruppen insgesamt und in den analog zu Tabelle 4 gruppierten Wahlkreisen darstellen zu können.

Tabelle 5: Kontexteffekte der Arbeitslosenquote vom September 1980 auf die Stimmenanteile der Parteien in den Wahlkreisen (unstandardisierte Regressionskoeffizienten aus Gleichung (13), N = 248)

	CDU/CSU	SPD	FDP	Sonstige
arbeitslose Wahlberechtigte (k_{10})	–0,047	0,015	–0,007	0,038*
sonstige Wahlberechtigte (k_{14})	–0,023*	0,029*	–0,005	0,000

*p < 0,05 (zweiseitig)

Tabelle 6: Zweitstimmenanteile bei der Bundestagswahl 1980 laut ökologischer Regression (in Prozent der gültigen Stimmen)

			Bevölkerungsdichte (Einwohner/km^2)						Mittel aller Wahlkreise
			bis 100	100 –200	200 –400	400 –1000	1000 –2000	über 2000	
arbeitslose Wahlberechtigte	(r')	CDU/CSU	42,1	33,9	25,8	35,6	28,0	31,0	31,9
		SPD	51,6	52,5	53,7	54,5	57,8	60,3	54,9
		FDP	2,6	2,7	3,2	1,3	1,8	0,9	2,2
		Sonstige	3,9	10,9	17,2	8,6	12,4	7,8	11,0
sonstige Wahlberechtigte	(s')	CDU/CSU	55,1	50,4	45,6	41,0	37,9	35,2	44,7
		SPD	34,6	38,6	41,6	54,4	48,5	50,2	42,7
		FDP	8,5	9,3	11,0	11,8	11,7	12,4	10,7
		Sonstige	1,8	1,8	1,8	1,8	1,9	2,3	1,9
Amtliches Wahlergebnis im Mittel der Wahlkreise		CDU/CSU	55,0	50,3	45,5	40,9	37,8	35,1	44,6
		SPD	34,7	38,7	41,7	45,5	48,6	50,2	42,8
		FDP	8,4	9,2	10,9	11,7	11,6	12,3	10,6
		Sonstige	1,9	1,8	1,9	1,9	2,1	2,4	2,0

Die Ergebnisse der hier vorgeführten Erweiterung der ökologischen Regression über das Wahlverhalten der Arbeitslosen bei der Bundestagswahl 1980 lassen sich folgendermaßen zusammenfassen: Die Arbeitslosen zeigten, soweit sie überhaupt zur Wahl gingen, der FDP die kalte Schulter und wählten auch die CDU/CSU zu einem deutlich geringeren Anteil als die übrigen Wähler. Ihre politische Vorliebe konzentrierte sich mit einer deutlichen absoluten Stimmenmehrheit auf die Sozialdemokraten, und auch die sonstigen Parteien konnten bei den Arbeitslosen einen beträchtlichen Erfolg verbuchen. Insgesamt gesehen hing das Wahlverhalten der sich an der Wahl beteiligenden Arbeitslosen weniger mit dem Urbanisierungsgrad zusammen als dasjenige der übrigen Wähler. Zwar gilt auch bei den Arbeitslosen, daß mit zunehmender Verstädterung der CDU/CSU-Anteil ab- und der SPD-Anteil zunimmt; bei den übrigen Wählern sind diese Abweichungen von den Gesamtmitteln jedoch weit deutlicher ausgeprägt. Angesichts der starken Abhängigkeit der Wahlbeteiligung der Arbeitslosen von der Besiedlungsdichte könnte diese Beobachtung dadurch erklärt werden, daß im kleinstädtischen und ländlichen Milieu die potentiellen Wähler von CDU und CSU unter den Arbeitslosen in besonders hohem Maße der Wahl fernblieben, so daß sich innerhalb dieser Gruppe die Mehrheitsverhältnisse bei den gültigen Stimmen umkehrten.

Die Kontexteffekte der Arbeitsmarktlage folgen weitgehend den Befunden über die Wirkungen der individuellen Betroffenheit. Der Stimmenanteil von CDU und CSU lag bei Arbeitslosen wie bei den übrigen Wählern – ceteris paribus – um so niedriger, je höher die Arbeitslosigkeit im Wahlkreis, wobei dieser Kontexteffekt bei den Arbeitslosen stärker ausgeprägt war. Dasselbe Muster ist bei der FDP zu beobachten. Positiv wirkte sich relativ hohe Arbeitslosigkeit im Wahlkreis auf die Stimmenanteile der SPD bei arbeitslosen und bei sonstigen Wählern aus und ebenso auf den Anteil der von Arbeitslosen für sonstige Parteien abgegebenen Stimmen. Das Abschneiden der sonstigen Parteien bei nicht arbeitslosen Wahlberechtigten war von der regionalen Arbeitsmarktlage völlig unabhängig.

6. Diskussion

Die Fragestellung dieses Beitrages lautete: „Wie wählten die Arbeitslosen bei der Bundestagswahl 1980?". Dies ist eine sehr begrenzte Fragestellung, und ebenso begrenzt sind die Ergebnisse. Es sollte und konnte nur Deskription geliefert werden der Wahlbeteiligung und der Stimmenverteilungen bei den Arbeitslosen im Vergleich zu den übrigen Wahlberechtigten. Die vorgeführte Erweiterung der ökologischen Regression erlaubte keine Differenzierung der Arbeitslosigkeit, die sicherlich in die verschiedensten Milieus zerfällt. Jugendliche Arbeitslose oder eine Halbtagsbeschäftigung suchende Frauen, Hochschulabsolventen oder ältere Facharbeiter, ungelernte Arbeitslose oder qualifizierte Angestellte werden sich sicherlich in der politischen Ausdrucksform ihrer Reaktion auf die Erwerbslosigkeit unterscheiden, die überdies auch von der bisherigen Dauer dieses Zustandes abhängen dürfte. Während bei einigen Gruppen Konsequenzen für politische Einstellungen und Verhaltensweisen gänzlich fehlen können, dürften sie bei anderen Gruppen um so stärker sein. All diese notwendigen Differenzierungen sind im Rahmen des hier verfolgten Ansatzes ebensowenig durchführbar wie die Untersuchung der Einstellungsmuster, die zwischen der Erfahrung unfreiwilligen Arbeitsplatzverlustes und möglichen Veränderungen im Bereich des politischen Verhaltens liegen. Schon die Sorge um den Arbeitsplatz oder die Angst, nach Beendigung der Ausbildung arbeitslos zu werden, können Konsequenzen für das politische Verhalten haben. Auch zu dieser Thematik kann selbst die raffinierteste Aggregatdatenanalyse nichts beitragen. Wahlbeteiligung und Stimmenverteilungen der Arbeitslosen in ihrer Gesamtheit zu schätzen, ist ein kleiner deskriptiver Ausschnitt aus der Gesamtproblematik. Methodologisch ist schon dieser kleine Ausschnitt aufwendig genug.

Die erarbeiteten Ergebnisse zur Beschreibung des Wahlverhaltens der Arbeitslosen sehen plausibel genug aus, um die Folgerung zu wagen, daß die hier entwickelte Erweiterung der ökologischen Regressionsanalyse die Brauchbarkeit dieses Instruments wesentlich verbessern kann. Nicht nur haben wir keine unsinnigen oder logisch unmöglichen Schätzungen erhalten, sondern – zumindest der Richtung nach – Befunde, die früheren Umfragen unter Arbeitslosen halbwegs entsprechen, daß diese Personengruppe nämlich in ihrer Gesamtheit politisch weniger aktiv ist und überdurchschnittlich zu den Sozialdemokraten, unterdurchschnittlich zu den bürgerlichen Parteien neigt. Abweichend von den früheren Umfragen finden wir aber, daß die Arbeitslosen – sofern sie überhaupt wählen – sehr wohl eher als die übrigen Wahlberechtigten Gruppierungen außerhalb des etablierten Parteienspektrums bevorzugen. Diese Beobachtung wird durch einen Versuch unterstützt (Rattinger 1982), mehrere Umfragedatensätze aus dem Jahre 1980 zusammenzufassen, um die Fallzahl der Arbeitslosen zu erhöhen. Daß Apathie die einzige Form des politischen Protestes der Arbeitslosen ist, scheint für die Bundestagswahl 1980 nicht mehr zu gelten.

Angesicht der Begrenzungen von Fragestellung und Ergebnissen dieser Analyse mag es voreilig sein, nach ihren Schlußfolgerungen für die Geltung theoretischer Aussagen zum Zusammenhang von ökonomischen Variablen und politischen Resultaten zu fragen. Sollte man derlei dennoch verlangen, dann liegen die Antworten auf der Hand: Eine in Anlehnung an Downs (1957) formulierte „Anti-Regierungs-Hypothese", die als Reaktion auf Unzufriedenheit mit der ökonomischen Lage eine Stärkung der Opposition auf Kosten der Regierung vorhersagt, findet keine Bestätigung. Persönliche Betroffenheit von Arbeitslosigkeit ging bei der Bundestagswahl 1980 ebenso wie relativ hohe Erwerbslosigkeit im Wahlkreis mit einer Verstärkung der Sozialdemokraten gegenüber den bürgerlichen Parteien CDU/CSU und FDP einher, was eher einer „Klientelenhypothese" (Rattinger und Puschner 1981) entspricht, wonach ökonomische Problemlagen eher zur Unterstützung derjenigen politischen Kräfte führen sollten, die als traditionelle Interessenvertretung der davon hauptsächlich betroffenen Bevölkerungsgruppen und als besonders lösungskompetent angesehen werden.

Daß die SPD im Sinne der „Klientelenhypothese" auf Kosten ihres Koalitionspartners und der christdemokratischen Oppositionsparteien von den Arbeitslosen selbst und auch von den übrigen Wählern mit zunehmender regionaler Arbeitslosigkeit favorisiert wurde, ist aber nicht die einzige bemerkenswerte politische Begleiterscheinung der Arbeitsmarktlage bei der Bundestagswahl 1980. Bei den Arbeitslosen kann überdies auch ein gewisser Anti-System-Effekt beobachtet werden, der sich sehr deutlich in politischer Apathie und – weniger stark aber doch klar ausgeprägt – in „Protestwahl" für andere als die vier etablierten Parteien niederschlug. Nach den hier erarbeiteten Schätzungen war bei der Bundestagswahl 1980 die Wahrscheinlichkeit, daß ein Arbeitsloser zur Wahl gehen würde, nur etwa halb so hoch wie bei einem nicht arbeitslosen Wahlberechtigten. Die Wahrscheinlichkeit der Stimmabgabe für NPD, DKP oder die Grünen lag andererseits bei denjenigen Arbeitslosen, die dennoch zu Wahl gingen, fast sechsmal so hoch wie bei den übrigen Wählern. Bei einer höheren Wahlbeteiligung der Arbeitslosen wäre dies höchstwahrscheinlich nicht in diesem Ausmaß der Fall gewesen. Über die politischen Vorlieben der zu Hause gebliebenen Arbeitslosen kann man natürlich aufgrund von Aggregatdaten nichts aussagen, man kann aber vermuten, daß die SPD-Anhänger und die „Protestwähler" unter den Arbeitslosen im Oktober

1980 noch am ehesten den Weg zu den Wahlurnen gefunden haben. Die bürgerlichen Parteien jedenfalls konnten weder von Apathie noch von Protest als den zwei Komponenten der politischen Unzufriedenheit der Arbeitslosen profitieren, wie man das nach Downs hätte erwarten sollen. Beide Komponenten waren schließlich deutlich vom Kontext abhängig: Je höher die regionale Erwerbslosenquote zum Zeitpunkt der Wahl, desto stärker wich – ceteris paribus – die Wahlbeteiligung der Arbeitslosen und ihr Stimmenanteil für die sonstigen Parteien vom Verhalten der übrigen Wahlberechtigten ab.

Der Dauercharakter der gegenwärtigen Arbeitslosigkeit verschafft der Untersuchung ihrer politischen Folgen erhebliche Bedeutung. Wegen der technischen, methodischen und juristischen Probleme von Umfragen unter Arbeitslosen kommt der Aggregatdatenanalyse dabei ein besonderer Stellenwert zu. Die Gefahr ökologischer Fehlschlüsse und die Tatsache, daß Verfahren zu ihrer Umgehung – namentlich also die hier verfeinerte Methode der ökologischen Regression – noch nicht den Status standardisierter und in ihren Grundlagen völlig abgeklärter Prozeduren erreicht haben, lassen es angezeigt erscheinen, der Weiterentwicklung und Absicherung dieser Methode hohe Priorität zuzumessen. Mit präziser Deskription wird die zukünftige Forschung es aber nicht bewenden lassen wollen. Auf ihrer Tagesordnung wird neben dem „*wie?*" auch das „*warum?*" stehen müssen. Wählten die Arbeitslosen so, wie sie wählten, *weil* sie arbeitslos waren – oder hing ihre Stimmabgabe mit den Besonderheiten ihrer Verteilung auf irgendwelchen dritten Variablen zusammen? Besonders vordringlich ist dabei natürlich die Untersuchung der Rolle der Parteibindung. Bisherige Auswertungen von Umfragedaten (Rattinger 1982) legen den Schluß nahe, daß unter Berücksichtigung dieser Einstellungsbündel die CDU/CSU bei den Arbeitslosen ganz normal abgeschnitten hat, während sie die SPD eigentlich noch viel stärker hätten favorisieren müssen, so daß also durch die starken Bindungen der Arbeitslosen an die Sozialdemokraten abgemilderte Gewinne der sonstigen Parteien auf Kosten der SPD das wichtigste politische Resultat der Arbeitslosigkeit bei der Bundestagswahl 1980 gewesen wären. Bei einer derartigen Analyse der kausalen Mechanismen der Wahlentscheidung auf individueller Ebene unter Berücksichtigung von Drittvariablen könnten sich natürlich die soeben formulierten Schlußfolgerungen über die Bewährung verschiedener theoretischer Modelle umkehren. Sie sind ebenso vorläufiger Natur wie die hier zuwege gebrachte Beschreibung des Wahlverhaltens der Gesamtheit der Arbeitslosen.

Anmerkungen

1 So etwa in der Studie „Arbeitslosigkeit: Arbeitssuche, berufliche Mobilität, Arbeitsvermittlung und -beratung" des Bundesministeriums für Arbeit und Sozialordnung (Zentralarchiv-Nr. 1083).

2 Nach der ersten Vorstellung dieser Überlegungen bei der Arbeitstagung der Arbeitsgruppe in München im Mai 1982 machte mich Jürgen W. Falter freundlicherweise darauf aufmerksam, daß in der Monographie von Lewin, Jansson und Sörbom (1972) diese grundsätzliche Neuerung bereits entwickelt und angewandt wurde. Außer der Rezension von Miller (1973) ist mir bisher kein Verweis auf diese Studie begegnet.

3 Für die Überlassung dieses Datensatzes danke ich Herrn Gerd Mielke vom Seminar für wissenschaftliche Politik der Universität Freiburg. Neben den Ergebnissen der Bundestagswahl 1980 enthält der Datensatz Materialien über Bevölkerung, Erwerbstätigkeit, Stellung im Beruf, Aus-

bildung, Konfession, Urbanisierung und Bevölkerungsdichte aus der Volkszählung 1970 und aus verschiedenen Fortschreibungen und amtlichen Spezialerhebungen aus den Jahren 1977 bis 1979.

4 Die Umrechnung besorgte dankenswerterweise Herr Zoltan Juhasz, Bamberg. Die Arbeitslosenquoten vom September 1980 für die Gebietseinheiten der Arbeitsverwaltung stammen aus den *Amtlichen Nachrichten der Bundesanstalt für Arbeit.*

5 Das hier beschriebene Verfahren wurde zunächst ohne Berücksichtigung des Quadrats der Bevölkerungsdichte durchgeführt, d.h. mit $k_{12} = k_{16} = 0$. Dabei stellte es sich jedoch heraus, daß derart die Stimmenanteile der beiden großen Parteien bei den nicht arbeitslosen Wahlberechtigten in Wahlkreisen mit mittlerer Bevölkerungsdichte deutlich über- bzw. unterschätzt wurden und jeweils umgekehrt in ländlichen und großstädtischen Wahlkreisen. Dieser offensichtlichen Nichtlinearität der Zusammenhänge kann durch Berücksichtigung von D^2 in (11) und (12) Rechnung getragen werden.

Literatur

Abromeit, H. (1977): Interessendurchsetzung in der Krise. In: Aus Politik und Zeitgeschichte 27, S. 15–37.

Bahnmüller, R. (1978): Arbeitslose als politisches Konfliktpotential? In: *A. Wacker* (ed): Vom Schock zum Fatalismus? Frankfurt. S. 107–133.

Calot, G. und *P. Bohley* (1970): Die Wechselwähler in Hessen: Die Anwendung eines Regressionsmodells. In: Zeitschrift für die gesamte Staatswissenschaft 126. S. 126–150.

Downs, A. (1957): An Economic Theory of Democracy. New York.

Duncan, O. D. und *B. Davis* (1953): An Alternative to Ecological Correlation. In: American Sociological Review 18. S. 665–666.

Frey, B. S. und *F. Schneider* (1975): On the Modelling of Politico-Economic Interdependence'. In: European Journal of Political Research 3. S. 339–360.

Goodman, L. A. (1953): Ecological Regressions and the Behavior of Individuals. In: American Sociological Review 18. S. 663–664.

Goodman, L. A. (1959): Some Alternatives to Ecological Correlation. In: American Journal of Sociology 64. S. 610–625.

Heinemann, K. (1978): Arbeitslose Jugendliche. Darmstadt.

Heinemann, K., P. Röhrig und *R. Stadié* (1980): Arbeitslose Frauen im Spannungsfeld von Erwerbstätigkeit und Hausfrauenrolle. Melle.

Hentschel, U., C. Möller und *R. Pintar* (1977): Zur Lage der Arbeitslosen in Nordrhein-Westfalen (Forschungsbericht, Institut zur Erforschung sozialer Chancen). Köln.

Hentschel, U. (1978): Politische Einstellungen von Arbeitslosen. In: *A. Wacker* (ed): Vom Schock zum Fatalismus? Frankfurt, S. 92–106.

Lewin, L., B. Jansson und *D. Sörbom* (1972): The Swedish Electorate 1887–1968. Stockholm.

Miller, W. L. (1972): New Methods for Ecological Analysis. In: European Journal of Political Research 1. S. 293–298.

Pappi, F. U. (1977): Aggregatdatenanalyse. In: *J. van Koolwijk* und *M. Wieken-Mayser* (eds): Techniken der empirischen Sozialforschung, Band 7: Datenanalyse. München. S. 78–110.

Pintar, R. (1978): Betroffenheit durch Arbeitslosigkeit. In: *T. Kutsch* und *G. Wiswede* (eds): Arbeitslosigkeit II. Königstein. S. 14–95.

Rattinger, H. und *W. Puschner* (1981): Ökonomie und Politik in der Bundesrepublik: Wirtschaftslage und Wahlverhalten 1953–1980. In: Politische Vierteljahresschrift 22. S. 264–286.

Rattinger, H. (1982): Arbeitslosigkeit, Apathie und Protestpotential: Zu den Auswirkungen der Arbeitsmarktlage auf das Wahlverhalten bei der Bundestagswahl 1980. Erscheint in: *M. Kaase* und *H.-D. Klingemann* (eds): Wahlen und politische Kultur: Studien zur Bundestagswahl 1980. Opladen.

Robinson, W. S. (1950): Ecological Correlations and the Behavior of Individuals. In: American Sociological Review 15. S. 351–357.

Roth, D. (1977): Ökonomische Situation und Wahlverhalten: Das Beispiel Arbeitslosigkeit. In: Politische Vierteljahresschrift 18. S. 537–550.

Schauff, J. (1975): Die deutschen Katholiken und die Zentrumspartei: Eine politisch-statistische Untersuchung der Reichstagswahlen seit 1871, Köln 1928; abgedruckt als: Das Wahlverhalten der deutschen Katholiken im Kaiserreich und in der Weimarer Republik. Mainz.

Schilling, R. (1978): Massenarbeitslosigkeit und regionale Wirtschaftspolitik. In: Hochschule für Wirtschaft und Politik Hamburg (ed): Arbeitsmarktpolitik. Opladen. S. 104–122.

Shively, W. P. (1969): ‚Ecological' Inference: The Use of Aggregate Data to Study Individuals. In: American Political Science Review 63. S. 1183–1196.

Stokes, D. F. (1968): Cross Level Inference as a Game Against Nature. In: *J. L. Bernd* (ed): Mathematical Applications in Political Science. Charlottesville. S. 62–84.

Teil 4: Konflikt und Kooperation zwischen Staaten

7. Äußere und innere Voraussetzungen der Entspannungspolitik Eine Untersuchung zu elf ausgewählten Hypothesen

Daniel Frei und *Dieter Ruloff*

Die besondere Gestaltung der Ost-West-Beziehungen, die man seit den sechziger Jahren als „Entspannung" bezeichnet, findet sich in ihrer Beurteilung immer heftiger umstritten. Die in der wissenschaftlichen und publizistischen Diskussion geäußerten Befunde reichen von der lapidaren Feststellung „Entspannung ist tot" bis zu Zweckoptimismus oder gar der unerschütterlichen Zuversicht. Viele begnügen sich mit der nicht weiter hinterfragten Meinung, daß den Regierungen in Ost und West angesichts des Risikos einer Eskalation ihres Konflikts in den Bereich eines nuklearen Duells gar nichts anderes übrig bleibe, als auch weiterhin und auf unabsehbare Zeit eine Politik der Entspannung zu verfolgen. Der Bandbreite dieses Streits der Meinungen entspricht auch die Fülle der Argumente, die zur Erklärung oder Deutung des tatsächlichen Geschehens in die Diskussion geworfen werden. Die Literatur über das Thema „Entspannung" hat daher inzwischen einen Umfang angenommen, der nurmehr mit Hilfe von Spezialbibliographien (vgl. z. B. *Schwarz/Lutz 1980*) noch einigermaßen zu überblicken ist.
Untersucht man die Diskussion über Entspannung und die daraus hervorgegangene Literatur etwas näher, so wird unschwer ein allen Beiträgen gemeinsamer Zug erkennbar: Jeder Diskussionsbeitrag beruht im Grunde – ausgesprochen oder unausgesprochen – auf einer Theorie über den Entspannungsprozeß, d. h. auf einer Antwort auf Fragen wie: „Warum Entspannung?" oder „Warum nicht mehr Entspannung?" Es fällt auf, daß die Antworten auf diese Fragen, also die theoretischen Überlegungen zu den Voraussetzungen des Entspannungsprozesses, häufig eine recht einfache Struktur aufweisen. Oft lenken sie die Aufmerksamkeit lediglich auf eine einzige Ursache oder einige wenige Ursachen, die den Entspannungsprozeß angeblich fördern oder behindern. Offenbar leisten die den Entspannungsprozeß an verantwortlicher Stelle gestaltenden Staatsmänner und Diplomaten solchen einfachen Annahmen selber Vorschub; ein so grundlegendes Dokument wie die Schlußakte der Konferenz über Sicherheit und Zusammenarbeit in Europa vom 1. August 1975 stellt beispielsweise im Ingreß zum „2. Korb" fest:

* Dieser Beitrag fußt auf einer umfassenden Untersuchung, die die Verfasser im Auftrag des Schweizerischen Nationalfonds zur Förderung der wissenschaftlichen Forschung (Projekt-Nr. 1.584.-0.77) angestellt haben und unter dem Titel *East-West Relations. A Systematic Survey* (2 vols.) im Verlag Oelgeschlager, Gunn & Hain, Cambridge, Mass., 1983, veröffentlicht ist.

„Die Teilnehmerstaaten, in der Überzeugung, daß ihre Bemühungen zur Entwicklung der Zusammenarbeit in den Bereichen des Handels, der Industrie, der Wissenschaft und Technik, der Umwelt sowie auf anderen Gebieten der Wirtschaft zur Festigung des Friedens und der Sicherheit in Europa und der ganzen Welt beitragen, . . ."
Es wird mit dieser Präambel, in anderen Worten, vorausgesetzt, daß die Zusammenarbeit in bestimmten „nichtpolitischen" Gebieten einen segensreichen Einfluß auf den Zustand der Ost-West-Beziehungen im politischen Bereich und den Weltfrieden im allgemeinen ausübe.
Ein zweites Merkmal der heute im Überfluß vorliegenden Diskussionsbeiträge zum Thema „Entspannung" ist ihr Mangel an empirischer Fundierung; d. h. bisher sind nur wenige Versuche gemacht worden, einzelne solcher theoretischer Annahmen mit wissenschaftlichen Methoden nüchtern und vorurteilsfrei auf ihre Stichhaltigkeit hin zu überprüfen. Die Diskussion über den Entspannungsprozeß leidet offensichtlich an einem Überfluß an theoretischer Spekulation und an einem Mangel an empirisch abgesicherter Evidenz. Bisher sind zu wenige Anstrengungen gemacht worden – und dies meist außerhalb des deutschen Sprachraums (vgl. die Arbeiten von *Goldmann 1974, 1977, 1980* sowie *Nygren/Lavery 1981*) –, um diesen Zustand zu überwinden.
Ausgehend von dieser Lagebeurteilung versucht der vorliegende Beitrag, erstens einige oft nur als implizite Annahmen zugrundegelegte Hypothesen zu fassen und systematisch zu ordnen und zweitens sie mit Hilfe von Zeitreihendaten für die Periode 1960 bis 1980 empirisch zu überprüfen.*

1. *Der Theorienstreit um die Entspannung*

Ein umfassender theoretischer Rahmen zur Deutung des Verhältnisses zwischen Ost und West läßt sich nirgends finden. Hingegen werden zahlreiche Einzelhypothesen angeboten, die sich zu einem guten Teil widersprechen. Sie beziehen sich auf die äußeren und inneren Voraussetzungen des Entspannungsprozesses.

1.1. Hypothesen zu den äußeren Voraussetzungen des Entspannungsprozesses

Eine vor allem in den sozialistischen Ländern bevorzugte Annahme besagt, daß die Entspannung in erster Linie auf eine Veränderung des internationalen Kräfteverhältnisses zurückgehe. Das Erstarken der sozialistischen Gemeinschaft habe den Westen gezwungen, seine aggressiven Absichten zu zügeln und eine Politik der Mäßigung und Entspannung zu verfolgen (*Lebedev 1978, Kap. 2; Cherkasov/Projektor 1978, S. 370; Koloskov 1978, S. 27 ff.; Pastusiak 1978; Friedliche Koexistenz in Europa 1977; Konfrontation, Entspannung, Zusammenarbeit 1979, S. 23; Müller/Neubert/Pirsch 1980, S. 109; Arbatov 1981, S. 84 f.*). In dieser Sicht bildet demnach die „Veränderung des internationalen Kräfteverhältnisses" die Schlüsselvariable. Als Pfeildiagramm dargestellt:

Hypothese 1:
Wandel des Kräfteverhältnisses zugunsten der sozialistischen Länder —+→ Entspannung

Je nach ihrer Konzeptualisierung läßt sich diese Hypothese wieder anders verstehen. Einzelne Verfasser betonen vor allem den militärischen Aspekt und sehen die Entspannung als Ergebnis eines Aufholens seitens der Sowjetunion und der Warschaupakt-Staaten auf militärischem Gebiet *(Morawietzki 1977, S. 111)*. Andere Autoren verstehen die „Kräfte" im „internationalen Kräfteverhältnis" in umfassenderer Weise und verweisen auch auf Indikatoren zur Messung des „Kräfteverhältnisses": beispielsweise die Produktion von elektrischer Energie, Stahl und Dünger *(Friedliche Koexistenz in Europa 1977, S. 65)* oder Größe des Territoriums, Bevölkerung, Industrieproduktion, Wachstumsrate der Industrieproduktion und Anteil an der Weltindustrieproduktion *(Koloskov 1978, S. 27f.)*. Im Rahmen dieser Hypothese werden Krisen und Rückschläge im Entspannungsprozeß folgerichtig als Auswirkungen der Versuche des Westens interpretiert, „die historische Dynamik der Veränderung des Kräfteverhältnisses" rückgängig zu machen *(Samoshkin/Gantman 1980)*.
In der westlichen Literatur findet sich ein zur Hypothese 1 paralleler Gedanke in Gestalt der „Finnlandisierungs"-These. Ihr zufolge versucht die Sowjetunion, mit einer machtvollen Aufrüstung in Europa eine Situation zu schaffen, in welcher westeuropäischen Regierungen nichts anderes mehr übrig bleibt, als den sowjetischen Führungsanspruch anzuerkennen *(Luttwak 1979; Knight 1980)*. Hinter diesen Überlegungen steht die Annahme, daß ein Machtgleichgewicht oder eine Symmetrie der Kräfte eine notwendige Voraussetzung für eine dauerhafte Entspannung bilde *(Jacobsen 1980, S. 80; Link 1980, S. 151)*. Soweit empirische Erkenntnisse vorliegen (z. B. *Goldmann 1974, Kap. 5*, und *Goldmann 1979, S. 88–90*), scheint diese Annahme zuzutreffen:

Hypothese 2:
militärisches Gleichgewicht —+→ Entspannung

Weitere Hypothesen lassen sich bilden, indem man die Frage stellt, wovon denn das „internationale Kräfteverhältnis" bzw. das militärische Gleichgewicht seinerseits abhänge. Auf diese Frage bietet vor allem das Schrifttum in den sozialistischen Ländern zahlreiche Antworten an. So wird beispielsweise auf den Prozeß der Dekolonisierung hingewiesen *(Pastusiak 1978)* und die wachsende Solidarität unter den Ländern der Dritten Welt gegenüber dem „Imperialismus" *(Kulish 1977)*, die beide die Position des Westens geschwächt und damit die Veränderung des Kräftegleichgewichts gefördert hätten.
Häufig wird angenommen, daß die Entspannung in Europa letztlich vor allem vom Gleichgewicht oder Ungleichgewicht zwischen den beiden Supermächten bestimmt werde *(Sonnenfeldt 1977/78; Ropers 1980, S. 843)*. Wenn Entspannung in Europa möglich war, so geschah dies gemäß dieser Annahme lediglich aufgrund einer vorherigen Besserung der amerikanisch-sowjetischen Beziehungen *(Andrén 1980, S. 90)*:

Hypothese 3:
amerikanisch-sowjetische Beziehungen —— + ——► Ost-West-Beziehungen in Europa

In diesem Zusammenhang drängt sich immer wieder die Frage auf, ob Konfrontationen zwischen Ost und West außerhalb Europas den Entspannungsprozeß in Europa zu beeinflussen in der Lage sind. Viele Autoren (z. B. *Bindschedler 1978*) halten dies für erwiesen, während andere *(Wiberg 1979)* annehmen, daß Ereignisse im außereuropäischen Bereich, beispielsweise im Mittleren Osten, die Ost-West-Beziehungen in Europa kaum wesentlich beeinträchtigen. Um so wichtiger ist es, diese Hypothese empirisch zu überprüfen:

Hypothese 4:
außereuropäische Konflikte —— +/− ——► Entspannung in Europa

Mit dieser Hypothese verwandt ist die sog. „Unteilbarkeitsthese", die behauptet, der Entspannungsprozeß sei geographisch nicht teilbar und sämtliche Konflikte in und außerhalb Europas seien irgendwie miteinander verbunden *(Nastasescu 1980; Hoffmann 1981)*. Eine gegenteilige Hypothese lautet, daß gerade dank der Ablenkung der Aufmerksamkeit der Supermächte auf außereuropäische Konfliktsherde in Europa eine gewisse Entlastung eintrete und damit Entspannung erst möglich werde *(Goldmann 1974, S. 96)*. In diesem Sinne wird beispielsweise auf den Vietnam-Krieg hingewiesen, der die Entspannung in Europa wesentlich begünstigt habe. Ähnlich vermuten einzelne Autoren (z. B. *Schißler 1980, S. 13)*, daß auch die Sowjetunion in erster Linie an Entspannung in Europa interessiert gewesen sei, um mehr Aufmerksamkeit und Ressourcen dem wachsenden Konflikt mit China zu widmen. Bei allen diesen Annahmen handelt es sich um Variationen zur Hypothese 4.
Eine noch allgemeiner gefaßte Hypothese gilt dem Problem der Polarisierung, deren Einfluß auf den Entspannungsprozeß in der Literatur äußerst kontrovers beurteilt wird. *Goldmann (1974, S. 114–118 und 1974, S. 118–130)* unterscheidet beispielsweise sechs Spielarten dieser Hypothese und kommt zum Schluß, daß bei wachsender Polarisierung die Spannung in Europa abnimmt:

Hypothese 5:
Polarisierung —— − ——► Spannung

Ein ganz anderer Ansatz zur Deutung der äußeren Voraussetzungen des Entspannungsprozesses findet sich dann, wenn der Versuch gemacht wird, den Entspannungsprozeß als eine Abfolge von Initiativen und Reaktionen zu verstehen. Einzelne Autoren (z. B. *Schwarz 1979a, S. 53*) neigen zur Annahme, daß die westliche Entspannungspolitik im wesentlichen eine Funktion sowjetischer Initiativen bilde:

Hypothese 6:
sowjetische Initiativen —— + ——► westliche Reaktionen

Mit anderen Worten wäre damit der Entspannungsprozeß weniger das Ergebnis einer neuen westlichen „Ostpolitik" als die Folge einer neuen sowjetischen „Westpolitik". In einer umfassenderen Gestalt findet sich diese Hypothese als Theorie eines politischen Lernprozesses wieder, und sie folgt dann bekannten Überlegungen zur Konfliktdeeskalation und Reziprozität, wie sie besonders von der Schule der „Gradualisten" entwickelt worden sind *(Osgood 1962, 1966, 1969; Etzioni 1962)*. Dieser Theorie zufolge würden kleine entgegenkommende Schritte der einen Seite durch entsprechende kleine entgegenkommende Schritte der anderen Seite beantwortet:

Hypothese 7:
kleine Entspannungsschritte der einen Seite —(+)→ kleine Entspannungsschritte der anderen Seite
kleine Entspannungsschritte der anderen Seite —(+)→ kleine Entspannungsschritte der einen Seite

Untersuchungen, die mit Hilfe dieser Theorie anhand des Verhältnisses der beiden Supermächte vorgenommen worden sind *(Gamson/Modigliani 1971; Sullivan 1976, S. 277–300)*, lassen den Schluß zu, daß die Grundannahme dieses Ansatzes durchaus haltbar sein dürfte. Dies führt in einem weiteren Schritt zur Überlegung *(Haftendorn 1975, S. 231)*, daß Gesten des Entgegenkommens eine Tendenz haben, sich selbst zu verstärken, und daß folglich der Prozeß der Entspannung im Prinzip dazu neigt, kontinuierlich zu werden.

1.2. Hypothesen zu den inneren Voraussetzungen des Entspannungsprozesses

Die inneren Voraussetzungen des Entspannungsprozesses werden in der Diskussion um die Entspannung teils als ein zu den äußeren Determinanten alternativ gedachten Ansatz aufgefaßt, teils als Ergänzung jenes ersten Ansatzes. In der in den sozialistischen Ländern publizierten Literatur herrscht die zweite Variante vor. Es geht hier m.a.W. darum, aus welchen innenpolitischen und binnenwirtschaftlichen Gründen sich das „internationale Kräfteverhältnis" zugunsten des „Sozialismus" und zu Ungunsten des „Kapitalismus" entwickelt habe. Dabei überrascht es nicht, in diesem Zusammenhang immer wieder den Hinweis auf die inneren Krisen der „kapitalistischen" Länder und ganz allgemein den „Niedergang des Kapitalismus" (z. B. *Arbatov 1981, S. 87*) als Schlüsselvariable zu finden:

Hypothese 8:
Niedergang des Kapitalismus —(+)→ Veränderung des Kräfteverhältnisses —(+)→ Entspannung

Hierzu werden in der wissenschaftlichen Diskussion noch zahlreiche Einzelerläuterungen angeboten, so Hinweise auf den Rückgang der Beschäftigung in kapitalistischen Ländern (meßbar anhand der Arbeitslosenzahlen), auf das Anwachsen der Klassengegensätze und des Klassenkampfes (meßbar anhand der Häufigkeit von Streiks), auf Regierungskrisen und auf die Wahlgewinne kommunistischer und anderer Linkskräfte in vielen

kapitalistischen Ländern *(Friedliche Koexistenz in Europa 1977, S. 69–71; Kulish 1977; Cherkasov/Projektor 1978, S. 309).*
So plausibel diese Hypothese scheinen mag, so nachhaltig wird ihr indessen von anderer Seite widersprochen, und zwar mit nicht weniger plausiblen Gründen. Beispielsweise wird argumentiert (z. B. *Teunissen 1980, S. 21*), daß gerade innenpolitische und soziale Spannungen die Regierungen in so starkem Maße beanspruchen, daß ihr Interesse an einer aktiven Entspannungspolitik hinter die viel dringlicheren innenpolitischen Erfordernisse zurücktritt. Zudem befürchten Regierungen, die mit wirtschaftlicher Stagnation, Instabilität und Krisen zu kämpfen haben, gegenüber äußeren Einflüssen verletzlich zu werden, ja sie befürchten sogar eine Ausbeutung ihrer inneren Schwierigkeiten durch äußere Gegner. Diese Befürchtung gebiete ihnen im Hinblick auf die Politik der Entspannung größte Zurückhaltung. Andererseits, so lautet die Hypothese weiter, setzt eine kontinuierliche Entspannungspolitik nach außen innere politische und wirtschaftliche Stabilität voraus.

Hypothese 9:
innere Stabilität —— +/− ——→ Entspannung

Einzelne Autoren möchten diesen Zusammenhang unabhängig vom sozialen und wirtschaftlichen System gültig wissen, andere gehen nicht so weit, vermuten aber immerhin einen engen Zusammenhang zwischen den sozialen Veränderungen im Innern der Länder und der Entwicklung der Ost-West-Beziehungen *(Greven 1976, S. 282).*
Eine in der politischen und z. T. auch in der wissenschaftlichen Diskussion sehr stark ins Gewicht fallende und im Westen sehr populäre Annahme lautet, daß letztlich ausschließlich wirtschaftliche Zwänge die Regierungen veranlaßt hätten, eine Politik der Entspannung zu verfolgen. Gewöhnlich wird diese Behauptung vor allem auf die sozialistischen Länder bezogen, und sie bezieht sich auf deren Abhängigkeit vom Zugang zu westlicher Technologie *(Thalheim 1980, S. 201; Simes 1980; Bell 1977, S. 6f.; Bethkenhagen et. al. 1980).*

Hypothese 10:
Bedürfnisse der sozialistischen Länder nach westlichem Technologieimport —— + ——→ Entspannung

Freilich gilt es, bei einer kritischen Betrachtung dieser Hypothese nicht zu übersehen, daß der Anteil westlicher Technologie-Importe beispielsweise am sowjetischen Bruttosozialprodukt äußerst gering ist, nämlich nur rund 1,5 % *(Stehr 1980, S. 17).* Zieht man diese Proportionen in Betracht, so erscheint es als wenig glaubwürdig, daß die sowjetische Außenpolitik ausschließlich oder vorwiegend durch wirtschaftliche und technologische Mangellagen bestimmt sein soll.
In einer allgemeineren Version bezieht sich Hypothese 10 auf Handelsbeziehungen im allgemeinen, und auch sie wird in der Regel final verstanden: Die sozialistischen wie die westlichen Staaten sind, so lautet sie, entspannungswillig, *um* ihren Handel zu fördern:

Hypothese 11:
Bedürfnis nach erweitertem Handelsaustausch ——+——▶ Entspannung

Die Erweiterung des Handelsaustausches zwischen Ost und West würde demnach – und zwar durchaus beabsichtigterweise – zeitlich *nach* einer Verbesserung der politischen Beziehungen folgen (vgl. *Link 1980, S. 196–199; Stankovsky 1980, S. 535; Baumer/Jacobsen 1980, S. 572; Schneider 1980, S. 205*). Diese Hypothese steht im Gegensatz zu der ebenso beliebten und von zahlreichen Verfassern immer wieder angeführten klassisch-liberalen Annahme (*Jodice/Taylor 1981*), wonach es die praktische Zusammenarbeit auf „nicht-politischen" Gebieten wie jener des Handelsaustausches ist, die erst den Willen zu politischer Entspannung weckt und schließlich Entspannung machtvoll fordert (vgl. *Weede 1981; Stehr 1980, S. 16f.; Czempiel et. al. 1980, S. 46*). Gerade im Hinblick auf diese Zusammenhänge stellt sich das Angebot an Hypothesen und stracks widersprüchlichen Gegenhypothesen äußerst verwirrend dar.

2. *Ansätze zur empirischen Überprüfung der Hypothesen*

Solange die zahlreichen, einander oft eindeutig widersprechenden Hypothesen zu den Voraussetzungen des Entspannungsprozesses sich lediglich auf Plausibilitätsgründen stützen, dürfte es kaum gelingen, die Widersprüche aufzulösen und Klarheit zu gewinnen, denn plausibel sind sie letztlich alle. Der Weg zur Klärung kann nicht über die Fortsetzung des Streits um Annahmen, Spekulationen und Deutungen führen, sondern nur über die empirische Überprüfung der Hypothesen. Ein solcher Versuch wird hier unternommen, wobei folgende Daten benützt werden:
Für sämtliche Variablen werden Zeitreihendaten für die Periode 1960–1980 (z. T. nur bis 1978) benützt und – teilweise mit zeitlicher Verschiebung („time-lag" und „lead") – miteinander korreliert (Pearson's Produktmoment-Korrelationen). Für alle Korrelationen wird auch das Signifikanzniveau berechnet. Da – im Gegensatz zu wirtschaftlichen Zeitreihendaten – die für die in der folgenden Analyse korrelierten Datenreihen in der Regel keinen einheitlichen Trend aufweisen, ist die Gefahr statistischer Fehlschlüsse zufolge Multikollinearität gering.
Zur Orientierung des Lesers werden in den nachfolgenden 8 Abbildungen die abhängigen Variablen dieser Untersuchung in graphischer Darstellung präsentiert. Charakteristisches Merkmal dieser Variablen ist offenbar nicht ein Trend, der bei Korrelation mit anderen Variablen, die ebenfalls einen Trend enthalten, problematische Ergebnisse verursachen müßte; vielmehr herrscht ein Auf und Ab, das bestenfalls langfristig Tendenzen erkennen läßt (vgl. hierzu den Beitrag von Ruloff in diesem Band).
Bei diesen Daten handelt es sich um ereignisanalytisch gewonnene Indexwerte, d. h. nach Intensität gewichtete Indikatoren der Häufigkeit von Zusammenarbeit und Konflikt zwischen der Sowjetunion und den führenden NATO-Ländern sowie Frankreichs. Für einen Vergleich der Zeitreihen miteinander ist weniger die absolute Höhe der Indexwerte ausschlaggebend (die im Falle der Sowjetunion aus technischen Gründen in der Regel niedriger sind als bei westlichen Ländern; hier spielt der Stil der Politik eine

Tabelle 1: Liste der für die empirische Überprüfung benützten Variablen und Datenquellen

Variable	Datenquelle
kooperatives und konfliktives Verhalten	Ereignisdaten (jährlich aggregiert) aus der *Conflict and Peace Data Bank* (COPDAB) von Edward E. Azar, University of Maryland, College Park
Rüstungsausgaben Bruttoinlandprodukt (BIP)	*Yearbook* des *Stockholm International Peace Research Institut* (Sipri), Ausgabe 1981, sowie zusätzliche vom SIPRI zur Verfügung gestellte Angaben
Anzahl der Waffensysteme	*The Strategic Survey* und *Military Balance* 1981 (und frühere Jahrgänge) des International Institute for Strategic Studies, London
Arbeitslosigkeit und Inflationsraten	Main Economic Indicators: Historical Statistics, 1960–1979, OECD, Paris 1980
Demonstrationen und Aufruhr usw.	Charles L. Taylor (Ed.): *The World Handbook of Political and Social Indicators,* 3rd edition (im Druck) 1983
Handel (Importe und Exporte)	Statistics of Foreign Trade, Series A, OECD (Paris), laufende Ausgaben
Technologietransfer	Transfer in Mio. US $ von Gütern entsprechend der Kategorie SITC-7 der OECD ("Machinery and Transport Equipment"), nach den Statistics of Foreign Trade, Sercies C, OECD (Paris), laufende Ausgaben

Rolle und die Spiegelung der Politik in der Presse des Landes), sondern deren Richtung und relative Veränderung über die Zeit hin (vgl. auch *Azar 1980*).

2.1. Die äußeren Voraussetzungen des Entspannungsprozesses

Die in den *Hypothesen 1 und 2* geäußerte Vermutung, wonach der Fortschritt der Entspannung in erster Linie das Ergebnis einer Veränderung des Kräfteverhältnisses bzw. eines sich einpendelnden Machtgleichgewichts zwischen den beiden Supermächten sei, kann überprüft werden, indem das Verhalten der Vereinigten Staaten und der Sowjetunion mit verschiedenen Indikatoren für „militärische Macht" in statistische Beziehung gesetzt wird *(Tabelle 2)*.

Ein Blick auf die Korrelationskoeffizienten für das kooperative Verhalten der Vereinigten Staaten zeigt, daß sich die USA in der Tat mit wachsender Zahl der strategischen Waffensysteme des sowjetischen Rivalen kooperativer verhalten. Auch die Beziehung zwischen amerikanischem kooperativem Verhalten und sowjetischen Militärausgaben

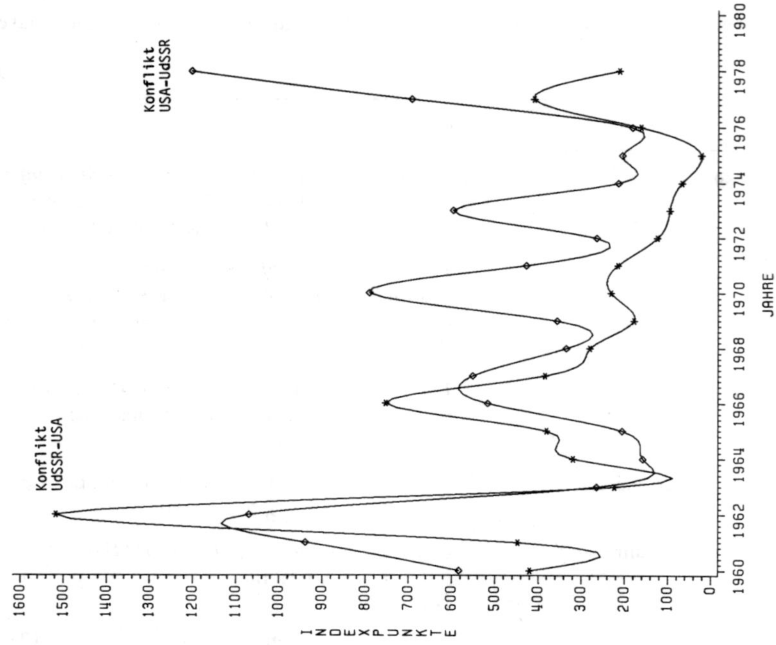

Abb. 2: Indexwerte zum Konflikt zwischen den USA und der Sowjetunion

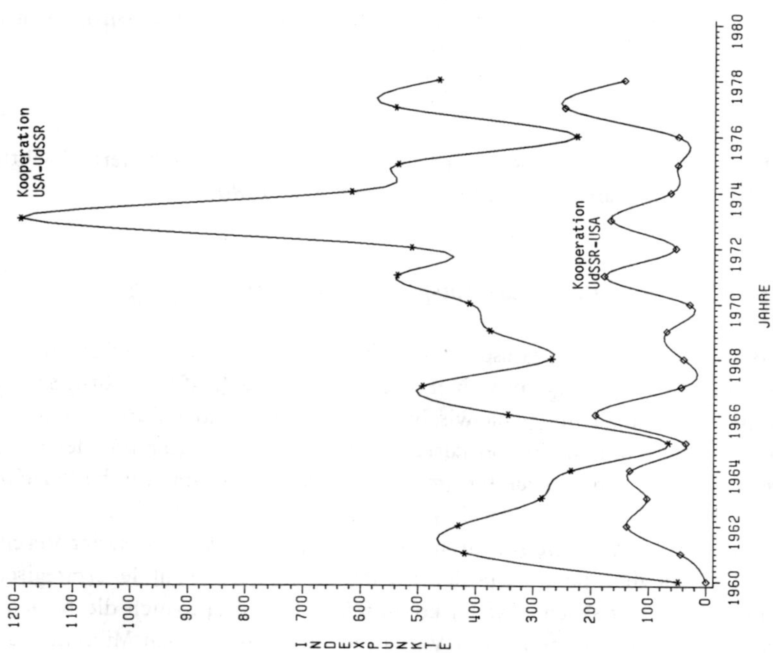

Abb. 1: Indexwerte zur Zusammenarbeit zwischen den USA und der Sowjetunion

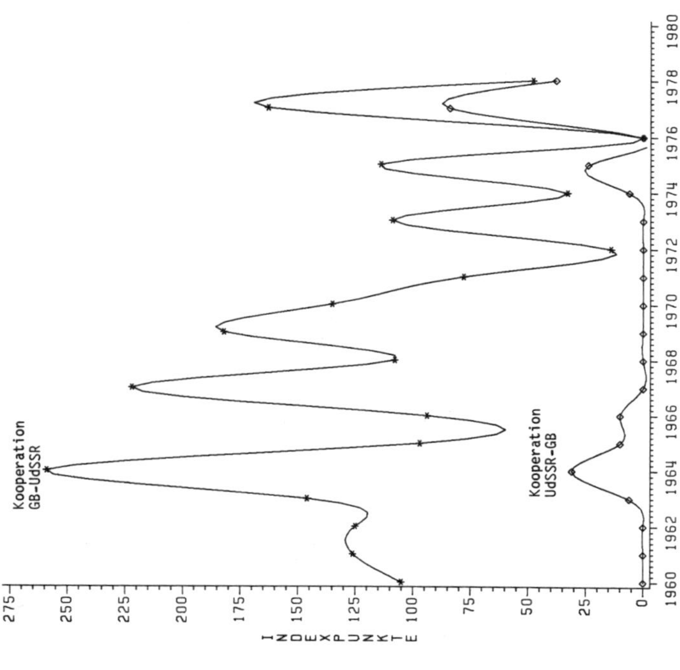

Abb. 3: Indexwerte zur Zusammenarbeit zwischen Großbritannien und der UdSSR

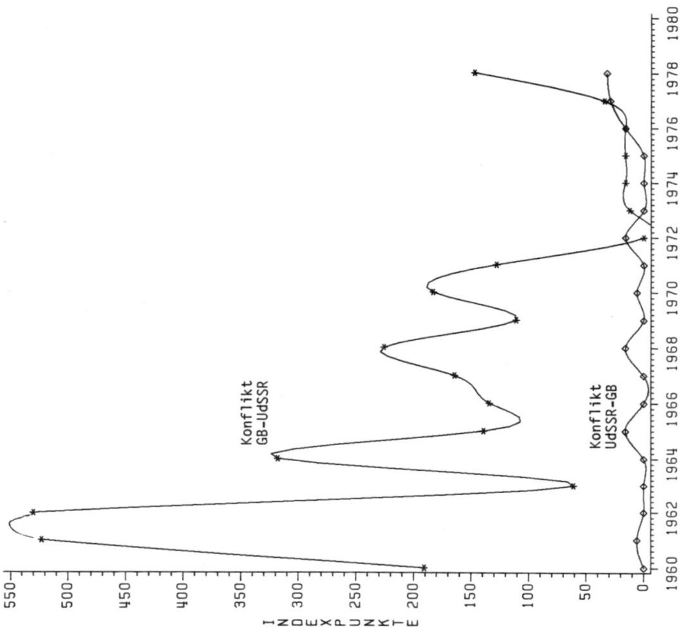

Abb. 4: Indexwerte zum Konflikt zwischen Großbritannien und der UdSSR

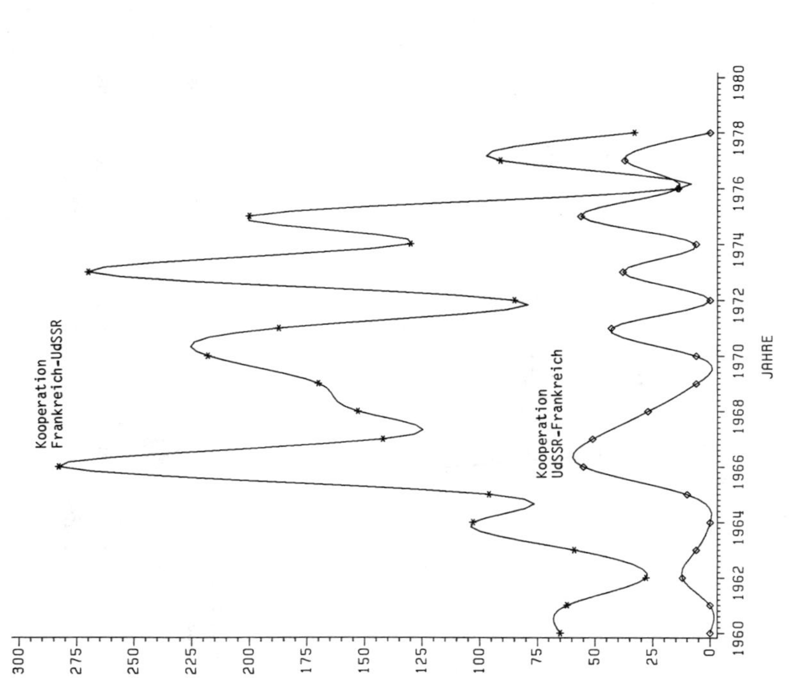

Abb. 5: Indexwerte zur Zusammenarbeit zwischen Frankreich und der UdSSR

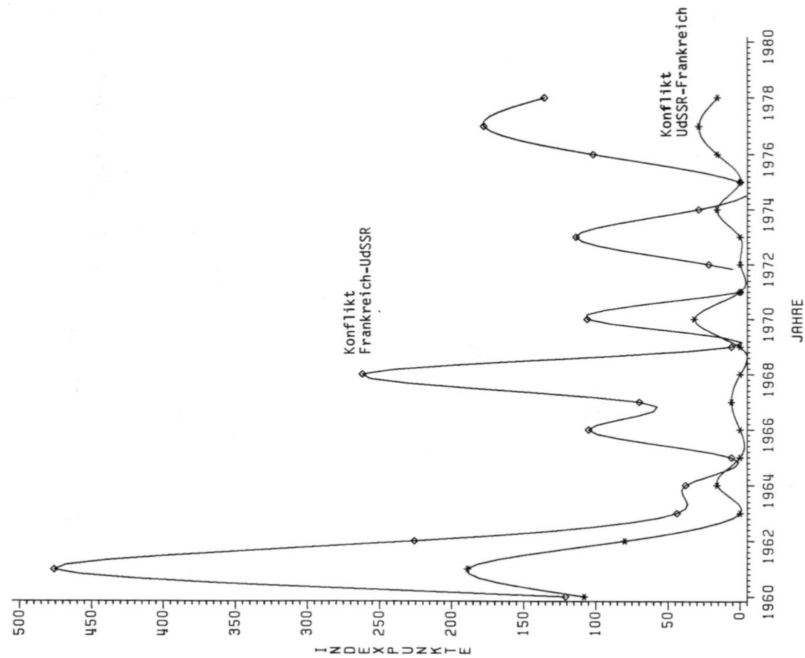

Abb. 6: Indexwerte zum Konflikt zwischen Frankreich und der UdSSR

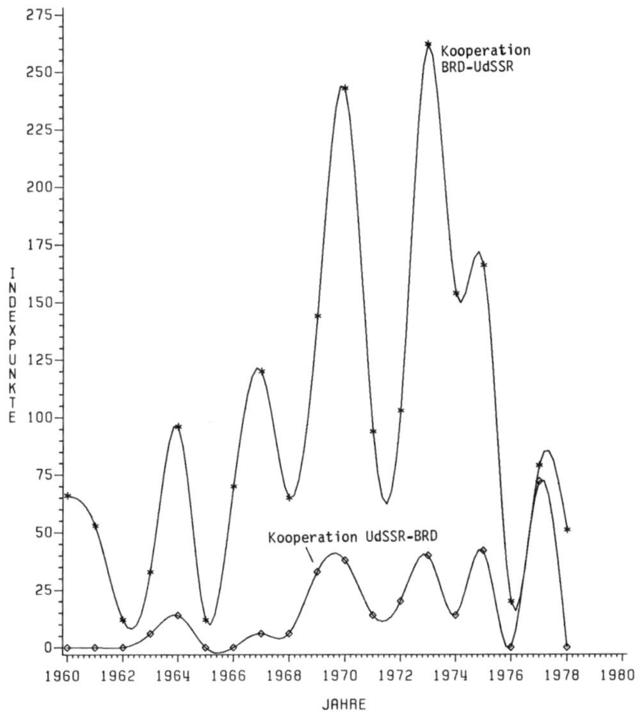

Abb. 7: Indexwerte zur Zusammenarbeit zwischen der BRD und der UdSSR

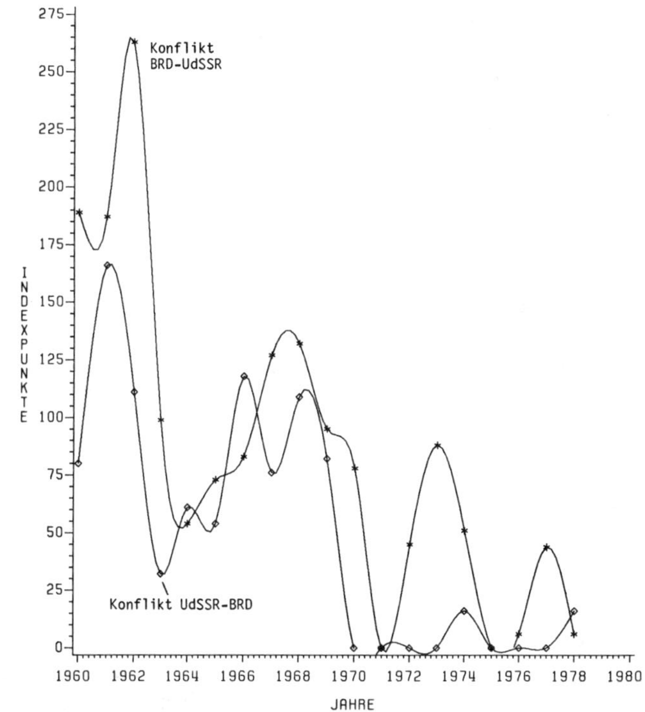

Abb. 8: Indexwerte zum Konflikt zwischen der BRD und der UdSSR

Tabelle 2: Korrelationen zwischen den amerikanisch-sowjetischen Beziehungen und verschiedenen Indikatoren für militärische Macht[1]

	amerikanisches Verhalten gegenüber der UdSSR		sowjetisches Verhalten gegenüber den USA	
Anzahl von:	kooperativ	konfliktiv	kooperativ	konfliktiv
Bombenflugzeuge USA	−.38	−.03	−.10	.50
Bombenflugzeuge UdSSR	.47*	−.21	.42*	−.32
U-Boote USA	.40*	−.28	.20	−.52*
U-Boote UdSSR	.41*	.01	.30	−.46*
SLBMs der USA[2]	.46*	−.28	.20	−.52*
SLBMs der UdSSR	.46*	.05	.32	−.44*
ICBMs der USA	.38	−.32	.22	−.50*
ICBMs der UdSSR	.54**	−.14	.14	−.60*
strategische Systeme USA	.34	−.34	.21	−.45*
strategische Systeme UdSSR	.54**	−.08	.21	−.57**
nukleare Sprengköpfe USA	.46*	−.08	.29	−.48*
nukleare Sprengköpfe UdSSR	.38	.13	.32	−.44
Militärausgaben USA	.09	−.09	−.14	−.06
Militärausgaben UdSSR	.54**	−.09	.27	−.54

[1] Die *-Zeichen beziehen sich auf die Signifikanz, wobei: * = Signifikanz mindestens auf dem 0,05 %-Niveau; ** = Signifikanz mindestens auf dem 0,01 %-Niveau
Das gilt für alle nachfolgenden Tabellen
[2] Abkürzungen: SLBM = Submarine-Launched Ballistic Missiles
ICBM = Intercontinental Ballistic Missiles

ist positiv und signifikant, was die Theorie zu bestätigen scheint, wonach die gemäßigte und kooperative Haltung des Westens mit der wachsenden Stärke des sozialistischen Lagers in Zusammenhang steht.

Diese Feststellung wird zusätzlich gestützt durch die Berechnung der Beziehungen zwischen dem amerikanisch-sowjetischen Machtverhältnis und amerikanischem und sowjetischem kooperativem und konfliktivem Verhalten *(Tabelle 3)*:

Tabelle 3: Korrelationen zwischen den amerikanisch-sowjetischen Beziehungen und dem militärischen Machtverhältnis USA/UdSSR

	amerikanisches Verhalten gegenüber der UdSSR		sowjetisches Verhalten gegenüber den USA	
Verhältnis USA/UdSSR	kooperativ	konfliktiv	kooperativ	konfliktiv
strategische Systeme	−.48*	.08	−.07	.63**
nukleare Sprengköpfe	−.32	−.12	−.04	.50*
Militärausgaben	−.48	.08	−.35	.48
ICBMs	−.39*	.16	.08	.75**

Die Hypothese vom „Wandel des Kräfteverhältnisses", wie sie von Autoren in sozialistischen Ländern immer wieder vorgetragen wird, scheint damit weitgehend bestätigt, zumindest was die Bestimmungsgründe des kooperativen Verhaltens betrifft.
Prüft man dagegen das konfliktive Verhalten, so zeigt sich ein anderes Bild. Auf der amerikanischen Seite sind sämtliche diesbezüglichen Korrelationskoeffizienten relativ niedrig und häufig um Null. Andererseits korreliert aber das sowjetische konfliktive Verhalten mit der Rüstungsdynamik: Je günstiger das Verhältnis zwischen amerikanischer und sowjetischer Rüstung für die Sowjetunion, um so weniger konfliktiv verhält sich diese außenpolitisch, und je günstiger das Kräfteverhältnis für die Vereinigten Staaten, um so konfliktiver verhält sich die Sowjetunion.
Solche Beobachtungen lassen zwei Schlüsse zu. Erstens hat die Veränderung des militärischen Kräfteverhältnisses auf die USA und die UdSSR völlig unterschiedliche Auswirkungen. Auf amerikanischer Seite heißt „Détente" vor allem mehr Kooperation, aber kaum eine Senkung der Intensität und Häufigkeit konfliktiven Verhaltens. Auf sowjetischer Seite dagegen bedeutet „friedliche Koexistenz" eine Senkung der Konfliktivität, ohne aber wesentlich das kooperative Verhalten zu ändern. Die Auswirkungen sind somit in starkem Maße asymmetrisch. Daß aus dieser Asymmetrie gegenseitige Mißverständnisse entstehen können, ist nicht weiter erstaunlich.
Zweitens läßt sich nicht bestreiten, daß der Fortschritt der Entspannung mit dem relativen Machtverlust der Vereinigen Staaten zusammenfällt – „relativ" bezogen auf das sowjetische Machtpotential. Der von Seiten der sozialistischen Staaten vorgetragenen Hypothese von der Entspannung als einer notwendigen Folge der „Veränderung des internationalen Kräfteverhältnisses" scheint damit ein Körnchen Wahrheit innezuwohnen – und vielleicht sogar mehr als nur ein Körnchen ...
Es muß offen bleiben, ob und wie weit diese Ergebnisse auch für eine Bestätigung oder Widerlegung von Hypothese 2 ausreichen, derzufolge Gleichgewicht oder Machtparität eine unverzichtbare Voraussetzung für Entspannung sind. Da das Kräfteverhältnis von einer amerikanischen Übermacht von mehr als 5 : 1 im Jahr 1962 sich allmählich zu einem Paritätsverhältnis von 1 : 1 im Jahr 1980 entwickelte, könnte natürlich der Fortschritt der Entspannung der Verschiebung des Kräfteverhältnisses von einem Zustand der Ungleichheit zu einem Zustand ungefährer Gleichheit zugeschrieben werden. Die Entwicklung der Ost-West-Beziehungen seit 1980 läßt es jedoch als fraglich erscheinen, ob Parität auf Dauer wirklich Entspannung fördert und Friede schafft.
Hypothese 3, die eine Beziehung zwischen dem Verhältnis der beiden Supermächte und der Entspannung auf dem europäischen Kontinent feststellt, kann in einfacher Weise überprüft werden, indem das gegenseitige Verhalten der beiden Supermächte im Sinne von Kooperation und Konflikt mit dem entsprechenden Verhalten einzelner westeuropäischer Länder gegenüber der Sowjetunion (und umgekehrt) korreliert wird. Die Ergebnisse dieser Berechnungen sind in *Tabelle 4* zusammengefaßt. Um die mit der Hypothese gemeinte Ursache-Wirkung-Beziehung ermitteln zu können, sehen die sowjetisch-amerikanischen Beziehungen dabei jeweils mit einem zeitlichen Vorsprung von eins bis drei Jahren (also mit einem sog. „lag" von t–1, t–2 und t–3) in die Berechnung ein. Würde die Hypothese zutreffen, so müßten die Koeffizienten für zeitverschobene Korrelationen stets höher liegen als die Korrelationen bei Gleichzeitigkeit (d. h.

Tabelle 4: Korrelationen zwischen den amerikanisch-sowjetischen Beziehungen (zu verschiedenen Zeitpunkten) und den Beziehungen zwischen ausgewählten westeuropäischen Staaten und der Sowjetunion

	amerikanisches Verhalten gegenüber der UdSSR								sowjetisches Verhalten gegenüber den USA							
	kooperativ				konfliktiv				kooperativ				konfliktiv			
zeitliche Verschiebung	t	t–1	t–2	t–3	t	t–1	t–2	t–3	t	t–1	t–2	t–3	t	t–1	t–2	t–3
kooperatives Verhalten:																
GB gegenüber UdSSR	–.08	–.48*	–.15	–.42*	.03	–.05	.36	.16	.12	–.14	.09	–.16	.18	.31	.62**	.24
UdSSR gegenüber GB	.05	–.13	.22	.22	.16	–.28	–.11	–.18	.59**	.11	.02	–.20	–.04	–.14	–.04	–.24
F gegenüber UdSSR	.47*	–.07	.17	–.36	–.17	–.38	–.17	–.07	.21	–.32	.54*	–.13	–.22	–.24	–.04	–.01
UdSSR gegenüber F	.38	–.12	.23	–.15	–.12	–.26	–.38	–.45*	.39*	–.28	.43	–.11	.02	–.09	–.27	–.26
BRD gegenüber UdSSR	.68**	.28	.31	–.06	–.05	–.31	–.02	.02	–.02	–.06	.25	–.12	–.46*	–.36	–.09	–.21
UdSSR gegenüber BRD	.51*	.04	.51*	.13	–.05	–.42*	–.00	–.11	.36	–.23	.09	–.19	–.32	–.36	–.24	–.23
konfliktives Verhalten:																
GB gegenüber UdSSR	–.27	–.44*	–.58**	–.37	.53**	.35	.22	.17	–.08	–.31	–.15	–.19	.70**	–.15	.56**	.31
UdSSR gegenüber GB	–.11	–.05	–.07	–.36	.27	–.18	–.34	–.21	–.18	–.31	–.11	–.07	–.14	–.18	–.28	–.11
F gegenüber UdSSR	–.00	–.35	–.37	–.01	.61**	.18	–.21	–.36	–.01	–.39	.08	–.29	.40*	.05	.07	–.34
UdSSR gegenüber F	–.18	–.32	–.36	.52*	.53**	.22	–.03	–.04	–.23	–.35	–.49*	.01	.39	.01	.03	–.30
BRD gegenüber UdSSR	–.18	–.31	–.58**	–.62**	.42*	.40	.17	.06	–.23	–.28	–.20	.02	.71**	.36	.27	.36
UdSSR gegenüber BRD	–.37	–.52*	–.52*	–.51*	.27	.17	.06	–.07	–.18	–.33	–.11	.22	.58**	.27	.48*	.36

Tabelle 5: Korrelationen zwischen den amerikanisch-sowjetischen Beziehungen (zu verschiedenen Zeitpunkten) und den Beziehungen zwischen ausgewählten Staaten in West- und Osteuropa

	amerikanisches Verhalten gegenüber der UdSSR								sowjetisches Verhalten gegenüber den USA							
	kooperativ				konfliktiv				kooperativ				konfliktiv			
zeitliche Verschiebung	t	t–1	t–2	t–3	t	t–1	t–2	t–3	t	t–1	t–2	t–3	t	t–1	t–2	t–3
kooperatives Verhalten:																
BRD gegenüber DDR	.59**	.72**	.41	.38	–.13	–.26	–.33	–.04	.04	.31	.19	.06	–.53**	–.53*	–.47*	–.36
DDR gegenüber BRD	.51*	.45*	.18	.32	.09	–.28	–.40	–.15	.01	.14	–.06	–.04	–.34	–.49*	–.48*	–.37
F gegenüber DDR	.45*	–.00	.20	.02	.06	–.34	.03	.24	–.09	–.07	.15	–.32	–.33	–.26	–.12	.03
DDR gegenüber F	–.49	.06	.46*	.35	–.10	–.46*	–.06	.47*	.08	–.16	.47*	–.16	–.22	–.31	–.21	.09
BRD gegenüber Polen	.38	.23	.34	.27	–.25	–.49*	–.16	.14	.05	–.06	.04	.19	–.36	–.29	–.34	–.08
Polen gegenüber BRD	.47*	.11	.08	–.02	–.12	–.43*	–.01	.17	.02	.07	.13	–.16	–.30	–.26	–.13	–.04
konfliktives Verhalten:																
BRD gegenüber DDR	–.30	–.20	–.43*	–.04	.45*	.11	–.25	.06	–.10	–.20	–.10	.24	.72**	.01	.01	.46*
DDR gegenüber BRD	–.13	–.18	–.52*	–.07	.49*	.07	–.31	–.11	–.27	–.09	–.35	.07	.41**	.02	–.04	.14
F gegenüber DDR	–.16	–.39	–.31	–.27	.28	–.12	–.21	–.20	–.10	–.22	–.00	.14	.18	.08	.01	.01
DDR gegenüber F	–.11	–.14	–.44*	–.33	.48*	.51*	.19	–.01	–.15	–.15	–.40	–.05	.86**	.26	.18	.03
BRD gegenüber Polen	.12	.23	.00	–.10	–.27	–.05	.15	–.13	–.25	–.27	–.38	.53*	–.25	–.08	–.08	–.08
Polen gegenüber BRD	–.13	–.45*	–.46*	–.38	.33	.15	.12	–.13	–.19	–.40*	–.07	.22	.40*	.08	.55*	.13

bei t). Dies ist jedoch offensichtlich nicht der Fall. In ihrer allgemeinen Form wird somit die Hypothese nicht bestätigt.
Dennoch lassen die Ergebnisse der Berechnung einige interessante Feststellungen zu. So zeigt sich unter anderem, daß konfliktives Verhalten hüben viel stärker mit einem konfliktiven Verhalten drüben (und umgekehrt) korreliert als kooperatives Verhalten. Wenn also die Entspannung zwischen den beiden Supermächten im Sinne wachsender Kooperation Fortschritte macht, so führt dies nicht automatisch zu entsprechenden Fortschritten der Kooperation auch zwischen den weniger mächtigen Ländern in West- und Osteuropa *(Tabelle 5)*. Wohl aber folgt auf eine Eskalation der Konfliktivität zwischen den beiden Supermächten unmittelbar (nämlich zum Zeitpunkt t, also gleichzeitig) eine entsprechende Zunahme der Konfliktivität zwischen den westeuropäischen Ländern und der Sowjetunion *(Tabelle 4)*. Ähnliches gilt insbesondere auch für das Verhältnis zwischen den beiden deutschen Staaten *(Tabelle 5)*. Die hohen Korrelationen zwischen den sowjetisch-amerikanischen konfliktiven Beziehungen einerseits und den deutsch-deutschen konfliktiven Beziehungen andererseits legen den Schluß nahe, daß der Wunsch nach „besonderen Beziehungen" zwischen der Bundesrepublik Deutschland und der Deutschen Demokratischen Republik unter weitgehender Abschirmung dieser „besonderen Beziehungen" vom Rest des europäischen und globalen Spannungsfeldes illusorisch ist.
Gemäß der in *Hypothese 4* ausgedrückten Vermutung besteht ein kausaler Zusammenhang zwischen außereuropäischen Konflikten und dem Grad an Spannung oder Entspannung in Europa. Die Frage lautet somit: Ist Entspannung geographisch teilbar oder unteilbar? Um diese Frage zu beantworten, wird zunächst für jede außereuropäische Region gesondert festgestellt, ob und wieweit die beiden Supermächte sich dort parallel und gleichzeitig engagieren, d. h. ob und wie weit ihr kooperatives bzw. konfliktives Verhalten in den verschiedenen Regionen der Dritten Welt miteinander zusammenhängt. Diese Zusammenhänge sind in *Graphik 1* zusammengefaßt.
Für Asien lassen sich die höchsten Korrelationen nachweisen, d. h. die beiden Supermächte pflegen dort offenbar ihr Vorgehen weitgehend zu synchronisieren: Wenn sich die USA in asiatische Konflikte einmischen, so ebenfalls mit einer gewissen Wahrscheinlichkeit auch die Sowjetunion ($r = 0.58$), und je stärker die USA mit asiatischen „Klienten" zusammenarbeitet, um so mehr unterstützt die Sowjetunion ihre eigenen „Freunde" ($r = 0.75$). Eine ähnliche Tendenz läßt sich im übrigen auch in Afrika beobachten. Was in Asien und Afrika geschieht, widerspricht völlig allen Bemühungen der Bewegung der Blockfreien, die Dritte Welt aus der Rivalität der Supermächte herauszuhalten.
Für Lateinamerika und den Mittleren Osten ergibt sich ein etwas anders gelagertes Bild. Während in Lateinamerika amerikanisches kooperatives Verhalten noch mit entsprechendem sowjetischem Verhalten korreliert ($r = 0.62$), kann für die übrigen Beziehungen zwischen den vier Varibalen keine signifikante Korrelation ermittelt werden. Es scheint, daß Lateinamerika nach wie vor in gewisser Weise eine amerikanische „Einflußsphäre" darstellt, in der zu intervenieren der anderen Supermacht nur wenig Gelegenheit gegeben wird.

Graphik 1: Korrelationen zwischen dem Verhalten der USA und der UdSSR gegenüber Ländern der Dritten Welt

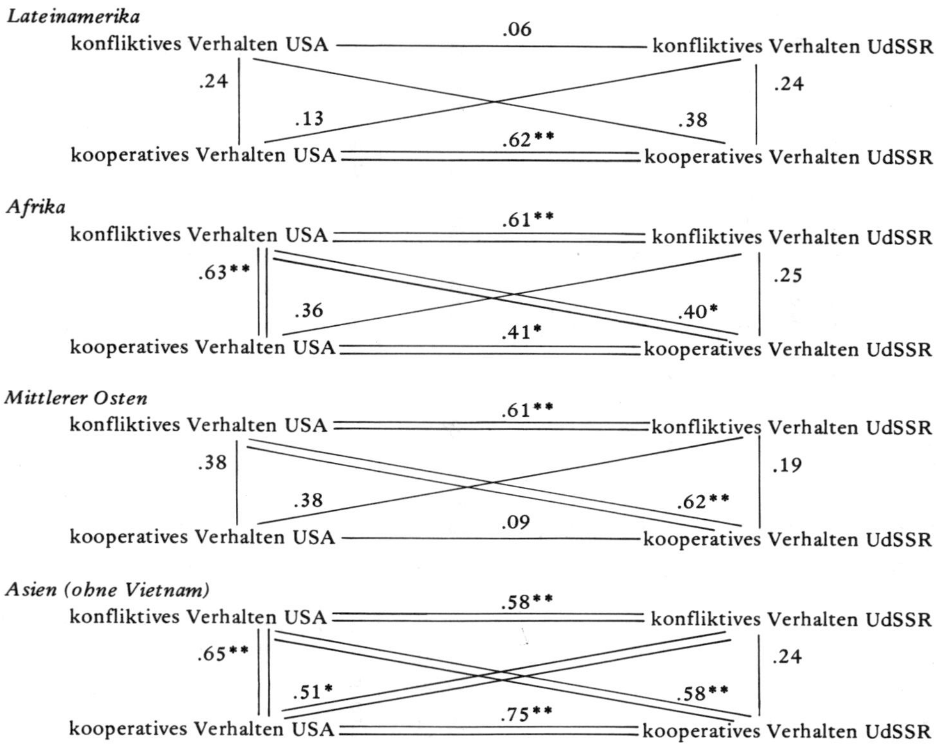

Signifikante korrelationsstatistische Beziehungen sind durch doppelte Linien erkennbar gemacht.

In einem weiteren Schritt der Analyse kann nun auch – immer noch im Sinn der Hypothese 4 – die Frage aufgeworfen und beantwortet werden, inwieweit dieses Engagement der Supermächte in der Dritten Welt die unmittelbaren Beziehungen zwischen den Vereinigten Staaten und der Sowjetunion beeinflußt. (Die vier im ersten Schritt der Untersuchung betrachteten Variablen werden somit zu unabhängigen Variablen, die mit den amerikanisch-sowjetischen Beziehungen korreliert werden.) Die in den *Tabelle 6* bis *8* dargestellten Ergebnisse dieses zweiten Untersuchungsschrittes lassen keinen eindeutigen Trend erkennen. Das bilaterale Verhältnis der beiden Supermächte scheint einigermaßen empfindlich auf Interventionen in Lateinamerika zu reagieren. Auch amerikanische bzw. sowjetische Schritte auf dem afrikanischen Kontinent scheinen sich störend auf das sowjetisch-amerikanische Verhältnis auszuwirken. Dagegen pflegt das Engagement der Supermächte im Mittleren Osten, gleichgültig ob konfiktiv oder kooperativ, die Entspannung zwischen den USA und der Sowjetunion zu fördern.

Tabelle 6: Korrelationen zwischen dem Verhalten der USA und der UdSSR gegenüber Ländern Lateinamerikas (zu verschiedenen Zeitpunkten) und den amerikanisch-sowjetischen Beziehungen

	amerikanisches Verhalten gegenüber Lateinamerika								sowjetisches Verhalten gegenüber Lateinamerika							
	kooperativ				konfliktiv				kooperativ				konfliktiv			
zeitliche Verschiebungen	t	t–1	t–2	t–3	t	t–1	t–2	t–3	t	t–1	t–2	t–3	t	t–1	t–2	t–3
amerikanisches Verhalten gegenüber UdSSR																
kooperativ	.67**	–.01	–.32	–.39	–.18	–.24	–.48*	–.50*	.49*	.09	.04	–.04	.21	.16	–.11	.06
konfliktiv	–.02	–.46*	–.48*	.35	.09	–.03	–.16	–.22	–.16	–.53	–.25	.25	.01	–.21	–.17	.19
sowjetisches Verhalten gegenüber USA																
kooperativ	.20	–.34	–.05	.21	–.21	–.17	–.18	.31	–.18	–.35	.04	.32	–.19	.05	–.69**	.20
konfliktiv	–.01	–.03	–.22	.34	.37	.24	.54*	.59*	–.09	–.49*	–.16	–.04	–.06	–.03	–.38	–.11

Tabelle 7: Korrelationen zwischen dem Verhalten der USA und der UdSSR gegenüber Ländern Afrikas (zu verschiedenen Zeitpunkten) und den amerikanisch-sowjetischen Beziehungen

	amerikanisches Verhalten gegenüber Afrika								sowjetisches Verhalten gegenüber Afrika							
	kooperativ				konfliktiv				kooperativ				konfliktiv			
zeitliche Verschiebungen	t	t–1	t–2	t–3	t	t–1	t–2	t–3	t	t–1	t–2	t–3	t	t–1	t–2	t–3
amerikanisches Verhalten gegenüber UdSSR																
kooperativ	–.11	–.32	–.11	–.05	.13	–.24	–.10	.21	–.19	–.37	–.46*	–.40	–.04	–.21	–.05	.03
konfliktiv	–.03	.12	.40	.22	.27	.29	.12	.48*	.18	.23	–.21	–.10	.05	.39	.18	.24
sowjetisches Verhalten gegenüber USA																
kooperativ	.27	–.01	.24	–.21	.49*	.16	.31	–.12	.24	.06	–.19	–.43*	.47	–.08	.02	.13
konfliktiv	–.06	.16	.05	.03	–.11	.00	.02	.00	.49*	.39	.22	.31	–.05	–.07	–.05	–.00

Tabelle 8: Korrelationen zwischen dem Verhalten der USA und der UdSSR gegenüber Ländern des Mittleren Ostens (zu verschiedenen Zeitpunkten) und den amerikanisch-sowjetischen Beziehungen

	amerikanisches Verhalten gegenüber Mittlerer Osten								sowjetisches Verhalten gegenüber Mittlerer Osten							
	kooperativ				konfliktiv				kooperativ				konfliktiv			
zeitliche Verschiebungen	t	t–1	t–2	t–3	t	t–1	t–2	t–3	t	t–1	t–2	t–3	t	t–1	t–2	t–3
amerikanisches Verhalten gegenüber UdSSR																
kooperativ	.32	.15	–.36	–.27	.46*	.08	.04	–.00	–.07	.16	.07	–.07	.51*	.38	.16	.26
konfliktiv	.15	.02	–.09	.20	.14	–.14	–.19	.20	–.22	–.14	–.04	–.02	.01	.19	–.16	.00
sowjetisches Verhalten gegenüber USA																
kooperativ	.34	.06	–.49*	.24	.06	–.18	–.24	–.35	–.11	–.08	–.33	–.45*	.33	.22	–.34	–.07
konfliktiv	.01	–.24	–.16	.20	–.12	–.23	–.29	–.22	–.00	–.02	–.15	–.22	–.24	–.35	–.48	–.23

Tabelle 9: Korrelationen zwischen dem Verhalten der USA und der UdSSR gegenüber Ländern Asiens (ohne Vietnam) (zu verschiedenen Zeitpunkten) und den amerikanisch-sowjetischen Beziehungen

	amerikanisches Verhalten gegenüber Asien (ohne Vietnam)								sowjetisches Verhalten gegenüber Asien (ohne Vietnam)							
	kooperativ				konfliktiv				kooperativ				konfliktiv			
zeitliche Verschiebungen	t	t–1	t–2	t–3	t	t–1	t–2	t–3	t	t–1	t–2	t–3	t	t–1	t–2	t–3
amerikanisches Verhalten gegenüber UdSSR																
kooperativ	.01	–.10	–.30	–.34	–.09	–.08	.24	.15	–.34	–.28	–.43*	–.41	–.05	–.10	.07	.07
konfliktiv	.28	–.12	–.45*	–.47*	–.09	–.25	–.15	–.26	–.08	–.21	–.12	–.34	–.07	.01	–.16	–.14
sowjetisches Verhalten gegenüber USA																
kooperativ	.25	–.24	–.32	–.38	.11	–.07	–.34	–.40	.02	–.11	–.43*	–.17	.05	–.35	–.05	–.39
konfliktiv	.62**	.10	–.06	.12	.24	–.03	–.26	–.28	.62**	.05	.29	.42	.05	–.14	–.19	–.28

Hinter allen diesen Vorgängen steht letztlich, wie von *Hypothese 5* zum Ausdruck gebracht, die Frage, ob Polarisierung allgemein Spannung fördere und Entpolarisierung Entspannung begünstige. Diese Frage soll hier mit empirischen Mitteln beantwortet werden, und zwar durch Berechnung von Korrelationen zwischen dem Grad an Polarisierung in Europa und den amerikanisch-sowjetischen Beziehungen. Polarisierung in Europa wird erfaßt anhand des prozentualen Anteils der Interaktionen, die die Warschaupakt-Staaten (ohne die Sowjetunion) mit NATO-Staaten abwickeln (Total aller Interaktionen der betreffenden Staaten = 100 %). Je stärker die Wahrschaupakt-Staaten auf die Führungsmacht im Bündnis, also auf die Sowjetunion, ausgerichtet sind, desto größer ist offenbar der Grad an Polarisierung, und desto kleiner folglich der Anteil der Beziehungen mit NATO-Staaten. Die Ergebnisse sind in *Tabelle 10* zusammengefaßt:

Tabelle 10: Korrelationen zwischen dem Anteil von auf NATO-Staaten ausgerichteten Interaktionen seitens der Warschaupakt-Staaten (ohne UdSSR) und den amerikanisch-sowjetischen Beziehungen

	amerikanisches Verhalten gegenüber der UdSSR		sowjetisches Verhalten gegenüber den USA	
	kooperativ	konfliktiv	kooperativ	konfliktiv
%-Anteil der Interaktionen seitens Warschaupakt-Staaten mit NATO-Staaten				
t	.28	–.10	.12	–.31
t–1	.12	–.33	–.08	–.26
t–2	–.20	–.02	–.26	–.14
t–3	–.08	–.07	–.12	–.09

Das Fehlen irgendwelcher signifikanter Korrelationen zeigt klar, daß eine Beziehung zwischen Polarisierungsgrad und Entspannung nicht besteht – zumindest nicht in dem hier angenommenen Sinn. Die Frage muß hier offenbleiben, ob der Grad an Polarisierung, global verstanden und nicht bloß auf Europa bezogen, mit dem Grad an amerikanisch-sowjetischer Entspannung korreliert. Zieht man nochmals die in Zusammenhang mit der Hypothese 3 gefundenen Erkenntnisse zur Interpretation heran, so liegt eher die Vermutung nahe, daß dies nicht der Fall ist. Es sind die Beziehungen der beiden Supermächte zueinander, die das allgemeine „Klima" bestimmen, und nicht umgekehrt.

Wenn aber *Hypothese 6* zutrifft, hat der Fortschritt der Entspannung vor allem einen Grund: nämlich das bewußte und gewollte Entspannungsverhalten der einen Seite, die mit Entspannungsinitiativen vorangeht und deren Initiativen sodann von der Gegenseite aufgenommen und positiv beantwortet werden. Wie im Abschnitt 1.1. angedeutet, wird eine solche initiative Rolle vor allem der Sowjetunion zugeschrieben. Wie weit diese Annahme zutrifft, zeigt *Tabelle 11*.

Tabelle 11: Korrelationen zwischen der sowjetischen „Westpolitik" und westlicher „Ostpolitik"

	sowjetisches Verhalten gegenüber USA und Westeuropa							
Verhalten gegenüber	kooperativ				konfliktiv			
der UdSSR seitens:	t	t–1	t–2	t–3	t	t–1	t–2	t–3
kooperativ								
USA	.43*	.08	.25	–.06	–.21	–.14	–.20	–.31
Großbritannien	.22	–.29	.08	.25	–.34	–.05	.80	.03
Frankreich	.63**	–.21	.38	.03	–.40*	–.44*	–.38	–.13
BRD	.61**	.14	.25	.23	–.41*	–.19	–.10	.01
konfliktiv								
USA	.26	–.02	–.43*	–.45*	.50**	.05	–.28	–.48
Großbritannien	–.18	–.08	–.15	–.02	–.18	–.14	–.16	–.08
Frankreich	–.16	–.10	–.02	–.23	.78**	.51*	–.07	–.26
BRD	–.18	–.20	–.35	–.34	.76**	.53**	.17	–.22

Eine sowjetische Initianten- und Führungsrolle im Entspannungsprozeß müßte durch höhere Koeffizienten bei zeitverzögerter Korrelation als bei gleichzeitiger Korrelation in Erscheinung treten, ist aber in diesem Sinn in allgemeingültiger Weise nicht nachweisbar. Lediglich die amerikanischen Reaktionen zwei und drei Jahre nach den sowjetischen Initiativen korrelieren signifikant mit sowjetischem Verhalten: Wenn die Sowjetunion sich kooperativ verhält, drosselt die amerikanische Regierung zwei und drei Jahre danach die Intensität ihres Konfliktverhaltens. Es läßt sich aber nicht übersehen, daß die Korrelationen für gleichzeitiges Verhalten (zum Zeitpunkt t) viel höher liegen als die Werte für die zeitverzögerten Korrelationen. Es ist m.a.W. kaum zwischen einer „initiativen" und einer rein „reaktiven" Seite im Ost-West-Entspannungsprozeß zu unterscheiden, sondern die beiden Rivalen von Ost und West verhalten sich im Sinne von Hypothese 7 gewissermaßen spiegelbildlich. Es wäre müßig, in diesem dauernden Interaktionsprozeß noch die Richtung der Beziehung bestimmen zu wollen – die Beziehung wirkt nach beiden Richtungen.

Dabei gibt allerdings zu denken, daß die Korrelationskoeffizienten für die „Spiegelung" kooperativen Verhaltens allgemein tiefer liegen als die entsprechenden Koeffizienten für das konfliktive Verhalten. Die Ost-West-Beziehungen sind leichter zu eskalieren als zu deeskalieren. Die gegenseitige Aufmerksamkeit für kooperative Gesten ist geringer als die gegenseitige Aufmerksamkeit für feindselige Akte, die man einander sofort vorwirft und auch prompt beantwortet.

2.2. Die inneren Voraussetzungen des Entspannungsprozesses

Die in der Literatur der sozialistischen Länder so beliebte Hypothese, daß die – ihrerseits entspannungsfördernde – „Veränderung des Kräfteverhältnisses" zugunsten des sozialistischen Lagers zu einem guten Teil dem historisch unvermeidlichen „Niedergang des Kapitalismus“ entspringe *(Hypothese 8)*, kann ohne weiteres durch die Berechnung der korrelationsstatistischen Beziehung zwischen den von sozialistischen Autoren für die Messung der „Krise des Kapitalismus“ vorgeschlagenen Indikatoren wie „Arbeitslosigkeit“ einerseits und entspannungspolitischem Verhalten andererseits *(Tabelle 12)* überprüft werden:

Tabelle 12: Korrelationen zwischen Arbeitslosigkeit in den USA und drei Indikatoren für das amerikanische Entspannungsverhalten gegenüber der Sowjetunion

	amerikanische Militärausgaben	amerikanisches Verhalten gegenüber der UdSSR	
		kooperativ	konfliktiv
Arbeitslosigkeit in den USA	–0,70*	0,09	0,03

Die in *Tabelle 12* zusammengefaßten Ergebnisse sind ebenso eindeutig wie erstaunlich: Arbeitslosigkeit und Militärausgaben korrelieren in den Vereinigten Staaten hoch, jedoch negativ (!), aber die Arbeitslosenrate korreliert mit den Indikatoren für außenpolitisches Verhalten praktisch überhaupt nicht. Im Gegensatz zu landläufigen Annahmen scheint demnach die amerikanische Regierung ihre internen Wirtschaftsprobleme keineswegs durch eine künstliche Aufblähung des Verteidigungshaushaltes mildern zu wollen und dabei dem „militärisch-industriellen Komplex“ nachzugeben. Und im Gegensatz zu der hiermit recht eindeutig wiederlegten Hypothese 8 verhält sich die amerikanische Supermacht gegenüber der Sowjetunion keineswegs deshalb kooperationswilliger und weniger konfliktiv weil sie durch die sog. „Krise des Kapitalismus“ dazu veranlaßt worden wäre.

In gleicher Weise kann auch die Gegenhypothese *(Hypothese 9)* überprüft werden, die besagt, daß die westlichen Regierungen gerade im Falle innerer Schwierigkeiten aus Furcht vor äußerer Einmischung zögern, sich im Sinne einer Entspannungspolitik nach außen zu öffnen *(Tabelle 13)*.

Die in *Tabelle 13* zusammengestellten Ergebnisse sind nicht einheitlich und folglich auch nicht schlüssig. Offenbar hängt das konfliktive Verhalten der USA gegenüber der UdSSR überhaupt nicht mit dem innenpolitischen Klima in den Vereinigten Staaten zusammen, wohl aber das kooperative Verhalten der USA: Je häufiger und lauter der soziale und politische Protest in den Vereinigten Staaten, desto geringer ist offenbar der Wille, mit der Sowjetunion zusammenzuarbeiten. Dies würde die Hypothese 9 wenigstens teilweise stützen. Dennoch ist hier Vorsicht am Platz, denn diese Feststellungen beziehen sich ja auf einen einzigen Fall, die USA, und es wäre hier daran zu erinnern, daß während des Vietnam-Kriegs bei gleichzeitig hoher Konfliktivität gegenüber der Sowjetunion auch eine breite und nachhaltige Protestbewegung das innenpolitische Umfeld prägte, und daß mit Ende des Vietnam-Kriegs begreiflicherweise beides gleichzeitig zurückging. Es dürfte sich bei dieser Korrelation also eher um eine historische Koinzidenz als um eine systematische Regelmäßigkeit im sozialwissenschaftlichen Sinn handeln.

Tabelle 13: Korrelationen zwischen innerer Stabilität/Unstabilität in den Vereinigten Staaten und drei ausgewählten Indikatoren für das amerikanische Verhalten gegenüber der Sowjetunion

Vorgänge in den USA	amerikanische Militärausgaben	amerikanisches Verhalten gegenüber der UdSSR kooperativ	konfliktiv
Demonstrationen			
t	.08	–.28	–.20
t–1	.17	.27	–.03
Aufruhr			
t	.38	–.19	.06
t–1	.64**	–.33	–.13
bewaffnete Angriffe			
t	–.05	–.66**	–.23
t–1	.02	–.51*	–.22
kollektive Protestaktionen			
t	.25	–.41*	–.14
t–1	.45*	–.11	–.13
Inflationsrate			
t	–.09	.45*	–.07
t–1	–.28	.19	–.08

Wieweit – gemäß *Hypothese 10* – der Fortschritt der Entspannung lediglich wirtschaftlichen Sachzwängen zuzuschreiben ist, kann mit Hilfe des hier gewählten Ansatzes ebenfalls erhellt werden. Da sich die Hypothese in erster Linie auf das Verhalten der Sowjetunion bezieht, sollen in *Tabelle 14* ausschließlich auf dieses Land bezogene Daten herangezogen werden.

Tabelle 14: Korrelationen zwischen sowjetischem Wirtschaftswachstum und sowjetischem Technologieimport einerseits und sowjetischem Verhalten gegenüber den USA andererseits

	sowjetische Militärausgaben	sowjetisches Verhalten gegenüber den USA kooperativ	konfliktiv
Wachstum des sowjetischen BIP			
t	–.28	.03	.26
t–1	–.25	.09	.11
t–2	–.23	–.54*	–.22
Wachstum des sowjetischen BIP pro Kopf			
t	–.23	–.02	.23
t–1	–.19	.08	.06
t–2	–.17	–.52*	–.24

Erstaunlicherweise sind die meisten Korrelationen negativ. Auch wenn deren niedrige Werte und fehlende Signifikanz eine weitere Interpretation verbieten, darf dies immerhin als Indiz dafür gewertet werden, daß die Sowjetunion mit wachsendem wirtschaftlichem Erfolg offenbar ihr Interesse an der Kooperation mit den Vereinigten Staaten zwar nicht verliert, aber doch weniger intensiv werden läßt. Sicher nicht zulässig wäre die Folgerung e contrario, die Sowjetunion habe vorher eine Politik der Zusammenarbeit mit den USA einzig oder vor allem deshalb betrieben, weil sie sich hiervon wirtschaftlichen Gewinn versprochen habe.

Einen differenzierteren Einblick in diesen Problemkomplex gestattet die Überprüfung des Zusammenhangs zwischen amerikanisch-sowjetischem Technologietransfer und sowjetischem Verhalten gegenüber den USA *(Tabelle 15)*:

Tabelle 15: Korrelationen zwischen amerikanisch-sowjetischem Technologietransfer (Exporte von SITC-7-Gütern) und den amerikanisch-sowjetischen Beziehungen

	amerikanisches Verhalten gegenüber der UdSSR		sowjetisches Verhalten gegenüber den USA	
	kooperativ	konfliktiv	kooperativ	konfliktiv
amerikanische SITC-7-Exporte nach der UdSSR				
t+3	.71**	–.24	.11	–.51**
t+2	.72**	–.23	.24	–.47*
t+1	.39*	–.16	.04	–.47*
t	.24	–.13	.11	–.37
t–1	.08	.09	.29	–.21
t–2	.13	.46*	.42*	–.14
t–3	.07	.65**	.30	–.12

Tatsächlich hängen die beiden Variablen eng und sehr signifikant zusammen: Je mehr die Sowjetunion ihr gegen die USA gerichtetes konfliktives Verhalten drosselt, desto stärker fließt darauf der amerikanisch-sowjetische Technologietransfer. Aber die Korrelationen sind nicht nur hoch für den Zusammenhang zwischen Entspannungsverhalten und nachherigem Technologietransfer (zum Zeitpunkt t+3, t+2, t+1), sondern auch für den vor den Entspannungsschritten abgewickelten Technologietransfer (zum Zeitpunkt t–1 und t–2). Dies und die hohen Korrelationen zwischen amerikanisch-sowjetischem Technologietransfer und amerikanischem Entspannungsverhalten (d. h. der Zunahme amerikanischer kooperativer Aktionen gegenüber der Sowjetunion) legt die Folgerung nahe, daß dem Technologietransfer in Beziehung zum Entspannungsgeschehen weder kausale noch finale Wirkung zukommt, sondern daß er einfach ein Element unter vielen darstellt, durch welches sich dieses Geschehen ausdrückt.

Was schließlich *Hypothese 11* betrifft, so führt *Tabelle 16* zu ähnlichen Feststellungen. Zwischen Handel und Politik in den Ost-West-Beziehungen gibt es keinerlei signifikante Korrelationen, die die Hypothese bestätigen. Umgekehrt scheint aber die Annahme, daß

Tabelle 16: Korrelationen zwischen amerikanisch-sowjetischen Handelsbeziehungen und amerikanisch-sowjetischen politischen Beziehungen

	amerikanisches Verhalten gegenüber der UdSSR		sowjetisches Verhalten gegenüber den USA	
	kooperativ	konfliktiv	kooperativ	konfliktiv
amerikanische Exporte in die UdSSR				
t+3	.43*	–.31	–.08	–.49*
t+2	.48*	–.10	.42*	–.32
t+1	.28	.15	.25	–.36
t	.30	.08	.23	–.36
t–1	.17	.13	.34	–.23
t–2	.15	.42*	.36	–.18
t–3	–.01	.51*	.14	–.19
sowjetische Exporte in die USA				
t+3	.18	–.30	.10	–.38
t+2	.29	.07	.47*	–.27
t+1	.40*	.37	.43*	–.28
t	.39*	.21	.23	–.38*
t–1	.23	–.06	.08	–.39*
t–2	.04	.07	.08	–.29
t–3	.13	.47*	.46*	–.06

politische Entspannung an erster Stelle erfolgt und dann als eine ihrer Auswirkungen den Handelsaustausch fördert, eher zuzutreffen. Für das amerikanische Verhalten in bezug auf Konflikte sind die Ergebnisse noch weniger schlüssig, und Gleiches gilt für das sowjetische Verhalten: Wie immer man die z. T. beachtlich starken und signifikanten Korrelationen beurteilen mag – gewiß darf man daraus nicht folgern, Entspannung werde durch Handel gefördert, denn häufig trifft auch die entgegengesetzte Behauptung, wonach Entspannung den Handel fördert, in ebensolchem Maße zu. Keine der Hypothesen ist also so ausschließlich und klar zu bestätigen, wie dies die – offenbar allzu einfach gezimmerten – verschiedenen Theorien gerne glauben machen.

Folgerungen

Die empirische Überprüfung von elf ausgewählten Hypothesen über die „Ursachen" des Entspannungsprozesses und seiner Schwierigkeiten und Rückschläge hat einige schlüssige Hinweise zutage gefördert und zudem einige weitgehend für plausibel gehaltene Annahmen zumindest in Frage gestellt.

So muß festgestellt werden, daß der Prozeß der Ost-West-Entspannung um so eher Fortschritte macht, je mehr das westliche strategische Übergewicht sich einem Zustand des Gleichgewichts annähert und je weniger die beiden Supermächte in der Dritten

Welt um Macht und Einfluß rivalisieren. Entspannung ist offenbar geographisch nicht teilbar.

Als unzutreffend erweisen sich dagegen die manchmal für selbstverständlich gehaltenen und deshalb nicht weiter hinterfragten Annahmen, wonach Fortschritte im Entspannungsprozeß einzig vom Entspannungsverhalten der beiden Supermächte bestimmt und vor allem sowjetischen Initiativen zuzuschreiben seien, durch die „Krise des Kapitalismus" gefördert und ausschließlich oder vor allem durch Nachholbedürfnisse im technologischen Bereich und dem Wunsch nach Exportförderung bestimmt würden.

Wie eingangs gezeigt pflegen Annahmen über derartige Wirkungszusammenhänge auch der Politik der für die praktische Gestaltung des Ost-West-Verhältnisses verantwortlichen Diplomaten und Staatsmänner zugrundezuliegen. Diese Annahmen sind in der Regel ungeprüft oder lediglich durch den vagen Rückgriff auf zweifelhafte „Erfahrungen" bestätigt. Solche „Erfahrungen" sind verführerisch, laufen sogar auf Selbsttäuschung hinaus, wenn sie ausschließlich auf bestimmten historischen Einzelsituationen basieren, dafür aber der systematischen Fundierung entbehren. Eine kritische empirische Überprüfung solche Annahmen muß dagegen den Rückgriff auf die historische Erfahrung in umfassenderer Weise vollziehen. Dies wurde in den vorstehenden Ausführungen durch eine Auswertung von Zeitreihendaten über 18 (bzw. 20) Jahre von 1960 bis 1978 (bzw. 1980) getan. Die Auswertung erfolgte mit einfachen Mitteln und unter Verzicht auf den Einsatz komplexer multivariater Verfahren wie der multivariaten Analyse. Aber bereits ein so einfaches Vorgehen erbringt Ergebnisse, die die Kenntnis der politischen Wirklichkeit und der in ihr verborgenen Zusammenhänge erheblich bereichern und Vorurteile berichtigt. Darin liegt der praktische Nutzen makroquantitativer Forschung.

Bibliographie

Andrén, N. (1980): „Expectations and Disillusionment", in: *Nils Andrén/Karl E. Birnbaum* (Eds.): Belgrade and Beyond: The CSCE Process in Perspective, Alphen, S. 89–98.

Arbatov, G. A. (1981): Der sowjetische Standpunkt, München.

Azar, E. E. (1980): „The Conflict and Peace Data Band (COPDAB) Project." In: Journal of Conflict Resolution, 24 (I), S. 143–152.

Baumer, J./H.-D. Jacobsen (1980): „Die Wirtschaftsbeziehungen des RGW mit dem Wegen", in: DGFK-Jahrbuch 1979/80, Baden-Baden: Nomos, S. 557–578.

Bell, C. (1977): The Diplomacy of Détente, London.

Bethkenhagen, J./S. Küpper und *H. Lambrecht* (1980): „Außenwirtschaftliche Interessen der DDR und Entspannung". In: Die DDR im Entspannungsprozeß, Köln 1980. S. 1–17.

Bindschedler, R. (1978): „Die Konferenz von Belgrad – Episode oder Wendepunkt?". In: Europäische Rundschau 3, S. 15–24.

Cherkasov, P. P. und *D. M. Projektor* (1978): „The Problem of Deepening the European Détente", in: European Security and Cooperation, Moskau: Progress, S. 306–346.

Czempiel, E.-O. et al. (1980): „Amerikanisch-sowjetische Beziehungen im weltpolitischen Kontext: Rahmenbedingungen der Entspannungspolitik in Europa". In: DGFK-Jahrbuch 1979/80, Baden-Baden: Nomos. S. 35–64.

Etzioni, A. (1962): The Hard Way to Peace, New York: Knopf.

Friedliche Koexistenz in Europa (1977). Berlin (DDR): Staatsverlag.

Gamson, W. und *A. Modigliani* (1971): Untangling the Cold War: A Strategy for Testing Rival Theories, Boston: Little Brown.

Goldmann, K. (1974): Tension and Détente in Bipolar Europe, Stockholm: Esselte Studium.
Goldmann, K. (1977): „Neither Tension nor Détente: East-West Relations in Europe, 1971–1975". In: Cooperation and Conflict 12. S. 251–264.
Goldmann, K. (1979): Is my Enemy's Enemy My Friend's Friend?, Lund: Studentlitteratur.
Goldmann, K. (1980): „Cooperation and Tension Among Great Powers: A Research Note". In: Cooperation and Conflict 15. S. 31–45.
Greven, M. Th. (1976): „Internationale Politik und Gesellschaftsformation". In: *G. Zellentin* (Hrsg.): Annäherung, Abgrenzung und friedlicher Wandel in Europa, Boppard: Boldt, S. 217–291.
Haftendorn, H. (1975): „Versuch einer Theorie der Entspannung". In: Sicherheitspolitik Heute 2. S. 223–242.
Hoffmann, S. (1981): „Voraussetzungen und Ziele der Entspannung in den 80er Jahren". In: Protokoll Nr. 67 des Bergedorfer Gesprächskreises, Hamburg. S. 11–19.
Jacobsen, H.-A. (1980): „Bedingungsfaktoren realistischer Entspannungspolitik". In: DGFK-Jahrbuch 1979/80, Baden-Baden: Nomos. S. 65–90.
Jodice, D. A. und *Ch. L. Taylor* (1981): „Détente and its Effects: A Measurement of East-West Trade". In: *Daniel Frei* (Hrsg.): Definitions and Measurement of Détente, Cambridge (Mass.): Oelgeschlager, Gunn & Hain. S. 153–172.
Knight, A. W. (1980): „The Changing Strategic Balance: Its Effect on European Security", in: *Alfred Domes* (Ed.): Ost-West: Erfahrungen und Perspektiven, München: Seidel-Stiftung, S. 148–157.
Koloskov, I. A. (1978): „Prerequisites for a Security System in Europe". In: European Security and Cooperation, Moskau: Progress. S. 27–47.
Konfrontation, Entspannung, Zusammenarbeit, Berlin 1979.
Kulish, V. (1977): „Détente, International Relations, and Military Might". In: Co-Existence 14. S. 175–195.
Lebedev, N. I. (1978): Eine neue Etappe der internationalen Beziehungen, Berlin (DDR): Staatsverlag.
Link, W. (1980): Der Ost-West-Konflikt, Stuttgart: Kohlhammer.
Luttwak, E. N. (1979): (Statement Before the Committee on Foreign Relations). In: *John Sparkman* (Hrsg.): Perceptions: Relations Between the United States and the Soviet Union, Committee on Foreign Relations, United States Senate, Washington. S. 340–343.
Morawietzki, W. (1977): „Die Struktur der Ost-West-Beziehungen im europäischen System". In: *Annemarie Große-Jütte/Rüdiger Jütte* (Hrsg.): Entspannung ohne Frieden, Frankfurt: S. Fischer. S. 110–130.
Müller, H.-G./W. Neubert und *H. Pirsch* (1980): Friedliche Koexistenz, Konfrontationspolitik, bürgerliche Entspannungstheorie (= IPW-Forschungshefte 4), Berlin (DDR): Staatsverlag.
Nastasescu, S. (1980): „The Dialectic of Détente". In: Revue Roumaine d'Etudes Internationales 14. S. 362–365.
Nygren, B. und *D. Lavery* (1981): Cooperation Between the Soviet Union and Three Western Great Powers, 1950–1975 (= Research Report 6), Stockholm: Swedish Institute of International Affairs.
Osgood, C. E. (1962): An Alternative to War and Surrender, Chicago University of Illinois Press.
Osgood, C. E. (1966): Perspectives in Foreign Policy, San Francisco: Pacific Press.
Osgood, C. E. (1969): „Calculated De-escalation as a Strategy". In: *Dean G. Pruitt/Richard C. Snyder* (Hrsg.): Theory and Research on the Causes of War, Englewood Cliffs: Prentice Hall. S. 213–216.
Pastusiak, L. (1978): „Objective and Subjective Premises of Détente". In: Polish Round Table 8. S. 53–72.
Ropers, N. (1980): „Entspannungspolitik in Europa 1979/80". In: DGFK-Jahrbuch 1979/80, Baden-Baden: Nomos. S. 835–881.
Samoschkin, J. und *W. Gantman* (1980): „Die marxistische Konzeption der Ideologie, Ethik und Außenpolitik in den frühen achtziger Jahren". In: Wissenschaft und Frieden Nr. 4, S. 4–13.
Schißler, J. (1980): Symbolische Sicherheitspolitik. Die Bedeutung der KSZE-Schlußakte für die Sicherheitspolitik der Bundesrepublik Deutschland, München: Minerva.
Schneider, W. (1980): „Factors Affecting East-West Economic Relations". In: *Alfred Domes* (Hrsg.): Ost-West: Erfahrungen und Perspektiven, München: Seidel-Stiftung. S. 205–223.
Schwarz, G. und *D. S. Lutz* (1980): Sicherheit und Zusammenarbeit. Eine Bibliographie zu MBFR, SALT, KSZE, Baden-Baden: Nomos.

Schwarz, H.-P. (1979a): „Die Entspannungspolitik der westlichen Staaten". In: Entspannungsbegriff und Entspannungspolitik in Ost und West, Berlin: Dunker & Humblot. S. 45–60.
Schwarz, H.-P. (1979b): „Die Alternative zum Kalten Krieg? Bilanz der bisherigen Entspannung". In: *H.-P. Schwarz/Boris Meißner* (Hrsg.): Entspannungspolitik in Ost und West, Köln: Heymanns. S. 275–303.
Simes, D. K. (1980): „The Death of Détente?", in: International Security Bd. 5, S. 1–25.
Sonnenfeldt, H. (1977/78): „Russia, America and Détente". In: Foreign Affairs Bd. 56, S. 274–294.
Stankovsky, J. (1980): „Handels- und Kreditbeziehungen zwischen Ost und West". In: DGFK-Jahrbuch 1979/80, Baden-Baden: Nomos. S. 527–555.
Stehr, U. (1980): Wirtschaft und Politik in den sowjetischen Westbeziehungen, Frankfurt: Campus. S. 17.
Sullivan, M. P. (1976): International Relations – Theories and Evidence, Englewood Cliffs: Prentice Hall, S. 277–300.
Teunissen, Paul J. (1980): „Strukturen und Perspektiven der Sicherheit und Zusammenarbeit." In: *Hansjürg von Kries* (Hrsg.), Frieden durch Zusammenarbeit in Europa. Berlin: Berlin-Verlag, S. 13–49.
Thalheim, K. C. (1980): „Wirtschaftliche Beziehungen im Wandel". In: *Alfred Domes* (Hrsg.): Ost-West: Erfahrungen und Perspektiven, München: Seidel-Stiftung, S. 183–204.
Weede, E. (1981): „Methods, Problems and Some Results in Evaluating Détente-Related Policies". In: *Daniel Frei* (Hrsg.): Definitions and Measurement of Détente, Cambridge (Mass.): Oelgeschlager, Gunn & Hain, S. 141–151.
Wiberg, Hakan (1979): „Détente in Europe?" In: Current Research on Peace and Violence, Bd. 2, S. 104–113.

8. Ursachen „klimatischer" Schwankungen in den Ost-West-Beziehungen. Zyklen von Konflikt und Kooperation zwischen den USA und der UdSSR 1950–1978. – Eine Spektralanalyse*

Dieter Ruloff

1. *Probleme herkömmlicher Theorien von Spannung und Entspannung in den Ost-West-Beziehungen*

Zur Beschreibung der Beziehungen zwischen den Großmächten, zwischen Ost und West überhaupt, haben sich meteorologische Analogien als nützlich erwiesen. Man spricht z. B. von der „Abkühlung" der Beziehungen, von einem „Kälteeinbruch" und „Frost"; mitunter wird sogar vor einer neuen „Eiszeit" im Ost-West-Verhältnis gewarnt. Der Machtwechsel im Kreml hingegen hat wiederum Hoffnungen auf „Tauwetter" geweckt. Die Politische Wissenschaft verweist oft auf Schwankungen im politisch-diplomatischen „Klima", wenn es darum geht, Qualität und Quantität der Beziehungen zwischen Ost und West und deren Wandel zu beschreiben.

In der Tat sind die Gemeinsamkeiten zwischen Wetter und Ost-West-Diplomatie unübersehbar: Plötzlicher Wandel ist nicht ausgeschlossen. Vorhersagen sind deshalb riskant, obschon es an theoretischer Einsicht nicht mangelt, die freilich in sich widersprüchlich und deshalb auch kaum überzeugend ist. Ein Test von Hypothesen zu den Ursachen der Entspannung in den späten sechziger und frühen siebziger Jahren[1] hat dies belegt. Sowjetische Autoren weisen z. B. gerne auf einen generellen Wandel des Kräfteverhältnisses zwischen Ost und West als Ursache der Entspannung hin; in der Tat ist das militärische und (zumindest zeitweise auch) wirtschaftliche Erstarken des sozialistischen Blocks Hand in Hand mit jener Verbesserung im Klima zwischen den Blöcken gegangen, die man „Détente" nannte. Wenn man also kurzfristig den Westen durch einen beeindruckenden Machtzuwachs an den Verhandlungstisch gebracht hätte, so war dieselbe Strategie im mittel- und langfristiger Perspektive doch kontra-produktiv, wie die Abkühlung der Beziehungen zwischen Ost und West gegen Ende der siebziger Jahre zeigt. Man kann mit nicht geringer Berechtigung somit auch das genaue Gegenteil behaupten: Die wachsende (vor allem militärische) Macht des Ostens hat wohl zunächst zerstört, was mit SALT I und der Gipfeldiplomatie der Nixon-Administration begonnen hatte.

* Dieser Beitrag entstand im Rahmen einer größeren Untersuchung zu Methodenfragen in der Analyse außenpolitischer und internationaler Probleme, die im Auftrag des Schweizerischen Nationalfonds zur Förderung der Wissenschaftlichen Forschung (Projekt Nr. 4.381-0.80.11) durchgeführt wurde. Projektleitung: Daniel Frei und Dieter Ruloff (Universität Zürich).

Diese und eine Fülle ähnlicher Hypothesen zu den Ursachen von Spannung und Entspannung in den Ost-West-Beziehungen betreffen immer nur den großen Trend, also langfristige Veränderungen des Klimas; eigentümlich ist ihnen allen wie der hier nur exemplarisch zitierten „correlation-of-forces"-Hypothese der sowjetischen Entspannungstheorie jedoch das Unvermögen, Trendwenden zu erklären und sog. „turning points" zu bestimmen. Kürzerfristige Schwankungen der Großwetterlage werden zudem ausgeklammert. Genau betrachtet ist jedoch gerade das Auf und Ab, die scheinbar erratischen Schwankungen kurz und langfristiger Art, zentrales Merkmal der Ost-West-Beziehungen.

In dieser Untersuchung wird der Versuch unternommen, den Prozeß der Ost-West-Diplomatie, d. h. die *Abfolge von Ereignissen*, in denen sich die Entwicklung der Ost-West-Beziehungen wohl am besten dokumentiert, auf *Eigengesetzlichkeiten* hin zu untersuchen. Zu diesem Zweck wird das Verfahren der *Spektralanalyse* verwendet, das dazu dient, zyklische Muster in Zeitreihen aufzudecken.

2. *Zufall und Ereignis: Das methodische Grundproblem*

Politik durchdringt alle Lebensbereiche. Sie ist sicher mehr als die Abfolge politischer Ereignisse, manifestiert sich aber vor allem in solchen. Dies erklärt, zumindest zum Teil, warum Geschichte gegen vielfache Widerstände bis in die heutige Zeit hinein größtenteils immer noch politische Ereignisgeschichte ist.

Es erklärt ebenfalls zumindest zum Teil, warum sich politische Analysen bis heute nicht selten wie zeithistorische Darstellungen lesen. Eine Historie, die sich der erzählenden Darstellung politischer Ereignisketten verpflichtet fühlt — der „narrativen Rekonstruktion temporaler Strukturen", wie die Sprachregelung der Geschichtstheoretiker lautet[2] — setzt sich selbstverständlich der Kritik aus. Der französische Geschichtsstrukturalismus wartet hier mit einem Einwand auf, der im Zusammenhang dieser Untersuchung Interesse verdient und mit einem Zitat belegt werden soll, weil er auf jene methodischen Probleme aufmerksam macht, um deren Lösung es dann geht. „Die ereignisorientierte Geschichte", so Francois Furet, „ist nicht durch das Übergewicht definiert, das sie Tatsachen politischen Charakters beimißt; ebensowenig ist sie durch die einfache Erzählung gewisser entlang der Zeitachse ausgewählter ‚Ereignisse' charakterisiert. Sie basiert vor allem auf der Idee, daß diese Ereignisse einzigartig ... sind und daß dieses einzigartige Ereignis das Material schlechthin der Geschichte ist"[3]. Es sei nun aber müßig, im Reich des Zufalls nach Strukturen zu forschen. Die Wissenschaft tue gut daran, sich an harte Daten zu halten, also z. B. Wirtschafts-, fiskalische oder demographische Zahlen.

Die politische Wissenschaft, genau die makro-quantitative Erforschung internationaler Zusammenhänge, weiß selbstverständlich auch um die Bedeutung von Ereignissen. Edward Azar hat mit seinem COPDAB-Projekt (Conflict and Peace Data Bank) den Versuch unternommen, systematisch Ereignisdaten zu zwischenstaatlichen Beziehungen (Konflik und Zusammenarbeit) zu sammeln[4]. Ereignisse sind hierbei Vorgänge wie „der Präsident der USA besucht die Sowjetunion", oder „der Generalsekretär der

KPdSU warnt den amerikanischen Präsidenten“ usw. Die Erhebung von Zeitreihendaten verläuft nun wie folgt: Quellenmaterial (vor allem Tageszeitungen) werden auf Berichte über derartige Ereignisse durchgeschaut und man notiert diese in Kurzform mit ihrem Datum. Anschließend wird für jedes Ereignis 1. der Akteur identifiziert (z. B. die USA), 2. der Adressat (z. B. die UdSSR) und 3. der Typ von Aktion (z. B. Konflikt oder Kooperation). Aktionen werden hinsichtlich ihrer Intensität skaliert. Ein Staatsbesuch wiegt dabei weniger als die Unterzeichnung eines Rüstungskontrollabkommens; die Drohung mit dem Kernwaffeneinsatz wiegt schwerer als die Ausweisung von Botschaftspersonal.

Die Prozedur der Erhebung von Ereignisdaten ist kompliziert und sicherlich nicht unproblematisch. Sie kann hier nur andeutungsweise dargestellt werden[5]. Immerhin gelingt es dem Ansatz Azars, den systematisch schwer faßbaren Gegenstand, also Ereignisse, als Interaktionsgeschehen zwischen Staaten zu konzeptualisieren und in Form von täglichen oder nach Bedarf aggregierten quantitativen Zeitreihendaten der Forschung zur Verfügung zu stellen. Damit wird zumindest ein Einwand des französischen Geschichtsstrukturalismus gegen die wissenschaftliche Arbeit mit Ereignissen hinfällig, weil die Ereignisanalyse ihn forschungstechnisch unterläuft: Sie stellt jenes serielle Datenmaterial zur Verfügung, das der Geschichtsstrukturalismus fordert und allein als empirische Grundlage akzeptiert.

Wer jedoch ereignisanalytische Zeitreihen z. B. in ihrer graphischen Darstellung anschaut (vgl. das Beispiel in Abb. 1), dem kommen Zweifel, ob die zitierte Kritik am Studium von Ereignissen bereits dann gegenstandslos wird, wenn man Ereignisse technisch in Serien quantitativen Datenmaterials umsetzt. Das Auf und Ab der Kurve mutet nun in der Tat erratisch an. Strukturen sind auch hier zumindest auf den ersten Blick nicht sichtbar. Allenfalls zu deskriptiven Zwecken scheinen ereignisanalytische Zeitreihen recht brauchbar: In den Abbildungen 1–4 erkennt man recht gut den generellen Verlauf der Ost-West-Beziehungen vom Beginn der fünfziger Jahre bis gegen Ende der siebziger Jahre: Den Kalten Krieg; die Krisen um Berlin, Cuba und den Nahen Osten; die Entspannung und schließlich deren Abkühlung. Was sagt das Datenmaterial aber über die Ursachen dieser Entwicklung aus? Auf den ersten Blick wohl wenig.

Der erratische, zufällige Charakter von ereignisanalytischen Zeitreihendaten kann und soll nicht bestritten werden. Anstatt nun mit technischen Eingriffen die genannten wenig geschätzten Merkmale „auszubügeln“ (z. B. durch Glätten der Daten mittels gleitender Durchschnitte) oder ganz von ihrer Verwendung abzusehen (wie dies der französische Geschichtsstrukturalismus empfiehlt), soll hier zunächst die Frage nach den Ursachen des sichtbar erratischen Auf und Ab gestellt werden. Wie entsteht Zufälliges überhaut? Nach Popper sprechen wir dann von „Zufall“, wenn wir mit Prognosen bzw. mit (Gesetzes-)Erklärungen nicht zurecht kommen. In diesem Sinne ist man durchaus berechtigt, von Individuellem und Zufälligem als derselben Sache zu reden. Die Geschichte besteht nun aber nicht *nur* aus Zufälligem, schon gar nicht die Ost-West-Beziehungen. Vieles verläuft sehr gleichförmig, ja gesetzmäßig. Gerade dies erklärt nun erstaunlicherweise auch den Zufall. Der Zürcher Philosoph Hermann Lübbe hat in seinen Schriften zur Geschichtstheorie wiederholt darauf hingewiesen, daß Indi-

Abb. 1: Vierteljährliche Ereignisdaten (Indexwerte) zum Konfliktverhalten der USA gegenüber der UdSSR (die durchbrochene Linie ist der kubische Trend)

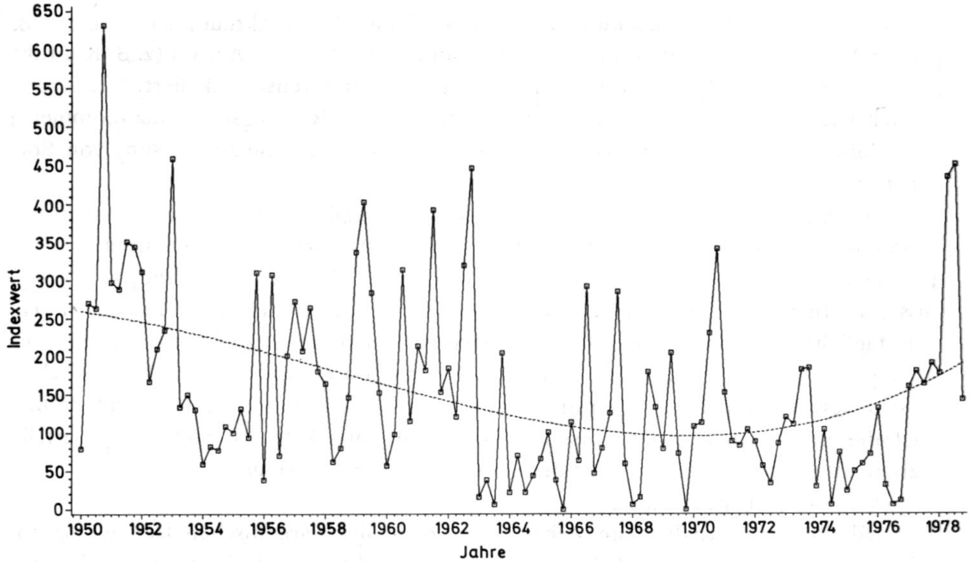

Abb. 2: Vierteljährliche Ereignisdaten (Indexwerte) zum Konfliktverhalten der UdSSR gegenüber den USA (die durchbrochene Linie ist der kubische Trend)

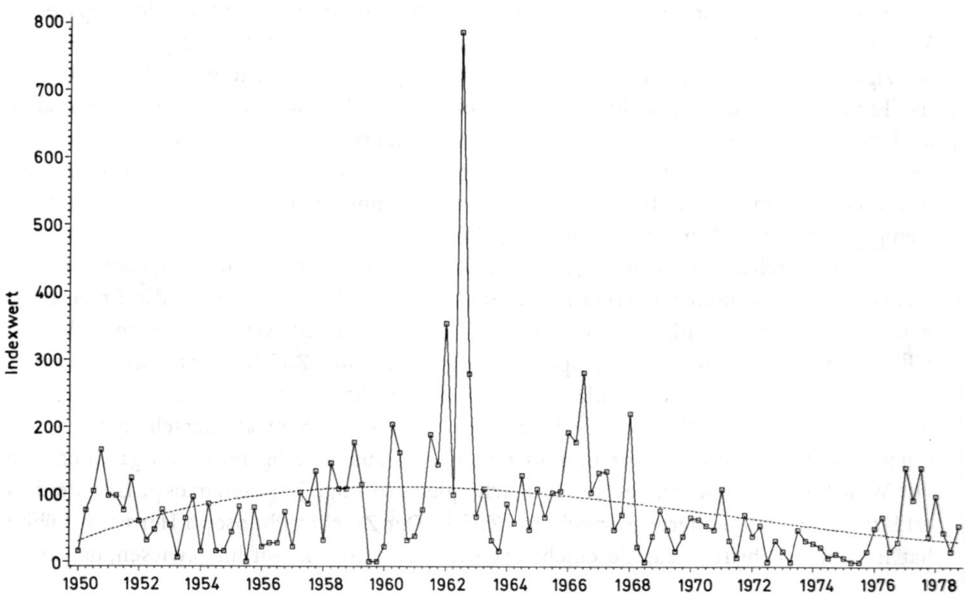

Abb. 3: Vierteljährliche Ereignisdaten (Indexwerte) zum kooperativen Verhalten der USA gegenüber der UdSSR (die durchbrochene Linie ist der kubische Trend)

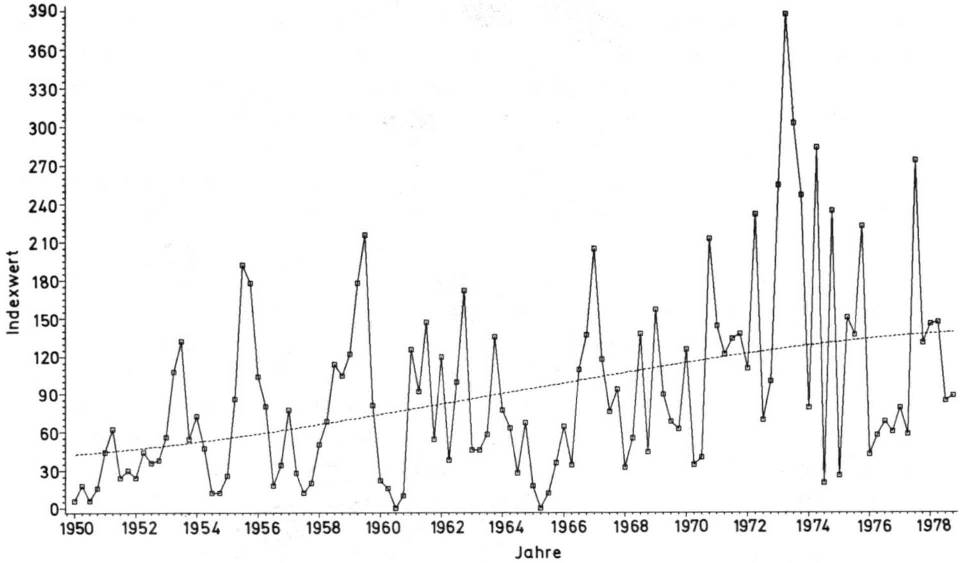

Abb. 4: Vierteljährliche Ereignisdaten (Indexwerte) zum kooperativen Verhalten der UdSSR gegenüber den USA (die durchbrochene Linie ist der kubische Trend)

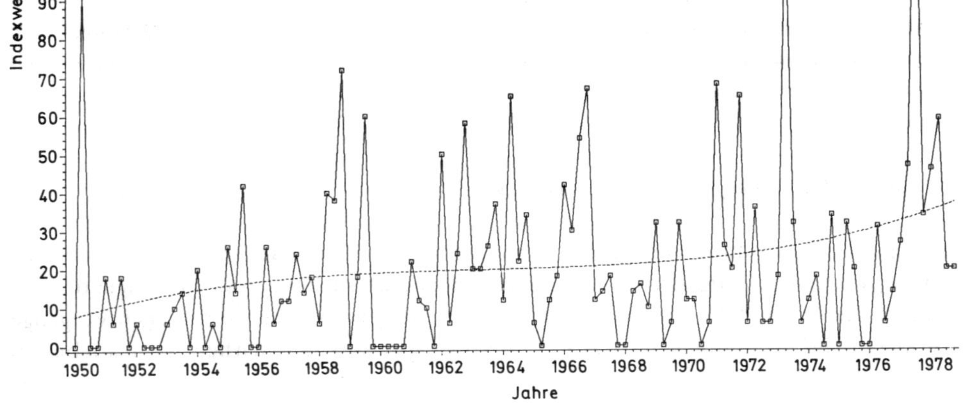

vidualität dann entsteht, wenn unterschiedliche Vorgänge einander kreuzen, also durch die Interferenz nicht-synchroner, selbst aber durchaus gleichförmiger Prozesse[6].
Mit Prognosen im Bereich der Geschichte werden wir Lübbe zufolge deshalb wohl nie zurecht kommen, weil wir nicht wissen, *welche* Prozesse sich in Zukunft kreuzen und damit gegenseitig stören. Auch mit (Gesetzes-)Erklärungen stehe es in der Geschichte schlecht, weil die einzelnen Prozesse möglicherweise zwar durchaus Regeln folgen, ihr Zusammentreffen jedoch nicht. Die Abfolge von Ereignissen läßt sich Lübbe zufolge bestenfalls in Form von Geschichten rekonstruieren.
Wenn es auch prinzipiell richtig ist, daß nicht mit letzter Sicherheit abgeschätzt werden kann, was in Zukunft z. B. die Ost-West-Beziehungen beeinflußt, so sind doch einige Einschränkungen hinsichtlich der von Lübbe formulierten methodischen Konsequenzen notwendig. Welche Prozesse in der Vergangenheit die Ost-West-Beziehungen beeinflußten, läßt sich empirisch feststellen. Dabei bestätigen sich manche, aber durchaus nicht alle Vermutungen der theoretischen Literatur[7]. Auch die Behauptung, das Zusammentreffen dieser Prozesse folge keinen Regelmäßigkeiten, läßt sich prüfen. Falls wichtige Einflüsse auf die Ost-West-Beziehungen *zyklisch, aber nicht-synchron* verlaufen, so entsteht zwar das Bild der Individualität, aber nur deshalb, weil die zugrundeliegende Regelmäßigkeit außerordentlich kompliziert werden kann: Wenn die Fahrpläne dreier unterschiedlicher Verkehrsmittel nicht aufeinander abgestimmt sind, entsteht für jeden Benutzer, der die Fahrpläne nicht kennt, sehr leicht der Eindruck vollkommener Willkür. Von Zeitreihendaten der wechselnden Wartezeiten auf die Struktur der Fahrpläne zu schließen, ist keine einfache Sache.
Analoges gilt für das Studium der Ost-West-Beziehungen: Hier liegen mit dem Material der Conflict and Peace Data Bank Ereignisdaten zum politisch-diplomatischen Verkehr zwischen den beteiligten Ländern vor, und zwar auf den Dimensionen Konflikt und Kooperation[8]. Die Abbildungen 1 bis 4 zeigen Beispiele dieser Daten. Wenn sich das erratische Muster dieser Daten durch Überlagerung ansich regelmäßiger, allerdings *nicht-synchroner zyklischer Prozesse* einstellt, so läßt sich mit Hilfe der *Spektralanalyse* feststellen, um welche Prozesse es sich dabei handelt. Die Kenntnis dieser Prozesse erlaubt dann Prognosen, wenn man geneigt ist anzunehmen, daß so das *gesamte* Repertoir jener zyklischen Vorgänge ermittelt wurde, das Ost-West-Beziehungen beeinflußt. Bei der Länge der Zeitreihen besteht die begründete Hoffnung, daß diese Annahme zutrifft. Prinzipiell kann jedoch nicht ausgeschlossen werden, daß völlig neue Vorgänge an Gewicht gewinnen, die nicht vorherzusehen waren, weil weder Trend noch Zyklus auf sie hinwiesen.

3. *Kurze Einführung in die Spektralanalyse*

Es geht also darum, in den Zeitreihendaten zu den Ost-West-Beziehungen zyklische oder periodische Vorgänge zu entdecken und zu untersuchen, ob sich das eigentümlich erratische Auf und Ab der Kurven durch die Überlagerung solcher zyklischen Vorgänge erklären läßt. Periodische oder zyklische Vorgänge lassen sich mathematisch am besten mit Sinus- und Cosinusfunktionen beschreiben. Für eine Sinusfunktion mit der Periodenlänge 2π gilt:[8]

$$\sin(x \pm 2\pi t) = \sin x \qquad t = 1, 2, 3, \ldots$$

Für ein ganzzahliges Vielfaches der Periode liefert diese Funktion immer denselben Wert. sin x, das sog. Bild der Funktion, ändert sich also nicht, wenn man das sog. Urbild x der Funktion um ein ganzzahliges Vielfaches der Periode verschiebt. Die Funktion beschreibt also einen zyklischen Vorgang, d. h. in regelmäßigen Abständen (2π) immer wieder auftretende Ereignisse. Der Vorgang kann anschaulich mit dem sog. Einheitskreis (einem Kreis mit dem Radius 1) dargestellt werden. Der Einheitskreis hat bekanntlich den Umfang 2π und legt somit, als Rad der Zeit einmal gedreht, genau die Entfernung seines Umfanges zurück. Wenn die Radmitte auf dem Niveau 0,0 liegt, so erreicht ein fixer Punkt auf der Radperipherie (ebenfalls bei Niveau 0,0 beginnend) nach 1/4 Drehung das Niveau 1, nach 1/2 Drehung das Niveau 0,0, nach 3/4 Drehung das Niveau −1,0 und nach einer vollen Drehung wiederum das Niveau 0,0. Wenn t die Position des Zeitrades (in Drehungen) angibt, so lassen sich diese Niveaus y als

$$Y = \sin(2\pi t)$$

mathematisch beschreiben. Bei 3 3/4 Drehungen ($t = 3{,}75$) befindet sich der Fixpunkt auf dem Niveau von −1 ($y = -1{,}0$); bei 5 1/2 Drehungen liegt der Punkt auf dem Niveau von 1 ($y = 1{,}0$). Graphisch dargestellt mit y auf der vertikalen und t auf der horizontalen Achse erhält man für laufende Werte von t eine wellenförmige Kurve, die um den Wert von $Y = 0{,}0$ schwingt, mit Maxima von $y = 1{,}0$ und Minima von $y = -1{,}0$.

Diese Schwingungen lassen sich in Richtung beider Achsen verschieben und/oder auch dehnen. Wenn a die Verschiebung und A die Dehnung auf der Y-Achse ist, und p die Dehnung sowie f die Verschiebung auf der t-Achse, so lautet die mathematische Beschreibung der so veränderten Schwingungen

$$Y = a + A \cdot \sin((2\pi/p) \cdot (t + f))$$

Man bezeichnet p auch als die Phasenlänge der Schwingung: Ein „Durchgang" über alle Niveaus erfordert nicht eine sondern genau p Drehungen des Rades der Zeit. 1/p ist die Frequenz der Schwingung: Bei einer Drehung des Zeitrades werden genau 1/p Schwingungen vollzogen. Abbildung 5 zeigt reine Sinusschwingungen mit einer Amplitude A von 5 Indexpunkten, einer Phasenlänge p von 15 Monaten und einer Phasenverschiebung f von 5 Monaten. Selbst wenn eine Kurve wie die von Abbildung 5 noch kleinere Verzerrungen enthielte, wäre das Grundmuster immer noch zu erkennen. Man könnte die Parameter der Sinusschwingung (Amplitude, Phasenlänge, Verschiebung) noch nach Augenmaß bestimmen, ganz sicher aber mit Hilfe nicht-linearer Regressionsverfahren.

In der Regel sind Schwingungsbewegungen jedoch komplizierter. Man nimmt bei der Spektralanalyse an, daß die zu untersuchenden Schwingungen nicht nur Resultat *einer* sinusförmigen Bewegung sind, sondern aus der Überlagerung mehrerer Sinusschwingungen mit unterschiedlicher Phasenlänge, Phasenverschiebung und Amplitude entstehen. Das Grundmuster solcher Bewegungen, die aus der Interferenz mehrerer selbst durchaus einfacher aber nicht-synchroner Schwingungen entstehen, ist nur sehr schwer zu erkennen.

Abb. 5: Beispiel reiner Sinusschwingungen mit Amplitude, Phasenlänge und Phasenverschiebung

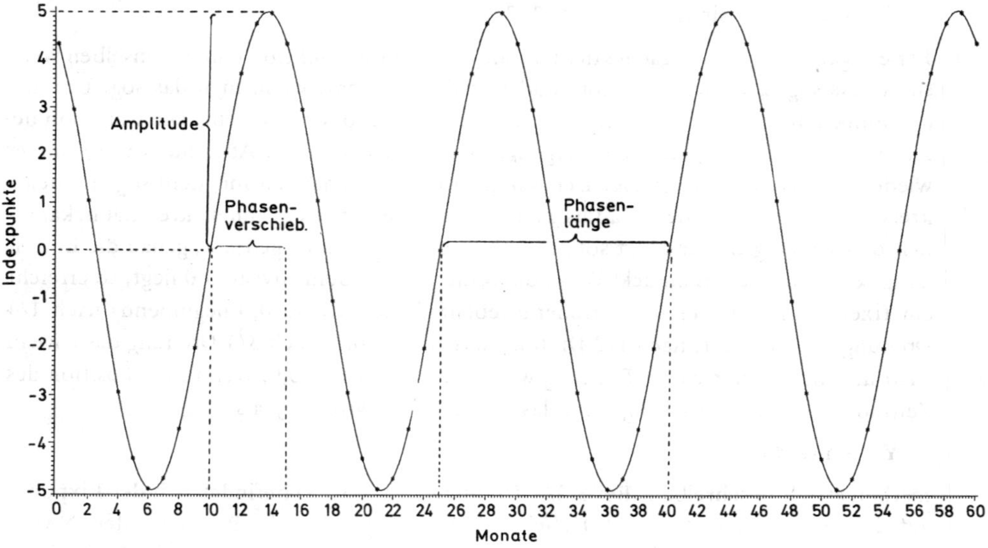

Tageslicht ist bekanntlich eine Mischung aus Licht verschiedener Wellenlänge, das mit den geeigneten Apparaten in seine Bestandteile zerlegt werden kann. Ähnlich ermöglicht es die Spektralanalyse, Schwingungen in Zeitreihendaten in die Grundschwingungen zu zerlegen. Eine *phasenverschobene* Sinusschwingung der Form

$$Y = A \cdot \sin((2\pi/p) \cdot (t + f))$$

kann auch durch die Überlagerung zweier *nicht-phasenverschobener* Schwingungen, und zwar einer Cosinus- und einer Sinusschwingung dargestellt werden. Die entsprechende Gleichung läßt sich leicht aus der vorhergehenden unter Verwendung eines elementaren Satzes der Trigonometrie ableiten[9]:

$$Y_t = a \cdot \cos(2\pi/p) \cdot t + b \cdot \sin(2\pi/p) \cdot t$$

Die Überlagerung mehrerer solcher Schwingungspaare läßt sich in Kurzschreibweise als Summe wie folgt notieren:

$$Y_t = (a_o/2) + \sum_{k=1}^{m} (a_k \cos(2\pi/p_k)\, t + b_k \sin(2\pi/p_k)\, t)$$

m Schwingungspaare mit jeweils verschiedenen Phasenlängen p und Amplituden a und b überlagern sich, wobei die komplexe Schwingung Y entsteht. Bei verfügbaren Daten für Y_t ist es nun mit Hilfe der sog. Fourier-Transformation möglich, genau jene „Mischung" von Sinus- und Cosinusschwingungen zu bestimmen, die auf die Daten „paßt". Die notwendigen Berechnungen sind bei größeren Datenmengen mit „Papier und Bleistift" kaum mehr rationell durchzuführen. Die Verwendung entsprechender Computerprogramme ist aus diesem Grunde unumgänglich. Diese liefern die Phasenlängen p der $k = 1, 2, 3, \ldots m$ Grundschwingungspaare und die zugehörigen Amplitudenwerte a und b. Mit Schwingungs*paaren* wurde deshalb gearbeitet, um das Problem der Phasenverschiebung der Grundschwingungen zu beseitigen. $(a_0/2)$ ist die Verschiebung der zusammengesetzten Schwingung auf der vertikalen Achse[10].

Wieviele Grundschwingungen sind nun aber in einer komplizierteren Wellenbewegung enthalten, wie groß ist m? Leider liefert die Spektralanalyse keine schlüssigen Antworten auf diese Frage. Angesichts der bisherigen Ausführungen mag dies erstaunen, ist aber leicht zu erklären. Wie bekannt läßt sich durch beliebige Y_t-Werte für $t = 1, 2, 3, \ldots, n$ (d. h. auch Zufallszahlen) in einer graphischen Darstellung ein Polynom (n–1)-ten Grades legen: Durch zwei Punkte eine Gerade, durch drei Punkte eine quadratische Kurve (eine Parabel), durch vier Punkte eine kubische Kurve mit der allgemeinen mathematischen Beschreibung $Y_t = a_0 + a_1 t + a_2 t^2 + a_3 t^3$, usw. Je höher der Grad des Polynoms (d. h. je näher an der Zahl n der Datenpunkte), um so leichter die „Anpassung" der entsprechenden Regressionslinie. Statt Polynomen lassen sich jedoch auch Sinuskurven verwenden. Wenn n die Zahl der Datenpunkte ist, kommt man in diesem Falle bereits mit $m = (n/2)$ sich überlagernder Cosinus-Sinus-Schwingungspaaren aus, für eine gerade Zahl von n; bei ungeraden n ist $m = (n-1)/2$. Die Phasenlänge dieser Schwingungspaare ist dabei $p_k = (n/k)$. Beispiel: Für 10 aufeinanderfolgende Monate seien Daten zu einer Variablen gesammelt worden. Durch diese Datenpunkte läßt sich eine zusammengesetzte Kurve legen, die aus m = 5 einzelnen Sinuskurven (oder Cosinus-Sinus-Kurvenpaaren) besteht, die eine Wellenlänge von p = 10 Monaten, 5 Monaten, 3,33 Monaten, 2,5 Monaten und 2 Monaten haben. Warum dies so ist, soll hier nicht interessieren. Intuitiv leuchtet es jedoch ein, daß man bei wachsendem Bedarf an Genauigkeit der Anpassung einer solchen Kurve erstens *mehr* Elemente in Form von Grundschwingungen braucht, und zweitens *mehr hochfrequente* Schwingungen (d. h. Schwingungen mit kurzer Phasenlänge).

Die Spektralanalyse liefert nun jeweils bei Vorliegen einer komplexen Schwingung in Form von n Zeitreihendaten Parameter (d. h. Werte für a und b) zu den entsprechenden m Grundschwingungen, also der maximal notwendigen Zahl solcher Grundschwingungen. Die Frage, ob auch eine geringere Zahl von Grundschwingungen ausreichen würde, die in Form von Zeitreihendaten vorliegende komplexe Schwingung zu beschreiben bzw. zu erklären, bleibt dabei unberücksichtigt. In den allermeisten Fällen geht es bei der Interpretation der Resultate einer Spektralanalyse darum, unter den aufgefundenen Grundschwingungen jene auszuwählen, die zur Erklärung der beobachteten Ereignisse am meisten beitragen. Dies werden nur Grundschwingungen mit großer Amplitude sein, die sich zudem theoretisch deuten lassen. Jede Datenserie enthält zufällige Details, die selbstverständlich bei der statistischen Analyse der Daten Bedeutung besitzen, aber für die Interpretation belanglos sind, wenn man sie vernachlässigen kann (bzw. ärgerlich, wenn dies nicht möglich ist).

Zur Darstellung des *Spektrums* einer komplizierten Schwingung oder Wellenbewegung, also der Information über die Phasenlänge und Amplitude der Grundschwingungen, aus denen sie sich zusammensetzt, gibt man in der Regel nicht die Einzelwerte für a_k und b_k

mit dem zugehörigen Wellenlänge p_k an, sondern berechnet das Periodogramm dieser Werte. Das Periodogramm ist definiert als

$$I_k = (n/2) \cdot (a_k{}^2 + b_k{}^2)$$

Das Periodogramm ist ein statistisches Maß, das ähnlich wie die erklärte Varianz in Regressionsgleichungen interpretiert werden kann. Man kann die Periodogrammwerte graphisch darstellen, und zwar mit I_k auf der vertikalen und den entsprechenden Werten der zugehörigen Phasenlänge p_k bzw. der Frequenz $1/p_k$ auf der horizontalen Achse. Die resultierenden Datenpunkte miteinander verbunden ergeben eine Kurve, die einen visuellen Eindruck von der Bedeutung der einzelnen Grundschwingungen des Spektrums ermöglicht. Aus verschiedenen Gründen, die hier nicht einzeln besprochen werden können, ist man davon abgekommen, das Periodogramm zur Grundlage einer weiteren Untersuchung des Spektrums zu machen. Ein wichtiger Nachteil des Periodogramms ist vor allem, daß es nur Werte für bestimmte Phasenlängen bzw. Frequenzen liefert, d. h. p_k ($k = 1, 2, 3, \ldots, m$), wobei $p_k = (n/k)$ ist. Für eine Serie mit 20 monatlichen Zeitreihen sind dies u. a. die Phasenlängen $p_1 = 20$ Monate, $p_2 = 10$ Monate, $p_3 = 6{,}66$ Monate usw. Liegt die *tatsächliche* Phasenlänge der wichtigsten Schwingung, die sich mit anderen in den zu untersuchenden Daten „versteckt", aber bei den 15 Monaten, so ist sie im Periodogramm gar nicht vertreten!

Eine Lösung dieses Problems besteht nun darin, die Periodogrammwerte mittels gleitender Durchschnitte (man spricht von sog. Lagfenstern) zu *glätten*. Wenn W die zu diesem Zweck verwendeten Gewichte sind und i die Zahl der jeweils vorwärts und rückwärts zu berücksichtigenden angrenzenden Frequenzen, so erhält man eine Schätzung der sog. spektralen Dichtefunktion oder kurz Spektraldichte F als:

$$F_k = (1/4\,\pi) \sum_{j=-i}^{+i} W_j \, I_{k+j}$$

Im einfachsten Falle wird man also zur Schätzung der spektralen Dichte einer Schwingung das arithmetische Mittel der Periodogramm-Werte der angrenzenden beiden Schwingungen einschließlich des eigenen Periodogramm-Wertes ermitteln. Bei der Interpretation der Resultate wird man nun nicht mehr einzelne Schwingungen mit fixierten Frequenzen beachten, sondern sog. *Frequenzbänder*, d. h. Bündel ähnlicher Schwingungen, die möglicherweise dieselbe Ursache haben.

Interessant wird eine Spektralanalyse jedoch vor allem dann, wenn es gilt, zwei (oder mehr) komplizierte Schwingungsprozesse miteinander zu vergleichen und nach Zusammenhängen zu suchen. Ein Vergleich der spektralen Dichtefunktionen ist leicht zu bewerkstelligen; man kann z. B. die graphische Darstellung der spektralen Dichte auf Übereinstimmung, d. h. Grundschwingungen ähnlicher Phasenlänge und Bedeutung, prüfen. Dies sagt allerdings noch nichts darüber aus, ob wichtige gemeinsame Grundschwingungen derselben Frequenz in beiden Vorgängen absolut parallel zueinander verlaufen, oder aber phasenverschoben! Zur Beurteilung dieser Frage eignet sich die sog. *kospektrale Dichtefunktion*. Man berechnet zunächst das sog. Kreuzperiodogramm, das im Anschluß wie bereits vorher beschrieben geglättet wird. Das Kreuzperiodogramm zweier Zeitreihenvariablen y und z ist definiert als:

$I_k^{yz} = (n/2)\,(a_k^y\, a_k^z + b_k^y\, b_k^z)$

a und b können positive und negative Werte annehmen. Das einfache Periodogramm wird nun nur positive Werte aufweisen, das Kreuzperiodogramm hingegen positive und negative Werte. Dasselbe gilt dann auch für die geglättete Version, also die Schätzung der kospektralen Dichtefunktion. Entsprechend Verschiebung werden die Werte dieser Funktion in positive oder negative Bereiche ausschlagen. Bei einer Verschiebung um eine 1/4 Phase wird der zugehörige Wert der kospektralen Dichtefunktion null, bei Verschiebung um eine 1/2 Phase wird er negativ, bei parallelem Verlauf beider Schwingungen positiv.

4. Zyklische Muster in den Ost-West-Beziehungen

Die in den Abbildungen 1–4 vorgestellten Daten lassen sich nun ohne große Probleme mit Hilfe der Spektralanalyse auf zyklische Muster hin untersuchen; zusätzlich kann man die Resultate für die einzelnen Zeitreihen auch noch miteinander vergleichen und erhält damit Einsichten in die Synchronisation der Ost-West-Beziehungen zwischen den USA und der UdSSR sowie innerhalb beider Großmächte, soweit es um die Frage der Koordination von konfliktiven und kooperativen Aktionen geht. Diese schließen sich selbstverständlich gegenseitig nicht aus, wie der Vorwert auf „Zuckerbrot und Peitsche“ deutlich macht.

Die Spektralanalyse benötigt sog. stationäre Daten, also Werte der Zeitreihenvariablen, die über den gesamten Bereich um dasselbe arithmetische Mittel verteilt liegen. Wie die Abbildungen 1–4 zeigen, ist diese Bedingung bei den hier zu untersuchenden Zeitreihendaten nicht erfüllt. Es wird deshalb nicht mit den Originaldaten gearbeitet, sondern mit den Abweichungen von der jeweiligen Trennlinie, die in den Abbildungen 1–4 bereits eingezeichnet wurde. Es handelt sich hierbei um eine sog. kubische Trendlinie (Gleichung: $\hat{Y} = a_0 + a_1 t + a_2 t^2 + a_3 t^3$), die sich gut dazu eignet, kompliziertere Auf- oder Abwärtsbewegungen nachzubilden[11]. Um die Resultate der Spektralanalyse besser vergleichbar zu machen (die Spektraldichte ist ja keine Statistik, die auf einen bestimmten Wertebereich beschränkt ist wie etwa der Korrelationskoeffizient, sondern hängt stark vom Wertebereich der untersuchten Variablen ab), werden die Abweichungen vom Trend (die Residuen) noch standardisiert (arithemetische Mittel = 0,0; Standardabweichung = 1,0). Diese Maßnahme ist wesentlich kosmetischer Natur, um bei der Darstellung der Resultate in Form von Kurvenpaaren dieselbe Skala auch für unterschiedliche Variablen benutzen zu können.

Zu den vier wie beschrieben transformierten Variablen wurden Spektraldichtefunktionen geschätzt; für jedes Variablenpaar wurde schließlich zusätzlich noch eine kospektrale Dichtefunktion geschätzt. In beiden Fällen wurde zum Glätten der Periodogrammwerte bzw. Kreuzperiodogrammwerte ein sog. Viereck-Lagfenster benutzt. Zur Erleichterung der Interpretation der Resultate sind deren wichtigste Merkmale in den Tabellen 1 und 2 zusammengefaßt. Wichtige Elemente werden zudem graphisch dargestellt.

Tabelle 1: Schwingungsmuster der Ost-West-Beziehungen – Phasenlängen der wichtigsten Wellenbewegungen

	langfristig	mittelfristig	kurzfristig	sehr kurzfristig
Konflikt USA–UdSSR	10 Jahre	2 Jahre	1 1/4 Jahre	1/2 Jahr
Konflikt UdSSR–USA	4 Jahre	2 Jahre	–	1/2 Jahr
Kooperation USA–UdSSR	10 Jahre	2 1/4 Jahre	1 Jahr	1/2 Jahr
Kooperation UdSSR–USA	6 Jahre	2 1/4 Jahre	1 Jahr	3/4 Jahr

Tabelle 2: Schwingungsmuster der Ost-West-Beziehungen – Phasenlänge der wichtigsten synchronisierten Wellenbewegungen

	langfristig	mittelfristig	kurzfristig	sehr kurzfristig
Konflikt USA–UdSSR Konflikt UdSSR–USA	10 Jahre	–	1 1/4 Jahre	1/2 Jahr
Konflikt USA–UdSSR Kooperation USA–UdSSR	3 3/4 Jahre	2 1/4 Jahre	–	1/2 Jahr
Konflikt USA–UdSSR Kooperation UdSSR–USA	7 1/4 Jahre	2 1/4 Jahre	–1 1/2 Jahre	1/2 Jahr
Konflikt UdSSR–USA Kooperation USA–UdSSR	3 3/4 Jahre	–	–	–
Konflikt UdSSR–USA Kooperation UdSSR–USA	4 Jahre	2 Jahre	–	1/2 Jahr
Kooperation USA–UdSSR Kooperation UdSSR–USA	3 3/4 Jahre	2 1/4 Jahre	3/4 Jahre	1/2 Jahr

Die geschätzten Spektraldichtefunktionen für die vier Ausgangsvariablen (konfliktives bzw. kooperatives Verhalten der Großmächte gegenüber der jeweils anderen Großmacht) erlaubt es nun, nach wichtigen Grundschwingungen in diesen zu suchen, d. h. die entsprechenden Frequenzen bzw. Frequenzbänder über die Maxima der Spektraldichtefunktionen zu bestimmen. Tabelle 1 zeigt die Resultate im Überblick. Die Phasenlänge jener Grundschwingungen, die am meisten zur Charakteristik der entsprechenden Variablen beitragen, sind durch Einrahmung gekennzeichnet. Vier (in einem Falle drei) Zeithorizonte lassen sich generell unterscheiden: langfristige Schwingungsmuster mit Phasenlängen von 4–10 Jahren; mittelfristige Schwingungen mit Phasenlängen um 2 Jahre; kurzfristige Schwingungen mit Phasenlängen von etwa einem Jahr und sehr kurzfristige Schwingungen mit etwa einem halben Jahr Phasenlänge. Diese vier Schwingungsformen machen in der Überlagerung einen Großteil der Dynamik in den Ost-West-Beziehungen aus, soweit diese mit den hier verwendeten vier Ereignisvariablen erfaßt werden. Dominierend sind im Bereich des Konflikte die langfristigen Bewegungen (Phasenlängen von 10 und 4 Jahren), während im Bereich der Zusammenarbeit eine Schwingungsbewegung mittlerer Länge zu dominieren scheint (etwa 2 1/4 Jahre Phasenlänge).

Tabelle 2 gibt Auskunft über die Koordinierung der Schwingungsmuster zwischen den entsprechenden Verhaltensvariablen. Während die USA ihr Konflikt- und Kooperationsverhalten gegenüber der UdSSR offensichtlich nur im mittelfristigen Bereich bei Phasenlängen von etwa 2 1/4 Jahren koordinieren können, läuft das entsprechende Konflikt- und Kooperationsverhalten der UdSSR gegenüber den USA mit einer Phasenlänge von etwa 4 Jahren synchron. Im Bereich gegenseitigen Konfliktverhaltens der Großmächte dominiert ein langfristiges Auf und Ab mit Phasenlängen von etwa 10 Jahren; im Bereich der Zusammenarbeit miteinander verlaufen die entsprechenden Bemühungen mit einer Phasenlänge von etwa 2 1/4 Jahren synchron. Die Abbildungen 6 und 7 zeigen die entsprechenden Spektraldichtekurven.

Dies sind die nackten Resultate einer Spektralanalyse der vier hier interessierenden Variablen. Zu ihrer Bedeutung wurde bis jetzt jedoch noch keine Stellung bezogen. Dies soll nun geschehen, wobei diese wie jede andere Interpretation statistischer Resultate einen guten Teil Spekulation mit einschließt. Unschwer zu deuten sind die aufgedeckten allerdings für den Gesamtverlauf weniger wichtigen Schwingungen sehr kurzer und kurzer Phasenlänge. Sachzwänge der Ost-West-Diplomatie sind hier offenbar von nicht zu unterschätzender Bedeutung. Der Ablauf einer diplomatischen Offensive mit Reaktion auf die Antwort nimmt in der Tat etwa 6 Monate in Anspruch; dies gilt für den Bereich des Konflikts wie dem der Zusammenarbeit. Eine Sequenz von Offensive, Reaktion und Antwort mit nachfolgender zweiter Offensive wird etwa den doppelten Zeitraum in Anspruch nehmen. Man erhält somit Schwingungen mit einer Phasenlänge von etwa einem Jahr. In den Abbildungen 1–4 sind diese Schwingungen kurzer und kürzester Phasenlänge unschwer zu identifizieren. Sie verdanken sich nun nicht, wie man vielleicht meinen könnte, lediglich einem Sachzwang der Datenstruktur, d. h. der vierteljährlichen Aggregation ereignisanalytischer Rohdaten. Eine sozusagen „elementare" Schwingung (bestehend aus „Auf–Ab–Ab–Auf") hätte hier zwangsläufig die Phasenlänge von vier Vierteljahren = einem Jahr. Eine Kontrollanalyse mit monatlicher Aggregation der ereignisanalytischen Rohdaten erbrachte dieselbe Bedeutung von Schwingungen mit 6monatlicher und 12monatlicher Phasenlänge.

Schwingungen mittelfristiger Phasenlänge (2 Jahre bzw. 2 1/4 Jahre) sind schwerer zu deuten. Im Bereich der Zusammenarbeit haben sie zentrale Bedeutung, sowohl in der Politik der USA als auch jener der Sowjetunion. Eine „technische" Erklärung bietet sich zunächst wiederum an: In der Verdoppelung von Schwingungen kurzer Phasenlänge (bzw. der Vervierfachung sehr kurzer Schwingungen) können Schwingungen mit Phasenlängen von etwa 2 Jahren zustande kommen. Daneben bietet sich jedoch auch eine politische Erklärung an: Eine Amtsperiode des US-Präsidenten hat die Dauer von vier Jahren. Verhandlungssequenzen zwischen den Großmächten scheinen jeweils etwa die Hälfte der Amtszeit eines US-Präsidenten zu dauern, wobei die bekannten Stadien anfänglichen Optimismus mit nachfolgender Ernüchterung, Krise und Kompromiß durchlaufen werden. Dies schlägt sich offenbar in diplomatischer Aktivität nieder, die auf ereignisanalytischem Wege erfaßt werden kann. Der Planungshorizont solcher Abläufe entspricht dabei der Zeit einer halben Amtsperiode des US-Präsidenten. Historische Belege dieser Interpretation sind leicht beizubringen (man beachte das Timing bei SALT und INF). Konflikte zwischen den Großmächten werden offensichtlich nicht

Abb. 6: Geschätzte Spektraldichtefunktionen Konflikt der USA gegenüber der UdSSR (Symbol Stern) und Konflikt der UdSSR gegenüber den USA (Symbol Quadrat)

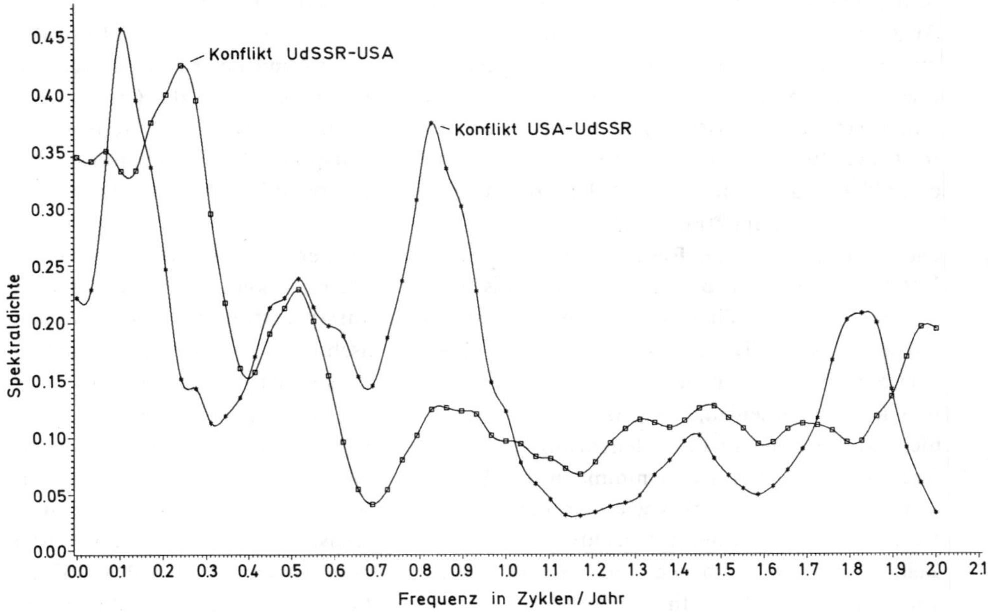

Abb. 7: Geschätzte Spektraldichtefunktion Kooperation der USA gegenüber der UdSSR (Symbol Stern) und Kooperation der UdSSR gegenüber den USA (Symbol Quadrat)

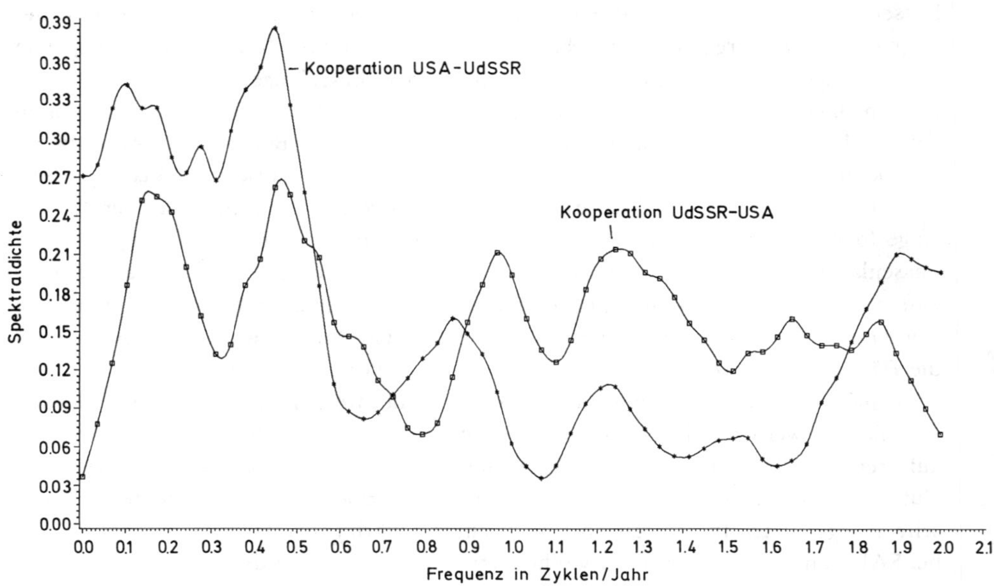

in derselben Art „geplant";der Ablauf von und gegenwärtige Stand einer Verhandlungssequenz schlägt offensichtlich jedoch gleichermaßen auf die Konfliktrhetorik durch.
Das Konfliktverhalten der USA gegenüber der UdSSR entwickelt sich in langfristiger Perspektive (abgesehen selbstverständlich vom Trend, der in Abb. 1 gekennzeichnet wurde) mit Schwingungen der Phasenlänge von etwa 10 Jahren. Offenbar beansprucht ein vollkommener Kurswechsel der Außenpolitik, also ein „Umpolen" von Spannung auf Entspannung, etwas mehr als die Amtszeit eines US-Präsidenten. Über etwas mehr als zwei Amtsperioden verläuft ein voller Zyklus amerikanischer Außenpolitik, von Spannung über Entspannung zu neuerlichen Spannungen. In der Tat sind alle US-Präsidenten seit dem Ende des zweiten Weltkriege (vielleicht mit der Ausnahme Lyndon Johnsons und Gerald Fords) jeweils mit der explizit geäußerten Absicht angetreten, das Verhältnis zur Sowjetunion grundlegend zu verändern. Die vorliegenden Resultate bestätigen, daß diese Absichten auch in die Tat umgesetzt wurden. Das amerikanische Konfliktverhalten bleibt dabei nicht ohne Auswirkungen auch auf die laufende Zusammenarbeit mit der Sowjetunion. Ein etwa zehnjähriger Zyklus ist auch hier zu beobachten; allerdings, wie schon betont, dominiert er nicht.
Das Konfliktverhalten der Sowjetunion gegenüber den USA weist einen starken vierjährigen Zyklus auf. Jeder US-Präsident wird offenbar im Laufe seiner Amtszeit mit allen Mitteln sowjetischer Diplomatie konfrontiert, von offenen Drohungen massivster Art bis zu eindeutigen Entspannungssignalen und -taten. Die Amtseinsetzung eines neuen US-Präsidenten bedeutet dabei natürlich nicht ein sofortiges „Umschalten" auf Neuanfang in den sowjetisch-amerikanischen Beziehungen, sondern eine Fortsetzung der Politik, allerdings unter Berücksichtigung des Zeithorizontes, der durch die Amtszeit eines US-Präsidenten vorgegeben ist.
Auch im Bereich der Zusammenarbeit zwischen den USA und der Sowjetunion lassen sich längere Zyklen ermitteln. Der zehnjährige Zyklus im Bereich amerikanischen Konfliktverhaltens der Sowjetunion gegenüber schlägt auch auf die Kooperation der USA mit der Sowjetunion durch, wie nicht anders zu erwarten; doch bestimmend im Bereich der Zusammenarbeit ist wie schon betont die mittelfristige Perspektive.
Wie sind nun Konflikt- und Kooperationsverhalten miteinander koordiniert, und zwar innerhalb der beiden beteiligten Großmächte und zwischen diesen? Die Reaktivitätshypothese[12], wie sie namentlich von der Schule der sog. Gradualisten vertreten wird, nimmt an, daß kleine entgegenkommende Schritte der einen Seite durch entsprechende Schritte der anderen Seite „honoriert" werden und umgekehrt. Man glaubt, durch sukzessive „Eskalation" kooperativer Gesten und Aktivitäten können die Zusammenarbeit zwischen den Großmächten möglicherweise eine Eigendynamik gewinnen und sich quasi verselbständigen. Die Grundannahme der Reziprozitäts-Hypothese scheint durchaus haltbar zu sein. Frei und Ruloff haben gezeigt[13], daß wie erwartet Zeitreihendaten zur Kooperationsverhalten der USA gegenüber der UdSSR und umgekehrt miteinander korrelieren, allerdings nicht zeitverzögert: Wer führt und wer folgt, ist nicht auszumachen. In den zitierten Untersuchungen wurde mit jährlich aggregierten Zeitreihendaten gearbeitet, sodaß die Vermutung nahelag, wenn überhaupt so müsse die Zeitspanne zwischen Aktion und Reaktion kleiner als ein Jahr sein. Zudem zeigte es sich jedoch, daß der Mechanismus wechselseitiger Stimulation auch und vor allem im Bereich des Konflikts funktioniert.

In jedem Fall gilt jedoch, daß der Prozeß selbststimulierten Wachstums von Zusammenarbeit und Konflikt nicht unbegrenzt weiterläuft, wenn er einmal in Gang gesetzt ist. Die vorliegende Untersuchung hat bis hierher bereits gezeigt, daß zyklische Muster für die Beziehungen zwischen den Großmächten charakteristisch sind. Mit anderen Worten: Ob Kooperation oder Konflikt, die in Gang befindlichen bzw. in Gang gesetzen Bewegungen erreichen durchweg und in mehr oder weniger regelmäßigen Abständen jenen Punkt, an dem die entsprechende Entwicklung „umkippt“ und eine Erosion der Zusammenarbeit bzw. ein sukzessives Abrücken von Konfliktpositionen beginnt. Einige Gründe, warum dies so ist, wurden bereits genannt. Im Bereich sehr kurzer und kurzer Zyklen mögen technische Gründe wesentlich sein; was mittelfristige Zyklen anbelangt, die den Bereich der Zusammenarbeit zwischen den Großmächten prägen, scheint eine Konzentration auf ganz bestimmte Projekte oder Initiativen im Bereich der Zusammenarbeit vorzuliegen, die etwa dem Planungshorizont einer halben US-Präsidentschaft entsprechen. Im langfristigen Bereich kommen Prozesse sich ablösender Erwartung und Ernüchterung hinzu, die verstärkt über den vierjährigen Amtszyklus des amerikanischen Präsidenten für eine Abfolge von Spannung und Entspannung in etwa zehnjährigen Zyklen sorgen. Das sowjetische Konfliktverhalten den USA gegenüber schwingt mit einer Phasenlänge von etwa vier Jahren und ist offenbar ebenfalls am amerikanischen Wahlzyklus orientiert.

Einsichten über jene hinaus, die Korrelationsanalysen der hier vorliegenden Datenserien zur Koordination des eigenen Verhaltens der Großmächte und des Verhaltens miteinander ermöglichen, bietet nun die Spektralanalyse über kospektrale Dichtefunktionen, die man für Paare von Zeitreihenvariablen schätzen kann. Wenn diese Variablen Zyklen enthalten, so kann auf diese Weise geprüft werden, ob Zyklen gleicher Phasenlänge in beiden Variablen zueinander *phasengleich* oder *phasenverschoben* verlaufen. Phasengleich verlaufende Zyklen mit großer Amplitude werden durch hohe positive Werte der kospektralen Dichte angezeigt; falls sie mit Verschiebungen um eine halbe Phase parallel zueinander verlaufen, ergibt dies hohe negative Werte der kospektralen Dichte. In allen anderen Fällen wird die kospektrale Dichte nahe bei null sein. Phasenverschiebungen, wie sie etwa die Hypothesen behaupten, die von einer Führungsrolle der Sowjetunion im Entspannungsprozess sprechen, wären somit durchaus zu erkennen[14]. Aufgrund theoretischer Überlegungen würde man zudem erwarten, daß Konflikt und Kooperation jeweils um eine halbe Phasenlänge verschoben parallel laufen, weil sich beides tendenziell gegenseitig ausschließt. Die tatsächliche Situation ist jedoch komplizierter, wie Tabelle 2 und die Abbildungen 6 und 7 zeigen.

Der wichtigste Zyklus im kooperativen Verhalten beider Großmächte hat eine Phasenlänge von etwa 2 1/4 Jahren. Wie Tabelle 2 zeigt (unterste Zeile) verläuft die Zusammenarbeit beider Großmächte im Bereich dieses wichtigsten Zyklus vollkommen synchron, also ohne Verzögerungen. Von einer Führungsrolle der einen oder anderen Seite im Bereich der Entspannung (und auch deren Demontage) kann also wohl kaum gesprochen werden. Das Konfliktverhalten der USA und der UdSSR untereinander verläuft mit Phasenlängen von etwa 10 Jahren synchron; der starke zehnjährige Zyklus im Konfliktverhalten der USA gegenüber der UdSSR erzeugt offenbar entsprechende Reaktionen.

Abb. 8: Geschätzte kospektrale Dichtefunktionen für ausgewählte Variablenpaare im Vergleich

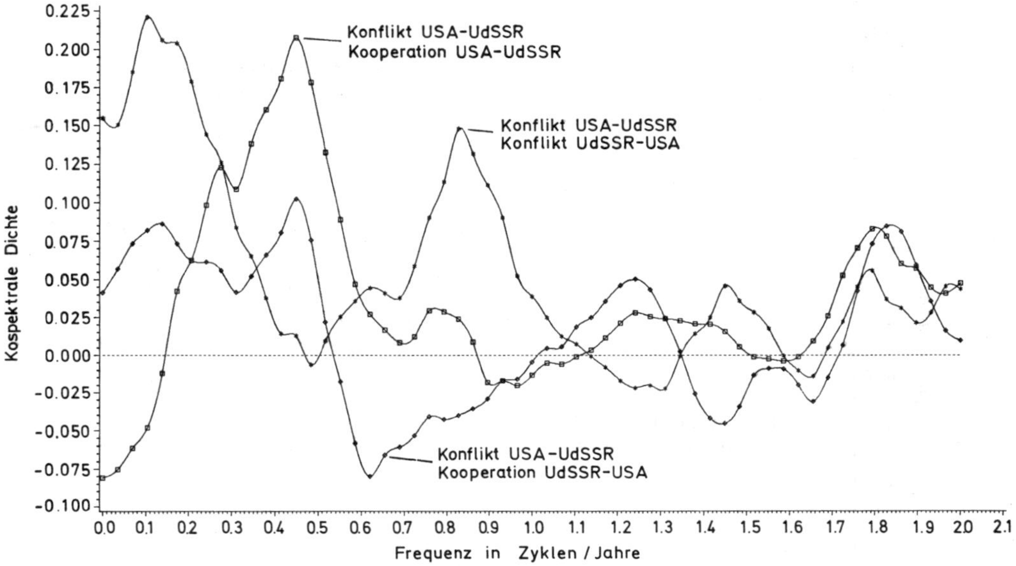

Abb. 9: Geschätzte kospektrale Dichtefunktionen für ausgewählte Variablenpaare im Vergleich

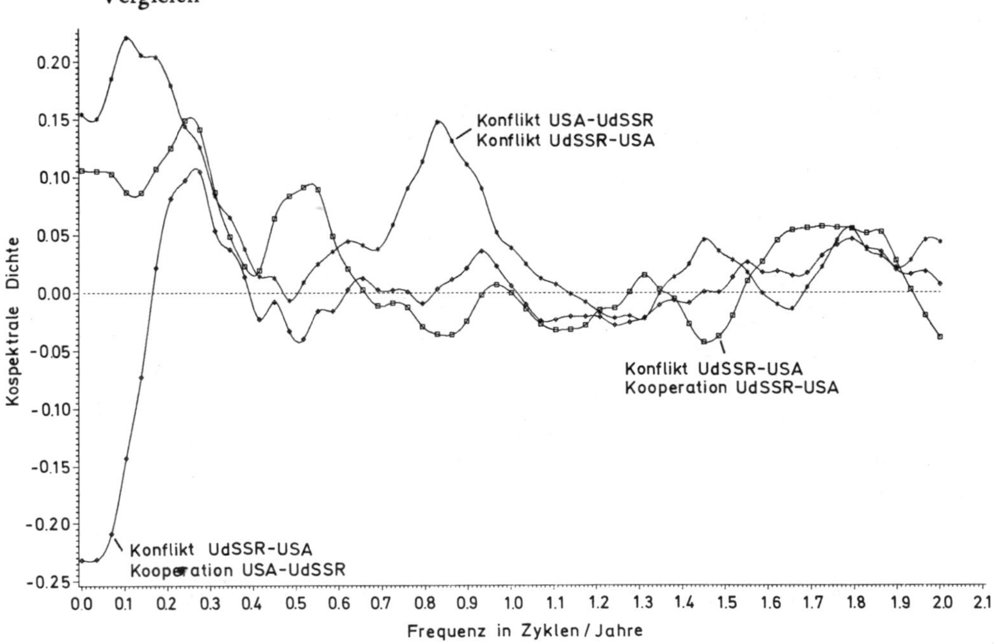

Abb. 10: Geschätzte kospektrale Dichtefunktionen für ausgewählte Variablenpaare im Vergleich

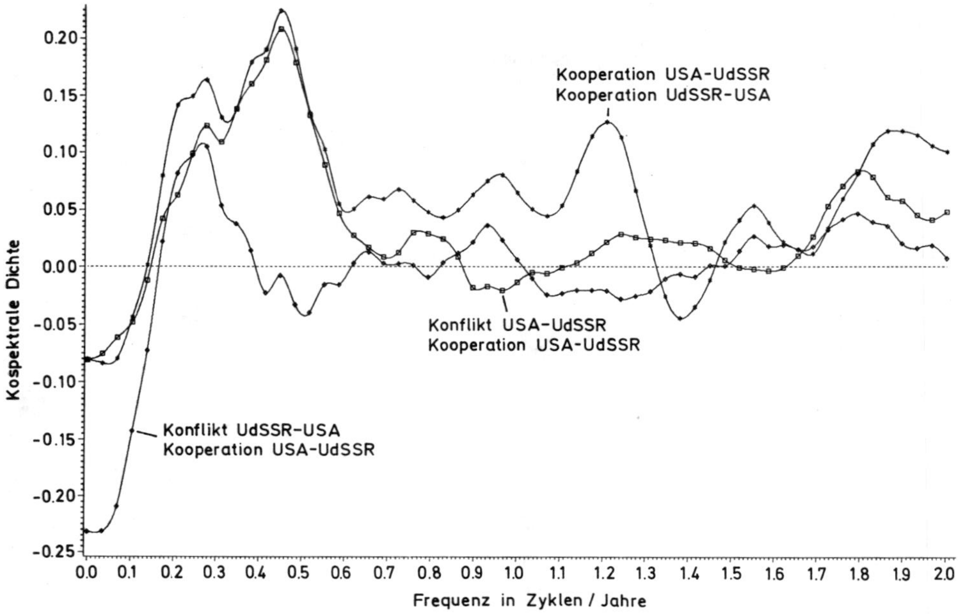

Abb. 11: Geschätzte kospektrale Dichtefunktionen für ausgewählte Variablenpaare im Vergleich

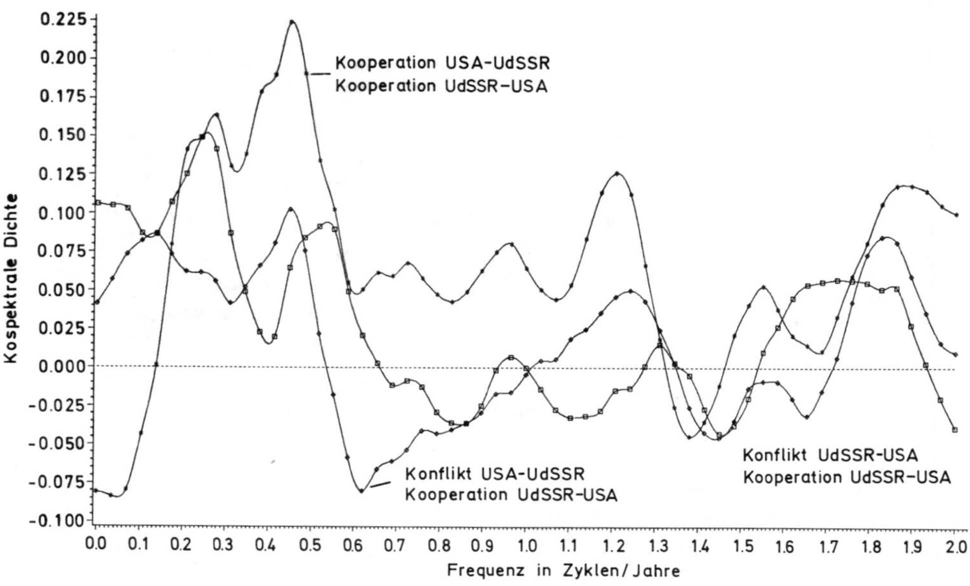

Wie koordinieren die Großmächte ihr eigenes Konflikt- und Kooperationsverhalten dem jeweiligen Opponenten gegenüber? Auf diese Frage gibt die Spektralanalyse einige erstaunliche Antworten. Im Bereich langer Zyklen auf Seiten der USA schließen sich Konflikt und Kooperation selbstverständlich gegenseitig weitgehend aus; die Kurve der kospektralen Dichte verläuft hier im negativen Bereich (vgl. Abb. 10), um schließlich aber bei Zyklen mit Phasenlängen von etwa 2 1/4 Jahren (0,44 Zyklen/Jahre) ein Maximum zu erreichen. Hier nun gehen Konflikt und Kooperation miteinander synchron, wobei die Zusammenarbeit dominiert. Dieser eigentlich erstaunliche Befund ist jedoch leicht zu erklären. Die Unterscheidung von Konflikt und Kooperation, wie sie hier Edward Azar folgend gemacht wurde, ist selbstverständlich nur analytisch. Diplomatie ist immer eine Mischung aus beidem. Um das genaue Mischungsverhältnis feststellen zu können, muß aber wie hier zwischen Konflikt und Kooperation unterschieden werden. Offenbar führt jedoch wachsende Interaktion im Zusammenhang mit konkreten Projekten, über die verhandelt wird, zwangsläufig auch zu parallel wachsenden Konflikten, weil die Reibungsflächen wachsen. Die Entspannungsdiplomatie der Administration Nixon hat dies deutlich gezeigt. Kontrollierte Konfliktbereitschaft, die auch dem Partner demonstriert wird, kann in solchen Verhandlungen offenbar mehr bewirken als Kompromißbereitschaft um jeden Preis. Der Hauptunterhändler Nixons hat dies in seinen Memoiren immer wieder betont.

Ähnlich ist auch die Tatsache zu bewerten, daß Konflikt und Kooperation der Sowjetunion den USA gegenüber mit einer Phasenlänge von jeweils vier Jahren synchron zueinander verlaufen. Obschon wesentliches Merkmal sowjetischer Zusammenarbeit mit den USA der zweieinvierteljährige Zyklus ist, wirkt auch der vierjährige Zyklus sowjetischen Konfliktverhaltens den USA gegenüber im Bereich der Zusammenarbeit nach; Konflikt geht mit diplomatischen Aktivitäten Hand in Hand, die hier als kooperativ gedeutet und entsprechend kodiert wurden. Idealtypisch im Sinne sich gegenseitig ausschließenden konfliktiven und kooperativen Verhaltens entwickelt sich nur ein Variablenpaar, nämlich Konflikt der USA gegenüber der UdSSR im Vergleich zur sowjetischen Zusammenarbeit mit den USA: Im Bereich von Zyklen mit etwa eineinhalbjähriger Phasenlänge verlaufen beide Variablen mit halber Phasenlänge gegeneinander verschoben. Freilich sind diese Zyklen nicht jene, die wesentlich zur Charakteristik beider Variablen beitragen (zur Kennzeichnung eines negativen Wertes der kospektralen Dichte wurde der entsprechende Eintrag in Tab. 2 mit einem negativen Zeichen markiert).

5. *Synchronisierungsdefizite in den Ost-West-Beziehungen: Einige Schlußfolgerungen*

Ost-West-Beziehungen, soweit sie über die hier verwendeten ereignisanalytischen Variablen erfaßt werden, lassen sich in zwei große Komponenten zerlegen: einen Trend und zyklische Bewegungen mit Phasenlängen bis zu 10 Jahren.

Herkömmliche Theorien von Spannung und Entspannung sind lediglich in der Lage, die Richtung des Trends über die Zeitspanne von wenigen Jahren zu bestimmen. Als Beispiel wurde zu Anfang die sog. „correlation-of-forces"-Hypothese zitiert; nach sowjetischer Deutung der späten sechziger und frühen siebziger Jahre wäre demnach die Entspannung eine Folge des vornehmlich militärischen Erstarkens des sozialistischen Lagers. Den Umschwung in den Ost-West-Beziehungen gegen Ende der siebziger Jahre vermag dies nicht zu erklären. Ein Teil der gereizten sowjetischen Rhetorik zur Frage der Schuld am Niedergang der Entspannung ist sicherlich auch auf die Frustation theoretisch untermauerter Erwartungen zurückzuführen. Aber auch „westliche" Spannungs- und Entspannungstheorien versagen angesichts des beobachtbaren Auf und Ab in den Ost-West-Beziehungen. Die ebenfalls zitierte Reziprozitätshypothese vermag zwar Aufwärts- und auch Abwärtsbewegungen der Ost-West-Beziehungen (gleichermaßen im Bereich von Konflikt und Kooperation) zu erklären; Wendepunkte können jedoch nicht vorhergesagt werden. Frei und Ruloff[15] haben dagegen auf zwei mögliche Ursachen des offensichtlichen Auf und Ab in den Ost-West-Beziehungen hingewiesen, nämlich einerseits Probleme in der Synchronisierung der verschiedenen Bereiche der Ost-West-Beziehungen (Diplomatie, Handel, Sicherheit, humanitäre Belange usw.), andererseits Diskrepanzen zwischen Sein und Sollen, Realität und Erwartungen, wobei Zeitverzögerungen in Rückkopplungsbeziehungen das zyklische Muster im politisch-diplomatischen Klima zwischen Ost und West erzeugen. Die vorliegende Untersuchung erlaubt nun einige Präzisierungen dieser Hypothesen.

Schwingungen im Bereich sehr kurzer, kurzer, mittlerer und langer Phasen konnten in den vorliegenden Ereignisdaten nachgewiesen werden. Die kurzen und sehr kurzen Zyklen (mit Phasenlängen bis etwa 1 1/2 Jahren) haben ohne Zweifel „technische" Ursachen, die mit Sachzwängen der Diplomatie zu tun haben. Die längeren Zyklen haben andere Ursachen; ein starker Einfluß der Amtsperioden des amerikanischen Präsidenten ist dabei unverkennbar. Die sowjetische Diplomatie ist offenbar zu einem nicht geringen Teil auf den Planungshorizont einer vierjährigen US-Präsidentschaft ausgerichtet. Die amerikanische Politik der Sowjetunion gegenüber wird durch die Abfolge von Erwartung und Ernüchterung im Umgang mit der anderen Großmacht beeinflußt, wobei der regelmäßig wiederkehrende Wahlkampf sicherlich verstärkende Wirkung hat; der US-Präsident und sein Herausforderer waren bisher immer noch in Fragen der Ost-West-Beziehungen sehr unterschiedlicher Meinung. Etwa zweieinvierteljährige Zyklen in der Zusammenarbeit zwischen den USA und der Sowjetunion weisen daneben auf eine pragmatische Behandlung konkreter Sachfragen wie z. B. die Rüstungskontrolle oder den Handel hin.

Das *Synchronisierungsdefizit* der Ost-West-Beziehungen zwischen ihren Teilbereichen spielt also in die politisch-diplomatische Interaktion zwischen den Großmächten hinein; zudem hat der politisch-diplomatische Bereich eigene Synchronisierungsprobleme. Das vermeintlich erratische Auf und Ab in den Beziehungen zwischen Ost und West ist also Resultat der Interferenz verschiedener zyklischer Faktoren; sie erzeugen in ihrem Zusammenwirken den Anschein eines zufälligen, kaum vorhersagbaren Auf und Ab. Die Beseitigung dieser Schwankungen, die ohne Zweifel das Zusammenleben der beiden Großmächte mindestens *komplizieren* wenn nicht sogar ernsthaft *bedrohen*, wäre nur durch eine Synchronisierung aller Anstrengungen zu erreichen. Wie dies geschehen könnte, kann die empirische Forschung selbst auch nicht darlegen; prognostizierbar sind die Ost-West-Beziehungen aber allemal, z. B. mit Hilfe komplizierterer Zeitreihen-

und Trendanalyseverfahren, in denen die hier gewonnenen Einsichten in die zyklische Natur der Ost-West-Beziehungen zu berücksichtigen wären.

Anmerkungen

1 Vgl. Frei/Ruloff (1983a), Kapitel 5, sowie Frei/Ruloff (1982a) und den Beitrag derselben Autoren in diesem Band (1983b).
2 Vgl. Ruloff (1983), Kapitel 2.2 zu den Thesen der sog. narrativen Geschichtstheorie.
3 Furet (1976), S. 108.
4 Vgl. Azar (1980b).
5 Eine ausführliche Darstellung der Datenerhebungsmethoden findet sich in Azar (1980a).
6 Lübbe (1975, 1977, 1979).
7 Vgl. Frei/Ruloff (1982a und 1983b).
8 Brauchbare Einführungen in die Spektralanalyse finden sich in Barlett (1966); Brillinger (1975); Davis (1941); Dhrymes (1970); Fuller (1976); Jenkins/Watts (1968); Leiner (1976). Die hier präsentierte Kurzdarstellung folgt in Stücken Leiner (1976).
9 Hierbei ist: $a = A \cdot \sin\ (2\ \pi/p) \cdot f$
$b = A \cdot \cos\ (2\ \pi/p) \cdot f$ weil gilt:
$A \cdot \sin\ ((2\ \pi/p) \cdot (t + f)) = A \cdot \sin\ (2\ \pi/p) \cdot \cos\ (2\ \pi/p) \cdot f + A \cdot \cos\ (2\ \pi/p) \cdot \sin\ (2\ \pi/p) \cdot f$
10 Die Berechnungen dieser Untersuchung wurden mit dem Softwarepaket SAS/ETS durchgeführt. Alle graphischen Darstellungen wurden mit dem Softwarepaket SAS/GRAPH auf einem Versatec-Plotter erzeugt.
11 Folgend die Parameter der Trennlinien:

Variable	a_0	a_1	a_2	a_3
Konflikt USA–UdSSR	268.8	–3.2	–0.80	0.0266
Konflikt UdSSR–USA	–8.9	21.9	–1.10	0.0171
Kooperation USA–UdSSR	40.1	0.8	0.22	–0.0045
Kooperation UdSSR–USA	2.45	3.1	–0.19	0.0040

In der Trendgleichung ist t = Jahr – 1948. Die Originaldaten beginnen 1948. Die ersten beiden Jahre weisen hingegen extreme Ausschläge auf, die in dieser Untersuchung zu erheblichen Verzerrungen geführt hätten. Historische Argumente für einen Verzicht auf die ersten beiden Jahre der Zeitreihe sind leicht zu benennen; die ersten Nachkreigsjahre sind sicherlich für eine langfristig angelegte Analyse der Ost-West-Beziehungen wenig nützlich, weil sie allzu atypisch verliefen.
12 Vgl. Frei/Ruloff (1983b), Hypothese 7.
13 Ebenda, Tabelle 11.
14 Ebenda, Hypothese 6.
15 Frei/Ruloff (1982b), S. 42 f.

Literatur

Azar, Edward E. (1980a): The Codebook of the Conflict and Peace Data Bank (COPDAB): A Computer-Assisted Approach to Monitoring and Analyzing International and Domestic Events. University of North Carolina, Chapel Hill, N. C.
Azar, Edward E. (1980b): „The Conflict and Peace Data Bank (COPDAB) Project." Journal of Conflict Resolution, 24(1):143–152.
Barlett, M. S. (1966): An Introduction to Stochastic Processes. Cambridge, Mass.
Brillinger, D. R. (1975): Time Series: Data Analysis and Theory. New York.
Davis, Harold T. (1941): The Analysis of Economic Time Series. Bloomington, In.
Dhrymes, P. J. (1970): Econometrics. Statistical Foundations and Applications. New York.

Frei, Daniel/Ruloff, Dieter (1982a): „Entspannungserwartungen und Entspannungsfolgen. Eine Bilanz anhand politischer und wirtschaftlicher Indikatoren." Zeitschrift für Politik, 29(3): 295–317.
Frei, Daniel/Ruloff, Dieter (1982b): „Entspannung in Europa: Perzeption und Realität." PVS, 23(1):27–45.
Frei, Daniel/Ruloff, Dieter (1983a): East-West Relations. A Systematic Survey. 2 Bde. Cambridge, Mass.
Frei, Daniel/Ruloff, Dieter (1983b): „Äußere und innere Voraussetzungen des Entspannungsprozesses." Sonderheft der PVS, herausgegeben von Wolf-Dieter Eberweins, S. 112–140.
Fuller, Wayne A. (1976): Introduction to Statistical Time Series. New York.
Furet, Fraoncois (1976): „Die quantitative Geschichte und die Konstruktion der geschichtlichen Tatsache." In: *Hans Michael Baumgartner* und *Jörn Rüsen* (Hrsg.), Geschichte und Theorie. Frankfurt: 97–117.
Jenkins, G. M./Watts, D. G. (1968): Spectral Analysis and Its Applications. San Francisco.
Leiner, Bernd (1976): Spektralanalyse. Einführung in die Theorie und Praxis moderner Zeitreihenanalyse. Opladen.
Lübbe, Hermann (1975): „Der kulturelle und wissenschaftstheoretische Ort der Geschichtswissenschaft." In: *Roland Simon-Schäfer* und *Walter Ch. Zimmerli* (Hrsg.), Wissenschaftstheorie der Geisteswissenschaften, Hamburg: 132–140.
Lübbe, Hermann (1977): Geschichtsbegriff und Geschichtsinteresse. Analytik und Programatik der Historie. Basel und Stuttgart.
Lübbe, Hermann (1979): „Wieso es keine Theorie der Geschichte gibt." Allgemeine Zeitschrift für Philosophie 4(2):1–16.
Ruloff, Dieter (1983): Geschichtsforschung und Sozialwissenschaften. München.

Teil 5: Militärische Konflikte und die Eskalation zum Krieg

9. Zur Gewalt verdammt? Militärische Konfrontationen, Machtstatus und Mobilität

Wolf-Dieter Eberwein und *Folker Reuß*

1. Macht und Militärische Gewalt[1]

Immer wieder greifen einzelne Staaten zu den Waffen, um bestehende außenpolitische Probleme gewaltsam zu lösen. Diese Tatsache wird durch die systematische Datensammlung des Correlates of War Project (vgl. *Small* and *Singer*, 1982) belegt. Diesen Daten zufolge gab es zwischen 1816 und 1980 insgesamt 138 Kriege, bewaffnete Auseinandersetzungen, bei denen es u.a. mindestens 1000 Tote gab. Noch viel häufiger kam es zu gewaltsamen wenn auch begrenzten militärischen Auseinandersetzungen zwischen Staaten. Im 20. Jahrhundert ereigneten sich der neuen Datensammlung über militärische Konfrontationen (serious disputes) des Correlates of War Project zufolge (vgl. *Cusack* und *Eberwein*, 1982) 634 derartige Konflikte, wo Staaten anderen mit der Anwendung militärischer Gewalt drohten oder begrenzt militärische Gewalt anwendeten[2].

Ob sich die Regierungen auf Grund nüchterner, d.h. rationaler Berechnung dazu entschließen, Konflikte militärisch zu lösen, oder aber ob derartige Formen der Konfliktaustragung auf irrationalen Motiven beruhen, wissen wir nicht. Wir wissen dagegen, daß Macht in diesem Zusammenhang eine wichtige Rolle spielt. Je mächtiger Staaten sind, desto eher greifen sie zu den Waffen. Das gilt gleichermaßen für die Verwicklung in Kriege wie für militärische Konfrontationen, wie die Arbeit von *Bremer* (1980) einerseits, die Arbeiten von *Eberwein* (1981a, 1982) andererseits zeigen.

Die nachfolgende empirische Analyse knüpft unmittelbar an den Ergebnissen der Arbeit von *Eberwein* (1982) über den Zusammenhang von Machtstatus der Staaten und der Initiierung von bzw. der Beteiligung an militärischen Konfrontationen an. Zwar ist das Machtstatus-Modell, ursprünglich von *Bremer* entwickelt, in seiner theoretischen Einfachheit bestechend. Aber die empirische Überprüfung zeigte, daß es keinesfalls eine hinreichende Erklärung liefert. Die Wirklichkeit ist komplexer als das Modell. Aus diesem Grund soll in der nachfolgenden Arbeit Machtmobilität als zusätzlicher Erklärungsfaktor verwendet werden. Die zugrunde liegende Hypothese lautet, daß zusätzlich zum Machtstatus, den ein Staat hat, die Veränderung dieses Status zur

Erklärung beiträgt, warum er militärische Konfrontation initiiert, oder sich an solchen in Gang befindlichen Konflikten beteiligt.
In der nachfolgenden Untersuchung wird zunächst noch einmal die theoretische Begründung für das Machtstatus-Modell dargelegt und dessen konkrete Ausformulierung erläutert. Im Anschluß daran wird theoretisch begründet, warum Machtmobilität ein wichtiger Erklärungsfaktor gewaltsamer internationaler Konfliktaustragung ist. Der nächste Schritt besteht in der Operationalisierung des Mobilitätskonzeptes. Bei der empirischen Überprüfung wird dann zuerst geklärt, ob bzw. in welchem Ausmaß Mobilität die Häufigkeit der Initiierung von bzw. der Beteiligung an militärischen Konfrontationen bestimmt. Erst im zweiten Durchgang wird dann getestet, ob Machtstatus und Mobilität gemeinsam die Erklärungskraft des Modells verbessern. Abschließend werden die Ergebnisse zusammengefaßt, Probleme aufgegriffen, die das Modell nicht brücksichtigt, namentlich die Bedeutung des nuklearen Zeitalters, bevor die politischen Implikationen der Resultate kurz erörtert werden.

2. *Das Machstatus-Modell*

Macht spielt in der theoretischen Diskussion über internationale Politik im allgemeinen, internationale Konflikte im besonderen eine zentrale Rolle (vgl. *Gochman*, 1980). Während Einigkeit darüber besteht, daß Macht ein zentraler Faktor ist, besteht Uneinigkeit darüber, warum Macht so wichtig ist und wie sie sich auswirkt. *Gochman* hat diese Kontroverse mit Hilfe von vier konkurrierenden Erklärungsmodellen auf ihre wesentlichen Bestandteile reduziert.

Dem *„inequity model"* (*Gochman*, 1980, 80) zufolge kommt es immer dann zu gewaltsamen Konflikten, wenn Staaten der Meinung sind, keinen angemessenen Teil an dem verfügbaren Machtpotential im internationalen System zu haben. Konflikte dienen folglich dazu, die eigene Machtbasis entsprechend zu vergrößern.
Das *„capability model"* postuliert, daß Staaten immer gemäß ihren Machtinteressen handeln (a. a. O.). Da die mächtigen Staaten eher dazu in der Lage sind als die schwachen, werden folglich die Mächtigeren eher zur militärischen Gewalt als Konfliktregulierungsmechanismus greifen als die Schwächeren.
Das dritte Erklärungsmuster umschreibt *Gochman* mit dem *„necessity model"*. Um wichtige Rohstoffquellen zu garantieren, Investitionsmöglichkeiten und Absatzmärkte zu schaffen oder zu erhalten und schließlich den erforderlichen „Lebensraum" abzusichern, sind die Staaten gezwungen, die Ziele notfalls mit Gewalt zu verfolgen.
Das vierte Modell kennzeichnet *Gochman* als *„opportunity model"*. Staaten sind prinzipiell bereit, Gewalt anzuwenden. Erscheint die Situation dafür erfolgversprechend, werden sie es notfalls auch tun, zumal es keine globale Instanz gibt, die sie davon abhalten könnte. *Hobbes* mit seiner Vorstellung der Anarchie des internationalen Systems liegt diesem Modell zugrunde.

Eine Forschungsstrategie, mit der versucht würde, eines der weiter oben aufgeführten Erklärungsmodelle zu überprüfen, wäre wenig sinnvoll. Die a-priori Annahme müßte nämlich gemacht werden, daß Macht tatsächlich der entscheidende Faktor für gewaltsames außenpolitisches Konfliktverhalten ist. Deswegen war die von *Bremer* (1980) eingeschlagene Strategie gerechtfertigt, zunächst einmal zu klären, ob Machtstatus tatsächlich eine so zentrale Bedingung kriegerischen Verhaltens ist, wie so viele Theoretiker vermuten. Damit bleibt zunächst noch offen, wie sich Macht auf kriegerisches Verhalten auswirkt.

Das von *Bremer* entwickelte Machtstatus-Modell hat *Eberwein* (1982b) für die Analyse der unterhalb der Kriegsschwelle angesiedelten militärischen Konfrontationen 1900–1976 übernommen und erfolgreich repliziert. Damit stellt sich als erstes Problem, warum überhaupt der Versuch einer Replikation unternommen wurde. *Bremer* hat die inzwischen hinlänglich bekannten Kriegsdaten des Correlates of War Project, 1816–1965, verwendet. Nun ist bekannt, daß Kriege relativ selten auftreten. Theoretisch ist außerdem einsichtig, daß sie nicht plötzlich aus dem Nichts entstehen. Neben längerfristigen Ursachen ist auch anzunehmen, daß die Eigendynamik zwischenstaatlichen Konfliktverhaltens unmittelbar darüber entscheidet, ob ein Konflikt zum Krieg eskaliert oder nicht.

Aus diesem Grunde wurde die kürzlich abgeschlossene Sammlung der ‚serious disputes' (vgl. den Überblick bei *Bremer*, 1982) in Angriff genommen. Neben der bereits genannten theoretischen Annahme, daß Kriegen ein Eskalationsprozeß vorangeht, wurde bei dieser Datensammlung eine zweite theoretische Annahme gemacht. Diese Annahme lautet, daß nicht alle bewaffneten Konflikte zum Krieg eskalieren, sondern sehr häufig begrenzt bleiben. Die dritte Annahme schließlich lautet, daß zwischenstaatliche Konflikte dann ein gefährliches Stadium erreicht haben, wenn die Regierungen sich offen dazu bekannt haben, notfalls militärische Gewalt anzuwenden. Dann kann nicht mehr ausgeschlossen werden, daß gekämpft wird, begrenzt oder nicht, was im letzteren Falle Krieg heißt.

Konsequenterweise sind die ‚serious disputes' definiert als die Konfliktereignisse, wo ein Staat einem anderen mit der Anwendung militärischer Gewalt droht oder militärische Gewalt anwendet. Wenn das so ist, dann ist auch die Replikation des Machtstatus-Modell für militärische Konfrontationen legitim. Entscheidend ist nicht, daß tatsächlich Krieg geführt wird, sondern die vorangegangene Entscheidung, militärische Macht notfalls einzusetzen. Konsequenterweise wird die Machtstatus Hypothese von *Bremer* sehr viel allgemeiner formuliert: je mächtiger die Staaten, desto häufiger drohen sie mit militärischer Gewaltanwendung oder wenden sie tatsächlich auch an.

Wie sieht nun dieses Machtstatus-Modell konkret aus. Bei der Operationalisierung der Machtstatus-Variable sah sich *Bremer* (1980) mit dem Problem konfrontiert, daß zwar die (Macht-)Ränge, die die Staaten in der internationalen Machthierarchie einnehmen, konstant sind, die Staaten dagegen, die sie besetzen, wechseln. Folglich ist die Hypothese nicht unmittelbar überprüfbar. *Bremer* löste dieses Problem in der Form, daß er zunächst den gesamten Untersuchungszeitraum in Fünfjahres-Intervalle aufteilte. Für jedes Intervall bestimmte er den – ordinal gemessenen – Rang der Staaten. Außerdem ermittelte er die Häufigkeit, mit der die Staaten in diesem Intervall an Kriegen beteiligt waren.

In einem zweiten Schritt summierte er dann die Häufigkeit der Kriegsbeteiligung eines jedes Ranges. Schließlich wurde die Summe der Kriegsbeteiligungen pro Rang durch die Zahl der entsprechenden Fünfjahres-Intervalle geteilt. Diese mittlere Häufigkeit berücksichtigt die Tatsache, daß nicht jeder Rang die gleiche Zahl von Fünfjahres-Inter-

vallen besetzt war. Theoretisch ist das kein entscheidender Nachteil, denn schließlich postuliert die Machtstatus-Hypothese nicht, daß der Zusammenhang zu jedem bestimmten Zeitpunkt gilt, sondern nur, daß sich längerfristig der Zusammenhang von Konfliktneigung und Machtstatus deutlich herausschält.
Analog zu *Bremer* (1980) verfuhr *Eberwein* (1982), wobei er die abhängigen Variablen wie bereits erwähnt wie folgt spezifizierte: Initiierung militärischer Konfrontationen einerseits, Beteiligung an militärische Konfrontationen andererseits. Letzteres bedeutet, daß ein oder mehrere Staaten dem Angreifer oder dem Angegriffenen zu Hilfe kommen, was immer auch die Motive hierzu sein mögen.
Wie wird Macht gemessen? *Bremer* griff auf den von *Singer* et al. (1972) entwickelten Index zurück, der nicht Macht per se, sondern die Machtbasis der Staaten mißt. Diese Basis besteht aus drei Dimenisonen: der militärischen, der industriellen und der demographischen. Die *militärische Dimension* wird mit den Indikatoren Rüstungsetat und Zahl der Soldaten gemessen. Es handelt sich hier um das den Staaten unmittelbar zur Verfügung stehende militärische Potential. In unmittelbare militärische Macht ist zumindest zum Teil das den Staaten zur Verfügung stehende *industrielle Potential* transformierbar, das mit den Indikatoren Energieverbrauch und Stahlproduktion gemessen wird. Schließlich entscheidet auch die Größe eines Staates, welche Rolle er international spielt, die mit den beiden *demographischen Indikatoren* Gesamtbevölkerung und städtische Bevölkerung (in Städten mit 100 000 und mehr Einwohnern) erfaßt wird. Städtische Bevölkerung ist zugleich als Maß des Entwicklungsstandes eines Landes interpretierbar.
Wie werden diese Indikatoren zu einem Index kombiniert? Zunächst wird für jedes Intervall der Prozentanteil jedes Indikators eines jeden Staates der Gesamtsumme ermittelt. Diese sechs Prozentanteile wurden dann für jeden Staaten aufsummiert. Da kein eindeutiges und theoretisch legitimierbares Gewichtungsverfahren vorliegt, gehen alle Indikatoren mit je einem Sechstel in den Gesamtindex ein. Dieser Index bestimmt dann den Machtrang, den jeder Staat in jedem Fünfjahresintervall einnahm.
Eberwein (1982) folgte diesem Ansatz, wenn auch mit zwei Modifikationen. Erstens wurden aus dem gesamten Untersuchungszeitraum die beiden Weltkriegsperioden eliminiert, weil sie völlig atypisch sind. Es ergab sich daraus die Unterteilung des Untersuchungszeitraums in 12 Fünfjahres-Intervalle und in ein Sechsjahres-Intervall, 1971–1976 (Näheres vergl. *Eberwein*, 1981a, Kap. 7). Eine zweite gewichtigere Abweichung kommt im Test des Modells zum Ausdruck. *Bremer* testete das Modell im wesentlichen nur für die 16 mächtigsten Staaten. *Eberwein* dagegen testete das Modell unter Einbezug sämtlicher Nationen.
Die empirische Untersuchung ergab bei *Bremer* und *Eberwein* einen funktionalen Zusammenhang zwischen Konfliktneigung und Rang. War dieser von *Bremer* als lineare Formulierung mit negativem Anstieg angegeben, so führte eine nichtlineare Formulierung mit Hilfe der umgekehrten Proportionalität (1/Rang) bei *Eberwein* zu besseren Ergebnissen. Zusätzlich dazu zeigte sich, daß die Einführung eines zweiten Prädiktors (1/Rang*Rang), der als Machtdistanz interpretiert wurde (vgl. *Eberwein*, 1982b:69), den Anteil erklärter Varianz z.T. beträchtlich erhöht. Der Anteil erklärter Varianz für Initiierung militärischer Konfrontationen erhöht sich von 24 auf 35 Prozent,

während im Falle der Beteiligung an militärischen Konfrontationen die erklärte Varianz von 57 auf fast 61 Prozent steigt.
Die Erklärungskraft des Modells ist, wie bereits betont, noch keineswegs zufriedenstellend, auch wenn das Ergebnis als solches durchaus beachtlich ist. Die Überlegung liegt nahe, es kumulativ zu erweitern, indem es durch eine Größe ergänzt wird, die wir Mobilität nennen wollen. Das setzt allerdings voraus, daß erstens Mobilität als ergänzende unabhängige Variable theoretisch sinnvoll begründet werden kann und zweitens, daß die Operationalisierung des Mobilitätskonzeptes, die mit dem Machtrangkonzept kompatibel ist, gelingt. Letzteres ist deswegen erforderlich, weil ja nicht Staaten, sondern Machtränge die unabhängige Variable darstellen. Diese beiden Probleme werden nachfolgend aufgegriffen.

3. Machtmobilität: Zur Theoretischen Begründung

Die Ressourcen und Kapazitäten, die einer Nation zur Verfügung stehen, ändern sich im Laufe der Zeit nicht nur absolut, sondern, und dieser Umstand ist der interessantere, auch relativ im Vergleich zu den anderen Mitgliedern des Internationalen Systems: ein Staat kann von anderen Staaten im System machtmäßig „überholt" werden, er kann durch eigenes „Verschulden" z.B. wegen eines Krieges an Macht verlieren, oder er kann schließlich durch neu entstehende Staaten von seinem bisherigen Machtrang verdrängt werden. Macht ist somit ein relationales Konzept in diesem Zusammenhang. Der einzelne Staat kann im Vergleich zu anderen seinen Rang behalten, im Rang aufsteigen oder absteigen.
Letztlich ist es also die Rangänderung, die dem theoretischen Konzept der Mobilität zugrunde liegt. Der Sprung vom Rang R einer Nation zum Zeitpunkt t zu einem Rang R' im nachfolgenden Zeitpunkt t' entspricht der Wanderung auf der internationalen Machtrangskala. Für den mächtigsten Staat, der Rang 1 einnimmt, ist nur Machterhalt oder Machtverlust (Abwärtsmobilität) möglich. Umgekehrt kann der schwächste Staat, der den niedrigsten Rang (z.B. Rang 136) einnimmt, nur seinen Rang behalten (angenommen die Systemgröße bleibt konstant) oder seinen Rang verbessern. Für die Staaten zwischen diesen beiden Extremfällen ist Macht- oder Rangerhalt, Machtauf- oder -abstieg möglich.
Die Machtposition, d.h. der Rang zum Zeitpunkt t, bestimmt somit die Möglichkeit des Ausmaßes und der Richtung der Rangveränderung. Damit ist Mobilität definierbar als die Wahrscheinlichkeit, mit der eine Nation mit Rang R zum Zeitpunkt t den Rang R' zu einem späteren Zeitpunkt t' einnehmen wird. Das bedeutet, daß aus theoretischer Sicht das Rangkonzept die Grundlage des Mobilitätskonzeptes ist. Auf diese Überlegungen werden wir bei der Konstruktion des Mobilitätsindikators zurückkommen.
Zwei grundlegende theoretische Modelle, die nicht nur die Auswirkung von Machtverteilung im internationalen System, sondern zugleich die Folgen der Veränderung der Machtverteilung im internationalen System erfassen, haben *Singer* et al. (1972, 23–24) aus der theoretischen Literatur herausgearbeitet. Diese beiden Modelle liegen der fol-

genden Diskussion über die Bedeutung der Mobilität in der internationalen Machthierarchie zugrunde. Es handelt sich um das „*preponderance and stability*" Modell einerseits, das „*parity and fluidity*" Modell andererseits (a.a.O., 24).
Dem ersten Modell zufolge bedeutet hohe Machtkonzentration eine geringere Wahrscheinlichkeit kriegerischer Auseinandersetzungen. Außerdem steigt die Gefahr kriegerischer Konflikte, wenn die Mobilität in der internationalen Machthierarchie zur Nivellierung der Machtverteilung führt. Das zweite Modell dagegen beinhaltet genau die entgegengesetzten Annahmen. Geringe Machtkonzentration im internationalen System bedeutet eher Abwesenheit gewaltsamer militärischer Auseinandersetzungen. Wenn die Mobilität im internationalen System zur größeren Machtkonzentration führt, dann steigt damit die Wahrscheinlichkeit kriegerischer Konflikte.
Warum Mobilität die Wahrscheinlichkeit gewaltsamer Konflikte erhöht bzw. reduziert, wird mit dem theoretischen Konzept der Unsicherheit begründet. Im Falle hoher Machtkonzentration ist die Unsicherheit über die internationale „Hackordnung" gering, deswegen ist auch die Risikobereitschaft zu militärischen Abenteuern gering. Im Gegensatz dazu wird im Falle des zweiten Modells die Annahme getroffen, daß die annähernd gleiche Machtverteilung im internationalen System die Unsicherheit, wer nun welchen Platz in dieser „Hackordnung" hat, so groß ist, daß deswegen die Risikobereitschaft sinkt, eine Antwort darauf mit militärischer Gewaltanwendung zu finden. Entsprechend wirkt sich Mobilität aus: zunehmende Machtkonzentration erhöht oder verringert die Risikobereitschaft zu gewaltsamen Auseinandersetzungen bzw. abnehmende Machtkonzentration erhöht oder verringert die Risikobereitschaft zur Gewalt.
Ist somit theoretisch unumstritten, daß Mobilität für die Erklärung der Risikobereitschaft zur Gewalt wichtig ist, so besteht doch ein logischer Widerspruch in den theoretischen Vermutungen über die Auswirkung von Mobilität. Die von *Singer* et al. (1972) durchgeführte empirische Analyse hilft bei der Auflösung dieses logischen Widerspruchs nicht weiter. Denn sie setzen bei ihrer Zeitreihenanalyse auf der internationalen Systemebene an. Die Ergebnisse lassen folglich keine Rückschlüsse auf die nationalstaatliche Ebene zu. Wenn international eine Veränderung der Machtverteilung mit einer Erhöhung/Verringerung kriegerischer Aktivitäten einhergeht, heißt das noch keineswegs, daß die Staaten, die zur Veränderung der Machtkonzentration im internationalen System beigetragen haben, auch diejenigen sind, die für die Zunahme/Abnahme kriegerischer Aktivitäten verantwortlich sind[3].
Um eine theoretisch-dezisionistische Lösung zu vermeiden, wollen wir zunächst aus der Fülle empirischer Ergebnisse, die die empirisch-quantitative Kriegsursachenforschung (vgl. *Eberwein*, 1981b; *Singer* 1981) im Laufe der letzten Jahre hervorgebracht hat, diejenigen herausgreifen, die möglicherweise zu einer Antwort, wie sich Mobilität auswirkt, führen. In einer Reihe von Untersuchungen ist Macht die unabhängige Variable, um gewaltsame internationale Konflikte (vgl. *Eberwein*, 1981a 1982; *Ferris*, 1973; *Garnham*, 1976a, 1976b; *Weede*, 1975, 1976) oder Krieg (vgl. *Bremer*, 1980; *Ferris*, 1973; *Weede*, 1975, 1976) zu erklären. Diesen Analysen zufolge ist die Häufigkeit der Verwicklung in militärische Konflikte oder Krieg positiv mit dem Machtstatus verbunden. Darüber hinaus ist bekannt, daß das Machtgleichgewicht zwischen be-

nachbarten Staaten die Wahrscheinlichkeit erhöht, daß sie ihre Gegensätze gegebenenfalls mit militärischer Gewalt lösen. Besteht ein Machtungleichgewicht, dann nimmt diese Wahrscheinlichkeit ab.

Diese empirischen Ergebnisse zeigen, daß die *Folge* der Machtmobilität einzelner Staaten eine Zunahme (beim Aufstieg) bzw. eine Abnahme (beim Abstieg) ihrer Bereitschaft zur Gewaltanwendung sein wird. Ebenso folgt daraus logisch, daß im Falle der Machtmobilität geographisch benachbarter Staatenpaare (Dyaden), die zum Machtgleichgewicht führt, die Wahrscheinlichkeit militärischer Gewaltanwendung steigt. Umgekehrt sinkt diese Wahrscheinlichkeit, wenn die Folge der Mobilität der Staatenpaare eine Vergrößerung des Machtungleichgewichts zwischen ihnen ist.

Theoretisch jedenfalls setzt sich Mobilität aus drei unterschiedlichen Elementen zusammen[4]. Das erste Element ist die staatlich autonom bestimmte Mobilität. Das heißt, Staaten steigen in der internationalen Machthierarchie durch eigene Anstrengungen auf oder durch Selbstverschulden (z. B. Krieg) ab. Das zweite Element ist die Mobilität anderer Staaten, die einen bestimmten Staat von seinem Rang verdrängen. Das dritte Element ergibt sich aus dem Wachstum des internationalen Systems. Wird ein Staat wie beispielsweise Indien unabhängig, dann wird es sämtliche Staaten, deren Machtbasis kleiner ist, von ihrem bisherigen Rang verdrängen. Ohne an dieser Stelle theoretisch spekulieren zu wollen, ob bzw. wie sich dies für das internationale Konfliktverhalten auswirken wird, können wir zunächst empirisch ermitteln, ob Mobilität überhaupt ein relevantes faktisches Phänomen ist.

Wie die frühere Untersuchung von *Eberwein* (1982) gezeigt hat, ist das internationale System kontinuierlich durch ein hohes Maß der Machtkonzentration gekennzeichnet. Das geht aus der Abbildung 1 hervor, in der die Machtverteilung auf der Basis der Machtprozentanteile abgebildet ist, und zwar als mittlere Machtprozentanteil-Vertei-

Abb. 1:

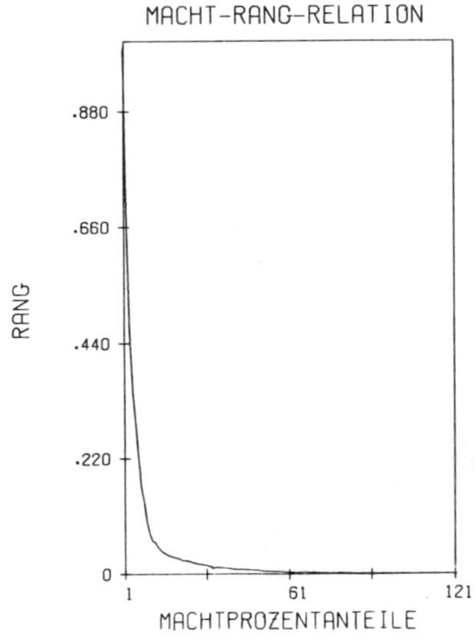

lung der Ränge pro Fünfjahresintervall, 1900–1976. Diese Kurve, eine Hyperbel, berücksichtigt 13 Intervalle. Die Machtverteilungen der einzelnen Perioden sind untereinander vergleichbar, hier aber nicht abgebildet. Das bedeutet, daß die Fluktuation in der internationalen Machthierarchie relativ begrenzt ist. Berücksichtigt man das enorme Anwachsen des internationalen Systems von 42 Staaten im Jahre 1900 auf 136 Staaten im Jahre 1976, dann ist die Tatsache, daß nur 19 Staaten in dieser Zeit die ersten zehn Machtränge einnahmen, ein Beleg dafür[5]. Außerdem verfügten diese Staaten immer über mindestens zwei Drittel des gesamten Machtpotentials im internationalen System. Diese Machtungleichheit begrenzt somit von vornherein die theoretisch denkbare Möglichkeit der Machtmobilität.

Hinzu kommt der Tatbestand, daß sich die Häufigkeit militärischer Konfrontationen auf die mächtigsten Staaten konzentriert. Zwischen 1900 und 1976 initiierten die ersten zehn Ränge 25 Prozent sämtlicher militärischer Konfrontationen. Sogar 45 Prozent sämtlicher Beteiligungen an militärischen Konfrontationen gehen auf das Konto dieser ersten Zehn (vgl. *Eberwein*, 1981a:162). Das geht auch eindeutig aus den Abbildungen 2a und 2b hervor, in der wir die mittlere Konflikthäufigkeit der Staaten, zu Fünfergruppen zusammengefaßt, pro Fünfjahresintervall abgebildet haben. Übrigens belegen diese beiden Abbildungen auch die Plausibilität der Annahme, daß Machtstatus und Konfliktneigung kurvilinear und nicht linear zusammenhängen.

Abb. 2a:

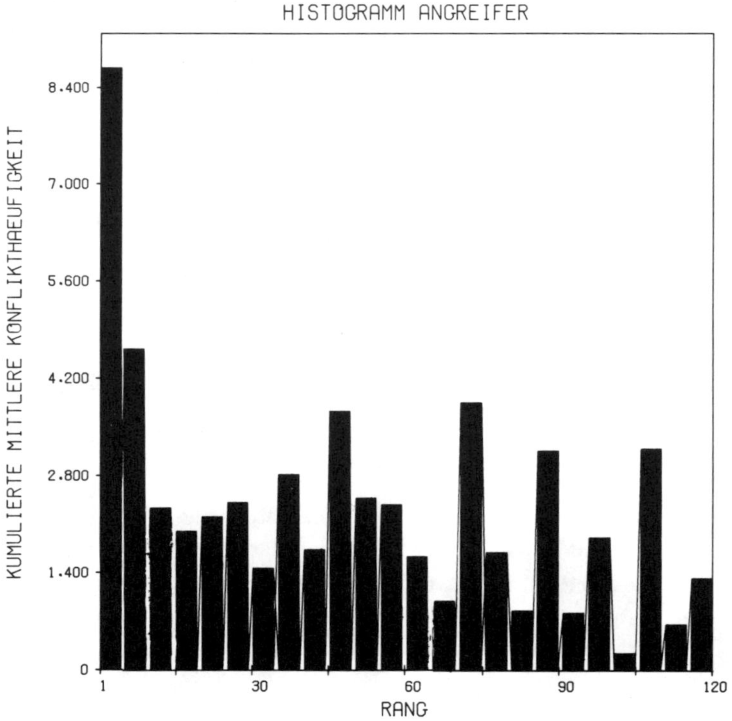

Abb. 2b:

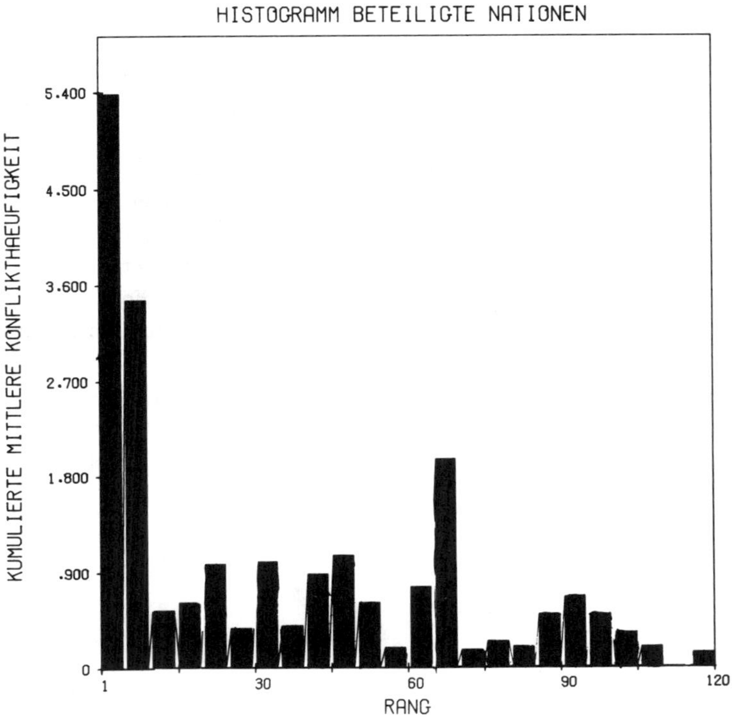

Das führt zu zwei Schlußfolgerungen. Erstens sind die Auswirkungen der Machtmobilität in den obersten Rängen der internationalen Machthierarchie für das gewaltsame Konfliktverhalten am stärksten. Aber zugleich sind bei diesen Rängen die Chancen der Mobilität am geringsten ausgeprägt. Umgekehrt sind die Folgen der Machtmobilität im Sinne militärischer Konfrontationen bei den untersten Rängen am geringsten, dafür sind aber im unteren Teil der internationalen Machthierarchie die Chancen der Mobilität am größten. Denn diese Staaten unterscheiden sich nur geringfügig bezüglich ihres Machtpotentials.

Die bisherige Diskussion kann mit einer Reihe von Schlußfolgerungen zusammengefaßt werden. Erstens ist die Annahme theoretisch plausibel, daß nicht nur die Folgen der Mobilität, sondern Mobilität selbst eine wichtige Rolle bei der Erklärung gewaltsamer Konflikte spielt. Allerdings ist zweitens ungeklärt, ob sich Mobilität risikofördernd oder -vermindernd auswirkt. Drittens steht fest, daß die Mobilität im internationalen System auf Grund unserer empirischen Kenntnis relativ begrenzt ist. Alles spricht für die Vermutung, daß an der Spitze der Machthierarchie der Effekt von Mobilität zwar am größten, die Chancen zur Mobilität dagegen am geringsten sind. Umgekehrt ist die Wahrscheinlichkeit der Mobilität in den unteren Rängen der internationalen Machthierarchie zwar am größten, dafür aber der Effekt vermutlich am geringsten. Diese Schlußfolgerungen erlauben folglich höchstens plausible Vermutungen darüber, in welche Richtung Mobilität wirkt.

4. Machtmobilität: Die Operationalisierung

Wie die Darstellung des Machtstatus-Modells weiter oben gezeigt hat, ist das Machtmobilitätskonzept eng mit dem Machtrangkonzept verknüpft. Konsequenterweise setzt die Berechnung der Mobilität formelmäßig an der Festlegung der Beziehung zwischen Mobilität und ihren Einflußgrößen an. Vereinfachend gesagt, ist 1. die Mobilität einer Nation abhängig vom Rang, den sie zu jedem Zeitpunkt t einnimmt, 2. von der Wahrscheinlichkeit, mit der eine jede Nation von ihrem Rang zum Zeitpunkt t einen anderen Rang im nachfolgenden Zeipuntk t' erreicht und 3. von der Anzahl der Ränge, die überhaupt zur Verfügung stehen, das heißt, von der internationalen Systemgröße. Aus dieser Formulierung folgt logisch, daß mit diesen Festlegungen der Rang mit der Nation, die ihn zu jedem beliebigen Zeitpunkt t einnimmt, identisch ist.

Fassen wir Mobilität als Differenz zwischen dem zum Zeitpunkt t' zu erwartenden Rang R' und dem Rang R, den die Nation bzw. ein Ranginhaber zur Zeit t einnimmt, auf, so gilt:

$$\text{Mobilität} = R' - R$$

Folglich muß R' berechnet werden, denn R ist ja in jedem Fall bekannt.

Wenn wir die Systemgröße und damit die Anzahl der erreichbaren Ränge zum Zeitpunkt t' mit s bezeichnen, wird R' wie folgt berechnet:

$$R' = \sum_{(R + \Delta R) \in [1,s]} p(R + \Delta R) \cdot (R + \Delta R)$$

Dies bedeutet, daß für einen festen Rang R die jeweilige Wahrscheinlichkeit p von Rang plus Rangdifferenz $p(R + \Delta R)$ so berechnet werden muß, daß $(R + \Delta R)$ alle verfügbaren Ränge im internationalen System durchläuft. Die Wahrscheinlichkeiten p sind zudem so zu bestimmen, daß sie zeitlich unabhängig sind, daß sie also den gleichen Wert für jede der betrachteten Perioden haben.

Diese Lösung der Operationalisierung des Mobilitätsindikators wird nachfolgend im einzelnen dargestellt.

Der Ausgangspunkt ist das ordinale Konzept der Rangdifferenz. Da wir 13 Zeitintervalle haben, 12 Fünfjahres-Intervalle und ein Sechsjahres-Intervall, haben wir insgesamt 12 Übergangsperioden. Eine Übergangsperiode besteht aus den zwei aufeinanderfolgenden Intervallen. Jede Nation kann in einer Übergangsperiode, d.h. von Periode t zur nachfolgenden Periode t' entweder ihren Rang behalten, einen höheren Rang einnehmen oder einen niedrigeren. In einer Übergangsperiode sind nur die Nationen enthalten, die in den beiden Perioden Mitglied des internationalen Systems waren. Abweichend von dieser generellen Regel wurden die Nationen, die nur zeitweilig aus dem internationalen System ausschieden, ebenfalls einbezogen. D.h. daß die Periode ihres Wiedereintritts als Periode t', die letzte Periode der Mitgliedschaft als Periode t behandelt wurde, um die Mobilität dieser Spezialfälle ebenfalls zu erfassen.

In jeder der 12 Übergangsperioden kann nun die Rangdifferenz eines Staates 0 (keine Mobilität), größer als 0 (Abwärtsmobilität)[6], oder kleiner als 0 (Aufwärtsmobilität) sein. Die Rangdifferenz erhält man, indem man vom Rang einer Nation zum Zeitpunkt t' den Rang der Nation zum Zeitpunkt t abzieht. Dieses Vorgehen wirft natürlich das Problem auf, daß Rangdifferenzen und Rang ordinal gemessen sind, der intendierte Indikator der mittleren Mobilität einer Nation mit einem bestimmten Rang dagegen auf einer Intervallskala. Da mathematisch beweisbar ist, daß Rang und Rangdifferenz einerseits und Machtprozentanteile eines jeden Ranges andererseits in einer eindeutig definierbaren Beziehung zueinander stehen, ist dieses Problem aus der Welt geschafft. Anders formuliert: jede Rangdifferenz kann mathematisch in einen entsprechenden Machtprozentanteil (Grundlage der Messung der Macht eines Staates) umformuliert werden. Letzterer ist auf einer Intervallskala gemessen[7].

Für die 12 Übergangsperioden ergeben sich insgesamt 834 Rangdifferenzen. Wegen des Wachstums des internationalen Systems ergibt sich das Problem, daß die theoretische Verteilung der Rangdifferenzen von Übergangsperiode zu Übergangsperiode variieren kann. Beträgt die Systemgröße beispielsweise 40, dann ist die maximale Rangdifferenz 39. Sind dagegen 140 Staaten im internationalen System, dann kann die maximale Rangdifferenz 139 betragen. Deswegen haben wir zunächst die kumulative Verteilung der Rangdifferenzen für jede Übergangsperiode einzeln ermittelt. Dabei stellte sich heraus, daß es sich in allen 12 Fällen um sigmoide Verteilungen handelt. Diese 12 Verteilungen gehen aus Abbildung 3 hervor.

Diese Kurven sind um ihren Wendepunkt symmetrisch. Das muß auch so sein, weil die Aufwärtsmobilität im internationalen System der Abwärtsmobilität entsprechen muß. Wegen dieses übereinstimmenden Verteilungsmusters haben wir alle 834 Rangdifferenzen zu einer einheitlichen kumulativen Verteilung zusammengefaßt.

Die Parameter dieser kumulativen Verteilungskurve haben wir empirisch geschätzt, wobei allerdings kleinere Korrekturen für Messefehler notwendig waren. In einigen Fällen sind Ränge mehrfach besetzt, so daß damit die Symmetrie der Kurve gestört wird. Bei der Schätzung der Parameter dieser S-Kurve wurde zusätzlich Information über die Machtprozentanteile der einzelnen Ränge benützt. Die Veränderung der Machtprozentanteile einer Nation bestimmt die Rangdifferenz in der jeweiligen Übergangsperiode.

Die erste Ableitung dieser kumulativen Verteilung der Rangdifferenzen ergibt, was zugleich die Erstellung dieser Verteilung erklärt, die Wahrscheinlichkeit des Auftretens der verschiedenen Rangdifferenzen. Diese Verteilung beschränkt somit das gesamte Ausmaß der erwarteten Mobilität im internationalen System. Der folgende Schritt besteht darin, die Rangdifferenz zum Ausgangspunkt für die Wahrscheinlichkeit des Auftretens eines Ranges zu verwenden. Dies geschah, indem für jede Rangdifferenz die entsprechende Verteilung der Ränge ermittelt wurde. Dies erfolgte für jede Rangdifferenz von − 4, − 3, ..., 0 bis + 8 einzelnen. Rangdifferenzen kleiner als − 4 bzw. Rangdifferenzen größer als + 8 wurden für die entsprechenden kumulativen Verteilungen zusammengefaßt.

Die resultierenden kumulativen Häufigkeitsverteilungen gehören alle zur gleichen Klasse von Verteilungen: sie sind alle mit Hilfe der Törnquist-Funktionen zu beschrei-

Abb. 3:

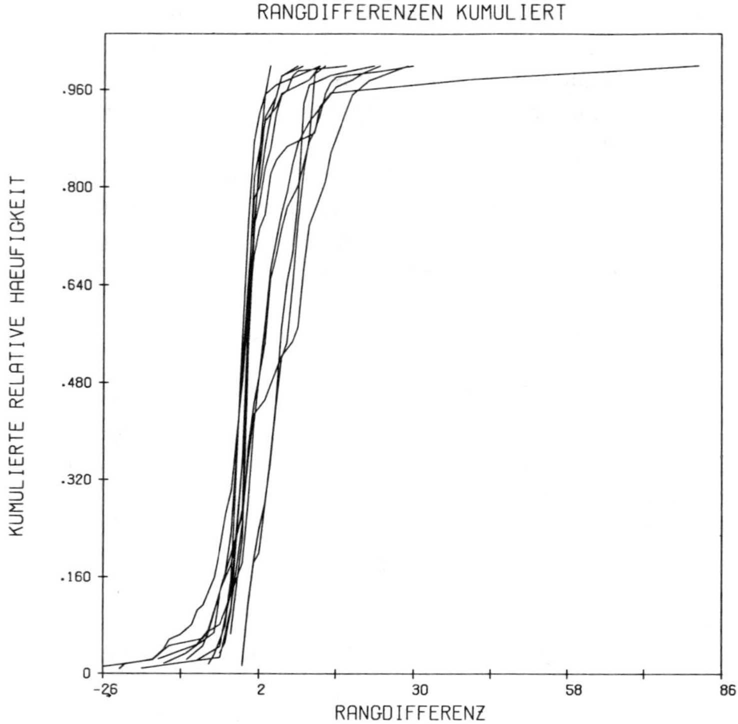

ben. Die Parameter dieser einzelnen Törnquist-Funktionen wurden alle empirisch geschätzt. Erneut führt die erste Ableitung dieser Funktionen zu Wahrscheinlichkeitsverteilungen. In diesem Falle erhalten wir die Wahrscheinlichkeit einer Rangdifferenz für jeden einzelnen Rang.

Summiert man nun das Produkt der Wahrscheinlichkeit des Auftretens eines Ranges multipliziert mit jedem Rang für alle Ränge, erhalten wir für jeden einzelnen Rang den Indikator, den wir suchen, nämlich den erwarteten Rang. Dieser Indikator mißt somit die übergangsperioden-unabhängige mittlere Wahrscheinlichkeit, mit der eine Nation mit einem bestimmten Rang zum Zeitpunkt t einen neuen Rang zum nachfolgenden Zeitpunkt t' einnehmen wird.

Subtrahieren wir den erwarteten Rang eines jeden Ranges von dem Rang selbst, dann erhalten wir den Indikator der Mobilität, der in der empirischen Analyse verwendet wird. Dieser Indikator gibt an, wie stark das Beharrungsvermögen der Nationen auf bestimmten Rängen ist bzw. wie groß die Wahrscheinlichkeit der Nationen mit jeweiligen Rängen zum Zeitpunkt t ist, daß sie zum Zeitpunkt t' in der Machthierarchie auf- oder absteigen.

5. *Der Empirische Test*

Wenn die weiter oben entwickelte theoretische Argumentation zutrifft, dann dürfte Machtmobilität in keinem Falle die Neigung der Staaten, militärische Konfrontationen zu initiieren oder sich als Drittstaaten in militärische Konfrontationen einzumischen, stärker bestimmen als Machtstatus. Diese Vermutung wird durch die Regressionsanalyse bestätigt. Wie die Ergebnisse in Tabelle 1 zeigen, wird diese Vermutung sogar „übertroffen": Mobilität alleine hat nämlich so gut wie gar keinen Effekt auf die Initiierung von oder Einmischung in militärische Konfrontationen. Der erklärte Varianzanteil beträgt zwei bzw. drei Prozent, liegt also im Zufallsbereich.

Tabelle der Ergebnisse der Regressionen*

abhängige Variable	unabhängige Variablen				
mittlere Konflikthäufigkeit pro 5-Jahresperiode für angreifende Nationen	$\frac{1}{\text{Rang}}$	$\frac{1}{\text{Rang} \cdot \text{Rang}}$	Mobilität	Konstante	R^2
ungewichtet	6.07 (6.66)	–4.72 (–4.51)	–	0.27 (5.88)	0.35
	–	–	–0.38 (–1.70)	0.58 (7.58)	0.02
gewichtet	98.9 (12.33)	–79.9 (–8.68)	–	1.06 (2.62)	0.64
	–	–	–0.86 (–3.39)	6.79 (7.77)	0.09
mittlere Konflikthäufigkeit pro 5-Jahresperiode für beteiligte Nationen					
ungewichtet	3.38 (7.47)	–1.42 (–2.73)	–	0.04 (1.91)	0.61
	–	–	–0.03 (–2.15)	–2.15 (5.34)	0.03
gewichtet	48.79 (10.99)	–22.90 (–4.49)	–	–0.04 (–0.20)	0.75
	–	–	–0.51 (–3.49)	3.46 (5.96)	0.09

*die in Klammern angegebenen Werte sind die Werte der t-Statistik

Ist dieser minimale Mobilitätseffekt ein Artefakt des Machtstatus oder ist er unabhängig davon? Um diese Frage zu klären, haben wir den Mobilitätsindikator mit den Residuen der beiden Regressionen, die 1/Rang und 1/Rang*Rang als Prädiktoren enthalten (vgl. Tab. 1), korreliert. Das Ergebnis war eindeutig: der erklärte Varianzanteil beträgt in beiden Fällen nicht einmal ein Prozent. Daraus folgt, daß der geringe Mobilitätseffekt in jedem Fall im Machtstatuseffekt enthalten ist.

Im Anschluß an diese Ergebnisse haben wir einige weiterführende Überlegungen angestellt. Die Machtstatushypothese postuliert, daß es einen längerfristig sichtbaren Zusammenhang zwischen Machtstatus einerseits, der mittleren Häufigkeit der Initiierung von und Beteiligung an militärischen Konfrontationen andererseits besteht. Darüber hinaus erfaßt der Mobilitätsindikator nicht etwa die kurzfristigen Mobilitätseffekte, sondern vielmehr die längerfristige Wahrscheinlichkeit der Rangveränderung. Wirft man noch einmal einen Blick auf Abbildung 2, zeigt sich, daß die ersten 30–40 Ränge für die mittlere Häufigkeit von Angriffen wie von Einmischungen pro fünf Jahre diesen längerfristigen Effekt recht gut wiedergeben. In den weiteren Rängen finden wir dagegen teilweise atypisch hohe mittlere Häufigkeiten, bei den Angreifern noch stärker als bei den Beteiligungen.

Die in dieser mittleren und unteren Rangregion angesiedelten Staaten sind aber vergleichsweise jung. Sie sind in der Regel erst nach dem Zweiten Weltkrieg unabhängig geworden. Das gewählte Verfahren der Berechnung der mittleren Konflikthäufigkeit pro Fünfjahresintervall führt folglich zur relativen Überbewertung der weniger lang besetzten Ränge im internationalen System. Ein weiterer Faktor begünstigt eine mögliche Verzerrung der mittleren Konflikthäufigkeiten zugunsten der weniger lang besetzten Ränge: die Mehrfachbesetzung der unteren Ränge. Um diese mögliche Verzerrung auszuräumen, somit also dem theoretisch postulierten Langfristeffekt von Machtstatus hinreichend zu berücksichtigen, haben wir die mittleren Konflikthäufigkeiten pro Rang mit der Anzahl der Perioden multipliziert, mit der sie besetzt waren[8].

Mit den gewichteten abhängigen Variablen haben wir zunächst noch einmal das ursprüngliche Machtstatus-Modell berechnet. Die Ergebnisse, wie aus Tabelle 1 hervorgeht, bestätigen unsere Vermutung. Die erklärte Varianz für die gewichteten Werte der Initiierung militärischer Konfrontationen erhöht sich drastisch: von 35 Prozent (unter Verwendung der ungewichteten abhängigen Variable) auf 64 Prozent. Nicht so drastisch, aber dennoch bemerkenswert ist die erklärte Varianz, verwendet man die gewichtete abhängige Variable Beteiligung an militärischen Konfrontationen: sie beträgt jetzt 75 Prozent im Vergleich zu 61 Prozent, wird die abhängige Variable nicht gewichtet.

Diese Ergebnisse bestätigen erstens die theoretische Vermutung, daß Machtstatus längerfristig wirksam ist und zweitens, daß der Zusammenhang stark ausgeprägt ist. Die Neigung zur militärischen Intervention ist dabei noch stärker mit dem Machtstatus der Staaten verknüpft als die Neigung, anderen Staaten mit militärischer Gewalt zu drohen oder gegen sie anzuwenden. Wie wirkt sich die Berücksichtigung des Langfristeffektes, der mit der Gewichtung der beiden abhängigen Variablen eingefangen wurde, auf den Zusammenhang zwischen Mobilität und Konfliktneigung aus? Wie ein Blick auf Tabelle 1 zeigt, erhöht sich der Anteil erklärter Varianz, bei der Initiierung militärischer Konfrontationen von 2 auf 9 Prozent, bei der Beteiligung an militärischen Konfrontationen von 3 auf ebenfalls 9 Prozent. Damit zeigt sich erneut, daß Mobilität keine nennenswerten Auswirkungen auf die Neigung militärischer Gewaltandrohung oder -anwendung der Staaten hat.

Ist nun dieser Effekt der Mobilität, so gering er auch sein mag, eigenständiger Art oder wird er letztlich durch den Machtstatus bestimmt? Erneut haben wir die Residuen aus den Regressionsgleichungen mit den beiden Machtstatus-Prädiktoren (1/R) und (1/R*R) verwendet. Die Regression der Residuen der beiden gewichteten abhängigen Variablen Initiierung von und Beteiligung an militärischen Konfrontationen mit Mobilität als unabhängiger Variablen belegt erneut, daß Mobilität keine unabhängige Auswirkung auf die Konfliktneigung der Staaten hat. Die erklärte Varianz ist erneut um Null. Mobilität erklärt also, was der Machtstatus bereits erklärt hat.

6. *Interpretation, Zusammenfassung und Schlußfolgerungen*

Bevor wir die Ergebnisse interpretieren und weiterführende Schlußfolgerungen ziehen, wollen wir zuerst die dreidimensionale Abbildung der Verteilung des Mobilitätsindikators betrachten. Die Ergebnisse müssen ja mit dem Indikator selbst zusammenhängen. Schauen wir uns dazu die dreidimensionale Abbildung der Verteilung des Mobilitätsindikators an. In Abbildung 4 ist Mobilität abgebildet, die ja die gemessene langfristige Neigung der Staaten erfaßt, ihren Rang längerfristig zu wechseln. Die X-Achse gibt den Ausgangsrang an, die Y-Achse den Endrang an, zu dem sich eine Nation vom Zeitpunkt t zum Zeitpunkt t′ bewegt hat. Die Z-Achse gibt die Übergangswahrscheinlichkeit für jeden Rang R zum Zeitpunkt t zu jedem anderen Rang R′ zum Zeitpunkt t′ an. Je höher die Z-Werte (auf der Diagonalen von X- und Y-Achse), desto größer ist die Wahrscheinlichkeit, daß X gleich Y ist, oder desto geringer ist die Mobilität. Die beiden Erhebungen vor und hinter der Diagonalen der X- und Y-Achse sind Artefakte. Es handelt sich um Scheinmobilität, die ausschließlich durch das Wachstum des internationalen Systems zustande gekommen ist.
Abwärtsmobilität ergibt sich, wenn X größer als Y ist, Aufwärtsmobilität, wenn X kleiner als Y ist. Diese Abbildung belegt zwei interessante Phänomene. Erstens ist Mobilität im internationalen System weitgehend durch dessen Wachstum determiniert. Zweitens ist das internationale System durch relativ hohes Beharrungsvermögen gekennzeichnet. Während in den oberen Machträngen Mobilität auf Grund der Machtverteilung weitgehend unterbleibt, ist sie in den unteren Machtrang-Regionen möglich (wie die niedrigen Z-Werte zeigen), unterbleibt aber weitgehend.
Damit haben wir eine erste Erklärung dafür, warum die empirische Analyse die theoretischen Erwartungen widerlegt hat. Mobilität kann kaum einen nennenswerten Effekt haben, weil sie zum einen überwiegend durch das Wachstum des internationalen Systems bestimmt wird, zum anderen aber weil sie vergleichsweise gering ist. Eine zweite Erklärung muß aber ergänzend hinzugefügt werden. Die theoretische Konzeptualisierung und die Operationalisierung von Mobilität erfassen ausschließlich den längerfristigen Effekt. Dieser Effekt ist, wie Abbildung 4 verdeutlichte, gering. Damit verbietet sich also eine undifferenzierte Verwerfung der theoretischen Relevanz des Mobilitätskonzeptes. Denkbar ist nämlich, daß Mobilität genau dann konfliktfördernd oder -vermindernd wirkt, wenn sie auftritt, aber nur dann. Das ist plausibel, bedenkt man den vergleichsweise kurzen Zeithorizont im politischen Entscheidungsprozeß.

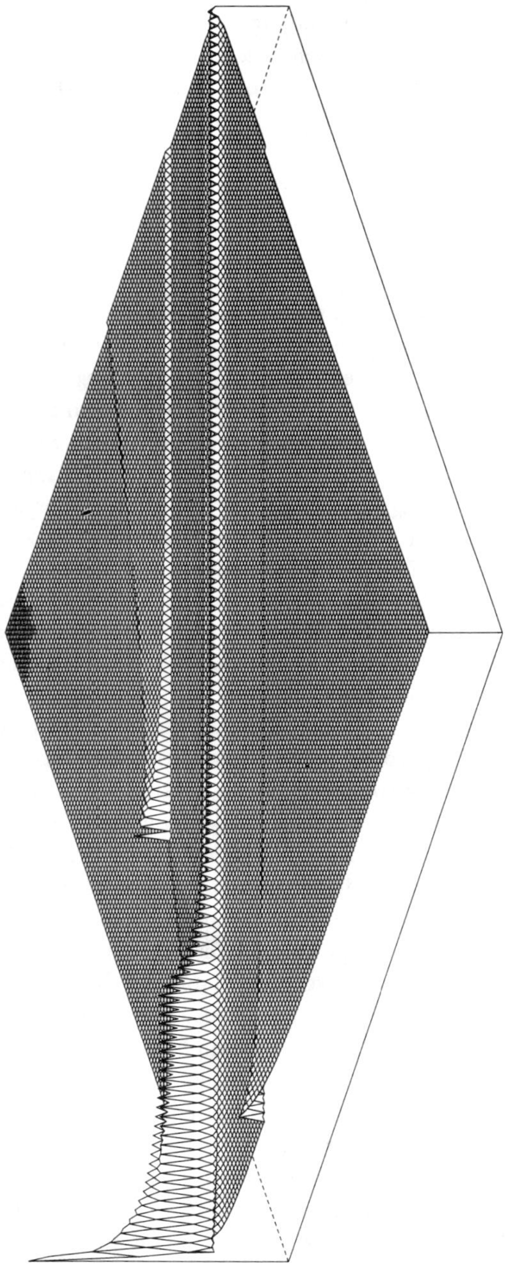

Abb. 4: Verteilung der Machtmobilität Z in Abhängigkeit von Ausgangsrang X und Endrang Y (Nähere Erläuterungen dazu im Text).

Halten wir also fest: die längerfristige Mobilitätsneigung der Staaten in der internationalen Machthierarchie ist gering. Sie wirkt sich nur geringfügig auf die Bereitschaft der Staaten aus, mit militärischer Gewalt zu drohen oder sie anzuwenden. Der geringfügige Effekt von Mobilität ist aber abhängig vom Machtstatus der jeweiligen Staaten. Die Analyse hat erneut bestätigt, daß bei zunehmendem Machtstatus die Bereitschaft zur Androhung oder zur Anwendung militärischer Gewalt steigt. Die Gewichtung der abhängigen Variablen belegt darüber hinaus, daß dieser Effekt längerfrisitg zunehmend deutlicher wird. Sie zeigt außerdem, daß die Machtkonzentration im internationalen System so hoch ist (vgl. Abb. 1), daß wesentliche Veränderungen kaum möglich sind. Sofern grundlegende Änderungen der Machthierarchie in Zukunft erfolgen, ist dies primär durch Seggregation, d.h. die Spaltung von Staaten, oder durch gewaltsamen oder freiwilligen Zusammenschluß von Staaten möglich. Doch auch das dürfte die grundlegende Machtungleichheitsverteilung nicht wesentlich ändern.

Wie jede empirische Analyse hat auch diese sicher ihre kritiserbaren Schwachstellen. Auf zwei Aspekte wollen wir nachfolgend kurz eingehen. Der erste Punkt betrifft die Vorgehensweise der Gewichtung der abhängigen Variablen. Der entscheidende Punkt ist dabei nicht die Gewichtung als solche. Sie ist verfahrenstechnisch üblich. Entscheidend ist vielmehr die Vorgehensweise. Wie wir zu begründen versuchten, ist die gewählte Vorgehensweise, nämlich der Gewichtung der abhängigen Variablen mit der Anzahl der Perioden aus zwei Gründen theoretisch legitim. Erstens liegt der Machtstatus-Hypothese die Annahme zugrunde, daß es sich hier um einen längerfristig wirksamen Zusammenhang zwischen Macht und Konfliktverhalten handelt, keinesfalls aber um ein kurzfristig jederzeit beobachtbares Phänomen. Zweitens ist nachweislich der Großteil der Ränge im 20. Jahrhundert in dieser Analyse erst nach dem Zweiten Weltkrieg besetzt worden, wobei zum Teil eine ganze Reihe von Rängen nur zwei oder drei Perioden besetzt waren. Die mittlere Konflikthäufigkeit, wie sie von den abhängigen Variablen erfaßt wird, überbetont somit die Ränge, die der Hypothese zufolge weniger wichtig sind. Hinzu kommt die sicher berechtigte Vermutung, die auch aus der Verteilung der abhängigen Variablen sichtbar wird (Abb. 2), daß in den unteren Rängen Meßfehlerprobleme vorhanden sind. Beide Probleme werden mit der Gewichtung plausibel gelöst.

Ein sehr viel wichtigeres, theoretisch konzeptionelles Problem steckt darin, daß das Modell implizit die immer wieder behauptete grundlegende Veränderung internationaler Politik nach dem Zweiten Weltkrieg unberücksichtigt läßt. Damit ist das Zeitalter der Nuklearwaffen gemeint. Der zentrale Punkt dabei scheint immer wieder der zu sein, daß auf Grund der vermutlich totalen Zerstörung der Welt in einem Nuklearkrieg die Risikobereitschaft zu kriegerischem Verhalten insgesamt gesunken ist. In dieser Allgemeinheit ist natürlich der Einwand berechtigt bzw. konsequenzlos. Wir wollen versuchen, einzelne Punkte der Reihe nach zu diskutieren.

Empirisch ist nachweisbar, daß relativ gesehen die Häufigkeit gewaltsamer internationaler Konflikte abgenommen hat, das heißt, daß trotz in etwa gleicher Häufigkeiten militärischer Konflikte vor und nach dem Zweiten Weltkrieg, die durchschnittliche staatliche Konfliktbeteiligung im sogenannten Nuklearzeitalter abgenommen hat. Das ist nicht verwunderlich, denn das internationale System ist nach 1945 erheblich gewachsen. Empirisch steht aber das Faktum fest, daß militärische Gewaltandrohung oder -anwendung nach wie vor zur Realität internationaler Poltik gehört. Die empirische Analyse zeigt auch, daß Machtstatus eine entscheidende Determinante gewaltsamen Konfliktverhaltens in der internationalen Politik ist.

Stehen diese Ergebnisse im Widerspruch zu der These des radikalen Wandels in der internationalen Politik nach 1945? In dieser Allgemeinheit muß die Frage verneint werden. Sie ist auch zu allgemein, um das Modell als solches entscheidend treffen zu können. Eine ganz andere Frage wirft diese These allerdings auf: hat sich dadurch die Bereitschaft zur gewaltsamen Konfliktlösung zwischen bestimmten Staaten verändert? In diesem Fall ist die Antwort positiv. Denn Europa, das bis 1945 nicht nur in die meisten militärischen Konflikte verwickelt war, sondern auch häufig Austragungsort vieler derartiger Konflikte war, ist seit 1945 von militärischer Gewaltandrohung oder -anwendung weitgehend verschont geblieben. Ausnahmen sind die Ereignisse 1968 in der CSSR und die Berlin-Krisen.

Das bedeutet, daß dieser radikale Wandel sich auf die Risikobereitschaft zur gewaltsamen Konfliktaustragung zwischen *bestimmten* Staaten ausgewirkt hat. Alles spricht dafür, daß die Supermächte äußerst vorsichtig in ihrem Verhalten gegeneinander sind, um Konflikte zu vermeiden, die zum Nuklearkrieg eskalieren könnten. Das bestätigt auch die empirische Analyse von *Weede* (1975), der zeigte, daß direkte Supermachtkonfrontation wie auch direkte Konfrontationen zwischen den Blockangehörigen dieser beiden Supermächte äußerst unwahrscheinlich sind. Dieses Argument ist überzeugend. Nun sagt aber das Machtstatus-Modell überhaupt nichts darüber aus, wer wem mit militärischer Gewaltanwendung droht oder gegen wen militärische Gewalt angewendet wird. Es behauptet nur, was auch bestätigt wird, daß die Mächtigen längerfristig eher Gewalt anwenden als die Schwachen. Übrigens zeigen auch die Daten, daß die USA und die UdSSR mit am häufigsten sich an militärischen Konfrontationen beteiligten und ebenfalls mit am häufigsten militärische Konfrontationen initiierten (vgl. *Eberwein*, 1981a:54).

Ein zusätzliches Problem besteht in den möglichen Auswirkungen nuklearer Proliferatin auf gewaltsames Konfliktverhalten. Eine größer werdende Zahl von Staaten besitzt in der Zwischenzeit Nuklearwaffen oder ist in der Lage, derartige Waffen selbst herzustellen, die sogenannten Schwellenmächte wie etwa Taiwan. Werden derartige Staaten folglich eher risikofeindlicher oder eher risikofreundlicher? Die Vermutung ist, daß aus Angst vor der nuklearen Eskalation die Folge tatsächlich eine größere Zurückhaltung bei der Androhung oder Anwendung militärischer Gewalt ist[9]. Diese Fragestellung ist im Rahmen des von uns analysierten Modells nicht möglich. Aber zweifelsohne ist sie wichtig für die Erklärung militärischer Konfrontationen und der Eskalation zum Krieg. Das bedeutet, daß die Überprüfung der Vermutung des radikalen Bruchs in der internationalen Politik nach 1945 als Folge der Entwicklung und Bereitstellung von Nuklearwaffen ein weites Forschungsfeld darstellt, das erst noch systematisch erschlossen werden muß.

7. *Praktisch-politische Schlußfolgerungen*

Abschließend wollen wir kurz die Frage nach der politischen Relevanz dieser Art von Forschung bzw. der hier vorgelegten Ergebnisse aufgreifen. Um eine triviale Antwort vorwegzunehmen, derartige Forschungsergebnisse sind völlig irrelevant für den täglichen Entscheidungsprozeß in der Außenpolitik. Sie sind es – allgemein formuliert – nicht, wenn diese alltäglichen Entscheidungen in den Kontex mittel- und längerfristiger Überlegungen gestellt werden. Dies soll an einem Beispiel verdeutlicht werden. In der Politik spielen Rüstungsexporte eine möglicherweise auf Grund der derzeitigen wirtschaftlichen Entwicklung zunehmend wichtige Rolle. Die schon blauäugige Annahme ist, daß die Aufrüstung, vor allem der Länder der Dritten Welt, zur außenpolitischen Stabilisierung beiträgt.

Angenommen unser Modell ist tatsächlich gültig. Dann könnte mittelfristig jedenfalls der Rüstungsexport zur Verschiebung des Machtstatus einzelner Staaten beitragen. Rüstung stellte somit einen extern induzierten Mobilitätseffekt dar. Daraus folgt, daß damit längerfristig eine höhere gewaltsame Konfliktneigung dieser Staaten gefördert wird, weil ihre Machtbasis entsprechend anwächst. Darüber hinaus könnte, im Anschluß an die von *Garnham* bereits zitierten Ergebnisse (1976a; 1976b), dadurch das Machtgleichgewicht zwischen den betreffenden Exportempfängern und ihren Nachbarn verändert werden. Ändert es sich in Richtung Gleichgewicht, dann werden gewaltsame militärische Konflikte wahrscheinlicher.

Diese zwei Konsequenzen einer heute vielfach verfolgten Politik ergeben sich aus der empirischen Forschung. Sie zeigen in jedem Fall eines, daß politische Überzeugungen, wie etwa die, daß Machtgleichgewicht generell friedenssichernd sei, historisch jedenfalls in dieser Allgemeinheit falsch sind. Folglich kann die in diesem bestgemeinten Sinne verfolgte Außenpolitik mittel- oder langfristig genau das Gegenteil von dem bewirken, was sie will: nämlich Instabilität durch Gewalt statt Frieden.

Was die vorgelegte empirische Analyse belegt, ist die geringe Lernfähigkeit der Mächtigen, wie *Karl W. Deutsch* in anderem Zusammenhang einmal Macht definiert hat. Wir behaupten keineswegs, daß unweigerlich Macht kausal Gewalt hervorruft. Wir behaupten nur, daß historisch dieser Zusammenhang systematisch nachweisbar ist. Das internationale System ist somit nicht zur Gewalt verdammt. Das ist aber nur dann zutreffend, wenn die „Arroganz der Macht", wie Senator Fullbright seine eigene Regierung im Zusammenhang mit dem Vietnamkrieg kritisierte, im Bewußtsein derjenigen, die über sie verfügen, erkannt und abgebaut wird.

Anmerkungen

1 Diese Arbeit ist die Überarbeitung des Vortrages, den die Verfasser für den Kongreß der Internationalen Vereinigung für Politikwissenschaft in Rio de Janeiro im August 1982 vorgelegt haben. Dabei wurde der Teil über die Projektionen der abhängigen Variablen bis zum Jahr 2000 in der deutschen Fassung gestrichen. Vgl. *Eberwein* und *Reuß*, 1982.

2 Die ausführliche deskriptive Analyse dieser Daten und die Probleme, die damit verbunden sind, werden ausführlich in *Eberwein*, 1981a, diskutiert.

3 Damit ist das Problem des ökologischen Fehlschlusses angesprochen, das seit langem bekannt ist.
4 Diese Elemente sind in der mathematischen Beschreibung nicht getrennt identifiziert, sondern im Begriff des erwarteten Rangs enthalten.
5 Diese Informationen sind in *Eberwein*, 1981a, zu finden.
6 Das ist deswegen der Fall, weil Rang 1 vom Staat mit der größten Machtbasis eingenommen wird, der schwächste Staat die höchste Rangzahl erhält.
7 Wir haben auf eine ausführliche Darstellung der mathematischen Ableitung des Indexes verzichtet. Die ausführliche Information stellen wir den Interessenten aber gerne auf Anfrage zur Verfügung.
8 Es ergibt sich der gewichtige Konfliktneigungsindikator:

$$K_g = \frac{[\Sigma \text{ Anzahl der Konflikte der Nation(en) mit Rang R}]}{[\text{Anzahl der Nationen mit Rang R}] \cdot 5[\text{Jahre}]} \cdot [\text{Anzahl der Perioden}]$$

9 Wir sind Karl Deutsch für diesen Hinweis sehr dankbar.

Literatur

Bremer, A. (1980): National Capabilities and War Proneness. In: *J. D. Singer* (ed): The Correlates of War II. Testing Some Realpolitik Models. New York: Free Press. S. 57–82.

Bremer, A. (1982): Studies of Serious International Disputes. Special Issue of International Interactions 1.

Cusack, Th. R., and *W.-D. Eberwein* (1982): Prelude to War: Incidence, Escalation, and Intervention in International Disputes, 1900–1976. In: International Interactions 9, S. 9–28.

Eberwein, W.-D. (1982): The Seduction of Power: Serious International Disputes and the Power Status of Nations, 1900–1976. In: International Interactions 9. S. 57–74.

Eberwein, W.-D. (1981a): Militärische Konfrontationen und die Eskalation zum Krieg: 1900–2000. Discussion Papier IIVG/dp 81–112, International Institute for Comparative Social Research, Science Center Berlin.

Eberwein, W.-D. (1981b): The Quantitative Study of International Conflict: Quantity and Quality? In: Journal of Peace Research, 18. S. 19–38.

Eberwein, W.-D. und *F. Reuss* (1982): Doomed to Violence? Power, Mobility, and Serious Disputes, 1900–2000. International Institute for Comparative Social Research, Science Center Berlin. Discussion Paper IIVG/dp 82–115.

Ferris, W. H. (1973): The Power Capabilities of Nation-States. Lexington Books: Lexington, Mass.

Garnham, D. (1976a): Power Parity and Lethal International Violence, 1969–1973. In: Journal of Conflict Resolution 20. S. 379–394.

Garnham, D. (1976b): Dyadic International War, 1816–1965: The role of Power Party and Geographical Proximity. In: Western Political Quarterly 29. S. 231–242.

Gochman, Ch. S. (1980): Status, Capabilities and Major Power Conflict. In: *J. D. Singer* (ed): The Correlates of War: II. New York: Free Press. S. 83–123.

Singer, J. D. (1981): Accounting for International Wars: The State of the Discipline. In: Journal of Peace Research 18. S. 1–18.

Singer, J. D., S. A. Bremer and *J. Stuckey* (1972): Capability Distribution, Uncertainty, and Major Power War, 1820–1965. In: *B. M. Russett* (ed): Peace, War, and Numbers. Sage: Beverly Hills. S. 19–48.

Small, M., and *J. D. Singer* (1982): Resort to Arms – International and Civil Wars, 1816–1980. Sage: Beverly Hills.

Weede, E. (1975): Weltpolitik und Kriegsursachen im 20. Jahrhundert. Oldenbourg: München.

Weede, E. (1975): Overwhelming Preponderance as a Pacifying Condition Among Contiguous Asian Dyads, 1950–1969. In: Journal of Conflict Resolution 20. S. 395–410.

10. Vom Frieden zum Krieg
Eine Anwendung der Wahrscheinlichkeitstheorie auf die Entstehung von Kriegen

Stuart A. Bremer und *Thomas R. Cusack*

1. Einleitung: Vom Frieden zum Krieg

Der Weg vom Weltfrieden zum Weltkrieg hat mehrere kritische Abzweigungen. Nimmt die politische Entwicklung eine Richtung, dann ist der Ausbruch von Kriegen wahrscheinlicher. Nimmt sie eine andere, dann sinkt die Kriegsgefahr. Nur allzu oft werden diese Abzweigungen (oder Wendepunkte) von den Betrachtern willkürlich – ad hoc oder nachträglich – bestimmt, und die eingeschlagene Richtung idiosynkratischen Faktoren zugeschrieben.

Nicht zuletzt deswegen ist unser Wissen darüber, wie Kriege vermieden werden können, begrenzt. Deswegen brauchen wir ein theoretisches Bezugsystem, das es uns ermöglicht, die politisch Verantwortlichen und die Bevölkerung insgesamt über die kritischen Kreuzungen auf dem Weg zum Krieg aufzuklären. Nur dann können wir hoffen, daß sich die Aussichten auf Frieden erhöhen.

Wir glauben, daß ein auf der Wahrscheinlichkeitstheorie fußendes Rahmenkonzept sinnvoll ist, um den Prozeß, der zum Krieg führt, zu erfassen. Diesen Prozeß kann man sich als Ablauf von vier Phasen vorstellen:

Phase I: Eine Nation droht mit militärischer Gewaltanwendung oder wendet sie gegen eine andere Nation im internationalen System an. Sie initiiert folglich das, was wir als militärische Konfrontation bezeichnen.

Phase II: Drittstaaten mischen sich in den Konflikt ein, so daß er entsprechend ausgeweitet wird.

Phase III: Die militärische Gewaltanwendung erreicht ein solches Ausmaß an Intensität, daß die Schwelle zum zwischenstaatlichen Krieg überschritten wird.

Phase IV: Weitere Nationen werden in den Krieg verwickelt. Der Krieg eskaliert zum Weltkrieg.

Dieses Phasenmodell sagt nichts über die Dauer der einzelnen Phasen aus, wenngleich wir vermuten, daß sich der Übergang von der einen Phase zur anderen seit dem vergangenen Jahrhundert verkürzt hat. Wir gehen aber davon aus, daß die Reihenfolge, in der die einzelnen Phasen oder Stufen durchlaufen werden, festliegt. Phase II z. B. kann nur nach Phase I erreicht werden, Phase III erfordert das Durchlaufen der Phasen I und II.

Im folgenden wollen wir verschiedene Wahrscheinlichkeitsmodelle für jede der vier Phasen entwickeln. Jedem dieser Modelle liegen unterschiedliche Verhaltensannahmen über die an gewaltsamen Konflikten beteiligten Nationen zugrunde. Der Vergleich der

Ergebnisse der Modelle wird zeigen, welches sich am besten für Vorhersagen eignet und damit für Aussagen, wie man die Eskalation zum Krieg vermeiden kann.

2. *Phase I: Der Ausbruch militärischer Konfrontation*

Wir sind der Ansicht, daß die Androhung oder Anwendung militärischer Gewalt eines Staates gegenüber einem anderen einen entscheidenden Bruch im „normalen" Verhalten oder Konfliktverhalten zweier Staaten darstellt. Wir nehmen an, daß Staaten letztlich nur dann zu diesem Mittel greifen, wenn vitale Interessen auf dem Spiel stehen, was sie ihren Opponenten unmißverständlich zu verstehen geben wollen.
David Singer hat mit seinem „Correlates of War Project" die diplomatischen Beziehungen im Zeitraum 1900–1976 systematisch durchgeforstet, um die Häufigkeit des Auftretens militärischer Konfrontationen zu erfassen. Die gewonnene Liste derartiger Konflikte enthält neben den Konflikten als solche zusätzliche Informationen über deren Eigenschaften: handelt es sich um Alarmbereitschaft, bewaffnete Zusammenstöße, Mobilisierungen, militärische Übergriffe und Machtdemonstrationen, Blockaden, Landbesetzungen oder sonstige Formen begrenzter militärischer Gewaltanwendung? Aus den Daten geht ferner hervor, ob das Ausmaß an Gewalt 1000 oder mehr Kriegsopfer forderte. Diese Zahl ist nämlich eines der Kriterien des „Correlates of War Project", mit dem Kriege identifiziert werden (vgl. Small und Singer, 1982). Militärische Konfrontationen können nämlich, müssen aber nicht, zum Krieg eskalieren.
Diese erst kürzlich fertiggestellte Datensammlung umfaßt 634 Ereignisse von 1900–1976, die als serious disputes, d. h. militärische Konfrontationen, bezeichnet werden.[1] In Tabelle 1 ist die durchschnittliche Häufigkeit dieser Konflikte pro Jahr pro Fünf-Jahresintervalle dargestellt. Die Verteilung deutet auf einen Aufwärtstrend sowie einen möglichen Zyklus hin.
Für unseren Versuch, die Dynamik der Entstehung und Eskalation von militärischen Konfrontationen abzubilden, werden wir zwei Typen von Modellen verwenden: Der erste Modelltyp geht davon aus, daß das Auftreten einer militärischen Konfrontation unabhängig vom Auftreten militärischer Konfrontationen an anderen Stellen ist. Der zweite nimmt dagegen an, daß ein „epidemischer" Prozeß, eine Analogie zur Ansteckungsgefahr bei Grippe beispielsweise, existiert, was soviel heißt, daß das Auftreten einer militärischen Konfrontation die Wahrscheinlichkeit des Auftretens weiterer derartiger Konflikte erhöht.

2.1 Das unabhängige Auftreten militärischer Konfrontationen

Nehmen wir für einen Augenblick an, daß der Prozeß, der der Entwicklung von militärischen Konfrontationen zugrundeliegt, dem folgenden Prozeß entspricht:
Eine Kugel wird aus einer Urne, die eine bestimmte Menge p von schwarzen und die Menge q von weißen Kugeln enthält, gezogen. Wenn die gezogene Kugel schwarz ist, heißt das, daß ein militärischer Konflikt ausbrechen wird, bei einer weißen Kugel da-

Abb. 1: Zahl der militärischen Konfrontationen

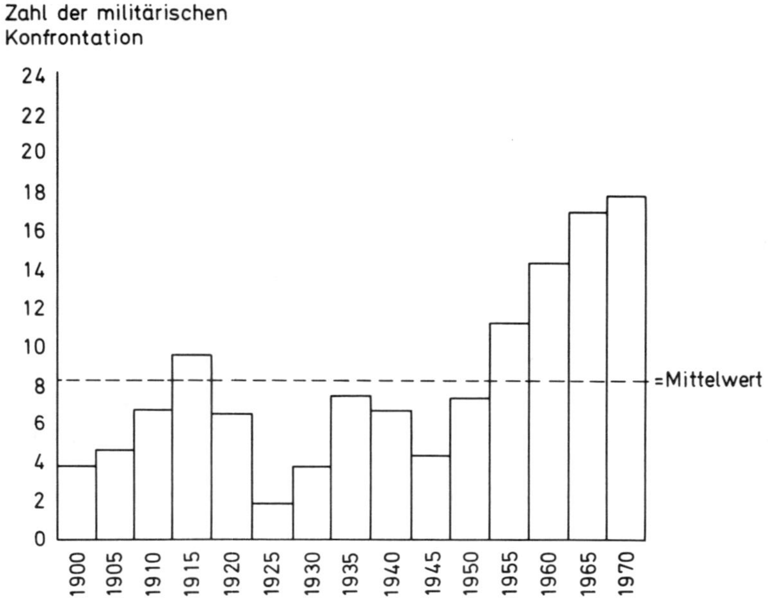

gegen nicht. Nach jedem Zug wird die Kugel wieder in die Urne zurückgelegt, so daß diese bei jedem Zug die ursprüngliche Zahl der Kugeln wieder enthält.
Diese Vorgehensweise enspricht dem Bernoulli-Verfahren.[2] In diesem Fall „wissen" wir, daß die Anzahl der gezogenen schwarzen Kugeln = k, (und analog dazu, der erzeugten Konflikte) in N Versuchen binominal verteilt ist. D. h., die Wahrscheinlichkeit, k militärischer Konflikte in N Verfahren zu erneugen, ist gleich dem Polynom von

$$\binom{N}{k} \cdot p^k \cdot q^{N-k}$$

Das Problem der Anwendung dieses Modells besteht darin, daß wir nur wissen, wann diese Konflikte stattgefunden haben (eine schwarze Kugel wurde gezogen), nicht aber wann sie hätten auftreten können, aber nicht auftraten (eine weiße Kugel wurde gezogen).
Aus diesem Grund können wir zwar die Anzahl der beobachteten militärischen Konflikte eines beliebigen Jahres zählen, aber nicht die Zahl der Ziehungen (N), die zu den militärischen Konfrontationen geführt haben.
Wir werden drei alternative Annahmen über die Häufigkeit der Ziehungen, d. h. über den Wert von N machen, so daß wir drei Varianten dieses allgemeinen Modells erhalten.

Variante 1: Nehmen wir an, daß die Anzahl von Ziehungen pro Periode nur durch die Länge dieser Periode selbst bestimmt ist. Dies entspräche der Situation einer monatlichen, wöchentlichen oder täglichen Ziehung. Vorausgesetzt, daß die Ziehungen innerhalb eines Jahres häufig sind, können wir von einem Parameter λ ausgehen, der der erwarteten Anzahl von erzeugten Konflikten innerhalb eines Jahres entspricht. Wir können auch zeigen, daß die Wahrscheinlichkeit, daß es zu k Kontroversen innerhalb eines Jahres t kommt, gleich ist mit

$$\frac{e^{-\lambda} \lambda^k}{k!}$$

was der bekannten Poisson-Verteilung entspricht.[3]

Variante 2: Einer zweiten Argumentationskette folgend, gehen wir davon aus, daß die erwartete Anzahl von Konflikten pro Jahr durch die Anzahl der in diesem Jahr existierenden unabhängigen Nationen bestimmt ist. Das wäre dann der Fall, wenn – um im Bild zu bleiben – jedes Mitglied im internationalen System an einer Ziehung pro Jahr teilnimmt, oder wenn alle Staaten an jeder periodischen Ziehung im Laufe des Jahres teilnehmen. Intuitiv erscheint es plausibel, daß bei zunehmender Anzahl von unabhängigen Nationen, die Handlungsmöglichkeiten zunehmen und damit die Wahrscheinlichkeit steigt, daß es häufiger zu militärischen Konflikten kommt.
Unter diesen Bedingungen ist die Wahrscheinlichkeit, daß es zu k Konflikten im Jahr t kommt:

$$\frac{e^{-\lambda_t} \lambda_t^k}{k!}$$

wobei $\lambda_t = f(Z_t)$ und Z_t die Größe des Staatenverbandes im Jahre t angibt.

Variante 3: Unsere letzte Variante geht davon aus, daß die Interaktionsmöglichkeiten innerhalb eines Staatensystems zu einem Zeitpunkt t der relevante Bezugspunkt für die Wahrscheinlichkeit des Auftretens militärischer Konflikte sind, nicht aber die Handlungsmöglichkeiten (= Zahl der Nationen) wie bei Variante 2. D. h., wenn es Z Mitglieder eines Staatenverbandes zum Zeitpunkt t gibt, gibt es $Z_t \cdot (Z_t - 1)/2$ Staatenpaare, zwischen denen es zu militärischen Konfrontationen kommen kann. Eine solche Annahme führt zur gleichen Wahrscheinlichkeitsverteilung, wie in Variante 2, aber λ_t ist in diesem Fall eine Funktion von $Z_t \cdot (Z_t - 1)/2$ und nicht einfach von Z_t.

2.2 Das konditionale Auftreten militärischer Konfrontationen

Bei dem konditionalen Auftreten von militärischen Konfrontationen wird auf Modelle zurückgegriffen, die davon ausgehen, daß die Ergebnisse der früheren Ziehungen Auswirkungen auf die Ergebnisse zukünftiger Ziehungen haben. Ein solcher Prozeß entspricht der Verbreitung einer Epidemie: wenn eine Person krank wird, steigt die Wahrscheinlichkeit, daß sich andere ebenfalls anstecken. Tritt eine ansteckende Krankheit nicht auf, sinkt die Wahrscheinlichkeit der Ansteckungsgefahr. Konsequenterweise enthalten solche Modelle einen ,,Ansteckungseffekt".

Eine große Anzahl solcher Modelle ist im Anschluß an die frühen Arbeiten von Markov entwickelt worden. Die generalisierte Version dieser Modelle enthält sowohl die Zunahme der „Ansteckung" als auch deren Abklingen (Johnson und Kotz, 1977). Das Modell, das wir verwenden, ist eines der ersten dieses Typs und vergleichsweise einfach in der Anwendung. Es wurde zuerst von Eggenberger und Pólya entwickelt. Das zugrundeliegende Ziehungsschema läuft folgendermaßen ab: Eine Kugel wird aus einer Urne mit b schwarzen und w weißen Kugeln gezogen. Nach der Ziehung wird die gezogene Kugel zurückgelegt und c Kugeln der gleichen Farbe außerdem hinzugelegt. Logischerweise ändert sich die Zusammensetzung des Gefäßinhaltes von Ziehung zu Ziehung, je nachdem welches Ziehungsergebnis erzielt wurde, als auch die Zahl der Kugeln. Eine andere Möglichkeit der Interpretation dieses Modells besteht darin, daß p und q die zugrundeliegenden oder auch längerfristigen Wahrscheinlichkeiten verkörpern, eine schwarze oder eine weiße Kugel zu ziehen, s dagegen die kurzfristigen Veränderungen der zugrunde liegenden Wahrscheinlichkeit angibt, die in Folge der vorhergehenden Ziehung eingetreten ist. Aus diesen Spezifizierungen ist die Wahrscheinlichkeit, k schwarze Kugeln in N Ziehungen zu erhalten, wie folgt gegeben:

$$\frac{\binom{N}{k} \prod_{i=0}^{k-1} (p + is) \prod_{i=0}^{N-k-1} (q + is)}{\prod_{i=0}^{N-1} (1 + is)}$$

Ausführliche Erklärungen und Erläuterungen hierzu sowie die analoge Anwendung dieser Verteilung finden sich bei Yamamoto und Bremer (1980).

Die Anwendung dieser Verteilung auf die Entstehung von militärischen Konfrontationen führt zu demselben Problem, das weiter oben dargestellt wurde. Bei gegebenen Werten für p und s soll dieses Modell eine Aussage über de Wahrscheinlichkeit unterschiedlich vieler militärischer Konfrontationen pro Jahr erlauben, wobei die zusätzliche Bedingung gilt, daß das Auftreten eines Konfliktes innerhalb eines Jahres die Wahrscheinlichkeit des Auftretens weiterer Konflikte erhöht. Obwohl wir die Anzahl der gezogenen schwarzen Kugeln (beobachtete militärische Konfrontationen) pro Jahr kennen, wissen wir dennoch nicht, wieviele Ziehungsverfahren stattgefunden haben. Konsequenterweise werden wir drei alternative Annahmen über den Wert von N treffen, aus denen sich die drei Variationen des Grundmodells ergeben.

Variante 1: Wenn wir die Anzahl der Konflikte betrachten, die sich zwischen 1900 bis 1976 pro Jahr ereigneten, fällt auf, daß die höchste Anzahl pro Jahr 25 betrug. Wenn wir davon ausgehen, daß die Anzahl der Ziehungsverfahren von Jahr zu Jahr konstant bleibt, beträgt die Minimalzahl von Versuchen 25. In der ersten Variante des Basismodells gehen wir davon aus, daß N gleich 25 ist.

Variante 2: Weiter oben wurde argumentiert, daß die erwartete Anzahl von militärischen Konfrontationen pro Jahr in Beziehung zur Anzahl der Handlungsmöglichkeiten (= Staaten = Z_t) in diesem Jahr gesetzt werden sollte. Wir könnten für jedes Jahr dieses

N bestimmen, aber die rechnerischen Schwierigkeiten, 77 solcher Verteilungen aufstellen zu müssen (eine pro Jahr), sind immens. Stattdessen werden wir die durchschnittliche Systemgröße von 76 Staaten als Schätzung für das N verwenden.

Variante 3: Obwohl wir die Systemgröße nicht direkt als Variable einführen können, können wir den Umstand ausnützen, daß sich bei wachsenden N die Verteilung systematisch verändert, d. h. sie führt zu einem leicht höheren Gipfel und ebenso einer etwas breiteren Verteilung bei hohen Werten von k. Die minimale und die maximale Systemgröße zwischen 1900 und 1976 war 45 bzw. 145 Staaten, und wenn wir beide als Wert für N verwenden, können wir ziemlich sicher sein, daß die Verteilung von wachsendem Z_t von Jahr zu Jahr zwischen diesen beiden Verteilungen liegen muß.

2.3 Parameterschätzungen und die empirischen Ergebnisse

Das Modell, das von dem unabhängigen Auftreten militärischer Konfrontationen ausgeht, d. h. wo das Auftreten eines solchen Konfliktes *ohne* Einfluß auf das Auftreten weiterer Konflikte ist, besitzt einen Parameter λ, die Anzahl von Kontroversen, die pro Jahr auftreten. Geht man von den 634 militärischen Konfrontationen in den 77 Jahren aus, entspricht der Wert von λ für Variante 1 des Basismodells 634/77 oder durchschnittlich 8,23 Konflikten pro Jahr. Variante 2 und 3 gehen von der Veränderlichkeit von λ in Abhängigkeit von Z_t, der Größe des Systems, aus. In Anhang 1 ist die Anzahl der Staaten von Singer und Small (1972) für die Jahre 1900–1976 angeführt. Die Summe ergibt 5826 Nationen/Jahre. In Anbetracht der Voraussetzungen der zweiten Variante unseres Modells sollte λ_t (634/5826) $\cdot$ Z_t oder 0,1088 Z_t entsprechen. Summieren wir gleichermaßen die Anzahl der Nationen-Paare [Z_t (Z − 1)/2] für den o. a. Zeitraum, ergibt sich der Wert von 253707. Das bedeutet, daß unser Schätzwert von λ für die dritte Variante (634/253707) $\cdot$ Z_t (Z_t − 1)/2 oder 0,0025 $\cdot$ Z_t (Z_t − 1)/2 betragen würde.

Das Modell, das davon ausgeht, daß das Auftreten militärischer Konflikte zum Teil vom vorhergehenden Auftreten derartiger Ereignisse abhängig ist, hat zwei Parameter: *p*, der die unabhängige Wahrscheinlichkeit der Entwicklung einer militärischen Konfrontation angibt, sowie *s*, die bedingte Wahrscheinlichkeit oder den Ansteckungsfaktor. Ausgehend von den drei unterschiedlichen Werten für N, d. h. den drei Varianten dieses Modells, können wir von den Gleichungen für Mittelwert und Varianz der Pólya Verteilung ausgehen, um Schätzwerte für p und s abzuleiten:

$$\mu = Np$$

$$\sigma^2 = Npq \cdot \frac{N_{s+1}}{s+1}$$

Der beobachtete Mittelwert und die berechnete Varianz der Verteilung der militärischen Konfrontationen pro Jahr ist 8,23 bzw. 30,0.

Löst man diese Gleichungen für N = 25 auf, liefert der hypothetische Wert für die erste Variante ein p von 0,3292 und ein s von 0,2267. Wird N auf 76 erhöht, was der durchschnittlichen Anzahl von Staaten im System 1900–1976 entspricht, erhalten wir p- und s-Werte von 0,1083 und 0,0429 für die zweite Variante. Die dritte Variante geht davon aus, daß die „tatsächliche" Verteilung zwischen N = 45 und N = 145 liegt, der Minimal- und Maximalzahl von Staaten innerhalb des Systems. Bei N = 45 entsprechen p und s 0,1829 und 0,0854, bei N = 145 den Werten von 0,0568 und 0,0203.

Aus den o. a. Parametern und den Funktionen der Wahrscheinlichkeitsverteilung können wir Verteilungen für die erwartete Anzahl von militärischen Konfrontationen pro Jahr für jedes Modell ableiten. Woran wir interessiert sind, ist die Ableitung der Zahl der Jahre, für die 0, 1, 2, . . ., 25 und mehr militärische Konfrontationen zu erwarten sind. Die so gewonnene Verteilung muß mit der beobachteten Verteilung übereinstimmen, *wenn* das Modell zutrifft. Die Ableitung ist in den Fällen einfach, wo die Parameter über die Zeit hinweg konstant sind: Varianten 2 und 3 des Modells erfordern jedoch die Berechnung einer Wahrscheinlichkeitsverteilung für jedes Jahr und deren Aufsummierung über 77 Jahre hinweg, um die erwarteten Häufigkeiten zu bestimmen. Als Testmaß geben wir die Chi-Quadrat-Werte an, die man beim Vergleich der abgeleiteten mit der beobachteten Verteilung erhält. Wir geben zusätzlich den entsprechenden p-Wert für jedes Chi-Quadrat an. Er gibt die Irrtumswahrscheinlichkeit an, wenn die Hypothese, daß kein Unterschied zwischen den beobachteten und den erwarteten Häufigkeiten besteht, verworfen wird. Die Freiheitsgrade entsprechen der Anzahl der Kategorien minus der Anzahl der geschätzten Parameter.

Darüber hinaus geben wir ein Wahrscheinlichkeitsmaß an, das folgendermaßen abgeleitet wird: unter Anwendung der multinominalen Wahrscheinlichkeitsverteilung

$$P(n_1, n_2, \ldots n_k) = \frac{N!}{n_1!\, n_2! \ldots n_k!} (p_1)^{n_1} (p_2)^{n_2} \ldots (p_k)^{n_k}$$

berechnen wir die Wahrscheinlichkeit, daß man die beobachtete Verteilung (n_1 bis n_k) erhalten würde, wenn die Wahrscheinlichkeitsverteilungen, die den erwarteten Häufigkeiten zugrundeliegen, die wahren sind. D. h., in der o. a. Gleichung sind die p_i-Werte einfach die erwarteten Häufigkeiten, geteilt durch ihre Summe. Die exakte Wahrscheinlichkeitswerte werden klein sein, aber ihre Größe im Vergleich ist für die relative Zuverlässigkeit der Modelle aufschlußreich (s. Yamamoto und Bremer, 1980).

Tabelle 1 zeigt die Ergebnisse für die drei Varianten des Modells des unabhängigen Auftretens militärischer Konflikte. Wie der Leser bemerken wird, haben wir die Häufigkeiten in fünf Gruppen zusammengefaßt. Die Schlußfolgerung erscheint uns klar: keine Variante dieses ersten Modells gibt die beobachtete Verteilung angemessen wieder. Alle drei Chi-Quadrat-Werte sind so groß, daß die Abweichungen zwischen beobachteten und erwarteten Häufigkeiten keinesfalls zufälliger Natur sind. Variante 2 ist die beste der drei, gibt jedoch die beiden Extreme der beobachteten Verteilung schlecht wieder.

Tabelle 2 enthält die Ergebnisse für den zweiten Modelltyp, für die Varianten des Modells des konditionalen Auftretens militärischer Konfrontationen wieder. Zwei Dinge fallen unmittelbar auf: Erstens sind alle Varianten dieses zweiten Modells wesentlich besser als die Varianten des ersten Modelltyps der unabhängigen Entstehung von militärischen Konfrontationen; zweitens sind die Ergebnisse weitgehend unabhängig von dem angenommenen Wert für N. Die Chi-Quadrat-Werte sind durchweg niedrig. Die

Wahrscheinlichkeitswerte (vgl. Tab. 1 und 2 letzte Zeile) belegen, daß die subjektive Wahrscheinlichkeit im Sinne der Bayes'schen apriorischen Wahrscheinlichkeit für den ersten Modelltyp extrem hoch angesetzt sein müßte (98 Prozent oder mehr), um ihn dem zweiten Modelltyp vorzuziehen.[4]

Tabelle 1: Das unabhängige Auftreten militärischer Konfrontationen

Militärische Konfrontationen	Beobachtete Häufigkeit	Variante 1 $\lambda = 8.23$	Erwartete Häufigkeiten Variante 2 $\lambda = f(Z_t)$	Variante 3 $\lambda = f(Z_t(Z_t-1)/2)$
0– 4	23	6,7	15,0	32,7
5– 9	26	26,2	37,7	23,2
10–14	17	22,4	16,3	6,1
15–19	8	1,6	6,5	5,3
20+	3	0,8	1,5	9,7
	Chi-Quadrat	19,48	9,77	28,70
	P, Freiheitsgrade	< 0,001,4	< 0,046,4	< 0,001,4
	Wahrscheinlichkeit	$6{,}56 \times 10^{-18}$	$4{,}20 \times 10^{-6}$	$2{,}46 \times 10^{-9}$

Tabelle 2: Das konditionale Auftreten militärischer Konfrontationen

Militärische Konfrontationen	Bobachtete Häufigkeit	Variante 1 N = 25	Erwartete Häufigkeiten Variante 2 N = 76	Variante 3 N = 45 N = 145
0– 4	23	23,0	21,6	22,0–21,4
5– 9	26	24,9	28,6	27,7–29,2
10–14	17	17,6	16,7	16,9–16,6
15–19	8	9,0	7,0	7,4– 6,7
20 +	3	2,5	3,1	3,0– 3,1
	Chi-Quadrat	0,28	0,48	0,20–0,74
	p, Freiheitsgrade	0,964,3	0,923,3	0,978–0,864,3
	Wahrscheinlichkeit	$3{,}73 \times 10^{-4}$	$3{,}38 \times 10^{-4}$	$3{,}88 \times 10^{-4}$ – $2{,}97 \times 10^{-4}$

Unsere Schlußfolgerung ist folglich, daß alles auf einen „Ansteckungseffekt" beim Auftreten zwischenstaatlicher militärischer Konfrontationen 1900–1976 hindeutet. Die Anwendung oder Androhung von Gewalt zieht die Anwendung oder Androhung von Gewalt verstärkt nach sich. Dieses Ergebnis ist plausibel, weil es mit unserem Alltagswissen über internationale Konflikte übereinstimmt. Es ist dennoch ein interessantes Ergebnis, da die Entscheidungsträger offensichtlich geneigt sind, Nebenwirkungen ihrer Drohungen und Zwangsmaßnahmen dann zu bagatellisieren, wenn es ihren Interessen entspricht. Unsere Resultate deuten darauf hin, daß Entscheidungsträger, suchen sie Frieden, gut daran täten, die weiterreichenden Folgen ihrer Anwendung und Androhung von Gewalt zu bedenken.

Machen wir nun den zweiten Schritt in unserem Unterfangen, den Prozeß vom Weltfrieden zum Weltkrieg zu erfassen und stellen wir die Frage: angenommen, ein Mitglied des internationalen Systems hat mit Gewalt gedroht oder gegen einen anderen Staat angewandt, wie hoch ist dann die Wahrscheinlichkeit, daß andere Nationen in diesen Konflikt mit hineingezogen werden?

3. Phase II. Die Ausweitung militärischer Konfrontationen

Bei vielen Mannschaftssportarten stehen Auseinandersetzungen zwischen Mitgliedern der gegnerischen Teams auf der Tagesordnung. Bleiben derartige Auseinandersetzungen auf zwei Spieler beschränkt, sind sie den gemachten Erfahrungen zufolge schnell beendet. Mischt sich allerdings ein dritter Spieler ein, dann wächst sich der Streit zum regelrechten Krawall aus. Im Eishockey beispielsweise hat diese Einsicht zur sogenannten „Third-Man-Rule" geführt: der Spieler, der sich als erster einmischt, wird besonders hart bestraft. Diese Regel basiert auf der Annahme, daß gewaltsame Auseinandersetzungen auf ein Mindestmaß beschränkt bleiben, wenn es gelingt, Streitigkeiten auf zwei Personen zu beschränken.

Wir vermuten, daß das internationale System analog funktioniert, d. h., die Einmischung einer dritten Nation in eine militärische Konfrontation führt zur Eskalation des „Streits" zu einem „Krawall". Diese Einmischung in militärische Konfrontationen entspricht ihrer Ausweitung. Diesen Prozeß wollen wir nachfolgend näher betrachten.

Wir sprechen dann von Ausweitung einer militärischen Konfrontation, wenn eine Nation einem bereits in einen bilateralen Konflikt verwickelten Staat mit militärischer Gewalt droht oder militärische Gewalt anwendet.

Die Correlates of War-Daten zeigen, daß in 166 der insgesamt 634 militärischen Konfrontationen sich ein Staat oder mehrere eingemischt haben. Die beobachtete Verteilung für die Zeit von 1900–1976 sieht wie folgt aus:

Zahl der beteiligten Staaten, die sich einmischten = Ausweitung	0	1	2	3	4	5	6	7	8
Zahl der militärischen Konfrontationen	468	92	36	25	5	3	2	2	1

Im folgenden werden wir eine Reihe von Wahrscheinlichkeitsmodellen entwickeln, mit denen diese beobachtete Verteilung wiedergegeben werden kann. Wie bereits in dem vorhergehenden Abschnitt werden wir mehrere Varianten der zwei bereits erläuterten Modelltypen untersuchen. Dem ersten Modelltyp liegt die Annahme zugrunde, daß die Einmischung einer Nation in einen bereits im Gang befindlichen Konflikt die Wahrscheinlichkeit weder erhöht noch vermindert, daß sich zusätzliche Nationen einmischen. Der zweite Modelltyp geht dagegen davon aus, daß die Einmischung eines dritten Staates die Wahrscheinlichkeit weiterer Einmischungen erhöht. Kommt es dagegen zu keiner Einmischungen von Drittstaaten, verringert sich die Wahrscheinlichkeit der Interventionen ganz generell.

3.1 Unabhängige Einmischung in militärische Konfrontationen

Nationen können sich aus den verschiedensten Gründen in die in Gang befindlichen militärischen Konfrontationen einmischen. Die Gründe reichen von der aktiven Intervention zur Unterstützung eines bedrohten Verbündeten bis hin zum unbeabsichtigten Hineingezogenwerden, beispielsweise durch das Übergreifen eines derartigen Konflikts auf das Territorium des Drittstaates. Im Rahmen dieser Untersuchung nehmen wir nur an, daß, unabhängig von den spezifischen Gründen der Einmischung, die Wahrscheinlichkeit der Einmischung weiterer Nationen weder erhöht noch vermindert wird, wenn sich ein Staat bereits eingemischt hat.
Das Ziehungsschema, das unserem Wahrscheinlichkeitsmodell zugrundeliegt, ist dasselbe wie jenes, das wir weiter oben für das unabhängige Auftreten militärischer Konfrontationen diskutiert haben. Die Einbeziehung oder Nichteinbeziehung hängt von der Ziehung einer schwarzen oder weißen Kugel aus einer Urne ab, die einen festgelegten Anteil von p schwarzen und q weißen Kugeln enthält. Nach jeder Ziehung wird die entnommene Kugel sofort wieder ersetzt, was bedeutet, daß p (und q) bei wiederholten Ziehungen konstant bleibt. Die Wahrscheinlichkeit der Einmischung einer unterschiedlich großen Anzahl von Nationen in eine militärische Konfrontation entspricht bei einem solchen Ziehungsschema der binomialen Verteilung, die bereits geschildert wurde. Bei diesem Vorgehen stellen wir uns 634 solcher Ziehungen vor, in der die Zahl der potentiellen Staaten, N, die sich einmischen könnten, bei jedem Durchgang eine Ziehung machen. Die Varianten dieses Modells gehen von verschiedenen Annahmen über die potentiellen Einmischungen aus.

Variante 1: In Anbetracht der innenpolitischen Anforderungen an die Regierungen sowie deren unterschiedlichen Voraussetzungen für internationales politisches Handeln erscheint es uns unangemessen anzunehmen, daß alle Mitglieder des internationalen Systems gleichermaßen potentielle Intervenierende sind. Wir sind in der Tat davon überzeugt, daß bei jeder militärischen Konfrontation die Fähigkeit und der Wille zur Einmischung oder die geographische Nähe, durch die ein Staat unfreiwillig in einen Konflikt hineingezogen werden kann, auf nur wenige Staaten begrenzt ist, auf die Großmächte einerseits, und auf etwa ein Dutzend anderer Nationen andererseits. Folglich gehen wir in dieser ersten Variante davon aus, daß sich die Anzahl der Staaten, die sich einmischen könnte, auf maximal 20 beläuft.

Variante 2: Die Anzahl von Staaten innerhalb des internationalen Systems verdreifachte sich zwischen 1900 und 1976. Die Vermutung liegt nahe, daß die Anzahl der möglichen Interventionen folglich zugenommen hat. Deshalb gehen wir bei dieser Variante davon aus, daß die Anzahl der möglichen Interventionen einem konstanten Anteil der Staaten des internationalen Systems entspricht. Vorausgesetzt, daß 20 der maximalen Anzahl der potentiellen Intervenierenden entspricht, setzen wir diesen Anteil willkürlich auf 1/7 fest, was in etwa dem Quotienten aus der Maximalzahl möglicher Interventionen und der maximalen Systemgröße (145) entspricht. Das bedeutet, daß die Anzahl der potentiell intervenierenden Staaten in dem angegebenen Zeitraum zwischen 7 und 20 liegt.

Variante 3: Man könnte auch annehmen, daß zwar die Zahl der möglichen Interventionen mit der wachsenden Systemgröße ansteigt, aber nicht so schnell wie in Variante 2 angenommen. Um diese Annahme zu überprüfen, gehen wir in der dritten Variante des Basismodells davon aus, daß die Anzahl der potentiellen Interventionen der Quadratwurzel der Systemgröße entspricht. Bei dieser Annahme erhöht sich die Zahl der denkbaren Interventionen in der angegebenen Periode von 7 auf 12.

3.2 Die konditionale Einmischung in militärische Konfrontationen

Bei dem Begriff „konditionale Einmischung" gehen wir davon aus, daß die Wahrscheinlichkeit, ob sich eine Nation in militärische Konfrontationen einmischt, *zum Teil* von der Einmischung anderer Nationen abhängt. Wie bereits am Beispiel des Eishockey aufgezeigt, vermuten wir, daß die Wahrscheinlichkeit der Ausweitung (= Einmischung) militärischer Konfrontationen steigt, hat sich erst einmal ein Drittstaat eingemischt. Umgekehrt dagegen erhöht die Nichteinmischung die Wahrscheinlichkeit, daß die Ausweitung bilateraler Konflikte unterbleibt.
Stellen wir uns den Prozeß der Intervention in militärische Konfrontationen so vor, als ob er durch das Ziehungsschema bestimmt sei, das wir weiter oben zur Analyse des *bedingten* Auftretens dieser Konflikte bereits angewendet haben. D. h. eine Kugel wird aus der Urne gezogen, durch eine gleichfarbige Kugel ersetzt und eine zusätzliche Zahl von Kugeln der gleichen Farbe. Solch ein Verfahren würde dazu führen, daß die Einmischung in militärische Konfrontationen seitens einer Nation die Einmischung weiterer Nationen wahrscheinlicher macht, und umgekehrt.
Die Wahrscheinlichkeit der Ausweitung eines solchen Konflikts und somit der Einmischung einer unterschiedlichen Anzahl von Nationen ist durch die Pólya-Eggenberger-Verteilung vorgegeben. Erneut müssen einige Annahmen über die Anzahl der möglichen Einmischungen, N, gemacht werden, um dieses Modell anwenden zu können. Wir gehen erneut von drei Varianten aus:

Variante 1: Hier gehen wir aus o. a. Gründen davon aus, daß die maximale Anzahl der Einmischungen in jeder militärischen Konfrontation 20 beträgt.

Variante 2: Diese Variante postuliert, daß sich die maximale Anzahl der Interventionen, wie weiter oben angegeben, maximal 1/7 der Staaten im internationalen System betragen kann.

Variante 3: In diesem Fall gehen wir von der Annahme aus, daß die maximale Anzahl der Interventionen in etwa der Quadratwurzel aus der Systemgröße entspricht.

3.3 Parameterschätzungen und empirische Ergebnisse

Da die Anzahl von Ziehungsverfahren relativ gering ist, entschlossen wir uns, die exakten binomalen Wahrscheinlichkeiten für das Modell der unabhängigen Einmischung zu berechnen, statt die Poisson Annäherung anzuwenden. Folglich müssen wir für alle drei Varianten den Wert von p schätzen. Variante 1 setzt den Wert N = 20 voraus, was zusammen mit der Tatsache, daß 308 Nationen an 634 militärischen Konfrontationen zwischen 1900 und 1976 beteiligt waren, dazu führt, daß p einem Wert von 308/ (20 x 634) oder 0,0243 entspricht. Variante 2 setzt N mit einem Siebentel der Systemgröße gleich. Die Summe der daraus berechneten Anzahl von Einmischungen für die 634 Konflikte beträgt demnach 8220. P ist dann gleich 308/8220 oder 0,0375. Die Summe der Quadratwurzel der Gesamtgröße (= Zahl der Staaten) des internationalen Systems für jeden Zeitpunkt, an dem eine militärische Konfrontation eintritt, ergibt insgesamt 5920 mögliche Einmischungen, die, durch 308 geteilt, zu einem p-Wert von 0,0520 führt.
Der Mittelwert der beobachteten Verteilung ist 0,486, die Varianz 1,106. Wendet man die o. a. Gleichungen für den erwarteten Mittelwert und die Varianz der Pólya-Eggenberger Verteilung an, können wir Schätzungen für die Werte von p und s ableiten. Laut Annahme der Variante 1 haben p und s Werte von 0,0243 beziehungsweise 0,0754. In Variante 2 wird von der Veränderlichkeit von p und s über die Zeit in Übereinstimmung mit der Systemgröße ausgegangen. Der Spielraum von p liegt in etwa zwischen 0,07 und 0,02, der von s ungefähr zwischen 0,31 und 0,07. Folgen wir Variante 3, ändert sich N gemäß der Quadratwurzel der Systemgröße, was bedeutet, daß p und s ebenso veränderlich sind. Der angenommene Spielraum für p uns s variiert für p zwischen 0,07 und 0,04 sowie für s entsprechend zwischen 0,31 und 0,14.
Tabelle 3 stellt die erwartete Anzahl von Teilnehmern an den 634 Kontroversen unter der Voraussetzung der unabhängigen Einmischung dar. Man kann ohne Schwierigkeiten erkennen, daß die Genauigkeit des Modells unzureichend ist; alle drei Varianten des Modells unterschätzen die Anzahl militärischer Konfrontationen, bei denen Einmischungen unterbleiben. Den Ergebnissen zufolge hätten mehr Konflikte mit der Einmischung von jeweils einer Nation stattfinden müssen als historisch beobachtet.

Tabelle 3: Die unabhängige Einmischung in militärische Konfrontationen

		Erwartete Häufigkeiten		
Anzahl von Beteiligten	Beobachtete Häufigkeit	Variante 1 N = 20	Variante 2 $N = Z_t/7$	Variante 3 $N = \sqrt{Z_t}$
0	468	387,7	393,0	386,9
1	92	193,0	184,3	194,3
2	36	45,7	46,9	45,5
3	25	6,8	8,5	6,6
4 +	13	0,8	1,3	0,7
	Chi-Quadrat	306,3	200,4	340,3
	p, Freiheitsgrade	< 0,001,4	< 0,001,4	< 0,001,4
	Wahrscheinlichkeit	$< 1{,}0 \times 10^{-37}$	$1{,}35 \times 10^{-33}$	$< 1{,}0 \times 10^{-37}$

Tabelle 4: Die konditionale Einmischung in militärische Konfrontationen

Anzahl von Beteiligten	Beobachtete Häufigkeit	Erwartete Häufigkeiten Variante 1 N = 20	Variante 2 $N = Z_t/7$	Variante 3 $N = \sqrt{Z_t}$
0	468	466,8	470,3	472,1
1	92	94,2	88,9	86,3
2	36	38,2	38,0	37,9
3	25	17,8	18,7	19,1
4	5	8,7	9,6	10,0
5	3	4,3	4,8	5,0
6	2	2,1	2,4	2,3
7 +	3	1,9	1,4	1,3
	Chi-Quadrat	5,70	7,12	7,89
	p, Freiheitsgrade	0,458,6	0,310,6	0,246,6
	Wahrscheinlichkeit	$3{,}67 \times 10^{-8}$	$1{,}79 \times 10^{-8}$	$1{,}22 \times 10^{-8}$

In Tabelle 4 sind die Ergebnisse der Anwendung des Modells der konditionalen Einmischung an Konflikten enthalten. Alle drei Varianten bilden die beobachteten Häufigkeiten relativ gut ab, Variante 1 ist die – statistisch – beste. Daraus ergibt sich, daß unsere Annahme, wonach die Einmischung von Staaten an militärischen Konfrontationen zum Teil dadurch ausgelöst wird, daß andere sich einmischen, zutrifft. Des weiteren folgern wir aus den Ergebnissen, daß sie mit der Überlegung übereinstimmen, daß eine Einmischung weitere Einmischungen fördert, daß aber im Falle der Abwesenheit eines solchen Verhaltens die Wahrscheinlichkeit der Einmischungen insgesamt sinkt.
Kommen wir nun zur Phase III des Entwicklungsprozesses von bilateralen militärischen Konfrontationen zum Weltkrieg, und betrachten jetzt den Ausbruch von Kriegen selbst.

4. Phase III: Die Ausweitung militärischer Konfrontationen zum Krieg

Die Frage nach der Anzahl von Staaten, die sich in militärische Konfrontationen einmischen, ist an sich schon interessant. Diese Aktivitäten beinhalten qua Definition die Androhung oder die tatsächliche Anwendung von Gewalt und durchbrechen damit den Rahmen der „normalen internationalen Beziehungen". Wichtiger ist aber, daß solche Verhaltensformen die Wahrscheinlichkeit erhöhen können, daß die ursprünglich begrenzten Konflikte zum Krieg eskalieren. Das ist zumindest unsere Vermutung. In welchem Ausmaß stimmt nun diese Erwartung mit der Realität überein? Mit anderen Worten, steigert die Teilnahme einer oder mehrerer Staaten an einer militärischen Konfrontation die Dynamik der Auseinandersetzung derart, daß der Kriegsausbruch wahrscheinlicher wird?
Tabelle 5 stellt den massiven Zusammenhang zwischen der Ausweitung militärischer Konfrontationen und der Wahrscheinlichkeit ihrer Eskalation zum Krieg heraus. Von

Tabelle 5: Die Ausweitung von Konflikten und die beobachtete Häufigkeit von Kriegen

Anzahl der am Konflikt beteiligten Staaten	Anzahl von Konflikten	Beobachtete Häufigkeit von Kriegen (in Prozent aller Konflikte)	Wahrscheinlichkeit der beobachteten Häufigkeit
0	468	0,060	
1	92	0,174	0,0400
2	32	0,222	0,0401
3	25	0,360	0,0017
4 +	13	0,462	0,0009

den 634 Streitigkeiten, die im 20. Jahrhundert stattgefunden haben, blieben 468 auf zwei Staaten beschränkt. 28 von diesen 468 Konflikten oder rund 6 Prozent eskalierten zum Krieg. Im Gegensatz dazu eskalierten von den 166 Konflikten, in die ein oder mehrere Staaten intervenierten, 39 Fälle oder 23,5 Prozent zum Krieg. Mit anderen Worten, die Wahrscheinlichkeit der Eskalation zum Krieg ist in etwa viermal so hoch, wenn es zu Interventionen kommt, wie wenn die Konflikte auf zwei Staaten beschränkt bleiben.

Ohne jeden Zweifel verringert die Ausweitung einer militärischen Konfrontation die Wahrscheinlichkeit einer Beendigung des Konfliktes unterhalb der Kriegsschwelle. Erhöht der „Ansteckungseffekt", den wir im vorhergehenden Abschnitt bereits aufgedeckt hatten, zusätzlich die Wahrscheinlichkeit des Kriegsausbruchs? Die in Tabelle 5 dargestellten Ergebnisse deuten eindeutig darauf hin. Mit jeder zusätzlichen Einmischung eines Staates in einen Konflikt steigt die beobachtete Eskalationswahrscheinlichkeit dramatisch an. Die Intervention des ersten Staates erhöht die Wahrscheinlichkeit der Eskalation von etwa 6 auf 17 Prozent. Die Einmischung eines zweiten Staates steigert sie auf 22 Prozent. Die Intervention eines dritten Staates erhöht die Wahrscheinlichkeit der Eskalation zum Krieg um fast die Hälfte, auf 36 Prozent. Bei vier oder mehr Interventionen in einen Konflikt erreicht diese Wahrscheinlichkeit den Wert von 46 Prozent.

Während die generelle Wahrscheinlichkeit der Eskalation militärischer Konfrontationen zum Krieg mit rund 11 Prozent relativ gering ist, erhöht sie sich durch die Einmischung von Drittstaaten dramatisch. Unterscheiden sich diese beobachteten Häufigkeiten von dem, was man erwarten könnte? Mit anderen Worten, unterscheiden sich die beobachteten Wahrscheinlichkeiten der Eskalation zum Krieg für die unterschiedlichen Kategorien von Konflikten (= Zahl der Beteiligten), in signifikanter Weise voneinander? Das heißt, welche Wahrscheinlichkeiten würden wir erhalten, gingen wir von der Annahme aus, die Zahl der Beteiligten sei irrelevant, bzw. die unterschiedlichen Kategorien seien homogen?

Die vierte Spalte der Tabelle 5 liefert uns die aufschlußreiche Information zur Beantwortung dieser Frage. Wenn wir davon ausgehen, daß die Anzahl von involvierten Staaten keinen Einfluß auf die Wahrscheinlichkeit der Eskalation zum Krieg hat, dann müßte jede Klasse von militärischen Konfrontationen eine beobachtete Eskalationswahrscheinlichkeit von etwa 11 Prozent haben. Das entspricht der beobachteten Eskalationswahrscheinlichkeit für die gesamte Zahl der 634 militärischen Konfrontationen. Kommen die beobachteten Häufigkeiten dieser Zahl nahe? Eindeutig nicht. Es besteht nur eine Wahrscheinlichkeit von 4 Prozent oder noch weniger, daß wir die beobachtete Häufigkeit der Eskalation zum Krieg erhalten würden, wenn zwei oder mehr Staaten sich in einen Konflikt einmischen. Das Ergebnis unterstreicht folglich eindeutig die Vermutung, daß die zunehmende Ausweitung (= Einmischung) eines Konflikts die wachsende Wahrscheinlichkeit der Eskalation zum Krieg nach sich zieht.

Wir können in der Analyse noch einen Schritt weitergehen und postulieren, daß die Wahrscheinlichkeit des Kriegsausbruchs eine lineare Funktion der Anzahl der Beteiligten, k, ist.

$$P\,(\text{Krieg}/k \cdot \text{Beteiligte}) = \alpha + \beta \cdot k$$

Für α setzen wir den Wert 28/468 oder 0,06 ein, die relative Häufigkeit eines Krieges mit $k = 0$. Bezeichnen wir mit d_k die Anzahl von Konflikten mit k Interventionen und mit w die Anzahl der Konflikte, die zum Krieg eskalierten, dann ergibt sich für β in der oben angegebenen Formel folgende Gleichung:

$$\frac{\sum_{k=1}^{4} \frac{w_k}{d_k} - \alpha}{\sum_{k=1}^{4} k}$$

was einem Wert von rund 0,10 entspricht.

In Tabelle 6 geben wir die Werte der erwarteten Häufigkeit von Kriegen an, unter der Prämisse, daß einerseits die Wahrscheinlichkeit der Eskalation zum Krieg konstant bleibt (d. h. unabhängig von der Zahl der Beteiligten ist), die Eskalation andererseits eine lineare Funktion der Anzahl der Einmischungen ist. Die Ergebnisse belegen relativ überzeugend den engen Zusammenhang zwischen der Wahrscheinlichkeit der Eska-

Tabelle 6: Die Ausweitung von Konflikten und die erwartete Häufigkeit von Kriegen

Anzahl der am Konflikt beteiligten Staaten (k)	Beobachtete Häufigkeit von Kriegen	Erwartete Häufigkeit von Kriegen p = .106	 p = .06 + .10 k
0	28	49,5	28,1
1	16	9,7	14,1
2	8	3,8	9,4
3	9	2,6	9,0
4 +	6	1,4	6,0
	Chi-Quadrat	48,94	0,955,3
	p, Freiheitsgrade	$<$ 0,001,4	0,955,3
	Wahrscheinlichkeit	$7{,}49 \times 10^{-12}$	$3{,}84 \times 10^{-4}$

lation zum Krieg und der Anzahl der Staaten, die sich in die Konflikte einmischen. Obwohl unsere Analysen zur Wahrscheinlichkeit von Kriegen erst am Anfang stehen, sind damit die Grundelemente ihrer Genesis erkennbar.

5. *Phase IV: Die Ausweitung von Kriegen*

Ähnlich wie im Falle militärischer Konfrontationen besteht die Möglichkeit, daß sich zusätzliche Staaten in Kriege einmischen. Folglich wird das Ausmaß der Gewaltanwendung ebenso steigen wie das Ausmaß politischer, wirtschaftlicher und gesellschaftlicher Erschütterungen. Im modernen Zeitalter ist dies nur allzu oft der Fall gewesen. Angesichts der großen und sich ständig erweiternden nationalen Waffenarsenale in der Gegenwart können derartige Ereignisse verheerende Folgen nach sich ziehen. Was also verursacht die Ausweitung von Kriegen?

Um diese Frage zu beantworten, haben wir keine eigene Untersuchung gemacht. Wir beziehen uns im folgenden vielmehr auf die Forschungsergebnisse eines der beiden Autoren mit einem anderen Kollegen. Die Ergebnisse dieser Untersuchung sind kürzlich veröffentlicht worden (Yamamoto und Bremer, 1980). Es sei allerdings darauf hingewiesen, daß in dieser Arbeit ein etwas anderer Ansatz gewählt wurde als hier. Während wir in dieser Arbeit alle Staaten im internationalen System sowie deren Wahlmöglichkeiten oder Handlungen berücksichtigt haben, konzentrierten sich Yamamoto und Bremer ausschließlich auf die Großmächte[5] bei der Analyse der Ausweitung von Kriegen. Da es sich bei unserem Anliegen hauptsächlich um die Wahrscheinlichkeit von Kriegen großen Umfangs mit ihren katastrophalen Konsequenzen handelt, ist die ausschließliche Berücksichtigung von Großmächten nicht so begrenzt wie es scheint. Normalerweise sind nur Großmächte in der Lage, zur Ausweitung von Kriegen beizutragen. Sie sind darüber hinaus diejenigen, die in der Regel am häufigsten Krieg führen[6] und daher den Hauptanteil der Nationen darstellen, die in der Lage sind, sich zu einem relativ späten Zeitpunkt in Kriege einmischen zu können. Eingedenk dieser Aspekte wollen wir abschließend die wesentlichen Ergebnisse von Yamamoto und Bremer darstellen.

Die Ergebnisse von Yamamoto und Bremer zur Ausweitung von Kriegen ähneln bemerkenswert jenen, die wir für die frühen Stadien des Eskalationsprozesses zum Endzustand Krieg ermittelt haben. Die Entscheidung einer Großmacht, in einen gerade in Gang befindlichen Krieg einzugreifen, ist abhängig von den Entscheidungen anderer solcher Mächte. Wenn sich in einem früheren Stadium eine Großmacht für einen Kriegseintritt entscheidet, steigt die Wahrscheinlichkeit, daß eine weitere Großmacht ebenfalls interveniert. Ist das der Fall, dann sind weitere Interventionen vorprogrammiert. Umgekehrt verringert sich die Wahrscheinlichkeit der Ausweitung von Kriegen, wenn eine (erste) Großmacht nicht interveniert. Diese Entscheidung erhöht die Wahrscheinlichkeit der Enthaltung der Interventionen in Kriege durch andere Großmächte. Zusammenfassend bleibt festzustellen, daß der Prozeß der Kriegsausweitung ebenfalls mit einer Epidemie vergleichbar ist.

Wichtig anzumerken ist auch, daß das Ausmaß der Ansteckung, wie es sich in den Entscheidungen der Großmächte über den Eingriff in stattfindende Kriege zeigt, zuzunehmen scheint. Das Ausmaß der Entscheidungsabhängigkeit unter den Großmächten, wie es sich in ihrer Neigung, in stattfindende Kriege einzugreifen, offenbart, ist im 20. Jahrhundert erheblich größer, verglichen mit der im 19. Jahrhundert. Dieser Trend läßt für die Zukunft der Menschheit Böses ahnen.

6. Zusammenfassung

Unsere vorläufigen Schlußfolgerungen auf Grund der Ergebnisse lauten wie folgt:

1. Die Androhung oder Anwendung militärischer Gewalt durch eine Nation gegen eine andere erhöht die Wahrscheinlichkeit, daß sich andere Nationen ähnlich verhalten.
2. Mischt sich eine Nation in einen derartigen, bereits im Gang befindlichen Konflikt ein, steigt die Wahrscheinlichkeit, daß sich weitere Staaten einmischen.
3. Je größer die Zahl der an einer militärischen Konfrontation beteiligten Nationen, desto höher die Wahrscheinlichkeit, daß diese Konflikte zum Krieg eskalieren.
4. Mischt sich eine Nation in einen Krieg ein, dann steigt die Wahrscheinlichkeit, daß sich weitere Nationen in den im Gang befindlichen Krieg einmischen.

Insgesamt legen diese Schlußfolgerungen nahe, daß Frieden ein labiler Gleichgewichtszustand ist. Bereits geringe Abweichungen führen zu einem sich selbst-verstärkenden Prozeß, in dem jede Phase auf dem Weg zum Krieg die Umkehr zunehmend unwahrscheinlicher macht.

Anmerkungen

1 Eine ausführliche Beschreibung dieses Datensatzes geben Cusack und Eberwein (1982).
2 Der interessierte Leser ist auf die Standardliteratur über Wahrscheinlichkeitstheorie und ihre Anwendung verwiesen, weil im Rahmen dieses Aufsatzes der Platz zu begrenzt ist, um dies zu tun.
3 Zu den Eigenschaften der Poisson-Verteilung siehe Coleman (1964: Kap. 9–11).
4 Für eine leicht verständliche Darstellung des Bayes'schen Ansatzes und seiner Anwendung vergleiche Bremer (1980a).
5 Zum Begriff Großmächte gemäß dem Correlates of War Project vergleiche Small und Singer (1982).
6 Siehe hierzu die entsprechende empirische Analyse von Bremer (1980b).

Literaturverzeichnis

Bremer, S. A. (1980a): The Trials of Nations: An Improbable Application of Probability Theory. In: *J. D. Singer* (ed.): The Correlates of War: II. Free Press: New York, S. 3–35.

Bremer, S. A. (1980b): National Capabilities and War Proneness. In: *J. D. Singer* (ed.): The Correlates of War: II. Testing Some Realpolitik Models. Free Press: New York, S. 57–82.

Coleman, James S. (1964): Introduction to Mathematical Sociology. Free Press: New York.

Cusack, T. R., and *W.-D. Eberwein* (1982): Prelude to War: Incidence, Escalation, and Intervention in International Disputes, 1900–1976. In: International Interactions, 9, S. 9–28.

Johnson, N. L. and *S. Kotz* (1977): Urn Models and their Application. Wiley: New York.

Small, M. and *J. D. Singer* (1982): Resort to Arms – International and Civil Wars, 1816–1980. Sage: Beverly Hills.

Yamamoto, Y. and *S. A. Bremer* (1980): Wider Wars and Restless Nights: Major Power Intervention in Ongoing Wars, 1816–1965. In: *J. D. Singer* (ed.): The Correlates of War. II. Free Press: New York.

Anhang 1: Militärische Konfrontation im 20. Jahrhundert

Jahr	Staaten im internationalen System	Militärische Konfrontationen
1900	46	3
1901	46	3
1902	47	4
1903	47	4
1904	48	5
1905	49	5
1906	48	3
1907	47	6
1908	47	5
1909	48	4
1910	48	5
1911	48	8
1912	47	9
1913	48	3
1914	48	9
1915	46	8
1916	45	9
1917	44	7
1918	46	12
1919	49	12
1920	56	10
1921	58	12
1922	59	4
1923	60	6
1924	60	0
1925	61	1
1926	61	1
1927	61	4
1928	61	2
1929	62	2
1930	63	1
1931	63	6
1932	64	3
1933	64	2
1934	65	5
1935	65	7
1936	65	3
1937	64	5
1938	65	11
1939	65	12
1940	62	13
1941	56	10
1942	55	1
1943	62	6
1944	58	3
1945	63	4

Anhang 1: Militärische Konfrontation im 20. Jahrhundert

Jahr	Staaten im internationalen System	Militärische Konfrontationen
1946	61	3
1947	66	3
1948	69	6
1949	75	5
1950	75	12
1951	75	5
1952	77	5
1953	77	5
1954	82	9
1955	84	9
1956	87	10
1957	89	8
1958	90	15
1959	89	14
1960	107	10
1961	111	16
1962	117	18
1963	119	15
1964	122	13
1965	124	22
1966	128	14
1967	129	17
1968	128	14
1969	132	20
1970	133	6
1971	136	12
1972	136	17
1973	137	13
1974	139	17
1975	145	25
1976	145	18

Teil 6: Simulationsmodelle über innenpolitische und weltwirtschaftliche Entwicklungen

11. Politische Leistungen, politische Unterstützung und politische Stabilität: Ein Simulationsmodell zur Analyse langfristiger politischer Entwicklungen

Ulrich Widmaier

Die zunehmende Verfügbarkeit quantitativer Indikatoren über demographische, ökonomische, soziale und politische Entwicklungen auf globaler, regionaler und nationaler Ebene sowie die Weiterentwicklung der Computertechnologien im Hard- und Softwarebereich, verbunden mit einer neuen Interdependenz- oder Ganzheitsperspektive beim Verständnis sozio-ökonomischer Prozesse, führten im letzten Jahrzehnt zur Entwicklung einer ganzen Reihe von sogenannten Weltmodellen.

Obwohl heterogen in ihrer Akzentsetzung, ihren Methoden und Aggregationsebenen, verbindet sie die zentrale Fragestellung nach der Leistungsfähigkeit und Belastbarkeit des Planeten Erde. Mit anderen Worten: die eingetretene und für die Zukunft antizipierte Scherenentwicklung zwischen demographischem Wachstum und Ressourcenerschöpfung bzw. -schrumpfung bzw. -verteuerung stellte den inhaltlichen Focus dieser Studien dar. Durchweg kamen sie zu dem Schluß, daß die politischen Institutionen auf nationaler und internationaler Ebene eine neue Politik im Sinne der strengen Geburtenkontrolle, der schonenden Verwendung von Rohstoffen sowie der umfassenden Kontrolle der Umweltverschmutzung durchführen müßten. Anderenfalls sei die sozio-ökonomische und die ökologische Katastrophe irgendwann im 21. Jahrhundert kaum zu vermeiden. Der Appell an die Politiker blieb jedoch abstrakt und naiv zugleich. Dies gilt sowohl für die Forderung nach Nullwachstum (Welt-3: Grenzen des Wachstums), nach radikaler Umverteilung der Ressourcenverwendung zum Zwecke der Befriedigung der Grundbedürfnisse (Bariloche: Grenzen des Elends) wie auch für den Vorschlag nach größerer internationaler Kooperation bei der Bekämpfung und Beseitigung der globalen Umweltverschmutzung (Global 2000).

Diese residuale Betrachtungsweise von Politik begreift letztere nicht als einen Teil der Problematik, die die Weltmodelle thematisierten, sondern als exogenen Faktor, der, wenn nicht völlig, so doch weitgehend veränderbar sei. Die Kritik an einer derartigen Auffassung von politischer Entscheidungsfähigkeit markiert deshalb auch den Ansatzpunkt für den Versuch, politische Entscheidungsstrukturen und -prozesse in Welt- bzw. globale Modelle zu integrieren. Ein Ziel einer solchen Integration ist die Demonstration,

daß Politik, Ökonomie und Demographie sich in starkem Maße gegenseitig beeinflussen und deshalb nicht als autonome Handlungseinheiten begriffen werden können.
Im vorliegenden Papier verfolgen wir die Absicht, ein für die Integration in ein größeres, multisektorales Weltmodell geeignetes politisches Submodell vorzustellen.[1] Unsere grundlegende Annahme besagt dabei, daß die Zukunft der Erde, zumindest was die nächsten 30 bis 50 Jahre betrifft, nicht so sehr durch die physische Erschöpfung von Ressourcen und unkontrolliertem Bevölkerungswachstum gefährdet ist, sondern eher durch Verteilungsfragen und dadurch induzierte Konflikte. Deshalb sind politische Entscheidungen im nationalen wie internationalen Bereich von zentralem Interesse. Trotz der Tatsache, daß wir uns damit in einem gewissen Gegensatz zu den bekannten existierenden Weltmodellen befinden, bedeutet dies nicht die Negation der Relevanz von Ressourcenproblemen. Es bedeutet nur, daß in einer Situation, in der Ressourcen knapper und teurer werden, auch die Verteilungskonflikte im binnen- bzw. zwischenstaatlichen Bereich wahrscheinlicher, wichtiger und verbreiteter sein werden (siehe Olson, 1982).
Ferner gehen wir davon aus, daß der Nationalstaat trotz der Zunahme supranationaler Bürokratien in einigen Teilen der Welt aus einer aggregierten Perspektive der bedeutendste politische Akteur zur Bewältigung oben angesprochener Probleme ist und sein wird. Konsequenterweise sollte ein Weltmodell mit dem Anspruch, politische Prozesse berücksichtigen zu können, als ein System von Nationalstaaten mit spezifischer interner Struktur und politisch-ökonomischen Interaktionen zwischen den Staaten konzipiert werden. Internationale Beziehungen auf wirtschaftlichem und politischem Gebiet sowie ihre Interdependenz sollten dabei den internationalen Sektor darstellen. Im binnenstaatlichen Bereich sollten Submodelle über Entwicklung der Volkswirtschaften, demographischen Wandel, Aufrechterhaltung und Weiterentwicklung der politischen Legitimität sowie zukünftige Möglichkeiten staatlicher Steuerungsfähigkeit mit Hilfe von Budgets die sektorale Struktur eines solchen Modells komplettieren. Überflüssig zu sagen, daß vor allem die Verbindung dieser Sektoren untereinander die eigentliche Aufgabe polit-ökonomischer Modellierung darstellt.
Jeder Versuch, die zunehmende Komplexität politischer Prozesse zu modellieren, zwingt zu starker Vereinfachung. Unsere Annahmen und Hypothesen müssen sich auf die zentralen und langfristig notwendigen Bedingungen binnenstaatlicher politischer Prozesse beschränken. Darunter verstehen wir in erster Linie

- die Aufrechterhaltung eines minimalen Grades von Legitimität für das politische System als Ganzes,
- die Verhinderung von umfassenden gewaltsamen Konflikten und
- die Sicherung einer minimalen Steuerungs- und Umverteilungskapazität durch die nationalstaatlichen Regierungen, um dadurch ein gewisses Ausmaß zielorientierter Politiken zu erreichen.

Selbstverständlich sind diese drei Elemente miteinander verknüpft und sie stellen nach Meinung einer Reihe von Autoren die Kernpunkte dessen, was man politische Stabilität nennt, dar (z. B. Hurwitz, 1973). Völlig unbestritten ist dabei die Tatsache, daß politische Stabilität eine relative Kategorie ist und das Ausmaß an Toleranz im Hinblick auf Defizite in oben genannten Kriterien von Land zu Land recht variabel ist. Je nach

Anspruchsniveau, Ausmaß der sozio-politischen Mobilisierung und dem Grad der politischen Institutionalisierung (Davies, 1962; Deutsch, 1961; Huntington, 1968) werden sich die Nationalstaaten in einem Weltmodell auf den drei Dimensionen sehr unterschiedlich einstufen lassen und die Grenzen des Zusammenbruchs dürften von System zu System recht flexibel sein (Sanders, 1981).

In dem vorliegenden Papier entwickeln wir ein Modell und überprüfen es partiell empirisch, das nur zwei der oben aufgelisteten Bereiche erfaßt. Es handelt sich dabei um den Komplex der politischen Legitimität, definiert als das Problem der Aufrechterhaltung von politischer Unterstützung für machtausübende politische Eliten und die sie tragenden Institutionen. Weiter soll sowohl das Auftreten von Konflikt und Protestverhalten als auch die Anwendung staatlicher Repressionsmaßnahmen in diesen Sektor einbezogen werden. Die Entscheidungsprozesse innerhalb des Regierungsapparates, die zu Allokationsentscheidungen (Budgetaufstellungen) führen, bleiben hier zunächst unberücksichtigt und werden als exogene Größen behandelt.[2]

Ganz allgemein gesehen, entspricht unsere Konzeptualisierung des binnenstaatlichen politischen Prozesses der Struktur eines traditionellen polit-ökonomischen Modells: die Bevölkerung reagiert auf politische, ökonomische und soziale Bedingungen und sofern sie als akzeptabel oder günstig wahrgenommen werden, mit Unterstützung der jeweiligen Regierung. Sind die Bedingungen ungünstig und die Leistungen der Regierung schwach, zieht sie ihre Unterstützung zurück. Dabei spielt es eine untergeordnete Rolle, ob die Regierung formal und/oder institutionell tatsächlich in der Lage ist, bestimmte Sachverhalte effektiv zu beeinflussen. Sie wird immer für die vorherrschenden politischen, ökonomischen und sozialen Bedingungen verantwortlich gemacht. Außerdem gibt es eine ganze Reihe von mehr oder weniger institutionalisierten Möglichkeiten, Unterstützung auszudrücken oder zu entziehen. In demokratischen Mehrparteiensystemen mit Wettbewerbscharakter kommt der Entzug von Unterstützung dadurch zum Ausdruck, daß man eine andere Partei und dadurch eine andere Regierung wählt. In einem autoritären sozialistischen Staat kann sich mangelnde Unterstützung z. B. in geringerer Arbeitsproduktivität niederschlagen. Hinzu kommt, daß die Regierungen dieser Welt in sehr unterschiedlicher Weise auf die mangelnde Unterstützung durch ihre Bürger reagieren und auch regieren können. Dies zeigt sich unter anderem am Ausmaß der Repression oder in der Art und Weise wie Haushaltsmittel verteilt werden. Dennoch, so lautet unsere Prämisse, versuchen sie neben anderen Zielen, wie Aufstellung eines ausgeglichenen Haushalts, Zufriedenstellung bürokratischer Anforderungen und Entwicklung internationaler Stärke, mit unterschiedlichem Nachdruck, auch einen gewissen Grad an politischer Unterstützung aufrecht zu erhalten. Dies geschieht auf der Basis von Regierungsentscheidungen, die entweder mit Hilfe der eigenen Bürokratie oder über andere Institutionen (z. B. Zentralbanken) als Leistungen die Ökonomie und/oder die Wohlfahrtsprogramme positiv beeinflussen sollen. Damit ist der Kreislauf geschlossen, und die veränderten ökonomischen, sozialen und politischen Verhältnisse werden einer erneuten Bewertung durch die Bevölkerung unterzogen.

Auf der empirischen Ebene versucht das Modell zwei Forschungstraditionen innerhalb der Politischen Wissenschaft zu integrieren. Beide haben quantitative, empirische Modellansätze zur Analyse der politischen Stabilität von Nationalstaaten verwendet. Es

handelt sich einerseits um die sogenannten polit-ökonomischen Modelle, die im wesentlichen auf ökonometrischen Verfahren basieren[3], und andererseits um die empirischen Querschnittsanalysen über innerstaatliche politische Konflikte.[4]
Der Versuch, diese beiden Forschungsrichtungen zu integrieren, schließt die Berücksichtigung sowohl relativ kurzfristiger als auch langfristiger Einflußfaktoren auf die politische Stabilität einer bestimmten politischen Einheit ein. Ein globales Modell ist mehr im Hinblick auf die Projektion langfristiger Entwicklungen und Veränderungen entworfen. Allerdings sind auch kurzfristige politische und ökonomische Veränderungen von Bedeutung, da sich Probleme unter bestimmten Umständen anhäufen und möglicherweise nicht nur niedrige Unterstützungsraten für bestimmte Regierungen mit sich bringen, sondern auch hohe interne Konfliktraten mit gewaltsamen Handlungen größeren Stils auslösen.
Unsere einführenden Bemerkungen zu dieser Arbeit möchten wir mit einigen methodologischen Punkten abschließen. Die Arbeit versucht, empirische Bestätigungen für alle funktionalen Beziehungen zu liefern, die im Modell spezifiziert sind. Dieses Ziel ist selbstverständlich sehr schwer zu erreichen. Für einige Nationen sind außerordentlich wenig ökonomische, soziale und vor allem politische Daten verfügbar. Selbst für OECD-Länder wie die BRD oder die USA ist es schwierig, Zeitreihen mit vergleichbaren Indikatoren zu finden, die lang genug sind, um klassische Parameterschätzungen zu ermöglichen. Trotzdem sind wir zuversichtlich, für die meisten der Anfangsbedingungen im Modell empirische Belege zu finden und hoffen zumindest den Bereich, in den die Parameter fallen, empirisch bestimmen zu können. Für einige Teile des Modells sind Datensammlungen vorhanden. Speziell für den Teil über politischen Konflikt und Regierungssanktionen wird das World Handbook III mit seinen Ereignisdaten von Nutzen sein (Jodice/Taylor, 1981). Für eine Reihe westlicher Länder existieren Zeitreihen über politische Unterstützung. Sie müssen in einigen Ländern durch Wahlergebnisse und in einem weiteren Teil der Länder durch andere Arten von Indikatoren (wie Arbeitsproduktivität, Streiks, Proteste oder Aufstände) ersetzt werden.
Schließlich haben wir auch eigene Daten gesammelt. Speziell wurden die Art und Intensität der Opposition von Gruppen gegen das politische System (Gurr/McClelland, 1971) aus journalistischen Quellen (New York Times Index) vercodet. Ein zweiter Punkt, der hier zumindest kurz berührt werden soll, ist die Wahl unserer Simulationssprache. Der zugrundeliegende „stock-and-flow“-Charakter der meisten unserer theoretischen Konzepte hat zu der Entscheidung geführt, das Modell in kontinuierlicher und nicht in diskreter Form zu spezifizieren. Diese allgemeine Strategie schließt allerdings nicht die Möglichkeit aus, diskontinuierliche Prozesse im Modell zu repräsentieren. Die Sprache, die wir benützen, DARE-P (Wait, 1978, Korn/Wait, 1977), ist flexibel genug, auch diskrete Entwicklungen handhaben zu können. Das Thema diskreter vs. kontinuierlicher Modelle kann hier jedoch nicht ausführlicher diskutiert werden. Der interessierte Leser sollte dazu die relevante Literatur konsultieren.[5]
Im folgenden Abschnitt werden wir die Struktur des politischen Modells genauer beschreiben. Danach folgt im nächsten Abschnitt eine Erörterung der Beziehung zwischen politischer Unterstützung und Indikatoren zur Messung der sozio-ökonomischen und politischen Lage.

2. *Strukturelle Eigenschaften des Modells über politische Unterstützung und Opposition*

Schon ein kurzer Blick auf die politischen Institutionen und Strukturen der existierenden Nationalstaaten zeigt, welche Variationsmöglichkeiten wir auf dieser Dimension zu berücksichtigen haben. Sie reichen vom autoritären Ein-Parteien-System mit sozialistischer Ideologie zur brutalen Militärdiktatur auf dem äußersten rechten Flügel, und von der pluralistischen oder neokorporativen westlichen Mehr-Parteien-Demokratie bis zum quasi-feudalistischen Familien- oder Verwandtschaftssystem.

Wie kann man dieses breite Spektrum politischer Systeme im Kontext einer globalen Simulation wiedergeben? Müssen wir für jede Nation ein eigenes Modell „schneidern"? Oder ist es möglich, die gemeinsamen Charakteristika und die globale Gleichförmigkeit politischer Prozesse zu betonen und folglich nur ein einziges Modell für politische Unterstützung und Opposition zu benützen und dabei die Parameter anzupassen? Unsere Antwort auf diese entscheidende Frage ist ja und nein. Auf der einen Seite sind wir uns bewußt, daß es nötig ist, die oben erwähnten strukturellen Unterschiede zwischen den Systemen so genau wie möglich wiederzugeben. Auf der anderen Seite ist es praktisch unmöglich, die enorme Vielfältigkeit der politischen Strukturen auf globaler Ebene zu modellieren. Dazu kommt, daß eine vergleichende Analyse der Ergebnisse bei einem Modell, dessen Einheiten strukturell *und* in bezug auf die Parameter verschieden sind, sehr viel schwieriger und komplexer ist. Vergleiche über Sektoren und Nationen hinweg können in diesem Fall nur auf der Basis der Abweichungen von länder-spezifischen Referenz-Läufen gemacht werden.

Unsere Strategie für die Modellierung der wesentlichen Schwankungen politischer Unterstützung und Opposition in globaler Perspektive besteht in einer Verbindung von länder-spezifischen mit allgemein-strukturellen Ansätzen. Wir gehen von der Annahme aus, daß das Verhalten einer Regierung weitgehend von dem Wunsch bestimmt ist, an der Macht zu bleiben und das der Bürger des Staates von dem Bestreben, ihre sozialen, ökonomischen und politischen Lebensbedingungen zu verbessern. Ihre Erwartungen werden vom erreichten Standard und den verfügbaren Vergleichsmaßstäben begrenzt. Das theoretische Konzept, das diese beiden Verhaltensweisen miteinander verbindet, nennen wir politische Unterstützung.[6] Das bedeutet, daß die Bürger eines Staates ihre Regierung danach beurteilen, inwieweit sie ihre bewußten Bedürfnisse befriedigt. Sie wägen die Vorteile der Politik der Regierung gegen die Nachteile ab und neigen dazu, sofern das Ergebnis positiv ist, diese Regierung einer anderen vorzuziehen. Mit anderen Worten: sie geben ihr ihre Unterstützung. Es sollte erwähnt werden, daß diese Prozesse innerhalb einer Vielzahl institutioneller Rahmenbedingungen stattfinden. Einige machen es für Regierungen einfacher, Unterstützung aufrechtzuerhalten, andere machen es eher möglich, Mangel an Unterstützung durch Repressionen auszugleichen.

Unterstützung kann unter anderem auf der Grundlage von Wahlergebnissen oder Massenbefragungen gemessen werden. Die ältere Wahlforschung hat festgestellt, daß Staatsbürger bei ihrer Wahlentscheidung hauptsächlich von ökonomischen Faktoren beeinflußt werden.[7] Als Folge davon haben politische Ökonomen ökonometrische Modelle entwickelt, die statistische Erklärungen für Wahlergebnisse und die Popularität von Regierungen und/oder Parteien liefern. Ganz allgemein waren die Ergebnisse vielversprechend, obwohl in der Zwischenzeit diese Forschungsrichtung in methodologischer und theoretischer Hinsicht stark kritisiert worden ist.[8] Inflationsraten, Arbeitslosigkeit und reales Einkommenswachstum sind die am häufigsten verwendeten erklärenden Variablen.

Diese empirische Richtung in der politischen Ökonomie liefert uns ausreichende empirische Belege für die Beziehung zwischen ökonomischer Entwicklung und politischer Unterstützung für die Regierung. Allerdings sollte das Problem politischer Stabilität in einem Weltmodell mehr als die Dimension der politischen Unterstützung für die Regierung beinhalten, da es in einigen Systemen institutionalisierte Formen (z. B. Wahlen) für einen Regierungswechsel gibt, die nicht unbedingt die politische Stabilität gefährden. Vielmehr ist es gerade diese institutionalisierte Form des regulären Machtswechsels, die die Unterstützung für die Regierung wiederherstellt und damit zur politischen Stabilität beiträgt. Mit anderen Worten: das politische System sollte als Mehr-Ebenen-Struktur im Modell repräsentiert sein. Eine analytische Klassifikation von David Easton ist hier von Nutzen.[9] Easton unterscheidet drei Ebenen innerhalb von politischen Systemen: die sogenannten Autoritäten (authorities), das Regime (regime) und den Nationalstaat (polity). Hinter dieser analytischen Unterscheidung steht die Idee, daß relativ zufriedene Staatsbürger ihre Unterstützung ausdrücken für:

- die politische Elite (Regierung), die momentan in einer bestimmten politischen Einheit aufgrund zufriedenstellender Leistungen an der Macht ist;
- die geltende institutionelle Ordnung (Verfassung) eines Staates, die das Recht auf politische und ökonomische Partizipation zuläßt und zugleich Eigentumsrechte bekräftigt;
- und die nationale Identität und Integration, die auf dem Wunsch beruht, Bürger dieses Staates zu sein. Dieser Wunsch kann emotionalen, traditionalen oder utilitaristischen Ursprungs sein.

Die drei beschriebenen Ebenen sind miteinander verbunden. In demokratischen Systemen werden zufriedenstellende Leistungen der Regierung bei der Steuerung der ökonomischen Entwicklung, Bereitstellung von Sozial- und Transferausgaben sowie der Ermöglichung einer sozialen Aufwärtsmobilität die Unterstützung erhöhen. Ceteris paribus wird dies möglicherweise zu einer erhöhten Unterstützung für das Regime führen. Mit anderen Worten: die Legitimität der institutionellen Ordnung wächst mit steigendem wirtschaftlichem Wohlstand und sozialer Sicherheit. Die Ebene des Nationalstaates bleibt von solchen Entwicklungen relativ unberührt. Allerdings kann auf lange Sicht das Ausbleiben ökonomischer Krisen die nationale Integration fördern.

Im Gegensatz dazu ist in einem autoritären System jede sozio-politische Entwicklung durch das Handicap schwacher Unterstützung für das Regime belastet. Daraus folgt, daß eine Regierung in dieser Situation an sich weit größere politische und ökonomische Erfolge liefern muß, um theoretisch einen vergleichbaren Grad an Unterstützung zu bekommen.

In etwa das gleiche gilt für Staaten mit geringer Unterstützung des Nationalgedankens. Sowohl Nationalstaats- als auch Regimeunterstützung sind Größen, die von einer Simulationsperiode zur anderen normalerweise niedrige Änderungsraten aufweisen. Das heißt, wir erwarten auf diesen Ebenen langfristige Zyklen. Das mag in politischen Systemen mit einem niedrigen politischen Institutionalisierungsgrad, wo in der Realität Ereignisse wie Revolutionen oder Staatsstreiche manchmal starke Fluktuationen in der Regime- oder Nationalstaatsunterstützung zur Folge haben, wesentlich anders sein. Wir erwarten von unserem Modell keine Vorhersagekapazität für diese Art von Ereignissen. Es sagt eher kontinuierliche Veränderungen als plötzlich eintretende, diskrete Ereignisse vorher. Man könnte sagen, daß Unterstützung für das Regime und den Nationalstaat den langfristigen Querschnittsaspekt politischer Unterstützung darstellt, wie er in der quantitativen Forschung der vergleichenden politischen Wissenschaft erforscht wird. Unterstützung für die Regierung ist dagegen der dynamische, zyklische Aspekt, der in der politisch-ökonomischen Modellierung seinen Ausdruck findet.

Im allgemeinen setzen wir eine hierarchische Beziehung zwischen den drei Ebenen von Unterstützung voraus. Wir erwarten, daß in den meisten unserer Nationalstaaten die Unterstützung für die herrschende Regierung niedriger sein wird als für das Regime. Es ist unwahrscheinlich, daß Leute, die die politischen Spielregeln nicht akzeptieren, eine Regierung unterstützen, die ihr Amt unter illegitimen konstitutionellen Bestimmungen ausübt. Man kann sich natürlich eine (seltene) revolutionäre Übergangssituation vorstellen, in der ein charismatischer Führer von mehr Leuten unterstützt wird als die politischen Institutionen und Verfahrensweisen eines niedergehenden Regimes. In ähnlicher Weise sollte die Unterstützung für die nationalstaatliche Integration immer höher sein als die für das Regime. Denn Bürger, die nicht zu einer bestimmten Gemeinschaft oder Nation gehören wollen, werden sich kaum von ihrer spezifischen Verfassung angezogen fühlen.

Nachdem wir die Struktur unseres Konzepts über politische Unterstützung unter allgemein theoretischen Gesichtspunkten diskutiert haben, sollten wir uns der Frage zuwenden, wie sich diese „Stocks" an Unterstützung bilden, aufrechterhalten werden oder sich erschöpfen. Jedes politische System hat zu einem gegebenen Zeitpunkt auf allen drei Ebenen eine bestimmte Menge an Unterstützung durch die Bevölkerung zur Verfügung. Dieser Bestand an Unterstützung unterliegt wie jeder Kapitalstock einer Abschreibung. Die Abschreibungsrate ist nicht konstant. Sie variiert von Ebene zu Ebene und von System zu System und kann sich sogar im selben System über die Zeit verändern. Frey und Schneider (1978) haben für einzelne Präsidenten in den USA unterschiedliche Abschreibungsraten beobachtet. Angesichts dieser Ergebnisse ist es ein relativ schwieriges Unterfangen, die Abschreibungsrate für alle Ebenen und alle Länder empirisch festzusetzen. Doch Regierungen sind nicht nur dazu verdammt, den Grad an Unterstützung über die Zeit schwinden zu sehen, sondern können ihn auch dadurch erhöhen, daß sie die ökonomischen, sozialen und politischen Bedingungen der Bevölkerung verbessern.

Als Indikatoren für sich ändernde Lebensbedingungen auf der Ebene von Haushalten oder Individuen werden in der Literatur makroökonomische Aggregate verwendet. Politische Ökonomen haben die Beziehung zwischen makro-ökonomischen Variablen wie Arbeitslosenrate, Inflationsrate, Veränderungen im verfügbaren Einkommen und dem Prozentsatz der Bevölkerung, der die Regierung unterstützt, „Popularitätsfunktion" genannt. Das bedeutet, daß die Bevölkerung die Leistungen der Regierung unter dem Gesichtspunkt beurteilt, welche Erfolge oder Mißerfolge sie bei der Steuerung der Entwicklung von Wirtschaft und Politik aufzuweisen hat. Dies gilt im allgemeinen für unterschiedliche Systeme mit variierenden institutionellen Möglichkeiten der Regierung, die ökonomische Entwicklung tatsächlich zu beeinflussen. Veränderungen bei den Indikatoren, mit denen Regierungsleistungen gemessen werden, beeinflussen in unserem Ansatz die Unterstützung der Regierung in einer spezifischen Weise. Wir gehen davon aus, daß die Bürger die Leistungen des politisch-ökonomischen Systems nicht auf der Basis absoluter Veränderungen bei bestimmten Leistungsindikatoren beurteilen, sondern vielmehr aufgrund früherer Erfahrungen, die ein Erwartungsniveau darstellen. Die tatsächlichen Zu- und Abnahmen in der Unterstützung sind die gewichteten Differenzen zwischen der momentanen Situation und dem Erwartungsniveau. Diese Idee hat sich theoretisch wie empirisch als nützliches Konzept erwiesen, um die Folgen von Veränderungen bei sozialen, politischen und ökonomischen Entwicklungen zu analysieren (Cagan, 1956; Davies, 1962). In Gleichungsform übersetzt sieht das folgendermaßen aus:

DASUP = $\alpha_{1 \ldots n}$ * (Veränderung der Zufriedenheit der Bevölkerung mit ökonomischen, sozialen und politischen Bedingungen (18 Indikatoren, siehe Anhang I))
$- \beta * \text{ASUP}$
$+ \gamma * \text{DRSL}$

wobei: $\alpha_{1 \ldots n}$, β und γ Gewichtungsparameter sind,
DASUP = ist die Veränderung in der Regierungsunterstützung,
ASUP = das Niveau an Unterstützung der Regierung und
DRSL = verzögerte Veränderungen in der Regimeunterstützung.

DASUP wird aufgrund einer anderen wichtigen Überlegung modifiziert. Regierungen, und speziell die Parteien, auf die sie sich stützen, haben einen gewissen Anteil von überzeugten Anhängern. Sie würden, selbst wenn ihre Partei (oder Koalition) ziemlich schlechte Leistungen zeigt, nicht so ohne weiteres eine andere Partei wählen. Dieser Gedanke stammt, wie allgemein bekannt, aus der Literatur über Parteiidentifikation (Campbell, Converse, Miller, Stokes, 1960; 1966). Quantitativ ausgedrückt heißt das, daß die „Identifikation" zusätzlicher Anhänger umso geringer ist, je mehr die Unterstützung über die Mehrheitsgrenze (50 %) bzw. den harten Kern der Parteianhänger hinausgeht. Folglich besteht auch die Neigung, auf negative Entwicklungen stärker zu reagieren. Wenn sich die Unterstützung bereits auf eine relativ kleine Zahl von Anhängern reduziert hat, wird der verbleibende Teil wahrscheinlich seine Unterstützung beibehalten, selbst wenn die Entwicklung negativ ist. Mathematisch wird das in folgender Form ausgedrückt.

$$\text{DDAS} = \text{DASUP} * (((100 - \text{ASUP}) * \alpha) + \beta) \tag{2}$$

Diese Gleichung gilt, wenn DASUP eine positive Zahl ist.
Wenn DASUP negativ ist, dann gilt:

$$\text{DDAS} = \text{DASUP} * ((\text{ASUP} * \alpha) + \beta) \tag{3}$$

wobei DDAS die modifizierte Veränderung der Regierungsunterstützung und α (=.01) ein Skalierungsfaktor ist. β repräsentiert die Mehrheitsgrenze.[10]

Schließlich wird ASUP (das Niveau an Regierungsunterstützung) verändert durch

$$ASUP. = DDAS \qquad (4)$$

wobei der Punkt für eine Differentialgleichung der Form

$$\frac{d\,ASUP}{d\,t} = DDAS \text{ steht}.$$

Einen Aspekt sollten wir dem Modell noch hinzufügen. Er gilt nur für die politischen Systeme, die in der Vergangenheit freie, regelmäßige und demokratische Wahlen gehabt haben und ist eine Modifikation von Gleichung (1). Wann immer eine Wahl stattfindet, und der Bestand an Unterstützung für die verantwortliche Regierung unter 50 % gesunken ist, verliert sie die Wahl. Die Differenz zwischen 50 % und dem gegenwärtigen Unterstützungsniveau wird zu 50 % addiert und wird damit zur Ausgangsbasis für die neue Regierung. Bei Nationen, in denen Parteien existieren, deren politische Ziele gegen das Regime gerichtet sind, wird deren Unterstützungsgrad vom Niveau der Regierungsunterstützung abgezogen.

Veränderungen der Unterstützungsstocks auf Regime- und nationaler Ebene werden durch andere Mechanismen erzeugt. Das Ausmaß der Veränderungen, die „normalerweise" auf diesen Ebenen auftreten, wird unseren Erwartungen nach wesentlich geringer sein, als auf der Regierungsebene. Veränderungen auf der Regime-Ebene werden durch langfristige Trends im ökonomischen und politischen System hervorgerufen, die die *Verteilung* politischer und ökonomischer Güter in einer Nation betreffen.

Wir haben versucht, die Veränderungen in der Unterstützung für das Regime in unserem Modell als Funktion der zeitverzögerten und geglätteten Veränderungen in der Regierungsunterstützung, der Differenz zwischen dem momentanen Niveau an Regierungsunterstützung und dem „normalen" Bestand (= 50 %), der Abschreibungsrate für die Regimeunterstützung und der zeitverzögerten Veränderungsrate in der Unterstützung des Nationalstaates auszudrücken.

Hinter diesen Faktoren steht die bekannte Überlegung, daß negative Entwicklungen im sozio-ökonomischen und politischen Bereich die Unterstützung für Regierungen vermindern. Wenn das über längere Zeit hinweg geschieht, wird auch die Legitimität des Regimes geringer werden. Je mehr die Regierungsunterstützung unter 50 % fällt, desto schneller wird dieser Legitimitätsverlust des Regimes eintreten.

$$\begin{aligned} DRSUP &= \alpha * DELAY\,(DASUP) - \beta * RSUP \\ &\quad - \gamma * (50 - ASUP) \\ &\quad - \delta * DPSL & (5) \\ RSUP. &= DRSUP & (6) \end{aligned}$$

wobei α, β, γ, δ Gewichtungsparameter sind, DRSUP ist die Veränderung der Regimeunterstützung, RSUP der Stock an Regimeunterstützung und DPSL zurückliegende Veränderungen in der Unterstützung der nationalen Einheit (Polity). DELAY (DASUP) repräsentiert den verzögerten und geglätteten Einfluß der Regierungspopularität.

Festgehalten werden sollte, daß β in Gleichung (1) selbst vom Niveau der Regime- und Nationalstaatsunterstützung abhängig ist, während es in Gleichung (5) nur vom Stock der Unterstützung der nationalstaatlichen Integrität abhängt. Wir versuchen mit dieser Verbindung die Idee auszudrücken, daß die Abschreibungsraten von Regierungs- und Regimeunterstützung größer sind, wenn der Grad an Regime- und „Polity"-Unterstützung niedrig ist.

Veränderungsraten in der Unterstützung auf der Polityebene sind in der Regel sehr gering. Es müssen schon ziemlich drastische Veränderungen im politischen System auftreten, um den durchschnittlichen Bürger von seinem Nationalstaat zu entfremden. Unterstützung auf dieser Ebene verändert sich in unserer Formulierung als Funktion zeitverzögerter Veränderungen in der Regimeunterstützung und einer Abschreibungsrate.

$$\text{DPSUP} = \alpha * \text{DELAY (DRSUP)} - \beta * \text{PSUP} \qquad (7)$$

$$\text{PSUP.} = \text{DPSUP} \qquad (8)$$

wobei α, β Gewichtungsparameter sind, DPSUP Veränderungen in der Staatsunterstützung und PSUP der Grad an Unterstützung des Nationalstaates.

In unserem Modell ist ein starker Mangel an politischer Unterstützung sowohl auf Regimeebene als auch auf der Ebene der nationalen Integration eine notwendige aber bei weitem nicht ausreichende Bedingung für das Auftreten von Protesten. Es gibt eine ganze Reine genauso wichtiger anderer Bedingungen.

Man kann sich durchaus eine Situation vorstellen, in der die politische Unterstützung relativ hoch ist, aber zugleich eine beträchtliche Menge Konfliktverhalten vorhanden ist. Das ist immer dann der Fall, wenn Minderheiten gegen die sozio-politischen und ökonomischen Bedingungen rebellieren, unter denen sie leben müssen. Ein Mangel an politischer Unterstützung durch die Massen und tatsächliches Konfliktverhalten können unabhängig voneinander auftreten. Sie können, müssen aber nicht notwendigerweise gemeinsame Ursachen haben. Die Konfliktforscher haben sich bei der Erklärung von Protestverhalten besonders auf zwei Variablen konzentriert: die Chance für die Regierung, wirkungsvolle soziale und politische Kontrolle auszuüben und die Möglichkeit für die Unterprivilegierten, ihre Unzufriedenheit kollektiv auszudrücken.[11] Mit anderen Worten: es ist wenig manifestes Konfliktverhalten zu erwarten, wenn die Regierung starke und effektive Repression ausübt und die deprivierten Individuen wenig Gelegenheit haben, sich zu organisieren. Das Verhältnis zwischen den Handlungsmöglichkeiten der Regierung und denen der Dissidenten wird also zur entscheidenden Determinanten dafür, ob sich Konflikte entwickeln und wie sie ausgetragen werden. Zum größten Teil werden die Chancen von Dissidenten, eine kollektive Protestbewegung zu bilden, dadurch bestimmt, inwieweit sie sich auf bestehende Massenorganisation stützen können. Freiwillige, säkulare Interessengruppen sind für diesen Zweck hervorragend geeignet; primordiale Solidaritäten, wie wir sie in ethnischen, religiösen oder sprachlich definierten Gruppen finden, sind kaum schlechter, und aktive Unterstützung von außen hilft zudem.

Wir haben bei unserem Versuch, die Dynamik von Konflikt und Repression innerhalb von Nationalstaaten zu modellieren, starkes Gewicht auf die Beziehung zwischen Repression und Konflikt gelegt. Dieses Problem ist auf theoretischer Ebene immer noch ungelöst: Haben Regierungssanktionen die von der Regierung gewünschten Konsequenzen, oder wirken sie eher in entgegengesetzter Richtung, d.h. stimulieren sie die Protestierenden, ihre Anstrengungen zu verstärken? Für die Belegung beider Hypothesen wurden die verschiedensten psychologischen Theorien herangezogen. In einer meiner früheren Arbeiten habe ich argumentiert, daß psychologische Theorien der falsche Ansatzpunkt bzw. die falsche Ebene sind, um dieses Problem zu klären (Widmaier, 1978). Betrachtet man die Frage aus dem Blickwinkel der Logik des kollektiven Handelns, dann ist es entscheidend für die Wirksamkeit von Repressionen, die die Regierung auf Protestierende ausübt, ob diese bereits irgendeine Form von Organisation gebildet haben. Regierungsrepressionen führen in diesem Fall gewöhnlich zu höheren Protestraten. Wenn die Regierung in der Lage ist, Unzufriedenheit, noch bevor sie organisierte Formen annimmt, zu kontrollieren, unterdrücken oder zu kanalisieren, hat sie eine viel bessere Chance für „erfolgreiche" Sanktionen. Jedenfalls scheint die Beziehung nicht linear zu sein. Wahrscheinlich ist die Beziehung von der Art einer umgekehrten U-Kurve.

Querschnitts- und Längsschnittanalysen (Hibbs, 1973; Widmaier, 1981) lassen vermuten, daß Sanktionen und Protest normalerweise gemeinsam auftreten. Daran wird auch der zunehmende Organisationsgrad in den Gesellschaften der ganzen Welt deutlich. Diese Ergebnisse stehen auch in Einklang mit K.W. Deutschs Hypothese der sozialen Mobilisierung und ihren späteren Abwandlungen (Deutsch, 1961; Hibbs, 1973; Deutsch, Dominguez, Heclo, 1981).

Wir haben uns dafür entschieden, Protest und Regierungssanktionen mit unterschiedlicher Stärke in den einzelnen Ländern miteinander zu verbinden. Der Protestbegriff umfaßt dabei ein breites Spektrum von Erscheinungen wie Demonstrationen, Aufstände, Streiks und bewaffnete Angriffe auf Regierungsinstitutionen und Eigentum. Die Gleichungen sehen folgendermaßen aus:

$$\begin{aligned} \text{SANC.} &= \alpha_1 * (\beta_1 * \text{PROT} - \text{SANC}) \\ &\quad + (100 - \text{RSUP}) * \gamma \\ &\quad - (\text{SANC} * \delta_1) \end{aligned} \tag{9}$$

$$\begin{aligned} \text{PROT.} &= \alpha_2 * (\beta_2 * \text{SANC} - \text{PROT}) \\ &\quad - (\text{DASUP} * \gamma_2 + \text{DRSUP} * \gamma_3 + \text{DPSUP} * \gamma_4) \\ &\quad * \text{SOCM} * \text{ALOG}(\text{GNPCP}) - (\text{PROT} * \delta_2) \end{aligned} \tag{10}$$

Wobei SANC das Ausmaß der Regierungssanktionen ist, PROT das Ausmaß an Protest, SOCM der Grad sozialer Mobilisierung, GNPCP das Bruttosozialprodukt pro Kopf, α_1, α_2, β_1 und β_2 sind Anpassungskoeffizienten, γ_1 ein Skalierungsfakter, γ_2, γ_3 und γ_4 Gewichtungskoeffizienten und schließlich δ_1 und δ_2 Abschreibungsraten.

Mit den ersten Ausdrücken in Gleichungen (9) und (10) wird versucht, die Beziehung von Sanktionen und Protest zu modellieren. Die länderspezifische Zeitverzögerung der Anpassung des Sanktionsausmaßes an den Protest und umgekehrt wird durch die α-Koeffizienten bestimmt. Die β's stehen für die Unter- bzw. Überreaktionen, d. h. den Grad an relativer Repressivität oder Konfliktbereitschaft im System. Der zweite Ausdruck in Gleichung (9) beruht auf der Annahme, daß die Regierungen bei geringer Regimeunterstützung eher dazu tendieren, Sanktionen anstatt Zugeständnisstrategien einzusetzen, um den Mangel an Unterstützung zu kompensieren. Der recht lange zweite Ausdruck in Gleichung (10) basiert auf der Überlegung, daß sich Protest verstärkt, wenn die Unzufriedenheit größer und die Unterstützung geringer wird. Die Gewichte für die drei Ebenen sind: 0,1 für Veränderungen in der Regierungsunterstützung, 0,4 für die Regimeunterstützung und 0,5 für die Nationalstaatsunterstützung. Die gewichtete Summe wird mit einem Index für soziale Mobilisierung (siehe Cusack, 1980 und Deutsch, 1961) multipliziert, der seinerseits endogen durch Entwicklungen des Bruttosozialprodukts pro Kopf angepaßt wird. Sowohl das Ausmaß an Sanktionen wie auch an Protest unterliegen einer Abschreibung. Sie kann empirisch durch die Lockerung bzw. Rücknahme von Sanktionen, ihre Unwirksamkeit über längere Zeit hinweg, die Erschöpfung der Ressourcen der Protestierenden oder das langsame Zusammenbrechen der Dissidentenorganisation eintreten. Aus der Literatur wird deutlich, daß sowohl Regierungssanktionen als auch interne Konfliktereignisse empirisch eher diskontinuierlich auftreten. Diese Diskontinuität wird zugegebenermaßen in unserer Formulierung nicht optimal erfaßt. Statt der beobachteten plötzlichen Ausbrüche und Zusammenbrüche von Protest und Gewalt, erfaßt sie eher die unterschwellige Neigung Repressionen auszuüben oder zu protestieren. Wir kennen jedoch die Entwicklungen, die der Diskontinuität dieser Variablen mit Hilfe der mathematischen Katastrophentheorie (z.B. Adelman, 1982) Rechnung zu tragen versuchen. Sobald diese Studie als auch unsere eigene Modellierung weiter fortgeschritten sind, werden wir vielleicht versuchen, einen derartigen Ansatz einzubauen. Eines der Hauptprobleme dabei ist es, ein komplexes Modell bei solchen Schocks vor dem „Zusammenbruch" zu bewahren.

Die Diskussion des Protest-Sanktionsproblems sollte nicht abgeschlossen werden, ohne die grundsätzliche Option von Regierungen zu erwähnen, entweder Repressionen oder Anpassungsstrategien anzuwenden, um den politischen Druck zu vermindern, der durch Mangel an Unterstützung und offenen Protest sichtbar wird. Die vorangegangene Diskussion sollte deutlich gemacht haben, daß sich aus der momentanen Formulierung unseres Modells für die Regierung keine sehr bewußte Wahlmöglichkeit zwischen den beiden Alternativen ergibt. In der Realität sind beide Strategien ohnehin vermischt und es gibt nur eine relative Dominanz von Repression oder Anpassung (Lichbach, 1982).[12]

Wann immer die Unterstützung auf der Regimeebene sinkt, verstärkt sich ceteris paribus die Tendenz der Regierung zu Repressionen. Mit anderen Worten: wenn es der Regierung nicht gelingt, über längere Perioden die Zufriedenheit und Unterstützung aufrechtzuerhalten, was zu Verminderungen im Niveau der Regimeunterstützung führt, wird sie zunehmend zu Repressionen greifen müssen. Das Ausmaß, zu dem „erfolgreiche" Politik durch repressive und regulatorische Handlungen ersetzt werden muß, variiert von Land zu Land stark und wird in den nationalen Modellen durch unterschiedliche Parameter modelliert. Wir meinen, daß nicht nur unsere Formulierung das komplexe Problem vermeidet, den spezifischen Entscheidungsprozeß innerhalb der Regierung zu modellieren, der entweder zu mehr Anpassung oder mehr Repression führt, sondern daß es dafür auch eine Menge empirischer und theoretischer Evidenz gibt. Welche andere Wahl bleibt einer Regierung, wenn sie die politischen und ökonomischen Wünsche der Bevölkerung außer Acht läßt und einen großen Anteil ihrer Ressourcen eher für militärische Zwecke ausgibt, als die interne Repression zu verstärken, speziell, wenn die Unzufriedenheit kollektiv artikuliert wird? Oder ist es keine Regierungssanktion, wenn Regierungen den Verkauf und die Verteilung von Lebensmitteln rationieren müssen, weil ihre Investitionsentscheidungen die Entwicklung des einheimischen Landwirtschaftssektors vernachlässigen?

Nachdem wir nun den zentralen Teil unseres Modells beschrieben haben, ist es an der Zeit, einige Bemerkungen über die Repräsentation politisch völlig verschieden strukturierter Nationen mit Hilfe dieser Modellstruktur zu machen.

Wir unterscheiden zunächst zwischen drei „Prototypen" politischer System: den westlich-liberalen, den sozialistisch-kommunistischen und den sich entwickelnden Systemen. Man könnte in der letzten Kategorie noch zwischen mehr autoritären und mehr demokratischen Typen unterscheiden, was im übrigen auch für die zwei anderen Prototypen sinnvoll sein mag.

Wie wird nun unsere Grundstruktur verändert oder angepaßt, damit wir die politische „Realität" in den oben erwähnten Typen von Systemen angemessen darstellen können? Eines der entscheidenden politischen Probleme in Entwicklungsländern ist, wenn wir speziell Huntington (1968) und der Literatur über politische Entwicklung allgemein folgen, der Mangel an Funktionsfähigkeit und Legitimität politischer Institutionen. Politik ist sehr oft eine Domäne autokratischer Persönlichkeiten, die staatlich sanktionierte Parteiorganisationen und/oder das Militär als ihre Machtbasis benützen. Häufig regiert eine Militärjunta in den Staaten der Dritten Welt. Diese Situation kann in unserem theoretischen Bezugsrahmen als allgemeiner Mangel an unabhängiger Regimeunterstützung beschrieben werden. Die Legitimität des gesamten politischen Systems beruht sehr oft nur auf der Popularität eines Herrschenden oder einer herrschenden Gruppe. Dazu kommt, daß diese Popularität möglicherweise nur auf der Unterstützung durch ein bestimmtes Segment (Stamm) oder durch eine Organisation (Militär) in der Gesellschaft beruht.

Wenn diese Popularität schwindet und/oder die interne Machtverteilung zwischen Gruppen Veränderungen unterliegt, bricht die Regierung zusammen und das politische Regime wird gleichzeitig mit zerstört. Ebenso ist der Staatsverband manchmal durch ungelöste Fragen der nationalen Integration gefährdet. Wir glauben, daß wir diese Art von politischer Struktur in unserem Bezugsrahmen verarbeiten können. Der wesentliche Unterschied zu anderen Modellen, z. B. einem der USA, wäre die enge Verbindung zwischen Veränderungen der Regierungspopularität und den Auswirkungen auf die Regimeunterstützung. Die Unzufriedenheit mit den herrschenden Autoritäten ist gleichzeitig Unzufriedenheit mit den Spielregeln, da diese Systeme keine institutionalisierten Regeln für die Kontrolle und Neubildung der Regierung durch die Bevölkerung vorsehen. Bis zu einem gewissen Grade gilt das auch für sozialistische Ein-Parteien-Systeme. Kein institutionalisierter und funktionierender Mechanismus sorgt in diesen Staaten dafür, daß massenhafte politische Unterstützung auf der Regierungsebene durch einen Regierungswechsel wiederhergestellt wird. Dieser Mechanismus ist in unserem Modell für die westlichen Demokratien von entscheidender Bedeutung, um die Unterstützung auf allen drei Ebenen des politischen Systems aufrechtzuerhalten.

Ein weiterer Unterschied zwischen entwickelten und Entwicklungsländern ist die nationale Sozialstruktur, von der die Themen der Politik und die Gruppenbildung innerhalb des Nationalstaats bestimmt werden. Ökonomen, die sich auf Entwicklungsländer spezialisiert haben, betonen immer wieder die dualistische Struktur dieser Systeme, indem sie auf die immensen Unterschiede zwischen dem urbanen und dem agrarischen Sektor hinweisen. Es handelt sich dabei nicht nur um Unterschiede in der Produktionsweise, sondern auch in den Lebensbedingungen, Lebensstilen, Normen und Werten, sowie im Ausmaß an selektiver Berücksichtigung durch die Regierungen. Das soll nicht heißen, daß diese Unterschiede in den entwickelten Ländern völlig verschwunden sind. Sie haben nur wesentlich weniger Bedeutung, und in einigen Ländern des Nord-Westens arbeiten nur noch etwa 4 % der Bevölkerung im landwirtschaftlichen Sektor. Wichtiger sind dort heute andere Dimensionen. In den meisten Entwicklungsländern unterscheidet sich jedoch die ökonomische, soziale und manchmal auch die politische Situation im Agrarsektor deutlich vom urbanen Sektor. Unter anderem führt das zu den bekannten hohen Migrationsraten vom Land zur Stadt. Aufgrund dessen haben wir für diese Länder die Zufriedenheit und die daraus entstehende politische Unterstützung für die agarische und die urbane Bevölkerung separat modelliert. Die modellierten Regierungen dieser Länder können dadurch zu Haushaltsentscheidungen gelangen, die explizit die unterschiedlichen politischen Unterstützungsraten im urbanen und agrarischen Sektor berücksichtigen.

Die Modelle für sozialistische oder kommunistische Systeme unterscheiden sich vom westlich-liberalen Modell durch niedrigere Ausgangswerte für die Regierungs- und Regimeunterstützung, die durch einen höheren Grad an Regierungsrepressionen kompensiert werden. Darüber hinaus haben wir ein modifiziertes Bündel von Indikatoren für Regierungsleistungen ausgewählt, das die Zufriedenheit der Bürger mit ökonomischen und sozialen Bedingungen erfassen soll. Wahlen spielen in diesen Systemen nicht die Rolle, Regierungsunterstützung wiederherzustellen. Dagegen ist der Intra-Eliten-Wettbewerb innerhalb der Parteihierarchie in den sozialistischen Ländern ein wesentliches Merkmal der Politik. Er spielt eine Rolle im Konflikt um die Prioritäten bei der Aufstellung des 5-Jahres-Plans und dabei, wie das Nationaleinkommen für verschiedene Zwecke aufgeteilt werden soll. Luterbacher u.a. (1979) nehmen an, daß ein Konflikt zwischen Falken und Tauben besteht, der dazu führt, daß die Autoritäten zu manchen Zeiten mehr Betonung auf Investitionen im industriellen und militärischen Bereich legen und zu anderen Zeiten mehr die Bereitstellung von Massenverbrauchsgütern und Sozialausgaben fördern. Proteste der Bevölkerung und das Auswechseln von Funktionären sind ein Beispiel für einen derartigen Wechsel der Politik. Dieses Charakteristikum sozialistischer Staaten versuchen sowohl das mit dem politischen Modell gekoppelte makro-ökonomische Modell für Planwirtschaften als auch das Regierungsbudgetmodell einzubeziehen. Im Budget-Modell ist die Höhe der Unterstützung, die die Regierungen von den Massen bekommen, eines der Entscheidungskriterien. Der Entscheidungsspielraum ist natürlich höher als in anderen Systemtypen und eine weitverbreitete Unzufriedenheit unter den Massen kann bis zu einem kritischen Punkt vernachlässigt werden. Gegenüber der Bürokratie und dem Militär gibt es diesen Entscheidungsspielraum wahrscheinlich weit weniger.

Die Beziehung zwischen Regierungs- und Regimeunterstützung ist für diese Staaten eine schwierige Frage. Gibt es irgendeine Legitimität für das sozialistische Ein-Parteien-System und seine politischen Verfahrensregeln, die unabhängig ist von der Popularität einer amtierenden Regierung, die z. B. eine relativ erfolgreiche Wirtschaftspolitik betreibt? Die Ereignisse in der Tschechoslowakei und neuerdings in Polen zeigen, daß die Opposition gegen eine bestimmte kommunistische Führung sofort in Opposition gegen das Regime umschlägt. Auf der anderen Seite können erfolgreiche Politik und persönliches Charisma zusätzliche Unterstützung für einige Parteiführer hervorrufen und damit das sozialistische Ein-Parteien-System als Herrschaftsinstrument stabilisieren. Dieser Mechanismus sozialistischer Systeme ist in unserem Modell über politische Unterstützung und Opposition repräsentiert.
Nach dieser zugegebenermaßen synoptischen Beschreibung des Modells geht der nächste Abschnitt auf die funktionalen Beziehungen zwischen den Indikatoren zur Messung politischer Leistungen und der Zufriedenheit bzw. Unterstützung durch die Bevölkerung ein.

3. Indikatoren für politische Leistungen: Eine Beschreibung ihrer Beziehung zu politischer Unterstützung

Unter Sozialwissenschaftlern ist es fast schon ein Gemeinplatz, daß moderne Gesellschaften und ihre politischen Strukturen immer komplexer werden. Diese Entwicklung kann man mit einer Vielzahl von Hypothesen und mehr oder weniger integrierten Theorien erklären.[13] Das Hauptargument ist jedoch, daß ökonomische und soziale Aktivitäten in einer modernen Gesellschaft in zunehmendem Maße davon bestimmt werden, was die Soziologen „Arbeitsteilung“ nennen. Im Prozeß der sozialen Differenzierung üben Menschen immer speziellere Funktionen aus und passen sich einer zunehmenden Vielzahl sozialer Rollen an. Diese Entwicklung hat zur Folge, daß sich das Spektrum der Interessen ausweitet und zu Problemen der Organisation von Interessen und insbesondere der Interessenaggregation führt. Letzteres ist sowohl auf individueller wie auch gesellschaftlicher Ebene problematisch. Auf der individuellen Ebene rufen sogenannte „cross-pressure“-Situationen aufgrund konfligierender Rollen und Funktionen relative Deprivation oder Apathie hervor. Für die politischen Entscheidungsträger wird es auf gesellschaftlicher Ebene zunehmend schwieriger, die Interessen und Wünsche verschiedener Segmente, Fraktionen und Gruppen in der Bevölkerung auf einen Nenner zu bringen. Jede Entscheidung, die auf Kompromissen beruht, bringt Kosten mit sich (Verhandlungskosten) und führt unausweichlich dazu, daß bestimmte Gruppen und ihre Interessen negativ betroffen sind (externe Kosten). In solchen Situationen können Regierungen nicht der einfachen Regel folgen, immer zugunsten der größeren Gruppen zu entscheiden, weil sie auch von kleinen Gruppen, die ganz spezielle Funktionen kontrollieren, unter massiven Druck gesetzt werden können. Auch radikale Gruppen, die um der politischen Publizität willen gewalttätig werden, können Entscheidungsträger zwingen, Ressourcen neu zu verteilen.

Nimmt man alle diese Probleme zusammen, dann ist es sehr schwierig, von einem „allgemeinen Willen“ oder irgendeiner überwältigenden Mehrheit zu sprechen, die bestimmte Ziele oder Güter bevorzugt. In den letzten zehn Jahren wurden zum Beispiel lebhafte Debatten über das ökonomische Wachstum und den Materialismus in der Weltanschauung allgemein geführt. Aus Umfragen wissen wir, daß bestimmte, in der Regel wohlhabendere Teile der Bevölkerung, weniger an Verbesserungen im ökonomischen- oder Einkommensbereich interessiert sind und stattdessen Aktivitäten bevorzugen, die mit der nicht-materiellen Lebensqualität zu tun haben.[14] Die Frage des internationalen Friedens ist ein anderes Beispiel. Man kann mit Sicherheit annehmen, daß eine überwältigende Mehrheit in den modernen Gesellschaften für den Frieden ist. Allerdings ist eben diese Mehrheit im Hinblick darauf gespalten, wie dieses Ziel erreicht werden kann, unter welchen Umständen das geschehen soll und zu welchem Ausmaß es unterstützt werden sollte.

Diese kurzen Beispiele zeigen deutlich, daß der Begriff eines allgemeinen Zufriedenheitsniveaus in der Bevölkerung in Hinblick auf bestimmte Themen recht weitreichende Annahmen über die Homogenität von Interessen erfordert. Im Rahmen eines Weltmodell-Projektes sind wir allerdings darauf vorbereitet und durch unser Aggregationsniveau auch gezwungen, solche heroischen Annahmen bis zu einem gewissen Grade zu machen. Wir werden Leistungen des politischen, ökonomischen und sozialen Systems mit ausgewählten Dimensionen modellieren, von denen wir annehmen, daß sie für die Bevölkerung als ganzes oder zumindest für große Teile davon, von einiger Bedeutung sind. Die Auswahl der Indikatoren basiert weitgehend auf internationalen (und/oder nationalen) Umfragen, in denen Bürger gefragt wurden, welche Faktoren am meisten zu ihrer persönlichen Zufriedenheit beitragen.[15]

Die Antworten aus den Umfragen können in der folgenden Weise nach Wünschen oder Erwartungen gruppiert werden:

1) Wünsche und Erwartungen bezüglich ökonomischer Indikatoren,
2) bezüglich interner politischer Bedingungen,
3) bezüglich internationaler politischer Konstellationen,
4) bezüglich internationaler wirtschaftlicher Beziehungen, und schließlich
5) bezüglich sozialer Fragen.

Innerhalb jeder Kategorie kann man Dimensionen identifizieren, die durch einen oder mehrere Indikatoren operationalisiert werden.

Warum sind wir überzeugt, daß solch ein aggregierter Ansatz zur Messung von Zufriedenheit sinnvoll ist, obwohl die Interessen und Perspektiven in der Bevölkerung eines Nationalstaates so stark fraktionalisiert sind?

Teilweise kann man diese Frage beantworten, wenn man sich den Aggregationsprozeß näher ansieht und die Strategie erläutert, die zur Berechnung der Zufriedenheitswerte führt. Fangen wir mit einem Beispiel an: Wenn wir unterstellen, daß der Gesundheitsstand einer Nation (gemessen durch die Lebenserwartung bei der Geburt), in bezug auf die Einheitlichkeit der Wünsche und Erwartungen von Leuten eine der weniger problematischen Dimensionen ist, können wir hypothetisch folgende funktionale Beziehung aufstellen:

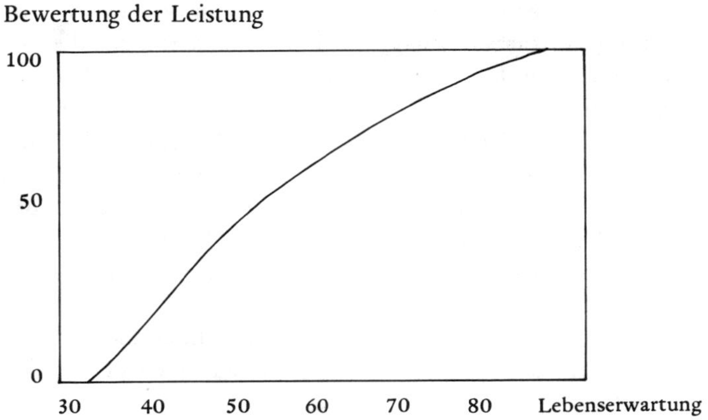

Die horizontale Achse stellt den Bereich der durchschnittlichen Lebenserwartung bei der Geburt (LE) dar. Auf der vertikalen Achse wird der entsprechende Wert für die Einschätzung der Performanz bei einem gegebenen Wert für LE und einem Grenznutzen der Lebenserwartung abgetragen. Diese spezielle Art der Beziehung bedeutet, daß die Bevölkerung nur mit geringerer Zunahme der Zufriedenheit reagiert, wenn die durchschnittliche Lebenserwartung über 75 Jahre ansteigt, d. h. eine objektive Verbesserung hätte keinen großen Einfluß auf den Bewertungsfaktor. Das bedeutet auch, daß dieser Indikator für den Lebenserwartungsbereich zwischen 40 und 70 Jahren besonders sensibel ist. Die Skalenwerte für den Bewertungsfaktor von 0 bis 100 sollten nicht so interpretiert werden, daß ein Wert von 100 totale Zufriedenheit eines jeden Individuums in der Gesellschaft bedeutet. Es heißt vielmehr, daß eine nationale Regierung mit einem Programm, das die durchschnittliche Lebenserwartung von 77 auf 79 Jahre erhöhen würde, nicht viel mehr Zufriedenheit bewirken könnte. Damit findet eine Verbesserung der Systemleistung durch entscheidende Fortschritte für nur wenige kleine Gruppen im Modell keine explizite Berücksichtigung. Da eine größere Gruppe oder Klasse, die unter sehr schlechten gesundheitlichen Bedingungen lebt, das durchschnittliche Niveau auch beträchtlich beeinflussen würde, sollten wir diesen Mangel auf uns nehmen. Derartige Probleme rühren eindeutig von der Tatsache her, daß die Bevölkerung nicht in ,,relevante" Gruppen, Schichten oder Segmente disaggregiert wurde. Die Frage ist allerdings, ob eine Disaggregation überhaupt für alle Issues und Dimensionen anwendbar und sinnvoll wäre. Für einige ökonomische Indikatoren wäre vielleicht eine Aufteilung in Kapitalisten (Unternehmer) und Arbeiter von Bedeutung, für andere könnte die Unterscheidung in einen urbanen und einen landwirtschaftlichen Sektor nützlicher sein.[16] Deshalb erweitern wir eher die Zahl der Erwartungen und Themen, die wir für die Bevölkerung als wichtig erachten, als eine Disaggregation der Bevölkerung vorzunehmen. Wir hoffen, daß wir mit dieser Strategie einen großen Teil der vorhandenen Wünsche und Erwartungen abdecken, obwohl sie nicht von jedem einzelnen geteilt werden. Der genaue Zufriedenheitsstand kann offensichtlich über die Zeit hinweg mit den Leistungsindikatoren empirisch nicht eingeschätzt werden. Auf der anderen Seite können wir mit Sicherheit annehmen, daß signifikante Veränderungen in den Bedingungen, die durch unsere ausgewählten Variablen operationalisiert sind, den

Stand der durchschnittlichen Zufriedenheit positiv oder negativ beeinflussen werden. Wir haben hier eher einen breiten, als einen in die Tiefe gehenden Ansatz gewählt, um die Komplexität und Verhaltensinkonsistenz einer Population darzustellen. D. h., wir setzen voraus, daß sich allgemeine Zufriedenheit aus Bewertungen aus zahlreichen Leistungsdimensionen zusammensetzt und daß diese besser erfaßt werden können, wenn man eine ganze Reihe von Indikatoren und nicht nur zwei oder drei im wesentlichen ökonomische herausgreift. Der Beitrag einiger Indikatoren zur politischen, sozialen und ökonomischen Zufriedenheit ist zugegebenermaßen schwieriger einzuschätzen, als das bei Indikatoren der Fall wäre, die im wesentlichen monetärer oder materieller Natur sind.

Wie schon erwähnt, unterstellen wir für die meisten unserer Indikatoren eine S-förmige Beziehung mit den standardisierten (0–100) Leistungswerten. Die Zufriedenheit auf den sehr niedrigen Stufen der Versorgung wird durch geringe Verbesserungen nicht wesentlich erhöht, weil die objektiven Bedingungen immer noch sehr schlecht sind. Im breiten Mittelbereich, speziell in der take-off-Phase, führen Verbesserungen zu exponentieller Erhöhung der Zufriedenheit. Bei sehr hoher Bereitstellung der Güter bewirkt weiteres Wachstum relativ geringe Zunahmen in der Zufriedenheit mit den Leistungen. Der folgende Ausdruck stellt diese funktionale Beziehung mathematisch dar: *

$$\text{PERSATY} = \frac{100}{1 + 99 * \text{EXP}\,(\text{C} * (\text{Y} - \text{Y}\emptyset))}$$

Die Werte von PERSATY (Leistungszufriedenheit mit dem Indikator Y) reichen von 0–100 und die Steigung der Kurve wird durch den Parameter C kontrolliert (relativ zum Wert von Y–YØ, d. h. der Differenz zwischen einem gegebenen Wert von Y und seinem kleinsten empirischen oder theoretischen Wert).

Mit anderen Worten: die Leistung einer Regierung ist umso höher, je mehr der Wert eines bestimmten Indikators (meistens in logarithmischer Form) in einer gegebenen Nation zum Zeitpunkt t über seinem logischen oder empirischen Minimum liegt. Das repräsentiert den vergleichenden Querschnittsaspekt von Leistungen. Die Zu- und Abnahme bzw. die Veränderungen eines Indikators über die Zeit bewegen sich von diesem Niveau aus. Das folgende Schaubild zeigt unterschiedliche Kurven der Zu- bzw. Abnahme, die von unterschiedlichen Niveaus ausgehen.

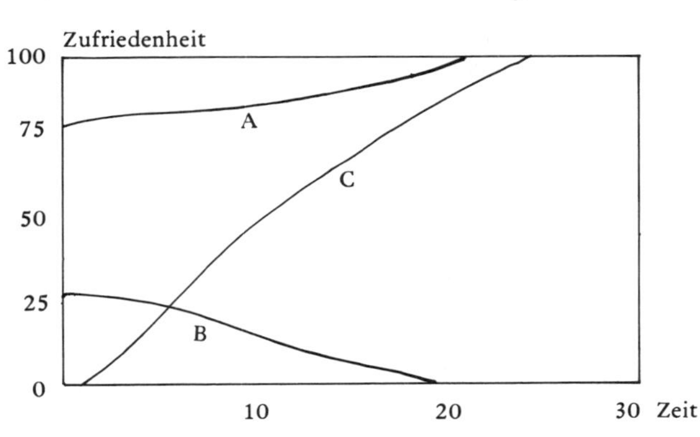

* Für Vorschläge und Kommentare danke ich Sandra Ward, Michael Ward und Peter Otto.

Nation A fängt bei 75 % (etwa 68 Jahre Lebenserwartung bei der Geburt) an und steigt mit geringen Veränderungen in den Verbesserungsraten auf 100 %. Nation B startet relativ niedrig bei 25 % und nähert sich, nach einigem Auf und Ab Null (weil die durchschnittliche LE bei der Geburt auf 30 Jahre fällt). Nation C hat zu Anfang der Simulationsperiode eine durchschnittliche LE von 30 Jahren (was 0 % ergibt) und verbessert sich dann ständig bis auf 76 Jahre, was zu einer Zufriedenheit von 100 % führt. Solch eine Entwicklung ist natürlich hypothetisch, aber sie zeigt die Eigenschaften der Kurve.

Dieser Bezugsrahmen ermöglicht es, bestehende Unterschiede in den Leistungsniveaus zwischen Nationen *und* Veränderungen des Niveaus innerhalb einer Nation in einer Funktion zu repräsentieren.

Veränderungen in der Unterstützung für die Regierung sind dann eine Funktion der gewichteten Summe von Veränderungen bei den Zufriedenheitsindikatoren, relativ zu den Erwartungen. Dieser Ansatz betont wiederum die Bedeutung von Erwartungen in der Bevölkerung. Erwartungen werden durch die Differenz zwischen der momentanen Leistung und der durchschnittlichen Leistung früherer Jahre repräsentiert, wobei spätere Perioden diskontiert werden. Durch einen Gewichtungsprozeß wird die Regierungsunterstützung weiter verringert, wenn die momentane Zufriedenheit *niedriger* ist als die erwartete. Die Gleichungen sehen folgendermaßen aus:

$$\mathrm{SY} = 100 / (1 + 99 * \mathrm{EXP}\,(-\alpha_1 * \mathrm{ALOG}\,(\mathrm{Y/YMIN})) \qquad (11)$$

$$\alpha_1 = \alpha_2 \,/\, \mathrm{ALOG}\,(\mathrm{YMAX/YMIN}) \qquad (12)$$

$$\mathrm{ESY.} = \alpha_3 * (\mathrm{SY}-\mathrm{ESY}) \qquad (13)$$

$$\mathrm{DESY} = \mathrm{SY}-\mathrm{ESY} \qquad (14)$$

Wenn DESY kleiner ist als 0:

$$\mathrm{DESY} = \mathrm{DESY} * \mathrm{ALOG}\,(1.0 + \mathrm{ESY} - \mathrm{SY}) \qquad (15)$$

wobei SY der Zufriedenheitswert ist, der zum Indikator Y gehört, YMIN und YMAX der logisch oder empirisch kleinste/größte Wert von Y, ESY. die Veränderung in den Erwartungen über SY, ESY das erwartete Zufriedenheitsniveau mit Y und DESY die Differenz zwischen dem momentanen und dem erwarteten Zufriedenheitswert ist. α_1 und α_2 sind Parameter, die die Steigung unserer Leistungs-Zufriedenheitsfunktion kontrollieren, α_3 ist ein Anpassungskoeffizient.

Die DESY's (Erwartungslücken) werden in einem weiteren Rechenschritt gewichtet und dann erst innerhalb von Sektoren (z. B. Ökonomie), dann zwischen den Sektoren aufsummiert. Damit erhalten wir schließlich den ersten Ausdruck in Gleichung (1), d. h. die Auswirkung von Veränderungen bei den Leistungsindikatoren auf die Regierungsunterstützung. Die Gewichtungsparameter beruhen auf einer Einschätzung der relativen Bedeutung eines Indikators in einem spezifischen Land.

Diese Gewichte werden zusätzlich mit dem Mangel an Zufriedenheit dynamisiert, d. h. der Differenz zwischen der momentanen Zufriedenheit und der vollen Zufriedenheit (= 100 %).

$$\mathrm{WDESY} = \mathrm{DESY}_1 * \alpha_1 * ((100 - \mathrm{SY}_1) / 100) + \ldots\ldots + \mathrm{DESY}_n * \alpha_n * ((100 - \mathrm{SY}_n) / 100) \qquad (16)$$

wobei WDESY die aufsummierte und gewichtete Erwartungslücke (expectational gap) über alle Indikatoren ist und α_1 und α_n die Gewichtungsparameter.

Wir sollten hier unsere analytischen Unterscheidungen noch einmal wiederholen, um konzeptionell Klarheit zu schaffen. Unser Bezugsrahmen enthält drei Schritte:

1) Leistungsindikatoren, die die Versorgung der Bevölkerung mit positiven oder negativen „Gütern" (in einem allgemeinen Sinn), meist in aggregierten Größen messen sollen,
2) standardisierte Werte für die Einschätzung der Leistung bzw. der Zufriedenheit, wobei die Idee des Grenznutzens der meisten dieser Güter zugrunde liegt (implizit wird angenommen, daß die Bevölkerung die Leistungsindikatoren in solch einer Weise beurteilt und Zufriedenheit daraus ableitet) und
3) die drei Ebenen der politischen Unterstützung, wobei von der Idee ausgegangen wird, daß Leistungen und daraus abgeleitete Zufriedenheit in verschiedenen Nationen für jeden gegebenen Indikator von unterschiedlichem Gewicht ist.

Eine zusätzliche Dimension wird in einer überarbeiteten und erweiterten Version des Modells eingeführt werden. Es handelt sich dabei um den Gedanken, daß Erwartungen nicht nur durch Vergleiche mit zurückliegenden Zufriedenheitsniveaus, sondern auch durch Vergleiche mit anderen Nationen entstehen können. Massenkommunikationsmittel und zunehmende geographische Mobilität machen es praktisch unmöglich, daß Regierungen den eigenen Bürgern Entwicklungen in anderen Ländern vorenthalten können. Normalerweise werden Vergleiche jedoch nur mit solchen Systemen gezogen, die höhere Lebensstandards, bessere Wohlfahrtsprogramme, mehr politische Freiheit und weniger internen Konflikt aufzuweisen haben. Die Unzufriedenheit in den Ländern, wo ökonomische, politische und soziale Entwicklungen einem regionalen Trend nachhinken, wird durch diese Tatsache noch verstärkt.

Bevor wir den konzeptionellen Teil der Arbeit verlassen und uns Fragen der empirischen Schätzung zuwenden, noch eine Bemerkung: Im Rahmen dieses Papiers ist es nicht möglich, die im Modell verwendeten Indikatoren im einzelnen zu diskutieren.[17] Eine Liste der Indikatoren, getrennt nach Sektoren, befindet sich im Anhang zu diesem Papier.

4. *Schätzung von ausgewählten Modellgleichungen*

4.1. Empirische Basis und Forschungsabsicht

Nach der vorangegangenen Vorstellung der theoretisch-konzeptionellen und mathematischen Struktur des Modells, soll in diesem Abschnitt der Versuch unternommen werden, Modellgleichungen auf empirischer Basis zu schätzen. Dazu dient exemplarisch ein Datensatz für die USA über den Zeitraum von 1960–1977 mit vierteljährlichen (72) Beobachtungen. Dieser Datensatz enthält die folgenden Variablen:

1) durchschnittliche prozentuale Zustimmung der amerikanischen wahlberechtigten Bevölkerung für die Politik des Präsidenten pro Quartal (Quelle: Gallup Poll[18]); lag nur eine Umfrage pro Quartal vor, wird dieses Ergebnis allein verwendet).

2) Vierteljährliche Beobachtungen über Entwicklung des nominalen persönlichen Einkommens, der Preise (Preisdeflator; 1975 = 100) und der Arbeitslosenquote (Quelle: OECD, Main Economic Indicators, Historical Statistics (1980)).
3) Vierteljährliche aggregierte Häufigkeiten von Protestaktionen, wobei die Variable ein additiver Index aus Protestdemonstrationen, Unruhen und Aufständen (riots) und bewaffneten Angriffen (armed attacks) darstellt (Quelle: World Handbook of Political and Social Indicators, III (1982). Für genauere Definition der drei Variablen siehe dort).
4) Vierteljährliche aggregierte Häufigkeiten von Regierungssanktionen (Quelle: WHB, III (1982). Definition s.o.).
5) Die zusätzlichen Verteidigungsausgaben für den Vietnam-Krieg in konstanten 1972-US-Dollars (Quelle: Millstein (1974)).
6) Eine sogenannte Watergate-Dummy-Variable, die für die Zeit vom 1. Quartal 1972 bis zum 1. Quartal 1974 den Wert 1 hat.

Die Datenlage und die empirische Schätzung erfordert gewisse Modifikationen der in Kapitel 2 und 3 definierten Modellgleichungen. Die Modifikationen bestehen einerseits im Weglassen unabhängiger modellendogener Variablen, für die keine Zeitreihen vorlagen (z. B. Regime- und Polityunterstützung), andererseits in der zusätzlichen Verwendung modellexogener Variablen, die Vorgänge erfassen sollen, welche nicht im Simulationsmodell vorhergesagt werden können. Es handelt sich dabei um den Vietnamkrieg und den Watergateskandal.

Die abhängigen Variablen, die wir mit empirisch geschätzten Parametern simulieren wollen, sind die Popularität des amerikanischen Präsidenten (= Indikator für Regierungsunterstützung (authority support)), die Häufigkeiten von Protesten sowie von Regierungssanktionen.

Die Popularität des Präsidenten ist dabei eine Funktion der Veränderung des Realeinkommens, der Veränderung der Preise, der Veränderung der Arbeitslosenquote, des Ausmaßes an Arbeitslosigkeit, eines Wahlzyklus, des Vietnamkrieges und des Watergateeffektes. Diese Grundgleichung wurde in einigen Schätzungen modifiziert mit der Absicht, die Schätzergebnisse zu verbessern. Darüber später mehr. Protest ist in unserer Formulierung eine Funktion der Differenz zwischen Sanktionen und Protest, der Popularität des Präsidenten und des Vietnamkrieges. Für diese abhängige Variable wurden ebenfalls alternative Spezifikationen gerechnet. Regierungssanktionen hängen nur von der Differenz zwischen Protest und Sanktionen ab, d. h., daß, wie eben ausgeführt, ein Anpassungsprozeß unterstellt wird, dessen Gleichgewichtszustand bei einer von Nation zu Nation variierenden, spezifischen Relation von Protesten zu Sanktionen liegt.

4.2. Methodische Erörterungen

Unser Ziel ist die Schätzung von Parametern für die nicht-linearen Differentialgleichungen eines kontinuierlichen Simulationsmodells. Dieser Umstand führt dazu, daß gewisse Probleme bei der Verwendung konventioneller statistischer Schätzverfahren auftauchen. Diese Probleme sind vor allem darin begründet, daß bei den statistischen

Schätzverfahren der Ökonometrie der numerische Wert der abhängigen Variablen als Resultat einer jährlichen, vierteljährlichen oder monatlichen Veränderungsrate bis zum Zeitpunkt Z gesehen wird, während es sich im kontinuierlichen Fall des Simulationsmodells um ein Integral über eine Beobachtungsperiode handelt. D. h. Verzerrungen und inkorrekte Modellspezifikationen entstehen aus der Nichtbeachtung der zeitlichen Aggregationseffekte (siehe dazu Sims, 1980; Kirkpatrick, 1982). Ein konventioneller Schätzansatz (z. B. Methode der kleinsten Quadrate) nimmt an, daß die geschätzten Koeffizienten durch die unterschiedlichen Zeitaggregationen (jährlich, vierteljährlich, monatlich) nicht beeinflußt werden. Im Falle kontinuierlicher Modelle ist jedoch der gesamte zeitliche Entwicklungspfad einer Variablen entscheidend und nicht nur die diskrete Momentaufnahme der Daten.
Diese Überlegungen erfordern die Auswahl eines geeigneten Schätzverfahrens. Die prinzipielle Möglichkeit der Transformation solcher nicht-linearer Differentialgleichungen in lineare Differenzgleichungen mit Lagstrukturen anstelle der kontinuierlichen Anpassungsprozesse haben wir verworfen. Mit anderen Worten: wir versuchen die Koeffizienten eines kontinuierlichen Simulationsmodells auch in eben diesem mathematischen Bezugsrahmen zu schätzen. Die Tatsache, daß das Modell in der Simulationssprache DARE-P (Wait, 1978) geschrieben ist, eröffnet die Möglichkeit der Kombination von Simulation und Schätzung mit Hilfe des Programmpakets MUNUIT (James and Roos, 1975). Diese Kombination von Simulations- und Schätzprogramm wurde bisher erfolgreich in einer Reihe von sozialwissenschaftlichen Studien eingesetzt (Luterbacher et al., 1979; Allan, 1982; Ward, 1982). DARE-P ist ein Programm zur Lösung von Differentialgleichungssystemen mit numerischen Verfahren. Durch Spezifikation der Gleichungen, der Anfangsbedingungen und der Parameter wird eine numerische Lösung in Form eines Entwicklungspfades der Variablen über die Simulationsperiode errechnet. Das Problem ist die Wahl der Parameter. Konventionelle Verfahren sind aus oben diskutierten Gründen nicht geeignet, diese zu schätzen. Mit Hilfe von MINUIT ist man dagegen in der Lage, die Parameter im Hinblick auf eine Kriteriumsvariable zu beurteilen. Mit entweder deduzierten oder einfach geratenen Startparametern versucht das Programm eine empirische Zeitreihe möglichst genau zu reproduzieren. Genau heißt dabei, daß es nach einem vorgegebenen Kriterium minimiert. Ein sehr naheliegendes Kriterium ist die Minimierung der quadrierten Residuen, also das bekannte kleinste Quadratekriterium der linearen Regression. Andere Kriterien sind denkbar. Das Programm verfährt in einer iterativen Weise. Nach Simulation einer Zeitreihe für die endogene abhängige Variable mit Hilfe der Startparameter (Simulationsteil) wird die gefundene Lösung mit der empirisch vorgegebenen Zeitreihe verglichen und im Hinblick auf das spezifizierte Kriterium beurteilt (Schätzung). Unterschiedliche Suchalgorithmen[19] (Nelder/Mead, 1965; Fletcher, 1970; Powell, 1964) verändern dann die Startparameter. Dieser Prozeß wiederholt sich so lange bis entweder eine akzeptable Anpassung an die empirische Zeitreihe erreicht ist und Konvergenz eintritt oder keine weiteren Verbesserungen des Fehlerbereichs der Schätzung erzielt werden können. Im letzten Fall konvergiert das Modell nicht, wobei die Ursachen in der Regel in der Mißspezifikation des Modells liegen. Es muß hier noch angemerkt werden, daß der Fit zwischen der endogenen abhängigen Variablen und der korrespondierenden

empirischen Zeitreihe jeweils nur zu den Zeitpunkten, für die empirische Messungen vorliegen, beurteilt wird. Es findet keine Interpolation zwischen den Datenpunkten statt. Wäre dies der Fall, würde das Ergebnis positiv verzerrt. Exogene Variablen, die in den Simulations- bzw. Schätzungsgleichungen enthalten sind, werden dagegen zwischen den Datenpunkten mit Hilfe eines Polynoms interpoliert.
Nach diesem Versuch, ein technisch komplexes Verfahren möglichst untechnisch zu beschreiben, können wir uns jetzt den Ergebnissen und ihrer Interpretation zuwenden.

4.3. Protest und Regierungssanktionen

Auf der Grundlage früherer Studien (z.B. Hibbs, 1973; Widmaier, 1978) haben wir in den vorangegangenen Ausführungen argumentiert, daß Protestverhalten und Regierungssanktionen in einem Interaktionsverhältnis zueinander stehen. Dabei sind von Nationalstaat zu Nationalstaat variierende Über- bzw. Unterreaktionen zu beobachten. Die empirische Tragfähigkeit dieser Modellformulierung wollen wir hier exemplarisch für die USA mit dem oben beschriebenen Datensatz überprüfen. Zunächst wiederholen wir folgende Differentialgleichungen:

D PROTEST = A1 * (D1 * SANKTIONEN – PROTEST) – A2 * POPULRITÄT DES PRÄSIDENTEN + A3 * VIETNAMEFFEKT

D SANKTIONEN = A4 * (D2 * PROTEST – SANKTIONEN)

D t

Durch Multiplikation der Klammerausdrücke in beiden Simulationsgleichungen mit A1 bzw. A4 erhalten wir unsere zu schätzenden Gleichungen. Die Popularität des Präsidenten und der Vietnameffekt sind dabei exogene Variablen. Kriteriumsvariablen sind die empirischen PROTESTE bzw. SANKTIONEN, d.h. wir minimieren den Ausdruck: Simulierte Protesthäufigkeit (Sanktionen) minus gemessene Protesthäufigkeit (Sanktionen) zum Quadrat. Die Koeffizienten A1 bzw. A4, dies zur Wiederholung, drücken im Simulationsmodell die Anpassungsgeschwindigkeiten bzw. die Länge der Lagstrukturen zwischen Protesten und Sanktionen aus. Je größer dieser Koeffizient, desto schneller reagieren Regierungen auf Proteste und Protestierende auf Sanktionen. D1 und D2 repräsentieren das Ausmaß der Unter- bzw. Überreaktion.
Es sollte an dieser Stelle darauf hingewiesen werden, daß die Gleichungen in oben spezifizierter Form Niveauvergleiche zwischen Protest und Sanktionen beinhalten und nicht deren proportionale Veränderungsraten. Für letztere wäre eine logarithmische Formulierung erforderlich. Darüber jedoch später mehr.
Schaubild 1 und 2 zeigen die Resultate des Simulationsschätzansatzes (DARE-P-MINUIT) in graphischer Form. Wie unschwer optisch zu erkennen ist, sind die Resultate für derartig diskontinuierliche Zeitreihen erstaunlich gut. Der lineare Fit zwischen simulierter und gemessener Zeitreihe, ausgedrückt durch R^2, beträgt im Falle der Sanktionen als abhängige Variable 0.673 und im Fall des Protests 0.59.

Schaubild 1: Gemessener (Prot) und geschätzter Protest (ZPROT) für die USA (vierteljährliche Daten; 1960.1 – 1974.4)

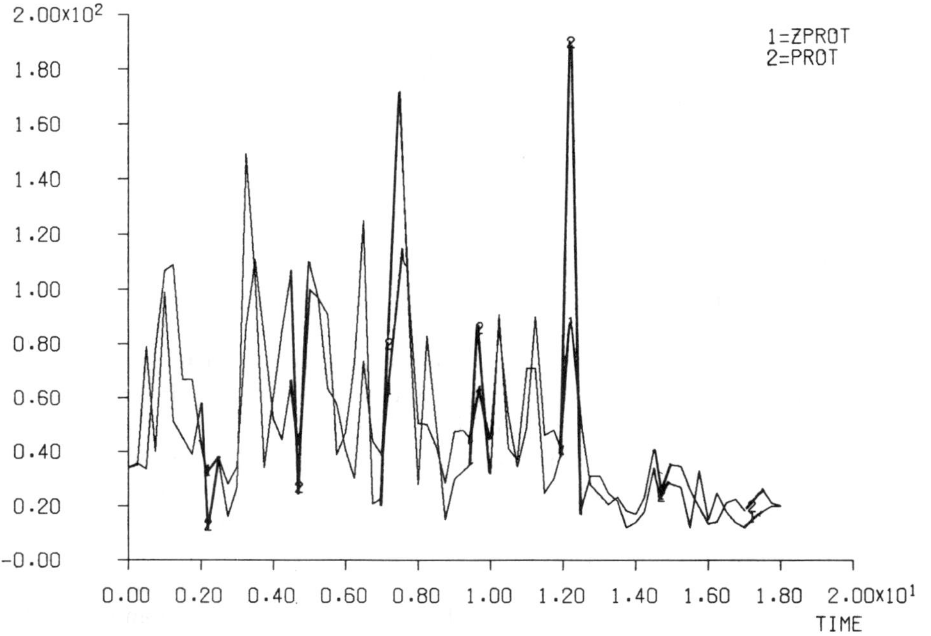

Schaubild 2: Gemessene (SANC) und geschätzte Sanktionen (ZSANC) für die USA (vierteljährliche Daten; 1960.1 – 1977.4)

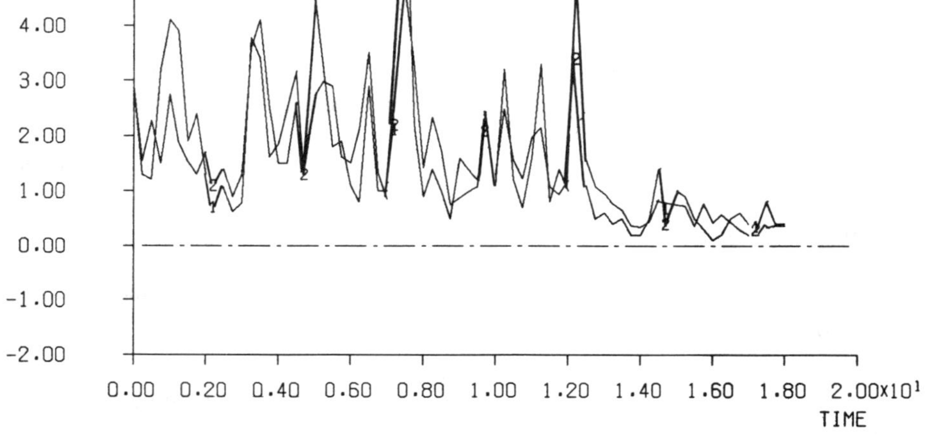

Die geschätzten Koeffizienten haben folgende Werte.*

A1 = 8.03 (0.0034)	D1 = 2.89 (0.046)
A2 = 1.18 (0.158)	D2 = 0.316 (0.0047)
A3 = 1.84 (0.415)	
A4 = 8.2 (0.0186)	

* Die Vorzeichen sind die der Gleichungen. In Klammern die Fehler der Koeffizienten.

Alle Koeffizienten haben die erwarteten Vorzeichen. Das Niveau der Präsidentenpopularität (A2) wirkt sich negativ auf Protest aus (je populärer der Präsident, je weniger Protest). Der Vietnameffekt (A3) (gemessen als *zusätzliche* Verteidigungsausgaben für den *Vietnamkrieg*) hat positive Auswirkungen auf Protestverhalten. Ein Ergebnis, das aufgrund der historischen Evidenz plausibel ist. Von besonderem Interesse sind hier die Koeffizienten A1/A4 und D1/D2. Die nahezu identischen Werte für A1 und A4 indizieren, daß sich die Reaktionsgeschwindigkeiten von Protest auf Sanktionen und Sanktionen auf Protest kaum unterscheiden. Sanktionen folgen Protesten nur minimal schneller als umgekehrt. Dies zeigt deutlich, daß statistische Modelle mit jährlichen Lagstrukturen zwischen Sanktionen und Protest inhaltlich wenig sinnvoll sind. Die Höhe der Koeffizienten deutet darüber hinaus an, daß die Reaktionszeiten, zumindest für die USA, eher in Tagen als in Jahren zu messen sind. Die D-Koeffizienten zeigen eine beträchtliche zahlenmäßige Dominanz der Proteste in den USA für die Periode 1960–77. Sie sind im Durchschnitt ungefähr dreimal so häufig wie Regierungssanktionen. Dieses Ergebnis läßt sich jedoch nur im Querschnittsvergleich so interpretieren, daß daraus eine liberale und tolerante, im allgemeinen Protest akzeptierende Regierungspolitik abzulesen wäre. Tatsächlich haben die USA in den WHB-Daten ein niedriges Sanktion-Protest-Verhältnis im Vergleich zu anderen Nationalstaaten. Die Bundesrepublik hat im Durchschnitt der letzten 20 Jahre doppelt soviel Sanktionen wie Proteste. Im Längsschnitt allein würde die Häufigkeit von Protesten und Sanktionen wenig über die tatsächlichen Konsequenzen für die Liberalität des Systems aussagen. Die Metrik des Indikators Proteste kann von der des Sanktionsindikators beträchtlich abweichen. Dies nicht zuletzt aufgrund der Tatsache, daß Protest ein additiver Index aus drei Protestformen ist, während die Verhängung von Regierungssanktionen nur *eine* Variable im WHB darstellt.

Obwohl die hier präsentierten Resultate für die USA den Schluß nahelegen, daß das Niveau (level) der Proteste mit dem Sanktionsniveau und umgekehrt in Beziehung steht, soll hier zusätzlich ein alternativer Schätzansatz auf der Basis der proportionalen Veränderungsraten überprüft werden: mit anderen Worten mit Hilfe der Elastizitäten der unabhängigen Variablen. Wir gehen in diesem Fall von folgender, zunächst statischer, Problemformulierung aus:

$$\text{Protestniveau} = E1 * \text{SANKTIONEN}^{B2} * \text{UNTERSTÜTZUNG DES PRÄSIDENTEN}^{-B3} * \text{VIETNAMEFFEKT}^{B4}$$

oder in additiver Form:

$$\text{LOG (PROTESTNIVEAU)} = \text{LOG (E1)} + \text{B2} * \text{LOG (SANKTIONEN)} - \text{B3} * \text{LOG (UNTERSTÜTZUNG)} + \text{B4} * \text{LOG (VIETNAM)}$$

Bei den beiden zuerst geschätzten Gleichungen haben wir argumentiert, daß der zeitliche, dynamische Aspekt des Reaktionsmechanismus zwischen Protest und Sanktionen durch den Parameter A1 erfaßt wird. Wir nahmen jedoch nicht an, daß die beiden anderen Variablen in der Protestgleichung (Unterstützung und Vietnam) ebenfalls in einer bestimmten verzögerten Wirkung zu mehr oder weniger Protestveränderung führen. Letzteres wollen wir hier berücksichtigen. Wir unterstellen also, daß der Parameter B1 (analog zu A1) die Geschwindigkeit erfassen soll, mit der die erklärenden Variablen das Protestniveau verändern. Es muß jedoch angemerkt werden, daß B1 nur als ein Durchschnitt über alle variablenspezifischen Lagstrukturen angesehen werden kann. Diesen Gedanken berücksichtigend und in Differentialgleichungsform ausgedrückt, sieht unsere Simulationsschätzgleichung folgendermaßen aus:

$$\frac{\text{D LOG (PROTEST)}}{\text{D t}} = \text{B1} * \text{LOG(E1)} + \text{B1} * \text{B2} * \text{LOG (SANKTIONEN)} - \text{B1} * \text{B3} * \text{LOG (POPULARITÄT DES PRÄSIDENTEN)} + \text{B1} * \text{B4} * \text{LOG (VIETNAM)} - \text{B1} * \text{LOG (PROTESTNIVEAU)}$$

In dieser Gleichung haben mit Ausnahme des Niveaus an Protest (endogene Variable) alle Parameter zwei Koeffizienten: einen, der die über alle Variablen gemittelte Reaktionsgeschwindigkeit und einen, der die Elastizität der jeweiligen Variablen im Hinblick auf Veränderungen des Protestniveaus ausdrückt.

Die Schätzung dieser Gleichung mit Hilfe des DARE-P-MINUIT-Systems erbrachte folgendes Ergebnis (siehe Schaubild 3):*

B1 =	7.8 (0.56)	LOG (E1) =	2.53 (1.21)
B2 =	0.65 (0.1)	E1 =	12.55
B3 =	0.143 (0.307)		
B4 =	0.086 (0.094)		

* Die Vorzeichen sind die der Gleichung. In Klammern die Standardfehler der Koeffizienten. $R^2 = 0.48$.

Eine analoge Schätzung für Sanktionen führte zu untenstehendem Ergebnis (siehe auch Schaubild 4):

$$\frac{\text{D LOG (SANKTIONEN)}}{\text{D t}} = \text{B5} * \text{LOG (E2)} + \text{B5} * \text{B6} * \text{LOG (PROTEST)} - \text{B5} * \text{LOG (SANKTIONEN)}$$

B5 =	7.0 (0.36)	LOG (E2) =	−2.07 (0.778)
B6 =	1.2 (0.21)	E2 =	0.126
R^2 =	0.52		

Die Ergebnisse dieses Schätzansatzes entsprechen weitgehend dem vorhergehenden auf der Basis simpler Niveaudifferenzen zwischen Protest und Sanktionen. B2 bzw. B6 sind

Schaubild 3: Gemessener (prot) und geschätzter Protest (ZPROT) für die USA (vierteljährliche Daten; 1960.1 – 1977.4; LOG-Kriterium)

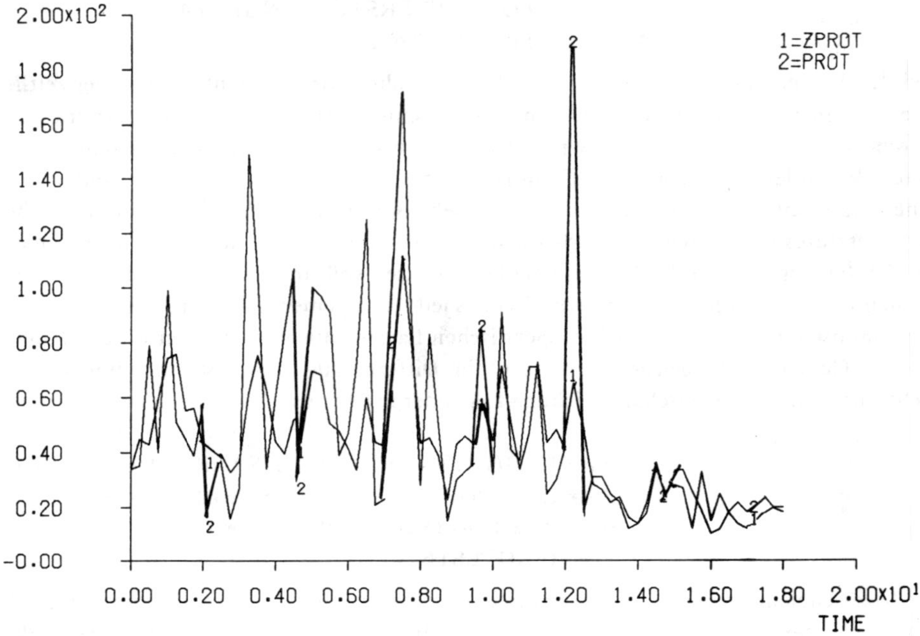

Schaubild 4: Gemessene (SANC) und geschätzte Sanktionen (ZSANC) für die USA (vierteljährliche Daten; 1960.1 – 1977.4; LOG-Kriterium)

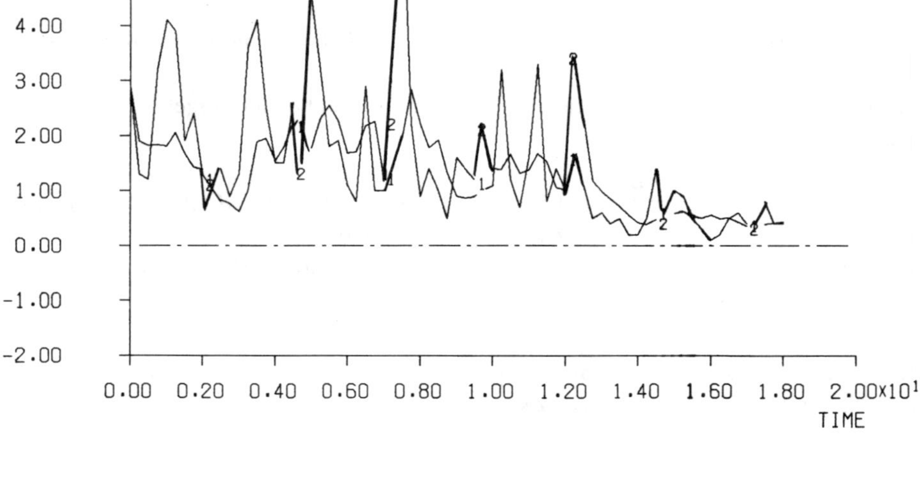

die Elastizitäten von Sanktionen bzw. Proteste auf Veränderungen von Protesten bzw. Sanktionen. Die höhere Elastizität von Protesten (1.2) gegenüber Sanktionen)0.65) bestätigt das Ergebnis, daß es in den USA eine Tendenz zur „Überreaktion" auf Regierungssanktionen gibt. Diese Aussage gilt zunächst nur numerisch. Inhaltlich ist sie ebenfalls gültig, sofern man die oben diskutierten Querschnittsvergleiche berücksichtigt. Die Reaktionsgeschwindigkeiten von Protesten auf Sanktionen und umgekehrt sind wiederum sehr hoch (B1/B5). Auch dies entspricht unserem vorhergehenden Resultat. Die Elastizitäten der Variablen Popularität des Präsidenten (B3) und Vietnamkrieg (B4) in der Protestgleichung sind niedrig und nicht signifikant. Ein Ergebnis, das zumindest für den Vietnameffekt überrascht. E1 und E2, die für die Über- bzw. Unterreaktion stehen, entsprechen den Erwartungen. Der numerische Unterschied zu D1/D2 in der alten Gleichung ergibt sich aus der Log-Transformation.
Da im Falle der Proteste der lineare Fit durch den logarithmischen Ansatz verringert wird (0.59 auf 0.48), ergibt sich auf der empirisch-technischen Ebene keine zwingende Notwendigkeit, diesen Ansatz dem relativ simplen Niveauanpassungstheorem vorzuziehen. Im Gegenteil, die Interpretation der Koeffizienten wird erschwert und theoretisch bedeutende Variablen (Popularität des Präsidenten, Vietnam) haben zu hohen Fehlerquoten geführt. Die Entscheidung, ob der zuletzt präsentierte Ansatz dem ersten vorzuziehen ist, müßte deshalb auf der theoretischen Ebene fallen. Von den Ergebnissen her sind beide vertretbar und liefern vernünftige Resultate. Die theoretische Frage lautet: reagieren Protestierende auf Sanktionen und Regierungen auf Proteste, weil eine Tendenz zur Anpassung der Niveaus (levels) an eine bestimmte Relation besteht, oder weil die proportionalen Veränderungsraten der beiden Indikatoren die treibende Kraft hinter dieser Beziehung sind? Offen gesagt, wir glauben nicht, daß der Stand der Theoriebildung auf dem Gebiet der quantitativen innerstaatlichen Konfliktforschung eine abschließende Antwort auf diese Frage zuläßt. Zwar wurden in der Vergangenheit statistische Modelle fast ausschließlich mit logarithmisch transformierten Konfliktindikatoren gerechnet, aber dahinter stand keine explizite theoretische Überlegung, sondern nur die Absicht, Ausreißer und andere unangenehme statistische Verteilungseigenschaften dieses Datentypus abzuschwächen.
In einer Situation, in der weder technisch-statistische noch theoretisch stichhaltige Gründe für die eine oder andere Formulierung vorliegen, sollte man nach dem Grundsatz verfahren, daß dem einfachen Ansatz der Vorzug zu geben ist. Wir gehen folglich davon aus (solange sich das Modell bewährt), daß Proteste und Sanktionen sich gegenseitig beeinflussen, wobei die Akteure (Protestgruppen/Regierungen) sich an der Zahl (am Niveau) der Aktivitäten der anderen Seite orientieren. Für die USA und den Zeitraum von 1960–77 gelang es uns zu zeigen, daß die Reaktionszeiten extrem kurz sind, daß kurze ausgeprägte zeitliche Differenz existiert, die kausal interpretierbar wäre, und daß Proteste eindeutig über die Zahl der Sanktionen dominieren. Ferner waren wir in der Lage, die Einflüsse anderer Variablen, wie die der Regierungsunterstützung und des Vietnamkrieges, auf das Protestniveau zu demonstrieren.

4.4. Regierungsunterstützung und ihre Determinanten

In Abschnitt 2 und 3 haben wir ausgeführt, daß die Veränderung der Regierungsunterstützung eine Funktion der gewichteten Differenzen zwischen Erwartungen und Realitäten bei ca. 20 Performanzindikatoren ist, die von den Modellsektoren berechnet werden. Hinzu kommen andere Einflüsse wie z.B. die Wirkung eines Wahlzyklus. Die Schätzung einer derart voluminösen Gleichung stößt auf offensichtliche Schwierigkeiten, die in der Zahl der verfügbaren Beobachtungen bei den Zeitreihen wie in der allgemeinen Datenlage für einige Indikatoren (siehe Anhang I) zu suchen sind. Aus diesem Grund haben wir die Modellstruktur stark vereinfacht. Wir sind jedoch überzeugt, daß auch in dieser reduzierten Form und geringeren Komplexität die empirische Relevanz unseres Simulationsmodells überprüft werden kann.

Die Simulations-Schätzgleichung über Regierungsunterstützung (Indikator: Popularität des Präsidenten) beschränkt sich auf die konventionellen makro-ökonomischen Indikatoren Arbeitslosigkeit, Inflation und Einkommenswachstum. Hinzu kommen der Einfluß des Watergateskandals und ein politischer Wahlzyklus. Folgende Gleichung wurde aufgestellt:

$$
\begin{aligned}
\frac{\text{D Popularität des Präsidenten}}{\text{D t}} = & \ \text{C1} * \text{Veränderungsrate des Realeinkommens} \\
& - \text{C2} * \text{Veränderung der Preise} \\
& - \text{C3} * \text{Veränderung der Arbeitslosigkeit} \\
& - \text{C4} * \text{Höhe der Arbeitslosigkeit} \\
& - \text{C5} * \text{Einfluß des Wahlzyklus} \\
& - \text{C6} * \text{Watergateeffekt} \\
& - \text{C7} * \text{Niveau der Popularität}
\end{aligned}
$$

Die ersten drei Indikatoren messen die Veränderungen der Variablen über ein Quartal, d.h. die Differenz zwischen den Werten zum Zeitpunkt t und denen zum Zeitpunkt t minus ein Quartal. Die vierte Variable wurde in die Gleichung aufgenommen, weil wir der Ansicht sind, daß nicht nur die Zu- und Abnahme der Arbeitslosigkeit die Popularität des Präsidenten beeinflussen sollte, sondern auch das erreichte Niveau (Kirchgässner, 1977). Der Indikator zur Erfassung des Wahlzyklus ist so konstruiert, daß er über die Wahlperiode bis zum letzten Quartal des Wahljahres zunehmende Werte (maximaler Wert = 1) aufweist. Mit anderen Worten: er hat einen zunehmend negativeren Einfluß auf die Popularität des Präsidenten (je fortgeschrittener die Wahlperiode, desto geringer die Popularität). Die Auswirkungen des Watergateskandals auf die Popularität von Präsident Nixon sind bekannt und müssen hier nicht diskutiert werden. Die letzte Variable erfaßt den erreichten Stand der Popularität. Wie andere Studien annehmen, aber kaum explizit testen, gehen wir davon aus, daß die Höhe der Popularität einen Einfluß auf ihre Veränderungsrate hat. Ein sehr populärer Präsident hat logischerweise viele unsichere Kantonisten unter seinen Befürwortern. Wir erwarten deshalb, daß seine Popularität eine höhere zeitliche Abschreibungsrate aufweist. Die spezifischen Effekte republikanischer vs. demokratischer Präsidentschaften, haben wir in diesem Kontext weggelassen. Ein derartiger Indikator schien uns für die Absicht, ein globales Modell zu entwickeln, zu speziell (siehe dazu Hibbs, 1982).

Die schon ältere Diskussion zwischen Politologen und politischen Ökonomen (Roth, 1977; 1973; Kirchgässner, 1977; Frey, 1978; Kirchgässner/Schneider, 1979), ob die wirtschaftliche Situation und deren Wahrnehmung tatsächlich einen Einfluß auf die Popularität der Parteien bzw. des Präsidenten hat, scheint heute in veränderter Form wieder belebt zu werden. Wurde damals der Angriff auf die Resultate sogenannter politisch-ökonomischer Modelle von der Mikroebene (Umfragedaten) her geführt, so erfolgt in neuerer Zeit die Attacke auf der Makroebene (Aggregatdaten) selbst (Norpoth/Yanthek, 1981, 1982). Diesmal werden nicht Aggregationsartefacte, sondern Methodenartefacte diskutiert (Kirchgässner, 1982). Die Reaktionen der politischen Ökonomen auf Relativierung oder Zurückweisung ihrer Modelle ist vehement. Wie Kirchgässner (1982) argumentiert, sind Resultate von Zeitreihenanalysen z. B. mit BOX-JENKINS-Techniken (Norpoth/Yanthek, 1981) durch das gewählte Verfahren verursacht. Es produzierte, so das Argument, Scheinunabhängigkeit von Variablen, die vor allem durch Unabhängigkeit von Meßfehlern induziert werden.
Die in dieser Arbeit auf der Basis unseres kontinuierlichen Simulationsschätzansatzes für die USA produzierten Ergebnisse widersprechen ebenfalls partiell den Resultaten der statistischen polit-ökonomischen Modelle, vergrößern aber auch die Heterogenität der Methodenszene. Im einzelnen erhalten wir folgende Koeffizienten* (Siehe auch Schaubild 5):

C1	=	0.062 (0.153)	C5	=	2.87 (1.78)
C2	=	−1.84** (0.77)	C6	=	12.75 (1.67)
C3	=	−8.26** (3.69)	C7	=	0.14 (0.016)
C4	=	−1.76** (0.348)	R^2	=	0.55

* Die Vorzeichen sind die der Gleichung. In Klammern die Fehler der Koeffizienten.
** Diese Koeffizienten haben nicht das erwartete Vorzeichen (Negatives Vorzeichen in der Simulationsgleichung * negatives Vorzeichen des Koeffizienten = positives Vorzeichen).

Von den vier makro-ökonomischen Indikatoren der Gleichung hat nur die Veränderung des Realeinkommens (C1) das erwartete Vorzeichen. Allerdings ist der Fehler dieses Koeffizienten mehr als doppelt so groß wie der Koeffizient selbst. Die Inflationsrate (C2), die Veränderung der Arbeitslosigkeit (C3) und die Höhe derselben (C4) wirken sich in dieser Gleichung positiv auf die Popularität des Präsidenten aus. Die anderen Indikatoren Wahlzyklus (C5), Watergate (C6) und Niveau der Popularität (C7) weisen alle die „richtigen" Vorzeichen auf.
Wie läßt sich dieses Ergebnis erklären? Drei mögliche Ursachen könnten dafür verantwortlich sein:

1. die hier angewandte Methodologie, die aufgrund ihrer kontinuierlichen Vorgehensweise keine Unabhängigkeit der Fehler für die zeitliche Aggregation unterstellt, und die Annahme, daß ein kontinuierlicher Bezugsrahmen den Prozeß des Einflusses ökonomischer Faktoren auf Veränderungen der Popularität des Präsidenten besser repräsentiert;
2. die Tatsache, daß es sich um eine multivariate Gleichung handelt, in der Multikollinearitätsprobleme bzw. Mißspezifikation existieren, und

Schaubild 5: Gemessene (ASUP) und geschätzte Popularität (ZSUP) des amerikanischen Präsidenten (vierteljährliche Daten; 1960.1 – 1977.4)

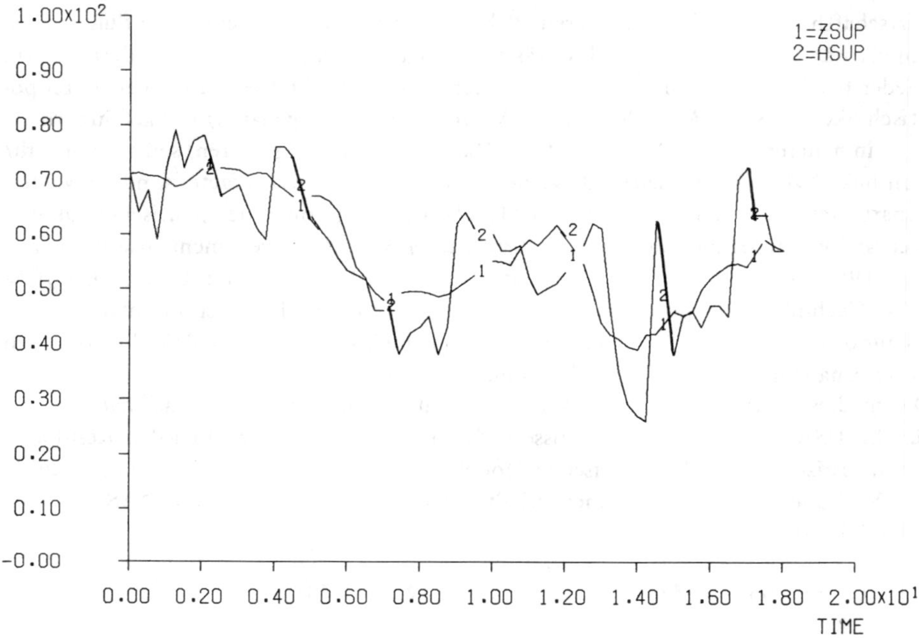

3. die Möglichkeit, daß in unserem Beobachtungszeitraum keine ökonomischen Krisen vorlagen, die einen signifikanten Einfluß auf die Veränderung der Popularität hatten. Dagegen spricht, daß empirisch die Arbeitslosigkeit zwischen 8.9 und 3.4 % schwankt, also eine Differenz von immerhin 5,5 % aufweist. Ferner, daß die Periode höchster Arbeitslosigkeit (1975.1–1975.4) auch die höchste Inflationsrate hat. Dennoch zeigt die Popularität des Präsidenten keinen großen Einbruch, sondern schwankt um einen Wert von 45 %. Der Grund scheint im Nachwirken des Watergateskandals zu liegen. Das Argument könnte verkürzt und polemisch formuliert lauten:
die Bevölkerung der USA ist relativ zufrieden mit einem Präsidenten, der zwar nicht sehr erfolgreich die Ökonomie steuert, aber zumindest moralisch intakt scheint. Mit anderen Worten: die Erholung der Präsidentenpopularität vom Watergatetiefpunkt fällt zusammen mit dem Ansteigen der Arbeitslosigkeit und der Inflation. Ähnliches ist für andere Perioden zu beobachten. Von 1960.3–1961.4 beläuft sich die Arbeitslosigkeit auf 6 bzw. 7 %, trotzdem liegt die durchschnittliche Popularität von Kennedy bei 72 %. Diese Beispiele zeigen, daß politische Faktoren die ökonomischen Einflüsse überlagern. Kehren wir zurück zu unserer Liste von Argumenten, die möglicherweise das erzielte Ergebnis erklären können. Nachdem wir den dritten Punkt zumindest partiell bejaht haben, sollten wir uns der Frage zuwenden, ob der kontinuierliche Differentialgleichungsansatz das adäquatere Verfahren zur Überprüfung solcher Beziehungen darstellt.

Man könnte argumentieren, daß Daten über Inflationsentwicklung und Arbeitslosigkeit in diskreten Zeitabschnitten veröffentlicht werden und daß deshalb Veränderungen der Popularität des Präsidenten auch in diskreten Sprüngen erfolgen. Auf der anderen Seite wissen wir aber auch, daß Meinungsänderungsprozesse, sofern keine diskreten Entscheidungssituationen vorliegen, häufig als Folge von kognitiver Dissonanzreduktion (Festinger, 1957) stattfinden. Die Unterstützung für einen Präsidenten wird damit zu einem kontinuierlichen Anpassungsprozeß an reale Entwicklungen, wobei negative ökonomische Entwicklungen, sofern sie keine dramatischen Ausmaße erreichen, von „positiven" politischen Entwicklungen dominiert werden können. Mit anderen Worten: die Zu- und Abnahme des Popularitätsniveaus wird in viel stärkerem Maße durch die politischen Variablen unserer Gleichung (Wahlzyklus, Watergate und Popularitätsabschreibung) bestimmt als durch den kontinuierlichen Anpassungsprozeß an relativ geringfügige Veränderungen der ökonomischen Situation (Preise und Arbeitslosigkeit). In diesem Sinne relativiert der hier verwendete Schätzansatz die Bedeutung ökonomischer Indikatoren für die Vorhersage des Unterstützungsgrades des Präsidenten. Anders ausgedrückt heißt dies, daß die Wahl der Methoden und die dadurch implizierten Annahmen, die Ergebnisse erheblich beeinflussen zu scheinen. Ob ein diskreter ökonomischer Schätzansatz das geeignete Verfahren zur Überprüfung des Zusammenhangs zwischen der Popularität des Präsidenten und der wirtschaftlichen Entwicklung darstellt, oder ob ein kontinuierlicher Ansatz, wie wir ihn in dieser Arbeit verwenden, das adäquate Instrument ist, kann aber nur partiell auf der technischen Ebene entschieden werden. Entscheidend ist, ob man den dynamischen, kontinuierlichen Charakter dieser unterstellten Dependenz ernst nimmt und ihn durch geeignete technisch-mathematische Strategien umsetzt. Letzteres haben wir hier versucht.

Ein weiterer, oben angesprochener, aber noch nicht diskutierter Punkt ist die Möglichkeit eines Multikollinearitätsproblems. In der Tat liefert die Kovarianz-Matrix einen gewissen Verdacht in dieser Richtung. Der hohe Fehlerterm und damit die Insignifikanz der Einkommensvariablen scheint relativ eindeutig durch Kollinearität mit dem Wahlzyklus verursacht. Eine negative Beziehung ($>.7$) besteht zwischen der Höhe der Arbeitslosigkeit und dem Wahlzyklus. Das bedeutet, daß die Arbeitslosigkeit zum Wahlzeitpunkt relativ niedrig ist. Die Wahlzyklusvariable ist so konstruiert, daß sie für das Wahlquartal den höchsten Wert aufweist. Da aber gleichzeitig der Wahlzyklus mit der abhängigen Variable (Veränderung der Popularität) ebenfalls in einer negativen Beziehung steht, zeigt dies, daß relativ niedrige Arbeitslosigkeit zum Zeitpunkt der Wahl dem Präsidenten kaum hilft. Seine Unterstützung und Popularität ist trotzdem im Abwind. Hier könnte man die Vermutung äußern, daß die ökonomischen Indikatoren und speziell die Arbeitslosigkeit einen Effekt auf Veränderung der Popularität haben, der von der zeitlichen Phase im Wahlzyklus abhängt. Mit anderen Worten: eine Schätzgleichung, deren Koeffizienten eine direkte Kombination von Zyklus- und ökonomischen Einflüssen darstellen würden, würde unter Umständen dem Problem eher gerecht. Diese Bemerkung muß allerdings für die vorliegende Arbeit Spekulation bleiben.

Es bleibt festzuhalten, daß das unerwartete Resultat für die ökonomischen Koeffizienten unserer Popularitäts-(Unterstützungs-)funktion zum großen Teil durch die Realität, wie sie in unserer Datenbasis zum Ausdruck kommt, verursacht wird. Trotz einiger

Multikollinearitätsprobleme sind die Koeffizienten mit „falschem" Vorzeichen alle zumindest doppelt so groß wie ihre Fehler. Das deutet nicht unbedingt darauf hin, daß sich das Kollinearitätsproblem stark auswirkt.
Um ein abschließendes Urteil über die Spezifikation und die Resultate unserer Popularitätsfunktion zu ermöglichen, müssen weitere Schätzungen für andere Länder folgen. Dies ist auch beabsichtigt. In dieser Arbeit konnten wir nur einen ersten Test liefern. Dennoch ist die Anmerkung gerechtfertigt, daß man in einem dynamischen Modellkontext darauf gefaßt sein sollte, daß sich aus der Vergangenheit gewohnte Variablenbeziehungen und Koeffizienten verändert darstellen können.

5. Zusammenfassung

In dieser Arbeit wurde versucht dreierlei zu leisten: wir haben zunächst die konzeptionelle Seite eines kontinuierlichen Simulationsmodells über politische Unterstützung und Opposition beschrieben, welches für die Integration in ein Globalmodell mit multisektoraler Struktur geeignet ist. Als zweiten Schritt haben wir die mathematische Form und die funktionalen Beziehungen des Modells erläutert, ferner die Modifikationen für unterschiedliche Typen von Nationalstaaten diskutiert. Im letzten Kapitel wurde der Versuch unternommen, Möglichkeiten einer empirisch basierten Parametrisierung der Modellgleichungen aufzuzeigen. Der hier benutzte DARE-P-MINUIT-Bezugsrahmen brachte dabei teilweise klare Bestätigungen der in den Gleichungsspezifikationen implizierten Hypothesen. Der „Reaktions-Speicherungs-Ansatz" zur Vorhersage von Protesten und Sanktionen hat sich dabei insbesondere als tragfähig erwiesen. Ferner wurde deutlich, daß Zyklen bei der Analyse von Popularitäten, die uns hier als Indikator für Regierungsunterstützung dienen, eine wichtige Rolle spielen. Ökonomische Einflüsse scheinen auf kontinuierliche Veränderungsraten von Popularitäten nicht den erwarteten Effekt zu haben. Allerdings sollte man das letztgenannte Ergebnis aufgrund der diskutierten Einwände als vorläufig betrachten. Sowohl alternative Gleichungsspezifikationen wie auch die Verwendung neuer Algorithmen zur Schätzung nicht-linearer kontinuierlicher Systeme[20] können in diesem Falle weitere Klarheit schaffen.
Ein nächster Schritt bei der Entwicklung des Simulationsmodells stellt die Inkorporation der geschätzten Parameter in die Modellstruktur dar. Die Simulation zukünftiger Entwicklungspfade unserer endogenen, abhängigen Variablen sollte dann zusätzlich die Brauchbarkeit der Koeffizienten erweisen. Die Darstellung dieser Simulationsläufe mußte jedoch aus Zeit- und Platzgründen hier unterbleiben.

Anmerkungen:

1 Dieses umfassende Projekt nennt sich GLOBUS (*G*enerating *L*ong-term *O*ptions *B*y *U*sing *S*imulation) und wird zur Zeit am Internationalen Institut für Vergleichende Gesellschaftsforschung des Wissenschaftszentrums Berlin durchgeführt. Einen allgemeinen Überblick bietet Bremer (1982).

2 Dieser Sektor des Globalmodells ist beschrieben in Cusack (1982). Die Ziele der Regierungen bestehen darin, ökonomisches Wachstum, politische Unterstützung, nationale Sicherheit und ein ausgeglichenes Budget zu erreichen.

3 Aus der großen Zahl der Arbeiten können hier nur einige genannt werden: Kramer, G.H.: Short-Term Fluctuations in US-Voting Behavior, in: APSR, Vol. 65 (1971); Goodhart, C.A.E./Bhansali, M.J.: Political Economy, in: Political Studies, Vol. 18 (1970); Kirchgässner, G.: Wirtschaftslage und Wählerverhalten, in: PVS, Jg. 18 (1977); Frey, Bruno S.: Politico-Economic Models and Cycles, Journal of Public Economics 9, pp. 203–220 (1978); Monroe, Kirsten R.: Economic Influences on Presidential Popularity, in: Public Opinion Quarterly, Fall '78; Hibbs, Douglas A.: The Mass Public and Macroeconomic Performance: The Dynamics of Public Opinion Toward Unemployment and Inflation, in: American Journal of Political Science, Vol. 23, 4 (1979); Hibbs, Douglas A.: The Dynamics of Political Support for American Presidents Among Occupational and Partisan Groups, in: American Journal of Political Science, Vol. 26, No. 26, No. 2, 1982.

4 Diese Forschungsrichtung hat ebenfalls eine Reihe bedeutender empirischer Studien hervorgebracht: z.B. Feierabend, I.K./R.L. Feierabend: Aggressive Behaviors Within Polities, 1948–1962: A Cross National Study. Journal of Conflict Resolution 10, No. 3, pp. 269–271 (1966); Gurr, T.R.: A Causal Model of Civil Strife: A Comparative Analysis Using New Indices, APSR 62, No. 4, 1104–1124 (1968); Hibbs, Douglas A.: Mass Political Violence: A Cross-National Causal Analysis, Wiley, N.W. (1973).

5 DARE-P ist eine benutzerfreundliche Simulationssprache, die auf der Grundlage der Continuous System Simulation Language (CSSL) entwickelt wurde. Sie enthält Algorithmen zur numerischen Lösung kontinuierlicher Differentialgleichungssysteme. Die allgemeine Philosophie von DARE (*D*ifferential *A*nalyzer *RE*placement) wird in dem Text von Korn/Wait: Digital Continuous System Simulation, Prentice-Hall, 1977, diskutiert. Eine allgemeinere Diskussion der Problematik findet sich in dem sehr informativen Standardwerk von Zwicker (1981).

6 Dieses Konzept wurde in einer beträchtlichen Zahl von empirischen Studien auf der Umfrageebene erfolgreich eingesetzt. Als Beispiel kann E.N. Muller, Behavioral Correlates of Political Support, American Political Science Review, 71, 1977, gelten. Aber auch ein Buch desselben Autors: Aggressive Political Participation. Princeton University Press, 1979.

7 Diese Ergebnisse treffen vor allem für die Aggregatebene zu. Aber auch auf der Mikroebene (Umfragen) konnte mit Hilfe ökonomischer Faktoren (z.B. Arbeitslosigkeit) zusätzliche Varianz in der Wahlentscheidungsvariable erklärt werden. Zur Diskussion dieser Frage siehe auch Rattinger, 1982. Allerdings scheinen auf dieser Ebene andere Variablen (Parteineigung, Schichtzugehörigkeit etc.) von größerer Erklärungskraft. Häufig wurden diese Resultate als sich widersprechend rezipiert. Wir können diese Interpretation nicht teilen und stimmen Kirchgässner (1982) zu.

8 Zu diesen Kritikern gehört Dinkel, R.: The Business Cycle and Political Support. Papier für den IPSA-Kongress, Moskau (1979).

9 Easton, David: A Re-Assessment of the Concept of Political Support. British Journal of Political Science 5, 435–457 (1975). Aber auch in: Muller, N.E.: Aggressive Political Participation. Princeton University Press (1979).

10 „Normalerweise" liegt diese Zahl bei 50 %. In Ländern, in denen es nicht regierungsfähige Parteien gibt, kann diese Mehrheitsgrenze deutlich niedriger liegen.

11 Dieses Argument basiert auf der „Logik des kollektiven Handelns" wie sie vor allem von Mancur Olson entwickelt wurde. Häufig dienen primoridal definierte Gruppen oder Gesellschaftssegmente als organisatorische Basis für Unzufriedenheit.

12 Lichbach argumentiert auf der Grundlage eines analytischen Modells, daß es eine spezifische Kosten-Nutzen-Relation zwischen Akkomodation und Repression gibt. Er kann zeigen, daß es Regierungen unmöglich ist, alle Arten von Konflikt mit diesen beiden Policyoptionen zu kontrollieren. Beide Strategien erhöhen für Regierungen die Gefahr revolutionärer Strömungen, schränken jedoch das Ausmaß an Gewalt tendenziell ein.

13 Siehe dazu die sogenannte „Government Overload"-These (Rose, 1975; King, 1975), die Theorie des Neokorporatismus (Lehmbruch, 1977; Schmitter, 1977) und die Arbeiten über Politikverflechtung (Scharpf, 1976).

14 Hier ist vor allem auf die These über die post-materielle Gesellschaft und ihre empirischen Begründungen (Inglehart, 1977, 1981) zu verweisen.

15 In diesem Kontext müssen vor allem die Pionierarbeit von Cantril (1965), aber auch die globalen Umfragen von Gallup (1976) erwähnt werden.

16 Für die Entwicklungsländer oder Länder der Dritten Welt ist im Weltmodell eine Differenzierung in einen urbanen Sektor einerseits und Agrarbereich andererseits geplant. Die Bedeutung der dualistischen Struktur dieser Gesellschaften erfordert ein derartiges Vorgehen.

17 Siehe dazu Anhang I und ein früheres Papier von mir (Widmaier, 1982).

18 Diese Daten finden sich in mehreren Veröffentlichungen des Gallup-Instituts. Ich bin meinem Kollegen Thomas R. Cusack für ihre Zusammenstellung und freundliche Überlassung dankbar.

19 Zunächst wird ein Monte-Carlo-Verfahren zur Suche eines Minimums angewandt. Danach werden Algorithmen mit zunehmend größerer Präzision verwendet. Das Paket schließt mit einer Fehleranalyse der einzelnen Parameter.

20 Ein Programmpaket, das in Zukunft verwendet werden soll, nennt sich MINPACK und wurde von Garbow/Hillstrom und More am Argonne National Laboratory der Vereinigten Staaten entwickelt.

Bibliographie:

Adelman, I. and *Hibn, J.M.* (1982): The Dynamics of Political Change, Working Paper No. 192, Division of Agricultural Science, University of California.

Allan, P. and *U. Luterbacher* (1982): International Politics in Global Modelling, Arbeitspapier für den 12. Weltkongreß der IPSA, Rio de Janeiro.

Bremer, S.A. (1982): The GLOBUS Model: A Guide to Its Theoretical Structure, IIVG/dp 82–105, Science Center Berlin.

Cagan, P. (1956): The Monetary Dynamics of Hyperinflation, pp. 25–117, in: *M. Friedman* (editor), Studies in the Quantity Theory of Money, Chicago, IL: University of Chicago Press.

Campbell, A., Ph. Converse, W. Miller and *D. Stokes,* (1960): The American Voter, Wiley: New York.

Campbell, A., Ph. Converse, W. Miller, W. and *D. Stokes* (1966): Elections and the Political Order, Wiley: New York.

Cantril, H. (1965): The Pattern of Human Concerns, Rutgers University Press: New Brunswick.

Cusack, T.R. (1980): Social Mobilization and Political Conflict. A Research Note, Mimeo.

Cusack, T.R. (1982): Government Resource Allocation in GLOBUS, IIVG/dp 82–106, Science Center Berlin.

Davies, J.C. (1962): Toward a Theory of Revolution, American Sociological Review, 27, S. 5–19.

Deutsch, K.W. (1961): Soziale Mobilisierung und politische Entwicklung, Politische Vierteljahresschrift (PVS), S. 104–124.

Deutsch, K.W., J.I. Dominguez und *H. Heclo* (1981): Comparative Government: Politics of Industrialized and Developing Nations, Houghton Mifflin: Boston.

Festinger, L. (1957): A Theory of Cognitive Dissonance, Free Press: New York.

Frey, B.S. (1978): Politico-economic Models and Cycles, Journal of Public Economics, 9, S. 203–220.

Frey, B.S. and *F. Schneider* (1978): An Empirical Study of the Politico-Economic Interaction in the United States, The Review of Economics and Statistics, 60, S. 174–183.

Gallup, G.H. (1976): Human Needs and Satisfactions: A Global Survey, Public Opinion Quarterly, 40, S. 459–467.

Gurr, T.R. and *M. McClelland* (1971): Political Performance: A Twelve-Nation Study, Sage: Beverly-Hills.

Gurr, T.R. and *R. Duvall* (1973): Civil Conflict in the 1960s. A Reciprocal Theoretical System with Parameter Estimates. In: Comparative Political Studies, 6, S. 135–169.

Hibbs, D.A., Jr. (1979): The Mass Public and Macroeconomic Performance: The Dynamics of Public Opinion Toward Unemployment and Inflation, American Journal of Political Science, 23, S. 705–731.

Hibbs, D.A., Jr. (1973): Mass Political Violence: A Cross-National Causal Analysis. Wiley: New York.

Hibbs, D.A., Jr. (1982): The Dynamics of Political Support for American Presidents Among Occupational and Partisan Groups, American Journal of Political Science, 26, S. 312–332.

Huntington, S.P. (1968): Political Order in Changing Societies, Yale University Press: New Haven.

Hurwitz, L. (1973): Contemporary Approaches to Political Stability. Comparative Politics, 5, S. 449–463.

Inglehart, R. (1977): The Silent Revolution, Princeton University Press: Princeton.

James, F. and *M. Roos* (1975): Minuit. CERNLIB Documentation: Report D506.

Jodice, D.A. and *C.L. Taylor, Charles* (1981): Codebook Political Protest and Government Change, 1948–1977. The Third World Handbook of Political and Social Indicators, IIVG/P 81–124, Science Center Berlin.

King, A. (1975): Overload: Problems of Governing in the 1970s, Political Studies, 23.

Kirchgässner, G. (1977): Wirtschaftslage und Wählerverhalten. Eine empirische Studie für die Bundesrepublik Deutschland von 1971 bis 1976, PVS 18, S. 510–536.

Kirchgässner, G. und *F. Schneider* (1979): Politisch-ökonomische Modelle: Theoretische Ansätze und empirische Ergebnisse, in: *C. Hillinger/M.J. Holler* (Hrsg.), Ökonomische Theorie der Politik, München.

Kirchgässner, G. (1982): Welche Art der Beziehung herrscht zwischen der objektiven wirtschaftlichen Entwicklung, der Einschätzung der Wirtschaftslage und der Popularität der Parteien: Unabhängigkeit, Scheinunabhängigkeit, Scheinkorrelation oder kausale Beziehung?, Arbeitspapier, No. 36. Institut für Wirtschaftsforschung, ETH Zürich.

Kirkpatrick, G. (1982): Theory and Measurement: A Continuous Time Estimation of Supply and Factor Demand for German Manufacturing, 1960–1978, Mimeo, Berlin.

Korn, G.A. and *J.V. Wait* (1977): Digital Continuous System Simulation, Prentice-Hall: Englewood Cliffs.

Lichbach, M. (1982): An Economic Theory of Governability: Choosing Policy and Optimizing Performance, Unpublished Manuscript, Chicago.

Lehmbruch, G. (1977): Liberal Corporatism and Party Government, Comparative Political Studies, 10, S. 91–126.

Luterbacher, U., P. Allan and *A. Imhoff* (1979): SIMPEST. A Simulation Model of Political, Economic and Strategic Interactions Among Major Powers, Paper prepared for delivery at the Moscow IPSA Congress.

Millstein, J.S. (1974): Dynamics of the Vietnam War, Columbus.

Muller, E.N. (1979): Aggressive Political Participation. Princeton University Press: Princeton.

Norpoth, H. and *T. Yantek* (1981): Economic Conditions and Government Support, Deflating a Popular Myth; Or, Can Political Economy Survive Box-Jenkins and Live to Find True Significance? Paper prepared for the Annual Meetings of the American Political Science Association, New York.

Olson, M. (1968): Die Logik des kollektiven Handelns, Mohr: Tübingen.

Olson, M. (1982): The Political Economy of Comparative Growth Rates, in: *Mueller, D.C.* (ed.) The Political Economy of Growth, Yale University Press: New York.

O.E.C.D. (1980): Main Economic Indicators: Historical Statistics, 1960–1979, Paris.

Powell, M.J.D. (1964): An Efficient Method for Finding the Minimum of a Function of Several Variables without Calculating Derivatives, Computer Journal 7, S. 155–162.

Rattinger, H. (1982): Arbeitslosigkeit, Apathie und Protestpotential. Zu den Auswirkungen der Arbeitsmarktlage auf das Wahlverhalten bei der Bundestagswahl 1980. Unveröffentlichtes Manuskript.

Rose, R. (1975): Overloaded Government. The Problem Outlined, European Studies Newsletter, V.

Roth, D. (1973): Ökonomische Variablen und Wahlverhalten, Politische Vierteljahresschrift, 14, S. 257–274.

Roth, D. (1977): Ökonomische Situation und Wahlverhalten: Das Beispiel Arbeitslosigkeit, Politische Vierteljahresschrift, 18, S. 537–550.

Sanders, D. (1981): Patterns of Political Instability, McMillan: London.

Scharpf, F.W. (1976): Theorie der Politikverflechtung, in: F. Scharpf, B. Reissert und F. Schnabel, Politikverflechtung, Atheneum: Kronberg.

Sims, Ch.A. (1980): Macroeconomics and Reality, Econometrica, 48, S. 1–48.

Schmitter, Ph.C. (1977): Modes of Interest Intermediation and Models of Societal Change in Western Europe, Comparative Political Studies, 10, S. 7–38.

Taylor, C.L. and *M.D. Hudson* (1972): World Handbook of Political and Social Indicators. Second Edition, Yale University Press: New Haven.

Taylor, C.L. and *D.A. Jodice* (1982): World Handbook of Political and Social Indicators, III, Yale University Press: New Haven.

Wait, J.V. (1978): A Beginner's Manual for the DARE-P Continuous-System Simulation Language, University of Arizona, CSRL Memo 311.

Ward, H.D. (1982): The Differential Paths to Parity: A Study of the Contemporary Arms Race, Unpublished Manuscript, Berlin.

Widmaier, U. (1978): Politische Gewaltanwendung als Problem der Organisation von Interessen, Hain: Meisenheim.

Widmaier, U. (1981): Ecnonomic Development, Government Resource Allocation and Political Conflict, IIVG/dp 81–119, Science Center Berlin.

Widmaier, U. (1982): Political Performance, Political Support and Political Stability: The GLOBUS Framework, Discussion Paper, IIVG/dp 81–108, Berlin.

Wymer, C.R. (1972): Econometric Estimation of Stochastic Differential Equation Systems, Econometrica 40, S. 565–577.

Zwicker, E. (1981): Simulation und Analyse dynamischer Systeme in den Wirtschafts- und Sozialwissenschaften de Gruyter: Berlin.

Anhang I: Liste der im globalen Simulationsmodell verwendeten Indikatoren (nach Sektoren geordnet)

Nationale Ökonomische Indikatoren	Internationale Ökonomische Indikatoren	Soziale Indikatoren	Nationale Politische Indikatoren	Internationale Politische Indikatoren
1. Lohnquote (real) 2. Persönlicher Konsum pro Kopf der Bevölkerung 3. Einkommen (real) der Haushalte 4. Einkommenssteuer/ Einkommen der Haushalte 5. Bruttosozialprodukt 6. Arbeitslosenquote 7. Inflationsrate	1. Importabhängigkeit 2. Wechselkurs zum US-Dollar	1. Transferzahlungen/ Einkommen 2. Ausgaben der Regierung für Bildung 3. Ausgaben der Regierung für Gesundheit	1. Regierungssanktionen 2. Demokratie-Index 3. Konflikt 4. Ausmaß des Separatismus	1. Militärische Kapazität/ Internationale Spannungen (Relation zwischen erhaltenem und gesendetem Konfliktverhalten)

12. Internationaler Handel und Politik (*)

Brian M. Pollins

1. Einleitung (**)

Seit der Veröffentlichung von ,Die Grenzen des Wachstums' (Meadows et al.) im Jahre 1972 haben verschiedene Forscherteams (einschließlich unseres eigenen am Wissenschaftszentrum Berlin) die Konstruktion von Weltmodellen in Angriff genommen, um die langfristigen Folgen globalen wirtschaftlichen und demographischen Wachstums zu erfassen, und um die Probleme zu studieren, in deren Mittelpunkt die sogenannte „World Problematique" steht. Der Club of Rome als erster und andere Gruppen nach ihm haben das Problem in der Weise formuliert, daß wirtschaftliche und demographische Wachstumsprozesse letztlich tödliche Folgen haben (Meadows et al., 1972). Die durch die Bevölkerungsexplosion angeregte Nachfrage und die wachsende industrielle Produktion müssen angesichts begrenzter natürlicher Ressourcen zur Überforderung („Over-shoot") der Umwelt führen und somit zum Zusammenbruch („Collapse") der Gesellschaft durch Umweltverschmutzung, Hunger und zunehmende Verknappung der (endlichen) Rohstoffe.

Eine Reihe von Wissenschaftlern haben die wirtschaftlichen und demographischen Annahmen dieser Modelle (Kaysen, 1972; Cole et al., 1973; Nordhaus, 1973) kritisiert. Nicht zuletzt aus diesem Grund vertritt die Forschungsgruppe am Internationalen Institut für Vergleichende Gesellschaftsforschung des Wissenschaftszentrums Berlin die Ansicht, daß die Debatte über die „Grenzen des Wachstums" nicht sinnvoll geführt werden kann, werden die politischen Ursachen und Folgen der „World Problematique" nicht berücksichtigt. Einfacher ausgedrückt, die Folgen wirtschaftlicher und demographischer Wachstumsprozesse werden unabhängig von ihrer Begrenzung, schon lange vorher zu nationalen und internationalen politischen Problemen, bevor die endliche materielle Basis der Welt erschöpft ist. Folglich müssen nationale und internationale politische Gegenmaßnahmen ergriffen werden, wenn die negativen Folgen eben dieser Prozesse verringert werden sollen.

Darum will das Weltmodell, das wir gegenwärtig konstruieren und das den Namen GLOBUS (*G*enerating *L*ong-Term *O*ptions *b*y *U*sing *S*imulation) trägt, den Versuch

(*) Übersetzt von Ekkart Zimmermann
(**) Meinen Kollegen am Wissenschaftszentrum Berlin möchte ich für ihre hilfreichen Kommentare danken, besonders aber Grant Kirkpatrick, der mir bei der Lösung theoretischer Fragen und bei den Schätzproblemen sehr geholfen hat, und Mariette Rissenbeel für die Erstellung aller Gleichungen, Tabellen und Abbildungen.

machen, die vielen makropolitischen Prozesse und deren Zusammenhang mit der Wirtschaft explizit darzustellen (vgl. auch Widmaier in diesem Band).

In früheren Weltmodellen wurde die Welt als Einheit erfaßt oder höchstens in verschiedene geographische Regionen aufgeteilt. In einem politischen Prozeßmodell, das für die „Problematique" von Bedeutung ist, müssen aber Nationalstaaten repräsentiert sein, weil sie die wichtigsten Akteure im internationalen System sind. Ausgehend von dieser Prämisse, sieht unser Ansatz nationale Regierungen vor, die in vier Sektoren tätig sind: im internationalen wirtschaftlichen Sektor, im internationalen politischen Sektor, im nationalen wirtschaftlichen Sektor und im nationalen politischen Sektor (Bremer, 1981). Nationale Regierungen verfolgen in jedem dieser Sektoren spezifische Ziele, z. B. den eigenen Staat gegen Bedrohungen aus dem Ausland abzusichern, die nationale Wirtschaft zu stabilisieren und Arbeitslosigkeit und Inflation zu minimieren. Sie müssen auch auf Ereignisse bzw. Abläufe in eben diesen vier Sektoren reagieren (z. B. auf Streiks oder Demonstrationen zu Hause oder auf einen Anstieg der Weltölpreise), die ihrerseits miteinander gekoppelt sind.

Das vorliegende Papier konzentriert sich auf den internationalen wirtschaftlichen Sektor, d. h. auf Beschreibung und theoretische Spezifikation des Handelsalgorithmus von GLOBUS. Zunächst werden die relevanten Weltprobleme auf dem Gebiet des internationalen Handels identifiziert, bevor wir ein begriffliches Konstrukt entwickeln, mit dem solche Fragen in einem formalen Modell analysiert werden können. In die Konzeptionalisierung geht die Verflechtung mit den anderen GLOBUS-Sektoren ein. Wir werden dann das formale Modell darstellen, es in der internationalen Handelstheorie verankern wie auch politische Determinanten berücksichtigen. Schließlich wird eine Schätzgleichung des Modells abgeleitet. Schätzungen oder Simulationsergebnisse werden nicht vorgelegt, da diese gerade erst in Angriff genommen werden. Insgesamt soll dieser Beitrag illustrieren, wie komplexe globale politische und wirtschaftliche Probleme in einem formalen Modell repräsentiert werden können und wie die Parameter eines solchen Modells empirisch geschätzt werden können.

Halten wir noch einmal fest: das GLOBUS-Modell berücksichtigt als Kernelemente explizit Nationen-Staaten als handelnde Einheiten, politische Variablen als Bestimmungsgrößen wirtschaftlicher Prozesse, die Abbildung politischer Prozesse (wie Konflikt, Kooperation, Instabilität und Budgetentscheidungen) und die politischen Konsequenzen dieser Wechselbeziehungen.

Diese einzigartigen Merkmale, die diesen Ansatz kennzeichnen, erfordern offensichtlich, daß das Handelsmodell nationale Importe und Exporte abbildet, weil die politischen Beziehungen zwischen Nationen (wie Konflikte, Kooperation und Bündnisse) bilateral erfolgen. Das hauptsächliche Interesse an den wechselseitigen Einflüssen zwischen Politik und Wirtschaft führt zu weiteren Anforderungen an diesen Sektor. Spezifische wirtschaftliche Austauschprozesse, wie z. B. von Nahrungsmitteln, Energie oder Waffen, haben unterschiedliche Bedeutung für die strategische Stärke oder Verletzbarkeit einzelner Staaten oder Staatengruppen (Allianzen).

Die gegenwärtige Nord-Süd-Debatte konzentriert sich auf die Frage, ob die bestehende Weltwirtschaftsordnung oder Alternativen, Ländern der Dritten Welt eher die Möglichkeit eröffnen, die Struktur ihrer Handelsbeziehungen zu ändern. So versuchen die Ent-

wicklungsländer, sich besonders von der Produktion und vom Export von Primärgütern abzukoppeln und stattdessen größere Weltmarktanteile bei Fertigprodukten zu gewinnen. Sie sehen den internationalen Handel als Vehikel an, durch das ihre Interessen an der eigenen Entwicklung und an den terms of trade gefestigt werden können.
Deshalb ist auch klar, daß unser Simulationsmodell spezifische Güter und ihre Austauschbeziehungen erfassen muß, um die Herausforderungen und Belastungen angemessen abzubilden, die die Welt in den kommenden Jahrzehnten im internationalen Handel vermutlich antreffen wird. Deswegen muß das Modell der internationalen Handelsbeziehungen nationenspezifisch sein, Nationenpaare (Dyaden) enthalten und güterspezifisch sein. Die Struktur des internationalen Handels muß so modelliert werden, daß auch politische Bedingungen und Folgen berücksichtigt werden können.

2. Globale Herausforderungen und Belastungen – Internationaler Handel als Bezug

Im Bereich internationalen Handels haben wir drei größere Streitfragen herausgearbeitet, die aller Voraussicht nach die Quelle globaler Belastungen in den kommenden Dekaden darstellen.
Die erste bezieht sich auf das Wiedererstarken des Protektionismus während der vergangenen zehn Jahre und seine mögliche Fortführung. Welche Länder werden hart durch verschärfte Handelsbarrieren getroffen? Würden – im Unterschied dazu – alle von einem Freihandels-System gleichermaßen profitieren? Die Beziehungen unter den industriell fortgeschrittenen Nationen des Westens werden durch diese Frage ganz direkt (aber beileibe nicht ausschließlich) berührt, denn sie haben die Liberalisierung der Handelsbeziehungen nach dem 2. Weltkrieg vorangetrieben. Protektionistische politische Reaktionen dieser Länder – sei es zum Schutz der wirtschaftlich schwachen Heimindustrien, auf Grund erfolgreicher Aktivitäten der Gewerkschaften oder als Vergeltung für die Errichtung von Handelsbarrieren durch Drittstaaten – könnten möglicherweise eben dieses System zerstören. Das Ausmaß, in dem der Welthandel zunehmend offener (liberal) oder geschlossener (protektionistisch) wird, ist wahrscheinlich ein gewichtiger politischer Streitpunkt, der erhebliche wirtschaftliche Folgen haben kann.
Die zweite Ursache der Belastung in diesem Bereich berührt Fragen der Verteilung. Die Nord-Süd-Debatte über eine neue Weltwirtschaftsordnung hat sowohl die terms of trade als auch die globale Arbeitsteilung thematisiert. Verschiedene Strategien sind vorgeschlagen worden, die Handelsbeziehungen in einer Weise neu zu strukturieren, um die innere Entwicklung der Dritten Welt zu fördern. Doch Maßnahmen wie Stabilisierungspläne für einzelne Güter, steuerliche Begünstigungen oder eine Politik der wirtschaftlichen Autarkie haben vermutlich unterschiedliche Folgen für die politischen Nord-Süd-Beziehungen. Doch bis heute verfügen wir über keine umfassende Einsicht in die Praktikabilität oder die Folgen dieser Strategien.
Das dritte große Streitgebiet berührt die Ost-West-Beziehungen. Wie wird der Westen seine wirtschaftliche Außenpolitik gegenüber der Sowjetunion betreiben: Konfrontation oder Versöhnung? Wird die vergrößerte westeuropäische Abhängigkeit von der sowjetischen Energie die atlantische Allianz untergraben? Kann die Sowjetunion den

Energiebedarf Ost-Europas befriedigen? Wird der osteuropäische und sowjetische Bedarf an harter Währung die Handelsbeziehungen mit dem Westen kräftigen und damit den Comecon untergraben? Diese Fragen zeigen, daß Handelsbeziehungen auf bedeutsame Weise durch die Beziehungen innerhalb und zwischen den beiden Blöcken (Ost, West) beeinflußt werden und daß der Handel mit großer Wahrscheinlichkeit ein Instrument auswärtiger Politik bleiben wird.

Bei der Anwendung unseres Simulationsmodells auf die Fragen in den drei genannten Gebieten werden wir die individuell spezifizierten bilateralen Handelsströme aggregieren, um Informationen über sechs Handelsindikatoren zu gewinnen:

1. Exportkörbe: der Anteil eines Gutes am gesamten Export eines jeden Landes;
2. Marktanteile: der Anteil am Weltexport auf jedem der sechs Gütermärkte, der von jedem Land gehalten wird;
3. Partner- und Handelskonzentration: verschiedene Indices, die zwischen 0.0 (perfekte Diversifizierung des Handels) und 1.0 (totale Konzentration des Handels auf ein Gut oder einen Partner) variieren;
4. Gruppenmuster: eine Beschreibung des relativen Handelsvolumens (auf der Basis spezieller Handelsgüter, wo angezeigt) innerhalb und zwischen Mitgliedern der OECD, des COMECON und der Gruppe 77;
5. Handelsvolumen: gesamte Importe und Exporte, ausgedrückt in Realgrößen und Geldgrößen, für jedes der 25 Länder;
6. Verteilungsindikatoren: ausgewählte Indices über die relativen Veränderungen zwischen bestimmten Gütern (z. B. Primärgütern vs. Gütern aus dem Produktionsbereich) und ein Maß des Handels„gewinns", das sich auf den Zuwachs an verfügbaren Gütern bezieht, die auf den Handel zurückgeführt werden können.

Tabelle 1 weist auf bestimmte Fragen hin, wenn die sechs Handelsindikatoren zu den drei hauptsächlichen Untersuchungsaspekten, die wir identifiziert haben, in Beziehung gesetzt werden.

3. Die handelstheoretischen Grundlagen des Modells

Da ein dynamisches Simulationsmodell über bilaterale Handelsströme zwischen fünfundzwanzig Ländern für sechs Güter und Dienstleistungsbereiche nie zuvor konstruiert worden ist, kann unsere Arbeit an keine Forschungstradition – und damit an entsprechende Literatur – anknüpfen. Das Endmodell dürfte auch mit Ansätzen im Bereich der empirischen Handelstheorie und Modellbildung wenig Ähnlichkeit haben. Dennoch knüpft unsere Arbeit soweit wie möglich am Wissensstand in diesem Bereich an, wobei gleichzeitig auf die Bemühungen in der Politikwissenschaft zurückgegriffen wird, Handel und Politik miteinander zu verknüpfen. Im folgenden Abschnitt werden die politischen Bestimmungsgrößen diskutiert, zunächst anhand der entsprechenden wirtschaftswissenschaftlichen Literatur.

Die große Mehrheit der Handelsmodelle spezifiziert Güterströme als Funktion des Einkommens (oder der Nachfrage) und relativer Preise. Die verschiedenen Modelle sind recht umfassend von Magee (1975) diskutiert worden. In der Zwischenzeit sind ver-

Tabelle 1: Einige Zuordnungen des Modelloutputs zu wichtigen Entscheidungsfeldern

Output Variablen Streitpunkt in den Handelsbeziehungen Gebiet	*Export-Körbe*	*Marktanteile, Marktstruktur*	*Partner- und Handelsgutkonzentrierung vs. Diversifizierung*	*Gruppen-Muster*	*Handels-Volumen*	*Verteilung* (Gewinn aus Handel und terms of trade)
Offenes vs. geschlossenes Handelssystem (Liberalismus vs. „Neuer Protektionismus“) (hauptsächlich Belastung zwischen Norden und Süden)	– Zunehmende Länderspezialisierung in Produktion und Handel unter einem offenen System?	– Zunehmende Marktkonzentration mit Spezialisierung?	– Besitzt ein offenes System eine höhere Konzentrierung als ein geschlossenes? – Wird eine globale Arbeitsteilung hervorgehoben?	– Diversifikation der Handelsströme entsprechend der Einflußsphäre in einem geschlossenen System?	– Abnehmendes Volumen durch Protektionismus, insbesondere Bundesrepublik Deutschland und Japan?	– Wohlfahrtseffekte des Neuen Protektionismus?
Nieo Vorschläge 1) Engagement 2) Disengagement (hauptsächlich Belastung zwischen Norden und Süden)	– Kann der Süden die Abhängigkeit vom Export von Primärgütern verringern? – Sind Exporterlöse stabiler bei einem diversifizierten Exportkorb?	– Sind die Ziele von Lima erreichbar? Wünschenswert?	– Können beide Formen der Handelskonzentrierung so stark wie gewünscht verringert werden?	– Kann der Süden seinen eigenen Handel umlenken?	– *Welche* Exporte unterentwickelter Länder vergrößern sich? – Beeinflussen bestimmte Strategien das Globalvolumen in signifikanter Weise?	– Wie werden die „Gewinne“ aus der *Nieo* unter den Gruppenmitgliedern verteilt? – Folgen die Nord-Süd terms of trade den erwünschten Mustern?
Politische Orientierung und Spannung (hauptsächlich Belastung zwischen Ost und West)	– Wie variiert die Zusammensetzung der Exportgüter mit Polarität?	– In welcher Beziehung steht die politische Orientierung zur Struktur des Marktes ausgewählter Güter (z. B. Waffen)?	– Wächst die Konzentration auf den Handelspartner, verringert sich die Konzentration auf Güter in dem Maße, wie sich politische Orientierung und Spannungen vergrößern?	– Unter welchen Bedingungen werden die Welthandelsordnung oder die NATO geschwächt? – Löst sich das Welthandelssystem entlang der Blocklinien auf, wenn die Polarität zunimmt?	– Sind politische Orientierung und Spannungen eine größere Handelsbarriere als andere Faktoren?	– Können wir die Handels„kosten“ der politischen Orientierung einschätzen?

wandte ökonometrische und Simulationsstudien zur internationalen Handelsstruktur von Fair (1979) und Pollins (1982) erfaßt, verglichen und kritisiert worden. Diese Literaturübersichten weisen auf zwei für unsere Arbeit bedeutsamen Punkte hin. Erstens bilden nur wenige Modelle die gesamten Import- und Exportströme für jeden Staat oder für jede Region des internationalen Systems ab. Handel wird in Residualgrößen ausgedrückt. D. h. beispielsweise, daß die heimische Nachfrage nach einem besonderen Gut von der heimischen Herstellung desselben Gutes abgezogen wird. Der Rest ist dann der Netto-Export des jeweiligen Staates. Der Weltmarkt als Gesamtgröße besteht aus den Netto-Exporten, mit denen die Netto-Importe (Nachfrage) gedeckt werden.
Aufgrund der Aggregation des gesamten Angebotes und der gesamten Nachfrage auf der Globalebene können im Rahmen dieses pooled-market-Designs die bilateralen Handelsströme nicht verfolgt werden (z. B. wissen wir nicht, wer von wem was und wieviel importiert). Die Behandlung des Handels in Form von Netto- oder Residualgrößen bleibt somit bruchstückhaft, womit die besondere Schwäche dieses Modells von Fertiggütern benannt ist, bei dem ein Großteil des Handels „innerhalb eines Industriezweiges" stattfindet. Dieser Ansatz zur Operationalisierung des „income and relative price"-Modells genügt daher unseren gegenwärtigen Anforderungen nicht.
Zu Beginn der 60er Jahre verwandten Tinbergen (1962), Poeyhoenen (1963) und Linnemann (1966) einen „Gravitations"-Design, um bilaterale Bruttohandelsströme zu modellieren. Wie schon der Name sagt, wurde das bilaterale Handelsvolumen zwischen zwei – beliebigen – Staaten als Funktion ihrer Größe und der Distanz zwischen ihnen erfaßt. Größe wurde üblicherweise durch das Bruttosozialprodukt und Distanz, nicht nur durch Transportkosten operationalisiert, sondern auch durch verschiedene Dummy-Variablen, um die besonderen politischen Beziehungen zwischen Länderpaaren anzuzeigen (z. B. frühere Kolonie, ja oder nein, oder Mitglieder der gleichen Zollunion, ja oder nein?). Die vorliegende Arbeit weicht von üblichen Ansätzen u. a. durch den Ausschluß von Preisen als eines Bestimmungsfaktors der Handelsströme ab.
Ein neueres Beispiel für die Modellierung der bilateralen Bruttohandelsströme ist das Modell der *S*ystems *A*nalysis *R*esearch *U*nit, das wirtschaftliche und nichtwirtschaftliche Bestimmungsgrößen einschließt. Dieses Modell, SARUM genannt (siehe Parker, 1979), ist mit der vorherrschenden Handelstheorie stärker konform, indem sowohl relative Preise als auch Einkommen als Einflußfaktoren bilateraler Handelsströme postuliert werden. Es berücksichtigt auch nichtwirtschaftliche Effekte wie historische, kulturelle und politische Bindungen neben wirtschaftlichen Determinanten wie Transportkosten und Handelspolitik in einer Meßgröße der Handels„orientierung" (bias). Unseres Erachtens ist SARUM ein großer Schritt vorwärts bei Weltmodellen im allgemeinen, für die Modellierung internationalen Handels im besonderen. Das Design von SARUM deckt einige der Aspekte ab, die für unsere eigene Fragestellung wichtig sind. Doch wurde in SARUM die politische Substanz der sog. „bias"-Koeffizienten niemals spezifiziert oder modelliert – die Verknüpfungen mit der Handelstheorie blieben unvollendet.
Wenden wir uns nun unserem eigenen Ansatz zu. Zur Verwirklichung des Ziels, die bilateralen Handelsströme von sechs Gütern zwischen fünfundzwanzig Ländern zu erfassen, besteht eine Strategie darin, jeden möglichen Handelsstrom in Form einer eigenen Gleichung abzubilden. Die Spezifizierung japanischer Ölimporte aus Saudi-Arabien

sähe z. B. sehr viel anders aus, was die Variablen wie die Parameter betrifft, als die Gleichung für die japanischen Ölimporte aus Venezuela, um ein Beispiel zu nennen. Weil die Abbildung bilateraler Handelsströme so kompliziert ist, sind ähnliche Ansätze auch angewandt worden (Linnemann, 1966; Onishi, 1978; Ranuzzi, 1981).

Doch aus forschungsökonomischen Gründen wie auch zur späteren Vereinfachung der Parameterschätzung geben wir den 25 x 24 x 6 = 3600 bilateralen Handelsströmen in unserem Modell eine allgemeine strukturelle Spezifikation vor. Außerdem gilt: welche unabhängigen Variablen auch immer wir zur Erklärung dieser Handelsströme auswählen, sie müssen aus analytischen Gründen eindeutig in eine wirtschaftliche und eine nichtwirtschaftliche (einschließlich politische) Klasse aufgeteilt werden.

Hinzu kommt ein weiteres Problem. Bestehende Modelle der Handelsströme identifizieren typischerweise (1) ein spezielles Gut, (2) den Käufer (oder das importierende Land) und (3) den Verkäufer (oder das exportierende Land). Das betreffende Gut eines jeden Verkäufers wird von den Ökonomen üblicherweise als ein vollkommenes Substitut des gleichen Gutes eines jeden anderen Verkäufers angesehen. Güter unterscheiden sich folglich nicht nach ihrem Ursprungsland. Damit ist die implizite Substitutionselastizität unbegrenzt. Doch aufgrund unseres Interesses an dem Einfluß politischer Faktoren auf Handelsströme gehen wir von der sicherlich plausiblen Annahme aus, daß die von unseren fünfundzwanzig Verkäufern auf dem jeweiligen Markt angebotenen Güter nicht vollkommen substituierbar sind. Beispielsweise stellen für einen sowjetischen Käufer chinesische Fertigprodukte keinen vollkommenen Ersatz für Güter aus der DDR dar. In gewisser Weise führen wir eine „Marktunvollkommenheit" besonderer Art ein. Wir gehen anfangs davon aus, daß dyadische politische (wie auch historische, kulturelle, geographische und vielleicht vertragsmäßige) Beziehungen jeden Käufer dahin führen werden, das Ursprungsland der Güter zu berücksichtigen. Die Ablehnung perfekter Substituierbarkeit erfordert somit eine andere allgemeine Theorie der Nachfrage.

Eine Theorie der Nachfrage, die diese Bedingung erfüllt, ist von Armington (1969) konstruiert worden. Seine Formulierung liefert den Eckstein für unser Modell. Die Arbeit von Armington richtet sich auf zwei zentrale Probleme, ein theoretisches und ein angewandtes. Das theoretische Problem besteht darin, Nachfragefunktionen abzuleiten, die davon ausgehen, daß alle Produkte auf einem bestimmten Markt keine vollkommenen Substitute füreinander darstellen. Das angewandte Problem besteht darin, eine Formulierung zu finden, die keine besondere Spezifizierung jedes einzelnen bilateralen Handelsstromes in einem gutspezifischen dyadischen Handelsmodell notwendig macht. Armington erreicht dies, indem er mit einem generellen Hicks-Modell der Nachfrage beginnt, in dem die Importnachfrage eines bestimmten Landes nach einem Gut eines bestimmten Herstellerlandes eine Funktion des Einkommens und der relativen Preise ist. Die vereinfachende Schlüsselannahme von Armington besteht in der konstanten Elastizität der Substitution (CES) zwischen potentiellen Anbieterländern. Diese CES-Annahme verringert die Zahl der Parameter, die geschätzt werden müssen. Wie wir später sehen werden, verdeutlicht sie auch die Rolle, die nichtwirtschaftliche (also auch politische) Faktoren auf bilaterale Handelsströme haben. Die Nachfragefunktion von Armington für irgendeinen beliebigen Importeur sieht als Gleichung wie folgt aus:

$$M_{ij} = b_{ij}^{\sigma_i} \cdot M_i \cdot \left(\frac{P_{ij}}{P_i}\right)^{-\sigma_i} \qquad (1)$$

M_{ij} = Importe des Landes i aus dem Land j
M_i = Gesamtnachfrage im Land i
P_{ij} = Exportpreis, den Land j dem Land i anbietet
P_i = durchschnittlicher oder „Welt"-Preis aus der Sicht des Landes i
σ_i = Substitutionselastizität
b_{ij} = Konstante
(eine vollständige Ableitung dieser Nachfragefunktion findet sich bei Armington 1969).

Die Wahl einer Einkommensvariable (M_i) und relativer Preise als wirtschaftliche Bestimmungsgrößen bilateraler Handelsströme ordnet diese Formulierung in den Rahmen der üblichen empirischen Handelsliteratur ein (Warner und Kreinin, 1982:2; Magee, 1975). Doch weist die CES-Annahme zwei deutliche Vorteile gegenüber herkömmlichen Formulierungen auf. Erstens muß nur ein Elastizitätsparameter pro Markt geschätzt werden. Da die Substitutionselastizität konstant ist, benötigen wir jetzt nur 25 x 6 = 150 derartige Parameter anstelle von 25 x 24 x 6 = 3600. Zweitens – was im Rahmen unseres theoretischen Konstruktes von größerer Bedeutung ist – erlaubt diese Formulierung die relativ eindeutige Isolierung nichtwirtschaftlicher Einflußfaktoren auf die Handelsströme.

Würden wir der üblichen „drastischeren" Methode der Schätzung bilateraler Handelsströme folgen (bei der jeder mögliche Strom individuell geschätzt wird, somit jeder spezielle Parameter), würden die nichtwirtschaftlichen Einflußgrößen potentiell in allen Parametern der Gleichung enthalten sein (Ranuzzi, 1981: 163-5). Die tschechoslowakische Präferenz für sowjetische Waffen würde z. B. in einem stark inelastischen Substitutions-Parameter ausgedrückt. Ähnlich würden die entsprechenden Einkommens-Elastizitäten zwischen zwei Mitgliedern der europäischen Gemeinschaft höhere Handelsströme andeuten als diejenigen zwischen irgendeinem anderen Länderpaar, das keine gemeinsame Mitgliedschaft in einer Wirtschaftsunion aufweist, und schließlich würde die Konstante möglicherweise andere nichtwirtschaftliche Faktoren enthalten wie Trägheit oder geschichtliche Elemente (Choucri und North, 1975: 170).

Hält man die Substitutionselastizitäten für jedes Gut über alle bilateralen Beziehungen hinweg konstant, erzwingen wir in der Folge, daß die nichtwirtschaftlichen Variablen selbst in der Konstanten zum Tragen kommen. Währenddessen kann die marktspezifische Substitutionselastizität möglicherweise als ein Indikator der Konzentration oder der Monopolmacht auf dem Markt interpretiert werden (Ranuzzi, 1981: 165). Somit wird der Grundstein für die Identifizierung der politischen Bestimmungsgrößen auf zwei Weisen gelegt: Güter werden nach ihrem Ursprungsort unterschieden. Sie sind unvollständige Substitute füreinander. Die Wirkungen größerer wirtschaftlicher Determinanten (Einkommen und relative Preise) werden unzweideutig von politischen und anderen Bestimmungsgrößen abgegrenzt.

Geht man von Armingtons Formulierung aus, dann bestimmen die wirtschaftlichen Variablen die Nachfragekurve selbst, während die nichtwirtschaftlichen (einschließlich der politischen) Faktoren die Lage der Kurve bestimmen. Schauen wir hierzu auf Abbildung 1. Wir nehmen an, daß irgendein Land seine Nachfragekurve (D) am Punkt D' anstelle von D finden wird, wenn seine Beziehungen zu einem bestimmten Exporteur besonders gut sind.

Abbildung 1: Die Nachfragekurve nach Armington unter verschiedenen politischen Bedingungen

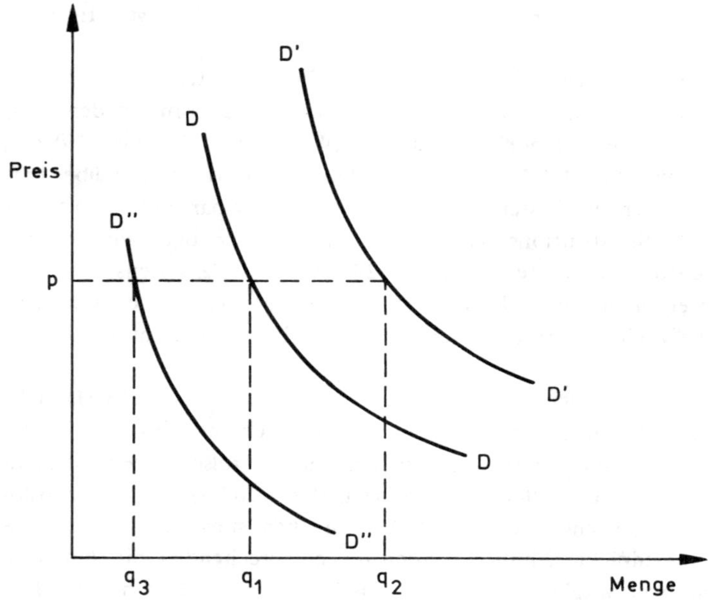

Die Lage der Nachfragekurve des gleichen Landes verliefe entlang D'', wären die Beziehungen schlecht. In dieser Formulierung haben die politischen Bedingungen wahrnehmbare wirtschaftliche Konsequenzen. Wie Abbildung 1 ebenfalls illustriert, resultiert für ein „neutrales" Länderpaar das Preisangebot p für die Menge q_1, während die Menge q_2 für „befreundete" Nationenpaare und die Menge q_3 für „verfeindete" Dyaden für den gleichen Preis p angeboten würde.

Natürlich bestimmt eine große Vielfalt von Faktoren diesen Schnittpunkt der Gleichung nach Armington. Sprachliche und kulturelle Bindungen, geographische Distanz und „angebotsbezogene" wirtschaftliche Effekte wie die Kapazität des Exporteurs und seine Exportbereitschaft können hierbei eine Rolle spielen. Unsere vereinfachte Annahme lautet, daß die politischen Beziehungen zwischen einem beliebigen Importeur und einem beliebigen Exporteur eine bedeutsame Determinante für die Festlegung der Nachfragekurve des Importeurs sind.

4. Die politischen Determinanten

Um die Wirkungen politischer Beziehungen auf internationale Handelsströme identifizieren und messen zu können, müssen wir uns zunächst der umfangreichen Literatur zuwenden, die diese Frage aus vielfältigen Perspektiven aufgegriffen hat. In keiner dieser Arbeiten war die Modellierung oder Erklärung der Handelsströme selbst Gegenstand der Analyse. Der am besten bekannte Teil dieser Literatur beschäftigt sich mit den Auswirkungen von Handelsbeziehungen auf politische Abhängigkeit. Die grundlegende Arbeit auf diesem Gebiet ist Hirschmans 1945 erschienenes Buch „National Power and the Structure of Foreign Trade". In der Nachfolge fand Richardson (1978) begrenzte Belege dafür, daß sich die Außenpolitik der handelsabhängigen Staaten den dominanten Ländern anpaßt. Ein anderer Zweig dieser Literatur benutzt Handelsströme als Indikator für politische Integration (Russett, 1967). In früheren Arbeiten von Savage und Deutsch (1960) findet sich auch ein Indikator „relativer Annahme" (relative acceptance), der unseren Maßen für die politischen Bestimmungsgrößen wirtschaftlicher Handelsströme begrifflich ähnelt.

Von größter unmittelbarer Bedeutung ist der Teil der Literatur, der den Einfluß politischer Faktoren auf Handelsströme untersucht. Roemer (1977) fand, daß hegemoniale Staaten einen überproportional hohen Anteil der Güter ihrer im Niedergang befindlichen Industrien in die Länder exportieren, die in ihrer eigenen politischen Einflußsphäre liegen. Arad und Hirsch (1981) haben die theoretischen Effekte eines Nachlassens der Feindseligkeiten zwischen zwei Ländern auf die Schaffung des Handels und Handelsdiversifizierung untersucht. Schließlich hat Polachek (1980) versucht, die reziproken Beziehungen zwischen dyadischem Konflikt, Kooperation und Handelsbeziehungen empirisch zu messen, unter Zuhilfenahme der bilateralen Ereignisdaten, die Azar (1980) gesammelt hat.

Viele dieser Arbeiten sind sehr anregend, doch müssen sie erst miteinander integriert und mit unserem Modell bilateraler Handelsströme verknüpft werden:

- keiner der Forscher, der internationale Handelsströme modelliert hat, hat nämlich je den Versuch unternommen, die politischen Determinanten zu spezifizieren;
- keiner von denen, die theoretisch oder empirisch politische Variablen mit internationalem Handel in Beziehung gesetzt haben, hat je die Handelsströme selbst modelliert.

Diese Aufgabe der Integration und Verknüpfung, d. h. also die Grundlagen des Handelsmodells von GLOBUS ist ein schrittweiser Prozeß der theoretischen Spezifikation und empirischen Schätzung. Zum einen geht es um die empirische „Entdeckung" politischer Determinanten in einem wohldefinierten wirtschaftlichen Modell des Handels, zum anderen um die direkte Einbeziehung ausgewählter politischer Variablen in das Modell der Handelsströme. Vor der Modellspezifizierung wird jede dieser beiden Aufgaben erörtert.

Wie wir schon oben sahen, liefert die Arbeit von Armington den Rahmen, der zur Abgrenzung der wirtschaftlichen Schlüsseldeterminanten der bilateralen Handelsströme (d. h. relative Preise und Einkommen, Importnachfrage) von anderen Determinanten führt. Diese anderen Faktoren, die in der Konstanten in Armingtons Gleichung enthalten sind, können umfassen:

1. kooperative oder konfliktive Handlungen eines Landes gegen ein anderes;
2. die allgemeine politische Nähe oder Feindschaft zwischen zwei Ländern;
3. die gemeinsame Mitgliedschaft in einer Wirtschaftsunion wie der Europäischen Gemeinschaft, LAFTA oder COMECON;
4. sprachliche, kulturelle oder frühere koloniale Bindungen zwischen zwei Ländern und
5. die geographische Distanz zwischen ihnen.

Alle diese Merkmale eines gegebenen Nationenpaars, einer Dyade sind meßbar. Die ersten drei sind von besonderem Interesse, weil sie politischer Natur sind.

Der erste Schritt besteht folglich darin, die Parameter der Gleichung von Armington für alle möglichen Paare der GLOBUS-Länder zu schätzen. Dies wird für jede Dyade Werte für die Konstante liefern, die wir im Anschluß an SARUM „bias" nennen. Diese Konstanten können dann als abhängige Variable in die Gleichung eingehen, in der die vorher erwähnten nichtwirtschaftlichen Bestimmungsfaktoren die unabhängigen Variablen sind. Dieser Schritt entspricht der Zerlegung der Konstanten Armingtons. Er soll die spezifische Rolle politischer Variablen (der ersten drei unserer Liste) bei der Lage der Nachfragekurve von Armington (D) in Abbildung 1 empirisch aufhellen.

Die Messung der drei oben erwähnten bias-Determinanten ist einleuchtend. Sprachliche, kulturelle oder frühere koloniale Bindungen wie auch die gemeinsame Mitgliedschaft in einer Wirtschaftsunion werden als Dummy-Variablen verwendet. Die geographische Distanz zwischen Ländern wird mit der Distanz zwischen ihren Hauptstädten operationalisiert. Politische Affinität wird durch einen Index der Ähnlichkeit der Allianzpartner der jeweiligen Dyade gemessen. So würden die USA und Großbritannien z. B. hoch auf einem Index politischer Affinität rangieren, da sie mit vielen Ländern gleichzeitig verbündet sind. Ähnlich würde die Dyade Bundesrepublik Deutschland – Sowjetunion einen niedrigen Wert bekommen. Im GLOBUS-Projekt werden die dyadischen politischen Interaktionen durch verbale Kooperation, verbalen Konflikt, nichtverbale Kooperation und nichtverbalen Konflikt erfaßt (siehe Ward, 1982b). In Gleichungsform:

$$b_{ij} = \beta_o + \beta_1 PA_{ij} - \beta_2 NVC_{ij} - \beta_3 NNC_{ij} + \beta_4 EU_{ij} + \beta_5 CLG_{ij} - \beta_6 GD_{ij} + \epsilon_{ij} \quad (2)$$

b_{ij} = der bias der Nation i gegenüber den Importen der Nation j (d. h. die Konstante aus der Schätzung der Armington-Gleichung)

PA_{ij} = Politischer Affinitäts-Index (die Ähnlichkeit der Allianzmuster der Nationen i und j)

NVC_{ij} = Verbaler Konflikt (die Akkumulierung verbaler Konfliktereignisse, die das Land i von j aus verzeichnet, verringert um die entsprechende Akkumulierung verbaler kooperativer Ereignisse)

NNC_{ij} = Nichtverbaler Konflikt (die ähnlich gebildete Netto-Akkumulation dyadischer nichtverbaler Ereignisse)

EU_{ij} = Wirtschaftsunion (eine Dummy-Variable, die gemeinsame Mitgliedschaft in Organisationen wie der Europäischen Gemeinschaft oder LAFTA bezeichnet)

CLC_{ij} = kulturelle, sprachliche oder frühere koloniale Bindungen (auch eine Dummy-Variable)

GD_{ij} = geographische Distanz (die Zirkeldistanz zwischen den jeweiligen Hauptstädten).

Diese besondere Vorgehensweise ist in zweierlei Hinsicht wichtig: zunächst wird die Schätzung der Armington-Gleichung benötigt, was unseres Wissens noch niemand versucht hat (siehe Magee, 1975). Zweitens sollte mit der Aufschlüsselung des bias-Koeffizienten b_{ij} die empirische Erkenntnis über den Zusammenhang zwischen Politik und Handel erweitert werden. Doch noch erfüllt diese Formulierung nicht die Anforderungen unseres Modells. Wir können nicht die einfache „single-equation"-Spezifizierung des nicht näher bezeichneten bias-Koeffizienten direkt in unser Modell einsetzen, weil sie lediglich eine Konstante, d. h. statische Charakterisierung der Beziehungen darstellt, wohingegen das Modell von der dynamisch-kontinuierlichen Wechselwirkung zwischen sich ändernden politischen Entscheidungen, politischen Beziehungen und dyadischen Handelsströmen ausgeht. Bei der Schätzung der Armington-Gleichung (die in größerem Detail im nächsten Abschnitt beschrieben wird) werden wir Zeitreihen-Daten verwenden. Dies bedeutet natürlich, daß wir nur einen Schätzwert für den bias-Koeffizienten für jede gerichtete (directed) Dyade für die gesamte Periode haben. Diese Analyse wird damit die Rolle politischer Determinanten in unserem umfassenden Handelsmodell nicht angemessen identifizieren können, weil wir in Wirklichkeit eine Querschnitt- anstelle einer Längsschnittanalyse durchführen.

Dies führt uns somit zur zweiten Aufgabe unserer Spezifikations- und Schätzstrategie. Dabei werden wir im wesentlichen politische Aspekte einer dyadischen Beziehung bei der Bestimmung der Handelsströme zwischen beiden Partnern berücksichtigen. Insbesondere reden wir hier von der Politik beeinflußbaren Variablen, die sich auf Konflikt, Kooperation, Affinität und gemeinsame Mitgliedschaft in einer Wirtschaftsunion beziehen. Da unser Basismodell des dyadischen Handelsflusses dasjenige von Armington bleibt, schlagen wir hier vor, die politischen Variablen der Formulierung von Armington unmittelbar hinzuzufügen. Um dies zu bewerkstelligen, sei der Blick erneut auf die vollständige Konstante in der ursprünglichen Gleichung von Armington gelenkt: $b_{ij}^{\sigma i}$. Wir können diese Konstante wieder „aufschlüsseln" nach den Typen der Komponenten, die oben erläutert worden sind, und erhalten:

$$b_{ij}^{\sigma i} = f\,(CC_{ij}, PA_{ij}, EU_{ij}, b'_{ij})^{\sigma i} \tag{3}$$

$$= f\,(CC_{ij}^{\sigma i}, PA_{ij}^{\sigma i}, EU_{ij}^{\sigma i}, b'^{\sigma i}_{ij}) \tag{4}$$

$b_{ij}^{\sigma i}$ = Konstante von Armington
CC_{ij} = dynamische Konflikt- und Kooperationsindikatoren wie NVC_{ij} und NNC_{ij}
PA_{ij} = Index politischer Affinität wie in Gleichung 2
EU_{ij} = dummy-Variable für Wirtschaftsgemeinschaft wie in Gleichung 2
b'_{ij} = alle anderen Komponenten des bias (zuvor bezeichnete Effekte der „Angebotsseite", geographische Distanz, kulturelle, sprachliche, geschichtliche Bindungen)

Wir haben somit die Konstante in einer Weise aufgeschlüsselt, die die Komponenten, die von besonderem Interesse sind – die zeitabhängigen wie die politischem Einfluß zugänglichen –, von den nichtökonomischen Elementen (sprachliche, kulturelle, historische Bindungen und geographische Distanz) abgrenzt und die als die wahren Konstanten in einer dynamischen Formulierung interpretiert werden können.

Wir sind damit in der Lage, die politischen Einflußfaktoren direkt in Armingtons Formel einzubeziehen. Die zugrunde liegende Hypothese lautet also, daß die Importe irgendeines Landes von irgendeinem speziellen Exporteur zur gesamten Importnachfrage, den relativen Preisen und der Art der politischen Beziehungen in Beziehung stehen. In größerem Detail ausgedrückt, werden die Importe mit der Zahl und Bedeutung konfliktiver und kooperativer Ereignisse variieren, denen der Importeur seitens des Exporteurs ausgesetzt ist (so wie die sowjetischen Importe amerikanischer Produkte während der Periode der Entspannung anstiegen und wieder abfielen, als die Feindseligkeiten zwischen den beiden Mächten wieder zunahmen). Ähnlich werden die Importe mit dem Niveau und der Niveauveränderung im Index der politischen Affinität zwischen zwei Staaten variieren (so wie das ägyptische Importmuster sich vom Osten zum Westen durch Sadats Neuorientierung nach 1973 veränderte). Ein deutlicher Wandel in der Mitgliedschaft in einer Wirtschaftsgemeinschaft wird eine Veränderung der Importe der jeweiligen Staaten bewirken. In Gleichungsform:

$$M_{ij} = b'^{\sigma_i}_{ij} \cdot M_i \cdot \left(\frac{P_{ij}}{P_i}\right)^{-\sigma_i} \cdot CC_{ij}^{\sigma_i\beta_1} \cdot PA_{ij}^{\sigma_i\beta_2} \cdot EU_{ij}^{\sigma_i\beta_3} \qquad (5)$$

M_{ij} = Importe des Staates i vom Staat j
M_i = Gesamtnachfrage des Staates i
P_{ij} = Exportpreis, den Land i Land j offeriert
P_i = Durchschnittspreis, der Land i von allen anderen Ländern angeboten wird
b_{ij} = Auswirkung anderer wirtschaftlicher Variablen und „bias"-Variablen, die nicht durch politische Entscheidungen beeinflußt werden können (wie geographische Distanz)
σ_i = Substitutionselastizität
CC_{ij} = dyadischer Konflikt-Kooperationsindikator wie in Gleichung 4
PA_{ij} = dyadischer politischer Affinitätsindikator wie in Gleichung 4
EU_{ij} = Dummy-Variable für gemeinsame Mitgliedschaft in einer Wirtschaftsunion (1 = nein, 2 = ja)
$\beta_1, \beta_2, \beta_3$ = Reagibilität der Importe auf Veränderungen in den politischen Beziehungen

Die Gleichung 5 stellt somit die Formulierung von Armington dar (siehe Gleichung 1 zum Vergleich), wobei die Konstante in einer besonderen Weise aufgeschlüsselt worden ist, so wie das in den Gleichungen 2–4 dargelegt wurde. Besondere Aufmerksamkeit sollte jetzt den Exponenten der drei politischen Glieder der Gleichungen (CC_{ij}, PA_{ij}, EU_{ij}) geschenkt werden. Das Beta-Glied in dem Exponenten definiert die Reagibilität der Importe auf eine Veränderung in den politischen Beziehungen (z. B. das Abfallen sowjetischer Importe amerikanischer Güter, das aus einer feindseligen Äußerung Präsident Reagans resultierte). Gleichzeitig jedoch muß die Substitutionselastizität (σ_i) über diese politischen Komponenten verteilt werden, da sie mit Bezug auf das Original-bias-Glied in Armingtons Formulierung „aufgeschlüsselt" worden sind, das selbst zu σ_i in seiner Ableitung erhoben wurde.

Diese Kombination erlaubt eine direkte und elegante inhaltliche Interpretation: die „politische Antwort" (β_1) auf eine Veränderung in den Konfliktbeziehungen wird in dem Maße gemildert, in dem ein Importeur seine Käufe von einem Exporteur auf einen anderen (σ_i) verlagern kann. Der Gesamteffekt hängt von der Interaktion dieser beiden ab. So mag Japan z. B. relativ wenige Ölimporte von Saudi-Arabien weg verlagern, obgleich es häufig feindselige Äußerungen der Saudis empfangen mag, eben wegen seiner relativen Substitutionsinelastizität auf dem Ölmarkt. In ähnlicher Weise mögen die Chinesen, die ein ähnliches Ausmaß an Feindseligkeiten von den USA empfangen, ihre Importe von Fertigprodukten von den USA auf Japan oder die Bundesrepublik Deutschland verlagern, eben wegen der relativ hohen Substitutionselastizität auf jenem Markt. Wichtig ist hier, daß unsere Formulierung die politischen und wirtschaftlichen Determinanten der Handelsströme explizit identifiziert. Dies gilt sowohl für die Parameter als auch für die Variablen.

Unsere frühere Interpretation der Armington-Gleichung als einer Nachfragekurve (siehe Abbildung 1) sei jetzt noch einmal aufgenommen. Unsere drei neuen Determinanten fügen der Definition der Gesamtnachfragefläche drei Dimensionen hinzu. Doch kann jede n-dimensionale Fläche in zwei Dimensionen gesehen werden, wobei die eine Variable die Gestalt der Kurve definiert und alle anderen Variablen als Veränderungsfaktoren fungieren; dadurch wird die örtliche Lage der Kurve zu einem bestimmten Zeitpunkt definiert. Somit können wir wie zuvor relative Preise als Bestimmungsgründe der Gestalt der Nachfragekurve (D) in Abbildung 1 ansehen, während sich verändernde politische Beziehungen die Kurve im Zeitablauf nach außen in Richtung D' oder nach innen in Dichtung D" verschieben werden. Statt die Nachfragekurve für eine bestimmte Dyade als fixiert anzusehen, betrachten wir sie jetzt als veränderbar nach innen (D") oder nach außen (D'), entsprechend den Veränderungen der politischen Beziehungen im Zeitablauf.

Eine wichtige Aufgabe bleibt zu lösen, bevor die Modellspezifikation komplett ist. Wir müssen das Modell dynamisch definieren. Würden wir Gleichung 5 als eine volldynamische Repräsentierung der Handelsströme bezeichnen, würden wir wichtige implizite Annahmen über die Dynamik des Systems machen. Dies würde bedeuten, daß jede Beobachtung das System im Ruhe- oder Gleichgewichtszustand erfassen würde. Zweitens würden wir implizit behaupten, daß sich das System sofort allen Veränderungen anpaßt. Wir glauben, daß eher das Gegenteil der Fall ist.

Wir gehen davon aus, daß keine unmittelbare Anpassung erfolgt: das System ist immer in Bewegung und kommt nie zur Ruhe. Deshalb ist irgendeine Beobachtung, die wir machen, immer nur eine „Momentaufnahme“ eines Systems, das in kontinuierlicher Bewegung ist. Wenn die Modellspezifizierung nicht explizit die Annahmen über die Eigenart der betroffenen Systeme in Rechnung stellt, werden unsere Schätzungen die Parameter nicht korrekt identifizieren. So mag z. B. eine Schätzung der Gleichung 5 zeigen, daß die Importe eines Landes in einer besonders hohen Weise preisunelastisch sind, wohingegen tatsächlich seine Importeure besonders schnell auf Preisveränderungen reagieren könnten, doch mögen es vertragliche Verpflichtungen oder zeitliche Verzögerungen in den Bestellungen und Lieferungen nicht zulassen, daß die Preisreagibilität sofort deutlich wird. Somit würde die tatsächliche Preiselastizität der Importe nicht identifiziert.

Im GLOBUS-Projekt berücksichtigen wir solche Effekte durch den kontinuierlichen time lag – Operator alpha (α) (siehe Kirkpatrick, 1982). Diese Größe unterscheidet sich von einer zeitbestimmten Größe, bei der die volle Wirkung nach einer bestimmten

Zeitspanne wie z. B. einem Jahr übermittelt würde. Die Interpretation von alpha lautet: wenn die Gleichungen in einer logarithmischen Form spezifiziert werden, stellt die Umkehrung von alpha den Bruchteil der gemessenen Zeit dar (z. B. eines Jahres für Jahresdaten), der benötigt wird, damit 63 % der Anpassungsleistung des Systems zustande kommt. Alpha stellt somit einen durchschnittlichen lag und keinen absoluten dar. Wenn unser geschätztes alpha 2,0 für eine gegebene Gleichung auf der Basis von Jahresdaten betrüge, dann würde z. B. $1/\alpha = 0{,}5$ bedeuten, daß dieses System 0,5 Jahre (6 Monate) benötigt, um 63 % der Anpassungsleistung zu bewerkstelligen. Natürlich sind viele andere funktionale Formen der Anpassung möglich, ebenso wie man eine große Vielfalt von lag-Strukturen bei diskreten Zeitmodellen spezifizieren kann. Alpha ist aber als die einfachste funktionale Form gewählt worden, die es erlaubt, unsere Annahmen über die zugrunde liegende Dynamik des Systems explizit zu machen. Ihre direkte Einbeziehung wird im nächsten Abschnitt diskutiert.

5. *Modellschätzung*

Wir sehen gegenwärtig zwei Aufgaben: die Schätzung der Originalgleichung von Armington (Gleichung 1) und die Schätzung unserer Gleichung 5 in ihrer dynamischen Form. Beide Fragen werden der Reihe nach diskutiert.

Die Gleichung von Armington muß aus zwei Gründen empirisch geschätzt werden. Zunächst ist die Annahme der konstanten Substitutionselastizität zwischen Anbietern unseres Wissens nie getestet worden. Zweitens könnten wir dann die gewonnenen Schätzgrößen für die Konstante (den originalen „packed“ bias) in weiteren Analysen, wie in den vorhergehenden Abschnitten gezeigt, in ihre Komponenten auflösen. Kurzum, diese Vorgehensweise ist ein wichtiger und grundlegender Schritt auf dem Weg zum endgültigen Modell.

Man beachte, daß die Ableitung von Armington dem Einkommensglied (oder der totalen Importnachfrage), M_i, eine implizite Elastizität von 1.0 zuordnet. Dies ermöglicht es uns unmittelbar, beide Seiten der Gleichung 1 durch diesen Term zu teilen. Somit wird die abhängige Variable als der Anteil des Gesamtimportes bezeichnet, der durch relative Preise und den „nichtaufgeschlüsselten“ bias bestimmt wird:

$$\frac{M_{ij}}{M_i} = b_{ij}^{\sigma_i} \left(\frac{P_{ij}}{P_i}\right)^{-\sigma_i} \qquad (6)$$

wobei alle Variablen wie in Gleichung 1 lauten.

Gleichung 6 läßt sich leicht in logarithmischer Form schätzen:

$$\log\left(\frac{M_{ij}}{M_i}\right) = \sigma_i \log b_{ij} - \sigma_i \log\left(\frac{P_{ij}}{P_i}\right) + \epsilon_{ij} \qquad (7)$$

Die Konstante in dieser Gleichung entspricht $\sigma_i \log b_{ij}$ und deshalb kann der „unaufgeschlüsselte“ bias-Wert direkt abgeleitet werden, indem die Konstante durch σ_i geteilt wird (der eindeutig identifizierte Parameter des terms für relative Preise, unter Benutzung des Antilogarithmus).

Wichtiger ist, daß Gleichung 7 tatsächlich die Schablone für ein ganzes Gleichungssystem darstellt. Weil unsere Handelsströme bilateral spezifiziert werden, müssen wir eine getrennte Gleichung für jede Dyade in unserem 25 Nationen-System spezifizieren oder 25 x 24 = 600 Gleichungen. Dort wo i und j als Subskripte den GLOBUS-Nationen entsprechen, gelangen wir zu dem System:

$$\log\left(\frac{M_{1,2}}{M_1}\right) = \sigma_1 \log b_{1,2} - \sigma_1 \log\left(\frac{P_{1,2}}{P_1}\right) + \epsilon_{1,2} \qquad (7ab)$$

$$\vdots$$

$$\log\left(\frac{M_{1,25}}{M_1}\right) = \sigma_1 \log b_{1,25} - \sigma_1 \log\left(\frac{P_{1,25}}{P_1}\right) + \epsilon_{1,25} \qquad (7ay)$$

$$\vdots$$

$$\log\left(\frac{M_{25,24}}{M_{25}}\right) = \sigma_{25} \log b_{25,24} - \sigma_{25} \left(\frac{P_{25,24}}{P_{25}}\right) + \epsilon_{25,24} \qquad (7yx)$$

Ein wichtiges Merkmal dieses Systems wird damit deutlich. Indem wir die ersten vierundzwanzig Gleichungen in diesem System (Gleichungen 7ab bis 7ay) nehmen, bemerken wir, daß die abhängigen Variablen den Anteil der Gesamtimporte (M_1) der Nation 1 ausdrücken, der von anderen GLOBUS-Ländern abgedeckt wird. Die Gleichungen in diesem Block sind somit miteinander verknüpft, so daß wir eine Überschätzung des kanadischen Anteils an den USA-Importen erwarten und eine gleichzeitige Unterschätzung des Anteiles, den ein anderes Land hält. Mit anderen Worten, die Residuen in jedem Block der 24 Gleichungen sind miteinander verknüpft. Diese Information können wir bei unserem Schätzverfahren benützen.

Die Technik der „seemingly unrelated regressions" von Zellner ist der Typ eines „Full-Information"-Ansatzes, der hier benötigt wird (siehe Zellner, 1963). Ein Schätzverfahren, das sich auf diese Vorgehensweise in einem Zweistufenprozeß stützt und in dem die Methode der kleinsten Quadrate (OLS) benutzt wird, wird eingesetzt, um die Varianz-Kovarianz-Matrix der Residuen zu ermitteln, die dann in der vollständigen Neuschätzung des gesamten Systems mit Hilfe des Aitken-GLS (Generalized Least Square)-Ansatzes geschätzt wird. Man kann das System auch so beschränken, daß die Parameter für den relativen Preisterm (d. h. σ_i, die Substitutionselastizität) immer gleich sein müssen. Eine solche Einschränkung ist eine Form der Operationalisierung der Annahme Armingtons von der konstanten Substitutionselastizität. Sie liefert uns eine effizientere Schätzung, da wir jetzt nur 25 Parameter statt 48 berechnen müssen (24 Konstanten plus eine Elastizität). Außerdem können wir durch die zweimalige Schätzung des Gesamtsystems (einmal mit der oben erwähnten Beschränkung und einmal ohne diese) Zellners Technik anwenden um zu sehen, ob die Annahme von Armington empirisch haltbar ist.

Unsere Gleichung 5 ist lediglich eine Neuformulierung von Armington, wobei die besonderen politischen Faktoren explizit definiert werden. Die gerade beschriebenen

Techniken beziehen sich in gleicher Weise auf die Schätzung jener Gleichung. Damit können wir das gesamte Modell im dynamischen Kontext spezifizieren und schätzen. Das grundlegende Problem besteht darin, daß wir für die Schätzung eines vollkommen dynamischen Systems Daten benutzen müssen, die in diskreter Form (üblicherweise auf jährlicher Basis) vorliegen. Wir müssen deshalb eine diskrete und schätzbare Annäherung an das kontinuierliche System unseres Modells entwickeln. Dabei sei von einem diskreten System ausgegangen, in dem die tatsächlichen Importe zum Zeitpunkt t(M_t), die „erwünschten" Importe zum Zeitpunkt t(M_t^*) und die tatsächlichen Importe zum Zeitpunkt t−1 (M_t−1) folgende Beziehung aufweisen:

$$\frac{M_t}{M_{t-1}} = \frac{M_t^*}{M_{t-1}} \quad . \tag{8}$$

Wir wissen, daß Gleichung 8 in einem System, in dem sich die Realität unmittelbar an sich verändernde Wünsche anpaßt, nicht in dieser Form gelten dürfte. Dennoch nehmen wir an, daß unser System sich nicht unverzüglich anpaßt; somit muß die Beziehung in Gleichung 8 in proportionaler Weise ausgedrückt werden:

$$\frac{M_t}{M_{t-1}} = \left(\frac{M_t^*}{M_{t-1}}\right)^{\alpha} \tag{9}$$

Der Exponent in Gleichung 9 stellt dieselbe proportionale Größe dar, die im vorhergehenden Abschnitt eingeführt worden ist. Da der gewünschte Umfang der Importe von sich aus nicht beobachtet werden kann, müssen wir stellvertretend einen neuen Term einführen. Eine Möglichkeit besteht darin, daß wir die gewünschten statt die beobachteten Importe als direkt durch unsere Neuspezifizierung der Armington-Gleichung (d. h. Gleichung 5) bestimmt ansehen. Außerdem bleibt festzuhalten, daß die allgemeine Form der Gleichung 9 auch auf die Gleichungen für die individuellen Handelsströme angewandt werden kann:

$$\log M_{ijt} - \log M_{ijt-1} = \alpha (\log M_{ijt}^* - \log M_{ijt-1}) \tag{10}$$

Substituiert man jetzt Gleichung (5) für M_{ijt}^*, so ergibt sich:

$$\begin{aligned} \log M_{ijt} &= \log M_{ijt-1} - \alpha \log M_{ijt-1} + \alpha\sigma_i \log b'_{ij} - \alpha\sigma_i \log \left(\frac{P_{ij}}{P_i}\right) + \\ &\quad + \alpha\sigma_i \beta_1 \log CC_{ijt} + \alpha\sigma_i \beta_2 \log PA_{ijt} + \\ &\quad + \alpha\sigma_i \beta_3 \log EU_{ijt} + \epsilon_{ijt} \\ &= (1-\alpha) \log M_{ijt-1} + \alpha\sigma_i \log b'_{ij} - \alpha\sigma_i \log \left(\frac{P_{ij}}{P_i}\right) + \\ &\quad + \alpha\sigma_i \beta_1 \log CC_{ijt} + \alpha\sigma_i \beta_2 \log PA_{ijt} + \\ &\quad + \alpha\sigma_i \beta_3 \log EU_{ijt} + \epsilon_{ijt} \end{aligned} \tag{11}$$

Gleichung 11 stellt eine schätzbare Annäherung an eine vollkommen dynamische Version der Gleichung 5 dar. Zugleich sind alle Parameter einmal identifiziert: alpha wird direkt aus dem Parameter für die zeitlich verzögerte endogene Größe abgeleitet. Die Substitutionselastizität (σ_i) wird durch Division des Parameters des relativen Preisterms durch alpha abgeleitet. Die Reagibilität (β_1, β_2, β_3), die mit den drei politischen

Variablen verbunden ist (CC_{ij}, PA_{ij}, EU_{ij}), kann unmittelbar dadurch abgeleitet werden, daß man die Parameterschätzungen für diese drei Variablen durch die Parameter des relativen Preisterms teilt.

6. *Schlußbemerkung*

Wir glauben, daß die Spezifizierung des Handelsmodells ein bedeutsamer Schritt auf dem Wege zur theoretischen Integration von unterschiedlichen Modellen der Handelsströme aus den Wirtschaftswissenschaften und der Politischen Wissenschaft ist. Während die Politische Wissenschaft oft den Versuch unternommen hat, bilaterale Handelsströme ohne Berücksichtigung der Handelstheorie zu modellieren, haben Wirtschaftswissenschaftler selten politische Determinanten in ihren Modellen berücksichtigt. Auf der Ebene der formalen Spezifikation haben wir diese Lücke nunmehr geschlossen. Der nächste Schritt besteht jetzt darin, die theoretische Spezifikation empirisch zu überprüfen, um zu sehen, ob die ausgewählten erklärenden Variablen empirisch das halten, was unsere Hypothesen versprechen.
Ist erst einmal dieser Schätzvorgang erledigt, verfügen wir über ein starkes analytisches Werkzeug. Ein Modell mit einer solchen theoretischen und empirischen Fundierung, in dem der Zusammenhang wirtschaftlicher und politischer Determinanten so extensiv spezifiziert ist, sollte neue Einsichten in langfristige Gefahren, Irrtümer und Möglichkeiten vermitteln, die mit den internationalen Handelsbeziehungen verbunden sind. Es ist den Einsatz wert, etwas mehr über das mögliche Wiederaufleben des Protektionismus zu erfahren, über die Möglichkeit, Handelsbeziehungen so zu verändern, daß die Entwicklung von Ländern der Dritten Welt ermöglicht wird, und etwas über die Konsequenzen darüber zu lernen, die sich ergeben, wenn Handelsbeziehungen als Waffe im Ost-West-Konflikt verwendet werden.

Literatur

Arad, R.W. and *S. Hirsch* (1981): „Peacemaking and Vested Interests: International Economic Transactions". In: International Studies Quarterly, 25.

Armington, P. S. (1969): „A Theory for the Demand for Products Distinguished by Place of Production". In: International Monetary Fund Staff Papers, XVI, S. 159–176.

Azar, E. E. (1980) „The Conflict and Peace Data Bank (COPDAB) Project." In: Journal of Conflict Resolution, 24, S. 143–152.

Bremer, S. (1981): „The GLOBUS Project: Overview and Update", Science Center Berlin, Discussion Paper IIVG dp 81–109.

Choucri, N. and *R. North* (1975): Nations in Conflict: National Growth and International Violence, Freeman: San Francisco.

Fair, R. (1979): „On Modelling the Economic Linkages in Countries" in: *R. Dornbusch* and *J. Frenkel* (eds.) Inter-Economic Policy: Theory and Evidence, Johns Hopkins University Press: Baltimore, S. 209–245.

Hirschman, A. O. (1945): National Power and the Structure of Foreign Trade, University of California Press: Los Angeles.

Kirkpatrick, G. (1982): „The GLOBUS Multi-Country Economic Model", Science Center Berlin, IIVG dp 82–107.

Linnemann, H. (1966): An Econometric Study of International Trade Flows. North Holland: Amsterdam.

Magee, S. (1975): „Prices, Income, and Foreign Trade". In: *P. B. Kenan* (ed.) International Trade and Finance: Frontiers for Research, Cambridge University Press: Cambridge, S. 175–252.

Meadows, D. H., D. L. Meadows, J. Randers, W. W. Behrens III (1972): The Limits to Growth, Universe Books: New York.

Nordhaus, W. D. (1973) „World Dynamics: Measurement Without Data". In: Economic Journal.

Onishi, A. (1978): „Technical Details of the Global Macro-economic Model", Paper presented at the Sixth IIASA Global Modelling Conference, Vienna, October 17–20.

Parker, K. T. (1979): „Modelling Inter-Regional Activity by Use of Trade Biases". In: *J. M.L. Janssen et al.* (eds.) Models and Decision Making in National Economies, North Holland Publishing Co.: Amsterdam.

Parker, K. T. and *J. Raftery* (1978): „The SARUM Global Model and its Application to Problems of Interest to Developing Countries", paper presented to the International Conference on Systems Modelling in Developing Countries, Bangkok: Asian Institute of Technology.

Polachek, S. W. (1980): „Conflict and Trade". In: Journal of Conflict Resolution, 24, S. 55–78.

Pollins, B.M. (1981): „An Interim Report on the Development of the GLOBUS Trade Algorithm: Findings, Model Assessment, and Future Research Directions", Science Center Berlin Discussion Paper, IIVG dp 81–108.

–: „Modelling International Trade Flows: A Survey of Simulation Approaches." In: International Political Science Review, 3, S. 503–533.

Poeyhoenen, P. (1963): „A Tentative Model for the Volume of Trade Between Countries". In Weltwirtschaftliches Archiv, Bd. XC, S. 93–99.

Ranuzzi, P. (1981): „The Experience of the EEC Eurolink Project in Modelling Bilateral Trade Linkage Equations." In: Journal of Policy Modelling, 3, S. 153–173.

Richardson, N. R. (1978): Foreign Policy and Economic Dependence. University of Texas Press: Austin, Texas.

Roemer, J. E. (1977): „The Effect of Sphere of Influence and Economic Distance on the Commodity Composition of Trade in Manufactures." In: Review of Economics and Statistics, 59, S. 318–327.

Russett, B. M. (1967): International Regions and the International System, Rand McNally: Chicago.

Savage, I. R. and *K. W. Deutsch* (1960): „A Statistical Model of the Gross Analysis of Transaction Flows." In: Econometrica, 28, S. 551–572.

Tinbergen, J. (1962): Shaping the World Economy: Suggestions for an International Economic Policy. The Twentieth Century Fund: New York.

Ward, M. D. (1982a): „Utilizing the COPDAB Data Set for the GLOBUS-Model to Measure International Conflict and Cooperation", Science Center Berlin Discussion Paper, IIVG dp 82–101.

– : (1982b): „A Model of Conflict and Cooperation Among Contemporary Nation States", Science Center Berlin IIVG dp 82–109.

Warner, D. and *M. and M.E. Kreinin* (1980): „Determinants of International Trade Flows", Institute for International Economic Studies, University of Stockholm Seminar Paper No. 161.

Zellner, A. (1963): „Estimators of Seemingly Unrelated Regressions: Some Exact Finite Sample Results." In: Journal of the American Statistical Association, 58, S. 977–992.

Teil 7:
Forschungsprogrammatik

13. Zur vergleichenden Analyse politischer Systemkrisen in demokratischen Industriegesellschaften: Skizze eines Forschungsplans*

Ekkart Zimmermann

1. Einleitung

Ziel dieses Beitrages ist es, im Rahmen eines neuen krisentheoretischen Ansatzes, der andernorts bereits in Abgrenzung zur Literatur (Zimmermann 1981; 1982) wie auch bezüglich eines möglichen operationalen Vorgehens skizziert worden ist (Zimmermann 1981: 53–74), einige modelltheoretische Überlegungen über den Zusammenhang einiger theoretisch – und möglicherweise empirisch – wichtiger Variablen anzustellen. Dabei lassen sich gelegentliche Überschneidungen mit eigenen Ausführungen an anderer Stelle nicht vermeiden, wenn die vorliegenden Ausführungen in sich, also auch für den Leser ohne entsprechende Vorkenntnis, verständlich sein sollen. Dennoch sollen diese Überschneidungen möglichst gering bleiben. Insgesamt handelt es sich um die Skizzierung eines Forschungsplans, der gegenüber früheren Überlegungen einige Modifizierungen aufweist und in der nachfolgend beschriebenen Weise nunmehr in Angriff genommen wird.

Zunächst geht es um die Frage des Erklärungsobjektes, der Ausgrenzung politischer Systemkrisen, und damit verbunden um die Analyse-Einheit. Reaktionen auf Krisen stellen das zweite Erklärungsobjekt unseres Forschungsvorhabens dar. Der knappen theoretischen Skizzierung folgen Bemerkungen zum Sample, zum zeitlichen Rahmen der Untersuchung und zur Erhebung der Daten. Einige grundlegende theoretische Annahmen, die zugleich auch den Rahmen für empirische Analysen abgeben, werden erläutert, bevor auf einige Einschränkungen und Probleme hingewiesen wird, unter denen das gesamte Vorhaben stehen könnte.

2. Zur Abgrenzung des Erklärungsobjektes „Politische Systemkrisen"

In Situationen politischer Krisen geht es um die Forderung (und mögliche Realisierung) bedeutsamer Änderungen in der Politik, nicht um einen bloßen Ersatz des Regie-

* H. Länger und A. Zitzelsberger danke ich für die Durchsicht des Manuskriptes.

rungspersonals. Politische Systemkrisen werden hier verstanden als Entscheidungsherausforderungen seitens größerer Bevölkerungsgruppen, gegebenenfalls unter Einschluß von Elitegruppen (strategischen Gruppen) außerhalb/und oder innerhalb des Staatsapparates. Das Ausmaß der Entscheidungsherausforderung kann operational verstanden werden als *Intensität der Issues* X *Verbreitung der Issues* X *politische Umsetzbarkeit*, wobei die Verbreitung durch den Anteil der dissidenten Bevölkerung und Eliten erfaßt wird und der Einfluß der dissidenten Eliten im Staatsapparat gegenüber den sonstigen dissidenten Eliten noch höher gewichtet werden muß.
Die multiplikative Verknüpfung dient dazu, die über eine rein additive Verknüpfung hinausgehende politische Dynamik zu erfassen, die von Gruppen ausgeht, die auf allen drei Dimensionen hoch rangieren: 1. intensive (radikale) Entscheidungsherausforderungen, die die Systemebene berühren, die 2. von weiten Kreisen der Bevölkerung und Teilen der Eliten, u. U. sogar innerhalb des Staatsapparates, gestützt werden und höchstwahrscheinlich auch 3. politisch durchsetzbar sind. Ein politisches System, das sich Entscheidungsherausforderungen gegenübersieht, die auf eine hohe Ausprägung auf nur einer dieser Variablen zurückgehen, hat erheblich größere Überlebenschancen als ein System im gerade beschriebenen Sinne (für weitere Details s. Zimmermann 1981: 60–67).
Da jedoch angesichts des noch aufzubereitenden umfangreichen historischen Datenmaterials nicht immer von vornherein erkennbar ist, welche Ereignisse oder Situationen unter Entscheidungsherausforderungen fallen und welche auszugrenzen sind, weil sie anderen Phänomenen zuzuordnen sind wie etwa politischen Skandalen, internationalen Spannungen oder Naturkatastrophen oder weil sie unter den minimalen Kriterien der Operationalisierung bleiben (z. B. Forderungen bestimmten Inhalts oder stärkere Unterstützung dieser Forderungen in der Bevölkerung), werden anfangs andere soziale Tatbestände mitzuerfassen sein. Darunter können u. a. fallen:

a) *Soziale Bewegungen*. Einerseits sind soziale Bewegungen zwar häufig die Hauptträger politischer Entscheidungsherausforderungen, insbesondere wenn eine relativ starke parlamentarische Repräsentierung dieser Forderungen (vgl. auch Abschnitt 5) gegeben ist, andererseits aber auch mitunter nur das „Vehikel“ für Forderungen unterhalb oder außerhalb unserer Abgrenzung von Entscheidungsherausforderungen. Vielmehr mag es sich in solchen Fällen um langfristige kulturelle Streitfragen wie z. B. die stärkere Berücksichtigung einer Regionalsprache oder um letztlich aufklärerische Issues wie z. B. Forderungen der Frauenbewegung handeln. Letztere haben wohl nirgends in demokratischen Industriegesellschaften den Charakter von Entscheidungsherausforderungen in unserem Sinne angenommen. Anders dagegen im Falle von Forderungen aus der Arbeiterbewegung, die angesichts zusätzlicher Bedingungen wie z. B. Schwäche der im Amt befindlichen Regierung, Wirtschaftseinbruch u. a. leicht den Charakter politischer Entscheidungsherausforderungen annehmen können, etwa über weite Strecken der Weimarer Republik, zu anderen Zeiten und in anderer Form – etwa nach mehr Mitbestimmung in den 70er Jahren in der Bundesrepublik Deutschland – allerdings weit vom Charakter politischer Entscheidungsherausforderungen im Sinne unserer Abgrenzung entfernt sind. Da bestimmte Issues häufig durch ihre Träger und Katalysatoren:

soziale Bewegungen oder Protestgruppen identifizierbar werden, wird die Entwicklungsgeschichte einzelner sozialer Bewegungen bzw. Protestgruppen zwangsläufig bis zu einem gewissen Grade mitverfolgt werden, ohne daß allerdings diese Bewegungen oder Gruppen bereits zur Einheit unserer Analyse würden, denn diese lautet: politische Systeme in Situationen der Entscheidungsherausforderung. Kurzum, wie in Abbildung 1 (s. weiter unten) illustriert, geht es darum, das weitere Umfeld von Entscheidungsherausforderungen abzugrenzen. So mag eine Streitfrage sehr wohl immer wieder in gleichem oder neuem Gewande auftauchen, wie etwa die Frage der Gleichberechtigung von Frauen, ohne jemals den Charakter einer Entscheidungsherausforderung anzunehmen. Andererseits mögen Forderungen nach politischer Autonomie einzelner Landesteile wie etwa der Schotten im Vereinigten Königreich oder der Südtiroler in Italien fortdauernd als politische Entscheidungsherausforderungen zu gelten haben, eben weil durch sie das politische System in seiner bisherigen Funktionsweise fundamental herausgefordert wird.

b) *Externe (internationale) Einflußfaktoren*. Angesichts des zeitlichen Horizontes unserer Untersuchung (das 20. Jahrhundert; s. a. Abschn. 4) finden sich sehr wohl Situationen, in denen interne Turbulenzen extern bedingt sind, zu Belastungen des politischen Systems im Innern auf Grund einer Bedrohung von außen führen, ohne allerdings als Entscheidungsherausforderungen in unserem Sinne gelten zu können. Die teilweise stark überzogenen französischen Reparationsforderungen nach dem 1. Weltkrieg sorgten zwar insofern für eine interne Belastung des politischen Systems von Weimar, als Kreise der Rechten diejenigen, die sich um Erfüllung dieser Forderungen bemühten, u. a. als „Novemberverbrecher" denunzierten. Andererseits hat diese externe Herausforderung in gewisser Weise auch eine *interne Solidarisierung* hervorgerufen, wie sie sich etwa im Generalstreik während der Ruhrbesetzung äußerte. Drohungen Nazi-Deutschlands an seine westlichen Nachbarn (das Dritte Reich an sich fällt ja aus der Untersuchungsperiode heraus) liefern vielleicht noch eindeutigere Beispiele für den zuletzt beschriebenen Zusammenhang. In gewissem Sinne gilt dies auch für Belgien Mitte der 30er Jahre, wenngleich hier die Sogwirkung eines pangermanischen Reiches in der Bewegung der Rexisten zu einer deutlichen Entscheidungsherausforderung wurde, die als Fall für die Analyse zu zählen ist.
Die Reaktion auf diese Entscheidungsherausforderung ähnelt aber in gewisser Weise der niederländischen angesichts der Herausforderung durch Nazi-Deutschland, nämlich einer stärkeren Vereinheitlichung nach innen, so daß der führende Kandidat der Rexisten, Degrelle, in der Nachwahl in Brüssel im Jahre 1936, eine entscheidende Niederlage durch Bildung einer Einheitsfront aus den demokratischen Parteien (Katholiken, Liberale und Sozialisten) hinnehmen mußte. Nur solche Fälle, in denen externe Einflußfaktoren – etwa wirtschaftlicher Art – intern zur Entscheidungsherausforderung werden, werden in unseren „pool" von Entscheidungsherausforderungen aufgenommen, nicht dagegen Fälle einer Entscheidungsherausforderung des politischen Systems von außen. In ersterem Falle werden die externen Faktoren berücksichtigt. Sie haben dabei allerdings den Charakter exogener (antecedenter) Variablen.

c) *Symbolische Krisensituationen.* Diese mögen in sich bedeutsam für die Charakterisierung des Zustandes eines politischen Systems sein. Man denke etwa an die Dreyfus-Affäre (die sich über mehr als zehn Jahre hinzog) und den Stavisky-Schwindel der 30er Jahre in Frankreich oder an die Krisengefühle eines großen Teils der bundesdeutschen Bevölkerung angesichts der Einschüchterungen durch den Terror der RAF, der zur Bildung eines Krisenstabes unter Einschluß nahezu aller führenden Politiker und hoher Verwaltungsbeamter führte. Die terroristische Herausforderung wird dabei selbstverständlich als Entscheidungsherausforderung unter die zu untersuchenden Fälle gerechnet, wenn auch der Terrorismus in mancher Hinsicht unsere Operationalisierung und interne Skalierung von Entscheidungsherausforderungen in Frage stellt, insofern als er zu einer starken Bedrohung des politischen Gemeinwesens wurde, unter *ausdrücklicher Umgehung* des parlamentarischen Rahmens. Doch wird dies leicht verständlich aus den Bedingungen terroristischen Vorgehens und der Selbstdefinition des Terrorismus der RAF. Die verbreiteten Krisen- und Angstgefühle – man denke nur an die Bombendrohung in Stuttgart, die das städtische Leben am hellichten Tage lahmlegte – bilden dagegen keinen Fall der Analyse, weil sie nicht zu einer Herausforderung des bestehenden politischen Systems wurden, sondern teilweise nur in „Stupor" endeten. Für diese Einordnung spricht nicht zuletzt die Erleichterung nach dem gelungenen Coup von Mogadischu.

Manche symbolischen Krisensituationen fallen möglicherweise durch das Raster unseres eher behavioristisch ausgerichteten Krisenansatzes, in dem es um deutlich ausgesprochene Entscheidungsherausforderungen, die meist mit politischer Aktivität verbunden sind, und mögliche Reaktionen darauf geht. Wir befassen uns im Rahmen unseres Projektes nicht mit Fragen der Ideologie (z. B. Links oder Rechts) oder der politischen Philosophie. Insofern sich ideologische oder symbolische Fragen allerdings zu Entscheidungsherausforderungen ausweiten, werden sie in unserer Auswahl von Fällen mitberücksichtigt werden. Die vorherrschende Linksorientiertheit vieler französischer Intellektueller wird also z. B. erst im Verbund mit der Studentenbewegung (und weniger, wenn auch kurzfristig: Arbeiterbewegung) des Mai 1968 zu einer Entscheidungsherausforderung, ansonsten nicht, obgleich sie natürlich langfristig einen (allerdings schwer meßbaren) Einfluß gehabt haben dürfte.

Abbildung 1 illustriert in vereinfachter Form einige der oben und nachfolgend angeschnittenen Abgrenzungsprobleme.

d) *Regierungsinstabilität und politische Systemkrisen.* Die Stabilität bzw. Dauer von Regierungskabinetten (oder kürzer: Regierungen) ist in jüngster Zeit verstärkt untersucht worden (u. a. Lijphart 1982; Browne et al. 1982; Mayer 1980; Dodd et al. 1978; v. Beyme 1970; 1971; 1982). Dabei soll es hier nicht um eine inhaltliche Bestandsaufnahme dieser Studien gehen, die, wie Lijphart (1982) zeigt, vielfache und zum Teil erhebliche Unterschiede aufweisen (u. a. in den Operationalisierungen der Dauer einer Regierung, der Duldung einer Regierung durch nicht in die Regierungskoalition miteingeschlossene Parteien, eines Wechsels im Sitz des Ministerpräsidenten aus gesundheitlichen oder politischen Gründen, einer Parlamentswahl oder eines Kabinettrücktritts, auf den ein Kabinett der gleichen Partei unter dem gleichen Ministerpräsidenten folgt) und

Abbildung 1: Vereinfachte Darstellung zur Eingrenzung des Erklärungsobjektes „Politische Systemkrisen"
Anm.: Überschneidungen in den vier Außenkreisen sind natürlich auch möglich, der Einfachheit halber aber hier ausgelassen.

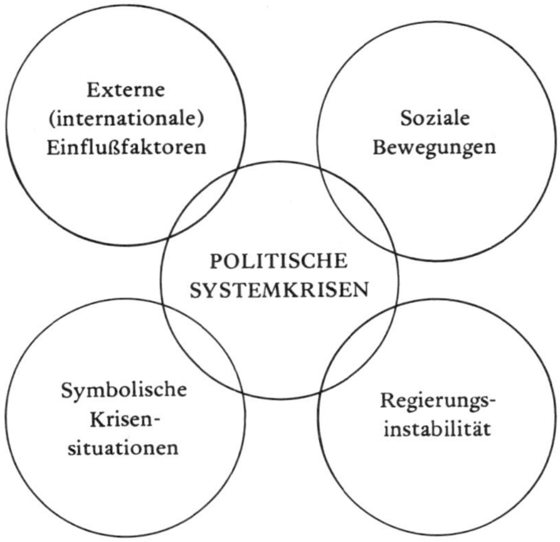

damit trotz ihrer relativen „Homogenität" schwerlich miteinander zu vergleichen sind.[1] Außerdem gilt noch immer die Aussage von Taylor und Herman, daß „wesentlich mehr empirische Forschung notwendig ist, bevor gesagt werden kann, daß [die Stabilität von Kabinetten] überhaupt ein Indikator für *irgendetwas* ist" (Taylor und Herman 1971:29, Hervorhebung im Original; auch bei Lijphart 1982:3 zitiert).
Die Instabilität von Regierungen kann durch eine Vielzahl von Faktoren bedingt sein (u. a. Tod oder Krankheit eines Premierministers, freiwilliger Rücktritt, Auseinandersetzungen zwischen Koalitionspartnern, wahltechnische bzw. -rechtliche Gründe oder schlicht taktisches Bemühen um Vorteile bei bevorstehenden Wahlen; s. dazu die jüngste Übersicht bei von Beyme 1982:467–492), die vielfach wenig mit politischen Systemkrisen im oben abgegrenzten Sinne zu tun haben. Andererseits hat die Stabilität von Regierungskabinetten sehr wohl etwas mit der Stabilität eines politischen Systems zu tun, wie Linz deutlich macht: „Nimmt man die durchschnittliche Dauer [europäischer] Kabinette in den Zwischenkriegsjahren vor und nach der Depression . . ., so überlebt die Demokratie nur in einem Land, in dem die Regierungen im Schnitt weniger als neun Monate dauerten. Dies war Frankreich. Andererseits machte nur ein Land innerhalb der Gruppe der Regierungen von durchschnittlich mehr als neun Monaten Dauer eine Systemveränderung durch [Estland]. In den meisten der anderen Länder, die vor der Depression stabile Regierungen aufwiesen – die Niederlande, das Vereinigte Königreich, Dänemark, Schweden, Norwegen und Irland, Länder mit Regierungen einer durchschnittlichen Regierungsdauer von einem Jahr und mehr –, waren die Regierungen nach der Depression stabiler" (Linz 1978: 110–111). Gleichzeitig betont Linz allerdings auch, daß es sich „dabei nicht um eine Ursache-Wirkungsbeziehung

[handelt], da die Instabilität der Regierung selbst eine Widerspiegelung der politischen und sozialen Krise darstellt" (ebd., S. 110).

Wir werden den Zusammenbruch eines Regierungskabinetts miterfassen, wobei der Stellenwert dieser Situationen für die Analyse politischer Systemkrisen zunächst offenbleiben muß, kann doch die Auflösung einer Regierung eine Krise ebenso einleiten (vgl. nur den Austritt der SPD aus der Großen Koalition in Weimar im März 1930, womit die Weimarer Republik als parlamentarische Demokratie faktisch schon ihr Ende nahm und ein Regieren ohne ausdrückliche Rückendeckung durch das Parlament einsetzte, was die Legitimität der ohnehin schwach respektierten Weimarer Institutionen noch weiter aushöhlte[2]) wie Folge einer solchen Krise sein (jüngstes Beispiel: Auflösung der sozial-liberalen Koalition in Bonn), wobei an dieser Stelle hinzugefügt werden muß, daß wir die Herausforderung des hierzulande bestehenden politischen Systems durch grüne und andere Protestparteien als – wenn auch nicht „maximale" – Entscheidungsherausforderung verkoden werden. Andererseits kann gerade durch Auflösung einer Regierung und Neu- bzw. Umbildung eine Krisensituation gemeistert werden, wie das auf virtuose Weise im Falle der vielen kleinen Krisen Italiens geschieht oder sich in der 4. Republik in Frankreich abspielte. Einzelne Personen wechseln, häufig auch nur ihre Ämter, der Zirkel ministrabler Personen bleibt weitgehend bestehen. André Siegfried hat diesen Zustand der „chorégraphie ministerielle" (von Beyme 1982:389) vor fast 30 Jahren bereits auf die treffende Formel von der „Stabilität im Rahmen von Instabilität", auf das „Paradox stabiler Politik (policy) bei instabilen Kabinetten" (Siegfried 1956:399) gebracht. Daß die Instabilität von Kabinetten in sich wiederum einer Abschattierung, einer Skalierung, bedarf, liegt somit auf der Hand (vgl. dazu z. B. den Versuch von Mitra 1980:251).

Mißlingen Bemühungen der Kabinettsbildung, entsteht leicht ein gefährliches Vakuum. In solchen Fällen kann die Instabilität von Regierungskabinetten den Charakter einer notwendigen Bedingung – oder vorsichtiger formuliert: einer akzidentellen Bedingung, eines Korrelats – annehmen. Hinreichend für eine politische Systemkrise dürfte die Instabilität von Regierungen freilich kaum sein, ist doch bei einer cross-nationalen Analyse mit einer solchen Vielzahl von Faktoren zu rechnen, daß die Voraussetzungen für die Zuordnung zu hinreichenden (und notwendigen) Bedingungen kaum gegeben sein dürften. Entscheidend bleibt, daß sich hier – ebenso wie in den Fragen der Abgrenzung politischer Systemkrisen von sozialen Bewegungen, von internationalen Einflußfaktoren und von symbolischen Krisensituationen – Überschneidungen ergeben können, die Instabilität von Regierungen also hilfreich bei der Identifizierung von Systemkrisen sein kann, ohne freilich automatisch mit diesen gleichgesetzt werden zu können.

Berücksichtigt man neben den möglichen Beziehungen zwischen Regierungskrisen und politischen Systemkrisen im Sinne von Entscheidungsherausforderungen noch das Vorliegen oder Nichtvorliegen einer Wirtschaftskrise als wahrscheinlich wichtigsten Drittfaktor, so läßt sich folgende vereinfachende Übersicht ableiten:

Dabei ist Fall 8 in diesem Zusammenhang ohne Interesse. Fall 1 stellt fast so etwas wie einen „Idealtyp" einer politischen Systemkrise dar, geht doch die Instabilität von Regierungen einher mit einer Wirtschaftskrise und zugleich einer politischen Systemkrise.

Tabelle 1: Instabilität von Regierungen und politische Systemkrisen: Einige mögliche Beziehungen

	Instabilität von Regierungen +		Instabilität von Regierungen –	
	Wirtschaftskrise +	Wirtschaftskrise –	Wirtschaftskrise +	Wirtschaftskrise –
Politische Systemkrisen +	1	2	3	4
Politische Systemkrisen –	5	6	7	8

\+ : Bedingung liegt vor
– : Bedingung liegt nicht vor

Die Identifizierung politischer Systemkrisen dürfte in diesen Fällen kaum Probleme aufwerfen, wie mit der Instabilität der Weimarer Regierungen in der Endzeit, aber auch bis 1924 als dem Musterbeispiel deutlich wird. Anders in den Fällen 2 und 3, für die sich schwer empirische Illustrationen finden lassen werden, wobei der zweite Fall eines gemeinsamen Auftretens von Regierungskrise und politischer Systemkrise bei Nichtvorliegen einer Wirtschaftskrise sicherlich seltener (Watergate mit dem vorübergehenden Legitimitätsverlust einzelner amerikanischer politischer Institutionen liefert vielleicht noch das beste Beispiel) als Fall 3 anzutreffen sein wird, wo eine Regierung zwar noch fortbesteht, sich aber sowohl einer Wirtschaftskrise als auch einer politischen Systemkrise gegenübersieht. Eine Regierung, die eine solche doppelte Herausforderung zugleich meistert, verdient das Prädikat eines „Heroen". Für demokratische Gemeinwesen innerhalb der zu untersuchenden Länder ist uns augenblicklich allerdings kein diesbezüglicher Fall geläufig. Selten dürfte auch der vierte Fall anzutreffen sein, da mit einer Verschärfung einer politischen Systemkrise auch die Regierung stärker herausgefordert ist. Diesen Schluß legen jedenfalls nahezu ausnahmslos die jüngsten Forschungen zum „political business cycle" indirekt nahe (vgl. statt vieler nur Hibbs 1982; Beck 1982; Kernell 1980; Monroe 1979; entschieden gegenteiliger Ansicht ist offensichtlich Schmidt 1982). Dennoch finden sich andersgeartete Beispiele hierzu wie etwa das Überleben der Bonner sozial-liberalen Koalition angesichts der Herausforderung durch den Terrorismus.

Der fünfte Fall läßt sich mit der Lage der Bundesregierung zu Herbstbeginn 1982 illustrieren. Bei fast 2 Millionen Arbeitslosen, nur über Schulden hinreichend gefüllten öffentlichen Kassen muß von einer Wirtschaftskrise gesprochen werden. Die Instabilität der sozial-liberalen Regierungskoalition ist inzwischen deutlich geworden, doch von einer politischen Systemkrise kann – auch bei einer in Teilen fälschlichen Umdeutung des Wählerpotentials der grünen Parteien in diese Richtung – unter Berücksichtigung vorliegender Umfrageergebnisse nicht gesprochen werden. Fall 6 ist oben bereits abgehandelt worden. Die Instabilität einer Regierung kann durch Krankheit, Tod oder an-

dere mehr „zufällige" Faktoren bedingt sein, ohne daß sich Wirtschaftskrise und politische Systemkrise auch nur entfernt abzeichnen. Fall 7 ist gegenüber Fall 3 wiederum erheblich wahrscheinlicher, geht es doch hier nur darum, ob bzw. daß eine Regierung, die in eine Wirtschaftskrise gerät, diese auch meistert. Hierfür liefert die sozial-liberale Koalition mit ihrer weitgehend marktwirtschaftlich geprägten Handhabung der ersten Ölkrise vom Herbst 1973 an, ein (wenngleich vielleicht harmloses) Beispiel. (Andererseits kann hier von „Meisterung" einer Krise nur in einem äußerst fraglichen Sinne gesprochen werden, denn der wirtschafts- und fiskalpolitisch angezeigte Abbau des Schuldenberges im nachfolgenden Aufschwung wurde versäumt.)
Die Aufarbeitung des historischen Materials wird erweisen, ob eine einfache analytische Konstruktion wie in Tabelle 1, ggf. um weitere „unabhängige" Dimensionen erweitert, zu einer ersten sinnvollen Strukturierung des Erklärungsobjektes führt.[3]
Auch bei der Abgrenzung von politischem Protest in Form des Einsatzes gegen die Staatsgewalt gerichteter politischer Gewalt oder in Form gewaltfreier Streiks mit größerer Verbreitung bis hin zu Generalstreiks können sich Überschneidungen mit Situationen politischer Systemkrisen ergeben. Analytisch verkürzt lassen sich dabei folgende Situationen denken.

a) Politische Gewalt und/oder politische Streiks (d. h. Generalstreiks oder Streiks mit überproportionaler Beteiligung gegenüber früheren Streiks *und* in zentralen Sektoren der Gesellschaft) führen zu politischen Systemkrisen:

politische Gewalt
und/oder
politische Streiks ⟶ politische
System-
krisen

Die Straßenschlachten zwischen Nazis und Kommunisten gegen Ende der Weimarer Republik liefern hierfür ein Beispiel, wenngleich in diesem Falle die Krise bereits bestand und durch diese Auseinandersetzungen nur noch verschärft wurde, u. a. weil sich der Staat als unfähig zur Unterbindung des Terrors der Straße erwies. Die Weigerung der britischen Bergarbeiter im Winter 1973/74, die zur Aufrechterhaltung der Energieversorgung notwendigen Überstunden abzuleisten, mit der letztlichen Konsequenz der Dreitagewoche, erwies sich als wirksam genug, die Regierung Heath zu stürzen und eine größere wirtschaftliche Auszehrung herbeizuführen. Freilich muß man in letzterem Falle bedenken, daß sich noch alle Krisen im England des 20. Jahrhunderts (wie z. B. der Generalstreik im Jahre 1926, die Wirtschaftskrise 1930/31) im Rahmen des gegebenen politischen Systems abspielten und Forderungen nach Abschaffung oder fundamentaler Änderung der parlamentarischen Demokratie keine weite Verbreitung fanden. Dennoch können diese Situationen *relativ* zu sonstigen internen Herausforderungen des britischen politischen Systems sehr wohl als „politische Systemkrisen" gelten (wenn man einmal außer acht läßt, daß Großbritannien auf Grund seiner jahrhundertealten politischen Kultur ein Ausmaß an Stabilität aufweist, das es schlichtweg zu einem Ausnahmefall bei jedem diesbezüglichen internationalen Vergleich werden läßt).

b) Politische Systemkrisen führen zu (einem Anschwellen) politischer Gewalt und zu politischen Streiks. Die erste einschneidende Wirtschaftskrise in der Geschichte der Bundesrepublik Deutschland, die mit der erkennbaren Führungsschwäche der damaligen Regierung einherging, brachte ein starkes Anschwellen von Akten politischer Gewalt (NPD) mit sich. Die Reaktion der Gewerkschaften auf den Kapp-Putsch (1920) liefert vielleicht das eindrücklichste Beispiel: eine illegale und illegitime Machtübernahme verschärfte den Zustand einer politischen Systemkrise, trug aber erstaunlicherweise gleichermaßen zur Bereinigung dieser Krise bei, indem der von den Gewerkschaften ausgerufene Generalstreik die schwachen politischen Kräfte Kapps isolierte und das Wirtschaftsleben lahmlegte. Während normalerweise davon auszugehen ist, daß ein Generalstreik als Anzeichen einer weitverbreiteten Protestbewegung gegen eine Regierung oder einzelne Maßnahmen eine sehr starke Herausforderung für das politische System aus der Sicht der Regierenden darstellt (dies traf allerdings auch im Falle Kapps zu), war in dieser Situation mit dieser Herausforderung vordergründig eine Lösung der politischen Systemkrise verbunden – das illegale und illegitime Regime verschwand –, die wirtschaftlichen Rahmenbedingungen waren allerdings keinesfalls beseitigt, wie sich bereits während des Ruhrkampfes und drei Jahre später u. a. angesichts der Aufstände in Sachsen und Thüringen zeigen sollte.

politische System- krisen	⟶	politische Gewalt und/oder politische Streiks

Bedacht werden sollte bei diesem einfachen Modell allerdings, daß die vergleichende Streikforschung (s. u. a. Hibbs 1976; 1978:157; Tilly 1978:166; Jagodzinski 1981; s. jedoch auch Korpi und Shalev 1980: 325–326) im Falle eines wirtschaftlichen Niederganges eine relativ eindeutige Abnahme von Streiks ausweist. Ökonomisch ist ein solcher Befund auch leicht zu deuten, führt doch die Furcht vor einem Arbeitsplatzverlust zu erhöhten Kosten sozialer Mobilisierung bzw. genauer Mobilisierbarkeit. Andererseits ist in vielen dieser Querschnittsuntersuchungen die zeitliche Reihenfolge dieser beiden Variablen nicht eindeutig geklärt. Ferner kann auch eine politische Radikalisierung von Streiks erfolgen, wie dies durch Kommunisten und Nazis in der Endphase der Weimarer Republik geschehen ist.

c) Politische Gewalt und politische Streiks sind nahezu „ubiquitär", d. h. eine Inbeziehungsetzung zu Situationen politischer Systemkrisen ergäbe eine schwache Korrelation zwischen beiden, eben weil politische Gewalt bzw. politische Streiks oder allgemeiner noch: politischer Protest fast ein Korrelat, wenn nicht gar Folge, der Rahmenbedingungen demokratischer politischer Gemeinwesen zumal auf einem relativen hohen sozioökonomischen Entwicklungsstand sind (s. dazu die Zusammenfassung empirischer Befunde und die theoretischen Interpretationen bei Zimmermann 1980: 231–235). Diese Annahme könnte möglicherweise dazu verleiten, politische Gewalt und politische Streiks denn auch für weniger bedeutend für die Analyse politischer Systemkrisen zu halten. Doch wäre dies ein Trugschluß. Eine Charakterisierung der Entwicklung der jeweiligen Länder im 20. Jahrhundert entlang ihres Ausmaßes an politischer Gewalt sollte zumindest dazu führen, Zeiten besonders hoher Ausschläge genauer unter die Lupe zu nehmen. Andererseits muß dies nicht heißen, daß politische Systemkrisen nicht auch bei vergleichsweise niedriger oder anders gelagerter politischer Mobilisierung auftreten können.

Aus dem unter c) genannten Grund haben wir die Variablen politische Streiks und politische Gewalt in der analytischen Aufgliederung in Abschnitt 3 nicht separat aufgeführt, doch sind sie als mögliche Korrelate (möglicherweise auch Ursachen und Folgen) politischer Systemkrisen von großer Bedeutung.

Einheit der Analyse ist das politische System in der Krise. Dabei ergeben sich zwei Probleme, die sich höchstens näherungsweise lösen lassen: zunächst ist die Frage, ob und wieweit unterschiedliche Personenaggregate zu einer Herausforderung für das politische System aggregiert werden können, ebenso wie Reaktionen auf Krisen (s. unter 3), die von einzelnen Personen, Gruppen oder Institutionen ausgehen und damit als Kennzeichen eines politischen Systems in einer solchen Krisensituation verstanden werden dürfen. Da wir es mit einer cross-nationalen makropolitischen Analyse, einer Systemanalyse, zu tun haben, mag eine solche Vorgehensweise angezeigt sein, ja unvermeidlich sein, sind doch Systeme keine Einzelakteure im individuellen Sinne. Andererseits wird hiermit die Gefahr einer Hypostasierung beschworen, die wir allerdings für erheblich geringer erachten, als dies für „die" traditionale Staatstheorie zutrifft, weil ja gerade die empirische Vielfalt in den Bedingungen der Entscheidungsherausforderungen und der Reaktionen auf Krisen erfaßt werden soll und nicht der Staat wie so oft als monolithischer Akteur behandelt wird. Daß im Prozeß der Aggregierung einzelner Maßnahmen und der Verhaltensweisen einzelner Akteure bzw. Gruppen Informationsverluste auftreten, dürfte unvermeidlich sein wie bei jeder Aggregierung, ist aber andererseits der Preis, überhaupt zu empirisch halbwegs sinnvollen Befunden in einer vergleichenden Krisenanalyse zu gelangen. Die Behandlung von Daten über die wirtschaftliche Situation und von anderen Strukturdaten (s. unter 4) als Systemdaten dürfte dagegen keine Probleme aufwerfen, solange sich die Aussagen auf die Makroebene beziehen. Werden dagegen z. B. aus Daten über die Verschlechterung der Wirtschaftslage eines politischen Systems Folgerungen für die Wirtschaftslage der Herausforderer bzw. der Koalition der Herausforderer gezogen, ohne daß zusätzlich Individualdaten oder weniger stark aggregierte Daten zur Verfügung stünden, beginge man den geläufigen Aggregatfehlschluß, in der Terminologie von Alker (1969:79) die „cross-level fallacy".

Da unterschiedliche Gruppen unterschiedliche Entscheidungsherausforderungen zur gleichen Zeit aussprechen können, wie etwa Forderungen nach radikalen wirtschaftlichen Veränderungen und separatistische Ansprüche, muß prinzipiell die Möglichkeit bestehen, Einzelherausforderungen zu größeren Entscheidungsherausforderungen zu aggregieren. Allerdings kann eine Einzelforderung bei hinreichend starker Vertretung mehr den Charakter einer Entscheidungsherausforderung annehmen als relativ „unzusammenhängende" Entscheidungsherausforderungen, die das herausgeforderte System möglicherweise „getrennt verarbeiten" kann. Die Kumulierung von Entscheidungsherausforderungen wie in der Weimarer Endzeit muß für andere Zeitpunkte und andere Länder nicht typisch sein. In welcher Form eine solche Aggregierung numerisch vorzunehmen ist, kann jedoch erst zu einem späteren Zeitpunkt entschieden werden.

Die Tatsache, daß während eines Krisenverlaufs eine Gruppierung bestimmte Änderungen im politischen System fordert und zu einem späteren Zeitpunkt andere Gruppen in massiven Streiks involviert sind, würde dann zu einem Problem der Analyse, wenn die Träger der jeweiligen Forderungen bzw. des Protestes Einheit der Analyse wären. Doch geht es ja um das politische System in der Krise, und dabei können unterschiedliche Personenaggregate sehr wohl zu einer gesteigerten Belastung beitragen, z. B. indem die Herausforderung durch eine Gruppe (etwa durch den Gebrauch von Gewalt) eine Lähmung der Regierungsmaschinerie erzeugt oder ein Vakuum schafft, in das eine andere Gruppe hineinstößt (vgl. dazu u. a. auch die analytischen Unterscheidungen zwischen Machtverlust und Machtvakuum bei Bracher 1981:66 ff. und ähnlich bei Linz 1978).
Größere Schwierigkeiten dürfte die zweite Frage aufwerfen, nämlich wie durch den Datenkubus von Ländern, Variablen und Zeitpunkten angemessene zeitliche Querschnitte gelegt werden können (wie und wodurch sind Anfangs- und Endpunkte einer Entscheidungsherausforderung und Krisenreaktion jeweils festgelegt?), die dann mit anderen zeitlichen Querschnitten aus der gleichen oder aus anderen Perioden im Sinne einer *pooled analysis* zu Zähleinheiten der Analyse zusammengefaßt werden, zu einem „pooled cross-section and time series design" (Hannan und Tuma 1979: 312; Pindyck und Rubinfeld 1976:202–211), wenngleich von Zeitreihen nur in einem weiteren Sinn gesprochen werden kann. „Eine zusammengefaßte Querschnitts- und Längsschnittanalyse [pooled cross-sectional and time-series analysis] vergleicht sowohl Querschnitte von Staaten (nations) auf einer Dimension als auch unterschiedliche Zeitpunkte für einen jeden Staat miteinander. Durch gemeinsame Berücksichtigung beider Dimensionen wird es möglich, [Variablenzusammenhänge] innerhalb und zwischen Staaten auf dynamische Weise zu analysieren. Auch ermöglicht es diese Analyse, Zeitreihenprozesse zu identifizieren und zuverlässig zu schätzen, obgleich die Zahl der Beobachtungen pro Staat aus der Sicht herkömmlicher Zeitreihenanalysen allzu niedrig sein mag. Der pooled design vereinigt somit die Vorzüge und wenige der Nachteile von Querschnitts- bzw. Längsschnittanalysen. Erstere Vorgehensweise erleichtert den Vergleich über die Einheiten hinweg, allerdings nur zu einem Zeitpunkt; letztere erlaubt Vergleiche der Einheiten im Zeitablauf, doch nicht über die Einheiten hinweg. Somit stellt eine pooled analysis ein angemessenes Vorgehen dar, um gleichzeitig die Zwillingsparameter von Raum und Zeit zu erfassen, von denen in Hypothesen über politisches Verhalten so häufig die Rede ist" (Zuk und Thompson 1982:63; hinsichtlich der damit aufgeworfenen statistischen Probleme s. ebd., S. 63 ff.).
Somit sollte vielleicht am ehesten von komparativer Statik die Rede sein. Im endgültigen Datenpool werden also Krisenfälle aus früheren Perioden eines Landes und aus der gleichen (oder verschiedenen) Periode(n) anderer Länder im Sinne der Zähleinheit (= pro Krise eine Lochkarte) und im Sinne der Einheit der theoretischen Analyse gleichbehandelt. Ob dies zulässig ist oder ob der raum-zeitliche politisch-kulturelle Kontext nicht von Fall zu Fall erheblich variiert, läßt sich vorab nicht entscheiden, sondern bleibt eine Frage der empirischen Analyse. Die hier explizit gemachte Grundannahme lautet jedenfalls, daß politische Systemkrisen in ihren *strukturellen* Eigenschaften im Rahmen demokratischer Industriegesellschaften auch über den hier avisierten Zeitraum hinweg vergleichbar sind. Für diese Deutung spricht z. B. die Behauptung

von Lipset und Rokkan (1967), daß die europäischen Parteiensysteme in ihren grundlegenden Dimensionen seit den 20er Jahren „eingefroren" seien (vgl. auch Rose und Urwin 1970), wenngleich dagegen auch Widerspruch geäußert und einige empirische Befunde vorgebracht worden sind (s. u. a. Bartolini und Mair 1982; Shamir 1979a; s. außerdem jüngst den Versuch von Ersson und Lane 1982, auf der Basis einer Vielzahl von Indikatoren die Dimensionalität europäischer Parteiensysteme zu bestimmen).
Möglicherweise sind politische Systemkrisen in ihren strukturellen Eigenschaften im Zeitablauf nicht voll vergleichbar, so daß beispielsweise pro Dekade o. ä. separate Kausalmodelle entwickelt werden müssen, weil die Variablenausprägungen in anderen Fällen völlig anders ausfallen bzw. weil (noch) andere Variablen zu berücksichtigen sind. Auf jeden Fall gilt aber: „Vergleich bedeutet Abstrahierung; konkrete Situationen und Prozesse können als solche nie miteinander verglichen werden. Jedes Phänomen ist einzigartig, jeder Prozeß, jeder Staat (nation) und jedes Individuum sind in gewisser Weise einzigartig. Vergleicht man sie miteinander, so bedeutet dies die Auswahl bestimmter Typen oder Konzepte, die zur Deformierung ihrer einzigartigen und konkreten Merkmale führen" (Macridis 1955:18).
Woher wissen wir, daß eine Krise beginnt, daß die Schwelle einer „alltäglichen" Herausforderung überschritten ist? Was unterscheidet kleinere Herausforderungen, die unter „business as usual" laufen, von größeren Entscheidungsherausforderungen? Die beiden Fragen stehen natürlich miteinander in Beziehung. Sobald wir wissen, was größere Entscheidungsherausforderungen sind, sollten wir in der Lage sein (zumindest näherungsweise) anzugeben, wo die Schwelle zu einer Entscheidungsherausforderung im Sinne einer politischen Systemkrise überschritten wird und wo die Krise „endet". Dabei spielen Gefühle der *Malaise* und symbolische Krisen insofern eine wichtige Rolle, als das Vertrauen der Bevölkerung in ein politisches System kaum merklich aufgezehrt werden kann, bis es auf einmal zu einer größeren Krise kommt. Doch glauben wir nicht, daß sich dies in dem genannten Zeitraum häufig ereignet hat. Dennoch würden solche Fälle interessantes Material für Einzelfallstudien liefern.

3. Reaktionen auf Krisen als letztabhängige Variable

Wie an anderer Stelle (Zimmermann 1981:55; s. auch unter 5) ausgeführt, gehen wir vereinfacht von folgender Abgrenzung aus:

(1) *wirtschaftliche Faktoren* sowie andere *Strukturkomponenten* wie z.B. Diskriminierungen ethnisch-kultureller Minderheiten	bedürfen (2) der *Umsetzung in politische Faktoren,* vor allem über die Art und Struktur des *Parteiensystems,*	zu (3) *Entscheidungsherausforderungen,*	(4) auf die *Reaktionen* folgen.

Diese Reaktionen können zur Meisterung einer Krise beitragen oder diese im Sinne einer gesteigerten Entscheidungsherausforderung verschärfen, letztlich bis hin zum Zusammenbruch eines politischen Systems. Da sich dieses aber bei den zu untersuchenden Ländern (s. unter 4) nur vergleichsweise selten ergeben hat, nämlich u. a. in den Fällen: Weimar 1930, 1933, Österreich 1934, Italien 1922, Frankreich 1958, bliebe die Fallzahl für eine quantitative Analyse, die mehr als nur ein bis zwei Variablen berücksichtigen will, zu klein, von der möglichen Heterogenität dieser Fälle einmal abgesehen. In qualitativer Hinsicht ist gerade das Studium dieser Eskalationsprozesse bis zum Kollaps der politischen Ordnung interessant, für eine stärker quantitative Orientierung läßt sich dagegen bei dem ins Auge gefaßten Sample nichts gewinnen. Ein solcher Zusammenbruch des politischen Systems wird im übrigen durch die Niederlage in einem externen Krieg eher herbeigeführt bzw. mitbegünstigt. So weisen 10 von 11 Staaten, die zu den Verlierern im Ersten und Zweiten Weltkrieg gehören, einen nichtkonstitutionellen Wechsel ihrer Regierungsform auf (Siverson 1980:217; vgl. ähnlich Stein und Russett 1980:411). Bei den Gewinnern traf dies nur für 6 von 30 Ländern zu.

Aus diesem Grunde werden hier Reaktionen auf Krisen als letzte abhängige Variable gewählt. Die Vielfalt möglicher Reaktionen auf Krisen ist andernorts (Zimmermann 1981:67–70) bereits angedeutet worden. Der dortigen Klassifikation könnten als Teilergänzung noch hinzugefügt werden: „Stärkung der Exekutive durch Verfassungsänderung, Ausnahmegewalt [s. dazu insbesondere das bei Loewenstein 1938 beschriebene strategische Arsenal], Suspendierung oder Unterbrechung der Parlamentstätigkeit, ... Veränderung beziehungsweise Einbeziehung der militärischen Führung" (Bracher 1981:69) oder als besonders risikoreiche Strategie: „Fortsetzung der Polarisierung in einer bürgerkriegsnahen Form, bis eine der systemfeindlichen Kräfte die Machtergreifung versucht", was der Regierung als eine der wenigen verbleibenden Möglichkeiten den Appell an das Militär – hoffentlich mit anschließender Wiederaufrichtung der Demokratie – läßt (Bracher, ebd.). Bracher verweist in letzterem Punkt auf den Übergang von der 4. zur 5. französischen Republik, für den es bei unseren Fällen (auch nur annähernd) keine historische Parallele gibt.

Schließlich – als eine besondere Art der Reaktion auf Krisen – kann es dazu kommen, daß eine größere Partei einer kleineren ein Thema (issue) wegnimmt, wie dies die Demokraten in den USA 1932 gegenüber der amerikanischen Sozialistischen Partei taten (s. Bell 1977). Damit wird durch die Einbettung in eine größere Partei möglicherweise aus einem antisystemischen Issue eine Frage, die das politische System nicht mehr grundsätzlich in Frage stellt. Natürlich kann dieser Aufsaugprozeß auch in Richtung einer Extremisierung verlaufen, wie die erfolgreiche Konkurrenz der NSDAP vor allem gegenüber den liberalen Parteien und letztlich, wenn auch in abgeschwächter Form, gegenüber allen Weimarer Parteien lehrt.

Entscheidend ist, daß jedes politische System auf eine politische Entscheidungsherausforderung antworten muß, wenn auch gelegentlich die Antwort im Abwarten bestehen mag. Insofern wird sich das Problem der Fallzahl bei dieser abhängigen Variable nicht stellen, eine gewisse Homogenität eher gegeben sein. Wenn man außerdem bedenkt, daß von den langfristig zu untersuchenden 12 Ländern nur Deutschland, Österreich, Italien und Frankreich einen Zusammenbruch ihrer politischen Ordnung (und außer-

dem mit unterschiedlichen Konsequenzen) durchgemacht haben, die Mehrzahl der Länder aber fortbestehende politische Systeme aufweist oder genauer: die Reaktionen dieser Länder auf Entscheidungsherausforderungen den Bestand der politischen Ordnung nicht gefährdet haben, läßt sich eine solche Vorgehensweise auch historisch vertreten. Den „Idealtypen" einer vergleichenden Krisenanalyse im Sinne einer „einseitigen *Steigerung* . . . *einiger* Gesichtspunkte" (Weber 1964:235; Hervorhebung im Original) wie etwa Weimar wird sie damit nicht gerecht. Auch könnte sie dies gar nicht. Denkbar ist hier höchstens der Versuch, aus der Differentialdiagnose, dem Vergleich mit anderen Ländern (z. B. angelsächsischen und skandinavischen Ländern), die die Weltwirtschaftskrise ohne Umsturz ihres politischen Systems gemeistert haben, zu lernen (vgl. dazu etwa Kocka 1977; Winkler 1973 mit Blick auf die USA).
Schließlich bleibt zu beachten, daß wir von Reaktionen auf Krisen sprechen. Damit soll die behavioristische Komponente deutlich werden. Wir werden Aktivitäten der Regierung und möglicher intermediärer Instanzen verfolgen, nicht Folgen einer Krise allgemein, die sich etwa im Sinne der nichtantizipierten Konsequenzen sozialen Handelns einstellen mögen.

4. Sample, Untersuchungszeitraum und Datenlage

Das *Sample* soll langfristig westliche Industriegesellschaften Mittel-, Nord- und Westeuropas unter Einschluß Italiens, der USA und Kanadas umfassen. Aus naheliegenden Gründen konzentrieren wir uns zunächst auf folgende mitteleuropäische Länder: Deutschland, Österreich, England, Frankreich, Holland und Belgien (über damit bereits gegebene theoretische Vergleichsmöglichkeiten s. Zimmermann 1981:73). Auch wenn *alle* entsprechenden Länder einmal erfaßt sein sollten, handelt es sich nicht um eine Wahrscheinlichkeitsstichprobe demokratischer Industriegesellschaften, sondern um eine bewußte Auswahl, die geographisch und politisch vergleichbare Länder berücksichtigt (wobei Kleinstaaten wie San Marino oder Liechtenstein unberücksichtigt bleiben sollen).
Der *Untersuchungszeitraum* soll langfristig das 20. Jahrhundert bis 1980 einschließlich umfassen. Da allerdings die durch den 1. Weltkrieg hervorgerufenen Veränderungen erheblich sind, sind Vergleiche aus der Zeit nach 1918 mit Krisensituationen bis zum Ende des 1. Weltkriegs nicht immer leicht zu vollziehen oder sinnvoll. Folglich werden wir uns zunächst auf die Zeit nach dem 1. Weltkrieg beschränken, den 2. Weltkrieg und natürlich Perioden herausnehmen, in denen jetzige demokratische Industriegesellschaften andere als demokratische Regierungsformen besaßen. Allerdings wird diese Regel nicht starr angewandt, da wir z. B. den für Länder wie die Niederlande, aber indirekt auch für Österreich und Belgien im späteren Verlauf dieses Jahrhunderts so wichtigen Vorgang wie die Pacificatie (1917) in Holland bereits jetzt miterfassen werden, die eine grundlegende akkomodative Regelung unter bislang zerstrittenen Konfessionen und politischen Orientierungen brachte (s. allerdings auch Scholten 1980:343, der die Anwendbarkeit der Theorie des „consociationalism" in eben diesem Fall wie auch in anderen bezweifelt; vgl. auch Kieve 1981; s. ferner Pappalardo 1981 und Obler et al.

1977 mit einer Reanalyse von Entwicklungen in Holland, Belgien, Österreich und der Schweiz, einer nützlichen Zusammenstellung vieler Kritikpunkte und einer Warnung vor allzu schneller Akzeptierung der Theorie des „consociationalism").
Wenig sinnvoll wäre es, hier die Datenquellen im einzelnen darzustellen. Stattdessen seien skizzenhaft die *Variablen* bzw. *Variablengruppen* angedeutet, die wir erfassen bzw. selbst erheben wollen, wobei wir von der in Abschnitt 3 gewählten Einteilung ausgehen:

I. *Wirtschaftliche* und *soziale Situation* (Arbeitslosigkeit, Wachstumseinbrüche, Preisauftrieb, Realeinkommen, Produktionsauslastung, Art und Ausmaß der sozialen Sicherung u. a.): Daten u. a. nach Flora 1983; Taylor und Jodice 1982; Banks 1976; Mitchell 1975; Kaim-Caudle 1973; OECD-Statistiken wie z. B. National Accounts; nationale statistische Jahrbücher.
Strukturdaten über die *Diskriminierungen* bzw. allgemeiner die *Lage ethnisch-kultureller Minderheiten*: u. a. Schätzdaten entlang der Kategorienbildung von Gurr 1966; ferner Daten nach Flora 1983; Taylor und Jodice 1982; Allardt 1979, 1981; Williams 1980.
Sowohl Daten zu I wie auch II (s. nachfolgend) sollen angesichts ihrer relativ leichten Verfügbarkeit und aus Gründen der Forschungslogik über den gesamten Zeitraum der Untersuchung mitberücksichtigt werden, allerdings in stärkerem Detail während der Krisenperioden.

II. *Parteien* und *Parteiensysteme* (Anzahl und relative Stärke der Parteien, Wählerfluktuation, Wahlergebnisse von Prosystem- und Antisystemparteien, Koalitionen, Instabilität von Kabinetten u. a.): Daten u. a. nach Mackie und Rose 1974; Flora 1983; v. Beyme 1982, 1970; Janda 1980; Shamir 1979; Nohlen 1978; Cook und Paxton 1975; Rokkan und Meyriat 1969; Sternberger und Vogel 1969.
Der wirtschaftliche Entwicklungsverlauf soll anhand der genannten Indikatoren ebenso in Schaubildern abgebildet werden wie u. a. Fluktuationen im Wählerverhalten und Situationen der Regierungsinstabilität. Auf diese Weise läßt sich schon fast optisch durch eine gewisse Häufung der Ereignisse ein Krisenzeitraum vorhersagen, ohne daß bereits unsere detaillierten Krisenprotokolle erstellt sind.

III. *Entscheidungsherausforderungen*: Daten über bestimmte politische Bewegungen, ihre Programme und Aktivitäten, über Koalitionen der Herausforderer, über Art und Verbreitung der Issues, über die Aktivitäten und Struktur bestimmter Verbände – von uns selbst zu erheben aus einer Vielzahl von Werken und Quellen wie Tageszeitungen und Wochenblättern.
Politische Gewalt: Daten u. a. nach Taylor und Jodice 1982; Banks 1976. Daneben Auswertungen von Zeitungen.
Politische Streiks: Daten u. a. nach Flora 1983; Taylor und Jodice 1982; Cronin 1979; Tilly et al. 1975; OECD; International Labour Office.

IV. *Reaktionen auf Krisen*: Daten in der Vorgehensweise ähnlich wie unter III. zu erheben, nur mit stärkerem Bezug auf die Regierungsseite. Daten u. a. aus Regierungsdokumenten, offiziellen Berichten, Pressedarstellungen, zeitgeschichtlichen Werken u.v.a.m.
Ereignisse besonderer (singulärer) Bedeutung sollen im Verlauf der Datenerhebung ebenso berücksichtigt werden, wie Hinweisen auf andere bislang unbeachtete Variablen nachgegangen wird.
Daten über *Entscheidungsherausforderungen* müssen — bis auf bereits vorliegende Daten über die Stärke von Protestparteien und einzelner extremistischer Bewegungen — aus einer Vielzahl von Quellen von uns selbst im Sinne der angedeuteten Vorgehensweise erhoben werden. Dabei lassen sich folgende Schritte voneinander abgrenzen:

(1) Eine Groborientierung über die Geschichte der einzelnen Länder führt zu einer Auflistung möglicher Krisensituationen. Als Basis hierfür dienen u. a. historische Standardwerke sowie politikwissenschaftliche und sozialgeschichtliche Arbeiten, die einen Überblick über die betreffenden Länder geben. Staats- und verfassungsrechtliche sowie sozialstrukturelle Aspekte werden dabei selbstverständlich auch berücksichtigt.

(2) Die Vielzahl möglicher Krisenfälle wird anhand der vorgeschlagenen operationalen Kriterien zu bewerten sein. Möglicherweise werden einzelne Kriterien modifiziert werden müssen. Dann wird sich auch erweisen, ob sich in zureichendem Maße Daten für unsere andernorts vorgeschlagene Operationalisierung für Entscheidungsherausforderungen (Zimmermann 1981: 60—67) finden lassen und ob diese Operationalisierung sinnvoll ist. Dabei dürfte insbesondere die Ausgrenzung des Eliteneinflusses Schwierigkeiten bereiten, wenn diese Variable nicht gar in unserem Zusammenhang hinter den Einflüssen der Art der Streitfragen, ihrer Verbreitung und Umsetzung über Parteien bzw. das Parteiensystem zurücksteht, indirekt dabei natürlich — wenngleich nicht disaggregiert — berücksichtigt wird.
Jedenfalls dürfte sich ergeben, daß einige Situationen unmittelbar und unstrittig als Entscheidungsherausforderungen im Sinne des endgültigen Datenpools gelten können, während strittige Fälle näherer Klärung bedürfen.

(3) Für die unstrittigen Fälle wird ein Krisenverlaufsprotokoll angefertigt unter Zuhilfenahme von sparse matrices. Dabei werden in den Tabellenkopf wichtige Variablen oder Variablenblöcke bzw. Akteure/Aggregate geschrieben und links fortlaufend die Zeit festgehalten. Analog zur Interaktionsanalyse von Bales oder neuerdings zur life history-Forschung (vgl. z. B. Müller 1980) lassen sich dann erste historische Synopsen gewinnen. Immer dann, wenn ein „Akteur" bestimmte Handlungen unternimmt, wird der Zeitpunkt dieser Aktivitäten, ihre Zielrichtung und möglichst auch ihr Ergebnis festgehalten. Erfolgt keine Aktion oder keine unmittelbar zuzuordnende Reaktion, bleibt das entsprechende Kästchen leer, woraus sich der Name „sparse matrix", also etwa „ausgedünnte Matrix", leicht herleiten läßt. Daß diese Synopsen zunächst nur dazu dienen können, sich mit den gegebenen historischen Abläufen in ihrer Vielschichtigkeit vertraut zu machen und diese vor Augen zu haben, versteht sich von selbst. Ob

man dabei vom Zeitpunkt der Krise nach rückwärts gewandt den vermutlichen Ausgangspunkt ermittelt oder umgekehrt induktiv (im wörtlichen Sinne) vorgeht, ist einzig im Sinne der Ergiebigkeit und damit der Forschungsökonomie zu entscheiden. Festzuhalten bleibt, daß diese Krisenprotokolle, die iterativ zu verfeinern sind, mehr liefern, als Krisensoziologen üblicherweise zur Verfügung steht, nämlich detailliert aufgearbeitetes historisches Material, ohne dabei in das „Leid" vieler Historiker zu verfallen, eine narrative Wiedergabe ohne jede theoretische Orientierung und Kategorisierung zu wählen. Jedenfalls gilt auch hier der gern zitierte, aber schwer zu beherzigende Spruch: „Geschichte ohne Soziologie ist blind, Soziologie ohne Geschichte ist leer" (Topitsch 1961:103).

Die gerade beschriebene Vorgehensweise, verbunden mit der Diskussion unserer ausgearbeiteten Krisenprotokolle durch Historikerkollegen, gilt gleichermaßen für den vierten oben genannten Variablenbereich: Reaktionen auf Krisen.

Dabei erhebt sich die Frage, welche Quellen wir selbst – neben anerkannten Standardwerken – unserer Datenerhebung zugrundelegen werden. Dabei wollen wir weder Kabinettskunde noch reine Protestgruppenanalyse betreiben. (Als Hintergrundwissen werden entsprechende Materialien selbstverständlich genutzt.) Auch bei einer Ausweitung des Forscherteams durch geschulte Historiker werden die zur Verfügung stehenden Ressourcen es unmöglich erscheinen lassen, in allen Krisensituationen (neue) Quellenfunde und -auswertungen zu tätigen oder auch nur zu versuchen. Vielmehr wird auf Standardquellen und -werke zurückzugreifen sein, und diese werden im Sinne unserer theoretischen Fragestellungen zu erschließen sein. Über die Güte dieser „Quellen" wird aus unserer Sicht erst post festum etwas zu sagen sein. Eine eigenständige Quellenkritik dürfte aber jenseits unserer Möglichkeiten liegen, nicht dagegen die Lektüre von Tageszeitungen und Wochenblättern aus den genannten Zeiträumen.

Die Ausgewogenheit der von uns verwendeten Materialien soll durch frühzeitige Offenlegung unseres Vorgehens gegenüber Historikerkollegen und begleitende Diskussionen gewährleistet werden. Bei der Einbeziehung von Zeitungsmaterialien ist neben dem Problem der Beschaffbarkeit natürlich auch die Frage der Filterwirkung zu bedenken. Doch ließe sich diese Blickwinkelverengung, die neben mangelhafter Abdeckung der Geschehnisse (Frage der „source coverage") auch durch tendenziöse Berichterstattung erzeugt werden kann, durch den Einsatz alternativer Zeitungsquellen abschätzen.

(4) Kodierung der Daten im Sinne der schon gemachten Vorschläge (Zimmermann 1981: 60–70) bzw. neu zu entwickelnder Kategorien und Ausprägungen. Stellt sich das historische Datenmaterial in der Tat als nicht zu heterogen heraus, sollte die statistische Analyse – mit Ausnahme von Punkt (5) – keine größeren Probleme aufwerfen, sind wir doch der Daumenregel sowohl des interkulturellen Vergleichs als auch multivariater Analysen gefolgt: eine geringe Anzahl unabhängiger Variablen (soweit natürlich inhaltlich-historisch vertretbar) sollte mit einer möglichst großen Fallzahl konfrontiert werden und nicht umgekehrt.

(5) Sind die Daten für die Computeranalyse aufbereitet, stellt sich im Zusammenhang mit der Abgrenzung der Krisenperioden (Anfang und Ende) die Frage nach dem ange-

messenen statistischen Modell. So gilt es zu bedenken, daß z. B. für einen Krisenverlauf von 18 Monaten kaum nur ein Datum jeweils für das Ausmaß der Entscheidungsherausforderung, den Zustand der Wirtschaft usw. genommen werden kann. Durch willkürliche Unterteilung in kürzere Abschnitte, etwa drei Monate, wird u. U. Zusammengehöriges auseinandergerissen. Wir sind uns bewußt, daß sich hier ein Problem für die statistische Analyse stellen kann, doch ist dies eine spätere Sorge, wenn nur erst einmal historisch „saubere“ und qualitativ ergiebige Krisenverlaufsprotokolle erstellt sind. Sollte sich nach genauer Inspektion des Datenmaterials ergeben, daß sich Unterperiodisierungen bestimmter Dauer vertreten lassen, wird sich aus der Vielzahl der in der Statistik inzwischen angebotenen dynamischen Modelle (zur Übersicht s. Hannan und Tuma 1979) sicherlich ein halbwegs angemessenes finden lassen. Dabei sei auf die Meßniveauproblematik an dieser Stelle nur hingewiesen.
Auch ist möglicherweise die (zeitliche und/oder räumliche) Variation einzelner Variablen wie z.B. Parteiensystem so gering, daß statistische Aussagen nicht abgeleitet werden können. Ferner kann die gleiche Variable, etwa Repression seitens einer Regierung, Unterschiedliches in unterschiedlichen Kontexten bedeuten. Mit systemischer Interferenz ist zu rechnen, die nach Przeworski und Teune (1970:104) definiert werden kann als dann vorliegend, „wenn die Folgerungen aus den direkten Aussagen auf der Meßebene auf Aussagen einer anderen, aus der Meßebene abgeleiteten, Ebene in allen Systemen unter Betrachtung nicht gleichermaßen gültig sind“. Andererseits kann es gerade bei einer Variable wie Repression der Fall sein, daß staatlicher Repression im Rahmen demokratischer Industriegesellschaften ein vergleichbarer Stellenwert zukommt, nur angesichts unterschiedlicher Ausgangsbedingungen die Wirkungen eines vergleichbaren Einsatzes von Repression verschieden ausfallen. In letzterem Fall wäre systemische Interferenz nicht gegeben, wohl dagegen in den Fällen, in denen der Stellenwert staatlicher Repression auf Grund ihrer Seltenheit im politischen System ein anderer wäre als etwa in Systemen mit häufigerer Repression.
Auch mögen einzelne Variablenausprägungen oder Ereignisse bei der geringen Fallzahl einen übermäßig starken Einfluß auf die gewonnenen statistischen Aussagen ausüben. Somit würde sich hier u. U. doch wieder eher das traditionelle historische Vorgehen anbieten, nämlich die(se) Fälle als Besonderheit zu verstehen. Schließlich wird mit Meßfehlern einzelner Variablen zu leben sein. Wie gravierend diese sind, müssen spätere Analysen erweisen.

5. *Einige Beispiele für mögliche theoretische und empirische Analysen*

Neben den wirtschaftlichen Aspekten einer politischen Ordnung sind Fragen der *politischen Umsetzung* bzw. Übersetzung wirtschaftlicher (und anderer) Forderungen zu beachten, also die Reagibilität des Parteiensystems bzw. der Eliten insgesamt. Ohne daß die Diskussion über die Konzeptionalisierung und mögliche Übersetzungswirkung von Parteiensystemen auf wirtschaftliche Krisenpotentiale hier aufgenommen werden könnte (s. Zimmermann 1981: 63–67), bleibt doch festzuhalten, daß Wirtschaft und Politik für eine der Vielfalt tatsächlicher Einflußfaktoren offen gegenüberstehende Krisenanalyse als zwei getrennte Bereiche behandelt werden müssen, wobei das Parteiensystem je nach Art und Funktionsweise eine stark vergrößernde oder auch dämpfende Wirkung wirtschaftlicher Krisenfaktoren zur Folge haben kann. In westlichen Demokratien ist das Parteiensystem vielfach dafür von Bedeutung, ob sich Herausforderungen im wirtschaftlichen Bereich zu politischen Herausforderungen und damit verbunden politischen Instabilitäten ausweiten (oder ob das Parteiensystem hier bereits stabilisierend eingreift).

Jedenfalls deckt sich eine solche Grundüberlegung mit einer der zentralen Schlußfolgerungen von Kennern bundesrepublikanischer Entwicklungen und der Geschehnisse in der Weimarer Republik (s. Bracher 1981: Kapitel 4–6; 1982). Somit ist die Literatur über die Stabilisierungs- bzw. Destabilisierungswirkungen bestimmter politischer Parteiensysteme (s. Sartori 1976: 304–323 und jüngst von Beyme 1982: Kapitel 4–6 passim) mit den dabei bereits gelieferten empirischen Befunden (s.u.a. Dodd 1976; Sanders und Herman 1977) für eine Krisenanalyse von vorrangiger Bedeutung. Eine nützliche Diskussion diesbezüglicher Maße der Fraktionalisierung, Polarisierung und ideologischen Distanz, der Wählerbewegungen („volatility") sowie der Instabilität von Parteiensystemen findet sich bei Shamir (1979: 44 ff.; s. außerdem Ersson und Lane 1982 sowie Sartori 1976). Ob diese Maße für unsere Zwecke brauchbar sind oder modifiziert werden müssen, läßt sich erst später entscheiden. Zu bedenken bleibt allerdings, daß „die Mehrheitswahlregel für die Stabilität eines Kabinetts nicht notwendig sein mag, sie jedoch die Instabilität von Kabinetten zu verhindern scheint" (Dodd et al. 1978:31, für die Zeit nach dem 2. Weltkrieg und 20 Länder). Dieser Vorteil größerer Stabilität auf Grund der Mehrheitswahlregel ist etwa an der Fünften Republik im Vergleich zur Vierten abzulesen.

Juan Linz hat kürzlich (1982) die interessante Hypothese aufgestellt, daß wirtschaftliche Krisenfaktoren in autokratischen Systemen relativ bedeutsamer seien, eben wegen der Unterentwicklung politischer (mediatisierender) Strukturen, wohingegen in demokratischen politischen Systemen diesen politischen Strukturen ein relativ höheres Gewicht zukomme. In diesem Zusammenhang sei noch einmal an die multikausale Beziehung zwischen Demokratie und politischem Protest (s. Zimmermann 1981: 13–22) erinnert. Die anhaltende (Neo-)Korporatismus-Diskussion (s.u.a. Schmitter und Lehmbruch 1979; Lehmbruch und Schmitter 1982; von Alemann 1981) über die Reichweite, Funktionsweise und u. U. Kosten solcher mediatisierender Instanzen benennt – wenn auch in anderer Absicht – den gleichen Umstand. Die Rolle der Verbände im politischen Raum, sowohl als Herausforderungen bündelnde und möglicherweise verschärfende Größen, als auch in manchen Fällen als „Transmissionsriemen",als Instrumente zur Konsensbeschaffung im Rahmen von Krisenlösungen wird demzufolge mitzuerfassen sein. Schmitter (1981) sieht in diesem Zusammenhang entscheidende Unterschiede zwischen den nordamerikanischen und den westeuropäischen Staaten, bei denen Interessen stärker durch gesellschaftliche korporative Mechanismen bzw. Institutionen („societal corporatism") vermittelt würden (s. dazu auch die von Schmitter 1981: 304 ff. angeführten, teilweise aber angesichts divergierender Periodisierungen unzulässig zusammengefaßten Daten). Die These von Schmitter (s. auch weiter unten), daß ein hoher Grad an Korporatismus letztlich zu besser regierten und effizienteren politischen

Gemeinwesen führe, ist mit Blick auf die Aggregierungsmechanismen in diesem Zusammenhang von Interesse, bedarf aber gerade in historischer Sicht näherer Prüfung und Abgrenzung gegenüber den Auswirkungen anderer erklärender Variablen.
Zum anderen bleiben die Koalitionen zwischen Herausforderern und etablierten Mitgliedern des politischen Systems zu verfolgen, um die Terminologie von Tilly (1978; und z. T. auch Gamson 1975) aufzunehmen. Der momentan aktuelle Fall der grünen Protestparteien in der Bundesrepublik illustriert die Nützlichkeit der Berücksichtigung von Merkmalen des Parteiensystems. Wenngleich man im Sinne von Piven und Cloward (1977) argumentieren könnte, daß die Grünen mit ihrer Konstituierung als politische Organisation im Rahmen von Parlamenten die Wirkung disruptiver Aktivitäten herabsetzen würden (ein Argument, das orthodoxem leninistischen Parteiapparatdenken diametral entgegengesetzt ist), bleibt doch die Prognose wohl zutreffender, daß erst die Repräsentierung innerhalb des politischen Entscheidungsfeldes Parlament größere politische Macht – und sei es auch nur Vetomacht im Falle von Minderheitenregierungen wie in Hamburg oder jüngst Hessen – bedeutet. Eine Gewähr gegen das Abströmen von Protestwählern und/oder die Aufzehrung im parlamentarischen Kampf mangels taktischen Geschicks oder politischer Gewichtigkeit gibt es freilich nicht. So kann sich die Hypothese von Piven und Cloward langfristig vielleicht doch als (noch eher) zutreffend erweisen (zur Kritik der amerikanischen Fallanalysen von Piven und Cloward s.u.a. Massad 1980).
Mit Tabelle 1 und der Aufteilung der Variablen in vier Gruppen in Abschnitt 3 sind bereits einige grundlegende Analysemöglichkeiten aufgezeigt worden. Da wir von der relativen Autonomie des politischen Bereichs – im Unterschied zu den meisten marxistischen und neomarxistischen Krisentheoretikern – ausgehen und auch keinerlei diesbezügliche funktionale Aussagen machen (zumindest nicht zu diesem Zeitpunkt), deuten sich u. a. folgende Analysemöglichkeiten an:

1. Wie und wie stark ist die Beziehung zwischen Wirtschaftskrisen und politischen Systemkrisen?
2. Wenn es eine solche Beziehung gibt, wird diese durch Berücksichtigung der Struktur des Parteiensystems beeinflußt? Politische Systemkrisen können natürlich auch im rein politischen Raum entstehen wie etwa im Falle von Elitendissens, der sich in „Putschplänen" niederschlagen kann, doch sind sicherlich in der Mehrzahl der Fälle wirtschaftliche Faktoren nicht weit entfernt, wobei die zentrale Frage ist, wie diese Faktoren in den politischen Raum vermittelt werden.
3. Wann sind Wirtschaftskrisen ohne größere politische Erschütterungen verlaufen, etwa weil das Netz sozialer Wohlfahrt zur Abfederung ausreichte?
4. Welche Formen von Koalitionen der Herausforderer und Formen der Artikulation rufen besonders starke Krisensituationen hervor?
5. Besteht ein Zusammenhang zwischen der Art der politischen Systemkrise und der Reaktion darauf? Wird auf wirtschaftliche Formen mit wirtschaftlichen, auf politische mit politischen Maßnahmen reagiert?
6. „Politische Systeme, in denen die Interessen durch formale Verbände vermittelt werden, die die größte Vielfalt potentieller Interessen durch nationale Netzwerke der Repräsentierung abdecken, die den größten Anteil potentiell Betroffener als Mitglieder

aufweisen und deren Interaktionsmuster mit dem Staat monopolistisch, spezialisiert, hierarchisch und in gegenseitiger Absprache (mutually collusive) verlaufen, sollten eher wohlgeordnet, stabil und effektiv sein" (Schmitter 1981: 292–293). Trifft die These von Schmitter über einen längeren Zeitraum zu?

7. Welche Reaktionen oder Muster der Reaktion führen (eher) zu einer Verschärfung von Entscheidungsherausforderungen?

8. Finden sich Lösungsmuster für Krisen, die bereits früher einmal – und mit welchem Erfolg – angewandt worden sind? Wie groß ist die Zeitspanne bis zur letztmaligen Anwendung dieser Reaktionsmuster?

9. Haben die Struktur des Parteiensystems und die im Parlament vertretenen Parteien Einfluß auf die (Art der) Krisenreaktionen?

10. Finden sich zeitliche Reaktionsmuster, erfolgen also bestimmte Reaktionen je nach Krisentyp innerhalb einer bestimmten Zeit? Wird z. B. auf Wirtschaftskrisen schneller als auf andere Krisen reagiert?

11. Unter welchen Bedingungen folgen auf relativ schwere Krisen noch schärfere Entscheidungsherausforderungen, während in anderen Fällen eine schwere Krise zu einer Art „Reinigungskrise" wird und nachfolgende Krisen nur mehr den Charakter leichterer Krisen haben?

12. Gibt es eine Periodizität im Auftreten von Krisen, z. B. derart, daß Krisen in bestimmten Dekaden häufiger aufeinanderfolgen? Welches statistische Modell etwa im Sinne von „partial likelihood"-Lösungen ist hier angemessen?

Läßt sich eine Antwort auf nur einen Teil dieser Fragen finden, wäre die vergleichende Krisenanalyse schon die Anstrengung wert gewesen. Daß diese Fragen als analytische Fragen immer wieder gestellt werden, zeigt die Dringlichkeit einer empirischen Krisenanalyse, sei es entlang des hier eingeschlagenen Weges oder entlang anderer Pfade.

6. Schlußbemerkungen

Ebenso wie mit Popper (1957) gegen orthodoxe marxistische und neomarxistische Krisenansätze argumentiert werden kann, könnte hier ein ähnlich lautender Vorwurf gegenüber unserem Vorhabern erhoben werden. In gewisser Weise werden wir ebenfalls Opfer historizistischen Denkens, weil wir Regelmäßigkeiten in den Ursachen politischer Systemkrisen und den Reaktionen darauf entdecken wollen, doch nicht um jeden Preis. Auch eine „bestätigte" Nullhypothese wäre bereits ein Ergebnis, allerdings kaum Anlaß für große krisentheoretische Überlegungen. Insofern ließe sich der Vorwurf des Historizismus gegenüber unserem Ansatz nur für zukünftige Aussagen halten, und da würden wir ihn teilen.

Allerdings gilt es zu bedenken, daß politische Systeme durch eine gewisse Trägheit, Tradition und politische Kultur geprägt sind, zukünftige Reaktionen auf Krisensituationen also nicht in jeder Hinsicht völlig von vergangenen verschieden sein werden. Immerhin legt eine erste Durchsicht möglicher englischer Krisensituationen im 20. Jahrhundert die Schlußfolgerung nahe, daß in der Beschaffung von Konsens unter den politischen Eliten (bei möglichem partiellen Dissens in wirtschaftlichen Fragen) – unter weitgehender Ausklammerung repressiver Mittel – eines der dominanten Krisenlösungsmuster zu sehen ist. Für andere Länder ergeben sich sicherlich andere Muster, etwa im Falle Frankreichs in den Jahren 1926, 1934 und 1938, als die Liberalen die linksorientierte Koalition verließen und in die neue Regierungskoalition eintraten, die stärker auf der Rechten des politischen Spektrums angesiedelt war, wobei ein Grund für diesen Koalitionswechsel in einem Wandel der öffentlichen Meinung zu sehen ist. Bracher (1979:148) spricht in diesem Zusammenhang von einer gewissen „Kontinuität im Wechsel der Konstellationen". (Nicht uninteressant bleibt hier – bei aller historischer Verschiedenheit – der Vergleich zu dem Versuch eines „neuen" Musters der Krisenlösung, wie es sich durch den Wechsel der Regierungskoalition durch die FDP abzeichnet.) Berücksichtigt man also den „Erfahrungsschatz" eines politischen Systems, erscheint die Erwartung nicht implausibel, daß selbst diesbezügliche Prognosen immer noch besser als bloße Zufallsannahmen sein werden. Schließlich gestehen einsichtsvolle Historiker selbst ein, daß es „Gegenstandbereiche [gibt], die ohne Theorie überhaupt nicht erschlossen werden können. Die Industrialisierung, ökonomisches Wachstum und Krisen, soziale Ungleichheit, Mobilität und Klassenbildungsprozesse gehören dazu" (Kocka 1982:15).

Wir haben hier – schon allein, um nicht aus dem Rahmen zu fallen – stärker die quantitative Vorgehensweise in den Vordergrund gerückt (wenngleich vielfach auch nur Verweise anbringen können). Mehr als ein Schuß Skepsis erscheint aber angezeigt, ob der Weg bis zu den angedeuteten quantitativen Analysen nicht dorniger ist, als es zunächst scheinen mag. Zunächst werden wir mit Daten für einige wenige Länder arbeiten (Deutschland, Österreich, Vereinigtes Königreich, Frankreich, Belgien und Niederlande), um herauszufinden, ob der vorgeschlagene theoretische Rahmen und die Operationen in der Tat „greifen". Somit mag – wie bereits angedeutet – eine rigorose Quantifizierung auf einen späteren Zeitpunkt verschoben werden müssen. Wir schätzen, daß sich für die gesamte Stichprobe von Ländern ungefähr 60 Krisen ergeben werden, genug für quantitative Analysen, vorausgesetzt, daß ein hinreichendes Ausmaß an Vergleichbarkeit der Krisen (a) in verschiedenen Ländern, (b) über die Zeit hinweg und (c) in verschiedenen Ländern im Zeitverlauf gegeben ist.

Das Ziel sollte somit nicht aus den Augen verloren werden, wird es doch von unterschiedlichen Ausgangspunkten gleichermaßen angestrebt. So dürfte die Notwendigkeit theoriegeleiteter Aufarbeitung historischer oder genauer zeitgeschichtlicher Daten unbestritten sein. Darauf hat auch Kocka in einer Bestandsaufnahme über „Theorieorientierung und Theorieskepsis in der Geschichtswissenschaft" jüngst wieder hingewiesen: „Theorien erleichtern die Identifikation und Definition des Problems, die Strukturierung des Forschungsgegenstandes, die Entwicklung von Fragestellungen, die Einordnung und oft auch die Lösung des Problems. Sie ermöglichen Synthesen und vergleichende Forschung. Sie öffnen dem Historiker das große Erklärungspotential der systematischeren Nachbarwissenschaften und dienen als Brücke zwischen der zu untersuchenden Vergangenheit und der Gegenwart des untersuchenden Forschers" (Kocka 1982:15). Allerdings gilt zugleich auch: „Die Theorie darf kein Prokrustes-Bett sein, in das man die Quellen zwängt, sondern eher ein biegsames Gerüst, das die Argumentation vorantreibt" (ebd.).

Anmerkungen

1 Allerdings bleiben trotz aller definitorischen Unterschiede die Korrelationen zwischen der Instabilität von Kabinetten und wichtigen Prädiktoren relativ stabil (Lijphart 1982).

2 Andere Beobachter setzen den „Anfang vom Ende" bereits früher an; so Karl Deutsch (mündliche Mitteilung an den Verf.) mit der ersten Wahl Hindenburgs im Jahre 1925 zum Reichspräsidenten, weil diese Wahl eher zu einer symbolischen und tatsächlichen Stärkung der monarchistisch gesonnenen Gegner der Weimarer Republik führte.

3 Genauso könnte man auch von möglichen Überschneidungen von Entscheidungsherausforderungen mit „critical elections", mit einer Neuorientierung der Wähler („realignment") ausgehen (vgl. dazu auch die theoretischen Überlegungen und empirischen Befunde aus den USA bei Sundquist 1973 sowie vor allem Duverger 1964: 299 ff.; s. außerdem Meckstroth 1971). Mit neuen Maßnahmen können erhebliche Wählerbewegungen einhergehen. Sie können diesen auch vorausgehen. Somit werden Daten über Wählerbewegungen, über die Wählervolatilität zu berücksichtigen sein, wenngleich angesichts des Fehlens von Umfragedaten in früheren Perioden in sehr indirekter Weise. An unserer grundsätzlichen Vorgehensweise (s. dazu unter 4) ändert sich dabei nichts.
Das zuletzt Gesagte gilt gleichermaßen für die Berücksichtigung von Referenden (s. dazu vor allem Butler und Ranney 1978).

Literatur

von Alemann, U., (Hrsg.), (1981): Neokorporatismus. Frankfurt/Main: Campus Verlag

Alker, H.R. (1969): A typology of ecological fallacies, in: *Mattei Dogan* und *Stein Rokkan* (eds.): Quantitative ecological analysis in the social sciences. Cambridge, Mass., MIT Press, S. 69–86

Allardt, E. (1979): Implications of the ethnic revival in modern, industrialized society. A comparative study of the linguistic minorities in Western Europe. In: Commentationes Scientiarum Socialium 12

–, (1981): Ethnic mobilization and minority resources. Paper vorgelegt auf dem Kolloquium über „Understanding Political Society", Werner-Reimers Stiftung. Bad Homburg. Mimeo

Banks, A. (1976) : Cross-national time series: 1815–1973. Ann Arbor: Inter-University Consortium for Political and Social Research (ICPSR 7412)

Bartolini, S. und *P. Mair* (1982): Report on a new framework for the analysis of changes in Western European party systems. Aarhus: European Consortium Joint Sessions. Mimeo

Beck, N. (1982): Parties, administrations, and American macroeconomic outcomes. In: American Political Science Review 76, S. 83–93

Bell, L. (1977): Constraints on the electoral success of minor political parties in the United States. In: Political Studies 25, S. 103–109

von Beyme, K. (1970): Die parlamentarischen Regierungssysteme in Europa. München: Piper

–, (1971): Party systems and cabinet stability in European parliamentary systems, in: *Henry Steele Commager et al.* (Hrsg.): Festschrift für Karl Löwenstein. Tübingen, Mohr, S. 51–70

–, (1982): Parteien in westlichen Demokratien. München: Piper

Bracher, K.D. (1979): Europa in der Krise: Innengeschichte und Weltpolitik seit 1917. Frankfurt/Main: Ullstein

–, (1981): Geschichte und Gewalt. Zur Politik im 20. Jahrhundert. Berlin: Siedler u. Severin

–, (1982): Zeit der Ideologien. Eine Geschichte politischen Denkens im 20. Jahrhundert. Stuttgart: Deutsche Verlags-Anstalt

Butler, D. and *A. Ranney* (eds.) (1978): Referendums: a comparative study of practice and theory. Washington, D.C.: American Enterprise Institute for Public Policy

Cook, C. und *J. Paxton* (1975): European political facts. 1918–1973. London: MacMillan

Cronin, J.E. (1979): Industrial conflict in modern Britain. London: Croom Helm

Dodd, L.C. (1976): Coalitions in parliamentary government. Princeton: Princeton University Press

Dodd, L., W. Flanigan und *E. Fogelman* (1978): Patterns of representation in parliamentary regimes. Presented at American Political Science Association Meeting. New York. Mimeo

Duverger, M. (1964): Political parties: their organization and activity in the modern state. London: Methuen

Ersson, S. und *J.-E. Lane* (1982): Democratic party systems in Europe: dimensions, changes and stability. In: Scandinavian Political Studies 5, S. 67–96

Flora, P. (1983): State, economy, and society in Western Europe 1815–1975. A Data Handbook. 2 Bde. Frankfurt/M. : Campus

Gamson, W.A. (1975): The strategy of social protest. Homewood, Ill.: Dorsey Press

Gurr, T. (1966): New error-compensated measures for comparing nations. Some correlates of civil violence. Research Monograph Nr. 25. Princeton University: Center of International Studies

–, (ed.) (1980): Handbook of political conflict: theory and research. New York: Free Press

Hannan, M.T. und *N. B. Tuma* (1979): Methods for temporal analysis. In: Annual Review of Sociology 5, S. 303–328

Hibbs, D.A., Jr. (1976): Industrial conflict in advanced industrial societies. In: American Political Science Review 70, S. 1033–1058

–, (1978): On the political economy of long-run trends in strike activity. In: British Journal of Political Science 8, S. 153–175

–, (1982): Economic outcomes and political support for British governments among occupational classes: a dynamic analysis. In: American Political Science Review 76, S. 259–279

Jagodzinski, W. (1981): Labor disputes, political protest and political violence in Western Europe 1920–70: Alternative channels, coordinated, or unrelated collective actions? Paper presented to the Fourth Annual Scientific Meeting of the International Society of Political Psychology, Mannheim

Janda, K. (1980): Political parties: a cross-national survey. New York: Free Press

Kaim-Caudle, P.R. (1973): Comparative social policy and social security. A ten-country study. London: Martin Robertson

Kernell, S. (1980): Strategy and ideology: the politics of unemployment and inflation in modern capitalist democracies. Paper delivered at Annual Meeting of the American Political Science Association. Washington. Mimeo

Kieve, R.A. (1981): Pillars of sand: a Marxist critique of consociational democracy in the Netherlands. In: Comparative Politics 13, S. 313–337

Kocka, J. (1977): Angestellte zwischen Faschismus und Demokratie. Zur politischen Sozialgeschichte der Angestellten: USA 1890–1940 im internationalen Vergleich. Göttingen: Vandenhoeck und Ruprecht

–, (1982): Theorieorientierung und Theorieskepsis in der Geschichtswissenschaft. Alte und neue Argumente. In: Historical Research/Historische Sozialforschung 23, S. 3–19

Korpi, W. und *M. Shalev* (1980): Strikes, power, and politics in the Western nations, 1900–1976. In: Political Power and Social Theory 1, S. 301–334

Lehmbruch, G. und *Ph. Schmitter* (eds.) (1982): Patterns of corporatist policy-making. Beverly Hills: Sage Publications

Lijphart, A. (1982): Coalition theory and cabinet durability: a critique. Paper delivered at Annual Meeting of the American Political Science Association, Denver

Linz, J.J. (1978): The breakdown of democratic regimes: crisis, breakdown and reequilibration. Baltimore: Johns Hopkins University Press

–, (1982): Mündlicher Vortrag auf dem Weltkongreß der International Political Science Association, Rio de Janeiro

Lipset, S.M. und *St. Rokkan* (1967): Cleavage structures, party systems and voter alignments, in: *S.M. Lipset* und *St. Rokkan* (eds.): Party systems and voter alignments – cross-national perspectives. New York: Free Press, S. 1–64

Loewenstein, K. (1938): Legislative control of political extremism in European democracies. In: Columbia Law Review 38, S. 591–622. Teil II: Columbia Law Review 38, S. 725–744

Mackie, T.T. und *R. Rose* (1974): The international almanac of electoral history. London: Macmillan

Macridis, R. (1955): The study of comparative government. New York: Doubleday

Massad, T.G. (1980): Disruption, organization, and reform. In: Dissent, S. 81–90

Mayer, L.C. (1980): Party systems and cabinet stability, in: *Peter H. Merkl* (ed.): Western European party systems: trends and prospects. New York: Free Press, S. 335–347

Meckstroth, Th.W. (1971): Conditions of partisan realignments: a study of electoral change. Ph.D. diss. Minneapolis: University of Minnesota, Dept. of Political Science. Mimeo

Mitchell, B.R. (1975): European historical statistics 1750–1970. New York: Macmillan

Mitra, S.K. (1980): A theory of governmental instability in parliamentary systems. In: Comparative Political Studies 13, S. 235–263

Monroe, K.R. (1979): „God of vengeance and of reward?" The economy and presidential popularity. In: Political Behavior 1, S. 301–329

Müller, W. (1980): The analysis of life histories: illustrations of the use of life history plots, in: *Jerome M. Clubb* und *Erwin K. Scheuch* (Hrsg.): Historical social research: the use of historical and process-produced data. Stuttgart: Klett-Cotta, S. 164–191

Nohlen, D. (1978): Wahlsysteme der Welt: Daten und Analysen. München: Piper

Obler, J., J. Steiner und *G. Dierickx* (1977): Decision-making in smaller democracies: the consociational „burden". Sage Professional Paper in Comparative Politics, vol. 6, Series no. 01–064

O'Connor, J. (1973): The fiscal crisis of the state. New York: St. Martin's Press

Offe, C. (1973): Strukturprobleme des kapitalistischen Staates. 2. Aufl. Frankfurt/Main: Suhrkamp

–, (1982): Competitive party democracy and the Keynesian welfare state: factors of stability and disorganization. Paper presented at World Congress der International Political Science Association, Rio de Janeiro

di Palma, G. (1977): Surviving without governing: the Italian parties in parliament. Berkeley: University of California Press

Pappalardo, A. (1981): The conditions for consociational democracy: a logical and empirical critique. In: European Journal of Political Research 9, S. 365–390

Pindyck, R.S. und *D.L. Rubinfeld* (1976): Econometric models and economic forecasts. New York: McGraw-Hill

Piven, F. Fox und *R.A. Cloward* (1977): Poor people's movements: why they succeed, how they fail. New York: Pantheon

Popper, K.R. (1957): The poverty of historicism. London: Routledge and Kegan Paul

Przeworski, A. und *H. Teune* (1970): The logic of comparative social inquiry. New York: Wiley-Interscience

Rae, D.W. (1971): The political consequences of electoral laws. New Haven: Yale University Press

Rokkan, St. und *J. Meyriat* (eds.) (1969): International guide to electoral statistics. The Hague: Mouton

Rose, R. und *D.W. Urwin* (1970): Persistence and change in Western party systems since 1945. In: Political Studies 18, S. 287–319

Sanders, D. und *V. Herman* (1977): The stability and survival of governments in Western democracies. In: Acta Politica 12, S. 346–377

Sartori, G. (1976): Parties and party systems: a framework for analysis. Vol. 1. London: Cambridge University Press

Schmidt, M.G. (1982): Politische Konjunkturzyklen in OECD-Ländern? Oder: Warum sich Regierungen mehr leisten können als der Normal-Sozialwissenschaftler glaubt. In: Politische Vierteljahresschrift 23, S. 360–362

Schmitter, Ph.C. (1981): Interest intermediation and regime governability in contemporary Western Europe and North America, in: *Suzanne Berger* (ed.): Organizing interests in Western Europe: pluralism, corporatism, and the transformation of politics. Cambridge: Cambridge University Press, S. 285–327

Schmitter, Ph.C. und *G. Lehmbruch* (eds.) (1979): Trends toward corporatist intermediation. Beverly Hills: Sage

Scholten, I. (1980): Does consociationalism exist? A critique of the Dutch experience, in: *Richard Rose* (ed.): Electoral participation: a comparative analysis. Beverly Hills: Sage Publications, S. 329–354

Shamir, M. (1979): Stability and change in party systems: a cross-national time-series analysis. Ph.D. diss. Minneapolis: University of Minnesota, Dept. of Political Science. Mimeo

–, (1979a): Are Western party systems „frozen"? A comparative dynamic analysis. Paper presented to the Annual Meeting of the Midwest Political Science Association. Chicago. Mimeo

Siegfried, A. (1956): Stable instability in France. In: Foreign Affairs 34, S. 394–404

Siverson, R.M. (1980): War and change in the international system, in: *O.R. Holsti, R.M. Siverson* und *A.L. George* (eds.): Change in the international system. Boulder, Colo.: Westview Press, S. 211–229

Stein, A.A. und *B. Russett* (1980): Evaluating war: outcomes and consequences. In: *Gurr*, S. 399–422

Sternberger, D. und *B. Vogel* (Hrsg.) (1969): Die Wahl der Parlamente und anderer Staatsorgane. Berlin: De Gruyter

Sundquist, J.L. (1973): Dynamics of the party system: alignment and realignment of political parties in the United States. Washington, D.C.: Brookings Institution

Taylor, Ch.L. und *D.A. Jodice* (1982): World Handbook of Political and Social Indicators. 3rd ed. New Haven: Yale University Press

Taylor, M. und *V.M. Herman* (1971): Party systems and government stability. In: American Political Science Review 65, S. 28–37

Tilly, Ch. (1978): From mobilization to revolution. Reading, Mass.: Addison-Wesley

Tilly, Ch., L. Tilly und *R. Tilly* (1975): The rebellious century 1830–1930. Cambridge, Mass.: Harvard University Press

Topitsch, E. (1961): Sozialphilosophie zwischen Ideologie und Wissenschaft. Neuwied: Luchterhand

Weber, M. (1964): Soziologie. Weltgeschichtliche Analysen. Politik. Stuttgart: Alfred Kröner

Williams, C.H. (1980): Ethnic separatism in Western Europe. In: Tijdschrift voor Economie en Social Geografie 71, S. 142–158

Winkler, H.A. (1973): Die Anti-New-Deal-Bewegungen: Politik und Ideologie der Opposition gegen Präsident F.D. Roosevelt, in: *H.A. Winkler* (Hrsg.): Die große Krise in Amerika: Vergleichende Studien zur Politischen Sozialgeschichte 1929–1939. Göttingen: Vandenhoeck & Ruprecht, S. 216–235

Zimmermann, E. (1979): Crises and crises outcomes: towards a new synthetic approach. In: European Journal of Political Research 7, S. 67–115

–, (1980): Macro-comparative research on political protest, in: *Gurr,* S. 167–237

–, (1981): Krisen, Staatsstreiche und Revolutionen: Theorien, Daten und neuere Forschungsansätze. Opladen: Westdeutscher Verlag

–, (1982): Pitfalls and promises in the study of crises and crisis outcomes in liberal democracies: towards a new approach. Paper presented at World Congress der International Political Science Association, Rio de Janeiro, International Political Science Review (forthcoming)

–, (1983): Political violence, crises, and revolutions: theories and research. Boston/Cambridge, Mass.: G.K. Hall/Schenkman

Zuk, G. und *W.R. Thompson* (1982): The post-coup military spending question: a pooled cross-sectional time series analysis. In: American Political Science Review 76, S. 60–74

Die Autoren

Stuart A. Bremer, geb. 1943, Ph. D. 1970, Michigan State University, Professor für Politische Wissenschaft an der University of Michigan. Autor von „Simulated Worlds: A Computer Model of National Decision-Making“. Veröffentlichungen zum Problemkreis „Internationale Konflikte“ Spezialgebiet: Computer-Simulation von politischen und ökonomischen Prozessen. Seit 1976 wissenschaftlicher Mitarbeiter am Internationalen Institut für Vergleichende Gesellschaftsforschung, Wissenschaftszentrum Berlin.

Thomas R. Cusack, geb. 1949. M.A. 1972 Temple University Philadelphia, 1978 Ph. D. University of Michigan, Politische Wissenschaft. Lehrbeauftragter an der University of Michigan für Internationale Beziehungen. Forschungsarbeiten über Probleme der Verteilung von öffentlichen Mitteln, speziell Rüstungsausgaben. Seit 1978 wissenschaftlicher Mitarbeiter am Internationalen Institut für Vergleichende Gesellschaftsordnung, Wissenschaftszentrum Berlin.

Wolf-Dieter-Eberwein, geb. 1943, Studium der Politikwissenschaft in Berlin, Montreal (Kanada), Ann Arbor (USA). 1976 Dr. soz. wiss., 1982 Habilitation im Fach Politikwissenschaft, Priv. Doz. Freie Universität Berlin seit Dez. 1982. Forschungsschwerpunkte: Außenpolitik und Verwaltung sowie internationaler Konflikt. Seit 1978 wissenschaftlicher Mitarbeiter am Internationalen Institut für Vergleichende Gesellschaftsforschung, Wissenschaftszentrum Berlin.

Daniel Frei, geb. 1940, studierte an den Universitäten Zürich, London, Ann Arbor und Genf und ist Ordinarius für Politische Wissenschaft/Internationale Beziehungen an der Universität Zürich. Verfasser von Büchern über Neutralität, Ost-West-Beziehungen, Nuklearkrieg, Krisenmanagement, Theorien der internationalen Politik.

Wolfgang Jagodzinski, geb. 1943, wissenschaftlicher Mitarbeiter am Forschungsinstitut für Soziologie der Universität zu Köln. Seine Interessengebiete sind sozialwissenschaftliche Methoden, sozialer Wandel und innergesellschaftliche Konflikte.

Michael Peltzer, geb. 1956, Studium der Mathematik und Politologie an der FU Berlin, Staatsexamen. Z. Z. wissenschaftliche Hilfskraft am Internationalen Institut für Vergleichende Gesellschaftsordnung, Wissenschaftszentrum Berlin.

Brian M. Pollins, geb. 1950, Studium der Politikwissenschaft am MIT und der University of Michigan, Ann Arbor. 1981 Ph. D. in Politikwissenschaft vom MIT. Forschungsschwerpunkt ist die Entwicklung von Computer-Simulationsmodellen. (Zusammenhang der US-Außenhandelsbeziehungen mit dem Wachstumsprozeß der Bevölkerung, der Technologieentwicklung und dem Ressourceneinsatz). 1978–1982 wissenschaftlicher Mitarbeiter am Internationalen Institut für Vergleichende Gesellschaftsforschung. Seit 1983 Assistant Professor an der State University of Ohio, Columbus.

Hans Rattinger, Dr. phil., geb. 1950. Studium der Politischen Wissenschaft, Geschichte und Anglistik; ab 1973 wissenschaftlicher Assistent am Seminar für Politische Wissenschaft der Universität Freiburg; 1974/75 Kennedy-Memorial-Fellow der Harvard University, Cambridge, Massachusetts; 1978 Habilitation im Fach Politische Wissenschaft. Seit 1982 Inhaber eines Lehrstuhls für Politische Wissenschaft an der Universität Bamberg.

Folker Reuss, geb. 1947, Studium der Mathematik in Berlin, Münster und Kiel. Dipl. Math. in Münster 1973, Promotion zum Dr. rer. nat. 1974 in Münster. Freier Mitarbeiter am Internationalen Institut für Vergleichende Gesellschaftsforschung, Wissenschaftszentrum Berlin seit 1979.

Dieter Ruloff, geb. 1947, studierte an den Universitäten Frankfurt, Konstanz, Zürich und Ann Arbor (USA). Privatdozent für Politische Wissenschaft und Geschichtstheorie an der Universität Zürich (Oberassistent an der Forschungsstelle für Politische Wissenschaft der Universität Zürich). Publikationen zur Theorie der Internationalen Beziehungen, Methodenfragen und Geschichtstheorie.

Erich Weede, geb. 1942, seit 1978 Professor für Soziologie an der Universität zu Köln. Seine Forschungsinteressen sind Korrelate und Determinanten von Krieg, internen Konflikten, Einkommensverteilung und Wirtschaftswachstum im internationalen Vergleich. Sein wichtigstes Buch ist „Weltpolitik und Kriegsursachen im 20. Jahrhundert: eine quantitativ-empirische Studie“ (Oldenburg, München 1975).

Ulrich Widmaier, geb. 1944, Studium der Soziologie und Methoden der empirischen Sozialforschung an der Universität Mannheim. Stipendiat an der Princeton University, 1972–1977 Assistent an der Universität Mannheim, Fakultät für Sozialwissenschaften. 1977 Promotion zum Dr. phil. Wissenschaftlicher Mitarbeiter am Internationalen Institut für Vergleichende Gesellschaftsordnung, Wissenschaftszentrum Berlin.

Ekkart Zimmermann, geb. 1946, Studium der Soziologie, Nationalökonomie und Sozialpsychologie in Köln und Berlin. Promotion zum Dr. rer. pol. 1975, Köln. Habilitation für Soziologie, 1979, Wuppertal. Seit 1981 Ordinarius für Soziologie, Hochschule der Bundeswehr, München. Wichtigste Veröffentlichungen: Soziologie der politischen Gewalt, Stuttgart, 1977; Krisen, Staatsstreiche und Revolutionen: Theorien, Daten und neuere Forschungsansätze. Opladen, 1981; Political Violence, Crises, and Revolutions: Theories und Research. Boston, Mass. 1982.